POPS
경찰학개론

기출문제 및 예상문제

박윤기 · 오상지

저자: 출제위원 역임+경찰대학 교수

박영사

머리말

2022년부터 경찰 채용시험에는 많은 변화가 있습니다. 경찰청 발표를 보면 경찰학개론은 경찰행정법과 경찰행정학 그리고 경찰법령 중심으로 출제될 가능성이 아주 높습니다. 이러한 예측을 토대로 이번에 출간하는 박윤기와 오상지의 만점 경찰학개론 – 'POPS 경찰학개론' 은 시중의 교재와 명확한 차별을 두었습니다. 기존 기출문제집은 하나같이 연도별 또는 목차별 기출문제를 그대로 적시하는 경우가 많습니다. 이러한 문제집은 변화하는 시대의 경향을 반영하지 못합니다. 그래서 'POPS 경찰학개론'은 아래와 같이 구성하여 기존 문제집과 차별을 명확히 하고 있습니다.

첫째, 12년 동안 출제된 경찰학개론의 문제를 해설에 그치지 않고, 분석을 함께 담았습니다. 그 결과 어떤 분야에서 몇 번 출제가 되었는지, 어느 부분에서 출제 가능성이 있는지 수험생 스스로 확인할 수 있도록 했습니다.

둘째, 기출문제 다음으로 예상문제를 실었습니다. 이해의 정도를 확인할 수 있는 장이 될 것이며 예상문제는 조금 어려울 수 있습니다. 하지만 지속적으로 반복하면 경찰채용시험에서 반드시 만점을 받을 수 있을 만큼 실력은 향상될 것입니다.

셋째, 전국 최초로 법령집과 오엑스 예상문제를 무료로 제공하였습니다. 경찰학개론의 어려움을 누구보다 잘 알고 있습니다. 정해지지 않은 시험 범주, 그럼에도 우리는 경찰채용시험에서 자주 인용되는 법률, 시행령, 시행규칙 등과 함께 출제된 횟수까지 표기하여 제공하였습니다. 여기에 오엑스(○×) 예상문제를 더하여 하나의 문제도 놓치지 않도록 헌신의 노력을 아끼지 않았습니다.

넷째, 판례의 중요성이 커지는 만큼 경찰 관련 중요 판례를 담았습니다. 경찰학 총론과 각론의 순서에 따라 향후 출제될 것으로 예상되는 판례를 만날 수 있습니다. 열심히 학습해 주시길 기대합니다.

끝으로 POPS 경찰학개론 학습방법에 대해 간략하게 설명하겠습니다. 먼저 기출문제와 예상문제를 학습하면서 법령 부분은 반드시 법령집과 함께해야 합니다. 그리고 법령 오엑스(○×) 예상문제로 마지막 점검을 하면서 쉼 없는 반복도 잊지 않았으면 합니다. 이러한 학습방법을 준수한다면 모든 수험생들은 반드시 만점으로 자신의 꿈을 이룰 것이라 확신하면서 저자들도 응원을 아끼지 않겠습니다. 감사합니다.

2021년 8월
저자 박윤기 · 오상지

목 차

▌경찰학 기초 이론

▌경찰행정법

▌경찰행정학(경무경찰)

▌생활안전경찰

경찰학 기초 이론

(Park & Oh's Police Science for Perfect Score)

01 다음은 형식적 의미의 경찰개념과 실질적 의미의 경찰개념에 대한 설명이다. 옳은 것은 모두 몇 개인가?

(2020년 제1차)

> ㉠ 형식적 의미의 경찰이 언제나 실질적 의미의 경찰이 되는 것은 아니며, 실질적 의미의 경찰이 모두 형식적 의미의 경찰이 되는 것도 아니다.
> ㉡ 실질적 의미의 경찰은 사회공공의 안녕과 질서유지를 위한 권력적 작용이므로 소극목적에 한정된다.
> ㉢ 형식적 의미의 경찰은 사회목적적 작용을 의미하며 작용을 중심으로 파악된 개념이고, 실질적 의미의 경찰은 조직을 기준으로 파악된 개념이다.
> ㉣ 실질적 의미의 경찰은 실무상 정립된 개념이 아니라 학문적으로 정립된 개념으로 독일 행정법학에서 유래하였다.
> ㉤ 경찰관 직무집행법 제2조에 규정된 경찰의 직무범위가 우리나라에서의 형식적 의미의 경찰개념에 해당한다.

① 2개   ② 3개   ③ 4개   ④ 5개

해설 【형식적 및 실질적 의미의 경찰 개념】

구분	형식적 의미의 경찰	실질적 의미의 경찰
구별 기준	· 법률(실정법)·조직을 중심으로 파악한 개념 → 역사적·제도적으로 발전: 국가별로 상이	· 경찰작용의 성격을 중심으로 파악한 개념 → 이론적·학문적(유래: 독일행정법학)으로 정립
개념	· 실정법에 따라 보통경찰기관에 분배되어 있는 임무를 달성하기 위해 행해지는 경찰활동 → 활동(작용)의 구체적인 내용·성격 불문	· 사회공공의 안녕과 질서를 유지하기 위해 일반 통치권에 기해 국민에게 명령·강제하는 권력작용 → 어떤 국가기관이 담당하는지 불문
구별상 유의점	· 정보·보안(대공)·사법경찰활동 및 치안서비스 등 → 실질적 의미의 경찰작용X	· 건축·영업·위생경찰 등(일반행정기관이 담당) → (비경찰화) 형식적 의미의 경찰작용X
양자의 관계	· 구별상의 유의점에서 보듯이 형식적 의미의 경찰과 실질적 의미의 경찰이 일치하는 것은 아님 · 양자는 부분적으로 중첩되는 2개의 영역을 형성하고 있음: 상·하위의 개념이라는 관계는 성립X → 경찰관 직무집행법 제3조(불심검문의 경우 그 법적 성격에 대해 다툼 있음) 내지 제7조에 따른 경찰관의 직무수행은 실질적 의미의 경찰작용인 동시에 형식적 의미의 경찰작용	

분석 형식적·실질적 의미의 경찰개념과 관련하여 최근 12년간 독립된 유형의 문제로 5회, 경찰의 분류와 관련된 지문과 결합하여 2회 출제되었고, 경찰학 기초 이론 분야이므로 향후에도 출제 가능성이 높습니다. 양자의 개념과 구별상 유의점 및 양자의 관계는 계속 출제가 가능하므로 위의 표를 정확히 기억해야 합니다.

02 경찰의 개념 중 형식적 의미의 경찰과 실질적 의미의 경찰에 대한 설명으로 가장 적절한 것은?

(2017년 제2차)

① 실질적 의미의 경찰개념은 이론상·학문상 정립된 개념이 아닌 실무상으로 정립된 개념이며, 독일행정법학에서 유래하였다.

② 경찰이 아닌 다른 일반행정기관 또한 경찰과 마찬가지로 형식적 의미의 경찰에 해당하는 활동을 할 수 있다.

③ 실질적 의미의 경찰은 형식적 의미의 경찰개념보다 넓은 의미로 형식적 의미의 경찰을 모두 포괄하는 상위 개념이다.

④ 형식적 의미의 경찰이란 실정법상 보통 경찰기관에 분배되어 있는 임무를 달성하기 위해 행하여지는 경찰 활동을 의미한다.

해설　① 실질적 의미의 경찰 개념은 <u>이론적·학문적으로 정립된 개념</u>으로 <u>독일의 행정법학</u>에서 유래한다.

② 형식적 의미의 경찰은 <u>법률(실정법)에서 정한 경찰기관이 행하는 일체의 경찰작용</u>을 말한다. 그러므로 다른 일반행정기관은 형식적 의미의 경찰에 해당하는 활동을 할 수 없다.

③ 상위의 개념이 아니라 각국의 역사적·제도적 환경에 따라서 모두 다르게 나타난다. 형식적 의미의 경찰개념에는 보안(대공)경찰, 정보경찰, 사법(수사)경찰 그리고 서비스활동 등이 포함된다. 실질적 의미의 경찰개념에는 건축경찰, 영업경찰, 위생경찰 등이 포함된다. 그리고 양쪽 모두 포함되는 것은 불심검문과 풍속단속경찰이 있다. 그러므로 어느 하나의 개념이 우위에 있다고 말하기는 어렵다.

④ 가장 적절한 설명이다.

03 형식적 의미의 경찰과 실질적 의미의 경찰개념에 대한 설명으로 가장 적절하지 않은 것은?

(2015년 제1차)

① 형식적 의미의 경찰이란 실정법상 보통경찰기관에 분배되어 있는 임무를 달성하기 위하여 행하여지는 경찰활동을 의미한다.

② 정보경찰활동과 사법경찰활동은 형식적 의미의 경찰개념에 해당한다.

③ 실질적 의미의 경찰은 조직을 중심으로 파악된 개념에 해당한다.

④ 실질적 의미의 경찰개념은 행정조직의 일부로서가 아니라, 작용을 중심으로 파악한 개념에 해당한다.

해설　① ② ④ 옳은 설명이다.

③ 형식적 의미의 경찰은 <u>실정법(법률)·조직 중심</u>으로, 실질적 의미의 경찰은 <u>작용 중심</u>으로 파악된 개념이다.

04 다음 보기 중 경찰개념을 설명한 것으로 틀린 것은 모두 몇 개인가?

(2014년 제1차)

> ㉠ 형식적 의미의 경찰은 모두 실질적 의미의 경찰에 포함된다.
> ㉡ 정보경찰의 활동은 실질적 의미의 경찰보다는 형식적 의미의 경찰과 관련이 깊다.
> ㉢ 실질적 의미의 경찰개념은 학문상으로 정립된 개념이며, 프랑스 행정법학에서 유래하였다.
> ㉣ 형식적 의미의 경찰개념에 입각한 경찰활동의 범위는 나라마다 차이가 있을 수 있다.

① 1개　　② 2개　　③ 3개　　④ 4개

해설　㉠ 틀린 설명이다. 형식적 의미의 경찰에 포함되는 경찰작용(예: 범죄에 대한 사후적 진압인 범죄수사) 가운데 위험의 방지를 본질적인 내용으로 하는 실질적 의미의 경찰에 포함되지 않는 것이 있다.

정답 | 01 | ③ | 02 | ④ | 03 | ③ | 04 | ②

ⓒ 옳은 설명이다. <u>정보경찰 및 수사경찰</u>의 활동은 형식적 의미의 경찰과 관련이 있다.

ⓒ 틀린 설명이다. 실질적 의미의 경찰개념은 <u>학문적ㆍ이론적</u>으로 정립된 개념이며, <u>독일 행정법학에서 유래하</u>였다.

ⓔ 옳은 설명이다. 형식적 의미의 경찰은 <u>실정법(법률)에 따른 조직ㆍ제도</u> 중심으로 파악된 개념이다. 경찰조직에 관한 법(강학상의 "경찰조직법")은 나라마다 다를 수 있기 때문에 <u>형식적 의미의 경찰개념에 입각한 경찰활동의 범위는 나라마다 다를 수 있다.</u>

05 형식적 의미의 경찰개념과 실질적 의미의 경찰개념에 대한 설명으로 틀린 것은? (2010년 제1차)

① 실질적 의미의 경찰은 학문적으로 정립된 경찰개념으로 독일행정법학에서 유래한다.

② 실질적 의미의 경찰은 국민에게 명령ㆍ강제하는 권력작용과 비권력작용을 모두 포함한다.

③ 형식적 의미의 경찰이란 실정법상 보통경찰기관이 관장하는 행정작용을 말하는 것으로, 경찰의 서비스 활동도 이에 속한다.

④ 형식적 의미의 경찰개념에 입각한 경찰활동의 범위는 나라마다 차이가 있을 수 있다.

해설 ①③④ 옳은 설명이다.

② <u>형식적 의미의 경찰개념</u>은 일반통치권을 기초로 국민에게 명령하고 강제하는 <u>권력작용</u>뿐만 아니라 범죄수사를 위한 사법경찰작용, 정보ㆍ보안경찰활동, 주취자 보호, 노약자ㆍ미아보호와 같은 <u>비권력적 작용도 포함한</u>다. 실질적 의미의 경찰개념은 비권력작용은 제외하고, 권력작용만 포함한다.

06 다음 영미법계와 대륙법계의 경찰개념에 대한 설명으로 바르지 못한 것은? (기출문제)

① 대륙법계 국가에서의 경찰개념은 통치권을 전제로 하여 조직체로서의 역할을 중심으로 형성되었다.

② 영미의 경찰개념은 주민의 자치권에 그 권력 관계적 기초를 두고 있다.

③ 대륙법계 국가에서 수사활동은 당연히 경찰의 고유한 임무로 취급된 것은 아니었다.

④ 영미의 경찰개념은 경찰을 시민과 대립적인 관계로 보지 않는다.

해설 **【영미법계의 경찰개념 및 대륙법계와 비교】**

영미법계 경찰개념

· 경찰을 시민과 대립의 관계로 보지 않고, 주권자인 시민으로부터 자치권한을 위임받은 조직체인 경찰이 시민을 위해 수행하는 기능ㆍ역할 중심으로 형성

· "경찰은 무엇을 하는가?" 또는 "경찰활동이란 무엇인가?"라는 문제를 중심으로 경찰개념 논의
→ "경찰은 무엇인가?"라는 관점은 중요X

대륙법계 경찰개념

· 국왕의 절대적 권력으로부터 유래하는 경찰권을 전제로 권력의 시녀로서 권력에 봉사하는 경찰과 시민이 대립하는 구도 및 경찰권은 일반통치권에 의거하여 국민에게 명령ㆍ강제하는 권력적 작용

구분	영미법계	대륙법계
국가적 시대적 배경	· 개인주의 및 자유주의 · 영국(명예혁명) 및 미국(식민독립) · <u>분권화된 자치경찰 중심</u>	· 봉건주의 및 전제정치(강력한 왕권) · 계몽철학의 영향 → 전제왕권으로부터 시민의 주체성 회복 · <u>집권화된 국가경찰 중심</u>
경찰 개념	· <u>자경치안</u>의 관점에서 접근 · 위임된 치안권한이므로 경찰임무 최소화	· 국왕(국가)의 통치권 개념에서 접근 · 국왕(국가)에 이바지 하는 광범위한 경찰권

접근 방법	→ 경찰과 시민을 친화적 · 수평적 관계로 파악 · 경찰개념의 발전 · 확대 경향	→ 경찰과 시민을 대립하는 구도로 파악 · 시민의 자유 · 권리 강조 → 경찰개념의 축소
기능 (임무)	· 국민의 이익(생명 · 신체 · 재산) 보호 강조 · 법집행은 물론 비권력적 수단 중시	· 공공의 안녕과 질서유지 강조 · 법집행의 측면 강조

분석 대륙법계와 영미법계의 경찰개념에 대한 비교는 최근 12년간 독립된 유형의 문제로 2회, 영국의 로버트 필 경(비교경찰 및 외국경찰의 역사)에 대한 내용이 1회 출제되었습니다. 양 법계의 특징을 비교하는 문제가 출제될 가능성이 높으므로 위의 표를 잘 숙지하여야 하고, 로버트 필 경에 대한 내용은 기출 지문을 정확히 기억할 필요가 있습니다. 아울러 양 법제가 우리의 법제도에 어떤 영향을 주었는지에 대한 역사적 내용도 출제될 가능성이 있습니다.

07 영미의 경찰개념에 대한 설명으로 옳지 않은 것은? (기출문제)

① 경찰을 사회의 구성원이자 전문적인 문제해결자로 봄으로서 기능과 기술, 봉사와 협력요인을 더 강조한다.
② 주권자인 주민으로부터 자치권한을 위임받은 조직체로 본다.
③ 통치권적 개념을 전제로 한다.
④ 경찰은 시민을 위하여 법을 집행하고 서비스하는 기능이다.

해설 ① ② ④ 옳은 설명이다. ③ 통치권적 개념을 전제로 하는 것은 대륙법계 경찰개념이다.

08 1829년 런던수도경찰청을 창설한 로버트 필 경(Sir Robert Peel)이 경찰조직을 운영하기 위하여 제시한 기본적인 원칙 중 가장 적절하지 않은 것은? (2020년 제1차 / 2009년 제2차 유사)

① 경찰의 기본적인 임무는 범죄에 대한 신속한 대응이다.
② 경찰의 성공은 시민의 인정에 의존한다.
③ 적절한 경찰관들을 확보하기 위한 교육훈련은 필수적인 것이다.
④ 경찰은 군대식으로 조직되어야 한다.

해설 ① 로버트 필 경은 경찰의 기본적인 임무는 범죄와 무질서를 줄이는 <u>범죄예방</u>에 있다고 하였다.
② ③ ④ 옳은 설명이다. 이외에도 공공의 협조 확보 · 유지, 무력사용의 자제, 비당파적 치안서비스의 제공 등이 있다(2009년 지문).

09 경찰개념에 대한 설명 중 가장 적절하지 않은 것은? (2018년 제3차)
① 1794년 프로이센 경찰행정법은 "경찰관청은 공공의 평온, 안녕 및 질서를 유지하고 또한 공중 및 그의 개개 구성원들에 대한 절박한 위험을 방지하기 위하여 필요한 조치를 취하는 것은 경찰의 직무이다."라고 규정하였다.
② 행정경찰과 사법경찰은 프랑스에서 확립된 구분으로, 프랑스 「죄와 형벌법전」에서 유래하였다.
③ 경찰개념의 발달과정에서 경찰사무를 타 행정관청으로 이관하는 현상을 '비경찰화'라고 하는데, 위생경찰, 산림경찰 등을 비경찰화 사무의 예로 들 수 있다.
④ 대륙법계 국가의 경찰개념 형성과정은 경찰의 임무범위를 축소하는 과정이었으며 경찰과 시민을 대립하는 구도로 파악하였다.

해설 ① 경찰관청은 절박한 위험을 방지하기 위해 필요한 기관이라고 명시한 것은 1794년 프로이센 일반란트법이므로 틀린 설명이다. 1794년 프로이센 일반란트법(소극), 1795년 프랑스 경죄처벌법(소극), 1850년 프로이센 경찰행정법(확대), 1882년 크로이츠베르크 판결, 1931년 프로이센 경찰행정법(소극)으로 이어지고 있다. 법치국가시대 경찰권이 소극적인 질서유지에 한정하는 소극적 목적으로의 전환과정이 순조로웠던 것은 아니다. 1850년 프로이센 경찰행정법에서 복리를 증진하는 작용이 추가되어 다시 확대되다가 1882년 크로이츠베르크(Kreuzberg) 판결을 통해 경찰은 소극적 위험방지에 한정된다는 결정적인 전기가 마련되었고, 1931년 프로이센 경찰행정법(소극)에서 소극목적에 한정된다는 법제도화가 이루어지는 험난한 과정을 거치게 된다. ② ③ ④ 옳은 설명이다.

【경찰개념의 역사적 변천과정 개관】

· 경찰개념의 다의성: 시대적(고대 · 중세 · 경찰국가 · 법치국가) 및 지역적(대륙 · 영미법계) 배경에 따라 의미 다양
 → 경찰개념을 일률적으로 정의하기 곤란
· 대륙법계(경찰 · 시민을 대립하는 구도로 파악)의 경찰개념은 역사적으로 그 범위가 축소되는 과정을 통해 형성

시대		경찰의 구체적인 개념
고대		· 라틴어 politia에서 유래: 도시국가에서 이루어지는 일체의 정치(활동), 특히 "헌법"을 지칭
중세	프랑스	(14세기) 국가의 목적 · 작용 내지 국가의 평온한 질서유지 상태를 의미
	독일	· (15세기) 공공질서와 복리를 위한 통치권 내지 국가행정 전반을 의미 · (16세기 – 제국경찰법) 교회행정권을 제외한 일체의 국가작용을 의미
경찰국가		· 17세기 국가작용의 분화현상 → 외교 · 군사 · 재정 · 사법을 제외한 내무행정 전반을 의미 · 소극적 치안유지 뿐만 아니라 적극적인 공공복지(복리)의 증진을 위한 강제력 행사 허용 · 특징: 절대왕정(절대국가)의 시대로 법에 의한 통제가 아닌 국가권력(전제군주)에 의한 자의적 통제 · 권력분립 미확립(상호 견제X) + 국가 전반에 걸친 억압적 규율 + 재판작용의 독립성 결여와 불충분한 기본권 보장 → 헌법상 권력분립의 확립과 재판작용의 독립성이 보장된 대한민국 법률의 "경찰"과 다른 개념
법치국가	독일	· 사상적 기초: 계몽철학의 등장 → 종래 통치의 객체이던 시민의 주체성 자각(주권자) · 경찰개념: 적극적인 복리의 증진 제외 → 소극적인 위험방지에 한정 – 1794 프로이센 일반란트법: 경찰관청은 "절박한 위험"을 방지하기 위해 필요한 기관 – 1882 크로이츠베르크 판결: 경찰관청이 법규명령을 발하는 분야는 위험방지 분야에 한정 – 1931 프로이센 경찰행정법: 위험방지를 위해 의무에 합당한 재량에 따라 필요한 조치 · 나치시대: 중앙집권적 국가경찰로 경찰권의 범위가 대폭 확대(비경찰화의 계기) · 2차 세계대전 이후 협의의 행정경찰사무(영업 · 건축 · 위생 등)를 다른 관청에 이관(비경찰화) → 비경찰화는 협의의 행정경찰과 보안경찰 구분의 계기(※ 유의: 보안경찰은 비경찰화X)
	프랑스	· 1795 죄와형벌법전: 경찰은 공공질서와 개인의 자유 · 재산 · 안전을 유지하는 기관으로 규정 · 1884 지방자치법전: 자치체경찰은 공공의 질서 · 안전 및 위생 확보를 목적으로 한다고 규정 → 경찰의 직무를 소극목적에 한정하고 있으나, 부분적으로 협의의 행정경찰사무 포함

분석 경찰개념의 역사적 변천과정은 최근 12년간 독립된 유형의 문제로 5회, 다른 지문(영미법계의 경찰개념)과 결합하여 1회 출제되었고, 시대별 경찰의 의미를 알고 있는지 그리고 어떤 방향으로 경찰개념이 형성되어 왔는지를 알고 있는지 확인하는 수준이었습니다. 경찰학 분야에서 기초적 분야로 향후에도 계속 출제될 가능성이 높으므로, 위 표의 구체적인 내용을 연대기적 순으로 잘 기억해야 변형된 문제에 대비할 수 있습니다. 아울러 경찰(Police/Polizei)이라는 용어가 시대·지역에 따라 다른 의미로 사용되었다는 점에도 유의해야 합니다.

10 18~20세기 독일과 프랑스에서의 경찰개념 형성 및 발달과정에 관한 설명으로 가장 적절하지 않은 것은?
(2019년 2차)

① 경찰 개념을 소극적 질서유지로 제한하는 주요 법률과 판결을 시간적 순서대로 나열하면 프로이센 일반란트법(제10조) – 프랑스 죄와 형벌법전(제16조) – 크로이츠베르크 판결 – 프랑스 지방자치법전(제97조) – 프로이센 경찰행정법(제4조)의 순이다.

② 크로이츠베르크 판결은 경찰의 직무범위는 위험방지 분야에 한정된다고 하는 사상이 법해석상 확정되는 계기가 되었다.

③ 프랑스 죄와 형벌법전은 행정경찰과 사법경찰을 최초로 구분하여 법제화하였다는 점에 의의가 있다.

④ 프랑스 지방자치법전은 경찰의 직무범위에서 협의의 행정경찰적 사무를 제외시킴으로써 경찰의 직무를 소극목적에 한정하였다.

해설 ① ② ③ 옳은 설명이다. 【경찰개념의 역사적 변천과정 개관】 참조
④ 프랑스 지방자치법전(1884)은 자치체경찰은 공공의 질서·안전 및 위생 확보를 목적으로 한다고 규정하여, 기본적으로 경찰의 기능을 소극목적으로 한정하고 있으나, 위생과 같은 일부의 행정경찰사무를 포함하고 있었다.

11 경찰개념의 형성 및 역사적 변천과정에 대한 설명 중 옳지 않은 것은 모두 몇 개인가?
(2010년 제2차)

ⓐ 고대에서의 경찰개념은 라틴어의 politia에서 유래한 것으로, 도시국가의 국가작용 가운데 '정치'를 제외한 일체의 영역을 의미하였다.
ⓑ 경찰국가시대에는 적극적인 공공복리의 증진을 위해서도 강제력을 행사할 수 있었다.
ⓒ 제2차 세계대전 이후 독일에서는 보안경찰을 포함한 영업·위생·건축 등의 협의의 행정경찰사무를 일반행정기관의 사무로 이관하는 이른바 비경찰화 과정이 이루어졌다.
ⓓ 경찰의 임무는 소극적인 위험방지에 한정된다고 하는 사상이 법해석상 확정되는 계기가 된 것은 띠톱판결이다.

① 1개   ② 2개   ③ 3개   ④ 4개

해설 ⓐ 고대의 경찰개념은 도시국가에서 이루어지는 일체의 정치(활동), 특히 "헌법"을 지칭하는 의미이다.
ⓑ 옳은 설명이다.
ⓒ 2차 세계대전 이후 협의의 행정경찰사무(영업·건축·위생 등)가 다른 관청에 이관(비경찰화)되었고, 보안경찰은 비경찰화의 대상이 아니었으며, 비경찰화는 협의의 행정경찰과 보안경찰 구분의 계기가 되었다.
ⓓ 크로이츠베르크 판결이다. 독일의 띠톱판결은 행정개입청구권과 관련이 있고, 이는 행정청의 위법한 부작위 등으로 인하여 권익을 침해당한 자가 당해 행정청에 대하여 법에 규정된 행정권의 발동을 청구하는 권리이다.

12 대륙법계 국가의 경찰개념에 대한 설명 중 틀린 것은?　　　　　　(2009년 제1차)

① 경찰국가시대에는 외정, 군정, 재정, 사법을 제외한 내무행정전반을 의미하였다.
② 18c 법치국가시대에는 적극적인 복지경찰분야가 제외되고 소극적인 위험방지 분야에 한정되었다.
③ 2차 세계대전 이후 독일에서는 풍속경찰, 위생경찰, 및 건축경찰 등의 경찰사무를 다른 행정관청의 분장사무로 이관하는 비경찰화 과정이 이루어졌다.
④ 행정경찰과 사법경찰의 구별을 처음으로 법제화한 국가는 프랑스이다.

> **해설**　① ② ④ 옳은 설명이다. ③ 풍속경찰은 경찰 고유의 업무이므로 타 행정기관으로는 이관할 수 없다.

13 다음 설명에 해당하는 것은 무엇인가?　　　　　　(2015년 제3차)

> 범죄의 예방과 검거 등 보안경찰 이외의 협의의 행정경찰사무 즉 영업경찰, 건축경찰, 보건경찰 등의 경찰사무를 다른 행정관청의 분장사무로 이관하는 현상

① 비범죄화　　　② 비경찰화　　　③ 사무통합　　　④ 경찰국가

> **해설**　비경찰화에 대한 설명이다. 비범죄화는 형사처벌의 대상이던 행위를 더 이상 형사처벌하지 않는 것을 말한다.

14 경찰개념에 관한 다음 설명 중 가장 적절하지 않은 것은?　　　　　　(2012년 제2차)

① 경찰국가에서는 계몽철학을 사상적 기초로 하여, 소극적 치안유지 뿐만 아니라 적극적인 공공복리의 증진을 위한 강제력의 행사도 경찰의 개념에 포함되었다.
② 1794년 프로이센 일반란트법은 「공공의 평온, 안녕 및 질서를 유지하고 공중 및 개개 구성원들에 대한 절박한 위험을 방지하기 위하여 필요한 수단을 강구하는 것이 경찰의 책무이다」라고 규정하였다.
③ 비경찰화란 행정경찰의 영역에서 보안경찰 이외의 행정경찰사무, 즉 영업·건축·보건·위생경찰 등 협의의 행정경찰사무를 다른 행정관청의 사무로 이관하는 것을 의미한다.
④ 영미법계의 경찰개념은 자치권적 개념을 전제로 경찰과 시민과의 관계를 친화적·비례적·수평적 관계라 하며, 경찰의 역할 및 기능을 기준으로 형성된 개념이라 할 수 있다.

> **해설**　① 경찰국가시대는 법치국가 이전의 시대로 법에 의한 통제가 아닌 국가권력(전제군주)에 의한 자의적 통제가 이루어지던 시대이다. <u>계몽철학을 사상적 기초로 하는 것은 법치국가시대</u>이다.
> 　　② ③ ④ 옳은 설명이다.

15 경찰의 분류에 대한 설명으로 가장 적절하지 않은 것은?　　　　　　(2021년 제1차)

① 행정경찰과 사법경찰: 경찰의 목적에 따라 구분하며, 프랑스의 「죄와 형벌법전」(「경죄처벌법전」)에서 이와 같은 구분을 최초로 법제화하였다.
② 협의의 행정경찰과 보안경찰: 다른 행정작용에 부수하느냐의 여부에 따라 구분하며, 협의의 행정경찰은 경찰활동의 능률성과 기동성을 확보할 수 있고 보안경찰은 지역 실정을 반영한 경찰조직의 운영과 관리가 가능하다.
③ 평시경찰과 비상경찰: 위해의 정도와 담당기관에 따라 구분하며, 평시경찰은 평온한 상태 하에서 일반경찰법규에 의하여 보통경찰기관이 행하는 경찰작용이고 비상경찰은 비상사태 발생이나 계엄선포 시 군대가 일반치안을 담당하는 경우이다.

④ 질서경찰과 봉사경찰: 경찰서비스의 질과 내용에 따라 구분하며, 「경범죄 처벌법」위반자에 대한 통고처분은 질서경찰의 영역에, 교통정보의 제공은 봉사경찰의 영역에 해당한다.

해설 ① ③ ④ 옳은 설명이다. ② 업무의 독자성(다른 행정작용의 수반 여부)에 따른 구분은 맞으나, 구체적인 설명은 국가경찰과 자치경찰의 장점에 대한 설명이다. 경찰의 분류 및 국가·자치경찰의 비교는 아래의 표를 참조.

【경찰의 분류 개관】

기준	분류	내용	비고	
3권분립 (목적· 임무)	행정 경찰 (광의)	공공의 안녕·질서 유지 및 범죄예방 → 보안경찰과 협의의 행정경찰로 세분	(경찰) 행정 법규	·프랑스의 <u>죄와 형벌법전</u>에서 최초로 확립되었음 ·우리는 경찰조직상 구분X ·유길준의 "서유견문"에 수사·행정경찰 용어가 사용
	사법 경찰	범죄의 수사와 체포	형사 소송법	
업무의 독자성	보안 경찰	타 행정작용을 수반하지 않는 경찰작용	교통·풍속·생활안전·경비·해양경찰	
	협의 의 행정 경찰	타 행정작용과 결합되어 특별한 이익의 보호를 목적으로 하면서 부수적으로 공공의 안녕과 질서를 유지하는 경찰작용	건축·영업·위생·산림·철도·산업경찰 등 → 비경찰화의 영역	
경찰권 발동시점	예방 경찰	위해(위험)의 발생 방지	순찰 / 총포·화약류의 취급제한 / 위해를 미칠 우려가 있는 정신착란자의 보호	
	진압 경찰	발생한 위해(위험)의 제거 및 범죄 수사	범죄의 제지·수사 / 사람을 공격하는 동물 사살 / 위해를 <u>가하는</u> 정신착란자 보호	
권한·책임 소재	국가 경찰	국가가 설립·운영·관리의 주체	국가경찰과 자치경찰의 조직 및 운영에 관한 법률이 21.1.1. 시행(조직적 분리X)	
	자치 경찰	지방자치단체가 설립·운영·관리의 주체		
경찰활동의 질과 내용 (강제력 유무)	질서 경찰	강제력을 수단으로 법을 집행하는 경찰	범죄수사, 경찰상 즉시강제 및 통고처분 등	
	봉사 경찰	비권력적인 서비스·계몽·지도 등을 행하는 경찰	방범(범죄예방)지도 / 청소년 선도 / 교통 및 지리 정보의 제공 등	
위해정도와 담당기관	평시 경찰	평온한 상태에서 보통경찰기관이 일반경찰법규에 의하여 경찰사무를 담당하는 것		
	비상 경찰	국가비상사태에서 군이 계엄법에 의하여 경찰사무를 관장하는 것		

분석 경찰의 분류는 최근 12년간 독립된 유형의 문제로 9회, 경찰의 개념과 관련된 지문과 결합하여 2회 출제되었고, 경찰학 기초 이론의 중요 부분이므로 향후에도 출제될 가능성이 높습니다. 어떤 기준에 따라 경찰이 분류되고, 구체적으로 어떤 활동들이 각각의 분류에 해당하는지 위의 표를 정확히 숙지하고 있어야 출제 가

능성에 대비할 수 있습니다. 경찰의 분류와 관련하여 국가경찰과 자치경찰의 비교 문제도 2회가 출제되었던 만큼 아래의 표를 정확하게 숙지하고 있어야 하고, 특히 각 유형의 장·단점 비교에 유의해야 합니다.

【국가경찰과 자치(제)경찰의 비교】

구분	국가경찰	자치(제)경찰
조직	단일화된 중앙집권적 조직체계(계층적 구조) → 일반적으로 대륙법계 국가(예외 – 독일)	지방자치단체별로 분리·독립된 조직체계(분권화) → 영미법계 국가

장점	· 국가권력에 기반한 강력하고 광범위한 집행력
	· 조직의 통일적 운영과 경찰활동의 능률성
	· 다른 행정부문과의 긴밀한 협조 및 원활한 조정
	· 전국적으로 균등한 수준의 경찰활동
	· 분쟁시 상급기관에 의한 조정 용이
	· 전국적인 통계자료의 정확성
		· 지방특성에 적합한 경찰행정 가능
		· 민주성이 보장되어 주민의 지지를 받기 쉬움
		  (선거를 통한 지역주민에 의한 경찰통제 가능)
		  (주민의 의견수렴 용이)
		· 지역실정에 맞는 경찰개혁 용이
		· 지역주민에 대한 경찰의 높은 책임의식

단점	· 조직의 비대화 및 관료화 경향에 기한 국민에 대한 봉사 저해 · 지방의 특수성 반영이 어렵고 창의성 저해 · 경찰이 정부의 특정정책에 이용될 가능성	· 전국적·광역적 활동에 부적합 · 다른 경찰기관과의 협조·응원체제 곤란 · 경찰활동이 자치단체 재정상태에 좌우될 가능성 · 지역토호세력과의 유착 가능성

16 다음은 국가경찰과 자치경찰에 대한 설명이다. 옳은 것으로 묶인 것은?   (2020년 제1차)

> ㉠ 국가경찰은 자치경찰과 비교하여 인권과 민주성이 보장되어 주민들의 지지를 받기 쉽다.
> ㉡ 자치경찰은 국가경찰과 비교하여 권력적 수단보다는 비권력적 수단을 통해 국민의 생명과 신체·재산을 보호하고자 한다.
> ㉢ 국가경찰은 자치경찰과 비교하여 타 행정부문과의 긴밀한 협조·조정이 원활하다는 장점이 있다.
> ㉣ 자치경찰은 국가경찰과 비교하여 지역실정을 반영한 경찰조직의 운영·관리가 용이하다.
> ㉤ 국가경찰은 자치경찰과 비교하여 지역주민에 대한 경찰의 책임의식이 높다.

① ㉠ ㉡ ㉣   ② ㉡ ㉢ ㉣   ③ ㉡ ㉢ ㉤   ④ ㉠ ㉣ ㉤

해설 ㉡ ㉢ ㉣ 옳은 설명이다.
   ㉠ ㉤ 민주성이 보장(예: 경찰기관장의 선출 등)되어 주민들의 지지를 받기 쉽고, <u>지역주민에 대한 경찰의 높은 책임의식은 자치경찰의 장점에 대한 내용이다.</u>

17 다음 중 경찰의 분류와 그 내용으로 가장 적절하지 않은 것은?   (2018년 제3차)

① 경찰권 발동시점에 따라 예방경찰과 진압경찰로 구분할 수 있으며, 위해를 미칠 우려가 있는 정신착란자의 보호는 예방경찰에, 사람을 공격하는 멧돼지를 사살하는 것은 진압경찰에 해당한다.
② 업무의 독자성에 따라 보안경찰과 협의의 행정경찰로 구분할 수 있으며, 교통경찰은 보안경찰에, 건축경찰은 협의의 행정경찰에 해당한다.
③ 삼권분립 사상에 따라 행정경찰과 사법경찰로 구분할 수 있으며, 형식적 의미의 경찰은 행정경찰에, 실질적 의미의 경찰은 사법경찰에 해당한다.
④ 경찰활동의 질과 내용에 따라 질서경찰과 봉사경찰로 구분할 수 있으며, 범죄수사는 질서경찰에, 방범지도는 봉사경찰에 해당한다.

해설 ① ② ④ 옳은 설명이다. ③ 공공의 안녕·질서의 유지 및 범죄의 예방 등 위험방지를 내용으로 하는 행정경찰은 실질적 의미의 경찰에, 위험 실현 이후의 범죄를 진압하는 <u>사법(수사)경찰은 형식적 의미의 경찰</u>에 해당한다.

18 다음 중 경찰을 경찰활동의 질과 내용에 따라 분류한 것으로 가장 적절한 것은? (2018년 제1차)

① 질서경찰과 봉사경찰
② 보안경찰과 협의의 행정경찰
③ 행정경찰과 사법경찰
④ 보통경찰과 고등경찰

해설 경찰활동의 질과 내용에 따라 강제력을 수단으로 법을 집행하는 <u>질서경찰</u>과 비권력적인 서비스·계몽·지도 등을 행하는 <u>봉사경찰</u>로 구분할 수 있다.

19 다음 중 경찰을 권한과 책임의 소재에 따라 구분한 것으로 가장 적절한 것은? (2016년/2009년 제1차)

① 국가경찰과 자치경찰
② 예방경찰과 진압경찰
③ 보안경찰과 협의의 행정경찰
④ 질서경찰과 봉사경찰

해설 경찰에 대한 권한과 책임의 소재에 따라 국가가 경찰을 설립·운영·관리의 주체인 국가경찰과 지방자치단체가 그 설립·운영·관리의 주체인 자치경찰로 구분할 수 있다.

20 경찰의 분류에 대한 다음 설명 중 가장 적절하지 않은 것은? (2012년 제3차)

① 경찰권 발동시점을 기준으로 분류하는 경우 예방경찰과 진압경찰로 구분된다.
② 공공의 안녕과 질서에 대한 위해의 정도 및 담당기관으로 분류하는 경우 평시경찰과 비상경찰로 구분된다.
③ 경찰활동의 질과 내용을 기준으로 분류하는 경우 질서경찰과 봉사경찰로 구분된다.
④ 권한과 책임의 소재를 기준으로 분류하는 경우 보안경찰과 협의의 행정경찰로 구분된다.

해설 ① ② ③ 옳은 설명이다.
④ 권한과 책임의 소재를 기준으로 국가경찰과 자치경찰로 구분되고, <u>보안경찰과 협의의 행정경찰은 다른 행정작용을 수반하는지 여부(이른바 업무의 독자성 여부)를 기준</u>으로 구분한다.

21 자치경찰제도와 비교하여 국가경찰제도가 갖는 장점으로 가장 적절하지 않은 것은? (2016년 제2차)

① 국가권력을 배경으로 강력하고 광범위한 집행력을 행사할 수 있다.
② 전국적으로 통계의 정확성을 기할 수 있다.
③ 경찰조직의 운영·개혁이 상대적으로 용이하다.
④ 타 행정부문과의 긴밀한 협조·조정이 원활하다.

해설 ① ② ④ 자치경찰제도에 비해 국가경찰제도가 갖는 장점이다.
③ 국가경찰제도는 조직의 통일적 운영과 경찰활동의 능률성이라는 장점이 있지만, 지역실정에 맞는 경찰의 운영 및 개혁이 자치경찰제도에 비해 상대적으로 어렵다는 문제점이 있다.

22 국가경찰제도와 비교할 때 지방자치경찰제도에 대한 설명으로 가장 옳은 것은? (2010년 제1차)

① 조직이 비대화되고 관료화될 우려가 크다는 단점이 있다.
② 각 지방의 특수성이 반영되지 않고 창의성이 저해될 수 있다는 단점이 있다.
③ 다른 지방자치경찰과의 협조가 원활하다는 장점이 있다.
④ 주민의견 수렴이 용이하여 주민들의 지지를 받기가 쉽다는 장점이 있다.

해설 ① 조직의 비대화 및 관료화의 우려는 국가경찰제도의 단점에 해당한다. 틀린 설명이다.
② 지방의 특수성 반영 곤란 및 창의성 저해는 국가경찰제도의 단점에 해당한다. 틀린 설명이다.
③ 다른 지방자치경찰과의 협조가 원활하지 못할 수도 있다는 점은 지방자치경찰제도의 단점에 해당한다. 틀린 설명이다.
④ 주민의 의견 수렴 용이 및 (주민에 의한 경찰통제를 통한)주민들의 지지를 받기 쉽다는 점은 지방자치경찰제도의 장점에 해당한다. 옳은 설명이다.

23 경찰의 개념에 관한 다음 내용 중 가장 적절하지 않은 것은? (2012년 제1차)

① 형식적 의미의 경찰은 실정법상 보통경찰기관의 직무와 관련이 있으며, 실질적 의미의 경찰은 본질적으로 타인의 자유와 행동을 제한하고 규제하는 것과 관련이 있다.
② 형식적 의미의 경찰 중에서 경찰활동의 질과 내용을 기준으로 질서경찰과 봉사경찰로 구분할 수 있으며, 범죄수사 및 진압은 질서경찰에 포함되고, 교통정보제공이나 청소년 선도 등은 봉사경찰의 개념에 포함된다.
③ 경찰청의 분장사무처럼 사회공공의 안녕과 질서를 유지하기 위하여 다른 행정작용을 동반하지 아니하고 오로지 경찰작용만으로 행정의 일부분을 구성하는 경우를 보안경찰이라 하고, 건축경찰 또는 위생경찰처럼 다른 행정작용과 결합하여 특별한 사회적 이익의 보호를 목적으로 하면서 그 부수작용으로서 사회공공의 안녕과 질서를 유지하기 위한 경찰작용을 협의의 행정경찰이라 한다.
④ 행정경찰과 사법경찰의 구분은 삼권분립의 사상에 투철했던 프랑스에서 확립된 것이며, 그 영향을 받아 우리나라에서는 조직법상으로 행정경찰과 사법경찰의 구분이 명확하다.

해설 ① ② ③ 옳은 설명이다.
④ 우리나라의 경우 조직법상으로는 행정경찰과 사법경찰이 구분되어 있지 않다. 강학상의 경찰조직법에 해당하는 "국가경찰과 자치경찰의 조직 및 운영에 관한 법률"은 제3조에서 위험방지와 관련된 행정경찰작용은 물론 범죄수사와 관련된 사법경찰작용을 동시에 경찰의 임무로 규정하고 있다.

24 다음 경찰의 분류에 대한 설명 중 가장 적절하지 않은 것은? (2011년 제1차)

① 실질적 의미의 경찰이란 경찰의 개념을 작용과 성질을 중심으로 파악한 것으로 일반통치권에 기초한 활동으로서 이론적·학문적 개념이다.
② 실질적 의미의 경찰은 형식적 의미의 경찰개념보다 넓은 의미로 형식적 의미의 경찰을 모두 포괄하는 상위개념이다.
③ 광의의 행정경찰을 업무의 독자성(타 행정작용에 부수하느냐의 여부)으로 분류하면 보안경찰과 협의의 행정경찰로 나뉜다.
④ 총포·화약류의 취급제한, 정신착란자 보호조치는 예방경찰의 임무에 해당한다.

해설 ① ③ ④ 옳은 설명이다.

② 실질적 의미와 형식적 의미의 경찰 사이에 상위 · 하위개념의 관계는 존재하지 않는다. 1번 문제 해설 참조.

【한국의 경찰개념 형성과정】

시대	내용
갑오개혁 이전	· 국가기능 미분화 → 현대적 의미의 경찰작용은 다른 국가기능(행정 · 군사 · 사법 등)과 혼재되어 수행 · 갑오개혁을 계기로 경찰기능이 다른 국가의 기능들과 분리되기 시작
갑오개혁 이후 및 식민지배 시기	· 프랑스법상 경찰권(Pouvoir de Police)의 관념이 독일의 경찰(Polizei) 관념 형성에 영향 · 프랑스와 독일의 영향을 받은 일본이 식민지배의 수단으로 법제도를 이식하면서 영향을 미침 　→ "행정경찰은 공공질서의 유지 및 범죄예방을 목적으로 한다"는 프랑스 죄와 형벌법전(제19조)이 "행정경찰의 취지는 인민의 위해를 예방하고 안녕을 보전함에 있다"는 일본의 행정경찰규칙(제1조)의 모범이 됨 　→ 일본의 행정경찰규칙은 우리나라의 행정경찰장정을 통해 그대로 이식 　→ 프로이센의 영향을 받은 일본의 행정집행법이 우리의 행정집행령에 반영(예: 검속 · 영치 · 출입 등) · (비경찰화 이전 독일과 유사) 영업 · 건축 · 보건 · 위생 등 협의의 행정경찰사무가 경찰의 임무에 포함
미군정기 및 정부수립 이후	· 영미법계의 민주주의 · 자유주의 · 개인주의에 따른 경찰개념 형성 　→ 국민의 생명 · 신체 · 재산의 보호 강조(경찰관 직무집행법 제1조에 반영) 　→ 경찰관 직무집행법은 대륙법계(독일 · 프랑스)와 영미법계의 영향을 모두 받은 것으로 평가됨 · 영업 · 건축 · 보건 · 위생 등 협의의 행정경찰사무에 대한 비경찰화

예상문제　경찰의 개념과 분류

01 경찰의 개념에 대한 설명으로 옳은 것은?

① 법률에 따른 제도와 조직을 중심으로 파악된 형식적 의미의 경찰개념에 의하면 경찰작용(활동)의 범위는 나라마다 동일하다.
② 사회공공의 안녕과 질서를 유지한다는 국가작용의 성격을 중심으로 파악된 실질적 의미의 경찰개념은 프랑스의 "죄와 형벌법전"에서 유래한다.
③ 경찰관 직무집행법 제4조의 보호조치는 형식적 의미의 경찰개념은 물론 실질적 의미의 경찰개념에도 해당하는 경찰작용이다.
④ 정보경찰, 보안(대공)경찰, 일반사법경찰 및 공공의 안녕·질서유지를 위한 비권력적 성격의 치안서비스 제공 등은 실질적 의미의 경찰개념에 해당하는 경찰작용이다.

해설　① 형식적 의미의 경찰개념은 법률(실정법)에 따라 보통(또는 일반)경찰기관에게 분배되어 있는 임무를 달성하기 위해 행해지는 경찰활동을 의미하고, 이는 법률에 따른 제도와 조직을 중심으로 파악한 개념으로 역사적으로 발전된 각국의 전통과 현실적 상황에 따라 상이하다. 가령 독일의 경우 국경경비 및 해안경비와 같은 국경통제의 임무를 연방내무부 소속의 연방경찰(Budespolizei)이 담당하지만, 우리나라의 경우 출·입국과 관련된 통제는 법무부 소속의 출입국·외국인정책본부에서 담당하고 있다.
② 실질적 의미의 경찰개념은 독일의 행정법학에서 유래하는 것으로 프랑스의 "죄와 형벌법전"은 행정경찰과 사법경찰이라는 용어를 구분하여 사용하였다.
③ 옳은 설명이다. 경찰관 직무집행법이라는 법률에 따라 경찰관의 직무로 규정된 "국민의 생명·신체"를 보호하기 위한 경찰작용으로 형식적 의미의 경찰개념에 해당함은 물론 공공의 안녕의 내용인 "개인의 권리·법익의 불가침성"을 위해 일반통치권에 근거하여 명령·강제(즉시강제의 성격)하는 권력작용이므로 실질적 의미의 경찰개념에도 해당한다.
④ 정보경찰활동, 보안(대공)경찰활동, 일반사법경찰활동 및 치안서비스의 제공(그 밖에 공공의 안녕과 질서유지에 해당)은 국가경찰과 자치경찰의 조직 및 운영에 관한 법률과 경찰관 직무집행법에 따라 보통(일반)경찰기관이 행하는 형식적 의미의 경찰활동이다. 경찰의 범죄수사는 그 대상영역에 제한이 없다는 점에서 "일반사법경찰작용(활동)"으로, 보통(일반)경찰기관이 아닌 일반행정기관(보통경찰기관에 대비되는 개념으로서 이른바 "특별경찰기관") 등의 구성원이 당해 업무영역에서 발생하는 범죄에 대해 사법경찰관리의 직무를 수행한다는 점에서 특별사법경찰작용(활동)으로 용어를 구분하여 사용하는 것이 타당하다.

02 형식적 의미의 경찰개념과 실질적 의미의 경찰개념에 대한 설명으로 틀린 것은?

① 형식적 의미의 경찰개념과 실질적 의미의 경찰개념 사이에 상위개념 및 하위개념이라는 관계는 성립하지 않는다.
② 국민에게 명령·강제하지 않는 비권력적 작용이라고 하더라도 공공의 안녕·질서의 유지를 위해 법률에 보통(일반)경찰기관의 임무로 규정된 경우 형식적 의미의 경찰개념에 해당한다.
③ 실질적 의미의 경찰개념은 사회공공의 안녕과 질서를 유지하기 위해 일반통치권에 기해 국민에게 명령·강제하는 권력작용을 말하고, 어느 국가기관이 이를 담당하는지는 불문한다.
④ 국회법에 따른 국회의장의 국회경호권과 법원조직법에 따른 재판장의 법정질서유지권(법정경찰권)은 그 성격이 국민에게 명령·강제하는 권력작용으로 실질적 의미의 경찰개념에 해당한다.

해설 ① ② ③ 옳은 설명이다.
④ 국회의장의 국회경호권과 재판장의 법정질서유지권(법정경찰권)은 일반통치권을 전제로 하는 것이 아니라 부분사회의 내부적인 질서유지를 목적으로 하는 것이므로 실질적 의미의 경찰개념에 해당하지 않는다.

03 경찰의 개념에 대한 비교법적 설명으로 옳은 것은?

① 영미법계의 경찰은 일반적으로 강력한 왕권에 기반한 집권화된 국가경찰 중심으로 그 개념이 형성되었다.
② 대륙법계의 경찰은 주권자인 시민으로부터 자치권한을 위임받은 조직체로서의 경찰이 시민을 위해 수행하는 기능·역할을 중심으로 그 개념이 형성되었다.
③ 영미법계의 경찰개념에서는 국민의 생명·신체·재산과 같은 개인적 이익의 보호가 강조되었고, 대륙법계의 경찰개념에서는 공공의 안녕과 질서의 유지가 강조되었다.
④ 영미법계의 경찰개념에서는 경찰과 시민을 상호 대립하는 구도로 파악하였으나, 대륙법계의 경찰개념에서는 양자를 상호 친화적·수평적 관계로 바라보았다.

해설 ① ② ④ 영미법계와 대륙법계의 경찰개념과 관련하여 반대로 설명되어 있다.
③ 옳은 설명이다. 국민의 생명·신체·재산과 같은 개인적 이익의 보호는 미군정기를 거친 이후 1953년에 경찰관 직무집행법을 제정하면서 제1조(목적)에 그대로 반영되었다.

04 경찰개념의 역사적 변천 과정에 대한 설명으로 틀린 것은?

① 경찰의 개념은 시대적·지역적 배경에 따라 다른 의미로 사용되었기 때문에 이를 일률적으로 정의하기는 어렵다.
② 대륙법계의 경찰개념은 역사적으로 볼 때 그 개념 범위가 경찰권의 소극적 목적으로의 전환 과정을 거쳤다.
③ 경찰국가에서 사용되는 "경찰"과 대한민국의 법률에서 사용되고 있는 "경찰"은 상호 동일한 의미로 이해된다.
④ 중세 독일의 경찰은 공공질서와 복리를 위한 통치권 내지 국가행정 전반(15세기말) 또는 교회행정권을 제외한 일체의 국가작용(16세기)을 의미하였다.

해설 ① ② ④ 옳은 설명이다.
③ 경찰국가(Polizeistaat)라는 용어는 시민혁명 이후 법치국가와 대비되는 개념으로서의 절대국가를 의미하는 것으로 사용된다. 이는 국가의 기관이 법에 구속되지 않고, 오늘날 법치국가 관념과 달리 권력분립이 확립되지 않아 권력 상호 간에 효과적으로 통제가 되지 않는 국가에 대한 부정적 표현이다. 경찰과 기타 국가 공안기관의 강력한 지위 및 정치·경제·사회생활 전반에 대한 억압적 규율이 경찰국가의 특징이다. 아울러 경찰국가에서는 재판작용의 독립성 결여로 인하여 국민은 자의적이고 비합법적인 국가의 조치로부터 충분히 보호되지 못하고 그 불가침의 기본권이 보장받지 못한다. 일반적으로 전체주의적 국가들이 경찰국가이기도 하다. 중세 이후 경찰개념의 변천에는 경찰국가에서 법치국가로의 발전이 반영되어 있다.

05 경찰개념의 역사적 변천에 대한 설명으로 옳은 것은?

① 고대시대의 경찰은 도시국가에서 이루어지는 일체의 정치, 특히 헌법을 의미하였다.
② 국가작용의 분화현상으로 인해 중세시대 프랑스의 경찰은 외교·군사·재정·사법을 제외한 내무행정 전반을 의미하였다.
③ 중세시대에서 경찰국가시대로 이행되면서 경찰의 개념에서 적극적인 복리의 증진이 제외되었다.
④ 2차 세계대전 이후 독일의 경우 영업·건축·보건·위생 등 협의의 행정경찰사무에 대한 비경찰화가 이루어지지 못했다.

> **해설** ① 옳은 설명이다.
> ② 중세시대 프랑스의 경찰은 <u>국가목적을 위한 모든 국가작용 또는 국가의 평온한 질서 있는 상태</u>를 의미하였고, 지문은 경찰국가시대의 일반적 현상에 대한 설명이다.
> ③ <u>계몽철학의 등장</u>으로 종래 통치의 객체이던 시민의 주체성이 회복되어 <u>경찰국가시대에서 법치국가시대로 이행</u>이 되었다. 경찰국가시대에는 소극적 치안유지뿐만 아니라 적극적인 복리의 증진을 위한 강제력 행사가 허용되었으나, 법치국가시대 독일의 경우 <u>크로이츠베르크(Kreuzberg) 판결을 통해 경찰의 개념에서 적극적인 복리의 증진이 제외되는 전기</u>가 마련되었다.
> ④ 2차 세계대전 이후 협의의 행정경찰사무를 일반행정기관으로 이관하는 비경찰화가 진행되었고, 비경찰화는 협의의 행정경찰과 보안경찰(비경찰화의 대상X)을 구분하는 계기가 되었다.

06 다음은 경찰개념과 관련된 설명이다. 〈보기 1〉과 〈보기 2〉의 내용이 가장 적절하게 연결된 것은?

> **보기 1**
> (가) 경찰은 공공질서를 유지하고 개인의 자유·재산·안전을 유지하기 위한 기관이다.
> (나) 경찰관청은 일반 또는 개인에 대한 공공의 안녕과 질서를 위협하는 위험을 방지하기 위하여 현행법의 범위 내에서 의무에 합당한 재량에 따라 필요한 조치를 취해야 한다.
> (다) 경찰의 책무는 공공의 평온·안전·질서를 유지하고 공중 또는 그 구성원에 대한 절박한 위험을 제거하기 위하여 필요한 수단을 강구하는 것이다.
> (라) 자치체경찰은 공공의 질서·안전 및 위생을 확보함을 목적으로 한다.

> **보기 2**
> ㉠ 프로이센 일반란트법(1794)   ㉡ 독일 크로이츠베르크 판결(1882)
> ㉢ 프로이센 경찰행정법(1931)   ㉣ 프랑스의 죄와 형벌법전(1795)
> ㉤ 프랑스의 지방자치법전(1884)

	(가)	(나)	(다)	(라)			(가)	(나)	(다)	(라)
①	㉠	㉢	㉣	㉤		②	㉣	㉢	㉠	㉤
③	㉠	㉡	㉢	㉤		④	㉣	㉠	㉢	㉤

> **해설** ②의 연결이 가장 적절하다. (가)는 프랑스의 죄와 형벌법전, (나)는 프로이센 경찰행정법(1931), (다)는 프로이센 일반란트법(1794), (라)는 프랑스의 지방자치법전에 대한 설명이다.

07 행정경찰과 사법경찰에 대한 설명으로 틀린 것은?

① 행정경찰과 사법경찰은 경찰의 목적·임무에 따른 구별로 입법·사법·행정의 3권 분립의 원칙이 투철했던 프랑스의 죄와 형벌법전에서 유래한다.

② 사법경찰활동은 보통(일반)경찰기관의 전속적 임무에 해당하므로 일반행정기관은 사법경찰활동을 담당하지 않는다.

③ 우리나라의 경우 일본의 식민지배 이전에 경찰의 임무(직무)와 관련하여 행정경찰과 사법경찰의 구분을 이미 인식하고 있었다고 볼 수 있다.

④ 행정경찰은 산재한 (경찰)행정법규에 근거하여 활동하고, 사법경찰은 원칙적으로 형사소송법에 근거하여 활동한다.

해설 ② 사법경찰관리의 직무를 수행할 자와 그 직무범위에 관한 법률에서 일반행정기관 등에 소속되어 범죄수사(사법경찰활동)를 담당하는 자(이른바 "특별사법경찰관리")를 규정하고 있다. 일반사법경찰관리는 수사의 대상이 되는 범죄에 제한이 없는 반면에 특별사법경찰관리는 그 대상범죄에 제한이 있다는 점에서 구별된다. 일반사법경찰관리는 법률에 다른 규정이 없는 한 특별사법경찰관리의 관할에 속하는 범죄에 대해 수사할 수 있으나, 특별사법경찰관리는 관할범죄 이외의 다른 범죄에 대해서는 수사할 수 없다.

① ③ ④ 옳은 설명이다. ③과 관련하여 조선후기부터 일제강점기까지 생존한 개화사상가인 유길준의 서유견문(1889년 탈고, 1895년 출판)에서 다음과 같이 기술하고 있다. "경찰제도를 두 가지로 구별해 보면, 첫째는 행정경찰이요 둘째는 사법경찰이다. 행정경찰은 당연한 조치를 취해서 재앙과 피해를 미연에 방지하여 국민들로 하여 죄를 짓지 않도록 한다. 사법경찰은 이미 죄지은 범인을 수색하거나 체포해서 국민의 환난을 제거하는 일을 한다. 그러므로 행정경찰의 힘이 미치지 않는 일은 사법경찰의 직분이니 이 둘의 분계선에는 머리털 하나도 들어갈 수가 없다." 유길준의 서유견문은 한국의 경찰개념 형성과정과 관련된 지문으로 출제될 수도 있다.

08 국가경찰과 자치경찰에 대한 설명으로 옳은 것은?

① 국가경찰과 자치경찰은 위해의 정도와 위해를 제거할 담당기관이 국가 또는 지방자치단체인지에 따른 분류이다.

② 국가경찰은 지역실정에 맞는 경찰활동 및 경찰개혁이 용이한 반면에 다른 행정 부문과의 협조나 조정이 원활하지 못하다.

③ 자치경찰은 민주성이 보장되어 주민의 지지를 받기 쉬운 반면에 전국적·광역적 경찰활동에는 적합하지 못한 측면이 있다.

④ 2021년 1월 1일 시행된 국가경찰과 자치경찰의 조직 및 운영에 관한 법률은 조직적 측면에서 국가경찰과 자치경찰을 엄격하게 분리하였다.

해설 ① 경찰기관을 설치·운영·관리하는 권한·책임 소재의 측면에서 국가경찰과 자치경찰로 구분할 수 있다. 위해의 정도와 위해의 제거를 담당하는 기관이라는 기준에 따라 평시경찰과 비상경찰로 구분된다.

② 지역실정에 맞는 경찰활동 및 경찰개혁의 용이성은 자치경찰의 장점이고, 다른 행정 부문과의 협조·조정이 원활하지 못한 것은 자치경찰의 단점이다. 국가경찰은 자치경찰에 비해 전국적으로 통일된 경찰의 운영이 가능하고, 다른 행정 부문과의 긴밀한 협조 및 원활한 조정이 가능하다는 장점이 있다.

③ 옳은 설명이다.

④ 국가경찰과 자치경찰의 조직 및 운영에 관한 법률은 제4조(경찰의 사무)에서 구체적·세부적인 경찰활동의 내용에 따라 국가경찰사무와 자치경찰사무를 구분하여 규정하면서 제28조 제3항은 시·도자치경찰위원회가

자치경찰사무를 지휘·감독하도록 규정하고 있으나, 제32조에 규정된 <u>경찰청장의 지휘·명령권,</u> 자치경찰사무를 수행하는 경찰공무원에 대한 경찰공무원법 및 국가공무원법의 적용 등 <u>조직법적 측면에서는 국가경찰과 자치경찰을 엄격하게 분리했다기보다는 양자를 절충한 제도로 평가하는 것이 타당하다.</u>

09 다음은 경찰의 분류 기준에 대한 설명이다. 〈보기 1〉과 〈보기 2〉의 내용이 가장 적절하게 연결된 것은?

> **보기 1**
>
> (가) 경찰권 발동의 시점 (나) 업무의 독자성 (다) 경찰활동의 질·내용 (라) 위해 정도와 담당기관

> **보기 2**
>
> ㉠ 평시경찰과 비상경찰   ㉡ 보안경찰과 협의의 행정경찰   ㉢ 국가경찰과 자치경찰
> ㉣ 예방경찰과 진압경찰   ㉤ 행정경찰과 사법경찰   ㉥ 질서경찰과 봉사경찰

	(가)	(나)	(다)	(라)			(가)	(나)	(다)	(라)
①	㉣	㉥	㉤	㉢		②	㉣	㉤	㉢	㉠
③	㉣	㉤	㉠	㉡		④	㉣	㉡	㉥	㉠

해설 ④의 연결이 가장 적절하다. (가) 사전적으로 위험(위해)을 방지하는 예방경찰과 사후적으로 발생한 위험(위해)의 제거 및 범죄수사를 하는 진압경찰로, (나) 다른 행정작용을 수반하지 않는 보안경찰과 다른 행정작용과 결합되어 특별한 이익의 보호를 목적으로 하면서 부수적으로 공공의 안녕과 질서를 유지하는 협의의 행정경찰로, (다) 강제력을 수단으로 법을 집행하는 질서경찰과 비권력적인 수단으로 서비스·계몽·지도하는 봉사경찰로, (라) 평온한 상태에서 보통(일반)경찰기관이 일반경찰법규에 근거하여 활동하는 평시경찰과 국가비상사태에서 군이 계엄법에 근거하여 활동하는 비상경찰로 구분된다.

10 우리나라의 경찰개념 형성과정에 대한 설명으로 틀린 것은?

① 갑오개혁 이전에는 행정·군사·사법·경찰기능이 미분화되어 통합적으로 운영되었고, 갑오개혁을 통해 경찰기능이 다른 국가의 기능과 분리되기 시작하였으나, 경찰기능은 영업·건축·위생 등의 감독을 담당하는 등 그 업무의 범위가 광범위하였다.
② 일본의 행정집행법이 우리나라 최초의 경찰작용법으로 평가되는 행정경찰장정에 그대로 이식되었다.
③ 미군정기를 거치면서 국민의 생명·신체·재산의 보호가 강조되었고, 1953년 경찰관 직무집행법 제정 당시 법률의 목적(제1조)에 명시적으로 규정되었다.
④ 우리나라의 경찰개념 형성과정에서 미군정시대에 경찰사무와 조직은 소규모의 정비가 이루어져 경찰이 담당했던 위생사무가 위생국으로 이관되는 등 비경찰화 작업이 진행되었다.

해설 ① ③ ④ 옳은 설명이다.
② 최초의 경찰작용법으로 평가되는 <u>행정경찰장정은 일본의 행정경찰규칙(프랑스의 영향)과 위경죄즉결례를 혼합한 것이다.</u> 행정경찰장정은 경찰관 직무집행법에 일부 관련된 흔적이 남아 있다. 아울러 프로이센의 영향을 받은 일본의 행정집행법은 우리나라의 행정집행령에 반영되었고, 행정집행령의 내용인 (보호/예방)검속과 출입 등의 규정이 경찰관 직무집행법 제정시에 반영이 되었다. 이러한 측면에서 <u>우리나라의 경찰관 직무집행법은 독일과 프랑스의 대륙법계 및 영미법계의 영향을 모두 받았다고</u> 평가할 수 있다.

01 경찰의 임무를 공공의 안녕과 질서에 대한 위험의 방지라고 정의할 때, 이에 대한 설명으로 가장 적절한 것은?

(2020년 제2차)

① '공공의 안녕'이란 개념은 '법질서의 불가침성'과 '국가의 존립 및 국가기관 기능성의 불가침성', '개인의 권리와 법익의 보호'를 포함하며, 이 중 공공의 안녕의 제1요소는 '개인의 권리와 법익의 보호'이다.

② '공공의 질서'란 원만한 공동체 생활을 위해 개인이 준수해야 할 불문규범의 총체를 의미하며, 법적 안전성 확보를 위해 불문규범이 성문화되어가는 현상으로 인하여 그 영역이 점차 축소되고 있다.

③ 경찰이 의무에 합당한 사려 깊은 상황판단을 했음에도 불구하고 위험을 잘못 긍정한 경우를 '오상위험'이라고 한다.

④ 위험의 현실화 여부에 따라 '추상적 위험'과 '구체적 위험'으로 구분할 수 있으며 경찰의 개입은 구체적 위험의 경우에만 정당화된다.

해설　**【경찰의 임무 개관】**

근거 및 임무	국가경찰과 자치경찰의 운영 및 조직에 관한 법률(제3조), 경찰관 직무집행법(제2조): 조직규범으로서의 법 1. 국민의 생명·신체 및 재산의 보호　2. 범죄의 예방·진압 및 수사　3. 범죄피해자 보호 4. 경비·요인경호 및 대간첩·대테러 작전 수행　5. 공공안녕에 대한 위험의 예방과 대응을 위한 정보의 수집·작성 및 배포　6. 교통의 단속과 위해의 방지　7. 외국 정부기관 및 국제기구와의 국제협력　8. 그 밖의 공공의 안녕과 질서유지(경찰관 직무집행법과 조문 각 호의 배치가 일부 상이함) → 경찰의 기본적 임무: 공공의 안녕·질서에 대한 위험의 방지 + 범죄수사 + 치안서비스의 제공

구분		내용
공공 안녕	법질서의 불가침성 (제1요소)	· 공법위반 – 일반적으로 공공의 안녕에 대한 위험으로 인정되어 경찰이 직접 개입 · 사법위반 – 권리가 적시에 보호되지 않고 경찰의 개입 없이 법실현이 불가능 또는 사실상 어려워지는 경우에 한하여 개입(보충성의 원칙) ※ 유의: 잠정적 보호조치에 국한 → 최종적인 보호는 법원의 역할
	국가의 존립 및 국가기관의 기능성의 불가침	· 국가 자체의 존립 및 국회·정부·법원 등 국가기관의 기능성이 침해되거나 침해될 우려가 있는 경우 경찰이 개입 → 가벌성의 범위에 이르지 않더라도 국민의 자유·권리를 침해하지 않는 범위에서 정보·보안·외사활동 가능(※ 참고: 수사의 포함 여부는 논란의 가능성 있음)
	개인의 권리·법익의 불가침성	· 공공의 안녕은 법질서·국가 등의 집단은 물론 개인과도 관련 있는 이중적 개념 · 생명·신체 이외에 사유재산적 가치 및 무형의 권리도 보호대상에 포함 · 개인의 권리·법익에 대한 침해가 (사람에 의한) 범죄의 형태로 나타나는 경우 → (공법위반)경찰이 직접 개입 / 최종적인 침해에 대한 구제는 법원의 역할

정답　01　②

공공질서	· 원만한 국가 공동체생활을 위한 불가결한 전제조건이 되는 각 개인의 행동에 대한 불문규범의 총체
	→ 시대 · 국가에 따라 다른 상대적 · 유동적 개념 / 모든 생활영역의 법규범화 추세로 개념 사용 분야 축소
위험방지	개념	위험이란 가까운 장래에 공공의 안녕 · 질서에 대한 손해가 발생할 충분한 개연성이 있는 상황
		→ 원인이 인간의 행동이든 자연력 또는 동물에 의한 것이든 불문
	분류	· 구체적 위험 – 개별사례에서 사실 상태를 합리적으로 평가하였을 때 존재하는 위험(개괄적 수권조항에 따른 경찰의 조치는 구체적 위험이 존재하는 경우에만 허용)
		· 추상적 위험 – 특정한 행위 · 상태를 일반적 · 추상적으로 고찰하였을 때 (전형적 사례에서)존재하는 위험(경찰상 법규명령의 제정을 위해 요구되는 위험)
		· 구체적 위험은 개별사례와 관련되어 있고, 추상적 위험은 전형적인 사례와 관련되어 있다는 점에서 구별되고, 손해발생의 개연성 정도와 관련하여 양자는 동일한 사항이 요구됨
		→ 경찰의 개입은 구체적 위험 내지 적어도 추상적 위험(법규명령을 통한 개입)이 있을 때 가능
	인식	· 외관적 위험 – 의무에 합당하게 사려 깊게 판단하여 위험이 존재한다고 인식하였으나, 위험이 없었던 경우(적법한 경찰개입으로 민 · 형사상 책임X / 손실보상책임 발생 가능)
		· 오상위험 – 객관적으로 판단할 때 외관적 위험 또는 위험혐의가 없음에도 위험이 존재한다고 잘못 추정한 경우(민 · 형사상 책임 및 국가의 손해배상책임 발생 가능)
		· 위험혐의 – 의무에 합당하게 사려 깊게 판단할 때 위험의 가능성은 예측되나 불확실한 경우
		– 위험의 존재여부가 명확해질 때까지 예비적으로 위험조사 차원의 개입 허용

분석

경찰의 임무와 관련하여 최근 12년간 독립된 유형의 문제로 4회 출제되었고, 특히 공공의 안녕과 질서의 개념 및 내용을 정확히 알고 있는지를 확인하는 수준이었습니다. 위험의 개념과 종류 및 인식(이에 따른 책임 문제)과 관련하여 최근 12년간 지문으로 2회 출제되었으나, 중요한 부분이므로 위의 표를 정확히 기억하고 있어야 출제 가능성에 대비할 수 있습니다. 아울러 경찰이 임무를 수행하는 과정에서 사용되는 수단의 경우 최근(2021년 1차 및 2019년 1차)에 2회 출제되었고, 임무와 수단은 표리의 관계에 있는 영역이므로 잘 이해하고 있어야 합니다. 경찰의 수단으로는 권력적 수단인 명령(작위 · 부작위 · 급부 · 수인하명)과 강제(강제집행 및 경찰상 즉시강제 등), 비권력적 수단(순찰 · 정보제공 · 교통관리 등) 및 범죄수사를 위한 수단(형사소송법에서 규율)이 있고, 권력적 수단의 경우 국민의 자유 · 권리를 제한 · 침해하는 작용이라는 점에서 헌법 제37조 제2항(법률유보의 원칙)에 따라 법률에 구체적인 근거가 있어야 하지만, 비권력적 수단의 경우 조직법적 근거조항(예: 경찰관 직무집행법 제2조)으로 가능하다는 점에 유의하여야 합니다.

02 경찰의 기본적 임무 및 수단에 대한 설명으로 가장 적절하지 않은 것은?   (2019년 제1차)

① 경찰강제에는 경찰상 강제집행(대집행 · 강제징수 · 집행벌 · 즉시강제 등)과 경찰상 직접강제가 있는데, 경찰상 강제집행은 의무의 존재 및 그 불이행을 전제로 한다는 점에서 이를 전제로 하지 아니하고 급박한 경우에 행하여지는 경찰상 직접강제와 구별된다.

② 공공질서란 각 개인의 행동에 대한 불문규범의 총체로, 시대에 따라 변화하는 상대적 유동적 개념이다.

③ 경찰의 직무에는 범죄의 예방·진압, 범죄피해자 보호가 포함된다.
④ 형사소송법은 임의수사를 원칙으로 하고, 강제수사를 예외적으로 허용하고 있다.

해설 ① 국가경찰과 자치경찰의 조직 및 운영에 관한 법률과 경찰관 직무집행법에 규정된 경찰의 임무를 수행하기 위한 수단인 경찰강제는 경찰상 강제집행(대집행·집행벌·강제징수·직접강제)과 즉시강제가 있고, 강제집행은 의무의 존재·불이행으로 전제로 한다는 점에서 긴급(급박)한 경우에 의무의 전제 없이 행해지는 즉시강제와 구별된다.
②③④ 옳은 설명이다. 【경찰의 임무 개관】참조

03 경찰의 임무에 대한 설명으로 가장 적절하지 않은 것은?　(2017년 제2차)

① '공공의 안녕과 질서에 대한 위험방지'가 경찰의 궁극적 임무라 할 수 있다.
② 오늘날 대부분의 생활 영역에 대한 법적 규범화 추세에 따라 공공질서 개념의 사용 가능 분야는 점점 축소되고 있다.
③ '공공의 안녕'이란 개념은 '법질서의 불가침성'과 '국가의 존립 및 국가기관의 기능성의 불가침성'으로 나눌 수 있는 바, 이 중 '국가의 존립 및 국가기관의 기능성의 불가침성'이 공공의 안녕의 제1요소이다.
④ 경찰의 개입은 구체적 위험 내지 적어도 추상적 위험이 있을 때 가능하다.

해설 ①②④은 옳은 설명이다. 【경찰의 임무 개관】참조 ③ 법질서의 불가침성이 공공의 안녕의 제1요소이다.

04 경찰의 기본적 임무 중 '공공의 안녕과 질서에 대한 위험의 방지'에 관한 설명으로 가장 옳지 않은 것은?
　(2010년 제2차)

① 공공의 안녕이란 국가 등 집단과 관련되어 있음은 물론 개인과도 관련되어 있는 이중적 개념이다.
② 위험은 보호를 받게 되는 법익에 대해 필수적으로 존재해야 하는 것은 아니다.
③ 가벌성의 범위 내에 이르지 않았더라도 국민의 자유와 권리를 침해하지 않는 범위 내에서 기본적인 경찰활동이 가능하다.
④ 사유재산적 가치 또는 무형의 권리는 보호의 대상이 아니다.

해설 ①②③은 옳은 설명이다.
④ 개인의 권리·법익의 불가침성은 공공의 안녕의 내용을 이루는 것으로 여기에는 생명·신체 이외에 사유재산적 가치 또는 무형의 권리도 포함된다.

05 경찰의 임무 및 수단에 대한 설명으로 맞는 것은?　(2010년 제1차 – 현행법 반영 수정)

① 형사소송법은 경찰의 수사를 경찰의 직무로 규정하고 있으나, 국가경찰과 자치경찰의 조직 및 운영에 관한 법률은 이를 명문으로 규정하고 있지 않다.
② 경찰이 의무에 합당한 사려 깊은 판단을 할 때 실제로 위험의 가능성은 예측되나 불확실한 경우를 위험혐의라고 한다.
③ 경찰권을 행사할지 여부는 원칙적으로 편의주의 원칙이 적용되나, 예외적인 상황에서는 재량권이 0으로 수축되는데, 이 경우에도 오직 하나의 결정만을 하여야 하는 것은 아니다.
④ 경찰임무 중 경비·요인경호 및 대간첩작전수행은 경찰관 직무집행법에서 명시하는 규정을 두고 있으나, 국가경찰과 자치경찰의 조직 및 운영에 관한 법률에는 명시적인 규정이 없다.

해설 ① 형사소송법에서는 수사를 경찰의 직무로 규정하는 조항을 두고 있지 않고, 국가경찰과 자치경찰의 조직 및 운영에 관한 법률 제3조(경찰의 임무)와 경찰관 직무집행법 제2조(직무의 범위)에서 명시적으로 규정하고 있다.
② 옳은 설명이다.
③ 재량권이 0으로 수축되는 경우 재량이 없이 반드시 권한을 행사해야 한다. 즉, 원래의 재량행위는 기속행위화 되어 오직 경찰권의 행사만이 적법한 공무집행이 되고, 부작위의 경우 위법한 공무집행으로 평가된다.
④ 종래 경찰관 직무집행법 제2조(직무의 범위) 및 구 경찰법 제3조(국가경찰의 임무)는 그 규정의 세부적 내용이 상이하였으나, 2011년 8월 4일 개정 시행된 경찰관 직무집행법 및 구 경찰법에서부터 양자는 경찰관의 직무와 경찰의 임무를 내용적으로 동일하게 규정하고 있다.

06 경찰의 관할에 대한 설명으로 가장 적절하지 않은 것은? (2020년 제2차)

① 사물관할은 경찰이 처리할 수 있고 또 처리해야 하는 사무내용의 범위를 말하며 우리나라는 범죄수사에 대한 임무가 경찰의 사물관할로 인정되고 있다.
② 경찰은 중대한 죄를 범하고 도주하는 현행범인을 추적하는 때에는 주한미군 시설 및 구역 내에서 범인을 체포할 수 있다.
③ 외교공관은 국제법상 치외법권지역이나 화재, 감염병 발생과 같은 긴급한 상황에서는 외교사절의 동의 없이도 외교공관에 들어갈 수 있다.
④ 국회 경위와 경찰공무원은 국회 안에 현행범인이 있을 때에는 국회의장의 지시를 받은 후 체포하여야 한다.

해설 ① ② ③ 옳은 설명이다. ④ 「**국회법**」 **제150조 본문** "경위나 경찰공무원은 국회 안에 현행범인이 있을 때에는 체포한 후 의장의 지시를 받아야 한다. 다만, 회의장 안에서는 의장의 명령 없이 의원을 체포할 수 없다."

【경찰의 관할 개관】

구분	내용

개념	· 경찰관할이란 경찰행정기관이 법률상 유효하게 (광의의)경찰권을 발동할 수 있는 범위를 의미
	· 경찰권 - 협의: 공공의 안녕과 질서를 유지하기 위해 일반통치권에 의거하여 명령 · 강제하는 권한 (국가와 국민 사이의 일반통치관계를 전제로 함)
	  - 광의: 협의의 경찰권 + 범죄수사권 + 비권력적(서비스적) 활동권
	  ※ 유의: 국회법상 국회의장의 국회경호권 및 법원조직법상 재판장의 법정경찰권은 일반통치권이 아닌 부분사회의 내부질서유지를 목적으로 하는 경우로 협의의 경찰권의 영역X

사물관할	· 경찰행정기관이 광의의 경찰권을 발동할 수 있는 업무(사무)의 범위 → 경찰관 직무집행법 제2조(직무의 범위) 및 국가경찰과 자치경찰의 조직 및 운영에 관한 법률 제3조(경찰의 임무)에서 규정하고 있음 → 위 법률에 규정된 사물관할의 범위를 벗어나는 경우 경찰권 행사X(그러나 행정응원을 통해 가능)
인적관할	· 경찰행정기관이 광의의 경찰권을 발동할 수 있는 사람의 범위 → 원칙: 대한민국 내에 있는 모든 사람
	예외 국내법상: 대통령(불소추특권) 및 국회의원(불체포특권 및 면책특권) 국제법상: 외국의 원수 및 외교사절(면책특권) : 공무 중인 주한미군(SOFA) - 제1차적 재판권이 미군 당국에 있어 수사권에 제한O
지역관할	· 경찰행정기관이 광의의 경찰권을 발동할 수 있는 지역적 범위 → 원칙: 대한민국의 모든 영역

예외	국회		국회법 제144조(경위와 경찰관) · 제2항: 의장은 국회의 경호를 위하여 필요할 때에는 <u>국회운영위원회의 동의</u>를 받아 일정한 기간을 정하여 정부에 <u>경찰공무원의 파견을 요구할 수 있다.</u> · 제3항: 경호업무는 의장의 지휘를 받아 수행하되...(중략)...경찰공무원은 <u>회의장 건물 밖에서 경호한다</u>(국회경위는 회의장 건물 내부). 국회법 제150조(현행범인의 체포) · 경위나 경찰공무원은 국회 안에 현행범인이 있을 때에는 <u>체포한 후 의장의 지시</u>를 받아야 한다. 다만, <u>회의장 안에서는 의장의 명령 없이 의원을 체포할 수 없다.</u>
	법정		법원조직법 제60조(경찰공무원의 파견 요구) · 제1항: 재판장은 법정에서의 질서유지를 위하여 필요하다고 인정할 때에는 <u>개정 전후에 상관없이</u> 관할 경찰서장에게 경찰공무원의 파견을 요구할 수 있다. · 제2항: 제1항의 요구에 따라 파견된 경찰공무원은 <u>법정 내외의 질서유지</u>에 관하여 재판장의 지휘를 받는다.
	치외법권지역		· 외교공관과 외교관의 숙소(승용차·비행기·보트 등 교통수단 포함)는 외교사절의 요구나 동의 없이 출입X → 다만, <u>화재·감염병의 발생</u> 등 공안유지를 위해 <u>긴급을 요하는 경우 가능</u>(국제관습)
	미군영내		· 시설 및 구역 내부 경찰권 → 미군 당국은 그 시설 및 구역 내에서 <u>범죄를 행한 모든 자</u>를 체포할 수 있음 → <u>미군 당국이 동의한 경우 및 중대한 죄를 범하고 도주하는 현행범인을 추적하는 때</u> 대한민국 경찰도 시설 및 구역 내에서 범인을 체포할 수 있음 · 사람이나 재산에 관한 압수·수색·검증 → 미군 당국이 동의한 경우가 아니면 시설 및 구역 내에서 사람이나 재산에 관하여 또는 시설 및 구역 내외를 불문하고 미국재산에 관하여 압수·수색·검증할 수 없음 → 다만, 이에 관하여 <u>대한민국 당국의 요청이 있는 경우 미군 당국은 필요한 조치를 취해야 함</u>(취할 수 있다X)

분석 경찰의 관할은 최근 12년간 지역관할과 관련하여 독립된 유형의 문제로 4회가 출제되었습니다. 주로 국회와 치외법권지역이 중요하게 다루어졌으나, 지역관할과 관련된 다른 부문도 지문으로 출제가 되었고, 향후에도 출제 가능성이 있으므로 위의 표를 정확히 기억하고 있어야 합니다. "해양주권을 수호하고 해양 안전과 치안 확립을 위하여 해양경찰의 직무와 민주적이고 효율적인 운영에 필요한 사항을 규정함을 목적"으로 하는 <u>해양경찰법이 2020년 2월 21일 시행되었다</u>는 점을 유념해야 합니다. 아울러 국토교통부와 그 소속 기관에 근무하며 철도경찰 사무에 종사하는 4급부터 9급까지의 국가공무원이 소속 관서 관할 구역인 철도시설 및 열차 안에서 발생하는 「철도안전법」에 규정된 범죄와 그 소속 관서 역 구내 및 열차 안에서의 범죄에 대해 수사관할이 있다(사법경찰관리의 직무를 수행할 자와 그 직무범위에 관한 법률 제6조 제9호)는 점도 기억해야 합니다.

07 국회법과 관련된 경찰의 지역관할에 대한 설명으로 가장 적절하지 않은 것은?

(2016년 제2차 – 현행법 반영 수정)

① 국회에 파견된 경찰공무원은 국회의장의 지휘를 받아 국회 회의장 건물 밖에서 경호한다.
② 국회 회의장 안에 있는 국회의원은 국회의장의 명령 없이 이를 체포할 수 없다.
③ 국회의장은 국회의 경호를 위하여 필요한 때에는 국회운영위원회의 동의를 얻어 일정한 기간을 정하여 필요한 경찰공무원의 파견을 요구할 수 있다.
④ 국회 안에 현행범인이 있을 때에는 경찰공무원은 국회의장에게 보고 후 지시를 받아 체포하여야 한다.

> **해설** ① ③ 「국회법」 제144조 제2항 · 제3항, ② 제150조 단서
> ④ 「국회법」 제150조 본문 "경위나 경찰공무원은 국회 안에 현행범인이 있을 때에는 체포한 후 의장의 지시를 받아야 한다. 다만, 회의장 안에서는 의장의 명령 없이 의원을 체포할 수 없다."

08 경찰의 지역관할에 관한 다음 설명 중 가장 적절하지 않은 것은?

(2014년 제2차)

① 외교공관에 화재나 전염병이 발생하여 긴급을 요하는 경우에는 외교사절의 동의 없이도 공관에 들어갈 수 있다.
② 국회의장의 요청으로 경찰관이 파견된 경우에는 회의장 건물 밖에서 경호한다.
③ 외교공관과 외교관의 개인주택은 국제법상 치외법권 지역으로 불가침의 대상이 되지만, 외교사절의 승용차, 보트, 비행기 등 교통수단은 불가침의 대상이 아니다.
④ 국회 안에 현행범인이 있을 때에는 이를 체포한 후 의장의 지시를 받아야한다. 다만, 의원은 회의장 안에 있어서는 의장의 명령 없이 이를 체포할 수 없다.

> **해설** ① ② ④ 옳은 설명이다.
> ③ 국제법상 치외법권 지역에는 외교공관과 외교관의 숙소는 물론이고, 외교사절의 승용차 · 보트 · 비행기 등의 교통수단도 불가침의 대상에 포함된다.

09 경찰의 관할에 대한 설명으로 틀린 것은?

(2009년 제2차 – 현행법 반영 수정)

① 원칙적으로 해양경찰청은 해양에서의 경찰사무에 대하여 관할권을 가진다.
② 국회의장의 요청에 의하여 파견된 경찰관은 회의장 건물 밖에서만 경호할 수 있다.
③ 외교공관이나 외교관의 개인주택은 치외법권 지역이므로 경찰의 상태책임 대상이 될 수 없다.
④ 중대한 죄를 범하고 도주하는 현행범인을 추적할 때에는 미군시설 및 구역 내에서 범인을 체포할 수 있다.

> **해설** ① 「해양경찰법」에 따른 옳은 설명이다. 2020. 2. 21. 시행된 해양경찰법은 해양주권을 수호하고 해양 안전과 치안 확립을 위하여 해양경찰의 직무와 민주적이고 효율적인 운영에 필요한 사항을 규정함을 목적으로 하고, 해양경찰청에 해양경찰청장을 두며, 해양경찰청장은 해양경찰에 관한 사무를 총괄하고 소속 공무원 및 각급 해양경찰기관의 장을 지휘 · 감독한다.
> ② 「국회법」 제144조 제3항 옳은 설명이다.
> ③ 외교공관이나 외교관의 숙소(승용차 · 비행기 · 보트 등 교통수단 포함)는 국제법상의 치외법권 지역으로 외교사절의 요구나 동의 없이 출입할 수 없으나, 화재 · 감염병의 발생 등 공공의 안녕과 질서의 유지를 위해 긴급을 요하는 경우 국제관습에 따라 요구나 동의 없이 출입할 수 있다. 즉, 치외법권 지역이라도 경찰의 상태책임의 대상이 될 수 있다.
> ④ 옳은 설명이다. 미군 당국이 동의한 경우 및 중대한 죄를 범하고 도주하는 현행범인을 추적하는 때에는 대한민국 경찰도 미군 영내에서 범인을 체포할 수 있다.

01 경찰의 임무에 대한 설명으로 가장 적절한 것은?

① 오늘날 경찰의 궁극적인 임무는 공공의 안녕과 질서에 대한 위험의 방지라고 정의할 수 있고, 이러한 임무의 법적 근거인 국가경찰과 자치경찰의 조직 및 운영에 관한 법률 제3조(경찰의 임무)와 경찰관 직무집행법 제2조(직무의 범위)는 근거규범으로서의 법에 해당한다.

② 공공의 안녕은 법질서의 불가침성, 국가의 존립 및 국가기관의 기능에 대한 불가침성 및 개인의 권리·법익의 불가침성으로 구성되고, 국가 없는 국민은 존재할 수 없다는 측면에서 국가의 존립과 국가기관의 기능에 대한 불가침성이 공공의 안녕의 제1요소에 해당한다.

③ 공공질서란 원만한 공동체 생활을 위해 개인이 준수해야 하는 불문규범의 총체로 시대·국가에 따라 상이한 상대적·유동적 개념으로, 복잡하고 다양한 가치관이 존재하는 현대 민주사회에서 개념의 사용 영역이 점차 확대되고 있다.

④ 위험이란 가까운 장래에 공공의 안녕과 질서에 대한 손해가 있을 가능성이 충분히 존재하는 상태를 의미하고, 그 원인이 인간의 행동이건 자연력 또는 동물에 의한 것이건 불문한다.

> **해설** ① 경찰활동에 대해 법은 조직규범, 근거규범 및 제약규범으로서의 성질을 가진다. 국가경찰과 자치경찰의 조직 및 운영에 관한 법률 제3조 및 경찰관 직무집행법 제2조는 기본적으로 조직규범으로서의 성격을 가지고 있다. 다만, 당해 규정을 개괄적(일반적) 수권조항으로 보는 경우 국민의 자유와 권리를 제한하는 근거규범으로서의 성격을 가진다고 볼 여지는 있으나, 학설이 첨예하게 대립하고 있고 헌법재판소의 견해도 통일되어 있지 않다는 점에서 가장 적절한 설명으로 보기 어렵다.
> ② 법질서의 불가침성이 공공의 안녕의 제1요소이다.
> ③ 오늘날 모든 생활영역의 규범화 추세로 인하여 공공질서 개념의 사용 영역이 점차 축소되고 있다.
> ④ 옳은 설명이다.

02 공공의 안녕에 대한 위험과 경찰의 개입에 대한 설명으로 틀린 것은?

① 공법위반의 경우 일반적으로 공공의 안녕에 대한 위험으로 인정되어 직접 개입할 수 있다.

② 사법위반의 경우 권리가 적시에 보호되지 않고 경찰의 개입 없이 법실현이 불가능하거나 사실상 어려워지는 경우에 한하여 보충적으로 개입할 수 있다.

③ 국가 자체의 존립 또는 국가기관의 기능성이 침해되거나 침해될 우려가 있는 경우 개입할 수 있고, 그 대상이 형법상 가벌성의 범위에 이르지 않더라도 정보·보안·외사활동을 할 수 있다.

④ 개인의 권리·법익에 대한 침해가 범죄의 형태로 나타나는 경우 공법위반으로 직접 개입할 수 있고, 침해에 대한 최종적인 구제도 경찰의 역할에 포함된다.

> **해설** ① ② ③ 옳은 설명이다. ③과 관련하여 가벌성의 범위에 이르지 않은 대상에 대해서는 수사를 할 수 없다고 보는 것이 타당하다. 수사는 구성요건에 해당하는 위법하고 유책한(범죄성립요건 구비) 범죄를 대상으로 하고, 원칙적으로 범죄는 기수를 전제로 하고 예비·음모 또는 미수의 경우 별도의 처벌규정이 있어야 하기 때문에 불가벌적 예비·음모나 미수의 단계에 있는 대상에 대해서는 위험의 방지를 위한 예방적 활동은 별론으로 하더라도 가벌성의 충족을 전제로 하는 수사가 허용된다고 보기는 어렵다.

④ 개인의 권리·법익에 대한 침해가 범죄의 형태로 나타나는 경우 경찰이 직접 개입하게 되나, 사법위반의 경우와 마찬가지로 그로 인해 발생하는 침해에 대한 <u>최종적인 구제(일반적으로 불법행위-범죄-로 인한 손해배상의 문제)는 법원의 역할</u>이다.

03 다음은 공공의 안녕·질서에 대한 "위험"에 관한 설명이다. 〈보기 1〉과 〈보기 2〉의 내용이 가장 적절하게 연결된 것은?

> **보기 1**
>
> (가) 의무에 합당하게 사려 깊게 판단하여 위험이 존재한다고 인식하였으나 실제 위험이 없었던 경우
> (나) 객관적으로 판단할 때 위험이 인정되지 않음에도 위험이 존재한다고 잘못 추정한 경우
> (다) 의무에 합당하게 사려 깊게 판단하여 위험의 가능성은 예측되나 불확실한 경우

> **보기 2**
>
> ㉠ 위험혐의   ㉡ 외관적 위험   ㉢ 오상위험   ㉣ 추상적 위험

	(가)	(나)	(다)			(가)	(나)	(다)
①	㉢	㉡	㉣		②	㉡	㉢	㉠
③	㉢	㉠	㉣		④	㉡	㉣	㉠

> **해설** ②의 연결이 가장 적절하다. (가)는 외관적 위험(Anscheingefahr), (나)는 가상위험 또는 오상위험(Schein- oder Putativgefahr), (다)는 위험혐의(Gefahrenverdacht)이다. <u>추상적 위험은 특정한 행동이나 물건 등의 상태를 일반적·추상적으로 고찰하였을 때 전형적으로 손해가 발생할 충분한 개연성이 있는 상황</u>을 말한다.

04 공공의 안녕과 질서에 대한 "위험"의 설명으로 틀린 것은?

① 구체적 위험은 개별사례와, 추상적 위험은 전형적인 사례와 관련되어 있다는 점에서 구별될 뿐이고, 손해발생의 개연성 정도에 있어서는 차이가 없다.
② 추상적 위험은 특정한 행위·상태를 일반적·추상적으로 고찰하였을 때에 존재하는 위험으로 경찰상 법규명령의 제정을 위해 요구되는 위험을 말한다.
③ 개괄적 수권조항을 인정하는 견해에 의하면 국민의 자유·권리를 제한하는 경찰의 조치는 적어도 공공의 안녕·질서에 대한 추상적 위험이 존재하는 경우에 허용된다.
④ 경찰개입의 근거가 되는 공공의 안녕·질서에 대한 위험이 발생하게 된 원인은 사람의 행위 또는 자연력이건 물건이나 동물의 상태이건 불문한다.

> **해설** ① ② ④ 옳은 설명이다. <u>구체적 위험</u>이란 개별사례에서 실제로 또는 최소한 경찰공무원의 사전적 관점(위험방지조치를 취할 때의 시점 기준)에서 사실상태를 합리적으로 평가하였을 때에 가까운 장래에 공공의 안녕·질서에 대한 손해가 발생할 <u>충분한 개연성(hinreichende Wahrscheinlichkeit)</u>이 있는 상황을 의미한다는 점에서 <u>개별사례를 전제</u>로 한다. 반면에 <u>추상적 위험</u>이란 특정한 행위·상태를 <u>일반적·추상적으로 고찰</u>하였을 때 개별사례에서 손해가 발생할 <u>충분한 개연성</u>이 있기 때문에 이러한 위험을 일반적·추상적 규율, 특히 경찰상 법규명령으로써 방지해야 할 필요성이 있다는 결론에 도달한 경우에 존재한다. 추상적 위험의 예로 동물보호법 제13조의2(맹견의 관리)를 들 수 있다. 동물보호법에서 맹견의 관리를 규정하면서 위반시 과태료를 규정하고 있는 이유는 맹견 자체가 가지고 있는 위험성 때문이다. 실제 개별사례에서 맹견이 위험한 행동을 하지 않더라도 법에서 규정하고 있는 관리를 위반하는 경우 제재가 이루어진다(추상적 위험에 대한 법규명령을 통한 제재). <u>위험의 정도에 있어서 구체적·추상적 위험은 차이가 없고, 구체적 위험은 현실적인 개별사례</u>

에서 존재하는 위험. 추상적 위험은 행위나 상태 자체가 전형적으로 가지고 있는 위험(실제 현실에서 위험이 있을 필요 없음 – 맹견이 얌전히 있더라도 법에서 규정하는 관리를 하지 않으면 제재의 대상/형법에서 말하는 구체적 위험범과 추상적 위험범의 구별과 유사)으로 이해할 수 있다.
③ 개괄적 수권조항을 인정하는 견해에 의하면 당해 조항에 근거하여 경찰이 국민의 자유와 권리를 제한하는 조치를 취하기 위해서는 <u>특정한 개별상황에서 현실적으로 위험(이른바 구체적 위험)이 존재하여야 한다.</u>

05 경찰의 관할에 대한 설명으로 옳은 것은?

① 경찰기관이 광의의 경찰권을 발동할 수 있는 업무(사무)의 범위를 사물관할이라고 하고, 국가경찰과 자치경찰의 조직 및 운영에 관한 법률 제3조 및 경찰관 직무집행법 제2조에 규정되지 않은 사항에 대해서는 경찰이 개입할 수 없다.
② 경찰기관이 광의의 경찰권을 발동할 수 있는 사람의 범위를 인적 관할이라고 하고, 외교사절 등의 면책특권 및 공무 중인 주한미군 등 국제법상의 예외를 제외하고, 대한민국 국민인 이상 모두 경찰의 인적 관할에 속한다.
③ 경찰기관이 광의의 경찰권을 발동할 수 있는 지역의 범위를 지역관할이라고 하고 원칙적으로 대한민국의 모든 영역에 광의의 경찰권이 미치지만, 국회와 법정 및 치외법권 지역의 예외가 있다.
④ 외교공관과 외교관의 숙소(승용차·비행기·보트 등 교통수단 포함)는 외교사절의 요구나 동의없이 경찰이 출입할 수 없고, 화재·감염병의 발생 등 긴급한 위험을 방지하기 위한 경우에도 동일하다.

해설 ① 원칙적으로 경찰은 국가경찰과 자치경찰의 조직 및 운영에 관한 법률과 경찰관 직무집행법에 규정된 사물관할에 속하는 사항에 대해서만 개입할 수 있으나, 예외적으로 <u>행정절차법에 규정된 행정응원(제8조)</u>을 통해서 사물관할에 속하지 않는 사항에 대해서도 개입할 수 있다(예: 코로나사태와 경찰의 행정응원).
② 경찰의 인적 관할에 대한 예외는 <u>국내법상의 예외와 국제법상의 예외</u>가 있다. 대통령의 불소추특권과 국회의원의 불체포특권·면책특권이 전자에 해당하고, 외국의 원수 및 외교사절의 면책특권과 공무수행 중인 주한미군이 후자에 해당한다.
③ 옳은 설명이다.
④ 화재·감염병의 발생 등과 같은 공공의 안녕·질서에 대한 긴급한 위험이 존재하는 경우 외교사절의 요구나 동의가 없더라도 출입할 수 있다(국제관습). <u>공공의 안녕과 질서에 대한 위해가 물건 등의 상태로부터 발생한다면 물건 등의 소유자 및 관리자 등 사실상의 지배력을 행사할 수 있는 자는 상태책임자로서 경찰권발동의 대상이 된다.</u>

06 경찰의 관할에 대한 설명으로 틀린 것은?

① 경찰의 관할이란 경찰기관이 법률상 유효하게 협의의 경찰권을 발동할 수 있는 범위를 말한다.
② 국회법에 따른 국회의장의 국회경호권과 법원조직법에 따른 재판장의 법정질서유지권(법정경찰권)은 협의의 경찰권 영역에 해당하지 않는다.
③ 국회에서의 경호업무 또는 법정 내외에서의 질서유지를 위한 임무를 수행하는 경찰공무원은 소속 기관의 장이 아닌 국회의장 또는 재판장의 지휘를 받는다.
④ 대통령의 불소추특권과 국회의원의 불체포특권 및 면책특권은 경찰의 인적 관할에 대한 예외에 해당한다.

해설 ① 경찰권은 협의로 공공의 안녕·질서를 유지하기 위해 일반통치권에 의거하여 명령 또는 강제하는 권한을 말하고, 광의로는 이러한 협의의 경찰권에 범죄수사권과 비권력적(서비스적) 활동이 포함된다. 그리고 경찰의 관할은 경찰(행정)기관이 <u>법률상 유효하게 광의의 경찰권을 발동할 수 있는 범위</u>를 의미한다. 협의의 경찰권은 일반통치권을 전제로 하기 때문에 부분사회의 내부질서를 유지하는데 목적이 있는 것은 협의의 경찰권 영역에 속하지 않는다(예: 국회의장의 국회경호권과 재판장의 법정경찰권).

② ③ ④ 옳은 설명이다.

07 경찰의 지역관할에 대한 설명으로 옳은 것은?

① 외교공관과 외교관의 숙소(승용차·비행기·보트 등의 교통수단은 제외)는 외교사절의 요구나 동의가 없는 경우 경찰공무원이 출입할 수 없다.

② 외교공관과 외교관의 숙소에서 화재나 전염병의 발생과 같은 긴급한 위험이 있는 경우 국제관습에 따라 경찰공무원은 외교사절의 요구나 동의가 없더라도 출입할 수 있다.

③ 미군 당국은 미군의 시설 및 구역 내에서 범죄를 행한 모든 자를 체포할 수 있으나, 경찰공무원은 미군 당국의 동의가 없는 이상 미군의 시설 및 구역 내에서 범인을 체포할 수는 없다.

④ 미군 당국이 동의한 경우가 아니면 미군의 시설 및 구역 내에서 사람이나 재산에 대해 압수·수색·검증을 할 수 없고, 이에 대한 대한민국 당국의 요청이 있는 경우 미군 당국은 필요한 조치를 취할 수 있다.

해설 ① 승용차 등의 교통수단도 외교관의 숙소와 동일하게 다루어진다.

② 옳은 설명이다.

③ 미군 당국이 동의한 경우 또는 중대한 죄를 범하고 도주하는 현행범인을 추적하는 경우 대한민국 경찰도 미군의 시설 및 구역 내에서 범인을 체포할 수 있다.

④ 압수·수색·검증에 대한 대한민국 당국의 요청이 있는 경우 <u>미군 당국은 필요한 조치를 취해야 한다.</u>

08 경찰의 임무와 지역관할에 대한 설명으로 틀린 것은?

① 국회의장은 국회의 경호를 위하여 필요할 때에는 국회운영위원회의 동의를 받아 일정한 기간을 정하여 정부에 경찰공무원의 파견을 요구할 수 있다.

② 재판장의 요구에 따라 파견된 경찰공무원은 법정 내외의 질서유지에 관하여 재판장의 지휘를 받는다.

③ 경찰공무원은 국회 회의장 안에서 의장의 명령 없이 현행범인인 의원을 체포할 수 있다.

④ 재판장은 법정에서의 질서유지를 위하여 필요하다고 인정할 때에는 개정 전후에 상관없이 관할 경찰서장에게 경찰공무원의 파견을 요구할 수 있다.

해설 ① 「**국회법**」 제144조 제2항, ② 「**법원조직법**」 제60조 제2항, ④ 「**법원조직법**」 제60조 제1항

③ 「**국회법**」 제150조 "경위나 경찰공무원은 국회 안에 현행범인이 있을 때에는 체포한 후 의장의 지시를 받아야 한다. 다만, <u>회의장 안에서는 의장의 명령 없이 의원을 체포할 수 없다.</u>"

09 경찰의 임무와 지역관할에 관한 설명으로 옳은 것은?

① 국회의장은 회기 여부를 불문하고 국회의 질서를 유지하기 위하여 국회 안에서 경호권을 행사한다.

② 국회의 경호를 위해 경위를 두고, 경호업무는 국회의장의 지휘를 받아 수행하되 경찰공무원은 회의장 건물 안에서, 국회 경위는 회의장 건물 밖에서 경호한다.

③ 법정에서의 질서유지를 위해 재판장의 요구에 따라 파견된 경찰공무원은 법정 내의 질서유지에 관하여는 재판장의 지휘를, 법정 외의 질서유지에 관하여는 소속 경찰서장의 지휘를 받는다.

④ 재판장은 법정의 질서유지를 위해 법정의 존엄과 질서를 해칠 우려가 있는 사람의 입정 금지 또는 퇴정을 명할 수 있고, 그 밖에 법정의 질서유지에 필요한 명령을 할 수 있다.

해설 ① 「**국회법**」 **제143조** "의장은 회기 중 국회의 질서를 유지하기 위하여 국회 안에서 경호권을 행사한다."

② 「**국회법**」 **제144조 제1항·제3항** "① 국회의 경호를 위하여 국회에 경위(警衛)를 둔다. ③ 경호업무는 의장의 지휘를 받아 수행하되, 경위는 회의장 건물 안에서, 경찰공무원은 회의장 건물 밖에서 경호한다."

③ 「**법원조직법**」 **제60조 제1항·제2항** "① 재판장은 법정에서의 질서유지를 위하여 필요하다고 인정할 때에는 개정 전후에 상관없이 관할 경찰서장에게 경찰공무원의 파견을 요구할 수 있다. ② 제1항의 요구에 따라 파견된 경찰공무원은 법정 내외의 질서유지에 관하여 재판장의 지휘를 받는다."

④ 「**법원조직법**」 **제58조 제1항·제2항**

01 다음은 경찰관들의 일탈 사례와 이를 설명하는 이론(가설)이다. 〈보기 1〉과 〈보기 2〉의 내용이 가장 적절하게 연결된 것은? (2020년 제2차)

보기 1
(가) 경찰관 A는 동료경찰관들이 유흥업소 업주들로부터 접대를 받은 사실을 알고도 모른 체했다.
(나) 음주운전으로 징계처분을 받은 적이 있는 B가 다시 음주운전으로 적발되어 징계위원회에 회부되었다.
(다) 주류판매로 단속된 노래연습장 업주가 담당경찰관 C에게 사건무마를 청탁하며 뇌물수수를 시도하였다.

보기 2
㉠ 썩은 사과 가설   ㉡ 미끄러지기 쉬운 경사로 이론   ㉢ 구조원인가설   ㉣ 전체사회가설

	(가)	(나)	(다)			(가)	(나)	(다)
①	㉢	㉠	㉣		②	㉠	㉢	㉣
③	㉠	㉢	㉡		④	㉢	㉠	㉡

해설 【경찰부패의 원인가설 개관】

가설	내용
전체사회가설	· 사회 전체가 경찰의 부패를 묵인 · 조장할 때 경찰관은 자연스럽게 부패행위를 하게 된다는 가설 → 시민사회의 부패를 경찰부패의 주요 원인으로 이해 · 윌슨의 결론: "시카고 시민들이 시카고 경찰을 부패시켰다." → 비교적 해악이 없고 좋은 의도를 가진 관행에 길들여져 시간이 지남에 따라 명백한 부패로 발전할 수 있다는 점에서 "미끄러지기 쉬운 경사로 이론"과 유사
구조원인가설	· 구조화된 조직적 부패는 서로 문제점을 알면서도 눈감아주는 "침묵의 규범"을 형성하고, 부패한 조직 전통에서 신임경찰이 사회화(경력경찰관의 부패행위 학습)되어 부패경찰이 된다는 가설 (니더호퍼/로벅/바커 등이 주장한 가설) → 기존의 부패한 경찰문화를 경찰부패의 원인으로 이해 · 부패가 구조화된 조직의 경우 "법규와 현실의 괴리" 현상이 발생 → 혼자 출장가면서 두 사람의 출장비를 청구 / 퇴근 이후 잠시 들러 시간외근무 인식 등 ※ 침묵의 규범과 반대되는 태도: 휘슬블로잉(whistleblowing)과 비지바디니스(busybodiness) → 휘슬블로잉: 동료나 상사의 부정행위에 대해 감찰이나 외부의 언론에 공표하는 내부고발 → 비지바디니스: 남의 비행에 대해 일일이 참견하여 도덕적 충고를 하는 것
썩은 사과 가설	· 썩은 사과가 상자 안의 모든 사과를 썩게 만드는 것처럼 일부 부패경찰이 조직 전체를 부패로 물들게 한다는 가설 → 부패의 원인이 개인 자체(개인적 결함)에 있다고 이해 → 모집 단계에서 자질이 부족하여 부패의 가능성이 있는 자의 배제를 중시

미끄러지기 쉬운 경사로 이론	· <u>부패에 해당하지 않는 사소한 호의(gratuity)일지라도</u> 습관화되는 경우 미끄러운 경사로를 타고 내려 오듯이 점점 더 큰 부패로 연결된다는 이론(셔먼에 의해 주장) ※ 반대견해(펠드버그): 작은 호의를 받았다고 반드시 경찰이 큰 부패를 범하는 것은 아니고, 이 이론은 비현실적이고 경찰관의 지능에 대한 모독이라고 비판
경찰 부패 원인	· 델라트르(Edwin J. Delattre)의 견해 → 경찰부패의 원인은 다양하지만, 그 원인들은 상호 배타적이기 보다는 상호 보완적인 것으로 이해할 필요 있음

분석 경찰부패의 원인과 관련된 가설은 최근 12년간 독립된 유형의 문제로 12회가 출제된 중요한 부분입니다. 각 가설의 내용을 정확히 알고 있는지를 넘어 구체적인 사례와 관련이 있는지를 묻는 형식으로 변형되어 출제되었습니다. 기출 경향에 비추어 향후에도 계속 출제될 가능성이 높기 때문에 위의 표를 정확히 기억하고 있어야 합니다. 그리고 이론의 주장자 · 제목 · 이론의 내용을 변형하여 오답을 유도하는 지문도 유의해야 합니다.

02 다음은 경찰부패에 대한 설명이다. 빈칸 ㉠부터 ㉣까지 들어갈 것으로 가장 적절하게 짝지어진 것은? (2020년 제1차)

· (㉠)은 니더호퍼, 로벅, 바커 등이 제시한 이론으로 부패의 사회화를 통하여 신임경찰이 기존의 부패한 경찰에 물들게 된다는 입장이다.
· (㉡)은(는) 남의 비행에 대하여 일일이 참견하면서 도덕적 충고를 하는 것을 의미한다.
· (㉢)은 공짜 커피, 작은 선물 등의 사소한 호의가 나중에는 큰 부패로 이어질 수 있다는 점을 강조한다.
· (㉣)은(는) 도덕적 가치관이 붕괴되어 동료의 부패를 부패라고 인식하지 못하는 것을 의미하며, 부패를 잘못된 행위로 인식하고 있지만 동료라서 모르는 척하는 침묵의 규범과는 구별되는 개념이다.

	㉠	㉡	㉢	㉣
①	전체사회 가설	Whistle blowing	사회 형성재 이론	Moral hazard
②	구조원인 가설	Whistle blowing	미끄러지기 쉬운 경사로 이론	Deep throat
③	전체사회 가설	Busy bodiness	사회 형성재 이론	Deep throat
④	구조원인 가설	Busy bodiness	미끄러지기 쉬운 경사로 이론	Moral hazard

해설 도덕적 가치관의 붕괴로 부패 자체를 인식하지 못하는 것은 <u>모럴 헤저드(Moral hazard)</u>를 말하고, 부패 자체는 인식하지만 모른 척하는 침묵의 규범(구조원인가설)과는 구별된다. 기타 1번 해설【경찰부패의 원인가설 개관】참조.

03 경찰부패 문제의 해결을 위해 다음과 같이 경찰청 공무원 행동강령을 개정하였다고 가정한다면, 이와 같은 개정의 근거가 된 경찰부패이론(가설)으로 가장 적절한 것은? (2019년 2차)

현행	개정안
공무원은 직무 관련 여부 및 기부·후원·증여 등 그 명목에 관계없이 동일인으로부터 1회에 100만 원 또는 매 회계연도에 300만 원을 초과하는 금품 등을 받거나 요구 또는 약속해서는 아니 된다.	공무원은 직무 관련 여부 및 기부·후원·증여 등 그 명목에 관계없이 어떠한 금품 등도 받거나 요구 또는 약속해서는 아니 된다.

① 썩은 사과 가설　② 미끄러지기 쉬운 경사로 이론　③ 형성재론　④ 구조원인 가설

> **해설**　개정의 취지는 일정한 액수 이하의 금품 등을 받는 것을 전면적으로 금지하여 사소한 호의라도 허용하지 않겠다는 것으로 이해된다. 부패가 아닌 사소한 호의라도 습관화되는 경우 부패로 연결될 수 있기 때문에 이를 금지함으로써 부패를 막을 수 있다는 주장은 "미끄러지기 쉬운 경사로 이론"과 관련이 있다. 이 이론은 <u>공무원의 금품 수수 허용 여부나 범위와 관련하여 법률을 엄격하게 개정하는</u> 이론적 근거가 될 수 있다.

04 경찰의 부정부패이론에 대한 설명으로 가장 적절하지 않은 것은? (2018년 제2차)

① 윌슨이 주장한 전체사회 가설은 '미끄러지기 쉬운 경사로 이론'과 유사하다.
② 구조원인 가설에 따르면 구조화된 조직적 부패는 서로가 문제점을 알면서도 눈감아주는 '침묵의 규범'을 형성한다.
③ 전체사회 가설은 시민사회의 부패를 경찰부패의 주요 원인으로 본다.
④ 썩은 사과 가설은 일부 부패경찰이 조직 전체를 부패로 물들게 한다는 이론으로 부패의 원인을 조직의 체계적인 원인으로 파악한다.

> **해설**　① ② ③ 옳은 설명이다. 1번 해설【경찰부패의 원인가설 개관】참조.
> ④ 일부 부패경찰이 조직 전체를 부패로 물들게 한다는 썩은 사과 가설은 부패의 원인이 개인 자체(개인적 결함)에 있다고 보고 있다.

05 경찰의 부정부패 현상과 그 원인에 대한 설명으로 가장 적절한 것은? (2017년 제2차)

① 사회 전체가 경찰부패를 묵인하거나 조장할 때 경찰은 부패행위를 하게 되며 시민사회의 부패가 경찰부패의 주원인으로 보는 이론은 전체사회 가설이다.
② 일부 부패경찰을 모집단계에서 배제하지 못하여 조직 전체를 부패로 물들게 한다는 구조원인 가설은 부패의 원인을 개인적 결함이 아닌 조직의 체계적 원인으로 파악한다.
③ 미끄러지기 쉬운 경사로 이론은 부패에 해당하는 작은 호의가 습관화될 경우 미끄러운 경사로를 타고 내려오듯이 점점 더 큰 부패와 범죄로 빠진다는 가설이다.
④ 썩은 사과 가설은 신임 경찰관들이 그들의 선배 경찰관들에 의해 조직의 부패 전통 내에서 사회화되어 신임 경찰도 기존 경찰처럼 부패로 물들게 된다고 주장한다.

> **해설**　① 옳은 설명이다.
> ② 썩은 사과 가설에 대한 설명이다. 썩은 사과 가설은 부패의 원인이 개인 자체(개인적 결함)에 있다고 이해한다.

③ 미끄러지기 쉬운 경사로 이론은 부패에 해당하지 않는 사소한 호의일지라도 습관화되는 경우 점점 더 큰 부
패와 범죄로 연결된다는 이론이다. 이론의 일부 내용을 수정하여 오답을 유도하는 형식이므로 유의한다.

④ 구조원인 가설에 대한 설명이다. 구조원인 가설은 기존의 부패한 경찰문화를 경찰부패의 원인으로 이해한다.

06 경찰의 부정부패 원인에 대한 설명으로 가장 적절한 것은? (2017년 제1차)

① 미국의 윌슨은 '시카고 시민이 경찰을 부패시켰다'며 '구조원인 가설'을 주장하였다.

② 니더호퍼, 로벅, 바커 등이 주장한 '전체사회 가설'은 '미끄러지기 쉬운 경사로 이론'과 관련이
깊다.

③ 셔먼의 '미끄러지기 쉬운 경사로 이론'에 의하면 공짜 커피 한 잔도 부패에 해당한다.

④ 선배경찰의 부패행태로부터 신임경찰이 차츰 사회화되어 신임경찰도 기존 경찰처럼 부패로
물들게 된다는 이론은 '구조원인 가설'이다.

해설 ① 윌슨은 전체사회 가설을 주장하였다.

② 니더호퍼, 로벅, 바커는 구조원인가설을 주장하였고, 미끄러지기 쉬운 경사로 이론과 관련이 깊은 것은 전체
사회가설이다 .

③ 셔먼이 주장한 미끄러지기 쉬운 경사로 이론은 부패에 해당하지 않는 사소한 호의일지라도 습관화되는 경우
더 큰 부패로 연결된다는 이론으로 부패에 해당하지 않는 공짜 커피 한 잔이라도 습관화되는 경우 부패로 연
결될 수 있다고 본다. 이에 대해 펠드버그는 작은 호의를 받았다고 반드시 경찰이 큰 부패를 범하는 것은 아
니고, 미끄러지기 쉬운 경사로 이론은 비현실적이며 경찰관의 지능에 대한 모독이라고 비판한다.

④ 옳은 설명이다.

07 다음의 내용이 설명하는 경찰의 부정부패이론으로 가장 적절한 것은? (2016년 제1차)

> 부정부패의 원인은 자질이 없는 경찰관들이 모집단계에서 배제되지 못하고 조직 내에 유입됨으로
> 써 전체경찰이 부패할 가능성이 있다고 보면서, 부정부패의 원인을 조직의 체계보다는 개인적 결
> 함으로 보고 있다.

① 전체사회 가설   ② 구조원인 가설   ③ 썩은 사과 가설   ④ 미끄러지기 쉬운 경사로 이론

해설 썩은 사과 가설에 대한 설명이다. 1번 해설 【경찰부패의 원인가설 개관】 참조.

08 경찰의 부정부패 현상과 그 원인에 관한 다음 설명 중 가장 적절하지 않은 것은? (2015년 제2차)

① 전체사회 가설은 시민사회의 부패를 경찰부패의 주요 원인으로 본다.

② 구조원인 가설은 윌슨이 주장한 가설로 신참 경찰관들이 그들의 고참 동료들에 의해 조직의
부패전통 내에서 사회화됨으로써 부패의 길로 들어선다는 입장이다.

③ 썩은 사과 가설은 일부 부패경찰이 조직 전체를 부패로 물들게 한다는 이론으로 부패 문제를
개인적 결함 문제로 바라본다.

④ 미끄러지기 쉬운 경사로 이론은 부패에 해당하지 않는 작은 호의가 습관화될 경우 미끄러운
경사로를 타고 내려오듯이 점점 더 큰 부패와 범죄로 빠진다는 가설이다.

해설 ① ③ ④ 옳은 설명이다. 1번 해설 【경찰부패의 원인가설 개관】 참조.

② 구조원인 가설은 니더호퍼, 로벅, 바커 등이 주장한 가설이다. 윌슨은 전체사회 가설을 주장하였다.

09 다음은 경찰의 부정부패 원인에 대해 설명한 것이다. 가장 적절한 것은? (2014년 제1차)

① 전체사회 가설: 대표적으로 니더호퍼, 로벅, 바커 등이 주장한 것으로, '미끄러지기 쉬운 경사로 이론'과 관련이 깊다.

② 썩은 사과 가설: 경찰의 부정부패 현상이 나타나는 원인으로 미국의 윌슨은 "시카고 시민이 경찰을 부패시켰다"고 주장하면서, 시민사회의 부패가 경찰부패의 주원인이라고 보았다.

③ 구조원인 가설: 신임 경찰관들이 그들의 선배 동료들에 의해 만들어진 조직적인 부패의 전통 내에서 사회화됨으로써 부패의 길로 들어선다는 입장이다.

④ 전체사회 가설: 자질이 없는 경찰관들이 모집단계에서 배제되지 않고 조직 내로 유입됨으로써 경찰의 부패가 나타난다는 이론이다.

해설
① 전체사회 가설은 윌슨이 주장하였고, 니더호퍼, 로벅, 바커 등은 기존의 부패한 경찰문화를 경찰부패의 원인으로 이해하는 구조원인 가설을 주장하였다.

② 썩은 사과 가설은 부패의 원인이 개인 자체(개인적 결함)에 있다고 이해하는 가설로 시민사회의 부패를 경찰부패의 주요 원인으로 이해하는 전체사회 가설이나 기존의 부패한 경찰문화를 경찰부패의 원인으로 이해하는 구조원인 가설과는 입장을 달리한다. 썩은 사과 가설은 사회 또는 조직문화 보다는 모집 단계에서 자질이 부족하여 부패의 가능성이 있는 자의 배제를 중시한다.

③ 옳은 설명이다.

④ 전체사회 가설은 사회 전체가 경찰의 부패를 묵인 · 조장할 때 경찰관은 자연스럽게 부패행위를 하게 된다는 가설이다. 자질 없는 경찰관들이 모집단계에서 배제되지 않고 조직 내로 유입됨으로써 경찰의 부패가 나타난다는 이론은 부패의 원인이 개인 자체(개인적 결함)에 있다고 이해하는 썩은 사과 가설이다.

10 경찰부패이론에 대한 다음 설명 중 가장 적절하지 않은 것은? (2013년 제1차)

① 전체사회 가설은 윌슨이 주장한 이론으로서 시카고 시민이 경찰을 부패시켰다고 주장하면서 시민사회의 부패가 경찰부패의 주원인이라고 보는 이론이다.

② 구조원인 가설은 신참 경찰관들이 그들의 고참 동료들에 의해 조직의 부패전통 내에서 사회화됨으로써 부패의 길로 들어선다는 이론이다.

③ 썩은 사과 가설은 부패의 원인은 자질이 없는 경찰관들이 모집단계에서 배제되지 못하고 조직내에 유입됨으로써 경찰의 부패가 나타난다는 이론이다.

④ 미끄러지기 쉬운 경사로 이론은 니더호퍼, 로벅, 바커 등이 주장한 이론으로 사회전체가 경찰의 부패를 묵인하거나 조장할 때 경찰관은 자연스럽게 부패행위를 하게 되며, 처음 단계에는 설령 불법적인 행위를 하지 않더라도 작은 호의와 같은 것에 길들여져 나중에는 명백한 부정부패로 빠져들게 된다는 이론이다.

해설
① ② ③ 옳은 설명이다. 1번 해설【경찰부패의 원인가설 개관】참조.

④ 미끄러지기 쉬운 경사로 이론은 셔먼에 의해 주장되었다. 미끄러지기 쉬운 경사로 이론과 전체사회 가설은 상호 유사한 내용을 담고 있다. 니더호퍼, 로벅, 바커 등이 주장한 구조원인 가설은 구조화된 조직적 부패는 서로 문제점을 알면서도 눈감아주는 "침묵의 규범"을 형성하고, 부패한 조직 전통에서 신임 경찰관이 사회화(경력 경찰관의 부패행위를 학습)되어 부패경찰이 된다는 가설이다. 이러한 침묵의 규범에 반대되는 태도로서 동료나 상사의 부정행위에 대해 감찰이나 외부의 언론에 공표하는 내부고발(휘슬블로잉)과 남의 비행에 대해 일일이 참견하여 도덕적 충고를 하는 비지바디니스가 있다.

11 최근 경찰의 부패가 언론에 보도되면서 경찰에 대한 신뢰가 많이 저하되고 있다. 이에 따라 경찰의 윤리성 확보방안이 사회적으로 이슈화 되고 있다. 다음 중 경찰의 부패이론과 내부문화에 대한 설명으로 가장 적절하지 않은 것은? (2011년 제1차)

① 공짜커피, 작은 선물 등의 사소한 호의가 나중에는 큰 부패로 이어질 수 있다는 것은 '미끄러지기 쉬운 경사로 이론'이다.
② '구조원인 가설'은 신임들이 선임들에 의해 만들어진 조직적인 부패의 전통 내에서 사회화되어 부패의 길로 들어선다는 입장이다.
③ 냉소주의와 회의주의는 모두 불신을 바탕으로 한다는 공통점이 있지만, 회의주의는 대상이 특정화되어 있다는 점에서 냉소주의와 차이가 있다.
④ '전체사회 가설'은 클라이니히(John Kleinig)가 시카고 시민이 경찰을 부패시켰다고 주장하면서 시민사회의 부패가 경찰부패의 주원인이라고 보는 이론이다.

해설 ① ② ③ 옳은 설명이다. 1번 해설 【경찰부패의 원인가설 개관】 참조. ③과 관련하여 냉소주의와 회의주의 양자는 불신을 바탕으로 한다는 점에서 공통되지만, 냉소주의는 합리적 근거나 대안도 없이, 대상과 상관없이, 개선의 의지나 신념이 결여된 상태에서 사회나 타인을 경멸하거나 무시하는 태도를 말하지만, 회의주의는 특정 사안과 관련하여 합리적인 의심을 통해 비판하는 태도를 말한다. 조직문화에서 냉소주의를 극복하기 위해서는 ① 의사결정 과정에의 참여, ② 상·하급자 사이의 신뢰회복, ③ 커뮤니케이션 과정의 개선 및 ④ Y이론(인간은 책임감 있고 정직하여 민주적으로 관리해야 한다는 주장)에 입각한 행정관리 등이 필요하다.
④ 전체사회 가설은 윌슨이 주장하였다. "시카고 시민들이 시카고 경찰을 부패시켰다"는 윌슨의 결론에서 시민사회의 부패를 경찰부패의 주요원인으로 이해한다.

12 경찰부패(일탈)와 관련된 여러 견해에 대한 설명 중 가장 옳지 않은 것은? (2010년 제2차)

① 셔먼의 '미끄러운 경사로 이론'은 부패에 해당되지 않는 작은 호의가 습관화될 경우에 미끄러운 경사로를 타고 내려오듯이 점점 더 큰 부패와 범죄로 빠진다는 이론이다.
② 윌슨은 '전체사회 가설'에서 시카고 시민이 경찰을 부패시켰다고 주장하였는데, 이는 시민사회의 부패가 경찰부패의 주원인이라고 보는 이론이다.
③ '내부고발(휘슬블로잉)'이란 경찰관이 동료나 상사의 부정부패에 대하여 감찰에 알리거나 외부의 언론매체에 대하여 공표하는 것을 의미하며, 이는 '침묵의 규범'과 반대되는 개념이다.
④ 니더호퍼, 로벅, 바커 등이 제시한 '구조원인 가설'은 부패의 원인은 자질이 없는 경찰관들이 모집단계에서 배제되지 않고 조직 내에 유입됨으로써 경찰의 부패가 나타난다는 이론이다.

해설 ① ② ③ 옳은 설명이다. 1번 해설 【경찰부패의 원인가설 개관】 참조. ③과 관련하여 내부고발(휘슬블로잉)은 구조원인 가설의 내용인 "침묵의 규범(구조화된 조직적 부패는 서로 문제점을 알면서도 눈을 감아주는 침묵의 규범을 형성)"과 반대되는 태도이다. 남의 비행에 대해 일일이 참견하여 도덕적 충고를 하는 비지바디니스 또한 침묵의 규범과 반대되는 태도이다. 내부고발(휘슬블로잉)과 비지바디니스는 구조원인 가설에 따른 경찰의 부패를 막을 수 있는 요인이 될 수 있다.
④ 니더호퍼, 로벅, 바커 등이 주장한 구조원인 가설은 기존의 부패한 경찰문화를 경찰부패의 원인으로 이해한다. 자질이 없는 경찰관들이 모집단계에서 배제되지 않고 조직 내로 유입되어 경찰의 부패가 나타난다는 이론은 썩은 사과 가설이다. 전체사회 가설 또는 구조원인 가설과 달리 썩은 사과 가설은 경찰부패의 원인을 개인 자체(개인적 결함)에서 찾는다는 점에서 구별된다.

13 다음은 경찰의 일탈(사회계약설)과 관련된 설명이다. 틀린 것은? (2009년 제1차)

① 셔먼의 미끄러지기 쉬운 경사로 이론은 부패에 해당되지 않는 작은 호의가 습관화될 경우 미끄러운 경사로를 타고 내려오듯이 점점 더 큰 부패와 범죄로 빠진다는 가설이다.
② 전체사회가설은 시민사회의 부패를 경찰사회의 부패의 원인으로 본다.
③ 전체사회가설은 신임 경찰관들이 그들의 고참 동료들에 의해 조직의 부패전통 내에서 사회화됨으로써 부패의 길로 들어선다는 입장이다.
④ 썩은 사과 가설은 부패의 원인을 조직의 체계적 원인보다는 개인적 결함으로 본다.

해설 ① ② ④ 옳은 설명이다. 1번 해설【경찰부패의 원인가설 개관】참조.
③ 전체사회 가설은 사회 전체가 경찰의 부패를 묵인 · 조장할 때 경찰관은 자연스럽게 부패행위를 하게 된다는 가설로 미끄러지기 쉬운 경사로 이론과 유사하다. 신임 경찰관들이 그들의 고참 동료들에 의해 조직의 부패전통 내에서 사회화됨으로써 부패의 길로 들어선다는 입장은 구조원인 가설의 내용이다.

14 코헨(Cohen)과 펠드버그(Feldberg)는 사회계약설로부터 도출한 경찰활동의 기준(윤리표준)을 제시하였다. 이와 관련된 〈보기 1〉과 〈보기 2〉의 내용이 가장 적절하게 연결된 것은? (2021년 제1차)

보기 1
(가) 경찰은 사회 전체의 필요에 의해 생겨난 조직으로, 경찰서비스에 대한 동등한 필요를 가진 사람들이 그것을 받을 동등한 기회를 가져야 한다.
(나) 경찰관은 자의적으로 권한을 행사해서는 안 되고, 물리력의 행사는 필요최소한에 그쳐야 하며, 시민의 신뢰에 합당한 방식으로 권한을 행사해야 한다.
(다) 경찰은 그들에게 부여된 사회적 역할 범위 내에서 활동을 하여야 하며, 이러한 범위 내의 활동을 함에 있어서도 상호협력을 통해 경찰목적을 달성해야 한다.

보기 2
㉠ 공공의 신뢰 확보 ㉡ 생명과 재산의 안전 보호 ㉢ 공정한 접근의 보장 ㉣ 협동과 역할 한계 준수

	(가)	(나)	(다)			(가)	(나)	(다)
①	㉠	㉡	㉢		②	㉠	㉣	㉡
③	㉢	㉡	㉣		④	㉢	㉠	㉣

해설 【사회계약설로부터 도출되는 경찰활동의 기준(코헨과 펠드버그) 개관】

구분	내용
생명 · 재산의 안전 보호	· 사회계약론에 의하면 경찰활동의 궁극적 목적은 시민의 생명과 재산의 안전을 보호하는 것 → 법집행 자체가 사회계약의 궁극적 목적이 아니므로, 생명에 대한 위험이 급박하지 않다면 법집행을 위해 시민의 생명을 희생시켜서는 안 됨 → 경찰의 과도한 추격으로 인한 폭주족 사망은 경찰활동의 기준을 벗어난 공무집행의 결과임
공정한 접근 보장	· 경찰활동의 대상에 대한 불합리한 차별 금지 → 경찰개입의 기준인 "필요"가 아니라 혈연 · 지연 · 성별 · 나이 등을 기준으로 한쪽 편들기, 해태, 무시의 금지
공공의 신뢰	· 사회계약설에 따라 시민들은 자신의 권리를 직접 행사하지 않고 위임하였기 때문에 시

확보	민의 신뢰에 합당한 방식으로 경찰력 행사 → 시민을 대신하여 경찰권이 행사되므로 시민의 자력구제 금지 및 신고를 통한 범인 체포 → (비례의 원칙)과잉 없는 필요최소한의 강제력 행사
협동과 역할 한계의 준수	· 경찰목적 달성을 위해 모든 국가기관(기관 사이 및 공무원 사이) 사이에 협력의무 있음 → 공명심으로 혼자 범인을 검거다가 실패한 경우 또는 형사가 검거를 넘어 처벌까지 하려는 경우는 협동과 역할 한계의 준수 위반
냉정하고 객관적 자세	· 사회의 일부분이 아닌 사회 전체의 이익을 고려한 경찰활동이 요구 – 감정 · 편견 · 냉소주의X → 부친의 가정폭력을 경험한 경찰관이 가정폭력사건을 처리하면서 남편의 잘못으로 단정하는 경우 냉정하고 객관적인 자세에서 벗어나는 경찰활동

분석 사회계약설로부터 도출되는 경찰활동의 기준과 관련하여 최근 12년간 독립된 유형의 문제로 4회 출제되었고, 기본적인 내용은 물론 개별사례에 해당하는 경찰활동의 기준을 정확하게 찾을 수 있는지 확인하는 수준에서 출제되었습니다. 위의 표는 물론 기출문제의 사례를 잘 기억해야 향후 출제 가능성에 대비할 수 있습니다.

15 사회계약설로부터 도출되는 경찰활동의 기준(코헨과 펠드버그)에 대한 다음 설명 중 가장 적절하지 않은 것은? (2012년 제3차)

① 음주단속을 하던 경찰이 동료경찰관을 적발하고도 동료라는 이유로 눈감아 주었다면 '공공의 신뢰'를 저해하는 편들기에 해당한다.
② 탈주범이 자기 관내에 있다는 첩보를 입수하고도 이를 상부에 보고하지 않고, 단독으로 검거하려다 실패하였다면 '협동과 팀워크'에 위배된다.
③ 경찰이 직무수행 과정에서 적법절차를 준수하고, 권한을 남용하거나 물리력을 과도하게 사용해서는 아니되며, 오직 시민의 신뢰에 합당한 방식으로 권한을 행사하는 것은 '공공의 신뢰'에 해당한다.
④ '시민의 생명과 재산의 안전 보호'가 사회계약의 목적이며, 법집행 자체가 사회계약의 궁극적인 목적은 아니다.

해설 ① 지인이나 동료에 대한 편들기에 해당하는 것으로 "공정한 접근의 보장"을 저해하는 행위에 해당한다.
② ③ ④ 옳은 설명이다.

16 다음의 예는 코헨(Howard Cohen)과 펠드버그(Michael Feldberg)가 제안한 '사회계약설적 접근을 통해 경찰활동이 지향해야 할 다섯 가지 기준' 중 무엇에 해당하는가? (2011년 제2차)

내가 TV를 잃어버렸고, 옆집에 사는 사람이 의심스럽다고 하자. 그렇지만 법적으로 나는 몽둥이를 들고 함부로 이웃 사람의 집에 들어가서 나의 물건을 찾아낼 수 없다. 그 대신 만약 내가 나의 물건을 되찾고 훔친 사람이 벌을 받기를 원한다면, 나는 형사사법제도를 이용하지 않으면 안 된다. 이를 위해서 우선 경찰을 부른다. 경찰은 수색영장을 얻는 등의 절차를 통해 합법적으로 이웃 사람의 집에 들어가 수색을 하고 범인을 체포할 것이다.

① 공공의 신뢰 확보(Public trust) ② 생명과 재산의 안전 보호(safety and security)
③ 공정한 접근의 보장(fair access) ④ 냉정하고 객관적인 자세(obejectivity)

> **해설** 지문은 절도의 피해를 입은 사람이 피해품을 찾기 위해 자력구제에 의하지 않고, 공적인 형사사법제도를 이용한다는 태도로서 공공의 신뢰 확보와 관련된 내용이다.

17 코헨과 펠드버그가 제시한 경찰활동의 기준에 따라 분류할 때 가장 성격이 다른 것은?
(2010년 제1차)

① 경찰관 甲은 우범지역인 A거리와 B거리의 순찰업무를 맡았으나 A거리에 가족이 산다는 이유로 A거리에서 순찰 근무시간의 대부분을 할애한 경우
② 경찰관 乙은 절도범을 추격하던 중 도주하는 범인의 등 뒤에서 권총을 쏘아 사망하게 한 경우
③ 경찰관 丙은 동료 경찰관의 음주운전사실을 발견하였으나 단속하지 않은 경우
④ 경찰관 丁은 순찰근무 중 달동네에 가려고 하지 않고 부자 동네만 순찰을 하는 경우

> **해설** ① ③ ④는 경찰개입의 기준인 "필요"가 아니라 혈연·지연·성별·나이 등을 기준으로 한쪽 편들기, 해태, 무시를 금지하는 공정한 접근의 보장에 대한 사례이다.
> ②는 생명·재산의 안전 보호와 관련이 있는 사례이다.

18 「부정청탁 및 금품등 수수의 금지에 관한 법률」에 대한 설명으로 가장 적절하지 않은 것은?
(2019년 제1차)

① 원활한 직무수행 목적으로 제공되는 음식물·경조사비·선물 등으로서 대통령령으로 정하는 가액 범위 안의 금품등은 수수 금지의 예외 사유이다.
② 사회상규에 따라 허용되는 금품등은 수수 금지의 예외 사유이다.
③ 공직자등은 직무 관련 여부 및 기부·후원·증여 등 그 명목에 관계없이 동일인으로부터 1회에 100만 원 또는 매 회계연도에 300만 원을 초과하는 금품등을 받거나 요구 또는 약속해서는 아니 된다.
④ 사적 거래(증여 포함)로 인한 채무의 이행 등 정당한 권원(權原)에 의하여 제공되는 금품등은 수수 금지의 예외 사유이다.

> **해설** ① 「**부정청탁 및 금품등 수수의 금지에 관한 법률**」 제8조 제3항 제2호, ② 제8조 제3항 제8호, ③ 제8조 제1항
> ④ 「**부정청탁 및 금품등 수수의 금지에 관한 법률**」 제8조 제3항 제3호 "제10조의 외부강의등에 관한 사례금 또는 다음 각 호의 어느 하나에 해당하는 금품등의 경우에는 제1항 또는 제2항에서 수수를 금지하는 금품등에 해당하지 아니한다. 1. 공공기관이 소속 공직자등이나 파견 공직자등에게 지급하거나 상급 공직자등이 위로·격려·포상 등의 목적으로 하급 공직자등에게 제공하는 금품등, 2. 원활한 직무수행 또는 사교·의례 또는 부조의 목적으로 제공되는 음식물·경조사비·선물 등으로서 대통령령으로 정하는 가액 범위 안의 금품등, 3. <u>사적 거래(증여는 제외한다)로 인한 채무의 이행 등 정당한 권원(權原)에 의하여 제공되는 금품등</u>, 4. 공직자등의 친족(「민법」 제777조에 따른 친족을 말한다)이 제공하는 금품등, 5. 공직자등과 관련된 직원상조회·동호인회·동창회·향우회·친목회·종교단체·사회단체 등이 정하는 기준에 따라 구성원에게 제공하는 금품등 및 그 소속 구성원 등 공직자등과 특별히 장기적·지속적인 친분관계를 맺고 있는 자가 질병·재난 등으로 어려운 처지에 있는 공직자등에게 제공하는 금품등, 6. 공직자등의 직무와 관련된 공식적인 행사에서 주최자가 참석자에게 통상적인 범위에서 일률적으로 제공하는 교통, 숙박, 음식물 등의 금품등, 7. 불특정 다수인에게 배포하기 위한 기념품 또는 홍보용품 등이나 경연·추첨을 통하여 받는 보상 또는 상품 등, 8. 그 밖에 다른 법령·기준 또는 사회상규에 따라 허용되는 금품등"

> **분석** 경찰윤리와 관련하여 최근 12년간 부정청탁 및 금품등 수수의 금지에 관한 법률과 경찰청 공무원 행동강령(경찰청훈령)이 독립된 유형의 문제로 각각 1회 출제되었고, 조문의 내용을 정확히 알고 있는 수준이었습니다. 중요도는 떨어지지만, 경찰부패와 관련된 이론이 출제되지 않는다면 언제든지 출제 가능성이 있습니다.

그중에서도 음식물 · 경조사비 · 선물 등의 가액 범위와 외부강의등 사례금 상한액이 중요하게 다루어질 수 있습니다. 그리고 경찰윤리강령의 기능과 문제점 및 우리나라의 경찰윤리강령 제정과정의 개괄적인 내용도 출제 가능성이 있으므로 아래의 표를 정확히 기억하고 있어야 대비할 수 있습니다.

【경찰윤리강령의 의의와 기능】

구분		내용	
의의		경찰공무원의 공직윤리를 확보하기 위해 제정된 강령으로 명칭은 다양하며 훈령 · 예규의 형태로도 발현	
기능	대내적	㉠ 경찰공무원의 개인적 기준 설정　　㉡ 경찰조직의 기준 제시 ㉢ 경찰조직에 대한 소속감 고취　　㉣ 경찰조직구성원에 대한 교육자료 제공	
	대외적	① 서비스 수준의 보장　② 국민과의 신뢰관계 형성　③ 과도한 요구에 대한 책임의 제한	
제정 과정		경찰윤리헌장(1966) → 새경찰신조(1980) → 경찰헌장(1991) → 경찰서비스헌장(1998)	

【경찰윤리강령의 문제점】

구분	내용
실행가능성의 문제	경찰윤리강령은 법적 강제력이 없어 그 이행을 보장하기 어려움
냉소주의 조장	직원들의 참여 없이 일방적으로 제정 · 하달되어 조직원의 냉소주의 유발 가능
최소주의의 위험	강령에 규정된 수준 이상의 근무를 하지 않으려는 근무수준의 최저화 경향 유발 가능성
비진정성의 조장	자발적 행동이 아닌 외부로부터 요구된 타율성으로 인해 진정한 봉사가 이루어지지 않음
우선순위 미결정	강령 간 우선순위 및 업무 간 우선순위를 제시하지 못하는 한계점 있음
행위중심적 성격	행위 중심으로 규정되어 있어 행위 이전의 의도나 동기를 소홀히 함

19 「경찰청 공무원 행동강령」에 대한 설명으로 가장 적절하지 않은 것은?

(2017년 제1차 – 현행규정 반영 수정)

① 공무원은 상급자가 자기 또는 타인의 부당한 이익을 위하여 공정한 직무수행을 현저하게 해치는 지시를 하였을 때에는 서식 또는 전자우편 등의 방법으로 그 사유를 그 상급자에게 소명하고 지시에 따르지 아니하거나 행동강령책임관과 상담할 수 있다.

② 공무원은 학연, 지연, 종교, 직연 또는 채용동기 등 지속적인 친분 관계가 있어 공정한 직무수행이 어렵다고 판단되는 자가 직무관련자인 경우에는 소속 기관의 장에게 해당 사실을 서면(전자문서를 포함)으로 신고하여야 한다. 다만, 소속 기관의 장이 공정한 직무수행에 영향을 받지 아니한다고 판단하여 정하는 단순 민원업무의 경우에는 그러하지 아니하다.

③ 공무원은 정치인이나 정당 등으로부터 부당한 직무수행을 강요받거나 청탁을 받은 경우에는 소속 기관의 장에게 보고하거나 행동강령책임관과 상담하여야 한다.

④ 공무원은 직위를 이용하여 다른 공무원의 임용 · 승진 · 전보 등 인사에 부당하게 개입해서는 아니 된다.

해설 ① 「**경찰청 공무원 행동강령**」 제4조 제1항, ③ 제8조 제1항, ④ 제9조 제2항

② 「**경찰청 공무원 행동강령**」 제5조 제1항 제9호 "공무원은 다음 각 호의 어느 하나에 해당하는 경우에는 <u>소속 기관의 장에게 해당 사실을 별지 제3호서식에 따라 서면(전자문서를 포함한다. 이하 같다)으로 신고하여야 한다. 다만, 공무원이 상담, 절차 및 규정 안내, 각종 증명서 발급, 기타 이에 준하는 단순 민원업무를 수행하는 경우에는 그러하지 아니하다. 9. 학연, 지연, 종교, 직연 또는 채용동기 등 지속적인 친분 관계가 있어 공정한</u> 직무수행이 어렵다고 판단되는 자가 직무관련자인 경우" 2018. 5. 2. 개정 이전 제5조는 "이해관계 직무의 회피"라는 표제 하에 직무의 회피 여부 등에 관하여 직근 상급자 또는 행동강령책임관과 상담한 후 처리하고, 다만 소속기관의 장이 공정한 직무수행에 영향을 받지 아니한다고 판단하여 정하는 단순 민원업무의 경우에는 그러하지 아니하다고 규정하였다. 하지만 개정 이후 제5조는 "사적 이해관계의 신고 등"으로 표제를 변경하면서 소속 기관의 장에 대한 신고로 변경되었고, 단서 조항의 단순민원 업무도 소속 기관장이 판단하여 정하는 것이 아니라 행동강령에서 구체적인 경우를 명시하였다.

01 경찰부패에 대한 이론과 관련하여 옳은 설명은?

① 일부의 부패한 경찰관이 경찰조직 전체를 부패로 물들게 한다는 가설은 전체사회가설이다.
② 경찰부패의 원인인 침묵의 규범은 구조원인가설과 관련된 것으로 펠드버그에 의해 주장되었다.
③ 구조화된 조직적 부패에 대응할 수 있는 행동양식으로 휘슬블로잉(whistleblowing)과 비지바디니스(busybodiness)가 있다.
④ 사소한 호의라도 습관화되는 경우 점점 더 큰 부패로 연결된다는 이론은 셔먼과 윌슨에 의해 주장된 미끄러지기 쉬운 경사로 이론이다.

해설 ① 전체사회가설은 <u>사회 전체가 경찰의 부패를 묵인·조장할 때 경찰관은 자연스럽게 부패행위를 하게 된다는</u> 가설이다. 윌슨의 "시카고 시민들이 시카고 경찰을 부패시켰다"는 주장이 전체사회가설과 관련이 있다. 지문의 내용은 썩은 사과 가설에 대한 것이다.
② 서로의 문제점을 알면서도 눈감아주는 "침묵의 규범"은 구조원인가설과 관련된 것으로 <u>니더호퍼, 로벅, 바커</u> 등이 주장하였다. 펠드버그는 작은 호의를 받았다고 반드시 경찰이 큰 부패를 범하는 것은 아니기 때문에 셔먼의 미끄러지기 쉬운 경사로 이론은 비현실적이고 경찰관의 지능에 대한 모독이라고 비판하였다.
③ 옳은 설명이다. 휘슬블로잉은 동료나 상사의 부정행위에 대해 감찰이나 외부의 언론에 공표하는 내부고발, 비지바디니스는 남의 비행에 대해 일일이 참견하여 도적적 충고를 하는 것을 말한다.
④ 미끄러지기 쉬운 경사로 이론은 <u>셔먼에 의해 주장된 이론으로 전체사회가설과 유사한 이론이다.</u>

02 경찰부패이론에 대한 설명으로 틀린 것은?

① 사회 전체가 경찰의 부패를 묵인·조장할 때 경찰관은 자연스럽게 부패행위를 하게 된다는 전체사회가설은 시민사회의 부패를 경찰부패의 주요 원인으로 이해한다.
② 구조화된 조직적 부패는 서로의 문제점을 알면서도 눈감아주는 침묵의 규범을 형성하고, 부패한 조직 전통에서 신임경찰관이 사회화되어 부패경찰관이 된다는 것은 구조원인가설의 내용이다.
③ 부패에 해당하지 않는 사소한 호의라도 습관화되는 경우 점점 더 큰 부패로 연결된다는 것은 미끄러지기 쉬운 경사로 이론의 내용이다.
④ 일부의 부패한 경찰관이 경찰조직 전체를 부패로 물들게 한다는 썩은 사과 가설은 부패의 원인이 부패한 경찰관에 쉽게 물드는 조직의 문화에 있다고 본다.

해설 ① ② ③ 옳은 설명이다.
④ 썩은 사과 가설은 부패의 원인이 개인 자체(개인적 결함)에 있다고 이해하는 가설로 <u>모집단계에서 자질이 부족하여 부패의 가능성이 있는 자의 배제에 중점을 둔다.</u> 부패한 경찰관을 조직으로부터 배제하는 조치도 썩은 사과 가설의 관점에서 이해할 수 있다.

03 아래의 보기와 관련된 경찰부패이론은?

보기

1. 신임경찰관 채용 과정에서 인성 및 적성검사 테스트 이외에 다수의 응시자가 집단적으로 참여해 토론하는 태도를 관찰하는 집단면접 및 평가관과 1:1로 이루어지는 심층면접을 도입하였다.
2. 신임경찰관에 대한 교육과정에서 경찰청 공무원 행동강령에 대한 교육을 강화하고, 관서실습 기간에 1:1로 멘토경찰관을 지정하여 멘토경찰관으로 하여금 직무적합도에 대한 평가를 하도록 하였다.

① 썩은 사과 가설   ② 구조원인가설   ③ 미끄러지기 쉬운 경사로 이론   ④ 전체사회가설

해설 신임경찰관의 채용·교육과정에서 자질이 부족한 사람을 배제하기 위한 조치로, 부패의 원인은 개인의 자질(결함)에 있기 때문에 모집단계에서 부패의 가능성이 있는 자의 배제를 중시하는 썩은 사과 가설과 관련이 있다.

04 경찰의 부패를 예방하기 위한 〈보기 1〉의 조치와 〈보기 2〉의 연결이 가장 적절한 것은?

보기 1

(가) "경찰관은 직무와 관련 여부를 불문하고 일체의 선물을 받지 않습니다."라는 문구를 민원인이 쉽게 볼 수 있도록 사무실 입구와 경찰관 개인의 책상에 비치하였다.
(나) 직무와의 관련 여부 및 금액에 상관없이 일체의 금품 등을 받지 못하도록 경찰청 공무원 행동강령을 개정하였다.
(다) 경찰청 공무원 행동강령 위반에 대한 징계를 해임 또는 파면(이른바 배제징계)으로 강화하고, 징계의 양정시 정상을 참작하지 못하도록 관련된 규정을 개정하였다.
(라) 퇴근 이후에 사무실로 돌아와 시간외근무를 기록하지 못하도록 지문인식시스템을 수정하였다.

보기 2

ⓐ 전체사회가설   ⓑ 구조원인가설   ⓒ 썩은 사과 가설   ⓓ 미끄러지기 쉬운 경사로 이론

	(가)	(나)	(다)	(라)			(가)	(나)	(다)	(라)
①	ⓐ	ⓓ	ⓑ	ⓒ		②	ⓐ	ⓓ	ⓒ	ⓑ
③	ⓓ	ⓐ	ⓒ	ⓑ		④	ⓓ	ⓐ	ⓑ	ⓒ

해설 ②의 연결이 가장 적절한다. (가)는 경찰관이 부패로 나아갈 수 있는 계기를 국민이 제공하지 않도록 미연에 방지하는 조치로 "시카고 시민들이 시카고 경찰을 부패시켰다"는 윌슨의 결론, 즉 전체사회가설과 관련이 있다. (나)는 사소한 호의라도 허용하지 않겠다는 취지의 규정 강화로 미끄러지기 쉬운 경사로 이론과 관련이 있다. (다)는 개인적 결함을 가진 부패한 경찰관이 조직 전체에 영향을 미치지 못하도록 배제하는 조치로 썩은 사과 가설과 관련이 있다. (라)는 조직에 구조화된 부패가 만연하지 못하도록 미연에 방지하는 조치로 구조원인가설과 관련이 있다. 전체사회가설과 미끄러지기 쉬운 경사로 이론은 상호 간에 유사점이 있으나, 부패방지를 위한 조치가 사회·국민에 초점을 두고 있다면 전체사회가설, 경찰관 자체에 초점을 두고 있다면 미끄러지기 쉬운 경사로 이론으로 보는 것이 타당하다.

05 경찰부패이론과 주장한 학자의 연결이 옳은 것은?

① 전체사회가설 – 펠드버그   ② 구조원인가설 – 윌슨
③ 썩은 사과 가설 – 니더호퍼   ④ 미끄러지기 쉬운 경사로 이론 – 셔먼

해설 전체사회가설은 윌슨, 구조원인가설은 니더호퍼 · 로벅 · 바커, 미끄러지기 쉬운 경사로 이론은 셔먼에 의해 주장되었다. 펠드버그는 <u>미끄러지기 쉬운 경사로 이론에 대해 비판적이다.</u>

06 사회계약설로부터 도출되는 경찰활동의 기준에 대한 설명으로 틀린 것은?

① 사회계약설적 접근을 통해 경찰활동이 지향해야 하는 기준으로 코헨과 펠드버그는 생명 · 재산의 보호, 공정한 접근의 보장, 공공의 신뢰 확보 및 냉정하고 객관적 자세 4가지를 제시하였다.
② 사회계약론에 의하면 경찰활동의 궁극적인 목적은 시민의 생명과 재산을 보호하는 것이다.
③ 혈연 · 지연 · 성별 · 나이 등을 기준으로 한쪽을 편들지 않거나 무시하지 않는 것은 공정한 접근의 보장과 관련이 있다.
④ 시민을 대신하여 경찰권이 행사되므로 시민의 자력구제를 금지하고 신고를 통해 범인을 체포하는 것은 공공의 신뢰 확보와 관련이 있다.

해설 ① 코헨과 펠드버그가 제안한 "사회계약설적 접근을 통해 경찰활동이 지향해야 할 다섯 가지의 기준"으로 <u>생명 · 재산의 안전 보호, 공정한 접근의 보장, 공공의 신뢰 확보, 협동과 역할 한계의 준수 및 냉정하고 객관적인 자세</u>가 있다.
② ③ ④ 옳은 설명이다.

07 코헨(Howard Cohen)과 펠드버그(Michael Feldberg)가 제시한 경찰활동의 기준에 대한 설명으로 틀린 것은?

① 시민의 생명과 재산을 안전하게 보호하는 것은 경찰활동의 목적이고, 경찰활동은 법의 집행을 통해 이루어지기 때문에 엄격하고 공정한 법집행 자체가 사회계약의 궁극적인 목적이다.
② 경찰활동에 대한 공정한 접근을 보장하기 위해 경찰관은 그 활동의 대상이 되는 사람들에 대해 불합리하게 차별대우를 해서는 안 된다.
③ 가정폭력을 경험한 경찰관이 남편의 잘못을 전제하고 가정폭력사건을 처리하는 것은 냉정하고 객관적인 자세에서 벗어나는 경찰활동이다.
④ 경찰의 목적을 달성하기 위해 모든 국가기관(기관 사이 및 구성원 사이) 사이에 협력의무가 있으므로 공명심에 혼자 범인을 검거하려다 실패한 것은 협동과 역할 한계의 준수에서 벗어나는 경찰활동이다.

해설 ① 사회계약론에 의하면 경찰활동의 궁극적인 목적은 <u>시민의 생명과 재산을 안전하게 보호</u>하는 것이고, 법집행 그 자체가 사회계약의 목적이 아니므로 생명에 대한 위험이 급박하지 않다면 <u>법집행을 위해서 시민의 생명을 희생시켜서는 안 된다.</u> 경찰이 폭주족을 과도하게 추격하다가 교통사고로 폭주족이 사망을 하였다면 코헨과 펠드버그가 제시하는 경찰활동의 기준(생명과 재산의 안전 보호)을 벗어난 공무집행이 된다.
② ③ ④ 옳은 설명이다.

08 코헨(Howard Cohen)과 펠드버그(Michael Feldberg)는 사회계약설에서 도출한 경찰활동의 기준을 제시하였다. 〈보기 1〉의 행위와 〈보기 2〉의 위반 기준이 가장 적절하게 연결된 것은?

보기 1

(가) 자녀가 인터넷 판매사기를 당한 경험이 있는 경찰관이 같은 유형의 사기 피의사건을 조사하던 중 고소인이 중학교 동창임을 알게 되었다. 피의자와 고소인이 대질할 때 경찰관은 피의자의 범죄혐의를 단정하고, 고소인의 주장을 적극적으로 받아들이면서 피의자의 변명은 무시하였다.

(나) 오토바이를 타고 도주하는 살인범(검거시 특진의 포상 예정)을 추적하던 지구대 경찰관이 예상되는 도주로 인근에서 교통소통 업무를 하고 있던 경찰관에게 도주로의 차단을 요청하지 않고 무리하게 추적하던 중 오토바이가 넘어져 살인범이 사망하였다.

보기 2

㉠ 생명·재산의 안전 보호 ㉡ 공정한 접근의 보장 ㉢ 공공의 신뢰 확보
㉣ 협동과 역할 한계 준수 ㉤ 냉정하고 객관적인 자세

	(가)	(나)		(가)	(나)
①	㉡－㉢	㉠－㉣	②	㉢－㉣	㉣－㉤
③	㉡－㉤	㉠－㉣	④	㉢－㉤	㉠－㉡

> **해설** 하나의 사례에 두 가지의 기준이 포함된 유형의 문제이다. ③의 연결이 가장 적절하다. (가)는 경찰관의 가족이 사기를 당한 개인적인 경험에 따라 피의자에 대한 편견을 가지고 그의 범죄혐의를 예단하였기 때문에 냉정하고 객관적인 자세의 기준을 위반하였고, 대질 과정에서 고소인과의 <u>학연에 따라 피의자의 변명을 무시하면서 고소인을 편들기</u> 하였기 때문에 공정한 접근의 보장 기준을 위반하였다. (나)는 경찰관이 범인의 검거라는 공명심과 포상을 받을 마음에 도주로 차단을 통해 쉽게 살인범을 검거할 수 있음에도 <u>협력을 요청하지 않았기 때문에 협동과 역할 한계의 준수 기준을 위반</u>하였고, 살인범의 검거라는 법집행을 강조하면서 <u>협력 없이 무리하게 살인범을 추적하다가 사망의 결과가 초래되었기 때문에 생명과 재산의 안전 보호 기준을 위반</u>하였다.

09 경찰윤리강령에 대한 설명으로 틀린 것은?

① 경찰윤리강령은 대내적으로 경찰공무원의 개인적 기준 설정, 경찰조직의 기준 제시, 경찰조직에 대한 소속감 고취 및 조직구성원에 대한 교육자료 제공의 기능을 가진다.

② 경찰윤리강령은 대외적으로 국민에 대한 서비스 수준의 보장, 국민과의 신뢰관계 형성 및 국민의 과도한 요구에 대한 책임의 제한 기능을 가진다.

③ 경찰윤리강령은 경찰공무원의 공직윤리를 확보하기 위해 제정된 강령으로 그 명칭은 다양하다.

④ 경찰윤리강령은 경찰청이 소속되어 있는 행정안전부의 부령으로 제정되기 때문에 경찰관이 이를 위반하는 경우 대외적 효력이 인정되어 위법의 문제가 발생한다.

> **해설** ① ② ③ 옳은 설명이다.
> ④ 경찰윤리강령의 명칭은 다양하며 주로 대내적 효력만 인정되는 <u>훈령 또는 예규의 형태로 발현된다.</u> 따라서 경찰윤리강령을 위반하더라도 대외적 효력이 없으므로 <u>국민에 대한 관계에서 원칙적으로 위법의 문제는 발생하지 않는다.</u>

10 경찰윤리강령의 제정 순서로 옳은 것은?

① 경찰헌장 → 경찰윤리헌장 → 경찰서비스헌장 → 새경찰신조
② 경찰윤리헌장 → 새경찰신조 → 경찰헌장 → 경찰서비스헌장
③ 경찰헌장 → 새경찰신조 → 경찰서비스헌장 → 경찰윤리헌장
④ 경찰윤리헌장 → 경찰서비스헌장 → 경찰헌장 → 새경찰신조

해설 경찰윤리헌장(1966년), 새경찰신조(1980년), 경찰헌장(1991년), 경찰서비스헌장(1998년) 순이다.

11 경찰윤리강령의 문제점에 대한 설명으로 틀린 것은?

① 경찰윤리강령은 법적 강제력이 없기 때문에 그 이행을 보장하기 어렵다.
② 직원들의 참여 없이 일방적으로 제정·하달되어 조직원의 냉소주의를 유발할 수 있다.
③ 행위자 중심으로 규정되어 있기 때문에 행위 이전의 의도나 동기를 소홀히 하고 있다.
④ 강령에 규정된 수준 이상의 근무를 하지 않으려는 근무 수준의 최저화 경향을 유발할 수 있다.

해설 ① ② ④ 옳은 설명이다. ①은 실행가능성의 문제, ②는 냉소주의 조장, ④는 최소주의의 위험이다. 이외에도 자발적 행동이 아닌 외부로부터 요구된 타율성으로 인해 진정한 봉사가 이루어지지 않는 비진정성의 조장 및 강령 간 우선순위와 업무 간 우선순위를 제시하지 못하는 우선순위 미결정의 문제점이 있다.
   ③ 경찰윤리강령은 행위 중심으로 규정되어 있어 행위 이전의 의도·동기를 소홀히 하고 있다(행위중심적 성격).

12 경찰청 공무원 행동강령의 개념 정의에 대한 설명으로 옳은 것은?

① 경찰청 공무원 행동강령은 경찰청 소속 공무원이 준수하여야 할 행동기준을 규정하는 것을 목적으로 하므로 시·도경찰청 및 경찰서 소속 공무원에 대해서는 적용되지 아니한다.
② 경찰청 공무원 행동강령에 따른 "직무관련자"란 공무원의 소관 업무와 관련되는 개인 또는 법인·단체를 말하고, 공무원이 사인의 지위에 있는 경우에는 개인으로 보지 아니한다.
③ 경찰청 공무원 행동강령 제2조 제1호 가목에 따른 "직무관련자"에 해당하는 민원으로 「민원 처리에 관한 법률」에 따른 법정민원·질의민원·고충민원이 있고, 장부·대장 등에 등록·등재를 신청 또는 신고하거나 특정한 사실 또는 법률관계에 관한 확인 또는 증명을 신청하는 법정민원은 제외된다.
④ 인가·허가 등의 취소, 영업정지, 과징금 또는 과태료의 부과 등으로 이익 또는 불이익을 직접적 또는 간접적으로 받는 개인 또는 법인·단체는 경찰청 공무원 행동강령에 따른 "직무관련자"에 해당한다.

해설 ①「**경찰청 공무원 행동강령**」**제1조** "이 규칙은 「부패방지 및 국민권익위원회의 설치와 운영에 관한 법률」제8조 및 공무원 행동강령에 따라 경찰청(소속기관, 시·도경찰청, 경찰서를 포함한다. 이하 같다)소속 공무원(이하 "공무원"이라 한다)이 준수하여야 할 행동기준을 규정하는 것을 목적으로 한다."
   ②「**경찰청 공무원 행동강령**」**제2조 제1호** "직무관련자"란 공무원의 소관 업무와 관련되는 자로서 다음 각 목의 어느 하나에 해당하는 개인[공무원이 사인(私人)의 지위에 있는 경우에는 개인으로 본다] 또는 법인·단체를 말한다."
   ③「**경찰청 공무원 행동강령**」**제2조 제1호 가목**

④ 「**경찰청 공무원 행동강령**」 제2조 제1호 **나목** "인가 · 허가 등의 취소, 영업정지, 과징금 또는 과태료의 부과 등으로 <u>이익 또는 불이익을 직접적으로 받는</u> 개인 또는 법인 · 단체"를 말한다. 경찰청 공무원 행동강령의 "직무관련자"를 규정하고 있는 각 목 가운데 <u>"이익 또는 불이익"</u>은 <u>"직접적으로 받는"</u>경우로 한정하고 있음에 유의한다(제2조 제1호 나, 라, 카목 참조).

13 경찰청 공무원 행동강령의 개념 "정의(제2조)"에 대한 설명으로 틀린 것은?

① 공무원의 소관 업무와 관련되는 자로서 법령해석이나 유권해석을 요구하는 개인이나 법인 · 단체는 경찰청 공무원 행동강령에서 말하는 직무관련자에 해당한다.

② 공무원의 소관 업무와 관련되는 자로서 경찰관서에 복무 중인 전투경찰순경 · 의무경찰의 부모 · 형제자매는 경찰청 공무원 행동강령에서 말하는 직무관련자에 해당한다.

③ 직무관련공무원이란 공무원의 직무수행과 관련하여 이익 또는 불이익을 직접적으로 받는 다른 공무원 중 경찰청 공무원 행동강령 제2조 제2호에서 정하는 공무원을 말한다.

④ 금품등이란 금전 · 유가증권 등 일체의 재산적 이익, 음식물 · 주류 등의 접대 · 향응, 교통 · 숙박 등의 편의 제공 및 유형의 경제적 이익을 말하고, 무형의 경제적 이익은 포함되지 아니한다.

> **해설** ① 「**경찰청 공무원 행동강령**」 제2조 제1호 **자목**, ② 제2조 제1호 **차목**, ③ 제2조 제2호
> ④ 「**경찰청 공무원 행동강령**」 제2조 제3호 ""금품등"이란 다음 각 목의 어느 하나에 해당하는 것을 말한다. 가. 금전, 유가증권, 부동산, 물품, 숙박권, 회원권, 입장권, 할인권, 초대권, 관람권, 부동산 등의 사용권 등 <u>일체의 재산적 이익</u>, 나. 음식물 · 주류 · 골프 등의 <u>접대 · 향응</u> 또는 교통 · 숙박 등의 <u>편의 제공</u>, 다. 채무 면제, 취업 제공, 이권(利權) 부여 등 그 밖의 <u>유형 · 무형의 경제적 이익</u>"

14 경찰청 공무원 행동강령에 대한 설명으로 틀린 것은?

① 경찰청 공무원 행동강령은 경찰청(소속기관, 시 · 도경찰청, 경찰서를 포함한다) 소속 공무원과 경찰청에 파견된 공무원에게 적용한다.

② 상급자가 자기 또는 타인의 부당한 이익을 위하여 공정한 직무수행을 현저하게 해치는 지시를 하여 그 사유를 상급자에게 소명하고 지시를 이행하지 아니하였는데도 같은 지시가 반복되는 경우 행동강령책임관과 상담할 수 있다.

③ 행동강령책임관은 지시 내용을 확인하는 과정에서 부당한 지시를 한 상급자가 스스로 그 지시를 취소하거나 변경하였을 때에는 소속 기관의 장에게 보고하지 아니할 수 있다.

④ 공무원은 「범죄수사규칙」 제30조에 따른 경찰관서 내 수사 지휘에 대한 이의제기와 관련하여 행동강령책임관에게 상담을 요청할 수 있고, 상담요청을 받은 행동강령책임관은 해당 지휘의 취소 · 변경이 필요하다고 인정되면 소속 기관장에게 보고하여야 한다.

> **해설** ① 「**경찰청 공무원 행동강령**」 제1조 · 제3조, ③ 제4조 제3항 단서, ④ 제4조의2에 따른 옳은 설명이다.
> ② 「**경찰청 공무원 행동강령**」 제4조 제1항 · 제2항 "제1항에 따라 지시를 이행하지 아니하였는데도 같은 지시가 반복될 때에는 <u>즉시 행동강령책임관과 상담하여야 한다.</u>"

15 경찰청 공무원 행동강령에 따른 "사적 이해관계의 신고 등"에 대한 설명으로 옳은 것은?

① 공무원 자신 또는 공무원의 4촌 이내의 친족(「민법」 제767조에 따른 친족을 말한다)이 직무 관련자인 경우 경찰청 공무원 행동강령에 따라 예외 없이 소속 기관의 장에게 해당 사실을 신고하여야 한다.

② 직무관련자 또는 공무원의 직무수행과 관련하여 이해관계가 있는 자는 해당 공무원이 경찰청 공무원 행동강령 제5조(사적 이해관계의 신고 등) 제1항 각 호의 어느 하나에 해당하더라도 그 공무원의 소속 기관의 장에게 해당 공무원의 전보를 신청할 수는 없다.

③ 사적 이해관계에 대한 공무원의 신고 또는 이해관계가 있는 자의 신청을 받은 소속 기관의 장은 소속 공무원의 공정한 직무수행을 저해할 수 있다고 판단하는 경우 직무 참여의 일시중지 등 경찰청 공무원 행동강령 제5조 제5항 각 호의 조치를 취해야 한다.

④ 사적 이해관계에 대한 공무원의 신고 또는 이해관계 있는 자의 신청이 있더라도 직무를 수행하는 공무원을 대체하기 지극히 어려운 경우 소속 기관의 장은 해당 공무원에게 그 직무를 수행하도록 할 수 있다.

해설 ① 「**경찰청 공무원 행동강령**」 **제5조 제1항 단서** "공무원은 다음 각 호의 어느 하나에 해당하는 경우에는 소속 기관의 장에게 해당 사실을 별지 제3호서식에 따라 서면(전자문서를 포함한다. 이하 같다)으로 신고하여야 한다. 다만, 공무원이 상담, 절차 및 규정 안내, 각종 증명서 발급, 기타 이에 준하는 <u>단순 민원업무를 수행하는 경우에는 그러하지 아니하다.</u>"

② 「**경찰청 공무원 행동강령**」 **제5조 제2항 본문** "직무관련자 또는 공무원의 직무수행과 관련하여 이해관계가 있는 자는 해당 공무원이 제1항 각 호의 어느 하나에 해당하는 경우에는 별지 제4호서식에 따라 그 공무원의 소속 기관의 장에게 제5항 각 호의 조치를 신청할 수 있다." 및 **제5항** "제1항 본문에 따른 신고나 제2항 및 제4항에 따른 신청을 받은 소속 기관의 장은 소속 공무원의 공정한 직무수행을 저해할 수 있다고 판단하는 경우에는 해당 공무원에게 다음 각 호의 <u>조치를 할 수 있다.</u> 1. 직무 참여의 일시중지, 2. 직무 대리자 또는 직무 공동수행자의 지정, 3. 직무 재배정, 4. <u>전보</u>"

③ 「**경찰청 공무원 행동강령**」 **제5조 제5항** 참조. "<u>조치를 할 수 있다.</u>"

④ 「**경찰청 공무원 행동강령**」 **제5조 제6항 제1문**

16 경찰청 공무원 행동강령에 대한 설명으로 틀린 것은?

① 공무원은 정치인이나 정당 등으로부터 부당한 직무수행을 강요받거나 청탁을 받은 경우 소속 기관의 장에게 보고하거나 행동강령책임관과 상담할 수 있다.

② 정치인이나 정당 등으로부터 부당한 직무수행을 강요받거나 청탁을 받았다는 공무원의 보고를 받은 소속 기관의 장이나 상담을 한 행동강령책임관은 그 공무원이 공정한 직무수행을 할 수 있도록 적절한 조치를 하여야 한다.

③ 공무원은 직무를 수행함에 있어 지연·혈연·학연·종교 등을 이유로 특정인에게 특혜를 주어서는 아니 된다.

④ 공무원은 직위를 이용하여 다른 공무원의 임용·승진·전보 등 인사에 부당하게 개입해서는 아니 된다.

해설 ① 「**경찰청 공무원 행동강령**」 **제8조 제1항** "공무원은 정치인이나 정당 등으로부터 부당한 직무수행을 강요받거나 청탁을 받은 경우에는 별지 제9호 서식 또는 전자우편 등의 방법으로 <u>소속 기관의 장에게 보고하거나 행동강령책임관과 상담하여야 한다.</u>"

② 「**경찰청 공무원 행동강령**」 제8조 제2항, ③ 제6조, ④ 제9조 제2항

17 경찰청 공무원 행동강령에 대한 설명으로 틀린 것은?

① 공무원은 직무의 범위를 벗어나 사적 이익을 위하여 소속기관의 명칭이나 직위를 공표·게시하는 등의 방법으로 이용하거나 이용하게 하여서는 아니 된다.
② 공무원은 직무수행과 관련하여 자기 또는 타인의 부당한 이익을 위하여 직무관련자를 다른 직무관련자나 공직자에게 소개해서는 아니 된다.
③ 공무원은 직무수행 중 알게 된 정보를 이용하여 유가증권, 부동산 등과 관련된 재산상 거래 또는 투자를 하거나 타인에게 그러한 정보를 제공하여 재산상 거래 또는 투자를 돕는 행위를 해서는 아니 된다.
④ 공무원은 자신의 직위를 직접 또는 간접적으로 이용하여 부당한 이익을 얻거나 타인이 부당한 이익을 얻도록 해서는 아니 된다.

해설 ① 「**경찰청 공무원 행동강령**」 제10조의2, ② 제11조 제2항, ③ 제12조
④ 「**경찰청 공무원 행동강령**」 제10조 "공무원은 <u>자신의 직위를 직접 이용하여</u> 부당한 이익을 얻거나 타인이 부당한 이익을 얻도록 해서는 아니 된다."

18 경찰청 공무원 행동강령에 따른 "금품등을 받는 행위의 제한"에 대한 설명으로 옳은 것은?

① 공무원은 직무 관련 여부 및 기부·후원·증여 등 그 명목에 관계없이 동일인으로부터 1회에 100만원 또는 매 회계연도에 300만원 이상의 금품등을 받거나 요구 또는 약속해서는 아니 된다.
② 공무원은 직무와 관련 없이 대가성 여부를 불문하고 동일인으로부터 1회에 100만원 또는 매 회계연도에 300만원 이하의 금품등을 받거나 요구 또는 약속해서는 아니 된다.
③ 소속 기관의 장등이 소속 공무원이나 파견 공무원에게 지급하거나 상급자가 위로·격려·포상 등의 목적으로 하급자에게 제공하는 200만원 상당의 상품권은 수수를 금지하는 금품등에 해당하지 아니한다.
④ 사적 거래(증여를 포함한다)로 인한 채무의 이행 등 정당한 권원에 의하여 제공되는 금품등은 수수를 금지하는 금품등에 해당하지 아니한다.

해설 ① 「**경찰청 공무원 행동강령**」 제14조 제1항 "공무원은 직무 관련 여부 및 기부·후원·증여 등 그 명목에 관계없이 동일인으로부터 <u>1회에 100만원 또는 매 회계연도에 300만원을 초과하는</u> 금품등을 받거나 요구 또는 약속해서는 아니 된다."
② 「**경찰청 공무원 행동강령**」 제14조 제2항 "공무원은 <u>직무와 관련하여 대가성 여부를 불문하고</u> 제1항에서 정한 금액 이하의 금품등을 받거나 요구 또는 약속해서는 아니 된다."
③ 「**경찰청 공무원 행동강령**」 제14조 제3항 제1호
④ 「**경찰청 공무원 행동강령**」 제14조 제3항 제3호 "제15조의 외부강의등에 관한 사례금 또는 다음 각 호의 어느 하나에 해당하는 금품등은 제1항 또는 제2항에서 수수(收受)를 금지하는 금품등에 해당하지 아니한다. 3. 사적 거래(<u>증여는 제외한다</u>)로 인한 채무의 이행 등 정당한 권원(權原)에 의하여 제공되는 금품등"

19 경찰청 공무원 행동강령에 따른 "금품등을 받는 행위의 제한"에 대한 설명으로 틀린 것은?

① 경찰청 공무원 행동강령 제14조 제3항 제2호에 따른 음식물·경조사비·선물 등의 가액 범위
와 관련하여 축의금·조의금을 대신하는 화환·조화는 20만원으로 한다.

② 공무원은 경찰청 공무원 행동강령 제14조 제3항 제5호에 따라 특별히 장기적·지속적인 친분
관계를 맺고 있는 자가 직무관련자 또는 직무관련공무원으로서 금품등을 제공한 경우에는 그
수수 사실을 소속 기관의 장에게 신고하여야 한다.

③ 공무원은 자신의 배우자나 직계 존속·비속이 자신의 직무와 관련하여 공무원이 받는 것이 금
지되는 금품등을 받거나 요구하거나 제공받기로 약속하지 아니하도록 하여야 한다.

④ 공무원은 다른 공무원에게 또는 그 공무원의 배우자나 직계 존속·비속에게 수수 금지 금품등
을 제공하거나 그 제공의 약속 또는 의사표시를 해서는 아니 된다.

> **해설** ① **「경찰청 공무원 행동강령」 제14조 제3항 제2호 별표 1** "음식물(제공자와 공무원이 함께 하는 식사, 다과, 주
> 류, 음료, 그 밖에 이에 준하는 것을 말한다): 3만원. 2. 경조사비: 축의금·조의금은 5만원. 다만, 축의금·
> 조의금을 대신하는 화환·조화는 10만원으로 한다. 3. 선물: 금전, 유가증권, 제1호의 음식물 및 제2호의 경
> 조사비를 제외한 일체의 물품, 그 밖에 이에 준하는 것은 5만원. 다만, 「농수산물 품질관리법」 제2조 제1항
> 제1호에 따른 농수산물(이하 "농수산물"이라 한다) 및 같은 항 제13호에 따른 농수산가공품(농수산물을 원료
> 또는 재료의 50퍼센트를 넘게 사용하여 가공한 제품만 해당하며, 이하 "농수산가공품"이라 한다)은 10만원
> 으로 한다."
> ② **「경찰청 공무원 행동강령」 제14조 제4항**, ③ **제14조 제5항**, ④ **제14조 제6항**

20 경찰청 공무원 행동강령에 따른 "외부강의등의 사례금 수수 제한"에 대한 설명으로 옳은 것은?

① 외부강의등의 사례금 수수 제한은 공무원이 자신의 직무와 관련하여 요청받은 교육·홍보·토
론회·세미나·공청회 또는 그 밖의 회의 등에서 한 강의·강연·기고 등에 한하여 적용된다.

② 외부강의등을 요청한 자가 국가나 지방자치단체인 경우에는 공무원은 소속 기관의 장에게 신
고할 의무가 없다.

③ 공무원은 사례금을 받는 외부강의등을 할 때에는 소속 기관의 장에게 그 외부강의등을 마친
날부터 7일 이내에 신고하여야 한다.

④ 공무원이 대가를 받고 수행하는 외부강의등은 월 3회를 초과할 수 없고, 국가나 지방자치단체
에서 요청하거나 겸직 허가를 받고 수행하는 외부강의등도 그 횟수에 포함한다.

> **해설** ① **「경찰청 공무원 행동강령」 제15조 제1항** "공무원은 자신의 직무와 관련되거나 그 지위·직책 등에서 유래되
> 는 사실상의 영향력을 통하여 요청받은 교육·홍보·토론회·세미나·공청회 또는 그 밖의 회의 등에서 한
> 강의·강연·기고 등(이하 "외부강의등"이라 한다)의 대가로서 별표 2에서 정하는 금액을 초과하는 사례금
> 을 받아서는 아니 된다."
> ② **「경찰청 공무원 행동강령」 제15조 제2항 단서**
> ③ **「경찰청 공무원 행동강령」 제15조 제2항 본문** "공무원은 사례금을 받는 외부강의등을 할 때에는 외부강의등
> 의 요청 명세 등을 별지 제12호서식의 외부강의등 신고서에 따라 소속 기관의 장에게 그 외부강의등을 마친
> 날부터 10일 이내에 신고하여야 한다."
> ④ **「경찰청 공무원 행동강령」 제15조 제4항** "공무원이 대가를 받고 수행하는 외부강의등은 월 3회를 초과할 수
> 없다. 국가나 지방자치단체에서 요청하거나 겸직 허가를 받고 수행하는 외부강의등은 그 횟수에 포함하지 아
> 니한다."

21 경찰청 공무원 행동강령에 따른 "외부강의등의 사례금 수수 제한 및 초과사례금의 신고등"에 대한 설명으로 틀린 것은?

① 외부강의등을 하는 경우 경찰청 공무원 행동강령에 의하면 1시간을 초과하여 강의하였다고 하더라도 강의시간에 관계없이 60만원을 초과하는 사례금을 받을 수는 없다.

② 공무원이 외부강의등과 관련하여 소속 기관에서 교통비, 숙박비, 식비 등 여비를 지급받지 못한 경우 「공무원 여비규정」의 기준 내에서 실비수준으로 제공되는 교통비, 숙박비 및 식비는 사례금에 포함되지 않는다.

③ 경찰청 공무원 행동강령 제15조 제1항에 따른 금액을 초과하는 사례금을 받은 경우 그 사실을 안 날로부터 2일 이내에 소속 기관의 장에게 신고하여야 하며, 제공자에게 그 초과금액을 지체 없이 반환하여야 한다.

④ 경찰청 공무원 행동강령 제15조 제1항에 따른 금액을 초과하는 사례금을 받았다는 신고를 받은 소속 기관의 장은 초과사례금을 반환하지 아니한 공무원에 대하여 신고사항을 확인한 후 10일 이내에 반환하여야 할 초과사례금의 액수를 산정하여 해당 공무원에게 통지하여야 한다.

해설 ① 「경찰청 공무원 행동강령」 제15조 제1항 별표2 "1시간을 초과하여 강의 등을 하는 경우에도 사례금 총액은 <u>강의시간에 관계없이 1시간 상한액(참고: 40만원)의 100분의 150에 해당하는 금액(60만원)을 초과하지 못한다.</u>"

② 「경찰청 공무원 행동강령」 제15조 제1항 별표2 "다목에도 불구하고 공무원이 소속 기관에서 교통비, 숙박비, 식비 등 여비를 지급받지 못한 경우에는 「공무원 여비 규정」의 기준 내에서 <u>실비수준으로 제공되는 교통비, 숙박비 및 식비는 제1호의 사례금에 포함되지 않는다.</u>"

③ 「경찰청 공무원 행동강령」 제15조의2 제1항

④ 「경찰청 공무원 행동강령」 제15조의2 제2항 "제1항에 따른 신고를 받은 소속 기관의 장은 초과사례금을 반환하지 아니한 공무원에 대하여 <u>신고사항을 확인한 후 7일 이내에 반환하여야 할 초과사례금의 액수를 산정</u>하여 해당 공무원에게 통지하여야 한다."

22 A경찰청 여성청소년과 소속 경찰관 甲은 직무와 관련하여 관내 소재 민간단체 대표자 乙의 요청으로 2021년 9월 1일(월요일) 9시부터 12시까지 가정폭력방지 세미나에서 3시간 강의를 하였다. 이에 대한 설명으로 옳은 것은 모두 몇 개인가?

ㄱ 乙의 요청이 급박하여 미리 신고하는 것이 곤란한 경우 甲은 9월 8일에 A경찰청장에게 서면으로 신고하였다면 경찰청 공무원 행동강령 위반에 해당하지 않는다.

ㄴ 甲이 3시간의 강의에 대한 강의료로 50만원을 받았다면 직급 구분없이 40만원을 초과하는 사례금을 받은 것으로 경찰청 공무원 행동강령 위반에 해당한다.

ㄷ 甲과 乙은 강의와 관련하여 협의 당시 3시간 강의료 및 원고료로 110만원을 지급하기로 약속하였으나 강의 이후 단체의 강의료 지급 심사과정에서 삭감되어 50만원을 받았더라도, 甲은 그 명목에 관계없이 동일인 乙로부터 1회에 100만원을 초과하는 금품등을 받기로 약속하였으므로 경찰청 공무원 행동강령 위반에 해당한다.

ㄹ 甲은 乙로부터 강의료로 60만원을 받기로 약속하였고, 강의 후 乙은 강의료 60만원과 수고비 명목으로 10만원을 각각 9월 3일 甲의 계좌로 송금하였다. 甲이 9월 4일 계좌를 확인하여 70만원이 입금된 사실을 알게 되어 당일 乙에게 10만원을 반환하고, 그 사실을 9월 8일 A경찰청장에게 신고하였다면 경찰청 공무원 행동강령 위반에 해당하지 않는다.

① 없음 ② 1개 ③ 2개 ④ 3개

해설 「**경찰청 공무원 행동강령**」**제14조, 제15조 및 제15조의2**

ㄱ 공무원은 사례금을 받는 외부강의등을 할 때에는 외부강의등의 요청 명세 등을 별지 제12호서식의 외부강의 등 신고서에 따라 소속 기관의 장에게 그 <u>외부강의등을 마친 날부터 10일 이내에 신고</u>하여야 한다. (제15조 제2항 본문). 종전의 사전 신고가 2020. 6. 10. 일부 개정으로 외부강의등을 마친 날로부터 10일 이내의 사후 신고로 변경되었다. 10일 이내에 신고되었으므로 경찰청 공무원 행동강령에 위반되지 않는다.

ㄴ 상한액(40만원)은 강의등의 경우 1시간당 상한액으로 하고, 1시간을 초과하여 강의등을 하는 경우에도 사례 금 총액은 강의시간에 관계없이 1시간 상한액의 <u>100분의 150에 해당하는 금액을 초과하지 못한다</u>(제15조 제1항 별표 2). 사안의 경우 1시간당 상한액이 40만원이고, 시간과 관계없이 100분의 150에 해당하는 60만 원을 초과하지 않았으므로 경찰청 공무원 행동강령에 위반되지 않는다.

ㄷ 제15조 외부강의등에 관한 사례금은 <u>제14조 제1항 및 제2항에서 수수를 금지하는 금품등에 해당하지 아니 한다</u>(제14조 제3항). 사안의 경우 외부강의등에 관한 사례금으로 제14조 제1항 및 제2항의 적용이 배제되므 로 제15조 별표 2에서 정하는 금액(강의등은 시간에 관계없이 60만원)을 초과하지 않았기 때문에 경찰청 공 무원 행동강령에 위반되지 않는다.

ㄹ 공무원은 초과하는 사례금을 받은 경우에는 <u>그 사실을 안 날로부터 2일 이내에 소속 기관의 장에게 신고</u>하여 야 하며, 제공자에게 <u>그 초과금액을 지체 없이 반환</u>하여야 한다(제15조의2 제1항). 사안의 경우 지체 없이 초 과금액을 반환하였으나, 초과하는 사례금을 받은 사실을 안 날인 9월 4일로부터 2일 이내에 신고하지 않았으 므로 경찰청 공무원 행동강령 위반에 해당한다.

23 경찰청 공무원 행동강령에 따른 "직무관련자 거래 신고"에 대한 설명으로 옳은 것은?

① 생계를 같이 하지 않는 공무원의 직계존속이 공무원 자신의 직무관련자 또는 직무관련공무원 과 금전을 빌리거나 빌려주는 행위 및 유가증권을 거래하는 행위를 하는 경우 신고의 대상에 해당한다.

② 무상으로 금전을 빌리거나 빌려주는 행위를 하는 경우 신고의 대상에 해당하지 않는다.

③ 공매 · 경매 · 입찰 및 공개추첨을 통한 부동산, 자동차, 선박, 항공기, 건설기계, 그 밖에 이에 준하는 재산을 거래하는 경우 신고의 대상에 해당하지 않는다.

④ 일상생활용품을 포함한 물품의 계약을 체결하는 행위를 하는 경우 신고의 대상에 해당한다.

해설 ① 「**경찰청 공무원 행동강령**」**제16조 제1항 제1호**에 따라 직계존속 · 비속은 생계를 같이 하는 경우에만 거래 신고의 대상에 해당한다. "공무원은 자신, 배우자, <u>직계존속 · 비속(생계를 같이 하는 경우만 해당한다, 이하 이 조에서 같다)</u> 또는 특수관계사업자가 공무원 자신의 직무관련자 또는 직무관련공무원과 직접 다음 각 호 의 어느 하나에 해당하는 행위를 하는 경우(무상인 경우를 포함한다)에는 별지 제14호서식에 따라 서면으로 소속 기관의 장에게 미리 신고하여야 한다. 1. 금전을 빌리거나 빌려주는 행위 및 유가증권을 거래하는 행위. 다만, 「금융실명거래 및 비밀보장에 관한 법률」 제2조 제1호에 따른 금융회사등으로부터 통상적인 조건으로 금전을 빌리는 행위 및 유가증권을 거래하는 행위는 제외한다."

② 「**경찰청 공무원 행동강령**」**제16조 제1항 제1호**에 따라 <u>무상인 경우에도 거래 신고의 대상에 해당한다</u>.

③ 「**경찰청 공무원 행동강령**」**제16조 제1항 제2호**

④ 「**경찰청 공무원 행동강령**」**제16조 제1항 제3호**에 따라 일상생활용품은 제외된다. "3. 제1호 및 제2호의 거 래 행위 외에 <u>물품(일상생활용품은 제외한다)</u>, 용역, 공사 등의 계약을 체결하는 행위. 다만, 공매등을 통한 계 약 체결 행위 또는 거래관행상 불특정다수를 대상으로 반복적으로 행해지는 계약 체결 행위는 제외한다."

24 경찰청 공무원 행동강령에 따른 "직무관련자 거래 신고"에 대한 설명으로 틀린 것은?

① 직무관련자 거래 신고는 소속 기관의 장에게 미리 신고하는 것이 원칙이다.
② 사전 신고가 곤란한 경우 해당 거래 등의 행위를 마친 날부터 5일 이내에 신고하여야 한다.
③ 공무원 자신의 거래 등의 행위가 아니거나 제3자가 중개 또는 대리하여 거래한 경우로서 미리 이를 알고 신고하기 어려운 경우 거래 등의 사실을 안 날부터 10일 이내에 신고하여야 한다.
④ 직무관련자나 직무관련공무원 또는 직무관련자이었던 자나 직무관련공무원이었던 사람이 「민법」 제777조에 따른 친족인 경우는 신고대상에서 제외한다.

> 해설 ① 「**경찰청 공무원 행동강령**」 제16조 제1항·제2항, ② 제16조 제4항 본문, ④ 제16조 제3항
> ③ 「**경찰청 공무원 행동강령**」 제16조 제4항 단서 "다만, 공무원 자신의 거래 등의 행위가 아니거나 제3자가 중개 또는 대리하여 거래한 경우로서 미리 이를 알고 신고하기 어려운 경우에는 거래 등의 사실을 안 날부터 <u>5일 이내에 신고하여야 한다.</u>"

25 경찰청 공무원 행동강령에 대한 설명으로 틀린 것은?

① 공무원은 직무관련자와는 비용 부담 여부와 관계없이 원칙적으로 골프를 같이 하여서는 아니 된다.
② 공무원이 부득이한 사정에 따라 직무관련자와 골프를 같이 하는 경우에는 소속 기관의 장에게 사전에 신고하여야 하며, 사전에 신고하기 어려운 특별한 사유가 있는 경우에는 사후에 즉시 신고하여야 한다.
③ 공무원은 직무관련자에게 직위를 이용하여 행사 진행에 필요한 직·간접적 경비, 장소, 인력, 또는 물품 등의 협찬을 요구하여서는 아니 된다.
④ 공무원은 직무관련자나 직무관련공무원에게 신문이나 방송을 통하여 경조사를 알릴 수 있다.

> 해설 ① 「**경찰청 공무원 행동강령**」 제16조의3 제1항 본문, ③ 제16조의2, ④ 제17조 제3호
> ② 「**경찰청 공무원 행동강령**」 제16조의3 제1항 단서 "공무원은 직무관련자와는 <u>비용 부담 여부와 관계없이</u> 골프를 같이 하여서는 아니 된다. 다만, 다음 각 호와 같은 부득이한 사정에 따라 골프를 같이 하는 경우에는 <u>소속관서 행동강령 책임관에게 사전에 신고</u>하여야 하며 사전에 신고하기 어려운 특별한 사유가 있는 경우에는 사후에 즉시 신고하여야 한다."

26 부정청탁 및 금품등 수수의 금지에 관한 법률의 "개념 정의"에 대한 설명으로 옳은 것은?

① 대통령 소속 기관과 국무총리 소속 기관은 부정청탁 및 금품등 수수의 금지에 관한 법률에서 정한 공공기관인 중앙행정기관에 해당한다.
② 채무 면제, 취업 제공, 이권 부여 등 그 밖의 유형의 경제적 이익 외에 무형의 경제적 이익은 부정청탁 및 금품등 수수의 금지에 관한 법률에서 정한 "금품등"에 해당하지 않는다.
③ 초·중등교육법, 고등교육법, 유아교육법 및 그 밖의 다른 법령에 따라 설치된 각급 학교의 교직원은 부정청탁 및 금품등 수수의 금지에 관한 법률에서 정한 "공직자등"에 해당하지만, 언론중재 및 피해구제 등에 관한 법률 제2조 제12호에 따른 언론사의 직원은 해당하지 않는다.
④ 부정청탁 및 금품등 수수의 금지에 관한 법률에 의하면 언론중재 및 피해구제 등에 관한 법률 제2조 제12호에 따른 언론사 및 대기업은 공공기관에 포함된다.

> 해설 ① 「**부정청탁 및 금품등 수수의 금지에 관한 법률**」 제2조 제1호 가목
> ② 「**부정청탁 및 금품등 수수의 금지에 관한 법률**」 제2조 제3호 다목 "3. "금품등"이란 다음 각 목의 어느 하나

에 해당하는 것을 말한다. 가. 금전, 유가증권, 부동산, 물품, 숙박권, 회원권, 입장권, 할인권, 초대권, 관람권, 부동산 등의 사용권 등 일체의 재산적 이익. 나. 음식물 · 주류 · 골프 등의 <u>접대 · 향응</u> 또는 교통 · 숙박 등의 편의 제공. 다. 채무 면제, 취업 제공, 이권(利權) 부여 등 그 밖의 <u>유형 · 무형의 경제적 이익</u>"

③ 「부정청탁 및 금품등 수수의 금지에 관한 법률」 제2조 제2호 다목 · 라목 "2. '공직자등'이란 다음 각 목의 어느 하나에 해당하는 공직자 또는 공적 업무 종사자를 말한다. 가. 「국가공무원법」 또는 「지방공무원법」에 따른 공무원과 그 밖에 다른 법률에 따라 그 자격 · 임용 · 교육훈련 · 복무 · 보수 · 신분보장 등에 있어서 <u>공무원으로 인정된 사람</u>. 나. 제1호 나목 및 다목에 따른 <u>공직유관단체 및 기관의 장과 그 임직원</u>. 다. 제1호 라목에 따른 <u>각급 학교의 장과 교직원 및 학교법인의 임직원</u>. 라. 제1호 마목에 따른 <u>언론사의 대표자와 그 임직원</u>"

④ 「부정청탁 및 금품등 수수의 금지에 관한 법률」 제2조 제1호 참조. 대기업은 공공기관에 포함되지 않는다.

---

27 부정청탁 및 금품등 수수의 금지에 관한 법률에 따른 "부정청탁의 금지(제5조)"에 대한 설명으로 옳은 것은?

① 부정청탁 및 금품등 수수의 금지에 관한 법률은 누구든지 직무를 수행하는 공직자등에게 직접 부정청탁을 하는 것을 규제하므로, 제3자를 통해 청탁하는 경우에는 적용되지 아니한다.

② 직무를 수행하는 공직자등에게 채용 · 승진 · 전보 등 공직자등의 인사에 관하여 조례 · 규칙을 위반하여 개입하거나 영향을 미치도록 하는 행위는 법령을 위반한 경우가 아니므로 부정청탁 및 금품등 수수의 금지에 관한 법률의 규제 대상이 아니다.

③ 직무를 수행하는 공직자등에게 법령을 위반하여 행정지도 · 단속 · 감사 · 조사 대상에서 특정 개인 · 단체 · 법인이 선정되도록 하는 행위는 부정청탁 및 금품등 수수의 금지에 관한 법률의 규제 대상이 아니다.

④ 선출직 공직자가 공익적인 목적으로 제3자의 고충민원을 전달하거나 법령 · 기준의 제정 · 개정 · 폐지 또는 정책 · 사업 · 제도 및 그 운영 등의 개선에 관하여 제안 · 건의하는 행위는 부정청탁 및 금품등 수수의 금지에 관한 법률의 규제 대상이 아니다.

> **해설** ① 「부정청탁 및 금품등 수수의 금지에 관한 법률」 제5조 제1항 "누구든지 <u>직접 또는 제3자를 통하여</u> 직무를 수행하는 공직자등에게 다음 각 호의 어느 하나에 해당하는 부정청탁을 해서는 아니 된다."
> ② 「부정청탁 및 금품등 수수의 금지에 관한 법률」 제5조 제1항 제1호 "<u>법령(조례 · 규칙을 포함한다. 이하 같다)</u>"고 규정하고 있고, **제3호** "채용 · 승진 · 전보 등 공직자등의 인사에 관하여 법령을 위반하여 개입하거나 영향을 미치도록 하는 행위"를 규정하고 있으므로, 조례나 규칙을 위반한 경우에도 규제 대상에 해당한다.
> ③ 「부정청탁 및 금품등 수수의 금지에 관한 법률」 제5조 제13호 "법령을 위반하여 <u>행정지도 · 단속 · 감사 · 조사 대상에서 특정 개인 · 단체 · 법인이 선정 · 배제되도록 하거나</u> 행정지도 · 단속 · 감사 · 조사의 결과를 조작하거나 또는 그 위법사항을 묵인하게 하는 행위"
> ④ 「부정청탁 및 금품등 수수의 금지에 관한 법률」 제5조 제2항 제3호

---

28 부정청탁 및 금품등 수수의 금지에 관한 법률 및 동법 시행령에 대한 설명으로 틀린 것은?

① 부정청탁을 받은 공직자등은 그에 따라 직무를 수행해서는 아니 된다.

② 공직자등이 부정청탁을 한 자에게 부정청탁임을 알리고 이를 거절하는 의사를 명확히 표시하였음에도 동일한 부정청탁을 다시 받은 경우에는 이를 소속기관장에게 서면(전자문서를 포함한다)으로 신고하여야 한다.

③ 소속기관장은 부정청탁이 있었던 사실을 알게 된 경우 부정청탁을 받은 공직자등에 대하여 곧바로 전보 조치를 할 수 있다.

④ 소속기관장은 공직자등의 직무수행에 미치는 영향이 크지 아니한 경우 부정청탁을 받은 그 공직자등에게 직무를 수행하게 할 수 있다.

해설 ①「부정청탁 및 금품등 수수의 금지에 관한 법률」제6조, ② 제7조 제1항·제2항, ④ 제7조 제5항 제2호

③「부정청탁 및 금품등 수수의 금지에 관한 법률」제7조 제4항 및 동법 시행령 제7조에 의하면 전보 조치는 직무 참여 일시중지, 직무 대리자의 지정, 그 밖에 국회규칙, 대법원규칙, 헌법재판소규칙, 중앙선거관리위원회 규칙 또는 대통령령으로 정하는 조치(동법 시행령 제7조 제2항의 직무 공동수행자의 지정, 사무분장의 변경)를 통해서도 그 목적을 달성할 수 없는 경우에 한하여 할 수 있다.

29 아래 보기 가운데 부정청탁 및 금품등 수수의 금지에 관한 법률에 따른 "금품등의 수수 금지(제8조)"에 위반되는 경우는?

① 공직자등이 직무와 관련하여 대가성 없이 동일인으로부터 1회에 50만원의 금품을 받은 경우
② 공직자등이 직무 관련성 및 대가성 없이 동일인으로부터 1회에 100만원의 금품을 받은 경우
③ 공직자등이 원활한 직무수행 또는 사교·의례 또는 부조의 목적으로 제공되는 축의금·조의금을 대신하는 10만원의 화환·조화를 받은 경우
④ 공직자등이 증여를 제외한 사적 거래로 인한 채무의 이행 등 정당한 권원에 의하여 제공되는 1000만원의 금품을 받은 경우

해설 ①「부정청탁 및 금품등 수수의 금지에 관한 법률」제8조 제2항 "공직자등은 직무와 관련하여 대가성 여부를 불문하고 제1항에서 정한 금액(동일인으로부터 1회에 100만원 또는 매 회계연도에 300만원) 이하의 금품등을 받거나 요구 또는 약속해서는 아니 된다." 직무와 관련하여 대가성 없이 100만원 이하의 금품을 받은 경우에 해당하기 때문에 제8조 "금품등의 수수 금지"에 위반된다.

②「부정청탁 및 금품등 수수의 금지에 관한 법률」제8조 제1항 "공직자등은 직무 관련 여부 및 기부·후원·증여 등 그 명목에 관계없이 동일인으로부터 1회에 100만원 또는 매 회계연도에 300만원을 초과하는 금품등을 받거나 요구 또는 약속해서는 아니 된다." 직무와 관련성이 없는 경우 제1항의 금액이 기준이 되기 때문에 동일인으로부터 100만원을 초과하는 금품을 받지 않았으므로 제8조 "금품등의 수수 금지"에 위반되지 않는다.

③「부정청탁 및 금품등 수수의 금지에 관한 법률」제8조 제3항 제2호 및 동법 시행령 제17조 별표1 "원활한 직무수행 또는 사교·의례 또는 부조의 목적으로 제공되는 음식물·경조사비·선물 등으로서 대통령령으로 정하는 가액 범위 안의 금품등"에 따라 5만원 이하의 축의금·조의금, 축의금·조의금을 대신하는 10만원 이하의 화환·조화를 받은 경우 제8조 "금품등의 수수 금지"에 위반되지 않는다.

④「부정청탁 및 금품등 수수의 금지에 관한 법률」제8조 제3항 제3호 "사적 거래(증여는 제외한다)로 인한 채무의 이행 등 정당한 권원(權原)에 의하여 제공되는 금품등"에 해당하기 때문에 제8조 "금품등의 수수 금지"에 위반되지 않는다.

30 부정청탁 및 금품등 수수의 금지에 관한 법률에 따른 "위반행위의 신고 등(제13조)"에 대한 설명으로 옳은 것은?

① 부정청탁 및 금품등 수수의 금지에 관한 법률의 위반행위가 발생하였거나 발생하고 있다는 사실을 알게 된 경우 신고의 주체는 소속 기관장이다.
② 부정청탁 및 금품등 수수의 금지에 관한 법률의 위반행위에 대한 신고는 위반행위가 발생한 공공기관의 감독기관, 감사원 또는 수사기관, 국민권익위원회에 할 수 있고, 위반행위가 발생한 공공기관에 할 수는 없다.
③ 부정청탁 및 금품등 수수의 금지에 관한 법률의 위반행위에 대해 신고하는 경우 신고자가 증거 등을 제출할 필요는 없다.
④ 부정청탁 및 금품등 수수의 금지에 관한 법률의 위반행위에 대한 신고는 익명으로 할 수 없다.

해설 ① 「**부정청탁 및 금품등 수수의 금지에 관한 법률**」 제13조 제1항 "누구든지 이 법의 위반행위가 발생하였거나 발생하고 있다는 사실을 알게 된 경우에는 다음 각 호의 어느 하나에 해당하는 기관에 신고할 수 있다. 1. 이 법의 위반행위가 발생한 공공기관 또는 그 감독기관, 2. 감사원 또는 수사기관, 3. 국민권익위원회" 따라서 신고의 주체에는 아무런 제한이 없다.

② 「**부정청탁 및 금품등 수수의 금지에 관한 법률**」 제13조 제1항 참조. 위반행위가 발생한 공공기관에 신고할 수 있다.

③ 「**부정청탁 및 금품등 수수의 금지에 관한 법률**」 제13조 제3항 "제1항에 따라 신고를 하려는 자는 자신의 인적사항과 신고의 취지 · 이유 · 내용을 적고 서명한 문서와 함께 신고 대상 및 증거 등을 제출하여야 한다."

④ 「**부정청탁 및 금품등 수수의 금지에 관한 법률**」 제13조 제3항

31 부정청탁 및 금품등 수수의 금지에 관한 법률에 따른 "신고의 처리(제14조)"에 대한 설명으로 틀린 것은?

① 부정청탁 및 금품등 수수의 금지에 관한 법률의 위반행위가 발생하였거나 발생하고 있다는 신고를 받은 국민권익위원회는 그 내용에 관하여 필요한 조사를 직접하거나, 위반행위가 발생한 공공기관 또는 그 감독기관, 감사원 또는 수사기관에 신고를 이첩하여야 한다.

② 위반행위가 발생한 공공기관 또는 그 감독기관, 감사원 또는 수사기관은 조사 · 감사 또는 수사를 마친 날부터 10일 이내에 그 결과를 신고자와 국민권익위원회에 통보(국민권익위원회로부터 이첩받은 경우만 해당한다)하고, 조사 · 감사 · 수사 결과에 따른 필요한 조치를 하여야 한다.

③ 부정청탁 및 금품등 수수의 금지에 관한 법률은 조사 · 감사 또는 수사 결과를 통보받은 신고자의 이의신청을 규정하고 있다.

④ 부정청탁 및 금품등 수수의 금지에 관한 법률은 조사기관에 대한 국민권인위원회의 재조사요구를 규정하고 있다.

해설 ① 「**부정청탁 및 금품등 수수의 금지에 관한 법률**」 제14조 제2항 "국민권익위원회가 제13조 제1항에 따른 신고를 받은 경우에는 그 내용에 관하여 신고자를 상대로 사실관계를 확인한 후 대통령령으로 정하는 바에 따라 조사기관에 이첩하고, 그 사실을 신고자에게 통보하여야 한다." 국민권익위원회는 조사기관(위반행위가 발생한 공공기관 또는 그 감독기관, 감사원 또는 수사기관)이 아니므로 직접 조사 · 감사 · 수사를 하지 않고, 신고자를 상대로 사실관계를 확인한 후 조사기관에 이첩한다.

② 「**부정청탁 및 금품등 수수의 금지에 관한 법률**」 제14조 제3항, ③ 제14조 제5항, ④ 제14조 제6항

01 미군정시기의 경찰에 대한 설명으로 가장 적절하지 않은 것은?   (2021년 제1차)

① 경무국을 경무부로 승격·개편하였다.
② 소방업무를 민방위본부로 이관하고 경제경찰과 고등경찰을 폐지하는 등 비경찰화를 단행하였다.
③ 「정치범처벌법」, 「치안유지법」, 「예비검속법」이 폐지되었다.
④ 여자경찰제도를 신설하였다.

해설 **【한국의 근·현대경찰사 개관】**

시대	세분	내용
갑오 개혁 이후 ↓ ↓ ↓ ↓ ↓ ↓ ↓ 일제강 점기 이전	갑오개혁과 한국경찰 창설	· 갑오개혁(1894) – <u>각아문관제</u>에서 처음 경찰이란 용어 사용(이견 있음) 　→ 경찰을 법무아문 하에 창설하였으나, 곧바로 내무아문으로 소속 변경 　→ 경무청관제직장(조직법적 성격)과 행정경찰장정(작용법적 성격) 제정 · 경무청관제직장 – 한국 경찰 최초의 조직법(그러나 일본제도를 모방·이식) 　→ 좌·우포도청을 합하여 <u>경무청</u>(장: <u>경무사</u>) 신설 및 <u>한성부</u>의 일체 경찰 　　사무 관장 　→ 한성부 내에 경찰지서(서장: <u>경무관</u>) 설치 · 행정경찰장정 – 한국 경찰 최초의 작용법(일본의 행정경찰규칙 + 위경죄즉 　결례) 　→ 영업·시장·회사 및 소방·위생, 결사·집회, 신문잡지·도서 등 광범 　　위한 직무범위 (경찰사무와 일반행정사무의 미분화 단계로 광복 후 비경찰화 과정을 거침) · 경찰고문관제도와 경찰체제의 정비 　→ 중앙: 내부관제의 제정을 통해 내부대신의 경찰에 대한 지휘·감독권 정비 　→ 지방: 지방관제와 지방경찰규칙의 제정을 통해 체제 정비 · 1896년 한성과 부산 간 군용전신선 보호 명목으로 일본헌병대 주둔 　→ 군사경찰 이외에 행정·사법경찰을 겸하고, 반란 등의 시찰·정탐 등을 　　담당
	광무개혁과 경부경찰체제	· 1900년 중앙관청인 경부 설치 – 경찰이 내부에서 독립 　→ 경부관제에 의해 한성 및 각 개항시장의 경찰업무와 감옥사무 통할 　→ 중앙: 궁내경찰서, 한성부 5개 경찰서, 3개 분서(지휘 – 경무감독소) 　→ 지방: 한성부 이외의 각 관찰부에 총순을 두어 관찰사 보좌 · 1901년 경무청이 경부의 업무 담당 – <u>구 경무청과 달리 전국을 관할</u> 　→ 오늘날 경찰청의 원형으로 볼 수 있음
	을사조약과 경찰권 상실	· 1904년 8월 제1차 한일협약으로 고문정치 시작 및 1905년 2월 경무고문용 　빙계약 　→ 한국의 경찰권은 일본의 동의 없이 행사할 수 없게 됨(<u>경찰권침탈의 시초</u>) 　→ 경무청의 관할이 한성부 내의 경찰·소방·감옥사무로 축소 · 1905년 11월 제2차 한일협약(을사조약/늑약)에 의거 통감부에 의한 통감정 　치 시작 　→ 통감부 산하 별도의 경찰조직 설립 및 직접 지휘(사실상 한국경찰 장악)

· <u>구한말 한국의 경찰권이 침탈되는 과정</u>
경찰사무에 관한 취극서 → 재한국 외국인민에 대한 경찰에 관한 한·일협정 → 한국 사법 및 감옥사무 위탁에 관한 각서 → 한국 경찰사무 위탁에 관한 각서

	특징과 평가	· 다른 국가기능에서 분리 시작 – 법적 근거를 통한 근대국가적 경찰체제의 시발점 → 제국주의적 침략의 방편으로 일본경찰화되는 과정(독자적 필요성으로 창설X) → 광범위한 임무 및 각종 명령을 통한 경찰권의 발동으로 전제주의적 수준에 그침

시대	세분	내용
일제 강점기	헌병 경찰 시기	· 일제강점기 직전인 1910년 6월 통감부에 경무총감부, 각 도에 경무부를 설치하여 경찰사무 관장 → 서울과 황궁의 경찰사무는 경무총감부의 직할 · 경술국치(1910년 8월 29일) 이후인 1910년 9월 <u>조선주차헌병조령</u>에 의거 헌병이 일반치안을 담당하는 <u>법적 근거</u> 마련 → 일반경찰은 도시나 개항장, 헌병경찰은 군사상 필요지역 또는 의병활동지역 담당 → 첩보수집·의병토벌 이외에 민사소송 조정, 집달리 업무, 국경세관 업무, 일본어 보급 등 광범위한 업무 범위 · 헌병경찰제도를 지탱한 법령 → 법률: 보안법, 집회단속에관한법률, 신문지법, 출판법 등 → 총독제령권에 기한 법규: 범죄즉결례, 조선태형령, 경찰범처벌규칙, 행정집행령 등
	보통 경찰 시기	· 3.1운동 – 헌병경찰제도에서 보통경찰제도로 전환하는 계기 · 총독부 직속 경무총감부 폐지 및 경무국 설치 – 전국의 경찰사무와 위생사무 감독 → 지방의 경우 각 도에 제3부(이후 경무부로 개칭) 설치 및 각 부·군에 경찰서(서장: 경시 또는 경부)를 두고 경찰사무와 위생사무 관장 · 중일전쟁 이전까지 경찰의 직무·권한에 근본적 변화X(헌병에서 경찰로 단순 이양) → 3.1운동을 계기로 <u>정치범처벌법 제정</u> 및 <u>일본에서 제정된 치안유지법을 우리에</u> 적용하는 등 탄압체제 강화 · 1937년 중일전쟁 이후 – 본격적인 군국주의시기로 경찰업무 확대 및 탄압체제 강화 → 외사·경제경찰 신설하여 업무의 범위 확대 → 예비검속법(1941년) 및 조선임시보안령(1941년) 제정을 통해 탄압 강화
	특징과 평가	· 식민지배의 중추기관으로 한국민 탄압을 통한 공고한 식민지배의 목적 → <u>총독의 제령권 및 경무총장·경무부장 등의 명령권</u> 등을 통해 각종 전제주의·제국주의적 경찰권 행사 가능 → 특별고등경찰을 통해 사상·이념 통제(사상경찰) + 중일전쟁 이후 영역 확장
미군정 시대 (1945– 1948)		· 태평양미군총사령부포고 1호(1945년 9월 7일) – 군정의 실시 및 구관리의 현직유지(일제경찰 유지) · 미군정청에 경무국, 각 도에 경찰부 창설(1945.10.21.) – 공식적 국립경찰 창설 → 경무국 창설 후 정치범처벌법·치안유지법·예비검속법(1945년 10월)·보안법(1948년 4월) 등 폐지

		· 법령 46호에 의거 경무국이 경무부로 승격 · 개편(1946년 3월) · 국립경찰학교가 국립경찰전문학교로 승격(1946년 8월) · 여자경찰관 최초 채용(1946년 5월) · 경찰간부후보제도 신설(1947년) · 여자경찰서 신설(1947년) – 1957년 폐지 · 중앙경찰위원회 설치(1947년 11월) → 6인의 위원으로 구성: 경찰의 민주화 · 중립화를 위한 조치의 시도
	특징과 평가	· 조직법적 · 작용법적 정비가 이루어지고 비경찰화로 인해 경찰의 활동영역 축소 　→ 위생사무 이관 및 경제 · 고등경찰 폐지 등(대신 정보업무를 담당하는 사찰과 　　신설) · 경찰의 이념과 관련하여 국민의 생명 · 신체 · 재산의 보호라는 자각이 일어남 · 중앙경찰위원회를 통한 경찰통제 시도 등 민주적 요소의 도입 · 전체적인 제도 · 인력의 개혁이 이루어지지 않았고, 경찰을 민주적으로 개혁할 기 　회X 　→ 국민의 경찰에 대한 부정적인 태도가 불식되지 못함 · 법률 제1호 정부조직법에서 기존의 경무부를 내무부의 치안국(1975년 치안본부로 　개편)으로 격하 　→ 정부조직법 제정에 참여한 구성원 대부분이 일제시대의 관리로 과거의 행정조 　　직을 모방 　→ 1991년 경찰법 제정시까지 지방경찰 역시 관청의 지위가 아닌 시 · 도지사의 　　보조기관에 머무름. 단, 경찰서장은 1991년 이전에도 유일한 행정관청의 지위 　　를 가짐

시대	세분	내용
정부 수립 이후 (1948) ↓ 2021년	치안국시대 (1948–1974)	· 정부수립 시 경무부를 치안국으로 격하 조정하여 그 지위를 보조기관화 시킴 · 경찰병원 설치(1949) · 국립과학수사연구소와 해양경찰대 발족(1953) · 경찰관 직무집행법 제정(1953) – 생명 · 신체 · 재산의 보호라는 영미법적 　사고 반영 · 경범죄처벌법 제정(1954) · 국립과학수사연구소 설치(1955) · 경찰관 해외주재관 제도 신설(1966) · 경찰윤리헌장 제정(1966) · 전투경찰대 설치(1967) · 경찰공무원법 제정(1969) · 경정, 경장 2계급 신설하고, 2급지 서장을 경감에서 경정으로 격상(1969)
	치안본부시대 (1974–1990)	· 내무부 치안국을 치안본부로 개편(1974) · 경찰대학설치법 제정 공포(1979)
	▶ 정부수립 이후부터 1990년까지 특징과 평가 · 처음으로 독립국가로서 자주적 입장에서 경찰 운용 · 해양경찰업무 · 전투경찰업무가 경찰 업무 범위에 추가, 소방업무는 배제되는 등 경찰의 임무 　에 변화 · 부정선거개입으로 경찰의 정치적 중립성 훼손 / 내부적으로 경찰의 기구독립 과제	

경찰청시대 (1991~)	· 경찰법 제정(1991): 치안본부의 경찰청으로, 지방경찰국의 지방경찰청으로 승격 · 경찰서에 "청문관제" 도입(1999) · 면허시험장을 책임운영기관화하여 청장 직속의 "운전면허시험 관리단"신설(1999) · 사이버테러대응센터 신설(2000) · 경찰청 생활안전국에 여성청소년과 신설(2005) · 경찰병원을 추가로 책임운영기관화(2005) · 경찰청 외사관리관을 "외사국"으로 확대 개편(2006) · 제주도 자치경찰 출범(2006) · 제주지방경찰청장을 치안감으로 격상(2006) · 경찰청 수사국 내에 "인권보호센터" 신설(2006) · 경찰청 혁신기획단 신설(2007) · 경찰대학 부설기관인 "수사보안연수소"를 "경찰수사연수원"으로 명칭 변경(2007) · 운전면허시험관리단의 관리업무 민간이양(2008) · 정보과, 보안과를 "정보보안과"로 통합(2008) · 경찰종합학교를 "경찰교육원"으로 명칭 변경(2009) · 본청과 명칭 변경: 경비국 대테러센터→위기관리센터, 　　　　　　　　　　수사국 마약지능수사과→ 지능범죄수사과(2011) · 부산청장 직급조정: 치안감→치안정감(2012) · 101개 경찰서에 "여성청소년과" 신설(2012) · 사이버안전국 신설(2014) · 인천청장 직급조정: 치안감→치안정감(2014)
	· 경찰법 → 국가경찰과 자치경찰의 조직 및 운영에 관한 법률(2021) 경찰위원회를 국가경찰위원회로 변경 및 시·도자치경찰위원회 설치

▶ 경찰청시대 특징과 평가
· 1991년 이전 경찰에 대한 국민의 최대 요구 – "경찰의 정치적 중립성" 확보
　→ 1991년 경찰법의 제정은 선거부처인 내무부로부터의 독립을 통한 정치적 중립성 확보에 의의가 있음
· 내무부 외청화 및 정치적 중립성
　→ 종래 내무부 소속 하나의 국에 불과하던 치안본부(이전에는 치안국)가 외청인 경찰청으로 승격
　→ 정치적 중립성을 위한 교두보를 마련하였으나, 독립부처가 아닌 외청이라는 점에서 중립성에 한계 있음
· 경찰청 및 지방경찰청 설치 → 경찰청장과 지방경찰청장을 독립관청화 함
· 경찰에 대한 민주적 통제시스템 및 치안협력체제 마련
　→ 내무부(현 행정안전부)에 경찰위원회를 두어 경찰에 대한 민주적 통제시스템 구축
　→ 시·도지사 소속으로 치안행정협의회 설치
▶ 경찰청시대의 변화: 경찰사무를 국가경찰사무와 자치경찰사무로 구분, 경찰청에 국가수사본부 설치

분석 한국의 근·현대경찰사와 관련하여 최근 12년간 독립된 유형의 문제로 12회, 경찰역사의 다른 지문과 결합하여 1회 출제되었습니다. 경찰 역사 전체에서도 출제 빈도가 아주 높았고, 향후에도 계속 출제될 가능성이 높은 분야입니다. 기출 경향은 시기별로 경찰과 관련된 내용을 기억하고 있는지, 연대기적 순서(표에 없는 사항이라도 표의 연대기 순을 알고 있다면 충분히 정답을 고를 수 있음)를 알고 있는지를 확인하는 수준이었고, 각종 기구나 명칭의 일부 또는 설명 문장의 일부를 변경하여 오답을 유도하는 형식으로도 출제되었습니다. 따라서 연대기 순으로 경찰이 어떻게 발전해 왔는지를 정확히 기억하고 있어야 하고, 특히 명칭을 정확하게 기억하고 있어야 오답을 피할 수 있습니다. 아울러 시기별 경찰의 특징이나 평가도 지문으로 출제되었으므로 향후 출제 가능성에 대비하기 위해 위의 표를 정확히 숙지하고 있어야 합니다.

02 한국 근·현대 경찰사에 대한 설명으로 가장 적절한 것은?　　　　(2018년 제3차)

① 일제 강점기에는 총독·경무총장에게 주어진 제령권과 경무부장에게 주어진 명령권 등을 통해 각종 전제주의적·제국주의적 경찰권 행사가 가능하였다는 특징이 있다.
② 「경무청관제직장」에 의해 당시의 좌·우포도청을 합하여 경무청을 신설(장으로 경무관을 둠)하였다.
③ 3.1운동 이후 「치안유지법」을 제정하고 일본에서 제정된 「정치범처벌법」을 국내에 적용하는 등 탄압의 지배체제를 더욱 강화하였다.
④ 1894년 「각아문관제」에서 처음으로 경찰이란 용어를 사용하였다.

해설 ① 총독의 제령권 및 경무총장·경무부장 등의 명령권 등을 통해 <u>전제주의·제국주의적 경찰 행사가 가능하</u>였다.
② 경무청관제직장(한국 최초의 경찰조직법 – 1894. 7. 14.)에서 당시의 좌·우포도청을 통합하여 경무청을 신설(장은 <u>경무사</u>)하였다.
③ 3.1운동을 계기로 <u>정치범처벌법 제정</u> 및 <u>일본에서 제정된 치안유지법을 우리에 적용하는</u> 등 탄압체제 강화하였다.
④ 옳은 설명이다.

03 다음은 한국 근·현대 경찰의 역사에 대한 설명이다. 아래 ㉠부터 ㉣까지의 내용 중 옳고 그름의 표시(O,X)가 바르게 된 것은?　　　　(2018년 제2차)

> ㉠ '경무청관제직장'에 의해 당시의 좌·우포도청을 합하여 경무부를 신설하고, 경무부의 장으로 경무사를 두었다.
> ㉡ 미군정 시기에는 경찰이 담당하였던 위생사무가 위생국으로 이관되는 등 비경찰화 작업이 진행되었다.
> ㉢ 구한말 일본이 한국의 경찰권을 강탈해 가는 과정은 '경찰사무에 관한 취극서' – '재한국 외국인 인민에 대한 경찰에 관한 한일협정' – '한국 사법 및 감옥사무 위탁에 관한 각서' – '한국 경찰사무 위탁에 관한 각서'의 순서대로 진행되었다.
> ㉣ 1953년 「경찰관 직무집행법」이 제정되었으며, 국민의 생명·신체·재산의 보호라는 영·미법적 사고가 반영되었다.

① ㉠ (O) ㉡ (O) ㉢ (O) ㉣ (O)
② ㉠ (X) ㉡ (O) ㉢ (O) ㉣ (O)
③ ㉠ (X) ㉡ (O) ㉢ (X) ㉣ (O)
④ ㉠ (O) ㉡ (X) ㉢ (O) ㉣ (X)

해설 ㉠ 틀린 설명이다. 한국 경찰 최초의 조직법으로 평가받는 <u>경무청관제직장에 의해 당시의 좌·우포도청을 합하여 경무청(장: 경무사)을 신설</u>하였다. 경무청을 "경무부"로 명칭을 변경하여 오답을 유도하는 지문형식으로 출제되었다.

ⓒ ⓒ ⓔ 옳은 설명이다.

04 우리나라 경찰의 역사와 제도에 대한 설명이다. 시대순으로 나열한 것은? (2018년 제1차)

> ㉠ 「경찰법」 제정   ㉡ 「경찰관직무집행법」 제정
> ㉢ 최초로 여성경찰관 채용   ㉣ 제주자치경찰 출범
> ㉤ 내무부 치안국을 치안본부로 개편

① ㉡ － ㉢ － ㉤ － ㉣ － ㉠   ② ㉡ － ㉢ － ㉤ － ㉠ － ㉣
③ ㉢ － ㉡ － ㉠ － ㉤ － ㉣   ④ ㉢ － ㉡ － ㉤ － ㉠ － ㉣

해설 ㉠ 「경찰법」 제정 – 1991년   ㉡ 「경찰관직무집행법」 제정 – 1953년
㉢ 최초로 여성경찰관 채용 – 1946년   ㉣ 제주자치경찰 출범 – 2006년
㉤ 내무부 치안국을 치안본부로 개편 – 1974년

05 우리나라 경찰의 역사와 제도에 대한 설명이다. 과거에서 현재 순으로 가장 바르게 나열한 것은? (2017년 제2차)

> ㉠ 경찰관 해외주재관제도 신설   ㉡ 「경찰관 직무집행법」 제정
> ㉢ 경찰위원회 신설   ㉣ 「경찰공무원법」 제정
> ㉤ 내무부 치안국을 치안본부로 개편

① ㉡-㉠-㉤-㉣-㉢   ② ㉡-㉠-㉣-㉤-㉢
③ ㉡-㉣-㉠-㉤-㉢   ④ ㉣-㉡-㉤-㉢-㉠

해설 ㉠ 경찰관 해외주재관제도 신설(1966년)   ㉡ 경찰관 직무집행법 제정(1953년)
㉢ 경찰위원회 신설(1991년)   ㉣ 경찰공무원법 제정(1969년)
㉤ 내무부 치안국을 치안본부로 개편(1974년)

06 갑오개혁 이후 경찰제도에 관한 다음 설명 중 가장 적절한 것은? (2014년 제2차)

① 「경무청관제직장」은 일본의 '행정경찰규칙(1875)'과 '위경죄즉결례(1885)'를 혼합하여 만든 한국 경찰 최초의 작용법이다.
② 「경찰사무에 관한 취극서」는 재한국 외국인에 대한 경찰사무의 지휘감독권을 일본관헌의 지휘감독을 받아 일본계 한국경찰관이 행사토록 하는 내용이 있다.
③ 미군정 시대에는 일제강점기의 경찰제도와 인력에 대한 전면적인 개혁이 시행되었다.
④ 경찰법의 제정으로 경찰위원회가 도입되었고, 경찰청장과 지방경찰청장도 경찰관청으로서의 지위를 갖게 되었다.

해설 ① 경무청관제직장(한국 최초의 경찰조직법 – 1894. 7. 14.)에서 당시의 좌·우포도청을 통합하여 경무청을 신설하고 이를 내무아문에 예속시켜 한성부내의 일체의 경찰사무를 관장시켰다. 경무청의 장으로는 경무사를 두었고 이 경무사가 경찰사무와 감옥사무를 통할하였고, 범죄인을 체포·수사하여 법사에 이송토록 하는 임무를 부여하였다. 행정경찰장정은 한국 최초의 경찰작용법으로서 경무청의 활동범위를 규정한 것으로 1875

년 제정된 일본의 「행정경찰규칙」과 「위경죄즉결례」를 혼합하여 한문으로 옮겨 놓은 것이다. 특히 행정경찰
장정의 「위경죄즉결요령」은 오늘날 경찰서장의 즉결심판제도와 유사하다. 경무청관제직장은 한국 경찰 최초
의 경찰조직법적 성격을 가지고, 최초의 경찰작용법적 성격을 가지는 것은 행정경찰장정이다. 틀린 설명이다.

② 재한국 외국인에 대한 경찰사무의 지휘감독권을 일본관헌의 지휘감독을 받도록 한 것은 "재한국 외국인민에 대
한 경찰에 관한 한일협정"으로 틀린 설명이다. 구한말 한국의 경찰권이 침탈되어 가는 과정은 아래 표와 같다.

각서의 체결 순서		내용
경찰사무에 관한 취극서	재한국 일본인에 대한 경찰권	1908년 10월 29일. 재한국 일본인에 대한 경찰사무지휘감독권을 일본관헌의 지휘·감독을 받아 일본계 한국 경찰관이 행사토록 이양함으로써 시작됨
재한국 외국인민에 대한 경찰에 관한 한일협정	재한국 외국인에 대한 경찰권	1909년 3월 15일. 재한국 외국인민에 대한 경찰사무의 지휘감독을 일본 관헌의 지휘감독사항이 되도록 이양
한국사법 및 감옥사무 위탁에 관한 각서	한국의 사법과 감옥사무	1909년 7월 12일. 한국의 사법경찰권을 포함하는 사법과 감옥사무가 일본에 위탁됨으로써 한국경찰의 반은 일본에 넘어가게 됨
한국경찰사무 위탁에 관한 각서	한국의 경찰사무	1910년 6월 24일. 헌병경찰제도를 통해서 식민지체제를 확고히 하는 한국경찰권 상실의 최종 확증서

③ 미군정 시대는 구관리의 현직유지를 통해 일제강점기의 인력 개혁을 단행하지 못한 아쉬움이 있다.
④ 옳은 설명이다.

07 다음 보기 중 '미군정시기'의 경찰에 대해 설명한 것으로 틀린 것은 모두 몇 개인가? (2014년 제1차)

┌───┐
│ ㉠ 경찰의 조직법적·작용법적 정비가 이루어졌으며, 비경찰화 작업이 행해져 경찰의 활동영역이
│   축소되었다.
│ ㉡ 비경찰화 작용의 일환으로 위생사무를 위생국으로 이관하였고, 정보경찰과 고등경찰을 폐지하
│   였다.
│ ㉢ 1946년 여자경찰제도를 신설하여 14세 미만의 소년범죄와 여성관련 업무 등을 담당하게 하였다.
│ ㉣ 1947년 6인의 위원으로 구성된 중앙경찰위원회가 설치되어 경찰의 민주화 개혁에 성공하였다.
│ ㉤ 영미법의 영향을 받아 경찰의 이념 및 제도에 민주적 요소가 도입되었다.
└───┘

① 0개   ② 1개   ③ 2개   ④ 3개

해설 ㉠ ㉢ ㉤ 옳은 설명이다.
㉡ 미군정시대에는 비경찰화작업으로 경제경찰과 고등경찰은 폐지하고, 정보과(사찰과)는 신설되었다. 틀린 설
명이다.
㉣ 중앙경찰위원회는 1947년 6인으로 구성되어 경찰의 민주화 개혁을 시도하였으나, 전체적인 제도·인력의
개혁이 이루어지지 않아 경찰을 민주적으로 개혁하지 못해 국민의 경찰에 대한 부정적 태도가 불식되지 못하
였다는 평가를 받는다. 틀린 설명이다.

08 우리나라 경찰과 관련된 연혁을 시간순서별(오래된 → 최근순)로 가장 적절하게 나열한 것은?
(2013년 제2차)

┌───┐
│ ㉠ 경찰법제정   ㉡ 내무부 치안국을 치안본부로 개편
│ ㉢ 경찰관 해외주재관제도 신설   ㉣ 경찰관 직무집행법 제정
│ ㉤ 제주자치경찰 출범
└───┘

① ㉡－㉢－㉣－㉠－㉤   ② ㉡－㉢－㉠－㉣－㉤
③ ㉣－㉢－㉡－㉠－㉤   ③ ㉣－㉢－㉠－㉡－㉤

해설 ㉠ 경찰법제정(1991년)   ㉡ 내무부 치안국을 치안본부로 개편(1974년)
㉢ 경찰관 해외주재관제도 신설(1966년)   ㉣ 경찰관 직무집행법 제정(1953년)
㉤ 제주자치경찰 출범(2006년)

09 갑오개혁부터 한일합병 이전의 경찰역사에 대한 다음 설명 중 가장 적절한 것은? (2013년 제1차)

① 경찰에 관한 조직법적·작용법적 근거가 마련되어 외형상 근대국가적 경찰체제가 갖추어졌다고 볼 수 있다.
② 일본각의의 결정에 따라 김홍집 내각은 경찰을 내무아문에 창설하였으나, 곧 법무아문으로 소속을 변경시켰다.
③ 경무청관제직장에 의해 당시의 좌·우포도청을 합하여 경부를 신설하였다.
④ 일본의 행정경찰규칙과 위경죄즉결례를 혼합하여 우리나라 최초의 조직법인 행정경찰장정을 제정하였다.

해설 ① 옳은 설명이다.
② 법무아문에 창설하였으나, 내무아문으로 소속을 변경하였다. 틀린 설명이다.
③ 경무청관제직장에 의해 경무청(장: 경무사)을 신설하였다. 틀린 설명이다.
④ 행정경찰장정은 작용법적 성격. 최초의 조직법적 성격을 가지는 것은 경무청관제직장이다. 틀린 설명이다.

10 다음은 우리나라 경찰 역사에 대한 설명으로 옳은 것은 모두 몇 개인가? (2011년 제1차)

> ㉠ 일제강점하에서 3.1운동을 계기로 헌병경찰제도에서 보통경찰제도로 전환되었으며, 경찰은 치안유지 업무만을 관장하고 각종 조장행정에 원조, 민사소송의 조정사무·집달관 사무는 경찰업무에서 제외되었다.
> ㉡ 미군정하에서 우리나라 경찰은 위생업무의 이관 등 비경찰화가 이루어지고 8인의 위원으로 구성된 중앙경찰위원회를 설치하였다.
> ㉢ 1969년 경찰법을 제정하면서 경정·경장 2계급을 신설하고 2급지 경찰서장을 경감에서 경정으로 격상했다.
> ㉣ 1948년 정부조직법에 의해 내무부 산하의 치안본부로 개편되면서 경찰은 독자적 관청으로 경찰업무를 시작하게 되었다.

① 없음   ② 1개   ③ 2개   ④ 3개

해설 ㉠ 3.1운동을 계기로 헌병경찰제도에서 보통경찰제도로 전환되었다. 3.1운동을 기화로 정치범처벌법을 제정하고, 1925년에는 일본의 치안유지법을 한국에도 적용하는 등 탄압은 강화되었다. 치안유지업무 이외에도 각종 조장행정에의 의존, 민사소송조정, 집달리 사무 등도 관장하였다. 일제강점기의 경찰은 비경찰화가 이루어지지 않은 시기이다.
㉡ 미군정 하의 중앙경찰위원회는 6인의 위원으로 구성되었고, 1947년 11월에 설치되었다.
㉢ 경찰법의 제정은 1991년이다. 경찰법의 제정으로 경찰청 및 지방경찰청의 시대가 시작되었다.
㉣ 독자적 관청으로 경찰업무를 시작하게 된 시기는 1991년 경찰법 제정 이후의 경찰청시대이다.

11 내무부 산하의 치안국 시대에 이루어진 것이 아닌 것은? 　　　　　　　(2010년 제2차)

① 경찰관 해외주재관 제도의 신설　　　② 경찰병원의 설치
③ 중앙경찰위원회의 설치　　　　　　　④ 경정·경장의 2계급 신설

해설 ① 경찰관 해외주재관 제도의 신설(1966년)　　② 경찰병원의 설치(1949년)
　　　③ 중앙경찰위원회의 설치(1947년) - 미군정 시대　④ 경정·경장의 2계급 신설(1969년)

12 1894년 갑오경장 직후 추진되었던 경찰제의 내용으로 가장 적절한 것은? 　　　(2009년 제3차)

① 좌·우포도청을 통합한 경무청의 장으로 경무관을 두었다.
② 경무청은 최초에 내무아문 소속으로 결정되었으나, 곧 법무아문 소속으로 변경되었다.
③ 우리나라 최초의 경찰작용법이라 할 수 있는 경부관제가 제정되었다.
④ 경무청은 경찰사무, 감옥사무, 소방사무 등을 담당하였다.

해설 ① 경무청관제직장에 의해 좌·우포도청을 통합한 경무청이 신설되었고, 그 장으로 경무사를 두었다.
　　　② 경무청은 최초에 법무아문 소속으로 결정되었으나, 곧 내무아문으로 소속이 변경되었다.
　　　③ 우리나라 최초의 경찰작용법은 행정경찰장정이고, 최초의 경찰조직법은 경무청관제직장이다.
　　　④ 옳은 설명이다.

13 다음 중 한국경찰의 역사에 대한 설명으로 맞는 것은 모두 몇 개인가? 　　　(2010년 제1차)

> ㉠ 고조선의 팔조금법은 개인적 법익에 대해서 전혀 보호하고 있지 않다.
> ㉡ 고구려는 지방을 5부로 나누어 달솔이라는 지방장관을 두어 지방치안을 담당하게 하였다.
> ㉢ 고려는 금오위가 수도경찰로서 순찰 및 포도금란의 업무와 비위예방을 담당하였다.
> ㉣ 조선시대의 포도청은 성종 2년 포도장제에 기원하고 포도청이란 명칭은 중종 24년에 처음 등장하였다.

① 1개　　　　② 2개　　　　③ 3개　　　　④ 4개

해설 ㉢ 옳은 설명이다.
　　　㉠ 고조선의 팔조금법은 살인·상해·절도를 처벌함으로써 개인적 법익을 보호하고 있었다.
　　　㉡ 고구려는 지방을 5부로 나누어 욕살이 다스렸다.
　　　㉣ 포도청이란 명칭은 중종 39년에 비로소 독립된 경찰행정기구로 창설되었다.

【갑오개혁 이전의 경찰역사 개관】 - 국가기능 분화 이전의 시대

시대	구분	내용
부족국가 시대	고조선	· 8조금법 - 살인·상해·절도 3개 조목만 전해짐 (생명·신체·재산이라는 개인적 법익 보호)
	한사군	· 행정체계(군·현·경·정·리) - 縣(현)의 위, 卿(경)의 유요, 亭(정)의 정장이 경찰기능 담당
	부여	· 일책십이법(남의 물건을 훔친 자는 12배로 배상)
	고구려	· 일책십이법(남의 물건을 훔친 자는 12배로 배상)
	옥저·동예	· 고구려에 예속되어 왕이 없이 거수들이 읍락 지배 / 책화제도(노예·우마로 배상)

	삼한	· 신지 또는 읍차라는 부족지배자 존재 ↔ 천관(종교지도자로 별읍을 다스림)
삼국시대	고구려	· 지방을 5부로 나누어 욕살이 다스림 → 경찰업무 담당 / 일책십이법
	백제	· 6좌평 가운데 위사 좌평(군사 담당), 조정 좌평(사법·치안 담당), 병관 좌평 (지방군사 담당)이 경찰기능과 관련 있음 / 내법 좌평은 의전·제사 담당 · 수도에는 5부를 두어 달솔이, 지방은 5방으로 나누어 방령이 다스림 · 관인수재죄(공무원의 수뢰와 절도) 처벌 → 관인들의 범죄가 새롭게 처벌의 대상이 됨
	신라	· 지방을 5주로 나누고 군주가 다스림 → 경찰업무 병행
통일신라 시대		· 지방 - 9주(총관) 5소경(사신)으로 나누고 그 밑에 군, 현, 촌, 향·소·부곡을 둠 · 중앙의 경우 이방부에서 범죄의 수사와 집행 담당 / 육기정이 수도의 치안 담당 · 통일신라의 율령: 통상 범죄 - 군·부·모·조부·조모에 대한 살인의 오역죄 　　　　　　　　　： 왕권 관련 - 모반죄·모대역죄·지역사불고언죄(오늘날의 불고지죄) 　　　　　　　　　： 직무 범죄 - 불휼국사죄(오늘날의 직무유기죄)·배공영사죄
고려시대	전기	· 중앙 - 군사업무(순군부→병부) / 왕궁경호(내군부→2군) / 금오위(수도치안· 비위예방) 　- 군사·의장대·역참업무(병부) / 민관의 범죄수사 및 형벌 부과(형부 - 사법 경찰) · 지방 - 안찰사와 병마사(지방장관) / 주현군(적 침입 대비 및 치안유지) 등
	무신정권기	· 야별초(방범경찰 역할)·삼별초(중앙과 지방의 군·경찰 업무) · 도방(집권층 경호 및 경찰업무)·홀치(친원시대 왕실 경호 이후 순찰·경비업무 등)
	후기	· 중앙 - 사병양성(집권층 세력유지)으로 인한 2군 6위의 무력화 및 금오위의 위축 　- 순군만호부(원의 영향으로 설치한 중앙의 군사·경찰기능: 순찰·포도· 형옥 등) · 지방 - 지방별초(전쟁·혼란시 지방 질서유지) / 판관·사록·법조(경찰 및 사법업무)

시대	구분	내용
조선시대		· 중앙경찰제도 　→ 포도청: 경찰권이 일원화되지 않고 중앙의 각 관청이 소관사무와 관련하여 직권으로 범 죄자를 체포하고 구금하는 직수아문제도를 운영, 성종 2년에 도적이 창궐하자 '포도장제' 를 설치하였고, 그 후 성종 12년에 좌우로 나누고 중종 23년에 대장으로 승격시켰다. 　- 포도청은 중종 39년(1544)에 독립된 경찰행정기구로 창설되었다. 　- 양반집의 수색과 여자도적 체포를 위해 '다모'라는 여자관비를 두었다. 　- 포도청은 1894년 갑오개혁 당시에 한성부에 경무청이 설치되면서 폐지되었다. 　→ 의금부: 순군만호부가 의금부로 개칭되었고, 왕명에 따라 왕족의 범죄·군사범·모역 죄·반역죄 및 사헌부 탄핵사건 등 특별범죄를 관장 　→ 한성부: 한성의 일반행정과 치안업무 및 관련 사법업무 담당 / → 순청: 야간순찰의 중심 　→ 사헌부: 시정을 비판하고 관리를 규찰하는 업무 담당(오늘날의 감찰기능에 해당) 　→ 형조: 법률·소송·노예 등에 관한 업무 담당(의금부와 달리 일반사건 관장) · 지방경찰제도

> → 관찰사와 수령: 지방의 행정기능 및 경찰기능 등을 통합하여 수행
> → 토포사: 포도(捕盜)를 전담하였으나 특정 수령에게 임시적으로 발령
> → 향청: 지방의 풍속을 건전하게 유지(풍속경찰)하고 부사·군수의 업무 보좌
> → 5가작통제(법): 오가통은 일종의 지방자치조직으로 상호 감시·부조를 통한 예방경찰의 효과

분석 | 갑오개혁 이전 경찰사는 최근 12년간 독립된 유형의 문제로 2회, 근·현대경찰사와 혼합된 지문으로 1회 출제되었고, 2010년 이후 독립된 유형의 문제로 출제된 적이 없는 경향에 비추어 근·현대경찰사에 비해 중요성이 많이 떨어집니다. 기출을 중심으로 시대별 경찰과 관련 있는 기관·사람·주요범죄를 기억할 필요가 있습니다.

14 한국경찰에 대한 설명 중 틀린 것은? (2009년 제1차)

① 고조선시대에는 살인·절도 상해죄를 통해서 사유재산의 보호 등이 이루어지고 있었다.
② 한사군시대에 경(卿)의 유요는 순찰과 도적을 막는 일을 담당하였다.
③ 백제는 처음으로 관인수재죄를 처벌함으로써 공무원에 해당하는 관인을 처벌하였다.
④ 통일신라는 모반죄, 모대역죄, 불휼국사죄 등의 왕권을 보호하기 위한 범죄를 처벌하였고, 지역사불고언죄, 배영공사죄 등의 관리들의 직무와 관련된 범죄를 처벌하였다.

해설 | ① ② ③ 옳은 설명이다. ④ <u>통일신라는 모반죄, 모대역죄, 지역사불고언죄 등의 왕권을 보호하기 위한 범죄를 처벌하였고, 불휼국사죄·배영공사죄 등의 관리들의 직무와 관련된 범죄를 처벌하였다.</u> 틀린 설명이다.

15 한국 경찰의 역사에 관한 다음 설명 중 옳은 것은 모두 몇 개인가? (2012년 제2차)

> ㉠ 포도청은 도적근절을 위해 성종 2년에 시작된 포도장제에서 기원한 것으로 중종 치세기에 포도청이란 명칭이 처음 사용되었으며, 그 임무는 도적을 잡고 야간순찰을 수행하는 것이었고 갑오개혁 때 한성부에 경부가 설치되면서 폐지되었다.
> ㉡ 1894년 갑오개혁 때 한국 최초의 경찰조직법인 행정경찰장정과 한국 최초의 경찰작용법인 경무청관제직장이 제정되었다.
> ㉢ 구한말 일본의 한국 경찰권 강탈의 과정은 '재한국외국인민에 대한 경찰에 관한 한일협정' – '경찰사무에 관한 취극서' – '한국사법 및 감옥사무위탁에 관한 각서' – '한국경찰사무위탁에 관한 각서'의 순서로 진행되었다.
> ㉣ 1953년 제정된 경찰관직무집행법에는 국민의 생명·신체·재산의 보호라는 영미법적인 사고가 반영되었다.
> ㉤ 1991년 경찰법 제정 이전에 경찰청장만이 경찰에서 유일한 행정관청의 지위를 가지고 있었다.

① 1개   ② 2개   ③ 3개   ④ 없음

해설 | ㉣ 옳은 설명이다.
㉠ 중종 39년에 포도청이란 명칭이 처음 사용되었으며, 고종 31년 7월 14일에 경무청관제직장이 공포됨으로써 설치 410여년 만에 경무청으로 흡수되면서 폐지되었다.
㉡ 한국 최초의 경찰조직법은 경무청관제직장이고, 최초의 작용법은 행정경찰장정이다.
㉢ 경찰사무에 관한 취극서(1908년 10월 29일) → 재한국 외국인에 대한 경찰에 관한 한일협정(1909년 3월 15일) → 한국사법 및 감옥사무 위탁에 관한 각서(1909년 7월 12일) → 한국경찰사무 위탁에 관한 각서(1910년 6월 24일) 순서이다.
㉤ <u>경찰서장만이 유일한 행정관청의 지위를 가졌고,</u> 1991년 경찰법 제정 이후 경찰청 및 지방경찰청이 설치되

면서 경찰청장 및 지방경찰청장도 행정관청의 지위를 가지게 되었다.

16 다음은 자랑스러운 경찰의 표상에 대한 서술이다. 해당 인물을 바르게 나열한 것은? (2020년 제2차)

> ㉠ 성산포경찰서장 재직 시 계엄군의 예비검속자 총살 명령에 '부당함으로 불이행'한다고 거부하고 주민들을 방면함
> ㉡ 1946년 5월 미군정하 제1기 여자경찰간부로 임용되며 국립경찰에 투신하였고 1952년부터 2년간 서울여자경찰서장을 역임하며 풍속 소년 여성보호 업무를 담당함(여자경찰제도는 당시 권위적인 사회 속에서 선진적이고 민주적인 제도였음)
> ㉢ 5·18 광주 민주화운동 당시 무장 강경진압 방침이 내려오자 '분산되는 자는 너무 추적하지 말 것, 부상자가 발생하지 않도록 할 것' 등을 지시하여 비례의 원칙에 입각한 경찰권 행사 및 인권보호를 강조함
> ㉣ 임시정부 경무국 경호원 및 의경대원으로 활동하였고 1926년 12월 식민수탈의 심장인 식산은행과 동양척식회사에 폭탄을 투척하였음

① ㉠ 안맥결 ㉡ 문형순 ㉢ 최규식 ㉣ 나석주　② ㉠ 문형순 ㉡ 안맥결 ㉢ 안병하 ㉣ 나석주
③ ㉠ 안병하 ㉡ 문형순 ㉢ 나석주 ㉣ 이준규　④ ㉠ 문형순 ㉡ 안맥결 ㉢ 안병하 ㉣ 이준규

해설　**【자랑스러운 경찰의 표상 개관】**

시기	성명	활동
임시정부	김구	– 대한민국 임시정부(1919년)의 초대 경무국장 – 임시정부 산하 치안조직인 "의경대(교민사회 치안유지 및 일제 밀정 색출)" 창설 – 국립경찰 2주년 민주경찰 특호에 "祝 民主警察 特號 刊行, 國民의 警鐘이 되소서" 휘호 – 광복 후 혼란한 상황에서도 "민주·인권·민생" 경찰정신 당부
	나석주	– 임시정부 경무국 경호원 및 의경대원으로 활동 – 식산은행 및 동양척식회사에 폭탄 투척
해방 이후 ↓ 6.25 전쟁	문형순	– 독립운동(신흥무관학교 졸업 및 항일무장투쟁) – 제주 4·3사건 당시 모슬포 좌익혐의 주민 100여명을 자수시킨 후 방면 및 성산포서장 재직시 예비검속자에 대한 계엄군의 처형명령에 "부당함으로 불이행"한다며 거부하고 주민들 방면("한국의 쉰들러")
	안맥결	– 독립운동("시정기념일" 만세시위 참여하다 체포되어 구금 / 흥사단 원동위원부 가입 / 수양동우회 참여 및 동사건으로 체포되었다가 기소유예로 석방) – 미군정하 제1기 여자경찰간부로 임용 – 서울여자경찰서장 역임(풍속·소년·여성보호 업무 담당)
	차일혁	– 남부군 사령관 사살 등 경찰의 전쟁영웅(충무무공훈장, 화랑무공훈장) – 공비들의 근거지가 될 수 있는 사찰을 불태우라는 상부의 명령에 대해 현명하게 대처하여 화엄사, 선운사, 백양사 등 여러 사찰과 문화재 보호(호국경찰·인본경찰·문화경찰의 표상)
6.25. 이후	최규식 정종수	– 1968. 1. 21. 무장공비침투사건 당시 군 방어선이 뚫린 상태에서 청와대 사수·순국 – 호국경찰의 표상

안병하	– 5. 18. 광주 민주화운동 당시(전남경찰국장) 계엄군의 발포 명령에 대해 "시민에게 총을 겨눌 수 없다"며 거부하고, "분산되는 자는 너무 추적하지 말 것, 부상자가 발생하지 않도록 할 것" 등을 지시 – 보안사에서 고문 후 강제사직(민주 · 인권경찰의 표상)
이준규	– 5. 18. 광주 민주화운동 당시(목포서장) 경찰총기를 섬으로 이동시키는 등 시위대와의 충돌을 최소화 → 목포에서는 사상자 발생X – 직무유기로 구속 후 파면(민주 · 인권경찰의 표상)

분석 대한민국 경찰은 국민을 위해 헌신했던 경찰들의 발자취를 발굴 · 계승하여 민주 · 인권 · 민생경찰의 정신으로 삼고 있다는 점에서 향후에도 계속 출제될 가능성이 있는 중요한 분야입니다. 최근에 자랑스러운 경찰의 표상(인물)과 관련하여 독립된 유형의 문제로 2회, 다른 지문과 결합하여 1회가 출제된 경향에서도 확인되므로 위의 표를 정확히 기억하고 있어야 향후 출제에 대비할 수 있습니다.

17 다음은 한국경찰사에 있어서 자랑스러운 경찰의 표상에 관한 설명이다. ㉠~㉣에 해당하는 인물을 가장 바르게 나열한 것은?   (2019년 2차)

> ㉠ 1919년 대한민국 임시정부의 초대 경무국장이다.
> ㉡ 5 · 18 광주 민주화운동 당시 전남도경국장으로서, 과격한 진압을 지시했던 군과 달리 '분산되는 자는 너무 추격하지 말 것, 부상자 발생치 않도록 할 것' 등과 '연행과정에서 학생의 피해가 없도록 유의하라'고 지시하였다. 신군부의 명령을 어겼다는 이유로 직위해제를 당했다.
> ㉢ 공비들의 근거지가 될 수 있는 사찰을 불태우라는 상부의 명령에 대해 현명하게 대처하여 화엄사(구례), 선운사(고창), 백양사(장성) 등 여러 사찰과 문화재를 보호하였다.
> ㉣ 1968년 1.21 무장공비침투사건 당시 군 방어선이 뚫린 상황에서 격투 끝에 청와대를 사수하였으며, 순국으로 대한민국을 지켜 내고 조국의 발전을 가능하게 한 영웅적인 사례로 평가받고 있다.

① ㉠ 김구   ㉡ 안병하   ㉢ 차일혁   ㉣ 정종수
② ㉠ 김원봉   ㉡ 안병하   ㉢ 최규식   ㉣ 정종수
③ ㉠ 김구   ㉡ 차일혁   ㉢ 안병하   ㉣ 최규식
④ ㉠ 김구   ㉡ 최규식   ㉢ 안병하   ㉣ 차일혁

해설 김구 – 안병하 – 차일혁 – 정종수(최규식도 가능) 순이다. 【자랑스러운 경찰의 표상 개관】 참조

18 정부 수립 이후 경찰과 관련된 설명으로 가장 적절하지 않은 것은?   (2020년 제1차)

① 1953년 경찰작용에 관한 기본법으로 제정된 경찰관 직무집행법에는 국민의 생명, 신체, 재산의 보호라는 영미법적 사고가 반영되었다.
② 1968년 '무장공비 침투사건(1 · 21 사태)' 당시 종로경찰서 자하문 검문소에서 무장공비를 온몸으로 막아내고 순국한 최규식 경무관과 정종수 경사는 호국경찰, 인본경찰, 문화경찰의 표상이다.
③ 1980년 '5 · 18 민주화 운동' 당시 안병하 전남경찰국장과 이준규 목포서장은 신군부의 무장강경진압 방침을 거부하였다.
④ 1987년 '6월 민주항쟁' 이후 경찰 내부에서는 정치적 중립을 지키지 못한 과오를 반성하고 경찰 중립화를 요구하는 성명발표 등 자성의 목소리가 나왔다.

해설 ① ③ ④ 옳은 설명이다. ①과 관련하여 형사절차를 규율하는 형사소송법(1954년 제정)보다 먼저 제정되었고, 제정 당시 미군정기의 경험이 반영되어 국민의 생명 · 신체 · 재산의 보호를 경찰의 임무로 명시하였다.

② 호국경찰 · 인본경찰 · 문화경찰의 표상은 공비들의 근거지가 될 수 있는 사찰들을 불태우라는 상부의 명령을 이행하지 않고, 문화재를 보호한 차일혁 경무관이다.

01 부족국가시대의 경찰제도에 대한 설명으로 옳은 것은?

① 고조선의 8조금법은 생명·신체·재산이라는 개인적 법익을 보호하는 규정을 두었고, 살인·상해·강도의 3개 조목만 전해지고 있다.
② 삼한에는 천관 또는 읍차라는 부족지배자가 있었고, 신지라고 불리는 종교지도자가 별읍을 다스렸다.
③ 고구려와 부여는 남의 물건을 훔친 자는 12배로 배상하게 하는 일책십이법 제도를 두었다.
④ 옥저와 동예는 왕이 거수들을 두고 직접 읍락을 지배하였고, 책화제도를 두었다.

> **해설** ① 고조선의 8조금법은 개인적 법익(생명·신체·재산)을 보호하였고, 살인·상해·절도의 3개 조목만 전해지고 있다.
> ② 신지와 읍차라는 부족지배자가 있었고, 천관이라는 종교지도자가 별읍을 다스렸다.
> ③ 옳은 설명이다.
> ④ 옥저와 동예는 고구려에 예속되어 왕이 없이 거수들이 읍락을 지배하였다.

02 삼국시대의 경찰제도에 대한 설명으로 틀린 것은?

① 고구려는 지방을 5부로 나누어 욕살이, 백제는 수도에 5부를 두어 달솔이 그리고 지방은 5방으로 나누어 방령이, 신라는 지방을 5주로 나누어 군주가 다스렸다.
② 고구려에서는 욕살이, 백제에서는 내법 좌평과 조정 좌평, 신라에서는 군주가 경찰업무를 담당하거나 병행하였다.
③ 삼국시대의 고구려에서는 여전히 남의 물건을 훔친 자는 12배로 배상하는 일책십이법이 시행되고 있었다.
④ 삼국시대 백제의 관인수재죄는 오늘날의 뇌물죄와 절도죄를 처벌하는 것으로 관인들의 범죄가 새롭게 처벌의 대상이 되었다.

> **해설** ① ③ ④ 옳은 설명이다.
> ② 백제의 경우 위사 좌평(군사 담당), 조정 좌평(사법·치안 담당), 병관 좌평(지방군사 담당)이 경찰기능과 관련된 업무를 담당하였고, 내법 좌평은 의전·제사를 담당하였다.

03 통일신라시대의 경찰제도에 대한 설명으로 옳은 것은?

① 통일신라는 지방을 9주 5소경으로 나누고, 그 밑에 군, 현, 촌, 향·소·부곡을 두었다.
② 중앙의 경우 육기정이 범죄의 수사와 집행을, 이방부에서 수도의 치안을 담당하였다.
③ 통일신라의 율령에 따른 지역사불고언죄는 관인의 직무와 관련된 범죄였다.
④ 통일신라의 율령에 따른 불휼국사죄는 왕권과 관련된 범죄였다.

> **해설** ① 옳은 설명이다.
> ② 이방부에서 범죄의 수사와 집행을 담당하였고, 수도의 치안은 육기정이 담당하였다.
> ③ 지역사불고언죄(오늘날의 불고지죄와 유사)는 왕권과 관련된 범죄이고, 이외의 왕권 관련 범죄로 모반죄와 모대역죄가 있었다.
> ④ 불휼국사죄(오늘날의 직무유기죄와 유사)와 배공영사죄는 관인의 직무와 관련된 범죄였다.

04 고려시대의 경찰제도에 대한 설명으로 틀린 것은?

① 고려시대(전기) 중앙에서는 금오위가 수도의 치안과 비위예방을, 형부가 범죄의 수사 및 형벌 부과를 담당하였다.

② 고려시대(전기) 지방에서는 안찰사와 병마사와 같은 지방장관이 행정·사법·군사·경찰 등의 업무를 통합하여 처리하였고, 안찰사·병마사 밑의 군현에 배치된 주현군은 적의 침입 대비 및 관내 치안유지업무를 담당하였다.

③ 고려시대 무신정권 시기에는 야별초, 삼별초, 도방 및 홀치가 오늘날 경찰의 기능으로 볼 수 있는 업무를 담당하였다.

④ 고려시대 후기 중앙에서는 집권층이 세력을 유지하기 위해 사병을 양성함으로써 2군 6위의 무력화 및 금오위의 위축으로 이어졌고, 지방에서는 지방별초가 경찰 및 사법업무를 담당하였다.

해설 ① ② ③ 옳은 설명이다.

④ 고려시대 후기 지방에서는 판관·사록·법조가 경찰 및 사법업무를 담당하였고, 지방별초는 혼란이나 전쟁 중에 지방의 질서를 유지하고 적으로부터 지방을 방어하는 역할을 하였다. 고려 후기에는 원의 영향을 받아 순군만호부가 설치되었고, 중앙의 군사 및 경찰기능을 수행하며 왕권의 보호와 같은 정치경찰적 활동도 수행하였다.

05 조선시대의 중앙경찰제도에 대한 설명으로 옳은 것은?

① 중앙경찰제도로 포도청, 의금부, 한성부, 사헌부, 형조 및 토포사(상설 관직)가 있었다.

② 조선시대에는 각 관청이 소관사무와 관련하여 적발한 범죄를 포도청으로 이관하여 처리하게 하는 등 경찰권이 일원화되었다.

③ 성종 2년 도적의 창궐로 포도장제를 설치하였고, 이후 성종 12년에 좌우로 나누었으며, 중종 39년에 포도청이 독립된 경찰행정기구로 창설되었다.

④ 의금부는 고려시대 후기의 순군만호부가 개칭된 것으로 최고중앙행정기구인 의정부의 지시에 따라 왕족의 범죄, 군사범, 모역죄, 반역죄 및 사헌부의 탄핵사건 등 특별범죄를 관장하였다.

해설 ① 토포사는 지방경찰제도에 해당하고, 포도(捕盜)를 전담하였으나 상설 관직이 아닌 특정 수령을 임시적으로 발령하였다.

② 조선시대에도 경찰권은 일원화되지 않았고, 중앙의 각 관청이 소관사무와 관련하여 직권으로 범죄자를 체포·구금하는 직수아문제도를 운영하였다.

③ 옳은 설명이다.

④ 의금부는 최고중앙행정기구인 의정부가 아니라 왕명에 따라 특별범죄를 관장하였다.

06 조선시대의 지방경찰제도에 대한 설명으로 틀린 것은?

① 지방의 행정기능과 경찰기능은 분리되었고, 관찰사와 수령은 지방의 경찰기능을 담당하였다.

② 토포사는 포도(捕盜)를 전담하였으나, 특정 수령에게 임시적으로 발령하였다.

③ 향청은 지방의 풍속을 건전하게 유지하고(풍속경찰) 부사·군수의 업무를 보좌하였다.

④ 5가통(五家統)은 일종의 최하위 지방자치조직으로 상호 감시·부조 등을 통한 예방경찰의 효과를 갖는 것이었다.

해설   ① 지방경찰제도와 관련하여 관찰사와 수령이 지방의 행정기능과 경찰기능 등을 통합하여 수행하였다.
      ② ③ ④ 옳은 설명이다.

07 조선시대의 포도청에 대한 설명으로 옳은 것은?

① 포도청의 창설 이후 조선시대의 경찰권은 포도청으로 일원화되어 행사되었다.
② 성종은 도적의 창궐에 대비해 포도장제를 설치하였고, 이후에 포도청으로 개칭하였다.
③ 포도청에 양반집의 수색과 여자 도적의 체포 등을 담당하는 다모라는 여자관비를 두었다.
④ 포도청은 일제강점기 조선총독부가 설치되면서 폐지되었다.

해설   ① 조선시대에는 중앙의 각 관청이 소관사무와 관련하여 직권으로 범죄자를 체포·구금하는 직수아문제도를 운
      영하였기 때문에 경찰권이 일원화된 것은 아니다.
      ② 성종 2년에 포도장제를 설치하였고, 성종 12년에 좌우로 나누었다. 포도청은 중종 39년에 독립된 경찰행정
      기구로 창설되었다.
      ③ 옳은 설명이다.
      ④ 포도청은 갑오개혁(1894년) 당시에 한성부에 경무청이 설치되면서 폐지되었다.

08 조선시대의 경찰제도에 대한 설명이다. 〈보기 1〉과 〈보기 2〉의 연결이 가장 적절한 것은?

보기 1

(가) 법률·소송·노예 등에 관한 업무를 관장하였다.
(나) 왕의 명령에 따라 왕족의 범죄, 군사범, 모역죄, 반역죄 및 사헌부 탄핵사건 등을 관장하였다.
(다) 주로 시정을 비판하고 모든 관리를 규찰하는 업무(오늘날의 감찰기능에 해당)를 관장하였다.
(라) 중종 39년에 창설되었고, 갑오개혁 당시 한성부에 경무청이 설치되면서 폐지되었다.

보기 1

㉠ 형조   ㉡ 사헌부   ㉢ 토포사   ㉣ 의금부   ㉤ 포도청   ㉥ 관찰사

	(가)	(나)	(다)	(라)			(가)	(나)	(다)	(라)
①	㉠	㉢	㉡	㉤		②	㉠	㉣	㉡	㉤
③	㉡	㉢	㉥	㉣		④	㉡	㉠	㉥	㉣

해설   보기1의 내용은 조선시대의 중앙경찰제도에 대한 설명으로 지방경찰제도인 토포사와 관찰사는 해당사항이 없
      다. ②의 연결이 가장 적절하다. (가)는 형조, (나)는 의금부, (다)는 사헌부, (라) 포도청에 대한 설명이다.

09 갑오개혁과 한국경찰의 창설에 대한 설명으로 틀린 것은?

① 갑오개혁 당시 경찰을 법무아문 하에 창설하였으나, 곧바로 내무아문으로 소속을 변경하였다.
② 조직법적 성격을 가진 경무청관제직장과 작용법적 성격을 가진 행정경찰장정을 제정하였다.
③ 좌·우포도청을 합하여 경무청을 설치하고 한성부 내의 일체의 경찰사무를 관장토록 하였다.
④ 행정경찰장정은 일본의 행정경찰규칙을 번역한 것으로 위경죄즉결례는 내용에 포함되지 않았다.

해설   ① ② ③ 옳은 설명이다.
      ④ 최초의 작용법인 행정경찰장정은 독자적으로 제정된 것이 아니라, 일본의 행정경찰규칙과 위경죄즉결례를 합
      쳐서 만든 것이다.

10 갑오개혁과 한국경찰의 창설에 대한 설명으로 옳은 것은?

① 한성부에 경무청을 신설하면서 그 장으로 경무관을 두었다.
② 일반행정사무와 경찰사무를 구별하였고, 행정경찰장정에는 경찰사무만을 규정하였다.
③ 1896년 일본헌병대가 주둔하였으나 한성과 부산 사이의 군용전신선 보호만을 담당하였다.
④ 경찰체제를 정비하면서 내부관제의 제정을 통해 내부대신의 경찰에 대한 감독권을 정비하였다.

해설 ① <u>경무청의 장은 경무사이고,</u> 한성부 내에 경찰지서를 설치하면서 그 장으로 경무관을 두었다.
② 영업·시장·회사, 소방·위생, 집회·결사 및 신문잡지·도서 등 광범위한 직무범위를 규정하였고, 경찰사무와 일반행정사무가 분리되지 않았다. <u>광복 후 비경찰화 과정을 거치게 되었다.</u>
③ 1896년 군용전신선 보호의 명목으로 일본헌병대가 주둔하였으나, <u>군사경찰 이외에 행정·사법경찰을 겸하</u>면서 반란 등의 시찰·정탐 등을 담당하였다.
④ 옳은 설명이다.

11 광무개혁과 경부경찰체제에 대한 설명으로 틀린 것은?

① 1900년 중앙관청인 경부를 설치하였으나, 여전히 내부에 소속되어 경찰이 독립되지 못하였다.
② 경부관제에 따라 경부가 한성 및 각 개항시장의 경찰업무와 감옥사무를 통할하였다.
③ 중앙 및 지방경찰제도의 정비가 이루어졌고, 지방의 각 관찰부에 총순을 두어 관찰사를 보좌하게 하였다.
④ 1901년 경무청이 경부의 업무를 담당하게 되었고, 구 경무청과 달리 국내 일체의 경찰사무를 관리하였으며, 오늘날 경찰청의 원형으로 볼 수 있다.

해설 ① 중앙관청으로서의 <u>경부를 설치하면서 내부에서 경찰이 독립하게</u> 되었다.
② ③ ④ 옳은 설명이다.

12 을사조약과 경찰권의 상실 과정에 대한 설명으로 틀린 것은?

① 1904년 8월 제1차 한일협약으로 고문정치가 시작되었고, 1905년 2월 경무고문용빙계약에 따라 한국의 경찰권은 일본의 동의 없이 행사할 수 없게 되었다.
② 1905년 2월 경무청의 관할이 한성부 내의 경찰·소방·감옥사무로 다시 축소되었다.
③ 1905년 11월 제2차 한일협약(이른바 을사늑약)에 의거 통감부에 의한 통감정치가 시작되면서 사실상 한국경찰이 장악되었다.
④ 경찰권의 침탈은 재한국 외국인민에 대한 경찰에 관한 한·일협정, 경찰사무에 관한 취극서, 한국 사법 및 감옥사무 위탁에 관한 각서, 한국 경찰사무 위탁에 관한 각서의 순으로 진행되었다.

해설 ① ② ③ 옳은 설명이다.
④ 경찰사무에 관한 취극서(1908년 10월) → 재한국 외국인민에 대한 경찰에 관한 한·일협정(1909년 3월) → 한국 사법 및 감옥사무 위탁에 관한 각서(1909년 7월) → 한국 경찰사무 위탁에 관한 각서(1910년 5월) 순으로 진행되었고, 1910년 8월 한·일합병조약에 따라 한국의 주권이 상실되었다.

13 갑오개혁 이후 일제강점기 이전 한국경찰의 특징과 평가로 옳은 것은?

① 경찰기능이 다른 국가의 기능과 분리되지 못하고 여전히 혼재하는 시기였다.
② 독자적인 조직법적·작용법적 근거에 따라 근대적인 경찰제도의 기초가 확립되었다.
③ 독자적 필요성이 아니라 제국주의적 침략의 방편으로 일본경찰화되어 가는 과정으로 볼 수 있다.
④ 법률에 근거한 경찰권 발동에 한정함으로써 법치국가적 경찰권 행사가 이루어졌다.

> **해설** ① 다소 광범위한 범위였으나 <u>경찰기능은 다른 국가기능과 분리되기 시작</u>하였다. 광범위한 경찰사무는 광복 후 <u>비경찰화를 통해 축소</u>되는 과정을 거쳤다.
> ② 조직법적 성격의 경무청관제직장은 <u>일본의 제도를 모방·이식</u>한 것이었고, 작용법적 성격의 행정경찰장정은 일본의 <u>행정경찰규칙과 위경죄즉결례를 혼합</u>한 것으로 독자적인 것으로 볼 수는 없다.
> ③ 옳은 설명이다.
> ④ 임무의 광범위성은 물론이고, 각종 명령을 통한 경찰권이 발동되어 <u>전제주의적 수준</u>에 머물러 있었다.

14 일제강점기 직전 및 이후의 경찰제도에 대한 설명으로 틀린 것은?

① 일제강점기의 경찰제도는 헌병경찰시기와 보통경찰시기로 구분할 수 있고, 그 계기는 3.1 운동이었다.
② 1910년 6월 통감부에 경무총감부, 각 도에 경무부를 설치하여 경찰사무를 관장하였고, 경무총감부는 황궁의 경찰사무만을 직접 관장하였다.
③ 총독의 제령권 및 경무총장·경무부장 등의 명령권 등을 통해 전제주의적·제국주의적 경찰권 행사가 가능하였다.
④ 특별고등경찰을 통해 사상·이념을 통제(이른바 사상경찰)하였고, 중일전쟁 이후 외사경찰·경제경찰이 신설되는 등 경찰업무가 확대되었다.

> **해설** ① ③ ④ 옳은 설명이다.
> ② 통감부에 설치된 <u>경무총감부는 서울과 황궁의 경찰사무를 직할</u>하였다.

15 일제강점기의 헌병경찰시기에 대한 설명으로 옳은 것은?

① 한국에 주둔하였던 일본의 헌병은 별다른 근거 없이 그 신분을 유치한 채 일반경찰관의 직무를 수행하였다.
② 일반경찰은 도시나 개항장, 헌병경찰은 군사상 필요지역 또는 의병활동지역 등을 담당하였다.
③ 일반경찰과 헌병경찰의 임무는 구분되어 일반경찰은 민사소송의 조정, 집달리 업무, 국경세관 업무 및 일본어 보급 등을 담당하였고, 헌병경찰은 첩보수집과 의병토벌 임무만을 담당하였다.
④ 헌병경찰제도를 지탱한 법령은 총독의 제령권에 근거하여 만들어졌고, 보안법·집회단속에관한법률·신문지법·출판법 등이 여기에 해당한다.

> **해설** ① 1910년 9월 <u>조선주차헌병조령(朝鮮駐箚憲兵條令)</u>에 의해 헌병이 일반치안을 담당하는 근거가 마련되었다.
> ② 옳은 설명이다.
> ③ 헌병경찰은 첩보수집, 의병토벌 등에 그치지 않고, 민사소송 조정, 집달리 업무, 국경세관 업무, 일본어의 보급, 부업의 장려 등 <u>광범위하게 영향력</u>을 행사하였다.
> ④ 총독의 제령권에 근거한 법규로는 <u>범죄즉결례, 조선태형령, 경찰범처벌규칙, 행정집행령</u> 등이 있다.

16 일제강점기의 보통경찰시기에 대한 설명으로 틀린 것은?

① 3.1 운동을 계기로 헌병경찰에서 보통경찰로 이행되면서 중·일전쟁 이전까지 경찰의 직무·권한에 근본적인 변화가 일어났다.
② 총독부 직속의 경무총감부를 폐지하고 경무국을 신설하여 전국의 경찰사무와 위생사무를 감독하도록 하였다.
③ 3.1 운동을 계기로 정치범처벌법이 제정되고, 일본에서 제정된 치안유지법을 우리에게 적용하는 등 오히려 탄압이 강화되었다.
④ 중·일전쟁 이후 외사경찰·경제경찰을 신설하여 경찰의 업무범위를 확대하였고, 예비검속법 및 조선임시보안령을 제정하여 탄압을 강화하였다.

> **해설** ① 헌병경찰에서 보통경찰로의 전환은 <u>단순한 이양</u>에 그쳤고, 경찰의 업무·권한에 근본적인 변화가 있었던 것은 아니며, 중·일전쟁 이후에는 일본의 군국주의적 활동이 본격화되기 시작하여 <u>외사경찰은 물론 경제경찰까지 경찰의 영역이 확대</u>되었다.
> ② ③ ④ 옳은 설명이다.

17 아래는 일제강점기의 법령들이다. 〈보기 1〉과 〈보기 2〉의 연결이 가장 적절한 것은?

> **보기 1**
> (가) 정치범처벌법, 치안유지법　　　(나) 예비검속법, 조선임시보안령
> (다) 보안법, 집회단속에관한법률, 신문지법, 출판법, 범죄즉결례, 조선태형령, 경찰범처벌규칙

> **보기 1**
> ㉠ 헌병경찰시기　　　㉡ 중·일전쟁 이전 보통경찰시기　　　㉢ 중·일전쟁 이후 보통경찰시기

	(가)	(나)	(다)			(가)	(나)	(다)
①	㉠	㉡	㉢		②	㉠	㉢	㉡
③	㉡	㉢	㉠		④	㉡	㉠	㉢

> **해설** (가)는 중·일전쟁 이전 보통경찰시기, (나)는 중·일전쟁 이후 보통경찰시기, (다)는 헌병경찰시기이다.

18 미군정시대의 경찰제도에 대한 설명으로 옳은 것은?

① 태평양미군총사령부포고 1호에 따라 미군의 군정이 실시되면서 일제강점기의 관리들은 그 직을 상실하게 되었다.
② 미군정청에 경찰부, 각 도에 경무국을 창설하고, 일제강점기의 법률인 정치범처벌법·치안유지법·예비검속법·보안법 등이 폐지되었다.
③ 1946년 3월 법령 46호에 의거하여 경찰부가 경무부로 개편되었다.
④ 경찰의 중립화·민주화를 위한 시도로 6인의 위원으로 구성된 중앙경찰위원회를 설치하였다.

> **해설** ① 포고 1호에서 군정의 실시와 함께 <u>구관리는 현직을 유지</u>하게 되었다(일제경찰 유지).
> ② ③ <u>미군정청에 경무국, 각 도에 경찰부</u>를 창설하였다. 1945년 12월 미군정장관의 명령에 따라 각 도지사의 권한 하에 있던 경찰행정권을 분리하여 각 도 경찰부를 독립시키면서 경찰의 조직·관리·재정·인사 등에

관한 권한을 경찰부장이 갖는 체제를 갖추었다. 그리고 1946년 3월 법령 46호에 따라 경무국이 경무부로 승격·개편되었다.
④ 옳은 설명이다.

19 미군정시대 경찰제도의 특징과 평가에 대한 설명으로 틀린 것은?

① 경찰과 관련된 전체적인 제도 및 인력의 개혁이 이루어져 경찰을 민주적으로 변화시켰다.
② 조직법적·작용법적 정비가 이루어지고, 위생사무 이관 및 경제·고등경찰 폐지 등 비경찰화로 경찰의 활동영역이 축소되었으나, 정보업무를 담당하는 사찰과를 신설하였다.
③ 경찰의 이념과 관련하여 국민의 생명·신체·재산의 보호라는 자각이 일어나고, 이후의 경찰관 직무집행법 제정시에 반영되었다.
④ 중앙경찰위원회를 통한 경찰에 대한 통제 시도 등 민주적 요소를 도입하였다.

해설 ① 구관리의 현직유지 등 인력의 개혁이 이루어지지 못했고, 국민의 경찰에 대한 부정적인 태도가 불식되지 못하였다.
② ③ ④ 옳은 설명이다.

20 정부수립 이후 치안국 및 치안본부 시대의 경찰제도에 대한 설명으로 틀린 것은?

① 법률 제1호 정부조직법에서 기존의 경무부를 내무부의 치안국으로 격하하였고, 이후 치안국을 치안본부로 개편하였다.
② 1991년 경찰법 제정까지 지방경찰 역시 행정관청의 지위가 아닌 시·도지사의 보조기관에 머물렀으나, 경찰서장은 유일하게 행정관청의 지위를 가졌다.
③ 해양경찰업무·전투경찰업무·소방업무가 경찰의 업무 범위로 추가되었다.
④ 경찰관 직무집행법 제정시 국민의 생명·신체·재산의 보호라는 영미법적 사고가 반영되었다.

해설 ① ② ④ 옳은 설명이다.
③ 1975년 경찰이 기존에 담당하였던 소방업무가 내무부 민방위본부로 이관되면서 경찰업무에서 배제되었다.

21 정부수립 이후 경찰청 시대의 경찰제도에 대한 설명으로 옳은 것은?

① 경찰법 제정으로 치안본부는 경찰청, 지방경찰국은 지방경찰청으로 승격되었으나, 여전히 경찰서장만이 행정관청의 지위를 가지고 있다.
② 1991년 경찰법의 제정은 선거부처인 내무부로부터의 독립을 통한 정치적 중립성 확보에 의의가 있었으나, 독립부처가 아닌 내무부의 외청이라는 점에서 정치적 중립성에 한계가 있다.
③ 경찰에 대한 민주적 통제시스템으로 국무총리 소속 경찰위원회를 설치하였고, 시·도지사 소속으로 치안행정협의회를 두어 치안협력체제를 마련하였다.
④ 2021년 국가경찰과 자치경찰의 조직 및 운영에 관한 법률의 시행으로 국가경찰과 자치경찰은 조직적으로 완전히 분리가 되었다.

해설 ① 경찰청장과 지방경찰청장은 보조기관이 아닌 행정관청으로서의 지위를 갖게 되었다.
② 옳은 설명이다.
③ 경찰에 대한 민주적 통제장치인 경찰위원회는 내무부(현 행정안전부)에 두었다.
④ 국가경찰·자치경찰은 조직적으로 완전히 분리되지 못했고, 국가경찰·자치경찰을 절충한 형태를 취하고 있다.

22 아래의 내용 중 미군정시대의 경찰과 관련이 없는 것은 모두 몇 개인가?

| ㉠ 경찰간부후보제도 신설 | ㉡ 중앙경찰위원회 설치 | ㉢ 전투경찰대 설치 |
| ㉣ 국립과학수사연구소 발족 | ㉤ 여자경찰서 폐지 | ㉥ 경찰병원 설치 |

① 1개　　　② 2개　　　③ 3개　　　④ 4개

해설　경찰병원 설치(1949년), 국립과학수사연구소 발족(1953년), 여자경찰서 폐지(1957년/신설은 미군정시대–1947년) 및 전투경찰대 설치(1967년)는 정부수립 이후 치안국시대와 관련이 있다.

23 아래의 내용 중 정부수립 이후 치안국시대의 경찰과 관련이 없는 것은 모두 몇 개인가?

| ㉠ 경찰관 해외주재관 제도 신설 | ㉡ 경찰서에 청문관제 도입 | ㉢ 경찰윤리헌장 제정 |
| ㉣ 경찰대학설치법 제정·공포 | ㉤ 경범죄처벌법 제정 | ㉥ 운전면허시험 관리단 신설 |

① 1개　　　② 2개　　　③ 3개　　　④ 4개

해설　경찰대학설치법 제정·공포(1979년)는 치안본부시대, 경찰서에 청문관제 도입(1999년) 및 운전면허시험 관리단 신설(1999년)은 경찰청시대와 관련이 있다.

24 우리나라 경찰과 관련된 연혁을 시간순서별(오래된→최근순)로 가장 적절하게 나열한 것은?

| ㉠ 경찰법 제정 | ㉡ 제주자치경찰 출범 | ㉢ 경찰병원 책임운영기관화 |
| ㉣ 경찰서 여성청소년과 신설 | ㉤ 사이버테러대응센터 신설 | |

① ㉠－㉤－㉢－㉡－㉣　　　　② ㉠－㉡－㉣－㉢－㉤
③ ㉠－㉢－㉤－㉡－㉣　　　　③ ㉠－㉢－㉤－㉡－㉣

해설　경찰법 제정(1991년), 사이버테러대응센터 신설(2000), 경찰병원 책임운영기관화(2005년), 제주자치경찰 출범(2006), 경찰서에 여성청소년과 신설(2012) 순서이다.

25 우리나라 경찰과 관련된 연혁을 시간순서별(오래된→최근순)로 가장 적절하게 나열한 것은?

| ㉠ 경범죄처벌법 제정 | ㉡ 중앙경찰위원회 설치 | ㉢ 내무부 치안국을 치안본부로 개편 |
| ㉣ 경찰법 제정 | ㉤ 경정·경장 2계급 신설 | |

① ㉡－㉤－㉠－㉢－㉣　　　　② ㉡－㉠－㉤－㉢－㉣
③ ㉡－㉢－㉣－㉠－㉤　　　　③ ㉡－㉤－㉢－㉠－㉣

해설　중앙경찰위원회 설치(1947년), 경범죄처벌법 제정(1954년), 경정·경장 2계급 신설(1969년), 내무부 치안국을 치안본부로 개편(1974년), 경찰법 제정(1991년)

26 국립경찰 2주년 민주경찰 특호에 "祝 民主警察 特號 刊行, 國民의 警鐘이 되소서" 휘호를 남긴 자랑스러운 경찰의 표상은?

① 김구　　　　② 이승만　　　　③ 조병옥　　　　④ 김원봉

해설 김구 선생에 대한 설명이다.

27 5. 18. 광주 민주화운동과 관련하여 민주·인권경찰의 표상이 되는 경찰관은?

① 최규식 - 안병하　② 안병하 - 이준규　③ 이준규 - 정종수　④ 정종수 - 최규식

해설 5. 18. 광주 민주화운동과 관련하여 민주·인권경찰의 표상이 되는 경찰관은 안병하와 이준규이다. 안병하(당시 전남경찰국장)는 보안사에서 고문 후 강제사직을 당하였고, 이준규(당시 목포서장)는 직무유기로 구속후 파면되었다. 최규식과 정종수는 1968. 1. 21. 무장공비침투사건 당시 군 방어선이 뚫린 상태에서 청와대를 사수하다가 순국한 호국경찰의 표상이다.

28 제주 4·3사건 당시 계엄군의 처형명령에 "부당함으로 불이행"한다며 거부하고 주민들을 방면하여 한국의 쉰들러로 불리는 자랑스러운 경찰의 표상은?

① 안맥결　　　　② 차일혁　　　　③ 문형순　　　　④ 최규식

해설 문형순에 대한 설명이다. 문형순은 해방 이전 신흥무관학교 졸업 후 항일무장투쟁을 하였다.

29 6. 25. 당시 공비들의 근거지가 될 수 있는 사찰을 불태우라는 상부의 명령에 현명하게 대처하여 여러 사찰과 문화재를 보호한 호국경찰·인본경찰·문화경찰의 표상은?

① 안병하　　　　② 최규식　　　　③ 문형순　　　　④ 차일혁

해설 차일혁에 대한 설명이다. 남부군 사령관 사살 등 경찰의 전쟁영웅(충무무공훈장, 화랑무공훈장)이기도 하다.

경찰행정법

(Park & Oh's Police Science for Perfect Score)

01 다음은 「행정권한의 위임 및 위탁에 관한 규정」에 대한 설명이다. 적절한 것만을 고른 것은 모두 몇 개인가? (2021년 제1차)

> ㉠ 위임 및 위탁기관은, 수임 및 수탁기관의 수임 및 수탁사무 처리에 대하여 지휘·감독하고, 그 처리가 위법하거나 부당하다고 인정될 때에는 이를 취소하거나 정지시킬 수 있다.
> ㉡ 수임 및 수탁사무의 처리에 관하여 위임 및 위탁기관은 수임 및 수탁기관에 대하여 사전승인을 받거나 협의를 할 것을 요구할 수 없다.
> ㉢ 수임 및 수탁사무의 처리에 관한 책임은 수임 및 수탁기관에 있으며, 위임 및 위탁기관의 장은 그에 대한 감독책임을 진다.
> ㉣ 수임 및 수탁사무에 관한 권한을 행사할 때에는 수임 및 수탁기관의 명의로 하여야 한다.

① 1개   ② 2개   ③ 3개   ④ 4개

해설 「행정권한의 위임 및 위탁에 관한 규정」 ㉠ 제6조. ㉡ 제7조. ㉢ 제8조 제1항. ㉣ 제8조 제2항. 모두 옳은 설명이다.

분석 권한의 위임·위탁·대리 및 대결과 관련하여 최근 12년간 독립된 유형의 문제로 6회가 출제되었고, 행정기관의 장(또는 행정관청)이 법률상 부여된 권한을 행사하는 방식과 관련하여 법적으로 중요한 문제이므로 향후에도 계속 출제가 될 것으로 예상됩니다. 특히 권한의 전부 또는 중요부분에 대해 가능한지 여부, 권한의 이전 여부, 권한의 행사 시 명의자 문제 및 그 법적 효과의 귀속 주체에 대해서는 정확히 유형을 구분하여 기억하고 있어야 합니다. 아래의 표를 숙지하기 바랍니다. 아울러 행정권한의 위임 및 위탁에 관한 규정에 있는 개념 정의를 정확히 암기하고 있어야 하며, 동규정상 경찰청장의 권한과 관련하여 재위임(동규정 제4조)은 명시적으로 규정되어 있지 않고, 행정기관 간 위임·위탁사항과 관련하여 경찰청 소관(제28조)사항은 명시되어 있으나, 경찰청 소관사항의 민간위탁은 인정되지 않고 있다는 점도 참고하기 바랍니다.

【권한의 위임·위탁·대리 및 대결】

구분	내용 (권한의 이전 여부 / 행사 방식 / 법적 효과의 귀속)
위임 위탁	– 권한의 이전: 위임관청(위탁관청)에 법령상 부여된 권한의 일부(전부·주요부분X)를 <u>보조기관·하급관청(수임기관)</u> 또는 <u>위탁관청으로부터 독립된 다른 행정기관의 장(수탁기관)</u>에 이전 (법령에 규정된 권한이 이전된다는 점에서 <u>법령상의 근거를 요함</u>) – 권한의 행사: 수임(수탁)기관의 권한·책임 아래 그 명의로 행사 : 위임(위탁)기관의 지휘·감독O / 처리가 위법·부당한 경우 위임(위탁)기관이 취소·정지O – 효과의 귀속: 수임(수탁)기관에 귀속 → 수임(수탁)기관이 쟁송의 당사자
대리	– 권한 이전 X: 피대리관청에 법률상 부여된 권한의 전부(법정대리) 또는 일부(임의대리)를 다른 행정기관(대리기관 – 일반적으로 보조기관)이 권한 행사 – 권한의 행사: 대리기관이 피대리관청을 위한 것임을 표시하고 자기의 이름으로 행사 – 효과의 귀속: 피대리관청에 귀속(피대리관청의 행위로서 법적 효과 발생) → (원칙) 피대리관청이 쟁송의 당사자 – 법률상 근거: 임의대리 – 권한 일부에 대해 가능(법령상 근거 불요) / (원칙) 복대리X / 지휘·감독 O

대결	: 법정대리 – 법정사유가 발생시 권한 전부를 대리 행사 / 복대리O / 지휘 · 감독 X
	– 권한 이전 X: 행정관청(결재권자)의 일시적 부재시(휴가 · 병가 · 출장 등 사유 불문) 보조기관에게 사무에 대한 결재를 맡기는 것(내부위임의 한 유형으로 법령상의 근거 불요) – 권한의 행사: 본래의 행정관청(결재권자) 명의로 권한이 행사되고 그 법적 효과도 행정관청에 귀속

※ 유사개념: 권한의 이양, 내무위임 및 위임전결
권한이양 – 권한을 규정하고 있는 법령 자체를 개정하여 권한을 다른 행정관청의 고유한 권한으로 이전시키는 것. 가령 법령 개정을 통해 국가사무를 지방자치단체의 고유사무(자치사무)로 변경하는 것이 여기에 해당. 권한의 위임의 경우 권한을 정하는 법령의 규정은 그대로 두고 별도의 위임규정에 근거해 권한이 이전되지만, 권한의 이양의 경우 권한의 귀속을 규정하고 있는 법령 자체를 개정한다는 점에서 차이가 있음. 그리고 권한의 위임의 경우 위임관청은 수임관청의 권한 행사를 지휘 · 감독할 수 있지만, 권한이양의 경우 권한의 귀속 자체가 바뀌는 것으로 지휘 · 감독관계가 성립하지 않음.
내부위임 – 행정관청의 내부적인 사무처리 편의를 도모하기 위하여 그 보조기관 · 하급행정관청으로 하여금 그 권한을 사실상 행사하게 하는 것(내부위임의 경우에는 수임자는 행정관청의 명의로 권한 행사). 결재권자(행정관청)의 결재와 관련하여 위임전결과 대결이 대표적인 내부위임의 유형에 속함.
위임전결 – 행정관청(결재권자)이 내부적인 사무처리의 편의를 도모하기 위하여 (일반적으로)경미한 사항에 대한 결재를 그 보조기관에게 맡기는 것(결재권자의 일시적인 부재시 행해지는 대결과 다름).

02 권한의 위임과 대리에 관한 설명으로 가장 적절하지 않은 것은? (2019년 제1차)

① 임의대리는 복대리가 허용되지 않는 것이 원칙이다.
② 복대리의 성격은 임의대리에 해당한다.
③ 원칙적으로 대리관청이 대리행위에 대한 행정소송의 피고가 된다.
④ 수임관청이 권한의 위임에서 쟁송의 당사자가 된다.

해설 ① ② ④ 옳은 설명이다. 【권한의 위임 · 위탁 · 대리 및 대결】 참조. ②와 관련하여 복대리는 대리기관이 그 권한의 행사를 다시 다른 기관으로 하여금 대리하게 하는 것으로서 임의대리에 해당한다. 법령상의 근거에 따라 행해지는 법정대리의 경우 "신임관계"에 기초한 것이 아니므로 (법정)대리인은 그 권한의 일부를 다시 대리하게 할 수 있으나(복대리 허용), 본인(피대리인)과 대리인 사이의 신임관계에 기초하여 행해지고 별도의 법령상 근거를 요하지 않는 임의대리의 경우 원칙적으로 복대리가 허용되지 않는다.
③ 권한의 대리는 권한의 위임(위탁)과 달리 권한의 귀속 자체가 대리관청(기관)에 이전되는 것이 아니고, 대리행위의 법적 효과는 피대리관청에 귀속(피대리관청이 행위한 것과 같은 효과)되기 때문에 원칙적으로 피대리관청이 쟁송의 당사자가 된다.

03 「행정권한의 위임 및 위탁에 관한 규정」에 대한 내용으로 가장 적절하지 않은 것은? (2018년 제1차)

① 위임이란 법률에 규정된 행정기관의 장의 권한 중 일부를 그 보조기관 또는 하급행정기관의 장이나 지방자치단체의 장에게 맡겨 그의 권한과 책임 아래 행사하도록 하는 것을 말한다.
② 위임 및 위탁기관은 수임 및 수탁기관의 수임 및 수탁사무 처리에 대하여 지휘 · 감독하고, 그 처리가 위법하거나 부당하다고 인정될 때에는 이를 취소하거나 정지시킬 수 있다.
③ 수임 및 수탁사무의 처리에 관한 책임은 수임 및 수탁기관에 있으므로, 위임 및 위탁기관의 장은 그에 대한 감독책임을 지지 않는다.
④ 위임 및 위탁기관은 위임 및 위탁사무 처리의 적정성을 확보하기 위하여 필요한 경우에는 수임 및 수탁기관의 수임 및 수탁사무 처리 상황을 수시로 감사할 수 있다.

해설   ① 「행정권한의 위임 및 위탁에 관한 규정」 제2조 제1호, ② 제6조, ④ 제9조
　　　③ 「행정권한의 위임 및 위탁에 관한 규정」 제8조 제1항 "수임 및 수탁사무의 처리에 관한 책임은 수임 및 수탁
　　　기관에 있으며, 위임 및 위탁기관의 장은 그에 대한 감독책임을 진다."

04 경찰관청의 권한의 위임과 대리에 대한 다음 설명 중 가장 적절하지 않은 것은? (2013년 제1차)

　① 권한의 위임은 경찰관청이 그의 권한의 일부를 다른 경찰기관에 이전하여 수임기관의 권한으
　　로, 그 수임기관이 자기의 명의와 책임으로 행사하게 하는 것을 말한다.
　② 권한의 위임은 법령상의 근거가 필요없다.
　③ 권한의 위임은 권한의 전부 또는 주요부분에 대하여는 위임이 허용되지 않는다.
　④ 대리기관은 피대리관청을 위한 것임을 표시하고 자신(대리기관)의 명의로 대리한다.

해설   ① ③ ④ 옳은 설명이다. 【권한의 위임 · 위탁 · 대리 및 대결】 참조.
　　　② 권한의 위임은 법령에 규정된 권한이 이전된다는 점에서 법령상의 근거를 요한다.

05 행정관청의 권한의 위임, 대리, 대결에 관한 다음 지문 중 틀린 것은 모두 몇 개인가?
(2012년 제1차)

> ㉠ 권한의 위임이란 상급관청이 하급관청에 권한의 전부 또는 주요부분을 이전하여 수임기관의 권
> 한으로 행하도록 하는 것이다.
> ㉡ 대결은 법령상의 근거를 요하지 않으며, 외부에 대한 관계에서는 본래 행정청의 이름으로 표시
> 하여 행한다.
> ㉢ 원칙적으로 임의대리는 권한의 전부에 대해서 가능하고 복대리가 불가능하나, 법정대리는 권한
> 의 일부에 대해서만 가능하고 복대리가 가능하다.
> ㉣ 권한의 위임의 효과는 수임관청에게 귀속되고, 권한의 대리의 효과는 대리관청에게 귀속된다.
> ㉤ 법정대리의 경우 피대리관청은 대리기관의 지휘 · 감독상의 책임을 지는데 비해 임의대리의 경
> 우는 그렇지 않다.
> ㉥ 권한의 위임은 수임기관이 자기명의로 권한을 행사하지만, 권한의 대리는 대리관청을 위한 것
> 임을 표시하여 피대리기관 명의로 권한을 행사한다.

　① 3개　　　　② 4개　　　　③ 5개　　　　④ 6개

해설   ㉡만 옳은 설명이다.
　　　㉠ 권한의 위임은 위임기관(상급관청)에 법령상 부여된 권한의 일부를 수임기관(하급관청)에 이전하여 수임기관
　　　의 권한 · 책임 아래 수임기관의 명의로 권한을 행사하는 것을 말한다. 권한의 전부 · 주요부분에 대한 이전은
　　　허용되지 않고, 법령에 규정된 권한이 이전된다는 점에서 법령상의 근거를 요한다. 틀린 설명이다.
　　　㉡ 대결은 행정관청(결재권자)의 일시적 부재시 보조기관에게 사무에 대한 결재를 맡기는 것을 말하고, 내부위임
　　　(행정관청의 명의로 권한 행사)의 한 유형으로 법령상의 근거를 요하지 않는다. 옳은 설명이다.
　　　㉢ 임의대리는 원칙적으로 권한의 일부에 대해 가능하고(법령상 근거 불요) 복대리가 허용되지 않지만, 법정대리
　　　는 법정사유의 발생시 권한의 전부를 대리하고 복대리가 허용된다. 틀린 설명이다.
　　　㉣ 권한이 위임된 경우 권한의 행사로 인한 효과는 수임기관(관청)에 귀속되고, 권한의 대리의 경우 그로 인한
　　　효과는 피대리관청에 귀속된다(즉, 피대리관청의 행위로서 법률효과를 발생시킨다). 틀린 설명이다.
　　　㉤ 법정사유 발생시 당연히 대리가 이루어지는 법정대리의 경우 피대리관청은 대리기관에 대해 지휘 · 감독상의
　　　책임을 지지 않지만, 임의대리의 경우 피대리관청이 대리기관에 대해 지휘 · 감독상의 책임을 진다. 틀린 설
　　　명이다.
　　　㉥ 권한의 위임이 있는 경우 수임기관은 자신의 권한 · 책임 아래 수임기관의 명의로 권한을 행사하고, 권한의

대리는 대리기관이 <u>피대리관청을 위한 것임을 표시</u>하고 대리기관의 명의로 권한을 행사한다. 틀린 설명이다.

06 다음 중 권한의 위임과 대리에 대한 설명으로 틀린 것은? (2009년 제2차)

① 위임은 수임청에 권한이 이전되나, 법정대리는 대리기관에 권한이 이전되지 않는다.
② 위임은 법적 근거를 필요로 하고, 임의대리는 법적 근거를 필요로 하지 않는다.
③ 위임은 일부 위임만 가능하고, 법정대리는 전부 대리가 가능하다.
④ 위임은 수임청에 효과가 귀속되고, 임의대리는 대리관청에 효과가 귀속된다.

해설 ① ② ③ 옳은 설명이다. 【권한의 위임 · 위탁 · 대리 및 대결】 참조.
④ 권한의 대리(임의 · 법정대리)의 경우 원칙적으로 <u>피대리기관(관청)</u>에 대리행위로 인한 <u>법률효과가 귀속</u>된다.

07 경찰상 강제집행 및 그 수단에 대한 설명으로 가장 적절하지 않은 것은? (2021년 제1차)

① 경찰상 강제집행은 경찰하명에 의한 의무의 존재 및 그 불이행을 전제로 한다는 점에서 의무불이행을 전제로 하지 않는 경찰상 즉시강제와 구별된다.
② 경찰상 강제집행은 장래에 향하여 의무이행을 강제한다는 점에서 과거의 의무위반에 대한 제재인 경찰벌과 구별된다.
③ 강제징수란 의무자가 관련 법령상의 대체적 작위의무를 이행하지 않을 경우, 당해 경찰관청이 스스로 행하거나 또는 제3자로 하여금 의무자가 하여야 할 행위를 하게 함으로써 의무의 이행이 있는 것과 같은 상태를 실현시킨 후 그 비용을 의무자로부터 징수하는 것이다.
④ 대집행의 근거가 되는 일반법으로는 「행정대집행법」이 있다.

해설 ① ② ④ 옳은 설명이다. ③ 강제징수란 공법상의 금전급부의무를 이행하지 않는 경우 행정청이 의무자의 재산에 실력을 행사하여 의무가 이행된 것과 같은 상태를 실현하는 작용을 말한다. 지문의 내용은 대집행에 대한 설명이다.

【경찰행정의 실효성 확보(경찰상 의무이행 확보)수단 개관】

개념	국민이 경찰상 의무를 위반하는 경우에 그 의무의 이행을 강제하여 경찰행정의 실효성을 달성할 수 있도록 하는 법적 수단을 말하고, 경찰강제와 경찰벌로 구분할 수 있음 – 경찰강제: 경찰상 목적을 달성하기 위해 개인의 신체 · 재산에 직접 실력을 행사하여 경찰상 필요한 특정 상태를 실현시키는 것(<u>의무의 유무를 기준으로 강제집행과 즉시강제로 구별</u>) – 경찰벌: 과거의 경찰상 의무위반에 대한 제재로서 가하는 처벌(경찰형벌 + 경찰질서벌)	
경찰 강제	강제 집행	타인이 대신해서 행할 수 있는 <u>대체적 작위의무의 불이행이 있는 경우</u>(경찰)행정청이 스스로(또는 제3자로 하여금) 의무의 이행이 있는 것과 동일한 상태를 실현시킨 후 그 비용을 의무자로부터 징수하는 것 – 대집행의 일반법으로 행정대집행법이 있음 – 절차: 계고 → (대집행영장에 의한) 통지 → 실행 → 비용의 징수 예) 불법주차 차량의 견인조치 또는 무허가건물의 철거행위 등
		부작위의무 또는 비대체적 작위의무의 불이행이 있는 경우 그 이행을 간접적으로 강제하기 위해 과하는 금전벌(= 이행강제금) – 장래를 향한 간접적 의무이행 확보수단이라는 점에서 과거의 의무위반에 대한 경찰벌과 구별

대집행

집행벌

		– 경찰벌과 병과할 수 있고, 의무이행시까지 반복해서 부과할 수 있음
	강제징수	공법상의 <u>금전급부의무</u>를 이행하지 않는 경우에 의무자의 재산에 직접 실력을 행사하여 의무가 이행된 것과 같은 상태를 실현하는 것 – 강제징수의 일반법으로 국세징수법이 있음 – 절차: 독촉 → 체납처분(재산의 압류 → 압류재산의 매각 → 청산)
	직접강제	<u>의무(의무의 유형에 제한X)의 위반</u>에 대한 <u>최후의 수단</u>으로 의무자의 신체·재산에 직접 실력을 행사하여 의무가 이행된 것과 같은 상태를 실현하는 것 – 직접강제에 대한 일반법적 성격의 법률은 없고, <u>개별법률에 규정 산재</u> 　예) 집시법상 해산명령 불이행에 대한 해산조치, 외국인의 강제퇴거 등
	즉시 강제	<u>의무를 명할 시간적 여유가 없거나 성질상 의무를 명하여서는</u> 목적 달성이 곤란한 경우에 직접 국민의 신체·재산에 실력을 행사하여 경찰상 필요한 상태를 실현하는 것 권력적 사실행위로 행정심판법·행정소송법상의 "처분(등)"에 해당하지만, 일반적으로 실력행사는 단기간에 종료되기 때문에 행정상 쟁송으로 다툴 "소의 이익"이 없으나, 즉시강제가 계속적 성질을 가지는 예외적인 경우(예: 전염병환자의 강제격리, 정신질환자의 강제입원 등)에는 "소의 이익"이 있어 행정상 쟁송이 가능 – 권력적 사실행위라는 점에서 강제집행과 같지만, <u>의무의 불이행을 전제로 하지 않는다는 점에서 강제집행과 구별</u> – 헌법재판소(2000헌가12)는 원칙적으로 영장주의가 적용되지 않는다고 판시하고 있고, 학설은 영장필요설과 절충설(원칙적 필요 + 영장주의의 예외 인정) 대립
경찰벌		경찰형벌: 경찰상 의무위반에 대한 제재로 <u>형법에 규정된 형벌</u>을 부과하는 것 – 원칙적으로 형사소송법(or 즉결심판에 관한 절차법)에 규정된 절차에 따라 법원이 부과 – 예외적으로 도로교통법·경범죄처벌법 등의 "통고처분"이 있음
		경찰질서벌: 경찰상 의무위반에 대한 제재로 <u>과태료</u>를 부과하는 것(질서위반행위규제법이 있음)

분석

경찰상 강제집행은 최근 12년간 독립된 유형의 문제로 1회가 출제되었습니다. 경찰행정의 실효성 확보수단은 경찰작용법 영역에서 기초적인 분야로 향후에도 계속 출제될 가능성이 높으므로, 전반적으로 정확하게 이해하고 있어야 합니다. 경찰강제와 경찰벌의 구별, 강제집행과 즉시강제의 구별, 대집행·집행벌(이행강제금)·강제징수에서 전제가 되는 의무의 차이점 등에 유의해야 합니다. 아울러 경찰관의 즉시강제에 대한 일반법적 성격을 가지는 경찰관 직무집행법에 규정된 조치들의 법적 성격과 연계해서 기억하고 있을 필요가 있습니다.

08 경찰상 즉시강제에 대한 설명으로 가장 적절하지 않은 것은?　(2020년 제1차)

① 경찰상 즉시강제는 권력적 사실행위인 처분이기 때문에 행정쟁송이 가능하다.

② 즉시강제의 절차적 한계에 있어서 영장주의의 적용 여부에 대하여 영장필요설이 통설과 판례이다.

③ 경찰상 즉시강제 시 필요 이상으로 실력을 행사하여 경찰책임자 이외의 자에게 유형력을 행사하는 것은 위법이 된다.

④ 적법한 즉시강제에 대한 구제로 손실보상을 청구할 수 있으며, 일정한 요건하에서 형법상 위법성조각사유에 해당하는 긴급피난도 가능하다.

해설 ① ③ ④ 옳은 설명이다. ④와 관련하여 적법한 즉시강제에 대해서는 "부당한 침해"를 전제로 하는 정당방위는 허용되지 않지만, 침해의 부당을 전제로 하지 않는 긴급피난은 가능하다.

② 즉시강제에 대한 영장주의의 적용여부에 대해서는 견해가 대립하고 있는 분야로 영장필요설을 통설이라고 단정할 수 없고, 헌법재판소는 원칙적으로 영장주의가 적용되지 않는다는 입장이다. **2000헌가12결정**은 "영장주의가 행정상 즉시강제에도 적용되는지에 관하여는 논란이 있으나, 행정상 즉시강제는 상대방의 임의이행을 기다릴 시간적 여유가 없을 때 하명 없이 바로 실력을 행사하는 것으로서, 그 본질상 급박성을 요건으로 하고 있어 법관의 영장을 기다려서는 그 목적을 달성할 수 없다고 할 것이므로, 원칙적으로 영장주의가 적용되지 않는다고 보아야 할 것이다. 만일 어떤 법률조항이 영장주의를 배제할 만한 합리적인 이유가 없을 정도로 급박성이 인정되지 아니함에도 행정상 즉시강제를 인정하고 있다면, 이러한 법률조항은 이미 그 자체로 과잉금지의 원칙에 위반되는 것으로서 위헌이라고 할 것이다."고 판시하고 있다.

09 경찰법의 법원(法源)에 관한 설명으로 가장 적절하지 않은 것은? (2019년 제2차)

① 행정입법이란 행정부가 제정하는 법을 의미하며, 행정조직 내부의 사무처리기준에 관한 법규명령과 국민을 구속하는 효력이 있는 행정규칙으로 구분된다.

② 법규명령은 특별한 규정이 없는 한 공포일로부터 20일 경과 후 효력이 발생하나, 행정규칙은 공포를 요하지 않는다.

③ 최후의 보충적 법원으로서 조리는 일반적·보편적 정의를 의미하는 바, 경찰관청의 행위가 형식상 적법하더라도 조리에 위반할 경우 위법이 될 수 있다.

④ 판례에 의할 때 운전면허 취소사유에 해당하는 음주운전을 적발한 경찰관의 소속 경찰서장이 사무착오로 위반자에게 운전면허정지처분을 한 상태에서 위반자의 주소지 관할 시·도경찰청장이 위반자에게 운전면허취소처분을 한 경우 이는 법의 일반원칙인 조리에 반하여 허용될 수 없다.

해설 ① (강학상)행정입법이란 행정부가 제정하는 법을 의미하고, 국민에 대해 대외적 효력을 가지는 법규명령과 행정조직 내부의 사무처리기준을 규정하는 행정규칙으로 구분된다.

② ③ ④ 옳은 설명이다. ④와 관련하여 판례(99두10520 판결)는 "신뢰보호의 원칙"에 위반된다고 판시하였다.

【경찰(행정)법의 법원(法源)】

개념		경찰(행정)에 관한 법의 존재형식을 의미 = 성문법원 + 불문법원
성문법원	헌법	국가의 기본적 통치구조, 국가작용의 기본원칙 및 기본권을 규정하고 있는 최고의 법원 – 예: 행정조직법정주의를 규정한 제96조, 행정작용의 법률유보를 규정한 제37조 제2항
	법률	헌법에서 정한 절차에 따라 국회에서 제정된 법규범(형식적 의미의 법률) – 예: 경찰관 직무집행법, 경찰공무원법, 국가경찰과 자치경찰의 조직 및 운영에 관한 법률 등
	국제법규	헌법에 의하여 체결·공포된 조약과 일반적으로 승인된 국제법규는 국내법과 같은 효력
	명령	행정권에 의해 정립되는 법으로 대통령령·총리령·부령(or 공동부령)의 형식 – 법률의 규정에 근거하여 제정되고, (국민·행정관청 구속하는) 대외적 효력 있음(위반시 위법) – 특별한 규정이 없는 이상 공포일로부터 20일 경과 후 효력 발생 / 국민의 권리 제한 또는 의무 부과와 관련되는 경우 원칙적으로 공포일로부터 적어도 30일이 경과한 날부터 시행 – 위임명령: 법률·상위명령에 의해 개별적·구체적으로 위임된 사항에 관해 발하는 명령

		– 집행명령: 법률·상위명령의 범위 내에서 그 집행에 관한 세부적 사항을 규정하는 명령 새로운 법규사항을 규정할 수 없음
	자치 법규	조례: 지방의회가 법령의 범위 내에서 그 사무에 관하여 제정하는 법규 규칙: 지방자치단체의 장이 법령 또는 조례가 위임한 범위 내에서 그 권한에 속하는 사무에 관하여 제정하는 법규
불문 법원	관습 법	계속적인 관행이 성립되고 이것이 법적 확신을 얻어 법적 규율로 여겨지는 것(법적 확신설) – 성문법 및 조리(법의 일반원칙)가 존재하지 않거나 불완전한 경우 보충적으로만 인정 – 행정법 영역에서 행정청이 취급한 선례가 오랫동안 반복되어 성립되는 행정선례법이 있음 행정선례법의 인정은 "행정에 대한 신뢰보호의 관념"에 근거하고 있음
	판례	법적 구속력X → 판례 변경 허용, 하급심은 대법원 판례에 구속X / but 사실상 구속력 있음 헌법재판소의 위헌결정: 법률이나 조항의 효력이 상실되므로 법원성 있음
	조리	정의에 합치되는 보편적 원리로 법의 일반원칙 또는 최후의 보충적 법원 – 경찰행정관청의 행위가 형식상 적법하여도 조리에 반하는 경우 위법한 평가를 받게 됨 – 평등의 원칙, 비례의 원칙, 신뢰보호(금반언)의 원칙, 신의성실의 원칙, 자기구속의 원칙 등

【(강학상)행정입법 개관】 – 개념 및 법규명령과 행정규칙의 비교 중심

개념	행정상(경찰상) 입법이란 행정권(경찰권)이 일반적·추상적 규범을 정립하는 것을 의미 – 법규명령 + 행정규칙: 행정기관은 둘 다 준수해야 한다는 점에서 동일
법규 명령	행정권이 제정하는 법규(법률에 대응하여 행정입법이라는 개념을 사용할 때에는 법규명령을 말함) – 행정주체와 국민 사이의 관계를 규율한다는 점에서 대외적 효력 있음(위반시 위법) – 공포가 효력발생요건
행정 규칙	행정조직 내부에서 적용하기 위해 제정된 규범(훈령·예규 등의 형식)으로 법령상 근거 요하지 않음 – 원칙적으로 대외적 효력이 없고 행정기관만을 구속(97누19915)하나, 오늘날의 학설은 재량준칙 등 일부 행정규칙의 경우 평등의 원칙을 매개로 하여 대외적 구속력이 있는 것으로 보는 것이 일반적 – 헌법재판소(90헌마13)는 재량준칙의 경우 평등원칙·신뢰보호원칙을 매개로 대외적 구속력 인정 – 효력발생에 공포를 요하지 않음

분석 　경찰(행정)법의 법원은 최근 12년간 독립된 유형의 문제로 1회가 출제되었습니다. 최근의 기출문제로 경찰학개론 출제 방침의 변화에 따라 경찰행정법의 분야가 강조되고 있어 향후에도 계속 출제될 가능성이 있습니다. 기출 지문 및 위의 표를 정확히 기억해야 대비할 수 있습니다.

10 경찰하명에 대한 설명으로 가장 적절하지 않은 것은? (2019년 제1차)

① 경찰하명이란 경찰목적을 달성하기 위해 상대방에게 일정한 작위·부작위·수인·급부의 의무를 명하는 행정행위이다.

② 경찰하명 위반 시에는 경찰상 강제집행의 대상이 되거나 경찰벌이 과해질 수 있으나, 하명을 위반한 행위의 법적 효력에는 원칙적으로 영향을 미치지 않는다.

③ 경찰하명의 상대방인 수명자는 수인의무를 지므로 경찰하명이 위법하더라도 손해배상을 청구할 수 없다.

④ 경찰하명이 있는 경우, 상대방은 행정주체에 대하여만 의무를 이행할 책임이 있고 그 이외의 제3자에 대하여 법상 의무를 부담하는 것은 아니다.

해설 【경찰상 행정행위(이른바 "경찰처분") 개관】

일반론		행정행위란 (경찰)행정청이 구체적 사실에 관한 법집행을 위해 하는 행위로서 외부에 대해 직접·구체적인 법적 효과를 발생시키는 권력적 단독행위(공법행위) – 실정법상의 처분 또는 행정처분
	구분	<u>효과의사의 유무 또는 법적 효과의 발생 원인에 따른 구분</u> – 법률행위적 행정행위: 의사표시의 내용에 따라 법적 효과 발생(하명·허가·면제·특허·인가 등) – 준법률행위적 행정행위: 의사와 관계없이 법률의 규정에 따라 효과 발생(확인·통지·수리 등) <u>재량의 유무에 따른 분류</u> – 재량행위: 법문언에 "–할 수 있다"로 규정 / 기속행위: 법문에 "–해야 한다"로 규정 – 재량권의 0으로 수축: 재량행위라고 하더라도 구체적 사정에 따라 행위를 해야 함(기속화) – 재량권의 일탈(재량의 법적·객관적 한계 위반)과 남용(내재적 목적 위반): 행정쟁송의 대상 – 재량의 일탈·남용에 해당하지 않지만 부당한 경우: 행정심판O / 행정소송X – 기타: 침해적·수익적·복효적 행정행위 / 대인적·대물적·혼합적 행정행위 / 요식·불요식행위 등
경찰하명	의의	경찰상 목적을 달성하기 위해 <u>작위·부작위·수인·급부를 명하는 행위</u>(= 명령적 행정행위) – 법적 성격: 의사표시에 따른 법률효과를 발생시키는 법률행위적 행정행위(준법률행위X) – 의무의 불이행에 대한 강제인 경찰상 강제집행과 관련 있고, <u>즉시강제와는 무관</u> – 국민의 자유·권리에 제한을 가져오는 국가작용으로 <u>법률상 근거 필요</u>(헌법 제37조 제2항) – 법령의 규정 자체에 의해 의무가 발생하는 <u>법규하명은 행정행위X</u>
	종류	작위하명: 적극적으로 어떤 행위를 해야 하는 의무 발생 부작위하명: 소극적으로 어떤 행위를 하지 않아야 하는 의무 발생("금지"라고 함) 수인하명: 경찰권 발동으로 인한 자유·권리의 침해를 감수해야 하는 의무 발생 급부하명: 금전 또는 물건을 급부해야 하는 의무 발생 → 경찰관 직무집행법상 <u>경찰하명에 대한 일반조항의 성격을 가지는 명시적 규정X</u>
	효과	원칙적으로 하명을 받은 사람에게만 하명의 종류에 따른 의무 발생 – 적법한 하명으로 손실이 발생한 경우 경찰관 직무집행법에 따른 손실보상 가능 – 위법한 하명으로 권리·이익을 침해된 경우 행정쟁송(심판과 소송)을 통해 하명의 취소 등을 구하거나 국가배상법에 따른 손해배상을 청구할 수 있음
	위반효과	하명에 의해 부과된 의무를 이행하지 않는 경우 <u>경찰상 강제집행의 대상이 됨</u>(즉시강제X) – <u>하명을 위반한 행위 자체의 법적 효력에 직접적으로 영향을 미치지 않음</u>
경찰허가	의의	법령에 의한 <u>일반적·상대적 금지</u>(부작위의무)를 일정한 경우에 해제하여 금지된 행위를 적법하게 할 수 있도록 하는 행위(절대적 금지의 경우 인정X / 작위·수인·급부의무

		해제 = 경찰면제)
		– 법적 성격: 의사표시에 따른 법률효과를 발생시키는 법률행위적 행정행위(행정쟁송 대상)
		: 통설(명령적 행정행위)과 달리 적법하게 행위할 수 있는 법적 지위를 창설하여 주는 형성적 행정행위라는 견해 있음(단, 이 견해도 허가와 특허를 구별하고 있음)
		: 본래의 자유를 회복시키는 것으로 특별한 규정이 없는 한 <u>기속행위·기속재량행위</u>
		– 강학상의 용어: 실정법·실무적으로는 허가 이외에 면허·인가·승인 등의 용어가 사용

	종류	대인적 허가: 사람의 주관적 요소가 심사의 대상 – <u>이전X</u>(예: 운전면허)
		대물적 허가: 물건 등의 객관적 상태가 심사의 대상 – <u>이전O</u> (예: 차량검사 합격처분)
		혼합적 허가: 사람·물건 모두가 심사의 대상 – <u>이전에 제한O</u> (예: 총포등의 제조허가)
		  → 상대방의 신청에 의하는 것이 통상적이나 예외적으로 신청 없이 행해질 수 있음
		  → 허가 여부의 결정 기준은 신청시가 아닌 <u>처분 당시의 법령과 기준에 의함</u>(판례의 입장)

	효과	금지된 본래의 자유가 회복되어 허가를 받은 자는 적법하게 할 수 있음(<u>적법요건/유효요건X</u>) – 허가의 대상이 된 행위에 대한 금지만 해제 + 타법에 의한 금지까지 해제X – 허가의 철회·취소는 회복된 자유에 대한 침해로 행정쟁송의 대상이 됨 무허가행위: 경찰상 강제집행 또는 경찰벌의 대상 – (원칙)무허가행위의 법률상 효력에 영향X(유효) / (예외)법률에서 무효로 규정하는 경우
경찰 면제		법령에 의해 일반적으로 부과된 작위의무·급부의무·수인의무를 해제하는 법률행위적 행정행위 – 의무의 해제라는 점에서 허가와 동일하나 해제되는 의무의 종류에서 상호 구별
부관	의의	(경찰)행정청에 의해 주된 <u>행정행위에 부가된 종된 규율</u> – 실정법상 "조건"으로 표시 – 행정청의 의사결정에 의해 부가되는 것으로 법령에 의해 직접 부가된 법정부관과 구별 – 재량행위의 경우 명문의 규정이 없더라도 부관을 붙일 수 있음 – 기속행위의 경우 법령에 근거가 없으면 부관X / 기속행위 효과를 제한하는 부관 – 무효(판례) – 부관의 법적 근거가 없더라도 요건의 충족을 정지조건으로 하는 부관은 허용 – 행정행위 이후에 발하는 사후부관(부관의 사후변경)의 경우 판례는 법령에 근거가 있거나 사후부관의 가능성이 유보되어 있거나 상대방의 동의가 있는 경우에는 예외적으로 허용
	종류	조건: 행정행위 효력의 발생 또는 소멸을 <u>장래의 불확실한 사실</u>에 의존시키는 부관 – 정지조건(효력발생을 불확실한 사실에 의존) + 해제조건(효력소멸을 불확실한 사실에 의존) 기한: 행정행위 효력의 발생 또는 소멸을 <u>장래의 확실한 사실</u>에 의존시키는 부관(시기 + 종기) 부담: 행정행위 주된 내용에 부가하여 상대방에게 <u>작위·부작위·급부·수인의무를 부과하는 부관</u> – 다른 부관과 달리 그 자체가 행정행위(독립처분성)이므로 독립하여 항고소송의 대상이 됨

		법률효과 일부배제: 법령이 행정행위에 부여한 <u>일반적 법률효과의 일부</u>를 배제시키는 것
		철회권 유보: 장래에 일정한 사유가 있는 경우 <u>행정행위를 철회할 수 있는 권한을 유보</u>한 것
		– 사유가 발생해도 철회가 제한 없이 인정되는 것X / 철회의 제한이론인 이익형량 원칙 적용
	위법 부관 효력	위법한 부관이 붙은 행정행위의 효력 문제: <u>부관의 무효(하자의 중대·명백) + 취소(무효 이외)</u>
		– 무효인 부관을 붙이지 않았다면 주된 행정행위를 하지 않았을 경우: 행정행위 무효 (통설)
		– 법령상 근거 없이 <u>기속행위의 효과를 제한하는 부관을 붙인 경우: 당해 부관만 무효</u> (판례)
		위법한 부관과 행정쟁송
		– 독립쟁송가능성: 판례는 <u>부담의 경우만</u> 독립하여 행정쟁송의 대상이 될 수 있다고 판시
		: 이외 <u>부관만의 취소를 구하는 소송은 인정하지 않음</u>(판례)
하자 승계	의의	두 개 이상의 행정행위(선행행위 + 후행행위)가 연속해서 행하여지고 선행행위에 하자가 있으나 불가쟁력이 생겨 쟁송상 다툴 수 없는 경우에 후행행위 자체에 하자가 없어도 선행행위의 하자를 이유로 후행행위를 다툴 수 있는지에 관한 문제
	원칙	학설·판례는 기본적으로 ① 선·후의 행정행위가 결합하여 하나의 법적 효과를 목적으로 하는 경우와 ② 선·후의 행정행위가 서로 독립하여 별개의 법적 효과를 목적으로 하는 경우로 구분
		– ①은 승계 인정 / ②는 선행처분의 하자가 중대하여 당연무효인 경우를 제외하고 승계 부정
	예외	선행 행정행위와 후행 행정행위가 서로 독립하여 별개의 법률효과를 목적으로 하는 경우에도 수인한도를 넘는 가혹함을 초래하고, 그 결과가 당사자에게 예측가능한 것이 아닌 경우에는 선행행위의 위법을 후행행위의 위법사유로 주장할 수 있음(93누8542 판결).

인정 사례	부정 사례
① 대집행절차(계고, 통지, 실행, 비용징수) 상호간	① 건물철거명령과 대집행계고처분
② 개별공시지가결정과 과세처분	② 과세처분과 체납처분
③ 독촉과 가산금·중가산금 징수처분	③ 표준공시지가결정과 과세처분
④ 귀속재산의 임대처분과 후행매각처분	④ 공무원의 직위해제처분과 직권면직처분
⑤ 한지의사시험자격결정인정과 한지의사면허처분	⑤ 대학원에서의 수강거부처분과 수료처분
⑥ 안경사국가시험합격무효처분과 면허취소처분	⑥ 구 토지수용법상의 사업인정과 토지수용재결
	⑦ 표준공시지가결정과 개별토지가격결정

분석   경찰상 행정행위(이른바 "경찰처분")와 관련하여 최근 12년간 4회가 출제되었고, 분야별로는 경찰하명 1회, 경찰허가 2회, 하자의 승계와 관련된 판례 문제가 1회 출제되었습니다. 강학상 행정행위론은 행정법의 기초적인 분야로 (경찰상)사실행위와 더불어 행정작용(및 이에 기한 행정상 법률관계)의 기초적이고 중요한 분야로 다루어집니다. 경찰행정법 각론 이외의 분야에 대한 출제 강화가 있게 된다면 "경찰법의 법원, 경찰권 발동의 한계 및 경찰작용으로 인한 권리구제(손실보상은 경찰관 직무집행법에서 다루어지므로 주로 국가배상법상의 손해배상 문제)"가 출제될 가능성이 높기 때문에 관련된 조문 및 이론에 대한 전반적인 숙지가 필요

합니다. 기출된 지문을 정확하게 기억하고 있어야 하며, 2회 기출된 (경찰)허가와 관련하여 허가의 개념·법적 성격(적법요건O, 유효요건X)·형식(법규허가X/허가처분)·강학상의 분류(명령적 행정행위 - 형성적 행정위X), 허가 여부의 결정기준, 허가의 종류(대인적·대물적·혼합적 허가) 및 허가의 갱신(효력기간이 정해져 있는 기한부 허가의 경우)과 관련된 내용도 기억하고 있어야 합니다. 그리고 1회 기출된 경찰하명과 관련하여 그 개념·법적 성격·분류(유형)·형식(법규하명·하명처분)·효과와 위반시의 효과를 정확히 기억하고 있어야 향후 출제 가능성에 대비할 수 있습니다.

11 허가에 대한 다음 설명 중 가장 적절한 것은? (다툼이 있는 경우 판례에 의함)　(2018년 제3차)

① 허가는 허가가 유보된 상대적 금지에 인정되며, 절대적 금지의 경우에는 인정되지 않는다.
② 허가는 행위의 유효요건일 뿐 적법요건은 아니다.
③ 판례에 의하면 허가 여부의 결정기준은 특별한 사정이 없는 한 원칙적으로 신청 당시의 법령에 의한다.
④ 허가는 법령에 의하여 과하여진 작위·급부·수인의무를 특정한 경우에 해제하여 주는 경찰상의 행정행위이다.

해설 ① 허가란 법령에 의한 <u>일반적·상대적 금지(부작위의무)</u>를 일정한 경우에 해제하여 금지된 행위를 적법하게 할 수 있도록 하는 행정행위(행정심판법 및 행정소송법상의 "처분")를 말한다. 허가는 강학상의 용어이고 실정법·실무적으로는 허가 이외에 면허·인가·승인 등의 용어가 사용되고 있다. 옳은 설명이다.
② 허가는 일정한 행위를 적법하게 할 수 있는 요건(적법요건)이지 <u>유효요건은 아니다.</u>
③ 허가의 신청 이후 행정처분 이전에 허가기준에 관하여 변경이 있는 경우 <u>허가 여부의 결정은 원칙적으로 처분 당시의 법령과 기준에 따른다</u>: **2004두2974 판결** - 허가 등의 행정처분은 원칙적으로 처분시의 법령과 허가기준에 의하여 처리되어야 하고 허가신청 당시의 기준에 따라야 하는 것은 아니며, 비록 허가신청 후 허가기준이 변경되었다 하더라도 그 허가관청이 허가신청을 수리하고도 정당한 이유 없이 그 처리를 늦추어 그 사이에 허가기준이 변경된 것이 아닌 이상 변경된 허가기준에 따라서 처분을 하여야 한다.
④ 허가는 부작위의무를 해제하는 행정행위이고, 이외 의무(작위·급부·수인의무)를 해제하는 행정행위는 면제이다.

12 다음 중 경찰허가에 대한 설명으로 맞는 것은 모두 몇 개인가?　(2009년 제2차)

> ㉠ 경찰허가는 상대방의 출원에 의하여 행하여지는 게 보통이지만 출원에 의하지 않는 경우도 있다.
> ㉡ 경찰허가는 특정행위를 사실상 적법하게 할 수 있도록 하는 적법요건이자 유효요건이다.
> ㉢ 상대적 금지만 허가의 대상이 되고, 절대적 금지는 허가의 대상이 될 수 없다.
> ㉣ 의사면허, 총포류 제조·판매의 허가, 자동차 운전학원의 허가, 마약취급면허 등은 대인적 허가이다.
> ㉤ 판례에 의하면 허가 여부의 결정 기준은 특별한 사정이 없는 한 원칙적으로 신청 당시의 법령에 의한다.
> ㉥ 기한부 허가의 경우 그 기간이 도래하기 전에 상대방이 갱신을 신청할 경우에는 경찰상 장애발생의 새로운 사유가 없는 한 반드시 허가해야 한다.

① 2개　　　② 3개　　　③ 4개　　　④ 5개

해설 ㉠ ㉢ 옳은 설명이다.

㉠ 허가는 일반적으로 상대방의 신청(출원)을 전제로 하지만, <u>신청을 전제로 하지 않는 직권허가((예: 통행금지의 해제)도 가능하다</u>. 옳은 설명이다.

㉡ 허가는 일반적·상대적으로 금지된 행위를 적법하게 할 수 있도록 하는 <u>적법요건으로서</u> 허가를 요하는 행위를 허가 없이(허가취소 이후 및 정지기간 중 포함) 한 경우 행정상 강제집행의 대상이 되거나 행정벌이 부과될 수는 있지만, 사법상 법률행위의 효력에 영향을 미치지는 않는다(<u>유효요건 또는 효력발생요건X</u>). 틀린 설명이다.

㉢ 금지(부작위의무)는 크게 절대적 금지(예: 인신매매 또는 노예제도), 억제적 금지(예: 마약류의 사용금지), 예방적 금지(예: 무면허운전의 금지)로 구분할 수 있고, <u>억제적 금지의 해제를 예외적 허가(또는 승인)</u>이라고 한다. 절대적 금지는 허가의 대상이 아니다. 상대적 금지는 억제적·예방적 금지를 포함한다는 점에서 옳은 설명이다.

㉣ 대인적 허가는 특정인의 능력·기술 같은 주관적 요소를 심사대상으로 하기 때문에 일신전속적 성격으로 인해 이전이 불가능하고 운전면허나 의사면허 등이 여기에 해당한다. 대물적 허가는 물건의 객관적인 상황을 심사대상으로 하기 때문에 물건의 상황에 변동이 없는 한 이전이 가능하고 자동차검사합격처분이 여기에 해당한다. 혼합적 허가는 사람(의 주관적 요소)과 물건(의 객관적 상황)을 모두 심사대상으로 하는 것으로 원칙적으로 자유로운 이전이 제한되고 관계법령이 정하는 바에 따라 승인이나 신고 등이 필요하며 <u>전당포영업허가나 총포류제조·판매허가</u> 등이 여기에 해당한다. 틀린 설명이다.

㉤ **2004두2974 판결** – <u>허가 등의 행정처분은 원칙적으로 처분시의 법령과 허가기준에 의하여 처리되어야 하고 허가신청 당시의 기준에 따라야 하는 것은 아니며,</u> 비록 허가신청 후 허가기준이 변경되었다 하더라도 그 허가관청이 허가신청을 수리하고도 정당한 이유 없이 그 처리를 늦추어 그 사이에 허가기준이 변경된 것이 아닌 이상 변경된 허가기준에 따라서 처분을 하여야 한다. 틀린 설명이다.

㉥ 행정처분에 그 효력기간이 정해져 있는 그 기간의 경과로 효력이 상실하는 것이 원칙이고 특별한 사정이 없는 이상 종기가 도래하기 이전에 허가 기간의 연장에 관한 신청이 있어야 한다(2005두12404 판결). <u>허가의 갱신은 기존 허가의 효력을 지속시키는 것으로 새로운 허가가 아니고, 상대방이 갱신을 신청하는 경우 반드시 허가를 갱신해야 하는 것은 아니다</u>(**92누4543 판결** – 사행행위를 단속함을 목적으로 제정된 구 복표발행, 현상기타사행행위단속법의 규정에 비추어 보면 사행행위의 허가는 그것이 비록 갱신허가라 하더라도 종전 허가에 붙여진 기한의 연장에 불과하여 관련 법령의 변동이나 위법한 사유가 새로 발생하는 등 사정의 변화가 없는 한 반드시 갱신하여야 하는 것은 아니고 위 법조 소정의 허가요건이나 그 밖에 다른 법령에 저촉되는가의 여부 및 공익 등을 고려하여 허가 여부를 결정하여야 한다고 봄이 상당하다). 틀린 설명이다.

13 다음 중 하자의 승계가 부정되는 경우는? (다툼이 있으면 판례에 의함) (2010년 제2차)

① 대집행절차에 있어서 선행처분인 계고처분의 하자와 후행처분인 대집행영장발부통보처분 간의 경우

② 개별공시지가결정의 위법과 이를 기초로 한 과세처분간의 경우

③ 안경사시험합격무효처분의 하자와 안경사면허취소처분 간의 경우

④ 대학원에서의 수강거부처분의 하자와 수료처분 간의 경우

해설 ① ② ③ 하자의 승계 인정, ④ 하자의 승계 부정. 【경찰상 행정행위(이른바 "경찰처분") 개관】 참조.

14 훈령과 직무명령에 관한 설명 중 옳지 않은 것을 모두 고른 것은? (2019년 제2차)

> ㉠ 직무명령은 직무와 관련 없는 사생활에는 그 효력이 미치지 않는다.
> ㉡ 훈령은 일반적·추상적 사항에 대하여만 발할 수 있으며, 개별적 구체적 사항에 대해서는 발할 수 없다.
> ㉢ 훈령을 발하기 위해서는 법령의 구체적 근거를 요하나, 직무명령은 법령의 구체적 근거가 없이도 발할 수 있다.
> ㉣ 훈령의 종류에는 '협의의 훈령', '지시', '예규', '일일명령' 등이 있으며, 이 중 예규는 반복적 경찰사무의 기준을 제시하기 위하여 발하는 명령을 의미한다.
> ㉤ 훈령은 직무명령을 겸할 수 있으나, 직무명령은 훈령의 성질을 가질 수 없다.

① ㉠ ㉢   ② ㉡ ㉢   ③ ㉢ ㉤   ④ ㉣ ㉤

해설 ㉠ ㉣ ㉤ 옳은 설명이다. 아래의 【훈령과 직무명령】 참조
㉡ 훈령은 원칙적으로 일반적·추상적 사항에 대해서 발하지만, 개별적·구체적 사안에 대해 발할 수 있고 이러한 경우를 "지시"라고 한다.
㉢ 훈령과 직무명령 모두 법령상의 근거가 없어도 발할 수 있다.

분석 훈령 및 직무명령과 관련하여 최근 12년간 독립된 유형의 문제로 5회가 출제되었다는 점에서 다소 중요한 부분에 속하고 향후에도 출제 가능성이 있는 분야입니다. 훈령은 법조의 형식을 가진 행정기관 내부의 직무규칙에 불과하기 때문에 원칙적으로 국민에게는 법적 효력을 갖지 못하는 행정규칙의 한 종류입니다. 훈령의 개념·법적 성격·종류·요건·심사·위반의 효과·경합과 관련된 내용 및 직무명령과 비교하여 같은 점과 다른 점을 정확히 기억하고 있어야 변형된 문제를 해결할 수 있습니다. 관련된 내용은 아래의 표를 참고하세요.

【훈령과 직무명령】

구분	훈령	직무명령
개념	상급관청이 하급관청의 권한 행사를 지휘하기 위해 발하는 명령 – 하급관청에 대한 것: 구성원의 변동에도 영향X	상급공무원(상관)이 직무와 관련하여 하급공무원(부하)에게 발하는 명령 – 공무원 개인에 대한 것: 변동시 효력 상실 – 직무와 무관한 사생활에 대해 발령X (효력X)
성격	행정규칙(원칙: 대내적 효력O / 대외적 효력X) – 감독권의 작용이므로 별도의 법령상 근거 불요 – 훈령은 직무명령의 성격을 가질 수 있음	국가공무원법 제57조(복종의 의무)에 근거한 상관의 직무상 명령권 행사 (별도 법령상 근거 불요) – 직무명령은 훈령의 성격을 가지지 못함
종류	협의 훈령/지시(개별·구체적 사안)/예규/일일명령	
요건	형식적 요건 – 권한 있는 상급관청이 발령할 것 – 하급관청의 권한에 속하는 사항일 것 – 하급관청의 직무상 권한행사에 독립성이 보장되어 있는 사항에 관한 것이 아닐 것 실질적 요건(훈령의 내용) – 1) 적법, 2) 타당(공익 부합), 3) 실현 가능, 4)명백	형식적 요건 – 권한 있는 상관이 발한 것일 것 – 부하공무원의 권한 범위 내 일 것 및 직무상 독립의 범위에 속하는 사항이 아닐 것 – 법령에 의한 형식·절차가 있으면 이를 구비할 것 실질적 요건(직무명령의 내용) – 1) 적법, 2) 타당(공익 부합), 3) 실현 가능, 4) 명백

심사	형식적 요건: 심사할 수 있음 실질적 요건: 심사할 수 없음	명령의 적법성·정당성에 대해 이견이 있을 때에는 이의를 제기할 수 있음
위반 효과	대내적 효력: 징계사유 가능 대외적 효력: (원칙적)없음 → 적법·유효한 　　　　　　　행위	징계사유 가능
경합	상하관계에 있는 상급관청들의 훈령이 상호 모순되는 경우 - 직근상급관청의 훈령에 따름 상급관청이 불명확한 경우 주관쟁의 방법으로 해결	

15 다음 중 훈령에 대한 설명으로 옳은 것은 모두 몇 개인가?　　(2016년 제2차)

> ㉠ 훈령은 구체적인 법령의 근거 없이도 발할 수 있다.
> ㉡ 훈령의 내용은 하급관청의 직무상 독립된 범위에 속하는 사항이여야 한다.
> ㉢ 하급경찰관청의 법적 행위가 훈령에 위반하여 행해진 경우 원칙적으로 위법이 아니며, 그 행위의 효력에는 영향이 없다.
> ㉣ 훈령은 원칙적으로 일반적·추상적 사항에 대해서 발해져야 하지만, 개별적·구체적 사항에 대해서도 발해질 수 있다.

① 1개　　　　② 2개　　　　③ 3개　　　　④ 4개

해설　㉠ ㉢ ㉣ 옳은 설명이다. 【훈령과 직무명령】 참조
　㉡ 훈령의 내용은 하급관청의 직무상 <u>독립된 범위에 속하는 사항이 아니어야</u> 한다.
　㉢ **82누324 판결**: 훈령이란...(중략)...그 사용명칭 여하에 불구하고 <u>공법상의 법률관계 내부에 관한 준칙 등을 정하는데 그치고 대외적으로는 아무런 구속력도 가지는 것이 아니다.</u> 즉, 행정규칙은 원칙적으로 공법상 법률관계 내부에 그 적용이 한정(내부적 효력만 인정)되므로 훈령에 위반한 행위의 경우 대외적 관계에서는 그 어떠한 법적 효과를 발생시키지 않으나(원칙적으로 적법), 당해 공무원은 징계책임을 지게 된다.
　㉣ 훈령에는 협의의 훈령(일반적·추상적 명령), 지시, 예규 및 일일명령이 있고, 상급관청이 하급관청에 대해 개별적·구체적 사안과 관련하여 발하는 명령이 지시다. 따라서 <u>개별적·구체적 사항에 대해 발해질 수 있다.</u>

16 훈령과 직무명령에 관한 다음 설명 중 적절하지 않은 것은 모두 몇 개인가?　　(2012년 제3차)

> ㉠ 훈령은 상급관청이 하급관청의 권한 행사를 일반적으로 감독하기 위해 발하는 명령이고, 기관의 구성원이 변경되면 그 효력에 영향이 있으나, 상급공무원이 하급 공무원에게 발하는 직무명령은 그 직무명령을 수명한 하급공무원이 변경되어도 효력에 영향이 없다.
> ㉡ 훈령의 실질적 요건으로는 훈령권이 있는 상급관청이 발한 것일 것, 하급관청의 권한 내의 사항에 관한 것일 것, 하급관청의 직무상 독립성이 보장되지 않은 사항일 것이 있다.
> ㉢ 훈령은 원칙적으로 일반적·추상적 사항에 대해서 발하지만, 개별적·구체적 사항에 대해서도 발해질 수 있다.
> ㉣ 직무명령은 상급공무원이 직무에 관하여 하급공무원에게 발하는 명령이며, 직무와 관련 없는 사생활에는 효력이 미치지 않는다.

① 1개　　　　② 2개　　　　③ 3개　　　　④ 4개

해설　ⓒ ② 옳은 설명이다. 【훈령과 직무명령】 참조
　　ⓐ 훈령은 상급관청이 하급관청의 권한 행사를 일반적·추상적으로 지휘·감독하기 위해 발하는 명령으로 <u>하급관청에 대한 것</u>이므로 하급관청 구성원의 변동에도 그 효력에는 영향이 없으나, 상급공무원이 하급공무원에게 발하는 직무명령은 당해 <u>공무원 개인에 대한 것</u>으로 직무명령을 수명한 <u>하급공무원이 변동되면 효력을 상실</u>한다. 틀린 설명이다.
　　ⓑ 지문의 내용은 훈령의 형식적 요건에 대한 설명이고, 훈령의 실질적 요건은 적법성, 타당성(공익 부합), 실현가능성 및 명백성이다. 틀린 설명이다.

17 직무명령의 형식적 요건에 해당하지 않은 것은 모두 몇 개인가?　　(2011년 제2차)

> ㉠ 권한 있는 상관이 발한 것
> ㉡ 부하공무원의 직무범위 내의 사항일 것
> ㉢ 실현가능성이 있을 것
> ㉣ 부하공무원의 직무상 독립이 보장된 것이 아닐 것
> ㉤ 그 내용이 법령과 공익에 적합할 것
> ㉥ 법정의 형식이나 절차가 있으면 이를 갖출 것

① 없음　　　② 1개　　　③ 2개　　　④ 3개

해설　【훈령과 직무명령】 참조. ㉠ ㉡ ㉣ ㉥이 직무명령의 형식적 요건이고, ㉢ ㉤이 직무명령의 실질적 요건이다. 실질적 요건으로는 이외에도 명백성이 있다.

18 훈령의 형식적 요건에 대해 바르게 설명한 항목의 개수로 가장 적절한 것은?　　(2009년 제3차)

> ㉠ 상위법규에 저촉되지 않을 것
> ㉡ 하급관청의 권한 내의 사항에 관한 것일 것
> ㉢ 정당한 권한을 가진 상급관청이 발한 것일 것
> ㉣ 하급관청의 직무상 독립성이 보장되어 있는 사항일 것
> ㉤ 적법성·타당성·공익적합성·실현가능성·명백성을 충족할 것

① 1개　　　② 2개　　　③ 3개　　　④ 4개

해설　【훈령과 직무명령】 참조. ㉡ ㉢이 훈령의 형식적 요건이고, ㉤이 훈령의 실질적 요건이다. ㉠ 상위법규에 저촉되지 않을 것은 훈령의 실질적 요건인 "적법성"의 다른 표현이고, ㉣ 하급관청의 직무상 권한 행사에 독립성이 보장되어 있는 사항에 대해서는 훈령을 발할 수 없다.

19 경찰비례의 원칙에 대한 설명으로 가장 적절하지 않은 것은?　　(2020년 제2차)

① 독일에서 경찰법상의 판례를 중심으로 발달하여 왔고 오늘날에는 행정법의 모든 영역에서 적용되는 원칙으로 이해되고 있다.
② 최소침해의 원칙은 협의의 비례원칙이라고도 불린다.
③ 경찰관 직무집행법 제1조 제2항이 명문으로 규정하고 있을 뿐만 아니라 헌법 제37조 제2항으로부터도 도출된다.
④ 적합성, 필요성, 상당성의 원칙으로 이루어져 있다.

해설 【경찰권 발동의 한계 개관】

구분	내용
법령상 한계	경찰활동에 대해 법은 <u>조직규범, 근거규범 및 제약규범</u>으로서의 의미를 가진다. **조직규범** – 경찰활동은 조직규범으로서의 법률(예: 국가경찰과 자치경찰의 조직 및 운영에 관한 법률 제3조 및 경찰관 직무집행법 제2조)에 정해진 임무의 범위 내에서 행해져야 한다. → 경찰관의 행위로 인해 발생한 결과가 국가에게 귀속되기 위한 전제조건 **근거규범** – 국민의 자유와 권리를 제한하는 경찰활동은 반드시 이를 허용하는 작용법적인 수권규정(근거규정)에 근거하여야 한다(헌법 제37조 제2항 – 법률유보의 원칙). **제약규범** – 경찰활동은 법률에 규정된 요건에 해당하는 경우에 한하여 법률이 정한 절차와 방법으로 행해져야 한다(법률우위의 원칙). ※ 국민의 자유와 권리를 제한하는 경찰활동시 법적 근거가 없거나 법률이 정하고 있는 요건·절차·방법을 위반한 경우 위법한 공무집행으로 국가배상법상 손해배상의 문제가 발생한다.
조리상 한계	경찰비례의 원칙 – 경찰활동을 통해 달성하고 하는 목적(국민의 자유·권리 보호 및 사회공공 (과잉금지 원칙)　　의 질서 유지)과 목적 실현에 필요한 수단 사이에 합리적인 비례관계가 유지되어야 한다. 　　　　　　　　 – 경찰관 직무집행법 제1조 제2항에 명시 / 헌법 제37조 제2항에서 도출 　　　　　　　　 ※ 세부 – <u>적합성</u>: 투입된 수단은 목적 달성에 적합한 것 　　　　　　　　　　　　– <u>필요성</u>: 적합한 수단 가운데 가장 침해가 적은 것을 선택(<u>최소침해</u>) 　　　　　　　　　　　　– <u>상당성</u>: 적합하고 필요한 수단일지라도 이를 통해 달성되는 공익보다 침해되는 국민의 자유·권리가 큰 경우 경찰권을 행사X(이른바 "<u>협의의 비례원칙</u>"으로서의 이익형량) 경찰공공의 원칙 – 공공의 안녕과 질서 유지와 관련 없는 사적 관계에 개입해서는 안 된다. 　　　　　　　 ※ 세부 – (사생활·사주소·민사관계) 불간섭의 원칙 경찰책임의 원칙 – 원칙적으로 공공의 안녕·질서에 대한 위험 발생에 대해 원인을 제공한 자(이른바 경찰책임자)에 대해 경찰권을 발동해야 한다(예외: 경찰긴급권). 　　　　　　　 ※ 책임 없는 자에 대한 경찰권 행사로 손실이 발생하거나 경찰책임자라고 해도 그 책임을 넘어서는 손실이 발생한 경우 – <u>손실보상</u>(경찰관 직무집행법 참조) 소극목적의 원칙 – 공공의 안녕과 질서에 대한 위험을 방지·제거하기 위한 (소극적)목적으로 경찰권을 발동해야 한다. 　　　　　　　 ※ 적극적인 복리의 증진을 위해서는 경찰권 발동X(Kreuzberg판결과 연결) 경찰평등의 원칙 – 경찰권 행사에 있어 성별·종교·사회적 신분 등을 이유로 차별을 해서는 안 된다.

분석 　경찰권 발동의 한계와 관련하여 최근 12년간 5회 출제되었고, 헌법상의 원리인 법치주의에 따라 경찰활동은 법률과 분리하여 생각할 수 없다는 점 그리고 최근의 기출 경향에 비추어 향후에도 출제 가능성이 매우 높은 분야입니다. 경찰활동의 많은 부분이 국민의 자유와 권리를 직접적으로 침해하는 성질(예: 경찰관 직무집행법에 규정된 즉시강제인 보호조치, 위험 발생의 방지, 범죄의 예방과 제지, 위험 방지를 위한 출입 및 무기 등의 사용)을 가지므로, 이와 관련하여 경찰권 발동의 한계(법령상 및 조리상 한계)가 논해지고 있고 그 내용을 정확하게 기억하고 이해해야 변형된 문제에 대비할 수 있습니다.

20 경찰책임의 원칙에 관한 설명으로 가장 적절하지 않은 것은?   (2019년 제2차)

① 경찰책임의 원칙이란 경찰위반상태에 책임 있는 자에게만 경찰권이 발동되어야 한다는 원칙을 의미한다.

② 경찰책임의 예외로서 경찰긴급권은 급박성, 보충성 등의 요건이 충족되는 경우 경찰책임자가 아닌 제3자에게 경찰권 발동이 인정되는 경우를 의미한다. 법적 근거는 요하지 않으나, 제3자의 승낙이 있는 경우에 한하여 경찰긴급권의 발동이 허용된다. 다만 이 경우에도 생명·건강 등 제3자의 중대한 법익에 대한 침해는 허용되지 않는다.

③ 경찰책임의 종류에는 행위책임, 상태책임, 복합적 책임이 있다. 먼저 행위책임은 사람의 행위로 인해 경찰위반상태가 발생한 경우를 의미하며, 상태책임은 물건 또는 동물의 소유자·점유자·관리자가 그 지배범위 안에 속하는 물건·동물로 인해 경찰위반상태가 발생한 경우를 의미한다. 마지막으로 복합적 책임은 다수인의 행위책임, 다수의 상태책임 또는 행위·상태 책임이 중복되는 경우를 의미한다.

④ 경찰책임은 사회 공공의 안녕과 질서에 대한 객관적 위험상황이 존재하면 인정되며, 자연인·법인, 고의·과실, 위법성 유무, 의사·행위·책임능력의 유무 등을 불문한다.

해설   ① ③ ④ 옳은 설명이다. 아래의 【경찰책임의 원칙 개관】 참조. 비례의 원칙과 더불어 가장 중요한 조리상 한계이다.

② 경찰책임의 원칙에 대한 예외인 "경찰긴급권"은 목전의 급박한 위해를 제거하는 경우에 한해 법령상의 근거에 따라 행해져야 한다. 이에 대한 일반규정은 없고, 개별 법률에서 규정을 두고 있다.

【경찰책임의 원칙 개관】

의의	경찰작용은 경찰상 위험의 발생 또는 제거에 대해 책임이 있는 자에게만 행해져야 한다는 원칙 – 경찰에게 위험방지를 위한 권한을 부여하면서도 그 대상자를 명확히 규정하고 있지 않은 경우 의미 有 – 법문에 경찰권 발동의 대상자가 명시되어 있다면 경찰책임의 원칙은 적용될 여지X – 위험의 발생에 대한 고의·과실 유무, 위법성 유무, 위험에 대한 인식 여부 등을 불문 – 객관적 위험상황으로 충분하고, 의사능력·행위능력·책임능력, 정당한 권원의 유무 등을 불문	
책임 유형	행위책임	자기 또는 자기의 보호·감독을 받는 자의 행위로 발생하는 위험에 대해 부담하는 책임
	상태책임	물건·공작물·동물 등의 상태로부터 위험이 발생하는 경우 물건 등에 대해 현실적 지배를 하고 있는 자에 대해 지우는 책임 – 위험발생의 원인 불문(제3자의 행위/자연현상/우발적 사고 등)
	복합책임	다수인의 행위책임, 다수인의 상태책임 또는 행위·상태책임이 중복되는 경우
책임 경합	(원칙) 비례의 원칙과 효율성을 고려하여 위험을 가장 신속·효과적으로 제거할 수 있는 책임자에게 발동 – 행위책임과 상태책임이 경합하는 경우 일반적으로 행위책임자에게 경찰권 발동	
예외	긴급하게 위험을 방지하기 위해 경찰책임자가 아닌 제3자에게 경찰권 발동 허용(경찰긴급권) – 요건: 장해가 존재하거나 중대한 위험 임박 + 경찰책임자를 통한 장해제거·위험방지 불가능 or 기대X + 비책임자에 대한 조치가 마지막 수단일 것 + 비책임자가 수인할 수 있는 조치일 것 – 비책임자에 대한 조치는 제3자의 기본권을 침해하므로 반드시 법령상의 근거 필요(개별법에 산재) – 경찰긴급권으로 제3자가 손실을 입은 경우 손실보상해야 함(경찰관 직무집행법에 근거 있음)	

발동 순서	경찰책임의 원칙과 그 예외에 따른 경찰권 발동의 순서 – 경찰책임자를 통한 위험방지 → 경찰의 인적·물적 수단을 통한 위험방지 → 비책임자를 통한 위험방지

21 경찰권 발동의 조리상 한계에 대한 설명으로 가장 적절하지 않은 것은?　　　　(2019년 제1차)

① 경찰비례의 원칙이란 경찰작용에 있어 목적 실현을 위한 수단과 당해 목적 사이에 합리적인 비례관계가 있어야 한다는 원칙이다.

② 경찰비례의 원칙의 내용 중 상당성의 원칙은 경찰권 발동에 따른 이익보다 사인의 피해가 더 큰 경우 경찰권을 발동해서는 안 된다는 원칙으로서 최소침해원칙이라고도 한다.

③ 경찰책임의 원칙이란 경찰권은 경찰위반상태에 책임이 있는 자에게만 발동되어야 한다는 원칙이다.

④ 경찰책임 원칙의 예외로서 긴급한 필요가 있는 경우 경찰책임 있는 자가 아닌 제3자에 대한 경찰권 발동이 허용되는 경우가 있다.

해설　① ③ ④ 옳은 설명이다. 【경찰권 발동의 한계 개관】 및 【경찰책임의 원칙 개관】 참조.
　　② 경찰비례의 원칙은 적합성, 필요성 및 상당성을 그 내용으로 한다(적·필·상). <u>최소침해의 원칙은 경찰상 목적을 달성하는데 적합한 여러 개의 수단 가운데 가장 침해가 적은 수단을 선택해야 한다는 것으로 필요성을 의미한다.</u> 지문의 내용은 경찰상 목적을 달성하는데 적합하고 필요한 수단(최소침해의 수단)이라고 하더라도 이를 통해 달성되는 (공공의 안녕과 질서의 유지라는)공익과 침해되는 사익을 비교하여 후자가 더 큰 경우 경찰권을 발동해서는 안 된다는 것으로 상당성(이른바 협의의 비례원칙 – 이익형량)에 대한 설명이다.

22 다음 중 법과 경찰활동의 관계에 대한 설명으로 가장 적절하지 않은 것은?　　　　(2011년 제1차)

① 어떠한 경찰활동도 경찰활동을 제약하는 법률의 규정에 위반해서는 안 된다는 것을 법률우위의 원칙이라 한다.

② 법률에 일정한 행위를 일정한 요건하에 수행하도록 수권하는 근거규정이 없으면 경찰기관은 자기의 판단에 따라 독창적으로 행위를 할 수 없다는 것을 법률유보의 원칙이라 한다.

③ 경찰기관의 활동은 조직규범으로서 법률에 정해진 범위 내에서 행해져야 한다.

④ 경찰행정의 성문법원으로는 헌법, 법률, 국제조약, 명령, 행정규칙, 조리가 있다.

해설　① ② ③ 법치국가의 원리는 행정의 영역에서 <u>법치행정의 원칙</u>으로 나타난다. 경찰기관은 기본적으로 <u>조직규범으로서의 법률</u>에서 정하고 있는 임무의 범위(국가경찰과 자치경찰의 조직 및 운영에 관한 법률 제3조 및 경찰관 직무집행법 제2조) 내에서 활동한다. 헌법 제37조 제2항(법률유보)에 따라 경찰기관이 헌법상 보장된 국민의 자유와 권리를 제한하는 작용을 하는 경우 이를 허용하는 <u>작용법적인 규정에 근거하여야 하고</u>, 경찰활동을 제약하는 법률의 규정이 있는 경우 <u>법률에 정한 요건·절차·방법이 있다면 여기에 따라야 한다</u>(법률우위의 원칙). 법률유보의 원칙에 의하면 경찰기관이 국민의 자유와 권리를 제한하지 않는 작용을 하는 경우 반드시 (작용법적인)법률상의 근거가 필요한 것은 아니고, 조직규범으로서의 법률에 규정된 임무의 범위에 속하면 가능하다.
　　④ 조리는 불문법원에 해당한다.

23 경찰작용은 국민의 자유와 권리를 제한하고 의무를 부과하는 등 전형적인 침해적 행정작용이므로 경찰권 발동에는 한계가 있다. 특히 경찰은 사회공공의 안녕과 질서유지에 관계가 없는 개인의 사생활 관계에 대해서 경찰권을 발동해서는 아니 된다. 개인행동의 영향이 단지 그 사람의 일신에 그치고 사회공공의 안녕질서유지에 관계가 없는 것에 대해서는 경찰권을 발동하여 함부로 이에 관여하는 것은 허용되지 않는다. 따라서 민사상 법률관계의 형성 · 유지는 사법권의 작용영역으로서 원칙적으로 경찰권의 행사 대상이 아니다. 민사상 법률관계라 할지라도 예외적으로 경찰권의 개입이 허용되는 경우가 있다. 다음 사례 중 경찰권 개입이 가능한 경우로 가장 적절한 것은? (2011년 제2차)

① 경찰관이 범죄행위와 관련된 가해자와 피해자간의 합의를 종용한 경우
② 암표의 매매나 총포 · 도검류의 매매의 경우
③ 경찰관이 사인간의 가옥임대차에 관한 분쟁에 개입하는 경우
④ 경찰관이 민사상의 채권집행에 관여하는 경우

해설 ① ③ ④ 범죄로 인해 발생한 손해와 관련된 합의, 가옥임대차 및 채권집행은 민사관계에 해당하기 때문에 경찰공공의 원칙상 개입해서는 안 된다.
② 공공의 안녕은 "법질서의 불가침"이라는 요소를 포함하므로 경범죄 처벌법 및 총포 · 도검 · 화약류 등의 안전관리에 관한 법률이라는 공법에 대한 위반이 있는 경우 공공의 안녕에 대한 위험이 있어 경찰이 개입할 수 있다.

01 권한의 위임에 대한 설명으로 옳은 것은?

① 위임은 법령상의 근거에 따라 위임관청이 가지는 권한의 전부 또는 일부에 대해 할 수 있다.
② 수임관청은 위임받은 권한을 자신의 책임 아래 위임관청의 명의로 행사한다.
③ 위임관청은 수임관청의 권한 행사에 대해 지휘·감독하고, 위법·부당한 경우 취소·정지할 수 있다.
④ 권한이 이전되더라도 원래 권한의 주체인 위임관청이 법률상 쟁송의 당사자가 된다.

해설 ① 권한의 위임은 위임관청이 법령상 부여된 권한의 일부(전부 또는 주요부분X)를 그 보조기관 또는 하급관청(수임관청)에 이전하여 수임관청의 권한으로 이를 행사하게 하는 것을 말하고, 법령에 규정된 권한이 이전된다는 점에서 법령상의 근거를 요한다.
② 권한이 수임관청에게 이전되기 때문에 수임관청이 자신의 명의와 책임 아래에 권한을 행사한다.
③ 옳은 설명이다.
④ 수임관청이 위임받은 권한을 행사하는 경우 그 법률효과는 수임관청에 귀속(권한의 이전 때문)되므로 수임관청이 법률상 쟁송의 당사자가 된다.

02 권한의 대리에 대한 설명으로 틀린 것은?

① 대리는 피대리관청에게 부여된 권한의 전부 또는 일부를 대리관청이 피대리관청을 위한 것임을 표시하고 자신의 명의로 행사하는 것을 말한다.
② 대리관청이 권한을 행사한 경우 그 법률효과는 원칙적으로 피대리관청에게 귀속되므로 피대리관청이 법률상 쟁송의 당사자가 된다.
③ 임의대리(수권대리)는 피대리관청이 가지는 권한의 일부에 대해서 가능하고, 신임관계에 기초한 것이므로 원칙적으로 복대리는 허용되지 않으며, 피대리관청은 지휘·감독의 권한이 있다.
④ 법정대리는 법정사유 발생시 피대리관청이 가지는 권한의 전부를 대리하고, 신임관계에 기초한 것이 아니므로 복대리가 허용되며, 피대리관청은 지휘·감독의 권한이 있다.

해설 ① ② ③ 옳은 설명이다. ②와 관련하여 대리관청이 대리관계를 밝히지 않고(피대리관청을 위한 것임을 표시X) 자신의 명의로 처분을 한 경우 처분명의자인 대리관청이 원칙적으로 법률상 쟁송의 당사자가 된다.
【2005부4 결정】: "대리권을 수여받은 데 불과하여 그 자신의 명의로는 행정처분을 할 권한이 없는 행정청의 경우 대리관계를 밝힘이 없이 그 자신의 명의로 행정처분을 하였다면 그에 대하여는 처분명의자인 당해 행정청이 항고소송의 피고가 되어야 하는 것이 원칙이지만, 비록 대리관계를 명시적으로 밝히지는 아니하였다 하더라도 처분명의자가 피대리 행정청 산하의 행정기관으로서 실제로 피대리 행정청으로부터 대리권한을 수여받아 피대리 행정청을 대리한다는 의사로 행정처분을 하였고 처분명의자는 물론 그 상대방도 그 행정처분이 피대리 행정청을 대리하여 한 것임을 알고서 이를 받아들인 예외적인 경우에는 피대리 행정청이 피고가 되어야 한다."
④ 법정대리는 법률에 규정된 사유가 발생한 경우 법률에 따라 대리관계가 발생하는 경우로 특별한 규정이 없는 이상 대리관청은 피대리관청의 권한 전부에 대해 대리권을 행사할 수 있고, 원칙적으로 피대리관청은 대리관청을 지휘·감독할 수 없다.

정답 | 01 | ③ | 02 | ④

03 권한의 위임과 대리에 대한 비교설명으로 옳은 것은?

① 행정관청이 가지는 법률상의 권한이 다른 기관에 이전된다는 점에서 위임과 대리는 동일하다.

② 법률상 규정된 권한을 가진 행정관청이 아닌 다른 기관이 권한을 행사한다는 점에서 위임과 대리는 동일하다.

③ 위임과 대리에 의해 발생한 법률효과는 본래 권한을 가지고 있는 행정관청에게 발생한다는 점에서 양자는 동일하다.

④ 임의대리의 경우 원칙적으로 복대리가 허용되지 않는 것과 마찬가지로 수임관청은 위임받은 권한을 다시 위임(이른바 재위임)할 수는 없다.

해설 ① 위임의 경우 권한이 이전되는 반면에 대리는 권한이 이전되지 않는다는 점에서 양자는 구별된다.

② 옳은 설명이다.

③ 권한의 이전 여부에 따라 <u>권한의 행사로 발생한 법률효과의 귀속주체도 달라진다</u>. 권한의 위임의 경우 권한이 이전되기 때문에 <u>법률효과는 수임관청에게 귀속</u>되는 반면에, 권한의 대리의 경우 권한이 이전되는 것은 아니므로 <u>법률효과는 피대리관청에게 귀속</u>된다.

④ 당사자의 신뢰관계를 기초로 하는 임의대리(이른바 수권대리)의 경우 <u>원칙적으로 복대리가 허용되지 않지만</u>, 위임의 경우 법령상의 근거에 따라 이루어지기 때문에 <u>법령상 근거가 있다면 재위임은 당연히 허용</u>된다. 경찰청장의 임용권을 규정하고 있는 "국가경찰과 자치경찰의 조직 및 운영에 관한 법률" 제7조 제3항 및 "경찰공무원 임용령" 제4조에서는 임용권의 재위임을 명시적으로 규정하고 있다.

04 권한 대리·위임의 유사 개념들에 대한 설명으로 틀린 것은?

① 권한의 이양은 권한을 규정하고 있는 법령의 규정을 그대로 두고 원래의 권한 전체를 다른 행정기관으로 그대로 이전한다는 점에서 권한의 위임과 구별된다.

② 대결은 행정관청의 휴가·병가·출장 등의 일시적인 부재 시 보조기관에게 사무에 대한 결재를 맡기는 것으로 내부위임의 한 유형으로 법령상의 근거는 필요하지 않다.

③ 내부위임은 행정관청의 내부적인 사무처리 편의를 도모하기 위하여 그 보조기관·하급행정관청으로 하여금 그 권한을 사실상 행사하게 하는 것을 말한다.

④ 위임전결은 행정관청이 내부적인 사무처리 편의를 도모하기 위하여 일반적으로 경미한 사항에 대한 결재를 그 보조기관에 맡기는 것을 말한다.

해설 ① 권한의 위임의 경우 <u>권한을 정하는 법령의 규정은 그대로 두고 별도의 위임규정에 근거하여 권한이 이전되는</u> 반면에, 권한의 이양의 경우 <u>권한의 귀속을 정하고 있는 법령의 규정 자체를 개정한다</u>는 점에서 차이가 있다(예: 법령을 개정하여 국가사무를 지방자치단체의 고유사무로 변경하는 것).

② ③ ④ 옳은 설명이다. ④와 관련하여 대결은 행정관청(이른바 결재권자)의 일시적인 부재 시에 행해지는 반면에 위임전결은 부재 여부와 상관없이 (미리 정해진) 경미한 사항에 대해 이루어진다는 점에서 구별된다.

05 경찰행정의 실효성 확보수단에 대한 설명으로 가장 옳은 것은?

① 실효성 확보수단은 경찰상 의무를 위반하는 경우 그 이행을 강제하여 경찰행정의 실효성을 달성할 수 있는 경찰강제를 말하고, 경찰강제는 크게 강제집행·즉시강제·경찰벌로 구분할 수 있다.

② 경찰상 강제집행은 경찰상 의무의 존재 및 그 불이행을 전제로 한다는 점에서 의무를 전제하지 않고 직접 실력을 행사하는 즉시강제와 구별된다.

③ 경찰형벌은 경찰상 의무위반에 대한 제재로 개별법상의 통고처분 형식으로 형법에 규정되어 있는 형벌을 부과하는 것을 말한다.

④ 경찰질서벌은 경찰상 의무위반에 대한 제재로 형벌이 아닌 과태료를 부과하는 것으로 그 일반법적 근거는 경찰관 직무집행법에서 규정하고 있다.

해설 ① 경찰행정의 실효성 확보 수단은 크게 경찰강제와 경찰벌로 구분할 수 있다. 경찰강제는 강제집행과 즉시강제로 구분되고, 강제집행은 다시 대집행·집행벌·강제징수·직접강제로 구분된다. 그리고 경찰벌은 과거의 의무위반에 대해 형벌을 부과하는 경찰형벌과 과태료를 부과하는 경찰질서벌로 구분되고, 금전적 제재인 측면에서 경찰상 강제집행인 집행벌과 유사하나, 경찰벌은 과거의 의무위반에 대한 제재로서의 성격을, 집행벌은 장래를 향한 간접적인 의무이행 확보수단이라는 점에서 구별된다.

② 옳은 설명이다.

③ 경찰형벌은 형법에 규정된 형벌을 부과하는 것이므로 원칙적으로 형사소송법 또는 즉결심판에 관한 절차법에 따라 법원이 부과하고, 예외적으로 개별법률(예: 도로교통법 또는 경범죄처벌법)에 따른 통고처분으로 부과할 수 있다.

④ 과태료를 부과하는 일반법적 성격의 법률로 질서위반행위규제법이 있다.

06 경찰상 강제집행에 대한 설명으로 틀린 것은?

① 대집행은 다른 사람이 대신해서 할 수 있는 작위의무의 불이행이 있는 경우 경찰행정청이 스스로 또는 제3자로 하여금 의무의 이행이 있는 것과 같은 상태를 실현하게 한 후 그 비용을 의무자로부터 징수하는 것으로 행정대집행법이 대집행에 대한 일반법의 성격을 가진다.

② 집행벌은 부작위의무 또는 비대체적 작위의무의 불이행이 있는 경우 그 이행을 간접적으로 강제하기 위해 과하는 금전적 제재로 과거의 의무위반에 대한 제재인 경찰형벌과 병과할 수 있고, 의무의 이행시까지 반복적으로 부과할 수도 있다.

③ 직접강제란 경찰상 의무위반에 대한 최후의 수단으로 의무자의 신체·재산에 직접 실력을 행사하여 의무가 이행된 것과 같은 상태를 실현하는 것으로 경찰관 직무집행법이 직접강제에 대한 일반법의 성격을 가진다.

④ 강제징수란 공법상의 금전급부의무를 이행하지 않는 경우 의무자의 재산에 직접 실력을 행사하여 의무가 이행된 것과 같은 상태를 실현하는 것으로 국세징수법이 강제징수에 대한 일반법의 성격을 가진다.

해설 ① ② ④ 옳은 설명이다. 대집행·집행벌·강제징수의 전제가 되는 의무의 유형을 변형하여 오답을 유도할 수 있으므로 정확히 기억하고 있어야 한다.

③ 경찰상 직접강제에 대한 일반법적 성격을 가지는 법률은 없고, 개별법률에 관련된 규정들이 있다. 현재의 경찰관 직무집행법은 경찰상 하명을 통한 의무의 부과와 당해 의무의 불이행시 직접강제 하는 규정을 두고 있지 않기 때문에 경찰상 즉시강제에 대한 일반법적 성격을 가지는 법률이다.

07 경찰상 즉시강제에 대한 설명으로 옳은 것은?

① 경찰상 즉시강제는 권력적 사실행위 및 의무의 불이행을 전제로 한다는 점에서 경찰상 강제 집행과 동일하지만, 긴급성을 요한다는 점에서 이를 요하지 않는 강제집행과 구별된다.

② 경찰상 즉시강제는 행정심판법상의 처분 및 행정소송법상의 처분등에 해당하지 않기 때문에 위법한 즉시강제에 대한 구제는 국가배상법에 따른 손해배상의 문제로 다루어진다.

③ 경찰상 즉시강제에 대한 영장주의의 적용과 관련하여 헌법재판소는 원칙적으로 영장주의가 적용된다는 입장이고, 학설은 영장이 필요하다는 견해와 원칙적으로 필요하지만 예외가 인정 된다는 견해가 대립하고 있다.

④ 경찰상 즉시강제가 적법한 경우 이에 저항하는 행위에 대해서는 형법상의 정당방위가 성립할 여지가 없고, 이로 인해 국민이 생명·신체 또는 재산상 피해를 입은 경우 경찰관 직무집행법 에 따른 손실보상을 받을 수 있다.

해설 ① 즉시강제는 의무를 명할 시간적인 여유가 없거나 성질상 의무를 명하여서는 목적의 달성이 곤란한 경우에 의 무의 불이행을 전제하지 않고 직접 실력을 행사하는 것이다.

② 경찰상 즉시강제는 권력적 사실행위로서 행정쟁송(행정심판과 행정소송)의 대상이 되는 처분에 해당한다. 다만, 즉시강제는 일반적으로 그 실력행사가 단기간에 종료되고, 쟁송의 제기 당시에는 위법한 즉시강제로 인한 결과(자유·권리의 침해)만 남게 되고, 당해 즉시강제가 계속되고 있는 것은 아니기 때문에 일반적으로 쟁송으로 다툴 "소의 이익"이 없어 행정쟁송의 대상이 되지 않을 뿐이다. 하지만 즉시강제가 예외적으로 계속적 성격을 가지는 경우(예: 전염병환자의 강제격리, 정신질환자의 강제입원, 경찰관 직무집행법 제4조 제7호에 따른 "무기·흉기 등 위험을 일으킬 수 있는 것으로 인정되는 물건"의 영치)에는 소의 이익이 있을 수 있다.

③ 학설은 영장필요설과 절충설이 대립하고, 헌법재판소는 원칙적으로 영장주의가 적용되지 않는다는 입장이다.

④ 옳은 설명이다.

08 경찰행정의 실효성 확보수단에 대한 다음 설명으로 옳은 것은 모두 몇 개인가?

ㄱ 경찰상 강제집행은 장래를 향해 경찰상 의무가 이행된 것과 같은 상태를 실현하는 것이라는 점에서 과거의 경찰상 의무위반에 대한 제재의 성격을 가지는 경찰벌과 구별된다.

ㄴ 대집행은 부작위의무 또는 대체적 작위의무의 불이행이 있는 경우에 경찰행정청이 스스로 또는 제3자로 하여금 그 의무의 이행이 있는 것과 같은 상태를 실현하게 한 후 그 비용을 의무자로부터 징수하는 것을 말한다.

ㄷ 경찰상 강제집행인 집행벌(이른바 이행강제금)과 경찰벌은 금전적인 제재라는 점에서 공통되기 때문에 반복적으로 부과할 수 있다.

ㄹ 공법상의 금전급부의무를 이행하지 않는 경우에 의무자의 재산에 직접 실력을 행사하는 강제징수는 독촉과 체납처분(재산의 압류 – 압류재산의 매각 – 청산)으로 이루어진다.

ㅁ 경찰상 강제집행인 직접강제는 의무위반을 전제로 하기 때문에 법령상의 근거가 없는 경우에도 할 수 있다.
---

① 1개 ② 2개 ③ 3개 ④ 4개

해설 ㄱ ㄹ이 옳은 설명이다.

ㄴ 대집행은 대체적 작위의무의 위반을 전제로 한다. 부작위의무 또는 비대체적 작위의무의 위반을 전제로 하는 것은 집행벌이고, 강제징수는 공법상의 금전급부의무의 위반을 전제로 한다. 직접강제의 경우 위반하는 의무의 유형에 제한이 없다는 것이 일반적인 견해이다. 다만, 대체적 작위의무의 위반에 대해 대집행이 가능한 경우 비례의 원칙(필요성 – 침해의 최소성 위반)상 직접강제는 인정되지 않을 수 있다.

ⓒ 강제집행인 집행벌은 장래를 향해 그 의무이행을 간접적으로 강제한다는 점에서 <u>의무이행시까지 계속·반복</u> <u>적으로 부과할 수 있다.</u> 경찰벌은 경찰형벌과 경찰질서벌로 나뉘고, 경찰형벌은 이중처벌금지의 원칙이 적용 된다(헌법 제13조 제1항). 경찰질서벌인 과태료의 경우 그 성질이 형사처벌과 다르다는 것이 판례의 입장(96 도158 판결: 행정법상의 질서벌인 과태료의 부과처분과 형사처벌은 그 성질이나 목적을 달리하는 별개의 것 이므로 행정법상의 질서벌인 과태료를 납부한 후에 형사처벌을 한다고 하여 이를 일사부재리의 원칙에 반하 는 것이라고 할 수는 없으며...하략)이지만, <u>과태료의 부과는 재산권을 침해하는 것으로 법률유보의 원칙(헌법</u> <u>제37조 제2항)에 따라 법률의 근거가 있어야 하고,</u> 과거의 의무위반행위에 대해 반복적으로 과태료를 부과하 는 규정을 두더라도 당해 규정은 헌법상 비례의 원칙에 위반될 가능성이 크다.

ⓜ 국민의 자유와 권리를 제한하는 성격을 가지는 <u>경찰상 강제집행 및 즉시강제는 헌법상 법률유보의 원칙에 따</u> <u>라 법률상의 근거를 요한다.</u>

09 경찰행정법의 법원(法源)에 대한 설명으로 틀린 것은?

① 경찰행정에 관한 법의 존재형식을 의미하고, 법치행정의 원리에 따라 성문법원만 인정되고 불 문법원은 경찰행정에 대한 판단의 근거가 될 수 없다.

② 헌법은 국가의 기본적 통치구조, 국가작용의 기본원칙 및 국민의 자유와 권리를 규정하고 있 는 최고의 법원으로 모든 하위규범을 구속하는 최고의 규범성을 가진다.

③ 헌법에 의하여 체결·공포된 조약과 일반적으로 승인된 국제법규의 내용이 경찰행정과 관련이 있는 경우에는 법원이 된다.

④ 명령은 법률의 규정에 근거하여 행정권에 의해 제정되는 것으로 대통령령·총리령·부령 등의 형식을 가지며, 국민에 대한 관계에서 대외적 효력이 있으므로 위반시 위법의 문제가 발생한다.

> **해설** ① 경찰행정관청의 행위가 형식상 적법하더라도 불문법원인 <u>조리에 반하는 경우 위법한 평가</u>를 받게 된다는 점 에서 불문법원도 경찰행정법의 법원에 해당할 수 있다.
> ② ③ ④ 옳은 설명이다.

10 경찰행정법의 법원(法源)에 대한 설명으로 옳은 것은?

① 행정권에 의해 정립되는 명령은 특별한 규정이 없는 이상 공포일로부터 30일이 경과한 후 효 력이 발생하고, 국민의 권리 제한 또는 의무 부과와 관련되는 경우 원칙적으로 공포일로부터 적어도 60일이 경과한 날부터 시행된다.

② 위임명령은 법률 또는 상위명령의 범위 내에서 그 집행에 관한 세부적 사항을 규정하는 것으 로 새로운 법규사항을 규정할 수 있다.

③ 대법원의 판례는 변경이 허용되기 때문에 법적 구속력을 가지지 못하고, 하급심도 대법원의 판례에 구속되는 것은 아니다.

④ 관습법은 계속적인 관행이 성립되고 그 관행이 법적 확신을 얻어 법적 규율로 여겨지는 것을 말하고, 성문법이 없는 경우 조리에 우선하여 관습법이 적용된다.

> **해설** ① 「**법령 등 공포에 관한 법률**」 제13조 "대통령령, 총리령 및 부령은 특별한 규정이 없으면 공포한 날부터 <u>20일</u> <u>이 경과함으로써 효력을 발생한다.</u>" 및 **제13조의2** "국민의 권리 제한 또는 의무 부과와 직접 관련되는 법률, 대통령령, 총리령 및 부령은 긴급히 시행하여야 할 특별한 사유가 있는 경우를 제외하고는 공포일부터 적어 도 <u>30일이 경과한 날부터</u> 시행되도록 하여야 한다."
> ② <u>위임명령</u>은 법률이나 상위의 명령에 의해 개별적·구체적으로 위임된 사항에 관하여 발하는 명령으로 <u>새로</u>

운 법규사항을 규정할 수 있다. 다만, 법률에서 위임하는 경우에도 위임의 사항·범위를 구체적으로 한정하지 않고, 특정 행정기관에 입법권을 일반적·포괄적으로 위임하는 것은 금지된다(포괄위임금지의 원칙). 이에 비해 집행명령은 법률이나 상위의 명령의 범위 내에서 그 집행에 관한 세부적 사항을 규정하는 것으로 새로운 법규사항을 규정할 수 없다.

③ 옳은 설명이다.

④ 관습법은 성문법 및 조리(법의 일반원칙)가 존재하지 않거나 불완전한 경우에 한해 보충적으로 적용된다.

11 행정입법(行政立法)에 대한 설명으로 틀린 것은?

① 강학상 사용되는 행정입법이란 행정권이 일반적·추상적 규범을 정립하는 것으로 법규명령과 행정규칙이 있다.

② 법규명령은 행정주체와 국민 사이의 관계를 규율한다는 점에서 대외적 효력이 있고, 위반시 위법의 문제가 발생한다.

③ 행정규칙은 행정조직 내부에서 적용하기 위해 제정되는 것으로 원칙적으로 대외적 효력이 없기 때문에 위반하더라도 위법의 문제는 발생하지 않는다.

④ 행정기관은 법규명령과 행정규칙 모두 준수해야 하고, 그 효력이 발생하기 위해서는 공포되어야 한다는 점에서 동일하다.

해설 ① ② ③ 옳은 설명이다. ③과 관련하여 행정규칙은 원칙적으로 대외적 효력이 없고 행정기관만을 구속한다(**97구5413 판결** – 판례는 예외적으로 구속력 인정). 학설은 재량준칙 등 일부 행정규칙의 경우 평등의 원칙을 매개로 하여 대외적 구속력이 있는 것으로 보는 것이 일반적이다. 헌법재판소 견해도 학설과 유사하다.

【90헌마13 결정】: "행정규칙이 법령의 규정에 의하여 행정관청에 법령의 구체적 내용을 보충할 권한을 부여한 경우, 또는 재량권행사의 준칙인 규칙이 그 정한 바에 따라 되풀이 시행되어 행정관행이 이룩되게 되면, 평등의 원칙이나 신뢰보호의 원칙에 따라 행정기관은 그 상대방에 대한 관계에서 그 규칙에 따라야 할 자기구속을 당하게 되고, 그러한 경우에는 대외적인 구속력을 가지게 된다 할 것이다."

④ 공포는 법규명령의 효력발생요건이나, 행정규칙의 효력발생요건은 아니다.

12 경찰상 행정행위에 대한 설명으로 옳은 것은?

① 경찰상 행정행위로 인한 법률효과는 경찰행정관청의 의사표시의 내용 또는 법률이 정한 바에 따라 발생한다.

② 경찰상 하명·허가·면제는 법률의 규정에 따라 법적 효과가 발생하는 준법률행위적 행정행위에 해당한다.

③ 법문언에서 "－할 수 있다"고 규정하는 재량행위를 하지 않은 경우 법률의 위반으로 볼 수 없어 위법의 문제는 발생하지 않는다.

④ 경찰행정관청이 재량행위를 하는 경우에 그 재량권의 행사가 부당한 경우 상대방은 행정심판 및 행정소송을 제기할 수 있다.

해설 ① 옳은 설명이다. 법률행위적 행정행위의 경우 경찰행정관청이 한 의사표시의 내용에 따라 법률효과가 발생하고, 준법률행위적 행정행위의 경우 법률에 규정된 내용에 따라 법률효과가 발생한다.

② 하명·허가·면제는 경찰행정관청이 한 의사표시의 내용에 따라 법률효과가 발생하는 법률행위적 행정행위이다. 인간이 본래 가지는 자연적 자유를 규율하는 명령적 행정행위에 해당하고, 국민의 권리·능력·지위 등의 발생·변경·소멸을 목적으로 하는 형성적 행정행위와 구별된다.

③ 재량행위를 하지 않는 것은 원칙적으로 위법하지 않지만, <u>예외적으로 "재량권이 0으로 수축"되어 기속행위화 되는 경우에는 반드시 행위를 하여야 한다.</u> "−해야 한다"고 규정하고 있는 기속행위를 하지 않은 경우 위법 의 문제가 발생한다.

④ **「행정심판법」 제1조** "이 법은 행정심판 절차를 통하여 행정청의 <u>위법 또는 부당한 처분(處分)</u>이나 부작위(不 作爲)로 침해된 국민의 권리 또는 이익을 구제하고, 아울러 행정의 적정한 운영을 꾀함을 목적으로 한다." **「행정소송법」 제1조** "이 법은 행정소송절차를 통하여 행정청의 <u>위법한 처분</u> 그 밖에 공권력의 행사·불행사 등으로 인한 국민의 권리 또는 이익의 침해를 구제하고, 공법상의 권리관계 또는 법적용에 관한 다툼을 적정 하게 해결함을 목적으로 한다." 행정심판은 행정작용의 위법 뿐만 아니라 부당까지 다툴 수 있으나, 행정소송 은 위법만을 다툴 수 있다. 다만, 재량권을 행사하는 경우라도 재량의 법적·객관적 한계를 넘어서거나(이른 바 재량의 일탈) 재량을 부여한 내재적 목적에 반하는(이른바 재량의 남용) 경우에는 위법의 문제가 발생하여 행정쟁송(행정심판과 행정소송)의 대상이 된다.

13 경찰하명에 대한 설명으로 틀린 것은?

① 경찰하명은 법률행위적 행정행위 가운데 경찰상 목적을 달성하기 위해 일정한 의무를 명하는 명령적 행정행위에 해당한다.
② 경찰하명은 의무의 불이행을 전제로 하는 경찰상 강제집행과 관련이 있는 것으로 즉시강제와 는 관련이 없다.
③ 경찰권 발동으로 인해 자유·권리를 침해 당하는 경우 이를 감수하고 저항하지 않아야 할 의 무를 발생시키는 수인하명을 금지라고 한다.
④ 경찰하명에 의해 부과된 의무를 이행하지 않았다고 하더라도 그 행위의 법적 효력에는 원칙 적으로 영향이 없다.

해설 ① ② ④ 옳은 설명이다.
③ (소극적으로) 어떤 행위를 하지 않아야 하는 의무를 발생시키는 <u>부작위하명을 "금지"</u>라고 한다.

14 경찰허가에 대한 설명으로 가장 옳은 것은?

① 경찰허가는 법령에 의한 일반적·절대적 금지를 일정한 경우에 해제하여 금지된 행위를 적법 하게 할 수 있도록 하는 법률행위적 행정행위를 말한다.
② 경찰허가는 공익 달성의 목적으로 제한되어 있던 본래의 자유를 회복시켜 주는 것으로 허가 의 요건이 구비된 경우 특별한 규정이 없는 한 기속행위 내지 기속재량행위에 해당한다.
③ 경찰허가는 법령에 규정된 허가의 요건을 구비한 상대방의 신청이 있어야만 한다.
④ 상대방의 신청에 따라 경찰허가를 하는 경우 허가 여부의 결정은 신청 당시의 법령과 기준에 의한다.

해설 ① 경찰허가는 법령에 의한 <u>절대적·상대적 금지</u>(부작위의무)를 해제하는 법률행위적 행정행위이다.
② 옳은 설명이다.
③ 경찰허가는 통상 상대방의 신청에 의해 행해지지만, <u>예외적으로 신청 없이도 행해질 수 있다</u>.
④ 원칙적으로 허가의 신청시가 아닌 <u>허가처분 당시의 법령과 기준에 의한다</u>는 것이 판례의 입장이다.

15 경찰허가에 대한 설명으로 틀린 것은?

① 경찰허가는 일반적 · 상대적 부작위의무를 일정한 경우에 해제한다는 점에서 작위의무 · 수인의 무 · 급부의무를 해제하는 경찰면제와 구별된다.

② 경찰허가는 대인적 · 대물적 · 혼합적 허가로 구분되고, 대인적 허가는 타인에게 이전이 불가능하고, 대물적 허가는 이전이 가능하며, 혼합적 허가는 이전이 제한된다.

③ 경찰허가로 금지되었던 본래의 자유가 회복되어 적법하게 행위할 수 있으나, 허가의 대상이 된 금지만을 해제하고 다른 법률에 의한 금지까지 해제하는 것은 아니다.

④ 무허가행위는 경찰상 강제집행 또는 경찰벌의 대상이 되고, 원칙적으로 당해 행위의 법률상 효력은 무효이다.

해설　① ② ③ 옳은 설명이다.

④ 경찰허가는 행위의 <u>적법요건이지 유효요건은 아니므로 무허가행위의 법률상 효력에는 아무런 영향이 없다.</u> 다만, 예외적으로 무허가행위에 대한 제재 이외에 법률에서 당해 행위의 무효를 규정하는 경우가 있다.

16 행정행위의 부관(附款)에 대한 설명으로 옳은 것은?

① 행정행위의 부관이란 행정청에 의해 주된 행정행위에 부가된 종된 규율을 의미하므로 행정청의 의사결정이 아닌 법령에 의해 직접 부가된 법정부관은 여기에 해당하지 않는다.

② 재량행위와 기속행위 모두 행정청의 의사결정에 의해 부관을 붙일 수 있고, 이 경우 부관을 붙일 수 있는 법령상의 근거는 요하지 않는다.

③ 사후부관은 행정행위 상대방의 법적 지위를 명백하게 불안정하게 하는 것으로 판례는 허용되지 않는다는 입장이다.

④ 행정청이 기속행위를 하면서 그 효과를 제한하는 부관을 붙인 경우 당해 부관이 당연히 무효로 되는 것이 아니라 취소할 수 있는 부관에 해당한다.

해설　① 옳은 설명이다.

② 재량행위의 경우 명문의 규정이 없더라도 부관을 붙일 수 있으나, <u>기속행위의 경우</u> 법령상 요건이 구비되는 경우 행정청으로서는 당해 행위를 해야 하므로 <u>법령의 근거 없이 부관을 붙일 수 없다.</u> 다만, 기속행위의 요건 충족을 정지조건으로 하는 부관은 허용된다.

③ **【2008다98006 판결】**: "행정처분이 발하여진 후 새로운 부담을 부가하거나 이미 부가되어 있는 부담의 범위 또는 내용 등을 변경하는 이른바 사후부담은, <u>법률에 명문의 규정이 있거나 그것이 미리 유보되어 있는 경우 또는 상대방의 동의가 있는 경우에 허용되는 것이 원칙이다.</u>"

④ **【94다56883 판결】**: "일반적으로 기속행위나 기속적 재량행위에는 부관을 붙일 수 없고, <u>가사(가령) 부관을 붙였다 하더라도 무효이다.</u>"

17 행정행위 부관(附款)의 종류에 대한 설명으로 틀린 것은?

① 부관인 조건으로 행정행위의 효력발생을 장래의 불확실한 사실에 의존하게 하는 해제조건과 행정행위의 효력소멸을 장래의 불확실한 사실에 의존하게 하는 정지조건이 있다.

② 기한은 행정행위 효력의 발생 또는 소멸을 장래의 확실한 사실에 의존하게 하는 부관을 말한다.

③ 부담은 행정행위의 주된 내용에 부가하여 상대방에게 일정한 의무를 부과하는 부관을 말한다.

④ 철회권의 유보는 장래에 일정한 사유가 있는 경우 행정행위를 철회할 수 있는 권한을 유보한 부관으로 당해 사유가 발생하더라도 철회가 제한 없이 인정되는 것은 아니다.

해설 ① 조건은 행정행위 효력의 발생 또는 소멸을 <u>장래의 불확실한 사실에 의존</u>시킨다는 점에서 장래의 확실한 사실에 의존하게 하는 <u>기한과 구별</u>된다. 조건은 다시 행정행위 효력의 발생을 불확실한 사실에 의존시키는 <u>정지조건</u>과 행정행위 효력의 소멸을 불확실한 사실에 의존시키는 <u>해제조건</u>으로 구분된다.
② ③ ④ 옳은 설명이다.

18 행정행위에 붙인 위법한 부관(附款)의 효력에 대한 설명으로 옳은 것은?

① 부관의 하자가 중대·명백하여 무효인 경우 부관이 주된 행정행위의 본질적인 내용이라고 하더라도 당해 행정행위가 무효로 되는 것은 아니다.
② 행정행위의 부관은 그것이 주된 행정행위에서 분리될 수 있는 성질의 것이라면 종류에 관계없이 독립하여 행정쟁송의 대상이 된다는 것이 판례의 입장이다.
③ 부담 이외의 부관이 있는 행정행위의 경우 당해 부관만의 취소를 구할 수는 없고, 부관부행정행위 전체에 대해 취소를 구해야 한다는 것이 판례의 입장이다.
④ 행정청이 기속행위를 하면서 그 효과를 제한하는 부관을 붙인 경우 당해 부관은 무효이고, 부관이 붙은 주된 행정행위도 부관과 함께 무효가 된다.

해설 ① <u>무효인 부관이 주된 행정행위의 본질적인 내용</u>(무효인 부관을 붙이지 않았다면 당해 행정행위를 하지 않았을 것으로 인정)인 경우 <u>당해 행정행위는 무효</u>라는 것이 통설의 입장이다.
② **【93누2032 판결】**: "<u>행정행위의 부관은 부담의 경우를 제외하고는 독립하여 행정소송의 대상이 될 수 없는 것인바</u>, 지방국토관리청장이 일부 공유수면매립지에 대하여 한 국가 또는 직할시 귀속처분은 매립준공인가를 함에 있어서 매립의 면허를 받은 자의 매립지에 대한 소유권취득을 규정한 공유수면매립법 제14조의 효과 일부를 배제하는 부관을 붙인 것이고, 이러한 행정행위의 부관은 위 법리와 같이 독립하여 행정소송 대상이 될 수 없다." 판례는 부담만 독립하여 행정쟁송의 대상이 될 수 있다고 본다.
③ **【99두509 판결】**에 따른 옳은 설명이다. "행정행위의 부관은 <u>부담인 경우를 제외하고는 독립하여 행정소송의 대상이 될 수 없는바</u>, 기부채납받은 행정재산에 대한 사용·수익허가에서 공유재산의 관리청이 정한 사용·수익허가의 기간은 그 허가의 효력을 제한하기 위한 행정행위의 부관으로서 이러한 사용·수익허가의 기간에 대해서는 독립하여 행정소송을 제기할 수 없다."
④ 본래 <u>기속행위의 경우</u> 법령상의 요건이 충족되면 행정청은 당해 행위를 해야 하기 때문에 원칙적으로 기속행위에는 그 효과를 제한하는 부관을 붙일 수 없고, <u>법령상의 근거 없이 부관이 붙여졌다면 당해 부관만 무효</u>가 된다.

19 행정행위 하자의 승계에 대한 설명으로 틀린 것은?

① 행정행위 하자의 승계 문제는 두 개 이상의 행정행위가 연속해서 행해지고 선행행위에 하자가 있으나 불가쟁력이 생겨 쟁송으로 다툴 수 없는 경우에 후행행위 자체에 하자가 없더라도 선행행위의 하자를 이유로 후행행위의 효력을 다툴 수 있는지에 관한 것이다.
② 판례는 기본적으로 선·후의 행정행위가 결합하여 하나의 법적 효과를 목적으로 하는 경우와 선·후의 행정행위가 서로 독립하여 별개의 법적 효과를 목적으로 하는 경우를 구분하여 판단하고 있고, 전자의 경우 하자의 승계를 인정한다.
③ 판례는 선·후 행정행위가 서로 독립하여 별개의 법적 효과를 목적으로 하는 경우 선행처분의 하자가 중대하고 명백하여 당연무효인 때를 제외하고는 선행처분의 하자를 이유로 후행처분의 효력을 다툴 수 없다고 본다.
④ 판례는 대집행절차에 있어서 선행처분인 계고처분의 하자와 후행처분인 대집행영장발부통보처분 간의 경우, 개별공시지가결정의 위법과 이를 기초로 한 과세처분간의 경우 및 안경사시험합격무효처분의 하자와 안경사면허취소처분 간의 경우에 하자의 승계를 인정하였다.

해설 ① ② ④ 옳은 설명이다. ④는 2010년 제2차 기출에서 하자의 승계가 인정된 판례사례이다.

③ 【93누8542 판결】: "두 개 이상의 행정처분이 연속적으로 행하여지는 경우 선행처분과 후행처분이 서로 결합하여 1개의 법률효과를 완성하는 때에는 선행처분에 하자가 있으면 그 하자는 후행처분에 승계되므로 선행처분에 불가쟁력이 생겨 그 효력을 다툴 수 없게 된 경우에도 선행처분의 하자를 이유로 후행처분의 효력을 다툴 수 있는 반면 선행처분과 후행처분이 서로 독립하여 별개의 법률효과를 목적으로 하는 때에는 선행처분에 불가쟁력이 생겨 그 효력을 다툴 수 없게 된 경우에는 선행처분의 하자가 중대하고 명백하여 당연무효인 경우를 제외하고는 선행처분의 하자를 이유로 후행처분의 효력을 다툴 수 없는 것이 원칙이나 선행처분과 후행처분이 서로 독립하여 별개의 효과를 목적으로 하는 경우에도 <u>선행처분의 불가쟁력이나 구속력이 그로 인하여 불이익을 입게 되는 자에게 수인한도를 넘는 가혹함을 가져오며, 그 결과가 당사자에게 예측가능한 것이 아닌 경우에는</u> 국민의 재판받을 권리를 보장하고 있는 헌법의 이념에 비추어 <u>선행처분의 후행처분에 대한 구속력은 인정될 수 없다.</u>"

20 판례에 의할 때 행정행위 하자의 승계를 인정하지 않은 경우는 모두 몇 개인가?

> ㉠ 건물철거명령과 대집행계고처분 ㉡ 한지의사시험자격결정인정과 한지의사면허처분
> ㉢ 대학원에서의 수강거부처분과 수료처분 ㉣ 공무원 직위해제처분과 직권면직처분
> ㉤ (구)토지수용법상의 사업인정과 토지수용재결

① 1개 ② 2개 ③ 3개 ④ 4개

해설 하자의 승계를 부정한 판례: ㉠ ㉢ ㉣ ㉤

㉠ 【97누20502 판결】: "건물철거명령이 당연무효가 아닌 이상 행정심판이나 소송을 제기하여 그 위법함을 소구하는 절차를 거치지 아니하였다면 위 선행행위인 건물철거명령은 적법한 것으로 확정되었다고 할 것이므로 후행행위인 대집행계고처분에서는 그 건물이 무허가건물이 아닌 적법한 건축물이라는 주장이나 그러한 사실인정을 하지 못한다."

㉡ 【75누123 판결】: "한지의사 자격시험에 응시하기 위한 응시자격인정의 결정을 사위의 방법으로 받은 이상 이에 터잡아 취득한 한지의사면허처분도 면허를 취득할 수 없는 사람이 취득한 하자있는 처분이 된다 할 것이므로 보건사회부장관이 그와 같은 하자있는 처분임을 이유로 원고가 취득한 한지의사 면허를 취소하는 처분을 하였음은 적법하다"

㉢ 【94누477 판결】: "학점제 및 총정원제로 운영되는 대학원의 경우 대학 당국은 석사학위과정의 대학원 학생이 교육법 등 관계법령과 그 대학원의 학칙 및 학사운영규정 등 관계규정에 따른 수업연한 내지 재학년한 동안에 소정의 교과과정을 이수하여 필요한 학점을 취득하면 당해 대학원 학생 개개인의 수료의사 내지 수료신청의 유무에 관계없이 수료를 인정하는 조치를 취할 수 있다고 보아야 할 것이고, '나'항과 같은 수강거부처분으로 인하여 수료 또는 졸업에 필요한 학점을 취득하지 못하여 수료 또는 졸업이 거부되었거나 이로 인하여 다른 불이익 처분을 받았다면 모르되, 이러한 수강거부처분과 상관없이 수료 또는 졸업에 필요한 소정의 학점을 모두 취득하여 수료처분에 필요한 모든 요건이 충족되었다면 대학교 총장으로서는 수료처분을 할 수 있을 것이고, 이 수료처분이 그 전에 행하여진 수강거부처분을 전제로 하고 있는 것이 아니므로, 수강거부처분의 하자가 수료처분에 승계된다고 볼 수 없다."

㉣ 【84누191 판결】: "구 경찰공무원법 제50조 제1항에 의한 직위해제처분과 같은 제3항에 의한 면직처분은 후자가 전자의 처분을 전제로 한 것이기는 하나 각각 단계적으로 별개의 법률효과를 발생하는 행정처분이어서 선행직위해제처분의 위법 사유가 면직처분에는 승계되지 아니한다 할 것이므로 선행된 직위해제처분의 위법사유를 들어 면직처분의 효력을 다툴 수는 없다."

㉤ 【91누2342 판결】: "건설부장관이 택지개발계획을 승인함에 있어서 토지수용법 제15조에 의한 이해관계자의 의견을 듣지 아니하였거나, 같은 법 제16조 제1항 소정의 토지소유자에 대한 통지를 하지 아니한 하자는 중대하고 명백한 것이 아니므로 사업인정 자체가 당연무효라고 할 수 없고, 이러한 하자는 수용재결의 선행처분인 사업인정단계에서 다투어야 할 것이므로 쟁송기간이 도과한 이후에 위와 같은 하자를 이유로 수용재결의 취소를 구할 수 없다."

21 훈령에 대한 설명으로 옳은 것은?

① 훈령은 상급관청이 하급관청의 권한행사를 지휘하기 위해 발하는 명령으로 개별적·구체적 사안에 대해서는 발할 수 없다.

② 훈령의 종류로는 협의의 훈령, 지시, 예규 및 직무명령이 있다.

③ 훈령은 행정규칙으로 원칙적으로 대내적 효력만 인정되고, 감독권의 작용이므로 별도의 법적 근거를 요한다.

④ 상하관계에 있는 상급관청들의 훈령이 상호 모순되는 경우 직근상급관청의 훈령에 따른다.

해설 ① ② 훈령의 종류로는 장기간에 걸쳐 하급관청의 권한행사를 일반적으로 지휘하기 위해 발하는 <u>협의의 훈령</u>, 개별적·구체적 사안에 대해 발하는 <u>지시</u>, 반복적인 행정사무의 기준을 제시하기 위해 발하는 <u>예규</u> 및 당직·출장 등 일일업무에 관하여 발하는 <u>일일명령</u>이 있다. 훈령은 원칙적으로 상급관청이 하급관청의 권한행사를 일반적·추상적으로 지휘하기 위해 발하지만, <u>지시와 같이 개별적·구체적 사안에 대해서도 발할 수 있다.</u>
③ 행정기관 내부에만 적용할 목적으로 제정되는 행정규칙은 <u>원칙적으로 대내적 효력(위반시 위법의 문제X)만</u> 인정되고, 제정에 별도의 법적 근거를 요하지 않는다. 훈령은 행정규칙이므로 법적 근거를 요하지 않는다.
④ 옳은 설명이다. 아울러 상급관청이 불명확한 경우 주관쟁의의 방법으로 해결한다.

22 훈령에 대한 설명으로 틀린 것은?

① 훈령은 하급관청에 대한 것이므로 하급관청 구성원의 변동이 있더라도 그 효력에는 영향이 없다.

② 훈령은 하급관청의 직무상 권한의 행사에 독립성이 보장되어 있는 사항에 대해 발할 수 있다.

③ 훈령의 내용은 적법하고, 공익에 부합하며, 실현가능·명백하여야 한다.

④ 하급관청은 상급관청이 발한 훈령의 형식적 요건에 대해서는 심사할 수 있으나, 실질적 요건에 대해서는 심사할 수 없다.

해설 ① ③ ④ 옳은 설명이다.
② 훈령의 형식적 요건으로 1) 권한 있는 상급관청이 발령할 것, 2) 하급관청의 권한에 속하는 사항일 것, 3) 하급관청의 직무상 권한행사에 독립성이 보장되어 있는 사항에 관한 것이 아닐 것이 있다.

23 직무명령에 대한 설명으로 옳은 것은?

① 직무명령은 상급공무원이 직무와 관련하여 하급공무원에게 발하는 명령으로 이를 받은 하급공무원에 변동이 있는 경우 직무명령은 그 효력을 상실한다.

② 직무명령은 직무와 관련이 없는 사생활에 대해서도 발령할 수 있고, 명령을 받은 하급공무원은 그 적법성·정당성에 대해 이견이 있는 경우 이의를 제기할 수 있다.

③ 직무명령의 발령에는 법령상 근거를 요하지 않으므로 법령에 규정된 형식·절차를 구비하지 않더라도 직무명령은 유효하다.

④ 직무명령은 하급공무원의 직무상 독립의 범위에 속하는 사항에 대해서도 발령할 수 있다.

해설 ① 옳은 설명이다.
② 직무명령은 직무와 관련이 없는 사생활에 대해서는 발령할 수 없고, 발령하더라도 그 효력이 없다.
③ 직무명령과 관련하여 법령에 규정된 형식·절차가 있으면 이를 구비하여야 한다(직무명령의 형식적 요건).

④ 직무명령을 발령하기 위해서는 하급공무원의 권한 범위 내의 것이어야 하고, 직무상 독립의 범위에 속하지 않는 사항에 관한 것이어야 한다(직무명령의 형식적 요건).

24 훈령과 직무명령에 대한 아래의 비교설명 가운데 틀린 것은 모두 몇 개인가?

> ㉠ 훈령은 직무명령의 성격을 가질 수 있지만, 직무명령은 훈령의 성격을 가지지 못한다.
> ㉡ 훈령과 직무명령을 위반한 행위의 경우 국민에 대한 관계에서는 원칙적으로 위법의 문제가 발생하고, 내부적으로는 징계사유가 될 수 있다.
> ㉢ 훈령과 직무명령은 하급관청 또는 하급공무원의 직무상 독립의 범위에 속하는 사항에 대해서는 발할 수 없다.
> ㉣ 훈령과 직무명령은 원칙적으로 권한 없는 상급관청 또는 상급공무원도 발할 수 있다.
> ㉤ 훈령과 직무명령의 내용(이른바 실질적 요건)은 적법하고, 타당(공익 적합)하며, 실현가능·명백하여야 한다.

① 1개   ② 2개   ③ 3개   ④ 4개

해설 ㉠ ㉢ ㉤이 옳은 설명이다.
㉡ 행정기관 내부에 적용할 목적으로 제정된 행정규칙(예: 훈령)이나 상급공무원이 직무에 관하여 하급공무원에게 개별적으로 발하는 직무명령은 당해 행정기관 내부 또는 명을 받은 하급공무원에 대한 관계에서(이른바 대내적으로)만 효력이 있고, 이를 위반한 행위가 국민에 대한 관계에서(이른바 대외적으로) 위법의 문제를 발생시키는 것은 아니다.
㉣ 훈령과 직무명령은 권한 없는 상급관청 또는 상급공무원이 발할 수 없다(형식적 요건).

25 경찰활동과 법의 관계에 대한 〈보기 1〉과 〈보기 2〉의 연결이 가장 적절한 것은?

보기 1

(가) 경찰활동은 법률상 규정된 요건에 해당하는 경우에 한하여 법률이 정하고 있는 절차와 방법으로 행해져야 한다.
(나) 헌법상 보장된 국민의 자유와 권리를 제한하는 경찰활동은 이를 허용하는 법률상의 명문규정이 있어야 한다.
(다) 경찰활동은 법률(국가경찰과 자치경찰의 조직 및 운영에 관한 법률 제3조 및 경찰관 직무집행법 제2조)에서 명시적으로 정하고 있는 임무의 범위 내에서 행해져야 한다.

보기 2

㉠ 근거규범으로서의 법   ㉡ 제약규범으로서의 법   ㉢ 조직규범으로서의 법

	(가)	(나)	(다)			(가)	(나)	(다)
①	㉡	㉠	㉢		②	㉡	㉢	㉠
③	㉠	㉢	㉡		④	㉠	㉡	㉢

해설 (가)는 제약규범으로서의 법(법률우위의 원칙), (나)는 근거규범으로서의 법(법률유보의 원칙), (다)는 조직규범으로서의 법(경찰관의 행위로 인한 결과가 국가에 귀속되기 위한 전제조건)에 관한 내용이다.

26 경찰권 발동의 한계에 대한 설명으로 틀린 것은?

① 국민의 자유와 권리를 제한·침해하는 경찰권의 발동에는 법령상 및 조리상 한계가 준수되어야 적법한 공권력의 행사로 평가된다.

② 국민의 자유와 권리를 제한·침해하는 경찰활동은 법률상의 근거를 요한다는 법률유보의 원칙은 경찰관의 행위로 인해 발생한 결과가 국가에 귀속되기 위한 전제조건이다.

③ 국민의 자유와 권리를 제한·침해하는 경찰활동시 법적 근거가 없거나 법률이 정하고 있는 요건·절차·방법을 위반한 경우 위법한 공무집행으로 인한 국가배상법상의 손해배상 문제가 발생한다.

④ 경찰권의 발동이 법령상 및 조리상의 한계를 준수하였다고 하더라도 이로 인하여 국민이 생명·신체·재산에 손실을 입은 경우 국가는 정당한 보상을 하여야 한다.

해설 ① ③ ④ 옳은 설명이다.
② 국민의 자유·권리를 제한하는 경찰활동은 법률상의 근거를 요한다는 법률유보의 원칙(근거규범으로서의 법)과 경찰활동은 법률에서 정하고 있는 요건에 해당하는 경우에 한해 법률에서 정하고 있는 절차와 방식에 따라서 행해야 한다는 법률우위의 원칙(제약규범으로서의 법)은 경찰관의 행위가 적법한 것으로 평가되기 위한 전제조건이다. 경찰관의 행위로 인해 발생한 결과가 <u>국가의 행위로 평가되어 국가에게 귀속되기 위한 전제조건은 조직규범으로서의 법</u>이다.

27 경찰권 발동의 조리상 한계인 경찰비례의 원칙에 대한 설명으로 옳은 것은?

① 경찰활동을 통해 달성하고자 하는 목적과 그 실현을 위한 수단 사이에 합리적인 비례관계가 유지되어야 한다는 경찰비례의 원칙은 실정법에 규정을 두고 있지 않은 조리상의 한계이다.

② 국민의 자유·권리를 보호하고 사회공공의 질서를 유지하는데 적합하고 가장 침해의 정도가 적은 수단을 사용하면 당해 경찰활동은 경찰비례의 원칙을 준수한 것으로 평가된다.

③ 경찰활동의 목적을 달성하는데 적합한 여러 수단 가운데 가장 침해가 적은 수단을 선택해야 한다는 필요성의 원칙은 이익형량의 원칙이라고도 한다.

④ 경찰비례의 원칙은 독일 경찰법상의 판례를 중심으로 발전하여 오늘날 행정법의 모든 영역에서 적용되는 것으로 이해되며 과잉금지의 원칙이라고도 한다.

해설 ① 「**경찰관 직무집행법**」 **제1조 제2항** "이 법에 규정된 경찰관의 직권은 그 직무 수행에 필요한 최소한도에서 행사되어야 하며 남용되어서는 아니 된다." 경찰관 직무집행법에서 <u>경찰비례의 원칙을 규정</u>하고 있고, 이 원칙은 <u>헌법 제37조 제2항</u>에서 도출되는 헌법상의 원칙이다.
② ③ 경찰비례의 원칙은 세부내용으로 <u>적합성</u>(투입된 수단이 목적 달성에 적합할 것), **필요성**(목적 달성에 적합한 여러 수단이 있는 경우 가장 침해가 적은 수단을 선택할 것 – 이른바 "최소침해의 원칙") 및 <u>상당성</u>(적합하고 필요한 수단이라도 이를 통해 달성하고자 하는 공익보다 침해되는 국민의 자유·권리가 큰 경우 경찰권을 행사하지 않을 것 – 이른바 "협의의 비례원칙=이익형량")을 <u>모두 구비해야 경찰비례의 원칙을 준수한 것으로 평가</u>된다.
④ 옳은 설명이다.

28 경찰권 발동의 조리상 한계에 대한 설명으로 틀린 것은?

① 경찰관은 원칙적으로 공공의 안녕·질서에 대한 위험의 발생에 원인을 제공한 사람에게 경찰권을 발동해야 하고, 예외적으로 그러한 원인을 제공하지 않은 사람에게 경찰권을 발동할 수 있다.

② 경찰관은 공공의 안녕·질서에 대한 위험을 방지·제거하기 위해 경찰권을 발동해야 하고, 적극적인 복리의 증진을 위해 경찰권을 발동할 수는 없다.

③ 경찰관은 경찰권 행사에 있어서 성별·종교·사회적 신분 등을 이유로 차별하여서는 아니 된다는 경찰평등의 원칙은 코헨(Howard Cohen)과 펠드버그(Michael Feldberg)가 제시한 경찰활동의 기준인 공공의 신뢰 확보와 관련이 있다.

④ 경찰관은 공공의 안녕·질서 유지와 관련이 없는 사적 관계에 개입해서는 안 되고, 세부적으로 사생활·사주소·민사관계 불간섭의 원칙이 있다.

해설 ① ② ④ 옳은 설명이다.

③ <u>경찰평등의 원칙</u>은 코헨과 펠드버그가 제시한 5가지 경찰활동의 기준 가운데 경찰활동의 대상에 대한 불합리한 차별을 금지하는 <u>공정한 접근의 보장과 관련</u>이 있다.

29 경찰책임의 원칙에 대한 설명으로 옳은 것은?

① 경찰책임의 원칙은 위험 방지에 필요한 조치의 상대방을 법문에서 명확히 규정하지 않은 경우 뿐만 아니라 그 상대방이 명시되어 있는 경우에도 적용된다.

② 위험의 발생에 원인을 제공한 사람(경찰책임자)에게 경찰권을 발동하는 경우 그에 대한 고의나 과실의 유무 및 위법성의 유무는 불문하지만, 적어도 경찰책임자에게 위험에 대한 인식은 있어야 한다.

③ 경찰책임의 유형 가운데 복합책임은 행위책임과 상태책임이 중복되는 경우를 의미하고, 다수인의 행위책임 또는 다수의 상태책임이 있는 경우는 복합책임에 해당하지 않는다.

④ 행위책임과 상태책임이 경합하는 경우 경찰비례의 원칙과 효율성을 고려하여 위험을 가장 신속·효과적으로 제거할 수 있는 책임자에게 경찰권을 발동해야 하고, 행위책임을 지는 자가 그 대상이 되는 경우가 일반적이다.

해설 ① 경찰권 발동의 조리상 한계인 경찰책임의 원칙은 경찰에게 위험방지의 권한을 부여하면서도 그 대상자를 규정하지 않거나 명확하지 않은 경우에 의미가 있고, <u>법문에서 경찰권 발동의 대상자를 명시적으로 규정하고 있는 경우에는 적용될 여지가 없다.</u>

② 경찰책임의 원칙에 따른 경찰권 발동에 있어서 경찰책임자의 위험에 대한 <u>인식 여부는 불문</u>한다.

③ 복합책임은 행위책임과 상태책임이 경합하는 경우 뿐만 아니라, 다수인의 행위책임이 경합하는 경우 및 다수인이 지배하는 물건 등의 상태책임들이 경합하는 경우도 복합책임에 해당한다.

④ 옳은 설명이다.

30 경찰책임의 원칙과 그 예외인 경찰긴급권에 대한 설명으로 틀린 것은?

① 경찰책임의 원칙에 따른 경찰권 발동의 순서는 경찰책임자를 통한 위험방지 → 비책임자를 통한 위험방지 → 최종적으로 경찰의 인적·물적 수단을 통한 위험방지 순이다.

② 경찰책임자를 통한 위험의 방지가 불가능하거나 기대하기 어렵고 긴급한 필요가 있는 등 일정한 요건이 구비되는 경우 경찰책임자가 아닌 위험과 무관한 제3자에게 경찰권을 발동할 수 있고, 이러한 경우를 경찰긴급권이라고 한다.

③ 경찰긴급권에 따라 위험의 원인에 대해 책임이 없는 사람에게 경찰권을 발동하는 경우 그의 자유와 권리를 침해하게 되므로 반드시 법률상의 근거가 있어야 하고, 이와 관련된 일반법적 성격의 법률은 없고 개개의 법률에 관련된 규정이 산재해 있다.

④ 경찰긴급권에 따른 경찰권 발동으로 위험의 원인에 대해 책임이 없는 사람이 손실을 입은 경우 그 손실을 보상해야 하고, 현행 경찰관 직무집행법은 그에 대한 법적 근거를 규정하고 있다.

해설 ① 경찰긴급권에 따른 경찰권 발동을 위해서는 <u>비책임자에 대한 조치가 마지막 수단</u>이어야 하므로(최후수단성) 경찰권 발동은 "<u>경찰책임자를 통한 위험방지 → 경찰의 인적·물적 수단을 통한 위험방지 → 비책임자를 통한 위험방지</u>" 순으로 이루어진다.

② ③ ④ 옳은 설명이다. ②와 관련하여 경찰긴급권에 따라 경찰권을 발동하기 위해서는 1) 장해의 존재 또는 중대한 위험의 임박(긴급한 필요), 2) 경찰책임자를 통한 장해의 제거 또는 위험의 방지가 불가능하거나 기대불가능, 3) 비책임자에 대한 조치의 최후수단성 및 4) 비책임자가 수인할 수 있는 조치의 요건이 구비되어야 한다.

01 행정권한의 위임 및 위탁에 관한 규정 제2조(정의)에 대한 옳은 설명은 모두 몇 개인가?

> ㉠ "위임"이란 법률에 규정된 행정기관의 장의 권한 중 일부를 다른 행정기관의 장에게 맡겨 그의 권한과 책임 아래 행사하도록 하는 것을 말한다.
> ㉡ "위임기관"이란 자기의 권한을 위임한 해당 행정기관의 장을 말하고, "수임기관"이란 행정기관의 장의 권한을 위임받은 다른 행정기관의 장을 말한다.
> ㉢ "위탁"이란 법률에 규정된 행정기관의 장의 권한 중 일부를 그 보조기관 또는 하급행정기관의 장이나 지방자치단체의 장에게 맡겨 그의 권한과 책임 아래 행사하도록 하는 것을 말한다.
> ㉣ "위탁기관"이란 자기의 권한을 위탁한 해당 행정기관의 장을 말하고, "수탁기관"이란 행정기관의 장의 권한을 위탁받은 하급행정기관의 장 및 지방자치단체의 장을 말한다.
> ㉤ "민간위탁"이란 법률에 규정된 행정기관의 사무 중 일부를 지방자치단체가 아닌 법인·단체 또는 그 기관이나 개인에게 맡겨 그의 명의로 그의 책임 아래 행사하도록 하는 것을 말한다.

① 1개　　　　② 2개　　　　③ 3개　　　　④ 4개

해설 「행정권한의 위임 및 위탁에 관한 규정」 제2조: ㉤만 옳은 설명이다. ㉠ 내지 ㉣의 경우 위임과 위탁, 수임기관과 수탁기관의 개념이 상호 바뀌어 설명되었다.

> ㉠ "위임"이란 법률에 규정된 행정기관의 장의 권한 중 일부를 그 보조기관 또는 하급행정기관의 장이나 지방자치단체의 장에게 맡겨 그의 권한과 책임 아래 행사하도록 하는 것을 말한다.
> ㉡ "수임기관"이란 행정기관의 장의 권한을 위임받은 하급행정기관의 장 및 지방자치단체의 장을 말한다.
> ㉢ "위탁"이란 법률에 규정된 행정기관의 장의 권한 중 일부를 다른 행정기관의 장에게 맡겨 그의 권한과 책임 아래 행사하도록 하는 것을 말한다.
> ㉣ "수탁기관"이란 행정기관의 권한을 위탁받은 다른 행정기관의 장과 사무를 위탁받은 지방자치단체가 아닌 법인·단체 또는 그 기관이나 개인을 말한다.

02 행정권한의 위임 및 위탁에 관한 규정에 대한 설명으로 옳은 것은?

① 위임 및 위탁기관은 수임 및 수탁기관의 수임 및 수탁사무 처리에 대하여 지휘·감독하고, 그 처리가 위법하거나 부당하다고 인정될 때에는 이를 취소하거나 정지시켜야 한다.

② 수임 및 수탁사무의 처리에 관하여 위임 및 위탁기관은 수임 및 수탁기관에 대하여 사전승인을 받거나 협의를 할 것을 요구할 수 있다.

③ 수임 및 수탁사무에 관한 권한을 행사할 때에는 위임 및 위탁기관의 명의로 하여야 한다.

④ 경찰청 소관 사항의 경우 하급 행정기관에 대한 일부 권한의 위임만을 규정하고 있고, 지방자치단체의 장에 대한 위임 또는 민간위탁에 대한 규정을 두고 있지 않다.

해설 ① 「행정권한의 위임 및 위탁에 관한 규정」 제6조 "위임 및 위탁기관은 수임 및 수탁기관의 수임 및 수탁사무 처리에 대하여 지휘·감독하고, 그 처리가 위법하거나 부당하다고 인정될 때에는 이를 취소하거나 정지시킬 수 있다."

② 「행정권한의 위임 및 위탁에 관한 규정」 제7조 "수임 및 수탁사무의 처리에 관하여 위임 및 위탁기관은 수임 및 수탁기관에 대하여 사전승인을 받거나 협의를 할 것을 요구할 수 없다."

③ 「**행정권한의 위임 및 위탁에 관한 규정**」 **제8조 제2항** "수임 및 수탁사무에 관한 권한을 행사할 때에는 수임 및 수탁기관의 명의로 하여야 한다."

④ 「**행정권한의 위임 및 위탁에 관한 규정**」은 경찰청 소관 사항에 대해 경찰청장이 하급 행정기관인 시·도경찰청장, 경찰대학장, 경찰인재개발원장, 중앙경찰학교장 및 경찰수사연수원장에게 일부 권한을 위임하는 규정 (제28조)을 두고 있을 뿐이고, <u>민간위탁을 규정하고 있는 제43조 이하에서는 경찰청의 소관에 대한 규정이 없다.</u>

03 행정권한의 위임 및 위탁에 관한 규정에 대한 설명으로 틀린 것은?

① "위임"이란 법률에 규정된 행정기관의 장의 권한 중 일부를 그 보조기관 또는 하급행정기관의 장이나 지방자치단체의 장에게 맡겨 그의 권한과 책임 아래 행사하도록 하는 것을 말한다.

② 수임 및 수탁사무의 처리에 관한 책임은 수임 및 수탁기관에 있으며, 위임 및 위탁기관의 장은 그에 대한 감독책임을 진다.

③ 경찰청장은 시·도경찰청장, 경찰대학장, 경찰인재개발원장, 중앙경찰학교장 및 경찰수사연수원장에게 해당 소속기관의 5급 및 6급 공무원의 전보권과 7급 이하 공무원의 임용권을 각각 위임한다.

④ 위임 및 위탁기관은 위임 및 위탁사무 처리의 적정성을 확보하기 위하여 필요한 경우에는 수임 및 수탁기관의 수임 및 수탁사무 처리 상황을 수시로 감사할 수 있다.

해설 ① 「**행정권한의 위임 및 위탁에 관한 규정**」 **제2조 제1호**, ② **제8조 제1항**, ④ **제9조**

③ 「**행정권한의 위임 및 위탁에 관한 규정**」 **제28조 제2항** "경찰청장은 시·도경찰청장, 경찰대학장, 경찰인재개발원장, 중앙경찰학교장 및 경찰수사연수원장에게 해당 <u>소속기관의 4급 및 5급 공무원의 전보권과 6급 이하 공무원의 임용권을 각각 위임한다.</u>"

01 행정소송법상 "행정심판과의 관계(제18조)"에 대한 설명으로 옳은 것은?

① 다른 법률에 당해 처분에 대한 행정심판의 재결을 거치지 아니하면 취소소송을 제기할 수 없다는 규정이 있더라도 처분을 행한 행정청이 행정심판을 거칠 필요가 없다고 잘못 알린 때에는 행정심판의 재결을 거치지 아니하고 취소소송을 제기할 수 있다.

② 다른 법률에 당해 처분에 대한 행정심판의 재결을 거치지 아니하면 취소소송을 제기할 수 없다는 규정이 있더라도 처분의 집행 또는 절차의 속행으로 생길 중대한 손해를 예방하여야 할 긴급한 필요가 있는 때에는 행정심판을 제기함이 없이 취소소송을 제기할 수 있다.

③ 취소소송은 법령의 규정에 의하여 당해 처분에 대한 행정심판을 제기할 수 있는 경우에 원칙적으로 이를 거치지 아니하고 제기할 수 있다.

④ 다른 법률에 당해 처분에 대한 행정심판의 재결을 거치지 아니하면 취소소송을 제기할 수 없다는 규정이 있더라도 법령의 규정에 의한 행정심판기관이 의결 또는 재결을 하지 못할 사유가 있는 때에는 행정심판을 제기함이 없이 취소소송을 제기할 수 있다.

해설 ①「**행정소송법」 제18조 제3항 제4호** "제1항 단서의 경우에 다음 각호의 1에 해당하는 사유가 있는 때에는 행정심판을 제기함이 없이 취소소송을 제기할 수 있다. 1. 동종사건에 관하여 이미 행정심판의 기각재결이 있은 때, 2. 서로 내용상 관련되는 처분 또는 같은 목적을 위하여 단계적으로 진행되는 처분중 어느 하나가 이미 행정심판의 재결을 거친 때, 3. 행정청이 사실심의 변론종결후 소송의 대상인 처분을 변경하여 당해 변경된 처분에 관하여 소를 제기하는 때, 4. 처분을 행한 행정청이 행정심판을 거칠 필요가 없다고 잘못 알린 때"

②「**행정소송법」 제18조 제2항 제2호** "제1항 단서의 경우에도 다음 각호의 1에 해당하는 사유가 있는 때에는 행정심판의 재결을 거치지 아니하고 취소소송을 제기할 수 있다. 1. 행정심판청구가 있은 날로부터 60일이 지나도 재결이 없는 때, 2. 처분의 집행 또는 절차의 속행으로 생길 중대한 손해를 예방하여야 할 긴급한 필요가 있는 때, 3. 법령의 규정에 의한 행정심판기관이 의결 또는 재결을 하지 못할 사유가 있는 때, 4. 그 밖의 정당한 사유가 있는 때"

③「**행정소송법」 제18조 제1항 본문**

④「**행정소송법」 제18조 제2항 제3호 참조** 행정심판의 재결을 거치지 아니하고 취소소송을 제기할 수 있다. 행정심판의 재결을 거치지 아니하고 취소소송을 제기할 수 있는 경우(제2항)와 행정심판을 제기하지 않고 취소소송을 제기할 수 있는 경우(제3항)를 구별해서 규정하고 있다.

02 행정소송법상 "행정심판과의 관계(제18조)"에 따라 다른 법률에 당해 처분에 대한 행정심판의 재결을 거치지 아니하면 취소소송을 제기할 수 없다는 규정이 있더라도 행정심판의 재결을 거치지 아니하고 취소소송을 제기할 수 있는 경우는?

① 처분의 집행 또는 절차의 속행으로 생길 중대한 손해를 예방하여야 할 긴급한 필요가 있는 때

② 행정청이 사실심의 변론종결후 소송의 대상인 처분을 변경하여 당해 변경된 처분에 관하여 소를 제기하는 때

③ 동종사건에 관하여 이미 행정심판의 기각재결이 있은 때

④ 서로 내용상 관련되는 처분 또는 같은 목적을 위하여 단계적으로 진행되는 처분중 어느 하나가 이미 행정심판의 재결을 거친 때

해설 「**행정소송법」 제18조 제2항:** 행정심판의 재결을 거치지 아니하고 취소소송을 제기할 수 있는 경우와 행정심판

<u>을 제기함</u>이 없이 취소소송을 제기할 수 있는 경우(제18조 제3항)를 구분하여 기억해야 유형별 사유의 개수를 고르는 문제에 대비할 수 있다.

행정심판의 재결을 거치지 아니하고 취소소송을 제기할 수 있는 경우 (제18조 제2항)	1. 행정심판청구가 있은 날로부터 <u>60일이 지나도 재결이 없는 때</u> 2. 처분의 집행 또는 절차의 속행으로 생길 중대한 손해를 예방하여야 할 긴급한 필요가 있는 때 3. 법령의 규정에 의한 행정심판기관이 <u>의결 또는 재결을 하지 못할 사유가 있는 때</u> 4. <u>그 밖의 정당한 사유가 있는 때</u>
행정심판을 제기함이 없이 취소소송을 제기할 수 있는 경우 (제18조 제3항)	1. 동종사건에 관하여 <u>이미 행정심판의 기각재결이 있은 때</u> 2. 서로 내용상 관련되는 처분 또는 같은 목적을 위하여 단계적으로 진행되는 처분 중 <u>어느 하나가 이미 행정심판의 재결을 거친 때</u> 3. 행정청이 사실심의 변론종결후 소송의 대상인 처분을 변경하여 당해 <u>변경된 처분</u>에 관하여 소를 제기하는 때 4. 처분을 행한 행정청이 <u>행정심판을 거칠 필요가 없다고 잘못 알린 때</u>

03 행정소송법상 "집행정지(제23조)"에 대한 설명으로 틀린 것은?

① 취소소송의 제기는 처분등의 효력이나 그 집행 또는 절차의 속행에 영향을 주지 아니한다.
② 집행정지는 공공복리에 중대한 영향을 미칠 우려가 있을 때에는 허용되지 아니한다.
③ 집행정지의 결정 또는 기각의 결정에 대하여는 즉시항고할 수 있고, 집행정지의 결정에 대한 즉시항고에는 결정의 집행을 정지하는 효력이 없다.
④ 취소소송이 제기된 경우에 처분등이나 그 집행 또는 절차의 속행으로 인하여 생길 회복하기 어려운 손해를 예방하기 위하여 긴급한 필요가 있다고 인정할 때에는 본안이 계속되고 있는 법원은 당사자의 신청이 있는 경우에 한하여 처분등의 효력이나 그 집행 또는 절차의 속행의 전부 또는 일부의 정지를 결정할 수 있다.

해설 ① 「**행정소송법**」 **제23조 제1항**, ② **제23조 제3항**, ③ **제23조 제5항**
④ 「**행정소송법**」 **제23조 제2항 본문** "취소소송이 제기된 경우에 처분등이나 그 집행 또는 절차의 속행으로 인하여 생길 회복하기 어려운 손해를 예방하기 위하여 긴급한 필요가 있다고 인정할 때에는 본안이 계속되고 있는 법원은 **당사자의 신청 또는 직권**에 의하여 처분등의 효력이나 그 집행 또는 절차의 속행의 전부 또는 일부의 정지(이하 "**執行停止**"라 한다)를 결정할 수 있다. 다만, 처분의 효력정지는 처분등의 집행 또는 절차의 속행을 정지함으로써 목적을 달성할 수 있는 경우에는 허용되지 아니한다."

04 국가배상법에 대한 설명으로 옳은 것은?

① 국가나 지방자치단체의 손실보상의 책임과 그 절차를 규정함을 목적으로 한다.
② 경찰공무원이 전투·훈련 등 직무 집행과 관련하여 전사·순직하거나 공상을 입은 경우에 본인이나 그 유족이 다른 법령에 따라 재해보상금·유족연금·상이연금 등의 보상을 지급받을 수 있을 때에는 국가배상법 및 민법에 따른 손해배상을 청구할 수 없다.
③ 국가나 지방자치단체는 공무원 또는 공무를 위탁받은 사인이 직무를 집행하면서 고의 또는 과실로 법령을 위반하여 타인에게 손해를 입힌 경우 국가배상법에 따라 그 손해를 배상하여야 하고, 공무원에게 고의·과실이 있으면 국가나 지방자치단체는 그 공무원에게 구상할 수 있다.
④ 국가배상법에 따른 손해배상 소송은 배상심의회에 배상신청을 하지 아니하면 제기할 수 없다.

해설 ① 「**국가배상법**」 **제1조** "이 법은 국가나 지방자치단체의 손해배상(損害賠償)의 책임과 배상절차를 규정함을 목적으로 한다." 손해배상은 위법한 직무집행으로 발생한 손해를 전제로 한다는 점에서 적법한 직무집행으로 발생한 손실을 전보해주는 손실보상과 명백하게 구별된다. 경찰관 직무집행법은 손실보상에 대한 규정을 두고 있고, 국가배상법은 손실보상에 대해 규율하고 있지 않다.
② 「**국가배상법**」 **제2조 제1항 단서**
③ 「**국가배상법**」 **제2조 제1항 · 제2항** "제1항 본문의 경우에 공무원에게 고의 또는 중대한 과실이 있으면 국가나 지방자치단체는 그 공무원에게 구상(求償)할 수 있다." 경과실의 경우 구상할 수 없다.
④ 「**국가배상법**」 **제9조** "이 법에 따른 손해배상의 소송은 배상심의회(이하 "심의회"라 한다)에 배상신청을 하지 아니하고도 제기할 수 있다."

05 국가배상법에 대한 설명으로 틀린 것은?

① 도로 · 하천, 그 밖의 공공의 영조물의 설치나 관리에 하자가 있기 때문에 타인에게 손해를 발생하게 하였을 때에는 국가나 지방자치단체는 그 손해를 배상하여야 하고, 손해의 원인에 대하여 책임을 질 자가 따로 있더라도 국가나 지방자치단체는 그 자에게 구상할 수 없다.
② 국가나 지방자치단체가 손해를 배상할 책임이 있는 경우에 공무원의 선임 · 감독 또는 영조물의 설치 · 관리를 맡은 자와 공무원의 봉급 · 급여, 그 밖의 비용 또는 영조물의 설치 · 관리 비용을 부담하는 자가 동일하지 아니하면 그 비용을 부담하는 자도 손해를 배상하여야 한다.
③ 외국인이 피해자인 경우 국가배상법은 해당 국가와 상호 보증이 있을 때에만 적용한다.
④ 생명 · 신체의 침해로 인한 국가배상을 받을 권리는 양도하거나 압류하지 못한다.

해설 ① 「**국가배상법**」 **제5조** "① 도로 · 하천, 그 밖의 공공의 영조물(營造物)의 설치나 관리에 하자(瑕疵)가 있기 때문에 타인에게 손해를 발생하게 하였을 때에는 국가나 지방자치단체는 그 손해를 배상하여야 한다. 이 경우 제2조제1항 단서, 제3조 및 제3조의2를 준용한다. ② 제1항을 적용할 때 손해의 원인에 대하여 책임을 질 자가 따로 있으면 국가나 지방자치단체는 그 자에게 구상할 수 있다."
② 「**국가배상법**」 **제6조 제1항**, ③ **제7조**, ④ **제4조**

01 「국가경찰과 자치경찰의 조직 및 운영에 관한 법률」에 대한 내용으로 가장 적절하지 않은 것은?
(2018년 제2차/2015년 제3차 – 현행법 반영 수정)

① 이 법은 경찰의 민주적인 관리·운영과 효율적인 임무수행을 위하여 경찰의 기본조직 및 직무 범위와 그 밖에 필요한 사항을 규정함을 목적으로 한다.

② 경찰의 사무를 지역적으로 분담하여 수행하게 하기 위하여 특별시·광역시·특별자치시·도·특별자치도(이하 "시·도"라 한다)에 시·도경찰청을 두고, 시·도경찰청장 소속으로 경찰서를 둔다. 이 경우 인구, 행정구역, 면적, 지리적 특성, 교통 및 그 밖의 조건을 고려하여 시·도에 2개의 시·도경찰청을 둘 수 있다.

③ 경찰청장은 행정안전부장관의 동의를 받아 국무총리의 제청으로 대통령이 임명한다. 이 경우 국회의 인사청문을 거쳐야 한다.

④ 경찰청장의 임기는 2년으로 하고, 중임할 수 없다.

> **해설** ① 「국가경찰과 자치경찰의 조직 및 운영에 관한 법률」 제1조, ② 제13조, ④ 제14조 제4항
> ③ 「국가경찰과 자치경찰의 조직 및 운영에 관한 법률」 제14조 제2항 "경찰청장은 국가경찰위원회의 동의를 받아 행정안전부장관의 제청으로 국무총리를 거쳐 대통령이 임명한다. 이 경우 국회의 인사청문을 거쳐야 한다." 국가경찰위원회의 동의를 받아야 한다.

> **분석**
> 2015년 제3차에서 동일유형으로 출제되었고, 개정된 법률의 조문을 정확히 알고 있는지를 묻는 문제입니다. 경찰법이 국가경찰과 자치경찰의 조직 및 운영에 관한 법률로 변경되었고, 전면 개정이 이루어진 만큼 신설 규정과 개정 규정을 정확히 알고 있는지 확인하는 수준에서 출제가 예상되고, 문구 또는 숫자를 변경하여 오답을 유도하는 문제에 유의해야 합니다.

02 「국가경찰과 자치경찰의 조직 및 운영에 관한 법률」상 국가경찰위원회에 대한 설명으로 가장 적절하지 않은 것은?
(2018년 제3차 – 현행법 반영 수정)

① 위원의 임기는 3년으로 하며, 연임할 수 없다.

② 경찰, 검찰, 법관, 국가정보원 직원 또는 군인의 직에서 퇴직한 날로부터 3년이 지나지 아니한 사람은 위원이 될 수 없다.

③ 위원은 중대한 신체상 또는 정신상의 장애로 직무를 수행할 수 없게 된 경우를 제외하고는 그 의사에 반하여 면직되지 아니한다.

④ 심의·의결사항에는 국가경찰사무 외에 다른 국가기관으로부터의 업무협조 요청에 관한 사항도 포함된다.

> **해설** ① 「국가경찰과 자치경찰의 조직 및 운영에 관한 법률」 제9조 제1항, ③ 제9조 제2항, ④ 제10조 제1항 제4호
> ①과 관련하여 보궐위원의 임기는 전임자 임기의 남은 기간으로 한다.
> ② 「국가경찰과 자치경찰의 조직 및 운영에 관한 법률」 제8조 제5항 제3호 "다음 각 호의 어느 하나에 해당하는 사람은 위원이 될 수 없으며, 위원이 다음 각 호의 어느 하나에 해당하는 경우에는 당연퇴직한다. 3. 경찰, 검찰, 국가정보원 직원 또는 군인의 직에 있거나 그 직에서 퇴직한 날부터 3년이 지나지 아니한 사람" 법관은

정답 01 ③ 02 ②

국가경찰위원회 위원의 결격사유에 포함되지 않는다.

분석 국가경찰위원회는 최근 12년간 제8조 제6항(국가공무원법의 준용)을 제외하고 독립된 문제로 9회가 출제되었고, 국가경찰과 자치경찰의 조직 및 운영에 관한 법률의 다른 조문들과 결합된 유형으로도 다수 출제가 되었기 때문에 제7조 내지 제11조의 전체적인 조문 내용 및 국가경찰위원회규정 제2조(위원장)·제6조(재의 요구)·제7조(회의)에 유의해야 합니다. <u>위원의 임기 및 신분보장, 위원의 임명 및 결격사유, 위원회의 심의·의결사항</u> 중심으로 기억하고, 국가경찰위원회 위원에 대한 국가공무원법의 준용과 관련하여 <u>제60조(비밀 엄수의 의무)</u>와 <u>제65조(정치 운동의 금지)</u>만 적용되므로 다른 국가공무원법상의 의무는 국가경찰위원회 위원에게 적용되지 않음에 유의하기 바랍니다.

03 「국가경찰과 자치경찰의 조직 및 운영에 관한 법률」상 국가경찰위원회에 대한 규정이다. 아래 ㉠부터 ㉣까지의 설명 중 옳고 그름의 표시(O, X)가 바르게 된 것은?
(2017년 제1차 – 현행법 반영 수정)

> ㉠ 국가경찰위원회는 위원장 1명을 포함한 7명의 위원으로 구성하되, 위원장 및 5명의 위원은 상임으로 하고, 1명의 위원은 비상임으로 한다.
> ㉡ 위원 중 3명은 법관의 자격이 있는 사람이어야 한다.
> ㉢ 위원은 행정안전부장관의 제청으로 국무총리를 거쳐 대통령이 임명한다.
> ㉣ 위원의 임기는 3년으로 하며, 연임할 수 있다. 이 경우 보궐위원의 임기는 전임자 임기의 남은 기간으로 한다.

① ㉠ (X) ㉡ (X) ㉢ (O) ㉣ (X)   ② ㉠ (O) ㉡ (X) ㉢ (X) ㉣ (O)
③ ㉠ (X) ㉡ (O) ㉢ (O) ㉣ (O)   ④ ㉠ (O) ㉡ (O) ㉢ (X) ㉣ (X)

해설 ㉢ 옳은 설명이다. 행정안전부장관은 위원 임명을 제청할 때 경찰의 정치적 중립이 보장되도록 하여야 한다.
　　㉠ 「국가경찰과 자치경찰의 조직 및 운영에 관한 법률」 제7조 제2항 "국가경찰위원회는 위원장 1명을 포함한 7명의 위원으로 구성하되, <u>위원장 및 5명의 위원은 비상임(非常任)</u>으로 하고, <u>1명의 위원은 상임(常任)</u>으로 한다."
　　㉡ 「국가경찰과 자치경찰의 조직 및 운영에 관한 법률」 제8조 제3항 "위원 중 <u>2명은 법관의 자격</u>이 있는 사람이어야 한다."
　　㉣ 「국가경찰과 자치경찰의 조직 및 운영에 관한 법률」 제9조 제1항 "위원의 임기는 3년으로 하며, <u>연임(連任)할 수 없다</u>. 이 경우 보궐위원의 임기는 전임자 임기의 남은 기간으로 한다."

04 「국가경찰과 자치경찰의 조직 및 운영에 관한 법률」상 국가경찰위원회에 대한 설명으로 가장 적절한 것은?
(2017년 제2차 – 현행법 반영 수정)

① 국가경찰위원회는 경찰의 민주주의와 정치적 중립성을 보장하기 위하여 경찰청에 설치한 독립적 심의·의결기구이다.
② 국가경찰위원회는 위원장 1명을 포함한 7명의 위원으로 구성되며 위원장 및 1명의 위원은 상임으로 하고, 5명의 위원은 비상임으로 한다.
③ 국가경찰사무 담당 공무원의 부패 방지와 청렴도 향상에 관한 주요 정책사항은 국가경찰위원회의 심의·의결을 거쳐야 한다.
④ 국가경찰위원회의 회의는 재적위원 과반수의 출석과 재적위원 과반수의 찬성으로 의결한다.

해설 ① 「국가경찰과 자치경찰의 조직 및 운영에 관한 법률」 제7조 제1항 "국가경찰행정에 관하여 제10조 제1항 각 호의 사항을 심의·의결하기 위하여 <u>행정안전부에 국가경찰위원회를 둔다</u>."

② 「**국가경찰과 자치경찰의 조직 및 운영에 관한 법률**」 제7조 제2항 "국가경찰위원회는 위원장 1명을 포함한 7명의 위원으로 구성하되, 위원장 및 5명의 위원은 비상임(非常任)으로 하고, 1명의 위원은 상임(常任)으로 한다."

③ 「**국가경찰과 자치경찰의 조직 및 운영에 관한 법률**」 제10조 제1항 제3호

④ 「**국가경찰과 자치경찰의 조직 및 운영에 관한 법률**」 제11조 제2항 "국가경찰위원회의 회의는 재적위원 과반수의 출석과 출석위원 과반수의 찬성으로 의결한다."

05 「국가경찰과 자치경찰의 조직 및 운영에 관한 법률」상 국가경찰위원회에 대한 설명으로 가장 적절하지 않은 것은?   (2016년 제2차 – 현행법 반영 수정)

① 국가경찰행정에 관한 일정한 사항을 심의·의결하기 위해 행정안전부에 국가경찰위원회를 둔다.

② 국가경찰위원회는 위원장 1명을 포함한 7명으로 구성한다.

③ 국가경찰위원회 위원의 임기는 2년으로 하며, 연임할 수 없다.

④ 국가경찰위원회의 회의는 재적위원 과반수의 출석과 출석위원 과반수의 찬성으로 의결한다.

해설   ① 「**국가경찰과 자치경찰의 조직 및 운영에 관한 법률**」 제7조 제1항, ② 제7조 제2항, ④ 제11조 제2항

③ 「**국가경찰과 자치경찰의 조직 및 운영에 관한 법률**」 제9조 제1항 "위원의 임기는 3년으로 하며, 연임(連任)할 수 없다. 이 경우 보궐위원의 임기는 전임자 임기의 남은 기간으로 한다."

06 「국가경찰과 자치경찰의 조직 및 운영에 관한 법률」상 국가경찰위원회에 대한 설명으로 가장 적절하지 않은 것은?   (2015년 제3차 – 현행법 반영 수정)

① 위원회는 위원장 1명을 포함한 7명의 위원으로 구성하되, 위원장 및 5명의 위원은 비상임으로 하고, 1명의 위원은 상임으로 한다.

② 위원의 임기는 2년으로 하며, 연임할 수 없다.

③ 위원회의 사무는 경찰청에서 수행한다.

④ 위원회의 회의는 재적위원 과반수의 출석과 출석위원 과반수의 찬성으로 의결한다.

해설   ① 「**국가경찰과 자치경찰의 조직 및 운영에 관한 법률**」 제7조 제2항, ③ 제11조 제1항, ④ 제11조 제2항

② 「**국가경찰과 자치경찰의 조직 및 운영에 관한 법률**」 제9조 제1항 "위원의 임기는 3년으로 하며, 연임(連任)할 수 없다. 이 경우 보궐위원의 임기는 전임자 임기의 남은 기간으로 한다."

07 「국가경찰과 자치경찰의 조직 및 운영에 관한 법률」상 국가경찰위원회에 관한 다음 설명 중 가장 적절하지 않은 것은?   (2014년 제2차 – 현행법 반영 수정)

① 위원과 위원장은 행정안전부장관의 제청으로 국무총리를 거쳐 대통령이 임명한다.

② 행정안전부장관은 심의·의결된 내용이 적정하지 아니하다고 판단할 때에는 재의를 요구할 수 있다.

③ 위원은 중대한 신체상 또는 정신상의 장애로 직무를 수행할 수 없게 된 경우를 제외하고는 그 의사에 반하여 면직되지 아니한다.

④ 경찰, 검찰, 국가정보원 직원 또는 군인의 직에서 퇴직한 날부터 3년이 지나지 아니한 사람은 위원이 될 수 없다.

해설 ① 「**국가경찰과 자치경찰의 조직 및 운영에 관한 법률**」 **제8조 제1항**에 따라 국가경찰위원회 위원은 행정안전부
　　　장관의 제청으로 국무총리를 거쳐 대통령이 임명하지만, 위원장은 「**국가경찰위원회 규정**」 **제2조 제2항**에 따
　　　라 비상임위원중에서 호선한다.
　　② 「**국가경찰과 자치경찰의 조직 및 운영에 관한 법률**」 **제10조 제2항**, ③ **제9조 제2항**, ④ **제8조 제5항 제3호**

08 「국가경찰과 자치경찰의 조직 및 운영에 관한 법률」상 국가경찰위원회에 대한 다음 설명 중 가
　　장 적절하지 않은 것은?　　　　　　　　　　　　　　　　　(2013년 제1차 – 현행법 반영 수정)

　① 국가경찰위원회는 위원장 1명을 포함한 9명의 위원으로 구성하되, 위원장 및 7명의 위원은
　　비상임(非常任)으로 하고, 1명의 위원은 상임(常任)으로 한다. 위원장은 정무직으로 한다.
　② 국가경찰위원회 위원의 임기는 3년으로 하며, 연임(連任)할 수 없다. 이 경우 보궐위원의 임
　　기는 전임자 임기의 남은 기간으로 한다.
　③ 국가경찰위원회 위원은 중대한 신체상 또는 정신상의 장애로 직무를 수행할 수 없게 된 경우
　　를 제외하고는 그 의사에 반하여 면직되지 아니한다.
　④ 경찰, 검찰, 국가정보원 직원 또는 군인의 직(職)에서 퇴직한 날부터 3년이 지나지 아니한 사
　　람은 국가경찰위원회 위원이 될 수 없다.

해설 ① 「**국가경찰과 자치경찰의 조직 및 운영에 관한 법률**」 **제7조 제2항** "국가경찰위원회는 위원장 1명을 포함한 7명
　　　의 위원으로 구성하되, 위원장 및 5명의 위원은 비상임(非常任)으로 하고, 1명의 위원은 상임(常任)으로 한다."
　　② 「**국가경찰과 자치경찰의 조직 및 운영에 관한 법률**」 **제9조 제1항**, ③ **제9조 제2항**, ④ **제8조 제5항 제3호**

09 국가경찰위원회에 관한 설명 중 가장 적절하지 않은 것은?　　　(2011년 제2차 – 현행법 반영 수정)

　① 국가경찰위원회는 경찰의 정치적 중립성을 보장하기 위하여 행정안전부에 설치한 독립적 심
　　의·의결 기구이다.
　② 위원회는 위원장 1인을 포함한 7인의 위원으로 구성되며, 위원장 및 5인의 위원은 비상임 위
　　원, 1인은 상임위원이다.
　③ 위원장은 비상임 위원 중 호선으로 하며 유고시 상임위원, 연장자 순으로 위원장의 직무를 대
　　리한다.
　④ 행정안전부장관은 국가경찰위원회의 의결사항이 적정하지 아니하다고 판단할 때에는 재의요
　　구를 할 수 있는데, 재의요구는 7일 이내에 하여야 하고, 위원회는 10일 이내에 재의결하여야
　　한다.

해설 ① 「**국가경찰과 자치경찰의 조직 및 운영에 관한 법률**」 **제7조 제1항**, ② **제7조 제2항**, ③ 「**국가경찰위원회 규정**」
　　　제2조 제2항·제3항
　　④ 「**국가경찰과 자치경찰의 조직 및 운영에 관한 법률**」 **제10조 제2항**에 따라 행정안전부장관은 재의를 요구할
　　　수 있고, 「**국가경찰위원회 규정**」 **제6조**에 따라 행정안전부장관이 재의를 요구하는 경우에는 의결한 날부터
　　　10일이내에 재의요구서를 위원회에 제출하여야 하고(제1항), 위원장은 재의요구가 있는 경우에는 그 요구를
　　　받은 날부터 7일 이내에 회의를 소집하여 다시 의결하여야 한다(제2항). 틀린 설명이다.

10 다음은 국가경찰위원회와 관련된 내용이다. 틀린 것은 모두 몇 개인가?

(2012년 제1차 – 현행법 반영 수정)

> ㉠ 국가경찰위원회의 설치 근거는 국가경찰과 자치경찰의 조직 및 운영에 관한 법률이다.
> ㉡ 국가경찰위원회는 위원장 1인을 포함하여 9인의 위원으로 구성된다.
> ㉢ 위원은 국무총리의 제청으로 대통령이 임명한다.
> ㉣ 위원의 임기는 2년이며 연임할 수 없다.
> ㉤ 경찰청장은 국가경찰위원회 위원장에게 임시회의 소집을 요구할 수 있다.
> ㉥ 위원 중 2명은 법관의 자격이 있는 사람이어야 한다.
> ㉦ 심의·의결사항에는 국가경찰사무 외에 다른 국가기관으로부터의 업무협조 요청에 관한 사항도 포함된다.

① 3개 　　② 4개 　　③ 5개 　　④ 6개

해설 ㉠ ㉤ ㉥ ㉦ 옳은 설명이다. ㉤과 관련하여 「**국가경찰위원회 규정**」 제7조(회의)는 "① 위원회의 회의는 <u>정기회의와 임시회의로 구분한다</u>. ② 정기회의는 특별한 사유가 있는 경우를 제외하고는 <u>매월 2회 위원장이 소집</u>한다. ③ <u>위원장은 필요한 경우 임시회의를 소집</u>할 수 있으며, <u>위원 3인이상과 행정안전부장관 또는 경찰청장은 위원장에게 임시회의의 소집을 요구할 수 있다</u>. ④ 제3항의 규정에 의한 임시회의소집 요구가 있는 경우에는 위원장은 특별한 사유가 없는 한 회의를 소집하여야 한다."고 규정하고 있다. 따라서 경찰청장은 위원장에게 임시회의의 소집을 요구할 수 있다.
　㉡ 「**국가경찰과 자치경찰의 조직 및 운영에 관한 법률**」 제7조 제2항 "국가경찰위원회는 <u>위원장 1명을 포함한 7명의 위원으로 구성하되, 위원장 및 5명의 위원은 비상임(非常任)</u>으로 하고, <u>1명의 위원은 상임(常任)</u>으로 한다."
　㉢ 「**국가경찰과 자치경찰의 조직 및 운영에 관한 법률**」 제8조 제1항 "위원은 <u>행정안전부장관의 제청으로 국무총리를 거쳐 대통령이 임명한다</u>."
　㉣ 「**국가경찰과 자치경찰의 조직 및 운영에 관한 법률**」 제9조 제1항 "<u>위원의 임기는 3년으로 하며, 연임(連任)할 수 없다</u>. 이 경우 보궐위원의 임기는 전임자 임기의 남은 기간으로 한다."

11 국가경찰위원회에 대한 설명으로 틀린 것은?

(2009년 제3차 – 현행법 반영 수정)

① 위원장 1인을 포함하여 7인의 위원으로 구성되며, 위원장 및 5인의 위원은 비상임이고, 1인의 위원은 상임이다.
② 의결은 재적위원 과반수의 출석과 출석위원 과반수의 찬성으로 한다.
③ 행정안전부장관은 위원회의 심의·의결된 내용이 적정하지 아니하다고 판단할 때에는 재의를 요구할 수 있다.
④ 위원의 임기는 3년으로 하며, 연임할 수 있다.

해설 ① 「**국가경찰과 자치경찰의 조직 및 운영에 관한 법률**」 제7조 제2항, ② 제11조 제2항, ③ 제10조 제2항
　④ 「**국가경찰과 자치경찰의 조직 및 운영에 관한 법률**」 제9조 제1항 "위원의 임기는 3년으로 하며, <u>연임(連任)할 수 없다</u>. 이 경우 보궐위원의 임기는 전임자 임기의 남은 기간으로 한다."

12 각 위원회에 관한 다음 설명 중 적절하지 않은 것은 몇 개인가? (2012년 제2차 − 현행법 반영 수정)

> ㉠ 국가경찰위원회 위원은 경찰청장의 제청으로 국무총리를 거쳐 대통령이 임명하고, 시·도자치경찰위원회 위원은 시·도 지사가 임명한다.
> ㉡ 국가경찰위원회의 위원장이 사고가 있을 때에는 상임위원, 위원 중 연장자 순으로 위원장의 직무를 대리하고, 시·도자치경찰위원회의 위원장이 부득이한 사유로 직무를 수행할 수 없을 때에는 위원장이 미리 지명한 자가 그 직무를 대행한다.
> ㉢ 국가경찰위원회 정기회의는 특별한 사유가 있는 경우를 제외하고는 매월 2회 위원장이 소집한다.
> ㉣ 인사혁신처에 설치된 소청심사위원회의 위원장과 위원은 인사혁신처장의 임명제청으로 국무총리를 거쳐 대통령이 임명하고, 상임위원의 임기는 3년이며 한 번만 연임이 가능하다.

① 1개   ② 2개   ③ 3개   ④ 없음

해설 ㉠ 「**국가경찰과 자치경찰의 조직 및 운영에 관한 법률**」 **제8조 제1항 및 제20조 제1항** 참조. 국가경찰위원회 위원은 행정안전부장관의 제청으로 국무총리를 거쳐 대통령이 임명한다. 틀린 설명이다.
㉡ 「**국가경찰위원회 규정**」 **제2조 제3항** "위원장이 사고가 있을 때에는 상임위원, 위원중 연장자순으로 위원장의 직무를 대리한다." 「**국가경찰과 자치경찰의 조직 및 운영에 관한 법률**」 **제22조 제2항** "시·도자치경찰위원회 위원장이 부득이한 사유로 직무를 수행할 수 없을 때에는 <u>상임위원, 시·도자치경찰위원회 위원 중 연장자순으로 그 직무를 대행한다.</u>" 틀린 설명이다.
㉢ 「**국가경찰위원회 규정**」 **제7조 제2항** "정기회의는 특별한 사유가 있는 경우를 제외하고는 <u>매월 2회 위원장이 소집한다.</u>" 옳은 설명이다.
㉣ 「**국가공무원법**」 **제10조 제1항·제2항** "① 소청심사위원회의 위원(위원장을 포함한다)은 다음 각 호의 어느 하나에 해당하고 인사행정에 관한 식견이 풍부한 자 중에서...(중략)... <u>인사혁신처장의 제청으로</u>...(중략)...대통령이 임명한다. 이 경우 <u>인사혁신처장이 위원을 임명제청하는 때에는 국무총리를 거쳐야 하고,</u> 인사혁신처에 설치된 소청심사위원회의 위원 중 비상임위원은 제1호 및 제2호의 어느 하나에 해당하는 자 중에서 임명하여야 한다. ② 소청심사위원회의 <u>상임위원의 임기는 3년으로 하며, 한 번만 연임할 수 있다.</u>" 옳은 설명이다.

분석 국가경찰과 자치경찰의 조직 및 운영에 관한 법률에 근거를 두고 있는 국가경찰위원회 및 시·도자치경찰위원회와 국가공무원법에 근거를 두고 있는 (인사혁신처 소속)소청심사위원회와 관련된 문제는 최근에 출제된 적이 없습니다. 하지만 위원의 구성·임명절차·임기 및 위원장의 사고시 직무대행과 관련하여 상호 간에 차이점이 있고, 기출 이후에 국가공무원법 및 국가경찰과 자치경찰의 조직 및 운영에 관한 법률이 개정되었기 때문에 재차 출제될 가능성이 있으므로 아래의 비교표를 잘 숙지하기 바랍니다.

【국가경찰위원회/인사혁신처 소속 소청심사위원회/시·도자치경찰위원회 비교표】

구분	위원회 등의 구성	위원의 임명절차	위원의 임기	위원장 직무대행
국가 경찰	7명 위원(위원장 1명 포함) − 비상임: 위원장 + 5명 − 상임(정무직): 1명 − 위원장: 비상임 중 호선	행정안전부장관 제청 국무총리 경유(거쳐) 대통령 임명	3년(연임X)	1. 상임위원 ↓ 2. 위원 중 연장자 순
소청 심사	※ 인사혁신처와 그 소속기관 직제(대통령령)상 <u>12명의 위원</u> 상임: 5명 이상 7명 이하(법) − 위원장(정무직) 포함 5명(직제) − 고위공무원단 임기제공무원	인사혁신처장 제청 국무총리 경유(거쳐) 대통령 임명	상임(3년) 1번 연임 가능 겸직 금지 비상임(2년) 연임·겸직 규정X	1. 선임 상임위원 순 ↓ 2. 동순위 상임위원 2명 이상: 연장자 순

	비상임: 상임위원 수 1/2 이상 – 7명(직제)			
시도 자치	7명 위원(위원장 1명 포함) – 비상임: 5명 – 상임: 위원장과 1명의 위원 – 위원장: 위원 중 시·도지사 임명	시·도의회 등의 추천 및 시·도지사의 지명(1인) 후 시·도지사 임명 (아래 설명 참조)	3년(연임X)	1. 상임위원 ↓ 2. 위원 중 연장자 순

※ **국가경찰과 자치경찰의 조직 및 운영에 관한 법률 제20조 제1항** "시·도자치경찰위원회 위원은 다음 각 호의 사람을 시·도지사가 임명한다. 1. 시·도의회가 추천하는 2명, 2. 국가경찰위원회가 추천하는 1명, 3. 해당 시·도 교육감이 추천하는 1명, 4. 시·도자치경찰위원회 위원추천위원회가 추천하는 2명, 5. 시·도지사가 지명하는 1명"

13 다음 국가경찰위원회와 소청심사위원회에 대한 설명 중 적절하지 않은 것은 모두 몇 개인가?

(2011년 제1차 – 현행법 반영 수정)

> ㉠ 국가경찰위원회는 국가경찰과 자치경찰의 조직 및 운영에 관한 법률에 근거를 두고 있고, 소청심사위원회는 국가공무원법에 근거를 두고 있다.
> ㉡ 경찰·검찰·국가정보원 직원 또는 군인의 직에서 퇴직한 날부터 3년이 경과되지 아니한 자는 국가경찰위원회의 위원이 될 수 없다.
> ㉢ 인사혁신처에 설치된 소청심사위원회는 위원장 1명을 포함한 5명 이상 7명 이내의 상임위원으로 구성하되, 위원장은 정무직으로 보하고, 필요하면 약간의 비상임위원을 둘 수 있다.
> ㉣ 소청심사위원회의 상임위원의 임기는 3년으로 하며, 한 번만 연임할 수 있으며, 다른 직무를 겸할 수 있다.

① 1개　　　　② 2개　　　　③ 3개　　　　④ 없음

해설 ㉠ ㉡ 옳은 설명이다.
㉢ 「**국가공무원법**」 **제9조 제3항** "(상략)...인사혁신처에 설치된 소청심사위원회는 위원장 1명을 포함한 5명 이상 7명 이하의 상임위원과 상임위원 수의 2분의 1 이상인 비상임위원으로 구성하되, 위원장은 정무직으로 보한다."
㉣ 「**국가공무원법**」 **제10조 제2항·제4항** "② 소청심사위원회의 상임위원의 임기는 3년으로 하며, 한 번만 연임할 수 있다. ④ 소청심사위원회의 상임위원은 다른 직무를 겸할 수 없다."

14 「국가경찰과 자치경찰의 조직 및 운영에 관한 법률」상 시·도자치경찰위원회에 대한 설명으로 적절한 것만을 모두 고른 것은? (2021년 제1차)

> ㉠ 위원장 1명을 포함한 7명의 위원으로 구성하되, 위원장과 1명의 위원은 상임으로 하고 5명의 위원은 비상임으로 한다.
> ㉡ 위원 중 2명은 법관의 자격이 있는 사람이어야 한다.
> ㉢ 위원은 시·도의회가 추천하는 2명, 국가경찰위원회가 추천하는 1명, 해당 시·도 교육감이 추천하는 1명, 시·도자치경찰위원회 위원추천위원회가 추천하는 2명, 시·도지사가 지명하는 1명을 시·도지사가 임명한다.
> ㉣ 위원장은 비상임위원 중에서 호선하고, 상임위원은 시·도자치경찰위원회의 의결을 거쳐 위원 중에서 위원장의 제청으로 시·도지사가 임명한다. 이 경우 위원장과 상임위원은 지방자치단체의 공무원으로 한다.

① ㉠ ㉡   ② ㉠ ㉢   ③ ㉡ ㉢   ④ ㉢ ㉣

해설 ㉠ **「국가경찰과 자치경찰의 조직 및 운영에 관한 법률」**제19조 제1항, ㉢ 제20조 제1항
    ㉡ **「국가경찰과 자치경찰의 조직 및 운영에 관한 법률」**제8조 제3항 "위원 중 2명은 법관의 자격이 있는 사람이어야 한다." 국가경찰위원회 위원에 대한 설명이고, <u>시·도자치경찰위원회의 경우 위원의 자격에 따른 인원구성에 대해 규정하고 있지 않다</u>(동법 제20조 제2항 참조).
    ㉣ **「국가경찰과 자치경찰의 조직 및 운영에 관한 법률」**제20조 제3항 "시·도자치경찰위원회 <u>위원장은 위원 중에서 시·도지사가 임명하고</u>, 상임위원은 시·도자치경찰위원회의 <u>의결을 거쳐 위원 중에서 위원장의 제청으로 시·도지사가 임명한다</u>. 이 경우 위원장과 상임위원은 지방자치단체의 공무원으로 한다." 위원장을 비상임위원 중에서 호선하는 것은 국가경찰위원회이다(국가경찰위원회규정 제2조 제2항 참조).

분석 시·도자치경찰위원회는 구 경찰법의 전면 개정으로 시행된 국가경찰과 자치경찰의 조직 및 운영에 관한 법률에 새로이 신설된 제도입니다. 새로 시행되는 제도이므로 향후에도 출제될 가능성이 매우 높은 영역이므로 관련 조문을 정확히 기억하고 있어야 합니다. 아울러 구 경찰법 하에서 경찰위원회, 치안행정협의회 및 국가공무원법상의 소청심사위원회 상호 간에 비교하는 문제가 출제된 적이 있으므로, 현행 국가경찰위원회, 시·도자치경찰위원회 및 소청심사위원회의 차이점에 유의해야 관련된 문제에 대비할 수 있습니다.

15 「국가경찰과 자치경찰의 조직 및 운영에 관한 법률」상 시·도자치경찰위원회에 대한 설명 중 옳은 것은 모두 몇 개인가? (2013년 제2차 – 구 경찰법의 치안행정협의회 문제를 변형)

> ㉠ 자치경찰사무를 관장하게 하기 위하여 시·도경찰청장 소속으로 시·도자치경찰위원회를 둔다.
> ㉡ 시·도자치경찰위원회 위원은 특정 성(性)이 10분의 6을 초과하지 아니하도록 노력하여야 하고, 위원 중 1명은 인권문제에 관하여 전문적인 지식과 경험이 있는 사람을 임명하여야 한다.
> ㉢ 시·도자치경찰위원회는 위원장을 포함한 9인으로 구성한다.
> ㉣ 시·도자치경찰위원회 위원장은 시·도경찰청 차장이 된다.

① 없음   ② 1개   ③ 2개   ④ 3개

해설 ㉠ **「국가경찰과 자치경찰의 조직 및 운영에 관한 법률」**제18조 제1항 "자치경찰사무를 관장하게 하기 위하여 <u>특별시장·광역시장·특별자치시장·도지사·특별자치도지사(이하 "시·도지사"라 한다) 소속으로</u> 시·도자치경찰위원회를 둔다. 다만, 제13조 후단에 따라 시·도에 2개의 시·도경찰청을 두는 경우 <u>시·도지사 소속으로 2개의 시·도자치경찰위원회를 둘 수 있다</u>."
    ㉡ **「국가경찰과 자치경찰의 조직 및 운영에 관한 법률」**제19조 제2항·제3항 "② 위원은 특정 성(性)이 10분의

6을 초과하지 아니하도록 노력하여야 한다. ③ 위원 중 1명은 인권문제에 관하여 전문적인 지식과 경험이 있는 사람이 임명될 수 있도록 노력하여야 한다."

© 「국가경찰과 자치경찰의 조직 및 운영에 관한 법률」 제19조 제1항 "시 · 도자치경찰위원회는 위원장 1명을 포함한 7명의 위원으로 구성하되, 위원장과 1명의 위원은 상임으로 하고, 5명의 위원은 비상임으로 한다."

② 「국가경찰과 자치경찰의 조직 및 운영에 관한 법률」 제20조 제3항 "시 · 도자치경찰위원회 위원장은 위원 중에서 시 · 도지사가 임명하고, 상임위원은 시 · 도자치경찰위원회의 의결을 거쳐 위원 중에서 위원장의 제청으로 시 · 도지사가 임명한다. 이 경우 위원장과 상임위원은 지방자치단체의 공무원으로 한다."

16 경찰기관의 종류는 경찰행정관청, 경찰의결기관, 경찰자문기관, 경찰보조기관, 경찰집행기관 등이다. 각 기관과 관련하여 다음에서 적절하지 않은 것은 모두 몇 개인가?

(2011년 제2차 – 현행법 반영 수정)

> ㉠ 경찰관청에는 경찰청장, 시 · 도경찰청장, 경찰서장, 지구대장 등이 해당한다.
> ㉡ 국가경찰위원회 및 시 · 도자치경찰위원회는 경찰자문기관이다.
> ㉢ 경찰집행기관은 치안총감, 치안정감, 치안감, 경무관, 총경, 경정, 경감, 경위, 경사, 경장, 순경 등에 해당한다.
> ㉣ 경찰청의 차장이나 과장은 보조기관이다.

① 1개   ② 2개   ③ 3개   ④ 4개

해설 ㉢ ㉣ 옳은 설명이다. ㉢ 경찰집행기관이란 경찰사무에 관한 국가의사를 현실적으로 집행하는 기관을 말한다. 치안총감부터 순경에 이르는 경찰공무원이 여기에 해당한다. ㉣ 경찰보조기관이란 경찰(행정)관청의 직무를 보충적으로 돕는 직위의 계선기관을 말한다. 경찰청의 차장, 국장, 과장 등이 여기에 해당한다. 실무적으로 "참모"라는 용어가 사용된다.

㉠ 경찰(행정)관청이란 경찰사무에 관한 국가의 의사를 결정하여 이를 외부적으로 표시할 권한을 가진 경찰기관을 말한다. 경찰청장, 시 · 도경찰청장 및 경찰서장이 여기에 해당한다. 지구대장 및 파출소장은 경찰서장의 보조기관이다. 틀린 설명이다.

㉡ 국가경찰과 자치경찰의 조직 및 운영에 관한 법률에 설치 근거를 두고 있는 국가경찰위원회는 심의 · 의결기관(제7조 제1항)이고, 시 · 도자치경찰위원회는 합의제 행정기관(제18조 제2항)으로 시 · 도자치경찰위원회의 소관 사무에 대해 심의 · 의결한다(제25조 제1항). 틀린 설명이다.

분석 경찰기관의 종류 및 그 개념과 관련하여 독립된 유형의 문제로 최근에 출제된 적은 없지만, 다음의 2012년 제2차에 일부 보기 문항으로 출제가 되었고 중요한 내용이므로 정확히 숙지하는 것이 필요합니다.

17 다음 설명 중 가장 옳은 것은?

(2012년 제2차 – 현행법 반영 수정)

① 경찰행정주체를 위하여 경찰에 관한 국가의 의사를 결정하여 외부에 표시하는 권한을 가진 경찰행정기관을 경찰행정관청이라 하며, 경찰청장, 시 · 도경찰청장, 경찰서장, 지구대장이 이에 해당한다.

② 경찰행정에 관한 의사를 결정할 수 있지만 이를 자기의 명의로 표시할 권한이 없는 경찰행정기관을 경찰 의결기관이라 하며, 국가경찰위원회, 경찰공무원인사위원회가 있다.

③ 경찰청장은 국가경찰위원회의 심의 · 의결 사항이 적정하지 아니하다고 판단할 때에는 재의를 요구할 수 있다.

④ 경찰서장은 경무관, 총경 또는 경정으로 보한다.

해설 ① 「**국가경찰과 자치경찰의 조직 및 운영에 관한 법률**」 제30조 제3항 "경찰서장 소속으로 <u>지구대 또는 파출소</u>를 두고, 그 설치기준은 치안수요·교통·지리 등 관할구역의 특성을 고려하여 행정안전부령으로 정한다. 다만, 필요한 경우에는 출장소를 둘 수 있다." 지구대 또는 파출소의 장은 경찰서장의 보조기관이다.

② 「**경찰공무원법**」 제5조 제1항 "경찰공무원의 인사에 관한 중요 사항에 대하여 <u>경찰청장 또는 해양경찰청장의 자문</u>에 응하게 하기 위하여 경찰청과 해양경찰청에 경찰공무원인사위원회(이하 "인사위원회"라 한다)를 둔다." 경찰공무원인사위원회는 경찰청장과 해양경찰청장의 자문에 응하기 위한 자문기구이다.

③ 「**국가경찰과 자치경찰의 조직 및 운영에 관한 법률**」 제10조 제2항 "<u>행정안전부장관은</u> 제1항에 따라 심의·의결된 내용이 적정하지 아니하다고 판단할 때에는 <u>재의(再議)를 요구할 수 있다</u>." 국가경찰위원회의 심의·의결 사항에 대한 재의요구권자는 행정안전부장관이다.

④ 「**국가경찰과 자치경찰의 조직 및 운영에 관한 법률**」 제30조 제1항

18 경찰청장에 대한 설명으로 가장 적절한 것은?　　　　(2020년 제2차 – 현행법 반영 수정)

① 징계위원회의 의결을 거친 경무관 이상의 강등 및 정직과 경정 이상의 파면 및 해임을 한다.

② 임기는 2년이 보장되나, 직무 수행 중 헌법이나 법률을 위배하였을 때에는 국회는 탄핵할 수 있다.

③ 소속 공무원뿐만 아니라 제주특별자치도의 자치경찰공무원도 언제나 직접 지휘·명령할 수 있다.

④ 경찰청장은 대통령령으로 정하는 바에 따라 경찰공무원의 임용에 관한 권한의 일부를 특별시장·광역시장·도지사·특별자치시장 또는 특별자치도지사, 국가수사본부장, 소속 기관의 장, 시·도경찰청장에게 위임할 수 있다.

해설 국가경찰과 자치경찰의 조직 및 운영에 관한 법률과 경찰공무원법이 결합된 유형의 문제이다.

① 「**경찰공무원법**」 제33조 단서 "경찰공무원의 징계는 징계위원회의 의결을 거쳐 징계위원회가 설치된 소속 기관의 장이 하되, 「국가공무원법」에 따라 국무총리 소속으로 설치된 징계위원회에서 의결한 징계는 경찰청장 또는 해양경찰청장이 한다. 다만, 파면·해임·강등 및 정직은 징계위원회의 의결을 거쳐 해당 경찰공무원의 임용권자가 하되, <u>경무관 이상의 강등 및 정직과 경정 이상의 파면 및 해임은 경찰청장 또는 해양경찰청장의 제청으로 행정안전부장관 또는 해양수산부장관과 국무총리를 거쳐 대통령이 하고</u>, 총경 및 경정의 강등 및 정직은 경찰청장 또는 해양경찰청장이 한다." 경찰청장은 제청권자이고, 대통령이 징계권자이다.

② 「**국가경찰과 자치경찰의 조직 및 운영에 관한 법률**」 제14조 제4항·제5항 "④ 경찰청장의 <u>임기는 2년으로</u> 하고, <u>중임(重任)할 수 없다</u>. ⑤ 경찰청장이 직무를 집행하면서 헌법이나 법률을 위배하였을 때에는 국회는 <u>탄핵 소추를 의결할 수 있다</u>."

③ 「**국가경찰과 자치경찰의 조직 및 운영에 관한 법률**」 제32조 제1항 "① 경찰청장은 다음 각 호의 경우에는 제2항에 따라 자치경찰사무를 수행하는 경찰공무원(제주특별자치도의 자치경찰공무원을 포함한다)을 직접 지휘·명령할 수 있다. 1. 전시·사변, 천재지변, 그 밖에 이에 준하는 국가 비상사태, 대규모의 테러 또는 소요사태가 발생하였거나 발생할 우려가 있어 전국적인 치안유지를 위하여 긴급한 조치가 필요하다고 인정할 만한 충분한 사유가 있는 경우, 2. 국민안전에 중대한 영향을 미치는 사안에 대하여 다수의 시·도에 동일하게 적용되는 치안정책을 시행할 필요가 있다고 인정할 만한 충분한 사유가 있는 경우, 3. 자치경찰사무와 관련하여 해당 시·도의 경찰력으로는 국민의 생명·신체·재산의 보호 및 공공의 안녕과 질서유지가 어려워 경찰청장의 지원·조정이 필요하다고 인정할 만한 충분한 사유가 있는 경우" 원칙적으로 자치경찰사무를 수행하는 경찰공무원(제주특별자치도의 자치경찰공무원 포함)을 직접 지휘·명령할 수 없고, 제32조 제1항 각 호의 사유에 해당하는 경우에 예외적으로 할 수 있다. 뿐만 아니라 **제14조 제6항**에 따라 원칙적으로 경찰의 수사에 관한 사무의 경우에는 개별 사건의 수사에 대하여 구체적으로 지휘·감독할 수 없고, 단서에 따라 <u>예외적인 경우에 국가수사본부장을 통하여 개별 사건의 수사에 대하여 구체적으로 지휘·감독할 수 있을 뿐이다</u>.

④ 「**경찰공무원법**」 제7조 제3항 제1문 옳은 설명이다. 그리고 제2문에 따라 <u>시·도지사는</u> 위임받은 권한의 일

보를 대통령령으로 정하는 바에 따라「국가경찰과 자치경찰의 조직 및 운영에 관한 법률」제18조에 따른 시·도자치경찰위원회, 시·도경찰청장에게 다시 위임할 수 있다. 경찰청장으로부터 임용에 관한 권한의 일부를 위임받은 시·도지사는 그 권한의 일부만을 다시 위임할 수 있고, 전부위임은 허용되지 않는다.

분석 | 경찰청장과 관련하여 독립된 유형의 문제로 2회 출제되었으나, 국가경찰과 자치경찰의 조직 및 운영에 관한 법률 관련 문항의 보기로 간혹 출제되고, 특히 임명절차는 국가경찰위원회·소청심사위원회·시·도자치경찰위원회 위원의 임명절차와 비교하여 기억하며, 임기와 중임(연임X)금지에 유념해야 합니다. 중임금지는 "두 번 하지 못한다."는 의미이고, 연임금지는 임기 종료 이후 "연이어서 하지 못한다."는 의미입니다. 연임금지는 임기 종료 이후 쉬고 그 다음에 다시 할 수 있다는 의미입니다.

19 「국가경찰과 자치경찰의 조직 및 운영에 관한 법률」상 경찰청장에 관한 다음 설명 중 틀린 것은 모두 몇 개인가? (2015년 제2차 – 현행법 반영 수정)

㉠ 경찰청장은 국가경찰위원회의 동의를 받아 국무총리의 제청으로 대통령이 임명한다. 이 경우 국회의 인사청문을 거쳐야 한다.
㉡ 경찰청장은 국가경찰사무를 총괄하고 경찰청 업무를 관장하며 소속 공무원 및 각급 경찰기관의 장을 지휘·감독한다.
㉢ 경찰청장이 직무를 집행하면서 대통령의 지시를 위배하였을 때에는 국회는 탄핵 소추를 의결할 수 있다.
㉣ 경찰청장의 임기는 2년으로 하고, 중임할 수 없다.

① 1개   ② 2개   ③ 3개   ④ 4개

해설 | ㉡ ㉣ 옳은 설명이다.
㉠ **「국가경찰과 자치경찰의 조직 및 운영에 관한 법률」제14조 제2항** "경찰청장은 국가경찰위원회의 동의를 받아 행정안전부장관의 제청으로 국무총리를 거쳐 대통령이 임명한다. 이 경우 국회의 인사청문을 거쳐야 한다." 경찰청장 임명제청권자는 행정안전부장관이다.
㉢ **「국가경찰과 자치경찰의 조직 및 운영에 관한 법률」제14조 제5항** "경찰청장이 직무를 집행하면서 헌법이나 법률을 위배하였을 때에는 국회는 탄핵 소추를 의결할 수 있다."

20 「국가경찰과 자치경찰의 조직 및 운영에 관한 법률」상 다음 ( )안에 들어갈 숫자의 합은? (2020년 제1차 – 현행법 반영 수정)

㉠ 국가경찰위원회는 위원장 1명을 포함한 ( )명의 위원으로 구성한다.
㉡ 국가경찰위원회 위원 중 ( )명은 법관의 자격이 있는 사람이어야 한다.
㉢ 국가경찰위원회 위원의 임기는 ( )년으로 하며, 연임할 수 없다.
㉣ 경찰청장의 임기는 ( )년으로 하고, 중임할 수 없다.

① 13   ② 14   ③ 15   ④ 16

해설 | 순서대로 7 - 2 - 3 - 2이다.
㉠ **「국가경찰과 자치경찰의 조직 및 운영에 관한 법률」제7조 제2항** "국가경찰위원회는 위원장 1명을 포함한 7명의 위원으로 구성하되, 위원장 및 5명의 위원은 비상임(非常任)으로 하고, 1명의 위원은 상임(常任)으로 한다." 1명의 상임위원만을 두며, 위원장은 비상임이라는 점에 유의한다.

ⓒ「**국가경찰과 자치경찰의 조직 및 운영에 관한 법률**」 제8조 제3항 "위원 중 <u>2명은 법관의 자격이 있는 사람</u>이어야 한다." 국가경찰위원회와 달리 시·도자치경찰위원회는 법관의 최소인원수 제한이 없다는 점에 유의한다.

ⓒ「**국가경찰과 자치경찰의 조직 및 운영에 관한 법률**」 제9조 제1항 "위원의 <u>임기는 3년</u>으로 하며, <u>연임(連任) 할 수 없다</u>. 이 경우 보궐위원의 임기는 <u>전임자 임기의 남은 기간</u>으로 한다."

ⓔ「**국가경찰과 자치경찰의 조직 및 운영에 관한 법률**」 제14조 제4항 "경찰청장의 임기는 <u>2년</u>으로 하고, <u>중임 (重任)할 수 없다</u>."

21 「국가경찰과 자치경찰의 조직 및 운영에 관한 법률」에 대한 설명 중 틀린 것은 모두 몇 개인가?

(2013년 제2차 − 현행법 반영 수정)

> ㉠ 국가경찰위원회 위원은 행정안전부장관의 제청으로 국무총리를 거쳐 대통령이 임명한다.
> ㉡ 경찰청장은 국가경찰위원회의 동의를 받아 행정안전부장관의 제청으로 국무총리를 거쳐 대통령이 임명한다.
> ㉢ 경찰청장의 임기는 2년으로 하고, 중임할 수 없다.
> ㉣ 경찰청장이 직무를 집행하면서 헌법이나 법률을 위배하였을 때에는 국회는 탄핵소추를 의결할 수 있다.
> ㉤ 경찰서에 경찰서장을 두며, 경찰서장은 경무관, 총경 또는 경정으로 보한다.

① 없음　　　　② 1개　　　　③ 2개　　　　④ 3개

해설 모두 옳은 설명이다.

22 다음 설명 중 옳지 않은 것은 모두 몇 개인가?

(2010년 제2차)

> ㉠ 경찰청장은 퇴직일로부터 2년 이내에는 정당의 발기인이나 당원이 될 수 없다.
> ㉡ 국가경찰위원회 위원 중 상임위원은 정무직으로 한다.
> ㉢ 경찰청장은 국가경찰위원회의 동의를 얻어 행정안전부장관의 제청으로 국무총리를 거쳐 대통령이 임명한다. 이 경우 국회의 인사청문을 거쳐야 한다.
> ㉣ 시·도경찰청장은 자치경찰사무에 대해서는 시·도지사의 지휘·감독을 받는다.

① 1개　　　　② 2개　　　　③ 3개　　　　④ 4개

해설 ㉡ ㉢ 옳은 설명이다.

㉠ 구「**경찰법(법률 제6855호)**」 제11조 제4항(경찰청장은 퇴직일부터 2년 이내에는 정당의 발기인이 되거나 당원이 될 수 없다)은 위헌결정으로 2003. 12. 31. 개정 시행된 경찰법에서 삭제되었다.

㉣「**국가경찰과 자치경찰의 조직 및 운영에 관한 법률**」 제28조 제3항 "시·도경찰청장은 <u>국가경찰사무에 대해서는 경찰청장의 지휘·감독을</u>, 자치경찰사무에 대해서는 <u>시·도자치경찰위원회의 지휘·감독</u>을 받아 관할 구역의 소관 사무를 관장하고 소속 공무원 및 소속 경찰기관의 장을 지휘·감독한다. 다만, <u>수사에 관한 사무 에 대해서는 국가수사본부장의 지휘·감독</u>을 받아 관할구역의 소관 사무를 관장하고 소속 공무원 및 소속 경찰기관의 장을 지휘·감독한다." 2021. 1. 1. 시행된 국가경찰과 자치경찰의 조직 및 운영에 관한 법률은 경찰의 임무(제3조)를 제4조에서 국가경찰사무, 자치경찰사무로 구분하고 있다. 자치경찰사무는 시·도자치경찰위원회(시·도지사 아님에 유의)의 지휘·감독을 받고, 국가경찰사무 가운데 수사에 관한 사무는 경찰청장이 아닌 국가수사본부장의 지휘·감독을 받는다는 점에 유의한다.

23 「국가경찰과 자치경찰의 조직 및 운영에 관한 법률」에 대한 설명으로 가장 적절하지 않은 것은?

(2015년 제3차 – 현행법 반영 수정)

① 이 법은 경찰의 민주적인 관리·운영과 효율적인 임무수행을 위하여 경찰의 기본조직 및 직무 범위와 그 밖에 필요한 사항을 규정함을 목적으로 한다.

② 치안에 관한 사무를 관장하게 하기 위하여 행정안전부장관 소속으로 경찰청을 둔다.

③ 경찰의 사무를 지역적으로 분담하여 수행하게 하기 위하여 특별시·광역시·특별자치시·도· 특별자치도에 시·도경찰청을 두고, 시·도경찰청장 소속으로 경찰서를 둔다.

④ 경찰청장은 국가경찰위원회의 추천을 받아 행정안전부장관을 거쳐 대통령이 임명한다.

> **해설** ① 「**국가경찰과 자치경찰의 조직 및 운영에 관한 법률**」 **제1조**, ② **제12조**, ③ **제13조 제1문** ③과 관련하여 구 경찰법 하에서는 "시·도지사 소속으로 지방경찰청을 둔다"고 규정하였으나, 현행법은 "특별시·광역시·특 별자치시·도·특별자치도(이하 "시·도"라 한다)에 시·도경찰청을 둔다"고 규정하고 있는 점에 유의한다. 따라서 시·도지사 소속으로 시·도경찰청을 둔다는 지문은 틀린 설명이다.
>
> ④ 「**국가경찰과 자치경찰의 조직 및 운영에 관한 법률**」 **제14조 제2항** "경찰청장은 국가경찰위원회의 동의를 받 아 행정안전부장관의 제청으로 국무총리를 거쳐 대통령이 임명한다. 이 경우 국회의 인사청문을 거쳐야 한 다." 동의(국가경찰위원회) → 제청(행정안전부장관) → 거쳐(국무총리) → 임명(대통령) 순으로 이루어진다.

24 「국가경찰과 자치경찰의 조직 및 운영에 관한 법률」에 관한 설명으로 가장 적절하지 않은 것은?

(2016년 제1차 – 현행법 반영 수정)

① 시·도경찰청장은 국가경찰사무에 대해서는 경찰청장의 지휘·감독을, 자치경찰사무에 대해서 는 시·도자치경찰위원회의 지휘·감독을 받아 관할구역의 소관 사무를 관장하고 소속 공무원 및 소속 경찰기관의 장을 지휘·감독한다.

② 자치경찰사무를 관장하게 하기 위하여 특별시장·광역시장·특별자치시장·도지사·특별자치 도지사(이하 "시·도지사") 소속으로 시·도자치경찰위원회를 두고, 법 제13조 후단에 따라 시·도에 2개의 시·도경찰청을 두는 경우 시·도지사 소속으로 2개의 시·도자치경찰위원회 를 둘 수 있다.

③ 시·도자치경찰위원회의 사무를 처리하기 위하여 시·도자치경찰위원회에 필요한 사무기구를 두고, 사무기구의 조직·정원·운영 등에 관하여 필요한 사항은 시·도지사의 의견을 들어 대 통령령으로 정하는 기준에 따라 시·도조례로 정한다.

④ 경찰서장 소속으로 지구대 또는 파출소를 두고, 그 설치기준은 치안수요·교통·지리 등 관할 구역의 특성을 고려하여 행정안전부령으로 정한다.

> **해설** ① 「**국가경찰과 자치경찰의 조직 및 운영에 관한 법률**」 **제28조 제3항 본문**, ② **제18조 제1항**, ④ **제30조 제3항 본문** ①의 지휘·감독과 관련하여 수사에 관한 사무는 단서에 따라 국가수사본부장의 지휘·감독을 받는다 는 점에 유의한다. "다만, 수사에 관한 사무에 대해서는 국가수사본부장의 지휘·감독을 받아 관할구역의 소 관 사무를 관장하고 소속 공무원 및 소속 경찰기관의 장을 지휘·감독한다."
>
> ③ 「**국가경찰과 자치경찰의 조직 및 운영에 관한 법률**」 **제27조 제1항·제4항** "① 시·도자치경찰위원회의 사 무를 처리하기 위하여 시·도자치경찰위원회에 필요한 사무기구를 둔다. ④ 사무기구의 조직·정원·운영 등에 관하여 필요한 사항은 <u>경찰청장의 의견</u>을 들어 대통령령으로 정하는 기준에 따라 <u>시·도조례로 정한 다</u>." 경찰청장의 의견을 들어야 한다.

25 다음 중 「국가경찰과 자치경찰의 조직 및 운영에 관한 법률」상 경찰의 임무는 모두 몇 개인가?

(2015년 제3차 – 현행법 반영 수정)

㉠ 국민의 생명·신체 및 재산의 보호	㉡ 범죄의 예방·진압 및 수사
㉢ 경비·요인경호 및 대간첩·대테러 작전 수행	㉣ 외국 정부기관 및 국제기구와의 국제협력

① 1개　　　　② 2개　　　　③ 3개　　　　④ 4개

해설 보기 모두 제3조에 따른 경찰의 임무에 해당한다. 아울러 범죄피해자 보호(제3호 – 2018년 4월 17일 법률 제15566호로 시행된 구 경찰법에서 추가), <u>공공안녕에 대한 위험의 예방과 대응을 위한 정보의 수집·작성 및 배포(제5호 – 유의: 단순히 치안정보라는 구 경찰법과 같이 지문이 제시되면 틀린 설명으로 보아야 한다)</u>, 교통의 단속과 위해의 방지(제6호), 그 밖에 공공의 안녕과 질서유지(제8호)가 경찰의 임무에 해당한다.

26 「국가경찰과 자치경찰의 조직 및 운영에 관한 법률」에 관한 설명으로 가장 적절한 것은?

(2019년 2차 – 현행법 반영 수정)

① 1991년 구 경찰법 제정으로 내무부 치안국장이 경찰청장으로 변경되었고, 경찰청장은 행정관청으로 승격되었다.

② 제8조 제6항에 따를 때 국가경찰위원회 위원은 국가공무원법상 비밀엄수 의무와 정치운동 금지의무를 진다.

③ 경찰서장 소속으로 지구대 또는 파출소를 두고, 그 설치기준은 치안수요·교통·지리 등 관할구역의 특성을 고려하여 대통령령으로 정한다.

④ 경찰의 사무를 지역적으로 분담하여 수행하게 하기 위하여 특별시장·광역시장·특별자치시장·도지사·특별자치도지사 소속으로 시·도경찰청을 두고, 시·도경찰청장 소속으로 경찰서를 둔다.

해설 ① 국가경찰과 자치경찰의 조직 및 운영에 관한 법률의 역사에 관한 문제(2009년 제3차에서도 출제)이다. 1991년 구 경찰법의 제정으로 내무부 "치안본부장"이 경찰청장으로 변경되면서 행정관청으로 승격되었다.

② **「국가경찰과 자치경찰의 조직 및 운영에 관한 법률」** 제8조 제6항 옳은 설명이다. <u>시·도자치경찰위원회 위원의 경우 공무원이 아닌 위원에 대해서는 지방공무원법상 비밀엄수 의무(제52조)와 정치운동 금지의무(제57조)가 적용된다.</u>

③ **「국가경찰과 자치경찰의 조직 및 운영에 관한 법률」** 제30조 제3항 본문 "경찰서장 소속으로 지구대 또는 파출소를 두고, 그 설치기준은 치안수요·교통·지리 등 관할구역의 특성을 고려하여 <u>행정안전부령으로 정한다.</u> 다만, 필요한 경우에는 출장소를 둘 수 있다."

④ **「국가경찰과 자치경찰의 조직 및 운영에 관한 법률」** 제13조 "경찰의 사무를 지역적으로 분담하여 수행하게 하기 위하여 특별시·광역시·특별자치시·도·특별자치도(이하 "시·도"라 한다)에 시·도경찰청을 두고, 시·도경찰청장 소속으로 경찰서를 둔다. 이 경우 인구, 행정구역, 면적, 지리적 특성, 교통 및 그 밖의 조건을 고려하여 시·도에 2개의 시·도경찰청을 둘 수 있다." <u>시·도경찰청을 시·도지사 소속으로 두고 있지 않다는 점에 유의한다.</u>

27 다음 중 1991년에 제정된 구 「경찰법」에 대한 설명으로 틀린 것은?

(2009년 제2차 – 현행법 반영 수정)

① 경찰을 선거부처로부터 완전히 독립시키는 계기가 되었다.

② 경찰의 기본조직 및 직무범위 기타 필요한 사항을 규정하였다.

③ 시·도경찰청장의 관청으로서의 지위를 보장하고 있다.

④ 경찰에 대한 민주적 통제를 보장하고자 경찰위원회를 도입했다.

해설 경찰행정의 책임성·독자성을 보장하였으나, 내무부(현 행정안전부)장관 소속으로부터 완전히 독립되지는 못하였다.

국가경찰과 자치경찰의 조직 및 운영에 관한 법률과 관련된 문제로 출제될 가능성은 없고, 현대 경찰역사의 내용으로는 출제될 수 있기 때문에 지문의 내용을 기억하고 있어야 한다.

예상문제 국가경찰과 자치경찰의 조직 및 운영에 관한 법률

01 국가경찰과 자치경찰의 조직 및 운영에 관한 법률에 대한 설명으로 옳은 것은?

① 경찰 및 해양경찰의 직무와 책무에 관하여 규정하고 있다.
② 국민의 생명·신체 및 재산을 보호하고 공공의 안녕과 질서유지에 필요한 시책을 수립·시행하는 책무는 국가가 담당한다.
③ 경찰의 임무를 수행하기 위한 사무를 국가경찰사무, 자치경찰사무 및 수사사무로 구분한다.
④ 공공안녕에 대한 위험의 예방과 대응을 위한 정보의 수집·작성 및 배포는 국가경찰과 자치경찰의 조직 및 운영에 관한 법률 제3조에 따른 경찰의 임무에 해당한다.

해설 ① 「국가경찰과 자치경찰의 조직 및 운영에 관한 법률 제1조·제2조 및 해양경찰법 제1조·제2조」 국가경찰과 자치경찰의 조직 및 운영에 관한 법률은 경찰의 민주적인 관리·운영과 효율적인 임무수행을 위하여 경찰의 기본조직 및 직무 범위와 그 밖에 필요한 사항을 규정함 목적하고, 해양경찰의 책무는 2020. 2. 21. 시행된 해양경찰법에서 규정하고 있다.
　② 「국가경찰과 자치경찰의 조직 및 운영에 관한 법률」 제2조 "국가와 지방자치단체는 국민의 생명·신체 및 재산을 보호하고 공공의 안녕과 질서유지에 필요한 시책을 수립·시행하여야 한다."
　③ 「국가경찰과 자치경찰의 조직 및 운영에 관한 법률」 제4조 제1항 제1호·제2호 "1. 국가경찰사무 2. 자치경찰사무"로 구분하고 있다.
　④ 「국가경찰과 자치경찰의 조직 및 운영에 관한 법률」 제3조 제5호

02 국가경찰과 자치경찰의 조직 및 운영에 관한 법률에 따른 "경찰의 사무(제4조)"에 대한 설명으로 틀린 것은?

① 지역 내 주민의 생활안전 활동에 관한 사무, 지역 내 교통활동에 관한 사무, 지역 내 다중운집 행사 관련 혼잡 교통 및 안전 관리는 자치경찰사무에 해당한다.
② ①의 자치경찰사무에 관한 구체적인 사항 및 범위 등은 대통령령으로 정한다.
③ 학교폭력 등 소년범죄, 가정폭력·아동학대 범죄, 교통사고 및 교통 관련 범죄, 경범죄 및 기초질서 관련 범죄에 해당하는 수사사무는 자치경찰사무이다.
④ ③의 자치경찰사무에 관한 구체적인 사항 및 범위 등은 대통령령으로 정한다.

해설 ① 「국가경찰과 자치경찰의 조직 및 운영에 관한 법률」 제4조 제1항 제2호 가목 내지 다목, ③ 제4조 제1항 라목 1)·2)·3)·5), ④ 제4조 제3항
　② 「국가경찰과 자치경찰의 조직 및 운영에 관한 법률」 제4조 제2항 "제1항 제2호 가목부터 다목까지의 자치경찰사무에 관한 구체적인 사항 및 범위 등은 대통령령으로 정하는 기준에 따라 시·도조례로 정한다."

03 국가경찰과 자치경찰의 조직 및 운영에 관한 법률에 따른 "경찰의 사무(제4조)"에 대한 설명으로 옳은 것은?

① 모든 수사사무는 국가경찰사무이므로 자치경찰사무에 해당하지 않는다.
② 지역 내 다중운집 행사 관련 혼잡 교통 및 안전 관리는 국가경찰사무이다.
③ 지방자치단체 등 다른 행정청의 사무를 제외한 주민의 일상생활과 관련된 사회질서의 유지 및 그 위반행위의 지도·단속은 자치경찰사무이다.
④ 통행 허가, 어린이 통학버스의 신고, 긴급자동차의 지정 신청 등 각종 허가 및 신고에 관한 사무는 국가경찰사무이다.

해설 ① 「**국가경찰과 자치경찰의 조직 및 운영에 관한 법률**」 제4조 제1항 제2호 라목 "라. 다음의 어느 하나에 해당하는 수사사무. 1) 학교폭력 등 소년범죄, 2) 가정폭력, 아동학대 범죄, 3) 교통사고 및 교통 관련 범죄, 4) 「형법」 제245조에 따른 공연음란 및 「성폭력범죄의 처벌 등에 관한 특례법」 제12조에 따른 성적 목적을 위한 다중이용장소 침입행위에 관한 범죄, 5) 경범죄 및 기초질서 관련 범죄, 6) 가출인 및 「실종아동등의 보호 및 지원에 관한 법률」 제2조 제2호에 따른 실종아동등 관련 수색 및 범죄"는 자치경찰사무이다.
② 「**국가경찰과 자치경찰의 조직 및 운영에 관한 법률**」 제4조 제1항 제2호 다목에 따른 자치경찰사무이다.
③ 「**국가경찰과 자치경찰의 조직 및 운영에 관한 법률**」 제4조 제1항 제2호 가목 5)
④ 「**국가경찰과 자치경찰의 조직 및 운영에 관한 법률**」 제4조 제1항 제2호 나목 "나. 지역 내 교통활동에 관한 사무. 1) 교통법규 위반에 대한 지도·단속, 2) 교통안전시설 및 무인 교통단속용 장비의 심의·설치·관리, 3) 교통안전에 대한 교육 및 홍보, 4) 주민참여 지역 교통활동의 지원 및 지도, 5) 통행 허가, 어린이 통학버스의 신고, 긴급자동차의 지정 신청 등 각종 허가 및 신고에 관한 사무, 6) 그 밖에 지역 내의 교통안전 및 소통에 관한 사무"는 자치경찰사무이다.

04 국가경찰과 자치경찰의 조직 및 운영에 관한 법률에 대한 설명으로 틀린 것은?

① 경찰공무원의 직무수행에 필요한 사항은 국가경찰과 자치경찰의 조직 및 운영에 관한 법률에서 정한다.
② 국가경찰과 자치경찰의 조직 및 운영에 관한 법률은 권한남용의 금지를 명문으로 규정하고 있다.
③ 경찰공무원은 상관의 지휘·감독을 받아 직무를 수행하고, 직무수행에 관하여 서로 협력하여야 한다.
④ 경찰공무원은 구체적 사건수사와 관련된 상관의 지휘·감독의 적법성 또는 정당성에 대하여 이견이 있을 때에는 이의를 제기할 수 있다.

해설 ① 「**국가경찰과 자치경찰의 조직 및 운영에 관한 법률**」 제6조 제3항 "경찰공무원의 직무수행에 필요한 사항은 따로 법률로 정한다." 경찰공무원의 직무수행에 필요한 사항은 경찰관 직무집행법에서 규정하고 있다.
② 「**국가경찰과 자치경찰의 조직 및 운영에 관한 법률**」 제5조, ③ 제6조 제1항, ④ 제6조 제2항

05 국가경찰과 자치경찰의 조직 및 운영에 관한 법률상 국가경찰위원회에 대한 설명으로 틀린 것은?

① 국가경찰행정에 관한 사항을 심의·의결하기 위하여 행정안전부에 국가경찰위원회를 둔다.
② 국가경찰위원회는 위원장 1명을 포함한 7명의 위원으로 구성하되, 위원장 및 5명의 위원은 비상임으로 하고, 1명의 위원은 상임으로 하며 상임위원은 정무직으로 한다.
③ 국가경찰위원회 위원은 경찰청장의 추천을 받아 행정안전부장관의 제청으로 국무총리를 거쳐 대통령이 임명한다.
④ 행정안전부장관은 국가경찰위원회 위원의 임명을 제청할 때 경찰의 정치적 중립이 보장되도록 하여야 한다.

해설 ① 「**국가경찰과 자치경찰의 조직 및 운영에 관한 법률**」 제7조 제1항, ② 제7조 제2항·제3항, ④ 제8조 제2항
③ 「**국가경찰과 자치경찰의 조직 및 운영에 관한 법률**」 제8조 제1항 "위원은 행정안전부장관의 제청으로 국무총리를 거쳐 대통령이 임명한다."

정답 | 01 | ④ | 02 | ② | 03 | ③ | 04 | ① | 05 | ③ |

06 국가경찰과 자치경찰의 조직 및 운영에 관한 법률상 "국가경찰위원회 위원의 임명 및 결격사유 등(제8조)"에 관한 규정이다. ( )안에 들어갈 숫자를 모두 더한 값은?

> 국가경찰위원회 위원 중 ( )명은 법관의 자격이 있는 사람이어야 한다. 다음 각 호의 어느 하나에 해당하는 사람은 위원이 될 수 없다.
> 1. 정당의 당원이거나 당적을 이탈한 날부터 ( )년이 지나지 아니한 사람
> 2. 선거에 의하여 취임하는 공직에 있거나 그 공직에서 퇴직한 날부터 ( )년이 지나지 아니한 사람
> 3. 경찰, 검찰, 국가정보원 직원 또는 군인의 직에 있거나 그 직에서 퇴직한 날부터 ( )년이 지나지 아니한 사람

① 9 ② 10 ③ 11 ④ 12

해설 「국가경찰과 자치경찰의 조직 및 운영에 관한 법률」 제8조 제3항 · 제5항. 위원 중 2명은 법관 자격 / 기타 3년

07 국가경찰과 자치경찰의 조직 및 운영에 관한 법률상 "국가경찰위원회 위원의 임명 및 결격사유 등(제8조)"에 대한 설명으로 옳은 것은?

① 경찰청장은 국가경찰위원회 위원의 임명을 제청할 때 경찰의 정치적 중립이 보장되도록 하여야 한다.
② 국가경찰위원회 위원은 특정 성(性)이 10분의 6을 초과하지 아니하도록 노력하여야 한다.
③ 국가경찰위원회 위원이 국가경찰과 자치경찰의 조직 및 운영에 관한 법률 제8조 제5항 각 호의 결격사유에 해당하는 경우 국가경찰위원회의 의결을 거쳐 면직된다.
④ 국가경찰위원회 위원에 대해서는 국가공무원법상의 품위 유지의 의무, 영리 업무 및 겸직 금지가 적용된다.

해설 ① 「국가경찰과 자치경찰의 조직 및 운영에 관한 법률」 제8조 제2항 "행정안전부장관은 위원 임명을 제청할 때 경찰의 정치적 중립이 보장되도록 하여야 한다." 임명제청권자는 행정안전부장관이다.
② 「국가경찰과 자치경찰의 조직 및 운영에 관한 법률」 제8조 제4항
③ 「국가경찰과 자치경찰의 조직 및 운영에 관한 법률」 제8조 제5항 후단 "다음 각 호의 어느 하나에 해당하는 사람은 위원이 될 수 없으며, 위원이 다음 각 호의 어느 하나에 해당하는 경우에는 당연퇴직한다." 당연퇴직 사유이다.
④ 「국가경찰과 자치경찰의 조직 및 운영에 관한 법률」 제8조 제6항 "위원에 대해서는 「국가공무원법」 제60조 (주: 비밀 엄수의 의무) 및 제65조(주: 정치 운동의 금지)를 준용한다." 국가공무원법에 규정된 공무원의 의무 가운데 비밀 엄수의 의무와 정치 운동의 금지 의무만 적용되고, 다른 의무는 적용되지 않는다.

08 국가경찰과 자치경찰의 조직 및 운영에 관한 법률상 국가경찰위원회 위원에 대한 설명으로 틀린 것은?

① 국가경찰위원회 위원은 중대한 신체상 또는 정신상의 장애로 직무를 수행할 수 없게 된 경우를 제외하고는 그 의사에 반하여 면직되지 아니한다.
② 국가경찰위원회 위원이 중대한 심신상의 장애로 직무를 수행할 수 없게 되어 면직하는 경우에는 국가경찰위원회의 의결이 있어야 하고, 의결요구는 경찰청장 또는 행정안전부장관이 한다.
③ 국가경찰위원회 위원의 임기는 3년으로 연임할 수 없고, 이 경우 보궐위원의 임기는 전임자 임기의 남은 기간으로 한다.
④ 국가경찰위원회 위원이 정당의 당원이 된 때에는 당연퇴직된다.

해설 ① 「국가경찰과 자치경찰의 조직 및 운영에 관한 법률」 제9조 제2항, ③ 제9조 제1항, ④ 제8조 제5항 제1호
② 「국가경찰위원회규정」 제4조 "① 법 제9조 제2항에 따라 위원이 중대한 심신상의 장애로 직무를 수행할 수 없게 되어 면직하는 경우에는 위원회의 의결이 있어야 한다. ② 제1항의 의결요구는 <u>위원장 또는 행정안전부장관</u>이 한다."

09 국가경찰과 자치경찰의 조직 및 운영에 관한 법률상 국가경찰위원회의 심의·의결에 대한 아래의 설명 가운데 옳은 것은 몇 개인가?

> ㉠ 시·도자치경찰위원회 위원 추천, 자치경찰사무에 대한 주요 법령·정책 등에 관한 사항, 시·도자치경찰위원회 의결에 대한 재의 요구에 관한 사항, 국가와 지방자치단체의 책무에 따른 시책 수립에 관한 사항은 국가경찰위원회의 심의·의결사항이다.
> ㉡ 국가경찰위원회 위원장 및 경찰청장이 중요하다고 인정하여 위원회의 회의에 부친 사항은 심의·의결을 거쳐야 한다.
> ㉢ 행정안전부장관은 국가경찰위원회에서 심의·의결된 내용이 적정하지 아니하다고 판단할 때에는 재의를 요구하여야 한다.
> ㉣ 행정안전부장관이 재의를 요구하는 경우에는 의결한 날부터 10일 이내에 재의요구서를 국가경찰위원회에 제출하여야 한다.
> ㉤ 국가경찰위원회 위원장은 재의요구가 있는 경우에는 그 요구를 받은 날부터 10일 이내에 회의를 소집하여 다시 의결하여야 한다.

① 1개　　　② 2개　　　③ 3개　　　④ 4개

해설 ㉠ 「국가경찰과 자치경찰의 조직 및 운영에 관한 법률」 제10조 제1항 제6호 내지 제7호. 비상사태 등 전국적 치안유지를 위한 경찰청장의 지휘·명령에 관한 사항(제8호)도 심의·의결사항에 해당한다. 제6호 내지 제8호는 국가경찰과 자치경찰의 조직 및 운영에 관한 법률에 추가된 사항이다. ㉣ 「국가경찰위원회규정」 제6조 제1항
　㉡ 「국가경찰과 자치경찰의 조직 및 운영에 관한 법률」 제10조 제1항 제9호 "그 밖에 <u>행정안전부장관 및 경찰청장</u>이 중요하다고 인정하여 위원회의 회의에 부친 사항"
　㉢ 「국가경찰과 자치경찰의 조직 및 운영에 관한 법률」 제10조 제2항 "행정안전부장관은 제1항에 따라 심의·의결된 내용이 적정하지 아니하다고 판단할 때에는 <u>재의(再議)</u>를 요구할 수 있다."
　㉤ 「국가경찰위원회규정」 제6조 제2항 "위원장은 재의요구가 있는 경우에는 그 요구를 받은 날부터 <u>7일 이내에 회의를 소집하여 다시 의결</u>하여야 한다."

10 국가경찰과 자치경찰의 조직 및 운영에 관한 법률상 국가경찰위원회의 운영 등에 관한 설명으로 옳은 것은?

① 국가경찰위원회 회의는 정기회의와 임시회의로 구분하고, 정기회의는 특별한 사유가 있는 경우를 제외하고는 매월 1회 위원장이 소집한다.
② 국가경찰위원회 회의는 재적위원 3분의 2 이상의 출석과 출석위원 과반수의 찬성으로 의결한다.
③ 국가경찰위원회 위원장은 행정안전부장관이 지명하고, 위원장이 사고가 있을 때에는 상임위원, 위원 중 위원장이 미리 지명한 위원, 위원 중 연장자순으로 위원장의 직무를 대리한다.
④ 국가경찰위원회 위원장은 필요한 경우 임시회의를 소집할 수 있으며, 위원 3인 이상과 행정안전부장관 또는 경찰청장은 위원장에게 임시회의의 소집을 요구할 수 있다.

해설 ① 「**국가경찰위원회규정**」 제7조 제1항·제2항 "① 위원회의 회의는 <u>정기회의와 임시회의</u>로 구분한다. ② 정기
회의는 특별한 사유가 있는 경우를 제외하고는 <u>매월 2회</u> 위원장이 소집한다."

② 「**국가경찰과 자치경찰의 조직 및 운영에 관한 법률**」 제11조 제2항 "국가경찰위원회의 회의는 <u>재적위원 과반</u>
<u>수의 출석과 출석위원 과반수의 찬성</u>으로 의결한다."

③ 「**국가경찰위원회규정**」 제2조 제2항·제3항 "② 위원장은 <u>비상임위원중에서 호선</u>한다. ③ 위원장이 사고가
있을 때에는 <u>상임위원, 위원중 연장자순으로 위원장의 직무를 대리</u>한다."

④ 「**국가경찰위원회규정**」 제7조 제3항

11 국가경찰과 자치경찰의 조직 및 운영에 관한 법률에 따른 경찰의 조직 및 경찰사무의 지역적 분
장기관에 대한 설명 중 틀린 것은?

① 치안에 관한 사무를 관장하게 하기 위하여 행정안전부장관 소속으로 경찰청을 둔다.

② 경찰의 사무를 지역적으로 분담하여 수행하게 하기 위하여 특별시장·광역시장·특별자치시장·
도지사·특별자치도지사 소속으로 시·도경찰청을 둔다.

③ 시·도경찰청장 소속으로 경찰서를 둔다.

④ 인구, 행정구역, 면적, 지리적 특성, 교통 및 그 밖의 조건을 고려하여 특별시·광역시·특별자
치시·도·특별자치도에 2개의 시·도경찰청을 둘 수 있다.

해설 ① 「**국가경찰과 자치경찰의 조직 및 운영에 관한 법률**」 제12조, ③ 제13조 제1문 후단, ④ 제13조 제2문

② 「**국가경찰과 자치경찰의 조직 및 운영에 관한 법률**」 제13조 제1문 전단 "경찰의 사무를 지역적으로 분담하
여 수행하게 하기 위하여 <u>특별시·광역시·특별자치시·도·특별자치도</u>(이하 "시·도"라 한다)에 시·도경
찰청을 두고, <u>시·도경찰청장 소속으로 경찰서를 둔다.</u> 이 경우 인구, 행정구역, 면적, 지리적 특성, 교통 및
그 밖의 조건을 고려하여 <u>시·도에 2개의 시·도경찰청</u>을 둘 수 있다."

12 국가경찰과 자치경찰의 조직 및 운영에 관한 법률상 "경찰청장(제14조)"에 대한 설명으로 틀린
것은?

① 경찰청장은 치안총감으로 보하고, 임기는 2년으로 중임할 수 없다.

② 경찰청장이 직무를 집행하면서 헌법이나 법률을 위배하였을 때에는 국회는 탄핵 소추를 의결
할 수 있다.

③ 경찰청장은 국가경찰위원회의 동의를 받아 행정안전부장관의 제청으로 국무총리를 거쳐 대통
령이 임명하고, 이 경우 국회의 인사청문을 거쳐야 한다.

④ 경찰청장은 국가경찰사무와 자치경찰사무를 총괄하고 경찰청 업무를 관장하며 소속 공무원
및 각급 경찰기관의 장을 지휘·감독한다.

해설 ① 「**국가경찰과 자치경찰의 조직 및 운영에 관한 법률**」 제14조 제1항·제4항, ② 제14조 제5항, ③ 제14조 제
2항

④ 「**국가경찰과 자치경찰의 조직 및 운영에 관한 법률**」 제14조 제3항 "경찰청장은 <u>국가경찰사무를 총괄</u>하고 경
찰청 업무를 관장하며 소속 공무원 및 각급 경찰기관의 장을 지휘·감독한다." <u>자치경찰사무</u>는 특별시장·광
역시장·특별자치시장·도지사·특별자치도지사(이하 "시·도지사"라 한다) 소속의 <u>시·도자치경찰위원회가</u>
관장한다.

13 국가경찰과 자치경찰의 조직 및 운영에 관한 법률상 "경찰청장(제14조)"에 대한 설명으로 옳은 것은?

① 경찰청장은 국민의 생명·신체·재산 또는 공공의 안전 등에 중대한 위험을 초래하는 긴급하고 중요한 사건의 수사에 있어서 경찰의 자원을 대규모로 동원하는 등 통합적으로 현장 대응할 필요가 있다고 판단할 만한 상당한 이유가 있는 때에는 직접 개별 사건의 수사에 대하여 구체적으로 지휘·감독할 수 있다.

② 경찰청장은 국가경찰과 자치경찰의 조직 및 운영에 관한 법률 제14조 제6항 단서에 따라 개별 사건의 수사에 대한 구체적 지휘·감독을 개시한 때에는 이를 국가경찰위원회에 보고하여야 한다.

③ 경찰청장은 국가경찰과 자치경찰의 조직 및 운영에 관한 법률 제14조 제6항 단서에 규정된 사유가 해소된 경우에는 개별 사건의 수사에 대한 구체적 지휘·감독을 중단할 수 있다.

④ 국가수사본부장이 국가경찰과 자치경찰의 조직 및 운영에 관한 법률 제14조 제6항 단서의 사유가 해소되었다고 판단하여 개별 사건의 수사에 대한 경찰청장의 구체적 지휘·감독 중단을 건의하는 경우 경찰청장은 이를 승인할 수 있다.

해설 ① 「**국가경찰과 자치경찰의 조직 및 운영에 관한 법률**」 **제14조 제6항 단서** "경찰청장은 경찰의 수사에 관한 사무의 경우에는 개별 사건의 수사에 대하여 구체적으로 지휘·감독할 수 없다. 다만, 국민의 생명·신체·재산 또는 공공의 안전 등에 중대한 위험을 초래하는 긴급하고 중요한 사건의 수사에 있어서 경찰의 자원을 대규모로 동원하는 등 통합적으로 현장 대응할 필요가 있다고 판단할 만한 상당한 이유가 있는 때에는 제16조에 따른 국가수사본부장을 통하여 개별 사건의 수사에 대하여 구체적으로 지휘·감독할 수 있다."
② 「**국가경찰과 자치경찰의 조직 및 운영에 관한 법률**」 **제14조 제7항**
③ 「**국가경찰과 자치경찰의 조직 및 운영에 관한 법률**」 **제14조 제8항** "경찰청장은 제6항 단서의 사유가 해소된 경우에는 개별 사건의 수사에 대한 구체적 지휘·감독을 중단하여야 한다."
④ 「**국가경찰과 자치경찰의 조직 및 운영에 관한 법률**」 **제14조 제9항** "경찰청장은 국가수사본부장이 제6항 단서의 사유가 해소되었다고 판단하여 개별 사건의 수사에 대한 구체적 지휘·감독의 중단을 건의하는 경우 특별한 이유가 없으면 이를 승인하여야 한다."

14 국가경찰과 자치경찰의 조직 및 운영에 관한 법률에 따른 "경찰청 차장(제15조)" 및 하부조직(제17조)에 대한 설명으로 틀린 것은?

① 경찰청에 차장을 두며, 차장은 치안정감으로 보한다.
② 경찰청 차장은 경찰청장을 보좌하며, 경찰청장이 부득이한 사유로 직무를 수행할 수 없을 때에는 그 직무를 대행한다.
③ 경찰청의 하부조직은 본부·국·부·과 또는 계로 한다.
④ 경찰청장·차장·국가수사본부장·국장 또는 부장 밑에 정책의 기획이나 계획의 입안 및 연구·조사를 통하여 그를 직접 보좌하는 담당관을 둘 수 있다.

해설 ① 「**국가경찰과 자치경찰의 조직 및 운영에 관한 법률**」 **제15조 제1항**, ② **제15조 제2항**, ④ **제17조 제2항**
③ 「**국가경찰과 자치경찰의 조직 및 운영에 관한 법률**」 **제17조 제1항** "경찰청의 하부조직은 본부·국·부 또는 과로 한다."

정답 | 11 | ② | 12 | ④ | 13 | ② | 14 | ③

15 국가경찰과 자치경찰의 조직 및 운영에 관한 법률상 "국가수사본부장(제16조)"에 대한 설명으로 옳은 것은?

① 경찰청에 국가수사본부를 두며, 국가수사본부장은 치안정감으로 보한다.

② 형사소송법에 따른 경찰의 수사에 관하여 국가수사본부장은 수사부서 소속 공무원을, 시·도 자치경찰위원회는 시·도경찰청장과 경찰서장을 지휘·감독한다.

③ 국가수사본부장의 임기는 2년으로 연임할 수 없고, 임기가 끝나면 당연히 퇴직한다.

④ 국가수사본부장은 국회의 인사청문 및 탄핵소추의 대상에 해당하지 않는다.

해설 ① 「국가경찰과 자치경찰의 조직 및 운영에 관한 법률」 제16조 제1항
② 「국가경찰과 자치경찰의 조직 및 운영에 관한 법률」 제16조 제2항 "국가수사본부장은 「형사소송법」에 따른 경찰의 수사에 관하여 각 시·도경찰청장과 경찰서장 및 수사부서 소속 공무원을 지휘·감독한다."
③ 「국가경찰과 자치경찰의 조직 및 운영에 관한 법률」 제16조 제3항·제4항 "③ 국가수사본부장의 임기는 2년으로 하며, 중임할 수 없다. ④ 국가수사본부장은 임기가 끝나면 당연히 퇴직한다."
④ 「국가경찰과 자치경찰의 조직 및 운영에 관한 법률」 제16조 제5항 "국가수사본부장이 직무를 집행하면서 헌법이나 법률을 위배하였을 때에는 국회는 탄핵 소추를 의결할 수 있다." 국회 인사청문의 대상은 아니지만, 탄핵소추의 대상에는 해당한다.

16 국가경찰과 자치경찰의 조직 및 운영에 관한 법률상 "국가수사본부장(제16조)"의 임용자격에 대한 설명으로 틀린 것은?

① 경찰공무원법에 따른 경찰공무원이 아닌 사람도 일정한 요건을 구비한 경우 국가수사본부장에 임용될 수 있다.

② 10년 이상 수사업무에 종사한 사람 중에서 국가공무원법에 따른 고위공무원단에 속하는 공무원, 3급 이상 공무원 또는 총경 이상 경찰공무원으로 재직한 경력이 있는 사람이나 대학·공인된 연구기관에서 법률학·경찰학 분야에서 조교수 이상의 직이나 이에 상당하는 직에 10년 이상 있었던 사람은 국가수사본부장으로 임용될 자격이 있다.

③ 판사·검사 또는 변호사의 직에 10년 이상 있었던 사람이나 변호사 자격이 있는 사람으로서 국가기관, 지방자치단체, 공공기관의 운영에 관한 법률에 따른 공공기관에서 법률에 관한 사무에 10년 이상 종사한 경력이 있는 사람은 국가수사본부장으로 임용될 자격이 있다.

④ 판사의 직에서 8년 및 대학에서 법률학 분야에서 조교수로 8년의 경력을 가진 사람은 국가수사본부장으로 임용될 자격이 없다.

해설 ① 「국가경찰과 자치경찰의 조직 및 운영에 관한 법률」 제16조 제6항, ② 제16조 제6항 제1호·제4호, ③ 제16조 제6항 제2호·제3호
④ 「국가경찰과 자치경찰의 조직 및 운영에 관한 법률」 제16조 제6항 제5호 "제1호부터 제4호까지의 경력 기간의 합산이 15년 이상인 사람" 제16조 제6항 제1호 내지 제4호의 경력기간을 합산하여 15년 이상인 사람도 국가수사본부장으로 임용될 자격이 있다.

17 국가경찰과 자치경찰의 조직 및 운영에 관한 법률상 "국가수사본부장(제16조)"의 임용 결격사유에 관한 규정이다. ( )안에 들어갈 숫자를 모두 더한 값은?

> 국가수사본부장을 경찰청 외부를 대상으로 모집하여 임용하는 경우 다음 각 호의 어느 하나에 해당하는 사람은 국가수사본부장이 될 수 없다.
> 1. 경찰공무원법 제8조 제2항 각 호의 결격사유에 해당하는 사람
> 2. 정당의 당원이거나 당적을 이탈한 날부터 ( )년이 지나지 아니한 사람

3. 선거에 의하여 취임하는 공직에 있거나 그 공직에서 퇴직한 날부터 ( )년이 지나지 아니한 사람

4. 제6항 제2호의 판사·검사의 직에서 퇴직한 날로부터 ( )년이 지나지 아니한 사람

5. 제6항 제3호에 해당하는 사람으로서 국가기관등에서 퇴직한 날로부터 ( )년이 지나지 아니한 사람

① 6　　　　② 8　　　　③ 10　　　　④ 12

해설　「**국가경찰과 자치경찰의 조직 및 운영에 관한 법률**」 제16조 제7항. 순서대로 3 – 3 – 1 – 1

18 국가경찰과 자치경찰의 조직 및 운영에 관한 법률상 "시·도자치경찰위원회의 설치(제18조) 및 구성(제19조)"에 대한 설명으로 옳은 것은?

① 자치경찰사무를 관장하게 하기 위하여 특별시·광역시·특별자치시·도·특별자치도에 시·도 자치경찰위원회(이하 "위원회"라 한다)를 둔다.

② 위원회는 합의제 심의·의결기관으로서 특별시장·광역시장·특별자치시장·도지사·특별자치 도지사의 지휘·감독에 따라 그 권한에 속하는 업무를 수행한다.

③ 위원회 위원은 특정 성(性)이 10분의 6을 초과하지 아니하도록 노력하여야 하고, 위원 중 1명 은 인권문제에 관하여 전문적인 지식과 경험이 있는 사람이 임명될 수 있도록 노력하여야 한다.

④ 위원회는 위원장 1명을 포함한 7명의 위원으로 구성하되, 위원장 및 5명의 위원은 비상임으 로 하고, 1명의 위원은 상임으로 한다.

해설　①「**국가경찰과 자치경찰의 조직 및 운영에 관한 법률**」 제18조 제1항 본문 "자치경찰사무를 관장하게 하기 위 하여 특별시장·광역시장·특별자치시장·도지사·특별자치도지사(이하 "시·도지사"라 한다) 소속으로 시· 도자치경찰위원회를 둔다. 다만, 제13조 후단에 따라 시·도에 2개의 시·도경찰청을 두는 경우 시·도지사 소속으로 2개의 시·도자치경찰위원회를 둘 수 있다." 제1항 단서는 2021년 7월 1일 개정·시행되었다.
②「**국가경찰과 자치경찰의 조직 및 운영에 관한 법률**」 제18조 제2항 "시·도자치경찰위원회는 합의제 행정기 관으로서 그 권한에 속하는 업무를 독립적으로 수행한다."
③「**국가경찰과 자치경찰의 조직 및 운영에 관한 법률**」 제19조 제2항·제3항
④「**국가경찰과 자치경찰의 조직 및 운영에 관한 법률**」 제19조 제1항 "시·도자치경찰위원회는 위원장 1명을 포함한 7명의 위원으로 구성하되, 위원장과 1명의 위원은 상임으로 하고, 5명의 위원은 비상임으로 한다." 국 가경찰위원회의 위원 구성과 혼동하지 않도록 구별해서 기억한다. 7명의 위원이라는 점에서 양자는 동일하지 만, 국가경찰위원회의 경우 상임 1명과 비상임 6명(위원장 포함: 위원장은 비상임위원), 시·도자치경찰위원 회의 경우 상임 2명(위원장 포함: 위원장은 상임위원)과 비상임 5명이다.

19 국가경찰과 자치경찰의 조직 및 운영에 관한 법률상 "시·도자치경찰위원회 위원의 임명 및 결 격사유(제20조)"에 대한 설명으로 틀린 것은?

① 위원은 국가경찰과 자치경찰의 조직 및 운영에 관한 법률 제20조 제1항에 따라 추천되거나 지명된 사람을 시·도지사가 임명한다.

② 시·도의회, 국가경찰위원회, 경찰청장, 해당 시·도교육감, 시·도자치경찰위원회 위원추천위 원회, 시·도지사에게 위원의 추천권 또는 지명권이 있다.

③ 판사·검사·변호사 또는 경찰의 직에 5년 이상 있었던 사람 및 변호사 자격이 있는 사람으로 서 국가기관등에서 법률에 관한 사무에 5년 이상 종사한 경력이 있는 사람은 위원으로 임명 될 자격이 있다.

④ 대학이나 공인된 연구기관에서 법률학·행정학 또는 경찰학 분야의 조교수 이상의 직이나 이 에 상당하는 직에 5년 이상 있었던 사람은 위원으로 임명될 자격이 있다.

해설 ①「국가경찰과 자치경찰의 조직 및 운영에 관한 법률」제20조 제1항, ③ 제20조 제2항 제1호·제2호 ④ 제20조 제2항 제3호

② 「국가경찰과 자치경찰의 조직 및 운영에 관한 법률」제20조 제1항 각 호 "시·도자치경찰위원회 위원은 다음 각 호의 사람을 <u>시·도지사가 임명</u>한다. 1. <u>시·도의회</u>가 추천하는 <u>2명</u>, 2. <u>국가경찰위원회</u>가 추천하는 1명, 3. 해당 <u>시·도 교육감</u>이 추천하는 1명, 4. 시·도자치경찰위원회 <u>위원추천위원회</u>가 추천하는 <u>2명</u>, 5. <u>시·도지사</u>가 지명하는 1명" 경찰청장은 시·도자치경찰위원회 위원의 추천권이 없다.

20 국가경찰과 자치경찰의 조직 및 운영에 관한 법률상 시·도자치경찰위원회 위원 2명에 대한 추천권자로 연결이 바른 것은?

① 시·도의회 − 시·도자치경찰위원회 위원추천위원회
② 시·도지사 − 시·도의회
③ 국가경찰위원회 − 시·도지사
④ 시·도자치경찰위원회 위원추천위원회 − 국가경찰위원회

해설 「국가경찰과 자치경찰의 조직 및 운영에 관한 법률」제20조 제1항 제1호·제4호. <u>시·도의회와 시·도자치경찰위원회 위원추천위원회</u>가 2명의 추천권을 가지고 있다.

21 국가경찰과 자치경찰의 조직 및 운영에 관한 법률상 "시·도자치경찰위원회(제20조)"에 대한 설명으로 옳은 것은?

① 시·도자치경찰위원회 위원장은 위원 중에서 호선하고, 위원장은 지방자치단체의 공무원으로 한다.
② 시·도자치경찰위원회 상임위원은 위원회의 의결을 거쳐 위원 중에서 위원장의 제청으로 시·도경찰청장이 임명하고, 상임위원은 지방자치단체의 공무원으로 한다.
③ 공무원이 아닌 시·도자치경찰위원회 위원에 대해서는 비밀 엄수의 의무(지방공무원법 제52조) 및 정치운동의 금지(지방공무원법 제57조)를 적용하지 아니한다.
④ 공무원이 아닌 시·도자치경찰위원회 위원은 그 소관 사무와 관련하여 형법이나 그 밖의 법률에 따른 벌칙을 적용할 때에는 공무원으로 본다.

해설 ① ② 「국가경찰과 자치경찰의 조직 및 운영에 관한 법률」제20조 제3항 제1문 "시·도자치경찰위원회 위원장은 위원 중에서 <u>시·도지사가 임명</u>하고, <u>상임위원</u>은 시·도자치경찰위원회의 <u>의결</u>을 거쳐 위원 중에서 위원장의 제청으로 <u>시·도지사가 임명</u>한다. 이 경우 <u>위원장과 상임위원은 지방자치단체의 공무원</u>으로 한다."

③ 「국가경찰과 자치경찰의 조직 및 운영에 관한 법률」제20조 제5항 "공무원이 아닌 위원에 대해서는 「지방공무원법」제52조(주: 비밀 엄수의 의무) 및 제57조(주: 정치운동의 금지)를 준용한다."

④ 「국가경찰과 자치경찰의 조직 및 운영에 관한 법률」제20조 제6항

22 국가경찰과 자치경찰의 조직 및 운영에 관한 법률상 "시·도자치경찰위원회(제20조)" 위원의 결격사유에 대한 설명으로 틀린 것은?

① 국가경찰과 자치경찰의 조직 및 운영에 관한 법률 제20조 제7항 각 호의 사유에 해당하는 사람은 시·도자치경찰위원회 위원이 될 수 없고, 위원이 여기에 해당한 경우에는 당연퇴직한다.
② 당적을 이탈한 날부터 3년이 지나지 아니한 사람, 선거에 의하여 취임하는 공직에서 퇴직한 날부터 3년이 지나지 아니한 사람 또는 경찰, 검찰, 국가정보원 직원 또는 군인의 직에서 퇴직한 날부터 3년이 지나지 아니한 사람은 시·도자치경찰위원회 위원이 될 수 없다.

③ 국가 및 지방자치단체의 공무원(국립 또는 공립대학의 조교수 이상의 직에 있는 사람을 포함한다)이거나 공무원이었던 사람으로서 퇴직한 날부터 3년이 지나지 아니한 사람은 시·도자치경찰위원회 위원이 될 수 없다.

④ 시·도자치경찰위원회 위원의 임명방법 등에 관하여 필요한 사항은 대통령령으로 정하는 기준에 따라 시·도조례로 정한다.

해설 ① 「**국가경찰과 자치경찰의 조직 및 운영에 관한 법률**」 제20조 제7항, ② 제20조 제7항 제1호 내지 제3호, ④ 제20조 제8항

② ③ 「**국가경찰과 자치경찰의 조직 및 운영에 관한 법률**」 제20조 제7항 제4호 "다음 각 호의 어느 하나에 해당하는 사람은 위원이 될 수 없다. 위원이 각 호의 어느 하나에 해당한 경우에는 당연퇴직한다. 1. 정당의 <u>당원이</u>거나 <u>당적을 이탈한 날부터 3년</u>이 지나지 아니한 사람, 2. 선거에 의하여 취임하는 <u>공직에 있거나 그 공직에서 퇴직한 날부터 3년</u>이 지나지 아니한 사람, , 3. <u>경찰, 검찰, 국가정보원</u> 직원 또는 군인의 직에 있거나 그 직에서 퇴직한 날부터 <u>3년</u>이 지나지 아니한 사람, 4. 국가 및 지방자치단체의 공무원(<u>국립 또는 공립대학의 조교수 이상의 직에 있는 사람은 제외</u>한다. 이하 이 조에서 같다)이거나 <u>공무원이었던 사람으로서 퇴직한 날</u>부터 <u>3년</u>이 지나지 아니한 사람. 다만, 제20조 제3항 후단에 따라 위원장과 상임위원이 지방자치단체의 공무원이 된 경우에는 당연퇴직하지 아니한다. 5. 「지방공무원법」 제31조 각 호의 어느 하나에 해당하는 사람. 다만, 「지방공무원법」 제31조 제2호 및 제5호에 해당하는 경우에는 같은 법 제61조 제1호 단서에 따른다."

23 국가경찰과 자치경찰의 조직 및 운영에 관한 법률상 시·도자치경찰위원회 위원추천위원회에 대한 설명으로 옳은 것은?

① 시·도경찰청장은 시·도자치경찰위원회 위원추천위원회에 각계각층의 관할 지역주민의 의견이 수렴될 수 있도록 위원을 구성하여야 한다.

② 시·도자치경찰위원회 위원 추천을 위하여 시·도지사 소속으로 시·도자치경찰위원회 위원추천위원회를 둔다.

③ 시·도자치경찰위원회 위원추천위원회 위원의 수, 자격, 구성, 위원회 운영 등에 관하여 필요한 사항은 대통령령으로 정하는 기준에 따라 시·도조례로 정한다·

④ 시·도자치경찰위원회 위원추천위원회는 1명의 시·도자치경찰위원회 위원에 대한 추천권을 가진다.

해설 ① 「**국가경찰과 자치경찰의 조직 및 운영에 관한 법률**」 제21조 제2항 "<u>시·도지사</u>는 시·도자치경찰위원회 위원추천위원회에 각계각층의 관할 지역주민의 의견이 수렴될 수 있도록 <u>위원을 구성하여야 한다</u>." 시·도지사 소속으로 위원추천위원회를 두고, 위원추천위원회 위원은 시·도지사가 구성한다.

② 「**국가경찰과 자치경찰의 조직 및 운영에 관한 법률**」 제21조 제1항

③ 「**국가경찰과 자치경찰의 조직 및 운영에 관한 법률**」 제21조 제3항 "시·도자치경찰위원회 위원추천위원회 위원의 수, 자격, 구성, 위원회 운영 등에 관하여 필요한 사항은 <u>대통령령으로 정한다</u>."

④ 「**국가경찰과 자치경찰의 조직 및 운영에 관한 법률**」 제20조 제1항 제4호 "시·도자치경찰위원회 위원은 다음 각 호의 사람을 시·도지사가 임명한다. 4. 시·도자치경찰위원회 위원추천위원회가 추천하는 <u>2명</u>" 시·도의회와 함께 2명의 시·도자치경찰위원회 위원에 대한 추천권을 가진다.

24 국가경찰과 자치경찰의 조직 및 운영에 관한 법률상 시·도자치경찰위원회의 위원장과 위원에 대한 설명으로 틀린 것은?

① 위원장은 시·도자치경찰위원회를 대표하고 회의를 주재하며 시·도자치경찰위원회의 의결을 거쳐 업무를 수행한다.
② 위원장이 부득이한 사유로 직무를 수행할 수 없을 때에는 상임위원, 시·도자치경찰위원회 위원 중 연장자순으로 그 직무를 대행한다.
③ 보궐위원의 임기는 전임자 임기의 남은 기간으로 하되, 전임자의 남은 임기가 1년 미만인 경우 그 보궐위원은 한 차례만 연임할 수 있다.
④ 위원장과 위원의 임기는 2년으로 연임할 수 없고, 위원은 중대한 신체상 또는 정신상의 장애로 직무를 수행할 수 없게 된 경우를 제외하고는 그 의사에 반하여 면직되지 아니한다.

> **해설** ① 「국가경찰과 자치경찰의 조직 및 운영에 관한 법률」 제22조 제1항. ② 제22조 제2항. ③ 제23조 제2항
> ④ 「국가경찰과 자치경찰의 조직 및 운영에 관한 법률」 제23조 제1항·제3항 "① 시·도자치경찰위원회 위원장과 위원의 임기는 <u>3년</u>으로 하며, <u>연임할 수 없다.</u> ③ 위원은 중대한 신체상 또는 정신상의 장애로 직무를 수행할 수 없게 된 경우를 제외하고는 그 의사에 반하여 면직되지 아니한다."

25 국가경찰과 자치경찰의 조직 및 운영에 관한 법률상 "시·도자치경찰위원회의 소관 사무(제24조)"에 대한 설명으로 옳은 것은?

① 국가경찰과 자치경찰의 조직 및 운영에 관한 법률 제28조 제2항에 따른 시·도경찰청장의 임용과 관련한 경찰청장과의 협의는 시·도자치경찰위원회의 소관 사무에 해당한다.
② 국가경찰과 자치경찰의 조직 및 운영에 관한 법률 제32조에 따른 비상사태 등 전국적 치안유지를 위한 경찰청장의 지휘·명령에 관한 사무는 국가경찰위원회의 심의·의결사항이므로, 시·도자치경찰위원회의 소관 사무에 해당하지 않는다.
③ 지방행정과 치안행정의 업무조정과 그 밖에 필요한 협의·조정, 국가경찰사무·자치경찰사무의 협력·조정과 관련한 경찰청장과 협의, 국가경찰위원회에 대한 심의·조정 요청은 시·도지사의 권한으로 시·도자치경찰위원회의 소관 사무에 해당하지 않는다.
④ 시·도지사, 국가경찰위원회, 경찰청장, 시·도경찰청장이 중요하다고 인정하여 시·도자치경찰위원회의 회의에 부친 사항에 대한 심의·의결은 시·도자치경찰위원회의 소관 사무에 해당한다.

> **해설** ① 「국가경찰과 자치경찰의 조직 및 운영에 관한 법률」 제24조 제1항 제6호
> ② 「국가경찰과 자치경찰의 조직 및 운영에 관한 법률」 제24조 제1항 제14호에 따른 시·도자치경찰위원회의 소관 사무에 해당한다.
> ③ 「국가경찰과 자치경찰의 조직 및 운영에 관한 법률」 제24조 제1항 제13호·제15호·제16호에 따른 시·도자치경찰위원회의 소관 사무에 해당한다.
> ④ 「국가경찰과 자치경찰의 조직 및 운영에 관한 법률」 제24조 제1항 제17호 "시·도자치경찰위원회의 소관 사무는 다음 각 호로 한다. 17. 그 밖에 <u>시·도지사, 시·도경찰청장</u>이 중요하다고 인정하여 시·도자치경찰위원회의 회의에 부친 사항에 대한 심의·의결" 국가경찰위원회와 경찰청장은 포함되지 않는다.

26 국가경찰과 자치경찰의 조직 및 운영에 관한 법률에 따른 "시·도자치경찰위원회의 심의·의결 사항 등(제25조)"에 대한 설명으로 틀린 것은?

① 시·도자치경찰위원회는 그 소관 사무에 대하여 심의·의결하고, 회의는 재적위원 과반수의 출석과 출석위원 과반수의 찬성으로 의결한다.

② 시·도자치경찰위원회의 의결이 적정하지 아니하다고 판단할 때에는 시·도지사는 재의를 요구할 수 있으나, 시·도경찰청장은 재의를 요구할 수 없다.

③ 시·도자치경찰위원회의 의결이 법령에 위반되거나 공익을 현저히 해친다고 판단되면 행정안전부장관은 미리 경찰청장의 의견을 들어 국가경찰위원회를 거쳐 시·도자치경찰위원회에, 경찰청장은 국가경찰위원회와 행정안전부장관을 거쳐 시·도자치경찰위원회에 재의를 요구할 수 있다.

④ 시·도자치경찰위원회의 위원장은 재의요구를 받은 날부터 7일 이내에 회의를 소집하여 재의결하여야 하고, 이 경우 재적위원 과반수의 출석과 출석위원 3분의 2 이상의 찬성으로 전과 같은 의결을 하면 그 의결사항은 확정된다.

> **해설** ① 「국가경찰과 자치경찰의 조직 및 운영에 관한 법률」 제25조 제1항·제2항, ② 제25조 제3항, ④ 제25조 제5항
>
> ③ 「국가경찰과 자치경찰의 조직 및 운영에 관한 법률」 제25조 제4항 "위원회의 의결이 법령에 위반되거나 공익을 현저히 해친다고 판단되면 행정안전부장관은 미리 경찰청장의 의견을 들어 국가경찰위원회를 거쳐 <u>시·도지사에게 제3항의 재의를 요구하게 할 수 있고,</u> 경찰청장은 국가경찰위원회와 행정안전부장관을 거쳐 <u>시·도지사에게 재의를 요구하게 할 수 있다.</u>" 행정안전부장관이나 경찰청장은 직접 시·도자치경찰위원회에 재의를 요구할 수 없다는 점에 유의한다.

27 국가경찰과 자치경찰의 조직 및 운영에 관한 법률상 "시·도자치경찰위원회의 운영(제26조) 및 사무기구(제27조)"에 대한 설명으로 옳은 것은?

① 시·도자치경찰위원회의 회의는 정기적으로 개최하여야 하고, 위원장이 필요하다고 인정하는 경우, 위원 2명 이상 또는 시·도경찰청장이 요구하는 경우, 시·도지사가 필요하다고 인정하는 경우에는 임시회의를 개최할 수 있다.

② 시·도자치경찰위원회의 운영 등에 필요한 사항은 대통령령으로 정하는 기준에 따라 시·도조례로 정한다.

③ 시·도자치경찰위원회의 사무를 처리하는 사무기구는 시·도경찰청에 두고, 사무기구에는 대통령령으로 정하는 바에 따라 담당 경찰공무원을 두어야 한다.

④ 시·도자치경찰위원회 사무기구의 조직·정원·운영 등에 관하여 필요한 사항은 시·도경찰청장의 의견을 들어 대통령령으로 정하는 기준에 따라 시·도조례로 정한다.

> **해설** ① 「국가경찰과 자치경찰의 조직 및 운영에 관한 법률」 제26조 제1항 "시·도자치경찰위원회의 <u>회의는 정기적으로 개최하여야 한다.</u> 다만 위원장이 필요하다고 인정하는 경우, <u>위원 2명 이상이 요구하는 경우</u> 및 <u>시·도지사가 필요하다고 인정하는 경우</u>에는 임시회의를 개최할 수 있다." 시·도경찰청장은 시·도자치경찰위원회의 임시회의 개최를 요구할 수 없다.
>
> ② 「국가경찰과 자치경찰의 조직 및 운영에 관한 법률」 제26조 제4항
>
> ③ 「국가경찰과 자치경찰의 조직 및 운영에 관한 법률」 제27조 제1항·제2항 "① 시·도자치경찰위원회의 사무를 처리하기 위하여 <u>시·도자치경찰위원회에 필요한 사무기구를 둔다.</u> ② <u>사무기구에는</u> 「지방자치단체에 두는 국가공무원의 정원에 관한 법률」에도 불구하고 대통령령으로 정하는 바에 따라 <u>경찰공무원을 두어야 한</u>

다.” 국가경찰위원회의 사무는 경찰청에서 수행하는 것과 달리 시 · 도자치경찰위원회의 경우 위원회에 별도의 사무기구 및 경찰공무원을 두도록 규정하고 있음에 유의한다.

④ 「국가경찰과 자치경찰의 조직 및 운영에 관한 법률」 제27조 제4항 “④ 사무기구의 조직 · 정원 · 운영 등에 관하여 필요한 사항은 경찰청장의 의견을 들어 대통령령으로 정하는 기준에 따라 시 · 도조례로 정한다.”

28 국가경찰과 자치경찰의 조직 및 운영에 관한 법률상 “시 · 도경찰청장(제28조)”에 대한 설명으로 틀린 것은?

① 시 · 도경찰청에 시 · 도경찰청장을 두며, 시 · 도경찰청장은 치안정감 · 치안감 또는 경무관으로 보한다.

② 경찰공무원법(제7조)에도 불구하고 시 · 도경찰청장은 경찰청장이 시 · 도자치경찰위원회와 협의하여 추천한 사람 중에서 행정안전부장관의 제청으로 국무총리를 거쳐 대통령이 임용한다.

③ 시 · 도경찰청장은 국가경찰사무에 대해서는 경찰청장의 지휘 · 감독, 자치경찰사무에 대해서는 시 · 도자치경찰위원회의 지휘 · 감독, 수사에 관한 사무에 대해서는 국가수사본부장의 지휘 · 감독을 받아 관할구역의 소관 사무를 관장하고 소속 공무원 및 소속 경찰기관의 장을 지휘 · 감독한다.

④ 시 · 도자치경찰위원회는 자치경찰사무에 대해 심의 · 의결을 통하여 시 · 도경찰청장을 지휘 · 감독하고, 위원회가 심의 · 의결할 시간적 여유가 없거나 심의 · 의결이 곤란한 경우 대통령령으로 정하는 바에 따라 위원회의 지휘 · 감독권을 시 · 도지사에게 위임한 것으로 본다.

해설 ① 「국가경찰과 자치경찰의 조직 및 운영에 관한 법률」 제28조 제1항, ② 제28조 제2항, ③ 제28조 제3항

④ 「국가경찰과 자치경찰의 조직 및 운영에 관한 법률」 제28조 제4항 “제3항 본문의 경우 시 · 도자치경찰위원회는 자치경찰사무에 대해 심의 · 의결을 통하여 시 · 도경찰청장을 지휘 · 감독한다. 다만, 시 · 도자치경찰위원회가 심의 · 의결할 시간적 여유가 없거나 심의 · 의결이 곤란한 경우 대통령령으로 정하는 바에 따라 시 · 도자치경찰위원회의 지휘 · 감독권을 시 · 도경찰청장에게 위임한 것으로 본다.”

29 국가경찰과 자치경찰의 조직 및 운영에 관한 법률상 “시 · 도경찰청 차장(제29조)”과 경찰서장(제30조)에 대한 설명으로 옳은 것은?

① 시 · 도경찰청 차장은 시 · 도경찰청장을 보좌하여 소관 사무를 처리하고, 시 · 도경찰청장이 부득이한 사유로 직무를 수행할 수 없을 때에는 그 직무를 대행하므로 시 · 도경찰청에 차장을 두어야 한다.

② 경찰서장은 경무관 또는 총경으로 보하고, 시 · 도경찰청장의 지휘 · 감독을 받아 관할구역의 소관 사무를 관장하고 소속 공무원을 지휘 · 감독한다.

③ 경찰서장 소속으로 지구대 또는 파출소를 두고, 그 설치기준은 치안수요 · 교통 · 지리 등 관할구역의 특성을 고려하여 행정안전부령으로 정하며, 필요한 경우에는 출장소를 둘 수 있다.

④ 시 · 도자치경찰위원회는 정기적으로 경찰서장의 자치경찰사무 수행에 관한 평가결과를 시 · 도경찰청장에게 통보하여야 하며, 시 · 도경찰청장은 이를 반영하여야 한다.

해설 ① 「국가경찰과 자치경찰의 조직 및 운영에 관한 법률」 제29조 “① 시 · 도경찰청에 차장을 둘 수 있다. ② 차장은 시 · 도경찰청장을 보좌하여 소관 사무를 처리하고 시 · 도경찰청장이 부득이한 사유로 직무를 수행할 수 없을 때에는 그 직무를 대행한다.”

② 「국가경찰과 자치경찰의 조직 및 운영에 관한 법률」 제30조 제1항 · 제2항 “① 경찰서에 경찰서장을 두며, 경찰서장은 경무관, 총경(總警) 또는 경정(警正)으로 보한다. ② 경찰서장은 시 · 도경찰청장의 지휘 · 감독을 받아 관할구역의 소관 사무를 관장하고 소속 공무원을 지휘 · 감독한다.”

③「**국가경찰과 자치경찰의 조직 및 운영에 관한 법률**」제30조 제3항
④「**국가경찰과 자치경찰의 조직 및 운영에 관한 법률**」제30조 제4항 "시·도자치경찰위원회는 정기적으로 경찰서장의 자치경찰사무 수행에 관한 평가결과를 <u>경찰청장에게 통보하여야</u> 하며 <u>경찰청장은 이를 반영하여야</u> 한다."

30 국가경찰과 자치경찰의 조직 및 운영에 관한 법률에 따른 "비상사태 등 전국적 치안유지를 위한 경찰청장의 지휘·명령(제32조)"에 대한 설명으로 틀린 것은 모두 몇 개인가?

> ⊙ 경찰청장은 국민안전에 중대한 영향을 미치는 사안에 대하여 다수의 시·도에 동일하게 적용되는 치안정책을 시행할 필요가 있다고 인정할 만한 충분한 사유가 있는 경우에는 자치경찰사무를 수행하는 경찰공무원(제주특별자치도의 자치경찰공무원을 포함한다)을 직접 지휘·명령해야 한다.
> ⓛ 경찰청장은 자치경찰사무를 수행하는 경찰공무원을 직접 지휘·명령할 필요가 있는 경우에는 시·도자치경찰위원회("이하 위원회"라 한다)에 직접 지휘·명령하려는 사유·내용 등을 구체적으로 제시하여 통보하여야 한다.
> ⓒ ⓛ의 통보를 받은 위원회는 정당한 사유가 없으면 즉시 자치경찰사무를 담당하는 경찰공무원에게 경찰청장의 지휘·명령을 받을 것을 명하여야 하고, 그 사유에 해당하지 아니한다고 인정하면 위원회의 의결을 거쳐 국가경찰위원회에 그 지휘·명령의 중단을 요청할 수 있다.
> ② 경찰청장이 자치경찰사무를 수행하는 경찰공무원을 직접 지휘·명령하는 경우에는 원칙적으로 국가경찰위원회의 의결을 거쳐야 한다.
> ⓜ 경찰청장의 자치경찰사무를 수행하는 경찰공무원에 대한 직접 지휘·명령에 대한 보고를 받은 국가경찰위원회는 그 사유에 해당하지 아니한다고 인정하면 그 지휘·명령을 중단할 것을 의결하여 경찰청장에게 통보할 수 있다.
> ⓗ 경찰청장은 자치경찰사무를 수행하는 경찰공무원에게 직접 지휘·명령할 수 있는 사유가 해소된 때에는 그 지휘·명령을 즉시 중단하여야 한다.

① 1개   ② 2개   ③ 3개   ④ 4개

해설 ⓛ「**국가경찰과 자치경찰의 조직 및 운영에 관한 법률**」제32조 제2항, ⓜ 제32조 제5항, ⓗ 제32조 제6항
⊙「**국가경찰과 자치경찰의 조직 및 운영에 관한 법률**」제32조 제1항 제2호 "경찰청장은 다음 각 호의 경우에는 제2항에 따라 자치경찰사무를 수행하는 경찰공무원(제주특별자치도의 자치경찰공무원을 포함한다)을 <u>직접 지휘·명령할 수 있다.</u> 1. 전시·사변, 천재지변, 그 밖에 이에 준하는 국가 비상사태, 대규모의 테러 또는 소요사태가 발생하였거나 발생할 우려가 있어 <u>전국적인 치안유지를 위하여</u> 긴급한 조치가 필요하다고 인정할 만한 충분한 사유가 있는 경우, 2. 국민안전에 중대한 영향을 미치는 사안에 대하여 <u>다수의 시·도에 동일하게 적용되는</u> 치안정책을 시행할 필요가 있다고 인정할 만한 충분한 사유가 있는 경우, 3. 자치경찰사무와 관련하여 <u>해당 시·도의 경찰력으로는 국민의 생명·신체·재산의 보호 및 공공의 안녕과 질서유지가 어려워 경찰청장의 지원·조정이 필요하다고 인정할 만한 충분한 사유가 있는 경우</u>"
ⓒ「**국가경찰과 자치경찰의 조직 및 운영에 관한 법률**」제32조 제3항 "제2항에 따른 통보를 받은 시·도자치경찰위원회는 정당한 사유가 없으면 즉시 자치경찰사무를 담당하는 경찰공무원에게 경찰청장의 지휘·명령을 받을 것을 명하여야 하며, 제1항에 규정된 사유에 해당하지 아니한다고 인정하면 시·도자치경찰위원회의 의결을 거쳐 <u>경찰청장에게 그 지휘·명령의 중단을 요청</u>할 수 있다."
② 「**국가경찰과 자치경찰의 조직 및 운영에 관한 법률**」제32조 제4항 "경찰청장이 제1항에 따라 지휘·명령을 하는 경우에는 <u>국가경찰위원회에 즉시 보고하여야</u> 한다. 다만, <u>제1항 제3호의 경우에는 미리 국가경찰위원회의 의결을 거쳐야</u> 하며 <u>긴급한 경우에는 우선 조치 후 지체 없이 국가경찰위원회의 의결을 거쳐야</u> 한다." 원

칙적으로 국가경찰위원회에 즉시 보고, 예외적으로 제1항 제3호의 경우 의결을 거친다.

31 경찰조직법(강학상 의미)에 대한 설명으로 틀린 것은?

① 경찰청의 설치는 국가의 행정조직에 관한 기본법인 정부조직법이 아니라 국가경찰과 자치경찰의 조직 및 운영에 관한 법률에 근거하고 있다.

② 경찰청장의 관장사무를 지원하기 위하여 경찰청장 소속으로 경찰대학·경찰인재개발원·중앙경찰학교 및 경찰수사연수원을 두고, 「책임운영기관의 설치·운영에 관한 법률」에 따라 경찰청장 소속의 책임운영기관으로 경찰병원을 둔다.

③ 시·도경찰청장은 경찰서장의 소관사무를 분장하기 위하여 행정안전부령으로 정하는 바에 따라 경찰청장의 승인을 받아 지구대 또는 파출소를 둘 수 있다.

④ 시·도경찰청장은 사무분장이 임시로 필요한 경우에는 출장소를 둘 수 있고, 지구대·파출소 및 출장소의 명칭·위치 및 관할구역과 그 밖에 필요한 사항은 시·도경찰청장이 정한다.

> **해설** ① 「**정부조직법**」 제34조 제5항·제6항 "⑤ 치안에 관한 사무를 관장하기 위하여 <u>행정안전부장관 소속으로 경찰청을 둔다.</u> ⑥ 경찰청의 조직·직무범위 그 밖에 필요한 사항은 따로 법률로 정한다." 국가경찰과 자치경찰의 조직 및 운영에 관한 법률 제12조 이외에 <u>정부조직법에도 경찰청의 설치에 관한 명문의 규정</u>을 두고 있다.
> ② 「**경찰청과 그 소속기관 직제**」 제2조 제1항·제2항, ③ **제43조 제1항**, ④ **제43조 제2항·제3항**

32 경찰청과 그 소속기관 조직 및 정원관리 규칙상 "지구대, 파출소 및 출장소(제10조)"에 대한 설명으로 옳은 것은?

① 지구대장은 경정 또는 경감, 파출소장은 경감 또는 경위로 한다.

② 시·도경찰청장은 임시로 필요한 때에는 출장소를 둘 수 있으며, 출장소를 설치한 때에는 경찰청장에게 보고하여야 한다.

③ 출장소장은 경사로 한다.

④ 경찰서장이 지구대 또는 파출소를 폐지하거나 명칭·위치 및 관할구역을 변경하였을 때에는 시·도경찰청장에게 보고하여야 한다.

> **해설** ① 「**경찰청과 그 소속기관 조직 및 정원관리 규칙**」 제10조 제2항 "지구대장은 경정 또는 경감, <u>파출소장은 경정·경감 또는 경위로 한다.</u>"
> ② 「**경찰청과 그 소속기관 조직 및 정원관리 규칙**」 제10조 제3항
> ③ 「**경찰청과 그 소속기관 조직 및 정원관리 규칙**」 제10조 제4항 "출장소장은 경위 또는 경사로 한다."
> ④ 「**경찰청과 그 소속기관 조직 및 정원관리 규칙**」 제10조 제5항 "<u>시·도경찰청장</u>이 지구대 또는 파출소를 폐지하거나 명칭·위치 및 관할구역을 변경하였을 때에는 <u>경찰청장에게 보고하여야 한다.</u>"

01 「경찰관 직무집행법」 제2조 제7호의 개괄적 수권조항 인정 여부에 있어 찬성 측의 논거로 가장 적절하지 않은 것은?

(2016년 제2차)

① 경찰의 성질상 경찰권의 발동상태를 상정해서 경찰권 발동의 요건·한계를 입법기관이 일일이 규정한다는 것은 불가능하다.

② 개괄적 수권조항은 개별조항이 없는 경우에만 보충적으로 적용하면 된다.

③ 개괄적 수권조항으로 인한 경찰권 남용의 가능성은 조리 상의 한계 등으로 충분히 통제가 가능하다.

④ 「경찰관 직무집행법」 제2조 제7호는 단지 경찰의 직무범위만을 정한 것으로서 본질적으로는 조직법적 성질의 규정이다.

해설 ④ 개괄적(일반적) 수권조항을 부정하는 입장의 논거이다.

1. 경찰권의 발동은 기본적으로 헌법상 보장된 국민의 자유와 권리를 제한 또는 침해하는 성격을 가지고 있으므로 헌법 제37조 제2항(법률유보 원칙)에 따라 반드시 법률상의 근거를 요하고, 제한하는 경우에도 자유와 권리의 본질적인 내용을 침해할 수 없다.

2. 경찰작용의 다양성에 비추어 경찰권 발동의 요건과 한계를 입법기관이 미리 일일이 규정하는 것은 불가능하다는 점에서 현행법상 개괄적(일반적) 수권조항의 인정 여부 및 인정되는 경우 어떤 조항이 여기에 해당하는가에 관하여 학계에서 견해가 대립하고 있다. 서울광장 통행저지행위에 대한 헌법소원심판(위헌확인)사건(2009헌마406 - 일명 "차벽사건")에서 개괄적 수권조항의 인정여부에 대해 헌법재판관의 견해가 대립하였다.

3. 개괄적(일반적) 수권조항을 부정하는 **헌법재판소 재판관 2인**은 "1. (경찰의 임무 또는 경찰관의 직무 범위를 규정한 경찰법 제3조, 경찰관 직무집행법 제2조는 조직법적 규정이라는 전제에서) 우리 헌법이 국민의 자유와 권리를 제한하는 경우 근거하도록 한 법률은 개별적 또는 구체적 사안에 적용할 작용법적 조항을 의미하는 것이지, 조직법적 규정까지 포함하는 것이 아니다(주: 헌법 제37조 제2항에 따른 법률유보 원칙 위배). 2. 조항들이 일반적 수권조항에 해당한다고 인정하더라도 명확성의 원칙 위반이라는 또 다른 위헌성을 피할 수 없다."고 판단하고 있다. 이에 대해 **다른 재판관 2인**은 "1. 시의적절하고 효율적인 경찰권 행사를 위한 현실적 필요성이 있다는 점. 2. 일반조항을 인정하더라도 경찰권 발동에 관한 조리상의 원칙이나 법원의 통제에 의해 그 남용이 억제될 수 있다는 점에 비추어 3. 경찰 임무의 하나로서 기타 공공의 안녕과 질서유지를 규정한 경찰법 제3조 및 경찰관 직무집행법 제2조는 일반적 수권조항으로서 경찰권 발동의 법적 근거가 될 수 있다."는 입장이다.

분석 개괄적 수권조항과 관련하여 최근 12년간 독립된 유형의 문제로 2회, 지문으로 1회 출제되었으나 견해가 첨예하게 대립하는 법이론적 문제라는 점에서 중요도는 떨어집니다. 다만, 장래에 예상되는 불법적인 집회·시위를 예방할 목적으로 경찰차량을 이용하여 서울시청 광장을 차단한 차벽사건과 관련하여 경찰관 직무집행법제2조, 제5조 제2항 및 제6조 제1항이 그 법적 근거로 제시되었고, 이와 관련된 예상문제의 헌법재판소 결정을 숙지하여야 합니다.

정답 | 01 | ④

02 경찰관 직무집행법 제2조 제7호(그 밖의 공공의 안녕과 질서유지)의 일반조항 인정여부에 대한 긍정설의 입장 설명 중 틀린 것은? (2009년 제2차)

① 경찰관 직무집행법 제2조 제7호는 경찰의 직무범위만을 규정한 것으로 본질적으로 조직법적 성질의 규정이다.
② 경찰권의 성질상 입법기관이 미리 경찰권의 발동사태를 상정해서 모든 요건을 법률로 규정하는 것은 불가능하다.
③ 일반조항은 개별수권규정에 의한 조치로도 대응할 수 없는 경우에 한하여 보충적으로 적용된다.
④ 일반조항으로 인한 경찰권 발동의 남용 가능성은 조리상의 한계 등으로 충분히 통제될 수 있다.

해설 ①은 개괄적(일반적) 수권조항을 부정하는 입장의 논거이다.

03 다음 중 「경찰관 직무집행법」상 규정된 즉시강제에 해당하는 것은 모두 몇 개인가? (2016년 제2차)

㉠ 불심검문	㉡ 범죄의 예방 및 제지	㉢ 무기의 사용
㉣ 보호조치	㉤ 위험 방지를 위한 출입	

① 2개   ② 3개   ③ 4개   ④ 5개

해설 경찰상 즉시강제는 ① 목전에 급박한 경찰위반상태(위험)를 제거하거나 예방하기 위하여 의무를 명할 시간적 여유가 없거나 ② 사전에 의무를 명하는 것으로 질서유지의 목적을 달성할 수 없을 경우에 사람이나 물건 또는 장소 등에 직접 실력을 행사하여 경찰상 필요한 상태를 실현하는 경찰작용이다. 행정작용의 분류상 권력적 사실행위에 속하고, 실력행사가 단기간에 종료되기 때문에 위법한 즉시강제의 경우 일반적으로 항고쟁송(행정심판 및 행정소송)으로 다툴 이익이 없어 주로 국가배상법에 따른 손해배상의 문제로 다루어진다.
불심검문(제3조)의 경우 대상자를 질문하기 위해 정지시키는 경우 "사회통념상 허용되는 상당한 방법(판례상 예로는 진행하는 앞을 가로 막는 정도)"이 허용된다고 판시하고 있으나, 이외에 불심검문의 규정상 대상자의 의사에 반하는 실력행사가 허용되지 않는다는 점 및 판례가 명시적으로 불심검문이 즉시강제에 해당하는지에 대해 판단하고 있지 않다는 점에서 법적 성격에 대해 다툼의 여지가 있다. 견해에 따라 정답은 4개 또는 5개이다.

구분	내용
대인적 즉시강제	· 불심검문(제3조) – 명확X　· 보호조치 등(제4조) · 범죄의 예방과 제지(제6조)　· 경찰장비의 사용(제10조) · 경찰장구의 사용(제10조의2)　· 분사기 등의 사용(제10조의3) · 무기의 사용(제10조의4)
대물적 즉시강제	무기 · 흉기 등 위험한 물건의 임시영치(제4조제3항)
대가택적 즉시강제	위험방지를 위한 출입(제7조)
대인 · 대물 · 대가택적 즉시강제	위험발생의 방지(제5조)
임의적(비권력적) 사실행위	· 사실확인 행위(제8조제1항) · 출석요구(제8조제2항)

분석 경찰관 직무집행법 제3조 이하의 조치는 그 행정법적 성격이 다양(대인적 · 대물적 · 대가택적 즉시강제 등)하므로 구체적인 조치가 행정법적으로 어떤 성격에 해당하는지 잘 이해하고 있어야 합니다. 예를 들어 위험방지를 위한 출입(제7조)은 그 대상이 특정한 장소라는 점에서 "대가택적 즉시강제"이지만, 보호조치(제4조)

의 경우 그 대상이 사람인 경우(대인적 즉시강제)와 물건을 대상으로 하는 영치(대물적 즉시강제)가 혼재되어 있고, 위험 발생의 방지(제5조) 역시 실제 행사되는 실력의 대상에 따라 대인적 즉시강제(제5조 제1항 제2호) 또는 대물적·대가택적 즉시강제(제5조 제1항 제3호)에 해당할 수 있습니다. 그리고 제3조 이하에 규정된 조치는 "-할 수 있다."고 규정되어 재량적 성격으로 이해되지만, 일부의 경우 구체적인 상황에 따라 재량이 인정되지 않기 때문에 반드시 필요한 조치를 취해야 하는 경우가 있다는 것이 판례의 일관된 입장입니다.

04 「경찰관 직무집행법」상 즉시강제의 수단 중 성격이 다른 것은? (2009년 제2차)

① 보호조치(제4조)
② 범죄의 예방과 제지(제6조)
③ 위험방지를 위한 출입(제7조)
④ 경찰장구의 사용(제10조의2)

해설 ①, ②, ④는 대인적 즉시강제, ③ 대가택적 즉시강제에 해당한다. 단 제4조 전체가 대인적 즉시강제인 것은 아니다.

05 「경찰관 직무집행법」상 불심검문에 대한 설명으로 가장 적절한 것은? (2019년 제1차)

① 경찰관은 상대방의 신원확인이 불가능하거나 교통에 방해된다고 인정될 때에는 임의동행을 요구할 수 있다.
② 경찰관은 임의동행한 사람의 가족이나 친지 등에게 동행한 경찰관의 신분, 동행 장소, 동행 목적과 이유를 알리거나 본인으로 하여금 즉시 연락할 수 있는 기회를 주어야 하며, 변호인의 도움을 받을 권리가 있음을 알려야 한다.
③ 경찰관은 질문을 하거나 임의동행을 요구할 경우 자신의 신분을 표시하는 증표를 제시하면서 소속과 성명을 밝혀야 한다. 이때 증표는 경찰공무원증뿐만 아니라 흉장도 포함된다.
④ 경찰관이 불심검문 시 흉기조사뿐 아니라, 흉기 이외의 일반 소지품 조사도 할 수 있다고 규정하고 있다.

해설 ①「**경찰관 직무집행법**」제3조 제2항 "경찰관은 제1항에 따라 같은 항 각 호의 사람을 <u>정지시킨 장소에서 질문을 하는 것이 그 사람에게 불리하거나 교통에 방해가 된다고 인정될 때에는 질문을 하기 위하여 가까운 경찰서·지구대·파출소 또는 출장소(지방해양경찰관서를 포함하며, 이하 "경찰관서"라 한다)로 동행할 것을 요구할 수 있다. 이 경우 동행을 요구받은 사람은 그 요구를 거절할 수 있다." 신원확인 불가능은 동행요구의 사유가 아니다.
②「**경찰관 직무집행법**」제3조 제5항
③「**경찰관 직무집행법**」제3조 제4항 "경찰관은 제1항이나 제2항에 따라 질문을 하거나 동행을 요구할 경우 자신의 <u>신분을 표시하는 증표</u>를 제시하면서 소속과 성명을 밝히고 질문이나 동행의 목적과 이유를 설명하여야 하며, 동행을 요구하는 경우에는 동행 장소를 밝혀야 한다." 및 **동법 시행령 제5조** "법 제3조 제4항 및 법 제7조 제4항의 신분을 표시하는 증표는 <u>경찰공무원의 공무원증</u>으로 한다."
④「**경찰관 직무집행법**」제3조 제3항 "경찰관은 제1항 각 호의 어느 하나에 해당하는 사람에게 질문을 할 때에 그 사람이 <u>흉기를 가지고 있는지</u>를 조사할 수 있다." 흉기 이외의 소지품에 대한 조사는 규정하고 있지 않다.

분석 경찰관 직무집행법상 불심검문(제3조)은 최근 12년간 독립된 유형의 문제로 6회 출제되었고, 경찰관 직무집행법의 다른 조문과 결합된 문제로 다수 출제된 중요한 부분입니다. 기출문제는 주로 조문을 정확하게 숙지하고 있는지를 확인하는 수준에서 출제되었고, 이와 유사한 수사상 임의동행(판례상 인정)과 관련된 부분도 출제된 적이 있습니다. 조문의 세부적인 내용을 정확히 암기하여야 하고, 경찰관 직무집행법 분야에서 무기의 사용과 더불어 관련된 판례가 많은 분야임에도 판례 문제가 출제되지 않았다는 점에서 향후 출제가 예상되므로 예상문제에서 다루는 판례의 내용을 정확히 숙지할 필요가 있습니다.

06 「경찰관 직무집행법」상 불심검문에 관한 다음 설명 중 가장 적절하지 않은 것은? (2015년 제2차)

① 경찰관은 불심검문 시 그 장소에서 질문을 하는 것이 그 사람에게 불리하거나 교통에 방해가 된다고 인정될 때에는 질문을 하기 위하여 가까운 경찰관서로 동행할 것을 요구할 수 있다. 이 경우 동행을 요구받은 사람은 그 요구를 거절할 수 있다.

② 경찰관은 질문을 하거나 동행을 요구할 경우 자신의 신분을 표시하는 증표를 제시하면서 소속과 성명을 밝히고 질문이나 동행의 목적과 이유를 설명하여야 하며, 동행을 요구하는 경우에는 동행 장소를 밝혀야 한다.

③ 질문을 받거나 동행을 요구받은 사람은 형사소송에 관한 법률에 따르지 아니하고는 신체를 구속당하지 아니하며, 그 의사에 반하여 답변을 강요당하지 아니한다.

④ 경찰관은 동행한 사람의 가족이나 친지 등에게 동행한 경찰관의 신분, 동행 장소, 동행 목적과 이유를 알리거나 본인으로 하여금 즉시 연락할 수 있는 기회를 주어야 하나, 변호인의 도움을 받을 권리가 있음을 알릴 필요는 없다.

해설 ① 「**경찰관 직무집행법**」 **제3조 제2항**, ② **제3조 제4항**, ③ **제3조 제7항**
④ 「**경찰관 직무집행법**」 **제3조 제5항** "…(생략)…변호인의 도움을 받을 권리가 있음을 알려야 한다."

07 「경찰관 직무집행법」상 불심검문에 대한 설명으로 틀린 것은 모두 몇 개인가? (2015년 제3차)

> ㉠ 경찰관은 수상한 행동이나 그 밖의 주위 사정을 합리적으로 판단하여 볼 때 어떠한 죄를 범하였거나 범하려 하고 있다고 의심할 만한 상당한 이유가 있는 사람을 정지시켜 질문하여야 한다.
> ㉡ 경찰관은 이미 행하여진 범죄나 행하여지려고 하는 범죄행위에 관한 사실을 안다고 인정되는 사람을 정지시켜 질문할 수 있다.
> ㉢ 경찰관은 불심검문 대상자를 정지시킨 장소에서 질문을 하는 것이 그 사람에게 불리하거나 교통에 방해가 된다고 인정될 때에는 질문을 하기 위하여 가까운 경찰관서로 동행할 것을 요구할 수 있다. 이 경우 동행을 요구받은 사람은 그 요구를 거절할 수 없다.
> ㉣ 경찰관은 불심검문 대상자에게 질문을 할 때에 그 사람이 흉기를 가지고 있는지를 조사하여야 한다.

① 1개　　　　② 2개　　　　③ 3개　　　　④ 4개

해설 ㉡ 옳은 설명이다.
㉠ 「**경찰관 직무집행법**」 **제3조 제1항** "① 경찰관은 다음 각 호의 어느 하나에 해당하는 사람을 <u>정지시켜 질문할 수 있다</u>. 1. 수상한 행동이나 그 밖의 주위 사정을 합리적으로 판단하여 볼 때 어떠한 죄를 범하였거나 범하려 하고 있다고 의심할 만한 상당한 이유가 있는 사람, 2. 이미 행하여진 범죄나 행하여지려고 하는 범죄행위에 관한 사실을 안다고 인정되는 사람"
㉢ 「**경찰관 직무집행법**」 **제3조 제2항** "경찰관은 제1항에 따라 같은 항 각 호의 사람을 정지시킨 장소에서 질문을 하는 것이 그 사람에게 불리하거나 교통에 방해가 된다고 인정될 때에는 질문을 하기 위하여 가까운 경찰서·지구대·파출소 또는 출장소(지방해양경찰관서를 포함하며, 이하 "경찰관서"라 한다)로 동행할 것을 요구할 수 있다. 이 경우 동행을 요구받은 사람은 그 <u>요구를 거절할 수 있다</u>."

㉣「**경찰관 직무집행법**」제3조 제3항 "경찰관은 제1항 각 호의 어느 하나에 해당하는 사람에게 질문을 할 때에 그 사람이 <u>흉기를 가지고 있는지를 조사할 수 있다.</u>"

08 「경찰관 직무집행법」상 불심검문에 대한 설명 중 가장 적절하지 않은 것은? (2013년 제2차)

① 경찰관은 수상한 거동 기타 주위의 사정을 합리적으로 판단하여 어떠한 죄를 범하였거나 범하려하고 있다고 의심할 만한 상당한 이유가 있는 자 또는 이미 행하여진 범죄나 행하여지려고 하는 범죄행위에 관하여 그 사실을 안다고 인정되는 자를 정지시켜 질문할 수 있다.

② 그 장소에서 위 ①번의 질문을 하는 것이 당해인에게 불리하거나 교통의 방해가 된다고 인정되는 때에는 질문하기 위하여 부근의 경찰서·지구대·파출소 또는 출장소(지방해양경찰관서를 포함한다)에 동행할 것을 요구할 수 있다. 이 경우 당해인은 경찰관의 동행요구를 거절할 수 없다.

③ 경찰관은 위 ①번에 규정된 자에 대하여 질문을 할 때에 흉기의 소지여부를 조사할 수 있다.

④ 위 ①번의 경우에 당해인은 형사소송에 관한 법률에 의하지 아니하고는 신체를 구속당하지 아니하며, 그 의사에 반하여 답변을 강요당하지 아니한다.

> **해설** ① 「**경찰관 직무집행법**」제3조 제1항, ③ 제3조 제3항, ④ 제3조 제7항
> ② 「**경찰관 직무집행법**」제3조 제2항 "경찰관은 제1항에 따라 같은 항 각 호의 사람을 정지시킨 장소에서 질문을 하는 것이 그 사람에게 불리하거나 교통에 방해가 된다고 인정될 때에는 질문을 하기 위하여 가까운 경찰서·지구대·파출소 또는 출장소(지방해양경찰관서를 포함하며, 이하 "경찰관서"라 한다)로 동행할 것을 요구할 수 있다. 이 경우 동행을 요구받은 사람은 그 <u>요구를 거절할 수 있다.</u>"

09 「경찰관 직무집행법」상 불심검문에 대한 설명으로 가장 적절하지 않은 것은? (2011년 제2차)

① 어떠한 죄를 범하였거나 범하려 하고 있다고 의심할 만한 상당한 이유가 있는 자를 임의동행하는 경우, 경찰관은 당해인을 6시간을 초과하여 경찰관서에 머물게 할 수 없다.

② 일정 장소에서 질문을 하는 것이 당해인에게 불리하거나 교통의 방해가 된다고 인정되는 때에는 질문하기 위하여 부근의 경찰서·지구대·파출소 또는 출장소에 동행할 것을 요구해야 하고, 이 경우 당해인은 경찰관의 동행요구를 거절할 수 없다.

③ 경찰관은 죄를 범하였다고 의심할 만한 상당한 이유가 있는 자에게 질문을 할 때에 흉기의 소지여부를 조사할 수 있다.

④ 경찰관은 수상한 거동 기타 주위의 사정을 합리적으로 판단하여 어떠한 죄를 범하였거나 범하려 하고 있다고 의심할 만한 상당한 이유가 있는 자를 정지시켜 질문할 수 있다.

> **해설** ① 「**경찰관 직무집행법**」제3조 제6항, ③ 제3조 제3항, ④ 제3조 제1항
> ② 「**경찰관 직무집행법**」제3조 제2항 "경찰관은 제1항에 따라 같은 항 각 호의 사람을 정지시킨 장소에서 질문을 하는 것이 그 사람에게 불리하거나 교통에 방해가 된다고 인정될 때에는 질문을 하기 위하여 가까운 경찰서·지구대·파출소 또는 출장소(지방해양경찰관서를 포함하며, 이하 "경찰관서"라 한다)로 <u>동행할 것을 요구할 수 있다.</u> 이 경우 동행을 요구받은 사람은 그 <u>요구를 거절할 수 있다.</u>"

10 다음 경찰작용에 대한 설명으로 맞는 것은 모두 몇 개인가?　(2010년 제1차)

> ㉠ 경찰수사를 위한 임의동행은 상대방의 동의를 반드시 필요로 한다.
> ㉡ 경찰관 직무집행법상 임의동행을 한 경우 변호인 조력권 고지의무에 대해서는 명문규정이 없다.
> ㉢ 경찰관 직무집행법상 흉기조사에 대해서는 명문의 규정이 있으나, 흉기 이외의 일반 소지품검사에 대하여는 명문의 규정이 없다.
> ㉣ 경찰 출석요구시 임의출석한 당사자에게 특정장소로 이동할 것을 요구하는 경우 반드시 상대방의 동의를 구해야 한다.

① 1개　　② 2개　　③ 3개　　④ 4개

해설　㉠ ㉢ ㉣ 옳은 설명이다. ㉠ 및 ㉣과 관련하여 경찰관 직무집행법 제3조(불심검문)에 규정된 동행요구(임의동행)과 유사하게 판례는 임의수사 원칙을 규정하고 있는 형사소송법 제199조 제1항에 근거하여 이른바 "수사상 임의동행(수사과정에서 <u>당사자의 동의를 받는 형식으로 피의자를 수사관서 등에 동행하거나 임의적 출석요구에 그치지 않고 일정 장소로의 이동을 요구하여 동행한 경우</u>)"을 인정하지만 적법하기 위해서는 <u>반드시 대상자의 자발적 의사에 기한 것이어야 한다</u>고 판시하고 있다(**2005도6810 판결**: 동행에 앞서 피의자에게 동행을 거부할 수 있음을 알려 주었거나 동행한 피의자가 언제든지 자유로이 동행과정에서 이탈 또는 동행장소로부터 퇴거할 수 있었음이 인정되는 등 오로지 피의자의 자발적인 의사에 의하여 수사관서 등에의 동행이 이루어졌음이 객관적인 사정에 의하여 명백하게 입증된 경우에 한하여 그 적법성이 인정되는 것으로 봄이 상당하다).

㉡ **「경찰관 직무집행법」 제3조 제5항** "경찰관은 제2항에 따라 동행한 사람의 가족이나 친지 등에게 동행한 경찰관의 신분, 동행 장소, 동행 목적과 이유를 알리거나 본인으로 하여금 즉시 연락할 수 있는 기회를 주어야 하며, <u>변호인의 도움을 받을 권리가 있음을 알려야 한다.</u>" 변호인 조력권의 고지의무를 명시하고 있다.

11 「경찰관 직무집행법」 제4조의 보호조치에 대한 설명으로 가장 적절하지 않은 것은?　(2020년 제2차)

① 경찰관은 정신착란을 일으키거나 술에 취하여 자신 또는 다른 사람의 생명·신체·재산에 위해를 끼칠 우려가 있음이 명백하고 응급구호가 필요하다고 믿을 만한 상당한 이유가 있는 사람을 발견하였을 때 보건의료기관이나 공공구호기관에 긴급구호를 요청하거나 경찰관서에 보호할 수 있다.
② 미아, 병자, 부상자 등으로서 적당한 보호자가 없으며 응급구호가 필요하다고 인정되는 사람이 구호를 거절하지 않는 경우 경찰관은 보호조치를 할 수 있다.
③ 경찰관은 보호조치를 하였을 때에는 지체 없이 구호대상자의 가족, 친지 또는 그 밖의 연고자에게 그 사실을 알려야 하며, 구호대상자를 경찰관서에서 보호하는 기간은 6시간을 초과할 수 없다.
④ 경찰관은 보호조치를 하는 경우에 구호대상자가 휴대하고 있는 무기 흉기 등 위험을 일으킬 수 있는 것으로 인정되는 물건을 경찰관서에 임시로 영치할 수 있다.

해설　① **「경찰관 직무집행법」 제4조 제1항 제1호**, ② **제4조 제1항 제3호**, ④ **제4조 제3항**
③ **「경찰관 직무집행법」 제4조 제7항** "제1항에 따라 구호대상자를 경찰관서에서 <u>보호하는 기간은 24시간</u>을 초과할 수 없고, 제3항에 따라 물건을 경찰관서에 임시로 <u>영치하는 기간은 10일</u>을 초과할 수 없다."

분석　경찰관 직무집행법상 보호조치(제4조)는 독립된 유형의 문제로 3회, 판례 사례형으로 1회 출제되었고, 경찰관 직무집행법의 다른 조문과 결합된 문제로 간혹 출제되고 있습니다. 기출문제는 주로 조문을 정확하게 숙지하고 있는지를 확인하는 수준에서 출제되었습니다. 보호조치(대인적 즉시강제 – 24시간)와 영치(대물적 즉시강제 – 10일)의 시간적 한계 및 법적 성격을 기억하고, 대상자의 거절에도 불구하고 보호조치를 취할 수 있는 경우(제4조 제1항 제1호 및 제2호)와 거절시 보호조치를 취할 수 없는 경우(제4조 제1항 제3호: 미아, 병자, 부상자 등으로서 적당한 보호자가 없으며 응급구호가 필요하다고 인정되는 사람)를 정확히 구별하여야 합니다. 보호조치를 하는 경우 경찰관이 취해야 하는 보호조치의 정도 및 보호조치 대상자 여부의 판단과 관련된 판례들도 향후 출제 가능성이 있으므로 예상문제에 제시된 판례의 내용을 잘 숙지하여야 합니다.

12 다음 상황에 대한 설명으로 가장 적절하지 않은 것은? (다툼이 있는 경우 판례에 의함)

(2021년 제1차)

> 甲은 음주 후 자신의 처(처는 술을 마시지 않음)와 동승한 채 화물차를 운전하여 가다가 음주단속을 당하게 되자 경찰관이 들고 있던 경찰용 불봉을 충격하고 그대로 도주하였다. 단속현장에서 약 3km 떨어진 지점까지 교통사고를 내지 않고 운전하며 진행하던 중 다른 차량에 막혀 더 이상 진행하지 못하게 되자 스스로 차량을 세운 후 운전석에서 내려 도주하려 하였으나, 결국 甲은 경찰관에게 제지되어 체포의 절차에 따르지 않고 甲과 그의 처의 의사에 반하여 지구대로 보호조치되었다. 이후 2회에 걸친 경찰관의 음주측정요구를 거부하였다는 이유로 甲은 「도로교통법」위반(음주측정거부) 혐의로 기소되었다.

① 경찰관이 甲에 대하여 「경찰관 직무집행법」 제4조에 따른 보호조치를 하고자 하였다면, 당시 옆에 있었던 처에게 甲을 인계하였어야 했고, 특별한 사정이 없는 한 지구대에서 甲을 보호하는 것은 허용되지 않는다.

② 甲은 음주측정거부에 관한 「도로교통법」 위반죄로 처벌될 수 없다.

③ 구 「도로교통법」 제44조 제2항 및 제148조의2 제2호 규정들이 음주측정을 위한 강제처분의 근거가 될 수 있으므로, 위와 같은 음주측정을 위하여 운전자를 강제로 연행하기 위해서는 수사상 강제처분에 관한 「형사소송법」상 절차에 따를 필요가 없다.

④ 경찰관이 甲에 대하여 행한 음주측정요구는 「형법」 제136조에 따른 공무집행방해죄의 보호 대상이 될 수 없다.

해설 **2012도11162 판결**을 기초로 출제한 문제이다. 경찰관 직무집행법 제4조에 규정된 <u>보호조치의 대상자에 해당하는 경우에 한해 당해 보호조치가 적법하다.</u> 요건에 해당하지 않는 사람을 보호조치한 경우 위법한 공무집행에 해당하고, 당해 보호조치의 상태는 위법한 체포상태이다. 따라서 음주측정을 거부하더라도 도로교통법위반죄가 성립하지 않고, 여기에 폭행·협박으로 저항하더라도 공무집행방해죄는 성립하지 않는다. 다만, 도로교통법상 음주운전에 대한 수사로 강제처분을 하기 위해서는 당연히 형사소송법상에 규정되어 있는 절차에 따라야 한다.

【판결요지】

[1] ...(상략)...피구호자에 대한 <u>보호조치는 경찰 행정상 즉시강제에 해당하므로</u>, 그 조치가 <u>불가피한 최소한도 내에서만 행사되도록</u> 발동·행사 요건을 신중하고 엄격하게 해석하여야 한다. 따라서 이 사건 조항의 '술에 취한 상태'란 피구호자가 술에 만취하여 정상적인 판단능력이나 의사능력을 상실할 정도에 이른 것을 말하고, 이 사건 조항에 따른 보호조치를 필요로 하는 피구호자에 해당하는지는 구체적인 상황을 고려하여 <u>경찰관 평균인을 기준으로 판단하되</u>, 그 판단은 보호조치의 취지와 목적에 비추어 현저하게 불합리하여서는 아니 되며, <u>피구호자의 가족 등에게 피구호자를 인계할 수 있다면 특별한 사정이 없는 한 경찰관서에서 피구호자를 보호하는 것은 허용되지 않는다.</u>

[2] 경찰관 직무집행법 제4조 제1항 제1호(이하 '이 사건 조항'이라 한다)의 보호조치 요건이 갖추어지지 않았음에도, 경찰관이 실제로는 범죄수사를 목적으로 피의자에 해당하는 사람을 이 사건 조항의 피구호자로 삼아 그의 의사에 반하여 경찰관서에 데려간 행위는, 달리 현행범체포나 임의동행 등의 적법 요건을 갖추었다고 볼 사정이

없다면, 위법한 체포에 해당한다고 보아야 한다(※수사인 경우 형사소송법에 따라야 한다는 취지임).

[3] ...(상략)...음주측정은 이미 행하여진 주취운전이라는 범죄행위에 대한 증거 수집을 위한 수사절차로서 의미를 가지는데, 도로교통법상 규정들이 음주측정을 위한 강제처분의 근거가 될 수 없으므로 위와 같은 음주측정을 위하여 운전자를 강제로 연행하기 위해서는 수사상 강제처분에 관한 형사소송법상 절차에 따라야 하고, 이러한 절차를 무시한 채 이루어진 강제연행은 위법한 체포에 해당한다. 이와 같은 위법한 체포 상태에서 음주측정요구가 이루어진 경우, 음주측정요구를 위한 위법한 체포와 그에 이은 음주측정요구는 주취운전이라는 범죄행위에 대한 증거 수집을 위하여 연속하여 이루어진 것으로서 개별적으로 적법 여부를 평가하는 것은 적절하지 않으므로 일련의 과정을 전체적으로 보아 위법한 음주측정요구가 있었던 것으로 볼 수밖에 없고, 운전자가 주취운전을 하였다고 인정할 만한 상당한 이유가 있다 하더라도 운전자에게 경찰공무원의 이와 같은 위법한 음주측정요구까지 응할 의무가 있다고 보아 이를 강제하는 것은 부당하므로 그에 불응하였다고 하여 음주측정거부에 관한 도로교통법 위반죄로 처벌할 수 없다.

[4] 화물차 운전자인 피고인이 경찰의 음주단속에 불응하고 도주하였다가 다른 차량에 막혀 더 이상 진행하지 못하게 되자 운전석에서 내려 다시 도주하려다 경찰관에게 검거되어 지구대로 보호조치된 후 2회에 걸쳐 음주측정요구를 거부하였다고 하여 도로교통법 위반(음주측정거부)으로 기소된 사안에서, 당시 피고인이 술에 취한 상태이기는 하였으나 술에 만취하여 정상적인 판단능력이나 의사능력을 상실할 정도에 있었다고 보기 어려운 점, 당시 상황에 비추어 평균적인 경찰관으로서는 피고인이 경찰관 직무집행법 제4조 제1항 제1호(이하 '이 사건 조항'이라 한다)의 보호조치를 필요로 하는 상태에 있었다고 판단하지 않았을 것으로 보이는 점, 경찰관이 피고인에 대하여 이 사건 조항에 따른 보호조치를 하고자 하였다면, 당시 옆에 있었던 피고인 처(妻)에게 피고인을 인계하였어야 하는데도, 피고인 처의 의사에 반하여 지구대로 데려간 점 등 제반 사정을 종합할 때, 경찰관이 피고인과 피고인 처의 의사에 반하여 피고인을 지구대로 데려간 행위를 적법한 보호조치라고 할 수 없고, 나아가 달리 적법 요건을 갖추었다고 볼 자료가 없는 이상 경찰관이 피고인을 지구대로 데려간 행위는 위법한 체포에 해당하므로, 그와 같이 위법한 체포 상태에서 이루어진 경찰관의 음주측정요구도 위법하다고 볼 수밖에 없어 그에 불응하였다고 하여 피고인을 음주측정거부에 관한 도로교통법 위반죄로 처벌할 수는 없는데, 이와 달리 보아 유죄를 선고한 원심판결에 이 사건 조항의 보호조치에 관한 법리를 오해하여 위법한 체포상태에서의 도로교통법 위반(음주측정거부)죄 성립에 관한 판단을 그르친 위법이 있다고 한 사례.

13 「경찰관 직무집행법」상 보호조치에 대한 설명으로 가장 적절한 것은?   (2018년 제3차)

① 긴급구호를 요청받은 보건의료기관 또는 공공구호기관은 정당한 이유 없이 긴급구호를 거절할 수 없다고 명시되어 있다.

② 긴급구호나 보호조치의 경우 24시간 이내에 피구호자의 가족들에게 연락해 주어야 한다.

③ 자살기도자에 대하여는 경찰관서에 6시간 이내 보호가 가능하다.

④ 임시영치 기간은 10일을 초과할 수 없으며, 법적 성질은 대인적 즉시강제이다.

해설 ① 「경찰관 직무집행법」 제4조 제2항 옳은 설명이다. 다만, 정당한 이유 없이 긴급구호를 거절하는 경우 경찰관이 어떤 조치를 취할 수 있는지에 대해서는 명시적으로 규정하고 있지 않다.

② 「경찰관 직무집행법」 제4조 제4항 "경찰관은 제1항의 조치를 하였을 때에는 지체 없이 구호대상자의 가족, 친지 또는 그 밖의 연고자에게 그 사실을 알려야 하며, 연고자가 발견되지 아니할 때에는 구호대상자를 적당한 공공보건의료기관이나 공공구호기관에 즉시 인계하여야 한다."

③ 「경찰관 직무집행법」 제4조 제7항 "제1항에 따라 구호대상자를 경찰관서에서 보호하는 기간은 24시간을 초과할 수 없고, 제3항에 따라 물건을 경찰관서에 임시로 영치하는 기간은 10일을 초과할 수 없다."

④ 「경찰관 직무집행법」 제4조 제7항 참조. 임시영치는 물건에 대해 행하는 대물적 즉시강제이다.

14 다음은 「경찰관 직무집행법」 제4조 보호조치를 설명한 것이다. 가장 적절한 것은? (2014년 제1차)

① 경찰관은 수상한 거동 기타 주위의 사정을 합리적으로 판단하여 보호조치대상자에 해당함이 명백하며 응급의 구호를 요한다고 믿을 만한 상당한 이유가 있는 자를 발견한 때에는 보건의 료기관 또는 공공구호기관에 긴급구호를 요청하거나 경찰관서에 보호하는 등 적당한 조치를 하여야 한다.

② 경찰관이 보호조치를 한 때에는 지체 없이 이를 피구호자의 가족·친지 기타 연고자에게 그 사실을 통지하여야 하며, 연고자가 발견되지 아니할 때에는 피보호자를 적당한 공중보건 의료 기관이나 공공구호기관에 즉시 인계하여야 한다.

③ 경찰관서에서의 보호조치는 12시간을 초과할 수 없다.

④ 미아·병자·부상자 등으로서 적당한 보호자가 없으며 응급의 구호를 요한다고 인정되면 당해 인이 거절하더라도 보호조치가 가능하다.

> **해설** ① **「경찰관 직무집행법」** 제4조 제1항 "경찰관은 수상한 행동이나 그 밖의 주위 사정을 합리적으로 판단해 볼 때 다음 각 호의 어느 하나에 해당하는 것이 명백하고 응급구호가 필요하다고 믿을 만한 상당한 이유가 있는 사 람(이하 "구호대상자"라 한다)을 발견하였을 때에는 보건의료기관이나 공공구호기관에 긴급구호를 요청하거 나 경찰관서에 보호하는 등 적절한 조치를 할 수 있다. 1. 정신착란을 일으키거나 술에 취하여 자신 또는 다 른 사람의 생명·신체·재산에 위해를 끼칠 우려가 있는 사람, 2. 자살을 시도하는 사람, 3. 미아, 병자, 부상 자 등으로서 적당한 보호자가 없으며 응급구호가 필요하다고 인정되는 사람. 다만, 본인이 구호를 거절하는 경우는 제외한다." 제3호에 해당하는 사람은 구호를 거절한 경우 의사에 반하여 보호조치를 할 수 없다는 점 에 유의한다.
> ② **「경찰관 직무집행법」** 제4조 제4항
> ③ **「경찰관 직무집행법」** 제4조 제7항 "제1항에 따라 구호대상자를 경찰관서에서 보호하는 기간은 24시간을 초 과할 수 없고, 제3항에 따라 물건을 경찰관서에 임시로 영치하는 기간은 10일을 초과할 수 없다."
> ④ **「경찰관 직무집행법」** 제4조 제1항 제3호 참조. 제3호에 해당하는 사람은 본인이 구호를 거절하는 경우 보호 조치를 취할 수 없다.

15 「경찰관 직무집행법」상 경찰장비에 관한 다음 설명 중 가장 적절하지 않은 것은? (2016년 제1차)

① 경찰관은 직무수행 중 경찰장비를 사용할 수 있다. 다만, 사람의 생명이나 신체에 위해를 끼 칠 수 있는 경찰장비(이하 "위해성 경찰장비"라 한다)를 사용할 때에는 필요한 안전교육과 안 전검사를 받은 후 사용하여야 한다.

② 경찰청장은 위해성 경찰장비를 새로 도입하려는 경우에는 대통령령으로 정하는 바에 따라 안 전성 검사를 실시하여 그 안전성 검사의 결과보고서를 국회 소관 상임위원회에 제출하여야 한다. 이 경우 안전성 검사에는 외부 전문가를 참여시킬 수 있다.

③ 경찰관이 휴대하여 범인 검거와 범죄 진압 등의 직무수행에 사용하는 수갑, 포승, 경찰봉, 방 패는 "경찰장구"에 해당한다.

④ 경찰관은 현행범이나 사형·무기 또는 장기 3년 이상의 징역이나 금고에 해당하는 죄를 범한 범인의 체포 또는 도주 방지를 위한 직무를 수행하기 위해서 필요하다고 인정되는 상당한 이유 가 있을 때에는 그 사태를 합리적으로 판단하여 필요한 한도에서 경찰장구를 사용할 수 있다.

> **해설** ① **「경찰관 직무집행법」** 제10조 제1항, ③ 제10조의2 제2항, ④ 제10조의2 제1항 제1호
> ② **「경찰관 직무집행법」** 제10조 제5항 "경찰청장은 위해성 경찰장비를 새로 도입하려는 경우에는 대통령령으로

정하는 바에 따라 안전성 검사를 실시하여 그 안전성 검사의 결과보고서를 <u>국회 소관 상임위원회</u>에 제출하여야 한다. 이 경우 안전성 검사에는 <u>외부 전문가를 참여시켜야 한다</u>.”

분석

경찰장비(제10조), 경찰장구의 사용(제10조의2), 분사기 등의 사용(제10조의3) 및 무기의 사용(제10조의4)은 최근 12년간 독립된 유형의 문제로 11회가 출제되었고, 경찰관 직무집행법의 다른 조문과 결합된 문제로 다수 출제된 매우 중요한 부분입니다. 기출문제는 조문을 정확하게 숙지하고 있는지를 확인하는 수준을 넘어 무기의 사용과 관련된 판례의 내용을 묻는 경향을 보이고 있습니다. 경찰장비·경찰장구·분사기·무기의 개념과 어떤 것이 여기에 속하는지(위해성 경찰장비의 사용기준 등에 관한 규정) 기억하고 있어야 하며, 경찰관 직무집행법상 경찰장구·분사기·무기의 사용요건도 정확히 구별하여 기억하고 있어야 합니다. 특히 무기의 경우 경찰관 직무집행법 제10조의4 제1항 본문에 따라 위해를 수반하지 않는 사용이 원칙이고, 단서에 규정된 제1호 내지 제3호의 경우에 한정하여 위해를 수반하는 사용이 가능하다는 점을 유념해야 합니다.

현재까지 출제된 적이 없지만 경찰관 직무집행법 제10조 제6항에 근거하여 위해성 경찰장비에 대해 규정하고 있는 위해성 경찰장비의 사용기준 등에 관한 규정(대통령령)에 의하면 경찰장구인 수갑·포승·호송용포승은 경찰관 직무집행법 제10조의2 제1항의 경우 외에도 체포·구속영장을 집행하거나 신체의 자유를 제한하는 판결 또는 처분을 받은 자를 법률이 정한 절차에 따라 호송하거나 수용하기 위하여 필요한 때(동규정 제4조) 및 범인·술에 취한 사람 또는 정신착란자의 자살 또는 자해기도를 방지하기 위하여 필요한 때(동규정 제5조)에도 사용할 수 있다는 점을 기억하기 바랍니다. 아울러 전자충격기등(동규정 제8조), 권총 또는 소총(동규정 제10조) 및 가스발사총 등(동규정 제12조)의 사용이 제한되는 경우를 기억하고 있어야 합니다.

16 「경찰관 직무집행법」 및 「위해성 경찰장비의 사용기준 등에 관한 규정」상 경찰장비의 사용에 대한 설명으로 가장 적절한 것은? (2020년 제2차 – 현행법 반영 수정)

① 경찰관은 범인의 체포 또는 도주의 방지, 자신이나 다른 사람의 생명 신체의 방어 및 보호, 공무집행에 대한 항거의 제지를 위하여 필요한 상당한 이유가 있는 경우 경찰장구를 사용할 수 있다.

② 경찰관은 불법집회·시위 또는 소요사태로 인하여 발생할 수 있는 타인 또는 경찰관의 생명·신체의 위해와 재산·공공시설의 위험을 억제하기 위하여 부득이한 경우에는 시·도경찰청장의 명령에 따라 필요한 최소한의 범위에서 가스차를 사용할 수 있다.

③ 제11조(사용기록의 보관)에 따라 살수차, 분사기, 전자충격기 및 전자방패, 무기를 사용하는 경우 그 책임자는 사용 일시·장소·대상, 현장책임자, 종류, 수량 등을 기록하여 보관하여야 한다.

④ 경찰관은 범인·술에 취한 사람 또는 정신착란자의 자살 또는 자해기도를 방지하기 위하여 필요한 때에는 수갑·포승 또는 호송용포승을 사용할 수 있다. 이 경우 경찰관은 소속 국가경찰관서의 장에게 그 사실을 보고해야 한다.

해설 ① **「경찰관 직무집행법」** 제10조의2 제1항 “경찰관은 다음 각 호의 직무를 수행하기 위하여 필요하다고 인정되는 상당한 이유가 있을 때에는 그 사태를 합리적으로 판단하여 필요한 한도에서 경찰장구를 사용할 수 있다. 1. <u>현행범이나 사형·무기 또는 장기 3년 이상의 징역이나 금고에 해당하는 죄를 범한 범인</u>의 체포 또는 도주 방지, 2. 자신이나 다른 사람의 생명·신체의 방어 및 보호, 3. 공무집행에 대한 항거(抗拒) 제지” 경찰관 직무집행법에서는 현행범이나 장기 3년 이상의 징역·금고에 해당하는 죄를 범한 범인으로 제한하고 있으나, 위해성 경찰장비의 사용기준 등에 관한 규정 제4조에서는 법정형의 정도에 관계없이 체포·구속영장을 집행하거나 신체의 자유를 제한하는 판결 또는 처분을 받은 자를 법률이 정한 절차에 따라 호송하거나 수용하기 위하여 필요한 때에는 최소한의 범위안에서 수갑·포승 또는 호송용포승을 사용할 수 있다고 규정하고 있다는 점에 유의한다.

② **「위해성 경찰장비의 사용기준 등에 관한 규정」** 제13조 제1항 “경찰관은 <u>불법집회·시위 또는 소요사태</u>로 인하여 발생할 수 있는 <u>타인 또는</u> 경찰관의 생명·신체의 위해와 재산·공공시설의 위험을 억제하기 위하여 부

득이한 경우에는 <u>현장책임자의 판단에 의하여 필요한 최소한의 범위에서 <u>가스차를 사용할 수 있다.</u>" 동규정 제13조의2에 규정되어 있는 살수차 사용기준의 요건 및 판단 · 명령권자 사이의 차이점에 유의한다.

③ 「**경찰관 직무집행법**」 제11조 "제10조 제2항에 따른 <u>살수차</u>, 제10조의3에 따른 <u>분사기</u>, <u>최루탄</u> 또는 제10조 의4에 따른 <u>무기</u>를 사용하는 경우 그 책임자는 사용 일시 · 장소 · 대상, 현장책임자, 종류, 수량 등을 기록하 여 보관하여야 한다." 사용기록의 보관은 살수차 · 분사기 · 최루탄 · 무기에 한하고, 위해성 경찰장비의 사용 기준 등에 관한 규정 제20조 제1항에 의하면 동규정 제2조 제1호의 경찰장구와 제4호의 <u>가스차 · 특수진압 차 · 물포 · 석궁 · 다목적발사기 및 도주차량차단장비</u>는 사용기록의 보관 대상이 아니라는 점에 유의한다.

④ 「**위해성 경찰장비의 사용기준 등에 관한 규정**」 제5조

17 「경찰관 직무집행법」상 명시된 경찰관의 경찰장구 · 분사기 · 최루탄 · 무기 등의 사용 관련 규정 에 대한 설명으로 가장 적절하지 않은 것은? (2016년 제2차)

① 경찰장구는 사형 · 무기 또는 장기 3년 이상의 징역이나 금고에 해당하는 죄를 범한 범인의 체 포 또는 도주 방지를 위해서 사용할 수 있다.
② 분사기 및 최루탄은 공무집행에 대한 항거의 제지를 위해서 사용할 수 있다.
③ "무기"라 함은 인명 또는 신체에 위해를 가할 수 있도록 제작된 권총 · 소총 · 도검 등을 말한다.
④ 살수차 · 분사기 · 최루탄 · 무기를 사용한 경우 그 책임자는 사용일시 · 장소 · 대상, 현장책임자, 종류, 수량 등을 기록하여 보관하여야 한다.

해설 ① 「**경찰관 직무집행법**」 제10조의2 제1항 제1호, ③ 제10조의4 제2항, ④ 제11조
② 「**경찰관 직무집행법**」 제10조의3 "경찰관은 다음 각 호의 직무를 수행하기 위하여 부득이한 경우에는 현장책 임자가 판단하여 필요한 최소한의 범위에서 분사기(「총포 · 도검 · 화약류 등의 안전관리에 관한 법률」에 따른 분사기를 말하며, 그에 사용하는 최루 등의 작용제를 포함한다. 이하 같다) 또는 최루탄을 사용할 수 있다. 1. 범인의 체포 또는 범인의 도주 방지, 2. 불법집회 · 시위로 인한 자신이나 다른 사람의 생명 · 신체와 재산 및 공공시설 안전에 대한 현저한 위해의 발생 억제" 경찰관 직무집행법상 공무집행에 대한 항거의 제지를 위 해 분사기 및 최루탄을 사용할 수 없다. 하지만 위해성 경찰장비의 사용기준 등에 관한 규정(대통령령)에 의 하면 분사기 · 최루탄등으로 분류되는 <u>가스발사총(동 규정 제2조 제3호)</u>은 범인의 체포 또는 도주방지, 타인 또는 경찰관의 생명 · 신체에 대한 방호, 공무집행에 대한 항거의 억제를 위하여 필요한 때에는 최소한의 범 위안에서 사용할 수 있다(동 규정 제12조 제1항 제1문)는 점에 유의한다.

18 「경찰관 직무집행법」상 경찰장구의 사용 기준으로 가장 적절하지 않은 것은? (2015년 제3차)

① 현행범이나 사형 · 무기 또는 장기 3년 이상의 징역이나 금고에 해당하는 죄를 범한 범인의 체 포 또는 도주 방지
② 불법집회 · 시위로 인한 자신이나 다른 사람의 생명 · 신체와 재산 및 공공시설 안전에 대한 현 저한 위해의 발생 억제
③ 자신이나 다른 사람의 생명 · 신체의 방어 및 보호
④ 공무집행에 대한 항거 제지

해설 ① ③ ④ 「**경찰관 직무집행법**」 제10조의2 제1항
② 「**경찰관 직무집행법**」 제10조의3에 따른 분사기 등의 사용요건이다.

19 다음 「경찰관 직무집행법」상 경찰장구의 설명 중 가장 적절하지 않은 것은? (2011년 제1차)

① 경찰장구라 함은 경찰관이 휴대하여 범인검거와 범죄진압 등 직무수행에 사용하는 수갑·포승·경찰봉·분사기·방패를 말한다.

② 현행범인인 경우와 사형·무기 또는 장기 3년 이상의 징역이나 금고에 해당하는 죄를 범한 범인의 체포·도주의 방지를 위하여 경찰장구를 사용할 수 있다.

③ 자기 또는 타인의 생명·신체에 대한 방호를 위하여 경찰장구를 사용할 수 있다.

④ 공무집행에 대한 항거의 억제를 위하여 경찰장구를 사용할 수 있다.

해설 ① 「**경찰관 직무집행법**」 **제10조의2 제2항** "제1항에서 "경찰장구"란 경찰관이 휴대하여 범인 검거와 범죄 진압 등의 직무 수행에 사용하는 <u>수갑, 포승(捕繩), 경찰봉, 방패 등</u>을 말한다." 경찰관 직무집행법에 따른 분사기는 총포·도검·화약류 등의 안전관리에 관한 법률에 따른 분사기(그에 사용하는 최루 등의 작용제를 포함)를 말한다. 경찰관 직무집행법상 분사기는 경찰장구에 해당하지 않고, 위해성 경찰장비의 사용기준 등에 관한 규정(대통령령)도 경찰장구와 분사기·최루탄등을 분리해서 규정하고 있다(동 규정 제2조 제1호 및 제3호 참조).

② ③ ④ 「**경찰관 직무집행법**」 **제10조의2 제1항**

20 경찰장비에 대한 설명으로 맞는 것은? (2010년 제1차)

① 현행범인 경우와 사형·무기 또는 장기 3년 이상의 징역이나 금고에 해당하는 죄를 범한 범인의 체포·도주의 방지를 위하여 위해를 수반한 무기의 사용이 허용된다.

② 정당방위, 긴급피난, 자구행위에 해당하는 경우 위해를 수반하여 무기를 사용할 수 있다.

③ 범인의 체포·도주 방지를 위하여 부득이한 경우 현장 책임자의 판단으로 필요한 최소한의 범위 안에서 분사기 또는 최루탄을 사용할 수 있다.

④ 경찰장구로는 수갑, 전자충격기 등이 있고, 무기로는 권총, 소총, 석궁 등이 있으며, 기타 장비로는 가스차, 살수차 등이 있다.

해설 ① ② 「**경찰관 직무집행법**」 **제10조의4 제1항** "경찰관은 범인의 체포, 범인의 도주 방지, 자신이나 다른 사람의 생명·신체의 방어 및 보호, 공무집행에 대한 항거의 제지를 위하여 필요하다고 인정되는 상당한 이유가 있을 때에는 그 사태를 합리적으로 판단하여 필요한 한도에서 무기를 사용할 수 있다. 다만, 다음 각 호의 어느 하나에 해당할 때를 제외하고는 사람에게 위해를 끼쳐서는 아니 된다. 1. 「형법」에 규정된 <u>정당방위와 긴급피난에 해당할 때</u>. 2. 다음 각 목의 어느 하나에 해당하는 때에 그 행위를 방지하거나 그 행위자를 체포하기 위하여 무기를 사용하지 아니하고는 다른 수단이 없다고 인정되는 상당한 이유가 있을 때: 가. <u>사형·무기 또는 장기 3년 이상의 징역이나 금고에 해당하는 죄를 범하거나 범하였다고 의심할 만한 충분한 이유가 있는 사람</u>이 경찰관의 직무집행에 항거하거나 도주하려고 할 때, 나. 체포·구속영장과 압수·수색영장을 집행하는 과정에서 경찰관의 직무집행에 항거하거나 도주하려고 할 때, 다. 제3자가 가목 또는 나목에 해당하는 사람을 도주시키려고 경찰관에게 항거할 때, 라. 범인이나 소요를 일으킨 사람이 무기·흉기 등 위험한 물건을 지니고 경찰관으로부터 3회 이상 물건을 버리라는 명령이나 항복하라는 명령을 받고도 따르지 아니하면서 계속 항거할 때. 3. 대간첩 작전 수행 과정에서 무장간첩이 항복하라는 경찰관의 명령을 받고도 따르지 아니할 때" 경찰관 직무집행법 제10조의4에 따른 무기의 사용은 위해를 수반하지 않는 사용이 원칙(본문)이고, <u>위해를 수반하는 사용은 단서에 해당하는 경우에 한하여 허용된다.</u> ①번 지문은 경찰장구의 사용요건에 관한 설명이고, ②번 지문에서 자구행위는 위해를 수반하는 무기사용의 요건에 해당하지 않는다.

③ 「**경찰관 직무집행법**」 **제10조의3**

④ 「**위해성 경찰장비의 사용기준 등에 관한 규정**」 **제2조 제4호** "4. 기타장비: 가스차·살수차·특수진압차·물포·석궁·다목적발사기 및 도주차량차단장비" <u>석궁은 무기가 아니라 기타장비에 속한다.</u>

21 「경찰관 직무집행법」상 경찰관의 무기사용 시 상대방에게 위해를 주어서는 아니 되는 경우로 가장 적절한 것은? (2015년 제1차)

① 자기 또는 타인의 생명·신체에 대한 방호
② 무장간첩이 투항명령을 받고도 불응하는 때
③ 「형법」상 정당방위·긴급피난에 해당하는 때
④ 무기를 소지한 자가 3회 이상 투기·투항명령에 불응하며 항거하는 때

해설 20번 해설 ① ② 참조. ①의 경우 위해를 수반하지 않는 무기사용이 허용되는 경우이고, ② ③ ④는 예외적으로 위해를 수반하는 무기사용이 허용되는 경우에 해당한다.

22 경찰공무원의 무기휴대 및 사용에 대한 근거로서 가장 적절한 것은? (2015년 제3차)

① 경찰공무원법(무기휴대) - 경찰관 직무집행법(무기사용)
② 경찰관 직무집행법(무기휴대) - 경찰법(무기사용)
③ 경찰공무원법(무기휴대) - 경찰법(무기사용)
④ 경찰법(무기휴대) - 경찰관 직무집행법(무기사용)

해설 **「경찰공무원법」 제20조(복제 및 무기 휴대) 제2항** 및 **「경찰관 직무집행법」 제10조의4(무기의 사용) 제1항.** 무기휴대의 법적 근거는 경찰공무원법, 무기사용의 법적 근거는 경찰관 직무집행법이다.

23 「경찰관 직무집행법」 제10조의4(무기의 사용)에 대한 다음 설명 중 가장 적절하지 않은 것은? (2013년 제1차)

① 경찰관은 범인의 체포·도주의 방지, 자기 또는 타인의 생명·신체에 대한 방호, 공무집행에 대한 항거의 억제를 위하여 필요하다고 인정되는 상당한 이유가 있을 때에는 그 사태를 합리적으로 판단하여 필요한 한도 내에서 무기를 사용할 수 있다.
② 범인 또는 소요행위자가 무기·흉기 등 위험한 물건을 소지하고 경찰관으로부터 3회 이상의 투기명령 또는 투항명령을 받고도 이에 불응하면서 계속 항거하여 이를 방지 또는 체포하기 위하여 무기를 사용하지 아니하고는 다른 수단이 없다고 인정되는 상당한 이유가 있을 때 무기를 사용할 수 있다.
③ 대간첩작전수행에 있어 무장간첩이 경찰관의 투항명령을 받고도 이에 불응하는 경우에 무기를 사용할 수 있다.
④ 무기라 함은 인명 또는 신체에 위해를 가할 수 있도록 제작된 권총·소총·도검·경찰봉·최루탄 등을 말한다.

해설 ① ② ③ **「경찰관 직무집행법」 제10조의4 제1항**
④ **「경찰관 직무집행법」 제10조의4 제2항** "제1항에서 "무기"란 사람의 생명이나 신체에 위해를 끼칠 수 있도록 제작된 권총·소총·도검 등을 말한다." 경찰봉(경찰장구에 해당)과 최루탄(분사기 등에 해당)은 무기에 포함되지 않는다.

24 다음 중 경찰관의 총기사용과 관련된 판례의 태도와 가장 부합하지 않는 것은? (2012년 제1차)

① 타인의 집 대문 앞에 은신하고 있다가 경찰관의 명령에 따라 순순히 손을 들고 나오면서 그대로 도주하는 범인을 경찰관이 뒤따라 추격하면서 등 부위에 권총을 발사하여 사망케 한 경우, 위와 같은 총기사용은 현재의 부당한 침해를 방지하거나 현재의 위난을 피하기 위한 상당성 있는 행위라고 볼 수 없다.

② 야간에 술이 취한 상태에서 병원에 있던 과도로 대형 유리창문을 쳐 깨뜨리고 자신의 복부에 칼을 대고 할복자살 하겠다고 난동을 부린 피해자가 출동한 2명의 경찰관들에게 칼을 들고 항거하였다고 하여도 위 경찰관 등이 공포를 발사하거나 소지한 가스총과 경찰봉을 사용하여 위 망인의 항거를 억제할 시간적 여유와 보충적 수단이 있었다고 보여지고, 또 부득이 총을 발사할 수밖에 없었다고 하더라도 하체 부위를 향하여 발사함으로써 그 위해를 최소한도로 줄일 여지가 있었다고 보여지므로, 칼빈소총을 1회 발사하여 피해자의 왼쪽 가슴아래 부위를 관통하여 사망케 한 경찰관의 총기사용 행위는 경찰관직무집행법 소정의 총기사용 한계를 벗어난 것이다.

③ 경찰관이 길이 40센티미터 가량의 칼로 반복적으로 위협하며 도주하는 차량 절도 혐의자를 추적하던 중, 도주하기 위하여 등을 돌린 혐의자의 몸쪽을 향하여 약 2미터 거리에서 실탄을 발사하여 혐의자를 복부관통상으로 사망케 하였다 하더라도 경찰관의 총기사용은 사회통념상 허용범위를 벗어나지 않은 것으로 위법하지 않다.

④ 50씨씨 소형 오토바이 1대를 절취하여 운전 중인 15~16세의 절도 혐의자 3인이 경찰관의 검문에 불응하며 도주하자, 경찰관이 체포목적으로 오토바이의 바퀴를 조준하여 실탄을 발사하였으나 오토바이에 타고 있던 1인이 총상을 입게 된 경우, 제반 사정에 비추어 경찰관의 총기사용이 사회통념상 허용범위를 벗어나 위법하다.

> **해설** ① **91다10084 판결**: 타인의 집 대문 앞에 은신하고 있다가 경찰관의 명령에 따라 순순히 손을 들고 나오면서 그대로 도주하는 범인을 경찰관이 뒤따라 추격하면서 등 부위에 권총을 발사하여 사망케 한 경우, 위와 같은 총기사용은 현재의 부당한 침해를 방지하거나 현재의 위난을 피하기 위한 상당성 있는 행위라고 볼 수 없는 것으로서 범인의 체포를 위하여 필요한 한도를 넘어 무기를 사용한 것이라고 하여 국가의 손해배상책임을 인정한 사례
>
> ② **91다19913 판결**: 야간에 술이 취한 상태에서 병원에 있던 과도로 대형 유리창문을 쳐 깨뜨리고 자신의 복부에 칼을 대고 할복자살하겠다고 난동을 부린 피해자가 출동한 2명의 경찰관들에게 칼을 들고 항거하였다고 하여도 위 경찰관 등이 공포를 발사하거나 소지한 가스총과 경찰봉을 사용하여 위 망인의 항거를 억제할 시간적 여유와 보충적 수단이 있었다고 보여지고, 또 부득이 총을 발사할 수밖에 없었다고 하더라도 하체부위를 향하여 발사함으로써 그 위해를 최소한도로 줄일 여지가 있었다고 보여지므로, 칼빈소총을 1회 발사하여 피해자의 왼쪽 가슴 아래 부위를 관통하여 사망케 한 경찰관의 총기사용행위는 경찰관직무집행법 제11조 소정의 총기사용 한계를 벗어난 것이라고 한 사례
>
> ③ **98다63445 판결**: 경찰관이 길이 40cm 가량의 칼로 반복적으로 위협하며 도주하는 차량 절도 혐의자를 추적하던 중, 도주하기 위하여 등을 돌린 혐의자의 몸 쪽을 향하여 약 2m 거리에서 실탄을 발사하여 혐의자를 복부관통상으로 사망케 한 경우, 경찰관의 총기사용은 사회통념상 허용범위를 벗어난 위법행위라고 본 사례.
>
> ④ **2003다57956 판결**: 50cc 소형 오토바이 1대를 절취하여 운전중인 15~16세의 절도 혐의자 3인이 경찰관의 검문에 불응하며 도주하자, 경찰관이 체포 목적으로 오토바이의 바퀴를 조준하여 실탄을 발사하였으나 오토바이에 타고 있던 1인이 총상을 입게 된 경우, 제반 사정에 비추어 경찰관의 총기 사용이 사회통념상 허용범위를 벗어나 위법하다고 한 사례.

25 다음은 경찰관 무기사용과 관련된 사건이다. 이에 대한 설명으로 가장 적절하지 않은 것은?

(2011년 제2차)

> ㉠ 경찰관 A는 동료 경찰관 B와 함께 순찰차를 타고 관내를 순찰하고 있었다. 이 때 경찰서 상황실로부터 신고에 의하여 K라는 사람이 한 술집에서 술병으로 타인을 찌르고, 자신의 집인 꽃집으로 가서 아들을 칼로 위협하는 사건이 발생하였으니 이에 대응하라는 무선지령을 받고 지원 출동하였다.
>
> ㉡ 용의자의 꽃집에 도착하여 동료 경찰관 B는 주위에 있는 막대기를 들고 앞장서고, A는 권총을 꺼내 안전장치를 풀고 B의 뒤에 서서 엄호하며 집 안으로 걸어 들어갔다. 이 때 용의자 K가 세면장에서 나오면서 경찰관 A와 B에게 소리를 지르며 달려들었다. 일반부 씨름선수에서 우승할 정도의 건장한 체격을 가진 K는 쉽게 경찰관 A와B를 넘어뜨리고 넘어진 경찰관 B의 몸 위에 올라 타 몸싸움을 하였다.
>
> ㉢ 이를 본 경찰관 A는 넘어져 있는 상태에서 소지하고 있던 권총으로 공포탄 1발을 발사하였다. 그러나 K는 이에 굴복하지 않고 계속 경찰관 B의 몸 위에서 그의 목을 누르는 등의 물리력을 행사하여 일어나지 못하게 하였다.
>
> ㉣ 이에 경찰관 A는 K를 향하여 실탄 1발을 발사하였고, 그 실탄은 K의 우측 흉부 하단 늑간 부위를 관통하였다. K는 즉시 병원에 후송되어 입원치료를 받았으나 간파열 등으로 인한 패혈증으로 며칠 뒤에 사망하였다. 나중에 확인하여 보니 K는 경찰관과 격투를 할 당시 칼을 소지하지 않고 있었던 것으로 밝혀졌다.

① 경찰관은 범인이 무기·흉기 등 위험한 물건을 소지하고, 경찰관으로부터 3회 이상의 투기명령 또는 투항명령을 받고도 이에 불응하면서 계속 항거하여 이를 방지 또는 체포하기 위하여 무기를 사용하지 아니하고는 다른 수단이 없다고 인정되는 상당한 이유가 있을 경우에는 총기를 사용할 수 있다.

② 사망한 K의 유가족은 경찰관 A를 상대로 형법 제268조의 업무상 과실치사를 주장할 수 있다.

③ 경찰관 A는 자기 또는 동료경찰관 B의 현재의 부당한 침해를 방위하기 위한 행위로서 상당성이 있기 때문에 형법 제21조 상의 정당방위를 주장할 수 있다.

④ 이 사건에서 경찰관 A의 정당방위가 인정된다면, 민사상에 있어서 국가의 국가배상책임 역시 면제된다고 할 수 있다.

해설 **2003도3842 판결(업무상과실치사사)**: 경찰관 직무집행법 제10조의4 제1항에 의하면...(중략)...경찰관의 무기 사용이 위와 같은 요건을 충족하는지 여부는 범죄의 종류, 죄질, 피해법익의 경중, 위해의 급박성, 저항의 강약, 범인과 경찰관의 수, 무기의 종류, 무기 사용의 태양, 주변의 상황 등을 고려(주: 총기의 사용요건에 대한 판단기준)하여 사회통념상 상당하다고 평가되는지 여부에 따라 판단하여야 하고, 특히 사람에게 위해를 가할 위험성이 큰 권총의 사용에 있어서는 그 요건을 더욱 엄격하게 판단하여야 한다...(중략 – 보기의 사실관계와 동일)..."공소외 1이 술집에서 맥주병을 깨 다른 사람의 목을 찌르고 현재 자기집으로 도주하여 칼로 아들을 위협하고 있다."는 상황을 고지받고 현장에 도착한 피고인으로서는, 공소외 1이 칼을 소지하고 있는 것으로 믿었고 또 그렇게 믿은 데에 정당한 이유가 있었다고 할 것이므로, 피고인과 OOO이 공소외 1과의 몸싸움에 밀려 함께 넘어진 상태에서 칼을 소지한 것으로 믿고 있었던 공소외 1과 다시 몸싸움을 벌인다는 것은 피고인 자신의 생명 또는 신체에 위해를 가져올 수도 있는 위험한 행동이라고 판단할 수밖에 없을 것이고, 따라서 피고인이 공포탄 1발을 발사하여 경고를 하였음에도 불구하고 공소외 1이 OOO의 몸 위에 올라탄 채 계속하여 OOO를 폭행하고 있었고, 또 그가 언제 소지하고 있었을 칼을 꺼내어 OOO나 피고인을 공격할지 알 수 없다고 피고인이 생각하고 있던 급박한 상황에서 OOO를 구출하기 위하여 공소외 1을 향하여 권총을 발사한 것이므로, 이러한 피고인의 권총 사용이, 경찰관 직무집행법 제10조의4 제1항의 허용범위를 벗어난 위법한 행위라거나 피고인에게 업무상과실치사의 죄책을 지울만한 행위라고 선뜻 단정할 수는 없다(다만 민사상으로 공무원인 피고인의 위와 같은 행위에 관하여 국가가 국가배상책임을 질 것인지 여부는 이와 별도의 관점에서 검토되어야 할 것이며, 이 점은 별론으로 한다). **2006다6713 판결(참고판례 – 일명 "진주 씨름장사 사망사건")**: [1] 생략(총기의 사용요건에 대한 판단기준) [2] ...(상략)...형사상 범죄를 구성하지 아니하는 침해행위(주: 2003도3842 판결에서 경찰관의 총기사용은 정당방위에 해당하여 업무상과실치사죄가 성립하지 않는다고 판단)라고 하더라도 그것이 민사상 불법행위를 구성하는지 여부는 형사책임과 별개의 관점에서 검토하여야 한다. [3] 경찰관이 범인을 제압하는 과정에서 총기를 사용하여 범인을 사망에 이르게 한 사안에서, 경찰관이 총기사용에 이르게 된 동기나 목적, 경위 등을 고려하여 형사사건에서 무죄판결이 확정되었더라도 당해 경찰관의 과실의 내용과 그로 인하여 발생한 결과의 중대함에 비추어 민사상 불법행위책임(주: 적용법조에 민법 제750조 외에 국가배상법 제2조 제1항을 들고 있다는 점에서 국가배상책임 가능)을 인정한 사례.

※ 경찰관의 총기사용이 정당방위나 긴급피난 등에 해당하여 업무상과실치사상죄의 성립이 부정된다고 하더라도 **민사상 또는 국가배상법상 손해배상의 책임이 발생할 수 있음에 유의**한다.

26 「경찰관 직무집행법」 및 「경찰관 직무집행법 시행령」상 손실보상에 대한 설명으로 가장 적절한 것은? (2021년 제1차)

① 손실발생의 원인에 대하여 책임이 없는 자가 경찰관의 적법한 직무집행으로 인하여 생명·신체 또는 재산상의 손실을 입은 경우(손실발생의 원인에 대하여 책임이 없는 자가 경찰관의 직무집행에 자발적으로 협조하거나 물건을 제공하여 생명·신체 또는 재산상의 손실을 입은 경우를 제외한다), 국가는 그 손실을 입은 자에 대하여 정당한 보상을 하여야 한다.

② 경찰청장 또는 시·도경찰청장은 손실보상심의위원회의 심의·의결에 따라 보상금을 지급하고, 거짓 또는 부정한 방법으로 보상금을 받은 사람에 대하여는 해당 보상금을 환수할 수 있다.

③ 손실보상심의위원회는 위원장 1명을 포함한 5명 이상 7명 이하의 위원으로 구성하며, 위원장이 부득이한 사유로 직무를 수행할 수 없는 때에는 상임위원, 위원 중 연장자순으로 위원장의 직무를 대행한다.

④ 보상금을 지급하기로 결정한 경우 경찰청장등(경찰청, 해양경찰청, 시·도경찰청 및 지방해양경찰청의 장)은 「경찰관 직무집행법 시행령」 제10조 제3항에 따른 결정일부터 10일 이내에 보상금 지급 청구승인 통지서에 결정내용을 적어서 청구인에게 통지하여야 한다.

해설 ① **「경찰관 직무집행법」** 제11조의2 제1항 제1호 "국가는 경찰관의 적법한 직무집행으로 인하여 다음 각 호의 어느 하나에 해당하는 손실을 입은 자에 대하여 정당한 보상을 하여야 한다. 1. 손실발생의 원인에 대하여 책임이 없는 자가 생명·신체 또는 재산상의 손실을 입은 경우(손실발생의 원인에 대하여 책임이 없는 자가 경찰관의 직무집행에 자발적으로 협조하거나 물건을 제공하여 생명·신체 또는 재산상의 손실을 입은 경우를 포함한다), 2. 손실발생의 원인에 대하여 책임이 있는 자가 자신의 책임에 상응하는 정도를 초과하는 생명·신체 또는 재산상의 손실을 입은 경우"

② **「경찰관 직무집행법」** 제11조의2 제4항 "경찰청장 또는 시·도경찰청장은 제3항의 손실보상심의위원회의 심의·의결에 따라 보상금을 지급하고, 거짓 또는 부정한 방법으로 보상금을 받은 사람에 대하여는 해당 보상금을 환수하여야 한다."

③ **「경찰관 직무집행법 시행령」** 제11조 제2항 "위원회는 위원장 1명을 포함한 5명 이상 7명 이하의 위원으로 구성한다." 및 **동시행령** 제12조 제3항 "위원장이 부득이한 사유로 직무를 수행할 수 없는 때에는 위원장이 미리 지명한 위원이 그 직무를 대행한다."

④ **「경찰관 직무집행법 시행령」** 제10조 제4항

분석 손실보상제도는 경찰관의 적법한 직무집행으로 인하여 재산상 손실이 발생한 경우 국가가 그 손실을 보상하도록 손실보상 규정을 신설함으로써 국민의 권익을 보호하고 경찰관의 안정적인 직무집행을 도모하려는 취지에서 2014년 4월 6일 법률 제11736호로 시행된 경찰관 직무집행법에 처음으로 도입되었습니다. 독립된 유형의 문제로 4회 출제되었고, 경찰관 직무집행법의 다른 조문과 결합된 문제로 간혹 출제되었습니다. 기출문제는 경찰관 직무집행법 제11조의2(손실보상) 및 관련된 경찰관 직무집행법 시행령의 내용을 정확히 알고 있는지를 확인하는 수준입니다. 손실보상은 기본적으로 경찰관의 적법한 직무집행으로 인하여 "생명·신체 또는 재산상의 손실을 입은 경우"에 인정되기 때문에 위법한 직무집행으로 인한 손해는 국가배상법상 손해배상의 문제에 속하고, 비재산적 손실(예: 경찰관이 위험 발생을 방지하기 위해 주거에 들어가 주거의 평온이 침해된 경우)에 대해서는 보상의 근거가 없다는 점에 유의하기 바랍니다. 특히 손실보상의 기준 및 보상금액 등(시행령 제9조 – 물건의 멸실·훼손으로 인한 손실 외의 재산상 손실에 대해서는 직무집행과 상당한 인과관계가 있는 범위에서 보상), 손실보상의 지급절차 및 방법(시행령 제10조 – 보상금은 다른 법률에 특별한 규정이 있는 경우를 제외하고는 현금으로 일시불로 지급하되, 예산 부족 등의 사유로 일시금으로 지급할 수 없는 특별한 사정이 있는 경우에는 청구인의 동의를 받아 분할하여 지급 가능), 청구권의 소멸시효기간(안 날로부터 3년과 발생한 날로부터 5년)과 손실보상심의위원회의 설치 및 구성(시행령 제11조 – 경찰청, 해양경찰청, 시·도경찰청 및 지방해양경찰청에 설치 / 위원장 1명을 포함 5명 이상 7명 이하의 위원)과 운영(제13조 – 재적위원 과반수의 출석으로 개의(開議) 출석위원 과반수의 찬성으로 의결) 부분을 정확히 숙지하고 있어야 합니다. 아울러 종래 "재산상의 손실"로 한정되었던 대상이 2019년 6월 25일 법률 제16036호로 시행된 경찰관 직무집행법에서 "생명·신체 또는 재산상의 손실"로 확대된 점도 기억하기 바랍니다.

27 「경찰관 직무집행법」 및 동법 시행령상 손실보상에 대한 설명으로 가장 적절하지 않은 것은?

(2018년 제2차 – 현행법 반영 수정)

① 보상을 청구할 수 있는 권리는 손실이 있음을 안 날부터 3년, 손실이 발생한 날부터 5년간 행사하지 아니하면 시효의 완성으로 소멸한다.

② 소속 경찰공무원의 직무집행으로 인하여 발생한 손실보상청구사건을 심의하기 위하여 경찰청, 해양경찰청, 시·도경찰청, 지방해양경찰청, 경찰서 및 해양경찰서에 손실보상심의위원회(이하 "위원회"라 한다)를 설치하며, 위원회는 위원장 1명을 포함한 5명이상 7명이하의 위원으로 구성한다.

③ 보상금은 일시불로 지급하되, 예산부족 등의 사유로 일시금으로 지급할 수 없는 특별한 사정이 있는 경우에는 청구인의 동의를 받아 분할하여 지급할 수 있다.

④ 손실보상의 기준, 보상금액, 지급절차 및 방법, 손실보상심의위원회의 구성 및 운영, 그 밖에 필요한 사항은 대통령령으로 정한다.

해설 ① 「경찰관 직무집행법」 제11조의2 제2항, ③ 「경찰관 직무집행법 시행령」 제10조 제6항, ④ 「경찰관 직무집행법」 제11조의2 제7항

② 「경찰관 직무집행법 시행령」 제11조 제1항·제2항 "① 법 제11조의2 제3항에 따라 소속 경찰공무원의 직무집행으로 인하여 발생한 손실보상청구 사건을 심의하기 위하여 경찰청, 해양경찰청, 시·도경찰청 및 지방해양경찰청에 손실보상심의위원회(이하 "위원회"라 한다)를 설치한다. ② 위원회는 위원장 1명을 포함한 5명 이상 7명 이하의 위원으로 구성한다." 경찰서 및 해양경찰서에는 손실보상심의위원회를 설치하지 않는다.

28 「경찰관 직무집행법 및 동법 시행령」상 손실보상에 대한 설명으로 가장 적절하지 않은 것은?

(2017년 제2차 – 현행법 반영 수정)

① 국가는 경찰관의 적법한 직무집행으로 인하여 손실발생의 원인에 대하여 책임이 있는 자가 자신의 책임에 상응하는 정도를 초과하는 생명·신체 또는 재산상의 손실을 입은 경우 손실을 입은 자에 대하여 정당한 보상을 하여야 한다.

② 보상을 청구할 수 있는 권리는 손실이 있음을 안 날부터 3년, 손실이 발생한 날부터 5년간 행사하지 아니하면 시효의 완성으로 소멸한다.

③ 경찰공무원의 직무집행으로 인하여 발생한 손실보상청구 사건을 심의하기 위하여 경찰청, 해양경찰청, 시·도경찰청 및 지방해양경찰청, 경찰서 및 해양경찰서에 손실보상심의위원회를 설치한다.

④ 손실보상심의위원회의 회의는 재적위원 과반수의 출석으로 개의(開議)하고, 출석위원 과반수의 찬성으로 의결한다.

해설 ① 「경찰관 직무집행법」 제11조의2 제1항 제2호, ② 「경찰관 직무집행법」 제11조의2 제2항, ④ 「경찰관 직무집행법 시행령」 제13 제2항

③ 「경찰관 직무집행법 시행령」 제11조 제1항 "법 제11조의2 제3항에 따라 소속 경찰공무원의 직무집행으로 인하여 발생한 손실보상청구 사건을 심의하기 위하여 경찰청, 해양경찰청, 시·도경찰청 및 지방해양경찰청에 손실보상심의위원회(이하 "위원회"라 한다)를 설치한다."

29 「경찰관 직무집행법」상 손실보상에 대한 설명으로 틀린 것은 모두 몇 개인가?

(2015년 제1차 – 현행법 반영 수정)

> ㉠ 보상을 청구할 수 있는 권리는 손실이 있음을 안 날로부터 1년, 손실이 발생한 날로부터 3년간 행사하지 아니하면 시효의 완성으로 소멸한다.
> ㉡ 소속 경찰공무원의 직무집행으로 인하여 발생한 손실보상청구 사건을 심의하기 위하여 경찰청, 시·도경찰청 및 경찰서에 손실보상심의위원회를 설치한다.
> ㉢ 보상금은 다른 법률에 특별한 규정이 있는 경우를 제외하고는 현금으로 지급하여야 하고, 일시불로 지급하되 예산부족 등의 사유로 일시금으로 지급할 수 없는 특별한 사정이 있는 경우에는 청구인의 동의를 받아 분할하여 지급할 수 있다.
> ㉣ 물건의 멸실·훼손으로 인한 손실 외의 재산상 손실에 대해서는 직무집행과 상당한 인과관계가 있는 범위에서 보상한다.

① 1개   ② 2개   ③ 3개   ④ 4개

해설 ㉢ ㉣ 옳은 설명이다.

㉠ 「경찰관 직무집행법」 제11조의2 제2항 "제1항에 따른 보상을 청구할 수 있는 권리는 손실이 있음을 안 날부터 3년, 손실이 발생한 날부터 5년간 행사하지 아니하면 시효의 완성으로 소멸한다."

㉡ 「경찰관 직무집행법 시행령」 제11조 제1항 "법 제11조의2 제3항에 따라 소속 경찰공무원의 직무집행으로 인하여 발생한 손실보상청구 사건을 심의하기 위하여 경찰청, 해양경찰청, 시·도경찰청 및 지방해양경찰청에 손실보상심의위원회(이하 "위원회"라 한다)를 설치한다."

30 「범인검거 등 공로자 보상에 관한 규정」에 대한 내용으로 가장 적절하지 않은 것은?

(2018년 제1차 - 현행규정 반영 수정)

① 사형, 무기징역 또는 무기금고, 장기 10년 이상의 징역 또는 금고에 해당하는 범죄에 대한 보상금 지급기준 금액은 100만원이다.

② 장기 10년 미만의 징역 또는 금고에 해당하는 범죄에 대한 보상금 지급기준 금액과 장기 5년 미만의 징역 또는 금고, 장기 10년 이상의 자격정지 또는 벌금형에 해당하는 범죄에 대한 보상금 지급기준 금액의 합은 75만원이다.

③ 동일한 사람에게 지급결정일을 기준으로 연간(1월 1일부터 12월 31일까지를 말한다) 5회를 초과하여 보상금을 지급할 수 없다.

④ 보상금 지급 심사·의결을 거쳐 지급이 이루어진 이후에는 동일한 사건에 대하여 보상금을 지급할 수 없다.

해설 ① 「범인검거 등 공로자 보상에 관한 규정」 제6조 제1항 제1호, ③ 제6조 제5항, ④ 제9조
② 「범인검거 등 공로자 보상에 관한 규정」 제6조 제1항 "시행령 제20조에 따른 보상금 지급기준 금액은 다음 각 호와 같다. 1. 사형, 무기징역 또는 무기금고, 장기 10년 이상의 징역 또는 금고에 해당하는 범죄: 100만원, 2. 장기 10년 미만의 징역 또는 금고에 해당하는 범죄: 50만원, 3. 장기 5년 미만의 징역 또는 금고, 장기 10년 이상의 자격정지 또는 벌금형: 30만원" 2021. 1. 8. 시행된 개정 범인검거 등 공로자 보상에 관한 규정에서 보상금 지급기준 금액이 상향 조정되었다는 점에 유의한다.

분석 범인검거 등 공로자 보상에 관한 규정과 관련하여 최근 12년간 1회가 출제되었고, 보상금의 지급기준(제6조) 및 이중 지급의 제한(제9조)과 관련된 조문의 내용을 정확히 알고 있는지는 확인하는 수준이었습니다. 향후 경찰관 직무집행법 시행령상 관련 규정 및 범인검거 등 공로자 보상에 관한 규정의 배분 지급(제10조)은 출제 가능하므로 조문의 내용을 기억하고 있어야 합니다(경찰관 직무집행법 관련 법령 참조).

31 「경찰관 직무집행법」에 대한 내용으로 옳지 않은 것은 모두 몇 개인가?

(2020년 제1차)

㉠ 일반적 수권조항의 존재를 부정하는 학자들에 따르면 경찰관 직무집행법 제2조 제7호는 경찰의 직무범위만을 정한 것으로서 본질적으로 조직법적 성질의 규정에 해당한다고 주장한다.

㉡ 경찰관은 수상한 행동이나 그 밖의 주위 사정을 합리적으로 판단해 볼 때 보호조치 대상자에 해당하는 것이 명백하고 응급구호가 필요하다고 믿을 만한 상당한 이유가 있는 사람을 발견하였을 때에는 보건의료기관이나 공공구호기관에 긴급구호를 요청하거나 경찰관서에 보호하는 등 적절한 조치를 하여야 한다.

㉢ 구호대상자를 경찰관서에서 보호하는 기간은 24시간을 초과할 수 없고, 물건을 경찰관서에 임시로 영치하는 기간은 10일을 초과할 수 없다.

㉣ 경찰관은 '현행범이나 사형·무기 또는 장기 3년 이상의 징역이나 금고에 해당하는 죄를 범한 범인의 체포 또는 도주 방지', '자신이나 다른 사람의 생명·신체 및 재산의 보호', '공무집행에 대한 항거 제지'의 직무를 수행하기 위하여 필요하다고 인정되는 상당한 이유가 있을 때에는 그 사태를 합리적으로 판단하여 필요한 한도 내에서 경찰장구를 사용할 수 있다.

㉤ 경찰청장 또는 시·도경찰청장은 손실보상심의위원회의 심의·의결에 따라 보상금을 지급하고, 거짓 또는 부정한 방법으로 보상금을 받은 사람에 대하여는 해당 보상금을 환수할 수 있다.

① 1개   ② 2개   ③ 3개   ④ 4개

해설 ㉠ 옳은 설명이다. 헌법재판소도 이와 관련하여 명확한 입장을 밝히지 않고 있고, 재판관들의 의견도 대립하고 있다.

ㄹ 「**경찰관 직무집행법**」 제4조 제7항 옳은 설명이다.

ㄴ 「**경찰관 직무집행법**」 제4조 제1항 "경찰관은 수상한 행동이나 그 밖의 주위 사정을 합리적으로 판단해 볼 때 다음 각 호의 어느 하나에 해당하는 것이 명백하고 응급구호가 필요하다고 믿을 만한 상당한 이유가 있는 사람(이하 "구호대상자"라 한다)을 발견하였을 때에는 보건의료기관이나 공공구호기관에 긴급구호를 요청하거나 경찰관서에 보호하는 등 적절한 조치를 할 수 있다." 경찰관 직무집행법 제3조 내지 제7조의 (표준)조치는 재량사항이지만, 경우에 따라 재량권이 0으로 수축되어 반드시 개입해야 하는 경우가 있을 수 있다.

ㄹ 「**경찰관 직무집행법**」 제10조의2 제1항 "경찰관은 다음 각 호의 직무를 수행하기 위하여 필요하다고 인정되는 상당한 이유가 있을 때에는 그 사태를 합리적으로 판단하여 필요한 한도에서 경찰장구를 사용할 수 있다. 1. 현행범이나 사형 · 무기 또는 장기 3년 이상의 징역이나 금고에 해당하는 죄를 범한 범인의 체포 또는 도주 방지, 2. 자신이나 다른 사람의 생명 · 신체의 방어 및 보호, 3. 공무집행에 대한 항거(抗拒) 제지" 재산은 포함되지 않는다.

ㅁ 「**경찰관 직무집행법**」 제11조의2 제4항 "경찰청장 또는 시 · 도경찰청장은 제3항의 손실보상심의위원회의 심의 · 의결에 따라 보상금을 지급하고, 거짓 또는 부정한 방법으로 보상금을 받은 사람에 대하여는 해당 보상금을 환수하여야 한다."

분석 | 경찰관 직무집행법 전반에 대한 문제(31번 ~ 42번)는 최근 12년간 조문의 내용을 정확히 숙지하고 있는지를 확인하는 수준에서 출제되었습니다. 실무에서는 범죄수사 이외에 경찰관 직무집행법에 근거한 행정경찰작용의 중요성을 강조하고 있으므로 향후의 출제 경향은 단순한 조문 암기의 수준을 넘어 관련된 판례를 알고 있는지 여부를 확인하는 문제로 바뀔 가능성이 아주 큽니다. 특히 불심검문이나 경찰장구 · 분사기 · 무기의 사용 이외에 보호조치(제4조), 위험 발생의 방지(제5조), 범죄의 예방과 제지(제6조) 및 위험 방지를 위한 출입(제7조)과 관련하여 다수의 판례가 있고, 특히 법원에 의해 경찰의 대응이 위법하다고 판단을 받은 판례의 사례는 적법한 공무집행을 위해 반드시 알고 있어야 하는 분야이므로 출제될 가능성이 매우 높습니다. 기출 판례 이외에 예상문제의 판례 내용을 정확히 숙지하여야 이런 유형의 문제에 완벽하게 대비할 수 있습니다.

32 「경찰관 직무집행법」에 대한 내용으로 가장 적절하지 않은 것은? (2018년 제2차)

① 「경찰관 직무집행법」 제2조는 직무의 범위에서 '범죄피해자 보호'를 규정하고 있다.

② 법률에서 정한 절차에 따라 체포 · 구속된 사람 또는 신체의 자유를 제한하는 판결이나 처분을 받은 사람을 수용하기 위하여 경찰서와 해양경찰서에 유치장을 둔다.

③ 경찰관은 '현행범이나 사형 · 무기 또는 장기 3년 이상의 징역이나 금고에 해당하는 죄를 범한 범인의 체포 또는 도주 방지', '자신이나 다른 사람의 생명 · 신체의 방어 및 보호', '공무집행에 대한 항거 제지'의 직무를 수행하기 위하여 필요하다고 인정되는 상당한 이유가 있을 때에는 그 사태를 합리적으로 판단하여 필요한 한도에서 경찰장구를 사용할 수 있다.

④ 경찰청장은 위해성 경찰장비를 새로 도입하려는 경우에는 대통령령으로 정하는 바에 따라 안전성 검사를 실시하여 그 안전성 검사의 결과보고서를 국가경찰위원회에 제출하여야 한다. 이 경우 안전성 검사에는 외부 전문가를 참여시켜야 한다.

해설 ① 「**경찰관 직무집행법**」 제2조 제2호의2, ② 「**경찰관 직무집행법**」 제9조, ③ 「**경찰관 직무집행법**」 제10조의2 제1항

④ 「**경찰관 직무집행법**」 제10조 제5항 "경찰청장은 위해성 경찰장비를 새로 도입하려는 경우에는 대통령령으로 정하는 바에 따라 안전성 검사를 실시하여 그 안전성 검사의 결과보고서를 국회 소관 상임위원회에 제출하여야 한다. 이 경우 안전성 검사에는 외부 전문가를 참여시켜야 한다."

33 「경찰관 직무집행법」상 다음 설명 중 가장 적절하지 않은 것은? (2015년 제1차)

① 경찰관서의 장은 대간첩 작전의 수행이나 소요 사태의 진압을 위하여 필요하다고 인정되는 상당한 이유가 있을 때에는 대간첩 작전지역이나 경찰관서·무기고 등 국가중요시설에 대한 접근 또는 통행을 제한하거나 금지할 수 있다.

② 경찰관은 범죄행위가 목전에 행하여지려고 하고 있다고 인정될 때에는 이를 예방하기 위하여 관계인에게 필요한 경고를 하고, 그 행위로 인하여 사람의 생명·신체에 위해를 끼치거나 재산에 중대한 손해를 끼칠 우려가 있는 긴급한 경우에는 그 행위를 제지할 수 있다.

③ 법률에서 정한 절차에 따라 체포·구속된 사람 또는 신체의 자유를 제한하는 판결이나 처분을 받은 사람을 수용하기 위하여 경찰서와 해양경찰서에 유치장을 둔다.

④ 경찰관 직무의 범위에 외국 정부기관 및 국제기구와의 국제협력은 규정되어 있지 않다.

> **해설** ① 「**경찰관 직무집행법**」 제5조 제2항, ② 「**경찰관 직무집행법**」 제6조, ③ 「**경찰관 직무집행법**」 제9조
> ④ 「**경찰관 직무집행법**」 제2조 제6호 "경찰관은 다음 각 호의 직무를 수행한다. 1. 국민의 생명·신체 및 재산의 보호, 2. 범죄의 예방·진압 및 수사, 2의2. 범죄피해자 보호, 3. 경비, 주요 인사(人士) 경호 및 대간첩·대테러 작전 수행, 4. 공공안녕에 대한 위험의 예방과 대응을 위한 정보의 수집·작성 및 배포, 5. 교통 단속과 교통 위해(危害)의 방지, 6. <u>외국 정부기관 및 국제기구와의 국제협력</u>, 7. 그 밖에 공공의 안녕과 질서 유지" 경찰관 직무집행법 제2조 제6호에 근거하여 동법 제8조의3에서 "경찰청장 또는 해양경찰청장은 이 법에 따른 경찰관의 직무수행을 위하여 외국 정부기관, 국제기구 등과 자료 교환, 국제협력 활동 등을 할 수 있다." 고 규정하고 있다.

34 「경찰관 직무집행법」에 관한 다음 설명 중 옳은 것은 모두 몇 개인가? (2015년 제2차)

> ㉠ 유치장에 관한 규정을 두고 있다.
> ㉡ "경찰장비"란 무기, 경찰장구, 최루제와 그 발사장치, 살수차, 감식기구, 해안 감시기구, 통신기기, 차량·선박·항공기 등 경찰이 직무를 수행할 때 필요한 장치와 기구를 말한다.
> ㉢ 손실보상청구권은 손실이 있음을 안 날부터 2년, 손실이 발생한 날부터 5년간 행사하지 아니하면 시효의 완성으로 소멸한다.
> ㉣ "경찰장구"란 경찰관이 휴대하여 범인 검거와 범죄 진압 등의 직무 수행에 사용하는 수갑, 포승, 경찰봉, 방패 등을 말한다.

① 1개 ② 2개 ③ 3개 ④ 4개

> **해설** ㉠ ㉡ ㉣ 옳은 설명이다.
> ㉢ 「**경찰관 직무집행법**」 제11조의2 제2항 "제1항에 따른 보상을 청구할 수 있는 권리는 손실이 <u>있음을 안 날부터 3년</u>, 손실이 <u>발생한 날부터 5년간</u> 행사하지 아니하면 시효의 완성으로 소멸한다."

35 「경찰관 직무집행법」상 다음 ( )안에 들어갈 숫자의 합은? (2015년 제3차)

> ㉠ 불심검문을 위하여 가까운 경찰관서로 검문대상자를 동행한 경우, 그 검문대상자로 하여금 ( ) 시간을 초과하여 경찰관서에 머물게 할 수 없다.
> ㉡ 경찰관은 보호조치를 하는 경우에 구호대상자가 휴대하고 있는 무기·흉기 등 위험을 일으킬 수 있는 것으로 인정되는 물건을 경찰관서에 임시로 영치하여 놓을 수 있다. 이때 경찰관서에 임시로 영치하는 기간은 ( )일을 초과할 수 없다.
> ㉢ 손실보상을 청구할 수 있는 권리는 손실이 있음을 안 날부터 ( )년, 손실이 발생한 날로부터 5 년간 행사하지 아니하면 시효의 완성으로 소멸한다.
> ㉣ 이 법에 규정된 경찰관의 의무를 위반하거나 직권을 남용하여 다른 사람에게 해를 끼친 사람은 ( )년 이하의 징역이나 금고에 처한다.

① 20　　　　② 21　　　　③ 22　　　　④ 23

해설　순서대로 6 - 10 - 3 - 1
> ㉠ **「경찰관 직무집행법」 제3조 제6항** "경찰관은 제2항에 따라 동행한 사람을 <u>6시간을 초과하여</u> 경찰관서에 머물게 할 수 없다."
> ㉡ **「경찰관 직무집행법」 제4조 제7항** "제1항에 따라 구호대상자를 경찰관서에서 보호하는 기간은 24시간을 초과할 수 없고, 제3항에 따라 물건을 경찰관서에 임시로 영치하는 기간은 <u>10일을 초과할 수 없다.</u>"
> ㉢ **「경찰관 직무집행법」 제11조의2 제2항** "제1항에 따른 보상을 청구할 수 있는 권리는 손실이 있음을 <u>안 날부터 3년,</u> 손실이 발생한 날부터 5년간 행사하지 아니하면 시효의 완성으로 소멸한다."
> ㉣ **「경찰관 직무집행법」 제12조** "이 법에 규정된 경찰관의 의무를 위반하거나 직권을 남용하여 다른 사람에게 해를 끼친 사람은 <u>1년 이하의</u> 징역이나 금고에 처한다."

36 「경찰관 직무집행법」에 관한 다음 설명 중 옳지 않은 것은 모두 몇 개인가? (2014년 제2차 - 현행법 반영 수정)

> ㉠ 국민의 자유와 권리 및 모든 개인이 가지는 불가침의 기본적 인권을 보호하고 사회공공의 질서를 유지하기 위한 경찰관(경찰공무원만 해당한다. 이하 같다)의 직무수행에 필요한 사항을 규정함을 목적으로 한다.
> ㉡ 제2조 제3호에는 경비, 주요 인사 경호 및 대간첩·대테러 작전 수행을 직무 범위로 규정하고 있다.
> ㉢ 경찰공무원은 직무수행을 위하여 필요하면 무기를 휴대할 수 있다고 규정하고 있다.
> ㉣ 경찰관서의 장은 대간첩 작전의 수행이나 소요 사태의 진압을 위하여 필요하다고 인정되는 상당한 이유가 있을 때에는 대간첩 작전지역이나 경찰관서·무기고 등 국가중요시설에 대한 접근 또는 통행을 제한하거나 금지하여야 한다.
> ㉤ 이 법에 규정된 경찰관의 직권은 그 직무수행에 필요한 최소한도에서 행사되어야 하며 남용되어서는 아니 된다는 비례의 원칙을 규정하고 있다.

① 1개　　　② 2개　　　③ 3개　　　④ 4개

해설　㉠ ㉡ ㉤ 옳은 설명이다.
> ㉢ 경찰관 직무집행법은 제10조의4에서 무기의 사용만을 규정하고 있고, 무기휴대의 법적 근거는 경찰공무원법 제26조 제2항이다.
> ㉣ **「경찰관 직무집행법」 제5조 제2항** "경찰관서의 장은 대간첩 작전의 수행이나 소요(騷擾) 사태의 진압을 위하여 필요하다고 인정되는 상당한 이유가 있을 때에는 대간첩 작전지역이나 경찰관서·무기고 등 국가중요시

설에 대한 <u>접근 또는 통행을 제한하거나 금지할 수 있다.</u>"

37 「경찰관 직무집행법」상 다음 설명 중 가장 적절하지 않은 것은? (2013년 제1차)

① 경찰관서의 장은 대간첩작전수행 또는 소요사태의 진압을 위하여 필요하다고 인정되는 상당한 이유가 있을 때에는 대간첩작전지역 또는 경찰관서·무기고 등 국가중요시설에 대한 접근 또는 통행을 제한하거나 금지할 수 있다.

② 경찰관은 범죄행위가 목전에 행하여지려고 하고 있다고 인정될 때에는 이를 예방하기 위하여 관계인에게 필요한 경고를 발하고, 그 행위로 인하여 인명·신체에 위해를 미치거나 재산에 중대한 손해를 끼칠 우려가 있어 긴급을 요하는 경우에는 그 행위를 제지할 수 있다.

③ 경찰관은 직무수행에 필요하다고 인정되는 상당한 이유가 있을 때에는 국가기관 또는 공사단체 등에 대하여 직무수행에 관련된 사실을 조회할 수 있다. 다만, 긴급을 요할 때에는 사실을 확인 후 당해 기관 또는 단체의 장에게 추후 통보해야 한다.

④ 경찰관은 미아를 인수할 보호자의 여부, 유실물을 인수할 권리자의 여부 또는 사고로 인한 사상자를 확인하기 위하거나 행정처분을 위한 교통사고조사상의 사실을 확인하기 위하여 필요한 때에는 관계인에게 출석을 요하는 사유·일시 및 장소를 명확히 한 출석요구서에 의하여 경찰관서에 출석할 것을 요구할 수 있다.

> **해설** ① 「**경찰관 직무집행법**」제5조 제2항, ② 「**경찰관 직무집행법**」제6조, ④ 「**경찰관 직무집행법**」제8조 제2항
> ③ 「**경찰관 직무집행법**」제8조 제1항 "경찰관서의 장은 직무 수행에 필요하다고 인정되는 상당한 이유가 있을 때에는 국가기관이나 공사(公私) 단체 등에 직무 수행에 관련된 사실을 조회할 수 있다. 다만, 긴급한 경우에는 소속 경찰관으로 하여금 <u>현장에 나가 해당 기관 또는 단체의 장의 협조를 받아 그 사실을 확인하게 할 수 있다.</u>"

38 「경찰관 직무집행법」에 대한 설명 중 가장 적절하지 않은 것은? (2013년 제2차 – 현행법 반영 수정)

① 흥행장·여관·음식점·역 기타 다수인이 출입하는 장소의 관리자 또는 이에 준하는 관계인은 그 영업 또는 공개시간 내에 경찰관이 범죄의 예방 또는 인명·신체와 재산에 대한 위해 예방을 목적으로 그 장소에 출입할 것을 요구한 때에는 정당한 이유 없이 이를 거절할 수 없다.

② 경찰관은 범인의 체포·도주의 방지 또는 불법집회·시위로 인하여 자기 또는 타인의 생명·신체와 재산 및 공공시설 안전에 대한 현저한 위해의 발생을 억제하기 위하여 부득이한 경우 현장책임자의 판단으로 필요한 최소한의 범위 안에서 분사기(총포·도검·화약류 등의 안전관리에 관한 법률에 따른 분사기와 그에 사용하는 최루 등의 작용제) 또는 최루탄을 사용할 수 있다.

③ 경찰서 및 지구대, 지방해양경찰관서에 법률이 정한 절차에 따라 체포·구속되거나 신체의 자유를 제한하는 판결 또는 처분을 받은 자를 수용하기 위하여 유치장을 둔다.

④ 경찰관은 범죄행위가 목전에 행하여지려고 하고 있다고 인정될 때에는 이를 예방하기 위하여 관계인에게 필요한 경고를 발하고, 그 행위로 인하여 인명·신체에 위해를 미치거나 재산에 중대한 손해를 끼칠 우려가 있어 긴급을 요하는 경우에는 그 행위를 제지할 수 있다.

> **해설** ① 「**경찰관 직무집행법**」제7조 제2항, ② 「**경찰관 직무집행법**」제10조의3, ④ 「**경찰관 직무집행법**」제6조
> ③ 「**경찰관 직무집행법**」제9조 "법률에서 정한 절차에 따라 체포·구속된 사람 또는 신체의 자유를 제한하는 판결이나 처분을 받은 사람을 수용하기 위하여 <u>경찰서와 해양경찰서에 유치장을 둔다.</u>"

39 「경찰관 직무집행법」에 관한 설명 중 가장 적절하지 않은 것은? (2012년 제2차)

① 「경찰관 직무집행법」은 직무의 범위에 국민의 생명·신체 및 재산의 보호에 관한 규정을 명문으로 두고 있다.

② 「경찰관 직무집행법」에 규정된 경찰관의 의무에 위반하거나 직권을 남용하여 다른 사람에게 해를 끼친 자는 1년 이하의 징역이나 금고에 처한다.

③ 미아, 병자, 부상자 등으로서 적당한 보호자가 없으며 응급구호를 요한다고 인정되는 자는 보호조치를 할 수 있다. 다만, 당해인이 이를 거절하는 경우에는 예외로 한다.

④ 경찰장구라 함은 경찰관이 휴대하여 범인검거와 범죄진압 등 직무수행에 사용하는 무기, 수갑, 포승, 경찰봉, 방패 등을 말한다.

해설 ① 「경찰관 직무집행법」 제2조 제1호, ② 「경찰관 직무집행법」 제12조, ③ 「경찰관 직무집행법」 제4조 제1항 제3호

④ 「경찰관 직무집행법」 제10조의2 제2항 "제1항에서 "경찰장구"란 경찰관이 휴대하여 범인 검거와 범죄 진압 등의 직무 수행에 사용하는 <u>수갑, 포승(捕繩), 경찰봉, 방패 등</u>을 말한다."

40 「경찰관 직무집행법」상 다음 설명 중 적절하지 않은 것은 모두 몇 개인가? (2012년 제3차 - 현행법 반영 수정)

㉠ 경찰관 직무집행법 제2조 제7호는 그 밖에 공공의 안녕과 위해의 방지를 직무 범위로 규정하고 있다.

㉡ "법률에서 정한 절차에 따라 체포·구속된 사람 또는 신체의 자유를 제한하는 판결이나 처분을 받은 사람을 수용하기 위하여 경찰서와 해양경찰서에 유치장을 둔다."라고 규정하고 있다.

㉢ 경찰관이 불심검문을 하기 위해 질문하거나 동행을 요구할 경우 경찰관은 당해인에게 구두로 소속과 성명만을 밝히면 된다.

㉣ 경찰관은 현행범이나 사형·무기 또는 장기 3년 이상의 징역이나 금고에 해당하는 죄를 범한 범인의 체포·도주의 방지, 자기 또는 타인의 생명·신체에 대한 방호, 공무집행에 대한 항거의 억제를 위하여 필요하다고 인정되는 상당한 이유가 있을 때에는 그 사태를 합리적으로 판단하여 필요한 한도 내에서 경찰장구를 사용할 수 있다.

---

① 1개   ② 2개   ③ 3개   ④ 4개

해설 ㉡ ㉣ 옳은 설명이다.

㉠ 「경찰관 직무집행법」 제2조 제7호 "7. 그 밖에 공공의 안녕과 <u>질서 유지</u>"

㉢ 「경찰관 직무집행법」 제3조 제4항 "경찰관은 제1항이나 제2항에 따라 질문을 하거나 동행을 요구할 경우 자신의 <u>신분을 표시하는 증표를 제시하면서</u> 소속과 성명을 밝히고 질문이나 동행의 목적과 이유를 설명하여야 하며, 동행을 요구하는 경우에는 동행 장소를 밝혀야 한다."

41 다음은 「국가경찰과 자치경찰의 조직 및 운영에 관한 법률」과 「경찰관 직무집행법」에 대한 설명이다. 옳은 것은 모두 몇 개인가? (2011년 제1차 - 현행법 반영 수정)

㉠ 해양경찰은 경찰공무원법의 적용대상이며 해양에서는 경찰관 직무집행법에 의하여 직무를 수행하지만, 국가경찰과 자치경찰의 조직 및 운영에 관한 법률의 적용대상은 아니다.

㉡ 불심검문시 경찰관의 질문에 대하여 당해 당사자는 그 의사에 반해 답변을 강요당하지 아니하며, 이 경우 경찰관의 진술거부권 고지의무는 법률상 명시되어 있지 않다.

ⓒ 불심검문시 질문을 보다 능률적으로 하기 위하여 필요한 경우에 지구대에 동행할 것을 요구할
수 있다.

ⓔ 미아·병자·부상자 등으로서 적당한 보호자가 없으며, 응급구호가 필요하다고 인정되는 경우
당해인이 이를 거절하는 경우에도 보호조치를 할 수 있다.

ⓜ 경찰관 직무집행법에서 위험발생의 방지를 위한 조치수단 중 긴급을 요할 때 '억류 또는 피난조치
를 할 수 있는 대상자'로 규정된 자는 그 장소에 집합한 자, 사물의 관리자, 기타 관계인이 있다.

① 1개   ② 2개   ③ 3개   ④ 4개

해설   ㉠ ㉡ 옳은 설명이다. ㉠과 관련하여 2020년 2월 21일 해양경찰법이 시행되어 국가경찰과 자치경찰의 조직 및
운영에 관한 법률의 적용대상은 아니다. 해양경찰법은 제13조 제3항에서 해양경찰법에서 특별히 정한 것을
제외하고는 「국가공무원법」과 「경찰공무원법」에서 정하는 바에 따른다고 규정하여 경찰공무원법의 적용대
상이 되고, 경찰관(경찰공무원)의 직무수행에 필요한 사항을 규정함을 목적으로 하는 경찰관 직무집행법에
따라 직무를 수행한다. ㉡과 관련하여 진술거부권 고지의무는 명시되어 있지 않지만, 제3조 제5항에서 변호
인 조력권 고지의무를 명시하고 있다.

㉢ 「**경찰관 직무집행법**」 제3조 제2항 "경찰관은 제1항에 따라 같은 항 각 호의 사람을 정지시킨 장소에서 질문
을 하는 것이 그 사람에게 불리하거나 교통에 방해가 된다고 인정될 때에는 질문을 하기 위하여 가까운 경찰
서·지구대·파출소 또는 출장소(지방해양경찰관서를 포함하며, 이하 "경찰관서"라 한다)로 동행할 것을 요
구할 수 있다. 이 경우 동행을 요구받은 사람은 그 요구를 거절할 수 있다." 경찰관 직무집행법에 따른 동행
요구는 제3조 제2항의 요건이 구비되어야 한다.

㉣ 「**경찰관 직무집행법**」 제4조 제1항 제3호 "① 경찰관은 수상한 행동이나 그 밖의 주위 사정을 합리적으로 판
단해 볼 때 다음 각 호의 어느 하나에 해당하는 것이 명백하고 응급구호가 필요하다고 믿을 만한 상당한 이
유가 있는 사람(이하 "구호대상자"라 한다)을 발견하였을 때에는 보건의료기관이나 공공구호기관에 긴급구호
를 요청하거나 경찰관서에 보호하는 등 적절한 조치를 할 수 있다. 3. 미아, 병자, 부상자 등으로서 적당한 보
호자가 없으며 응급구호가 필요하다고 인정되는 사람. 다만, 본인이 구호를 거절하는 경우는 제외한다."

㉤ 「**경찰관 직무집행법**」 제5조 제1항 제2호 "경찰관은 사람의 생명 또는 신체에 위해를 끼치거나 재산에 중대
한 손해를 끼칠 우려가 있는 천재(天災), 사변(事變), 인공구조물의 파손이나 붕괴, 교통사고, 위험물의 폭발,
위험한 동물 등의 출현, 극도의 혼잡, 그 밖의 위험한 사태가 있을 때에는 다음 각 호의 조치를 할 수 있다. 1.
그 장소에 모인 사람, 사물(事物)의 관리자, 그 밖의 관계인에게 필요한 경고를 하는 것. 2. 매우 긴급한 경우
에는 위해를 입을 우려가 있는 사람을 필요한 한도에서 억류하거나 피난시키는 것. 3. 그 장소에 있는 사람,
사물의 관리자, 그 밖의 관계인에게 위해를 방지하기 위하여 필요하다고 인정되는 조치를 하게 하거나 직접
그 조치를 하는 것" 억류·피난조치의 대상자는 위해를 입을 우려가 있는 사람에 한정된다.

42 경찰관 직무집행법과 관련된 설명 중 옳지 않은 것은?   (2010년 제2차 – 현행법 반영 수정)

① 경찰관 직무집행법은 직무의 범위에 공공안녕에 대한 위험의 예방과 대응을 위한 정보의 수
집·작성 및 배포에 관한 규정을 명문으로 두고 있지는 않다.

② 경찰관 직무집행법에는 유치장의 설치와 관련하여 근거규정이 있다.

③ 경찰관은 미아를 인수할 보호자의 여부, 유실물을 인수할 권리자의 여부 또는 사고로 인한 사
상자를 확인하기 위하거나 행정처분을 위한 교통사고조사상의 사실을 확인하기 위하여 필요
한 때에는 관계인에게 출석을 요구할 수 있다.

④ 경찰관 직무집행법에 규정된 경찰관의 의무에 위반하거나 직권을 남용하여 다른 사람에게 해
를 끼친 자는 1년 이하의 징역이나 금고에 처한다.

해설 ① 「**경찰관 직무집행법**」제2조 제4호에서 명문으로 규정하고 있다. 이에 근거하여 동법 제8조의2에서는 "① 경찰관은 범죄 · 재난 · 공공갈등 등 공공안녕에 대한 위험의 예방과 대응을 위한 정보의 수집 · 작성 · 배포와 이에 수반되는 사실의 확인을 할 수 있다. ② 제1항에 따른 정보의 구체적인 범위와 처리 기준, 정보의 수집 · 작성 · 배포에 수반되는 사실의 확인 절차와 한계는 대통령령으로 정한다."고 규정하고 있다.

② 「**경찰관 직무집행법**」제9조, ③ 「**경찰관 직무집행법**」제8조 제2항, ④ 「**경찰관 직무집행법**」제12조

43 「경찰 물리력 행사의 기준과 방법에 관한 규칙」에 대한 설명으로 가장 적절하지 않은 것은?

(2020년 제1차)

① 경찰관이 물리력 사용 시 준수하여야 할 기본원칙, 물리력 사용의 정도, 각 물리력 수단의 사용 한계 및 유의사항을 규정함으로써 국민과 경찰관의 생명 · 신체를 보호하고 인권을 보장하며 경찰 법집행의 정당성을 확보하는 데에 그 목적이 있다.

② 경찰관은 성별, 장애, 인종, 종교 및 성정체성 등에 대한 선입견을 가지고 차별적으로 물리력을 사용하여서는 아니 된다.

③ 경찰관은 이미 경찰목적을 달성하여 더 이상 물리력을 사용할 필요가 없는 경우에는 물리력 사용을 즉시 중단하여야 한다.

④ 대상자가 경찰관의 지시, 통제를 따르지 않고 비협조적이지만 경찰관 또는 제3자에 대해 직접적인 위해를 가하지 않는 경우에 경찰봉이나 방패 등으로 대상자의 신체 중요 부위 또는 급소 부위를 가격할 수 있다.

해설 ① ② ③ 옳은 설명이다. 아래의【경찰 물리력 행사의 기준과 방법에 관한 규칙】참조

④ 지문의 내용은 대상자의 행위가 "소극적 저항"에 해당하는 경우로 경찰관이 사용하는 물리력의 정도는 협조적 통제(현장임장, 언어적 통제, 체포 등을 위한 수갑 사용, 안내 · 체포 등에 수반한 신체적 물리력) 또는 접촉 통제(신체 일부 잡기 · 밀기 · 잡아끌기, 쥐기 · 누르기 · 비틀기, 경찰봉 양 끝 또는 방패를 잡고 대상자의 신체에 안전하게 밀착한 상태에서 대상자를 특정 방향으로 밀거나 잡아당기기)이다. 경찰봉 · 방패 등으로 대상자의 신체 중요 부위 또는 급소 부위를 가격하는 것은 고위험 물리력을 사용하는 경우로 대상자의 행위가 치명적 공격인 경우에 한해 허용된다.

【경찰 물리력 행사의 기준과 방법에 관한 규칙(경찰청예규) 개관】

목적		경찰관이 물리력 사용 시 준수하여야 할 기본원칙, 물리력 사용의 정도, 각 물리력 수단의 사용 한계 및 유의사항을 규정함으로써 국민과 경찰관의 생명 · 신체를 보호하고 인권을 보장하며 경찰 법집행의 정당성을 확보하는 데에 그 목적이 있다.
경찰 물리력 정의		범죄의 예방과 제지, 범인 체포 또는 도주 방지, 자신이나 다른 사람의 생명 · 신체 방어 및 보호, 공무집행에 대한 항거 제지 등 경찰목적을 달성하기 위해 경찰권발동의 대상자(이하 '대상자')에 대해 행해지는 일체의 신체적, 도구적 접촉(경찰관의 현장 임장, 언어적 통제 등 직접적인 신체 접촉 전 단계의 행위들도 포함한다)을 말한다.
물리력 사용 3대 원칙	객관적 합리성	경찰관은 자신이 처해있는 사실과 상황에 비추어 합리적인 현장 경찰관의 관점에서 가장 적절한 물리력을 사용하여야 하며, 이를 위해 범죄의 종류, 피해의 경중, 위해의 급박성, 저항의 강약, 대상자와 경찰관의 수, 대상자가 소지한 무기의 종류 및 무기 사용의 태양, 대상자의 신체 및 건강 상태, 도주여부, 현장 주변의 상황 등을 종합적으로 고려
	대상자 행위와 물리력 간 상응	경찰관은 대상자의 행위에 따른 위해의 수준을 계속 평가 · 판단하여 필요최소한의 수준으로 물리력을 높이거나 낮추어서 사용
	위해감소노력	경찰관은 현장상황이 안전하고 시간적 여유가 있는 경우에는 대상자가 야기하

	우선	는 위해 수준을 떨어뜨려 보다 덜 위험한 물리력을 통해 상황을 종결시킬 수 있도록 노력. 단, 이러한 노력이 오히려 상황을 악화시킬 가능성이 있거나 급박한 경우에는 이 원칙을 적용하지 않을 수 있음
물리력 사용시 유의 사항		– 경찰청이 <u>공인한 물리력</u> 수단을 사용 – 성별, 장애, 인종, 종교 및 성정체성 등에 대한 선입견을 가지고 <u>차별적으로 물리력을 사용X</u> – 대상자의 신체 및 건강상태, 장애유형 등을 <u>고려하여 물리력을 사용</u> – 이미 경찰목적을 달성하여 더 이상 물리력을 사용할 필요가 없는 경우에는 물리력 사용을 즉시 중단 – 대상자를 징벌하거나 <u>복수할 목적으로 물리력을 사용X</u> – 오직 상황의 빠른 종결이나, 직무수행의 편의를 위한 목적으로 물리력을 사용X
대상자 행위와 물리력 사용의 정도	순응	경찰관의 지시·통제에 따르는 상태(즉각 응하지 않고 약간의 시간만 지체하는 경우 포함) – <u>협조적 통제</u>: 순응 이상의 상태인 대상자 – 현장 임장, 언어적 통제, 체포 등을 위한 수갑 사용, 안내·체포 등에 수반한 신체적 물리력
	소극적 저항	경찰관의 지시·통제를 따르지 않고 비협조적이지만 경찰관 또는 제3자에 대해 직접적인 위해를 가하지 않는 상태 – <u>접촉 통제</u>: 소극적 저항 이상의 상태인 대상자 – 신체 일부 잡기·밀기·잡아끌기, 쥐기·누르기·비틀기, 경찰봉 양 끝 또는 방패를 잡고 대상자의 신체에 안전하게 밀착한 상태에서 대상자를 특정 방향으로 밀거나 잡아 당기기
	적극적 저항	경찰관의 체포·연행 등 정당한 공무집행을 방해하지만, 경찰관 또는 제3자에 대해 위해 수준이 낮은 행위만을 하는 상태 – <u>저위험 물리력</u>: 적극적 저항 이상의 상태인 대상자 – 목을 압박하여 제압하거나 관절을 꺾는 방법, 팔·다리를 이용해 움직이지 못하도록 조르는 방법, 다리를 걸거나 들쳐 매는 등 균형을 무너뜨려 넘어뜨리는 방법, 대상자가 넘어진 상태에서 움직이지 못하게 위에서 눌러 제압하는 방법, 분사기 사용(다른 저위험 물리력 이하의 수단으로 제압이 어렵고, 경찰관이나 대상자의 부상 등의 방지를 위해 필요한 경우)
	폭력적 공격	경찰관 또는 제3자에 대해 신체적 위해를 가하는 상태 – <u>중위험 물리력</u>: 폭력적 공격 이상의 상태의 대상자 – 손바닥, 주먹, 발 등 신체부위를 이용한 가격, 경찰봉으로 중요부위가 아닌 신체 부위를 찌르거나 가격, 방패로 강하게 압박하거나 세게 미는 행위, 전자충격기 사용
	치명적 공격	경찰관 또는 제3자에 대해 사망 또는 심각한 부상을 초래할 수 있는 행위를 하는 상태 – <u>고위험 물리력</u>: 치명적 공격 상태의 대상자 – 권총 등 총기류 사용, 경찰봉, 방패, 신체적 물리력으로 대상자의 신체 중요 부위 또는 급소 부위 가격, 대상자의 목을 강하게 조르거나 신체를 강한 힘으로 압박하는 행위 대상자의 치명적 공격 상황에서도 현장상황이 급박하지 않은 경우에는 낮은 수준의 물리력을 우선적으로 사용하여 상황을 종결시킬 수 있도록 노력

분석

2019. 11. 24. 시행된 경찰 물리력 행사의 기준과 방법에 관한 규칙은 경찰관이 직무를 수행하는 과정에서 발생하는 구체적인 상황을 상정하여 그에 합당한 물리력 행사의 기준과 방법을 정한 것으로 향후에도 출제 가능성이 매우 높습니다. 규칙의 전체적인 내용보다는 규칙의 목적, 개념 정의, 물리력 사용의 3대 원칙 및 유의사항을 기억해야 하고, 특히 대상자의 행위(순응 등 5가지 유형)에 상응하는 물리력 행사의 정도(협조적 통제 등 5가지 유형)를 정확히 숙지해야만 구체적 상황을 제시하고 행사할 수 있는 유형력의 정도를 묻는 문제에 대비할 수 있습니다.

01 경찰관 직무집행법에 대한 설명으로 옳은 것은?

① 국민의 자유와 권리 및 모든 개인이 가지는 불가침의 기본적 인권을 보호하고 사회공공의 질서를 유지하기 위한 국가경찰공무원의 직무수행에 필요한 사항을 규정함을 목적으로 한다.

② 경찰관의 직권 행사와 관련하여 경찰비례의 원칙을 명시적으로 규정하고 있지 않다.

③ 개괄적(일반적) 수권조항을 인정할 수 있는지 여부 및 동법에 개괄적 수권조항이 있는지 여부에 대해 학계의 견해는 대립하고 있다.

④ 경찰청장이 2009. 6. 3. 경찰버스로 서울특별시 서울광장을 둘러싸 통행을 제지한 행위에 대한 헌법소원심판사건에서 헌법재판소는 명시적으로 경찰 임무의 하나로서 "기타 공공의 안녕과 질서유지"를 규정한 (구)경찰법 제3조 및 경찰관 직무집행법 제2조는 개괄적 수권조항으로서 경찰권 발동의 법적 근거가 될 수 있다고 판단하였다.

해설 ① **「경찰관 직무집행법」** 제1조 제1항 "이 법은 국민의 자유와 권리 및 모든 개인이 가지는 불가침의 기본적 인권을 보호하고 사회공공의 질서를 유지하기 위한 <u>경찰관(경찰공무원만 해당한다. 이하 같다)</u>의 직무 수행에 필요한 사항을 규정함을 목적으로 한다." 경찰관 직무집행법의 개정으로 내용이 변경되었다.

② **「경찰관 직무집행법」** 제1조 제2항 "이 법에 규정된 경찰관의 직권은 그 <u>직무 수행에 필요한 최소한도에서 행사되어야 하며 남용되어서는 아니 된다.</u>" 경찰비례의 원칙이 명시되어 있다.

③ <u>개괄적 수권조항을 인정할 것인지 여부, 인정을 하는 경우 현행 국가경찰과 자치경찰의 조직 및 운영에 관한 법률 내지 경찰관 직무집행법에 개괄적 수권조항이 있는지 여부에 대해서는 견해가 대립하고 있다.</u>

④ <u>서울광장 통행저지행위 위헌확인(2009헌마406)사건에서 차량을 이용하여 서울광장을 둘러싸 통행을 제지한 행위는 "침해의 최소성 및 법익의 균형성"을 충족하지 못하므로 과잉금지원칙을 위반하여 청구인들의 일반적 행동자유권을 침해한 것으로 판단하였으나, (구)경찰법 제3조 및 경찰관 직무집행법 제2조가 개괄적(일반적) 수권조항에 해당하는지에 대해 명시적으로 판단하지 않았고, 재판관들의 의견이 대립하였다.</u>

【재판관 김종대, 재판관 송두환의 보충의견】 – 법적 근거가 없으므로 법률유보의 원칙 위반 (O)

"...(상략)...경찰의 임무 또는 경찰관의 직무 범위를 규정한 경찰법 제3조, 경찰관직무집행법 제2조는 그 성격과 내용 및 아래와 같은 이유로 '일반적 수권조항'이라 하여 국민의 기본권을 구체적으로 제한 또는 박탈하는 행위의 근거조항으로 삼을 수는 없으므로 위 조항 역시 이 사건 통행제지행위 발동의 법률적 근거가 된다고 할 수 없다. 우선 우리 헌법이 국민의 자유와 권리를 제한하는 경우 근거하도록 한 '법률'은 개별적 또는 구체적 사안에 적용할 작용법적 조항을 의미하는 것이지, 조직법적 규정까지 포함하는 것이 아니다. 다음으로 이를 일반적 수권조항이라고 보는 것은 각 경찰작용의 요건과 한계에 관한 개별적 수권조항을 자세히 규정함으로써 엄격한 요건 아래에서만 경찰권의 발동을 허용하려는 입법자의 의도를 법률해석으로 뒤집는 것이다. 또한 국가기관의 임무 또는 직무에 관한 조항을 둔 다른 법률의 경우에는 이를 기본권제한의 수권조항으로 해석하지 아니함에도 경찰조직에만 예외를 인정하는 것은 법치행정의 실질을 허무는 것이다. 마지막으로 만약 위 조항들이 일반적 수권조항에 해당한다고 인정하더라도 명확성의 원칙 위반이라는 또 다른 위헌성을 피할 수 없으므로 결국 합헌적인 법률적 근거로 볼 수 없게 된다. 따라서 경찰청장의 이 사건 통행제지행위는 법률적 근거를 갖추지 못한 것이므로 법률유보원칙에도 위반하여 청구인들의 일반적 행동자유권을 침해한 것이다."

【재판관 이동흡, 재판관 박한철의 반대의견】 – 법적 근거가 있으므로 법률유보의 원칙 위반 (X)

"시의적절하고 효율적인 경찰권 행사를 위한 현실적 필요성이 있다는 점과 경찰권 발동의 근거가 되는 일반조항을 인정하더라도 경찰권 발동에 관한 조리상의 원칙이나 법원의 통제에 의해 그 남용이 억제될 수 있다는 점

정답 | **01** | ③

을 종합해 보면, 경찰 임무의 하나로서 '기타 공공의 안녕과 질서유지'를 규정한 (※ 구)경찰법 제3조 및 경찰관 직무집행법 제2조는 일반적 수권조항으로서 경찰권 발동의 법적 근거가 될 수 있다고 할 것이므로, 위 조항들에 근거한 이 사건 통행제지행위는 법률유보원칙에 위배된 것이라고 할 수 없다...(하략)..."

02 경찰관 직무집행법상 "불심검문(제3조)"에 대한 설명으로 틀린 것은?

① 경찰관의 불심검문에 따라 질문을 받은 사람은 그 의사에 반하여 답변을 강요당하지 아니하고, 이 경우 경찰관 직무집행법은 진술거부권의 고지를 명시적으로 규정하고 있다.

② 경찰관이 불심검문을 위해 질문을 하거나 동행을 요구할 경우 자신의 신분을 표시하기 위해 제시하는 증표는 경찰공무원의 공무원증에 한한다.

③ 경찰관 직무집행법 제3조 제2항에 따라 동행한 사람을 6시간을 초과하여 경찰관서에 머물게 할 수 없다.

④ 경찰관은 경찰관 직무집행법 제3조 제1항 각 호의 어느 하나에 해당하는 사람(불심검문 대상자)에게 질문을 할 때에 그 사람이 흉기를 가지고 있는지를 조사할 수 있다.

> **해설** ① 「**경찰관 직무집행법**」 제3조 제7항 "제1항부터 제3항까지의 규정에 따라 질문을 받거나 동행을 요구받은 사람은 형사소송에 관한 법률에 따르지 아니하고는 신체를 구속당하지 아니하며, 그 의사에 반하여 답변을 강요당하지 아니한다." <u>진술거부권 고지에 대해 경찰관 직무집행법은 명시적으로 규정하고 있지 않다.</u>
> ② 「**경찰관 직무집행법**」 제3조 제4항 및 동법 시행령 제5조, ③ 제3조 제6항, ④ 제3조 제3항

03 경찰관 직무집행법상 "불심검문(제3조)"에 대한 설명으로 옳은 것은?

① 경찰관은 수상한 행동이나 그 밖의 주위 사정을 합리적으로 판단하여 볼 때 어떠한 죄를 범하였거나 범하려 하고 있다고 의심할 만한 상당한 이유가 있거나 이미 행하여진 범죄나 행하여지려고 하는 범죄행위에 관한 사실을 안다고 인정되는 사람을 정지시켜 질문할 수 있다.

② 경찰관은 불심검문 시 정지시킨 장소에서 질문을 하는 것이 그 사람에게 불리하거나 교통에 방해가 된다고 인정될 경우 질문을 하기 위하여 가까운 경찰관서로 동행할 것을 요구할 수 있고, 동행을 요구받은 사람은 특별한 사정이 없는 한 이에 응하여야 한다.

③ 경찰관은 질문을 하기 위해 동행한 사람의 가족이나 친지 등에게 동행한 경찰관의 신분, 동행 장소, 동행 목적과 이유를 알리거나 본인으로 하여금 즉시 연락할 수 있는 기회를 주는 것으로 족하고, 변호인의 도움을 받을 권리가 있음을 알릴 필요는 없다.

④ 경찰관은 질문을 하기 위해 동행을 요구할 경우 자신의 신분을 표시하는 증표를 제시하면서 소속과 성명을 밝히고 질문이나 동행의 목적과 이유를 설명하는 것으로 족하고, 동행 장소를 밝힐 필요는 없다.

> **해설** ① 「**경찰관 직무집행법**」 제3조 제1항
> ② 「**경찰관 직무집행법**」 제3조 제2항 "경찰관은 제1항에 따라 같은 항 각 호의 사람을 정지시킨 장소에서 질문을 하는 것이 그 사람에게 불리하거나 교통에 방해가 된다고 인정될 때에는 질문을 하기 위하여 가까운 경찰서 · 지구대 · 파출소 또는 출장소(지방해양경찰관서를 포함하며, 이하 "경찰관서"라 한다)로 동행할 것을 요구할 수 있다. 이 경우 <u>동행을 요구받은 사람은 그 요구를 거절할 수 있다.</u>" 경찰관의 동행요구에 대해 이유 여하를 불문하고 거절할 수 있다.
> ③ 「**경찰관 직무집행법**」 제3조 제5항 "경찰관은 제2항에 따라 동행한 사람의 가족이나 친지 등에게 동행한 경찰관의 신분, 동행 장소, 동행 목적과 이유를 알리거나 본인으로 하여금 즉시 연락할 수 있는 기회를 주어야 하며, <u>변호인의 도움을 받을 권리가 있음을 알려야 한다.</u>"
> ④ 「**경찰관 직무집행법**」 제3조 제4항 "경찰관은 제1항이나 제2항에 따라 질문을 하거나 동행을 요구할 경우 자

신의 신분을 표시하는 증표를 제시하면서 소속과 성명을 밝히고 질문이나 동행의 목적과 이유를 설명하여야
하며, <u>동행을 요구하는 경우에는 동행 장소를 밝혀야 한다.</u>"

04 경찰관 직무집행법상 "불심검문(제3조)"에 대한 설명으로 옳은 것은? (다툼이 있으면 판례에 의함)

① 불심검문 대상자에게 형사소송법상 체포·구속에 이를 정도의 혐의가 있을 것은 요하지 않으
나, 경찰관이 불심검문 대상자에 해당하는지 여부를 판단할 때에는 불심검문 당시의 구체적인
상황에 근거해야 하고, 사전에 얻은 정보나 전문적 지식 등에 기초하여 판단해서는 안 된다.

② 경찰관이 불심검문을 하는 경우 경찰관 직무집행법에 따라 신분을 표시하는 증표(경찰공무원
의 공무원증으로 한다)를 제시하여야 하므로, 검문하는 사람이 경찰관이고 검문의 이유가 범
죄행위에 관한 것임을 검문 대상자가 충분히 알고 있었더라도 신분을 표시하는 증표를 제시
하지 않은 이상 위법한 공무집행에 해당한다.

③ 경찰관은 불심검문 대상자에게 질문을 하기 위해 정지시킬 수 있고, 검문 대상자를 정지시키
기 위해 앞을 가로막는 정도의 유형력 행사는 불심검문시 허용된다.

④ 경찰관이 불심검문 대상자를 검문을 하기 위해 차량을 이용하여 추적하는 행위는 추적과정에
서 발생할 수 있는 사고로 인하여 피추적자 또는 제3자가 다치거나 사망할 수 있는 위험이
있으므로 허용되지 않는다.

<u>해설</u> ① 「**2011도13999판결**」 – 경찰관이 이미 발생한 사건의 피의자 관련 사전정보에 근거하여 불심검문한 사안
"...(상략)...경찰관이 법 제3조 제1항에 규정된 대상자(이하 '불심검문 대상자'라 한다) 해당 여부를 판단할 때
에는 <u>불심검문 당시의 구체적 상황은 물론 사전에 얻은 정보나 전문적 지식 등에 기초하여 불심검문 대상자
인지를 객관적·합리적인 기준에 따라 판단하여야 하나</u>, 반드시 불심검문 대상자에게 <u>형사소송법상 체포나
구속에 이를 정도의 혐의가 있을 것을 요한다고 할 수는 없다.</u> 그리고 경찰관은 불심검문 대상자에게 질문을
하기 위하여 범행의 경중, 범행과의 관련성, 상황의 긴박성, 혐의의 정도, 질문의 필요성 등에 비추어 목적 달
성에 필요한 최소한의 범위 내에서 사회통념상 용인될 수 있는 상당한 방법으로 대상자를 정지시킬 수 있고
질문에 수반하여 흉기의 소지 여부도 조사할 수 있다."

② 「**2014도7976판결**」 – 112신고로 출동한 (근무복)경찰관이 불심검문을 하면서 신분증 제시하지 않은 사안
"경찰관직무집행법(이하 '법'이라 한다) 제3조 제4항은 경찰관이 불심검문을 하고자 할 때에는 자신의 신분을
표시하는 증표를 제시하여야 한다고 규정하고, 경찰관직무집행법 시행령 제5조는 위 법에서 규정한 신분을 표
시하는 증표는 경찰관의 공무원증이라고 규정하고 있는데, 불심검문을 하게 된 경위, 불심검문 당시의 현장상
황과 검문을 하는 경찰관들의 복장, 피고인이 공무원증 제시나 신분 확인을 요구하였는지 여부 등을 종합적으
로 고려하여, <u>검문하는 사람이 경찰관이고 검문하는 이유가 범죄행위에 관한 것임을 피고인이 충분히 알고 있
었다고 보이는 경우에는 신분증을 제시하지 않았다고 하여 그 불심검문이 위법한 공무집행이라고 할 수 없다.</u>"

③ 「**2010도6203판결**」 – 자전거를 타고 가는 사람을 불심검문 하기 위해 진행하지 못하도록 앞을 막은 사안
"[1] ...(상략)...목적 달성에 필요한 최소한의 범위 내에서 사회통념상 용인될 수 있는 상당한 방법으로 대상
자를 정지시킬 수 있고 질문에 수반하여 흉기의 소지 여부도 조사할 수 있다. [2] 검문 중이던 경찰관들이, 자
전거를 이용한 날치기 사건 범인과 흡사한 인상착의의 피고인이 자전거를 타고 다가오는 것을 발견하고 <u>정지
를 요구하였으나 멈추지 않아, 앞을 가로막고 소속과 성명을 고지한 후 검문에 협조해 달라는 취지로 말하였
음에도 불응하고 그대로 전진하자, 따라가서 재차 앞을 막고 검문에 응하라고 요구하였는데,</u> 이에 피고인이
경찰관들의 멱살을 잡아 밀치거나 욕설을 하는 등 항의하여 공무집행방해 등으로 기소된 사안에서, 범행의
경중, 범행과의 관련성, 상황의 긴박성, 혐의의 정도, 질문의 필요성 등에 비추어 경찰관들은 <u>목적 달성에 필
요한 최소한의 범위 내에서 사회통념상 용인될 수 있는 상당한 방법을 통하여 경찰관직무집행법 제3조 제1
항에 규정된 자에 대해 의심되는 사항을 질문하기 위하여 정지시킨 것으로 보아야 하는데도,</u> 이와 달리 경찰

관들의 불심검문이 위법하다고 보아 피고인에게 무죄를 선고한 원심판결에 불심검문의 내용과 한계에 관한 법리오해의 위법이 있다고 한 사례.”

④ 「2000다26807판결」 – 차량으로 추적하는 중에 도주차량의 주행에 의하여 제3자가 손해를 입은 사안

“[1] 생략. [2] 경찰관은 수상한 거동 기타 주위의 사정을 합리적으로 판단하여 어떠한 죄를 범하였거나 범하려 하고 있다고 의심할 만한 상당한 이유가 있는 자 또는 이미 행하여진 범죄나 행하여지려고 하는 범죄행위에 관하여 그 사실을 안다고 인정되는 자를 정지시켜 질문할 수 있고, 또 범죄를 실행중이거나 실행 직후인 자는 현행범인으로, 누구임을 물음에 대하여 도망하려 하는 자는 준현행범인으로 각 체포할 수 있으며, 이와 같은 정지 조치나 질문 또는 체포 직무의 수행을 위하여 필요한 경우에는 대상자를 추적할 수도 있으므로, 경찰관이 교통법규 등을 위반하고 도주하는 차량을 순찰차로 추적하는 직무를 집행하는 중에 그 도주차량의 주행에 의하여 제3자가 손해를 입었다고 하더라도 그 추적이 당해 직무 목적을 수행하는 데에 불필요하다거나 또는 도주차량의 도주의 태양 및 도로교통상황 등으로부터 예측되는 피해발생의 구체적 위험성의 유무 및 내용에 비추어 추적의 개시 · 계속 혹은 추적의 방법이 상당하지 않다는 등의 특별한 사정이 없는 한 그 추적행위를 위법하다고 할 수는 없다.”

05 경찰관 직무집행법상 “보호조치 등(제4조)”에 대한 설명으로 틀린 것은?

① 경찰관은 구호대상자를 공공보건의료기관이나 공공구호기관에 인계하였을 때에는 즉시 그 사실을 소속 경찰서장이나 해양경찰서장에게 보고하여야 한다.

② 경찰관은 구호대상자에 대해 보호조치를 하는 경우 구호대상자가 휴대하고 있는 무기 · 흉기 등 위험을 일으킬 수 있는 것으로 인정되는 물건을 경찰관서에 임시로 영치(領置)하여야 한다.

③ 경찰관 직무집행법 제4조 제1항에 따라 긴급구호를 요청받은 보건의료기관이나 공공구호기관은 정당한 이유 없이 긴급구호를 거절할 수 없다.

④ 경찰관은 보호조치를 하였을 때에는 지체 없이 구호대상자의 가족, 친지 또는 그 밖의 연고자에게 그 사실을 알려야 하며, 연고자가 발견되지 아니할 때에는 구호대상자를 적당한 공공보건의료기관이나 공공구호기관에 즉시 인계하여야 한다.

해설 ① 「경찰관 직무집행법」 제4조 제5항, ③ 제4조 제2항, ④ 제4조 제4항
② 「경찰관 직무집행법」 제4조 제3항 “경찰관은 제1항의 조치를 하는 경우에 구호대상자가 휴대하고 있는 무기 · 흉기 등 위험을 일으킬 수 있는 것으로 인정되는 물건을 경찰관서에 임시로 영치(領置)하여 놓을 수 있다.”

06 경찰관 직무집행법상 “보호조치 등(제4조)”에 대한 설명으로 옳은 것은?

① 경찰관이 정신착란을 일으키거나 술에 취하여 자신 또는 다른 사람의 생명 · 신체 · 재산에 위해를 끼칠 우려가 있는 사람 또는 자살을 시도하는 사람(구호대상자)을 발견한 때에는 구호대상자의 거절에도 불구하고 경찰관 직무집행법 제4조 제1항에 따른 보호조치를 하여야 한다.

② 경찰관 직무집행법 제4조에 따라 보호조치를 하는 경우 구호대상자를 경찰관서에서 보호하는 기간은 48시간을 초과할 수 없고, 물건을 경찰관서에 임시로 영치하는 기간은 5일을 초과할 수 없다.

③ 경찰관이 경찰관 직무집행법 제4조 제1항의 구호대상자에 대해 보호조치를 하였으나 그 사실을 알릴 연고자가 발견되지 아니할 때에는 구호대상자를 보호한 때로부터 24시간 이내에 적당한 공공보건의료기관이나 공공구호기관에 인계하여야 한다.

④ 경찰관이 미아, 병자, 부상자 등으로서 적당한 보호자가 없으며 응급구호가 필요하다고 인정되는 사람(구호대상자)을 발견한 경우 그 구호대상자가 구호를 거절하면 경찰관 직무집행법 제4조 제1항에 따른 보호조치를 할 수 없다.

해설 ① 「**경찰관 직무집행법**」 제4조 제1항 "경찰관은 수상한 행동이나 그 밖의 주위 사정을 합리적으로 판단해 볼 때 다음 각 호의 어느 하나에 해당하는 것이 명백하고 응급구호가 필요하다고 믿을 만한 상당한 이유가 있는 사람(이하 "구호대상자"라 한다)을 발견하였을 때에는 보건의료기관이나 공공구호기관에 긴급구호를 요청하거나 경찰관서에 보호하는 등 적절한 조치를 할 수 있다. 1. 정신착란을 일으키거나 술에 취하여 자신 또는 다른 사람의 생명·신체·재산에 위해를 끼칠 우려가 있는 사람. 2. 자살을 시도하는 사람"

② 「**경찰관 직무집행법**」 제4조 제7항 "제1항에 따라 구호대상자를 경찰관서에서 보호하는 기간은 24시간을 초과할 수 없고, 제3항에 따라 물건을 경찰관서에 임시로 영치하는 기간은 10일을 초과할 수 없다."

③ 「**경찰관 직무집행법**」 제4조 제4항 "경찰관은 제1항의 조치를 하였을 때에는 지체 없이 구호대상자의 가족, 친지 또는 그 밖의 연고자에게 그 사실을 알려야 하며, 연고자가 발견되지 아니할 때에는 구호대상자를 적당한 공공보건의료기관이나 공공구호기관에 즉시 인계하여야 한다."

④ 「**경찰관 직무집행법**」 제4조 제1항 제3호

07 경찰관 직무집행법상 "보호조치 등(제4조)"에 대한 설명으로 틀린 것은? (다툼이 있으면 판례에 의함)

① 경찰관 직무집행법 제4조의 "보호조치 등"은 사람에 대한 대인적 즉시강제와 물건에 대한 대물적 즉시강제를 포함하고 있다.

② 경찰관 직무집행법 제4조 제1항에 따라 경찰관이 술에 만취된 사람에 대해 보호조치를 취하는 경우 병원후송 조치까지는 필요 없는 상태라면 경찰관서에서 보호하는 것으로 족하고, 구호대상자의 고개를 돌려놓는 등 지속적으로 관찰하여 생명·신체에 위해가 생기지 않도록 보호조치를 취하여야 할 주의의무가 있는 것은 아니다.

③ 정신질환자의 거동 기타 주위의 사정을 합리적으로 판단하여 보더라도 그의 집주인 살인에 앞서 구체적 위험이 객관적으로 존재하고 있었다고 보기 어려워 훈방, 정신병원 일시 입원, 퇴원 후 입원치료를 받는 데 도움이 되도록 생활보호대상자 지정의뢰를 하는 등 나름의 조치를 취한 경우, 경찰관들이 정신질환자의 살인범행 가능성을 막을 수 있을 만한 다른 조치를 취하지 아니하였거나 입건·수사하지 아니하였다고 하여 이를 법령에 위반하는 행위로 볼 수는 없다.

④ 경찰관 직무집행법 제4조 제1항에 따른 보호조치를 하기 위해서는 "술에 취한 상태"로는 부족하고, 이를 넘어 술에 만취하여 정상적인 판단능력이나 의사능력을 상실할 정도여야 하고, 보호조치 대상에 해당하는지 여부에 대한 판단은 평균적 경찰관을 기준으로 한다.

해설 ① 「**경찰관 직무집행법**」 제4조 제1항은 대인적 즉시강제에 해당하고, **제4조 제3항**의 "무기·흉기 등의 영치"는 대물적 즉시강제에 해당하므로 옳은 설명이다.

② 「**2001다24839판결**」 – 만취자를 파출소에서 보호하던 중 응급상황으로 병원에 후송하였으나 사망한 사안 "병원후송 조치까지는 필요 없어 파출소에 보호하더라도 구토에 의한 기도폐쇄 등 질식을 유발할 수 있는 점 등을 고려, 고개를 돌려놓는 등 지속적으로 관찰하여 생명·신체에 위해가 생기지 않도록 보호조치를 취하여야 할 주의의무가 있음에도 이를 소홀히 한 책임이 인정된다. 다만, 주취자에게도 극도로 과음하여 스스로 생명·신체에 위험을 초래함으로써 사망의 결과를 발생시킨 과실이 있으므로 손해의 공평분담의 견지에서 국가의 책임을 20%로 제한한다."

③ 「**95다45927판결**」 – 정신질환을 앓던 세입자가 경찰이 취한 나름의 조치에도 집주인 가족을 살해한 사건 "정신질환자의 평소 행동에 포함된 범죄 내용이 경미하거나 범죄라고 볼 수 없는 비정상적 행동에 그치고 그 거동 기타 주위의 사정을 합리적으로 판단하여 보더라도 정신질환자에 의한 집주인 살인범행에 앞서 그 구체적 위험이 객관적으로 존재하고 있었다고 보기 어려운 경우, 경찰관이 그때그때의 상황에 따라 그 정신질환

자를 훈방하거나 일시 정신병원에 입원시키는 등 경찰관직무집행법의 규정에 의한 긴급구호조치를 취하였고, 정신질환자가 퇴원하자 정신병원에서의 장기 입원치료를 받는 데 도움이 되도록 생활보호대상자 지정의뢰를 하는 등 그 나름대로의 조치를 취한 이상, 더 나아가 경찰관들이 정신질환자의 살인범행 가능성을 막을 수 있을 만한 다른 조치를 취하지 아니하였거나 입건·수사하지 아니하였다고 하여 이를 법령에 위반하는 행위에 해당한다고 볼 수 없다는 이유로, 사법경찰관리의 수사 미개시 및 긴급구호권 불행사를 이유로 제기한 국가배상청구를 배척한 사례."

④ 「2012도11162판결」 – 음주운전 단속에 불응하고 도주하던 자를 검거하여 지구대로 보호조치를 한 사건
"화물차 운전자인 피고인이 경찰의 음주단속에 불응하고 도주하였다가 다른 차량에 막혀 더 이상 진행하지 못하게 되자 운전석에서 내려 다시 도주하려다 경찰관에게 검거되어 지구대로 보호조치된 후 2회에 걸쳐 음주측정요구를 거부하였다고 하여 도로교통법 위반(음주측정거부)으로 기소된 사안에서, 당시 피고인이 술에 취한 상태이기는 하였으나 술에 만취하여 정상적인 판단능력이나 의사능력을 상실할 정도에 있었다고 보기 어려운 점, 당시 상황에 비추어 평균적인 경찰관으로서는 피고인이 경찰관직무집행법 제4조 제1항 제1호(이하 '이 사건 조항'이라 한다)의 보호조치를 필요로 하는 상태에 있었다고 판단하지 않았을 것으로 보이는 점, 경찰관이 피고인에 대하여 이 사건 조항에 따른 보호조치를 하고자 하였다면, 당시 옆에 있었던 피고인 처(妻)에게 피고인을 인계하였어야 하는데도, 피고인 처의 의사에 반하여 지구대로 데려간 점 등 제반 사정을 종합할 때, 경찰관이 피고인과 피고인 처의 의사에 반하여 피고인을 지구대로 데려간 행위를 적법한 보호조치라고 할 수 없고...(하략)"

08 경찰관 직무집행법상 "위험 발생의 방지 등(제5조)"에 대한 설명으로 틀린 것은?

① 경찰관 직무집행법 제5조는 위험 발생의 방지 등을 위한 조치로 경고, 필요한 한도에서의 피난·억류 및 위해 방지에 필요한 조치를 하게 하거나 직접 조치하는 것을 규정하고 있고, 제5조에 규정된 조치를 취하기 위한 요건은 동일하다.

② 사람의 생명·신체에 위해를 끼치거나 재산에 중대한 손해를 끼칠 우려가 있는 위험한 사태가 있을 경우 경찰관은 그 장소에 모인 사람, 사물의 관리자, 그 밖의 관계인에게 필요한 경고를 할 수 있다.

③ 경찰관은 경찰관 직무집행법 제5조 제1항에 따른 위험 발생의 방지 등의 조치를 하였을 때에는 지체 없이 그 사실을 소속 경찰관서의 장에게 보고하여야 한다.

④ 대간첩 작전지역이나 경찰관서·무기고 등 국가중요시설에 대한 접근 또는 통행을 제한·금지하거나 위험 발생의 방지조치를 하였다는 보고를 받은 경찰관서의 장은 관계 기관의 협조를 구하는 등 적절한 조치를 하여야 한다.

해설　① 「경찰관 직무집행법」 제5조 제1항 "경찰관은 사람의 생명 또는 신체에 위해를 끼치거나 재산에 중대한 손해를 끼칠 우려가 있는 천재(天災), 사변(事變), 인공구조물의 파손이나 붕괴, 교통사고, 위험물의 폭발, 위험한 동물 등의 출현, 극도의 혼잡, 그 밖의 위험한 사태가 있을 때에는 다음 각 호의 조치를 할 수 있다. 1. 그 장소에 모인 사람, 사물(事物)의 관리자, 그 밖의 관계인에게 필요한 경고를 하는 것, 2. 매우 긴급한 경우에는 위해를 입을 우려가 있는 사람을 필요한 한도에서 억류하거나 피난시키는 것, 3. 그 장소에 있는 사람, 사물의 관리자, 그 밖의 관계인에게 위해를 방지하기 위하여 필요하다고 인정되는 조치를 하게 하거나 직접 그 조치를 하는 것" 필요한 한도에서의 억류와 피난은 제1항의 요건 이외에 제2호에서 "매우 긴급한 경우"라는 요건을 추가적으로 요구하고 있다. 판례는 매우 긴급한 경우를 다소 엄격하게 해석하고 있다(아래의 2012도8814판결 – 행정대집행 천막철거 사건 참조).

② 「경찰관 직무집행법」 제5조 제1항 제1호, ③ 제5조 제3항, ④ 제5조 제4항

09 경찰관 직무집행법상 "위험 발생의 방지 등(제5조)"에 대한 설명으로 가장 적절한 것은? (다툼이 있으면 판례에 의함)

① 사람의 생명·신체에 위해를 끼치거나 재산에 중대한 손해를 끼칠 우려가 있는 위험한 사태가 있을 경우 경찰관은 위해를 방지하기 위하여 필요하다고 인정되는 조치를 직접 할 수 있으나, 그 장소에 있는 사람, 사물의 관리자, 그 밖의 관계인에게 위해를 방지하기 위하여 필요하다고 인정되는 조치를 하게 할 수는 없다.

② 경찰관 직무집행법 제5조 제1항에서 규정하고 있는 위험 발생의 방지조치는 그 법적 성격이 사람이나 물건에 대해 직접 실력을 행사하는 즉시강제라는 점에서 동일하다.

③ 불법건축물인 천막에 대한 행정대집행이 시작되면서 천막 밖에 묶어 놓았던 끈을 제거하는 작업을 하는 시점에서 천막 안에 있던 사람들을 밖으로 끌어낸 조치는 천막의 철거로 인해 그 내부에 있는 사람들의 생명 또는 신체에 대한 위해가 발생할 우려가 있어 긴급하게 피난시키기 위한 것으로 보기는 어렵다.

④ 경찰관 직무집행법 제5조 제1항은 위험 발생의 방지 등에 필요한 조치를 할 수 있다고 규정하여 재량에 의한 직무수행의 권한을 부여하고 있기 때문에 경찰관이 농민들의 시위를 진압하고 시위과정에 도로상에 방치된 트랙터 1대에 대하여 이를 도로 밖으로 옮기거나 후방에 안전표지판을 설치하는 것과 같은 위험발생방지조치를 취하지 아니한 채 그대로 방치하고 철수하였다는 이유만으로 그러한 부작위를 위법이라고 볼 수는 없다.

해설 ① ② 「**경찰관 직무집행법**」 **제5조 제1항**의 위험 발생의 방지를 위한 조치 가운데 경고는 "자율적 조치를 요구하는 의사의 통지(비권력적 사실행위)", 제2호는 위해를 받을 우려가 있는 자에 대해 실력을 행사하는 "즉시강제(권력적 사실행위)", 제3호에서 위해를 방지하기 위하여 필요하다고 인정되는 조치를 하게 하는 경우는 "조치명령(하명)" 및 직접 조치를 위하는 경우는 "즉시강제"에 해당한다고 볼 수 있다.

③ 「**2012도8814 판결**」 – 불법건축물인 천막을 철거하는 과정에서 내부에 있는 사람을 끌어낸 사건
"경찰관이 피고인을 천막 밖으로 끌어낸 조치가 위 경찰관 직무집행법 제5조 제1항 제2호에 근거한 것으로서 적법하다고 하기 위해서는, 이 사건 당시 천막의 철거로 인해 천막 안에 있는 피고인의 생명 또는 신체에 위해가 발생할 우려가 있어 특히 긴급을 요하여 피고인을 피난시키기 위한 것이었다고 인정될 수 있어야 할 것...(중략)...피고인이 천막 안으로 들어갈 당시 천막에 대한 행정대집행이 시작되기는 하였지만, 천막 밖에 묶어 놓았던 끈을 제거하는 작업을 시작한 시점이었고, 해머나 지렛대 등을 동원한 철거작업은 시작하기 전이었던 점...(중략)...경찰관들이 피고인을 천막 밖으로 끌어낸 조치가 이 사건 당시 천막의 철거로 인해 천막 안에 있는 피고인의 생명 또는 신체에 위해가 발생할 우려가 있어 긴급하게 피고인을 피난시키기 위한 것이었다고는 보기 어렵다 할 것...(하략)..."

④ 「**98다16890 판결**」 – 시위진압 이후 노상에 방치된 트랙터를 운전자가 피하려다 사고가 발생한 사안
"[1] 경찰관 직무집행법 제5조는 경찰관은 인명 또는 신체에 위해를 미치거나 재산에 중대한 손해를 끼칠 우려가 있는 위험한 사태가 있을 때에는 그 각 호의 조치를 취할 수 있다고 규정하여 형식상 경찰관에게 재량에 의한 직무수행권한을 부여한 것처럼 되어 있으나, 경찰관에게 그러한 권한을 부여한 취지와 목적에 비추어 볼 때 구체적인 사정에 따라 경찰관이 그 권한을 행사하여 필요한 조치를 취하지 아니하는 것이 현저하게 불합리하다고 인정되는 경우에는 그러한 권한의 불행사는 직무상의 의무를 위반한 것이 되어 위법하게 된다.
[2] 경찰관이 농민들의 시위를 진압하고 시위과정에 도로상에 방치된 트랙터 1대에 대하여 이를 도로 밖으로 옮기거나 후방에 안전표지판을 설치하는 것과 같은 위험발생방지조치를 취하지 아니한 채 그대로 방치하고 철수하여 버린 결과, 야간에 그 도로를 진행하던 운전자가 위 방치된 트랙터를 피하려다가 다른 트랙터에 부딪혀 상해를 입은 사안에서 국가배상책임을 인정한 사례."
※ 경찰관 직무집행법은 "–할 수 있다"고 규정하여 재량에 의한 직무수행의 권한을 부여한 것처럼 규정되어

있으나, 구체적인 경우에는 그러한 "재량이 0으로 수축"되어 반드시 규정된 조치를 취하여야 하는 경우가 있을 수 있다. **98도16890 판결**은 이를 인정하고 있는 취지의 판례로 이해할 필요가 있다. 교통사고 현장 보존과 관련하여 "교통사고 발생신고를 받고 현장에 나온 경찰관으로서는 사고내용에 관한 다툼이 있어 사고현장보존의 필요성이 있다 하더라도 사고 발생의 위험성이 예견되는 경우 관계자에게 사고 발생을 막을 안전조치를 하도록 지시하거나 그것이 여의치 아니할 경우 위와 같은 조치를 직접 하여야 할 주의의무가 있다."는 **92다21371 판결**도 같은 취지이다.

10 경찰관 직무집행법상 "범죄의 예방과 제지(제6조)"에 대한 설명으로 가장 적절하지 않은 것은? (다툼이 있으면 판례에 의함)

① 범죄의 예방과 제지를 위한 수단으로 경찰관 직무집행법 제6조는 경고와 행위의 제지를 규정하고 있고, 행위의 제지를 위해서는 범죄행위가 목전에 행하여지려고 하고 있다고 인정되어 이를 예방하기 위한 것만으로 부족하고 그 행위로 인하여 사람의 생명·신체에 위해를 끼치거나 재산에 중대한 손해를 끼칠 우려가 있는 긴급한 경우에 해당하여야 한다.

② 경찰관 직무집행법 제6조 제1항에 따른 경찰관의 제지 조치가 적법한 직무집행으로 평가될 수 있기 위해서는 형사처벌의 대상이 되는 행위가 눈앞에서 막 이루어지려고 하는 것이 객관적으로 인정될 수 있는 상황이고, 그 행위를 당장 제지하지 않으면 곧 인명·신체에 위해를 미치거나 재산에 중대한 손해를 끼칠 우려가 있는 상황이어서 직접 제지하는 방법 외에는 위와 같은 결과를 막을 수 없는 절박한 사태이어야 한다.

③ 서울에서 개최되는 불법집회에 참가하려고 하는 행위는 범죄행위에 해당하고, 서울로 출발하려는 행위를 각 지역에서 미리 차단하지 않으면 이후에 그 범죄행위를 예방하는 것이 현저히 어려우므로 집회·시위 예정시간 약 5시간 30분 전에 그 장소로부터 약 150km 떨어진 곳에서 출발하려는 것을 막은 행위는 경찰관 직무집행법 제6조 제1항에 근거한 적법한 공무집행이다.

④ 집회장소 사용 승낙을 하지 않은 甲대학교측의 집회 저지 협조 요청에 따라 경찰관들이 甲대학교 출입문에서 신고된 甲대학교에서의 집회에 참가하려는 자의 출입을 저지한 것은 경찰관 직무집행법 제6조의 주거침입행위에 대한 사전 제지조치로 볼 수 있다.

해설 ①「**경찰관 직무집행법**」제6조 옳은 설명이다. 경고와 (범죄)행위의 제지는 요건과 대상의 범위가 상이하기 때문에 법적 성격도 행위의 제지는 "대인적 즉시강제"에 해당하지만, 경고는 "범죄행위를 하려는 자가 아닌 관계인에 대한 의사의 통지(비권력적 사실행위) 또는 범죄행위를 하려는 자에 대한 (중지)하명"으로 보는 것이 옳다. 경고는 범죄를 예방하기 위한 목적으로 하는 것이므로 경고의 대상(경찰관 직무집행법 규정상 "관계인")은 그 목적 달성에 필요한 범위 내에 있는 모든 사람들이다. 반면에 제지의 대상은 경찰관 직무집행법상 "그 행위(범죄행위)"로 규정되어 있으나, 실제로 제지는 사람의 생명·신체에 위해를 끼치거나 재산에 중대한 손해를 끼칠 우려가 있는 목전의 범죄행위를 하려는 자에 한해 행해진다.

② 「**2012도9937 판결**」 – 타인을 폭행하려고 달려가는 사람을 1–2미터 직전에서 팔을 붙잡아 제지한 사건 "경찰관 직무집행법 제6조 제1항에 따른 경찰관의 제지 조치가 적법한 직무집행으로 평가될 수 있기 위해서는, 형사처벌의 대상이 되는 행위가 눈앞에서 막 이루어지려고 하는 것이 객관적으로 인정될 수 있는 상황이고, 그 행위를 당장 제지하지 않으면 곧 인명·신체에 위해를 미치거나 재산에 중대한 손해를 끼칠 우려가 있는 상황이어서, 직접 제지하는 방법 외에는 위와 같은 결과를 막을 수 없는 절박한 사태이어야 한다. 다만, 경찰관의 제지 조치가 적법한지 여부는 제지 조치 당시의 구체적 상황을 기초로 판단하여야 하고 사후적으로 순수한 객관적 기준에서 판단할 것은 아니다." 제지의 적법성 여부 판단과 관련하여 사후적으로 순수한 객관적 기준이 아니라 조치 당시의 구체적 상황을 기초로 판단해야 한다는 점도 유의할 필요가 있다.

③ 「**2007도9794 판결**」 – 불법집회 참가를 막기 위해 시간·장소적으로 떨어진 곳에서의 출발을 봉쇄한 사안
"[1] 경찰관 직무집행법 제6조 제1항 중 경찰관의 제지에 관한 부분은 범죄의 예방을 위한 경찰 행정상 즉시
강제에 관한 근거조항이다...(하략). [2] 구 집회 및 시위에 관한 법률(2007. 5. 11. 법률 제8424호로 개정되
기 전의 것)에 의하여 금지되어 그 주최 또는 참가행위가 형사처벌의 대상이 되는 위법한 집회·시위가 장차
특정지역에서 개최될 것이 예상된다고 하더라도, 이와 시간적·장소적으로 근접하지 않은 다른 지역에서 그
집회·시위에 참가하기 위하여 출발 또는 이동하는 행위를 함부로 제지하는 것은 경찰관직무집행법 제6조
제1항의 행정상 즉시강제인 경찰관의 제지의 범위를 명백히 넘어 허용될 수 없다. 따라서 이러한 제지 행위
는 공무집행방해죄의 보호대상이 되는 공무원의 적법한 직무집행이 아니다." 판례는 경찰관 직무집행법 제6
조 제1항의 제지 조치에 대해서만 명시적으로 행정상 즉시강제임을 밝히고 있다.

④ 「**90도870 판결**」 – 대학의 협조 요청에 따라 경찰관들이 집회에 참가하려는 자들의 출입을 제지한 사안
"집회장소 사용 승낙을 하지 않은 갑 대학교 측의 집회 저지 협조요청에 따라 경찰관들이 갑 대학교 출입문
에서 신고된 갑 대학교에서의 집회에 참가하려는 자의 출입을 저지한 것은 경찰관 직무집행법 제6조의 주거
침입행위에 대한 사전 제지조치로 볼 수 있고, 비록 그 때문에 소정의 신고 없이 을 대학교로 장소를 옮겨서
집회를 하였다 하여 그 신고없이 한 집회가 긴급피난에 해당한다고도 할 수 없다."

11 경찰관 직무집행법상 "위험 방지를 위한 출입(제7조)"에 대한 설명으로 옳은 것은?

① 보호조치(제4조)를 하기 위해 다른 사람의 토지·건물·배 또는 차에 출입할 필요가 있는 경
우 경찰관 직무집행법 제7조는 이를 명시적으로 규정하고 있다.

② 사회적·국가적 법익에 대한 위해가 임박한 경우 경찰관 직무집행법상 위험 방지를 위한 출입
에 근거하여 다른 사람의 토지·건물·배 또는 차에 출입할 수 있다.

③ 경찰관은 대간첩 작전 수행에 필요할 때에는 작전지역에서 다른 사람의 토지·건물·배 또는
차에 출입할 수 있다.

④ 경찰관은 위험 방지를 위해 필요한 장소에 출입할 때에는 그 신분을 표시하는 증표(경찰공무
원의 공무원증으로 한다)를 제시하여야 하며, 함부로 관계인이 하는 정당한 업무를 방해해서
는 아니 된다.

해설 ① ② 「**경찰관 직무집행법**」 제7조 제1항 "경찰관은 제5조 제1항·제2항 및 제6조에 따른 위험한 사태가 발생
하여 사람의 생명·신체 또는 재산에 대한 위해가 임박한 때에 그 위해를 방지하거나 피해자를 구조하기 위
하여 부득이하다고 인정하면 합리적으로 판단하여 필요한 한도에서 다른 사람의 토지·건물·배 또는 차에
출입할 수 있다." 보호조치를 할 수 있는 상황은 위험 방지를 위한 출입의 요건으로 명시되어 있지 않다. 그리
고 사람의 생명·신체·재산이라는 개인적 법익에 대한 위해의 임박이 요건이고, 국가적·사회적 법익을 보
호하기 위해 동 규정에 근거하여 출입할 수는 없다.

③ 「**경찰관 직무집행법**」 제7조 제3항 "경찰관은 대간첩 작전 수행에 필요할 때에는 작전지역에서 제2항에 따른
장소를 검색할 수 있다." 검색할 수 있는 장소는 흥행장(興行場), 여관, 음식점, 역, 그 밖에 많은 사람이 출입
하는 장소에 한정되고, 다른 사람의 토지·건물·배 또는 차에 출입할 수는 없다.

④ 「**경찰관 직무집행법**」 제7조 제4항 및 동법 시행령 제5조

12 경찰관 직무집행법에 대한 설명으로 옳은 것은?

① 경찰관서의 장은 직무 수행에 필요하다고 인정되는 상당한 이유가 있을 때에는 국가기관이나 공사단체 등에 직무 수행에 관련된 사실을 조회할 수 있고, 이에 불응하는 경우의 제재 수단이 경찰관 직무집행법에 규정되어 있다.

② 경찰관은 미아를 인수할 보호자 확인, 유실물을 인수할 권리자 확인, 사고로 인한 사상자 확인, 행정처분을 위한 교통사고 조사에 필요한 사실 확인의 직무를 수행하기 위하여 필요하면 관계인에게 출석하여야 하는 사유·일시 및 장소를 명확히 적은 출석요구서를 보내 경찰관서에 출석할 것을 요구할 수 있고, 상대방은 이에 응할 의무가 있는 것은 아니다.

③ 경찰청장 또는 해양경찰청장은 경찰관 직무집행법에 따른 경찰관의 직무수행을 위하여 외국 정부기관, 국제기구 등과 자료 교환, 국제협력 활동 등을 하여야 한다.

④ 법률에서 정한 절차에 따라 체포·구속된 사람 또는 신체의 자유를 제한하는 판결이나 처분을 받은 사람을 수용하기 위하여 시·도경찰청, 경찰서와 해양경찰서에 유치장을 둘 수 있다.

> **해설** ① 「**경찰관 직무집행법**」 **제8조 제1항** "경찰관서의 장은 직무 수행에 필요하다고 인정되는 상당한 이유가 있을 때에는 국가기관이나 공사(公私) 단체 등에 직무 수행에 관련된 사실을 조회할 수 있다. 다만, 긴급한 경우에는 소속 경찰관으로 하여금 현장에 나가 해당 기관 또는 단체의 장의 협조를 받아 그 사실을 확인하게 할 수 있다." 경찰관 직무집행법 제8조 사실의 확인 등(제1항의 사실조회와 제2항의 출석요구)은 <u>비권력적 사실행위로 상대방은 이에 응할 의무가 없고, 불응시 제재를 가할 수 없다.</u>
> ② 「**경찰관 직무집행법**」 **제8조 제2항** 옳은 설명이다. 상대방에게 응하여야 할 의무가 있는 것은 아니다.
> ③ 「**경찰관 직무집행법**」 **제8조의3** "경찰청장 또는 해양경찰청장은 이 법에 따른 경찰관의 직무수행을 위하여 외국 정부기관, 국제기구 등과 자료 교환, 국제협력 활동 등을 <u>할 수 있다.</u>"
> ④ 「**경찰관 직무집행법**」 **제9조** "법률에서 정한 절차에 따라 체포·구속된 사람 또는 신체의 자유를 제한하는 판결이나 처분을 받은 사람을 수용하기 위하여 <u>경찰서와 해양경찰서에 유치장을 둔다.</u>"

13 경찰관 직무집행법상 "경찰장비의 사용 등(제10조)"에 대한 설명으로 틀린 것은?

① 경찰관 직무집행법은 위해성 경찰장비는 필요한 최소한도에서 사용하여야 한다는 경찰비례의 원칙을 명시하고 있다.

② 경찰관은 직무수행 중 경찰장비를 사용할 수 있고, 위해성 경찰장비를 사용할 때에는 필요한 안전교육과 안전검사를 받은 후 사용하여야 한다.

③ 경찰관은 경찰장비를 함부로 개조하거나 경찰장비에 임의의 장비를 부착하여 일반적인 사용법과 달리 사용함으로써 다른 사람의 생명·신체·재산에 위해를 끼쳐서는 아니 된다.

④ 경찰청장은 위해성 경찰장비를 새로 도입하려는 경우에는 대통령령으로 정하는 바에 따라 안전성 검사를 실시하여 그 안전성 검사의 결과보고서를 국회 소관 상임위원회에 제출하여야 하고, 안전성 검사에는 외부 전문가를 참여시켜야 한다.

> **해설** ① 「**경찰관 직무집행법**」 제10조 제4항, ② 제10조 제1항, ④ 제10조 제5항
> ③ 「**경찰관 직무집행법**」 **제10조 제3항** "경찰관은 경찰장비를 함부로 개조하거나 경찰장비에 임의의 장비를 부착하여 일반적인 사용법과 달리 사용함으로써 <u>다른 사람의 생명·신체에 위해</u>를 끼쳐서는 아니 된다."

14 경찰관 직무집행법상 "경찰장구의 사용(제10조의2)"에 대한 설명으로 옳은 것은?

① 경찰관 직무집행법 제10조의2 제1항에 따른 "경찰장구"란 경찰관이 휴대하여 범인 검거와 범죄 진압 등의 직무수행에 사용하는 무기, 분사기, 수갑, 포승, 경찰봉, 방패 등을 말한다.

② 경찰관은 자신이나 다른 사람의 생명 · 신체의 방어 및 보호를 위하여 부득이한 때에는 그 사태를 합리적으로 판단하여 필요한 한도에서 경찰장구를 사용할 수 있다.

③ 공무집행에 항거하지 않고 경찰관 자신이나 다른 사람의 생명 · 신체에 위해를 끼칠 우려가 없는 장기 3년 미만의 징역이나 금고에 해당하는 죄를 범한 범인을 체포영장으로 체포하는 경우 범인의 체포 또는 도주 방지를 위해 경찰관은 경찰관 직무집행법 제10조의2에 근거하여 수갑을 사용할 수는 없다.

④ 경찰관은 공무집행에 대한 항거를 제지하기 위하여 경찰장구를 사용하지 아니하고는 다른 수단이 없다고 인정되는 상당한 이유가 있을 때에는 그 사태를 합리적으로 판단하여 필요한 한도에서 경찰장구를 사용할 수 있다.

해설 ① **「경찰관 직무집행법」 제10조의2 제2항** "제1항에서 "경찰장구"란 경찰관이 휴대하여 범인 검거와 범죄 진압 등의 직무수행에 사용하는 수갑, 포승(捕繩), 경찰봉, 방패 등을 말한다." 분사기 등의 사용은 제10조의3, 무기의 사용은 제10조의4에서 규정하고 있다.

② **「경찰관 직무집행법」 제10조의2 제1항 제2호** "경찰관은 다음 각 호의 직무를 수행하기 위하여 필요하다고 인정되는 상당한 이유가 있을 때에는 그 사태를 합리적으로 판단하여 필요한 한도에서 경찰장구를 사용할 수 있다. 1. 현행범이나 사형 · 무기 또는 장기 3년 이상의 징역이나 금고에 해당하는 죄를 범한 범인의 체포 또는 도주 방지, 2. 자신이나 다른 사람의 생명 · 신체의 방어 및 보호, 3. 공무집행에 대한 항거(抗拒) 제지" 부득이한 때(보충성)라는 요건은 분사기 등의 사용과 관련된 요건이다.

③ **「경찰관 직무집행법」 제10조의2 제1항 제1호**의 사용요건에 해당하지 않는다. 다만, 위해성 경찰장비의 사용기준 등에 관한 규정 제4조(영장집행등에 따른 수갑등의 사용기준)는 "경찰관(경찰공무원으로 한정한다. 이하 같다)은 체포 · 구속영장을 집행하거나 신체의 자유를 제한하는 판결 또는 처분을 받은 자를 법률이 정한 절차에 따라 호송하거나 수용하기 위하여 필요한 때에는 최소한의 범위안에서 수갑 · 포승 또는 호송용포승을 사용할 수 있다."고 규정하여 경찰장구 가운데 수갑 · 포승 또는 호송용포승의 사용요건을 확대하여 규정하고 있다. 사안의 경우 경찰관 직무집행법 제10조의2는 법령상의 근거가 아니고, 위해성 경찰장비의 사용기준 등에 관한 규정 제4조에 근거하여 사용할 수 있다.

④ **「경찰관 직무집행법」 제10조2 제1항 제3호** 참조. 경찰장구는 "필요하다고 인정되는 상당한 이유"로 족하고, "다른 수단이 없다고 인정되는 상당한 이유"는 제10조의4 제1항 제2호에 따른 무기사용의 요건이다.

15 경찰관 직무집행법상 "분사기 등의 사용(제10조의3)"에 대한 설명으로 틀린 것은?

① 경찰관은 현행범이나 사형 · 무기 또는 장기 3년 이상의 징역이나 금고에 해당하는 죄를 범한 범인의 체포 또는 범인의 도주 방지를 위하여 필요하다고 인정되는 상당한 이유가 있을 때에는 현장책임자가 판단하여 필요한 최소한의 범위에서 분사기 또는 최루탄을 사용할 수 있다.

② 경찰관은 불법집회 · 시위로 인한 자신이나 다른 사람의 생명 · 신체와 재산 및 공공시설 안전에 대한 현저한 위해의 발생 억제를 위하여 부득이한 경우에는 현장책임자가 판단하여 필요한 최소한의 범위에서 분사기 또는 최루탄을 사용할 수 있다.

③ 경찰관 직무집행법 제10조의3에서 말하는 분사기는 「총포 · 도검 · 화약류 등의 안전관리에 관한 법률」에 따른 분사기를 말하며, 그에 사용하는 최루 등의 작용제를 포함한다.

④ 공무집행에 대한 항거의 억제는 경찰관 직무집행법 제10조의3에 따른 분사기의 사용요건에 해당하지 않지만, 분사기에 해당하는 가스발사총의 경우 위해성 경찰장비의 사용기준 등에 관한 규정에서 그 사용요건을 확대 및 완화해서 규정하고 있다.

해설 ①「**경찰관 직무집행법**」**제10조의3** "경찰관은 다음 각 호의 직무를 수행하기 위하여 <u>부득이한 경우에는 현장책</u>임자가 판단하여 필요한 최소한의 범위에서 분사기(「총포·도검·화약류 등의 안전관리에 관한 법률」에 따른 분사기를 말하며, 그에 사용하는 최루 등의 작용제를 포함한다. 이하 같다) 또는 최루탄을 사용할 수 있다. 1. 범인의 체포 또는 범인의 도주 방지, 2. 불법집회·시위로 인한 자신이나 다른 사람의 생명·신체와 재산 및 공공시설 안전에 대한 현저한 위해의 발생 억제" 범인의 체포 또는 범인의 도주 방지를 위해 사용할 수 있고, 경찰장구와 달리 범인의 범위에 대한 제한이 없으므로 경찰장구의 사용대상이 되는 범인에 대해서도 "부득이한 경우(보충성)"의 요건을 충족하면 분사기 등을 사용할 수 있다.
② 「**경찰관 직무집행법**」 **제10조의3 제2호**, ③ **제10조의3**, ④ **제10조의3 및**「**위해성 경찰장비의 사용기준 등에 관한 규정**」 **제12조 제1항** ④와 관련하여 위해성 경찰장비의 사용기준 등에 관한 규정 제12조 제1항에 의하면 "경찰관은 범인의 체포 또는 도주방지, 타인 또는 경찰관의 생명·신체에 대한 방호, <u>공무집행에 대한 항거의 억제</u>를 위하여 <u>필요한 때</u>에는 <u>최소한의 범위안</u>에서 가스발사총을 사용할 수 있다. 이 경우 경찰관은 1미터이내의 거리에서 상대방의 얼굴을 향하여 이를 발사하여서는 아니된다."고 규정하고 있다. 경찰관 직무집행법에 규정되어 있지 않은 "공무집행에 대한 항거의 억제"가 요건으로 추가되었고, 경찰관 직무집행법상 "부득이한 경우(보충성)"는 "필요한 때"로 완화되어 규정되어 있다.

16 경찰관 직무집행법 제10조의4에 따라 위해를 수반하는 무기의 사용요건에 해당하는 경우는 모두 몇 개인가?

> ㉠ 사형·무기 또는 장기 3년 이상의 징역이나 금고에 해당하는 죄를 범하거나 범하였다고 의심할 만한 충분한 이유가 있는 사람이 경찰관의 직무집행에 항거하거나 도주하려고 하는 경우
> ㉡ 형법에 규정된 정당방위와 긴급피난에 해당하는 경우
> ㉢ 체포·구속영장과 압수·수색영장을 집행하는 과정에서 경찰관의 직무집행에 항거하거나 도주하려고 할 때에 그 행위를 방지하거나 그 행위자를 체포하기 위하여 무기를 사용하지 아니하고는 다른 수단이 없다고 인정되는 상당한 이유가 있는 경우
> ㉣ 범인이나 소요를 일으킨 사람이 무기·흉기 등 위험한 물건을 지니고 경찰관으로부터 3회 이상 물건을 버리라는 명령이나 항복하라는 명령을 받고도 따르지 아니하면서 계속 항거하는 경우
> ㉤ 대간첩작전 수행과정에서 무장간첩이 항복하라는 경찰관의 명령을 받고도 따르지 아니하는 경우

① 2 ② 3 ③ 4 ④ 5

해설 「**경찰관 직무집행법**」 **제10조의4 제1항 단서**에 따라 위해를 수반하는 무기의 사용이 허용되는 경우 가운데 "무기를 사용하지 아니하고는 다른 수단이 없다고 인정되는 상당한 이유(보충성)"를 요건으로 하는지 여부 및 보충성의 요건이 충족되었는지 여부를 확인하는 취지의 문제이다.
㉠ 제10조의4 제1항 단서 제2호 가목의 요건 이외에 제2호의 본문에 따라 보충성의 요건을 충족하지 못하므로 위해를 수반하는 무기의 사용이 허용되지 않는다.
㉡ 제10조의4 제1항 단서 제1호에 따라 위해를 수반하는 무기의 사용이 허용된다.
㉢ 제10조의4 제1항 단서 제2호 나목의 요건에 해당하고 보충성의 요건을 충족하므로 위해를 수반하는 무기의 사용이 허용된다.
㉣ 제10조의4 제1항 단서 제2호 라목의 요건 이외에 제2호의 본문에 따른 보충성의 요건을 충족하지 못하므로 위해를 수반하는 무기의 사용이 허용되지 않는다.
㉤ 제10조의4 제1항 단서 제3호에 따라 위해를 수반하는 무기의 사용이 허용된다.

17 경찰관 직무집행법상 "무기의 사용(제10조의4)"에 대한 다음 보기 가운데 바르게 연결된 것은? (기타 요건은 고려하지 않음)

보기	위해를 수반하지 않는 사용	위해를 수반하는 사용
①	범인의 체포 또는 범인의 도주 방지	경찰관 자신의 생명·신체의 방어 및 보호
②	무장간첩이 항복하라는 경찰관의 명령을 받고도 따르지 않음	다른 사람의 생명·신체의 방어 및 보호
③	경찰관으로부터 3회 이상 위험한 물건을 버리라는 명령을 받고도 따르지 않고 계속 항거	경찰관의 체포영장 집행과정에서 이에 항거하거나 도주하려 함
④	공무집행에 대한 항거의 제지	정당방위와 긴급피난

해설 **「경찰관 직무집행법」 제10조의4 제1항에 따른 무기의 사용 구분표**

구분	위해를 수반하지 않는 사용 (원칙)	위해를 수반하는 사용 (예외)
요건	– 범인의 체포 또는 범인의 도주 방지 – 자신이나 다른 사람의 생명·신체의 방어·보호 – 공무집행에 대한 항거의 제지	(경직법상 보충성 불요 – 제1호 및 제3호) – 정당방위와 긴급피난 – 대간첩 작전 수행 과정에서 무장간첩이 항복하라는 경찰관의 명령을 받고도 따르지 아니한 때 (경직법상 보충성 필요 – 제2호) – 사형·무기 또는 장기 3년 이상의 징역이나 금고에 해당하는 죄를 범하거나 범하였다고 의심할 만한 충분한 이유가 있는 사람이 경찰관의 직무집행에 항거하거나 도주하려고 할 때 – 체포·구속영장과 압수·수색영장을 집행하는 과정에서 경찰관의 직무집행에 항거하거나 도주하려고 할 때 – 제3자가 가목(범죄) 또는 나목(영장)에 해당하는 사람을 도주시키려고 경찰관에게 항거할 때 – 범인이나 소요를 일으킨 사람이 무기·흉기 등 위험한 물건을 지니고 경찰관으로부터 3회 이상 물건을 버리라는 명령이나 항복하라는 명령을 받고도 따르지 아니하면서 계속 항거할 때

18 경찰관 직무집행법상 "무기의 사용(제10조의4)"에 대한 설명으로 옳은 것은?

① 경찰관 직무집행법 제10조의4 제1항에 따른 "무기"란 사람의 생명이나 신체에 위해를 끼칠 수 있도록 제작된 권총·소총·도검·분사기 등을 말한다.

② 대간첩·대테러 작전 등 국가안전에 관련되는 작전을 수행할 때에는 개인화기 외에 공용화기를 사용하여야 한다.

③ 경찰관은 범인의 체포, 범인의 도주 방지, 자신이나 다른 사람의 생명·신체의 방어 및 보호, 공무집행에 대한 항거의 제지를 위하여 위해를 수반하지 않는 방법으로 무기를 사용할 수 있고, 이 경우 무기를 사용하지 아니하고는 다른 수단이 없다고 인정되는 상당한 이유를 요하지 않는다.

④ 위해를 수반하지 않는 방법으로 무기를 사용하는 경우 그 책임자는 사용 일시·장소·대상, 현장책임자, 종류, 수량 등을 기록하여 보관할 필요는 없다.

> **해설** ① 「**경찰관 직무집행법**」 제10조의4 제2항 "제1항에서 "무기"란 사람의 생명이나 신체에 위해를 끼칠 수 있도록 제작된 권총·소총·도검 등을 말한다." 분사기는 무기와 구별되고 제10조의3에서 규정하고 있다.
> ② 「**경찰관 직무집행법**」 제10조의4 제3항 "대간첩·대테러 작전 등 국가안전에 관련되는 작전을 수행할 때에는 개인화기(個人火器) 외에 공용화기(共用火器)를 사용할 수 있다."
> ③ 「**경찰관 직무집행법**」 제10조의4 제1항 본문
> ④ 「**경찰관 직무집행법**」 제11조 "<u>제10조 제2항에 따른 살수차, 제10조의3에 따른 분사기, 최루탄 또는 제10조의4에 따른 무기를 사용하는</u> 경우 그 책임자는 사용 일시·장소·대상, 현장책임자, 종류, 수량 등을 기록하여 보관하여야 한다." 제10조의4에 따라 위해를 수반하는지 여부를 불문하고 무기를 사용하는 경우 사용기록을 보관하여야 한다.

19 경찰관 직무집행법에 따른 "경찰장구의 사용(제10조의2), 분사기 등의 사용(제10조의3), 무기의 사용(제10조의4) 및 사용기록의 보관(제11조)"에 대한 설명으로 틀린 것은?

① 경찰관은 범인의 체포 또는 범인의 도주 방지를 위하여 필요하다고 인정되는 상당한 이유가 있을 때에는 그 사태를 합리적으로 판단하여 필요한 한도에서 경찰장구 또는 위해를 수반하지 않는 방법으로 무기를 사용할 수 있다.
② 경찰관 직무집행법 제10조의2에 따른 경찰장구를 사용하는 경우 그 책임자는 사용 일시·장소·대상, 현장책임자, 종류, 수량 등을 기록하여 보관할 필요는 없다.
③ 경찰관은 자신이나 다른 사람의 생명·신체의 방어 및 보호, 공무집행에 대한 항거의 제지를 위하여 필요하다고 인정되는 상당한 이유가 있을 때에는 그 사태를 합리적으로 판단하여 필요한 한도에서 경찰장구 또는 위해를 수반하지 않는 방법으로 무기를 사용할 수 있다.
④ 공무집행에 대한 항거의 억제는 경찰관 직무집행법 제10조의3에 따른 분사기 등의 사용요건에 해당하지 않는다.

> **해설** ① 「**경찰관 직무집행법**」 제10조의4 제1항 본문에 따라 위해를 수반하지 않는 방법으로 무기를 사용할 수 있으나, 경찰장구의 경우 제10조의2 제1항 제1호에 따라 "<u>현행범이나 사형·무기 또는 장기 3년 이상의 징역이나 금고에 해당하는</u> 죄를 범한 범인의 체포 또는 도주 방지"에 한하여 경찰장구를 사용할 수 있다.
> ② 「**경찰관 직무집행법**」 제11조, ③ **제10조의2 제1항 제2호·제3호, 제10조의4 제1항 본문**, ④ **제10조의3**

20 경찰관 직무집행법상 "경찰장구의 사용(제10조의2), 분사기 등의 사용(제10조의3) 및 무기의 사용(제10조의4)"에 대한 판례의 태도와 같은 것은?

① 트랙터와 트레일러 절도범으로 체포된 甲이 경찰관 A가 수갑을 가지러 간 사이 경찰관 B을 밀치고 도주하자 B가 100미터를 추격하면서 정지명령을 하고 공포탄 2발, 실탄 1발을 공중으로 발사하였으나 甲이 계속 도주하여 甲의 몸을 향해 다시 실탄 1발을 발사하여 그 실탄이 땅바닥을 튀기면서 甲의 후두에 맞음으로써 두개골 골절 등으로 사망한 사안에서, 甲의 몸쪽을 향하여 실탄을 발사한 행위는 경찰관 직무집행법상 총기사용의 허용범위를 벗어나지 않은 행위로 판시하였다.
② 혈중알콜농도 0.269%의 만취 상태의 망자가 70분간 주택가 도로에서 처음에는 부엌칼, 이후 회칼 2개와 과도 1개를 들고 자해를 위협하면서 대치 중인 경찰관의 얼굴을 향해 휘두르거나, 통행인을 향해 칼을 집어 던지려고 위협하는 등 난동을 부리는 망인이 경찰관이 발사한 테이저 총에 맞아 쓰러지면서 자신이 들고 있던 과도에 옆구리를 찔려 사망한 사안에서, 경찰관의 테이져 사용은 법령을 위반한 가해행위로 평가할 수 없다고 판시하였다.
③ 甲은 동거녀와 금전갈등으로 흥분하여 고함을 치면서 난동을 부리고 경찰의 요청에도 쇠파이

프를 휘두르고 유리조각을 던지는 등 저항하면서 양손에 끊은 가스렌지 고무호스와 라이터를 들고 "다 죽여버린다"고 난동을 부렸고, 동거녀가 밖으로 나와 "甲이 자기 남편인데 팔에 주사 자국이 있고 마약을 한 것 같다."고 말하여 경찰관은 甲이 환각상태에서 가스폭발을 시킬지도 모른다고 생각하고 구경 나온 주민들을 대피시키는 한편, 甲에게 경찰의 지시를 따르지 않으면 가스총을 발사하겠다고 경고하였음에도 불응하자 가스총 2발을 발사하는 과정에서 1.5m 미만의 근접한 거리에서 발사한 2번째 탄환에서 분리된 고무마개가 오른쪽 눈에 명중하여 안구파열상을 입게 한 사안에서, 경찰관에게 안면 부위를 향하여 가스총을 발사하지 아니함으로써 사람의 눈 부위 등 인체에 대한 위해를 방지하여야 할 주의의무까지 있는 것은 아니라고 판시하였다.

④ 15세의 학생인 甲, 乙, 丙은 훔친 오토바이를 타고 가던 중 교통단속 중이던 경찰관 2명이 검문을 하려고 하자 절취 사실이 발각될 것이 두려워 도주하였고 경찰관들은 순찰차로 약 7km를 추격하면서 수 차례 정지하라고 하였으나 불응하고 불법유턴을 하면서 도주하자, 경고 방송을 한 후 경찰관 A는 권총으로 공포탄 1발과 실탄 3발을 공중발사하며 위협하였으나 甲, 乙, 丙이 계속 도주하여 비포장도로에서 오토바이 바퀴를 맞춰 체포하기 위해 순찰차에서 내려 약 20미터 전방에서 도주하던 오토바이 바퀴를 조준하여 실탄 1발을 발사하였으나 甲의 좌측 후복벽을 관통하여 전치 6주의 중상을 입힌 사안에서, 오토바이의 바퀴를 맞히려 근접한 거리에서 도주하는 일행을 향하여 실탄을 발사한 행위는 사회통념상 총기사용의 허용범위를 벗어나지 않았다고 판시하였다.

해설 ① 「94다25896 판결」 – 절도로 체포된 이후 경찰관을 밀치고 도주하는 범인에 실탄을 발사하여 사망한 사건
"경찰관 B는 甲이 체포를 면탈하기 위하여 항거하며 도주할 당시 그 항거의 내용, 정도에 비추어 아무런 무기나 흉기를 휴대하고 있지 아니한 甲을 <u>계속적으로 추격하든지 다시 한번 공포를 발사하는 등으로 甲을 충분히 제압할 여지가 있었다</u>고 보여지므로, B가 그러한 방법을 택하지 않고 도망가는 위 망인의 몸쪽을 향하여 만연히 실탄을 발사한 행위는 경찰관직무집행법 제11조(주: 현행 제10조의4) 소정의 총기사용의 허용범위를 벗어난 위법행위라고 아니할 수 없다 할 것인바, 같은 취지의 원심판단은 정당하고 거기에 소론과 같은 법리오해의 위법이 없다." 위해를 수반하는 총기의 사용이 유일한 수단(보충성)이 아니었다는 취지로 이해하여야 한다.

② 「2012다48114 판결」 – 칼로 난동부리는 사람에게 테이저를 발사하였으나 넘어지며 칼에 찔려 사망한 사안
"...(상략)...당시 테이저 총을 사용할 수밖에 없었고, 달리 다른 적절한 제압 방법이 있을 수 없는 상황이어서 사회 통념상 테이저 총 사용의 필요성이 인정되는 상당한 이유가 있고, 합리적으로 판단하여 필요한 한도 내에서 이를 사용한 것이므로, <u>경찰관의 테이저 총 사용이 객관적인 정당성이 없어 법령을 위반한 가해행위로 평가할 수 없고</u>...(하략)..."

③ 「2002다57218 판결」 – LPG를 폭파하겠다고 난동을 부리는 사람에게 가스총을 발사하여 실명한 사안
"...(상략)...가스총은 통상의 용법대로 사용하는 경우 사람의 생명 또는 신체에 위해를 가할 수 있는 이른바 위해성 장비로서 그 <u>탄환은 고무마개로 막혀 있어 사람에게 근접하여 발사하는 경우에는 고무마개가 가스와 함께 발사되어 인체에 위해를 가할 가능성이 있으므로, 이를 사용하는 경찰관으로서는 인체에 대한 위해를 방지하기 위하여 상대방과 근접한 거리에서 상대방의 얼굴을 향하여 이를 발사하지 않는 등 가스총 사용시 요구되는 최소한의 안전수칙을 준수함으로써 장비 사용으로 인한 사고 발생을 미리 막아야 할 주의의무가 있다</u>고 할 것이다."

④ 「2003다57956 판결」 – 검문에 불응하고 도주하는 오토바이 바퀴에 실탄을 발사하였으나 상해를 입힌 사안
"원고 1 등 3인(사안의 甲, 乙, 丙)이 이 사건 사고 당시 15-16세 정도에 불과하였던 점, 원고 1 등은 교통단속을 하던 경찰관의 검문에 불응하여 도주하였으나 추격하는 경찰관을 위협하거나 거칠게 저항하지 아니하고 단순히 도주만 계속한 점, 원고 1 등 3인이 탑승하고 도주한 위 <u>오토바이는 50cc에 불과한 소형이므로</u>

순찰차로써 충분히 거리를 근접하면서 추격할 수 있었으므로 계속 추격하거나 다른 경찰관에게 연락하여 범인을 검거하도록 하는 등의 방법을 통하여 원고 1 일행을 제압할 여지가 있었던 점 등에 의하면, 소외 3(사안의 경찰관 A)이 비록 오토바이의 바퀴를 맞히려 시도하였더라도 근접한 거리에서 도주하는 원고 1 일행을 향하여 실탄을 발사한 행위는 사회통념상 총기사용의 허용범위를 벗어난 것으로 위법하다고 판단하였는바, 위에서 본 법리와 기록에 의하여 살펴보면, 원심의 인정과 판단은 모두 옳고, 거기에 주장과 같은 채증법칙을 위배하거나 정당행위 등에 관한 법리를 오해한 위법이 없다." 위해를 수반하는 총기사용이 유일한 수단(보충성)이 아니었다는 취지로 이해하여야 한다.

21 경찰관의 전자충격기(테이저건) 사용과 관련된 사안이다. 〈보기 1〉의 사안에 대한 〈보기 2〉의 설명 가운데 옳은 것은 몇 개인가? (다툼이 있으면 판례에 의함)

보기 1

甲과 동거하던 乙은 2014. 2. 20. 21:27경 甲이 자신을 폭행하니 빨리 와 달라는 내용으로 112에 신고하였다. 00지구대 소속 경사 A와 순경 B는 출동명령을 받고 21:32경 甲의 주거지에 도착하였다. 乙은 집 문 앞에 서서 경사 A에게 甲으로부터 폭행을 당하였다고 말하였는데, 당시 乙의 머리는 헝클어져 있었고 얼굴이 벌겋게 상기되어 있었으며 얼굴에 찰과상 같은 흔적이 있었다. A는 乙의 얼굴 상태를 보고 甲으로부터 폭행당하였다고 생각하고 乙의 처벌의사를 확인한 후 甲의 집 안으로 들어갔는데, 당시 甲은 거실에 딸(4세 정도)과 함께 누워 있었다. A가 거실에 누워 있는 甲을 향해 미란다 원칙을 고지하고 폭행의 현행범으로 체포하겠다고 하자, 甲이 일어나며 A를 향해 나가라는 말과 함께 욕설을 하며 A의 모자를 치고 주먹으로 때릴 듯한 자세를 취하였다. A가 전자충격기(테이저건)를 꺼내 甲에게 위협적인 행동을 중지하라고 경고하자, 甲은 더 흥분해서 A를 향해 욕설을 하며 쏴 보라고 말하였다. 이에 A는 甲의 배 부위에 전자충격기를 발사하였고, 전자충격기를 맞은 甲은 고통을 호소하며 안방으로 들어갔다가 A와 B가 증원을 요청한 경찰관 2명에게 체포되었다.

보기 2

㉠ 현행범인이란 범죄의 실행 중이거나 실행의 직후인 자를 말하고, A가 도착했을 당시 이미 폭행 행위는 종료되었지만, 甲은 폭행죄 실행의 직후인 자에 해당한다.

㉡ 경찰관 A가 현행범인으로 체포하겠다고 하자, 욕설을 하는 등 저항을 하였으므로 체포의 필요성(도주 또는 증거인멸의 우려)이 인정된다.

㉢ 경찰관 A가 사용한 전자충격기(테이저건)는 경찰관 직무집행법 제10조의2 제2항에 명시된 경찰장구는 아니지만, 경찰관 직무집행법 제10조 및 위해성 경찰장비의 사용기준 등에 관한 규정 제2조 제1호에 따른 경찰장구에 해당한다.

㉣ 경찰관 A는 현행범인의 체포·도주 방지를 위해 위하여 필요하다고 인정되는 상당한 이유가 있을 때에는 그 사태를 합리적으로 판단하여 필요한 한도에서 전자충격기를 사용할 수 있으므로, 甲에게 전자충격기를 발사할 수 있다.

㉤ 나아가 甲은 욕설을 하면서 경찰관 A의 모자를 치고 주먹으로 때릴 듯한 자세를 취하여 현행범인 체포라는 공무집행에 항거하므로 A는 이를 제지하기 위하여 필요하다고 인정되는 상당한 이유가 있을 때에는 그 사태를 합리적으로 판단하여 甲에게 전자충격기를 사용할 수 있다.

㉥ 전자충격기의 사용이 필요하다고 인정되는 상당한 이유가 있고, 그 사태를 합리적으로 판단하여 필요한 한도에서 사용하였으므로 경찰관 A가 甲에게 전자충격기를 발사한 행위는 경찰관 직무집행법에 따른 경찰장구(제10조의2)의 사용요건에 해당하여 적법하다.

---

① 1개　　　　② 2개　　　　③ 3개　　　　④ 4개

해설 현행범인 체포의 요건을 충족하는지 여부에 판단과 경찰관 직무집행법 제10조의2에 따른 경찰장구의 사용요건을 충족하는지 여부에 대한 판단이 결합된 판례(2015도15185판결 – 일명 "쏠테면 쏴 봐"사건) 사안이다.

㉠ **판례(93도926 판결)**는 "범죄 실행의 즉후인 자란 <u>체포하는 자가 볼 때 범죄의 실행행위를 종료한 직후의 범인이라는 것이 명백한 경우를 일컫는 것으로서, 시간이나 장소로 보아 체포당하는 자를 방금 범죄를 실행한 범인이라고 볼 증거가 명백히 존재하는 것으로 인정된다면, 그를 현행범으로 볼 수 있다."</u>고 판시하고 있다. 범죄가 발생한 이후 약 5분 정도 경과되었고, 장소 역시 폭행행위가 있었던 곳이었으며, 피해자인 乙의 진술과 폭행을 당한 것과 같은 외모(방금 범죄를 실행한 범인이라고 볼 증거가 명백히 존재)에 비추어 볼 때, 甲은 범죄 실행의 직후인 자에 해당한다. 옳은 설명이다.

㉡ 「**2015도15185 판결** – 1심판결을 유지한 원심판결을 그대로 인용」의 1심판결(울산지방법원 2014고단2263 판결)은 현행범인 체포 및 공무집행의 적법성을 부정하였다. 틀린 설명이다. 1심판결은 "① C과 D(※ 주: 경찰관)가 집 안으로 들어가기 전 B(※ 주: 피해자)로부터 폭행사실을 확인하였고, 피고인은 자신의 집 거실에 나이 어린 딸과 함께 누워 있었으므로, 피고인이 도주하거나 증거를 인멸할 상황은 아니었던 것으로 보이는 점, ② 피고인이 경찰관들을 향해 욕설을 하며 위협적인 행동을 하기는 하였으나 직접적인 신체 접촉이 없었고 흉기를 든 상황도 아니었으므로, 피고인을 현행범으로 체포하거나 급박하게 피고인을 제압할 필요는 없었던 것으로 보이는 점, ③ 당시 피고인은 술에 취한 상태가 아니었던 것으로 보이므로, 신고 현장에 임장한 경찰관으로서는 피고인으로부터도 사건의 경위에 대해서 청취해 본 다음, 필요하다면 임의동행을 먼저 요구하는 것이 적절한 조치였던 것으로 보이는 점, ④ 그럼에도 C은 B의 얼굴 상태와 처벌의사만 간단히 확인한 후 4세의 딸과 함께 거실에 누워 있던 피고인에게 사건경위에 대한 청취도 없이 폭행의 현행범 체포를 고지하고, 종국에는 피고인의 집 거실에서 테이저건까지 발사하여 피고인을 체포하였는데, C의 현행범 체포 고지와 테이저건 사용 경고가 피고인의 거친 항의를 촉발한 것으로 보이는 점 등의 사정을 종합하여 보면, <u>경찰공무원인 C과 D의 행위가 적법한 공무집행에 해당한다거나 현행범체포가 적법하다고 인정하기 어렵다</u> 할 것이다."고 판시하였다.

㉢ 「**경찰관 직무집행법**」 제10조 및 「**위해성 경찰장비의 사용기준 등에 관한 규정**」 제2조 제1호는 "「경찰관 직무집행법」 제10조 제1항 단서에 따른 사람의 생명이나 신체에 위해를 끼칠 수 있는 경찰장비(이하 "위해성 경찰장비"라 한다)의 종류는 다음 각 호와 같다. 1. 경찰장구: 수갑 · 포승 · 호송용포승 · 경찰봉 · 호신용경봉 · 전자충격기 · 방패 및 전자방패"에 따른 옳은 설명이다.

㉣ 현행범인 체포의 요건인 체포의 필요성(도주 또는 증거인멸의 우려)이 결여되어 甲을 현행범인으로 체포할 수 없기 때문에 경찰장구인 전자충격기를 甲에게 사용할 수 없다.

㉤ 공무집행에 대한 항거의 억제를 위해 경찰장구인 전자충격기를 사용할 수 있으나, 이 경우 공무집행은 "적법한 공무집행"을 의미한다. 甲에 대한 체포는 현행범인 체포의 요건을 갖추지 못한 위법한 체포로 적법한 공무집행이 아니므로 "공무집행에 대한 항거 제지"에 근거하여 甲에게 전자충격기를 사용할 수 없다.

㉥ 경찰장구의 다른 사용요건이 충족되었다고 하더라도 현행범인 체포의 요건을 갖추지 못한 甲에 대한 전자충격기 발사행위는 경찰관 직무집행법 제10조의2의 요건을 충족하지 못하는 위법한 경찰장구의 사용이다.

22 경찰관 직무집행법상 "손실보상(제11조의2)"에 대한 설명으로 틀린 것은?

① 경찰관 직무집행법상 손실보상은 경찰관의 적법한 직무집행으로 인하여 생명 · 신체 또는 재산상의 손실을 입은 자에 대한 보상만을 규정하므로, 위법한 직무집행으로 인한 손해는 국가배상법에 따른 손해배상의 문제에 해당한다.

② 경찰관의 적법한 직무집행으로 인하여 정신적 손해를 입은 자에 대하여 이른바 "위자료"를 지급하는 문제는 경찰관 직무집행법상 손실보상의 대상이 아니다.

③ 경찰관 직무집행법상 손실보상에 의하면 손실발생의 원인에 대하여 책임이 있는 자가 자신의 책임에 상응하는 정도를 초과하는 생명 · 신체 또는 재산상의 손실을 입은 경우에도 정당한 보상을 하여야 한다.

④ 경찰관 직무집행법상 손실보상에 의하면 손실발생의 원인에 대하여 책임이 없는 자가 경찰관의 직무집행에 자발적으로 협조하거나 물건을 제공하여 생명 · 신체 또는 재산상의 손실을 입은 경우에는 정당한 보상을 할 필요가 없다.

해설 ① 「**경찰관 직무집행법**」 제11조의2 제1항, ② 11조의2 제1항, ③ 제11조의2 제1항 제2호 적법한 공무집행으로 인한 손실은 경찰관 직무집행법상 손실보상의 문제이고, 위법한 공무집행으로 인한 손해는 국가배상법상 손해배상의 문제이다. 경찰관 직무집행법에 따른 손실보상의 대상은 "생명·신체 또는 재산상의 손실"에 한 정된다.

④ 「**경찰관 직무집행법**」 제11조의2 제1항 제1호 "국가는 경찰관의 적법한 직무집행으로 인하여 다음 각 호의 어느 하나에 해당하는 손실을 입은 자에 대하여 정당한 보상을 하여야 한다. 1. 손실발생의 원인에 대하여 책 임이 없는 자가 생명·신체 또는 재산상의 손실을 입은 경우(손실발생의 원인에 대하여 책임이 없는 자가 경 찰관의 직무집행에 자발적으로 협조하거나 물건을 제공하여 생명·신체 또는 재산상의 손실을 입은 경우를 포함한다)"

23 경찰관 직무집행법상 "손실보상(제11조의2)"에 대한 설명으로 옳은 것은?

① 손실보상금이 지급된 경우 손실보상심의위원회는 대통령령으로 정하는 바에 따라 국가경찰위 원회에 심사자료와 결과를 보고하여야 하고, 이 경우 국가경찰위원회는 손실보상의 적법성 및 적정성 확인을 위하여 필요한 자료의 제출을 요구하여야 한다.

② 경찰관 직무집행법 제11조의2에 따른 손실보상의 기준, 보상금액, 지급 절차 및 방법, 손실보 상심의위원회의 구성 및 운영, 환수절차, 그 밖에 손실보상에 관하여 필요한 사항은 행정안전 부령으로 정한다.

③ 경찰관 직무집행법상 손실보상신청 사건을 심의하기 위하여 손실보상심의위원회를 두고, 경찰 청장 또는 시·도경찰청장은 손실보상심의위원회의 심의·의결에 따라 보상금을 지급하며, 거 짓·부정한 방법으로 보상금을 받은 사람에 대하여는 해당 보상금을 환수하여야 한다.

④ 경찰관 직무집행법상 손실보상에 따른 보상을 청구할 수 있는 권리는 손실이 있음을 안 날부 터 2년, 손실이 발생한 날부터 3년간 행사하지 아니하면 시효의 완성으로 소멸한다.

해설 ① 「**경찰관 직무집행법**」 제11조의2 제5항 "보상금이 지급된 경우 손실보상심의위원회는 대통령령으로 정하는 바에 따라 국가경찰위원회에 심사자료와 결과를 보고하여야 한다. 이 경우 국가경찰위원회는 손실보상의 적 법성 및 적정성 확인을 위하여 필요한 자료의 제출을 요구할 수 있다."

② 「**경찰관 직무집행법**」 제11조의2 제7항 "제1항에 따른 손실보상의 기준, 보상금액, 지급 절차 및 방법, 제3항 에 따른 손실보상심의위원회의 구성 및 운영, 제4항 및 제6항에 따른 환수절차, 그 밖에 손실보상에 관하여 필요한 사항은 대통령령으로 정한다."

③ 「**경찰관 직무집행법**」 제11조의2 제3항·제4항

④ 「**경찰관 직무집행법**」 제11조의2 제2항 "제1항에 따른 보상을 청구할 수 있는 권리는 손실이 있음을 안 날부 터 3년, 손실이 발생한 날부터 5년간 행사하지 아니하면 시효의 완성으로 소멸한다."

24 경찰관 직무집행법 시행령에 따른 "손실보상의 기준 및 보상금액 등(제9조)"에 대한 설명으로 틀린 것은?

① 경찰관 직무집행법 및 동법 시행령에 따른 손실보상시 물건의 멸실·훼손으로 인한 손실 외의 재산상 또는 정신적 손실에 대해서는 직무집행과 상당한 인과관계가 있는 범위에서 보상할 수 있다.

② 경찰관 직무집행법상 "손실보상(제11조의2)" 제1항에 따라 손실보상을 할 때 영업자가 손실 을 입은 물건의 수리나 교환으로 인하여 영업을 계속할 수 없는 경우에는 영업을 계속할 수 없는 기간 중 영업상 이익에 상당하는 금액에 따라 보상한다.

③ 경찰관 직무집행법상 "손실보상(제11조의2)" 제1항에 따라 보상금을 지급받을 사람이 동일한 원인으로 다른 법령에 따라 보상금 등을 지급받은 경우 그 보상금 등에 상당하는 금액을 제외하고 보상금을 지급한다.

④ 경찰관 직무집행법상 "손실보상(제11조의2)" 제1항에 따라 손실보상을 할 때 손실을 입은 물건을 수리할 수 있는 경우에는 수리비에 상당하는 금액, 수리할 수 없는 경우에는 손실을 입은 당시의 해당 물건의 교환가액에 따라 보상한다.

해설 ① 「**경찰관 직무집행법 시행령**」 제9조 제2항 "물건의 멸실 · 훼손으로 인한 손실 외의 <u>재산상 손실에 대해서는 직무집행과 상당한 인과관계가 있는 범위에서 보상한다.</u>" 경찰관 직무집행법 및 동법 시행령에서 정신적 손실(손해)에 대해서는 보상하지 않는다.
② 「**경찰관 직무집행법 시행령**」 제9조 제1항 제3호, ③ 제9조 제4항, ④ 제9조 제1항 제1호 · 제2호

25 경찰관 직무집행법 시행령에 따른 "손실보상의 지급절차 및 방법(제10조)"에 대한 설명으로 옳은 것은?

① 손실보상금은 다른 법률에 특별한 규정이 있는 경우를 제외하고는 현금으로 지급하여야 하고, 일시불로 지급하되 예산 부족 등의 사유로 일시금으로 지급할 수 없는 특별한 사정이 있는 경우에는 손실보상심의위원회의 심의를 받아 분할하여 지급할 수 있다.

② 경찰관 직무집행법 시행령상 "손실보상의 지급절차 및 방법(제10조)" 제1항에 따라 보상금 지급 청구서를 받은 국가경찰관서의 장은 해당 청구서를 손실보상심의위원회가 설치된 경찰청, 해양경찰청, 시 · 도경찰청 및 지방해양경찰청의 장에게 보내야 한다.

③ 경찰관 직무집행법상 "손실보상(제11조의2)"에 따라 경찰관의 적법한 직무집행으로 인하여 발생한 손실을 보상받으려는 사람은 보상금 지급 청구서에 손실내용과 손실금액을 증명할 수 있는 서류를 첨부하여 청구인의 주소지를 관할하는 국가경찰관서의 장에게 제출하여야 한다.

④ 손실보상금을 지급받은 사람은 보상금을 지급받은 원인과 동일한 원인으로 인한 부상이 악화되거나 새로 발견되더라도 보상금의 추가 지급을 청구할 수 없다.

해설 ① 「**경찰관 직무집행법 시행령**」 제10조 제5항 · 제6항 "⑤ 보상금은 다른 법률에 특별한 규정이 있는 경우를 제외하고는 현금으로 지급하여야 한다. ⑥ 보상금은 일시불로 지급하되, 예산 부족 등의 사유로 일시금으로 지급할 수 없는 특별한 사정이 있는 경우에는 <u>청구인의 동의를 받아 분할하여 지급할 수 있다.</u>"
② 「**경찰관 직무집행법 시행령**」 제10조 제2항
③ 「**경찰관 직무집행법 시행령**」 제10조 제1항 "법 제11조의2에 따라 경찰관의 적법한 직무집행으로 인하여 발생한 손실을 보상받으려는 사람은 별지 제4호서식의 보상금 지급 청구서에 손실내용과 손실금액을 증명할 수 있는 서류를 첨부하여 <u>손실보상청구 사건 발생지를 관할하는</u> 국가경찰관서의 장에게 제출하여야 한다."
④ 「**경찰관 직무집행법 시행령**」 제10조 제7항 제1문 "보상금을 지급받은 사람은 보상금을 지급받은 원인과 동일한 원인으로 인한 부상이 악화되거나 새로 발견되어 다음 각 호의 어느 하나에 해당하는 경우에는 <u>보상금의 추가 지급을 청구할 수 있다.</u> 이 경우 보상금 지급 청구, 보상금액 결정, 보상금 지급 결정에 대한 통지, 보상금 지급 방법 등에 관하여는 제1항부터 제6항까지의 규정을 준용한다."

26 경찰관 직무집행법 시행령에 따른 "손실보상심의위원회의 설치 및 구성(제11조)"에 대한 설명으로 옳은 것은?

① 경찰관 직무집행법 제11조의2(손실보상) 제3항에 따라 소속 경찰공무원의 직무집행으로 인하여 발생한 손실보상청구 사건을 심의하기 위하여 경찰청, 해양경찰청, 시·도경찰청, 지방해양경찰청, 경찰서 및 해양경찰서에 손실보상심의위원회를 설치한다.
② 손실보상심의위원회는 위원장 1명을 포함한 7명 이상 9명 이하의 위원으로 구성한다.
③ 손실보상심의위원회 위원의 과반수 이상은 경찰공무원이 아닌 사람으로 하여야 하고, 위촉위원의 임기는 2년으로 한다.
④ 손실보상심의위원회의 사무를 처리하기 위하여 위원회에 간사 1명을 두되, 간사는 위촉위원 중에서 경찰청장등이 지명한다.

해설 ① 「**경찰관 직무집행법 시행령**」 **제11조 제1항** "법 제11조의2 제3항에 따라 소속 경찰공무원의 직무집행으로 인하여 발생한 손실보상청구 사건을 심의하기 위하여 <u>경찰청, 해양경찰청, 시·도경찰청 및 지방해양경찰청에 손실보상심의위원회(이하 "위원회"라 한다)를 설치한다.</u>" 경찰서와 해양경찰서는 포함되지 않는다.
② 「**경찰관 직무집행법 시행령**」 **제11조 제2항** "위원회는 위원장 1명을 포함한 <u>5명 이상 7명 이하의 위원으로</u> 구성한다."
③ 「**경찰관 직무집행법 시행령**」 **제11조 제3항 제2문 및 제4항**
④ 「**경찰관 직무집행법 시행령**」 **제11조 제5항** "위원회의 사무를 처리하기 위하여 위원회에 간사 1명을 두되, <u>간사는 소속 경찰공무원 중에서 경찰청장등이 지명한다.</u>"

27 경찰관 직무집행법 시행령에 따른 "손실보상심의위원회의 설치 및 구성(제11조)"에 관한 규정이다. ( )안에 들어갈 숫자를 모두 더한 값은?

> – 위원회는 위원장 1명을 포함한 ( )명 이상 ( )명 이하의 위원으로 구성한다.
> – 위원회의 위원은 소속 경찰공무원과 다음 각 호의 어느 하나에 해당하는 사람 중에서 경찰청장등이 위촉하거나 임명한다. 이 경우 위원의 과반수 이상은 경찰공무원이 아닌 사람으로 하여야 한다.
> 1. 판사·검사 또는 변호사로 ( )년 이상 근무한 사람
> 2. 「고등교육법」제2조에 따른 학교에서 법학 또는 행정학을 가르치는 부교수 이상으로 ( )년 이상 재직한 사람
> – 위촉위원의 임기는 ( )년으로 한다.
> – 위원회의 사무를 처리하기 위하여 위원회에 간사 ( )명을 두되, 간사는 소속 경찰공무원 중에서 경찰청장등이 지명한다.

① 19   ② 21   ③ 23   ④ 25

해설 순서대로 5 - 7 - 5 - 5 - 2 - 1

28 경찰관 직무집행법 시행령에 따른 "손실보상심의위원회의 위원장(제12조) 및 운영(제13조)"에 대한 설명 중 틀린 것은?

① 손실보상심의위원회의 위원장은 회의를 소집하고, 위원회의 회의는 재적위원 과반수의 출석으로 개의하며, 출석위원 과반수의 찬성으로 의결한다.
② 손실보상심의위원회의 위원장은 위원회를 대표하며, 위원회의 업무를 총괄한다.

③ 손실보상심의위원회는 심의를 위하여 필요한 경우에는 관계 공무원이나 관계 기관에 사실조사나 자료의 제출 등을 요구할 수 있으며, 관계 전문가에게 필요한 정보의 제공이나 의견의 진술 등을 요청할 수 있다.

④ 손실보상심의위원회의 위원장은 위원 중에서 호선하고, 위원장이 부득이한 사유로 직무를 수행할 수 없을 때에는 경찰청장등이 지명한 위원이 그 직무를 대행한다.

해설 ①「**경찰관 직무집행법 시행령**」제13조 제1항·제2항, ② 제12조 제2항, ③ 제13조 제3항
④「**경찰관 직무집행법 시행령**」제12조 제1항·제3항 "① 위원장은 <u>위원 중에서 호선(互選)</u>한다. ③ 위원장이 부득이한 사유로 직무를 수행할 수 없을 때에는 <u>위원장이 미리 지명한 위원이 그 직무를 대행</u>한다."

---

29 경찰관 직무집행법상 "범인검거 등 공로자 보상(제11조의3)"에 대한 설명으로 옳은 것은?

① 경찰청장, 시·도경찰청장 및 경찰서장은 범인검거 등 공로자 보상에 따른 보상금 지급의 심사를 위하여 대통령령으로 정하는 바에 따라 각각 보상금심사위원회를 설치·운영할 수 있다.

② 보상금심사위원회의 위원은 소속 경찰공무원 중에서 경찰청장, 시·도경찰청장 또는 경찰서장이 임명한다.

③ 경찰청장, 시·도경찰청장 또는 경찰서장은 보상금심사위원회의 심사·의결에 따라 보상금을 지급하고, 거짓 또는 부정한 방법으로 보상금을 받은 사람에 대하여는 해당 보상금을 환수할 수 있다.

④ 보상금심사위원회는 위원장 1명을 포함한 5명 이상 7명 이내의 위원으로 구성한다.

해설 ①「**경찰관 직무집행법**」제11조의3 제2항 "경찰청장, 시·도경찰청장 및 경찰서장은 제1항에 따른 보상금 지급의 심사를 위하여 대통령령으로 정하는 바에 따라 각각 <u>보상금심사위원회를 설치·운영하여야 한다</u>." 손실보상심의위원회와 달리 보상금심사위원회는 경찰서에도 설치·운영한다는 점에 유의한다.
②「**경찰관 직무집행법**」제11조의3 제4항 손실보상심의위원회와 달리 외부 위촉위원이 없다는 점에 유의한다.
③「**경찰관 직무집행법**」제11조의3 제5항 "경찰청장, 시·도경찰청장 또는 경찰서장은 제2항에 따른 보상금심사위원회의 심사·의결에 따라 보상금을 지급하고, <u>거짓 또는 부정한 방법으로 보상금을 받은 사람</u>에 대하여는 해당 <u>보상금을 환수한다</u>."
④「**경찰관 직무집행법**」제11조의3 제3항 "제2항에 따른 보상금심사위원회는 <u>위원장 1명을 포함한 5명 이내의</u> 위원으로 구성한다."

---

30 경찰관 직무집행법 및 동법 시행령에 따른 범인검거 등 공로자 보상에 대한 설명으로 틀린 것은?

① 범인의 신원을 특정할 수 있는 정보를 제공한 사람 및 범죄사실을 입증하는 증거물을 제출한 사람에 대한 보상금 지급을 규정하고 있다.

② 경찰관 직무집행법상 "범인검거 등 공로자 보상"에 따른 보상금의 지급권자는 경찰청장, 시·도경찰청장 또는 경찰서장에 한하고, 지구대장 및 파출소장은 해당되지 않는다.

③ 경찰관 직무집행법 및 동법 시행령상 "범인검거 등 공로자 보상"에 따른 보상금의 최고액은 5억원으로 하며, 구체적인 보상금 지급 기준은 경찰청장이 정하여 고시한다.

④ 경찰청장, 시·도경찰청장 또는 경찰서장은 보상금 지급사유가 발생한 경우에는 보상금을 지급받으려는 사람의 신청이 있는 때에 한하여 소속 보상금심사위원회의 심사·의결을 거쳐 보상금을 지급한다.

해설 ① 「**경찰관 직무집행법**」 **제11조의3 제1항 제4호** "그 밖에 제1호부터 제3호까지의 규정에 준하는 사람으로서 <u>대통령령으로 정하는 사람</u>" 및 **동법 시행령 제18조 제1호 · 제2호** "법 제11조의3 제1항 제4호에서 "대통령령으로 정하는 사람"이란 다음 각 호의 어느 하나에 해당하는 사람을 말한다. 1. <u>범인의 신원을 특정할 수 있는 정보를 제공한 사람</u>, 2. <u>범죄사실을 입증하는 증거물을 제출한 사람</u>, 3. 그 밖에 범인 검거와 관련하여 경찰 수사 활동에 협조한 사람 중 보상금 지급 대상자에 해당한다고 법 제11조의3 제2항에 따른 보상금심사위원회가 인정하는 사람"에 따른 옳은 설명이다.
② 「**경찰관 직무집행법**」 **제11조의3 제1항**, ③ 「**경찰관 직무집행법 시행령**」 **제20조**
④ 「**경찰관 직무집행법 시행령**」 **제21조 제1항** "경찰청장, 시 · 도경찰청장 또는 경찰서장은 보상금 지급사유가 발생한 경우에는 <u>직권으로 또는</u> 보상금을 지급받으려는 사람의 신청에 따라 소속 보상금심사위원회의 심사 · 의결을 거쳐 보상금을 지급한다."

31 경찰관 직무집행법상 "범인검거 등 공로자 보상(제11조의3)" 및 동법 시행령상 "보상금심사위원회의 구성 및 심사사항 등(제19조)"에 대한 설명으로 옳은 것은?

① 시 · 도경찰청에 두는 보상금심사위원회의 위원장은 시 · 도경찰청 소속 과장급 이상의 경찰공무원 중에서 시 · 도경찰청장이 임명하는 사람으로 한다.
② 경찰청에 두는 보상금심사위원회의 위원장은 경찰청 소속 국장급 이상의 경찰공무원 중에서 경찰청장이 임명하는 사람으로 한다.
③ 보상금심사위원회는 위원장 1명을 포함한 7명 이내의 위원으로 구성한다.
④ 보상금심사위원회의 회의는 재적위원 과반수의 출석과 출석위원 과반수의 찬성으로 의결한다.

해설 ① 「**경찰관 직무집행법 시행령**」 **제19조 제2항**
② 「**경찰관 직무집행법 시행령**」 **제19조 제1항** "법 제11조의3 제2항에 따라 경찰청에 두는 보상금심사위원회의 위원장은 <u>경찰청 소속 과장급 이상의 경찰공무원</u> 중에서 경찰청장이 임명하는 사람으로 한다."
③ 「**경찰관 직무집행법**」 **제13조의3 제3항** "제2항에 따른 보상금심사위원회는 <u>위원장 1명을 포함한 5명 이내의</u> 위원으로 구성한다."
④ 「**경찰관 직무집행법 시행령**」 **제19조 제4항** "보상금심사위원회의 회의는 <u>재적위원 과반수의 찬성으로 의결한</u>다."

32 경찰관 직무집행법 시행령상 "범인검거 등 공로자 보상금의 지급 기준(제20조)" 및 범인검거 등 공로자 보상에 관한 규정(경찰청고시)상 "보상금의 지급 기준(제6조)"에 따른 보상금 지급기준에 대한 연결이 바르게 된 것은?

보기	보상금의 지급 기준	금액
①	사형, 무기징역 또는 무기금고, 장기 10년 이상의 징역 또는 금고에 해당하는 범죄	50만원
②	장기 10년 미만의 징역 또는 금고에 해당하는 범죄	40만원
③	장기 5년 미만의 징역 또는 금고, 장기 10년 이상의 자격정지에 해당하는 범죄	30만원
④	벌금형에 해당하는 범죄	20만원

해설 「**범인검거 등 공로자 보상에 관한 규정**」 **제6조 제1항** 참조. 위에서부터 아래로 100 - 50 - 30 - 30만원.
※ 유의: 지문형으로 출제되는 경우 보상금의 금액은 정확하더라도 법정형의 범위와 관련하여 ①의 경우 "장기

10년 초과", ②의 경우 "장기 10년 이하의", ③의 경우 "장기 5년 이하 / 장기 10년 초과의 자격정지"와 같은 방식으로 문구의 일부를 변경하여 오답을 유도하는 유형이 출제될 수 있으므로 정확히 숙지하여야 한다.

33 범인검거 등 공로자 보상에 관한 규정(경찰청고시) 제6조에 따른 보상금 지급기준 금액으로 틀린 것은?

① 사형, 무기징역 또는 무기금고, 장기 10년 이상의 징역 또는 금고에 해당하는 범죄: 100만원
② 장기 5년 미만의 징역 또는 금고, 장기 10년 초과의 자격정지에 해당하는 범죄: 30만원
③ 장기 10년 미만의 징역 또는 금고에 해당하는 범죄: 50만원
④ 벌금형에 해당하는 범죄: 30만원

해설 「범인검거 등 공로자 보상에 관한 규정」 제6조 제1항 및 위의 문제표 참조

34 범인검거 등 공로자 보상에 관한 규정(경찰청고시)에 대한 설명 중 틀린 것은?

① 범인검거 등 공로자가 2명 이상인 경우에는 각자의 공로, 당사자 간의 분배 합의 등을 감안해서 배분하여 지급하여야 한다.
② 보상금 지급 심사·의결을 거쳐 지급이 이루어진 이후에는 동일한 사건에 대하여 보상금을 지급할 수 없다.
③ 동일한 사람에게 지급결정일을 기준으로 연간(1월 1일부터 12월 31일까지를 말한다) 5회를 초과하여 보상금을 지급할 수 없다.
④ 장기 10년 미만의 징역 또는 금고에 해당하는 범죄의 경우 범인검거 등 공로자 보상에 관한 규정에 따른 보상금 지급기준 금액은 50만원이다.

해설 ① 「범인검거 등 공로자 보상에 관한 규정」 제10조 "범인검거 등 공로자가 2명 이상인 경우에는 각자의 공로, 당사자 간의 분배 합의 등을 감안해서 <u>배분하여 지급할 수 있다.</u>"
② 「범인검거 등 공로자 보상에 관한 규정」 제9조, ③ 제6조 제5항, ④ 제6조 제1항 제2호

35 경찰관 직무집행법 및 동법 시행령에 따른 "손실보상심의위원회"와 "보상금심사위원회"에 대한 비교 설명 중 옳은 것은?

① 필요적으로 설치하여야 한다.
② 경찰청, 시·도경찰청 및 경찰서에 설치한다.
③ 위원의 자격은 경찰공무원에 한한다.
④ 회의는 재적위원 과반수의 출석으로 개의하고 출석위원 과반수의 찬성으로 의결한다.

해설 ① 「경찰관 직무집행법」 제11조의2 제3항, 제11조의3 제2항 및 동법 시행령 제11조 제1항
② 「경찰관 직무집행법 시행령」 제11조 제1항 "법 제11조의2 제3항에 따라 소속 경찰공무원의 직무집행으로 인하여 발생한 손실보상청구 사건을 심의하기 위하여 경찰청, 해양경찰청, 시·도경찰청 및 지방해양경찰청에 손실보상심의위원회(이하 "위원회"라 한다)를 설치한다." 「경찰관 직무집행법」 제11조의3 제2항 "경찰청장, 시·도경찰청장 및 경찰서장은 제1항에 따른 보상금 지급의 심사를 위하여 대통령령으로 정하는 바에 따라 각각 보상금심사위원회를 <u>설치·운영하여야 한다.</u>" 손실보상심의위원회는 경찰서에 설치하지 않지만, 보상금심사위원회는 경찰서에 설치한다는 점에서 차이점이 있다.

③ 「**경찰관 직무집행법 시행령**」 **제11조 제3항** "(손실보상심의)위원회의 위원은 소속 경찰공무원과 다음 각 호의 어느 하나에 해당하는 사람 중에서 <u>경찰청장등이 위촉하거나 임명한다. 이 경우 <u>위원의 과반수 이상은 경찰공무원이 아닌 사람</u>으로 하여야 한다. 제1호 내지 제3호 생략</u>"「**경찰관 직무집행법**」 **제11조의3 제4항** "제2항에 따른 보상금심사위원회의 위원은 <u>소속 경찰공무원 중에서 경찰청장, 시·도경찰청장 또는 경찰서장이 임명한다.</u>" 손실보상심의위원회의 위원은 경찰공무원과 외부의 위촉위원(과반수 이상이어야 함)으로 구성되나, 보상금심사위원회는 외부의 위촉위원 없이 경찰공무원만을 위원으로 임명한다.

④ 「**경찰관 직무집행법 시행령**」 **제13조 제2항** "(손실보상심의)위원회의 회의는 <u>재적위원 과반수의 출석으로 개의(開議)하고, 출석위원 과반수의 찬성으로 의결한다.</u>" **제19조 제4항** "보상금심사위원회의 회의는 <u>재적위원 과반수의 찬성으로 의결한다.</u>" 의결정족수 및 위원의 수·구성에 차이가 있다는 점에 유의한다.

예상문제 경찰 물리력 행사의 기준과 방법에 관한 규칙

01 경찰 물리력 행사의 기준과 방법에 관한 규칙에 대한 설명으로 옳은 것은?

① 국민과 경찰관의 생명·신체·재산을 보호하고 인권을 보장하며 경찰 법집행의 정당성을 확보하는 데에 규칙의 목적이 있다.

② 경찰 물리력이란 경찰목적을 달성하기 위해 경찰권발동의 대상자에 대해 행해지는 일체의 신체적, 도구적 접촉(직접적인 신체 접촉 전 단계의 행위들은 제외한다)을 말한다.

③ 경찰 물리력 행사시 목적과 수단 사이에 합리적인 비례관계 이외에도 객관적 합리성의 원칙, 대상자 행위와 물리력 간 상응의 원칙 및 위해감소노력 우선의 원칙이 준수되어야 한다.

④ 경찰관은 자신이 처해있는 사실과 상황에 비추어 합리적인 일반인의 관점에서 가장 적절한 물리력을 사용하여야 한다.

해설 ①「**경찰 물리력 행사의 기준과 방법에 관한 규칙**」1.1. "이 규칙은 경찰관이 물리력 사용 시 준수하여야 할 기본원칙, 물리력 사용의 정도, 각 물리력 수단의 사용 한계 및 유의사항을 규정함으로써 <u>국민과 경찰관의 생명·신체를 보호</u>하고 인권을 보장하며 경찰 법집행의 정당성을 확보하는 데에 그 목적이 있다." 국민의 생명·신체에 제한되지 않고, 경찰관도 포함된다는 점에 유의한다.

②「**경찰 물리력 행사의 기준과 방법에 관한 규칙**」1.2. "경찰 물리력이란 범죄의 예방과 제지, 범인 체포 또는 도주 방지, 자신이나 다른 사람의 생명·신체 방어 및 보호, 공무집행에 대한 항거 제지 등 경찰목적을 달성하기 위해 경찰권발동의 대상(이하 '대상자')에 대해 행해지는 <u>일체의 신체적, 도구적 접촉(경찰관의 현장 임장, 언어적 통제 등 직접적인 신체 접촉 전 단계의 행위들도 포함한다)</u>을 말한다."

③「**경찰 물리력 행사의 기준과 방법에 관한 규칙**」1.3.1. 내지 1.3.3. 옳은 설명이다. "경찰관이 경찰 물리력 행사의 기준과 방법에 관한 규칙에 따라 물리력을 행사할 때 경찰상 비례의 원칙을 준수하는 것으로는 부족하다"라는 형식의 지문은 동규칙에 비추어 보면 옳은 지문으로 보아야 한다.

④「**경찰 물리력 행사의 기준과 방법에 관한 규칙**」1.3.1. "경찰관은 자신이 처해있는 사실과 상황에 비추어 <u>합리적인 현장 경찰관의 관점</u>에서 가장 적절한 물리력을 사용하여야 하며, 이를 위해 범죄의 종류, 피해의 경중, 위해의 급박성, 저항의 강약, 대상자와 경찰관의 수, 대상자가 소지한 무기의 종류 및 무기 사용의 태양, 대상자의 신체 및 건강 상태, 도주여부, 현장 주변의 상황 등을 종합적으로 고려하여야 한다."

02 경찰 물리력 행사의 기준과 방법에 관한 규칙상 물리력 사용의 원칙에 대한 설명으로 틀린 것은?

① 달성하고자 하는 목적과 선택하는 수단 사이에 합리적인 비례관계가 있어야 한다는 경찰상 비례의 원칙(이른바 경찰권 발동의 한계)을 명시적으로 규정하고 있다.

② 경찰관은 대상자의 행위에 따른 위해의 수준을 계속 평가·판단하여 필요최소한의 수준으로 물리력을 낮추어서 사용해야 하고, 이를 높여서 사용해서는 아니 된다.

③ 구체적인 사실과 상황에 따른 가장 적절한 물리력 사용 여부의 판단은 평균적 일반인이 아닌 합리적인 현장 경찰관의 관점을 기준으로 한다.

④ 경찰관은 현장상황이 안전하고 시간적 여유가 있는 경우 원칙적으로 대상자가 야기하는 위해 수준을 떨어뜨려 보다 덜 위험한 물리력을 통해 상황을 종결시킬 수 있도록 노력해야 한다.

해설 ① 「**경찰 물리력 행사의 기준과 방법에 관한 규칙**」 1.3. 전단. ③ 1.3.1. 전단. ④ 1.3.3. **본문** ③은 객관적 합리성의 원칙. ④는 위해감소노력 우선의 원칙에 대한 설명이다.

② 「**경찰 물리력 행사의 기준과 방법에 관한 규칙**」 1.3.2. "경찰관은 대상자의 행위에 따른 위해의 수준을 계속 평가·판단하여 필요최소한의 수준으로 물리력을 높이거나 낮추어서 사용하여야 한다." 대상자 행위와 물리력 간 상응의 원칙으로 대상자 행위에 따른 위해의 수준이 높아지면 필요최소한의 수준으로 물리력을 높여서 사용하는 것이 허용된다. 즉, 경찰관이 사용하는 물리력의 수준은 대상자 행위에 따른 위해의 수준에 따라 결정된다.

03 경찰 물리력 행사의 기준과 방법에 관한 규칙에 따른 물리력 사용 시 유의사항에 대한 설명으로 틀린 것은?

① 경찰청이 공인한 물리력 수단을 사용해야 하고, 대상자의 신체 및 건강상태, 장애유형 등을 고려하여 물리력을 사용하여야 한다.

② 성별·장애·인종·종교 및 성정체성 등에 대한 선입견을 가지고 차별적으로 물리력을 사용하여서는 아니 된다.

③ 대상자를 징벌·복수하거나 오직 상황의 빠른 종결 또는 직무수행의 편의를 위한 목적으로 물리력을 사용하여서는 아니 된다.

④ 경찰목적을 달성하여 더 이상 물리력을 사용할 필요가 없는 경우에는 물리력 사용의 수준을 낮추어야 한다.

해설 ① 「**경찰 물리력 행사의 기준과 방법에 관한 규칙**」 1.4.1. 및 1.4.3. ② 1.4.2. ③ 1.4.5. 및 1.4.6.

④ 「**경찰 물리력 행사의 기준과 방법에 관한 규칙**」 1.4.4. "경찰관은 이미 경찰목적을 달성하여 더 이상 물리력을 사용할 필요가 없는 경우에는 물리력 사용을 즉시 중단하여야 한다."

04 경찰 물리력 행사의 기준과 방법에 관한 규칙에 따른 대상자의 행위에 대한 설명으로 옳은 것은?

① 대상자의 행위는 위해의 정도에 따라 순응, 소극적 저항, 적극적 저항, 폭력적 공격, 치명적 공격 등 5단계로 구분한다.

② 순응은 대상자가 경찰관의 지시·통제에 따르는 상태로 대상자가 경찰관의 요구에 즉각 응하지 않고 약간의 시간만 지체하는 경우는 '소극적 저항'으로 본다.

③ 소극적 저항은 대상자가 자신에 대한 경찰관의 정당한 공무집행을 방해하지만, 경찰관·제3자에 대해 위해 수준이 낮은 행위만을 하는 상태를 말한다.

④ 폭력적 공격은 대상자가 경찰관·제3자에 대해 사망 또는 심각한 부상을 초래할 수 있는 행위를 하는 상태를 말한다.

해설 ① 「**경찰 물리력 행사의 기준과 방법에 관한 규칙**」 2.1.

② 「**경찰 물리력 행사의 기준과 방법에 관한 규칙**」 2.1.1. "대상자가 경찰관의 지시, 통제에 따르는 상태를 말한다. 다만, 대상자가 경찰관의 요구에 즉각 응하지 않고 약간의 시간만 지체하는 경우는 '순응'으로 본다."

③ 「**경찰 물리력 행사의 기준과 방법에 관한 규칙**」 2.1.2. "대상자가 경찰관의 지시, 통제를 따르지 않고 비협조적이지만 경찰관 또는 제3자에 대해 직접적인 위해를 가하지 않는 상태를 말한다." 지문의 내용은 적극적 저항에 대한 설명이다.

④ 「**경찰 물리력 행사의 기준과 방법에 관한 규칙**」 2.1.4. "대상자가 경찰관 또는 제3자에 대해 신체적 위해를 가하는 상태를 말한다." 지문의 내용은 치명적 공격에 대한 설명이다.

05 경찰 물리력 행사의 기준과 방법에 관한 규칙에 따른 대상자의 행위에 대한 경찰관 대응 수준에 대한 설명으로 틀린 것은?

① 협조적 통제, 접촉 통제, 저위험 물리력, 중위험 물리력 및 고위험 물리력 등 5단계로 구별한다.
② 협조적 통제는 순응 이상의 상태인 대상자에 대해 사용할 수 있는 물리력 수준으로서, 대상자의 협조를 유도하거나 협조에 따른 물리력을 말한다.
③ 저위험 물리력은 소극적 저항 이상의 상태인 대상자에 대해 사용할 수 있는 물리력 수준으로서 대상자 신체 접촉을 통해 경찰목적 달성을 강제하지만, 신체적 부상을 야기할 가능성은 극히 낮은 물리력을 말한다.
④ 중위험 물리력은 폭력적 공격 이상의 상태의 대상자에 대해 사용할 수 있는 물리력 수준으로서 대상자에게 신체적 부상을 입힐 수 있으나 생명·신체에 대한 중대한 위해 발생 가능성은 낮은 물리력을 말한다.

해설   ① ② ④ 옳은 설명이다.
③ 「**경찰 물리력 행사의 기준과 방법에 관한 규칙**」 2.2.3. 저위험 물리력은 "'<u>적극적 저항</u>' 이상의 상태인 대상자에 대해 사용할 수 있는 물리력 수준으로서, 대상자가 통증을 느낄 수 있으나 신체적 부상을 당할 가능성은 낮은 물리력을 말한다." 지문의 내용은 접촉통제에 대한 설명이다.

06 「경찰 물리력 행사의 기준과 방법에 관한 규칙」에 따른 〈보기 1〉 대상자의 행위와 〈보기 2〉 구체적인 물리력의 연결이 가장 적절한 것은?

보기 1

(가) 대상자가 자신을 체포·연행하려는 경찰관으로부터 물리적으로 이탈하거나 도주하려는 행위, 체포·연행을 위해 팔을 잡으려는 경찰관의 손을 뿌리치거나, 경찰관을 밀고 잡아끄는 행위
(나) 경찰관의 지시, 통제에 따르면서 대상자가 경찰관의 요구에 즉각 응하지 않고 약간의 시간만 지체하는 행위
(다) 경찰관이 정당한 이동 명령을 발하였음에도 가만히 서있거나 앉아 있는 등 전혀 움직이지 않는 상태, 일부러 몸의 힘을 모두 빼거나, 고정된 물체를 꽉 잡고 버팀으로써 움직이지 않으려는 행위
(라) 대상자가 경찰관에게 폭력을 행사하려는 자세를 취하여 그 행사가 임박한 상태, 주먹·발 등을 사용해서 경찰관에 대해 신체적 위해를 초래하고 있거나 임박한 상태, 강한 힘으로 경찰관을 밀거나 잡아당기는 등 완력을 사용해 체포에서 벗어나려고 하는 행위

보기 2

㉠ 신체 일부 잡기·밀기·잡아끌기, 쥐기·누르기·비틀기, 경찰봉 양 끝 또는 방패를 잡고 대상자의 신체에 안전하게 밀착한 상태에서 대상자를 특정 방향으로 밀거나 잡아당기기
㉡ 손바닥·주먹·발 등 신체부위를 이용한 가격, 경찰봉으로 중요부위가 아닌 신체 부위를 찌르거나 가격, 방패로 강하게 압박하거나 세게 미는 행위, 전자충격기 사용
㉢ 현장임장, 언어적 통제, 체포 등을 위한 수갑 사용, 안내·체포 등에 수반한 신체적 물리력
㉣ 목을 압박하여 제압하거나 관절을 꺾는 방법, 팔·다리를 이용해 움직이지 못하도록 조르는 방법, 다리를 걸거나 들쳐 매는 등 균형을 무너뜨려 넘어뜨리는 방법
㉤ 경찰봉, 방패, 신체적 물리력으로 대상자의 신체 중요 부위 또는 급소 부위 가격, 대상자의 목을 강하게 조르거나 신체를 강한 힘으로 압박하는 행위

	(가)	(나)	(다)	(라)			(가)	(나)	(다)	(라)
①	㉣	㉢	㉠	㉡		②	㉣	㉢	㉠	㉤
③	㉣	㉢	㉡	㉤		④	㉣	㉤	㉠	㉡

해설 ㉣-㉢-㉠-㉡의 순서가 가장 적절한 연결이다. 대상자가 경찰관·제3자에 대해 보일 수 있는 행위는 그 위해의 정도에 따라 ① 순응, ② 소극적 저항, ③ 적극적 저항, ④ 폭력적 공격, ⑤ 치명적 공격 등 다섯 단계로 구별한다. (가)는 적극적 저항, (나)는 순응, (다)는 소극적 저항, (라)는 폭력적 공격에 해당하는 행위이다. ㉠은 접촉 통제, ㉡은 중위험 물리력, ㉢은 협조적 통제, ㉣은 저위험 물리력, ㉤은 고위험 물리력이다. 고위험 물리력은 ㉤ 외에 권총 등 총기류 사용이 있고, 총기류(공기총·엽총·사제권총 등), 흉기(칼·도끼·낫 등), 둔기(망치·쇠파이프 등)를 이용하여 경찰관, 제3자에 대해 위력을 행사하고 있거나 위해 발생이 임박한 경우, 경찰관이나 제3자의 목을 세게 조르거나 무차별 폭행하는 등 생명·신체에 대해 중대한 위해가 발생할 정도의 위험한 폭력을 행사하는 경우(치명적 공격의 경우)에 대상자로 인해 경찰관 또는 제3자의 생명·신체에 급박하고 중대한 위해가 초래될 가능성이 있는 경우 최후의 수단으로 사용할 수 있는 물리력 수준으로서, 대상자의 사망 또는 심각한 부상을 초래할 수 있는 물리력을 말한다.

07 아래의 보기 가운데 중위험 물리력에 해당하는 경우는 모두 몇 개인가?

> **보기**
> ㉠ 전자충격기 사용　　㉡ 권총 등 총기류 사용　　㉢ 분사기 사용　　㉣ 체포 등을 위한 수갑 사용
> ㉤ 방패로 강하게 압박하거나 세게 미는 행위　　㉥ 경찰봉으로 대상자의 급소 부위 가격

① 1개　　　　　　② 2개　　　　　　③ 3개　　　　　　④ 4개

해설 ㉠ ㉤이 중위험 물리력에 해당한다. ㉡과 ㉥은 고위험 물리력, ㉢은 저위험 물리력, ㉣은 협조적 통제에 해당한다. 협조적 통제는 '순응' 이상의 상태인 대상자에 대해 사용할 수 있는 물리력 수준, 접촉 통제는 '소극적 저항' 이상의 상태인 대상자에 대해 사용할 수 있는 물리력 수준, 저위험 물리력은 '적극적 저항' 이상의 상태인 대상자에 대해 사용할 수 있는 물리력 수준, 중위험 물리력은 '폭력적 공격' 이상의 상태의 대상자에 대해 사용할 수 있는 물리력 수준, 고위험 물리력은 '치명적 공격' 상태의 대상자로 인해 경찰관 또는 제3자의 생명·신체에 급박하고 중대한 위해가 초래될 가능성이 있는 경우 최후의 수단으로 사용할 수 있는 물리력 수준이다.

예상문제   경찰관직무집행법에 의한 직무집행시의 보고절차 규칙

01 경찰관직무집행법에 의한 직무집행시의 보고절차 규칙에 대한 설명으로 옳은 것은?

① 경찰관직무집행법에 의한 직무집행시의 보고절차 규칙에서 말하는 "경찰관서"란 시·도경찰청·경찰서·지구대·파출소 및 출장소를 말한다.

② 경찰관 직무집행법은 동법에 따른 직무집행시의 보고절차·서식에 관한 근거규정을 두고 있지 않다.

③ 경찰관은 경찰관 직무집행법 제3조(불심검문)의 규정에 의하여 피검문자를 정지시켜 질문한 때에는 24시간 이내에 검문결과보고서를 작성하여 소속 경찰관서의 장에게 보고하여야 한다.

④ 경찰관은 경찰관 직무집행법 제3조(불심검문) 제2항의 규정에 의하여 피검문자를 경찰관서에 동행하여 검문한 결과 형사소송법에 의하여 처리한 경우 24시간 이내에 동행검문결과보고서를 작성하여 소속 경찰관서의 장에게 보고하여야 한다.

해설 ① 「**경찰관직무집행법에 의한 직무집행시의 보고절차 규칙**」 제1조 "이 규정은 경찰관이 「직무집행법」(이하 "법"이라 한다)에 의하여 그 직무를 수행함에 있어 소속 경찰서·지구대·파출소 또는 출장소(이하 "경찰관서"라 한다)의 장에게 보고하여야 할 절차와 서식을 규정함을 목적으로 한다." 경찰청과 시·도경찰청은 동 규칙에서 말하는 경찰관서에 포함되지 않는다.

② 옳은 설명이다. 경찰관 직무집행법에는 보고절차 및 관련된 서식에 관한 규정이 없다.

③ 「**경찰관직무집행법에 의한 직무집행시의 보고절차 규칙**」 제2조 본문 "경찰관은 법 제3조 제2항의 규정에 의하여 피검문자를 경찰관서에 동행하여 검문한 때에는 24시간 이내에 별지 제1호 서식에 의한 동행검문결과보고서를 작성하여 소속 경찰관서의 장에게 보고하여야 한다. 다만, 검문한 결과 형사소송법에 의하여 처리한 경우에는 그러하지 아니한다." 경찰관 직무집행법 제3조 제2항에 따라 동행하여 검문한 경우에 한해 보고하고, 제1항에 따라 정지시켜 질문한 경우는 보고 대상이 아니다(동 규칙에서 규정하고 있지 않음).

④ 「**경찰관직무집행법에 의한 직무집행시의 보고절차 규칙**」 제2조 단서 참조. 보고 대상이 아니다.

02 경찰관직무집행법에 의한 직무집행시의 보고절차 규칙에 대한 설명으로 틀린 것은?

① 경찰관은 경찰관 직무집행법 제4조(보호조치 등) 제3항의 규정에 의하여 무기·흉기 등 위험을 야기할 수 있는 물건을 임시영치한 때 또는 이를 반환한 때에는 24시간 이내에 임시영치 보고서를 작성하여 소속 경찰관서의 장에게 보고하여야 한다.

② 경찰관은 경찰관 직무집행법 제4조(보호조치 등) 제1항의 규정에 의하여 보건의료기관 또는 공공구호기관에 긴급구호를 요청하였거나 경찰관서에 보호조치한 때에는 지체없이 보호조치 보고서를 작성하여 소속 경찰관서의 장에게 보고하여야 한다.

③ 경찰관은 경찰관 직무집행법 제6조(범죄의 예방과 제지) 제1항의 규정에 의하여 범죄를 예방하거나 제지한 때에 관계자를 형사소송법에 의하여 처리한 경우에는 지체없이 지역경찰관서 근무일지에 당해 범죄의 예방과 제지와 관련된 구체적인 내용을 기재하여야 한다.

④ 경찰관은 경찰관 직무집행법 제6조(범죄의 예방과 제지) 제1항의 규정에 의하여 범죄를 예방하거나 제지한 때에 소속 경찰관서의 장의 지시에 의한 경우에는 구두로 보고하거나 근무일지 기재로 갈음할 수 있다.

해설 ① 「경찰관직무집행법에 의한 직무집행시의 보고절차 규칙」 제4조 제1항, ② 제3조, ④ 제5조 단서 제2문
③ 「경찰관직무집행법에 의한 직무집행시의 보고절차 규칙」 제5조 단서 제1문 "경찰관은 법 제6조 제1항의 규정에 의하여 범죄를 예방하거나 제지한 때에는 지체없이 지역경찰관서 근무일지에 당해 범죄의 예방과 제지와 관련된 구체적인 내용을 기재하여야 한다. 다만, <u>관계자를 형사소송법에 의하여 처리한 경우에는 그러하지 아니하며, 소속 경찰관서의 장의 지시에 의한 경우에는 구두로 보고하거나 근무일지 기재로 갈음할 수 있다.</u>"

03 경찰관직무집행법에 의한 직무집행시의 보고절차 규칙에 대한 설명으로 옳은 것은?

① 경찰관은 경찰관 직무집행법 제8조(사실의 확인 등) 제2항의 규정에 의하여 출석을 요구할 필요가 있을 때에는 출석요구 후 지체없이 소속 경찰관서의 장에게 보고하여야 한다.
② 경찰관은 경찰관 직무집행법 제7조(위험방지를 위한 출입) 제3항의 규정에 의하여 작전지역 안을 검색한 때에는 24시간 이내에 작전지역검색보고서를 작성하여 소속 경찰관서의 장에게 보고하여야 한다.
③ 경찰관은 경찰관 직무집행법 제7조(위험 방지를 위한 출입) 제1항의 규정에 의하여 다른 사람의 토지·건물·배·차에 출입한 때에는 지체없이 소속 경찰관서의 장에게 보고하여야 한다.
④ 경찰관은 경찰관 직무집행법 제7조(위험방지를 위한 출입) 제2항의 규정에 의하여 영업 또는 공개시간내에 흥행장·여관·음식점·역 기타 다수인이 출입하는 장소에 출입한 때에 정례적인 순찰이나 소속 경찰관서의 장의 지시에 의한 경우에는 구두로 보고하거나 근무일지 기재로 갈음할 수 있다.

해설 ① 「경찰관직무집행법에 의한 직무집행시의 보고절차 규칙」 제9조 "경찰관은 법 제8조 제2항의 규정에 의하여 출석을 요구할 필요가 있을 때에는 <u>미리</u> 별지 제8호 서식에 의한 출석요구서발부대장에 기입하여 <u>소속 경찰관서의 장에게 보고하여야 한다.</u>"
② 「경찰관직무집행법에 의한 직무집행시의 보고절차 규칙」 제7조 본문 "경찰관은 법 제7조 제3항의 규정에 의하여 작전지역안을 검색한 때에는 <u>지체없이</u> 별지 제6호 서식에 의한 작전지역검색보고서를 작성하여 <u>소속 경찰관서의 장에게 보고하여야 한다.</u> 다만, 소속 경찰관서의 장이나 지휘관의 지시에 의한 경우에는 구두로 보고하거나 근무일지 기재로 갈음할 수 있다."
③ 「경찰관직무집행법에 의한 직무집행시의 보고절차 규칙」에 이에 대한 명문의 규정이 없다.
④ 「경찰관직무집행법에 의한 직무집행시의 보고절차 규칙」 제6조 단서

04 경찰관직무집행법에 의한 직무집행시의 보고절차 규칙에 따라 별지의 보고서를 작성하여 소속 경찰관서의 장에게 보고해야 하는 경우는 모두 몇 개인가? (시간 등 기타 요소는 고려하지 않음)

> ㉠ 경찰관 직무집행법(이하 "법"이라 한다) 제4조(보호조치 등) 제3항의 규정에 의하여 무기·흉기 등 위험을 야기할 수 있는 물건을 임시영치한 경우
> ㉡ 법 제8조(사실의 확인 등) 제1항 단서의 규정에 의하여 사실을 확인한 경우
> ㉢ 법 제3조(불심검문) 제2항의 규정에 의하여 피검문자를 경찰관서에 동행하여 검문한 경우
> ㉣ 법 제4조(보호조치 등) 제1항의 규정에 의하여 보건의료기관 또는 공공구호기관에 긴급구호를 요청하였거나 경찰관서에 보호조치한 경우
> ㉤ 법 제7조(위험 방지를 위한 출입) 제3항의 규정에 의하여 작전지역안을 검색한 경우
> ㉥ 법 제3조(불심검문) 제2항의 규정에 의하여 피검문자를 경찰관서에 동행하여 검문한 결과 형사소송법에 의하여 처리한 경우

① 3개   ② 4개   ③ 5개   ④ 6개

해설 「**경찰관직무집행법에 의한 직무집행시의 보고절차 규칙**」: ㉠ 내지 ㉫까지가 보고서로 보고하는 경우이다.

㉠ **제4조 제1항** "경찰관은 법 제4조 제3항의 규정에 의하여 무기·흉기 등 위험을 야기할 수 있는 물건을 임시영치한 때에는 24시간 이내에 별지 제3호 서식에 의한 <u>임시영치보고서를 작성하여 소속 경찰관서의 장에게 보고하여야 한다. 이를 반환한 때에도 또한 같다.</u>"

㉡ **제8조 본문** "경찰관은 법 제8조 제1항 단서의 규정에 의하여 사실을 확인한 때에는 지체없이 별지 제7호 서식에 의한 <u>사실확인보고서를 작성하여 소속 경찰관서의 장에게 보고하여야 한다.</u>"

㉢ **제2조 본문** "경찰관은 법 제3조 제2항의 규정에 의하여 피검문자를 경찰관서에 동행하여 검문한 때에는 24시간 이내에 별지 제1호 서식에 의한 <u>동행검문결과보고서를 작성하여 소속 경찰관서의 장에게 보고하여야 한다.</u> 다만, 검문한 결과 형사소송법에 의하여 처리한 경우에는 그러하지 아니한다."

㉣ **제3조** "경찰관은 법 제4조 제1항의 규정에 의하여 보건의료기관 또는 공공구호기관에 긴급구호를 요청하였거나 경찰관서에 보호조치한 때에는 지체없이 별지 제2호 서식에 의한 <u>보호조치보고서를 작성하여 소속 경찰관서의 장에게 보고하여야 한다.</u>

㉤ **제7조 본문** "경찰관은 법 제7조 제3항의 규정에 의하여 작전지역안을 검색한 때에는 지체없이 별지 제6호 서식에 의한 <u>작전지역검색보고서를 작성하여 소속 경찰관서의 장에게 보고하여야 한다.</u>"

㉥ **제2조 단서** "경찰관은 법 제3조 제2항의 규정에 의하여 피검문자를 경찰관서에 동행하여 검문한 때에는 24시간 이내에 별지 제1호 서식에 의한 동행검문결과보고서를 작성하여 소속 경찰관서의 장에게 보고하여야 한다. 다만, <u>검문한 결과 형사소송법에 의하여 처리한 경우에는 그러하지 아니한다.</u>"

※ 비교 암기: 지역경찰관서 근무일지에 구체적인 내용을 기재하여야 하는 경우 제5조 및 제6조 참조

【**경찰관직무집행법에 의한 직무집행시의 보고절차 규칙에 따른 보고절차 관련 요약표**】

구분	시간	해당하는 경우
보고서에 의한 소속 경찰관서의 장에게 보고	지체없이	– 제4조(보호조치 등) 제1항의 규정에 의하여 보건의료기관 또는 공공구호기관에 긴급구호를 요청하였거나 경찰관서에 보호조치한 때 – 제7조(위험 방지를 위한 출입) 제3항의 규정에 의하여 작전지역안을 검색한 때(단, 소속 경찰관서의 장·지휘관의 지시에 의한 경우에는 구두로 보고하거나 근무일지 기재로 갈음할 수 있음) – 제8조(사실의 확인 등) 제1항 단서의 규정에 의하여 사실을 확인한 때(단, 사실확인이 정례적인 구두로 보고하거나 근무일지 기재로 갈음할 수 있음)
	24시간 이내	– 제3조(불심검문) 제2항의 규정에 의하여 피검문자를 경찰관서에 동행하여 검문한 때 – 제4조(보호조치 등) 제3항의 규정에 의하여 무기·흉기 등 위험을 야기할 수 있는 물건을 임시영치한 때 또는 이를 반환한 때
근무일지에 구체적인 내용 기재 (지체없이)		– 제6조(범죄의 예방과 제지) 제1항의 규정에 의하여 범죄를 예방하거나 제지한 때(단, 소속 경찰관서의 장의 지시에 의한 경우에는 구두로 보고하거나 근무일지 기재로 갈음할 수 있음 / 형사소송법에 따라 처리한 경우 기재X) – 제7조(위험 방지를 위한 출입) 제2항의 규정에 의하여 영업 또는 공개시간내에 흥행장·여관·음식점·역 기타 다수인이 출입하는 장소에 출입한 때(단, 정례적인 순찰이나 소속 경찰관서의 장의 지시에 의한 경우에는 구두로 보고하거나 근무일지 기재로 갈음할 수 있음)

05 경찰관이 경찰관 직무집행법에 따라 경찰장구 또는 무기를 사용한 경우 그 보고와 관련하여 옳은 설명은 몇 개인가?

⊙ 경찰관이 권총, 전자충격기(스턴 방식 사용 포함), 분사기, '중위험 물리력' 이상의 경찰봉·방패, 기타 사람에게 위해를 끼칠 수 있는 장비를 사용한 경우 신속히 사용보고서를 작성하여 소속기관의 장에게 보고하여야 한다.
ⓛ 수갑을 사용한 때에는 일시·장소·사용경위·사용방식·사용시간 등을 근무일지 또는 수사보고서에 기재하여야 한다.
ⓒ 수갑 또는 신체적 물리력을 사용하여 대상자에게 부상이 발생한 경우 일시·장소·사용경위·사용방식·사용시간·부상정도 등을 근무일지 또는 수사보고서에 기재하여야 한다.
ⓓ 경찰관이 권총을 사용한 경우 또는 권총 이외의 물리력 수단을 사용하여 대상자에게 사망 또는 심각한 부상이 발생한 경우 소속기관의 장은 그 내용을 상급 경찰기관의 장에게 보고하여야 한다.

---

① 1개   ② 2개   ③ 3개   ④ 4개

해설 「**경찰 물리력 행사의 기준과 방법에 관한 규칙**」 **4.2.사용보고**

ⓞ 4.2.1.에 따른 옳은 설명이다.   ⓛ 4.2.2.에 따른 옳은 설명이다.

ⓒ 4.2.3. "수갑 또는 신체적 물리력을 사용하여 대상자에게 부상이 발생한 경우 별지 서식의 <u>사용보고서를 작성하여 보고하여야 한다.</u>"

ⓓ 4.2.4. "경찰관이 권총을 사용한 경우 또는 권총 이외의 물리력 수단을 사용하여 대상자에게 사망 또는 심각한 부상이 발생한 경우 <u>소속기관의 장은 그 내용을 상급 경찰기관의 장을 경유하여 경찰청장에게 보고하여야 한다.</u>" (※ 유의: 권총의 경우 사망 또는 심각한 부상의 발생 여부와 관계없이 보고하여야 한다)

위해성 경찰장비의 사용기준 등에 관한 규정

01 다음은 「위해성 경찰장비의 사용기준 등에 관한 규정」에 대한 설명이다. 적절한 것만을 고른 것은 모두 몇 개인가?

(2021년 제1차)

- ㉠ 경찰관은 소요사태로 인해 타인의 법익이나 공공의 안녕질서에 대한 직접적인 위험이 명백하게 초래되어 살수차 외의 경찰장비로는 그 위험을 제거·완화시키는 것이 현저히 곤란한 경우에는 시·도경찰청장의 명령에 따라 살수차를 배치·사용할 수 있다.
- ㉡ 경찰관은 총기 또는 폭발물을 가지고 대항하는 경우를 제외하고는 14세 미만의 자 또는 임산부에 대하여 권총 또는 소총을 발사하여서는 아니된다.
- ㉢ 「경찰관 직무집행법」 제10조 제5항 후단에 따라 안전성 검사에 참여한 외부 전문가는 안전성 검사가 끝난 후 3개월 이내에 신규 도입 장비의 안전성 여부에 대한 의견을 경찰청장에게 제출하여야 한다.
- ㉣ 국가경찰관서의 장(경찰청장·해양경찰청장·시·도경찰청장·지방해양경찰청장·경찰서장 또는 해양경찰서장 기타 경무관·총경·경정 또는 경감을 장으로 하는 국가경찰관서의 장을 말한다)은 폐기대상인 위해성 경찰장비 또는 성능이 저하된 위해성 경찰장비를 개조할 수 있으며, 소속경찰관으로 하여금 이를 본래의 용법에 준하여 사용하게 할 수 있다.
- ㉤ 「위해성 경찰장비의 사용기준 등에 관한 규정」 제2조 제2호부터 제4호까지의 위해성 경찰장비(제4호의 경우에는 가스차만 해당한다)를 사용하는 경우 그 현장책임자 또는 사용자는 사용보고서를 작성하여 직근상급 감독자에게 보고하고, 직근상급 감독자는 이를 3년간 보관하여야 한다.

---

① 1개   ② 2개   ③ 3개   ④ 4개

 해설
㉠ 「위해성 경찰장비의 사용기준 등에 관한 규정」 제13조의2 제1항 제1호, ㉡ 제10조 제2항, ㉣ 제19조
㉢ 「위해성 경찰장비의 사용기준 등에 관한 규정」 제18조의2 제3항 "법 제10조 제5항 후단에 따라 안전성 검사에 참여한 외부 전문가는 <u>안전성 검사가 끝난 후 30일 이내에</u> 신규 도입 장비의 안전성 여부에 대한 <u>의견을 경찰청장에게 제출하여야 한다.</u>"
㉤ 「위해성 경찰장비의 사용기준 등에 관한 규정」 제20조 제1항 "제2조 <u>제2호부터 제4호까지의 위해성 경찰장비(제4호의 경우에는 살수차만 해당한다)</u>를 사용하는 경우 그 현장책임자 또는 사용자는 별지 서식의 사용보고서를 작성하여 직근상급 감독자에게 보고하고, <u>직근상급 감독자는 이를 3년간 보관하여야 한다.</u>"

분석
위해성 경찰장비의 사용기준 등에 관한 규정과 관련하여 최근 12년간 독립된 유형의 문제로 6회가 출제되었고, 조문의 내용을 정확히 알고 있는지 확인하는 수준에서 출제되었습니다. 위해성 경찰장비의 분류와 여기에 속하는 장비의 종류, 위해성 경찰장비의 사용과 관련된 조문(동 규정 제4조 이하 — 최근 개정 부분은 특히 중요)은 향후 출제 가능성이 있기 때문에 정확히 기억하고 있어야 합니다. 위해성 경찰장비의 사용기준 등에 관한 규정은 경찰관 직무집행법 제10조(경찰장비의 사용) 내지 제10조의4(무기의 사용)를 세부적으로 규정하면서 경찰관 직무집행법에 규정되지 않은 사항에 대해 추가적으로 규정하고 있으므로 경찰관 직무집행법과 연계하여 기억해야 변형된 문제에 대비할 수 있습니다. 경찰장비와 관련이 있는 경찰장비관리규칙(경찰청훈령)은 경찰관 직무집행법 및 위해성 경찰장비의 사용기준 등에 관한 규정과 관련된 일부의 세부적인 내용을 포함하고 있어 이들 법령과 연계되어 있지만, 장비의 관리 등과 관련된 경찰행정(경무)에서 다루기로 합니다.

정답 | 01 | ③

02 「위해성 경찰장비의 사용기준 등에 관한 규정」에 대한 내용으로 가장 적절하지 않은 것은?

(2018년 제1차 - 현행규정 반영 수정)

① 경찰관은 범인·술에 취한 사람 또는 정신착란자의 자살 또는 자해기도를 방지하기 위하여 필요한 때에는 수갑·포승 또는 호송용 포승을 사용할 수 있다.

② 경찰관은 총기 또는 폭발물을 가지고 대항하는 경우를 제외하고는 14세 미만의 자 또는 임산부에 대하여 권총 또는 소총을 발사하여서는 아니 된다.

③ 경찰관은 최루탄발사기로 최루탄을 발사하는 경우 30도 이상의 발사각을 유지하여야 하고, 가스차·살수차 또는 특수진압차의 최루탄발사대로 최루탄을 발사하는 경우에는 15도 이상의 발사각을 유지하여야 한다.

④ 경찰청장은 신규 도입 장비에 대한 안전성 검사를 실시한 후 3개월 이내에 안전성 검사 결과보고서를 국무회의에 제출하여야 한다.

> **해설** ① 「위해성 경찰장비의 사용기준 등에 관한 규정」 제5조 제1문, ② 제10조 제2항, ③ 제12조 제2항
>
> ④ 「위해성 경찰장비의 사용기준 등에 관한 규정」 제18조의2 제4항 "경찰청장은 신규 도입 장비에 대한 <u>안전성 검사를 실시한 후 3개월 이내에</u> 다음 각 호의 내용이 포함된 안전성 검사 결과보고서를 <u>국회 소관 상임위원회에 제출하여야 한다.</u> 1. 신규 도입 장비의 주요 특성 및 기본적인 작동 원리, 2. 안전성 검사의 방법 및 기준, 3. 안전성 검사에 참여한 외부 전문가의 의견, 4. 안전성 검사 결과 및 종합 의견"

03 「위해성 경찰장비의 사용기준 등에 관한 규정」에 대한 설명으로 가장 적절하지 않은 것은?

(2017년 제1차)

① 경찰관은 총기 또는 폭발물을 가지고 대항하는 경우를 제외하고는 14세 미만의 자 또는 임산부에 대하여 권총 또는 소총을 발사하여서는 아니 된다.

② 가스차·살수차·특수진압차·물포·석궁·다목적발사기 및 도주차량차단장비는 '기타장비'에 포함된다.

③ 근접분사기·가스분사기·가스발사총(고무탄 발사겸용은 제외) 및 최루탄(그 발사장치를 포함)은 '분사기·최루탄 등'에 포함된다.

④ 권총·소총·기관총(기관단총을 포함)·산탄총·유탄발사기·박격포·3인치포·함포·크레모아·수류탄·폭약류 및 도검은 '무기'에 포함된다.

> **해설** ① 「위해성 경찰장비의 사용기준 등에 관한 규정」 제10조 제2항, ② 제2조 제4호, ④ 제2조 제2호
>
> ③ 「위해성 경찰장비의 사용기준 등에 관한 규정」 제2조 제3호 "분사기·최루탄등: 근접분사기·가스분사기·가스발사총(고무탄 발사겸용을 포함한다. 이하 같다) 및 최루탄(그 발사장치를 포함한다. 이하 같다)" 법령의 조문 내용과 관련하여 내용을 일부 변경하여 오답을 유도하는 형식의 문제에 유의하여야 한다.

04 「위해성 경찰장비의 사용기준 등에 관한 규정」에 대한 설명으로 가장 적절하지 않은 것은?

(2016년 제1차)

① 경찰관은 불법집회·시위로 인하여 발생할 수 있는 타인 또는 경찰관의 생명·신체의 위해와 재산·공공시설의 위험을 방지하기 위하여 필요한 때에는 최소한의 범위안에서 경찰봉 또는 호신용경봉을 사용할 수 있다.

② 경찰관은 14세 이하의 자 또는 임산부에 대하여 전자충격기 또는 전자방패를 사용하여서는 아니된다.

③ 경찰관은 전극침 발사장치가 있는 전자충격기를 사용하는 경우 상대방의 얼굴을 향하여 전극침을 발사하여서는 아니된다.

④ 경찰관은 최루탄발사기로 최루탄을 발사하는 경우 30도 이상의 발사각을 유지하여야 하고, 가스차·살수차 또는 특수진압차의 최루탄발사대로 최루탄을 발사하는 경우에는 15도 이상의 발사각을 유지하여야 한다.

해설 ① 「위해성 경찰장비의 사용기준 등에 관한 규정」 제6조, ③ 제8조 제2항, ④ 제12조 제2항
② 「위해성 경찰장비의 사용기준 등에 관한 규정」 제8조 제1항 "경찰관은 14세 미만의 자 또는 임산부에 대하여 전자충격기 또는 전자방패를 사용하여서는 아니된다."

05 「위해성 경찰장비의 사용기준 등에 관한 규정」상 다음 보기를 경찰장구, 무기, 분사기·최루탄 등, 기타장비로 옳게 구분한 것은? (2014년 제2차)

㉠ 살수차	㉡ 산탄총	㉢ 포승	㉣ 전자충격기
㉤ 가스발사총	㉥ 석궁	㉦ 가스차	㉧ 경찰봉

① 경찰장구 3개, 무기 2개, 분사기·최루탄 등 2개, 기타장비 1개
② 경찰장구 2개, 무기 1개, 분사기·최루탄 등 2개, 기타장비 3개
③ 경찰장구 3개, 무기 1개, 분사기·최루탄 등 1개, 기타장비 3개
④ 경찰장구 2개, 무기 3개, 분사기·최루탄 등 1개, 기타장비 2개

해설 포승·전자충격기·경찰봉은 경찰장구, 산탄총은 무기, 가스총은 분사기·최루탄 등, 살수차·석궁·가스차는 기타장비이다.
「위해성 경찰장비의 사용기준 등에 관한 규정」 제2조 "「경찰관 직무집행법」 제10조 제1항 단서에 따른 사람의 생명이나 신체에 위해를 끼칠 수 있는 경찰장비의 종류는 다음 각 호와 같다. 1. 경찰장구: 수갑·포승(捕繩)·호송용포승·경찰봉·호신용경봉·전자충격기·방패 및 전자방패. 2. 무기: 권총·소총·기관총(기관단총을 포함한다)·산탄총·유탄발사기·박격포·3인치포·함포·크레모아·수류탄·폭약류 및 도검. 3. 분사기·최루탄등: 근접분사기·가스분사기·가스발사총(고무탄 발사겸용을 포함한다) 및 최루탄(그 발사장치를 포함한다). 4. 기타장비: 가스차·살수차·특수진압차·물포·석궁·다목적발사기 및 도주차량차단장비" 석궁은 무기가 아닌 기타장비라는 점에 유의한다.

06 다음 중 「위해성 경찰장비의 사용기준 등에 관한 규정」상 경찰장구는 모두 몇 개인가? (2013년 제1차)

㉠ 수갑	㉡ 가스분사기	㉢ 기관총	㉣ 경찰봉	㉤ 유탄발사기	㉥ 전자충격기
㉦ 석궁	㉧ 다목적발사기				

① 2개　　　　② 3개　　　　③ 4개　　　　④ 5개

해설 수갑·경찰봉·전자충격기가 경찰장구에 해당한다. 5번 문제 해설 참조

위해성 경찰장비의 사용기준 등에 관한 규정

01 위해성 경찰장비의 사용기준 등에 관한 규정에 따른 "위해성 경찰장비의 종류(제2조)"에 대한 설명으로 틀린 것은 모두 몇 개인가?

> ㉠ 위해성 경찰장비를 경찰장구, 무기, 분사기·최루탄등 및 기타장비로 분류하고 있다.
> ㉡ 경찰장구란 수갑·포승·호송용포승·경찰봉·호신용경봉·방패 및 전자방패(전자충격기 제외)를 말한다.
> ㉢ 분사기·최루탄등이란 근접분사기·가스분사기·가스발사총(고무탄 발사겸용을 포함한다) 및 최루탄(그 발사장치를 포함한다)을 말한다.
> ㉣ 무기란 권총·소총·기관총(기관단총을 포함한다)·산탄총·유탄발사기·박격포·3인치포·함포·크레모아·수류탄·폭약류·전자충격기 및 도검을 말한다.
> ㉤ 기타장비란 가스차·살수차·특수진압차·물포·석궁·다목적발사기 및 도주차량차단장비를 말한다.

① 1개   ② 2개   ③ 3개   ④ 4개

해설 「**위해성 경찰장비의 사용기준 등에 관한 규정**」 제2조: ㉠ ㉢ ㉤ 옳은 설명이다.
㉡ **제1호** "경찰장구: 수갑·포승·호송용포승·경찰봉·호신용경봉·<u>전자충격기</u>·방패 및 전자방패" 전자충격기는 경찰장구에 포함된다.
㉣ **제4호** "무기: 권총·소총·기관총(기관단총을 포함한다. 이하 같다)·산탄총·유탄발사기·박격포·3인치포·함포·크레모아·수류탄·폭약류 및 도검" 전자충격기는 경찰장구에 해당한다. 기타장비에 속하는 석궁이 무기의 범주에 포함되는 것으로 출제될 수 있으므로 유의한다.

02 위해성 경찰장비의 사용기준 등에 관한 규정에 따른 경찰장구의 사용에 대한 설명으로 옳은 것은?

① 경찰관(경찰공무원으로 한정한다)은 체포·구속영장을 집행하거나 신체의 자유를 제한하는 판결 또는 처분을 받은 자를 법률이 정한 절차에 따라 호송하거나 수용하기 위하여 필요한 범위안에서 수갑·포승 또는 호송용포승을 사용할 수 있다.
② 경찰관은 범인·술에 취한 사람 또는 정신착란자의 자살 또는 자해기도를 방지하기 위하여 필요한 때에는 수갑·포승 또는 호송용포승을 사용할 수 있고, 이 경우 보고 대상인 소속 국가경찰관서의 장에 경감을 장으로 하는 국가경찰관서의 장은 포함되지 않는다.
③ 경찰관은 14세 미만의 자 또는 임산부에 대하여 전자충격기 또는 전자방패를 사용하여서는 아니되고, 전극침 발사장치가 있는 전자충격기를 사용하는 경우 상대방의 얼굴을 향하여 전극침을 발사하여서는 아니된다.
④ 경찰관은 불법집회·시위로 인하여 발생할 수 있는 타인 또는 경찰관의 생명·신체의 위해와 재산·공공시설의 위험을 방지하기 위하여 필요한 때에는 최소한의 범위안에서 경찰봉 또는 호신용경봉을 사용할 수 있고, 경찰관이 경찰봉 또는 호신용경봉을 사용하는 때에는 인명, 신체 또는 재산에 대한 위해를 최소화하도록 주의하여야 한다.

해설 ① 「**위해성 경찰장비의 사용기준 등에 관한 규정**」 제4조 "경찰관(경찰공무원으로 한정한다. 이하 같다)은 체포·구속영장을 집행하거나 신체의 자유를 제한하는 판결 또는 처분을 받은 자를 법률이 정한 절차에 따라 호송하거나 수용하기 위하여 <u>필요한 때에는 최소한의 범위안에서</u> 수갑·포승 또는 호송용포승을 사용할 수

있다." 경찰관 직무집행법 제10조의2에서 규정하고 있는 경찰장구의 사용요건을 확대하여 규정하고 있다는 점에 유의한다.

② 「**위해성 경찰장비의 사용기준 등에 관한 규정**」**제5조** "경찰관은 범인 · 술에 취한 사람 또는 정신착란자의 자살 또는 자해기도를 방지하기 위하여 필요한 때에는 수갑 · 포승 또는 호송용포승을 사용할 수 있다. 이 경우 경찰관은 소속 국가경찰관서의 장(경찰청장 · 해양경찰청장 · 시 · 도경찰청장 · 지방해양경찰청장 · 경찰서장 또는 해양경찰서장 기타 경무관 · 총경 · 경정 또는 경감을 장으로 하는 국가경찰관서의 장을 말한다. 이하 같다)에게 그 사실을 보고하여야 한다."

③ 「**위해성 경찰장비의 사용기준 등에 관한 규정**」**제8조** 옳은 설명이다. 위해성 경찰장비의 사용기준 등에 관한 규정에 의하면 총기 또는 폭발물을 가지고 대항하는 14세 미만의 자 또는 임산부에 대하여 권총 또는 소총을 발사할 수 있으나(제10조 제2항), 전자충격기 · 전자방패의 경우 14세 미만의 자 또는 임산부에 대해 사용할 수 있는 예외적인 요건을 규정하고 있지 않다는 점에 유의한다.

④ 「**위해성 경찰장비의 사용기준 등에 관한 규정**」**제6조** "경찰관은 불법집회 · 시위로 인하여 발생할 수 있는 타인 또는 경찰관의 생명 · 신체의 위해와 재산 · 공공시설의 위험을 방지하기 위하여 필요한 때에는 최소한의 범위안에서 경찰봉 또는 호신용경봉을 사용할 수 있다." **제7조** "경찰관이 경찰봉 또는 호신용경봉을 사용하는 때에는 인명 또는 신체에 대한 위해를 최소화하도록 주의하여야 한다." 재산에 대한 위해 최소화는 포함되지 않는다.

03 위해성 경찰장비의 사용기준 등에 관한 규정에 따른 무기의 사용에 대한 설명으로 틀린 것은?

① 경찰관은 범죄와 무관한 다중의 생명 · 신체에 위해를 가할 우려가 있더라도 권총 또는 소총을 사용하지 아니하고는 타인 또는 경찰관의 생명 · 신체에 대한 중대한 위험을 방지할 수 없다고 인정되는 때에는 필요한 최소한의 범위 안에서 이를 사용할 수 있다.

② 경찰관은 사람을 향하여 권총 또는 소총을 발사하고자 하는 때에는 원칙적으로 미리 구두 또는 공포탄에 의한 사격으로 상대방에게 경고하여야 한다.

③ 인질 · 간첩 또는 테러사건에 있어서 은밀히 작전을 수행하는 경우로서 부득이한 때에는 경찰관은 미리 구두 또는 공포탄에 의한 사격으로 상대방에게 경고하지 아니할 수 있다.

④ 경찰관은 총기 · 폭발물 또는 흉기를 가지고 대항하는 경우를 제외하고는 14세 미만의 자 또는 임산부에 대하여 권총 또는 소총을 발사하여서는 아니된다.

해설 ① 「**위해성 경찰장비의 사용기준 등에 관한 규정**」**제10조 제1항**, ② ③ **제9조 제1항 본문 및 단서 제2호**
④ 「**위해성 경찰장비의 사용기준 등에 관한 규정**」**제10조 제2항** "경찰관은 총기 또는 폭발물을 가지고 대항하는 경우를 제외하고는 14세 미만의 자 또는 임산부에 대하여 권총 또는 소총을 발사하여서는 아니된다." 흉기를 가지고 대항하는 경우 14세 미만의 자 또는 임산부에게 권총 · 소총을 사용해서는 아니된다.

04 위해성 경찰장비의 사용기준 등에 관한 규정에 따른 "가스발사총등의 사용제한(제12조)"에 대한 설명으로 옳은 것은?

① 경찰관은 범인의 체포 또는 도주방지, 타인 또는 경찰관의 생명 · 신체에 대한 방호, 공무집행에 대한 항거의 억제를 위하여 필요한 경우 최소한의 범위 안에서 가스발사총을 사용할 수 있다.

② 경찰관이 가스발사총을 사용하는 경우 2미터 이내의 거리에서 상대방의 얼굴을 향하여 이를 발사하여서는 아니된다.

③ 경찰관은 최루탄발사기로 최루탄을 발사하는 경우 15도 이상의 발사각을 유지하여야 한다.

④ 경찰관은 가스차 · 살수차 또는 특수진압차의 최루탄발사대로 최루탄을 발사하는 경우에는 30도 이상의 발사각을 유지하여야 한다.

> **해설** ① 「위해성 경찰장비의 사용기준 등에 관한 규정」 제12조 제1항 제1문
> ② 「위해성 경찰장비의 사용기준 등에 관한 규정」 제12조 제1항 제2문 "경찰관은 범인의 체포 또는 도주방지, 타인 또는 경찰관의 생명·신체에 대한 방호, 공무집행에 대한 항거의 억제를 위하여 필요한 때에는 최소한의 범위안에서 가스발사총을 사용할 수 있다. 이 경우 경찰관은 <u>1미터 이내의 거리</u>에서 <u>상대방의 얼굴을 향하여 이를 발사하여서는 아니된다.</u>"
> ③ ④ 「위해성 경찰장비의 사용기준 등에 관한 규정」 제12조 제2항 "경찰관은 <u>최루탄발사기로 최루탄을 발사</u>하는 경우 <u>30도이상의 발사각을 유지하여야</u> 하고, <u>가스차·살수차</u> 또는 특수진압차의 최루탄발사대로 최루탄을 발사하는 경우에는 <u>15도이상의 발사각을 유지하여야 한다.</u>"

05 위해성 경찰장비의 사용기준 등에 관한 규정에 따른 "가스차·특수진압차·물포의 사용기준(제13조)"에 대한 설명으로 틀린 것은?

① 경찰관은 불법집회·시위 또는 소요사태로 인하여 발생할 수 있는 타인 또는 경찰관의 생명·신체의 위해와 재산·공공시설의 위험을 억제하기 위하여 부득이한 경우에는 현장책임자의 판단에 의하여 필요한 최소한의 범위에서 가스차를 사용할 수 있다.

② 경찰관은 소요사태의 진압, 대간첩·대테러작전의 수행을 위하여 부득이한 경우에는 필요한 최소한의 범위안에서 특수진압차를 사용할 수 있다.

③ 경찰관은 불법해상시위를 해산시키거나 선박운항정지(정선)명령에 불응하고 도주하는 선박을 정지시키기 위하여 부득이한 경우에는 현장책임자의 판단에 의하여 필요한 최소한의 범위안에서 경비함정의 물포를 사용할 수 있다.

④ 경찰관이 불법해상시위를 해산시키거나 선박운항정지(정선)명령에 불응하고 도주하는 선박을 정지시키기 위하여 물포를 사용하는 때에는 부득이한 경우 아닌 한 사람을 향하여 직접 물포를 발사하여서는 아니된다.

> **해설** ① 「위해성 경찰장비의 사용기준 등에 관한 규정」 제13조 제1항, ② 제13조 제2항, ③ 제13조 제3항 본문
> ④ 「위해성 경찰장비의 사용기준 등에 관한 규정」 제13조 제3항 단서 "경찰관은 불법해상시위를 해산시키거나 선박운항정지(정선)명령에 불응하고 도주하는 선박을 정지시키기 위하여 부득이한 경우에는 현장책임자의 판단에 의하여 필요한 최소한의 범위안에서 경비함정의 물포를 사용할 수 있다. 다만, <u>사람을 향하여 직접 물포를 발사하여서는 안 된다.</u>" 사람을 향하여 직접 물포를 발사하는 것은 허용되지 않는다.

06 위해성 경찰장비의 사용기준 등에 관한 규정에 따른 "살수차의 사용기준(제13조의2)"에 대한 설명으로 옳은 것은?

① 경찰관은 소요사태로 인해 타인의 법익이나 공공의 안녕질서에 대한 직접적인 위험이 초래될 우려가 있는 경우에 살수차 외의 경찰장비로는 그 위험을 제거·완화시키는 것이 곤란한 때에는 현장책임자의 명령에 따라 살수차를 배치·사용할 수 있다.

② 경찰관은 살수차를 사용하는 경우 살수거리별 수압기준(별표 3)에 따라 살수해야 하고, 이 경우 사람의 생명이나 신체에 치명적인 위해 또는 재산에 중대한 손해를 가하지 않도록 필요한 최소한의 범위에서 살수해야 한다.

③ 경찰관은 살수거리별 수압기준에 따라 살수하는 것으로 위험을 제거·완화시키는 것이 곤란하다고 판단하는 경우에는 시·도경찰청장의 명령에 따라 필요한 최소한의 범위에서 최루액을 혼합하여 살수할 수 있고, 이 경우 최루액의 혼합 살수 절차 및 방법은 경찰청장이 정한다.

④ 살수차의 살수거리별 수압기준은 10미터 이하의 경우 3bar 이하, 10미터 초과 20미터 이하의 경우 5bar, 20미터 초과 25미터 이하의 경우 7bar, 25미터 초과의 경우 9bar 이하이다.

해설 ① 「위해성 경찰장비의 사용기준 등에 관한 규정」 제13조의2 제1항 제1호 "경찰관은 다음 각 호의 어느 하나에 해당하여 살수차 외의 경찰장비로는 그 위험을 제거·완화시키는 것이 <u>현저히 곤란한 경우</u>에는 <u>시·도경찰청장의 명령</u>에 따라 살수차를 배치·사용할 수 있다. 1. 소요사태로 인해 타인의 법익이나 공공의 안녕질서에 대한 <u>직접적인 위험이 명백하게 초래</u>되는 경우, 2. 「통합방위법」 제21조 제4항에 따라 지정된 국가중요시설에 대한 직접적인 공격행위로 인해 해당 시설이 파괴되거나 기능이 정지되는 등 <u>급박한 위험이 발생하는 경우</u>"

② 「위해성 경찰장비의 사용기준 등에 관한 규정」 제13조의2 제2항 "경찰관은 제1항에 따라 살수차를 사용하는 경우 별표 3의 살수거리별 수압기준에 따라 살수해야 한다. 이 경우 <u>사람의 생명 또는 신체에 치명적인 위해를 가하지 않도록 필요한 최소한의 범위에서 살수</u>해야 한다." 재산에 대한 손해는 규정이 없다.

③ 「위해성 경찰장비의 사용기준 등에 관한 규정」 제13조의2 제3항

④ 「위해성 경찰장비의 사용기준 등에 관한 규정」 **별표 3 참조**. 25미터 초과의 경우 13bar 이하이다.

07 위해성 경찰장비의 사용기준 등에 관한 규정에 대한 설명으로 틀린 것은?

① 위해성 경찰장비를 새로 도입하는 경우 안전성 검사에 대한 법적 근거는 경찰관 직무집행법에 있고, 세부적인 기준과 절차는 위해성 경찰장비의 사용기준 등에 관한 규정에서 정하고 있다.

② 직무수행 중 위해성 경찰장비를 사용하는 경찰관은 위해성 경찰장비의 사용기준 등에 관한 규정 별표 1의 기준에 따라 위해성 경찰장비 사용을 위한 안전교육을 받아야 한다.

③ 위해성 경찰장비의 사용기준 등에 관한 규정에 따른 경찰장구, 무기, 분사기·최루탄등 및 기타장비(살수차만 해당한다)를 사용하는 경우 그 현장책임자 또는 사용자는 사용보고서를 작성하여 직근상급 감독자에게 보고하고, 직근상급 감독자는 이를 5년간 보관하여야 한다.

④ 위해성 경찰장비의 사용기준 등에 관한 규정 제2조 제2호의 무기 사용보고를 받은 직근상급 감독자는 지체없이 지휘계통을 거쳐 경찰청장 또는 해양경찰청장에게 보고하여야 한다.

해설 ① 옳은 설명이다. 「**경찰관 직무집행법**」 제10조 제5항 "경찰청장은 위해성 경찰장비를 새로 도입하려는 경우에는 대통령령으로 정하는 바에 따라 <u>안전성 검사를 실시</u>하여 그 안전성 검사의 <u>결과보고서를 국회 소관 상임위원회에 제출</u>하여야 한다. 이 경우 안전성 검사에는 <u>외부 전문가를 참여</u>시켜야 한다." 「**위해성 경찰장비의 사용기준 등에 관한 규정**」 **제18조 및 제18조의2**에서 세부적인 기준과 절차를 정하고 있다.

② 「위해성 경찰장비의 사용기준 등에 관한 규정」 **제17조**. ④ **제20조 제2항**

③ 「위해성 경찰장비의 사용기준 등에 관한 규정」 **제20조 제1항** "<u>제2조 제2호부터 제4호까지의 위해성 경찰장비(제4호의 경우에는 살수차만 해당한다)</u>를 사용하는 경우 그 현장책임자 또는 사용자는 별지 서식의 사용보고서를 작성하여 <u>직근상급 감독자에게 보고</u>하고, 직근상급 감독자는 이를 <u>3년간 보관</u>하여야 한다" 제2조 제1호의 경찰장구는 제외되어 있으므로 보고 및 사용기록의 보관 대상에 해당하지 않는다.

08 위해성 경찰장비의 사용기준 등에 관한 규정에 대한 설명으로 옳은 것은?

① 경찰청장은 위해성 경찰장비를 새로 도입하려는 경우에는 안전성 검사를 실시하여 새로 도입하려는 장비가 사람의 생명이나 신체 또는 재산에 미치는 영향을 평가하여야 한다.

② 위해성 경찰장비의 안전성 검사에 참여한 외부 전문가는 안전성 검사가 끝난 후 30일 이내에 신규 도입 장비의 안전성 여부에 대한 의견을 소관 국회상임위원회에 제출하여야 한다.

③ 위해성 경찰장비를 사용하는 경찰관은 위해성 경찰장비에 대한 안전검사를 실시하여야 한다.

④ 경찰청장은 신규 도입 장비에 대한 안전성 검사를 실시한 후 3개월 이내에 안전성 검사 결과보고서를 국회 소관 상임위원회에 제출하여야 한다.

① 「위해성 경찰장비의 사용기준 등에 관한 규정」 제18조의2 제1항 "경찰청장은 위해성 경찰장비를 새로 도입하려는 경우에는 법 제10조 제5항에 따라 안전성 검사를 실시하여 새로 도입하려는 장비(이하 이 조에서 "신규 도입 장비"라 한다)가 사람의 생명이나 신체에 미치는 영향을 평가하여야 한다."

② 「위해성 경찰장비의 사용기준 등에 관한 규정」 제18조의2 제3항 "법 제10조 제5항 후단에 따라 안전성 검사에 참여한 외부 전문가는 안전성 검사가 끝난 후 30일 이내에 신규 도입 장비의 안전성 여부에 대한 의견을 경찰청장에게 제출하여야 한다."

③ 「위해성 경찰장비의 사용기준 등에 관한 규정」 제18조 "위해성 경찰장비를 사용하는 경찰관이 소속한 국가경찰관서의 장은 소속 경찰관이 사용할 위해성 경찰장비에 대한 안전검사를 별표 2의 기준에 따라 실시하여야 한다." 안전검사의 주체는 위해성 경찰장비를 사용하는 경찰관이 소속한 국가경찰관서의 장이다.

④ 「위해성 경찰장비의 사용기준 등에 관한 규정」 제18조의2 제4항

09 위해성 경찰장비의 사용기준 등에 관한 규정에 대한 설명으로 옳은 것은 모두 몇 개인가?

ㄱ 무기란 권총·소총·기관총(기관단총을 포함한다)·산탄총·유탄발사기·박격포·3인치포·함포·크레모아·수류탄·폭약류·석궁 및 도검을 말한다.

ㄴ 분사기·최루탄등이란 근접분사기·가스분사기·가스발사총(고무탄 발사겸용을 제외한다) 및 최루탄(그 발사장치를 포함한다)을 말한다.

ㄷ 경찰관은 사람을 향하여 권총 또는 소총을 발사하고자 하는 때에는 미리 구두로 경고한 후 공포탄에 의한 사격으로 상대방에게 경고하여야 한다.

ㄹ 경찰관은 권총 또는 소총을 사용하지 아니하고는 타인 또는 경찰관의 생명·신체에 대한 중대한 위험을 방지할 수 없다고 인정되는 때에는 범죄와 무관한 다중의 생명·신체에 위해를 가할 우려가 있더라도 필요한 최소한의 범위안에서 이를 사용할 수 있다.

ㅁ 경찰관이 경찰봉 또는 호신용경봉을 사용하는 때에는 인명·신체 또는 재산·공공시설에 대한 위해를 최소화하도록 주의하여야 한다.

ㅂ 경찰관은 14세 미만의 자 또는 임산부에 대하여 전자충격기·전자방패를 사용하여서는 아니된다.

ㅅ 경찰관은 총기·폭발물 또는 흉기를 가지고 대항하는 경우를 제외하고는 14세 미만의 자 또는 임산부에 대하여 권총 또는 소총을 발사하여서는 아니된다.

① 1개   ② 2개   ③ 3개   ④ 4개

해설 「위해성 경찰장비의 사용기준 등에 관한 규정」: ㄹ ㅂ 옳은 설명이다.

ㄱ **제2조 제2호·제4호**: 석궁은 기타장비에 해당한다.

ㄴ **제2조 제3호**: 고무탄 발사겸용을 포함한다.

ㄷ **제9조**: 미리 구두 또는 공포탄에 의한 사격으로 상대방에게 경고하여야 한다.

ㅁ **제7조**: 인명 또는 신체에 대한 위해를 최소화하도록 주의하여야 한다.

ㅅ **제10조 제2항**: 총기 또는 폭발물을 가지고 대항하는 경우를 제외한다.

01 경찰공무원법상 경찰공무원의 임용에 대한 설명으로 가장 적절한 것은?

(2019년 제1차 – 현행법 반영 수정)

① 총경 이상의 경찰공무원은 경찰청장의 제청으로 국무총리를 거쳐 대통령이 임용한다.

② 퇴직한 경찰공무원으로서 퇴직 시에 재직하였던 계급의 채용시험에 합격한 사람을 재임용하는 경우 시보임용을 거치지 않는다.

③ 경찰청장은 경찰공무원의 채용시험 또는 경찰간부후보생 공개경쟁선발시험에서 부정행위를 한 응시자에 대하여는 해당 시험을 정지 또는 무효로 하고, 그 처분이 있은 날부터 3년간 시험응시자격을 정지한다.

④ 경찰청장은 대통령령으로 정하는 바에 따라 경찰공무원의 임용에 관한 권한의 일부를 특별시장·광역시장·도지사·특별자치시장 또는 특별자치도지사, 국가수사본부장, 소속 기관의 장, 시·도경찰청장에게 위임할 수 있고, 이 경우 임용에 관한 권한의 재위임은 인정되지 않는다.

해설 ① 「**경찰공무원법**」 **제7조 제1항 본문** "총경 이상 경찰공무원은 경찰청장 또는 해양경찰청장의 추천을 받아 행정안전부장관 또는 해양수산부장관의 제청으로 국무총리를 거쳐 대통령이 임용한다. 다만, 총경의 전보, 휴직, 직위해제, 강등, 정직 및 복직은 경찰청장 또는 해양경찰청장이 한다." 총경 이상 경찰공무원의 임용과정은 청장의 추천 → 장관의 제청 → 총리를 거쳐 → 대통령의 임용 순이다.

② 「**경찰공무원법**」 **제13조 제4항 제3호**

③ 「**경찰공무원법**」 **제11조** "경찰청장 또는 해양경찰청장은 경찰공무원의 채용시험 또는 경찰간부후보생 공개경쟁선발시험에서 부정행위를 한 응시자에 대해서는 해당 시험을 정지 또는 무효로 하고, 그 처분이 있은 날부터 5년간 시험응시자격을 정지한다."

④ 「**경찰공무원법**」 **제7조 제3항** "경찰청장은 대통령령으로 정하는 바에 따라 경찰공무원의 임용에 관한 권한의 일부를 특별시장·광역시장·도지사·특별자치시장 또는 특별자치도지사(이하 "시·도지사"라 한다), 국가수사본부장, 소속 기관의 장, 시·도경찰청장에게 위임할 수 있다. 이 경우 시·도지사는 위임받은 권한의 일부를 대통령령으로 정하는 바에 따라 「국가경찰과 자치경찰의 조직 및 운영에 관한 법률」 제18조에 따른 시·도자치경찰위원회(이하 "시·도자치경찰위원회"라 한다), 시·도경찰청장에게 다시 위임할 수 있다." 경찰공무원법 제7조 제3항 단서에 따라 경찰청장으로부터 임용에 관한 권한의 일부가 위임된 경우 다시 위임할 수 있다. 경찰공무원법에서는 임용에 관한 권한을 위임받은 시·도지사에 대해서만 규정하고 있으나, 경찰공무원 임용령 제4조 제6항에서는 임용에 관한 권한을 위임받은 시·도경찰청장이 소속 경감 이하 경찰공무원에 대한 해당 경찰서 안에서의 전보권을 경찰서장에게 다시 위임할 수 있다고 규정하고 있다.

분석 경찰공무원의 임용과 관련하여 최근 12년간 독립된 유형의 문제로 15회, 다른 지문과 결합하여 5회 출제되었습니다. 특히, 시보임용(독립된 유형 5회, 다른 지문과 결합 4회)과 임용결격사유(독립된 유형 4회, 다른 지문과 결합 2회)가 중요한 부분으로 다루어졌습니다. 임용과 관련된 경찰공무원법은 물론 경찰공무원 임용령(대통령령)에서도 관련된 문제가 간혹 출제되었기 때문에 기출 조문을 중심으로 내용을 정확히 기억할 필요가 있습니다.

정답 | 01 | ②

02 다음은 「경찰공무원법」 및 「경찰공무원 임용령」상 경찰공무원의 임용에 대하여 설명한 것이다. 옳은 것을 모두 고른 것은? (2018년 제2차)

> ⊙ 휴직기간, 직위해제기간 및 징계에 의한 감봉처분 또는 견책처분을 받은 기간은 시보임용기간에 산입하지 아니한다.
> ⓛ 경정으로의 신규채용, 승진임용 및 면직은 경찰청장 또는 해양경찰청장의 제청으로 국무총리를 거쳐 대통령이 한다.
> ⓔ '징계에 의하여 파면 또는 해임처분을 받은 사람'은 경찰공무원으로 임용될 수 없다.
> ⓡ 경찰공무원은 임용장이나 임용통지서에 적힌 날짜에 임용된 것으로 보며, 사망으로 인한 면직은 사망한 날에 면직된 것으로 본다.
> ⓜ 총경의 전보, 휴직, 직위해제, 강등, 정직 및 복직은 경찰청장 또는 해양경찰청장이 한다.

① ⊙ ⓛ ⓡ   ② ⊙ ⓔ ⓡ   ③ ⓛ ⓔ ⓜ   ④ ⓛ ⓔ ⓡ ⓜ

해설 ⓛ 「**경찰공무원법**」 제7조 제2항 단서, ⓔ 「**경찰공무원법**」 제8조 제2항 제10호, ⓜ 「**경찰공무원법**」 제7조 제1항 단서

ⓞ 「**경찰공무원법**」 제13조 제2항 "휴직기간, 직위해제기간 및 징계에 의한 <u>정직처분 또는 감봉처분을 받은 기</u>간은 제1항에 따른 시보임용기간에 산입하지 아니한다." 견책처분을 받은 기간은 시보임용기간에 산입한다.

ⓡ 「**경찰공무원 임용령**」 제5조 제1항 · 제2항 "① 경찰공무원은 임용장이나 임용통지서에 적힌 날짜에 임용된 것으로 보며, 임용일자를 소급해서는 아니 된다. ② 사망으로 인한 면직은 <u>사망한 다음 날에 면직된 것으로</u> 본다."

03 「경찰공무원법」상 시보임용에 대한 설명 중 가장 적절하지 않은 것은? (2017년 제1차)

① 퇴직한 경찰공무원으로서 퇴직 시에 재직하였던 계급의 채용시험에 합격한 사람을 재임용하는 경우에는 시보임용을 거치지 아니한다.
② 경정 이하의 경찰공무원을 신규채용 할 때에는 1년간 시보로 임용하고, 그 기간이 만료된 다음 날에 정규 경찰공무원으로 임용한다.
③ 경찰대학을 졸업한 사람 또는 경찰간부후보생으로서 정하여진 교육을 마친 사람을 경위로 임용하는 경우에는 시보임용을 거치지 아니한다.
④ 자치경찰공무원을 그 계급에 상응하는 경찰공무원으로 임용하는 경우에는 시보임용을 거쳐야 한다.

해설 ① 「**경찰공무원법**」 제13조 제4항 제3호, ② 「**경찰공무원법**」 제13조 제1항, ③ 「**경찰공무원법**」 제13조 제4항 제1호

④ 「**경찰공무원법**」 제13조 제4항 제4호 "다음 각 호의 어느 하나에 해당하는 경우에는 <u>시보임용을 거치지 아니</u><u>한다.</u> 1. 경찰대학을 졸업한 사람 또는 경찰간부후보생으로서 정하여진 교육을 마친 사람을 경위로 임용하는 경우, 2. 경찰공무원으로서 대통령령으로 정하는 상위계급으로의 승진에 필요한 자격 요건을 갖추고 임용예정 계급에 상응하는 공개경쟁 채용시험에 합격한 사람을 해당 계급의 경찰공무원으로 임용하는 경우, 3. 퇴직한 경찰공무원으로서 퇴직 시에 재직하였던 계급의 채용시험에 합격한 사람을 재임용하는 경우, 4. <u>자치경찰</u><u>공무원을 그 계급에 상응하는 경찰공무원으로 임용하는 경우</u>"

04 다음은 경찰공무원법 제8조에서 규정하는 '경찰공무원 임용결격사유'이다. ㉠~㉤의 내용 중 옳고 그름의 표시(O, X)가 모두 바르게 된 것은?

(2020년 제2차)

> ㉠ 미성년자에 대한 다음 각 목의 어느 하나에 해당하는 죄를 저질러 형 또는 치료감호가 확정된 사람(집행유예를 선고받은 후 그 집행유예기간이 경과한 사람을 포함한다)
>   가. 성폭력범죄의 처벌 등에 관한 특례법 제2조에 따른 성폭력범죄
>   나. 아동·청소년의 성보호에 관한 법률 제2조 제2호에 따른 아동 청소년대상 성범죄
> ㉡ 벌금의 형을 선고받은 사람
> ㉢ 대한민국 국적을 가지지 아니한 사람
> ㉣ 공무원으로 재직기간 중 직무와 관련하여 형법 제355조(횡령, 배임) 및 제356조(업무상의 횡령과 배임)에 규정된 죄를 범한 사람으로서 300만원 이상의 벌금형을 선고받고 그 형이 확정된 후 2년이 지난 사람
> ㉤ 징계에 의하여 파면 또는 해임처분을 받은 사람

① ㉠(O) ㉡(O) ㉢(O) ㉣(X) ㉤(O)
② ㉠(O) ㉡(X) ㉢(O) ㉣(O) ㉤(X)
③ ㉠(X) ㉡(O) ㉢(X) ㉣(O) ㉤(X)
④ ㉠(O) ㉡(X) ㉢(O) ㉣(X) ㉤(O)

해설 「**경찰공무원법**」 **제8조 제2항**(※ 2020년 6월 4일 법률 제16668호로 신설된 제7호 내지 제9호에 유의) "다음 각 호의 어느 하나에 해당하는 사람은 경찰공무원으로 임용될 수 없다. 1. 대한민국 국적을 가지지 아니한 사람. 2. 「국적법」 제11조의2 제1항에 따른 복수국적자. 3. 피성년후견인 또는 피한정후견인. 4. 파산선고를 받고 복권되지 아니한 사람. 5. 자격정지 이상의 형(刑)을 선고받은 사람. 6. 자격정지 이상의 형의 선고유예를 선고받고 그 유예기간 중에 있는 사람. 7. 공무원으로 재직기간 중 직무와 관련하여 「형법」 제355조(횡령, 배임) 및 제356조(업무상의 횡령과 배임)에 규정된 죄를 범한 자로서 300만원 이상의 벌금형을 선고받고 그 형이 확정된 후 2년이 지나지 아니한 사람. 8. 「성폭력범죄의 처벌 등에 관한 특례법」 제2조에 규정된 죄를 범한 사람으로서 100만원 이상의 벌금형을 선고받고 그 형이 확정된 후 3년이 지나지 아니한 사람. 9. 미성년자에 대한 다음 각 목의 어느 하나에 해당하는 죄를 저질러 형 또는 치료감호가 확정된 사람(집행유예를 선고받은 후 그 집행유예기간이 경과한 사람을 포함한다): 가. 「성폭력범죄의 처벌 등에 관한 특례법」 제2조에 따른 성폭력범죄. 나. 「아동·청소년의 성보호에 관한 법률」 제2조 제2호에 따른 아동·청소년대상 성범죄. 10. 징계에 의하여 파면 또는 해임처분을 받은 사람"

05 「경찰공무원법」상 경찰공무원의 임용결격사유에 관한 설명으로 옳은 것은 모두 몇 개인가?

(2016년 제1차)

> ㉠ 피성년후견인 또는 피한정후견인   ㉡ 파산선고를 받고 복권되지 아니한 사람
> ㉢ 자격정지 이상의 형을 선고받은 사람
> ㉣ 자격정지 이상의 형의 선고유예를 선고받고 그 유예기간 중에 있는 사람
> ㉤ 징계에 의하여 파면 또는 해임처분을 받은 사람

① 2개   ② 3개   ③ 4개   ④ 5개

해설 4번 문제 해설 참조

06 「경찰공무원법」상 시보임용에 대한 설명으로 옳은 것은?

① 경정 이하 경찰공무원을 신규채용할 때에는 시보임용하고, 그 기간이 만료된 날 정규 경찰공무원으로 임용한다.

② 직위해제기간 및 징계에 의한 정직처분이나 감봉처분을 받은 기간은 시보임용기간에 산입하지 않지만, 휴직기간은 시보임용 기간에 산입한다.

③ 퇴직한 경찰공무원으로서 퇴직 시 재직하였던 계급의 채용시험에 합격한 사람을 재임용하는 경우 시보임용을 거치지 아니한다.

④ 시보임용기간 중에 있는 경찰공무원이 근무성적 또는 교육훈련 성적이 불량할 때는 면직시키거나 면직을 제청하여야 한다.

> **해설** ① 「**경찰공무원법**」 제13조 제1항 "경정 이하의 경찰공무원을 신규 채용할 때에는 1년간 시보(試補)로 임용하고, 그 기간이 만료된 다음 날에 정규 경찰공무원으로 임용한다."
> ② 「**경찰공무원법**」 제13조 제2항 "휴직기간, 직위해제기간 및 징계에 의한 정직처분 또는 감봉처분을 받은 기간은 제1항에 따른 시보임용기간에 산입하지 아니한다."
> ③ 「**경찰공무원법**」 제13조 제4항 제3호
> ④ 「**경찰공무원법**」 제13조 제3항 "시보임용기간 중에 있는 경찰공무원이 근무성적 또는 교육훈련성적이 불량할 때에는 「국가공무원법」 제68조 및 이 법 제28조에도 불구하고 면직시키거나 면직을 제청할 수 있다."

07 경찰공무원의 임용에 대한 설명으로 가장 적절하지 않은 것은? (2015년 제1차 – 현행법 반영 수정)

① 경찰공무원은 임용장 또는 임용통지서에 기재된 일자에 임용된 것으로 보지만, 사망으로 인한 면직은 사망한 다음 날에 면직된 것으로 본다고 경찰공무원법에 명시되어 있다.

② 경찰청장 또는 해양경찰청장은 경찰공무원의 채용시험 또는 경찰간부후보생 공개경쟁선발시험에서 부정행위를 한 응시자에 대하여는 해당 시험을 정지 또는 무효로 하고, 그 처분이 있은 날부터 5년간 시험응시자격을 정지한다.

③ 경찰청장은 순경에서 4년 이상 근속자를 경장으로, 경장에서 5년 이상 근속자를 경사로, 경사에서 6년 6개월 이상 근속자를 경위로, 경위에서 8년 이상 근속자를 경감으로 각각 근속승진임용 할 수 있다.

④ 경정이하의 경찰공무원을 신규채용할 때에는 1년간 시보(試補)로 임용하고, 그 기간이 만료된 다음 날에 정규 경찰공무원으로 임용한다.

> **해설** ① 「**경찰공무원 임용령**」 제5조 제1항·제2항 "① 경찰공무원은 임용장이나 임용통지서에 적힌 날짜에 임용된 것으로 보며, 임용일자를 소급해서는 아니 된다. ② 사망으로 인한 면직은 사망한 다음 날에 면직된 것으로 본다." 경찰공무원법이 아니라 대통령령인 경찰공무원 임용령에 규정되어 있다.
> ② 「**경찰공무원법**」 제11조, ③ 「**경찰공무원법**」 제16조 제1항, ④ 「**경찰공무원법**」 제13조 제1항

08 경찰공무원 임용에 관한 다음 설명 중 가장 적절한 것은?

① 총경 이상의 경찰공무원은 경찰청장의 제청으로 국무총리를 거쳐 대통령이 임명한다. 다만, 총경의 전보, 휴직, 직위해제, 강등 및 정직은 경찰청장이 한다.

② 경정 이하의 경찰공무원을 신규채용 할 때에는 1년간 시보로 임용하고, 그 기간이 만료된 날에 정규 경찰공무원으로 임용한다.

③ 경정으로의 신규채용, 승진임용 및 면직은 경찰청장의 제청으로 국무총리를 거쳐 대통령이 한다.

④ 휴직기간, 직위해제기간 및 징계에 의한 정직처분 또는 견책처분을 받은 기간은 시보임용 기간에 산입하지 아니한다.

해설 ① 「**경찰공무원법**」 제7조 제1항 "총경 이상 경찰공무원은 <u>경찰청장 또는 해양경찰청장의 추천</u>을 받아 <u>행정안전부장관 또는 해양수산부장관의 제청</u>으로 국무총리를 거쳐 대통령이 임용한다. 다만, 총경의 전보, 휴직, 직위해제, 강등, 정직 및 복직은 경찰청장 또는 해양경찰청장이 한다." 총경 이상 경찰공무원은 추천(경찰청장/해양경찰청장) → 제청(행정안전부장관/해양수산부장관) → 거쳐(국무총리) → 임명(대통령) 순으로 진행된다.

② 「**경찰공무원법**」 제13조 제1항 "경정 이하의 경찰공무원을 신규 채용할 때에는 1년간 시보(試補)로 임용하고, 그 <u>기간이 만료된 다음 날</u>에 정규 경찰공무원으로 임용한다."

③ 「**경찰공무원법**」 제7조 제2항 단서

④ 「**경찰공무원법**」 제13조 제2항 "휴직기간, 직위해제기간 및 징계에 의한 <u>정직처분 또는 감봉처분</u>을 받은 기간은 제1항에 따른 시보임용기간에 산입하지 아니한다."

09 「경찰공무원 임용령」상 임용권의 위임에 대한 설명 중 가장 적절하지 <u>않은</u> 것은?

(2020년 제1차 – 현행법 반영 수정)

① 경찰청장은 경찰대학·경찰인재개발원·중앙경찰학교·경찰수사연수원·경찰병원 및 시·도경찰청(이하 "소속기관등"이라 함)의 장에게 그 소속 경찰공무원 중 경정의 전보·파견·휴직·직위해제 및 복직에 관한 권한과 경감 이하의 임용권을 위임할 수 있다.

② 소속기관등의 장은 경감 또는 경위를 신규채용하거나 경위 또는 경사를 승진시키려면 미리 경찰청장의 승인을 받아야 한다.

③ 경찰공무원 임용령 제4조 제3항 및 제5항에 따라 임용권을 위임받은 시·도경찰청장은 소속 경감 이하 경찰공무원에 대한 해당 경찰서 안에서의 전보권을 경찰서장에게 다시 위임할 수 있다.

④ 임용권의 위임에도 불구하고 경찰청장은 경찰공무원의 정원조정, 승진임용, 인사교류 또는 파견을 위하여 필요한 경우에는 임용권을 행사할 수 있다.

해설 ① 「**경찰공무원 임용령**」 제4조 제3항 "경찰청장은 법 제7조 제3항 전단에 따라 경찰대학·경찰인재개발원·중앙경찰학교·경찰수사연수원·경찰병원 및 시·도경찰청(이하 "소속기관등"이라 한다)의 장에게 그 소속 경찰공무원 중 <u>경정의 전보·파견·휴직·직위해제 및 복직에 관한 권한과 경감 이하의 임용권을 위임한다</u>." 개정 전 제4조 제1항에서 "위임할 수 있다"고 규정하였으나, 개정으로 "위임한다"로 변경되었다는 점에 유의한다.

② 「**경찰공무원 임용령**」 제4조 제10항, ③ 제4조 제6항, ④ 제4조 제11호

10 「경찰공무원법」상 시보임용에 대한 설명 중 가장 적절하지 <u>않은</u> 것은?

(2013년 제2차)

① 경정 이하의 경찰공무원을 신규 채용할 때에는 1년간 시보로 임용하고, 그 기간이 만료된 날에 정규 경찰공무원으로 임용한다.

② 휴직기간, 직위해제기간 및 징계에 의한 정직처분 또는 감봉처분을 받은 기간은 시보 임용기간에 산입하지 아니한다.

③ 경찰대학을 졸업한 사람 또는 경찰간부후보생으로서 정하여진 교육을 마친 사람을 경위로 임용하는 경우에는 시보임용을 거치지 아니한다.

④ 자치경찰공무원을 그 계급에 상응하는 경찰공무원으로 임용하는 경우에는 시보임용을 거치지 아니한다.

해설 ① 「**경찰공무원법**」 제13조 제1항 "경정 이하의 경찰공무원을 신규 채용할 때에는 1년간 시보(試補)로 임용하고, 그 <u>기간이 만료된 다음 날</u>에 정규 경찰공무원으로 임용한다."

② 「**경찰공무원법**」 제13조 제2항, ③ 「**경찰공무원법**」 제13조 제4항 제1호, ④ 「**경찰공무원법**」 제13조 제4항 제4호

정답 | 06 | ③ | 07 | ① | 08 | ③ | 09 | ① | 10 | ①

11 다음 중 경찰공무원 임용시 결격사유에 해당하는 것은 모두 몇 개인가?

(2012년 제1차 - 현행법 반영 수정)

> ㉠ 파산선고를 받고 복권되지 아니한 사람
> ㉡ 징계에 의하여 파면 또는 해임처분을 받은 사람
> ㉢ 국적법 제11조의2 제1항에 따른 복수국적자
> ㉣ 자격정지 이상의 형의 선고유예를 선고받고 그 유예기간 중에 있는 사람
> ㉤ 자격정지 이상의 형을 선고받은 사람
> ㉥ 피성년후견인 또는 피한정후견인

① 3개   ② 4개   ③ 5개   ④ 6개

해설 전부 임용결격사유이다. 「**경찰공무원법**」 **제8조 제2항** 참조.

12 다음 중 경찰공무원 시보임용에 관하여 옳은 것으로 짝지어진 것은?   (2012년 제1차)

> ㉠ 시보임용은 시험으로 알아내지 못한 점을 검토해보고 직무를 감당할 능력이 있는가를 알아보는 데 그 목적이 있다.
> ㉡ 시보임용 중에 있는 경찰공무원은 근무성적 또는 교육훈련성적이 현저히 불량하고, 앞으로 경찰공무원으로 근무하기에 부적당한 때에는 징계절차를 거쳐야만 면직시킬 수 있다.
> ㉢ 퇴직한 경찰공무원으로서 퇴직 시에 재직하였던 계급의 채용시험에 합격한 사람을 재임용하는 경우 시보임용을 거치지 아니한다.
> ㉣ 경정이하의 경찰공무원을 신규채용 할 때에는 1년간 시보로 임용하고, 그 기간이 만료되는 날 정규 경찰공무원으로 임용한다.

① ㉠, ㉡   ② ㉠, ㉢   ③ ㉢, ㉣   ④ ㉡, ㉣

해설 ㉠ ㉢ 옳은 설명이다.

㉠ 시보제도의 목적에 대한 옳은 설명이다.
㉡ 「**경찰공무원법**」 **제13조 제3항** "시보임용기간 중에 있는 경찰공무원이 근무성적 또는 교육훈련성적이 불량할 때에는 「국가공무원법」 제68조 및 이 법 제28조에도 불구하고 면직시키거나 면직을 제청할 수 있다."
㉢ 「**경찰공무원법**」 **제13조 제4항 제3호**
㉣ 「**경찰공무원법**」 **제13조 제1항** "경정 이하의 경찰공무원을 신규 채용할 때에는 1년간 시보(試補)로 임용하고, 그 기간이 만료된 다음 날에 정규 경찰공무원으로 임용한다."

13 다음 박스의 내용은 자질 있는 인적자원을 찾아내고 이 자원을 효율적으로 활용하여 생산성의 극대화를 추구하기 위한 인사관리제도의 한 예이다. 이 제도의 상세설명으로서 가장 적절하지 않은 것은?

(2011년 제1차)

> ㉠ 경찰관으로서 적격성을 보유하고 있는지를 확인하기 위해, 그리고 경찰실무를 습득하기 위해 일정기간 동안 시험보직을 명하게 하는 제도
> ㉡ 이 제도의 기간 중에는 신분보장을 받지 않는다.
> ㉢ 경찰대학을 졸업한 자 또는 경찰간부 후보생으로서 소정의 교육을 마친 자를 경위로 임용하는 경우에는 이 제도의 예외 사유에 해당한다.

① 대상자는 원칙적으로 신규 채용하는 경정 이하의 경찰공무원으로서 기간은 1년이다.

② 휴직기간·직위해제기간 및 징계에 의한 정직, 감봉 또는 견책처분을 받은 기간은 이 제도의 기간에 산입하지 않는다.

③ 퇴직한 경찰공무원으로서 퇴직시에 재직한 계급의 채용시험에 합격한 자를 재임용하는 경우에는 이 제도의 예외사유에 해당한다.

④ 교육훈련성적이 만점의 60퍼센트 미만일 경우 이 제도의 면직사유가 된다.

해설 시보임용제도에 대한 설명이다.

① 「**경찰공무원법**」 **제13조 제1항**, ③ 「**경찰공무원법**」 **제13조 제4항 제3호**, ④ 「**경찰공무원 임용령**」 **제21조 제2항** "임용권자 또는 임용제청권자는 시보임용예정자가 제1항에 따른 교육훈련성적이 만점의 60퍼센트 미만이거나 생활기록이 극히 불량할 때에는 시보임용을 하지 아니할 수 있다."에 따른 옳은 설명이다.

② 「**경찰공무원법**」 **제13조 제2항** "휴직기간, 직위해제기간 및 징계에 의한 <u>정직처분 또는 감봉처분</u>을 받은 기간은 제1항에 따른 시보임용기간에 산입하지 아니한다." <u>견책처분을 받은 기간은 산입한다</u>는 점에 유의한다.

14 경찰공무원 제8조 제2항에서 규정하고 있은 경찰공무원임용 결격사유가 아닌 것을 모두 고르시오.
(2010년 제1차 - 현행법 반영 수정)

> ㉠ 피성년후견인 또는 피한정후견인
> ㉡ 파산선고를 받은 자로서 복권되지 아니한 자
> ㉢ 자격정지 이상의 형의 선고유예를 받고 그 선고유예 기간 중에 있는 자
> ㉣ 징계에 의하여 파면 또는 해임의 처분을 받은 자

① ㉠, ㉡, ㉢   ② ㉢, ㉣   ③ ㉢   ④ 없음

해설 모두 임용결격사유에 해당한다. 「**경찰공무원법**」 **제8조 제2항** 참조.

15 경찰공무원의 신규임용에 있어서 채용후보자명부 및 채용후보자 등록에 관한 설명 중 옳지 않은 것은 모두 몇 개인가?
(2010년 제2차)

> ㉠ 채용후보자명부의 유효기간은 1년의 범위 안에서 대통령령으로 정하나, 경찰청장 또는 해양경찰청장은 필요에 따라 1년의 범위 안에서 그 기간을 연장할 수 있으므로 최장 유효기간은 2년이다.
> ㉡ 경찰청장 또는 해양경찰청장은 신규채용시험에 합격한 자를 대통령령이 정하는 바에 의하여 성적순위에 따라 채용후보자명부에 등재하여야 한다.
> ㉢ 경찰공무원의 신규채용은 채용후보자명부의 등재순위에 의한다. 다만, 채용후보자가 경찰교육기관에서 신임교육을 받은 때에는 그 교육성적순위에 의한다.
> ㉣ 채용후보자등록을 하지 아니한 자는 경찰공무원으로 임용될 의사가 없는 것으로 본다.

① 1개   ② 2개   ③ 3개   ④ 4개

해설 ㉡ 「**경찰공무원법**」 **제12조 제1항**, ㉢ 「**경찰공무원법**」 **제12조 제2항**, ㉣ 「**경찰공무원 임용령**」 **제17조 제2항**

㉠ 「**경찰공무원법**」 **제12조 제3항** "제1항에 따른 채용후보자 명부의 유효기간은 <u>2년의 범위에서 대통령령으로 정한다</u>. 다만, 경찰청장 또는 해양경찰청장은 <u>필요에 따라 1년의 범위에서 그 기간을 연장할 수 있다</u>."

16 다음은 경찰공무원의 승진에 관한 내용이다. 틀린 것은 모두 몇 개인가? (2012년 제1차)

○ 경찰공무원의 승진방법에는 시험승진, 심사승진, 특별승진, 근속승진이 있다.
○ 경정 이하 계급의 경우 시험성적으로 승진할 수 있는 인원은 계급별 승진임용 예정인원의 6할이다.
○ 시험으로 승진할 수 있는 계급은 총경까지이다.
○ 순경, 경장, 경사의 승진소요 최저근무연수는 각각 6년, 7년, 8년이다.
○ 일정한 계급에서 일정기간 근무하면 승진임용 제한사유에 해당하지 않는 한 경정까지 승진할 수 있다.
---

① 2개   ② 3개   ③ 4개   ④ 5개

 ○ 옳은 설명이다. ○과 관련하여 「**경찰공무원법**」 제15조 제2항 "경무관 이하 계급으로의 승진은 <u>승진심사에</u> 의하여 한다. 다만, 경정 이하 계급으로의 승진은 대통령령으로 정하는 비율에 따라 <u>승진시험과 승진심사를</u> <u>병행할 수 있다.</u>" **제16조 제1항 본문** "경찰청장 또는 해양경찰청장은 제15조 제2항에도 불구하고 해당 계급에서 다음 각 호의 기간 동안 재직한 사람을 경장, 경사, 경위, 경감으로 각각 <u>근속승진임용할 수 있다.</u>" **제19조 제1항 본문** "경찰공무원으로서 다음 각 호의 어느 하나에 해당되는 사람에 대하여는 제15조에도 불구하고 1계급 <u>특별승진시킬 수 있다.</u>"고 규정하고 있다. 따라서 경찰공무원의 승진방법은 <u>심사승진, 시험승진, 근속승진, 특별승진이 있다.</u> 다만, 경찰공무원 승진임용 규정(대통령령) 제3조에 따른 경찰공무원의 승진임용은 심사승진임용 · 시험승진임용 및 특별승진임용 3가지로 구분한다.

○ 「**경찰공무원 승진임용 규정**」 제4조 제4항 제1호 "1. 계급별로 전체 승진임용 예정 인원에서 제3항에 따른 <u>특별승진임용 예정 인원을 뺀 인원의 50퍼센트씩을 각각 심사승진임용 예정 인원과 시험승진임용 예정 인원</u>으로 한다. 다만, 제1항 단서에 따라 특수분야의 승진임용 예정 인원을 정하는 경우에는 심사승진임용 예정 인원과 시험승진임용 예정 인원 중 어느 한쪽의 예정 인원이 50퍼센트를 초과하게 정할 수 있다."

○ 「**경찰공무원법**」 제15조 제2항에 따라 경정 이하 계급으로의 승진은 시험과 심사를 병행하므로 <u>경정까지 시험으로 승진할 수 있다.</u>

○ 「**경찰공무원 승진임용 규정**」 제5조 제1항 "경찰공무원이 승진하려면 다음 각 호의 구분에 따른 기간 동안 해당 계급에 재직하여야 한다. 1. <u>총경: 4년 이상.</u> 2. <u>경정 및 경감: 3년 이상.</u> 3. <u>경위 및 경사: 2년 이상.</u> 4. <u>경장 및 순경: 1년 이상</u>"

○ 「**경찰공무원법**」 제16조 제1항 본문에 따라 <u>경감까지 근속승진할 수 있다.</u>

17 다음 경찰공무원법상 경찰공무원의 직권면직사유 가운데 직권면직처분을 위해 징계위원회의 동의가 필요한 사유끼리 묶인 것은? (2011년 제2차)

○ 직제와 정원의 개폐 또는 예산의 감소 등에 따라 폐직 또는 과원이 되었을 때
○ 휴직 기간이 끝나거나 휴직사유가 소멸된 후에도 직무에 복귀하지 아니하거나 직무를 감당할 수 없을 때
○ 직위해제로 인한 대기 명령을 받은 자가 그 기간에 능력 또는 근무성적의 향상을 기대하기 어렵다고 인정된 때
○ 경찰공무원으로는 부적합할 정도로 직무수행능력이나 성실성이 현저하게 결여된 사람으로서 대통령령으로 정하는 사유에 해당한다고 인정될 때
○ 직무를 수행하는 데에 위험을 일으킬 우려가 있을 정도의 성격적 또는 도덕적 결함이 있는 사람으로서 대통령령으로 정하는 사유에 해당된다고 인정될 때
○ 해당 경과에서 직무를 수행하는 데 필요한 자격증의 효력이 상실되거나 면허가 취소되어 담당 직무를 수행할 수 없게 되었을 때
---

① ○, ○, ○   ② ○, ○, ○   ③ ○, ○, ○   ④ ○, ○, ○

해설 「**경찰공무원법**」 제28조: 임용권자는.... 직권으로 면직시킬 수 있다. ⓒ ⓔ ⓜ의 경우 동의를 요한다.

징계위 동의 불요 (제28조 제1항)	– 직제와 정원의 개폐 또는 예산의 감소 등에 따라 폐직 또는 과원이 되었을 때 – 휴직 기간이 끝나거나 휴직 사유가 소멸된 후에도 직무에 복귀하지 아니하거나 직무를 감당할 수 없을 때 (※ 직권면직일: 휴직기간의 만료일이나 휴직 사유의 소멸일) – 해당 경과에서 직무를 수행하는 데 필요한 자격증의 효력이 상실되거나 면허가 취소되어 담당 직무를 수행할 수 없게 되었을 때
징계위 동의 필요 (제28조 제2항)	– 경찰공무원으로는 부적합할 정도로 직무 수행능력이나 성실성이 현저하게 결여된 사람으로서 대통령령으로 정하는 사유(1. 지능 저하 또는 판단력 부족으로 경찰업무를 감당할 수 없는 경우, 2. 책임감의 결여로 직무수행에 성의가 없고 위험한 직무를 고의로 기피하거나 포기하는 경우)에 해당된다고 인정될 때 – 직무를 수행하는 데에 위험을 일으킬 우려가 있을 정도의 성격적 또는 도덕적 결함이 있는 사람으로서 대통령령으로 정하는 사유(1. 인격장애, 알코올·약물중독 그 밖의 정신장애로 인하여 경찰업무를 감당할 수 없는 경우, 2. 사행행위 또는 재산의 낭비로 인한 채무과다, 부정한 이성관계 등 도덕적 결함이 현저하여 타인의 비난을 받는 경우)에 해당된다고 인정될 때 – 제73조의3 제3항(직위해제)에 따라 대기 명령을 받은 자가 그 기간에 능력 또는 근무성적의 향상을 기대하기 어렵다고 인정된 때

분석 경찰공무원의 직권면직과 관련하여 최근 12년간 독립된 유형의 문제로 2회 출제되었다는 점에서 중요도는 다소 떨어지지만, 직권면직은 재량사항(시킬 수 있다)으로 징계위원회의 동의가 필요한 경우와 그렇지 않은 경우를 잘 구별해서 기억하고 있어야 합니다. 그리고 최근 12년간 지문으로 1회 출제된 당연퇴직(제27조)의 경우 정년(제30조 제5항)과 제8조 제2항 제4호(파산선고를 받고 복권되지 아니한 사람)·제6호(자격정지 이상의 형의 선고유예를 선고받고 그 유예기간 중에 있는 사람)에 일부 차이가 있는 점을 제외하고, 임용결격 사유와 동일하다는 점에서 양자의 비교 문제가 출제될 가능성이 있으므로 유의하기 바랍니다.

18 경찰공무원의 직권면직 사유 중 징계위원회의 동의를 얻어야 하는 경우는? (2010년 제2차)

① 당해 경과에서 직무를 수행하는데 필요한 자격증의 효력이 상실되거나 면허가 취소되어 담당 직무를 수행할 수 없게 된 때
② 직제와 정원의 개폐 또는 예산의 감소 등에 의하여 폐직 또는 과원이 되었을 때
③ 휴직기간이 끝나거나 휴직사유가 소멸된 후에도 직무에 복귀하지 아니하거나 직무를 감당할 수 없을 때
④ 인격장애, 알코올·약물중독 그 밖의 정신장애로 인하여 경찰업무를 감당할 수 없는 경우

해설 문제 17번 해설 표 참조. ① ② ③은 징계위원회의 동의 불요, ④는 동의 필요

19 「경찰공무원법」상 규정이다. ( )안에 들어갈 숫자를 모두 더한 값은? (2017년 제1차)

경찰공무원의 정년은 다음과 같다.
1. 연령정년: 60세
2. 계급정년
　치안감: ( )년　　경무관: ( )년　　총경: ( )년　　경정: ( )년

① 35　　② 34　　③ 33　　④ 32

해설 「**경찰공무원법**」 제30조 제1항 "1. 연령정년: 60세, 2. 계급정년: 치안감: 4년, 경무관: 6년, 총경: 11년, 경정: 14년"

분석 ㅤ 경찰공무원법상 정년은 최근 12년간 독립된 유형의 문제로 2회가 출제되었고, 중요도는 다소 떨어집니다. 다만 기출 경향에서 알 수 있듯이 계급별 정년을 정확히 기억하고 있어야 하며, 숫자를 합산하는 문제로 출제될 가능성이 있습니다. 아울러 징계로 인한 강등의 경우 계급정년을 산정하는 기준(제30조 제2항)과 계급정년의 연장(동조 제3항 및 제4항)은 향후 출제 가능성이 있으므로 정확히 기억하고 있어야 합니다.

20 다음은 「경찰공무원법」상 경찰공무원의 정년에 대한 내용이다. 다음 각 (   )에 해당하는 숫자의 합은? ㅤㅤㅤㅤㅤㅤㅤㅤㅤㅤㅤㅤㅤㅤㅤㅤㅤㅤㅤㅤㅤㅤㅤㅤㅤ(2013년 제1차 – 현행법 반영 수정)

> ㉠ 계급정년은 치안감 4년, 총경 (   )년이다.
> ㉡ 수사, 정보, 외사, 보안, 자치경찰사무 등 특수 부문에 근무하는 경찰공무원으로서 대통령령으로 정하는 바에 따라 지정을 받은 사람은 총경 및 경정의 경우에는 (   )년의 범위에서 대통령으로 정하는 바에 따라 계급정년을 연장할 수 있다.
> ㉢ 경찰청장 또는 해양경찰청장은 전시, 사변이나 그 밖에 이에 준하는 비상사태에서는 (   )년의 범위에서 계급정년을 연장할 수 있다.

① 11ㅤㅤㅤㅤㅤ② 15ㅤㅤㅤㅤㅤ③ 16ㅤㅤㅤㅤㅤ④ 17

해설 ㉠ **「경찰공무원법」 제30조 제1항** "경찰공무원의 정년은 다음과 같다. 1. 연령정년: 60세, 2. 계급정년 – 치안감: 4년, 경무관: 6년, 총경: 11년, 경정: 14년"
ㅤㅤ ㉡ **「경찰공무원법」 제30조 제3항** "수사, 정보, 외사, 보안, 자치경찰사무 등 특수 부문에 근무하는 경찰공무원으로서 대통령령으로 정하는 바에 따라 지정을 받은 사람은 <u>총경 및 경정의 경우에는 4년의 범위</u>에서 대통령으로 정하는 바에 따라 제1항제2호에 따른 계급정년을 연장할 수 있다."
ㅤㅤ ㉢ **「경찰공무원법」 제30조 제4항** "경찰청장 또는 해양경찰청장은 전시ㆍ사변이나 그 밖에 이에 준하는 비상사태에서는 <u>2년의 범위</u>에서 제1항 제2호에 따른 계급정년을 연장할 수 있다. 이 경우 경무관 이상의 경찰공무원에 대해서는 행정안전부장관 또는 해양수산부장관과 국무총리를 거쳐 대통령의 승인을 받아야 하고, 총경ㆍ경정의 경찰공무원에 대해서는 국무총리를 거쳐 대통령의 승인을 받아야 한다."

21 「경찰공무원법」상 징계에 관한 다음 설명 중 가장 적절하지 않은 것은? ㅤㅤㅤㅤㅤㅤㅤㅤㅤㅤㅤㅤㅤㅤㅤㅤㅤㅤㅤㅤ(2016년 제1차 – 현행법 반영 수정)

① 경무관 이상의 경찰공무원에 대한 징계의결은 「국가공무원법」에 따라 국무총리 소속으로 설치된 징계위원회에서 한다.
② 총경 이하의 경찰공무원에 대한 징계의결을 하기 위하여 대통령령으로 정하는 경찰기관 및 해양경찰관서에 경찰공무원 징계위원회를 둔다.
③ 경무관 이상의 강등 및 정직과 경정 이상의 파면 및 해임은 행정안전부장관의 제청으로 국무총리를 거쳐 대통령이 한다.
④ 국가공무원법에 따라 국무총리 소속으로 설치된 징계위원회에서 의결한 징계는 경찰청장 또는 해양경찰청장이 한다.

해설 ① **「경찰공무원법」 제32조 제1항**, ② **「경찰공무원법」 제32조 제2항**, ④ **「경찰공무원법」 제33조 본문**
ㅤㅤ ③ **「경찰공무원법」 제33조 단서** "경찰공무원의 징계는 징계위원회의 의결을 거쳐 징계위원회가 설치된 소속 기관의 장이 하되, 「국가공무원법」에 따라 국무총리 소속으로 설치된 징계위원회에서 의결한 징계는 경찰청장 또는 해양경찰청장이 한다. 다만, 파면ㆍ해임ㆍ강등 및 정직은 징계위원회의 의결을 거쳐 해당 경찰공무원의 임용권자가 하되, <u>경무관 이상의 강등 및 정직과 경정 이상의 파면 및 해임은 경찰청장 또는 해양경찰청장의 제청으로 행정안전부장관 또는 해양수산부장관과 국무총리를 거쳐 대통령이 하고</u>, 총경 및 경정의 강등 및

정직은 경찰청장 또는 해양경찰청장이 한다."

분석

경찰공무원법상 징계는 최근 12년간 독립된 유형으로 5회, 다른 조문과 결합된 형태로 3회 출제되었고, 경찰공무원법 및 경찰공무원 징계령의 조문을 정확히 알고 있는지를 확인하는 수준이었으나, 최근에는 징계에 부수되는 처분(공무원연금법 시행령에 따른 퇴직급여의 감액/경찰공무원 승진임용 규정에 따른 승진임용의 제한/국가공무원법에 따른 보수의 감액 등)과 연계되어 출제되었습니다. 징계는 기본적으로 징계위원회(경찰공무원법 제32조 제1항 및 경찰공무원 징계령 제3조 제1항 – 3종류: 국무총리 소속 징계위원회/경찰공무원 중앙징계위원회/경찰공무원 보통징계위원회)의 징계 의결에 기하여 징계권자(제33조)가 행합니다. 계급별 징계위원회 및 계급과 징계의 종류에 따른 징계권자를 정확히 구별하여 기억하여야 합니다. 아울러 경찰공무원 징계령에서 규정하고 있는 징계위원회의 관할(제4조), 관련 사건의 관할(제5조) 및 징계위원회의 구성(제6조)도 출제 가능성이 있으니 유념하여야 합니다. 그리고 최근의 기출 경향에 비추어 징계와 관련된 여러 내용을 종합적으로 묻는 문제도 향후에 출제될 수 있으므로 관련 법령상의 조문을 정확히 기억하고 있어야 대비할 수 있습니다.

【경찰공무원 징계】

계급	징계위원회	징계권자
경무관 이상	국무총리 소속 중앙징계위원회 – (위원장 1명 포함) <u>17명 이상 33명 이하</u>의 공무원위원과 민간위원 – 민간위원의 수는 위원장을 제외한 위원 수의 2분의 1 이상	중징계(파면·해임·강등·정직): 대통령 – 제청(경찰청장 또는 해양경찰청장) – 거쳐(행정안전부장관 또는 해양수산부장관과 국무총리) 경징계(감봉·견책): 경찰청장 또는 해양경찰청장
총경 경정	경찰공무원 중앙징계위원회 – 경찰청 및 해양경찰청에 설치 – (위원장 1명 포함) <u>11명 이상 51명 이하</u>의 공무원위원과 민간위원	중징계(파면·해임): 대통령 – 제청(경찰청장 또는 해양경찰청장) – 거쳐(행정안전부장관 또는 해양수산부장관과 국무총리) 중징계(강등·정직): 경찰청장 또는 해양경찰청장 경징계(감봉·견책): 징계위원회가 설치된 소속 기관의 장(경찰청장 또는 해양경찰청장)
경감 이하	경찰공무원 보통징계위원회 – 경찰공무원 징계령 제3조 제2항(경찰청, 해양경찰청, 시·도경찰청, 지방해양경찰청, 경찰서 등) – (위원장 1명 포함) <u>11명 이상 51명 이하</u>의 공무원위원과 민간위원	중징계(파면·해임·강등·정직): 해당 경찰공무원의 임용권자 경징계(감봉·견책): 징계위원회가 설치된 소속 기관의 장(경찰공무원 징계령 제3조 제2항 참조)

【관련 사건의 관할 – 경찰공무원 징계령 제5조】

1. 상위 계급과 하위 계급의 경찰공무원이 관련된 징계사건	– 상위 계급의 경찰공무원을 관할하는 징계위원회에서 심의·의결하고, 상급 경찰기관과 하급 경찰기관에 소속된 경찰공무원이 관련된 징계등 사건은 상급 경찰기관에 설치된 징계위원회에서 심의·의결한다(할 수 있다X).

	– 상위 계급의 경찰공무원이 감독상 과실책임만으로 관련된 경우에는 제4조에 따른 관할 징계위원회에서 각각 심의·의결할 수 있다.
2. 소속이 다른 2명 이상의 경찰공무원이 관련된 징계사건으로 관할 징계위원회 다른 경우	모두를 관할하는 바로 위 상급 경찰기관에 설치된 징계위원회에서 심의·의결한다(할 수 있다X).
3. 「경찰공무원법」 제37조 제1항 또는 제2항에 따른 위반행위와 관련된 징계사건	경찰청·해양경찰청·시·도경찰청 또는 지방해양경찰청에 설치된 보통징계위원회에서 심의·의결할 수 있다(심의·의결한다X).
4. 1과 2의 경우 징계사건의 분리와 이송	관련자에 대한 징계등 사건을 분리하여 심의·의결하는 것이 타당하다고 인정되는 경우에는 해당 징계위원회의 의결로 관련자에 대한 징계등 사건을 제4조에 따른 관할 징계위원회로 이송할 수 있다(이송한다X).

22 「경찰공무원 징계령」상 경찰공무원 징계에 대한 설명으로 가장 적절한 것은? (2021년 제1차)

① 징계위원회는 징계등 사건을 의결할 때에는 징계등 심의 대상자의 평소 행실, 근무 성적, 공적(功績), 뉘우치는 정도와 징계등 의결을 요구한 자의 의견을 고려할 수 있다.

② 징계등 의결 요구를 받은 징계위원회는 그 요구서를 받은 날부터 60일 이내에 징계등에 관한 의결을 하여야 한다. 다만, 부득이한 사유가 있을 때에는 해당 징계등 의결을 요구한 경찰기관의 장의 승인을 받아 30일 이내의 범위에서 그 기간을 연장할 수 있다.

③ 징계등 심의 대상자의 소재가 분명하지 아니할 때에는 출석통지를 관보에 게재하고, 그 게재일부터 7일이 지나면 출석통지가 송달된 것으로 보며, 징계등 의결을 할 때에는 관보게재의 사유와 그 사실을 기록에 분명히 적어야 한다.

④ 징계위원회의 의결은 위원장을 포함한 위원 과반수의 출석과 출석위원 과반수의 찬성으로 의결하되, 의견이 나뉘어 출석위원 과반수의 찬성을 얻지 못한 경우에는 출석위원 과반수가 될 때까지 징계등 심의 대상자에게 가장 불리한 의견을 제시한 위원의 수를 그 다음으로 불리한 의견을 제시한 위원의 수에 차례로 더하여 그 의견을 합의된 의견으로 본다.

해설

① 「**경찰공무원 징계령**」 **제16조** "징계위원회는 징계등 사건을 의결할 때에는 징계등 심의 대상자의 평소 행실, 근무 성적, 공적(功績), 뉘우치는 정도와 징계등 의결을 요구한 자의 의견을 고려하여야 한다."

② 「**경찰공무원 징계령**」 **제11조 제1항** "징계등 의결 요구를 받은 징계위원회는 그 요구서를 받은 날부터 30일 이내에 징계등에 관한 의결을 하여야 한다. 다만, 부득이한 사유가 있을 때에는 해당 징계등 의결을 요구한 경찰기관의 장의 승인을 받아 30일 이내의 범위에서 그 기간을 연장할 수 있다."

③ 「**경찰공무원 징계령**」 **제12조 제3항 단서** "징계위원회는 출석 통지를 하였음에도 불구하고 징계등 심의 대상자가 정당한 사유 없이 출석하지 아니하였을 때에는 그 사실을 기록에 분명히 적고 서면심사로 징계등 의결을 할 수 있다. 다만, 징계등 심의 대상자의 소재가 분명하지 아니할 때에는 출석 통지를 관보에 게재하고, 그 게재일부터 10일이 지나면 출석 통지가 송달된 것으로 보며, 징계등 의결을 할 때에는 관보 게재의 사유와 그 사실을 기록에 분명히 적어야 한다."

④ 「**경찰공무원 징계령**」 **제14조 제1항**

23 다음은 경찰공무원 징계를 설명한 것이다. 가장 적절한 것은? (2014년 제1차 – 현행법 반영)

① 총경 및 경정의 강등 및 정직은 경찰청장 또는 해양경찰청장이 한다.
② 경무관 이상의 경찰공무원에 대한 징계의결은 「국가공무원법」에 따라 경찰청에 설치된 징계위원회에서 한다.
③ 징계등 의결을 요구한 자는 경징계의 징계등 의결을 통지받았을 때에는 통지받은 날부터 30일 이내에 징계등을 집행하여야 한다.
④ 징계의결 등의 요구는 징계 등의 사유가 발생한 날부터 2년(금품 및 향응 수수, 공금의 횡령·유용의 경우에는 3년)이 지나면 하지 못한다.

해설 ① 「**경찰공무원법**」 제33조 단서
② 「**경찰공무원법**」 제32조 제1항 "경무관 이상의 경찰공무원에 대한 징계의결은 「국가공무원법」에 따라 <u>국무총리 소속으로 설치된 징계위원회에서 한다.</u>"
③ 「**경찰공무원 징계령**」 제18조 제1항 "징계등 의결을 요구한 자는 경징계의 징계등 의결을 통지받았을 때에는 <u>통지받은 날부터 15일 이내에 징계등을 집행하여야 한다.</u>"
④ 「**국가공무원법**」 제83조의2 제1항 "징계의결등의 요구는 징계 등 사유가 발생한 날부터 다음 각 호의 구분에 따른 기간이 지나면 하지 못한다. 1. 징계 등 사유가 다음 각 목의 어느 하나에 해당하는 경우: <u>10년</u>(가. 「성매매알선 등 행위의 처벌에 관한 법률」 제4조에 따른 <u>금지행위</u>, 나. 「성폭력범죄의 처벌 등에 관한 특례법」 제2조에 따른 <u>성폭력범죄</u>, 다. 「아동·청소년의 성보호에 관한 법률」 제2조 제2호에 따른 <u>아동·청소년대상 성범죄</u>, 라. 「양성평등기본법」 제3조 제2호에 따른 <u>성희롱</u>). 2. 징계 등 사유가 제78조의2 제1항 각 호의 어느 하나에 해당하는 경우: <u>5년</u>. 3. 그 밖의 징계 등 사유에 해당하는 경우: <u>3년</u>(※ 21. 12. 9. 시행)" 제78조의2 제1항 각 호의 경우란 금품 및 향응 등의 수수(제1호) 및 공금 관련 횡령·배임·절도·사기·유용(제2호)을 말한다.

24 다음은 경찰공무원의 징계에 관한 것이다. 옳은 것은 모두 몇 개인가? (2011년 제2차)

> ㉠ 징계벌과 형벌은 이중적 처벌이 되지 않아야 하기 때문에 병과할 수 없다.
> ㉡ 경찰공무원이 해임이 된 경우 5년 후에 다시 경찰공무원이 될 수 있다.
> ㉢ 중징계라 함은 파면, 해임, 강등을 말하고 정직은 중징계에 해당되지 아니한다.
> ㉣ 경찰공무원의 임용이란 신규임용·승진·전보·파견을 말하고, 휴직·직위해제·정직·강등·복직·면직·해임 및 파면은 임용의 개념에 포함되지 아니한다.
> ㉤ 경무관 이상의 경찰공무원에 대한 징계의결은 국무총리 소속으로 설치된 징계위원회에서 한다.
> ㉥ 총경의 강등은 경찰청장이 한다.
> ㉦ 경정의 해임은 경찰청장이 한다.
> ㉧ 경찰공무원 중앙징계위원회는 총경 및 경정에 대한 징계사건을 심의·의결한다.

① 2개 ② 3개 ③ 4개 ④ 5개

해설 ㉤ 「**경찰공무원법**」 제32조 제1항, ㉥ 「**경찰공무원법**」 제33조 단서, ㉧ 「**경찰공무원 징계령**」 제4조 제1항
㉠ 징계벌과 형사벌은 권력적 기초·목적·대상을 달리하므로 일사부재리의 원칙이 적용되지 않아 <u>병과할 수 있다.</u>
㉡ 「**경찰공무원법**」 제8조 제2항 제10호 "다음 각 호의 어느 하나에 해당하는 사람은 경찰공무원으로 임용될 수 없다. 10. 징계에 의하여 파면 또는 해임처분을 받은 사람" 징계에 의해 파면·해임처분을 받은 사람은 임용 결격사유에 해당하기 때문에 <u>처분을 받은 기간의 경과에 관계 없이 임용될 수 없다.</u>

ⓒ 「**경찰공무원 징계령**」 제2조 "이 영에서 사용하는 용어의 뜻은 다음과 같다. 1. "중징계"란 파면, 해임, 강등 및 정직을 말한다. 2. "경징계"란 감봉 및 견책을 말한다." <u>정직까지 중징계에 해당</u>하고, 감봉·견책이 경징계이다.

ⓔ 「**경찰공무원법**」 제2조 제1호 "이 법에서 사용하는 용어의 정의는 다음과 같다. 1. "임용"이란 신규채용·승진·전보·파견·휴직·직위해제·정직·강등·복직·면직·해임 및 파면을 말한다."

ⓐ 「**경찰공무원법**」 제33조 단서 "경찰공무원의 징계는 징계위원회의 의결을 거쳐 징계위원회가 설치된 소속 기관의 장이 하되, 「국가공무원법」에 따라 국무총리 소속으로 설치된 징계위원회에서 의결한 징계는 경찰청장 또는 해양경찰청장이 한다. 다만, 파면·해임·강등 및 정직은 징계위원회의 의결을 거쳐 해당 경찰공무원의 임용권자가 하되, <u>경무관 이상의 강등 및 정직과 경정 이상의 파면 및 해임은 경찰청장 또는 해양경찰청장의 제청으로 행정안전부장관 또는 해양수산부장관과 국무총리를 거쳐 대통령이 하고, 총경 및 경정의 강등 및 정직은 경찰청장 또는 해양경찰청장이 한다.</u>"

25 경찰공무원의 징계에 대한 설명으로 가장 적절하지 않은 것은? (2019년 제1차)

① 파면 징계처분을 받은 자(재직기간 5년 미만)의 퇴직급여는 1/4을 감액한 후 지급한다.
② 성폭력, 성희롱 및 성매매에 따른 강등 징계처분을 받은 자는 그 처분의 집행이 끝난 날부터 24개월이 지나지 않은 경우 승진임용될 수 없다.
③ 정직 징계처분을 받은 자는 1개월 이상 3개월 이하의 기간 동안 직무에 종사하지 못하며, 정직기간 중 보수는 1/3을 감한다.
④ 임용(제청)권자는 승진후보자 명부에 기록된 사람이 승진임용되기 전에 정직 이상 징계처분을 받은 경우에는 승진후보자 명부에서 그 후보자를 제외하여야 한다.

해설 징계와 관련된 문제들을 종합적으로 알고 있는지 확인하는 유형의 문제로 관련 법령을 알고 있어야 해결할 수 있다.
① 「**공무원연금법**」 제65조 제1항 제2호 및 동법 시행령 제61조 제1항 제1호 가목 옳은 설명이다.
② 「**경찰공무원 승진임용 규정**」 제6조 제1항 제2호 가목 옳은 설명이다. 강등·정직의 경우 승진임용 제한기간이 원칙적으로 18개월이지만, ① (국가공무원법 제78조의2(징계부가금) 제1항 각 호에 따른) 금전, 물품, 부동산, 향응 또는 그 밖에 대통령령으로 정하는 재산상 이익을 취득하거나 제공한 경우(이른바 금품수수의 경우) 또는 다음 각 목에 해당하는 것을 횡령(橫領), 배임(背任), 절도, 사기 또는 유용(流用)한 경우(이른바 공금 등 유용의 경우), ② 소극행정, 음주운전(음주측정에 응하지 않은 경우를 포함한다), 성폭력, 성희롱 및 성매매의 경우에는 6개월의 기간을 가산하므로 승진임용의 제한기간은 24개월이다.
③ 「**국가공무원법**」 제80조 제3항 "정직은 <u>1개월 이상 3개월 이하의 기간</u>으로 하고, 정직 처분을 받은 자는 그 기간 중 공무원의 신분은 보유하나 직무에 종사하지 못하며 <u>보수는 전액을 감한다.</u>"
④ 「**경찰공무원 승진임용 규정**」 제24조 제3항 옳은 설명이다. 승진후보자 명부에서 후보자를 제외하는 징계처분은 "정직 이상"이라는 점에 유의한다.

26 다음 중 경찰공무원법상 인사·징계에 대한 설명으로 틀린 것은? (2009년 제2차 − 현행법 반영)

① 총경 이상 경찰공무원은 경찰청장 또는 해양경찰청장의 추천을 받아 행정안전부장관 또는 해양수산부장관의 제청으로 국무총리를 거쳐 대통령이 임용한다.
② 총경의 전보, 휴직, 직위해제, 강등, 정직 및 복직은 경찰청장 또는 해양경찰청장이 한다.
③ 경정으로의 신규채용, 승진임용 및 면직은 경찰청장 또는 해양경찰청장의 추천으로 국무총리를 거쳐 대통령이 한다.
④ 경정의 정직은 경찰청장 또는 해양경찰청장이 한다.

해설 ① 「**경찰공무원법**」 제7조 제1항 본문, ② 「**경찰공무원법**」 제7조 제1항 단서, ④ 「**경찰공무원법**」 제33조 단서
③ 「**경찰공무원법**」 제7조 제2항 단서 "경정 이하의 경찰공무원은 경찰청장 또는 해양경찰청장이 임용한다. 다만, 경정으로의 신규채용, 승진임용 및 면직은 <u>경찰청장 또는 해양경찰청장의 제청으로 국무총리를 거쳐 대통령이 한다.</u>"

27 다음은 경찰공무원법에 대한 설명이다. ㉠~㉤의 내용 중 옳고 그름의 표시(O, X)가 모두 바르게 된 것은?

(2020년 제1차)

> ㉠ 경찰청장 또는 해양경찰청장은 경찰공무원의 채용시험 또는 경찰간부후보생 공개경쟁선발시험에서 부정행위를 한 응시자에 대하여는 해당 시험을 정지 또는 무효로 하고, 그 처분이 있는 날부터 5년간 시험응시자격을 정지한다.
> ㉡ 총경 이상 경찰공무원은 경찰청장 또는 해양경찰청장의 추천을 받아 행정안전부장관 또는 해양수산부장관의 제청으로 국무총리를 거쳐 대통령이 임용한다. 다만, 총경의 전보, 휴직, 직위해제, 강등, 정직 및 복직은 경찰청장 또는 해양경찰청장이 한다.
> ㉢ 경찰청장 또는 해양경찰청장은 전시·사변이나 그 밖에 이에 준하는 비상사태에서는 2년의 범위에서 계급정년을 연장할 수 있다. 이 경우 치안감의 경찰공무원에 대하여는 행정안전부장관 또는 해양수산부장관과 국무총리를 거쳐 대통령의 승인을 받아야 하고, 경무관·총경·경정의 경찰공무원에 대하여는 국무총리를 거쳐 대통령의 승인을 받아야 한다.
> ㉣ 경장을 경사로 근속승진임용하려는 경우에는 해당 계급에서 6년 이상 근속자이어야 한다.
> ㉤ 경찰공무원은 그 정년이 된 날이 1월에서 6월 사이에 있으면 6월 30일에 당연퇴직하고, 7월에서 12월 사이에 있으면 12월 31일에 당연퇴직한다.

① ㉠(O) ㉡(O) ㉢(O) ㉣(X) ㉤(O)
② ㉠(O) ㉡(X) ㉢(O) ㉣(O) ㉤(X)
③ ㉠(X) ㉡(O) ㉢(X) ㉣(O) ㉤(X)
④ ㉠(O) ㉡(O) ㉢(X) ㉣(X) ㉤(O)

해설 ㉠ 「**경찰공무원법**」 제11조, ㉡ 제7조 제1항, ㉤ 제30조 제5항
㉢ 「**경찰공무원법**」 제30조 제4항 "경찰청장 또는 해양경찰청장은 전시·사변이나 그 밖에 이에 준하는 비상사태에서는 2년의 범위에서 제1항 제2호에 따른 계급정년을 연장할 수 있다. 이 경우 <u>경무관 이상의 경찰공무원에 대해서는 행정안전부장관 또는 해양수산부장관과 국무총리를 거쳐 대통령의 승인을</u> 받아야 하고, <u>총경·경정의 경찰공무원에 대해서는 국무총리를 거쳐 대통령의 승인을 받아야 한다.</u>"
㉣ 「**경찰공무원법**」 제16조 제1항 제2호 "경찰청장 또는 해양경찰청장은 제15조 제2항에도 불구하고 해당 계급에서 다음 각 호의 기간 동안 재직한 사람을 경장, 경사, 경위, 경감으로 각각 근속승진임용할 수 있다. 다만, 인사교류 경력이 있거나 주요 업무의 추진 실적이 우수한 공무원 등 경찰행정 발전에 기여한 공이 크다고 인정되는 경우에는 대통령령으로 정하는 바에 따라 그 기간을 단축할 수 있다. 1. 순경을 경장으로 근속승진임용하려는 경우: 해당 계급에서 4년 이상 근속자. 2. <u>경장을 경사로 근속승진임용하려는 경우: 해당 계급에서 5년 이상 근속자.</u> 3. 경사를 경위로 근속승진임용하려는 경우: 해당 계급에서 6년 6개월 이상 근속자. 4. 경위를 경감으로 근속승진임용하려는 경우: 해당 계급에서 8년 이상 근속자"

분석 경찰공무원법의 전반적인 내용을 확인하는 문제는 조문을 정확히 알고 있는지를 확인하는 수준에서 출제되고 있으며 다른 법령의 조문과 함께 출제가 되기도 합니다. 앞의 기출문제 내용·분석을 참고하시면 되겠습니다.

28 「경찰공무원법」에 대한 설명 중 틀린 것은 모두 몇 개인가? (2013년 제2차 - 현행법 반영 수정)

> ⊙ 경정으로의 신규채용, 승진임용 및 면직은 경찰청장 또는 해양경찰청장의 제청으로 국무총리를 거쳐 대통령이 한다.
> ⓛ 경사를 경위로 근속승진임용하려는 경우 해당 계급에서 12년 이상 근속을 요한다.
> ⓒ 경감 이상의 경찰공무원으로서 모든 경찰공무원의 귀감이 되는 공을 세우고 전사하거나 순직한 사람에 대하여는 2계급 특별승진 시킬 수 있다.
> ⓔ 경찰공무원의 인사상담 및 고충을 심사하기 위하여 경찰청, 해양경찰청, 시·도자치경찰위원회, 시·도경찰청, 대통령령으로 정하는 경찰기관 및 지방해양경찰관서에 경찰공무원 고충심사위원회를 둔다.
> ⓜ 경무관 이상의 경찰공무원에 대한 징계의결은 「국가공무원법」에 따라 국무총리 소속으로 설치된 징계위원회에서 한다.

① 1개   ② 2개   ③ 3개   ④ 4개

해설 ⊙ **「경찰공무원법」** 제7조 제2항 단서, ⓔ **「경찰공무원법」** 제31조 제1항, ⓜ **「경찰공무원법」** 제32조 제1항
　ⓛ **「경찰공무원법」** 제16조 제1항 제3호 "경찰청장 또는 해양경찰청장은 제15조 제2항에도 불구하고 해당 계급에서 다음 각 호의 기간 동안 재직한 사람을 경장, 경사, 경위, 경감으로 각각 근속승진임용할 수 있다. 다만, 인사교류 경력이 있거나 주요 업무의 추진 실적이 우수한 공무원 등 경찰행정 발전에 기여한 공이 크다고 인정되는 경우에는 대통령령으로 정하는 바에 따라 그 기간을 단축할 수 있다. 1. 순경을 경장으로 근속승진임용하려는 경우: 해당 계급에서 <u>4년</u> 이상 근속자, 2. 경장을 경사로 근속승진임용하려는 경우: 해당 계급에서 <u>5년</u> 이상 근속자, 3. 경사를 경위로 근속승진임용하려는 경우: 해당 계급에서 <u>6년 6개월</u> 이상 근속자, 4. 경위를 경감으로 근속승진임용하려는 경우: 해당 계급에서 <u>8년</u> 이상 근속자"
　ⓒ **「경찰공무원법」** 제19조 제1항 단서 "경찰공무원으로서 다음 각 호의 어느 하나에 해당되는 사람에 대하여는 제15조에도 불구하고 1계급 특별승진시킬 수 있다. 다만, <u>경위 이하의 경찰공무원</u>으로서 모든 경찰공무원의 귀감이 되는 공을 세우고 전사하거나 순직한 사람에 대하여는 <u>2계급 특별승진 시킬 수 있다.</u>"

29 「경찰공무원법」상 다음 설명 중 가장 옳은 것은 모두 몇 개인가? (2012년 제3차 - 현행법 반영 수정)

> ⊙ 경찰공무원은 그 직무의 종류에 따라 경과에 의하여 구분할 수 있으며, 경과의 구분에 필요한 사항은 행정안전부령으로 정한다.
> ⓛ 휴직기간, 직위해제기간 및 징계에 의한 정직처분 또는 감봉처분을 받은 기간은 시보임용기간에 산입하지 아니한다.
> ⓒ 경찰공무원의 복제에 관한 사항은 대통령령으로 정한다.
> ⓔ 직무와 관련하여 「형법」 제355조 또는 제356조에 규정된 죄를 범한 사람으로서 자격정지 이상의 형의 선고유예를 선고받고 그 유예기간 중에 있는 사람은 당연퇴직의 대상이 아니다.
> ⓜ 국가공무원법과 경찰공무원법은 일반법과 특별법의 관계이다.

① 1개   ② 2개   ③ 3개   ④ 4개

해설 ⓛ **「경찰공무원법」** 제13조 제2항, ⓜ **「경찰공무원법」** 제1조
　⊙ **「경찰공무원법」** 제4조 "① 경찰공무원은 그 직무의 종류에 따라 경과(警科)에 의하여 구분할 수 있다. ② 경과의 구분에 필요한 사항은 <u>대통령령으로 정한다.</u>"
　ⓒ **「경찰공무원법」** 제26조 제3항 "경찰공무원의 복제(服制)에 관한 사항은 <u>행정안전부령 또는 해양수산부령으</u>로 정한다."

ⓔ 「**경찰공무원법**」 제27조 "경찰공무원이 제8조 제2항 각 호의 어느 하나에 해당하게 된 경우에는 당연히 퇴직한다. 다만, 제8조 제2항 제4호는 파산선고를 받은 사람으로서 「채무자 회생 및 파산에 관한 법률」에 따라 신청기한 내에 면책신청을 하지 아니하였거나 면책불허가 결정 또는 면책 취소가 확정된 경우만 해당하고, 제8조 제2항 제6호는 「형법」 제129조부터 제132조까지, 「성폭력범죄의 처벌 등에 관한 특례법」 제2조, 「아동 · 청소년의 성보호에 관한 법률」 제2조 제2호 및 직무와 관련하여 「형법」 제355조 또는 제356조에 규정된 죄를 범한 사람으로서 자격정지 이상의 형의 선고유예를 받은 경우만 해당한다." 출제 당시에는 범죄의 종류에 관계없이 자격정지 이상의 형의 선고유예를 선고받고 그 유예기간 중에 있는 사람은 당연퇴직의 대상에서 제외되는 것으로 규정하였으나, 현행 경찰공무원법에 의하면 제27조 단서에 규정된 범죄로 자격정지 이상의 형의 선고유예를 받고 그 유예기간 중에 있는 사람은 당연퇴직의 대상이 된다.

30 경찰공무원의 지위(권리 · 의무)와 관련하여 그 법적 근거에 대한 설명으로 맞는 것은 모두 몇 개인가? (2010년 제1차 – 현행법 반영 수정)

> ㉠ 거짓보고 금지, 지휘권 남용 금지의무는 경찰공무원법에서 규정하고 있다.
> ㉡ 무기휴대 권리는 경찰공무원법에서 규정하고, 무기사용 권리는 경찰관 직무집행법에서 규정하고 있다.
> ㉢ 재산등록 및 재산공개 의무는 국가공무원법에서 규정하고 있다.
> ㉣ 종교에 따른 차별 없이 직무를 수행해야 할 의무는 국가공무원법에서 규정하고 있다.

① 1개   ② 2개   ③ 3개   ④ 4개

해설 ㉠ 「**경찰공무원법**」 **제24조 및 제25조**, ㉡ 「**경찰공무원법**」 **제26조 제2항** 및 「**경찰관 직무집행법**」 **제10조의4**, ㉣ 「**국가공무원법**」 **제59조의2**
     ㉢ 공직자의 재산등록 및 재산공개 의무는 「**공직자 윤리법**」 **제3조 · 제10조**에서 규정하고 있다. 틀린 설명이다.

31 경찰공무원의 인사관리에 대한 설명으로 틀린 것은? (2009년 제3차 – 현행법 반영 수정)

① 경찰공무원 중앙징계위원회는 경무관 이상의 경찰공무원에 대한 징계를 의결한다.
② 전보는 동일 직위 및 자격 내에서의 근무기관이나 부서를 달리하는 임용을 말한다.
③ 경찰공무원인사위원회는 위원장을 포함한 위원 5인 이상 7인 이하로 구성한다.
④ 경찰서장은 시 · 도경찰청장의 권한을 위임받아 소속 경찰관 중 경감 이하의 전보를 행할 수 있다.

해설 ① 「**경찰공무원법**」 **제32조 제1항** "경무관 이상의 경찰공무원에 대한 징계의결은 「국가공무원법」에 따라 국무총리 소속으로 설치된 징계위원회에서 한다." 「**경찰공무원 징계령**」 **제3조 · 제4조**에 따라 경찰공무원 징계위원회는 경찰공무원 중앙징계위원회(경찰청과 해양경찰청에 둔다)와 경찰공무원 보통징계위원회로 구분하고, 중앙징계위원회는 총경 및 경정에 대한 징계 또는 「국가공무원법」 제78조의2에 따른 징계부가금 부과(이하 "징계등"이라 한다) 사건을 심의 · 의결한다.
     ② 「**경찰공무원법**」 **제2조 제2호**, ③ 「**경찰공무원 임용령**」 **제9조 제1항**, ④ 「**경찰공무원 임용령**」 **제4조 제6항**

01 경찰공무원법 및 경찰공무원 임용령에 따른 개념의 정의에 대한 설명으로 옳은 것은?

① 경찰공무원법은 일반법인 국가공무원법이 정하고 있지 않은 사항을 규정함을 목적으로 한다.

② 경찰공무원법에서 말하는 "복직"이란 휴직·직위해제 또는 정직(강등에 따른 정직을 제외한다) 중에 있는 경찰공무원을 직위에 복귀시키는 것을 말한다.

③ 경찰공무원법에서 말하는 "임용"이란 신규채용·승진·전보·파견·휴직·직위해제·정직·강등·복직·면직·당연퇴직·해임 및 파면을 말한다.

④ 경찰공무원법에서 말하는 "전보"란 경찰공무원의 동일 직위 및 자격 내에서의 근무기관이나 부서를 달리하는 임용을 말하고, 경찰공무원 임용령에서 말하는 "전과"란 경과를 변경하는 것을 말한다.

해설 ① 「**경찰공무원법**」 제1조 "이 법은 경찰공무원의 책임 및 직무의 중요성과 신분 및 근무조건의 특수성에 비추어 그 임용, 교육훈련, 복무(服務), 신분보장 등에 관하여 「국가공무원법」에 대한 특례를 규정함을 목적으로 한다." 국가공무원법과 경찰공무원법은 일반법과 특별법의 관계에 있기 때문에 특별법 우선의 원칙에 따라 경찰공무원법이 먼저 적용되고, 경찰공무원법에 규정이 없는 경우에 국가공무원법이 적용된다.
② 「**경찰공무원법**」 제2조 제3호 "복직이란 휴직·직위해제 또는 정직(강등에 따른 정직을 포함한다) 중에 있는 경찰공무원을 직위에 복귀시키는 것을 말한다."
③ 「**경찰공무원법**」 제2조 제1호 "임용이란 신규채용·승진·전보·파견·휴직·직위해제·정직·강등·복직·면직·해임 및 파면을 말한다." 당연퇴직은 임용에 해당하지 않는다.
④ 「**경찰공무원법**」 제2조 제2호 및 「**경찰공무원 임용령**」 제2조

02 경찰공무원법 및 경찰공무원 임용령에 따른 "경과(警科)"에 대한 설명으로 틀린 것은?

① 경찰공무원은 그 직무의 종류에 따라 경과에 의하여 구분할 수 있고, 경과의 구분에 필요한 사항은 대통령령으로 정한다.

② 경찰공무원 임용령은 해양경찰청 소속 경찰공무원의 경과에 대해 규정하고 있다.

③ 경찰공무원 임용령에 따른 경과는 일반경과, 수사경과, 보안경과 및 특수경과로 구분된다.

④ 경찰청장은 전시·사변 또는 이에 준하는 비상사태가 발생한 경우에는 경과의 일부를 폐지 또는 병합하거나 신설할 수 있다.

해설 ① 「**경찰공무원법**」 제4조, ③ 「**경찰공무원 임용령**」 제3조 제1항 제1호 내지 제4호, ④ 제3조 제4항
② 「**경찰공무원 임용령**」 제2조의2 "경찰공무원(해양경찰청 소속 경찰공무원은 제외한다. 이하 같다)의 임용은 다른 법령에 특별한 규정이 있는 경우를 제외하고는 이 영이 정하는 바에 따른다." 해양경찰청 소속 경찰공무원에 대해서는 동 임용령의 규정이 적용되지 않는다.

03 경찰공무원 임용령 및 동 시행규칙에 따른 "경과(警科)"에 대한 설명으로 옳은 것은?

① 경과는 경무관 이하의 경찰공무원에게 부여하고, 수사경과와 보안경과는 경정 이하의 경찰공무원에게만 부여한다.

② 임용권자(임용권의 위임을 받은 자를 제외한다) 또는 임용제청권자는 경찰공무원을 신규채용할 때에 경과를 부여하여야 한다.

③ 경과가 신설되는 경우에는 일반경과·수사경과·보안경과 또는 특수경과에서 신설되는 경과로의 전과, 경과가 폐지되는 경우에는 폐지되는 경과에서 일반경과·수사경과·보안경과 또는 특수경과로의 전과를 인정할 수 있다.

④ 전과는 원칙적으로 일반경과에서 수사경과·보안경과 또는 특수경과로의 전과만 인정하고, 정원감축 등 경찰청장이 정하는 사유가 있는 경우 보안경과·수사경과 또는 특수경과에서 일반경과로의 전과를 인정할 수 있다.

해설 ① 「**경찰공무원 임용령**」 제3조 제1항 "총경 이하 경찰공무원에게 부여하는 경과는 다음 각 호와 같다. 다만, 제2호와 제3호의 경과는 경정 이하 경찰공무원에게만 부여한다. 1. 일반경과, 2. 수사경과, 3. 보안경과, 4. 특수경과(다. 항공경과, 라. 정보통신경과)"

② 「**경찰공무원 임용령**」 제3조 제2항 "임용권자(제4조 제1항부터 제6항까지의 규정에 따라 임용권의 위임을 받은 자를 포함한다. 이하 같다) 또는 임용제청권자[「경찰공무원법」(이하 "법"이라 한다) 제7조 제1항에 따른 추천이 필요한 경우에는 경찰청장을 포함한다. 이하 같다]는 경찰공무원을 신규채용 할 때에 경과를 부여해야 한다."

③ 「**경찰공무원 임용령 시행규칙**」 제27조 제2항

④ 「**경찰공무원 임용령 시행규칙**」 제27조 제1항 "전과는 일반경과에서 수사경과·보안경과 또는 특수경과로의 전과만 인정한다. 다만, 정원감축 등 경찰청장이 정하는 사유가 있는 경우 보안경과·수사경과 또는 정보통신경과에서 일반경과로의 전과를 인정할 수 있다." 특수경과에는 정보통신경과와 항공경과가 있고, 정원감축 등 경찰청장이 정하는 사유가 있는 경우 항공경과에서 일반경과로의 전과에 대한 규정은 없다.

04 수사경찰 인사운영규칙(경찰청훈령)에 따른 "수사경과"에 대한 설명으로 틀린 것은?

① 과도한 채무부담 등 경제적 빈곤상태가 현저하거나, 도박·사행행위·불건전한 이성관계 등 성실한 수사업무 수행을 기대하기 곤란한 경우에는 수사경과를 해제하여야 한다.

② 직무 관련 금품·향응 수수 또는 중대한 인권침해 행위로 징계처분을 받는 경우에는 수사경과를 해제하여야 한다.

③ 5년간 연속으로 비수사부서에서 근무하는 경우에는 수사경과를 해제하여야 하고, 2년간 연속으로 수사부서 전입을 기피하는 경우에는 수사경과를 해제할 수 있다.

④ 수사경과 유효기간은 수사경과 발령일 또는 갱신일로부터 5년으로 하고, 수사경과자는 수사경과 유효기간 내에 경찰청장이 지정하는 수사 관련 직무교육(사이버교육을 포함한다) 이수 또는 수사경과 갱신을 위한 시험에 합격의 방법으로 언제든지 수사경과를 갱신할 수 있다.

해설 ① 「**수사경찰 인사운영규칙**」 제15조 제2항 제3호 "다음 각 호의 어느 하나에 해당하는 경우에는 수사경과를 해제할 수 있다. 1. 직무 관련 금품·향응수수 외의 비위로 징계처분을 받은 경우, 2. 인권침해, 편파수사 등에 관한 시비로 사건관계인으로부터 수시로 진정을 받는 경우, 3. 과도한 채무부담 등 경제적 빈곤상태가 현저하거나, 도박·사행행위·불건전한 이성관계 등 성실한 수사업무 수행을 기대하기 곤란한 경우, 4. 수사업무 능력·의욕이 현저하게 부족한 경우, 5. 2년간 연속으로 수사부서 전입을 기피하는 경우, 6. 그 밖에 수사업무를 계속하기 어려운 사유로 수사경과 해제를 희망하는 경우"

② 「**수사경찰 인사운영규칙**」 제15조 제1항 제1호, ③ 제15조 제1항 제2호 및 제2항 제5호, ④ 제14조 제1항·제2항

05 다음 중 수사경과를 해제해야 하는 경우는 모두 몇 개인가?

> ⊙ 2년간 연속으로 수사부서 전입을 기피하는 경우
> ⓛ 과도한 채무부담 등 경제적 빈곤상태가 현저하거나, 도박·사행행위·불건전한 이성관계 등 성실한 수사업무 수행을 기대하기 곤란한 경우
> ⓒ 5년간 연속으로 비수사부서에 근무하는 경우
> ⓔ 직무 관련 금품·향응수수 외의 비위로 징계처분을 받은 경우
> ⓜ 수사경과의 유효기간·갱신(수사경찰 인사운영규칙 제14조) 규정에 따른 갱신이 되지 않은 경우
> ⓗ 인권침해, 편파수사 등에 관한 시비로 사건관계인으로부터 수시로 진정을 받는 경우
> ⓢ 수사업무 능력·의욕이 현저하게 부족한 경우

① 1개　　　② 2개　　　③ 3개　　　④ 4개

해설 「**수사경찰 인사운영규칙**」 제15조 제1항·제2항에 따른 필요적·임의적 해제사유의 구별 문제

수사경찰 인사운영규칙 제15조는 <u>수사경과를 해제해야 하는 경우</u>와 해제할 수 있는 경우를 구별해서 규정하고 있다. ⓒ과 ⓜ이 수사경과를 해제해야 하는 사유에 해당하고, 이외에 직무 관련 금품·향응 수수 또는 중대한 인권침해 행위로 징계처분을 받는 경우도 수사경과를 해제해야 하는 사유에 해당한다.

06 경찰공무원법 및 경찰공무원 임용령에 따른 "경찰인사위원회"에 대한 설명으로 옳은 것은?

① 경찰공무원의 인사에 관한 중요 사항을 심의·의결하기 위하여 경찰청과 해양경찰청에 경찰공무원인사위원회를 두고, 인사위원회의 구성 및 운영에 필요한 사항은 대통령령으로 정한다.
② 경찰공무원법 제5조에 따른 경찰공무원인사위원회는 위원장을 포함하여 5명 이상 7명 이하의 위원으로 구성하고, 위원장은 경찰청 인사담당국장이 되며, 위원은 경찰청 소속 경정 이상 경찰공무원 중에서 위원장이 각각 임명한다.
③ 경찰공무원인사위원회의 위원장은 인사위원회를 대표하며, 인사위원회의 사무를 총괄하고, 위원장이 부득이한 사유로 직무를 수행할 수 없을 때에는 경찰청장이 지명한 경찰공무원이 그 직무를 대행한다.
④ 경찰공무원인사위원회의 위원장은 인사위원회의 회의를 소집하고 그 의장이 되며, 회의는 재적위원 과반수의 찬성으로 의결한다.

해설 ① 「**경찰공무원법**」 제5조 "① 경찰공무원의 인사(人事)에 관한 중요 사항에 대하여 <u>경찰청장 또는 해양경찰청장의 자문</u>에 응하게 하기 위하여 경찰청과 해양경찰청에 경찰공무원인사위원회(이하 "인사위원회"라 한다)를 둔다. ② 인사위원회의 구성 및 운영에 필요한 사항은 대통령령으로 정한다." 경찰공무원인사위원회는 자문기구에 해당한다.
② 「**경찰공무원 임용령**」 제9조 "① 법 제5조에 따른 경찰공무원인사위원회(이하 "인사위원회"라 한다)는 <u>위원장을 포함하여 5명 이상 7명 이하의 위원</u>으로 구성한다. ② 인사위원회의 위원장은 경찰청 인사담당국장이 되고, 위원은 <u>경찰청 소속 총경 이상 경찰공무원 중에서 경찰청장이 각각 임명한다.</u>"
③ 「**경찰공무원 임용령**」 제10조 "위원장은 인사위원회를 대표하며, 인사위원회의 사무를 총괄한다. ②위원장이 부득이한 사유로 직무를 수행할 수 없을 때에는 <u>위원 중에서 최상위계급 또는 선임의 경찰공무원이 그 직무를 대행한다.</u>"
④ 「**경찰공무원 임용령**」 제11조

07 경찰공무원법상 "임용권자(제7조)"에 대한 설명으로 틀린 것은?

① 총경 이상 경찰공무원은 경찰청장 또는 해양경찰청장의 추천을 받아 행정안전부장관 또는 해양수산부장관의 제청으로 국무총리를 거쳐 대통령이 임용한다.

② 총경의 전보, 휴직, 직위해제, 강등, 정직 및 복직은 경찰청장 또는 해양경찰청장이 한다.

③ 경정 이하의 경찰공무원은 경찰청장 또는 해양경찰청장이 임용하고, 경정으로의 신규채용, 승진임용 및 면직은 경찰청장 또는 해양경찰청장의 제청으로 국무총리를 거쳐 대통령이 한다.

④ 경찰청장은 대통령령으로 정하는 바에 따라 경찰공무원의 임용에 관한 권한의 일부를 시·도자치경찰위원회, 국가수사본부장, 소속 기관의 장, 시·도경찰청장에게 위임할 수 있다.

> **해설** ① 「**경찰공무원법**」 제7조 제1항 본문, ② 제7조 제1항 단서, ③ 제7조 제2항
> ④ 「**경찰공무원법**」 제7조 제3항 "경찰청장은 대통령령으로 정하는 바에 따라 경찰공무원의 임용에 관한 권한의 일부를 <u>특별시장·광역시장·도지사·특별자치시장 또는 특별자치도지사(이하 "시·도지사"라 한다)</u>, 국가수사본부장, 소속 기관의 장, 시·도경찰청장에게 <u>위임할 수 있다</u>. 이 경우 <u>시·도지사는 위임받은 권한의 일부를 대통령령으로 정하는 바에 따라 「국가경찰과 자치경찰의 조직 및 운영에 관한 법률」 제18조에 따른 시·도자치경찰위원회(이하 "시·도자치경찰위원회"라 한다), 시·도경찰청장에게 다시 위임할 수 있다.</u>"

08 경찰공무원 임용령에 따른 "임용권의 위임(제4조)"에 대한 설명으로 옳은 것은?

① 경찰청장은 시·도지사에게 해당 시·도의 자치경찰사무를 담당하는 경찰공무원(시·도자치경찰위원회, 시·도경찰청 및 경찰서-지구대·파출소 제외-에서 근무하는 경찰공무원을 말한다) 중 경정의 전보·파견·휴직·직위해제 및 복직에 관한 권한과 경감 이하의 임용권(신규채용 및 면직에 관한 권한은 제외한다)을 위임한다.

② 경찰청장은 국가수사본부장에게 국가수사본부 안에서의 경정 이하에 대한 전보권을 위임할 수 있다.

③ 경찰청장은 경찰대학·경찰인재개발원·중앙경찰학교·경찰수사연수원·경찰병원 및 시·도경찰청의 장에게 그 소속 경찰공무원 중 경감의 전보·파견·휴직·직위해제 및 복직에 관한 권한과 경위 이하의 임용권을 위임한다.

④ 경찰청장으로부터 경찰공무원 임용령 제4조 제1항에 따라 임용권을 위임받은 시·도지사는 경감·경위로의 승진임용에 관한 권한을 제외한 임용권을 시·도자치경찰위원회에 다시 위임할 수 있다.

> **해설** ① 「**경찰공무원 임용령**」 제4조 제1항
> ② 「**경찰공무원 임용령**」 제4조 제2항 "경찰청장은 법 제7조 제3항 전단에 따라 국가수사본부장에게 국가수사본부 안에서의 <u>경정 이하에 대한 전보권을 위임한다</u>."
> ③ 「**경찰공무원 임용령**」 제4조 제3항 "경찰청장은 법 제7조 제3항 전단에 따라 경찰대학·경찰인재개발원·중앙경찰학교·경찰수사연수원·경찰병원 및 시·도경찰청(이하 "소속기관등"이라 한다)의 장에게 그 소속 경찰공무원 중 <u>경정의 전보·파견·휴직·직위해제 및 복직에 관한 권한과 경감 이하의 임용권을 위임한다</u>."
> ④ 「**경찰공무원 임용령**」 제4조 제4항 "제1항에 따라 임용권을 위임받은 시·도지사는 법 제7조 제3항 후단에 따라 <u>경감 또는 경위로의 승진임용에 관한 권한을 제외한 임용권을 시·도자치경찰위원회에 다시 위임한다</u>."

09 경찰공무원 임용령에 따른 "임용권의 위임(제4조)"에 대한 설명으로 틀린 것은?

① 경찰공무원 임용령 제4조 제4항에 따라 시·도지사로부터 임용권을 위임받은 시·도자치경찰위원회는 시·도지사와 시·도경찰청장의 의견을 들어 그 권한의 일부를 시·도경찰청장에게 다시 위임할 수 있다.

② 경찰공무원 임용령 제4조 제3항 및 제5항에 따라 경찰청장 또는 시·도자치경찰위원회로부터 임용권을 위임받은 시·도경찰청장은 소속 경감 이하 경찰공무원에 대한 해당 경찰서 안에서의 전보권을 경찰서장에게 다시 위임할 수 있다.

③ 경찰청장은 수사부서에서 총경을 보직하는 경우에는 국가수사본부장의 추천을 받아야 한다.

④ 시·도자치경찰위원회는 임용권을 행사하는 경우에는 미리 시·도경찰청장과 협의하여야 한다.

① 「**경찰공무원 임용령**」 **제4조 제5항**, ② **제4조 제6항**, ③ **제4조 제7항**
④ 「**경찰공무원 임용령**」 **제4조 제8항** "시·도자치경찰위원회는 임용권을 행사하는 경우에는 <u>시·도경찰청장의 추천을 받아야 한다.</u>"

10 경찰공무원 임용령에 따른 "임용권의 위임(제4조)·임용시기(제5조)"에 대한 설명으로 옳은 것은?

① 시·도경찰청장 및 경찰서장은 지구대장 및 파출소장을 보직하는 경우에는 시·도자치경찰위원회에 통보하여야 한다.

② 경찰대학·경찰인재개발원·중앙경찰학교·경찰수사연수원·경찰병원 및 시·도경찰청의 장은 경감 또는 경위를 신규채용하거나 승진시키려면 미리 경찰청장의 승인을 받아야 한다.

③ 경찰공무원 임용령에 따라 임용권을 위임한 경우에도 경찰청장은 경찰공무원의 정원 조정, 승진임용, 인사교류 또는 파견을 위하여 필요한 경우에는 임용권을 행사할 수 있다.

④ 경찰공무원은 임용장이나 임용통지서에 적힌 날짜에 임용된 것으로 보며, 사망으로 인한 면직은 사망한 날에 면직된 것으로 본다.

① 「**경찰공무원 임용령**」 **제4조 제9항** "시·도경찰청장 및 경찰서장은 지구대장 및 파출소장을 보직하는 경우에는 <u>시·도자치경찰위원회의 의견을 사전에 들어야 한다.</u>"
② 「**경찰공무원 임용령**」 **제4조 제10항** "소속기관등의 장은 <u>경감 또는 경위를 신규채용</u>하거나 <u>경위 또는 경사를 승진</u>시키려면 <u>미리 경찰청장의 승인</u>을 받아야 한다."
③ 「**경찰공무원 임용령**」 **제4조 제11항**
④ 「**경찰공무원 임용령**」 **제5조 제1항·제2항** "① 경찰공무원은 <u>임용장이나 임용통지서에 적힌 날짜에 임용된</u> 것으로 보며, 임용일자를 <u>소급해서는 아니 된다.</u> ② 사망으로 인한 면직은 <u>사망한 다음 날에 면직된 것으로</u> 본다."

11 경찰공무원법상 "임용자격 및 결격사유(제8조)"에 대한 설명으로 옳은 것은?

① 자격정지 이상의 형을 선고받은 사람 및 자격정지 이상의 형의 선고유예를 선고받고 그 유예기간이 종료된 사람은 경찰공무원으로 임용될 수 없다.

② 공무원으로 재직기간 중 직무와 관련하여 형법 제355조 및 제356조에 규정된 죄를 범한 사람으로서 300만원 이상의 벌금형을 선고받고 그 형이 확정된 후 2년이 지나지 아니한 사람은 경찰공무원으로 임용될 수 없다.

③ 성폭력범죄의 처벌 등에 관한 특례법 제2조에 규정된 죄를 범한 사람으로서 100만원 이상의 벌금형을 선고받고 그 형이 확정된 후 2년이 지나지 아니한 사람은 경찰공무원으로 임용될 수 없다.

④ 미성년자에 대한 성폭력범죄의 처벌 등에 관한 특례법 제2조에 따른 성폭력범죄 또는 아동·청소년의 성보호에 관한 법률 제2조 제2호에 따른 아동·청소년대상 성범죄에 해당하는 죄를 저질러 형 또는 치료감호가 확정된 사람(집행유예를 선고받은 후 그 집행유예기간이 경과한 사람은 제외한다)은 경찰공무원으로 임용될 수 없다.

해설 ① **「경찰공무원법」 제8조 제2항 제6호** "자격정지 이상의 형의 선고유예를 선고받고 그 <u>유예기간 중에 있는 사람</u>" 선고유예의 유예기간이 종료(형선고의 효력이 상실)된 경우 임용결격사유가 아니다.
② **「경찰공무원법」 제8조 제2항 제7호**
③ **「경찰공무원법」 제8조 제2항 제8호** "「성폭력범죄의 처벌 등에 관한 특례법」 제2조에 규정된 죄를 범한 사람으로서 <u>100만원 이상의 벌금형을 선고받고 그 형이 확정된 후 3년이 지나지 아니한 사람</u>"
④ **「경찰공무원법」 제8조 제2항 제9호** "미성년자에 대한 다음 각 목의 어느 하나에 해당하는 죄를 저질러 형 또는 치료감호가 확정된 사람(집행유예를 선고받은 후 그 집행유예기간이 경과한 사람을 포함한다) 가. 「성폭력범죄의 처벌 등에 관한 특례법」 제2조에 따른 성폭력범죄, 나. 「아동·청소년의 성보호에 관한 법률」 제2조 제2호에 따른 아동·청소년대상 성범죄"

12 경찰공무원법상 "임용자격 및 결격사유(제8조)"에 대한 설명이다. ( )에 들어갈 숫자를 순서대로 바르게 연결한 것은?

> ─ 공무원으로 재직기간 중 직무와 관련하여 형법 제355조 및 제356조에 규정된 죄를 범한 사람으로서 (㉠)만원 이상의 벌금형을 선고받고 그 형이 확정된 후 (㉡)년이 지나지 아니한 사람
> ─ 「성폭력범죄의 처벌 등에 관한 특례법」 제2조에 규정된 죄를 범한 사람으로서 (㉢)만원 이상의 벌금형을 선고받고 그 형이 확정된 후 (㉣)년이 지나지 아니한 사람

① ㉠－200 ㉡－2 ㉢－200 ㉣－3 ② ㉠－300 ㉡－2 ㉢－200 ㉣－2
③ ㉠－200 ㉡－2 ㉢－100 ㉣－2 ④ ㉠－300 ㉡－2 ㉢－100 ㉣－3

해설 **「경찰공무원법」 제8조 제2항 제7호·제8호 참조.** 순서대로 "300－2－100－3"이다.

13 경찰공무원법 제8조 제2항에 따른 임용 결격사유는 모두 몇 개인가?

> ㉠ 징계에 의하여 파면 또는 해임처분을 받은 사람 ㉡ 대한민국 국적을 가지지 아니한 사람
> ㉢ 국적법 제11조의2 제1항에 따른 복수국적자 ㉣ 파산선고를 받고 복권된 사람
> ㉤ 자격정지 이상의 형의 선고유예를 선고받고 그 유예기간이 경과한 사람
> ㉥ 미성년자에 대한 성폭력범죄의 처벌 등에 관한 특례법 제2조에 따른 성폭력범죄 또는 아동·청소년의 성보호에 관한 법률 제2조 제2호에 따른 아동·청소년대상 성범죄에 해당하는 죄를 저질러 형의 집행유예를 선고받은 후 그 집행유예기간이 경과한 사람

① 3개　　　② 4개　　　③ 5개　　　④ 6개

해설 **「경찰공무원법」 제8조 제2항:** ㉣ ㉤ 파산선고를 받고 복권되지 아니한 사람, 자격정지 이상의 형의 선고유예를 받고 그 유예기간 중에 있는 사람이 결격사유에 해당한다.
㉥ 2020. 6. 4. 시행된 개정 경찰공무원법은 <u>제7호 내지 제9호를 결격사유로 추가</u>하였다. 종래 자격정지 미만의 형을 선고받은 경우 결격사유에 해당하지 않았지만, 공무원으로 재직기간 중 직무와 관련하여 형법 제355조(횡령·배임)와 제356조(업무상 횡령·배임)에 규정된 죄를 범한 사람으로서 <u>300만원 이상의 벌금형을 선고</u>

받고 그 <u>형이 확정된 후 2년이 지나지 아니한 사람</u>(제7호), 성폭력범죄의 처벌 등에 관한 특례법 제2조에 규정된 죄를 범한 사람으로서 <u>100만원 이상의 벌금형을 선고받고 그 형이 확정된 후 3년이 지나지 아니한 사람</u>(제8호) 및 미성년자에 대한 성폭력범죄의 처벌 등에 관한 특례법 제2조에 따른 성폭력범죄 또는 아동 · 청소년의 성보호에 관한 법률 제2조 제2호에 따른 아동 · 청소년대상 성범죄를 저질러 형 또는 치료감호가 확정된 사람(집행유예를 선고받은 후 그 집행유예기간이 경과한 사람을 포함한다)(제9호)도 포함된다.

14 경찰공무원법상 "신규채용(제10조) 및 부정행위자에 대한 제재(제11조)"에 대한 설명으로 틀린 것은?

① 경정 및 순경의 신규채용은 공개경쟁시험으로 하고, 경위의 신규채용은 경찰대학을 졸업한 사람 및 대통령령으로 정하는 자격을 갖추고 공개경쟁시험으로 선발된 사람으로서 교육훈련을 마치고 정하여진 시험에 합격한 사람 중에서 한다.

② 직제와 정원의 개폐 또는 예산의 감소 등에 따라 폐직 또는 과원의 사유로 퇴직한 경찰공무원을 퇴직한 날부터 3년 이내에 퇴직 시에 재직한 계급의 경찰공무원으로 재임용하는 경우에는 경력 등 응시요건을 정하여 같은 사유에 해당하는 다수인을 대상으로 경쟁의 방법으로 채용하는 시험으로 경찰공무원을 신규채용할 수 있다.

③ 국가경찰과 자치경찰의 조직 및 운영에 관한 법률 제16조에 따라 경찰청 외부를 대상으로 모집하여 국가수사본부장을 임용하는 경우에는 원칙적으로 다수인을 대상으로 하지 아니한 시험으로 경찰공무원을 채용한다.

④ 경찰청장 또는 해양경찰청장은 경찰공무원의 채용시험 또는 경찰간부후보생 공개경쟁선발시험에서 부정행위를 한 응시자에 대해서는 해당 시험을 정지 또는 무효로 하고, 그 처분이 있은 날부터 5년간 시험응시자격을 정지한다.

> **해설** ① 「**경찰공무원법**」 제10조 제1항 · 제2항, ② 제10조 제3항 본문 제1호, ④ 제11조
> ③ 「**경찰공무원법**」 제10조 제3항 본문 제8호 "다음 각 호의 어느 하나에 해당하는 경우에는 경력 등 응시요건을 정하여 <u>같은 사유에 해당하는 다수인을 대상으로 경쟁의 방법으로 채용하는 시험</u>(이하 "경력경쟁채용시험"이라 한다)으로 경찰공무원을 신규채용할 수 있다. 다만, 다수인을 대상으로 시험을 실시하는 것이 적당하지 아니하여 <u>대통령령으로 정하는 경우</u>에는 다수인을 대상으로 하지 아니한 시험으로 경찰공무원을 <u>채용할 수 있다.</u> 제1호 내지 제7호 생략. 8. 「국가경찰과 자치경찰의 조직 및 운영에 관한 법률」 제16조에 따라 경찰청 외부를 대상으로 모집하여 국가수사본부장을 임용하는 경우"

15 경찰공무원법상 "채용후보자 명부 등(제12조)"에 대한 설명으로 옳은 것은?

① 경찰청장 또는 해양경찰청장(제7조 제3항 및 제4항에 따라 임용권을 위임받은 자를 제외한다)은 신규채용시험에 합격한 사람(경찰대학을 졸업한 사람과 경찰간부후보생을 포함한다)을 대통령령으로 정하는 바에 따라 성적 순위에 따라 채용후보자 명부에 등재하여야 한다.

② 신규채용시험에 합격한 사람이 채용후보자 명부에 등재된 이후 그 유효기간 내에 병역법에 따른 병역 복무를 위하여 군에 입대한 경우(대학생 군사훈련 과정 이수자를 포함한다)의 의무복무 기간은 채용후보자 명부의 유효기간에 넣어 계산하지 아니한다.

③ 경찰공무원의 신규채용은 채용후보자 명부의 등재 순위에 따르고, 채용후보자가 경찰교육기관에서 신임교육을 받은 경우에는 그 시험성적과 교육성적을 합산한 순위에 따른다.

④ 채용후보자 명부의 유효기간은 3년의 범위에서 대통령령으로 정하되, 경찰청장 또는 해양경찰청장은 필요에 따라 2년의 범위에서 그 기간을 연장할 수 있다.

해설 ① 「**경찰공무원법**」 **제12조 제1항** "경찰청장 또는 해양경찰청장(제7조 제3항 및 제4항에 따라 임용권을 위임받은 자를 포함한다)은 신규채용시험에 합격한 사람(경찰대학을 졸업한 사람과 경찰간부후보생을 포함한다)을 대통령령으로 정하는 바에 따라 성적 순위에 따라 채용후보자 명부에 등재하여야 한다."
② 「**경찰공무원법**」 **제12조 제4항**
③ 「**경찰공무원법**」 **제12조 제2항** "경찰공무원의 신규채용은 제1항에 따른 <u>채용후보자 명부의 등재 순위</u>에 따른다. 다만, 채용후보자가 경찰교육기관에서 <u>신임교육</u>을 받은 경우에는 그 교육성적 순위에 따른다."
④ 「**경찰공무원법**」 **제12조 제3항** "제1항에 따른 채용후보자 명부의 <u>유효기간은 2년의 범위</u>에서 대통령령으로 정한다. 다만, 경찰청장 또는 해양경찰청장은 필요에 따라 <u>1년의 범위</u>에서 그 기간을 연장할 수 있다." 채용후보자 명부에 등재된 이후 군에 입대한 경우의 의무복무 기간은 명부의 유효기간에 넣어 계산하지 않는다는 제4항과 연계해서 기억한다.

16 경찰공무원 임용령에 따른 "채용후보자의 등록(제17조) 및 채용후보자의 자격상실(제19조)"에 대한 설명으로 틀린 것은?

① 채용후보자가 질병 등 교육훈련을 계속할 수 없는 불가피한 사정으로 퇴학처분을 받은 경우에는 채용후보자로서의 자격을 상실한다.
② 채용후보자가 임용 또는 임용제청에 응하지 아니한 경우, 채용후보자로서 받아야 할 교육훈련에 응하지 아니한 경우 또는 채용후보자로서 받은 교육훈련성적이 수료점수에 미달되는 경우에는 채용후보자로서의 자격을 상실한다.
③ 경찰공무원법 제10조에 따른 공개경쟁채용시험, 경찰간부후보생 공개경쟁선발시험 및 경력경쟁채용시험등에 합격한 사람은 행정안전부령으로 정하는 바에 따라 임용권자 또는 임용제청권자에게 채용후보자 등록을 하여야 한다.
④ 임용권자 또는 임용제청권자에게 채용후보자 등록을 하지 아니한 사람은 경찰공무원으로 임용될 의사가 없는 것으로 본다.

해설 ① 「**경찰공무원 임용령**」 **제19조 제4호 단서** "채용후보자가 다음 각 호의 어느 하나에 해당하는 경우에는 채용후보자로서의 자격을 상실한다. 4. 채용후보자로서 교육훈련을 받는 중에 <u>퇴학처분을 받은 경우</u>. 다만, <u>질병등 교육훈련을 계속할 수 없는 불가피한 사정으로 퇴학처분을 받은 경우는 제외한다</u>."
② 「**경찰공무원 임용령**」 **제19조 제1호 내지 제3호**, ③ **제17조 제1항**, ④ **제17조 제2항**

17 다음 중 경찰공무원 임용령에서 규정한 채용후보자의 자격상실 사유는 모두 몇 개인가?

> ㉠ 질병 등 교육훈련을 계속할 수 없는 불가피한 사정으로 퇴학처분을 받은 경우
> ㉡ 채용후보자로서 받아야 할 교육훈련에 응하지 아니한 경우
> ㉢ 채용후보자로서 받은 교육훈련성적이 수료점수에 미달되는 경우
> ㉣ 채용후보자가 임용 또는 임용제청에 응하지 아니한 경우

① 1개   ② 2개   ③ 3개   ④ 4개

해설 「**경찰공무원 임용령**」 **제19조**
채용후보자의 자격상실사유로 4가지를 규정하고 있고, 퇴학처분의 경우 질병 등 교육훈련을 계속할 수 없는 불가피한 사정으로 퇴학처분을 받은 경우는 자격상실사유에서 제외하고 있다.

18 다음 중 경찰공무원법상 "시보임용(제13조)"에 대한 설명으로 옳은 것은 모두 몇 개인가?

> ㉠ 시보임용기간 중에 있는 경찰공무원이 근무성적 또는 교육훈련성적이 불량하더라도 국가공무원법 제68조에 따라 의사에 반하는 신분 조치를 당하지 아니하므로, 그 의사에 반하여 면직시키거나 면직을 제청할 수 없다.
> ㉡ 경찰대학을 졸업한 사람 또는 경찰간부후보생으로서 정하여진 교육을 마친 사람을 경위로 임용하는 경우에는 시보임용을 거치지 아니할 수 있다.
> ㉢ 휴직기간, 직위해제기간 및 징계에 의한 정직처분 또는 감봉처분을 받은 기간은 시보임용기간에 산입하지 아니한다.
> ㉣ 퇴직한 경찰공무원으로서 퇴직 시에 재직하였던 계급의 채용시험에 합격한 사람을 재임용하는 경우 및 자치경찰공무원을 그 계급에 상응하는 경찰공무원으로 임용하는 경우에는 시보임용을 거치지 아니한다.
> ㉤ 경정 이하의 경찰공무원을 신규채용할 때에는 1년간 시보로 임용하고, 그 기간이 만료된 날에 정규 경찰공무원으로 임용한다.

① 1개   ② 2개   ③ 3개   ④ 4개

해설 「경찰공무원법」제13조: ㉢ 제2항, ㉣ 제4항 제3호·제4호

㉠ **제3항** "시보임용기간 중에 있는 경찰공무원이 근무성적 또는 교육훈련성적이 불량할 때에는 「국가공무원법」 제68조 및 이 법 제28조에도 불구하고 면직시키거나 면직을 제청할 수 있다."

㉡ **제4항** "다음 각 호의 어느 하나에 해당하는 경우에는 시보임용을 거치지 아니한다. 1. 경찰대학을 졸업한 사람 또는 경찰간부후보생으로서 정하여진 교육을 마친 사람을 경위로 임용하는 경우, 2. 경찰공무원으로서 대통령령으로 정하는 상위계급으로의 승진에 필요한 자격 요건을 갖추고 임용예정 계급에 상응하는 공개경쟁채용시험에 합격한 사람을 해당 계급의 경찰공무원으로 임용하는 경우, 3. 퇴직한 경찰공무원으로서 퇴직 시에 재직하였던 계급의 채용시험에 합격한 사람을 재임용하는 경우, 4. 자치경찰공무원을 그 계급에 상응하는 경찰공무원으로 임용하는 경우"

㉤ **제1항** "경정 이하의 경찰공무원을 신규채용할 때에는 1년간 시보(試補)로 임용하고, 그 기간이 만료된 다음 날에 정규 경찰공무원으로 임용한다."

19 경찰공무원 임용령에 따른 "시보임용경찰공무원(제20조) 및 시보임용경찰공무원 등에 대한 교육훈련(제21조)"에 대한 설명으로 옳은 것은?

① 임용권자 또는 임용제청권자는 시보임용경찰공무원이 징계사유에 해당하거나 경찰공무원 임용령 제21조 제1항에 따른 교육훈련성적이 만점의 60퍼센트 미만이거나 생활기록이 극히 불량한 경우에 해당하여 정규 경찰공무원으로 임용하는 것이 부적당하다고 인정되는 때에는 정규임용심사위원회의 심사를 거쳐 해당 시보임용경찰공무원을 면직시키거나 면직을 제청하여야 한다.

② 임용권자 또는 임용제청권자는 시보임용경찰공무원 또는 시보임용예정자에게 일정 기간 교육훈련(실무수습을 포함한다)을 시킬 수 있고, 이 경우 시보임용예정자에게 교육훈련을 받는 기간 동안 예산의 범위에서 임용예정계급의 1호봉에 해당하는 봉급의 60퍼센트에 해당하는 금액 등을 지급할 수 있다.

③ 임용권자 또는 임용제청권자는 시보임용경찰공무원이 경찰공무원 승진임용 규정 제7조 제2항에 따른 제2 평정 요소(근무실적·직무수행능력·직무수행태도)의 평정점이 만점의 60퍼센트 미만에 해당하여 정규 경찰공무원으로 임용하는 것이 부적당하다고 인정되는 경우에는 정규임용심사위원회의 심사를 거쳐 해당 시보임용경찰공무원을 면직시키거나 면직을 제청할 수 있다.

④ 임용권자 또는 임용제청권자는 시보임용예정자의 교육훈련성적이 만점의 60퍼센트 미만이거나 생활기록이 극히 불량할 때에는 시보임용을 하지 아니할 수 있다.

해설 ① ③「**경찰공무원 임용령**」제20조 제2항 "임용권자 또는 임용제청권자는 시보임용경찰공무원이 다음 각 호의 어느 하나에 해당하여 정규 경찰공무원으로 임용하는 것이 부적당하다고 인정되는 경우에는 제3항에 따른 정규임용심사위원회의 심사를 거쳐 해당 시보임용경찰공무원을 면직시키거나 면직을 제청할 수 있다. 1. 징계사유에 해당하는 경우, 2. 제21조 제1항에 따른 교육훈련성적이 만점의 60퍼센트 미만이거나 생활기록이 극히 불량한 경우, 3.「경찰공무원 승진임용 규정」제7조 제2항에 따른 제2 평정 요소의 평정점이 만점의 50퍼센트 미만인 경우"

② 「**경찰공무원 임용령**」제21조 제1항 "임용권자 또는 임용제청권자는 시보임용경찰공무원 또는 시보임용예정자에게 일정 기간 교육훈련(실무수습을 포함한다)을 시킬 수 있다. 이 경우 시보임용예정자에게 교육훈련을 받는 기간 동안 예산의 범위에서 임용예정계급의 1호봉에 해당하는 봉급의 80퍼센트에 해당하는 금액 등을 지급할 수 있다."

④ 「**경찰공무원 임용령**」제21조 제2항

20 경찰공무원 임용령에 따른 "시보임용경찰공무원(제20조) 및 시보임용경찰공무원 등에 대한 교육훈련(제21조)"에 대한 설명이다. ( )에 들어갈 숫자를 순서대로 바르게 연결한 것은?

> · 임용권자 또는 임용제청권자는 시보임용경찰공무원이 다음 각 호의 어느 하나에 해당하여 정규 경찰공무원으로 임용하는 것이 부적당하다고 인정되는 경우에는 정규임용심사위원회의 심사를 거쳐 해당 시보임용경찰공무원을 면직시키거나 면직을 제청할 수 있다.
>   − 제21조 제1항에 따른 교육훈련성적이 만점의 (㉠)퍼센트 미만이거나 생활기록이 극히 불량한 경우
>   − 경찰공무원 승진임용 규정 제7조 제2항에 따른 제2 평정 요소의 평정점이 만점의 (㉡)퍼센트 미만인 경우
> · 임용권자 또는 임용제청권자는 시보임용경찰공무원 또는 시보임용예정자에게 일정 기간 교육훈련을 시킬 수 있다. 이 경우 시보임용예정자에게 교육훈련을 받는 기간 동안 예산의 범위에서 임용예정계급의 1호봉에 해당하는 봉급의 (㉢)퍼센트에 해당하는 금액 등을 지급할 수 있다.
> · 임용권자 또는 임용제청권자는 시보임용예정자가 제1항에 따른 교육훈련성적이 만점의 (㉣)퍼센트 미만이거나 생활기록이 극히 불량할 때에는 시보임용을 하지 아니할 수 있다.

① ㉠−60 ㉡−60 ㉢−80 ㉣−60   ② ㉠−60 ㉡−50 ㉢−60 ㉣−50
③ ㉠−60 ㉡−50 ㉢−80 ㉣−60   ④ ㉠−60 ㉡−60 ㉢−60 ㉣−50

해설 「**경찰공무원 임용령**」제20조·제21조 참조. 순서대로 "60−50−80−60"이다.

21 경찰공무원 임용령 시행규칙에 따른 "정규임용심사위원회(제9조)"에 대한 설명으로 틀린 것은?

① 경찰공무원 임용령 제20조 제3항에 따른 정규임용심사위원회는 위원장 1명을 포함한 위원 5명 이상 7명 이하로 구성한다.

② 정규임용심사위원회 위원은 소속 경감 이상 경찰공무원 중에서 위원회가 설치된 기관의 장이 임명하되, 심사대상자보다 상위 계급자로 한다.

③ 정규임용심사위원회 위원장은 위원 중 가장 계급이 높은 경찰공무원으로 하되, 가장 계급이 높은 경찰공무원이 둘 이상인 경우 그 중 해당 계급에 승진임용된 날이 가장 빠른 경찰공무원이 된다.

④ 정규임용심사위원회는 재적위원 과반수의 출석과 출석위원 과반수의 찬성으로 의결한다.

해설 ① 「**경찰공무원 임용령 시행규칙**」 제9조 제1항, ② 제9조 제3항, ③ 제9조 제2항
④ 「**경찰공무원 임용령 시행규칙**」 제9조 제4항 "위원회는 <u>재적위원 3분의 2 이상 출석과 출석위원 과반수 찬성</u>으로 의결한다."

22 경찰공무원법에 따른 "승진(제15조)"에 대한 설명으로 옳은 것은?

① 경찰공무원은 바로 아래 하위계급에 있는 경찰공무원 중에서 근무성적평정, 경력평정, 그 밖의 능력을 실증하여 승진임용하되, 해양경찰청장을 보하는 경우 치안정감을 치안총감으로 승진임용한다.
② 경무관 이하 계급으로의 승진은 원칙적으로 승진심사에 의하여 한다.
③ 경정 이하 계급으로의 승진은 대통령령으로 정하는 비율에 따라 승진시험과 승진심사를 병행하여야 한다.
④ 총경 이하의 경찰공무원에 대하여는 대통령령으로 정하는 바에 따라 계급별로 승진대상자 명부를 작성할 수 있다.

해설 ① 「**경찰공무원법**」 제11조 제1항 "경찰공무원은 바로 아래 하위계급에 있는 경찰공무원 중에서 근무성적평정, 경력평정, 그 밖의 능력을 실증(實證)하여 승진임용한다. 다만, <u>해양경찰청장을 보하는 경우 치안감을 치안총감으로 승진임용할 수 있다.</u>"
② 「**경찰공무원법**」 **제11조 제2항 본문**
③ 「**경찰공무원법**」 제11조 제2항 단서 "경무관 이하 계급으로의 승진은 승진심사에 의하여 한다. 다만, 경정 이하 계급으로의 승진은 대통령령으로 정하는 비율에 따라 <u>승진시험과 승진심사를 병행할 수 있다.</u>"
④ 「**경찰공무원법**」 제11조 제3항 "총경 이하의 경찰공무원에 대하여는 대통령령으로 정하는 바에 따라 <u>계급별로 승진대상자 명부를 작성하여야 한다.</u>"

23 경찰공무원 승진임용 규정에 따른 "승진임용의 구분(제3조) 및 승진임용 예정 인원 결정(제4조)"에 대한 설명으로 틀린 것은?

① 경찰공무원의 승진임용은 심사승진임용·시험승진임용 및 특별승진임용으로 구분한다.
② 승진임용 예정 인원 중 경감 이하 계급으로의 승진임용 예정 인원을 정하는 경우에는 해당 계급으로의 승진임용 예정 인원의 30퍼센트 이내에서 특별승진임용 예정 인원을 따로 정할 수 있다.
③ 승진임용 예정 인원 중 경무관으로의 승진임용 예정 인원은 경무관 정원의 30퍼센트, 총경으로의 승진임용 예정 인원은 총경 정원의 20퍼센트를 초과할 수 없다.
④ 계급별로 전체 승진임용 예정 인원에서 특별승진임용 예정 인원을 뺀 인원의 50퍼센트씩을 각각 심사승진임용 예정 인원과 시험승진임용 예정 인원으로 하되, 특수분야의 승진임용 예정 인원을 정하는 경우에는 심사승진임용 예정 인원과 시험승진임용 예정 인원 중 어느 한쪽의 예정 인원이 50퍼센트를 초과하게 정할 수 있다.

해설 ① 「**경찰공무원 승진임용 규정**」 제3조, ② **제4조 제3항 본문**, ④ **제4조 제4항 제1호** ①과 관련하여 경찰공무원법은 제16조에서 "근속승진"을 규정하고 있지만, 경찰공무원 승진임용 규정에 따른 승진임용은 3가지로 구분되어 있음에 유의한다.
③ 「**경찰공무원 승진임용 규정**」 **제4조 제2항 본문** "승진임용 예정 인원 중 경무관으로의 승진임용 예정 인원은 <u>경무관 정원의 25퍼센트</u>, 총경으로의 승진임용 예정 인원은 <u>총경 정원의 20퍼센트를</u> <u>초과할 수 없다.</u>"

24 경찰공무원 승진임용 규정에 따른 "승진소요 최저근무연수(제5조)"에 대한 설명으로 옳은 것은?

① 경찰공무원이 승진하려면 경무관은 5년 이상, 총경은 4년 이상, 경정 및 경감은 3년 이상, 경위 및 경사는 2년 이상, 경장 및 순경은 1년 이상 해당 계급에 재직하여야 한다.

② 경찰대학을 졸업하고 경위로 임용된 사람이 의무경찰대 설치 및 운영에 관한 법률 제2조의3 제2항에 따라 의무경찰대 대원으로 복무한 기간은 승진소요 최저근무연수의 기간에 포함한다.

③ 징계처분 기간 및 경찰공무원 승진임용 규정 제6조(승진임용의 제한) 제1항 제2호에 따른 승진임용 제한기간은 원칙적으로 승진소요 최저근무연수의 기간에 포함되지 않지만, 경찰공무원 승진임용 규정은 예외적으로 기간에 포함되는 경우를 규정하고 있다.

④ 휴직 기간 및 직위해제 기간은 원칙적으로 승진소요 최저근무연수의 기간에 포함되지 않지만, 경찰공무원 승진임용 규정은 예외적으로 기간에 포함되는 경우를 규정하고 있다.

해설 ① 「**경찰공무원 승진임용 규정**」 **제5조 제1항** "경찰공무원이 승진하려면 다음 각 호의 구분에 따른 기간 동안 해당 계급에 재직하여야 한다. 1. 총경: 4년 이상, 2. 경정 및 경감: 3년 이상, 3. 경위 및 경사: 2년 이상, 4. 경장 및 순경: 1년 이상" 경무관 이상은 승진소요 최저근무연수의 적용을 받지 않는다(규정 없음).

② 「**경찰공무원 승진임용 규정**」 **제5조 제3항** "경찰대학을 졸업하고 경위로 임용된 사람이 「의무경찰대 설치 및 운영에 관한 법률」 제2조의3 제2항에 따라 의무경찰대의 대원으로 복무한 기간은 제1항의 기간에 포함하지 아니한다."

③ 「**경찰공무원 승진임용 규정**」 **제5조 제2항 본문** "휴직 기간, 직위해제 기간, 징계처분 기간 및 제6조 제1항 제2호에 따른 승진임용 제한기간은 제1항의 기간에 포함하지 아니한다." 휴직 기간 및 직위해제 기간의 경우 단서에서 예외를 규정하고 있는 것과 달리 예외를 두고 있지 않다는 점에 유의한다.

④ 「**경찰공무원 승진임용 규정**」 **제5조 제2항 단서**

25 다음 중 경찰공무원 승진임용 규정에 따른 승진소요 최저근무연수의 기간에 포함되지 않는 경우는 모두 몇 개인가?

> ㉠ 강등되었던 사람이 강등되기 직전의 계급으로 승진한 경우 강등되기 직전의 계급에서 재직한 기간
> ㉡ 경찰대학을 졸업하고 경위로 임용된 사람이 의무경찰대 설치 및 운영에 관한 법률 제2조의3 제2항에 따라 의무경찰대의 대원으로 복무한 기간
> ㉢ 징계처분 기간 및 경찰공무원 승진임용 규정 제6조 제1항 제2호에 따른 승진임용 제한기간
> ㉣ 강등된 경우 강등되기 직전의 계급에서 재직한 기간
> ㉤ 경정 이하 경찰공무원의 승진소요 최저근무연수와 관련하여 법원조직법 제72조에 따른 사법연수생으로 수습한 기간
> ㉥ 국가공무원법에 따른 5급 공무원의 공개경쟁채용시험이나 사법시험법에 따른 사법시험에 합격한 사람을 경정 이하의 경찰공무원으로 임용하는 경우 경찰공무원으로 채용된 사람이 채용 전에 5급 이상 공무원으로 5년 이상 근무한 경우에는 그 기간의 20퍼센트에 해당하는 기간

① 1개 ② 2개 ③ 3개 ④ 4개

해설 「**경찰공무원 승진임용 규정**」 **제5조 제2항 내지 제8항**
기간에 포함되는 경우: ㉠ ㉣ ㉤ ㉥ / 기간에 포함되지 않는 경우: ㉡ ㉢

26 경찰공무원 승진임용 규정에 따른 "승진임용의 제한(제6조)"에 대한 설명으로 틀린 것은?

① 소극행정, 음주운전(음주측정에 응하지 않은 경우를 포함한다), 성폭력, 성희롱 및 성매매에 따른 징계처분의 집행이 끝난 날로부터 강등 · 정직의 경우 18개월, 감봉의 경우 12개월, 견책의 경우 6개월이 지나지 않은 경찰공무원은 승진임용될 수 없다.

② 징계의결 요구, 징계처분, 직위해제, 시보임용 기간 중에 있는 경찰공무원 및 경찰공무원법 제30조(정년) 제3항에 따라 계급정년이 연장된 경찰공무원은 승진임용될 수 없다.

③ 승진임용 제한기간 중에 있는 사람이 다시 징계처분을 받은 경우 승진임용 제한기간은 전(前) 처분에 대한 승진임용 제한기간이 끝난 날부터 계산하고, 징계처분으로 승진임용 제한기간 중에 있는 사람이 휴직하는 경우 징계처분에 따른 남은 승진임용 제한기간은 복직일부터 계산한다.

④ 경찰공무원이 징계처분을 받은 후 해당 계급에서 훈장, 포장, 모범공무원 포상, 대통령표창 또는 국무총리표창, 제안이 채택 · 시행되어 포상을 받은 경우 승진임용 제한기간의 2분의 1을 단축할 수 있다.

해설 ① 「**경찰공무원 승진임용 규정**」 **제6조 제1항 제2호** "징계처분의 집행이 끝난 날부터 다음 각 목의 구분에 따른 기간[「국가공무원법」 제78조의2 제1항 각 호의 어느 하나에 해당하는 사유로 인한 징계처분과 <u>소극행정, 음주운전(음주측정에 응하지 않은 경우를 포함한다), 성폭력, 성희롱 및 성매매에 따른 징계처분의 경우에는 각각 6개월을 더한 기간</u>]이 지나지 않은 사람. 가. 강등 · 정직: 18개월, 나. 감봉: 12개월, 다. 견책: 6개월" 각 목의 기간에 6개월을 더한 기간인 24개월, 18개월 및 12개월이 승인임용 제한기간이다.
② 「**경찰공무원 승진임용 규정**」 **제6조 제1항 제1호 · 제4호**, ③ **제6조 제2항**, ④ **제6조 제3항** ②와 관련하여 휴직 기간 중에 있는 경우도 원칙적으로 승진임용될 수 없지만, 예외사유가 있다. ③과 관련하여 제6조 제2항에 규정된 "징계처분에 따른 남은 승진임용 제한기간은 복직일부터 계산한다"는 것은 휴직기간 중에는 승진임용 제한기간이 진행하지 않는다는 의미이다.

27 다음 중 경찰공무원 승진임용 규정 "승진임용의 제한(제6조)"에 따른 기간의 합계는 얼마인가?

> ㉠ 금전, 물품, 부동산, 향응 또는 그 밖에 대통령령으로 정하는 재산상 이익을 취득하거나 제공한 사유로 정직처분을 받은 경우 ( )월
> ㉡ 거짓보고 금지의무 위반으로 감봉처분을 받은 경우 ( )월
> ㉢ 음주측정에 응하지 않은 사유로 강등처분을 받은 경우 ( )월
> ㉣ 품위유지의무위반으로 견책처분을 받은 경우 ( )
> ㉤ 성희롱 사유로 감봉처분을 받은 경우 ( )월

① 72   ② 78   ③ 84   ④ 90

해설 「**경찰공무원 승진임용 규정**」 **제6조 제1항 제2호**: 제6조 제1항 제2호의 (징계별) 기간과 6개월의 가산사유를 정확히 기억하고 있어야 해결할 수 있는 문제이다. 제6조 제3항에 따라 승진임용 제한기간의 2분의 1을 단축할 수 있는 사유와 결합하여 기간을 계산하는 문제로도 출제 가능성이 있으므로 대비가 필요하다.
㉠ 6개월 가산인 국가공무원법 제78조의2(징계부가금) 제1항 제1호(금전, 물품, 부동산, 향응 또는 그 밖에 대통령령으로 정하는 재산상 이익을 취득하거나 제공한 경우)에 해당하는 사유로 인한 정직처분이므로 18개월에 6개월을 가산한 24개월
㉡ 6개월 가산에 해당하지 않는 사유로 인한 감봉처분이므로 12개월
㉢ 6개월 가산인 음주운전(음주측정에 응하지 않은 경우를 포함한다)으로 인한 강등처분이므로 18개월에 6개월을 가산한 24개월
㉣ 6개월 가산에 해당하지 않는 사유로 인한 견책처분이므로 6개월
㉤ 6개월 가산에 해당하는 성희롱으로 인한 감봉처분이므로 12월에 6개월을 가산한 18개월

28 경찰공무원법상 "근속승진(제16조)"에 관한 규정이다. ( )안에 들어갈 숫자를 더한 값은?

> 경찰청장 또는 해양경찰청장은 제15조 제2항에도 불구하고 해당 계급에서 다음 각 호의 기간 동안 재직한 사람을 경장, 경사, 경위, 경감으로 각각 근속승진임용 할 수 있다.
> 1. 순경을 경장으로 근속승진임용하려는 경우: 해당 계급에서 ( ) 이상 근속자
> 2. 경장을 경사로 근속승진임용하려는 경우: 해당 계급에서 ( ) 이상 근속자
> 3. 경사를 경위로 근속승진임용하려는 경우: 해당 계급에서 ( ) 이상 근속자
> 4. 경위를 경감으로 근속승진임용하려는 경우: 해당 계급에서 ( ) 이상 근속자

① 22년 6개월   ② 23년   ③ 23년 6개월   ④ 24년

> **해설** 「**경찰공무원법**」 제16조: 4년 − 5년 − 6년 6월 − 8년 순

29 경찰공무원법 및 경찰공무원 승진임용 규정에 따른 "근속승진"에 대한 설명으로 옳은 것은?

① 경찰공무원법 제16조에 따른 근속승진 기간은 경찰공무원 승진임용 규정에 따른 승진소요 최저근무연수의 계산 방법에 따라 계산한다.
② 경사에서 7년 이상 근속하여야 경위로 근속승진임용 할 수 있다.
③ 임용권자는 인사의 원활한 운영을 위하여 필요하다고 인정되는 경우에는 경위 재직기간별로 승진대상자 명부를 구분하여 작성하여야 한다.
④ 임용권자는 경감으로의 근속승진임용을 위한 심사를 연 1회 실시할 수 있고, 이 경우 해당 기관의 근속승진 대상자의 100분의 40에 해당하는 인원수(소수점 이하가 있는 경우에는 이를 계산하지 아니한다)를 초과하여 근속승진임용할 수 없다.

> **해설** ① 「**경찰공무원 승진임용 규정**」 제26조 제1항
> ② 「**경찰공무원법**」 제16조 제1항 제3호 "경사를 경위로 근속승진임용하려는 경우: <u>해당 계급에서 6년 6개월 이상 근속자</u>"
> ③ 「**경찰공무원 승진임용 규정**」 제26조 제4항 "임용권자는 인사의 원활한 운영을 위하여 필요하다고 인정되는 경우에는 <u>경위 재직기간별로 승진대상자 명부를 구분하여 작성할 수 있다.</u>"
> ④ 「**경찰공무원 승진임용 규정**」 제26조 제3항 "임용권자는 경감으로의 근속승진임용을 위한 심사를 연 1회 실시할 수 있다. 이 경우 해당 기관의 근속승진 대상자의 <u>100분의 40에 해당하는 인원수(소수점 이하가 있는 경우에는 1명을 가산한다)</u>를 초과하여 근속승진임용할 수 없다."

30 경찰공무원법 및 경찰공무원 승진임용 규정에 따른 "승진심사위원회"에 대한 설명으로 틀린 것은?

① 승진심사위원회는 중앙승진심사위원회와 보통승진심사위원회가 있고, 양자 모두 위원장을 포함하여 5명 이상 7명 이하의 위원으로 구성한다.
② 중앙승진심사위원회와 보통승진심사위원회의 위원장은 위원 중 최상위계급 또는 선임인 경찰공무원이 된다.
③ 경무관으로의 승진심사를 위하여 구성되는 중앙승진심사위원회 회의에 부칠 사항을 사전에 심의하기 위하여 중앙승진심사위원회에 복수의 승진심의위원회를 둘 수 있으며, 각각의 승진심의위원회는 위원장을 포함한 3명 이상 5명 이하의 위원으로 구성한다.
④ 중앙승진심사위원회 위원은 회의 소집일 전에 승진심사대상자보다 상위계급인 경찰공무원 중에서 경찰청장이 임명하고, 보통승진심사위원회 위원은 그 보통승진심사위원회가 설치된 경찰기관의 장이 승진심사대상자보다 상위계급인 경위 이상 소속 경찰공무원 중에서 임명한다.

해설 ① 「경찰공무원법」제17조 제1항, 「경찰공무원 승진임용 규정」제15조 제1항 및 제16조 제2항, ② 「경찰공무원 승진임용 규정」제15조 제5항 및 제16조 제3항 후단, ④ 제15조 제4항 및 제16조 제3항
③ 「경찰공무원 승진임용 규정」제15조 제2항 "경무관으로의 승진심사를 위하여 구성되는 중앙승진심사위원회 회의에 부칠 사항을 사전에 심의하기 위하여 중앙승진심사위원회에 복수의 승진심의위원회를 둘 수 있으며, 각각의 승진심의위원회는 위원장을 포함한 5명 이상 7명 이하의 위원으로 구성한다."

31 경찰공무원 승진임용 규정에 따른 "승진심사위원회의 관할(제17조)과 회의(제18조)"에 대한 설명으로 옳은 것은?

① 중앙승진심사위원회는 총경 이상 계급으로의 승진심사, 시·도경찰청 보통승진심사위원회는 경찰서 소속 경찰공무원의 경위 이상 계급으로의 승진심사를 관할한다.
② 경찰청장은 승진예정 인원 등을 고려하여 부득이할 때에는 경정 이하 계급으로의 승진심사 중 경찰서의 보통승진심사위원회에서 실시할 경감 이하 계급으로의 승진심사를 시·도경찰청의 보통승진심사위원회에서 하게 할 수 있다.
③ 중앙승진심사위원회의 회의는 경찰청장이 소집하며, 보통승진심사위원회의 회의는 해당 경찰기관의 장이 경찰청장(경찰서 보통승진심사위원회의 회의도 같다)의 승인을 받아 소집한다.
④ 승진심사위원회의 회의는 비공개로 하고, 재적위원 과반수의 찬성으로 의결한다.

해설 ① 「경찰공무원 승진임용 규정」제17조 제1항 본문 제1호·제3호 "승진심사위원회는 다음 각 호의 구분에 따라 경찰공무원의 승진심사를 관할한다. 다만, 경찰청장은 승진예정 인원 등을 고려하여 부득이할 때에는 제2호의 승진심사 중 경찰서의 보통승진심사위원회에서 실시할 경위 이하 계급으로의 승진심사를 시·도경찰청의 보통승진심사위원회에서 하게 할 수 있다. 1. 총경 이상 계급으로의 승진심사: 중앙승진심사위원회, 2. 경정 이하 계급으로의 승진심사: 해당 경찰관이 소속한 경찰기관의 보통승진심사위원회(제3호의 경우는 제외한다), 3. 경찰서 소속 경찰공무원의 경감 이상 계급으로의 승진심사: 시·도경찰청 보통승진심사위원회"
② 「경찰공무원 승진임용 규정」제17조 제1항 단서 "경찰서의 보통승진심사위원회에서 실시할 경위 이하 계급으로의 승진심사"
③ 「경찰공무원 승진임용 규정」제18조 제1항 "중앙승진심사위원회의 회의는 경찰청장이 소집하며, 보통승진심사위원회의 회의는 해당 경찰기관의 장이 경찰청장(경찰서 보통승진심사위원회 회의의 경우 시·도경찰청장을 말한다)의 승인을 받아 소집한다."
④ 「경찰공무원 승진임용 규정」제18조 제2항·제3항

32 경찰공무원법에 따른 "승진"에 대한 설명으로 틀린 것은?

① 경무관 이하 계급으로의 승진은 승진심사에 의하여 하되, 경정 이하 계급으로의 승진은 대통령령으로 정하는 비율에 따라 승진시험과 승진심사를 병행할 수 있다.
② 경사 이하의 경찰공무원으로서 모든 경찰공무원의 귀감이 되는 공을 세우고 전사하거나 순직한 사람에 대하여는 2계급 특별승진시킬 수 있다.
③ 경찰공무원으로서 전사하거나 순직한 사람 또는 직무수행 중 현저한 공적을 세운 사람에 대해서는 1계급 특별승진시킬 수 있다.
④ 경위 계급에서 8년 이상 근속한 사람을 경감으로 근속승진임용할 수 있다.

해설 ① 「경찰공무원법」제15조 제2항, ③ 제19조 제1항 본문 제2호·제3호, ④ 제16조 제1항 제4호
② 「경찰공무원법」제19조 제1항 단서 "경위 이하의 경찰공무원으로서 모든 경찰공무원의 귀감이 되는 공을 세우고 전사하거나 순직한 사람에 대하여는 2계급 특별승진시킬 수 있다."

33 경찰공무원법상 경찰관의 의무 등에 대한 설명으로 옳은 것은?

① 경찰공무원은 국가공무원법상의 의무 이외에도 경찰공무원법에 따라 거짓 보고 등의 금지 및 지휘권 남용 등의 금지 의무를 진다.
② 경찰관의 무기 휴대는 경찰관 직무집행법, 무기 사용은 경찰공무원법에 근거를 두고 있다.
③ 경찰공무원은 제복을 착용할 수 있다.
④ 경찰공무원은 직무 수행을 위하여 필요하면 무기를 휴대하여야 한다.

> **해설** ① 「**경찰공무원법**」 **제24조 · 제25조**
> ② 무기 휴대는 경찰공무원법 제26조 제2항, 무기 사용은 경찰관 직무집행법 제10조의4에 근거를 두고 있다.
> ③ 「**경찰공무원법**」 **제26조 제1항** "경찰공무원은 **제복을 착용하여야 한다.**"
> ④ 「**경찰공무원법**」 **제26조 제2항** "경찰공무원은 직무 수행을 위하여 **필요하면 무기를 휴대할 수 있다.**"

34 경찰공무원법상 "당연퇴직(제27조)"에 해당하는 경우는 모두 몇 개인가?

> ㉠ 피성년후견인 또는 피한정후견인이 된 경우
> ㉡ 도로교통법위반(음주운전)의 죄를 범하여 자격정지 이상의 형의 선고유예를 받고 그 유예기간 중에 있는 경우
> ㉢ 자격정지 이상의 형을 선고받은 경우
> ㉣ 파산선고를 받은 사람으로서 채무자 회생 및 파산에 관한 법률에 따라 신청기한 내에 면책신청을 하였거나 면책불허가 결정 또는 면책 취소가 확정되지 아니한 경우
> ㉤ 성폭력범죄의 처벌 등에 관한 특례법 제2조에 규정된 죄를 범하여 자격정지 이상의 형의 선고유예를 받은 경우
> ㉥ 대한민국의 국적을 상실한 경우

① 3개　　② 4개　　③ 5개　　④ 6개

> **해설** 「**경찰공무원법**」 **제27조**: ※ 유의 – 경찰공무원의 정년도 당연퇴직 사유에 해당(경찰공무원법 제30조 제5항)
> "경찰공무원이 제8조 제2항 각 호의 어느 하나에 해당하게 된 경우에는 당연히 퇴직한다. 다만, 제8조 제2항 제4호는 파산선고를 받은 사람으로서 「채무자 회생 및 파산에 관한 법률」에 따라 신청기한 내에 면책신청을 하지 아니하였거나 면책불허가 결정 또는 면책 취소가 확정된 경우만 해당하고, 제8조 제2항 제6호는 「형법」 제129조부터 제132조까지, 「성폭력범죄의 처벌 등에 관한 특례법」 제2조, 「아동 · 청소년의 성보호에 관한 법률」 제2조 제2호 및 직무와 관련하여 「형법」 제355조 또는 제356조에 규정된 죄를 범한 사람으로서 자격정지 이상의 형의 선고유예를 받은 경우만 해당한다." 경찰공무원의 당연퇴직사유를 규정하고 있는 제27조는 2020. 6. 4. 시행된 개정 경찰공무원법을 통해 중요 부분이 개정되었으므로 유의한다.
> ㉠ ㉢ ㉤ ㉥은 개정 경찰공무원법상 당연퇴직사유에 해당한다.
> ㉡ 개정 전 경찰공무원법에 의하면 자격정지 이상의 형의 선고유예를 받고 그 유예기간 중에 있는 사람은 당연퇴직사유에 해당하지 않았으나, 개정 경찰공무원법은 이를 다시 구분하여 당연퇴직사유에 해당하는 경우를 규정하고 있다. 원칙적으로 당연퇴직사유에 해당하지는 않지만, 형법 제129조부터 제132조(수뢰 · 사전수뢰/제삼자뇌물제공/수뢰후부정처사 · 사후수뢰/알선수뢰)까지, 성폭력범죄의 처벌 등에 관한 특례법 제2조, 아동 · 청소년의 성보호에 관한 법률 제2조 제2호 및 직무와 관련하여 형법 제355조(횡령 · 배임) 또는 제356조(업무상횡령 · 배임)에 규정된 죄를 범한 사람으로서 자격정지 이상의 형의 선고유예를 받은 경우에는 당연퇴직사유에 해당한다. 음주운전은 3가지 사유에 해당하지 않기 때문에 당연퇴직사유에 해당하지 않는다.
> ㉣ 제8조 제2항 제4호의 파산선고를 받고 복권되지 아니한 사람 가운데 채무자 회생 및 파산에 관한 법률에 따라 신청기한 내에 면책신청을 하지 아니하였거나 면책불허가 결정 또는 면책 취소가 확정된 경우만 당연퇴직사유에 해당하므로, 보기의 경우 당연퇴직사유에 해당하지는 않는다.

35 경찰공무원법상 "직권면직(제28조)"에 대한 설명으로 틀린 것은?

① 임용권자는 해당 경과에서 직무를 수행하는 데 필요한 자격증의 효력이 상실되거나 면허가 취소되어 담당 직무를 수행할 수 없게 되었을 때에는 징계위원회의 동의 없이 경찰공무원을 직권으로 면직시킬 수 있다.

② 임용권자는 직제와 정원의 개폐 또는 예산의 감소 등에 따라 폐직·과원이 되었을 때 또는 휴직 기간이 끝나거나 휴직 사유가 소멸된 후에도 직무에 복귀하지 아니하거나 직무를 감당할 수 없을 때에는 징계위원회의 동의 없이 경찰공무원을 직권으로 면직시킬 수 있다.

③ 휴직 기간이 끝나거나 휴직 사유가 소멸된 후에도 직무에 복귀하지 아니하거나 직무를 감당할 수 없는 사유로 인한 직권면직일은 휴직기간의 만료일이나 휴직 사유의 소멸일의 다음 날로 한다.

④ 임용권자는 경찰공무원으로는 부적합할 정도로 직무 수행능력이나 성실성이 현저하게 결여된 사람 또는 직무를 수행하는 데에 위험을 일으킬 우려가 있을 정도의 성격적·도덕적 결함이 있는 사람으로서 대통령령으로 정하는 사유에 해당된다고 인정될 때에는 징계위원회의 동의를 받아 경찰공무원을 직권으로 면직시킬 수 있다.

> **해설** ①「**경찰공무원법**」제28조 제1항 제4호 및 제2항, ② 제28조 제1항 제1호 및 제2항, ④ 제28조 제1항 제2호 · 제3호 및 제2항
> ③「**경찰공무원법**」제28조 제3항 "「국가공무원법」제70조 제1항 제4호의 사유로 인한 직권면직일은 <u>휴직기간의 만료일이나 휴직 사유의 소멸일로 한다.</u>"

36 경찰공무원법상 "직권면직(제28조)"에 따른 경찰공무원의 직권면직 및 징계위원회의 동의와 관련하여 잘못 연결된 것은?

보기	징계위원회의 동의 불요	징계위원회의 동의 필요
①	해당 경과에서 직무를 수행하는 데 필요한 자격증의 효력이 상실되거나 면허가 취소되어 담당 직무를 수행할 수 없게 되었을 때	경찰공무원으로는 부적합할 정도로 직무 수행능력이나 성실성이 현저하게 결여된 사람으로서 지능 저하 또는 판단력 부족으로 경찰업무를 감당할 수 없는 경우에 해당한다고 인정될 때
②	직제와 정원의 개폐 또는 예산의 감소 등에 따라 폐직 또는 과원이 되었을 때	직무를 수행하는 데에 위험을 일으킬 우려가 있을 정도의 성격적 또는 도덕적 결함이 있는 사람으로서 사행행위 또는 재산의 낭비로 인한 채무과다, 부정한 이성관계 등 도덕적 결함이 현저하여 타인의 비난을 받는 경우에 해당된다고 인정될 때
③	휴직 기간이 끝나거나 휴직 사유가 소멸된 후에도 직무에 복귀하지 아니하거나 직무를 감당할 수 없을 때	경찰공무원으로는 부적합할 정도로 직무 수행능력이나 성실성이 현저하게 결여된 사람으로서 책임감의 결여로 직무수행에 성의가 없고 위험한 직무를 고의로 기피하거나 포기하는 경우에 해당한다고 인정될 때

	직무를 수행하는 데에 위험을 일으킬 우려가 있을 정도의 성격적 또는 도덕적 결함이 있는 사람으로서 인격장애, 알코올·약물중독 그 밖의 정신장애로 인하여 경찰업무를 감당할 수 없는 경우에 해당된다고 인정될 때	직무수행 능력이 부족한 이유로 직위해제 되어 3개월의 범위에서 대기 명령을 받은 자가 그 기간에 능력의 향상을 기대하기 어렵다고 인정된 때
④		

해설 「**경찰공무원법**」 **제28조**

동의 불요 (제28조 제1항)	– 직제와 정원의 개폐 또는 예산의 감소 등에 따라 폐직 또는 과원이 되었을 때 – 휴직 기간이 끝나거나 휴직 사유가 소멸된 후에도 직무에 복귀하지 아니하거나 직무를 감당할 수 없을 때 (※ 직권면직일: 휴직기간의 <u>만료일</u>이나 휴직 사유의 <u>소멸일</u>) – 해당 경과에서 직무를 수행하는 데 필요한 자격증의 효력이 상실되거나 면허가 취소되어 담당 직무를 수행할 수 없게 되었을 때
동의 필요 (제28조 제2항)	– 경찰공무원으로는 부적합할 정도로 직무 수행능력이나 성실성이 현저하게 결여된 사람으로서 대통령령으로 정하는 사유(1. <u>지능 저하 또는 판단력 부족으로 경찰업무를 감당할 수 없는 경우</u>, 2. <u>책임감의 결여로 직무수행에 성의가 없고 위험한 직무를 고의로 기피하거나 포기하는 경우</u>)에 해당된다고 인정될 때 – 직무를 수행하는 데에 위험을 일으킬 우려가 있을 정도의 성격적 또는 도덕적 결함이 있는 사람으로서 대통령령으로 정하는 사유(1. <u>인격장애, 알코올·약물중독 그 밖의 정신장애로 인하여 경찰업무를 감당할 수 없는 경우</u>, 2. <u>사행행위 또는 재산의 낭비로 인한 채무과다, 부정한 이성관계 등 도덕적 결함이 현저하여 타인의 비난을 받는 경우</u>)에 해당된다고 인정될 때 – 국가공무원법 제73조의3 제3항에 따라(주: 직무수행 능력이 부족하거나 근무성적이 극히 나쁜 이유로 직위해제 되어 3개월의 범위에서) <u>대기 명령을 받은 자가 그 기간에 능력 또는 근무성적의 향상을 기대하기 어렵다고 인정된 때</u>

37 경찰공무원법상 "정년(제30조)"에 대한 설명으로 옳은 것은?

① 경찰공무원법상 정년은 연령정년과 계급정년으로 구분되고, 연령정년은 60세, 계급정년은 치안감은 4년, 경무관은 6년, 총경은 11년, 경정은 13년이다.

② 징계로 인하여 강등(경감으로 강등된 경우를 포함한다)된 경찰공무원의 계급정년은 강등되기 전 계급 중 가장 높은 계급의 계급정년으로 하고, 계급정년을 산정할 때에는 강등되기 전 계급의 근무연수와 강등 이후의 근무연수를 합산한다.

③ 수사, 정보, 외사, 보안, 자치경찰사무 등 특수 부문에 근무하는 경찰공무원으로서 대통령령으로 정하는 바에 따라 지정을 받은 사람은 경무관, 총경 및 경정의 경우에는 3년의 범위에서 대통령령으로 정하는 바에 따라 계급정년을 연장할 수 있다.

④ 경찰청장은 전시·사변이나 그 밖에 이에 준하는 비상사태에서는 2년의 범위에서 계급정년을 연장할 수 있고, 경무관 이상의 경찰공무원에 대하여는 행정안전부장관과 국무총리를 거쳐 대통령의 승인을 받아야 하고, 총경·경정의 경찰공무원에 대하여는 행정안전부장관을 거쳐 국무총리의 승인을 받아야 한다.

해설 ① 「**경찰공무원법**」 제30조 제1항 "① 경찰공무원의 정년은 다음과 같다. 1. 연령정년: 60세, 2. 계급정년(치안 감: 4년 / 경무관: 6년 / 총경: 11년 / 경정: 14년)"

② 「**경찰공무원법**」 제30조 제2항

③ 「**경찰공무원법**」 제30조 제3항 "수사, 정보, 외사(外事), 보안, 자치경찰사무 등 특수 부문에 근무하는 경찰공 무원으로서 대통령령으로 정하는 바에 따라 지정을 받은 사람은 <u>총경 및 경정의 경우에는 4년의 범위에서</u> 대 통령령으로 정하는 바에 따라 제1항 제2호에 따른 계급정년을 연장할 수 있다." 경무관은 포함되지 않고, 4 년의 범위에서 연장할 수 있다.

④ 「**경찰공무원법**」 제30조 제4항 "경찰청장 또는 해양경찰청장은 전시·사변이나 그 밖에 이에 준하는 비상사 태에서는 2년의 범위에서 제1항 제2호에 따른 계급정년을 연장할 수 있다. 이 경우 <u>경무관 이상의</u> 경찰공무 원에 대하여는 <u>행정안전부장관</u> 또는 해양수산부장관과 <u>국무총리를 거쳐 대통령의 승인</u>을 받아야 하고, <u>총 경·경정</u>의 경찰공무원에 대하여는 <u>국무총리를 거쳐 대통령의 승인</u>을 받아야 한다." 해양경찰 부분을 생략한 지문으로 총경·경정에 대한 연장 절차의 설명이 잘못되었다.

38 경찰공무원법상 "정년(제30조)"에 따른 계급정년의 잔여기간으로 옳은 것은 몇 개인가?

> ㉠ 경정으로 12년을 근무한 경찰공무원이 징계처분에 의해 경감으로 강등된 경우 경정으로 다시 승진하지 않은 이상 연령정년인 60세까지 근무할 수 있다.
> ㉡ 총경으로 3년을 근무한 경찰공무원이 징계에 의해 경정으로 강등되어 4년을 근무한 경우 계급 정년의 잔여기간은 10년이다.
> ㉢ 경무관 계급에 해당하는 자치경찰공무원으로 3년간 근무한 경력이 있는 경찰공무원이 경무관 으로 2년을 근무하고 징계에 의해 총경으로 강등된 경우 계급정년의 잔여기간은 4년이다.
> ㉣ 치안감으로 1년 근무한 경찰공무원이 징계처분에 의해 경무관으로 강등되어 2년을 근무하고, 다시 징계처분으로 총경으로 강등된 경우 계급정년의 잔여기간은 3년이다.

① 없음   ② 1개   ③ 2개   ④ 3개

해설 「**경찰공무원법**」 제30조에 따른 기간과 조문의 내용을 정확히 이해하고 있어야 해결할 수 있는 문제이다. 강등된 계급의 계급정년은 <u>강등되기 전 계급 중 가장 높은 계급의 계급정년(경감으로 강등된 경우 포함)</u>으로 하고, <u>계급 정년을 산정할 때에는 강등되기 전 계급의 근무연수와 강등 이후의 근무연수를 합산</u>한다. 그리고 제주특별자치 도의 자치경찰공무원으로 근무한 경력이 있는 경찰공무원의 경우에는 그 계급에 상응하는 <u>자치경찰공무원으로 근무한 연수를 산입</u>한다.

㉠ 경감은 원칙적으로 계급정년이 없지만, 경감으로 강등된 경우에는 계급정년의 적용을 받는다. 경정(14년)으 로 12년을 근무하였기 때문에 계급정년은 2년이 남아 있다.

㉡ 징계로 총경에서 경정으로 강등된 경찰공무원의 계급정년은 총경(11년)을 기준으로 하고, 총경으로 근무한 3 년과 경정으로 근무한 4년을 합산하기 때문에 계급정년은 4년이 남아 있다.

㉢ 징계로 경무관에서 총경으로 강등된 경찰공무원의 계급정년은 경무관(6년)을 기준으로 하고, 경무관으로 2년 을 근무하였으나 경무관에 해당하는 계급의 자치경찰공무원으로 근무한 3년이 계급정년을 산입하기 때문에 계급정년은 1년이 남아 있다.

㉣ 2번의 강등으로 총경인 경찰공무원의 계급정년은 직전 계급인 경무관이 아니라 "강등되기 전 계급 중 가장 높은 계급의 계급정년을 기준"한다. 사안의 총경인 경찰공무원의 계급정년은 직전의 경무관 계급이 아니라 강등 이전 가장 높은 계급인 치안감(4년)의 계급정년이 기준이고, 치안감으로 1년, 경무관으로 2년 각각 근무 하였기 때문에 이를 합산한 3년을 제외하고 계급정년이 1년이 남아 있다.

39 경찰공무원법 및 공무원고충처리규정에 따른 "고충심사위원회"에 대한 설명으로 틀린 것은?

① 경찰공무원의 인사상담 및 고충을 심사하기 위하여 경찰청, 해양경찰청, 시·도자치경찰위원회, 시·도경찰청, 대통령령으로 정하는 경찰기관 및 지방해양경찰관서에 경찰공무원 고충심사위원회를 두고, 그 구성, 심사 절차 및 운영에 필요한 사항은 대통령령으로 정한다.

② 경찰공무원 고충심사위원회의 심사를 거친 재심청구와 경정 이상의 경찰공무원의 인사상담 및 고충심사는 국가공무원법에 따라 설치된 중앙고충심사위원회에서 한다.

③ 고충심사위원회가 청구서를 접수한 때에는 30일 이내에 고충심사에 대한 결정을 하여야 하고, 부득이하다고 인정되는 경우에는 고충심사위원회 위원장의 결정으로 30일을 연장할 수 있다.

④ 고충심사위원회는 고충심사에 필요하다고 인정하는 경우 사실조사를 할 수 있고, 청구인·관계인의 진술을 청취하거나 구두로 문답하는 경우 그 청취서 또는 문답서를 작성하여야 한다.

> **해설** ① 「**경찰공무원법**」 제31조 제1항·제3항, ② 제31조 제2항, ④ 「**공무원고충처리규정**」 제7조 제2항·제3항
> ③ 「**공무원고충처리규정**」 제7조 제1항 "고충심사위원회가 청구서를 접수한 때에는 <u>30일 이내</u>에 고충심사에 대한 결정을 하여야 한다. 다만, 부득이하다고 인정되는 경우에는 <u>고충심사위원회의 의결로 30일</u>을 연장할 수 있다."

40 경찰공무원법 및 경찰공무원 징계령에 따른 "징계와 징계위원회"에 대한 설명으로 옳은 것은?

① 치안감 이상의 경찰공무원에 대한 징계의결은 국가공무원법에 따라 국무총리 소속으로 설치된 징계위원회에서 한다.

② 경무관 이하의 경찰공무원에 대한 징계의결을 하기 위하여 대통령령으로 정하는 경찰기관에 경찰공무원 징계위원회를 둘 수 있다.

③ 경찰공무원 징계령에 따른 "중징계"란 파면, 해임, 강등 및 정직을, "경징계"란 감봉 및 견책을 말한다.

④ 경찰공무원 관계의 변동에는 승진, 전보, 파견, 휴직, 직위해제, 파면·해임·강등·강임·정직·감봉·견책 등의 징계처분이 있다.

> **해설** ① 「**경찰공무원법**」 제32조 제1항 "<u>경무관 이상</u>의 경찰공무원에 대한 징계의결은 「국가공무원법」에 따라 국무총리 소속으로 설치된 징계위원회에서 한다."
> ② 「**경찰공무원법**」 제32조 제2항 "<u>총경 이하</u>의 경찰공무원에 대한 징계의결을 하기 위하여 대통령령으로 정하는 경찰기관 및 해양경찰관서에 <u>경찰공무원 징계위원회를 둔다.</u>"
> ③ 「**경찰공무원 징계령**」 제2조
> ④ 경찰공무원법 및 경찰공무원 징계령에 의하면 <u>강임은 징계가 아니고, 경찰공무원법은 국가공무원법에 대한 특별법에 해당하므로 강임은 경찰공무원에게 적용되지 않는다.</u>

41 경찰공무원 징계령에 따른 "징계위원회의 종류 · 설치 · 관할(제3조 · 제4조)"에 대한 설명으로 틀린 것은?

① 경찰공무원 징계위원회는 중앙징계위원회와 보통징계위원회로 구분하고, 중앙징계위원회는 경찰청에 두며, 보통징계위원회는 경찰청, 시 · 도경찰청, 경찰대학, 경찰인재개발원, 중앙경찰학교, 경찰수사연수원, 경찰병원, 경찰서, 경찰기동대, 의무경찰대 및 경찰청장이 지정하는 경감 이상의 경찰공무원을 장으로 하는 기관에 둔다.

② 경찰공무원 중앙징계위원회는 경무관, 총경 및 경정에 대한 징계 또는 국가공무원법 제78조의2에 따른 징계부가금 부과 사건을 심의 · 의결한다.

③ 경찰공무원 보통징계위원회는 해당 징계위원회가 설치된 경찰기관 소속 경감 이하 경찰공무원에 대한 징계등 사건을 심의 · 의결하되, 경정 이상의 경찰공무원을 장으로 하는 경찰서, 경찰기동대 등 총경 이상의 경찰공무원을 장으로 하는 경찰기관에 설치된 보통징계위원회는 소속 경위 이하의 경찰공무원에 대한 징계등 사건을 심의 · 의결한다.

④ 경찰청장이 징계등 의결을 요구하는 경감 이하의 경찰공무원에 대한 징계등 사건은 경찰청에 설치된 보통징계위원회에서 심의 · 의결한다.

> **해설** ① 「**경찰공무원 징계령**」 **제3조**, ③ **제4조 제2항 제1호**, ④ **제4조 제3항**
> ② 「**경찰공무원 징계령**」 **제4조 제1항** "중앙징계위원회는 총경 및 경정에 대한 징계 또는 「국가공무원법」 제78조의2에 따른 징계부가금 부과(이하 "징계등"이라 한다) 사건을 심의 · 의결한다." 경무관 이상의 경찰공무원에 대한 징계의결은 국가공무원법에 따라 국무총리 소속으로 설치된 징계위원회에서 한다(경찰공무원법 제32조 제1항).

42 경찰공무원 징계령에 따른 "관련 사건의 관할(제5조)"에 대한 설명으로 옳은 것은?

① 경찰공무원법 제37조(벌칙) 제1항 또는 제2항에 따른 위반행위와 관련된 징계등 사건은 경찰청 또는 시 · 도경찰청에 설치된 보통징계위원회에서 심의 · 의결한다.

② 상위 계급과 하위 계급의 경찰공무원이 관련된 징계등 사건으로 상위 계급의 경찰공무원이 감독상 과실책임만으로 관련된 경우에는 경찰공무원 징계령 제4조에 따른 관할 징계위원회에서 각각 심의 · 의결할 수 있다.

③ 상위 계급과 하위 계급의 경찰공무원이 관련된 징계등 사건은 상위 계급의 경찰공무원을 관할하는 징계위원회에서 심의 · 의결하고, 상급 경찰기관과 하급 경찰기관에 소속된 경찰공무원이 관련된 징계등 사건은 경찰청에 설치된 중앙징계위원회에서 심의 · 의결한다.

④ 소속이 다른 2명 이상의 경찰공무원이 관련된 징계등 사건으로서 관할 징계위원회가 서로 다른 경우에는 경찰청에 설치된 중앙징계위원회에서 심의 · 의결한다.

> **해설** ① 「**경찰공무원 징계령**」 **제5조 제3항** "「경찰공무원법」 제37조 제1항 또는 제2항에 따른 위반행위와 관련된 징계등 사건은 제4조 제2항에도 불구하고 <u>경찰청 · 해양경찰청 · 시 · 도경찰청</u> 또는 지방해양경찰청에 설치된 보통징계위원회에서 <u>심의 · 의결할 수 있다.</u>"
> ② 「**경찰공무원 징계령**」 **제5조 제1항 단서**
> ③ 「**경찰공무원 징계령**」 **제5조 제1항 본문** "상위 계급과 하위 계급의 경찰공무원이 관련된 징계등 사건은 제4조에도 불구하고 상위 계급의 경찰공무원을 관할하는 징계위원회에서 심의 · 의결하고, 상급 경찰기관과 하급 경찰기관에 소속된 경찰공무원이 관련된 징계등 사건은 <u>상급 경찰기관에 설치된 징계위원회에서 심의 · 의결한다.</u>"
> ④ 「**경찰공무원 징계령**」 **제5조 제2항** "소속이 다른 2명 이상의 경찰공무원이 관련된 징계등 사건으로서 관할 징계위원회가 서로 다른 경우에는 <u>모두를 관할하는 바로 위 상급 경찰기관에 설치된 징계위원회에서 심의 · 의결한다.</u>"

43 경찰공무원 징계령에 따른 "징계위원회의 구성 등(제6조)"에 대한 설명으로 옳은 것은 모두 몇 개인가?

ㄱ 경찰공무원 징계령에 따른 중앙징계위원회는 위원장 1명을 포함하여 5명 이상 7명 이하의 공무원위원과 민간위원으로 구성하고, 보통징계위원회는 위원장 1명을 포함하여 3명 이상 5명 이하의 공무원위원과 민간위원으로 구성한다.

ㄴ 징계위원회가 설치된 경찰기관의 장은 징계등 심의 대상자보다 상위 계급인 경감 이상의 소속 경찰공무원 또는 상위 직급에 있는 6급 이상의 소속 공무원 중에서 징계위원회의 공무원위원을 임명한다.

ㄷ 징계위원회가 설치된 경찰기관의 장은 위원장을 제외한 위원 수의 2분의 1 이상을 성별을 고려하여 민간위원으로 위촉해야 한다.

ㄹ 중앙징계위원회 민간위원의 자격에 해당하는 사람은 보통징계위원회 민간위원의 자격에도 해당한다.

ㅁ 민간부문에서 인사·감사 업무를 담당하는 임원급 또는 이에 상응하는 직위에 근무한 경력이 있는 사람은 중앙징계위원회 및 보통징계위원회에 위촉되는 민간위원의 자격이 있다.

ㅂ 법관·검사 또는 변호사로 5년 이상 근무한 사람이나 고등교육법 제2조에 따른 학교 또는 이에 준하는 교육기관에서 경찰 관련 학문을 담당하는 부교수 이상으로 재직 중인 사람은 중앙징계위원회 및 보통징계위원회 민간위원의 자격이 있다.

---

① 1개   ② 2개   ③ 3개   ④ 4개

해설 「경찰공무원 징계령」제6조: 2020. 6. 16. 개정·시행된 부분으로 유의하여야 한다. ㅁ 제3항 제1호 라목 및 제2호 라목에 따른 옳은 설명이다.

ㄱ **제1항** "각 징계위원회는 위원장 1명을 포함하여 11명 이상 51명 이하의 공무원위원과 민간위원으로 구성한다." 위원의 수는 중앙징계위원회와 보통징계위원회가 동일하다.

ㄴ **제2항** "징계위원회가 설치된 경찰기관의 장은 징계등 심의 대상자보다 상위 계급인 경위 이상의 소속 경찰공무원 또는 상위 직급에 있는 6급 이상의 소속 공무원 중에서 징계위원회의 공무원위원을 임명한다."

ㄷ **제3항** "징계위원회가 설치된 경찰기관의 장은 제1항에 따른 위원 수의 2분의 1 이상을 다음 각 호의 구분에 따라 다음 각 목의 어느 하나에 해당하는 사람 중에서 성별을 고려하여 민간위원으로 위촉해야 한다." 위원장을 제외한 위원 수의 2분의 1 이상은 2020. 6. 16. 개정 이전의 규정이다. 현재 제1항에 따른 위원 수의 2분의 1 이상으로 규정하고 있고, 제1항에 따른 위원 수에는 위원장 1명이 포함된다.

ㄹ 중앙징계위원회 민간위원의 자격인 "총경 또는 4급 이상의 공무원으로 근무하고 퇴직한 사람"이라고 하더라도 공무원으로 20년 이상 근속하고 퇴직하지 않았다면 보통징계위원회 민간위원의 자격에 해당하지 않는다.

1. 중앙징계위원회

가. 법관·검사 또는 변호사로 10년 이상 근무한 사람

나. 「고등교육법」제2조에 따른 학교 또는 이에 준하는 교육기관(이하 "대학"이라 한다)에서 경찰 관련 학문을 담당하는 정교수 이상으로 재직 중인 사람

다. 총경 또는 4급 이상의 공무원으로 근무하고 퇴직한 사람[퇴직 전 5년부터 퇴직할 때까지 근무했던 적이 있는 경찰기관(해당 경찰기관이 소속된 중앙행정기관 및 그 중앙행정기관의 다른 소속기관에서 근무했던 경우를 포함한다)의 경우에는 퇴직일부터 3년이 경과한 사람을 말한다]

라. 민간부문에서 인사·감사 업무를 담당하는 임원급 또는 이에 상응하는 직위에 근무한 경력이 있는 사람

2. 보통징계위원회
가. 법관 · 검사 또는 변호사로 <u>5년 이상</u> 근무한 사람
나. 대학에서 경찰 관련 학문을 담당하는 <u>부교수 이상</u>으로 재직 중인 사람
다. <u>공무원으로 20년 이상 근속하고 퇴직한 사람</u>[퇴직 전 5년부터 퇴직할 때까지 근무했던 적이 있는 경찰기관(해당 경찰기관이 소속된 중앙행정기관 및 그 중앙행정기관의 다른 소속기관에서 근무했던 경우를 포함한다)의 경우에는 퇴직일부터 3년이 경과한 사람을 말한다]
라. <u>민간부문에서 인사 · 감사 업무를 담당하는 임원급 또는 이에 상응하는 직위에 근무한 경력이 있는 사람</u>

ⓑ 법관 · 검사 또는 변호사로 10년 이상 및 정교수 이상이 중앙징계위원회 민간위원의 자격이 있다. 이들은 동시에 보통징계위원회 민간위원의 자격에도 해당한다.

44 경찰공무원 징계령에 따른 징계위원회의 구성 및 위원의 임기에 대한 설명으로 틀린 것은?

① 법관 · 검사 또는 변호사로 7년간 근무한 사람은 보통징계위원회 민간위원의 자격에는 해당하지만, 중앙징계위원회 민간위원의 자격에는 해당하지 않는다.
② 고등교육법 제2조에 따른 학교 또는 이에 준하는 교육기관에서 경찰 관련 학문을 담당하는 정교수로 재직 중인 사람은 중앙징계위원회 및 보통징계위원회 민간위원의 자격을 충족한다.
③ 경찰공무원 징계령에 따라 중앙징계위원회 또는 보통징계위원회에 위촉되는 민간위원의 임기는 2년으로 하며, 한 차례만 연임할 수 있다.
④ 징계위원회의 위원장은 위원 중 최상위 계급 또는 이에 상응하는 직급에 있거나 최상위 계급 또는 이에 상응하는 직급에 해당하는 사람 가운데 연장자인 공무원이 된다.

해설 ① 「**경찰공무원 징계령**」 **제6조 제3항 제1호 가목 및 제2호 가목**, ② **제6조 제3항 제1호 나목 및 제2호 나목**, ③ **제6조의2**
④ 「**경찰공무원 징계령**」 **제6조 제4항** "징계위원회의 위원장은 위원 중 최상위 계급 또는 이에 상응하는 직급에 있거나 <u>최상위 계급 또는 이에 상응하는 직급에 먼저 승진임용된 공무원</u>이 된다."

45 경찰공무원 징계령에 따른 "징계위원회의 회의(제7조)"에 대한 설명으로 옳은 것은?

① 징계위원회의 위원장이 부득이한 사유로 직무를 수행할 수 없거나 위원장이 필요하다고 인정하는 경우에는 출석한 위원 중 위원장이 미리 지명한 공무원이 위원장이 된다.
② 징계위원회의 회의는 위원장이 소집하되, 위원장은 표결권이 없다.
③ 징계위원회의 회의는 위원장과 징계위원회가 설치된 경찰기관의 장이 회의마다 지정하는 4명 이상 6명 이하의 위원으로 성별을 고려하여 구성한다.
④ 징계위원회의 회의 민간위원의 수는 위원장을 제외한 위원 수의 2분의 1 이상이어야 한다.

해설 ① 「**경찰공무원 징계령**」 **제7조 제5항** "위원장이 부득이한 사유로 직무를 수행할 수 없거나 위원장이 필요하다고 인정하는 경우에는 출석한 위원 중 <u>최상위 계급 또는 이에 상응하는 직급에 있거나 최상위 계급 또는 이에 상응하는 직급에 먼저 승진임용된 공무원</u>이 위원장이 된다."
② 「**경찰공무원 징계령**」 **제7조 제3항 · 제4항** "③ 징계위원회의 회의는 위원장이 소집한다. ④ <u>위원장은 표결권을 가진다.</u>"
③ 「**경찰공무원 징계령**」 **제7조 제1항 전단**
④ 「**경찰공무원 징계령**」 **제7조 제1항 후단** "징계위원회의 회의는 위원장과 징계위원회가 설치된 경찰기관의 장이 회의마다 지정하는 <u>4명 이상 6명 이하</u>의 위원으로 성별을 고려하여 구성하되, 민간위원의 수는 <u>위원장을 포함한 위원 수의 2분의 1 이상</u>이어야 한다."

46 경찰공무원 징계령에 따른 "징계등 의결의 요구(제9조)"에 대한 설명으로 틀린 것은?

① 경찰기관의 장은 그 소속 경찰공무원에 대한 징계등 사건이 상급 경찰기관에 설치된 징계위원회의 관할에 속한 경우에는 그 상급 경찰기관의 장에게 징계의결서등을 첨부하여 징계등 의결의 요구를 신청하여야 한다.

② 경찰기관의 장이 징계등 의결 요구 또는 그 신청을 할 때에는 원칙적으로 파면, 해임, 강등, 정직, 감봉 또는 견책으로 구분하여 요구하거나 신청하여야 한다.

③ 경찰기관의 장은 소속 경찰공무원이 징계사유가 있다고 인정할 때와 징계등 의결 요구 신청을 받았을 때에는 지체 없이 관할 징계위원회를 구성하여 징계등 의결을 요구하여야 한다.

④ 경찰기관의 장은 징계등 의결을 요구할 때에는 경찰공무원 징계 의결 또는 징계부가금 부과 의결 요구서 사본을 징계등 심의 대상자에게 보내야 하고, 징계등 심의 대상자가 그 수령을 거부하는 경우에는 그러하지 아니하다.

① 「**경찰공무원 징계령**」제9조 제2항, ③ 제9조 제1항 제1문, ④ 제9조 제5항
② 「**경찰공무원 징계령**」제9조 제4항 "경찰기관의 장이 제1항과 제2항에 따라 징계등 의결 요구 또는 그 신청을 할 때에는 <u>중징계 또는 경징계로 구분하여 요구하거나 신청하여야 한다.</u> 다만, 「감사원법」제32조 제1항 및 제10항에 따라 감사원장이 「국가공무원법」제79조에 따른 징계의 종류를 <u>구체적으로 지정하여 징계요구</u>를 한 경우에는 그러하지 아니하다."

47 경찰공무원 징계령에 따른 "징계등 사건의 통지(제10조)" 및 "징계등 의결 기한(제11조)"에 대한 설명으로 옳은 것은?

① 경찰기관의 장은 그 소속이 아닌 경찰공무원에게 징계 사유가 있다고 인정될 때에는 해당 경찰기관의 장에게 그 사실을 증명할 만한 충분한 사유를 명확히 밝혀 통지하여야 한다.

② ①에 따라 징계 사유를 통지받은 경찰기관의 장은 타당한 이유가 없으면 통지를 받은 날부터 14일 이내에 관할 징계위원회에 징계등 의결을 요구하거나 그 상급 경찰기관의 장에게 징계등 의결의 요구를 신청하여야 한다.

③ ①에 따라 징계 사유를 통지받은 경찰기관의 장은 해당 사건의 처리 결과를 징계 사유를 통지한 경찰기관의 장에게 회답할 수 있다.

④ 징계등 의결 요구를 받은 징계위원회는 그 요구서를 받은 날부터 30일 이내에 징계등에 관한 의결을 하여야 하고, 부득이한 사유가 있을 때에는 위원회의 의결로 30일 이내의 범위에서 그 기간을 연장할 수 있다.

① 「**경찰공무원 징계령**」제10조 제1항
② 「**경찰공무원 징계령**」제10조 제2항 "제1항에 따라 징계 사유를 통지받은 경찰기관의 장은 타당한 이유가 없으면 <u>통지를 받은 날부터 30일 이내에</u> 제9조에 따라 관할 징계위원회에 징계등 의결을 요구하거나 그 상급 경찰기관의 장에게 징계등 의결의 요구를 신청하여야 한다."
③ 「**경찰공무원 징계령**」제10조 제3항 "제1항에 따라 징계 사유를 통지받은 경찰기관의 장은 해당 사건의 처리 결과를 <u>징계 사유를 통지한 경찰기관의 장에게 회답하여야 한다.</u>"
④ 「**경찰공무원 징계령**」제11조 제1항 "징계등 의결 요구를 받은 징계위원회는 그 요구서를 받은 날부터 <u>30일</u> 이내에 징계등에 관한 의결을 하여야 한다. 다만, 부득이한 사유가 있을 때에는 해당 징계등 의결을 요구한 <u>경찰기관의 장의 승인을 받아 30일 이내의 범위에서</u> 그 기간을 연장할 수 있다."

48 경찰공무원 징계령에 따른 "징계등 심의 대상자의 출석(제12조)"에 대한 설명으로 틀린 것은?

① 징계위원회가 징계등 심의 대상자의 출석을 요구할 때에는 출석통지서로 하되, 징계위원회 개최일 5일 전까지 그 징계등 심의 대상자에게 도달되도록 해야 한다.

② 징계위원회는 징계등 심의 대상자가 그 징계위원회에 출석하여 진술하기를 원하지 아니할 때 등 일정한 사유가 있으면 서면심사로 징계등 의결을 하여야 한다.

③ 징계위원회는 징계등 심의 대상자가 국외 체류 또는 국외 여행 중이거나 그 밖의 부득이한 사유로 징계등 의결 요구서를 받은 날부터 상당한 기간 내에 출석할 수 없다고 인정될 때에는 적당한 기간을 정하여 서면으로 진술하게 하여 징계등 의결을 할 수 있고, 그 기간 내에 서면으로 진술하지 아니할 때에는 그 진술 없이 징계등 의결을 할 수 있다.

④ 징계위원회는 징계등 심의 대상자의 소재가 분명하지 아니할 때에는 출석 통지를 관보에 게재하고, 그 게재일부터 10일이 지나면 출석 통지가 송달된 것으로 본다.

> **해설**　① 「**경찰공무원 징계령**」 제12조 제1항, ③ 제12조 제5항, ④ 제12조 제3항 단서
> ② 「**경찰공무원 징계령**」 제12조 제2항 내지 제4항의 사유가 있는 경우 서면심사로 징계등을 의결할 수 있다.

49 경찰공무원 징계령에 따른 징계에 대한 설명으로 옳은 것은?

① 징계위원회는 징계등 의결을 하였을 때에는 7일 이내에 징계등 의결을 요구한 자에게 의결서 정본을 보내어 통지하여야 한다.

② 징계위원회는 징계등 사건을 의결할 때에는 징계등 의결을 요구한 자의 의견을 고려하지 아니하고, 그 의결 내용은 공개하지 아니한다.

③ 징계등 의결을 요구한 자는 경징계의 징계등 의결을 통지받았을 때에는 통지받은 날부터 15일 이내에 징계등을 집행하여야 하고, 징계등 의결을 집행할 때에는 의결서 사본에 징계등 처분 사유 설명서를 첨부하여 징계등 처분 대상자에게 보내야 한다.

④ 징계등 의결을 요구한 자는 중징계의 징계등 의결을 통지받았을 때에는 7일 이내에 징계등 처분 대상자의 임용권자에게 의결서 정본을 보내어 해당 징계등 처분을 제청하여야 하고, 총경 이상의 강등 및 정직, 경정 이상의 파면 및 해임 처분의 제청, 총경 및 경정의 강등 및 정직의 집행은 경찰청장 또는 해양경찰청장이 한다.

> **해설**　① 「**경찰공무원 징계령**」 제17조 "징계위원회는 징계등 의결을 하였을 때에는 지체 없이 징계등 의결을 요구한 자에게 의결서 정본(正本)을 보내어 통지하여야 한다."
> ② 「**경찰공무원 징계령**」 제14조 제3항에 따라 징계위원회의 의결 내용은 공개하지 아니하나, **제16조**에 따라 "징계위원회는 징계등 사건을 의결할 때에는 징계등 심의 대상자의 평소 행실, 근무 성적, 공적(功績), 뉘우치는 정도와 징계등 의결을 요구한 자의 의견을 고려하여야 한다."
> ③ 「**경찰공무원 징계령**」 제18조
> ④ 「**경찰공무원 징계령**」 제19조 제1항 "징계등 의결을 요구한 자는 중징계의 징계등 의결을 통지받았을 때에는 지체 없이 징계등 처분 대상자의 임용권자에게 의결서 정본을 보내어 해당 징계등 처분을 제청하여야 한다. 다만, 경무관 이상의 강등 및 정직, 경정 이상의 파면 및 해임 처분의 제청, 총경 및 경정의 강등 및 정직의 집행은 경찰청장 또는 해양경찰청장이 한다."

50 경찰공무원 징계령 세부시행규칙에 따른 "행위자의 징계양정 기준(제4조) 및 행위자와 감독자에 대한 문책기준(제5조)"에 대한 설명으로 옳은 것은?

① 경찰공무원 징계령 세부시행규칙 제4조 제1항에 따라 징계의결요구권자는 공금횡령·유용 및 업무상 배임의 금액이 100만원 이상일 경우에는 중징계 의결을 요구하여야 한다.

② 경찰공무원 징계령 세부시행규칙 제4조 제2항에 따라 행위자에게 정상참작 사유가 있는 경우 및 제5조 제2항에 따라 감독자에게 정상참작 사유가 있는 경우 징계요구권자 또는 징계위원회는 징계책임을 감경하여 징계의결 요구 또는 징계의결하거나 징계책임을 묻지 아니할 수 있다.

③ 감독자의 부임기간이 2개월 미만으로 부하직원에 대한 실질적인 감독이 곤란하다고 인정된 때에는 징계요구권자 또는 징계위원회는 징계책임을 묻지 아니할 수 있다.

④ 행위자가 간첩 또는 사회이목을 집중시킨 중요사건의 범인을 검거한 공로가 있을 때에는 징계요구권자 또는 징계위원회는 징계책임을 묻지 아니한다.

해설 ① **「경찰공무원 징계령 세부시행규칙」** 제4조 제1항 단서 "징계의결요구권자 또는 징계위원회는 행위자에 대한 의무위반행위의 유형·정도, 과실의 경중, 행위 당시 계급 및 직위, 비위행위가 공직 내외에 미치는 영향, 수사 중 경찰공무원 신분을 감추거나 속인 정황, 평소 행실, 공적, 뉘우치는 정도, 규제개혁 및 국정과제 등 관련 업무 처리의 적극성 또는 그 밖의 정상을 참작하여 별표 1, 별표 2, 별표 3, 별표 5, 별표 6의 징계양정기준에 따라 징계의결 요구 또는 징계의결하여야 한다. 단, 징계의결요구권자는 공금횡령·유용 및 업무상 배임의 금액이 <u>300만원 이상일 경우에는 중징계 의결을 요구하여야 한다.</u>"

② **「경찰공무원 징계령 세부시행규칙」** 제4조 제2항 및 제5조 제2항

③ **「경찰공무원 징계령 세부시행규칙」** 제5조 제2항 제3호 "징계요구권자 또는 징계위원회는 감독자에게 다음 각 호의 어느 하나에 해당하는 사유가 있을 때에는 징계책임을 감경하여 징계의결 요구 또는 징계의결하거나 징계책임을 묻지 아니할 수 있다. 3. 부임기간이 <u>1개월 미만</u>으로 부하직원에 대한 실질적인 감독이 곤란하다고 인정된 때"

④ **「경찰공무원 징계령 세부시행규칙」** 제4조 제2항 제6호 "징계요구권자 또는 징계위원회는 다음 각 호의 어느 하나에 해당하는 사유가 있을 때에는 징계책임을 감경하여 징계의결 요구 또는 징계의결하거나 징계책임을 <u>묻지 아니할 수 있다. 6. 간첩 또는 사회이목을 집중시킨 중요사건의 범인을 검거한 공로가 있을 때"</u>

51 경찰공무원법상 "징계의 절차(제33조)"에 대한 설명으로 틀린 것은?

① 경찰공무원의 징계는 징계위원회의 의결을 거쳐 징계위원회가 설치된 소속 기관의 장이 하되, 국가공무원법에 따라 국무총리 소속으로 설치된 징계위원회에서 의결한 징계는 경찰청장이 한다.

② 경찰공무원의 파면·해임·강등 및 정직은 원칙적으로 징계위원회의 의결을 거쳐 해당 경찰공무원의 임용권자가 한다.

③ 총경 및 경정의 강등 및 정직은 경찰청장이 한다.

④ 경무관 이상의 강등 및 정직과 경정 이상의 파면 및 해임은 경찰청장의 동의를 받아 행정안전부장관의 제청으로 국무총리를 거쳐 대통령이 한다.

해설 ① **「경찰공무원법」** 제27조 본문, ② 제27조 단서 제1문, ③ 제27조 단서 제3문

④ **「경찰공무원법」** 제27조 단서 제2문 "<u>경무관 이상의 강등 및 정직과 경정 이상의 파면 및 해임은 경찰청장 또는 해양경찰청장의 제청으로 행정안전부장관 또는 해양수산부장관과 국무총리를 거쳐 대통령이 한다.</u>" 제청

(경찰청장) → 거쳐(행정안전부장관과 국무총리) → 처분(대통령).

52 경찰공무원법에 대한 설명으로 옳은 것은?

① 치안총감과 치안정감은 형의 선고, 징계처분 또는 국가공무원법에서 정하는 사유에 따르지 아니하고 본인의 의사에 반하여 휴직 또는 면직을 당하지 아니한다.

② 징계처분, 휴직처분, 면직처분, 그 밖에 의사에 반하는 불리한 처분에 대한 행정소송의 경우에는 경찰청장을 피고로 하고, 경찰공무원법 제7조(임용권자) 제3항 및 제4항에 따라 임용권을 위임한 경우에는 그 위임을 받은 자를 피고로 한다.

③ 경찰공무원 본인의 의사에 반하여 파면 또는 해임이나 면직처분을 하면 그 처분을 한 날부터 40일 이내에는 후임자의 보충 발령을 하지 못한다.

④ 경찰공무원으로서 정치 운동의 금지(국가공무원법 제65조)를 위반한 사람은 3년 이하의 징역과 3년 이하의 자격정지에 처하고, 그 죄에 대한 공소시효의 기간은 형사소송법 규정에도 불구하고 15년으로 한다.

해설 ① 「**경찰공무원법**」 **제36조 제1항 후단** "경찰공무원에 대하여는 「국가공무원법」 제73조의4, 제76조 제2항부터 제5항까지의 규정을 적용하지 아니하며, 치안총감과 치안정감에 대하여는 「국가공무원법」 제68조 본문을 적용하지 아니한다." 치안총감과 치안정감의 경우 국가공무원법 제68조(의사에 반하는 신분 조치) 본문이 적용되지 않기 때문에 본인의 의사에 반하여 휴직 또는 면직을 당할 수 있다.

② 「**경찰공무원법**」 **제34조**

③ 「**경찰공무원법**」 **제36조 제1항 전단** "경찰공무원에 대하여는 「국가공무원법」 제73조의4, 제76조 제2항부터 제5항까지의 규정을 적용하지 아니하며" 경찰공무원의 경우 후임자의 보충 발령을 할 수 있다.

④ 「**경찰공무원법**」 **제37조 제3항** "경찰공무원으로서 제23조(주: 정치 관여 금지)를 위반하여 정당이나 정치단체에 가입하거나 정치활동에 관여하는 행위를 한 사람은 5년 이하의 징역과 5년 이하의 자격정지에 처하고, 그 죄에 대한 공소시효의 기간은 「형사소송법」 제249조 제1항에도 불구하고 10년으로 한다."

01 「국가공무원법」의 소청심사위원회 및 소청심사위원회 위원에 대한 내용이다. 아래 ㉠부터 ㉣까지의 내용 중 옳고 그름의 표시(O,X)가 바르게 된 것은? (2018년 제1차)

> ㉠ 대학에서 행정학·정치학 또는 법률학을 담당한 부교수 이상의 직에 3년 이상 근무한 자는 위원이 될 수 있다.
> ㉡ 국회사무처, 법원행정처, 헌법재판소사무처 및 중앙선거관리위원회사무처에 설치된 소청심사위원회는 위원장 1명을 포함한 위원 5명 이상 7명 이하의 상임위원으로 구성한다.
> ㉢ 소청사건의 결정은 재적위원 2분의 1 이상의 출석과 출석위원 과반수의 합의에 의하여 결정한다.
> ㉣ 소청심사위원회의 위원은 벌금 이상의 형벌이나 장기의 심신쇠약으로 직무를 수행할 수 없게 된 경우 외에는 본인의 의사에 반하여 면직되지 아니한다.

① ㉠ (X) ㉡ (X) ㉢ (O) ㉣ (O)
② ㉠ (X) ㉡ (O) ㉢ (X) ㉣ (O)
③ ㉠ (O) ㉡ (X) ㉢ (X) ㉣ (X)
④ ㉠ (X) ㉡ (X) ㉢ (X) ㉣ (X)

해설

㉠ 「**국가공무원법**」 **제10조 제1항 제2호** "소청심사위원회의 위원(위원장을 포함한다)은 다음 각 호의 어느 하나에 해당하고 인사행정에 관한 식견이 풍부한 자 중에서...(생략)...인사혁신처장의 제청으로...(생략)...대통령이 임명한다. 이 경우 인사혁신처장이 위원을 임명제청하는 때에는 국무총리를 거쳐야 하고, 인사혁신처에 설치된 소청심사위원회의 위원 중 비상임위원은 제1호 및 제2호의 어느 하나에 해당하는 자 중에서 임명하여야 한다. 1. 법관·검사 또는 변호사의 직에 5년 이상 근무한 자, 2. 대학에서 행정학·정치학 또는 법률학을 담당한 부교수 이상의 직에 5년 이상 근무한 자, 3. 3급 이상 공무원 또는 고위공무원단에 속하는 공무원으로 3년 이상 근무한 자"

㉡ 「**국가공무원법**」 **제9조 제3항** "국회사무처, 법원행정처, 헌법재판소사무처 및 중앙선거관리위원회사무처에 설치된 소청심사위원회는 위원장 1명을 포함한 위원 5명 이상 7명 이하의 비상임위원으로 구성하고, 인사혁신처에 설치된 소청심사위원회는 위원장 1명을 포함한 5명 이상 7명 이하의 상임위원과 상임위원 수의 2분의 1 이상인 비상임위원으로 구성하되, 위원장은 정무직으로 보한다."

㉢ 「**국가공무원법**」 **제14조 제1항** "소청 사건의 결정은 재적 위원 3분의 2 이상의 출석과 출석 위원 과반수의 합의에 따르되, 의견이 나뉘어 출석위원 과반수의 합의에 이르지 못하였을 때에는 과반수에 이를 때까지 소청인에게 가장 불리한 의견에 차례로 유리한 의견을 더하여 그 중 가장 유리한 의견을 합의된 것으로 본다 (21. 12. 9. 시행)."

㉣ 「**국가공무원법**」 **제11조** "소청심사위원회의 위원은 금고 이상의 형벌이나 장기의 심신 쇠약으로 직무를 수행할 수 없게 된 경우 외에는 본인의 의사에 반하여 면직되지 아니한다."

분석

> 국가공무원법에 규정된 소청심사위원회는 최근 12년간 독립된 유형의 문제로 4회가 출제되었고, 국가경찰과 자치경찰의 조직 및 운영에 관한 법률에서 국가경찰위원회, (구)치안행정협의회 및 소청심사위원회를 비교하는 유형의 문제로도 출제된 적이 있습니다. 국가경찰과 자치경찰의 조직 및 운영에 관한 법률에 정리되어 있는 표를 참조하세요. 기출문제는 소청심사위원회와 관련된 제9조 내지 제16조의 조문내용을 정확히 알고 있는지를 확인하는 수준에서 출제가 되었습니다. 소청심사위원회 위원의 결격사유(제10조의2), 소청인의 진술권(제13조 − 진술 기회를 주지 않은 결정은 무효) 및 결정의 효력(제15조 − 행정청을 기속)은 최근 12년간 출제된 적이 없어 향후 출제가 가능하므로 잘 기억하기 바랍니다.

정답 │ 01 │ ④

02 다음 보기 중 인사혁신처 소속의 '소청심사위원회'를 설명한 것으로 틀린 것은 모두 몇 개인가?

(2014년 제1차 - 현행법 반영 수정)

> ㉠ 대학에서 행정학·정치학 또는 법률학을 담당한 부교수 이상의 직에 5년 이상 근무한 자는 위원이 될 수 있다.
> ㉡ 위원장 1명을 포함한 5명 이상 7명 이하의 상임위원과 상임위원 수의 2분의 1 이상인 비상임위원으로 구성하되, 위원장은 정무직으로 보한다.
> ㉢ 소청 사건의 결정은 재적위원 3분의 2 이상의 출석과 재적위원 과반수의 합의에 따르되, 의견이 나뉠 경우에는 출석위원 과반수에 이를 때까지 소청인에게 가장 불리한 의견에 차례로 유리한 의견을 더하여 그 중 가장 유리한 의견을 합의된 의견으로 본다.
> ㉣ 상임위원의 임기는 3년으로 하며, 연임할 수 없다.
> ㉤ 상임위원은 다른 직무를 겸할 수 없다.

① 1개　　　　② 2개　　　　③ 3개　　　　④ 4개

해설 ㉠ 「**국가공무원법**」 제10조 제1항 제2호, ㉡ 제9조 제3항, ㉤ 제10조 제4항
㉢ 「**국가공무원법**」 제14조 제1항 "소청 사건의 결정은 <u>재적 위원 3분의 2 이상의 출석과 출석 위원 과반수의 합의에 따르되, 의견이 나뉘어 출석위원 과반수의 합의에 이르지 못하였을 때에는 과반수에 이를 때까지 소청인에게 가장 불리한 의견에 차례로 유리한 의견을 더하여 그 중 가장 유리한 의견을 합의된 것으로 본다</u> (21. 12. 9. 시행).
㉣ 「**국가공무원법**」 제10조 제2항 "소청심사위원회의 <u>상임위원의 임기는 3년으로 하며, 한 번만 연임할 수 있</u>다."

03 경찰공무원의 소청심사에 관한 다음 설명 중 가장 적절하지 않은 것은?

(2014년 제2차)

① 소청심사위원회가 소청 사건을 심사하기 위하여 징계요구 기관이나 관계기관의 소속 공무원을 증인으로 소환하면 해당 기관의 장은 이에 따라야 한다.
② 경찰공무원의 소청심사와 행정소송의 관계에 대하여 현행법은 임의적 전치주의를 원칙으로 하고 있다.
③ 소청심사위원회 상임위원의 임기는 3년으로 하며, 한번만 연임할 수 있다.
④ 소청심사위원회는 「국가공무원법」에 따른 소청을 접수하면 지체 없이 심사하여야 한다.

해설 ① 「**국가공무원법**」 제12조 제3항, ③ 제10조 제2항, ④ 제12조 제1항
② 「**국가공무원법**」 제16조 제1항 "제75조에 따른 처분, 그 밖에 본인의 의사에 반한 불리한 처분이나 부작위(不作爲)에 관한 행정소송은 <u>소청심사위원회의 심사·결정을 거치지 아니하면 제기할 수 없다.</u>"

04 「국가공무원법」상 소청심사위원회에 관한 다음 설명 중 적절하지 않은 것은 모두 몇 개인가?

(2012년 제3차 - 현행법 반영 수정)

> ㉠ 행정기관 소속 공무원과 국회, 법원, 헌법재판소 및 선거관리위원회 소속 공무원의 소청에 관한 사항을 심사·결정하기 위해 인사혁신처에 소청심사위원회를 둔다.
> ㉡ 소청심사위원회 위원은 자격정지 이상의 형벌이나 장기의 심신 쇠약으로 직무를 수행할 수 없게 된 경우 외에는 본인의 의사에 반하여 면직되지 아니한다.
> ㉢ 소청 사건의 결정은 재적 위원 3분의 2 이상의 출석과 출석 위원 과반수의 합의에 따르되, 의견이 나뉘어 출석 위원 과반수의 합의에 이르지 못하였을 때에는 과반수에 이를 때까지 소청인에

게 가장 불리한 의견에 차례로 유리한 의견을 더하여 그 중 가장 유리한 의견을 합의된 의견으로 본다.

ⓔ 소청심사위원회의 상임위원은 다른 직무를 겸할 수 없다.

① 1개   ② 2개   ③ 3개   ④ 4개

해설 ⓒ 「**국가공무원법**」 **제14조 제1항**(※ 21. 12. 9. 시행 법률 기준), ⓔ **제10조 제4항**
ⓐ 「**국가공무원법**」 **제9조 제1항 · 제2항** "① <u>행정기관 소속 공무원</u>의 징계처분, 그 밖에 그 의사에 반하는 불리한 처분이나 부작위에 대한 소청을 심사 · 결정하게 하기 위하여 <u>인사혁신처에 소청심사위원회</u>를 둔다. ② 국회, 법원, 헌법재판소 및 선거관리위원회 소속 공무원의 소청에 관한 사항을 심사 · 결정하게 하기 위하여 국회사무처, 법원행정처, 헌법재판소사무처 및 중앙선거관리위원회사무처에 <u>각각 해당 소청심사위원회</u>를 둔다."
ⓑ 「**국가공무원법**」 **제11조** "소청심사위원회의 위원은 <u>금고 이상의 형벌</u>이나 <u>장기의 심신 쇠약으로 직무를 수행할 수 없게 된 경우</u> 외에는 본인의 의사에 반하여 면직되지 아니한다."

05 「**국가공무원법**」상 경찰공무원의 의무에 대한 설명으로 가장 적절한 것은?   (2018년 제3차)

① 공무원이 외국 정부로부터 증여를 받을 경우에는 소속 기관장의 허가를 받아야 한다.
② 공무원은 취임할 때에 소속 기관장 앞에서 대통령령 등으로 정하는 바에 따라 선서하여야 하고, 불가피한 사유가 있으면 취임 후에 선서하게 할 수 있다.
③ 공무원은 소속 기관장의 허가 또는 정당한 사유가 없으면 직장을 이탈하지 못한다.
④ 공무원은 직무와의 관련 여부를 불문하고 사례 · 증여 또는 향응을 주거나 받을 수 없다.

해설 ① 「**국가공무원법**」 **제62조** "공무원이 외국 정부로부터 영예나 증여를 받을 경우에는 <u>대통령의 허가</u>를 받아야 한다."
② 「**국가공무원법**」 **제55조**
③ 「**국가공무원법**」 **제58조 제1항** "공무원은 <u>소속 상관의 허가</u> 또는 정당한 사유가 없으면 직장을 이탈하지 못한다."
④ 「**국가공무원법**」 **제61조 제1항** "공무원은 <u>직무와 관련하여</u> 직접적이든 간접적이든 사례 · 증여 또는 향응을 주거나 받을 수 없다."

분석 국가공무원법상 (공무원의) 복무와 관련하여 최근 12년간 독립된 유형의 문제로 4회, 국가경찰과 자치경찰의 조직 및 운영에 관한 법률 · 경찰공무원법 · 경찰관 직무집행법 · 공직자윤리법 등과 결합하여 4회가 출제되었습니다. 기출문제는 주로 공무원 및 경찰공무원의 의무와 관련된 조문의 내용을 정확히 기억하고 있는지를 확인하는 수준에서 출제되었습니다. 경찰공무원은 기본적으로 국가공무원법에 규정되어 있는 의무 이외에 <u>경찰공무원법에서 특별하게 규정하고 있는 의무</u>(① 거짓보고 금지 및 직무유기 금지의무, ② 지휘권 남용 등의 금지의무, ③ 제복착용의 의무)를 추가적으로 부담하고 있고, 공직자윤리법(총경 이상 / 치안감 이상의 경우는 공개대상) 및 공직자윤리법 시행령(경사 이상)에 근거하여 재산등록의무 및 성실등록의무를 지고 있습니다. 아울러 국가공무원법상 복종의 의무에도 불구하고 국가경찰과 자치경찰의 조직 및 운영에 관한 법률 제6조 제2항에 근거하여 "경찰공무원은 구체적 사건수사와 관련된 상관의 지휘 · 감독의 적법성 또는 정당성에 대하여 이견이 있을 때에는 이의를 제기할 수 있다"는 점에 유의할 필요가 있습니다.
국가공무원법과 경찰공무원법의 적용과 관련하여 출제된 적은 없지만, 경찰공무원법 제36조(국가공무원법과의 관계) 제1항은 치안총감과 치안정감의 경우 국가공무원법 제68조 본문(공무원은 형의 선고, 징계처분 또는 이 법에서 정하는 사유에 따르지 아니하고는 본인의 의사에 반하여 휴직 · 강임 또는 면직을 당하지 아니

> 한다)을 적용하지 않는다고 규정하므로 의사에 반하는 신분조치를 받을 수 있다는 점에 유의할 필요가 있습니다.

06 경찰공무원의 권리와 의무에 대한 설명으로 가장 적절하지 않은 것은? (2017년 제2차)

① 「국가공무원법」상 공무원은 소속 상관의 허가 또는 정당한 사유가 없으면 직장을 이탈하지 못한다.

② 복종의 의무와 관련하여 「경찰공무원법」은 경찰공무원이 구체적 사건수사와 관련된 상관의 적법성 또는 정당성에 대하여 이견이 있을 때에는 이의를 제기할 수 있다고 규정하고 있다.

③ 「국가공무원법」상 공무원은 공무 외에 영리를 목적으로 하는 업무에 종사하지 못하며 소속 기관장의 허가 없이 다른 직무를 겸할 수 없다.

④ 「공직자윤리법」상 등록의무자(취업심사대상자)는 퇴직일부터 3년간 퇴직 전 5년 동안 소속하였던 부서 또는 기관의 업무와 밀접한 관련성이 있는 취업제한기관에 취업할 수 없다. 다만, 관할 공직자윤리위원회의 승인을 받은 때에는 그러하지 아니하다.

해설 ① 「**국가공무원법**」 제58조 제1항, ③ 「**국가공무원법**」 제64조 제1항, ④ 「**공직자윤리법**」 제17조 제1항
② 「**국가경찰과 자치경찰의 조직 및 운영에 관한 법률**」 제6조 제2항 "경찰공무원은 구체적 사건수사와 관련된 제1항의 지휘·감독의 적법성 또는 정당성에 대하여 이견이 있을 때에는 이의를 제기할 수 있다." <u>이의제기권의 법적 근거는 경찰공무원법 또는 국가공무원법이 아니라, 국가경찰과 자치경찰의 조직 및 운영에 관한 법률이다.</u>

07 「국가공무원법」상 공무원의 복무에 관한 다음 설명 중 가장 적절하지 않은 것은? (2016년 제1차)

① 공무원(사실상 노무에 종사하는 공무원을 포함한다)은 노동운동이나 그 밖에 공무 외의 일을 위한 집단 행위를 하여서는 아니 된다.

② 공무원이 외국 정부로부터 영예나 증여를 받을 경우에는 대통령의 허가를 받아야 한다.

③ 공무원은 공무 외에 영리를 목적으로 하는 업무에 종사하지 못하며 소속 기관장의 허가 없이 다른 직무를 겸할 수 없다.

④ 공무원은 정당이나 그 밖의 정치단체의 결성에 관여하거나 이에 가입할 수 없다.

해설 ① 「**국가공무원법**」 제66조 제1항 "공무원은 노동운동이나 그 밖에 공무 외의 일을 위한 집단 행위를 하여서는 아니 된다. 다만, <u>사실상 노무에 종사하는 공무원은 예외로 한다.</u>"
② 「**국가공무원법**」 제62조, ③ 제64조 제1항, ④ 제65조 제1항

08 「국가공무원법」상 공무원의 의무에 관한 다음 설명 중 가장 적절하지 않은 것은? (2015년 제2차)

① 공무원이 외국 정부로부터 영예나 증여를 받을 경우에는 소속 기관장의 허가를 받아야 한다.

② 공무원은 재직 중은 물론 퇴직 후에도 직무상 알게 된 비밀을 엄수하여야 한다.

③ 공무원은 직무상의 관계가 있든 없든 그 소속 상관에게 증여하거나 소속 공무원으로부터 증여를 받아서는 아니 된다.

④ 공무원은 소속 상관의 허가 또는 정당한 사유가 없으면 직장을 이탈하지 못한다.

해설 ① 「**국가공무원법**」 제62조 "공무원이 외국 정부로부터 영예나 증여를 받을 경우에는 <u>대통령의 허가를 받아야 한다.</u>"

② 「국가공무원법」 제60조, ③ 제61조 제2항, ④ 제58조 제1항

09 다음은 경찰공무원의 의무를 설명한 것이다. 가장 적절하지 않은 것은? (2014년 제1차)

① '비밀엄수의 의무'에서 비밀의 범위는 자신이 처리하는 직무에 직결된 비밀뿐만 아니라, 직무와 관련하여 알게 된 모든 비밀을 포함한다.
② '거짓보고 금지의무'는 「경찰공무원법」에 명시되어 있다.
③ 「국가공무원법」상 '종교중립의 의무'는 신분상 의무가 아니라 직무상 의무에 속한다.
④ 「경찰공무원법」상 '성실 의무'는 공무원의 기본적 의무로서 모든 의무의 원천이 된다.

해설 ① "직무상 알게 된 비밀"이라고 규정하므로 직접 자신이 처리하는 직무를 통해 알게 된 것 뿐만 아니라 직무와 관련하여 알게 된 것도 포함된다. 뿐만 아니라 **94누7171 판결**이 "국가공무원법상 직무상 비밀이라 함은... (중략)...당해 사실이 일반에 알려질 경우 그러한 행정의 목적을 해할 우려가 있는지 여부를 기준으로 판단하여야 하며, 구체적으로는 행정기관이 비밀이라고 형식적으로 정한 것에 따를 것이 아니라 실질적으로 비밀로서 보호할 가치가 있는지, 즉 그것이 통상의 지식과 경험을 가진 다수인에게 알려지지 아니한 비밀성을 가졌는지, 또한 정부나 국민의 이익 또는 행정목적 달성을 위하여 비밀로서 보호할 필요성이 있는지 등이 객관적으로 검토되어야 한다."고 판시하므로, 행정기관에 의해 비밀로 지정된 것에 한정되는 것도 아니다.
② 「**경찰공무원법**」 제24조 제1항
③ 「**국가공무원법**」 제59조의2 제1항 "공무원은 종교에 따른 차별 없이 직무를 수행하여야 한다."에 따른 옳은 설명이다. 종교적 중립의무는 직무를 수행하는 과정에서 지켜야 하는 의무이다.
④ 「**국가공무원법**」 제56조 "모든 공무원은 법령을 준수하며 성실히 직무를 수행하여야 한다."는 성실의무는 공무원의 기본적 의무로 모든 의무의 원천이 된다. 그 근거는 경찰공무원법이 아니라 국가공무원법이다.

10 경찰공무원의 의무 중 그 근거 법령이 나머지 셋과 다른 하나는? (2019년 제2차)

① 법령을 준수하며 성실히 직무를 수행하여야 한다.
② 직무를 수행할 때 소속 상관의 직무상 명령에 복종하여야 한다.
③ 직무에 관하여 거짓으로 보고나 통보를 하여서는 아니 된다.
④ 소속 상관의 허가 또는 정당한 사유가 없으면 직장을 이탈하지 못한다.

해설 ① ② ④는 국가공무원법상의 의무, ③ 경찰공무원법상의 의무이다.

【관계법령에 따른 경찰공무원의 의무】

국가공 무원법	① 선서의 의무 ② 성실의무(법령준수) ③ 복종의 의무 ④ 직장이탈금지 ⑤ 친절·공정의 의무 ⑥ 종교중립의 의무 ⑦ 비밀엄수의 의무 ⑧ 청렴의 의무 ⑨ 외국정부의 영예를 받을 경우 ⑩ 품위유지 의무 ⑪ 영리업무 및 겸직금지 ⑫ 정치운동의 금지 ⑬ 집단행위의 금지
경찰공 무원법	① 거짓보고 금지 및 직무유기 금지의무 ② 지휘권 남용 등의 금지의무 ③ 제복착용의 의무
공직자 윤리법	① 재산등록의무(경사 이상/치안감 이상 – 공개대상) ② 성실신고의무

11 경찰공무원의 의무를 나열한 것이다. 다음 중 국가공무원법상 의무와 경찰공무원법상의 의무의 개수를 바르게 짝지은 것은? (2012년 제2차)

> ㉠ 법령준수의 의무 ㉢ 종교중립의 의무 ㉣ 재산등록과 공개의 의무
> ㉡ 비밀엄수의 의무 ㉣ 복종의 의무 ㉦ 청렴의 의무
> ㉢ 집단행위금지의 의무 ㉤ 품위유지의 의무 ㉧ 지휘권남용금지의 의무
> ㉣ 제복착용의 의무

① 국가공무원법상 의무: 6개 － 경찰공무원법상 의무: 4개
② 국가공무원법상 의무: 7개 － 경찰공무원법상 의무: 2개
③ 국가공무원법상 의무: 7개 － 경찰공무원법상 의무: 3개
④ 국가공무원법상 의무: 6개 － 경찰공무원법상 의무: 3개

해설 국가공무원법상 의무 7개, 경찰공무원법상 의무 2개. 【관계법령에 따른 경찰공무원의 의무】 참조

12 경찰공무원의 권리·의무에 관한 다음 설명 중 적절하지 않은 것은 모두 몇 개인가? (2012년 제3차)

> ㉠ 공무 외에 영리를 목적으로 하는 업무에 종사하지 못하며, 소속 상관의 허가 없이 다른 직무를 겸할 수 없다.
> ㉡ 외국정부로부터 영예나 증여를 받을 경우에는 대통령의 허가를 받아야 한다.
> ㉢ 직무상 관계가 없을 때에는 소속 상관에게 증여하거나 소속 공무원으로부터 증여를 받을 수 있다.
> ㉣ 무기휴대에 관해서는 경찰관 직무집행법에 규정되어 있고, 무기사용에 관해서는 경찰공무원법에 규정되어 있다.

① 1개 ② 2개 ③ 3개 ④ 4개

해설 ㉡ 「**국가공무원법**」 제62조
　　㉠ 「**국가공무원법**」 제64조 제1항 "공무원은 공무 외에 영리를 목적으로 하는 업무에 종사하지 못하며 <u>소속 기관장의 허가</u> 없이 다른 직무를 겸할 수 없다."
　　㉢ 「**국가공무원법**」 제61조 제2항 "공무원은 <u>직무상의 관계가 있든 없든</u> 그 소속 상관에게 증여하거나 소속 공무원으로부터 증여를 받아서는 아니 된다."
　　㉣ 무기휴대의 법적 근거는 경찰공무원법(제26조 제2항), 무기사용의 법적 근거는 경찰관 직무집행법(제10조의4)이다.

13 「국가공무원법」상 직위해제에 대한 설명으로 가장 적절한 것은? (2021년 제1차)

① 임용권자는 형사사건으로 기소된 자(약식명령이 청구된 자를 포함한다)에게 직위를 부여하지 아니할 수 있다.
② 임용권자는 신체·정신상의 장애로 장기 요양이 필요한 자에게 직위를 부여하지 아니할 수 있다.
③ 임용권자는 직무수행 능력이 부족하거나 근무성적이 극히 나빠 직위해제된 자에게 3개월의 범위에서 대기를 명한다.
④ 「국가공무원법」 제73조의3 제1항에 따라 직위를 부여하지 아니한 경우에 그 직위해제 사유가 소멸되면 임용권자는 직위를 부여할 수 있다.

해설 ① 「**국가공무원법**」 제73조의3 제1항 "임용권자는 다음 각 호의 어느 하나에 해당하는 자에게는 <u>직위를 부여하지 아니할 수 있다</u>. 1. 삭제, 2. 직무수행 능력이 부족하거나 근무성적이 극히 나쁜 자, 3. 파면·해임·강등

또는 정직에 해당하는 징계 의결이 요구 중인 자, 4. 형사 사건으로 기소된 자(약식명령이 청구된 자는 제외한다), 5. 고위공무원단에 속하는 일반직공무원으로서 제70조의2 제1항 제2호부터 제5호까지의 사유로 적격심사를 요구받은 자, 6. 금품비위, 성범죄 등 대통령령으로 정하는 비위행위로 인하여 감사원 및 검찰·경찰 등 수사기관에서 조사나 수사 중인 자로서 비위의 정도가 중대하고 이로 인하여 정상적인 업무수행을 기대하기 현저히 어려운 자" 국가공무원법상 직위해제는 재량사항("부여하지 아니할 수 있다")이다.

② **「국가공무원법」** 제71조 제1항 제1호 "공무원이 다음 각 호의 어느 하나에 해당하면 임용권자는 <u>본인의 의사에도 불구하고</u> 휴직을 명하여야 한다. 1. 신체·정신상의 장애로 장기 요양이 필요할 때, 2. 삭제, 3.「병역법」에 따른 병역 복무를 마치기 위하여 징집 또는 소집된 때, 4. 천재지변이나 전시·사변, 그 밖의 사유로 생사(生死) 또는 소재(所在)가 불명확하게 된 때, 5. 그 밖에 법률의 규정에 따른 의무를 수행하기 위하여 직무를 이탈하게 된 때, 6.「공무원의 노동조합 설립 및 운영 등에 관한 법률」제7조에 따라 노동조합 전임자로 종사하게 된 때" 지문의 내용은 직권휴직사유에 대한 설명이다.

③ **「국가공무원법」** 제73조의3 제3항 옳은 설명이다. "임용권자는 제1항 제2호(주: 직무수행 능력이 부족하거나 근무성적이 극히 나쁜 자)에 따라 직위해제된 자에게 3개월의 범위에서 <u>대기를 명한다</u>."

④ **「국가공무원법」** 제73조의3 제2항 "제1항에 따라 직위를 부여하지 아니한 경우에 그 <u>사유가 소멸되면</u> 임용권자는 <u>지체 없이 직위를 부여하여야 한다</u>."

분석

> 국가공무원법상 직위해제는 최근 12년간 독립된 유형의 문제로 2회 출제가 되었고, 그 중요도는 다소 떨어집니다. "직무수행 능력이 부족하거나 근무성적이 극히 나쁜 자(제2호)"라는 직위해제의 사유와 다른 사유가 경합하는 경우 제73조의3 제5항에 따라 다른 사유로 직위해제 처분을 해야 한다는 점에 유의할 필요가 있습니다. 아울러 하위의 직급으로 이동하는 강임의 경우 사유가 있다면 본인의 동의가 없더라도 할 수 있고(제73조의4 제1항), 직권면직사유, 직위해제사유 및 직권휴직사유를 혼동하지 않도록 유의해야 합니다.

14 다음 중 「국가공무원법」상 직위해제의 사유는 모두 몇 개인가? (2015년 제2차)

> ㉠ 직무수행 능력이 부족하거나 근무성적이 극히 나쁜 자
> ㉡ 휴직 기간이 끝나거나 휴직 사유가 소멸된 후에도 직무에 복귀하지 아니하거나 직무를 감당할 수 없을 때
> ㉢ 형사 사건으로 기소된 자(약식명령이 청구된 자는 제외한다)
> ㉣ 파면·해임·강등 또는 정직에 해당하는 징계 의결이 요구 중인 자
> ㉤ 직제와 정원의 개폐 또는 예산의 감소 등에 따라 폐직 또는 과원이 되었을 때

① 2개   ② 3개   ③ 4개   ④ 5개

해설 ㉠ ㉢ ㉣이 직위해제의 사유에 해당한다. ㉡과 ㉤은 국가공무원법 제70조 제1항의 직권면직사유이다.

【직권면직(제70조 제1항), 직권휴직(제71조 제1항), 직위해제(제73조의3 제1항) 사유 비교표】

구분	사유
직권 면직	(면직시킬 수 있다) – 직제와 정원의 개폐 또는 예산의 감소 등에 따라 폐직(廢職) 또는 과원(過員)이 되었을 때 – 휴직 기간이 끝나거나 휴직 사유가 소멸된 후에도 직무에 복귀하지 아니하거나 직무를 감당할 수 없을 때 – 제73조의3 제3항에 따라 대기 명령을 받은 자가 그 기간에 능력 또는 근무성적의 향상을 기대하기 어렵다고 인정된 때 – 전직시험에서 세 번 이상 불합격한 자로서 직무수행 능력이 부족하다고 인정된 때

	– 병역판정검사·입영 또는 소집의 명령을 받고 정당한 사유 없이 이를 기피하거나 군복무를 위하여 휴직 중에 있는 자가 군복무 중 군무(軍務)를 이탈하였을 때 – 해당 직급·직위에서 직무를 수행하는데 필요한 자격증의 효력이 없어지거나 면허가 취소되어 담당 직무를 수행할 수 없게 된 때 – 고위공무원단에 속하는 공무원이 제70조의2에 따른 적격심사 결과 부적격 결정을 받은 때
직권 휴직	(본인의 의사에도 불구하고 휴직을 명하여야 한다) – 신체·정신상의 장애로 장기 요양이 필요할 때 – 「병역법」에 따른 병역 복무를 마치기 위하여 징집 또는 소집된 때 – 천재지변이나 전시·사변, 그 밖의 사유로 생사(生死) 또는 소재(所在)가 불명확하게 된 때 – 그 밖에 법률의 규정에 따른 의무를 수행하기 위하여 직무를 이탈하게 된 때 – 「공무원의 노동조합 설립 및 운영 등에 관한 법률」 제7조에 따라 노동조합 전임자로 종사하게 된 때
직위 해제	(직위를 부여하지 아니할 수 있다) – 직무수행 능력이 부족하거나 근무성적이 극히 나쁜 자 – 파면·해임·강등 또는 정직에 해당하는 징계 의결이 요구 중인 자 – 형사사건으로 기소된 자(약식명령이 청구된 자는 제외한다) – 고위공무원단에 속하는 일반직공무원으로서 제70조의2 제1항 제2호부터 제5호까지의 사유로 적격심사를 요구받은 자 – 금품비위, 성범죄 등 대통령령으로 정하는 비위행위로 인하여 감사원 및 검찰·경찰 등 수사기관에서 조사나 수사 중인 자로서 비위의 정도가 중대하고 이로 인하여 정상적인 업무수행을 기대하기 현저히 어려운 자

15 「국가공무원법」에 대한 설명으로 가장 적절하지 않은 것은?　　　(2015년 제3차 – 현행법 반영 수정)

① 강등은 1계급 아래로 직급을 내리고 공무원신분은 보유하나 3개월간 직무에 종사하지 못하며 그 기간 중 보수는 전액을 감한다.

② 정직은 1개월 이상 3개월 이하의 기간으로 하고, 정직 처분을 받은 자는 그 기간 중 공무원의 신분은 보유하나 직무에 종사하지 못하며 보수의 3분의 2를 감한다.

③ 견책은 전과에 대하여 훈계하고 회개하게 한다.

④ 감사원과 검찰·경찰, 그 밖의 수사기관은 조사나 수사를 시작한 때와 이를 마친 때에는 10일 내에 소속 기관의 장에게 그 사실을 통보하여야 한다.

해설　① 「국가공무원법」 제80조 제1항 본문, ③ 제80조 제5항, ④ 제83조 제3항
　　　② 「국가공무원법」 제80조 제3항 "정직은 1개월 이상 3개월 이하의 기간으로 하고, 정직 처분을 받은 자는 그 기간 중 공무원의 신분은 보유하나 직무에 종사하지 못하며 보수는 전액을 감한다."

분석　국가공무원법상 징계는 독립된 유형의 문제로 4회가 출제되었고, 국가공무원법 이외에도 경찰공무원법 및 경찰공무원 승진임용 규정과 연계하여 출제되는 경향을 보이고 있습니다. 주로 조문 내용을 정확히 숙지하고 있는지를 확인하는 수준에서 출제되었으나, 징계의 효력과 관련하여 그 내용·기간 및 보수의 감액 수준 그리고 승진임용의 제한과 관련된 경찰공무원 승진임용 규정 제6조(승진임용의 제한) 제1항은 숫자 또는 숫자의 합을 묻는 문제로 변형되어 출제가 가능하므로 정확히 기억하고 있어야 합니다. 공무원 징계령과 경찰공무원 징계령은 공통적으로 징계를 중징계(파면·해임·강등·정직)와 경징계(감봉·견책)로 구분하고 있고, 징계의 유형에 따른 제재 등의 내용은 다음의 표를 참조하세요.

【징계의 구분과 종류】

구분	종류	신분관계	내용 및 효과
중징계	파면	박탈 (배제징계)	(사유: 불문) 퇴직급여 및 퇴직수당을 감액한 후 지급
	해임		(사유: 금품·향응 수수, 공금의 횡령·유용) 퇴직급여 및 퇴직수당을 감액한 후 지급
	강등	유지	1계급 아래로 직급 하향 및 3개월 간 직무 종사X – 기간 중 보수 전액 감액 승진임용의 제한 – 집행이 끝난 날부터 18개월이 지나지 않는 사람 ※ 계급을 구분하지 아니하는 공무원과 임기제공무원에 대해서는 강등 미적용
	정직	유지	1개월 이상 3개월 이하 직무 종사X – 기간 중 보수 전액 감액 승진임용의 제한 – 집행이 끝난 날부터 18개월이 지나지 않는 사람
경징계	감봉	유지	직무 종사O – 1개월 이상 3개월 이하의 기간 동안 보수의 3분의 1 감액 승진임용의 제한 – 집행이 끝난 날부터 12개월이 지나지 않는 사람
	견책	유지	전과(前過)에 대하여 훈계하고 회개하게 – 직무종사O + 보수 감액X 승진임용의 제한 – 집행이 끝난 날부터 6개월이 지나지 않는 사람

※ **제한기간 가산**: 「국가공무원법」 제78조의2 제1항 각 호의 사유로 인한 징계처분과 소극행정, 음주운전(음주측정에 응하지 않은 경우를 포함한다), 성폭력, 성희롱 및 성매매에 따른 징계처분의 경우에는 각각 6개월을 더한 기간

16 징계에 관한 다음 설명 중 가장 옳은 것은? (2012년 제2차 – 현행법 반영 수정)

① 징계란 공무원의 의무위반이 있는 경우 또는 비행이 있는 경우 공무원 내부관계의 질서유지를 위하여 특별권력관계가 아닌 일반통치권에 의해 과해지는 제재이다.

② 국가공무원법이나 국가공무원법에 의한 명령을 위반하였을 경우, 직무상의 의무를 위반하거나 직무를 태만히 한 경우, 직무수행능력이 부족하거나 근무성적이 극히 나쁜 경우는 징계사유에 해당한다.

③ 공무원(특수경력직공무원 및 지방공무원을 포함한다)이었던 사람이 다시 공무원으로 임용된 경우에 재임용 전에 적용된 법령에 따른 징계 사유는 그 사유가 발생한 날부터 이 법에 따른 징계 사유가 발생한 것으로 본다.

④ 경찰기관의 장은 소속 경찰공무원 중 징계사유가 있다고 인정한 때와 징계의결 요구의 신청을 받은 때에는 지체 없이 관할 징계위원회를 구성하여 징계의결을 요구할 수 있다.

해설 ① 징계는 공무원의 복무관계 및 내부질서를 유지하기 위해 특별권력관계에 기하여 가하는 제재로 종래 이해되었으나, 현재는 특별권력관계이론을 부정하는 견해가 유력하다.

② 국가공무원법에 따른 징계사유와 직위해제의 사유를 구별하여 기억해야 한다. 아울러 징계사유가 있는 경우 징계의결을 요구해야 하고 그 결과에 따라 징계처분을 하여야 하지만(기속), 직위해제의 사유가 있는 경우 직위를 부여하지 아니할 수 있다(재량)는 점에 차이가 있다. 직무수행 능력이 부족하거나 근무성적이 극히 나쁜 자는 직위해제의 사유이다. 「**국가공무원법**」 **제78조 제1항** "공무원이 다음 각 호의 어느 하나에 해당하면 징계 의결을 요구하여야 하고 그 징계 의결의 결과에 따라 징계처분을 하여야 한다. 1. 이 법 및 이 법에 따른 명령을 위반한 경우, 2. 직무상의 의무(다른 법령에서 공무원의 신분으로 인하여 부과된 의무를 포함한다)를 위반하거나 직무를 태만히 한 때, 3. 직무의 내외를 불문하고 그 체면 또는 위신을 손상하는 행위를 한 때" 「**국가공무원법**」 **제73조의3 제1항** "임용권자는 다음 각 호의 어느 하나에 해당하는 자에게는 직위를 부여하지 아니할 수 있다. 2. 직무수행 능력이 부족하거나 근무성적이 극히 나쁜 자"

③ 「국가공무원법」 제78조 제2항

④ 「경찰공무원 징계령」 제9조 제1항 "경찰기관의 장은 소속 경찰공무원이 다음 각 호의 어느 하나에 해당할 때에는 지체 없이 <u>관할 징계위원회를 구성하여 징계등 의결을 요구하여야 한다.</u> (제2문 생략). 1. 「국가공무원법」 제78조 제1항 제1호부터 제3호까지의 어느 하나에 해당하는 사유(이하 "징계 사유"라 한다)가 있다고 인정할 때, 2. 제2항에 다른 징계등 의결 요구 신청을 받았을 때"

17 징계의 종류와 효과에 관한 다음 설명 중 가장 옳은 것은?　　(2012년 제3차 − 현행법 반영 수정)

① 징계에 의하여 파면 또는 해임처분을 받은 사람도 경찰공무원에 임용될 수 있다.

② 강등은 1계급 아래로 직급을 내리고(고위공무원단에 속하는 공무원은 3급으로 임용하고, 연구관 및 지도관은 연구사 및 지도사로 한다.) 공무원신분은 보유하나 3개월간 직무에 종사하지 못하며 그 기간 중 보수는 전액을 감한다.

③ 임용권자 또는 임용제청권자는 심사승진후보자명부에 등재된 자가 승진임용되기 전에 정직 이상의 징계처분을 받은 경우에는 심사승진후보자명부에서 이를 제외할 수 있다.

④ 견책은 1월 이상 3월 이하의 기간 동안 보수의 3분의 1을 감한다.

해설 ① 「**경찰공무원법**」 제8조 제2항 제10호 "다음 각 호의 어느 하나에 해당하는 사람은 경찰공무원으로 임용될 수 없다. 10. 징계에 의하여 파면 또는 해임처분을 받은 사람"

② 「**국가공무원법**」 제80조 제1항 본문

③ 「**경찰공무원 승진임용 규정**」 제24조 제3항 "임용권자나 임용제청권자는 심사승진후보자 명부에 기록된 사람이 승진임용되기 전에 <u>정직 이상의 징계처분을 받은 경우에는 심사승진후보자 명부에서 그 사람을 제외하여야 한다.</u>"

④ 「**국가공무원법**」 제80조 제5항 "견책(譴責)은 전과(前過)에 대하여 훈계하고 회개하게 한다." 지문의 내용은 감봉에 대한 설명이다.

18 경찰조직 구성원들의 잘못된 행동을 교정하고자 하는 의도와 함께 사전에 잘못된 행동을 예방하고자 하는 의도로서 징계라는 수단을 통해 경찰활동을 관리한다. 다음 경찰공무원의 징계유형으로서 강등에 대한 설명으로 가장 적절하지 않은 것은?　　(2011년 제1차 − 현행법 반영 수정)

① 강등 징계시 3개월간 직무에 종사하지 못하며 그 기간 중 보수는 전액을 감한다.

② 강등된 계급의 계급정년은 강등되기 전 계급 중 가장 높은 계급의 계급정년으로 한다.

③ 징계로 인하여 경감으로 강등된 경찰공무원의 계급정년을 산정할 때에는 강등되기 전 계급인 경정의 근무연수와 강등 이후의 계급인 경감의 근무연수를 합산한다.

④ 성폭력, 성희롱 및 성매매로 강등 징계처분을 받은 경찰공무원은 그 처분의 집행이 끝난 날로부터 18개월이 지나지 아니한 경우 승진임용을 할 수 없다.

해설 ① 「**국가공무원법**」 제80조 제1항, ② 및 ③ 「**경찰공무원법**」 제30조 제2항

④ 강등 징계처분의 경우 집행이 끝난 날로부터 18개월이 지나지 않으면 승진임용할 수 없고, 성폭력 등의 사유인 경우 6개월이 가산되어 <u>24개월</u>이 지나지 아니한 경우 승진임용할 수 없다. 「**경찰공무원 승진임용 규정**」 제6조 제1항 제2호 "다음 각 호의 어느 하나에 해당하는 경찰공무원은 승진임용될 수 없다. 2. 징계처분의 집행이 끝난 날부터 다음 각 목의 구분에 따른 기간[「국가공무원법」 제78조의2 제1항 각 호의 어느 하나에 해당하는 사유로 인한 징계처분과 소극행정, 음주운전(음주측정에 응하지 않은 경우를 포함한다), 성폭력, 성희롱 및 성매매에 따른 징계처분의 경우에는 각각 6개월을 더한 기간]이 지나지 않은 사람 − 가. 강등·정직: 18개월, 나. 감봉: 12개월, 다. 견책: 6개월" 징계의 유형에 따른 승진임용의 제한기간과 6개월의 가산 사유에 유의해야 한다.

01 국가공무원법상 "소청심사위원회의 설치(제9조)"에 대한 설명으로 옳은 것은?

① 행정기관 소속 공무원의 징계처분, 그 밖에 그 의사에 반하는 불리한 처분이나 부작위에 대한 소청을 심사·결정하게 하기 위하여 행정안전부 소속 인사혁신처에 소청심사위원회를 둔다.

② 국회, 법원, 헌법재판소 및 선거관리위원회 소속 공무원의 소청에 관한 사항을 심사·결정하게 하기 위하여 국회사무처, 법원행정처, 헌법재판소사무처 및 중앙선거관리위원회사무처에 각각 해당 소청심사위원회를 둔다.

③ 인사혁신처에 설치된 소청심사위원회는 위원장 1명을 포함한 7명 이상 9명 이하의 상임위원과 상임위원 수의 2분의 1 이상인 비상임위원으로 구성하되, 위원장은 정무직으로 보한다.

④ 국회사무처, 법원행정처, 헌법재판소사무처 및 중앙선거관리위원회사무처에 설치된 소청심사위원회는 위원장 1명을 포함한 위원 5명 이상 7명 이하의 상임위원으로 구성한다.

해설　① 「**국가공무원법**」 **제9조 제1항** "행정기관 소속 공무원의 징계처분, 그 밖에 그 의사에 반하는 불리한 처분이나 부작위에 대한 소청을 심사·결정하게 하기 위하여 <u>인사혁신처에 소청심사위원회를 둔다.</u>" 정부조직법 제22조의3에 의하면 인사혁신처는 국무총리 소속이다.

　② 「**국가공무원법**」 **제9조 제2항**

　③ 「**국가공무원법**」 **제9조 제3항 후단** "인사혁신처에 설치된 소청심사위원회는 <u>위원장 1명을 포함한 5명 이상 7명 이하의 상임위원</u>과 상임위원 수의 2분의 1 이상인 비상임위원으로 구성하되, <u>위원장은 정무직으로 보한다.</u>"

　④ 「**국가공무원법**」 **제9조 제3항 전단** "국회사무처, 법원행정처, 헌법재판소사무처 및 중앙선거관리위원회사무처에 설치된 소청심사위원회는 <u>위원장 1명을 포함한 위원 5명 이상 7명 이하의 비상임위원으로 구성.</u>"

02 국가공무원법상 "소청심사위원회 위원의 자격과 임명(제10조)"에 대한 설명이다. (　)에 들어갈 숫자의 합계는 얼마인가?

> 1. 법관·검사 또는 변호사의 직에 (　)년 이상 근무한 자
> 2. 대학에서 행정학·정치학 또는 법률학을 담당한 부교수 이상의 직에 (　)년 이상 근무한 자
> 3. (　)급 이상 공무원 또는 고위공무원단에 속하는 공무원으로 (　)년 이상 근무한 자

① 12　　　　　② 14　　　　　③ 16　　　　　④ 20

해설　「**국가공무원법**」 **제10조 제1항**: 5 - 5 - 3 - 3 순

정답　01　②　02　③

03 국가공무원법상 "소청심사위원회 위원의 자격 · 임명 · 신분보장(제10조 및 제11조)"에 대한 설명으로 틀린 것은?

① 인사혁신처에 설치된 소청심사위원회의 위원(위원장을 포함한다)은 인사혁신처장의 제청으로 국무총리를 거쳐 대통령이 임명한다.

② 3급 이상 공무원 또는 고위공무원단에 속하는 공무원으로 3년 이상 근무한 자는 인사혁신처에 설치된 소청심사위원회의 비상임위원으로 임명될 수 없다.

③ 소청심사위원회의 상임위원의 임기는 3년으로 한 번만 중임할 수 있고, 다른 직무를 겸할 수 없다.

④ 소청심사위원회의 위원은 금고 이상의 형벌이나 장기의 심신 쇠약으로 직무를 수행할 수 없게 된 경우 외에는 본인의 의사에 반하여 면직되지 아니하고, 소청심사위원회의 공무원이 아닌 위원은 형법이나 그 밖의 법률에 따른 벌칙을 적용할 때 공무원으로 본다.

> **해설** ① 「**국가공무원법**」 **제10조 제1항**, ② **제10조 제1항 제2문 후단**, ④ **제10조 제5항 및 제11조** ②와 관련하여 "인사혁신처에 설치된 소청심사위원회의 위원 중 비상임위원은 제1호(법관 · 검사 또는 변호사의 직에 5년 이상 근무한 자) 및 제2호(대학에서 행정학 · 정치학 또는 법률학을 담당한 부교수 이상의 직에 5년 이상 근무한 자)의 어느 하나에 해당하는 자 중에서 임명하여야 한다."고 규정하고 있다.
>
> ③ 「**국가공무원법**」 **제10조 제2항 · 제4항** "② 소청심사위원회의 <u>상임위원의 임기는 3년</u>으로 하며, <u>한 번만 연임</u>할 수 있다. ④ 소청심사위원회의 상임위원은 <u>다른 직무를 겸할 수 없다</u>."

04 국가공무원법상 "소청심사위원회의 심사(제12조) 및 소청인의 진술권(제13조)"에 대한 설명으로 옳은 것은?

① 소청심사위원회는 국가공무원법에 따른 소청을 접수하면 7일 이내에 심사하여야 한다.

② 소청심사위원회는 필요하다고 인정하면 소속 직원에게 사실조사를 하게 하거나 특별한 학식 · 경험이 있는 자에게 검증이나 감정을 의뢰하여야 한다.

③ 소청심사위원회가 소청 사건을 심사할 때에는 대통령령등으로 정하는 바에 따라 소청인 또는 대리인(선임된 변호사)에게 진술 기회를 주어야 하고, 기회를 주지 아니한 결정은 취소할 수 있다.

④ 소청심사위원회는 심사를 할 때 필요하면 검증 · 감정, 그 밖의 사실조사를 하거나 증인을 소환하여 질문하거나 관계 서류를 제출하도록 명할 수 있고, 증인을 소환하여 질문할 때에는 대통령령등으로 정하는 바에 따라 일당과 여비를 지급하여야 한다.

> **해설** ① 「**국가공무원법**」 **제12조 제1항** "소청심사위원회는 이 법에 따른 소청을 접수하면 <u>지체 없이 심사</u>하여야 한다."
>
> ② 「**국가공무원법**」 **제12조 제4항** "소청심사위원회는 필요하다고 인정하면 소속 직원에게 사실조사를 하게 하거나 특별한 학식 · 경험이 있는 자에게 <u>검증이나 감정을 의뢰할 수 있다</u>."
>
> ③ 「**국가공무원법**」 **제13조** "① 소청심사위원회가 소청 사건을 심사할 때에는 대통령령등으로 정하는 바에 따라 소청인 또는 제76조 제1항 후단에 따른 대리인에게 <u>진술 기회를 주어야 한다</u>. ② 제1항에 따른 진술 <u>기회를 주지 아니한 결정은 무효로 한다</u>."
>
> ④ 「**국가공무원법**」 **제12조 제2항 · 제5항**

05 국가공무원법상 소청심사위원회 위원의 제척 · 기피 · 회피에 대한 설명으로 틀린 것은? (21. 12. 9. 시행 기준에 따름)

① 소청심사위원회의 위원에게 제척사유가 있는 경우 또는 심사 · 결정의 공정을 기대하기 어려운 사정이 있는 경우에 해당 위원은 스스로 그 사건의 심사 · 결정에서 회피하여야 한다.
② 소청심사위원회의 위원에 대해 소청 사건의 당사자가 기피신청을 한 경우에 소청심사위원회 는 해당 위원의 기피 여부를 결정하여야 하고, 기피신청을 받은 위원은 그 기피 여부에 대한 결정에 참여할 수 없다.
③ 소청심사위원회의 위원은 그 위원회에 계류된 소청 사건의 증인이 될 수 없다.
④ 소청심사위원회의 위원은 위원 본인과 관계있는 사항 또는 위원 본인과 친족 관계에 있거나 친족 관계에 있었던 자와 관계있는 사항에 관한 소청 사건의 심사 · 결정에서 제척된다.

> **해설** 제14조 전체가 개정되어 시행 예정이므로 21. 12. 9. 기준으로 해설한다. 아래 6번 문제의 해설도 같다.
> ① 「**국가공무원법**」 **제14조 제5항** "소청심사위원회 위원은 <u>제4항에 따른 기피사유</u>에 해당하는 때에는 <u>스스로 그 사건의 심사 · 결정에서 회피할 수 있다.</u>" 소청심사위원회 위원의 기피 및 회피의 사유는 동일하고, 제척의 사유보다 범위가 넓으며, 회피 여부는 임의적(-할 수 있다)이다.
> ② 「**국가공무원법**」 **제14조 제4항**, ③ **제14조 제3항 전단**, ④ **제14조 제3항 후단 각 호**

06 국가공무원법상 "소청심사위원회의 결정(제14조)"에 대한 설명으로 옳은 것은? (21. 12. 9. 시행 기준에 따름)

① 소청 사건의 결정은 재적 위원 과반수 이상의 출석과 출석 위원 과반수의 합의에 따르되, 의 견이 나뉘어 출석 위원 과반수의 합의에 이르지 못하였을 때에는 과반수에 이를 때까지 소청 인에게 가장 불리한 의견에 차례로 유리한 의견을 더하여 그 중 가장 유리한 의견을 합의된 의견으로 본다.
② 처분의 취소 또는 변경을 구하는 심사 청구가 이유 있다고 인정되면 소청심사위원회는 결정 으로 처분을 취소 또는 변경하거나 처분 행정청에 취소 또는 변경할 것을 명한다.
③ 소청심사위원회가 징계처분 또는 징계부가금 부과처분을 받은 자의 청구에 따라 소청을 심사 할 경우에는 원징계처분보다 무거운 징계 또는 원징계부가금 부과처분보다 무거운 징계부가 금을 부과하는 결정을 할 수 있다.
④ 소청심사위원회의 취소명령 또는 변경명령 결정은 종전에 행한 징계처분 또는 국가공무원법 제78조의2에 따른 징계부가금 부과처분에 영향을 미친다.

> **해설** ① 「**국가공무원법**」 제14조 제1항 "소청 사건의 결정은 재적 위원 3분의 2 이상의 출석과 출석 위원 과반수의 합 의에 따르되, 의견이 나뉘어 출석 위원 과반수의 합의에 이르지 못하였을 때에는 과반수에 이를 때까지 소청인에 게 가장 불리한 의견에 차례로 유리한 의견을 더하여 그 중 가장 유리한 의견을 합의된 의견으로 본다."
> ② 「**국가공무원법**」 **제14조 제6항 제3호** 옳은 설명이다. 아울러 위법 또는 부당한 거부처분이나 부작위에 대하 여 의무 이행을 구하는 심사 청구가 이유 있다고 인정되면 지체 없이 결정으로 청구에 따른 처분을 하거나 이 를 할 것을 명한다.
> ③ 「**국가공무원법**」 **제14조 제8항** "소청심사위원회가 징계처분 또는 징계부가금 부과처분(이하 "징계처분등"이 라 한다)을 받은 자의 청구에 따라 소청을 심사할 경우에는 <u>원징계처분보다 무거운 징계 또는 원징계부가금 부과처분보다 무거운 징계부가금을 부과하는 결정을 하지 못한다.</u>"

④ 「**국가공무원법**」 **제14조 제7항** "소청심사위원회의 취소명령 또는 변경명령 결정은 그에 따른 징계나 그 밖의 처분이 있을 때까지는 <u>종전에 행한 징계처분 또는 제78조의2에 따른 징계부가금(이하 "징계부가금"이라 한 다) 부과처분에 영향을 미치지 아니한다.</u>"

07 국가공무원법에 따른 소청심사위원회 "결정의 효력(제15조) 및 행정소송과의 관계(제16조)"에 대한 설명으로 틀린 것은?

① 소청심사위원회의 결정은 처분 행정청을 기속한다.
② 중앙선거관리위원회위원장의 처분 또는 부작위의 경우에 행정소송을 제기할 때에는 중앙선거관리위원회사무총장을 피고로 한다.
③ 대통령의 처분 또는 부작위의 경우에 행정소송을 제기할 때에는 소속 장관(대통령령으로 정하는 기관의 장을 포함한다)을 피고로 한다.
④ 국가공무원법 제75조(처분사유 설명서의 교부)에 따른 처분, 그 밖에 본인의 의사에 반한 불리한 처분이나 부작위에 관한 행정소송에 대해서는 행정심판 전치주의가 적용되지 아니한다.

해설 ① 「**국가공무원법**」 **제15조**, ② **제16조 제2항 후단**, ③ **제16조 제2항 전단**
④ 「**국가공무원법**」 **제16조 제1항** "제75조에 따른 처분, 그 밖에 본인의 의사에 반한 불리한 처분이나 부작위 (不作爲)에 관한 행정소송은 <u>소청심사위원회의 심사 · 결정을 거치지 아니하면 제기할 수 없다.</u>" 행정심판전 치주의가 적용된다.

08 국가공무원법에 따른 의무에 대한 설명으로 옳은 것은?

① 거짓 보고 금지의 의무와 지휘권 남용 금지의 의무는 국가공무원법에 따른 공무원의 의무이다.
② 공무원은 취임할 때에 소속 상관 앞에서 대통령령등으로 정하는 바에 따라 선서하여야 하고, 불가피한 사유가 있으면 취임 후에 선서하게 할 수 있다.
③ 공무원은 직무와 관련하여 직접적이든 간접적이든 사례 · 증여 또는 향응을 주거나 받을 수 없고, 직무상의 관계가 있든 없든 그 소속 상관에게 증여하거나 소속 공무원으로부터 증여를 받아서는 아니 된다.
④ 공무원은 직무와 관련하여 그 품위가 손상되는 행위를 하여서는 아니 된다.

해설 ① 「**경찰공무원법**」 **제18조 · 제19조**에 따른 <u>경찰공무원법상의 의무</u>이다.
② 「**국가공무원법**」 **제55조** "공무원은 취임할 때에 <u>소속 기관장</u> 앞에서 대통령령등으로 정하는 바에 따라 선서 (宣誓)하여야 한다. 다만, 불가피한 사유가 있으면 취임 후에 선서하게 할 수 있다."
③ 「**국가공무원법**」 **제61조**
④ 「**국가공무원법**」 **제63조** "공무원은 <u>직무의 내외를 불문하고</u> 그 품위가 손상되는 행위를 하여서는 아니 된다."

09 국가공무원법상 "비밀 엄수의 의무"에 대한 설명으로 옳은 것은? (다툼이 있으면 판례에 의함)

① 경찰공무원법에도 경찰관의 비밀 엄수의 의무가 명시되어 있다.
② 비밀에 해당하는지 여부는 실질적으로 보호할 가치가 있는지 여부가 아니라 행정기관에 의해 비밀로 지정되어 있는지 여부에 따라 판단한다.
③ 비밀 엄수의 의무는 공무원이 재직 중에 부담하는 의무이다.
④ 비밀은 직접 자신이 처리하는 직무를 통해 알게 된 비밀뿐만 아니라 직무와 관련하여 알게 된 것도 포함된다.

해설 ① 경찰공무원법에는 비밀 엄수의 의무가 명시되어 있지 않다.

② **「94누7171 판결」** "국가공무원법상 직무상 비밀이라 함은 국가 공무의 민주적, 능률적 운영을 확보하여야 한다는 이념에 비추어 볼 때 당해 사실이 일반에 알려질 경우 그러한 행정의 목적을 해할 우려가 있는지 여부를 기준으로 판단하여야 하며, 구체적으로는 행정기관이 비밀이라고 형식적으로 정한 것에 따를 것이 아니라 실질적으로 비밀로서 보호할 가치가 있는지, 즉 그것이 통상의 지식과 경험을 가진 다수인에게 알려지지 아니한 비밀성을 가졌는지, 또한 정부나 국민의 이익 또는 행정목적 달성을 위하여 비밀로서 보호할 필요성이 있는지 등이 객관적으로 검토되어야 한다고 한 원심판결을 수긍한 사례." 판례에 의하면 비밀이란 행정기관에 의해 형식적으로 비밀로 지정되었는지와 관계없이 실질적으로 비밀로 보호할 가치가 있는지 여부를 기준으로 결정한다.

③ **「국가공무원법」** 제60조 "공무원은 재직 중은 물론 퇴직 후에도 직무상 알게 된 비밀을 엄수(嚴守)하여야 한다." 공무원으로 재직 중 직무와 무관하게 알게 된 사실은 비밀 엄수의 의무에 포함되지 않는다.

④ 국가공무원법에서 "직무상" 알게 된 비밀이라고 규정하고 있으므로 직접 자신이 처리하는 직무를 통해 알게 된 비밀뿐만 아니라 직무와 관련하여 알게 된 비밀도 직무상 알게 된 비밀에 포함된다. 다른 공무원의 직무에 속하는 비밀이라고 하더라도 공무원의 직무를 수행하는 과정에서 알게 되었다면 재직 중은 물론 퇴직 후에도 비밀 엄수의 의무가 있다.

10 국가공무원법상 "공무원의 의무"에 대한 설명으로 틀린 것은?

① 모든 공무원은 법령을 준수하며 성실히 직무를 수행하여야 한다.

② 공무원은 소속 기관의 장의 허가 또는 정당한 사유가 없으면 직장을 이탈하지 못하고, 현행범을 제외하고 수사기관이 공무원을 구속하려면 그 소속 기관의 장에게 미리 통보하여야 한다.

③ 공무원은 국민 전체의 봉사자로서 친절하고 공정하게 직무를 수행하여야 한다.

④ 공무원(사실상 노무에 종사하는 공무원은 예외로 한다)은 노동운동이나 그 밖에 공무 외의 일을 위한 집단 행위를 하여서는 아니 된다.

해설 ① **「국가공무원법」** 제56조, ③ 제59조, ④ 제66조 제1항

② **「국가공무원법」** 제58조 제1항 "공무원은 소속 상관의 허가 또는 정당한 사유가 없으면 직장을 이탈하지 못한다." 제1항 소속 상관과 제2항 소속 기관의 장을 혼동하지 않도록 유의한다.

11 국가공무원법상 "공무원의 의무"에 대한 설명으로 틀린 것은 모두 몇 개인가?

> ⊙ 공무원은 공무 외에 영리를 목적으로 하는 업무에 종사하지 못하며 소속 상관의 허가 없이 다른 직무를 겸할 수 없다.
>
> ⓛ 공무원이 외국 정부로부터 영예나 증여를 받을 경우에는 소속 기관장의 허가를 받아야 한다.
>
> ⓒ 공무원은 취임할 때에 소속 기관장 앞에서 대통령령등으로 정하는 바에 따라 선서하여야 하고, 불가피한 사유가 있으면 취임 후에 선서하게 하여야 한다.
>
> ⓔ 사실상 노무에 종사하는 공무원으로서 노동조합에 가입된 자가 조합 업무에 전임하려면 소속 장관의 허가를 받아야 하고, 이 허가에는 조건을 붙일 수 있다.
>
> ⓜ 공무원은 종교에 따른 차별 없이 직무를 수행하여야 하고, 공무원은 소속 상관이 이에 위배되는 직무상 명령을 한 경우에는 이의를 제기하여야 한다.
>
> ⓗ 공무원은 정당이나 그 밖의 정치단체의 결성에 관여하거나 이에 가입할 수 없고, 선거에서 특정 정당 또는 특정인을 지지 또는 반대하기 위해 타인에게 정당이나 그 밖의 정치단체에 가입하게 하거나 가입하지 아니하도록 권유 운동을 하여서는 아니 된다.

① 2개   ② 3개   ③ 4개   ④ 5개

> **해설** 「국가공무원법」: ㉣ 제66조 제3항·제4항, ㉺ 제65조 제1항 및 제2항 제5호
> ㉠ **제64조 제1항** "공무원은 공무 외에 영리를 목적으로 하는 업무에 종사하지 못하며 <u>소속 기관장의 허가 없이</u> 다른 직무를 겸할 수 없다."
> ㉡ **제62조** "공무원이 외국 정부로부터 영예나 증여를 받을 경우에는 <u>대통령의 허가</u>를 받아야 한다."
> ㉢ **제55조** "공무원은 취임할 때에 소속 기관장 앞에서 대통령령등으로 정하는 바에 따라 선서(宣誓)하여야 한다. 다만, 불가피한 사유가 있으면 <u>취임 후에 선서하게 할 수 있다</u>."
> ㉤ **제59조의2** "① 공무원은 종교에 따른 차별 없이 직무를 수행하여야 한다. ② 공무원은 소속 상관이 제1항에 위배되는 직무상 명령을 한 경우에는 <u>이에 따르지 아니할 수 있다</u>."

12 국가공무원법상 "휴직(제71조)"에 대한 설명으로 옳은 것은?

① 공무원이 신체·정신상의 장애로 장기 요양이 필요할 때에 본인이 원하는 경우 임용권자는 휴직을 명할 수 있다.

② 공무원이 국외 유학을 하게 된 때에는 임용권자는 본인의 의사에도 불구하고 휴직을 명하여야 한다.

③ 공무원이 만 8세 이하 또는 초등학교 2학년 이하의 자녀를 양육하기 위하여 필요하거나 여성 공무원이 임신·출산하게 된 때에 대통령령으로 정하는 특별한 사정이 없는 경우 임용권자는 공무원이 원하면 휴직을 명하여야 한다.

④ 공무원이 외국에서 근무·유학 또는 연수하게 되는 배우자를 동반하게 된 때에 임용권자는 본인의 의사에도 불구하고 휴직을 명하여야 한다.

> **해설** ① 「**경찰공무원법**」 **제71조 제1항 제1호** "① 공무원이 다음 각 호의 어느 하나에 해당하면 <u>임용권자는 본인의 의사에도 불구하고 휴직을 명하여야 한다</u>. 1. <u>신체·정신상의 장애로 장기 요양이 필요할 때</u>" 따라서 본인의 의사에도 불구하고 <u>휴직을 명하여야 한다</u>. 제1항과 제2항의 휴직사유의 구별에 유의해야 한다.
> ② 「**국가공무원법**」 **제71조 제2항 제2호** "② 임용권자는 공무원이 다음 각 호의 어느 하나에 해당하는 사유로 휴직을 원하면 휴직을 명할 수 있다. 다만, <u>제4호의 경우에는 대통령령으로 정하는 특별한 사정이 없으면 휴직을 명하여야 한다</u>. 1. 국제기구, 외국 기관, 국내외의 대학·연구기관, 다른 국가기관 또는 대통령령으로 정하는 민간기업, 그 밖의 기관에 임시로 채용될 때, 2. <u>국외 유학을 하게 된 때</u>, 3. 중앙인사관장기관의 장이 지정하는 연구기관이나 교육기관 등에서 연수하게 된 때, 4. <u>만 8세 이하 또는 초등학교 2학년 이하의 자녀를 양육하기 위하여 필요하거나 여성공무원이 임신 또는 출산하게 된 때</u>, 5. 조부모, 부모(배우자의 부모를 포함한다), 배우자, 자녀 또는 손자녀를 부양하거나 돌보기 위하여 필요한 경우. 다만, 조부모나 손자녀의 돌봄을 위하여 휴직할 수 있는 경우는 본인 외에 돌볼 사람이 없는 등 대통령령등으로 정하는 요건을 갖춘 경우로 한정한다(21. 12. 9. 시행)., 6. 외국에서 근무·유학 또는 연수하게 되는 배우자를 동반하게 된 때, 7. 대통령령등으로 정하는 기간 동안 재직한 공무원이 직무 관련 연구과제 수행 또는 자기개발을 위하여 학습·연구 등을 하게 된 때" 따라서 해당 사유로 공무원이 휴직을 원하는 경우 휴직을 명할 수 있다.
> ③ 「**국가공무원법**」 **제71조 제2항 단서 및 제4호**
> ④ 「**국가공무원법**」 **제71조 제2항 제6호**에 따라 공무원이 휴직을 원하는 경우 임용권자는 휴직을 명할 수 있다.

13 국가공무원법상 임용권자가 본인의 의사에도 불구하고 휴직을 명하여야 하는 경우는 모두 몇 개인가?

> ㉠ 외국에서 근무·유학 또는 연수하게 되는 배우자를 동반하게 된 때
> ㉡ 천재지변이나 전시·사변, 그 밖의 사유로 생사 또는 소재가 불명확하게 된 때
> ㉢ 공무원의 노동조합 설립 및 운영 등에 관한 법률 제7조에 따라 노동조합 전임자로 종사하게 된 때
> ㉣ 국제기구·외국기관·국내외의 대학·연구기관, 다른 국가기관 또는 대통령령으로 정하는 민간 기업, 그 밖의 기관에 임시로 채용될 때
> ㉤ 신체·정신상의 장애로 장기 요양이 필요할 때
> ㉥ 만 8세 이하 또는 초등학교 2학년 이하의 자녀를 양육하기 위하여 필요하거나 여성공무원이 임신·출산하고 대통령령으로 정하는 특별한 사정이 없는 때

① 3개   ② 4개   ③ 5개   ④ 6개

해설 「**국가공무원법**」 **제71조 제1항·제2항**: ㉡ ㉢ ㉤ / ※ ㉥의 경우 원하면 휴직을 명해야 함

본인의 의사에도 불구하고 휴직을 명해야 하는 경우	– 신체·정신상의 장애로 장기 요양이 필요할 때 – 「병역법」에 따른 병역 복무를 마치기 위하여 징집 또는 소집된 때 – 천재지변이나 전시·사변, 그 밖의 사유로 생사(生死) 또는 소재(所在)가 불명확하게 된 때 – 그 밖에 법률의 규정에 따른 의무를 수행하기 위하여 직무를 이탈하게 된 때 – 「공무원의 노동조합 설립 및 운영 등에 관한 법률」 제7조에 따라 노동조합 전임자로 종사하게 된 때
본인의 의사(원)에 따라 휴직을 명할 수 있는 경우	– 국제기구, 외국 기관, 국내외의 대학·연구기관, 다른 국가기관 또는 대통령령으로 정하는 민간기업, 그 밖의 기관에 임시로 채용될 때 – 국외 유학을 하게 된 때 – 중앙인사관장기관의 장이 지정하는 연구기관이나 교육기관 등에서 연수하게 된 때 – 만 8세 이하 또는 초등학교 2학년 이하의 자녀를 양육하기 위하여 필요하거나 여성공무원이 임신 또는 출산하게 된 때(※ 유의: <u>이 경우에는 대통령령으로 정하는 특별한 사정이 없으면 휴직을 명하여야 한다</u>) – 조부모, 부모(배우자의 부모를 포함한다), 배우자, 자녀 또는 손자녀를 부양하거나 돌보기 위하여 필요한 경우. 다만, 조부모나 손자녀의 돌봄을 위하여 휴직할 수 있는 경우는 본인 외에 돌볼 사람이 없는 등 대통령령등으로 정하는 요건을 갖춘 경우로 한정한다(21. 12. 9. 시행). – 외국에서 근무·유학 또는 연수하게 되는 배우자를 동반하게 된 때 – 대통령령등으로 정하는 기간 동안 재직한 공무원이 직무 관련 연구과제 수행 또는 자기개발을 위하여 학습·연구 등을 하게 된 때

14 국가공무원법상 "휴직(제71조)" 규정에 따른 연결로 틀린 것은?

보기	공무원의 의사에도 불구하고 휴직을 명해야 하는 경우	공무원이 해당 사유를 이유로 원할 때에 휴직을 명할 수 있는 경우
①	천재지변이나 전시·사변, 그 밖의 사유로 생사 또는 소재가 불명확하게 된 때	국제기구, 외국 기관, 국내외의 대학·연구기관, 다른 국가기관 또는 대통령령으로 정하는 민간기업, 그 밖의 기관에 임시로 채용될 때
②	그 밖에 법률의 규정에 따른 의무를 수행하기 위하여 직무를 이탈하게 된 때	중앙인사관장기관의 장이 지정하는 연구기관이나 교육기관 등에서 연수하게 된 때
③	공무원의 노동조합 설립 및 운영 등에 관한 법률 제7조에 따라 노동조합 전임자로 종사하게 된 때	대통령령등으로 정하는 기간 동안 재직한 공무원이 직무 관련 연구과제 수행 또는 자기개발을 위하여 학습·연구 등을 하게 된 때
④	병역법에 따른 병역 복무를 마치기 위하여 징집 또는 소집된 경우	만 8세 이하 또는 초등학교 2학년 이하의 자녀를 양육하기 위하여 필요하거나 여성공무원이 임신 또는 출산하게 된 때에 대통령령으로 정하는 특별한 사정이 없는 경우

해설 「**경찰공무원법**」 **제71조 제1항·제2항**: 상세한 설명은 앞의 표 참조

15 국가공무원법상 "휴직 기간(제72조)"에 따른 연결로 옳은 것은? (2021년 12월 9일 시행 기준에 따름)

보기	휴직사유	휴직 기간
①	천재지변·전시·사변, 그 밖의 사유로 생사 또는 소재가 불명확하게 된 때	6개월 이내
②	공무원 재해보상법 제22조 제1항에 따른 요양급여 지급 대상 부상 또는 질병에 해당하는 공무상 질병 또는 부상으로 장기 요양이 필요할 때	3년 이내(2년 범위 연장 가능)
③	중앙인사관장기관의 장이 지정하는 연구기관이나 교육기관 등에서 연수하게 된 때	1년 이내
④	만 8세 이하 또는 초등학교 2학년 이하의 자녀를 양육하기 위하여 필요하거나 여성공무원이 임신 또는 출산하게 된 때	자녀 1명에 대하여 2년 이내

해설 「**경찰공무원법**」 **제72조:** (※ 21. 12. 9. 제1항이 개정되어 시행)

구분	휴직사유	휴직기간
본인의 의사에도 불구하고 휴직을 명해야 하는 경우	(본문) 신체 · 정신상의 장애로 장기 요양이 필요할 때 (단서) 공무원 재해보상법 제22조 제1항에 따른 요양급여 지급 대상 또는 산업재해보상보험법 제40조에 따른 요양급여 결정 대상 부상 · 질병에 해당하는 공무상 부상 · 질병	(본문) 1년 이내 / 부득이 1년의 범위에서 연장 가능 (단서) 3년 이내 / 의학적 소견 등 고려 2년의 범위에서 연장 가능
	병역법에 따른 병역 복무를 마치기 위하여 징집 또는 소집된 때 그 밖에 법률의 규정에 따른 의무를 수행하기 위하여 직무를 이탈하게 된 때	복무 기간이 끝날 때까지 (기간 제한 없음)
	천재지변이나 전시 · 사변, 그 밖의 사유로 생사 또는 소재가 불명확하게 된 때	3개월 이내
	공무원의 노동조합 설립 및 운영 등에 관한 법률 제7조에 따라 노동조합 전임자로 종사하게 된 때	전임 기간 (기간 제한 없음)
본인의 의사(원)에 따라 휴직을 명할 수 있는 경우	국제기구, 외국 기관, 국내외의 대학 · 연구기관, 다른 국가기관 또는 대통령령으로 정하는 민간기업, 그 밖의 기관에 임시로 채용될 때	채용 기간. 다만, 민간기업이나 그 밖의 기관에 채용되면 3년 이내
	국외 유학을 하게 된 때 및 외국에서 근무 · 유학 또는 연수하게 되는 배우자를 동반하게 된 때	3년 이내로 하되, 부득이한 경우에는 2년의 범위에서 연장
	중앙인사관장기관의 장이 지정하는 연구기관이나 교육기관 등에서 연수하게 된 때	2년 이내
	만 8세 이하 또는 초등학교 2학년 이하의 자녀를 양육하기 위하여 필요하거나 여성공무원이 임신 또는 출산하게 된 때	자녀 1명에 대하여 3년 이내
	조부모, 부모(배우자의 부모를 포함한다), 배우자, 자녀 또는 손자녀를 부양하거나 돌보기 위하여 필요한 경우. 다만, 조부모나 손자녀의 돌봄을 위하여 휴직할 수 있는 경우는 본인 외에 돌볼 사람이 없는 등 대통령령등으로 정하는 요건을 갖춘 경우로 한정한다.	1년 이내로 하되, 재직 기간 중 총 3년을 넘을 수 없음
	대통령령등으로 정하는 기간 동안 재직한 공무원이 직무 관련 연구과제 수행 또는 자기개발을 위하여 학습 · 연구 등을 하게 된 때	1년 이내

16 국가공무원법상 "휴직기간(제72조)"에 대한 설명으로 옳은 것은?

① 국제기구, 외국 기관, 국내외의 대학 · 연구기관, 다른 국가기관 또는 대통령령으로 정하는 민간기업, 그 밖의 기관에 임시로 채용될 때의 휴직기간은 그 채용 기간으로 하되, 민간기업이나 그 밖의 기관에 채용되면 2년 이내로 한다.

② 국외 유학을 하게 된 때 또는 외국에서 근무 · 유학 또는 연수하게 되는 배우자를 동반하게 된 때의 휴직기간은 2년 이내로 하되, 부득이한 경우에는 2년의 범위에서 연장할 수 있다.

③ 만 8세 이하 또는 초등학교 2학년 이하의 자녀를 양육하기 위하여 필요하거나 여성공무원이 임신 또는 출산하게 된 때의 휴직기간은 자녀 1명에 대하여 3년 이내로 한다.

④ 중앙인사관장기관의 장이 지정하는 연구기관이나 교육기관 등에서 연수하게 된 때의 휴직기간은 2년 이내로 하되, 부득이한 경우 1년의 범위에서 연장할 수 있다.

해설 앞의 표 참조

17 국가공무원법상 "휴직기간(제72조)"에 대한 설명으로 틀린 것은 모두 몇 개인가? (21. 12. 9. 시행 기준에 따름)

> ㉠ 신체·정신상의 장애로 장기 요양이 필요할 때: 1년 이내(부득이한 경우 1년의 범위에서 연장)
> ㉡ 산업재해보상보험법 제40조에 따른 요양급여 결정 대상 질병·부상에 해당하는 공무상 질병·부상인 경우: 3년 이내(의학적 소견 등을 고려하여 2년의 범위에서 연장 가능)
> ㉢ 천재지변이나 전시·사변, 그 밖의 사유로 생사 또는 소재가 불명확하게 된 때: 3개월 이내
> ㉣ 대통령령으로 정하는 민간기업, 그 밖의 기관에 임시로 채용될 때: 3년 이내
> ㉤ 국외 유학을 하게 된 때 또는 외국에서 근무·유학 또는 연수하게 되는 배우자를 동반하게 된 때: 3년 이내(부득이한 경우에는 2년의 범위에서 연장)
> ㉥ 중앙인사관장기관의 장이 지정하는 연구기관·교육기관 등에서 연수하게 된 때: 2년 이내
> ㉦ 대통령령등으로 정하는 기간 동안 재직한 공무원이 직무 관련 연구과제 수행 또는 자기개발을 위하여 학습·연구 등을 하게 된 때: 1년 이내
> ㉧ 사고·질병 등으로 장기간 요양이 필요한 조부모, 부모(배우자의 부모를 포함), 배우자, 자녀 또는 손자녀를 간호하기 위하여 필요한 때(조부모나 손자녀의 간호를 위하여 휴직할 수 있는 경우는 본인 외에는 간호할 수 있는 사람이 없는 등 대통령령등으로 정하는 요건을 갖춘 경우로 한정): 1년 이내(재직 기간 중 총 3년을 넘을 수 없음)

① 없음   ② 1개   ③ 2개   ④ 3개

해설 「국가공무원법」 제72조: 모두 옳은 설명이다.

18 국가공무원법상 휴직에 대한 설명으로 틀린 것은?

① 휴직 중인 공무원은 신분은 보유하나 직무에 종사하지 못한다.
② 휴직 중인 공무원은 직무에 종사하지 못하므로 국가공무원법상의 의무를 부담하지 않는다.
③ 휴직 기간 중 그 사유가 없어지면 30일 이내에 임용권자 또는 임용제청권자에게 신고하여야 하며, 임용권자는 지체 없이 복직을 명하여야 한다.
④ 휴직 기간이 끝난 공무원이 30일 이내에 복귀 신고를 하면 당연히 복직된다.

해설 ① 「국가공무원법」 제73조 제1항, ③ 제73조 제2항, ④ 제73조 제3항
② 「국가공무원법」에 규정된 의무는 공무원이라는 신분에 기하여 부과되는 의무이기 때문에 휴직 중이더라도 국가공무원법에 따른 의무를 부담한다.

19 국가공무원법상 "직위해제(제73조의3)"에 대한 설명으로 옳은 것은?

① 공무원에 대하여 직무수행 능력이 부족하거나 근무성적이 극히 나쁜 자라는 직위해제 사유와 형사 사건으로 기소된 자(약식명령이 청구된 자는 제외한다)라는 사유가 경합하는 경우 전자의 사유로 직위해제 처분을 하여야 한다.
② 임용권자는 직무수행 능력이 부족하거나 근무성적이 극히 나쁜 이유로 직위해제된 자에게 3개월의 범위에서 대기를 명할 수 있다.
③ 직위해제의 사유가 소멸된 경우에도 임용권자는 직위를 부여하지 아니할 수 있다.
④ 임용권자 또는 임용제청권자는 직무수행 능력이 부족하거나 근무성적이 극히 나쁜 이유로 직위해제 되어 3개월의 범위에서 대기 명령을 받은 자에게 능력 회복이나 근무성적의 향상을 위한 교육훈련 또는 특별한 연구과제의 부여 등 필요한 조치를 하여야 한다.

해설 ① 「**국가공무원법**」 **제73조의3 제5항** "공무원에 대하여 제1항 제2호(※ 직무수행 능력이 부족하거나 근무성적이 극히 나쁜 자)의 직위해제 사유와 같은 항 제3호·제4호(※ 형사 사건으로 기소된 자 – 약식명령이 청구된 자는 제외한다) 또는 제6호의 직위해제 <u>사유가 경합(競合)할 때에는 같은 항 제3호·제4호 또는 제6호의 직위해제 처분을 하여야 한다.</u>" 따라서 후자의 사유로 직위해제 처분을 하여야 한다.
② 「**국가공무원법**」 **제73조의3 제3항** "임용권자는 제1항 제2호에 따라 직위해제된 자에게 <u>3개월의 범위에서 대기를 명한다.</u>"
③ 「**국가공무원법**」 **제73조의3 제2항** "제1항에 따라 직위를 부여하지 아니한 경우에 그 <u>사유가 소멸되면 임용권자는 지체 없이 직위를 부여하여야 한다.</u>"
④ 「**국가공무원법**」 **제73조의3 제4항**

20 국가공무원법상 "직위해제(제73조의3)"에 해당하는 사유는 모두 몇 개인가?

> ㉠ 금품비위, 성범죄 등 대통령령으로 정하는 비위행위로 인하여 감사원 및 검찰·경찰 등 수사기관에서 조사나 수사 중인 자로서 비위의 정도가 중대하고 이로 인하여 정상적인 업무수행을 기대하기 현저히 어려운 자
> ㉡ 해당 직급·직위에서 직무를 수행하는데 필요한 자격증의 효력이 없어지거나 면허가 취소되어 담당 직무를 수행할 수 없게 된 때
> ㉢ 형사사건으로 약식명령이 청구된 자
> ㉣ 휴직 사유가 소멸된 후에도 직무에 복귀하지 아니하거나 직무를 감당할 수 없을 때
> ㉤ 직무수행 능력이 부족하거나 근무성적이 극히 나쁜 자
> ㉥ 전직시험에서 세 번 이상 불합격한 자로서 직무수행 능력이 부족하다고 인정되는 자

① 1개　　　　② 2개　　　　③ 3개　　　　④ 4개

해설 「**국가공무원법**」 **제73조의3·제70조:** ㉠ ㉤이 직위해제 사유이다. 국가공무원법 제70조 직권면직 사유와 구별하여 기억하고, 형사사건으로 약식명령이 청구된 자는 제외된다는 점에 유의하여야 한다.

직위해제 사유	– 직무수행 능력이 부족하거나 근무성적이 극히 나쁜 자 – 파면·해임·강등 또는 정직에 해당하는 징계 의결이 요구 중인 자 – 형사 사건으로 기소된 자(약식명령이 청구된 자는 제외한다) – 고위공무원단에 속하는 일반직공무원으로서 제70조의2 제1항 제2호부터 제5호까지의 사유로 적격심사를 요구받은 자 – 금품비위, 성범죄 등 대통령령으로 정하는 비위행위로 인하여 감사원 및 검찰·경찰 등 수사기관에서 조사나 수사 중인 자로서 비위의 정도가 중대하고 이로 인하여 정상적인 업무수행을 기대하기 현저히 어려운 자
직권면직 사유	– 직제와 정원의 개폐 또는 예산의 감소 등에 따라 폐직 또는 과원이 되었을 때 – 휴직 기간이 끝나거나 휴직 사유가 소멸된 후에도 직무에 복귀하지 아니하거나 직무를 감당할 수 없을 때 – 제73조의3 제3항에 따라 대기 명령을 받은 자가 그 기간에 능력 또는 근무성적의 향상을 기대하기 어렵다고 인정된 때 – 전직시험에서 세 번 이상 불합격한 자로서 직무수행 능력이 부족하다고 인정된 때 – 병역판정검사·입영 또는 소집의 명령을 받고 정당한 사유 없이 이를 기피하거나 군복무를 위하여 휴직 중에 있는 자가 군복무 중 군무를 이탈하였을 때 – 해당 직급·직위에서 직무를 수행하는데 필요한 자격증의 효력이 없어지거나 면허가 취소되어

담당 직무를 수행할 수 없게 된 때
– 고위공무원단에 속하는 공무원이 제70조의2에 따른 적격심사 결과 부적격 결정을 받은 때

21 공무원보수규정에 따른 "직위해제기간 중의 봉급 감액(제29조)"에 대한 설명으로 틀린 것은?

① 직무수행 능력이 부족하거나 근무성적이 극히 나쁜 자로 직위해제된 사람에 대해서는 봉급의 80퍼센트를 지급한다.

② 형사 사건으로 기소된 자(약식명령이 청구된 자는 제외한다)로 직위해제되어 직위해제일부터 3개월이 지나도 직위를 부여받지 못한 사람에 대해서는 그 3개월이 지난 후의 기간 중에는 봉급의 30퍼센트를 지급한다.

③ 파면·해임·강등 또는 정직에 해당하는 징계 의결이 요구 중인 자로 직위해제되어 직위해제일부터 3개월이 지나도 직위를 부여받지 못한 사람에 대해서는 그 3개월이 지난 후의 기간 중에는 봉급의 40퍼센트를 지급한다.

④ 금품비위로 인하여 감사원 및 검찰·경찰 등 수사기관에서 조사나 수사 중인 자로서 비위의 정도가 중대하고 이로 인하여 정상적인 업무수행을 기대하기 현저히 어려운 자로 직위해제된 사람에 대해서는 직위해제일로부터 3개월 이내에는 봉급의 50퍼센트를 지급한다.

해설 「**공무원보수규정」 제29조:** ③의 경우 봉급의 30퍼센트를 지급한다(제3호).

직위해제 사유	보수 감액
직무수행 능력이 부족하거나 근무성적이 극히 나쁜 자	봉급의 80퍼센트
고위공무원단에 속하는 일반직공무원으로서 제70조의2 제1항 제2호부터 제5호까지의 사유로 적격심사를 요구받은 자	봉급의 70퍼센트. 다만, 직위해제일부터 3개월이 지나도 직위를 부여받지 못한 경우에는 그 3개월이 지난 후의 기간 중에는 봉급의 40퍼센트를 지급
– 파면·해임·강등 또는 정직에 해당하는 징계 의결이 요구 중인 자 – 형사 사건으로 기소된 자(약식명령이 청구된 자는 제외한다) – 금품비위, 성범죄 등 대통령령으로 정하는 비위행위로 인하여 감사원 및 검찰·경찰 등 수사기관에서 조사나 수사 중인 자로서 비위의 정도가 중대하고 이로 인하여 정상적인 업무수행을 기대하기 현저히 어려운 자	봉급의 50퍼센트. 다만, 직위해제일부터 3개월이 지나도 직위를 부여받지 못한 경우에는 그 3개월이 지난 후의 기간 중에는 봉급의 30퍼센트

22 국가공무원법에 따른 공무원의 권익 보장에 대한 설명으로 옳은 것은?

① 공무원에 대하여 징계처분등을 할 때나 본인의 원에 따른 강임·휴직 또는 면직처분을 할 때에는 그 처분권자 또는 처분제청권자는 처분사유를 적은 설명서를 교부하여야 한다.

② 국가공무원법 제75조에 따른 처분사유 설명서를 받은 공무원이 그 처분에 불복할 때에는 그 설명서를 받은 날부터, 공무원이 제75조에서 정한 처분 외에 본인의 의사에 반한 불리한 처분을 받았을 때에는 그 처분이 있은 것을 안 날부터 각각 30일 이내에 소청심사위원회에 이에 대한 심사를 청구할 수 있고, 이 경우 변호사를 대리인으로 선임하여야 한다.

③ 처분권자는 피해자가 요청하는 경우 성폭력범죄의 처벌 등에 관한 특례법 제2조에 따른 성폭력범죄 및 양성평등기본법 제3조 제2호에 따른 성희롱에 해당하는 사유로 처분사유 설명서를 교부할 때에는 그 징계처분결과를 피해자에게 함께 통보할 수 있다.

④ 본인의 의사에 반하여 파면 또는 해임이나 국가공무원법 제70조 제1항 제5호(직무수행 능력이 부족하거나 근무성적이 극히 나쁜 이유로 직위해제되어 3개월의 범위에서 대기명령을 받은 자가 그 기간에 능력 또는 근무성적의 향상을 기대하기 어렵다고 인정된 때)에 따른 면직처분을 하면 원칙적으로 그 처분을 한 날부터 40일 이내에는 후임자의 보충발령을 하지 못한다.

해설 ① 「**국가공무원법**」 제75조 제1항 "공무원에 대하여 징계처분등을 할 때나 강임·휴직·직위해제 또는 면직처분을 할 때에는 그 처분권자 또는 처분제청권자는 처분사유를 적은 설명서를 교부(交付)하여야 한다. 다만, 본인의 원(願)에 따른 강임·휴직 또는 면직처분은 그러하지 아니하다."

② 「**국가공무원법**」 제76조 제1항 "제75조에 따른 처분사유 설명서를 받은 공무원이 그 처분에 불복할 때에는 그 설명서를 받은 날부터, 공무원이 제75조에서 정한 처분 외에 본인의 의사에 반한 불리한 처분을 받았을 때에는 그 처분이 있은 것을 안 날부터 각각 30일 이내에 소청심사위원회에 이에 대한 심사를 청구할 수 있다. 이 경우 변호사를 대리인으로 선임할 수 있다."

③ 「**국가공무원법**」 제75조 제2항 "처분권자는 피해자가 요청하는 경우 「성폭력범죄의 처벌 등에 관한 특례법」 제2조에 따른 성폭력범죄 및 「양성평등기본법」 제3조 제2호에 따른 성희롱에 해당하는 사유로 처분사유 설명서를 교부할 때에는 그 징계처분결과를 피해자에게 함께 통보하여야 한다."

④ 「**국가공무원법**」 제76조 제2항 본문

23 국가공무원법상 "징계 사유(제78조)"에 대한 설명으로 틀린 것은?

① 공무원이 국가공무원법 및 동법에 따른 명령을 위반한 경우 징계 의결을 요구하여야 하고 그 징계 의결의 결과에 따라 징계처분을 하여야 한다.

② 공무원이 직무와 관련하여(직무와 관련이 없는 경우는 제외한다) 그 체면 또는 위신을 손상하는 행위를 한 때에 해당하는 경우 징계 의결을 요구하여야 하고 그 징계 의결의 결과에 따라 징계처분을 하여야 한다.

③ 공무원(특수경력직공무원 및 지방공무원을 포함한다)이었던 사람이 다시 공무원으로 임용된 경우에 재임용 전에 적용된 법령에 따른 징계 사유는 그 사유가 발생한 날부터 이 법에 따른 징계 사유가 발생한 것으로 본다.

④ 공무원이 직무상의 의무(다른 법령에서 공무원의 신분으로 인하여 부과된 의무를 포함한다)를 위반하거나 직무를 태만히 한 때에 해당하는 경우 징계 의결을 요구하여야 하고 그 징계 의결의 결과에 따라 징계처분을 하여야 한다.

해설 ① 「**국가공무원법**」 제78조 제1항 제1호, ③ 제78조 제2항, ④ 제78조 제1항 제2호

② 「**국가공무원법**」 제78조 제1항 제3호 "① 공무원이 다음 각 호의 어느 하나에 해당하면 징계 의결을 요구하여야 하고 그 징계 의결의 결과에 따라 징계처분을 하여야 한다. 1. 이 법 및 이 법에 따른 명령을 위반한 경우, 2. 직무상의 의무(다른 법령에서 공무원의 신분으로 인하여 부과된 의무를 포함한다)를 위반하거나 직무를 태만히 한 때, 3. 직무의 내외를 불문하고 그 체면 또는 위신을 손상하는 행위를 한 때"

24 국가공무원법상 "징계부가금(제78조의2)"에 대한 설명으로 옳은 것은?

① 국가공무원법 제78조에 따라 공무원의 징계 의결을 요구하는 경우 그 징계 사유가 금전, 물품, 부동산, 향응 또는 그 밖에 대통령령으로 정하는 재산상 이익을 취득하거나 제공한 때에는 해당 징계 외에 그 행위로 취득하거나 제공한 금전 또는 재산상 이득의 5배 내의 징계부가금 부과 의결을 징계위원회에 요구하여야 한다.

② 국가공무원법 제78조에 따라 공무원의 징계 의결을 요구하는 경우 그 징계 사유가 국가재정법에 따른 예산·기금을 횡령·배임·절도·사기·유용한 때에는 해당 징계 외에 그 행위로 취득하거나 제공한 금전 또는 재산상 이득의 3배 내의 징계부가금 부과 의결을 징계위원회에 요구하여야 한다.

③ 징계위원회는 징계부가금 부과 의결을 하기 전에 그 대상자가 징계부가금 부과 의결 사유로 다른 법률에 따라 형사처벌을 받거나 변상책임 등을 이행한 경우(몰수·추징을 당한 경우 제외)에는 대통령령으로 정하는 바에 따라 조정된 범위에서 징계부가금 부과를 의결하여야 한다.

④ 징계위원회는 징계부가금 부과 의결을 한 후에 그 대상자가 형사처벌을 받거나 변상책임 등을 이행한 경우(몰수·추징을 당한 경우 제외)에는 대통령령으로 정하는 바에 따라 이미 의결된 징계부가금의 감면 등의 조치를 할 수 있다.

> **해설** ① 「**국가공무원법**」 **제78조의2 제1항 제1호**
>
> ② 「**국가공무원법**」 **제78조의2 제1항 제2호** "① 제78조에 따라 공무원의 징계 의결을 요구하는 경우 그 징계 사유가 다음 각 호의 어느 하나에 해당하는 경우에는 해당 징계 외에 다음 각 호의 행위로 취득하거나 제공한 금전 또는 재산상 이득(금전이 아닌 재산상 이득의 경우에는 금전으로 환산한 금액을 말한다)의 <u>5배 내의 징계부가금</u> 부과 의결을 징계위원회에 <u>요구하여야 한다</u>. 1. 금전, 물품, 부동산, 향응 또는 그 밖에 대통령령으로 정하는 재산상 이익을 취득하거나 제공한 경우, 2. 다음 각 목에 해당하는 것을 <u>횡령(橫領), 배임(背任), 절도, 사기 또는 유용(流用)한 경우</u>(가. 「국가재정법」에 따른 예산 및 기금)"
>
> ③ 「**국가공무원법**」 **제78조의2 제2항** "징계위원회는 징계부가금 부과 의결을 하기 전에 징계부가금 부과 대상자가 제1항 각 호의 어느 하나에 해당하는 사유로 다른 법률에 따라 <u>형사처벌을 받거나 변상책임 등을 이행한 경우(몰수나 추징을 당한 경우를 포함한다)</u> 또는 다른 법령에 따른 <u>환수나 가산징수 절차에 따라 환수금이나 가산징수금을 납부한 경우</u>에는 대통령령으로 정하는 바에 따라 <u>조정된 범위에서 징계부가금 부과를 의결하여야 한다</u>."
>
> ④ 「**국가공무원법**」 **제78조의2 제3항** "징계위원회는 징계부가금 부과 의결을 한 후에 징계부가금 부과 대상자가 <u>형사처벌을 받거나 변상책임 등을 이행한 경우(몰수나 추징을 당한 경우를 포함한다)</u> 또는 환수금이나 가산징수금을 납부한 경우에는 대통령령으로 정하는 바에 따라 <u>이미 의결된 징계부가금의 감면 등의 조치를 하여야 한다</u>."

25 공무원이 퇴직을 희망하는 경우 국가공무원법에 따라 임용권자 또는 임용제청권자가 확인해야 하는 사항은 모두 몇 개인가?

> ㉠ 국가공무원법 제73조의3 제1항에 따른 직위해제 사유가 있는지 여부
> ㉡ 국가공무원법 제78조 제1항에 따른 징계 사유가 있는지 여부
> ㉢ 비위와 관련하여 형사사건으로 기소된 때에 해당하는지 여부
> ㉣ 징계위원회에 파면·해임·강등·정직에 해당하는 징계 의결이 요구 중인 때에 해당하는지 여부
> ㉤ 조사 및 수사기관에서 비위와 관련하여 조사 또는 수사 중인 때에 해당하는지 여부
> ㉥ 각급 행정기관의 감사부서 등에서 비위와 관련하여 내부 감사 또는 조사 중인 때에 해당하는지 여부

① 3개　　　　② 4개　　　　③ 5개　　　　④ 6개

해설 「**국가공무원법**」 **제78조의4 제1항 · 제2항**: 국가공무원법 제73조의3 제1항에 따른 직위해제 사유가 있는지 여부는 확인해야 할 사항에 포함되지 않는다. 나머지는 모두 확인해야 하는 사항이고, 확인 결과 퇴직을 희망하는 공무원이 파면, 해임, 강등 또는 정직(유의: 중징계만 해당하고 경징계인 감봉이나 견책은 해당하지 않음)에 해당하는 징계사유가 있거나 ⓒ 내지 ⓗ에 해당하는 경우(ⓒ, ⓓ, ⓗ의 경우에는 해당 공무원이 파면 · 해임 · 강등 또는 정직의 징계에 해당한다고 판단되는 경우에 한정) 국가공무원법 제78조 제4항에 따른 <u>소속 장관 등은 지체 없이 징계의결등을 요구하여야 하고, 퇴직을 허용하여서는 아니 된다.</u>

26 국가공무원법상 "퇴직을 희망하는 공무원의 징계사유 확인 및 퇴직 제한 등(제78조의4)"에 따른 퇴직 제한의 대상에 해당하지 않는 경우는?

① 퇴직을 희망하는 공무원이 해임에 해당하는 징계사유가 있는 경우
② 퇴직을 희망하는 공무원이 감봉에 해당한다고 판단되는 비위와 관련하여 형사사건으로 기소된 경우
③ 퇴직을 희망하는 공무원이 조사 및 수사기관에서 파면에 해당한다고 판단되는 비위와 관련하여 조사 또는 수사 중인 경우
④ 퇴직을 희망하는 공무원이 각급 행정기관의 감사부서 등에서 강등에 해당한다고 판단되는 비위와 관련하여 내부 감사 또는 조사 중인 경우

해설 ① 「**국가공무원법**」 **제78조의4 제2항**, ③ **제78조의4 제2항 제3호**, ④ **제78조의4 제2항 제4호**
"제1항에 따른 확인 결과 퇴직을 희망하는 공무원이 **파면, 해임, 강등 또는 정직에 해당하는 징계사유**가 있거나 다음 각 호의 어느 하나에 해당하는 경우(<u>제1호 · 제3호 및 제4호의 경우에는 해당 공무원이 파면 · 해임 · 강등 또는 정직의 징계에 해당한다고 판단되는 경우에 한정한다</u>) 제78조 제4항에 따른 소속 장관 등은 지체 없이 징계의결등을 요구하여야 하고, <u>퇴직을 허용하여서는 아니 된다.</u> 1. 비위(非違)와 관련하여 <u>형사사건으로 기소된 때</u>, 2. 징계위원회에 <u>파면 · 해임 · 강등 또는 정직에 해당하는 징계 의결이 요구 중</u>인 때, 3. 조사 및 수사기관에서 비위와 관련하여 <u>조사 또는 수사 중</u>인 때, 4. 각급 행정기관의 감사부서 등에서 비위와 관련하여 <u>내부 감사 또는 조사 중</u>인 때"
② 「**국가공무원법**」 **제78조의4 제2항**에 의하면 감봉 · 견책에 해당하는 징계사유가 있거나 감봉 · 견책에 해당한다고 판단되는 비위(제1호, 제3호 및 제4호)의 경우에는 퇴직 제한의 대상이 아니다.

27 국가공무원법상 "징계의 효력(제80조)"에 대한 설명으로 틀린 것은?

① 강등은 1계급 아래로 직급을 내리고(고위공무원단에 속하는 공무원은 3급으로 임용하고, 연구관 및 지도관은 연구사 및 지도사로 한다) 공무원신분은 보유하나 3개월간 직무에 종사하지 못하며 그 기간 중 보수는 전액을 감한다.
② 정직은 1개월 이상 3개월 이하의 기간으로 하고, 정직 처분을 받은 자는 그 기간 중 공무원의 신분은 보유하나 직무에 종사하지 못하며 보수는 전액을 감한다.
③ 감봉은 1개월 이상 3개월 이하의 기간 동안 보수의 2분의 1을 감하고, 견책은 보수의 감액 없이 전과에 대하여 훈계하고 회개하게 한다.
④ 공무원으로서 징계처분을 받은 자에 대하여는 그 처분을 받은 날 또는 그 집행이 끝난 날부터 대통령령등으로 정하는 기간 동안 승진임용 또는 승급할 수 없다.

해설 ① 「**국가공무원법**」 **제80조 제1항**, ② **제80조 제3항**, ④ **제80조 제6항 본문**
③ 「**국가공무원법**」 **제80조 제4항 · 제5항** "④ 감봉은 1개월 이상 3개월 이하의 기간 동안 <u>보수의 3분의 1을 감</u>

한다. ⑤ 견책(譴責)은 전과(前過)에 대하여 훈계하고 회개하게 한다."

28 국가공무원법에 따른 징계 및 시효 등에 대한 설명으로 옳은 것은?

① 감사원과 검찰·경찰 그 밖의 수사기관에서 조사나 수사 중인 사건에 대하여는 조사개시 또는 수사개시 통보를 받은 날부터 징계 의결의 요구나 그 밖의 징계 절차를 진행하지 아니할 수 있다.

② 감사원과 검찰·경찰 그 밖의 수사기관은 조사나 수사를 시작한 때와 이를 마친 때에는 10일 내에 소속 기관의 장에게 그 사실을 통보하여야 한다.

③ 감사원에서 조사 중인 사건 또는 검찰·경찰 그 밖의 수사기관에서 수사 중인 사건에 대해 조사개시 또는 수사개시 통보를 받은 날부터 징계 절차를 진행하지 못하여 징계 시효의 기간이 지나거나 그 남은 기간이 3개월 미만인 경우 징계 시효의 기간은 국가공무원법 제83조 제3항에 따른 조사나 수사의 종료 통보를 받은 날부터 3개월이 지난 날에 끝나는 것으로 본다.

④ 징계의결등의 요구는 징계 등의 사유가 발생한 날부터 2년(국가공무원법 제78조의2 제1항에 따른 징계부가금 부과 사유에 해당 경우에는 3년)이 지나면 하지 못한다.

해설 ① 「**국가공무원법**」 **제83조 제1항·제2항** "① <u>감사원에서 조사 중인 사건</u>에 대하여는 제3항에 따른 <u>조사개시 통보를 받은 날부터</u> 징계 의결의 요구나 그 밖의 <u>징계 절차를 진행하지 못한다.</u> ② <u>검찰·경찰, 그 밖의 수사기관에서 수사 중인 사건</u>에 대하여는 제3항에 따른 <u>수사개시 통보를 받은 날부터</u> 징계 의결의 요구나 그 밖의 <u>징계 절차를 진행하지 아니할 수 있다.</u>" 감사원의 조사와 수사기관의 수사 사이에 차이가 있다는 점에 유의한다.

② 「**국가공무원법**」 **제83조 제3항** "감사원과 검찰·경찰, 그 밖의 수사기관은 조사나 수사를 시작한 때와 이를 마친 때에는 <u>10일 내에 소속 기관의 장에게 그 사실을 통보하여야 한다.</u>"

③ 「**국가공무원법**」 **제83조의2 제2항** "제83조 제1항 및 제2항에 따라 징계 절차를 진행하지 못하여 제1항의 <u>기간(</u>징계 또는 징계부가금 부과 시효 기간)이 지나거나 그 남은 기간이 1개월 미만인 경우에는 제1항의 기간은 제83조 제3항에 따른 조사나 수사의 종료 통보를 받은 날부터 <u>1개월이 지난 날에 끝나는 것으로 본다.</u>"

④ 「**국가공무원법**」 **제83조의2 제1항** "징계의결등의 요구는 징계 등 사유가 발생한 날부터 다음 각 호의 구분에 따른 기간이 지나면 하지 못한다. 1. 징계 등 사유가 다음 각 목의 어느 하나에 해당하는 경우: <u>10년</u>(가. 「성매매알선 등 행위의 처벌에 관한 법률」 제4조에 따른 <u>금지행위</u>, 나. 「성폭력범죄의 처벌 등에 관한 특례법」 제2조에 따른 <u>성폭력범죄</u>, 다. 「아동·청소년의 성보호에 관한 법률」 제2조 제2호에 따른 아동·<u>청소년대상 성범죄</u>, 라. 「양성평등기본법」 제3조제2호에 따른 <u>성희롱</u>), 2. 징계 등 사유가 제78조의2 제1항 각 호의 어느 하나에 해당하는 경우: <u>5년</u>, 3. 그 밖의 징계 등 사유에 해당하는 경우: <u>3년</u>(21. 12. 9. 시행)" 2021년 12월 9일 개정 시행되는 규정 이전에는 시효가 3년(제78조의2 제1항 – 징계부가금사건의 경우 5년)이었으나, <u>개정으로 인해 사유에 따라 10년, 5년, 3년으로 구분</u>된다. 기출된 조문이고, 개정이 되었으므로 향후 출제 가능성이 있기 때문에 유의해야 한다.

01 공직자윤리법에 따른 경찰공무원의 재산등록에 대한 설명으로 옳은 것은?

① 공직자윤리법 제3조에서는 경정 이상의 경찰공무원을 재산등록의무자로 규정하고 있다.

② 공직자윤리법 시행령 제3조는 재산등록의무자인 경찰공무원의 범위를 확대하여 경위 이상을 재산등록의무자로 규정하고 있다.

③ 공직자윤리위원회는 치안감 이상의 경찰공무원 및 특별시·광역시·특별자치시·도·특별자치도의 시·도경찰청장 본인과 배우자 및 본인의 직계존속·직계비속의 재산에 관한 등록사항과 제6조에 따른 변동사항 신고내용을 등록기간 또는 신고기간 만료 후 1개월 이내에 관보 또는 공보에 게재하여 공개하여야 한다.

④ 정부의 부·처·청(대통령령으로 정하는 위원회 등의 행정기관을 포함한다) 소속 공무원은 등록의무자가 된 날부터 3개월이 되는 날이 속하는 달의 말일까지 등록의무자가 된 날 현재의 재산을 그 부·처·청에 등록하여야 한다.

해설 ① 「**공직자윤리법**」 제3조 제1항 제9호 "다음 각 호의 어느 하나에 해당하는 공직자(이하 "등록의무자"라 한다)는 이 법에서 정하는 바에 따라 재산을 등록하여야 한다. 9. 총경(자치총경을 포함한다) 이상의 경찰공무원과 소방정 이상의 소방공무원"

② 「**공직자윤리법 시행령**」 제3조 제4항 제6호 "법 제3조 제1항 제13호에서 "대통령령으로 정하는 특정 분야의 공무원과 공직유관단체의 직원"이란 다음 각 호의 사람을 말한다. 6. 국가경찰공무원 중 경정, 경감, 경위, 경사와 자치경찰공무원 중 자치경정, 자치경감, 자치경위, 자치경사" 공직자윤리법 시행령에 의하면 경사 이상은 재산등록의무자에 해당한다.

③ 「**공직자윤리법**」 제10조 제1항 제8호

④ 「**공직자윤리법**」 제5조 제1항 본문 제5호 "공직자는 등록의무자가 된 날부터 2개월이 되는 날이 속하는 달의 말일까지 등록의무자가 된 날 현재의 재산을 다음 각 호의 구분에 따른 기관(이하 "등록기관"이라 한다)에 등록하여야 한다. 5. 정부의 부·처·청(대통령령으로 정하는 위원회 등의 행정기관을 포함한다. 이하 같다) 소속 공무원: 그 부·처·청"

02 공직자윤리법에 대한 설명으로 틀린 것은?

① 공무원(지방의회의원 포함)은 외국으로부터 선물(대가 없이 제공되는 물품 및 그 밖에 이에 준하는 것을 말하되, 현금은 제외)을 받거나 그 직무와 관련하여 외국인(외국단체 포함)에게 선물을 받으면 지체 없이 소속 기관의 장에게 신고하고 그 선물을 인도하여야 한다.

② 공직자윤리법 제15조 제1항에 따라 신고하여야 할 선물은 그 선물 수령 당시 증정한 국가 또는 외국인이 속한 국가의 시가로 미국화폐 100달러 이상이거나 국내 시가로 10만원 이상인 선물로 한다.

③ 총경 이상의 경찰공무원은 원칙적으로 퇴직일부터 3년간 공직자윤리법 제17조 제1항에 따른 취업심사대상기관에 취업할 수 없다.

④ 총경 이상의 경찰공무원은 관할 공직자윤리위원회로부터 퇴직 전 3년 동안 소속하였던 부서 또는 기관의 업무와 공직자윤리법 제17조 제1항에 따른 취업심사대상기관 간에 밀접한 관련성이 없다는 확인을 받거나 취업승인을 받은 때에는 취업할 수 있다.

정답 | 01 | ③ | 02 | ④

해설 ① 「**공직자윤리법**」 **제15조 제1항**, ② 「**공직자윤리법 시행령**」 **제28조 제1항**, ③ **제17조 제1항 본문**
④ 「**공직자윤리법**」 **제17조 제1항 단서** "다만, 관할 공직자윤리위원회로부터 취업심사대상자가 퇴직 전 5년 동안 소속하였던 부서 또는 기관의 업무와 취업심사대상기관 간에 밀접한 관련성이 없다는 확인을 받거나 취업 승인을 받은 때에는 취업할 수 있다."

03 다음 중 경찰공무원 퇴직급여·퇴직수당의 일부를 줄여 지급하는 사유로 옳은 것은 몇 개인가?

> ㉠ 탄핵 또는 징계에 의하여 파면된 경우
> ㉡ 재직 중의 사유로 금고 이상의 형에 처할 범죄행위로 인하여 수사가 진행 중이거나 형사재판이 계속 중인 경우
> ㉢ 금품 및 향응 수수, 공금의 횡령·유용으로 징계에 의하여 해임된 경우
> ㉣ 직무와 관련이 없는 과실로 금고 이상의 형이 확정된 경우
> ㉤ 음주운전(음주측정거부를 포함한다)으로 징계에 의해 해임된 경우
> ㉥ 소속 상관의 정당한 직무상의 명령에 따르다가 과실로 금고 이상의 형이 확정된 경우

① 2개　　　　② 3개　　　　③ 4개　　　　④ 5개

해설 「**공무원연금법**」 **제65조 제1항**: ㉠ ㉢이 퇴직급여·퇴직수당의 일부를 줄여 지급하는 사유이다.
㉡ 퇴직급여 및 퇴직수당의 일부를 지급정지할 수 있는 사유에 해당한다(공무원연금법 제65조 제3항).
㉣ ㉥ 재직 중의 사유 가운데 직무와 관련이 없는 과실로 인한 경우 및 소속 상관의 정당한 직무상의 명령에 따르다가 과실로 인한 경우는 제외하기 때문에 사유에 해당하지 않는다.
㉤ 징계로 인한 해임의 경우 금품 및 향응 수수와 공금의 횡령·유용인 경우에 한하여 사유에 해당하므로 음주운전은 사유에 해당하지 않는다.

04 경찰공무원의 퇴직급여 및 퇴직수당의 감액지급과 관련하여 옳은 설명은 모두 몇 개인가?

> ㉠ 음주교통사고로 징계에 의해 파면된 경찰공무원의 재직기간이 5년인 경우 퇴직급여는 4분의 1, 퇴직수당은 2분의 1을 감액하고 지급한다.
> ㉡ 칼을 들고 저항하는 범인을 검거하는 과정에서 오발사고로 인해 업무상과실치사로 금고 1년의 형이 확정된 경찰공무원의 재직기간이 4년인 경우 퇴직급여는 4분의 1, 퇴직수당은 2분의 1을 감액하고 지급한다.
> ㉢ 음주측정거부로 단속되어 징계에 의해 해임된 경찰공무원의 재직기간이 8년인 경우 퇴직급여 및 퇴직수당은 각각 4분의 1을 감액하고 지급한다.
> ㉣ 금품 및 향응 수수로 징계에 의해 파면된 경찰공무원의 재직기간이 6년인 경우 퇴직급여 및 퇴직수당은 각각 2분의 1을 감액하고 지급한다.
> ㉤ 성추행으로 징계에 의해 파면된 경찰공무원의 재직기간이 4년인 경우 퇴직급여는 4분의 1, 퇴직수당은 2분의 1을 감액하고 지급한다.
> ㉥ 공금횡령으로 징계에 의해 해임된 경찰공무원의 재직기간이 3년인 경우 퇴직급여는 8분의 1, 퇴직수당은 4분의 1을 감액하고 지급한다.

① 3개　　　　② 4개　　　　③ 5개　　　　④ 6개

해설 「공무원연금법」 제65조 제1항 및 「동법 시행령」 제61조 제1항

사유 \ 재직기간	5년 미만	5년 이상
– 재직 중의 사유(직무와 관련이 없는 과실로 인한 경우 및 소속 상관의 정당한 직무상의 명령에 따르다가 과실로 인한 경우는 제외한다)로 금고 이상의 형이 확정된 경우 – 탄핵 또는 징계에 의하여 파면된 경우	퇴직급여: 4분의 1 퇴직수당: 2분의 1	퇴직급여: 2분의 1 퇴직수당: 2분의 1
– 금품 및 향응 수수, 공금의 횡령·유용으로 징계에 의하여 해임된 경우	퇴직급여: 8분의 1 퇴직수당: 4분의 1	퇴직급여: 4분의 1 퇴직수당: 4분의 1

㉠ 징계에 의해 파면된 공무원의 재직기간이 5년 이상인 경우 퇴직급여와 퇴직수당 각각 2분의 1을 감액하고 지급한다. 틀린 설명이다.

㉡ 재직 중의 사유(직무와 관련이 있는 과실로 인하여)로 인하여 금고 이상의 형이 확정된 공무원의 재직기간이 5년 미만인 경우 퇴직급여의 4분의 1, 퇴직수당의 2분의 1을 감액하고 지급한다. 옳은 설명이다.

㉢ 징계에 의해 해임된 경우 그 사유가 금품 및 향응 수수, 공금의 횡령·유용에 한하여 감액하여 지급하기 때문에 음주측정거부로 징계에 의해 해임된 공무원의 경우 감액대상이 아니다. 틀린 설명이다.

㉣ 금품 및 향응 수수, 공금의 횡령·유용의 경우 파면 또는 해임 여부에 따라 기준이 상이하다. 파면의 경우 그 사유를 불문하므로 금품 및 향응 수수로 징계에 의해 파면된 공무원의 재직기간이 5년 이상인 경우 퇴직급여 및 퇴직수당 각각 2분의 1을 감액하고 지급한다. 옳은 설명이다.

㉤ 징계에 의해 파면된 공무원의 재직기간이 5년 미만인 경우 퇴직급여의 4분의 1, 퇴직수당의 2분의 1을 감액하고 지급한다. 옳은 설명이다.

㉥ 공금의 횡령으로 징계에 의해 해임된 공무원의 재직기간이 5년 미만인 경우 퇴직급여의 8분의 1, 퇴직수당의 4분의 1을 감액하고 지급한다. 옳은 설명이다.

경찰행정학
(경무경찰)

(Park & Oh's Police Science for Perfect Score)

01 경찰조직편성의 원리에 대한 설명으로 가장 적절하지 않은 것은?   (2020년 제1차)

① 계층제의 원리의 무리한 적용은 행정능률과 횡적 조정을 저해한다.

② 통솔범위의 원리에서 통솔범위는 계층 수, 업무의 복잡성, 조직 규모의 크기와 반비례 관계이다.

③ 관리자의 공백 등에 의한 업무의 공백에 대비하기 위하여 조직은 권한의 위임·대리 또는 유고관리자의 사전지정 등을 활용하여 명령통일의 한계를 완화할 수 있다.

④ 분업화의 정도가 높아질수록 조정과 통합이 어려워져서 할거주의가 초래될 수 있다.

해설 ① 계층제 원리의 무리한 적용으로 많은 계층구조가 나타나면 <u>관리비용의 증가나 업무처리의 지연</u> 이외에도 상하 간의 의사소통 왜곡의 가능성과 같은 종적 조정을 저해할 수 있다. 횡적 조정은 동일한 계급·직급 사이에서의 조정을 의미하는 것으로 계층제의 원리는 횡적 조정과는 무관하다. ② ③ ④ 옳은 설명이다.

【경찰조직의 편성원리】

구분	개념	내용
계층제	권한·책임의 정도에 따라 직무를 등급(계층)화하여 상·하 계층 사이에 지휘·감독관계에 있도록 조직하는 원리	상위 계층으로 갈수록 권한·책임이 무거운 임무를 수행하도록 편성 장점 - 지휘·명령의 신속한 수행과 권한·책임의 한계 설정 　　　　내부통제에 의한 신중한 업무처리 및 갈등조절 　　　　조직의 일체감과 통일성 유지 　　　　승진에 대한 동기의 부여 등 단점 - (많은 계층구조)관리비용 증가 및 업무처리 지연 　　　　기관장의 독단 가능성 및 조직의 경직화 　　　　환경변화에 대한 조직의 적응성 저해(신지식·기술 도입 곤란) 　　　　신분상의 상하관계 형성 및 의사소통 왜곡 가능성
통솔범위	한 명의 상관이 효과적으로 통제할 수 있는 부하만을 감독해야 한다는 원리 (피라미드형 조직구조)	통솔범위의 확대　　　　　　　　통솔범위의 축소 오래된 부서　　　　　　　　　　신생 부서 단순한 업무　　　　　　↔　　　복잡한 전문적 업무 소규모 부서　　　　　　　　　　대규모 부서 지리적 접근(교통 발달)　　　　지리적 분산(교통 미발달) 부하의 높은 업무 숙련도　　　　부하의 낮은 업무 숙련도
명령통일	부하는 한 명의 상관으로부터 지시·명령을 받고 그 상관에게만 보고해야 한다는 원리	모순된 명령 방지 → 업무의 혼선·비능률 방지 / 조직 갈등 감소 부하에 대한 효과적인 지휘·감독 가능 상관 유고시 대비 조치 필요 → 권한의 위임이나 대리자 사전 지정 　　　　　　　　　　　　　　　　　이를 통해 명령통일 원리 완화 가능 수평적 업무협력에 한계 → 비능률적, 낮은 수준의 전문성 발생 가능
전문화 (분업)	직무성격에 따라 가급적 한 사람에게 동일한 업무를 분담시켜야 한다는 원리	직무수행의 능률성·신속성 및 질 향상 직무수행의 비용 절감 구성원에 대한 보다 큰 직무만족 제공 가능 분업화의 정도가 높아질수록 조정·통합이 어려워 할거주의 초래 가능
조정·통합	구성원 또는 단위기관의 개별활동을 조직 전	구성원간의 갈등을 방지하기 위해 구성원의 행동 통일 필요 갈등 - 원인을 찾아 문제 해결 / 상위목표 제시하여 이해·양보 유도

| | 체의 관점에서 통일적으로 운영하여 목표달성도를 높이려는 원칙 | 해결X → 갈등 완화, 타협 도출 / 관리자가 결정을 보류 · 회피
갈등의 순기능적 측면O → 조직 문제점 발견 / 개혁의 단초 제공 |

분석 경찰조직의 편성원리는 최근 12년간 독립된 유형으로 7회가 출제되었고, 각 원리의 구체적 내용을 확인하는 수준입니다. 각 원리가 가지는 장 · 단점의 비교가 현재까지 독립된 유형으로 출제된 적이 없어 향후 출제 가능성이 있으므로 정확히 기억하고 있어야 합니다.

02 경찰조직편성의 원리에 관한 설명으로 가장 적절하지 않은 것은? (2019년 제2차)

① 통솔범위는 신설부서보다는 오래된 부서, 지리적으로 근접한 부서보다는 분산된 부서, 복잡한 업무보다는 단순한 업무의 경우에 넓어진다.

② 계층제는 조직의 경직화를 가져와 환경변화에 대한 조직의 신축적 대응을 어렵게 한다.

③ 조정의 원리는 구성원이나 단위기관의 활동을 전체적인 관점에서 통일하여 조직의 목표달성도를 높이려는 원리를 말한다.

④ 분업의 원리란 업무를 성질과 종류별로 구분하여 한 사람에게 한 가지의 동일한 업무만을 전담토록 하는 원리를 말한다.

해설 ① 통솔범위는 신설부서보다 오래된 부서, 지리적으로 분산된 부서보다 근접한 부서, 복잡한 업무보다 단순한 업무의 경우에 넓어진다.

② ③ ④ 옳은 설명이다. 【경찰조직의 편성원리】 참조.

03 경찰조직편성의 원리에 대한 설명 중 적절한 것을 모두 고른 것은? (2018년 제3차)

> ㉠ 계층제의 원리 – 책임과 난이도에 따라 상위로 갈수록 권한과 책임이 무거운 임무를 수행하도록 편성한다.
> ㉡ 통솔범위의 원리 – 신설조직보다 기성조직에서, 단순반복 업무보다 전문적 사무를 담당하는 조직에서 상관이 많은 부하직원을 통솔할 수 있다.
> ㉢ 명령통일의 원리 – 상위직에 부여된 권한과 책임을 하위자에게 분담시키는 권한의 위임제도를 적절히 활용하여 명령통일의 한계를 완화할 수 있다.
> ㉣ 조정과 통합의 원리 – 조직의 구조, 보상체계, 인사 등의 제도개선과 조직원의 행태를 합리적으로 개선하는 것은 갈등의 단기적인 대응방안이다.

① ㉠㉡   ② ㉠㉢   ③ ㉠㉣   ④ ㉡㉢

해설 ㉠ ㉢ 옳은 설명이다. 【경찰조직의 편성원리】 참조.

㉡ 통솔범위의 원리에 의하면 신설조직보다 기성조직에서 통솔범위가 넓으나, 단순 · 반복적 업무보다 복잡한 전문적 업무에서는 통솔범위가 축소된다. 틀린 설명이다.

㉣ 조정과 통합의 원리는 조직에 존재하는 계층 · 부서 · 구성원 사이의 갈등 등 내부의 갈등을 조정하는 원리로 조직 목표를 달성하기 위한 최종적인 원리이다. 이러한 관점에서 조정과 통합의 원리를 단기적인 대응방안으로 보기 어렵다.

04 조직의 구성원 간에 지시나 보고를 주고받는 과정에서 지시는 한 사람만이 할 수 있고, 보고도 한 사람에게만 하여야 한다는 조직편성의 원리는 무엇인가? (2015년 제2차)

① 통솔범위의 원리　　② 조정의 원리　　③ 명령통일의 원리　　④ 계층제의 원리

해설　【경찰조직의 편성원리】참조. 부하는 한 명의 상관으로부터 지시·명령을 받고, 그 상관에게만 보고해야 한다는 "명령통일의 원리"에 대한 설명이다.

05 다음의 내용은 경찰조직편성의 원리 중 무엇에 관한 설명인가? (2012년 제1차)

> 한 사람의 감독자가 직접 감독할 수 있는 부하의 수는 일정한 한도로 제한해 줄 필요가 있다. 한 사람이 직접적으로 감독할 수 있는 부하의 수는 업무의 성질, 고용기술, 작업성과 기준에 달려 있으며, 모든 조직은 일반적으로 상관보다 부하가 더 많다. 이러한 이유 때문에 경찰 조직은 사다리 모양 보다는 피라미드 모양을 취하고 있다.

① 통솔범위의 원리　　② 전문화의 원리　　③ 계층제의 원리　　④ 명령통일의 원리

해설　【경찰조직의 편성원리】참조. 한 명의 상관이 효과적으로 통제할 수 있는 부하만을 감독해야 한다는 "통솔범위의 원리(피라미드형 조직구조)"에 대한 설명이다.

06 경찰조직 편성의 원리에 관한 다음 설명 중 가장 적절하지 않은 것은? (2012년 제2차)

① 계층제의 원리는 조직구성을 각자가 맡은 임무의 기능 및 성질상의 차이로 구분하여 보수를 달리하는 통제체계의 수립을 위한 것이다.
② 일반적으로 조직의 규모가 클수록 통솔의 범위는 좁아지는데 반하여 조직의 규모가 작을수록 통솔의 범위는 넓어진다.
③ 분업의 원리는 다수가 일을 함에 있어서 각자의 임무는 나누어서 분명하게 부과하고 협력을 하도록 하는 것으로, 인간능력의 한계를 극복하고 업무를 효율적으로 수행하기 위한 것이다.
④ 둘 이상의 사람으로부터 지시나 명령을 받는 경우 서로 모순되는 지시가 나오고, 이로 인해 집행하는 사람은 혼란을 겪게 되기 때문에 업무수행의 혼선과 그로 인한 비능률을 막기 위해서 명령통일의 원칙이 요구된다.

해설　【경찰조직의 편성원리】참조. ② ③ ④ 옳은 설명이다.
　　① 계층제의 원리는 권한과 책임의 정도에 따라 직무를 등급(계층)화 하여 상·하 계층이 지휘·감독관계에 있도록 조직하는 원리이고, "각자가 맡은 임무의 기능 및 성질상의 차이"는 전문(분업)화의 원리와 관련된 내용이다.

07 갑은 시위진압 도중 상관인 A와 B에게 명령을 받았다. 이는 경찰조직의 편성원리 중 무엇의 원리에 위배되는가? (2009년 제1차)

① 계층제의 원리　　② 통솔범위의 원리　　③ 명령통일의 원리　　④ 분업과 조정의 원리

해설　【경찰조직의 편성원리】참조. 부하는 한 명의 상관으로부터 지시·명령을 받고 그 상관에게만 보고해야 한다는 "명령통일의 원리"에 위배된다.

08 계급제와 직위분류제에 대한 설명으로 가장 적절하지 않은 것은? (2019년 제1차)

① 직위분류제의 경우 직무중심 분류로서 계급제보다 인사배치에 신축성을 기할 수 있다.
② 계급제의 경우 널리 일반적 교양, 능력을 갖춘 사람을 채용하여 장기간에 걸쳐 능력을 향상시키므로 공무원이 종합적, 신축적인 능력을 갖출 수 있다.
③ 직위분류제의 경우 동일한 직무를 장기간 담당하게 되어 행정의 전문화에 기여한다.
④ 우리나라의 공직분류는 계급제 위주에 직위분류제적 요소를 가미한 혼합 형태라고 할 수 있다.

해설 ① 직위분류제는 직무중심 분류로 해당 직무에만 배치하는 것으로 내용으로 하기 때문에 인사관리의 신축성·탄력성을 기하기 어렵다. 인사관리의 신축성·탄력성은 계급제의 장점이나 행정의 전문화·능률화에 어려움이 있다.
② ③ ④ 옳은 설명이다.【계급제와 직위분류제의 비교】참조. 우리나라는 계급제 위주에 직위분류제적 요소를 가미하여 운영하고 있다.

【계급제와 직위분류제의 비교】

구분	계급제	직위분류제
중심 개념	사람 중심 – 프랑스·독일·일본 등(관료제의 전통)	직무 중심 – 미국·캐나다 등
충원 방식	폐쇄형(새 직무·결원 발생 – 내부 승진으로 충원)	개방형(새 직무·결원 발생 – 외부에서 신규 채용)
장점	· 유능한 인재 임용 가능성(발전가능성과 잠재력) · 인사관리의 신축성과 탄력성 · 여러 분야에서의 능력발전 가능(일반행정가) · 신분보장과 직업공무원제 확립 용이 · 협조 및 조정 용이 · 인사관리의 용이성 및 비용절감	· 행정의 전문화·능률화 용이 · 합리적인 보수체계(동일직무 동일보수) · 인사관리의 객관적·합리적 기준 제시 (직무 중심 객관적 평가 / 효율적인 교육계획) · 명확한 권한·책임의 경계(통제·책임 확보 용이) · 공직의 경직성 타파 및 민주적 통제 용이
단점	· 행정의 전문화·능률화에 어려움 · 동일직무 동일보수 원칙 확립에 어려움 · 인사관리의 객관적·합리적 기준 설정 곤란 · 권한·책임의 한계 불분명(직무경계의 불명확성) · 관료주의화	· 신축적 인사관리 곤란 · 여러 경험을 가진 일반행정가 확보 곤란 · 신분보장이 어려워 행정의 안정성 저해 · 분업화·전문화로 인한 협조·조정 곤란 · 특정직무에 한정 → 공무원의 능력 개발 저해

분석 공직의 분류는 최근 12년간 독립된 유형으로 5회가 출제되었고, 계급제와 직위분류제의 개념 및 장·단점을 알고 있는지 그리고 직업공무원제도의 내용을 알고 있는지 확인하는 수준으로 출제되었습니다. 인사행정의 기본적 내용이므로 향후에도 출제 가능성이 있기 때문에 각 방식의 장점·단점을 잘 비교하여 기억하고 있어야 합니다.

09 공직 분류 방식 중 계급제와 직위분류제에 대한 설명이다. 가장 적절하지 않은 것은?

(2017년 제1차)

① 계급제는 사람을, 직위분류제는 직무를 중요시한다.
② 직위분류제는 계급제보다 권한의 한계가 불명확하다.
③ 공직을 평생직장으로 이해하는 직업공무원제도의 정착에는 직위분류제보다 계급제가 유리하다.
④ 우리나라의 공직 분류는 계급제 위주에 직위분류제적 요소를 가미한 혼합형태라고 할 수 있다.

정답 | 04 | ③ | 05 | ① | 06 | ① | 07 | ③ | 08 | ① | 09 | ②

해설 ① ③ ④ 옳은 설명이다. 【계급제와 직위분류제의 비교】 참조. 우리나라는 계급제 위주에 직위분류제적 요소를 가미하여 운영하고 있다.
　② 사람을 중심으로 하는 계급제는 직위분류제에 비해 인사관리의 객관적 · 합리적 기준의 설정이 곤란하고 권한 · 책임의 한계가 불분명하다는 단점이 있고, 직무를 중심으로 하는 직위분류제는 직위 간의 명확한 권한과 책임의 경계를 설정하고 직무 중심으로 객관적인 평가가 가능하다는 장점이 있다.

10 다음은 경찰직업공무원제도에 대한 설명이다. 옳은 것은 모두 몇 개인가?　　　(2020년 제1차)

> ㉠ 실적주의는 직업공무원제로 발전되어 가는 기반이 되지만, 실적주의가 바로 직업공무원 제도를 의미하는 것은 아니다.
> ㉡ 행정의 안정성, 계속성, 독립성, 중립성 확보가 용이하다.
> ㉢ 행정통제 및 행정책임 확보가 용이하다.
> ㉣ 젊은 인재의 채용을 위한 연령제한으로 공직 임용의 기회균등을 저해한다.

① 1개　　　② 2개　　　③ 3개　　　④ 4개

해설 ㉠ ㉡ ㉣ 옳은 설명이다.
　㉢ 행정통제 및 행정책임의 확보가 용이한 것은 직위분류제이다. 우리의 경찰직업공무원제도는 계급제를 기초로 하고 있으므로 틀린 설명이다.

11 다음은 공직 분류 방식 중 계급제와 직위분류제에 대한 설명이다. 옳은 것은 모두 몇 개인가?　　　(2016년 제2차)

> ㉠ 직위분류제는 계급제에 비해서 보수결정의 합리적인 기준을 제시하는 것이 장점이다.
> ㉡ 계급제는 이해력이 넓어져 직위분류제에 비해서 기관 간의 횡적 협조가 용이한 편이다.
> ㉢ 직위분류제는 프랑스에서 처음 실시된 후 독일 등으로 전파되었다.
> ㉣ 우리나라의 공직 분류는 계급제 위주에 직위분류제적 요소를 가미한 혼합형태라고 할 수 있다.

① 1개　　　② 2개　　　③ 3개　　　④ 4개

해설 ㉠ ㉡ ㉣ 옳은 설명이다. 8번 해설 및 【계급제와 직위분류제의 비교】 참조.
　㉢ 직위분류제는 미국 · 캐나다 등에서 취하고 있고, 계급제는 관료제의 전통이 있는 프랑스 · 독일 · 일본에서 취하고 있는 형태이다.

12 공직분류 기준에 대한 설명으로 가장 옳지 않은 것은?　　　(2010년 제2차)
① 계급제는 인간중심의 분류방법으로 관료제의 전통이 강한 나라에서 채택하고 있다.
② 계급제는 폐쇄형 충원방식을 통해 직업공무원제 정착에 기여한다.
③ 직위분류제는 동일한 직무를 장기간 담당하게 되어 행정의 전문화에 유용하나, 권한과 책임의 한계가 불명확하다는 단점이 있다.
④ 직위분류제는 시험 · 채용 · 전직 등의 합리적 기준을 제공하여 인사행정의 합리화를 기한다.

해설 ① ② ④ 옳은 설명이다. 8번 해설 및 【계급제와 직위분류제의 비교】 참조.
　③ 계급제(사람 중심)에 비해 직위분류제(직무 중심)는 동일한 직무를 장기간 담당하게 되어 행정의 전문화 · 능률화가 용이하고 직위 간의 명확한 권한과 책임의 경계를 설정할 수 있다는 장점이 있으나, 여러 분야에 경험을 가진 일반행정가의 확보가 곤란하다는 단점이 있다. 반면에 계급제는 직위분류제에 비해 여러 분야에서

능력을 발전시키고 경험을 가진 일반행정가의 확보는 용이하지만, 권한과 책임의 한계가 불분명하고 행정의 전문화·능률화에 어려움이 있다는 단점을 가지고 있다.

13 매슬로우(Maslow)의 욕구 이론에 대한 설명으로 가장 적절하지 않은 것은? (2017년 제2차)

① 매슬로우는 욕구를 생리적 욕구(Physiological Needs), 안전의 욕구(Safety Needs), 사회적 욕구(Social Needs), 존경의 욕구(Esteem Needs), 자기실현 욕구(Self–actualization Needs)로 구분하였다.

② 안전의 욕구는 현재 및 장래의 신분이나 생활에 대한 불안 해소에 관한 것으로 신분보장, 연금제도 등을 통해 충족시켜 줄 수 있다.

③ 존경의 욕구는 동료·상사·조직 전체에 대한 친근감·귀속감 충족에 관한 것으로 인간관계의 개선, 고충처리 상담 등을 통해 충족시켜 줄 수 있다.

④ 생리적 욕구는 의·식·주 및 건강 등에 관한 것으로 적정보수제도, 휴양제도 등을 통해 충족시켜 줄 수 있다.

해설 ① ② ④ 옳은 설명이다. 아래 【매슬로우 욕구 5단계 이론】 참조. 매슬로우의 욕구 5단계 이론은 인간의 욕구는 하위단계의 욕구가 충족되어야 다음 단계의 욕구가 발생한다는 이론이다.

③ 존경의 욕구는 타인으로부터 존경·인정·신망을 받으려는 욕구로 매슬로우의 욕구 5단계 이론에서 자기실현 욕구 바로 아래에 위치하는 욕구이다. 이는 제안·포상제도, 참여의 확대 및 권한의 위임 등으로 충족될 수 있다. 지문은 "사회적 욕구"에 대한 설명이다.

【매슬로우 욕구 5단계 이론】

구분		내용	충족 방법
	자기실현 욕구	장래에 자신을 발전시키고 완성시키려는 욕구	· 합리적 승진제도 · 공무원단체의 활용 · 기획에의 참여 · 성장·발전의 기회 제공 등
	존경의 욕구	타인으로부터 존경·인정·신망을 받으려는 욕구	· 제안·포상제도 · 참여의 확대 · 권한 위임 · 동료·상사의 인정 · 직책과 책임 등
	사회적 욕구	동료·상사·조직 전체에 대한 친근감 및 귀속감을 충족하려는 욕구	· 고충처리 상담 · 인간관계(동료·상하관계) 개선 등
	안전의 욕구	현재 및 장래의 신분이나 생활에 대한 불안을 해소하려는 욕구	· 직무의 안전 · 신분보장 · 연금제도 등
	생리적 욕구	의·식·주·건강 등 인간의 생존과 생식에 관한 욕구	· 근무환경 · 휴양제도 · 적정보수 등

분석 경찰조직관리이론과 관련하여 최근 12년간 매슬로우의 욕구단계이론이 독립된 유형의 문제로 2회, 다른 이론과 결합된 지문으로 1회 출제되었고, 각 욕구의 내용과 이를 충족시킬 수 있는 방법을 알고 있는지를 확인하는 수준이었습니다. 조직관리와 관련된 관료제이론이나 매슬로우의 욕구단계이론이 속해 있는 인간관계론의 다른 이론들 역시 기본적인 개념 정도는 숙지하고 있어야 향후 출제 가능성에 대비할 수 있습니다.

14 매슬로(Maslow)가 주장하는 5단계 기본욕구와 그 욕구를 충족시키는 것을 바르게 연결한 것은?

(2015년 제3차)

① 안전욕구 – 적정보수제도, 휴양제도
② 사회적 욕구 – 인간관계의 개선, 고충처리 상담
③ 존경욕구 – 신분보장, 연금제도
④ 생리적 욕구 – 참여확대, 권한의 위임, 제안제도, 포상제도

해설 문제 13번 해설【매슬로우 욕구 5단계 이론】참조.
① 적정보수제도 및 휴양제도는 생리적 욕구의 충족방법이다.
② 인간관계(동료관계 및 상·하관계)의 개선과 고충처리의 상담은 사회적 욕구의 충족방법이다. 올바른 연결이다.
③ 신분보장 및 연금제도는 안전의 욕구를 충족시키는 방법이다. 아울러 직무의 안전도 충족방법에 속한다.
④ 참여의 확대, 권한의 위임, 제안제도 및 포상제도는 존경의 욕구를 충족하는 방법이다

15 A경찰서장은 동기부여이론 및 사기이론을 활용하여 소속 경찰관들의 사기를 높이기 위한 방안을 모색하였다. 이론의 적용으로 가장 적절하지 않은 것은?

(2020년 제2차)

① Maslow의 욕구계층이론에 따라 존경의 욕구를 충족시켜주기 위하여 권한위임을 확대하였다.
② Herzberg의 동기위생요인이론에 따르면 사기진작을 위해서는 동기요인이 강화되어야 하므로 적성에 맞는 직무에 배정하고 책임감과 성취감을 느낄 수 있도록 독려하였다.
③ McGregor의 X이론에 따르면 인간은 근본적으로 업무에 대한 의욕을 가지고 있기 때문에 이러한 의욕을 강화시키기 위해 금전적 보상과 포상제도를 강화하였다.
④ McGregor의 Y이론을 적용하여 상급자의 일방적 지시와 명령을 줄이고 의사결정 과정에 일선경찰관들의 참여를 확대시키도록 지시하였다.

해설 【허츠버그(Herzberg)의 동기위생요인이론과 맥그리거(McGregor)의 X·Y이론】

동기위생요인이론	동기부여요인 (만족요인)	직무 자체를 만족스럽게 해주는 측면 – 작업 특징(에의 도전) / 인정과 성취감 / 직업적 성장 / 목표의 달성 / 책임감 / 재량 등 요인이 충족·강화되면 동기부여·사기진작의 효과 발생	
	위생요인 (불만요인)	직무 불만족에 이르게 하는 부정적 작업조건과 환경적 경향 – 엄격한 정책 / 낮은 임금 / 낮은 신분 / 긴장을 주는 인간관계 / 경직된 감독방식 등 개인의 성장을 증대시킬 수 없음	
X·Y 이론		인간에 대한 관점(인간관)	관리방안
	X이론	– 게으르고 책임지기 싫어함(업무의욕X) – 이기적이고 자기중심적 – 조직의 목적·요구에 무관심 – 변화에 저항하며 안정과 경제적 만족 추구	(통제중심의 전통적 전략) – 금전적 보상이나 포상을 유인으로 사용 – 엄격한 감독·명령으로 통제를 강화 – 계층적 조직구조와 권위형 리더십 등
	Y이론	– 일을 싫어하지 않고 노동을 자연스러운 것으로 여김 – 책임감·자기규제능력 있음 – 이타적·사회중심적 – 자발적·의욕적 참여와 협조적 성향	조직·개인 목표의 통합(통합적 관리) – 사회심리적인 욕구의 충족 – 지시·명령 감소 및 결정과정 참여 확대 – 평면적·수평적 조직구조 – 분권과 권한의 위임 및 민주적 리더십 등

16 경찰통제에 대한 설명으로 가장 적절하지 않은 것은? (2020년 제2차)

① 경찰위원회제도와 국민감사청구제도는 경찰행정에 대하여 국민들의 참여를 보장하는 민주적 통제장치이다.

② 경찰의 위법행위에 대한 국가배상판결이나 행정심판에 의한 통제는 사법통제이며, 국가인권위원회와 국민권익위원회에 의한 통제는 행정통제이다.

③ 상급기관이 갖는 훈령권·직무명령권은 하급기관의 위법이나 재량권 행사의 오류를 시정할 수 있는 내부적 통제장치이다.

④ 국회가 갖는 입법권과 예산심의권은 사전통제에 해당하나 예산결산권과 국정감사·조사권은 사후통제에 해당한다.

해설　① ③ ④ 옳은 설명이다. 아래의 【경찰행정에 대한 통제】 참조.
　　　② 국가배상판결이나 행정소송에 의한 통제는 사법통제이지만, <u>행정심판에 의한 통제는 행정부에 의한 통제</u>이다.

【경찰행정에 대한 통제】

구분		내용
경찰행정 통제 기본요소		· 권한의 분산 – 조직 상호 간 및 상·하계급 상호 간 · 정보의 공개 – 국민의 참여와 행정의 투명성을 위해 · 국민의 참여 – 행정의 공정성·투명성·신뢰성 확보를 위해(행정절차법에 따른 절차적 권리 인정) · 책임의 추궁 – 조직구성원의 비위에 대한 민·형사 및 징계책임 추궁 / 경찰조직차원의 책임 · 환류와 발전 – 확인결과에 따라 문제가 있으면 책임을 추궁하고 나아가 환류를 통해 시정·발전
침해 전후	사전 통제	오늘날 사전통제의 중요성 강조 – 행정절차법상 청문·입법예고제·행정예고제, 국회의 입법권·예산심의권·예산의 결권
	사후 통제	전통적인 통제방법 – 사법부에 의한 통제: 법원의 재판·결정 – 행정부에 의한 통제: 징계책임, 상급기관의 감독권(감사권), 행정심판 – 입법부에 의한 통제: 예산결산권, 국정감사·조사권
자체 통제 여부	내부 통제	경찰행정기관 스스로에 의한 통제 예) 감사관, 훈령권·직무명령권, 상급관청에 의한 통제, 경찰공무원의 경찰윤리의식
	외부 통제	다른 외부기관의 경찰행정에 대해 통제 – 사법부에 의한 통제: 법원의 재판·결정 – 행정부에 의한 통제: 대통령, 감사원, 행정안전부장관, 경찰위원회, 국민권익위원회, 시민고충처리위원회, 소청심사위원회, 국가인권위원회, 국가정보원·국방부·검찰 등 – 입법부에 의한 통제: 입법권, 예산심의·의결·결산권, 국정감사·조사권 등 – 민중통제: 여론·이익집단·언론·정당·NGO 등을 통한 직·간접적 통제

분석　경찰통제와 관련하여 최근 12년간 독립된 유형의 문제로 6회가 출제되었고, 통제와 관련된 기본적인 개념 및 유형을 상호 비교하는 수준에서 출제되었습니다. 향후에도 출제 가능성이 있으므로 통제방식과 관련된 구분(특히 국회의 예산심의·의결권–사전통제, 예산결산권–사후통제)을 잘 기억하여야 하고, 경찰행정통제를

위한 기본요소는 현재까지 출제된 적이 없어 출제가 가능하므로 5가지의 기본요소 내용을 잘 숙지하기 바랍니다.

17 경찰통제의 유형이 가장 바르게 연결된 것은? (2019년 제1차)

① 내부통제: 청문감사관 제도, 경찰위원회, 직무명령권
② 외부통제: 국민권익위원회, 소청심사위원회, 국민감사청구제도
③ 사전통제: 행정예고제, 상급기관의 하급기관에 대한 감독권
④ 사후통제: 사법부에 의한 사법심사, 국회의 입법권·예산심의권

해설 ② 옳은 설명이다. 【경찰행정에 대한 통제】 참조.
① 내지 ③ 경찰위원회는 외부통제, 상급기관의 하급기관에 대한 감독권은 사후통제, 국회의 입법권·예산심의권은 사전통제에 해당한다. 다만, 국회의 예산결산권은 사후통제에 해당한다.

18 경찰통제에 관한 다음 설명 중 가장 적절하지 않은 것은? (2012년 제2차)

① 국회는 경찰 관련 법률제정, 예산심의, 국정조사 등 다양한 장치들을 통해 경찰을 통제할 수 있다.
② 법원은 법적 쟁송사건에 대한 재판권을 통해 경찰활동을 통제하는 바, 법원의 판례법이 법의 근간을 이루는 영미법계에서 대륙법계보다 강력한 통제장치로 작용한다.
③ 경찰에 대한 사전통제를 규정하고 있는 기본법은 행정절차법이라 할 수 있고, 사전통제제도에는 청문, 행정상 입법예고, 상급기관의 하급기관에 대한 감사권 등이 있다.
④ 상급기관이 하급기관에 대하여 지시권이나 감독권 등의 훈령권을 행사함으로써 하급기관의 위법이나 재량권 행사의 오류를 시정하는 등 통제를 가할 수 있다.

해설 ① ② ④ 옳은 설명이다. 【경찰행정에 대한 통제】 참조.
③ 경찰행정에 대한 통제는 침해의 전·후라는 시기적 기준으로 사전통제와 사후통제로 구분된다. 오늘날 사전통제의 중요성이 강조되고 있고, 행정절차에 대한 일반법의 성격을 가지는 행정절차법이 경찰행정의 사전통제와 관련된 기본법이라고 할 수 있으며, 동법에 따른 청문, 행정상 입법예고, 행정예고제 등이 대표적인 사전통제에 해당한다. (입법부에 의한 통제로서)국회의 입법권·예산심의권·예산의결권도 사전통제에 해당한다. 상급기관의 하급기관에 대한 감사권은 하급기관의 업무처리에 대한 통제로 (행정부에 의한)내부적 사후통제에 해당한다.

19 다음 중 경찰통제의 유형이 바르게 연결되지 않은 것은? (2011년 제1차)

① 사전적 통제 – 국회의 예산심의권, 행정절차법상 입법예고제
② 사후적 통제 – 사법부의 사법심사, 행정부의 행정심판
③ 내부통제 – 국민권익위원회에 의한 통제, 청문감사관 제도
④ 외부통제 – 경찰위원회, 국가인권위원회에 의한 통제

해설 ① ② ④ 올바른 연결이다. 【경찰행정에 대한 통제】 참조.
③ 내부통제는 경찰행정기관 스스로에 의한 통제를 말하고, 감사관제도, 훈령권·직무명령권, 상급경찰관청에 의한 통제, 경찰공무원의 윤리의식 등이 여기에 해당한다. 국민권익위원회에 의한 통제는 외부통제에 해당한다.

20 경찰통제의 유형 중 그 성격이 다른 것은? (2010년 제1차)

① 국회의 예산심의권　　　　　　② 행정심판을 통한 통제
③ 소청심사위원회의 소청심사　　④ 사법부의 사법심사에 의한 통제

해설　경찰행정에 대한 통제는 <u>침해 전후를 기준</u>으로 사전통제와 사후통제, 자체 통제 여부를 기준으로 내부통제와 외부통제로 구분할 수 있다. <u>사후통제는 다시 사법부 · 행정부 · 입법부에 의한 통제</u>로 구분되고, <u>외부통제(경찰행정기관 이외의 요소에 의한 통제)</u>는 사법부 · 행정부 · 입법부 · 국민(민중)에 의한 통제로 구분된다. 우선 침해 전후를 기준으로 하는 경우 ①은 사전통제, ② ③ ④는 사후통제에 해당하므로 정답은 ①이다. 자체 통제 여부를 기준으로 하는 경우 보기는 모두 경찰행정기관 이외의 요소에 의한 외부통제로 구별할 수 없게 된다. 아울러 ①은 입법부에 의한 통제, ②와 ③은 행정부에 의한 통제, ④는 사법부에 의한 통제라는 점에서도 성격이 다른 하나를 고를 수 없다. 따라서 질문의 취지는 "침해 전후를 기준"으로 그 성격이 다른 것을 고르는 문제로 이해해야 한다.

21 다음 경찰통제에 대한 설명 중 틀린 것을 모두 고르시오? (2009년 제1차)

> 가. 감사원의 직무감찰 및 행정안전부장관의 일정한 관여 등은 경찰통제의 유형 중 외부통제로 보아야 한다.
> 나. 사법심사에 의한 통제는 경찰통제의 유형 중 사후적 통제로 볼 수 있다.
> 다. 경찰통제의 확보는 「국민의 경찰」이라는 관점에서 볼 때, 경찰의 민주성 추구라는 이념과 배치되는 경향이 강하다.
> 라. 대륙법계의 경우 사후적 사법심사를 통한 통제가 상대적으로 활성화되었고, 영미법계의 경우 시민을 통한 통제를 하여 시민과 대립관계를 유지하였다.

① 가, 나　　　② 나, 다　　　③ 나, 라　　　④ 다, 라

해설　가. 나. 옳은 설명이다. 【경찰행정에 대한 통제】 참조.
다. 경찰통제의 확보는 국민의 경찰이라는 관점에서 볼 때 <u>경찰의 민주성 추구라는 이념에 부합</u>한다. 경찰의 민주성은 국민의/국민에 의한/국민을 위한 경찰을 의미한다. 이러한 민주성 확보를 위해 경찰행정에 대한 외부통제로 국민(민중)통제, 예를 들어 여론 · 이익집단 · 언론 · 정당 · 비정부기구(NGO) 등을 통한 직 · 간접적 통제가 필요하다.
라. 대륙법계에서는 사후적인 사법심사를 통한 통제가 활발하지만, <u>영미법계</u>에서는 경찰위원회제도, 경찰책임자 선거제도, 자치경찰제도 등을 시행하여 시민이 직접 또는 그 대표기관을 통해 참여와 감시기능을 가능케 하는 민주적 통제장치를 구축하고 있다(<u>시민이 주체적으로 참여하고 대립관계X → 협력관계</u>).

22 「행정절차법」상 행정지도에 대한 설명으로 가장 적절하지 않은 것은? (2019년 제1차)

① 반드시 문서의 형식으로 하여야만 한다.
② 임의성 원칙을 명문화하고 있다.
③ 행정기관이 그 소관 사무의 범위에서 일정한 행정목적을 실현하기 위하여 특정인에게 일정한 행위를 하거나 하지 아니하도록 지도, 권고, 조언 등을 하는 행정작용을 말한다.
④ 행정지도의 상대방은 해당 행정지도의 방식 내용 등에 관하여 행정기관에 의견제출을 할 수 있다.

해설　① 「**행정절차법**」 제49조 제2항 "행정지도가 말로 이루어지는 경우에 상대방이 제1항의 사항을 적은 <u>서면의 교부를 요구</u>하면 그 행정지도를 하는 자는 직무 수행에 <u>특별한 지장이 없으면 이를 교부하여야 한다.</u>" 행정지

는 원칙적으로 말로 행해지고, 상대방이 서면의 교부를 요구하는 경우 특별한 지장이 없으면 교부해야 한다.
② 「행정절차법」 제48조 제1항, ③ 제2조 제3호, ④ 제50조

분석

행정절차법은 행정통제의 영역에서 사전통제와 외부통제(입법부에 의한 통제) 및 경찰행정에 대한 국민의 참여(경찰행정통제의 기본요소)에 해당하고, 최근 12년간 행정절차법 자체에 대한 문제는 1회가 출제되었습니다. 기출 경향에 비추어 중요도가 떨어지는 것으로 볼 수 있으나, 적법한 (경찰)행정이라는 측면에서 절차에 관한 일반법적 성격을 가지는 행정절차법의 내용은 법적으로 중요한 부분으로 향후에도 출제가 가능합니다. 따라서 기출문제의 조문을 정확히 기억해야 하고, 이외에도 출제되지 않았지만 행정청의 관할ㆍ협조ㆍ행정응원(제6조 내지 제8조), 송달 및 처분과 관련된 절차, 입법예고 등은 향후 출제 가능성이 있으므로 관련 조문을 기억할 필요가 있습니다. 특히 행정응원(제8조)에 근거하여 경찰은 국가경찰과 자치경찰의 조직 및 운영에 관한 법률 및 경찰관 직무집행법에 규정된 임무의 범위에 속하지 않는 사항에 대해서도 개입할 수 있다는 점(예: 국민 보건ㆍ위생의 문제인 코로나 사태에 대한 경찰의 협력)에 유의하기 바랍니다.

23 다음은 경찰예산의 과정을 순서 없이 나열한 것이다. 과정의 순서를 가장 바르게 나열한 것은?
(2020년 제2차)

> ㉠ 경찰청장은 다음 연도의 세입세출예산 계속비ㆍ명시이월비 및 국고채무부담행위 요구서를 작성하여 기획재정부장관에게 제출한다.
> ㉡ 기획재정부장관은 대통령의 승인을 받은 국가결산보고서를 감사원에 제출하여야 한다.
> ㉢ 정부는 국가결산보고서를 국회에 제출하여야 한다.
> ㉣ 경찰청장은 예산배정요구서를 기획재정부장관에게 제출하여야 한다.
> ㉤ 기획재정부장관은 국무회의 심의를 거쳐 대통령의 승인을 얻은 다음 연도의 예산편성지침을 경찰청장에게 통보한다.
> ㉥ 정부는 대통령의 승인을 얻은 예산안을 국회에 제출하고 국회는 심의와 의결을 거쳐 예산안을 확정한다.

① ㉤ - ㉠ - ㉣ - ㉥ - ㉢ - ㉡
② ㉠ - ㉤ - ㉥ - ㉣ - ㉢ - ㉡
③ ㉤ - ㉠ - ㉥ - ㉣ - ㉡ - ㉢
④ ㉣ - ㉤ - ㉠ - ㉥ - ㉡ - ㉢

해설 【경찰예산의 과정】

개요	편성 → (국회의) 심의ㆍ의결 → 집행 → (국회의) 결산 (국가재정법)
편성	- 제28조(중기사업계획서의 제출): 중앙관서의 장이 1월 31일까지 기재부(기획재정부)장관에게 제출 - 제29조(예산안편성지침의 통보): 기재부장관이 3월 31일까지 중앙관서의 장(※ 경찰청장)에게 통보 　　: 기재부장관이 국회 예산결산특별위원회에 보고(제30조) - 제31조(예산요구서의 제출): 중앙관서의 장이 5월 31일까지 기재부장관에게 제출 - 제32조(예산안의 편성): 기재부장관의 예산안 편성과 국무회의의 심의 후 대통령의 승인
심의 의결	- 제33조(예산안의 국회제출): 회계연도 개시 120일 전까지 국회 제출 - 국회의 심의ㆍ의결을 거쳐 예산안 확정
집행	- 제42조(예산배정요구서의 제출): 중앙관서의 장이 기재부장관에게 제출 - 제43조(예산의 배정): 기재부장관이 국무회의의 심의 후 대통령의 승인을 얻어 배정 - 제44조(예산집행지침의 통보): 기재부장관이 중앙관서의 장에게 통보

결산	– 제58조(중앙관서결산보고서의 작성 및 제출): 중앙관서의 장이 다음 연도 2월말까지 기재부장관에 제출 – 제59조(국가결산보고서의 작성 및 제출): 기재부장관이 다음 연도 4월 10일까지 감사원에 제출 – 제60조(결산검사): 감사원은 다음 연도 5월 20일까지 기재부장관에게 송부 – 제61조(국가결산보고서의 국회제출): 정부는 다음 연도 5월 31일까지 국회에 제출

분석

경찰예산과 관련하여 최근 12년간 독립된 유형의 문제로 7회가 출제되었고, 예산제도의 종류와 예산편성의 유형 및 국가재정법상 예산의 과정과 관련된 조문을 정확히 알고 있는지 확인하는 수준입니다. 과정은 전체적으로 "편성 → (국회의) 심의 · 의결 → 집행 → (국회의) 결산" 순으로 이루어지며, 각 절차의 기한이 변형되거나 예산 과정의 순서가 출제되기 때문에 유의하여야 하고, 경찰이 채택하고 있는 품목별 예산제도의 장 · 단점도 향후 출제 가능성이 있습니다. 그리고 국회의 예산심의 · 의결권과 달리 결산심사권은 국회에 대한 감사원의 결산심사보고의무(헌법 제99조)로 규정되어 있어 감사원의 회계검사보고서를 심사하는 간접적 통제방식으로 행해지고 있습니다. 예산제도의 종류와 편성의 유형은 아래의 표를 참조하기 바랍니다.

【예산제도의 종류】

구분	내용
품목별 예산제도	지출의 대상과 성질에 따라 세출예산을 인건비 · 운영경비 · 시설비 등으로 구분하는 방법 – 우리나라 경찰이 채택하고 있는 방법 / 통제에 중점을 둔 제도 / 투입 위주의 예산제도 장점: 명확한 회계책임, 인사행정에 유용한 정보 · 자료 제공, 회계검사 용이, 행정의 재량범위 축소 단점: 경직성(융통성 있는 대체 허용X), 재정지출을 통한 성과 달성 측정X, 지출 이유 파악X
성과주의 예산제도	성과 목표와 달성 방법을 설정한 뒤, 그 성과를 평가해 이를 예산에 반영하는 제도 – 기존의 투입 위주의 예산제도의 한계를 극복하기 위한 제도
계획 예산제도	장기적인 계획을 세우고(Planning), 계획 달성을 위한 사업을 구조화하고(Programming), 이에 따라 예산을 편성하는(Budgeting) 체계적인 예산제도(PPBS) – 중장기계획을 추진하는 데 유리
영기준 예산제도	예산을 편성할 때 전년도 예산에 기초하지 않고 영(0)을 기준으로 원점에서 재검토한 뒤 예산을 편성하는 방법으로 원점에서 출발하여 예산요구액 하나하나에 대해 타당한 근거를 요구 – 전년도 예산을 기준으로 점증적으로 예산액을 책정하는 폐단을 시정할 목적에서 출발
일몰법	특정의 행정기관이나 사업이 일정기간 경과하면 의무적 · 자동적으로 폐지되게 하는 것 – 입법부에서 제정 / 재심사를 통해 타당성이 있는 경우 연장 가능
자본 예산제도	정부예산의 지출을 경상지출과 자본지출로 구분하는 제도 – 경상지출: 세입원은 조세수입으로 충당 – 자본지출: 세입원은 국 · 공채를 발행하여 충당 / 불균형예산 편성

【예산편성의 유형】

구분		내용
회계 기준	일반회계	국가활동에 관한 세입 · 세출을 포괄적으로 편성한 것 → 정부예산의 중심회계 – 국가의 안녕과 질서유지를 위한 기본적 기능은 일반회계를 통해 이루어짐 – 경찰예산의 대부분은 일반회계에 속함
	특별회계	특정한 세입으로 특정한 세출에 충당하는 회계(책임운영기관 특별회계: 경찰병원)

		– 설치 · 소관부서 관리 → 기획재정부의 직접적인 통제X
성립 과정 기준	본예산	당초에 국회의 의결을 얻어 확정 · 성립된 예산
	수정예산	예산안의 국회 제출 이후 의결 전에 부득이한 사정으로 일부를 수정해서 제출한 예산
	추가경정 예산	예산의 성립(확정) 후의 사정변경으로 인하여 필요한 경비의 부족이 있을 때 본예산에 추가 · 변경을 가한 예산
	준예산	예산이 성립되지 못한 경우 전년도 예산에 준하여 지출하는 예산(헌법 제54조 제3항) – 헌법이나 법률에 의해 설치된 기관 또는 시설의 유지 · 운영, 법률상 지출의무의 이행 – 이미 예산으로 승인된 사업의 계속

24 경찰예산에 관한 설명으로 가장 적절하지 않은 것은?   (2019년 제2차)

① 정부 예산안이 국회를 통과하여 확정된 후에 새롭게 발생한 사유로 인하여 이미 성립한 예산에 변경을 가할 필요가 있을 때 편성하는 예산은 추가경정예산이다.

② 예산의 집행은 예산의 배정으로부터 시작되므로 예산이 확정되더라도 해당 예산이 배정되지 않은 상태에서는 지출원인행위를 할 수 없다.

③ 품목별 예산제도는 세출예산의 대상·성질에 따라 편성한 예산으로 집행에 대한 회계책임을 명백히 하고 경비사용의 적정화에 유리한 장점이 있다.

④ 기획재정부장관은 예산안을 편성하여 국무회의 심의를 거쳐 대통령의 승인을 얻어야 하며, 정부는 이 예산안을 회계연도 개시 90일 전까지 국회에 제출하여야 한다.

해설 ① ② ③ 옳은 설명이다.

④ 「**국가재정법**」 제32조 "기획재정부장관은 제31조 제1항의 규정에 따른 예산요구서에 따라 예산안을 편성하여 <u>국무회의의 심의를 거친 후 대통령의 승인을 얻어야 한다."</u> 및 **제33조** "정부는 제32조의 규정에 따라 대통령의 승인을 얻은 예산안을 회계연도 개시 <u>120일 전까지 국회에 제출</u>하여야 한다."

25 「국가재정법」상 예산안의 편성에 대한 내용으로 가장 적절하지 않은 것은?   (2018년 제1차)

① 각 중앙관서의 장은 매년 1월 31일까지 당해 회계연도부터 3회계연도 이상의 기간 동안 신규사업 및 기획재정부장관이 정하는 주요 계속사업에 대한 중기사업계획서를 기획재정부장관에게 제출하여야 한다.

② 기획재정부장관은 국무회의의 심의를 거쳐 대통령의 승인을 얻은 다음 연도의 예산안편성지침을 매년 3월 31일까지 각 중앙관서의 장에게 통보하여야 한다.

③ 각 중앙관서의 장은 제29조의 규정에 따른 예산안편성지침에 따라 그 소관에 속하는 다음 연도의 세입세출예산 · 계속비 · 명시이월비 · 국고채무부담행위 요구서를 작성하여 매년 5월 31일까지 기획재정부장관에게 제출하여야 한다.

④ 정부는 제32조의 규정에 따라 대통령의 승인을 얻은 예산안을 회계연도 개시 120일 전까지 국회에 제출하여야 한다.

해설 ① 「**국가재정법**」 제28조 "각 중앙관서의 장은 <u>매년 1월 31일까지 해당 회계연도부터 5회계연도 이상의 기간</u> 동안의 신규사업 및 기획재정부장관이 정하는 주요 계속사업에 대한 중기사업계획서를 기획재정부장관에게 제출하여야 한다."

② 「**국가재정법**」 제29조 제1항, ③ 제31조 제1항, ④ 제33조

26 「국가재정법」상 경찰예산의 집행에 대한 설명으로 가장 적절하지 않은 것은? (2015년 제1차)

① 경찰청장은 예산이 확정된 후 사업운영계획 및 이에 따른 세입세출예산·계속비와 국고채무부담행위를 포함한 예산배정요구서를 기획재정부장관에게 제출하여야 한다.
② 기획재정부장관은 경찰청장에게 예산을 배정한 때에는 감사원에 통지하여야 한다.
③ 기획재정부장관은 예산집행의 효율성을 높이기 위하여 매년 예산집행에 관한 지침을 작성하여 경찰청장에게 통보하여야 한다.
④ 경찰청장은 세출예산이 정한 목적 외에 경비를 사용할 수 있다.

> **해설** ① 「**국가재정법**」 **제42조**, ② **제43조 제2항**, ③ **제44조**
> ④ 「**국가재정법**」 **제45조** "각 중앙관서의 장은 세출예산이 정한 <u>목적 외에 경비를 사용할 수 없다.</u>"

27 예산에 관한 다음 설명 중 가장 적절하지 않은 것은? (2012년 제1차)

① 예산집행의 신축성을 부여하고 예산 불성립으로 인한 행정중단의 방지를 도모하고자 회계연도 개시 전까지 예산의 불성립 시에 전년도 예산에 준하여 지출하는 예산제도를 '준예산'이라고 한다.
② 예산 편성 시 전년도 예산을 기준으로 점증적으로 예산액을 책정하는 폐단을 시정하려는 목적에서 유래된 것이 '영기준예산'이다
③ 특별회계는 원칙적으로 설치 소관부서가 관리하며 기획재정부의 직접적인 통제를 받지 않는다.
④ 경찰예산의 대부분은 특별회계에 속한다.

> **해설** ① ② ③ 옳은 설명이다. 【예산제도의 종류】 및 【예산편성의 유형】 참조.
> ④ 일반회계는 국가활동에 관한 세입·세출을 포괄적으로 편성한 것으로 <u>경찰예산의 대부분은 일반회계에 속한다.</u>

28 경찰예산 편성과 집행에 관한 다음 설명 중 적절하지 않은 것은 모두 몇 개인가? (2012년 제2차)

> ㉠ 경찰청장은 매년 1월 31일까지 다음 회계연도부터 5회계연도 이상의 기간 동안의 신규사업 및 기획재정부장관이 정하는 주요 계속사업에 대한 중기사업계획서를 기획재정부장관에게 제출하여야 한다.
> ㉡ 기획재정부장관은 국회의 심의를 거쳐 대통령의 승인을 얻은 다음 연도의 예산편성지침을 매년 4월 30일까지 경찰청장에게 통보하여야 한다.
> ㉢ 경찰청장은 예산안편성지침에 따라 그 소관에 속하는 다음 연도의 예산요구서를 작성하여 매년 6월 30일까지 기획재정부장관에게 제출하여야 한다.
> ㉣ 경찰청장은 예산요구서에 따라 예산안을 편성하여 국무회의 심의와 대통령의 승인을 얻은 후 회계연도 개시 90일 전까지 제출하여야 한다.

① 1개   ② 2개   ③ 3개   ④ 4개

> **해설** 모두 틀린 설명이다. 【경찰예산의 과정】 참조.
> ㉠ 「**국가재정법**」 **제28조** "각 중앙관서의 장은 매년 1월 31일까지 <u>해당 회계연도부터</u> 5회계연도 이상의 기간 동안의 신규사업 및 기획재정부장관이 정하는 주요 계속사업에 대한 중기사업계획서를 기획재정부장관에게 제출하여야 한다."

ⓒ 「**국가재정법**」**제29조 제1항** "기획재정부장관은 <u>국무회의의 심의를 거쳐</u> 대통령의 승인을 얻은 다음 연도의 예산안편성지침을 매년 3월 31일까지 각 중앙관서의 장에게 통보하여야 한다."

ⓒ 「**국가재정법**」**제31조 제1항** "각 중앙관서의 장은 제29조의 규정에 따른 예산안편성지침에 따라 그 소관에 속하는 다음 연도의 세입세출예산·계속비·명시이월비 및 국고채무부담행위 요구서(이하 "예산요구서"라 한다)를 작성하여 <u>매년 5월 31일까지</u> 기획재정부장관에게 제출하여야 한다."

ⓔ 「**국가재정법**」**제32조** "<u>기획재정부장관</u>은 제31조 제1항의 규정에 따른 예산요구서에 따라 예산안을 편성하여 국무회의의 심의를 거친 후 대통령의 승인을 얻어야 한다." **제33조** "정부는 제32조의 규정에 따라 대통령의 승인을 얻은 예산안을 <u>회계연도 개시 120일 전까지</u> 국회에 제출하여야 한다."

29 경찰예산에 대한 설명으로 가장 옳은 것은? (2010년 제2차)

① 예산제도에 있어서 일몰법이란 특정의 행정기관이나 사업이 일정기간 경과하면 의무적 자동적으로 폐지되게 하는 것으로 행정부에서 제정한다.

② 계획예산제도(PPBS)는 회계책임이 명확해지고, 인사행정에 유용한 정보와 자료를 제공할 수 있다는 장점이 있다.

③ 이미 예산으로 승인된 사업의 계속비는 헌법에서 보장하고 있는 준예산의 지출용도에 포함된다.

④ 예산집행상의 필요에 따라 미리 예산으로써 국회의 의결을 얻은 때에 기획재정부장관의 승인을 얻거나 기획재정부장관이 위임하는 범위 안에서 장·관·항간에 예산금액을 상호 이용하는 것을 예산의 전용이라 한다.

해설 ① 일몰법은 입법부가 법률로 정하는 것으로 재심사를 통해 타당성이 있는 경우 연장이 가능하다.

② 품목별 예산제도에 대한 설명이다. 계획예산제도는 장기적인 계획을 세우고 계획 달성을 위한 사업을 구조화하여 예산을 편성하는 체계적인 예산제도로 중·장기계획을 추진하는데 유리하다.

③ 옳은 설명이다. 【예산편성의 유형】참조.

④ 「**국가재정법**」**제46조 제1항·제2항** "① 각 중앙관서의 장은 예산의 목적범위 안에서 재원의 효율적 활용을 위하여 대통령령으로 정하는 바에 따라 <u>기획재정부장관의 승인을 얻어 각 세항 또는 목의 금액을 전용할 수 있다.</u> 이 경우 사업 간의 유사성이 있는지, 재해대책 재원 등으로 사용할 시급한 필요가 있는지, 기관운영을 위한 필수적 경비의 충당을 위한 것인지 여부 등을 종합적으로 고려하여야 한다. ② 각 중앙관서의 장은 제1항에도 불구하고 회계연도마다 <u>기획재정부장관이 위임하는 범위 안에서 각 세항 또는 목의 금액을 자체적으로 전용할 수 있다.</u>" 예산의 전용은 세항 또는 목의 금액을 전용할 수 있고, 원칙적으로 기획재정부장관의 승인이 필요(제1항)하고, 기획재정부장관이 위임하는 범위 안에서 자체적으로 전용(제2항)할 수 있다.

30 「경찰 인권보호 규칙」에 대한 설명으로 옳지 않은 것은? (2019년 제1차)

① 경찰청 인권위원회는 위원장 1명을 포함하여 7명 이상 13명 이하의 위원으로 구성한다. 이때, 특정 성별이 전체 위원 수의 10분의 6을 초과하지 아니해야 한다.

② 위원장과 위촉 위원의 임기는 위촉된 날로부터 2년으로 하며 위촉 위원은 두 차례만 연임할 수 있다.

③ 경찰청장은 매년 인권교육종합계획을 수립하여 시행하여야 한다.

④ 경찰관서의 장은 경찰청 인권교육종합계획의 내용을 반영하여 매년 인권교육 계획을 수립·시행하여야 한다.

해설 ① 「**경찰 인권보호 규칙**」**제5조 제1항**, ② **제7조 제1항**, ④ **제18조 제2항**

③ 「**경찰 인권보호 규칙**」**제18조 제1항** "경찰청장은 경찰관등이 근무하는 동안 지속적·체계적으로 교육을 받을 수 있도록 <u>3년 단위</u>로 인권교육종합계획을 수립하여 시행하여야 한다."

분석 경찰 인권보호 규칙과 관련하여 최근 12년간 독립된 유형의 문제로 3회가 출제되었고, 조문의 내용을 정확히 알고 있는 것을 확인하는 수준에서 출제되었습니다. 종래 인권보호를 위한 경찰관 직무규칙이 2018년 5월 14일 전면 개정된 경찰 인권보호 규칙으로 시행되었고, 조문이 대폭 축소되었습니다. 비교적 최근에 전면 개정이 있었고 인권친화적인 경찰활동이 강조되는 만큼 향후에도 지속적인 출제 가능성이 있습니다. 정의(제2조), 제3조(설치), 제4조(업무), 제5조(구성), 제6조(위촉 위원의 결격사유), 제7조(임기), 제8조(위원의 해촉), 제10조(위원장의 직무 등) 및 제11조(회의)는 국가경찰위원회, 소청심사위원회, 시·도자치경찰위원회 등과 비교하는 종합적인 문제로도 출제될 수 있습니다. 그리고 인권교육과 관련된 제18조 내지 제19조의 규정과 진정사건의 처리와 관련된 제28조 이하의 규정도 숙지하고 있어야 합니다.

31 「경찰 인권보호 규칙」상 경찰청 및 시·도경찰청 인권위원회에 대한 설명으로 가장 적절한 것은? (2018년 제3차 – 현행규정 반영 수정)

① 위원회는 위원장 1명을 포함하여 7명 이상 15명 이하의 위원으로 구성한다. 이때, 특정 성별이 전체 위원수의 10분의 6을 초과하지 아니해야 한다.

② 위원회의 회의는 정기회의와 임시회의로 구분하며, 정기회의는 경찰청은 분기 1회, 시·도경찰청은 월 1회 개최한다.

③ 위원장과 위촉위원의 임기는 위촉된 날로부터 2년으로 하며 위원장의 직은 연임할 수 없고, 위촉 위원은 두 차례만 연임할 수 있다.

④ 위촉 위원에 결원이 생긴 경우 새로 위촉할 수 있고, 이 경우 위촉된 위원의 임기는 위촉된 날의 다음날부터 기산한다.

해설 ① 「**경찰 인권보호 규칙**」 **제5조 제1항** "위원회는 위원장 1명을 포함하여 <u>7명 이상 13명 이하의 위원</u>으로 구성한다. 이때, 특정 성별이 전체 위원 수의 10분의 6을 초과하지 아니해야 한다."

② 「**경찰 인권보호 규칙**」 **제11조 제1항·제2항** "① 위원회의 회의는 <u>정기회의와 임시회의로 구분</u>하며, 재적위원 과반수의 출석으로 개의(開議)하고, 출석위원 과반수의 찬성으로 의결한다. ② 정기회의는 <u>경찰청은 월 1회, 시·도경찰청은 분기 1회</u> 개최한다."

③ 「**경찰 인권보호 규칙**」 **제7조 제1항**

④ 「**경찰 인권보호 규칙**」 **제7조 제2항** "위촉 위원에 결원이 생긴 경우 새로 위촉할 수 있고, 이 경우 <u>새로 위촉된 위원의 임기는 위촉된 날부터 기산</u>한다."

32 「경찰 인권보호 규칙」에 대한 설명 중 가장 적절하지 않은 것은? (2013년 제2차 – 현행규정 반영 수정)

① "인권침해"란 경찰관 등(의무경찰과 무기계약직을 제외한다)이 직무를 수행하는 과정에서 모든 사람에게 보장된 인권을 침해하는 것을 말한다.

② "조사담당자"란 인권침해를 내용으로 하는 진정을 조사하고 이에 따른 구제 업무 등을 수행하는 경찰청과 그 소속기관에 근무하는 공무원을 말한다.

③ 경찰 활동 전반에 걸친 민주적 통제를 구현하여 경찰력 오·남용을 예방하고, 경찰행정의 인권지향성을 높여 인권을 존중하는 경찰 활동을 정립하기 위해 경찰청장 및 시·도경찰청장의 자문기구로서 각각 경찰청 인권위원회, 시·도경찰청 인권위원회를 설치하여 운영한다.

④ 경찰청장은 경찰관등이 근무하는 동안 지속적·체계적으로 교육을 받을 수 있도록 3년 단위로 인권교육종합계획을 수립하여 시행하여야 한다.

해설 ① 「**경찰 인권보호 규칙**」 **제2조 제1호·제2호** "이 규칙에서 사용하는 용어의 정의는 다음과 같다. 1. "경찰관 등"이란 경찰청과 그 소속기관의 경찰공무원, 일반직공무원, 무기계약근로자 및 기간제근로자, 의무경찰을 의미한다. 2. "인권침해"란 경찰관등이 직무를 수행하는 과정에서 모든 사람에게 보장된 인권을 침해하는 것을 말한다."

② 「경찰 인권보호 규칙」 제2조 제3호, ③ 제3조, ④ 제18조 제1항

33 「경찰공무원 복무규정」상 경찰공무원의 의무에 대한 설명으로 가장 적절하지 않은 것은?

(2021년 제1차)

① 경찰공무원은 상사의 허가를 받거나 그 명령에 의한 경우를 제외하고는 직무와 관계없는 장소에서 직무수행을 하여서는 아니된다.

② 경찰공무원은 신규채용·승진·전보·파견·출장·연가·교육훈련기관에의 입교, 기타 신분관계 또는 근무관계 또는 근무관계의 변동이 있는 때에는 소속상관에게 신고를 하여야 한다.

③ 경찰공무원은 직위 또는 직권을 이용하여 부당하게 타인의 민사분쟁에 개입하여서는 아니된다.

④ 경찰공무원은 휴무일 또는 근무시간외에 2시간 이내에 직무에 복귀하기 어려운 지역으로 여행을 하고자 할 때에는 소속상관의 허가를 받아야 한다.

> **해설**　① 「경찰공무원 복무규정」 제8조, ② 제11조, ③ 제10조
> ④ 「경찰공무원 복무규정」 제13조 본문 "경찰공무원은 휴무일 또는 근무시간외에 2시간 이내에 직무에 복귀하기 어려운 지역으로 여행을 하고자 할 때에는 소속 경찰기관의 장에게 신고를 하여야 한다. 다만, 치안상 특별한 사정이 있어 경찰청장, 해양경찰청장 또는 경찰기관의 장이 지정하는 기간중에는 소속 경찰기관의 장의 허가를 받아야 한다."

> **분석**
> 경찰공무원 복무규정(대통령령)은 최근 12년간 독립된 유형의 문제로 3회 출제가 되었고, 조문의 내용을 알고 있는지 확인하는 수준이었습니다. 복무를 규정하고 있는 제8조(지정장소 외에서의 직무수행금지) 내지 제15조(특수근무자의 근무수칙 등) 그리고 사기진작 및 휴가를 규정하고 있는 제18조(포상휴가) 및 제19조(연일근무자 등의 휴무)는 향후에도 출제 가능성이 있으므로 잘 숙지하고 있어야 합니다. 아울러 제20조(「국가공무원 복무규정」의 준용)에 따라 경찰공무원 복무규정에서 정한 사항 이외에는 국가공무원 복무규정(대통령령)이 적용된다는 점도 유의하기 바랍니다.

34 「경찰공무원 복무규정」상 기본강령과 그에 대한 내용으로 가장 적절하게 연결된 것은?

(2018년 제2차)

① 경찰사명: 경찰공무원은 주어진 사명을 다하기 위하여 긍지를 가지고 한마음 한뜻으로 굳게 뭉쳐 임무수행에 모든 역량을 기울여야 한다.

② 경찰정신: 경찰공무원은 국가와 민족을 위하여 충성과 봉사를 다하며, 국민의 생명·신체 및 재산을 보호하고, 공공의 안녕과 질서를 유지함을 그 사명으로 한다.

③ 규　　율: 경찰공무원은 성실하고 청렴한 생활태도로써 국민의 모범이 되어야 한다.

④ 책　　임: 경찰공무원은 창의와 노력으로써 소임을 완수하여야 하며, 직무수행의 결과에 대하여 책임을 진다.

> **해설**　④ 옳은 설명이다. 기본강령의 항목과 그 내용을 변경하여 오답을 유도하는 문제로 출제 가능하므로 유의한다.
> 「경찰공무원 복무규정」 제3조 "경찰공무원은 다음의 기본강령에 따라 복무해야 한다. 1. **경찰사명**: 경찰공무원은 국가와 민족을 위하여 충성과 봉사를 다하며, 국민의 생명·신체 및 재산을 보호하고, 공공의 안녕과 질서를 유지함을 그 사명으로 한다. 2. **경찰정신**: 경찰공무원은 국민의 수임자로서 일상의 직무수행에 있어서 국민의 자유와 권리를 존중하는 호국·봉사·정의의 정신을 그 바탕으로 삼는다. 3. **규율**: 경찰공무원은 법령을 준수하고 직무상의 명령에 복종하며, 상사에 대한 존경과 부하에 대한 존중으로써 규율을 지켜야 한다. 4. **단결**: 경찰공무원은 주어진 사명을 다하기 위하여 긍지를 가지고 한마음 한뜻으로 굳게 뭉쳐 임무수행에 모든 역량을 기울여야

한다. 5. **책임**: 경찰공무원은 창의와 노력으로써 소임을 완수하여야 하며, 직무수행의 결과에 대하여 책임을 진다. 6. **성실 · 청렴**: 경찰공무원은 성실하고 청렴한 생활태도로써 국민의 모범이 되어야 한다."

35 「경찰공무원 복무규정」에 관한 다음 설명 중 가장 적절하지 않은 것은? (2015년 제2차)

① 경찰공무원은 상사의 허가를 받거나 그 명령에 의한 경우를 제외하고는 직무와 관계없는 장소에서 직무수행을 하여서는 아니 된다.

② 경찰공무원은 휴무일 또는 근무시간 외에 3시간 이내에 직무에 복귀하기 어려운 지역으로 여행을 하고자 할 때에는 소속 경찰기관의 장에게 신고를 하여야 한다.

③ 경찰공무원은 근무시간 중 음주를 하여서는 아니 된다. 다만, 특별한 사정이 있는 경우에는 예외로 하되, 이 경우 주기가 있는 상태에서 직무를 수행하여서는 아니 된다.

④ 경찰기관의 장은 근무성적이 탁월하거나 다른 경찰공무원의 모범이 될 공적이 있는 경찰공무원에 대하여 1회 10일 이내의 포상휴가를 허가할 수 있다. 이 경우의 포상휴가기간은 연가일수에 산입하지 아니한다.

해설 ① 「**경찰공무원 복무규정**」 제8조, ③ 제9조, ④ 제18조

② 「**경찰공무원 복무규정**」 제13조 본문 "경찰공무원은 휴무일 또는 근무시간외에 2시간 이내에 직무에 복귀하기 어려운 지역으로 여행을 하고자 할 때에는 소속 경찰기관의 장에게 신고를 하여야 한다. 다만, 치안상 특별한 사정이 있어 경찰청장, 해양경찰청장 또는 경찰기관의 장이 지정하는 기간중에는 소속 경찰기관의 장의 허가를 받아야 한다."

36 「언론중재 및 피해구제 등에 관한 법률」상 언론중재위원회에 대한 내용으로 ㉠부터 ㉣에 들어갈 숫자를 모두 합한 값은? (2018년 제1차)

> • 중재위원회는 (㉠)명 이상 (㉡)명 이내의 중재위원으로 구성한다.
> • 중재위원회에 위원장 1명과 (㉢)명 이내의 부위원장 및 (㉣)명 이내의 감사를 두며, 각각 중재위원 중에서 호선한다.

① 124   ② 125   ③ 134   ④ 135

해설 순서대로 40 - 90 - 2 - 2

「**언론중재 및 피해구제 등에 관한 법률**」 제7조 제3항 · 제4항 "③ 중재위원회는 <u>40명 이상 90명 이내</u>의 중재위원으로 구성하며, 중재위원은 다음 각 호의 사람 중에서 문화체육관광부장관이 위촉한다. 이 경우 제1호부터 제3호까지의 위원은 각각 중재위원 정수의 5분의 1 이상이 되어야 한다. ④ 중재위원회에 <u>위원장 1명과 2명 이내의 부위원장 및 2명 이내의 감사</u>를 두며, 각각 중재위원 중에서 호선(互選)한다."

분석 언론중재 및 피해구제 등에 관한 법률과 관련하여 최근 12년간 독립된 유형의 문제로 3회가 출제되었고, 언론중재위원회의 설치(제7조) 및 정정보도청구와 관련된 조문을 정확히 알고 있는지를 확인하는 수준이었습니다. 경찰학개론에 나오는 다른 위원회들과 비교하여 설치, 구성(위원장 및 위원의 종류와 수), 임기 및 연임여부, 운영 등을 잘 구분하여 기억하고 있어야 종합적으로 변형된 문제에 대비가 가능합니다. 그리고 경찰관의 직무수행에 대한 언론의 오보 등에 적극적으로 대처할 필요가 있으므로 언론중재 및 피해구제 등에 관한 법률상 정정보도청구, 반론보도청구 및 추후보도청구의 기본적인 내용(<u>제14조 내지 제17조 – 각 청구권의 차이점에 유의</u>)을 숙지하고 있어야 합니다. 정정보도청구등과 관련하여 분쟁이 있는 경우 피해자 또는 언론사등은 <u>중재위원회에 조정 또는 중재를 신청할 수 있고 법원에 소를 제기할 수 있다</u>는 점도 기억하기 바랍니다.

37 「언론중재 및 피해구제 등에 관한 법률」상 언론중재위원회(이하 "중재위원회"라 한다)의 설치에 관한 내용으로 가장 적절하지 않은 것은? (2016년 제1차)

① 중재위원회는 40명 이상 90명 이내의 중재위원으로 구성한다.
② 중재위원회에 위원장 1명과 2명 이내의 부위원장 및 2명 이내의 감사를 두며, 각각 중재위원 중에서 호선한다.
③ 위원장, 부위원장, 감사 및 중재위원의 임기는 각각 2년으로 하며, 연임할 수 없다.
④ 중재위원회의 회의는 재적위원 과반수의 출석과 출석위원 과반수의 찬성으로 의결한다.

> **해설** ① 「**언론중재 및 피해구제 등에 관한 법률**」 **제7조 제3항 제1문**, ② **제7조 제4항**, ④ **제7조 제9항**
> ③ 「**언론중재 및 피해구제 등에 관한 법률**」 **제7조 제5항** "위원장·부위원장·감사 및 중재위원의 임기는 각각 3년으로 하며, 한 차례만 연임할 수 있다."

38 「언론중재 및 피해구제 등에 관한 법률」에 관한 설명으로 가장 적절하지 않은 것은? (2019년 제2차)

① 사실적 주장에 관한 언론보도등이 진실하지 아니함으로 인하여 피해를 입은 자는 해당 언론 보도등이 있음을 안 날부터 6개월 이내에 그 내용에 관한 정정보도를 청구할 수 있다.
② 언론등의 보도 또는 매개로 인한 분쟁의 조정중재 및 침해사항을 심의하기 위하여 언론중재 위원회를 둔다.
③ 정정보도는 해당 언론보도등이 있은 후 6개월이 경과하면 청구할 수 없다.
④ 정정보도의 청구를 받은 언론사의 대표자는 3일 이내에 그 수용 여부에 대한 통지를 청구인 에게 발송하여야 한다.

> **해설** ① 「**언론중재 및 피해구제 등에 관한 법률**」 **제14조 제1항 본문** "사실적 주장에 관한 언론보도등이 진실하지 아니함으로 인하여 피해를 입은 자(이하 "피해자"라 한다)는 해당 언론보도등이 있음을 안 날부터 3개월 이내에 언론사, 인터넷뉴스서비스사업자 및 인터넷 멀티미디어 방송사업자(이하 "언론사등"이라 한다)에게 그 언론 보도등의 내용에 관한 정정보도를 청구할 수 있다. 다만, 해당 언론보도등이 있은 후 6개월이 지났을 때에는 그러하지 아니하다."
> ② 「**언론중재 및 피해구제 등에 관한 법률**」 **제7조 제1항**, ③ **제14조 제1항 단서**, ④ **제15조 제2항 제1문**

39 「물품관리법」상 물품관리에 대한 내용으로 가장 적절한 것은? (2018년 제1차)

① 기획재정부장관은 각 중앙관서의 장이 수행하는 물품관리에 관한 업무를 총괄·조정한다.
② 각 중앙관서의 장은 물품관리관의 사무의 일부를 분장하는 분임물품관리관을 대통령으로 정 하는 바에 따라 두어야 한다.
③ 분임물품관리관이란 물품출납공무원의 사무의 일부를 분장하는 공무원을 말한다.
④ 물품관리관으로부터 대통령령으로 정하는 바에 따라 물품의 사용에 관한 사무를 위임받은 공 무원을 물품운용관이라 한다.

> **해설** ① 「**물품관리법**」 **제7조 제2항** "조달청장은 각 중앙관서의 장이 수행하는 물품관리에 관한 업무를 총괄·조정한 다." 기획재정부장관은 **동법 제7조 제1항**에 따라 "물품관리의 제도와 정책에 관한 사항을 관장하며, 물품관 리에 관한 정책의 결정을 위하여 필요하면 조달청장이나 각 중앙관서의 장으로 하여금 물품관리 상황에 관한 보고를 하게 하거나 필요한 조치를 할 수 있다."
> ② 「**물품관리법**」 **제12조 제1항** "각 중앙관서의 장은 물품관리관의 사무의 일부를 분장하는 공무원을, 물품관리 관은 물품출납공무원의 사무의 일부를 분장하는 공무원을 대통령령으로 정하는 바에 따라 각각 둘 수 있다."

③ 「**물품관리법**」 **제10조 제1항 · 제2항** "① 물품관리관[제12조 제1항에 따라 그의 사무의 일부를 분장(分掌)하는 공무원을 포함한다. 이하 같다]은 대통령령으로 정하는 바에 따라 그가 소속된 관서의 공무원에게 그 관리하는 물품의 출납(出納)과 보관에 관한 사무(출납명령에 관한 사무는 제외한다)를 위임하여야 한다. ② 제1항에 따라 물품의 출납과 보관에 관한 사무를 위임받은 공무원을 물품출납공무원이라 한다."

④ 「**물품관리법**」 **제11조 제1항 · 제2항**

> **분석**
>
> 물품관리법은 최근 12년간 독립된 유형의 문제로 1회가 출제되었고, 법에 규정되어 있는 용어의 개념을 정확히 파악하고 있는지를 확인하는 차원에서 출제되었습니다. 경찰행정 분야에서 중요도가 떨어지는 부분이나, 물품관리법 제8조(관리기관) 내지 제12조(관리기관의 분임 및 대리)의 내용을 정확히 숙지할 필요가 있습니다.

40 「경찰장비관리규칙」상 무기 및 탄약관리에 대한 설명으로 가장 적절하지 않은 것은?

(2017년 제2차 - 현행규정 반영 수정)

① '집중무기고'란 경찰인력 및 경찰기관별 무기책정기준에 따라 배정된 개인화기와 공용화기를 집중보관 · 관리하기 위하여 각 경찰기관에 설치된 시설을 말한다.

② 탄약고는 무기고와 분리되어야 하며 가능한 본 청사와 격리된 독립 건물로 하여야 한다.

③ 경찰서에 설치된 집중무기고의 열쇠는 일과시간은 경무과장, 일과 후는 당직 업무(청사방호) 책임자(상황관리관 등 당직근무자)가 보관 · 관리한다. 다만, 휴가 · 비번 등으로 관리책임자 공백 시는 별도 관리책임자를 지정하여야 한다.

④ 경찰기관의 장이 무기를 휴대한 자 중에서 대여한 무기 · 탄약을 즉시 회수하여야 하는 대상은 '정신건강상 문제가 우려되어 치료가 필요한 자', '형사사건의 조사의 대상이 된 자', '사의를 표명한 자', '그 밖에 경찰기관의 장이 무기 소지 적격 여부에 대해 심의를 요청하는 자'이다.

> **해설**
>
> ① 「**경찰장비관리규칙**」 **제112조 제2호**, ② **제115조 제3항**, ③ **제117조 제2항 제1호**
>
> ④ 「**경찰장비관리규칙**」 **제120조 제1항** "경찰기관의 장은 무기를 휴대한 자 중에서 다음 각 호에 해당하는 자가 발생한 때에는 즉시 대여한 <u>무기 · 탄약을 회수하여야 한다</u>. 1. 직무상의 비위 등으로 인하여 징계대상이 된 자, 2. 형사사건의 조사의 대상이 된 자, 3. 사의를 표명한 자" 제1항의 즉시 회수 대상자와 달리 **제2항**은 "경찰기관의 장은 무기를 휴대한 자 중에서 다음 각 호에 해당하는 자가 있을 때에는 무기 소지 적격 심의위원회(이하 '심의위원회'라 한다.)의 <u>심의를 거쳐 대여한 무기 · 탄약을 회수할 수 있다</u>. 1. 경찰공무원 직무적성검사 결과 고위험군에 해당되는 자, 2. 정신건강상 문제가 우려되어 치료가 필요한 자, 3. 정서적 불안 상태로 인하여 무기 소지가 적합하지 않은 자로서 소속 부서장의 요청이 있는 자, 4. 그 밖에 경찰기관의 장이 무기 소지 적격 여부에 대해 심의를 요청하는 자"로 규정하고 있다. 제1항의 즉시 회수 대상자와 제2항의 심의 후 회수대상자(회수 여부 재량사항)를 구분하여 기억해야 한다.

> **분석**
>
> 경찰장비관리규칙(경찰청훈령)은 최근 12년간 독립된 유형의 문제로 2회가 출제되었고, 조문의 내용을 정확히 알고 있는지를 확인하는 수준이었습니다. 기출 경향에 비추어 중요성은 다소 떨어지는 부분이지만, 기출 조문 및 관련된 제112조 내지 제120조의 규정들은 기억하고 있어야 합니다. 특히 기출 이후인 2019년 9월 26일 개정으로 제120조(무기 · 탄약의 회수 및 보관)의 내용이 변경되었기 때문에 유의해야 합니다. 경찰업무에 일상적으로 이용되는 차량 역시 중요한 경찰장비에 해당하므로 이와 관련된 조문도 살펴볼 필요가 있습니다.

41 「경찰장비관리규칙」에 대한 설명 중 옳은 것은 모두 몇 개인가? (2013년 제2차 – 현행규정 반영 수정)

> ㉠ "간이무기고"란 경찰기관의 각 기능별 운용부서에서 효율적 사용을 위하여 집중무기고로부터 무기·탄약의 일부를 대여 받아 별도로 보관·관리하는 시설을 말한다.
> ㉡ 무기고와 탄약고의 환기통 등에는 손이 들어가지 않도록 쇠창살 시설을 하고, 출입문은 2중으로 하여 각 1개소 이상씩 자물쇠를 설치하여야 한다.
> ㉢ 경찰기관의 장은 무기를 휴대한 자 중에서 직무상의 비위 등으로 인하여 징계대상이 된 자가 발생한 때에는 즉시 대여한 무기·탄약을 회수하여야 한다.
> ㉣ 경찰기관의 장은 무기를 휴대한 자 중에서 경찰공무원 직무적성검사 결과 고위험군에 해당되는 자가 있을 때에는 별도의 절차 없이 대여한 무기·탄약을 회수할 수 있다.
> ㉤ 경찰기관의 장은 무기를 휴대한 자 중에서 술자리 또는 연회장소에 출입할 경우에는 대여한 무기·탄약을 무기고에 보관하도록 하여야 한다.

① 2개   ② 3개   ③ 4개   ④ 5개

해설 ㉠ 「**경찰장비관리규칙**」 제112조 제4호, ㉡ 제115조 제4항, ㉢ 제120조 제1항 제1호, ㉤ 제120조 제4항 제1호
㉣ 「**경찰장비관리규칙**」 **제120조 제2항 제1호** "경찰기관의 장은 무기를 휴대한 자 중에서 다음 각 호에 해당하는 자가 있을 때에는 <u>무기 소지 적격 심의위원회(이하 '심의위원회'라 한다.)의 심의를 거쳐</u> 대여한 무기·탄약을 회수할 수 있다. 1. 경찰공무원 직무적성검사 결과 고위험군에 해당되는 자" 제120조 제1항의 경우와 달리 제2항 각 호의 사유가 있는 경우 사전절차로 무기 소지 적격 심의위원회의 심의를 거쳐 무기·탄약을 회수할 수 있다(재량사항).

01 경찰조직편성에 관한 계층제 원리의 장점 및 단점에 대한 설명으로 틀린 것은?

① 관리비용의 감소 및 신속한 업무처리는 계층제의 장점이다.
② 지휘·명령의 신속한 수행과 권한·책임의 한계 설정이 명확하다는 것은 계층제의 장점이다.
③ 기관장이 독단으로 흐를 가능성이 있고, 조직이 경직화될 수 있다는 것은 계층제의 단점이다.
④ 환경변화에 대한 적응성 저하로 신지식·기술의 도입이 곤란하다는 것은 계층제의 단점이다.

해설 ① 계층제의 경우 많은 계층구조로 인한 관리비용의 증가와 업무처리 지연의 단점이 있다.
②③④ 옳은 설명이다. 이외에 계층제의 장점으로는 조직의 일체감과 통일성 유지, 승진에 대한 동기 부여 등의 장점이 있고, 신분상의 상하관계 형성과 의사소통의 왜곡 가능성은 계층제의 단점으로 거론된다.

02 통솔범위 원리에 따른 통솔범위의 확대와 축소의 연결이 올바른 것은?

보기	통솔범위의 확대	통솔범위의 축소
①	신생 부서	오래된 부서
②	부하의 높은 업무 숙련도	부하의 낮은 업무 숙련도
③	복잡한 전문적인 업무	비전문적이고 단순한 업무
④	대규모 부서	소규모 부서

해설 오래된 부서, 단순한 업무, 소규모 부서, 지리적 접근(교통 발달), 부하의 높은 업무 숙련도는 통솔범위의 확대, 신생 부서, 복잡한 전문적 업무, 대규모 부서, 지리적 분산(교통 미발달), 부하의 낮은 업무 숙련도는 통솔범위의 축소 요인이다.

03 경찰조직편성에 관한 명령통일의 원리에 대한 설명으로 틀린 것은?

① 상관의 모순된 지시나 명령을 미연에 방지하여 업무의 혼선이나 비능률을 막을 수 있다.
② 부하의 업무수행 과정에서 발생할 수 있는 혼선을 방지할 수 있다.
③ 권한의 위임·대리 또는 유고시 관리자의 사전지정 등을 통해 명령통일의 원리를 강화할 수 있다.
④ 상관의 부하에 대한 효과적인 지휘·감독이 가능하다.

해설 ①②④ 옳은 설명이다.
③ 지문의 내용은 명령통일의 원리를 완화할 수 있는 방법들이다.

04 경찰조직편성에 관한 전문화(분업)의 원리에 대한 설명으로 틀린 것은?

① 업무지연을 최소화하여 직무수행의 신속성·능률성 및 질을 향상시킬 수 있다.
② 직무수행의 비용을 절감할 수 있다.
③ 분업화의 정도가 높을수록 조정·통합이 어려워 할거주의를 초래할 수 있다.
④ 협소한 업무영역으로 인해 구성원의 직무만족을 향상시키기 어렵다.

해설 ① ② ③ 옳은 설명이다.
④ 전문화(분업)는 구성원들에게 보다 큰 직무만족을 제공하는 장점이 있다.

05 경찰조직편성에 관한 조정·통합의 원리에 대한 설명으로 틀린 것은?

① 구성원 사이의 갈등을 방지하기 위해 구성원의 행동을 통일시킬 필요가 있다.
② 갈등은 조정과 통합 원리의 측면에서 부정적 기능만 있으므로 이를 해결하는 것이 중요하다.
③ 갈등의 원인을 찾아 문제를 해결해야 하고, 상위목표를 제시하여 상호 간에 이해·양보를 유도해야 한다.
④ 갈등 문제의 해결이 어려운 경우 갈등의 완화 또는 타협을 도출하거나 관리자가 갈등의 해결을 위한 결정을 보류하거나 회피하는 방식을 사용한다.

해설 ① ③ ④ 옳은 설명이다.
② 갈등을 부정적으로만 바라보던 과거의 갈등이론과 달리 최근의 이론은 갈등을 통해 조직의 문제점을 발견·해결하고, 조직 내부에 개혁의 단초를 제공할 수 있는 순기능적 측면을 중시하고 있다.

06 경찰조직편성의 원리에 대한 〈보기 1〉과 〈보기 2〉의 연결이 가장 적절한 것은?

보기 1
(가) 한 명의 상관이 효과적으로 통제할 수 있는 부하만을 감독해야 한다는 원리
(나) 구성원 또는 단위기관의 개별활동을 조직 전체의 관점에서 운영하여 목표달성도를 높이려는 원리
(다) 직무성격에 따라 가급적 한 사람에게 동일한 업무를 분담시켜야 한다는 원리
(라) 부하는 한 명의 상관으로부터 지시·명령을 받고 그 상관에게만 보고해야 한다는 원리

보기 2
㉠ 명령통일의 원리   ㉡ 조정·통합의 원리   ㉢ 계층제의 원리
㉣ 통솔범위의 원리   ㉤ 전문화의 원리

	(가)	(나)	(다)	(라)		(가)	(나)	(다)	(라)
①	㉠	㉡	㉢	㉣	②	㉠	㉢	㉤	㉣
③	㉣	㉢	㉡	㉠	④	㉣	㉡	㉤	㉠

해설 (가)는 통솔범위의 원리, (나)는 조정·통합의 원리, (다)는 전문화(분업)의 원리, (라)는 명령통일의 원리에 대한 설명이다.

07 경찰조직편성 원리의 장 · 단점에 관한 〈보기 1〉과 〈보기 2〉 각 원리의 연결이 가장 적절한 것은?

보기 1

구분	장점	단점
(가)	조직의 일체감 · 통일성 유지	환경변화에 대한 조직의 적응성 저해
(나)	부하에 대한 효과적인 지휘 · 감독	수평적인 업무협력에 한계
(다)	직무수행의 능률성 · 신속성 · 질 향상	조정 · 통합의 어려움으로 할거주의 발생 가능

보기 2

   ㉠ 명령통일의 원리   ㉡ 계층제의 원리   ㉢ 통솔범위의 원리   ㉣ 전문화의 원리

   (가)   (나)   (다)   (가)   (나)   (다)

① ㉠   ㉡   ㉢   ② ㉠   ㉢   ㉣

③ ㉡   ㉠   ㉣   ④ ㉡   ㉠   ㉢

해설 (가)는 계층제 원리의 장 · 단점. (나)는 명령통일 원리의 장 · 단점. (다)는 분업화 원리의 장 · 단점이다.

08 공직 분류 방식 가운데 계급제에 대한 설명으로 틀린 것은?

① 사람 중심의 분류 방식으로 관료제의 전통이 있는 프랑스 · 독일 · 일본에서 취하고 있는 형태이다.

② 새로운 직무가 생기거나 결원의 발생시 외부에서 신규 채용하는 충원방식을 취한다.

③ 일반적 소양 · 능력 및 넓은 시야를 가진 유능한 인재의 임용이 가능하다.

④ 인사관리의 측면에서 객관적이고 합리적인 기준의 설정이 곤란하다.

해설 ① ③ ④ 옳은 설명이다.

② 계급제는 폐쇄형의 충원방식으로 새로운 직무가 생기거나 결원이 발생한 경우 내부 승진을 통해 충원한다.

09 공직 분류 방식 가운데 직위분류제에 대한 설명으로 틀린 것은?

① 직무 중심의 분류 방식으로 미국 · 캐나다 등에서 취하고 있는 형태로 개병형 충원방식을 취한다.

② 인사관리의 측면에서 직무를 기준으로 객관적이고 합리적인 기준을 제시할 수 있다.

③ 여러 분야에 대한 다양한 경험을 가진 일반행정가의 확보에 용이하다.

④ 동일직무 동일보수의 원칙에 따른 직무급 제도의 확립으로 보수체계의 합리적 기준을 제시한다.

해설 ① ② ④ 옳은 설명이다.

③ 해당 직무 이외에의 분야에서 경험을 쌓을 수 없으므로 다양한 경험을 가진 일반행정가의 확보가 곤란하다.

10 공직 분류 방식에 대한 설명으로 옳은 것은?

① 명확한 권한과 책임의 한계를 중시하는 조직에서는 계급제보다 직위분류제가 적합하다.
② 직무에 대한 통제 및 책임의 확보를 중시하는 조직에서는 직위분류제보다 계급제가 적합하다.
③ 계급제는 개방형 충원방식을 통해 직업공무원제 정착에 기여한다.
④ 우리나라의 공직 분류는 직위분류제 위주에 계급제적 요소를 가미한 혼합형태로 볼 수 있다.

해설 ① 옳은 설명이다.
② 명확한 권한과 책임의 한계를 정함으로써 행정통제 및 행정책임의 확보가 용이한 것은 직위분류제이다.
③ 계급제는 직위분류제에 비해 직업공무원제 확립이 용이하나, 인원의 충원방식은 폐쇄형을 취한다.
④ 우리나라의 경우 계급제 위주에 직위분류제적 요소를 가미한 형태로 볼 수 있다.

11 아래의 〈보기 1〉을 중시하는 조직에 적합한 〈보기 2〉 공직 분류의 연결이 가장 적절한 것은?

보기 1

(가) 행정의 전문화 및 능률화　　　　(나) 조직구성원에 대한 합리적인 보수체계의 확립
(다) 신축적·탄력적인 인사관리　　　(라) 조직업무 전반에 걸친 능력을 가진 인재의 확보
(마) 업무에 대한 행정통제·행정책임 확보　(바) 조직원에 대한 신분보장

보기 2

구분	(가)	(나)	(다)	(라)	(마)	(바)
①	직위분류제	직위분류제	계급제	계급제	직위분류제	계급제
②	직위분류제	직위분류제	직위분류제	계급제	계급제	계급제
③	계급제	계급제	직위분류제	직위분류제	직위분류제	계급제
④	계급제	직위분류제	계급제	직위분류제	계급제	직위분류제

해설 (다) (라) (바)를 중시하는 조직에는 계급제, (가) (나) (마)를 중시하는 조직에는 직위분류제가 적합하다.

12 매슬로우(Maslow)의 욕구 5단계 이론에 대한 설명으로 틀린 것은?

① 인간의 욕구는 하위단계의 욕구가 충족되어야 다음 단계의 욕구가 발생·표출된다는 본다.
② 제안·포상제도, 권한의 위임 및 참여의 확대는 타인으로부터 존경·인정·신망을 받으려는 존경의 욕구를 충족시켜 주는 방법이다.
③ 직무의 안전, 신분의 보장 및 연금제도 등은 현재·장래의 신분이나 생활에 대한 불안한 마음을 해소하려는 안전의 욕구를 충족시켜 주는 방법이다.
④ "생리적 욕구 → 안전의 욕구 → 존경의 욕구 → 사회적 욕구 → 자기실현의 욕구"의 단계를 가진다고 본다.

해설 ① ② ③ 옳은 설명이다.
④ 사회적 욕구가 충족되어야 존경의 욕구가 발생·표출된다고 본다. 둘의 순서가 바뀌었다.

13 매슬로우(Maslow)의 욕구 5단계 이론에 대한 설명으로 옳은 것은?

① 직무의 안전, 신분의 보장 및 적정한 휴양제도는 생리적 욕구를 충족시켜 주는 방법이다.
② 합리적인 승진제도 및 권한의 위임은 자기실현의 욕구를 충족시켜 주는 방법이다.
③ 근무환경의 개선 및 적정한 보수는 생리적 욕구를 충족시켜 주는 방법이다.
④ 고충처리 상담과 연금제도는 사회적 욕구를 충족시켜 주는 방법이다.

> **해설** ① 직무의 안전과 신분의 보장은 안전의 욕구를, 휴양제도는 생리적 욕구를 충족시켜 주는 방법이다.
> ② 합리적인 승진제도는 자기실현의 욕구를, 권한의 위임은 존경의 욕구를 충족시키 주는 방법이다.
> ③ 옳은 설명이다.
> ④ 고충처리 상담은 사회적 욕구를, 연금제도는 안전의 욕구를 충족시켜 주는 방법이다.

14 허츠버그(Herzberg)의 동기위생요인이론에 대한 설명으로 틀린 것은?

① 허츠버그에 의하면 노동자들은 서로 독자적이면서도 작업행동에 영향을 미치는 2가지 범주의 동기부여요인과 위생요인을 가지고 있다고 한다.
② 동기부여요인은 인정과 성취감, 직업적 성장, 목표의 달성, 책임감, 재량 등과 같이 직무 자체를 만족스럽게 해주는 측면을 말한다.
③ 위생요인은 엄격한 정책, 낮은 임금·신분, 긴장을 주는 인간관계, 경직된 감독방식 등 직무의 불만족에 이르게 하는 측면을 말한다.
④ 동기부여요인이 충족되면 동기부여와 사기진작의 효과가 발생하고, 위생요인도 개인의 성장을 증대시킬 수 있는 계기가 된다고 본다.

> **해설** ① ② ③ 옳은 설명이다.
> ④ 위생요인은 이른바 불만요인이고, 위생요인을 통해 개인의 성장을 증대시킬 수 없다.

15 맥그리거(McGregor)의 X·Y이론에 대한 설명으로 옳은 것은?

① X이론에 의하면 인간은 조직의 목적·요구에 관심이 없기 때문에 조직과 개인의 목표를 통합할 수 있는 통합적 관리가 필요하다.
② X이론에 의하면 인간은 게으르고 이기적이기 때문에 금전적 보상이나 포상을 관리의 유인책으로 사용할 필요가 있다.
③ Y이론에 의하면 인간은 책임감이 있고 자기를 규제하는 능력이 있기 때문에 계층적 조직구조와 권위형 리더십을 사용할 필요가 있다.
④ Y이론에 의하면 인간은 자발적이고 의욕적으로 참여하는 성향이 있기 때문에 엄격한 감독과 명령으로 이에 대한 통제를 강화할 필요가 있다.

> **해설** ① 인간에 대한 부정적 관점에서 출발하는 X이론에 의하면 통제중심의 전통적 전략으로 1) 금전적 보상·포상 등을 유인으로 사용, 2) 엄격한 감독·명령으로 통제를 강화, 3) 계층적 조직구조와 권위형 리더십 등과 같은 관리방안이 제시된다.
> ② 옳은 설명이다.
> ③ ④ 인간에 대한 긍정적 관점에서 출발하는 Y이론에 의하면 조직과 개인의 목표를 통합하는 통합적 관리로 1) 사회심리적인 욕구의 충족, 2) 지시·명령의 감소 및 결정과정에의 참여 확대, 3) 평면적·수평적 조직구조,

4) 분권과 권한의 위임 및 민주적 리더십 등과 같은 방안이 제시된다.

16 경찰행정통제의 기본요소에 대한 설명으로 틀린 것은?

① 기본요소로 권한의 분산, 정보의 공개, 국민의 참여, 환류와 발전 4가지 요소가 있다.
② 중앙조직과 지방조직 상호 간 및 상·하계급 상호 간에 권한의 분산이 필요하다.
③ 국민의 참여와 행정의 투명성을 위해 국민에 대한 정보의 공개가 필요하고, 행정절차법에서 국민의 참여와 관련된 절차를 규정하고 있다.
④ 경찰 목표의 수행과정에 대한 적정 여부를 확인하고 그 결과에 따라 문제가 있으면 책임을 추궁하고 나아가 환류를 통해 발전할 수 있도록 해야 한다.

해설 ① 지문의 4가지 이외에 책임의 추궁이 있다. 이는 경찰은 구성원 개인의 위법·비위행위에 대해 책임을 져야 할 뿐만 아니라, 경찰기관의 행정에 대해서도 조직차원에서도 책임을 져야 한다.
② ③ ④ 옳은 설명이다.

17 경찰행정통제의 기본요소 가운데 경찰행정의 투명성과 관련이 있는 요소로 연결된 것은?

① 권한의 분산과 정보의 공개
② 정보의 공개와 국민의 참여
③ 국민의 참여와 책임의 추궁
④ 책임의 추궁과 환류·발전

해설 경찰행정의 투명성과 관련된 요소로 (행정의 공정성·투명성·신뢰성 확보를 위한) 국민의 참여와 행정의 투명성 및 국민 참여의 전제가 되는 정보의 공개가 있다.

18 경찰통제의 유형에 대한 연결로 올바른 것은?

① 사전통제: 행정절차법상 청문, 국회의 예산결산권
② 사후통제: 국회의 예산의결권, 상급기관의 감독권
③ 내부통제: 훈령권·직무명령권, 소청심사위원회
④ 외부통제: 법원의 재판, 국회의 국정감사·조사권

해설 ① 국회의 예산결산권은 사후통제에 해당한다.   ② 국회의 예산의결권은 사전통제에 해당한다.
③ 소청심사위원회는 외부통제에 해당한다.   ④ 올바른 연결이다.

01 행정절차법에 따른 행정청의 관할과 협조에 대한 설명으로 옳은 것은?

① 행정청이 그 관할에 속하지 아니하는 사안을 접수하였거나 이송받은 경우에는 지체 없이 이를 관할 행정청에 이송하여야 하고 그 사실을 신청인에게 통지하여야 한다.

② 행정청의 관할이 분명하지 아니한 경우에는 해당 행정청을 공통으로 감독하는 상급 행정청이 그 관할을 결정하며, 공통으로 감독하는 상급 행정청이 없는 경우에는 해당 행정청이 협의하여 그 관할을 결정한다.

③ 행정청은 행정의 원활한 수행을 위하여 특별한 사유가 없는 한 서로 협조할 수 있다.

④ 행정절차법은 국가경찰과 자치경찰의 조직 및 운영에 관한 법률상 "경찰의 임무(제3조)" 및 경찰관 직무집행법상 "직무의 범위(제2조)"를 벗어나는 범위에서 경찰관이 활동할 수 있는 법적 근거를 두고 있지 않다.

> **해설** ① 「**행정절차법**」 제6조 제1항 제1문
> ② 「**행정절차법**」 제6조 제2항 "행정청의 관할이 분명하지 아니한 경우에는 해당 행정청을 공통으로 감독하는 상급 행정청이 그 관할을 결정하며, <u>공통으로 감독하는 상급 행정청이 없는 경우에는 각 상급 행정청이 협의하여 그 관할을 결정한다.</u>"
> ③ 「**행정절차법**」 제7조 "행정청은 행정의 원활한 수행을 위하여 <u>서로 협조하여야 한다.</u>" 행정절차법에 따라 행정청에는 다른 행정청과의 협조의무가 명시되어 있다.
> ④ 「**행정절차법**」 제8조에서 "<u>행정응원</u>"을 규정하고 있다.

02 행정절차법상 "행정응원(제8조)"에 대한 다음 설명으로 틀린 것은?

① 행정청은 법령등의 이유 또는 인원·장비의 부족 등 사실상의 이유로 독자적인 직무수행이 어려운 경우에는 다른 행정청에 행정응원을 요청할 수 있다.

② 행정응원을 요청받은 행정청은 다른 행정청이 보다 능률적이거나 경제적으로 응원할 수 있는 명백한 이유가 있는 경우 또는 행정응원으로 인하여 고유의 직무수행이 현저히 지장받을 것으로 인정되는 명백한 이유가 있는 경우에는 행정응원을 거부할 수 있다.

③ 행정응원을 위하여 파견된 직원의 복무에 관하여 다른 법령등에 특별한 규정이 있는 경우를 제외하고, 행정응원을 위하여 파견된 직원은 소속 행정청의 지휘·감독을 받는다.

④ 행정응원을 요청받은 행정청은 응원을 거부하는 경우 그 사유를 응원을 요청한 행정청에 통지하여야 한다.

> **해설** ① 「**행정절차법**」 제8조 제1항 제1호·제2호, ② 제8조 제2항, ④ 제8조 제4항
> ③ 「**행정절차법**」 제8조 제5항 "행정응원을 위하여 파견된 직원은 <u>응원을 요청한 행정청의 지휘·감독을 받는다.</u> 다만, 해당 직원의 복무에 관하여 다른 법령등에 특별한 규정이 있는 경우에는 그에 따른다."

정답 | **01** | ① | **02** | ③

03 행정절차법에 따른 "송달(제14조)"에 대한 설명으로 옳은 것은?

① 행정절차법상 송달받을 자의 주소등을 통상적인 방법으로 확인할 수 없는 경우 또는 송달이 불가능한 경우에는 송달받을 자가 알기 쉽도록 관보·공보·게시판·일간신문 중 하나 이상에 공고하고, 인터넷에도 공고할 수 있다.

② 행정절차법상 교부에 의한 송달은 수령확인서를 받고 문서를 교부함으로써 하고, 송달받을 자 이외의 자에게 문서를 교부하거나 문서를 송달받을 장소에 놓아둘 수 없다.

③ 행정절차법상 정보통신망을 이용한 송달은 송달받을 자가 동의하는 경우에만 허용되고, 이 경우 송달받을 자는 송달받을 전자우편주소 등을 지정하여야 한다.

④ 행정절차법에 따른 송달은 우편, 교부 또는 정보통신망 이용 등의 방법으로 하되, 송달받을 자(대표자 또는 대리인을 제외한다)의 주소·거소·영업소·사무소 또는 전자우편주소로 하고, 송달받을 자가 동의하는 경우에는 그를 만나는 장소에서 송달할 수 있다.

해설 ① 「**행정절차법**」 제14조 제4항 "다음 각 호의 어느 하나에 해당하는 경우에는 송달받을 자가 알기 쉽도록 관보, 공보, 게시판, 일간신문 중 하나 이상에 공고하고 인터넷에도 공고하여야 한다."

② 「**행정절차법**」 제14조 제2항 "교부에 의한 송달은 수령확인서를 받고 문서를 교부함으로써 하며, 송달하는 장소에서 송달받을 자를 만나지 못한 경우에는 그 사무원·피용자(被傭者) 또는 동거인으로서 사리를 분별할 지능이 있는 사람(이하 이 조에서 "사무원등"이라 한다)에게 문서를 교부할 수 있다. 다만, 문서를 송달받을 자 또는 그 사무원등이 정당한 사유 없이 송달받기를 거부하는 때에는 그 사실을 수령확인서에 적고, 문서를 송달할 장소에 놓아둘 수 있다."

③ 「**행정절차법**」 제14조 제3항

④ 「**행정절차법**」 제14조 제1항 "송달은 우편, 교부 또는 정보통신망 이용 등의 방법으로 하되, 송달받을 자(대표자 또는 대리인을 포함한다. 이하 같다)의 주소·거소(居所)·영업소·사무소 또는 전자우편주소(이하 "주소등"이라 한다)로 한다. 다만, 송달받을 자가 동의하는 경우에는 그를 만나는 장소에서 송달할 수 있다."

04 행정절차법에 따른 "송달의 효력 발생(제15조)"에 대한 설명으로 틀린 것은?

① 송달은 다른 법령등에 특별한 규정이 있는 경우를 제외하고는 해당 문서가 송달받을 자에게 도달됨으로써 그 효력이 발생한다.

② 정보통신망을 이용하여 전자문서로 송달하는 경우에는 송달받을 자가 지정한 컴퓨터 등에 입력된 때에 도달된 것으로 본다.

③ 행정절차법 제14조 제4항에 따른 공시송달의 경우 다른 법령등에 특별한 규정이 있는 경우를 제외하고는 공고일부터 14일이 지난 때에 그 효력이 발생한다.

④ 행정절차법 제14조 제4항에 따른 공시송달의 경우 긴급히 시행하여야 할 특별한 사유가 있어 효력 발생 시기를 달리 정하여 공고하더라도 공고일부터 14일이 지난 때에 효력이 발생한다.

해설 ① 「**행정절차법**」 제15조 제1항("도달주의"라고 한다), ② 제15조 제2항, ③ 제15조 제3항 본문

④ 「**행정절차법**」 제15조 제3항 단서 "제14조 제4항의 경우에는 다른 법령등에 특별한 규정이 있는 경우를 제외하고는 공고일부터 14일이 지난 때에 그 효력이 발생한다. 다만, 긴급히 시행하여야 할 특별한 사유가 있어 효력 발생 시기를 달리 정하여 공고한 경우에는 그에 따른다."

05 행정절차법에 따른 "처분의 사전 통지(제21조)"에 대한 설명으로 옳은 것은?

① 행정청은 당사자에게 의무를 부과 또는 면제하거나 권익을 제한하는 처분을 하는 경우에는 미리 당사자등에게 통지하여야 한다.
② 행정청은 청문을 하려면 청문이 시작되는 날부터 10일 전까지 처분의 제목, 당사자의 성명 또는 명칭과 주소 등 행정절차법 제21조 제1항에 규정된 사항을 당사자등에게 통지하여야 한다.
③ 공공의 안전 또는 복리를 위하여 긴급히 처분을 할 필요가 있는 경우 또는 해당 처분의 성질상 의견청취가 곤란하거나 불필요하다고 인정될 만한 상당한 이유가 있는 경우 행정절차법에 따른 처분의 사전 통지를 하지 아니할 수 있다.
④ 처분의 사전 통지를 하지 아니하는 경우 행정청은 처분을 할 때 당사자등에게 통지를 하지 아니한 사유를 알려야 하고, 신속한 처분이 필요한 경우에는 처분 후 그 사유를 알려야 한다.

> **해설** ① 「**행정절차법**」 **제21조 제1항** "행정청은 당사자에게 <u>의무를 부과하거나 권익을 제한하는</u> 처분을 하는 경우에는 미리 다음 각 호의 사항을 당사자등에게 통지하여야 한다." 의무를 면제하는 경우는 제외된다.
> ② 「**행정절차법**」 **제21조 제2항 제1문**
> ③ 「**행정절차법**」 **제21조 제4항 제1호·제3호** "다음 각 호의 어느 하나에 해당하는 경우에는 제1항에 따른 통지를 하지 아니할 수 있다. 1. 공공의 안전 또는 복리를 위하여 <u>긴급히 처분을 할 필요가 있는 경우</u>, 2. 법령 등에서 요구된 자격이 없거나 없어지게 되면 반드시 일정한 처분을 하여야 하는 경우에 그 자격이 없거나 없어지게 된 사실이 법원의 재판 등에 의하여 객관적으로 증명된 경우, 3. 해당 처분의 성질상 의견청취가 <u>현저히 곤란하거나 명백히 불필요</u>하다고 인정될 만한 상당한 이유가 있는 경우"
> ④ 「**행정절차법**」 **제21조 제6항** "제4항에 따라 사전 통지를 하지 아니하는 경우 행정청은 처분을 할 때 당사자 등에게 통지를 하지 아니한 사유를 알려야 한다. 다만, <u>신속한 처분이 필요한 경우에는 처분 후 그 사유를 알릴 수 있다.</u>"

06 행정절차법에 따른 "의견청취(제22조)"에 대한 설명으로 옳은 것은?

① 행정청이 인허가 등의 취소나 신분·자격의 박탈 또는 법인·조합 등의 설립허가의 취소 처분을 할 때 의견제출기한 내에 당사자등의 신청이 없더라도 청문한다.
② 행정청이 당사자에게 의무를 부과하거나 권익을 제한하는 처분을 할 때 청문을 하거나 공청회를 개최하는 경우 외에는 당사자등에게 의견제출의 기회를 주어야 하고, 당사자가 의견진술의 기회를 포기한다는 뜻을 명백히 표시한 경우에는 의견청취를 하지 아니한다.
③ 행정청은 처분 후 6월 이내에 당사자등의 요청이 없더라도 청문·공청회 또는 의견제출을 위하여 제출받은 서류나 그 밖의 물건을 반환하여야 한다.
④ 행정청이 처분을 할 때 다른 법령등에서 공청회를 개최하도록 규정하고 있는 경우 또는 해당 처분의 영향이 광범위하여 널리 의견을 수렴할 필요가 있다고 행정청이 인정하는 경우에는 공청회를 개최한다.

> **해설** ① 「**행정절차법**」 **제22조 제1항 제3호** "행정청이 처분을 할 때 다음 각 호의 어느 하나에 해당하는 경우에는 청문을 한다. 1. 다른 법령등에서 청문을 하도록 규정하고 있는 경우, 2. 행정청이 필요하다고 인정하는 경우, 3. 다음 각 목의 처분 시 제21조 제1항 제6호에 따른 <u>의견제출기한 내에 당사자등의 신청이 있는 경우</u>(가. 인허가 등의 취소, 나. 신분·자격의 박탈, 다. 법인이나 조합 등의 설립허가의 취소)" 의견제출기한 내에 당사자등의 신청이 있는 경우에 청문을 한다(※ 유의: 할 수 있다X).
> ② 「**행정절차법**」 **제22조 제3항·제4항** "③ 행정청이 당사자에게 의무를 부과하거나 권익을 제한하는 처분을

할 때 제1항 또는 제2항의 경우 외에는 당사자등에게 <u>의견제출의 기회를 주어야 한다.</u> ④ 제1항부터 제3항
까지의 규정에도 불구하고 제21조 제4항 각 호의 어느 하나에 해당하는 경우와 <u>당사자가 의견진술의 기회를
포기한다는 뜻을 명백히 표시한 경우에는 의견청취를 하지 아니할 수 있다.</u>"

③ 「**행정절차법**」 제22조 제6항 "행정청은 <u>처분 후 1년 이내에 당사자등이 요청하는 경우에는</u> 청문 · 공청회 또
는 의견제출을 위하여 제출받은 서류나 그 밖의 물건을 <u>반환하여야 한다.</u>"

④ 「**행정절차법**」 제22조 제2항 제1호 · 제2호 행정절차법 제22조(의견청취)와 관련하여 "청문을 한다", "공청
회를 개최한다" 및 "의견제출의 기회를 주어야 한다"(유의: 할 수 있다X)

---

07 행정절차법에 따른 "처분의 이유 제시(제23조)"에 대한 설명으로 틀린 것은?

① 행정청은 처분을 할 때 신청 내용을 모두 그대로 인정하는 처분인 경우, 단순 · 반복적인 처분
또는 경미한 처분으로서 당사자가 그 이유를 명백히 알 수 있는 경우, 긴급히 처분을 할 필요
가 있는 경우를 제외하고는 당사자에게 그 근거와 이유를 제시하여야 한다.

② 행정청이 신청 내용을 모두 그대로 인정하는 처분을 하면서 그 근거와 이유를 제시하지 않은
경우에 처분 후 당사자가 요청하는 때에는 그 근거와 이유를 제시하여야 한다.

③ 행정청의 처분이 단순 · 반복적인 처분 또는 경미한 처분으로서 당사자가 그 이유를 명백히 알
수 있어 그 근거와 이유를 제시하지 않은 경우에 처분 후 당사자가 요청하는 때에는 그 근거
와 이유를 제시하여야 한다.

④ 행정청이 긴급히 처분을 할 필요가 있어 그 근거와 이유를 제시하지 않은 경우에 처분 후 당
사자가 요청하는 때에는 그 근거와 이유를 제시하여야 한다.

해설 ① 「**행정절차법**」 제23조 제1항, ③ ④ 제23조 제2항
② 「**행정절차법**」 제23조 제2항 "행정청은 제1항 제2호(단순 · 반복적인 처분 또는 경미한 처분으로서 당사자가
그 이유를 명백히 알 수 있는 경우) 및 제3호(긴급히 처분을 할 필요가 있는 경우)의 경우에 <u>처분 후 당사자가
요청하는 경우에는 그 근거와 이유를 제시하여야 한다.</u>" 제1항 제1호인 "신청 내용을 모두 그대로 인정하는
처분인 경우"에 대해서는 규정을 하고 있지 않아 근거와 이유를 제시할 의무가 없다.

---

08 행정절차법에 따른 "의견제출(제27조) 및 제출 의견의 반영 등(제27조의2)"에 대한 설명으로 옳
은 것은?

① 행정청은 당사자등이 말로 의견제출을 하였을 때에는 서면으로 그 진술의 요지와 진술자를
기록하여야 한다.

② 당사자등은 처분 전에 그 처분의 관할 행정청에 서면이나 말로 또는 정보통신망을 이용하여
의견제출을 할 수 있고, 이 경우 그 주장을 입증하기 위한 증거자료 등을 첨부하여야 한다.

③ 행정청은 처분을 할 때에 당사자등이 제출한 의견이 상당한 이유가 있다고 인정하는 경우에
는 이를 반영할 수 있다.

④ 행정청은 당사자등이 제출한 의견을 반영하지 아니하고 처분을 한 경우 당사자등이 처분이
있는 날부터 90일 이내에 그 이유의 설명을 요청하면 서면으로 그 이유를 알려야 한다.

해설 ① 「**행정절차법**」 제27조 제3항
② 「**행정절차법**」 제27조 제1항 · 제2항 "① 당사자등은 처분 전에 그 처분의 관할 행정청에 <u>서면이나 말로 또는
정보통신망을 이용하여</u> 의견제출을 할 수 있다. ② 당사자등은 제1항에 따라 의견제출을 하는 경우 그 주장
을 입증하기 위한 증거자료 등을 <u>첨부할 수 있다.</u>"
③ 「**행정절차법**」 제27조의2 제1항 "행정청은 처분을 할 때에 당사자등이 제출한 의견이 <u>상당한</u> 이유가 있다고
인정하는 경우에는 <u>이를 반영하여야 한다.</u>"

④ 「**행정절차법**」 **제27조의 제2항 본문** "행정청은 당사자등이 제출한 의견을 반영하지 아니하고 처분을 한 경우 당사자등이 <u>처분이 있음을 안 날부터 90일 이내에 그 이유의 설명</u>을 요청하면 <u>서면으로 그 이유를 알려야 한다</u>. 다만, 당사자등이 동의하면 말, 정보통신망 또는 그 밖의 방법으로 알릴 수 있다."

09 행정절차법에 따른 "청문의 공개(제30조)와 문서의 열람 및 비밀유지(제37조)"에 대한 설명으로 틀린 것은?

① 청문은 당사자가 공개를 신청하거나 청문 주재자가 필요하다고 인정하는 경우 공개하여야 하고, 공익 또는 제3자의 정당한 이익을 현저히 해칠 우려가 있는 경우에는 공개하여서는 아니 된다.

② 당사자등은 청문의 통지가 있는 날부터 청문이 끝날 때까지 행정청에 해당 사안의 조사결과에 관한 문서와 그 밖에 해당 처분과 관련되는 문서의 열람·복사를 요청할 수 있고, 행정청은 다른 법령에 따라 공개가 제한되는 경우를 제외하고는 그 요청을 거부할 수 없다.

③ 다른 법령에 따라 공개가 제한되어 행정청이 해당 사안의 조사결과에 관한 문서와 그 밖에 해당 처분과 관련되는 문서의 열람·복사의 요청을 거부하는 경우에는 그 이유를 소명하여야 한다.

④ 행정청은 해당 사안의 조사결과에 관한 문서와 그 밖에 해당 처분과 관련되는 문서의 복사에 드는 비용을 복사를 요청한 자에게 부담시킬 수 있다.

해설 ① 「**행정절차법**」 **제30조** "청문은 당사자가 공개를 신청하거나 청문 주재자가 필요하다고 인정하는 경우 <u>공개할 수 있다</u>. 다만, 공익 또는 제3자의 정당한 이익을 현저히 해칠 우려가 있는 경우에는 <u>공개하여서는 아니 된다</u>."
　② 「**행정절차법**」 **제37조 제1항**, ③ **제37조 제3항**, ④ **제37조 제5항**

10 행정절차법에 따른 "행정지도"에 대한 설명으로 옳은 것은?

① 행정지도는 국민의 임의적인 협력을 요청하는 비권력적 사실행위이므로 행정지도를 하는 자는 그 상대방에게 그 행정지도의 취지 및 내용을 밝히면 족하고, 신분을 밝힐 필요는 없다.

② 행정기관은 행정지도의 실효성을 확보하기 위해 상대방이 행정지도에 따르지 아니하였다는 것을 이유로 불이익한 조치를 취할 수 있다.

③ 행정지도가 말로 이루어지는 경우에 상대방이 서면의 교부를 요구하면 그 행정지도를 하는 자는 직무수행에 특별한 지장이 없으면 이를 교부하여야 한다.

④ 행정절차법은 행정지도에 대해 과잉금지의 원칙과 임의성의 원칙을 명문으로 규정하고 있지 않다.

해설 ① 「**행정절차법**」 **제49조 제1항** "행정지도를 하는 자는 그 상대방에게 그 <u>행정지도의 취지 및 내용과 신분을 밝혀야 한다</u>."
　② 「**행정절차법**」 **제48조 제2항** "행정기관은 행정지도의 상대방이 행정지도에 따르지 아니하였다는 것을 이유로 <u>불이익한 조치를 하여서는 아니 된다</u>." 행정지도는 상대방의 임의적 협력을 요청하는 비권력적 사실행위이므로 이에 응하지 않는다고 하여 불이익한 조치를 취할 수는 없다.
　③ 「**행정절차법**」 **제49조 제2항**
　④ 「**행정절차법**」 **제48조 제1항** "행정지도는 그 목적 달성에 필요한 최소한도에 그쳐야 하며, 행정지도의 상대방의 의사에 반하여 부당하게 강요하여서는 아니 된다." <u>과잉금지의 원칙과 임의성의 원칙을 명시</u>하고 있다.

국가재정법 및 국고금 관리법

01 국가재정법에 따른 예산안의 편성에 대한 설명으로 옳은 것은?

① 각 중앙관서의 장은 매년 1월 31일까지 해당 회계연도부터 5회계연도 이상의 기간 동안의 신규사업 및 기획재정부장관이 정하는 주요 계속사업에 대한 중기사업계획서를 기획재정부장관에게 제출하여야 한다.
② 기획재정부장관은 국회 예산결산특별위원회의 심의를 거쳐 대통령의 승인을 얻은 다음 연도의 예산안편성지침을 매년 3월 31일까지 각 중앙관서의 장에게 통보하여야 한다.
③ 기획재정부장관은 각 중앙관서의 장에게 통보한 예산안편성지침을 국무회의에 보고하여야 한다.
④ 각 중앙관서의 장은 예산안편성지침에 따라 그 소관에 속하는 다음 연도의 세입세출예산·계속비·명시이월비 및 국고채무부담행위 요구서(예산요구서)를 작성하여 매년 6월 31일까지 기획재정부장관에게 제출하여야 한다.

해설 ① 「**국가재정법**」 **제28조**
② 「**국가재정법**」 **제29조 제1항** "기획재정부장관은 <u>국무회의의 심의</u>를 거쳐 대통령의 승인을 얻은 다음 연도의 예산안편성지침을 매년 3월 31일까지 각 중앙관서의 장에게 통보하여야 한다."
③ 「**국가재정법**」 **제30조** "기획재정부장관은 제29조 제1항의 규정에 따라 각 중앙관서의 장에게 통보한 예산안편성지침을 <u>국회 예산결산특별위원회에 보고</u>하여야 한다."
④ 「**국가재정법**」 **제31조 제1항** "각 중앙관서의 장은 제29조의 규정에 따른 예산안편성지침에 따라 그 소관에 속하는 다음 연도의 세입세출예산·계속비·명시이월비 및 국고채무부담행위 요구서(이하 "<u>예산요구서</u>"라 한다)를 작성하여 매년 <u>5월 31일까지</u> 기획재정부장관에게 제출하여야 한다."

02 국가재정법에 따른 예산안의 편성에 대한 설명으로 틀린 것은?

① 기획재정부장관은 제출된 예산요구서가 국가재정법 제29조의 규정에 따른 예산안편성지침에 부합하지 아니하는 때에는 기한을 정하여 이를 수정 또는 보완하도록 요구할 수 있다.
② 매년 5월 31일까지 기획재정부장관에게 제출하여야 하는 예산요구서에는 대통령령으로 정하는 바에 따라 예산의 편성 및 예산관리기법의 적용에 필요한 서류를 첨부할 수 있다.
③ 기획재정부장관은 예산요구서에 따라 예산안을 편성하여 국무회의의 심의를 거친 후 대통령의 승인을 얻어야 한다.
④ 정부는 대통령의 승인을 얻은 예산안을 회계연도 개시 120일 전까지 국회에 제출하여야 한다.

해설 ① 「**국가재정법**」 **제31조 제3항**, ③ 제32조, ④ 제33조
② 「**국가재정법**」 **제31조 제2항** "예산요구서에는 대통령령으로 정하는 바에 따라 예산의 편성 및 예산관리기법의 적용에 <u>필요한 서류를 첨부하여야 한다.</u>"

03 국가재정법에 따른 예산의 집행에 대한 설명으로 옳은 것은?

① 각 중앙관서의 장은 예산이 확정된 후 사업운영계획 및 이에 따른 세입세출예산·계속비와 국고채무부담행위를 포함한 예산배정요구서를 국회 예산결산특별위원회에 제출하여야 한다.
② 기획재정부장관은 예산배정요구서에 따라 분기별 예산배정계획을 작성하여 국무회의의 심의를 거친 후 대통령의 승인을 얻어야 하고, 각 중앙관서의 장에게 예산을 배정한 때에는 국회 예산결산특별위원회에 통지하여야 한다.

③ 기획재정부장관은 예산집행의 효율성을 높이기 위하여 매년 예산집행에 관한 지침을 작성하여 각 중앙관서의 장에게 통보하여야 한다.

④ 각 중앙관서의 장은 정당한 이유가 있는 경우에는 세출예산이 정한 목적 외에 경비를 사용할 수 있다.

> **해설** ① 「**국가재정법**」 **제42조** "각 중앙관서의 장은 예산이 확정된 후 사업운영계획 및 이에 따른 세입세출예산·계속비와 국고채무부담행위를 포함한 <u>예산배정요구서를 기획재정부장관에게 제출하여야 한다</u>."
> ② 「**국가재정법**」 **제43조 제1항·제2항** "① 기획재정부장관은 제42조의 규정에 따른 예산배정요구서에 따라 분기별 예산배정계획을 작성하여 국무회의의 심의를 거친 후 대통령의 승인을 얻어야 한다. ② 기획재정부장관은 각 중앙관서의 장에게 예산을 배정한 때에는 <u>감사원에 통지하여야 한다</u>."
> ③ 「**국가재정법**」 **제44조**
> ④ 「**국가재정법**」 **제45조** "각 중앙관서의 장은 <u>세출예산이 정한 목적 외에 경비를 사용할 수 없다</u>."

04 국가재정법에 따른 예산의 집행에 대한 설명으로 틀린 것은?

① 각 중앙관서의 장은 예산의 목적 범위 안에서 재원의 효율적 활용을 위하여 대통령령이 정하는 바에 따라 기획재정부장관의 승인을 얻어 각 세항 또는 목의 금액을 전용할 수 있다.

② 각 중앙관서의 장은 원칙적으로 예산이 정한 각 기관 간 또는 각 장·관·항 간에 상호 이용(移用)할 수 없지만, 국가재정법 제47조 제1항 단서 각 호의 어느 하나에 해당하는 경우에 한정하여 미리 예산으로써 국회의 의결을 얻은 때에는 기획재정부장관의 승인을 얻어 이용하거나 기획재정부장관이 위임하는 범위 안에서 자체적으로 이용할 수 있다.

③ 기획재정부장관은 정부조직 등에 관한 법령의 제정·개정 또는 폐지로 인하여 중앙관서의 직무와 권한에 변동이 있는 때에는 그 중앙관서의 장의 요구에 따라 그 예산을 상호 이용하거나 이체(移替)할 수 있다.

④ 각 중앙관서의 장은 당초 예산에 계상되지 아니한 사업을 추진하는 경우 또는 국회가 의결한 취지와 다르게 사업 예산을 집행하는 경우라도 회계연도마다 기획재정부장관이 위임하는 범위 안에서 각 세항 또는 목의 금액을 자체적으로 전용할 수 있다.

> **해설** ① 「**국가재정법**」 **제46조 제1항 제1문**, ② **제47조 제1항**, ③ **제47조 제2항**
> ④ 「**국가재정법**」 **제46조 제2항·제3항** "② 각 중앙관서의 장은 제1항에도 불구하고 회계연도마다 기획재정부장관이 위임하는 범위 안에서 <u>각 세항 또는 목의 금액을 자체적으로 전용할 수 있다</u>. ③ 제1항 및 제2항에도 불구하고 각 중앙관서의 장은 다음 각 호의 어느 하나에 해당하는 경우에는 <u>전용할 수 없다</u>. 1. <u>당초 예산에 계상되지 아니한 사업을 추진하는 경우</u>, 2. <u>국회가 의결한 취지와 다르게 사업 예산을 집행하는 경우</u>" 제1항 및 제2항의 규정에 따라 예산의 목적 범위 안에서 전용할 수 있으나, <u>제3항 제1호 및 제2호의 경우 전용할 수 없다</u>.

05 국가재정법에 따른 결산에 대한 설명으로 옳은 것은?

① 각 중앙관서의 장은 국가회계법에서 정하는 바에 따라 회계연도마다 작성한 결산보고서("중앙관서결산보고서")를 다음 연도 3월 말일까지 기획재정부장관에게 제출하여야 한다.

② 기획재정부장관은 회계연도마다 작성하여 대통령의 승인을 받은 국가결산보고서를 다음 연도 4월 10일까지 감사원과 국회 예산결산특별위원회에 제출하여야 한다.

③ 감사원은 제출된 국가결산보고서를 검사하고 그 보고서를 다음 연도 5월 10일까지 기획재정부장관에게 송부하여야 한다.

④ 정부는 감사원 검사를 거친 국가결산보고서를 다음 연도 5월 31일까지 국회에 제출하여야 한다.

정답 | **01** | ① | **02** | ② | **03** | ③ | **04** | ④ | **05** | ④

해설 ① 「**국가재정법**」 제58조 제1항 "각 중앙관서의 장은 「국가회계법」에서 정하는 바에 따라 회계연도마다 작성한 결산보고서("중앙관서결산보고서")를 <u>다음 연도 2월 말일까지</u> 기획재정부장관에게 제출하여야 한다."
② 「**국가재정법**」 제59조 "기획재정부장관은 「국가회계법」에서 정하는 바에 따라 회계연도마다 작성하여 대통령의 승인을 받은 국가결산보고서를 다음 연도 4월 10일까지 <u>감사원에 제출하여야 한다</u>."
③ 「**국가재정법**」 제60조 "감사원은 제59조에 따라 제출된 국가결산보고서를 검사하고 그 보고서를 다음 연도 <u>5월 20일까지</u> 기획재정부장관에게 송부하여야 한다."
④ 「**국가재정법**」 제61조

06 국가재정법상 경찰예산의 편성과정에 대한 설명으로 옳은 것은 모두 몇 개인가?

> ㉠ 경찰청장은 매년 1월 31일까지 해당 회계연도부터 3회계연도 이상의 기간 동안의 신규사업 및 기획재정부장관이 정하는 주요 계속사업에 대한 중기사업계획서를 기획재정부장관에게 제출하여야 한다.
> ㉡ 기획재정부장관은 국회 예산결산특별위원회의 심의를 거쳐 대통령의 승인을 얻은 다음 연도의 예산안편성지침을 매년 3월 31일까지 각 중앙관서의 장에게 통보하여야 한다.
> ㉢ 경찰청장은 예산안편성지침에 따라 그 소관에 속하는 다음 연도의 세입세출예산·계속비·명시이월비 및 국고채무부담행위 요구서를 작성하여 매년 6월 31일까지 기획재정부장관에게 제출하여야 한다.
> ㉣ 기획재정부장관은 예산요구서에 따라 예산안을 편성하여 국무회의의 심의를 거친 후 대통령의 승인을 얻어야 한다.
> ㉤ 정부는 대통령의 승인을 얻은 예산안을 회계연도 개시 90일 전까지 국회에 제출하여야 한다.

① 1개　　② 2개　　③ 3개　　④ 4개

해설 「**국가재정법**」: ㉣ 제32조
㉠ **제28조** "각 중앙관서의 장은 <u>매년 1월 31일까지</u> 해당 회계연도부터 <u>5회계연도 이상</u>의 기간 동안의 신규사업 및 기획재정부장관이 정하는 주요 계속사업에 대한 중기사업계획서를 기획재정부장관에게 제출하여야 한다."
㉡ **제29조 제1항** "기획재정부장관은 <u>국무회의의 심의</u>를 거쳐 <u>대통령의 승인</u>을 얻은 다음 연도의 예산안편성지침을 <u>매년 3월 31일까지</u> 각 중앙관서의 장에게 통보하여야 한다."
㉢ **제31조 제1항** "각 중앙관서의 장은 제29조의 규정에 따른 예산안편성지침에 따라 그 소관에 속하는 다음 연도의 세입세출예산·계속비·명시이월비 및 국고채무부담행위 요구서(이하 "예산요구서"라 한다)를 작성하여 <u>매년 5월 31일까지</u> 기획재정부장관에게 제출하여야 한다."
㉤ **제33조** "정부는 제32조의 규정에 따라 대통령의 승인을 얻은 예산안을 <u>회계연도 개시 120일 전까지</u> 국회에 제출하여야 한다."

07 국가재정법상 경찰예산의 집행과 결산에 대한 설명으로 틀린 것은 모두 몇 개인가?

> ㉠ 경찰청장은 당초 예산에 계상되지 아니한 사업을 추진하는 경우라도 예산의 목적 범위 안에서 재원의 효율적 활용을 위하여 대통령령이 정하는 바에 따라 기획재정부장관의 승인을 얻어 또는 회계연도마다 기획재정부장관이 위임하는 범위 안에서 각 세항 또는 목의 금액을 자체적으로 전용할 수 있다.
> ㉡ 경찰청장은 국가회계법에서 정하는 바에 따라 회계연도마다 작성한 결산보고서를 다음 연도 1월 말일까지 기획재정부장관에게 제출하여야 한다.
> ㉢ 기획재정부장관은 국가회계법에서 정하는 바에 따라 회계연도마다 작성하여 대통령의 승인을 받은 국가결산보고서를 다음 연도 3월 10일까지 감사원에 제출하여야 한다.

> ㉣ 감사원은 국가결산보고서를 검사하고 그 보고서를 다음 연도 4월 20일까지 기획재정부장관에 게 송부하여야 한다.
> ㉤ 정부는 감사원의 검사를 거친 국가결산보고서를 다음 연도 4월 30일까지 국회에 제출하여야 한다.

① 2개   ② 3개   ③ 4개   ④ 5개

해설 「**국가재정법**」: 모두 틀린 설명이다.
- ㉠ **제46조 제3항** "③ 제1항 및 제2항(전용 허용)에도 불구하고 각 중앙관서의 장은 다음 각 호의 어느 하나에 해당하는 경우에는 <u>전용할 수 없다.</u> 1. <u>당초 예산에 계상되지 아니한 사업을 추진하는 경우</u>, 2. 국회가 의결한 취지와 다르게 사업 예산을 집행하는 경우"
- ㉡ **제58조 제1항** "각 중앙관서의 장은 「국가회계법」에서 정하는 바에 따라 회계연도마다 작성한 결산보고서(이 하 "중앙관서결산보고서"라 한다)를 <u>다음 연도 2월 말일까지</u> 기획재정부장관에게 제출하여야 한다."
- ㉢ **제59조** "기획재정부장관은 「국가회계법」에서 정하는 바에 따라 회계연도마다 작성하여 대통령의 승인을 받은 국가결산보고서를 <u>다음 연도 4월 10일까지</u> 감사원에 제출하여야 한다."
- ㉣ **제60조** "감사원은 제59조에 따라 제출된 국가결산보고서를 검사하고 그 보고서를 <u>다음 연도 5월 20일까지</u> <u>기획재정부장관에게</u> 송부하여야 한다."
- ㉤ **제61조** "정부는 제60조에 따라 감사원의 검사를 거친 국가결산보고서를 <u>다음 연도 5월 31일까지</u> 국회에 제 출하여야 한다."

08 국고금 관리법에 따른 "관서운영경비의 지급(제24조)"에 대한 설명으로 옳은 것은?

① 중앙관서의 장 또는 그 위임을 받은 공무원은 필요한 자금을 출납공무원으로 하여금 지출관 으로부터 교부받아 지급하게 하여야 한다.
② 국고금 관리법상 정부구매카드는 여신전문금융업법에 따른 신용카드·직불카드·선불카드 또 는 전자금융거래법에 따른 직불전자지급수단으로서 대통령령으로 정하는 바에 따라 관서운영 경비를 지급하기 위하여 사용되는 것을 말한다.
③ 관서운영경비는 관서운영경비출납공무원이 아니면 지급할 수 없고, 관서운영경비출납공무원 은 관서운영경비를 금융회사등에 예치하여 관리하여야 한다.
④ 관서운영경비출납공무원이 관서운영경비를 지급하려는 경우 정부구매카드를 사용하거나 현금 지급 등의 방법으로 지급할 수 있다.

해설 ① 「**국고금 관리법**」 제24조 제1항 "중앙관서의 장 또는 그 위임을 받은 공무원은 관서를 운영하는 데 드는 경비 로서 그 성질상 제22조에서 규정한 절차에 따라 지출할 경우 업무수행에 지장을 가져올 우려가 있는 경비(이 하 "관서운영경비"라 한다)는 필요한 자금을 출납공무원으로 하여금 지출관으로부터 교부받아 지급하게 <u>할</u> <u>수 있다.</u>"
- ② 「**국고금 관리법**」 제24조 제5항 "관서운영경비출납공무원이 관서운영경비를 지급하려는 경우에는 정부구매 카드(「여신전문금융업법」 제2조 제3호 및 제6호에 따른 <u>신용카드·직불카드</u> 또는 「전자금융거래법」 제2조 제13호에 따른 <u>직불전자지급수단</u>으로서 대통령령으로 정하는 바에 따라 관서운영경비를 지급하기 위하여 사 용되는 것을 말한다. 이하 같다)를 <u>사용하여야 한다.</u> 다만, 경비의 성질상 정부구매카드를 사용할 수 없는 경 우에는 대통령령으로 정하는 바에 따라 <u>현금지급 등의 방법</u>으로 지급할 수 있다."
- ③ 「**국고금 관리법**」 제24조 제3항·제4항
- ④ 「**국고금 관리법**」 제24조 제5항 참조. <u>원칙적으로 정부구매카드를 사용하여야 하고,</u> 사용할 수 없는 경우 현 금지급 등의 방법으로 지급할 수 있다.

09 국고금 관리법 시행령 및 동법 시행규칙에 따른 관서운영경비에 대한 설명으로 틀린 것은?

① 운영비(복리후생비·학교운영비·일반용역비·관리용역비 제외)·특수활동비·안보비 및 업무 추진비 중 기획재정부령으로 정하는 금액 이하의 경비 및 여비는 관서운영경비의 범위에 포함된다.

② 관서운영경비출납공무원은 매 회계연도의 관서운영경비 사용 잔액을 다음 회계연도 1월 말까지 해당 지출관에게 반납하여야 한다.

③ 관서운영경비출납공무원은 지급원인행위를 하고 지급하지 아니한 금액 또는 직전 회계연도에 사용한 정부구매카드 사용금액 중 그 대금을 지급하지 아니한 금액의 경우에는 관서운영경비의 사용 잔액을 다음 연도로 이월하여 사용할 수 있다.

④ 관서운영경비로 지급할 수 있는 경비의 최고금액은 건당 500만원으로 하되, 특수활동비 중 수사활동에 소요되는 경비 또는 안보비 중 정보활동에 소요되는 경비는 그러하지 아니하다.

해설 ① 「국고금 관리법 시행령」 제31조 제1호·제3호, ③ 제37조 제4항, ④ 「국고금 관리법 시행규칙」 제52조 제1항
② 「국고금 관리법 시행령」 제37조 제1항 "관서운영경비출납공무원은 매 회계연도의 관서운영경비 사용 잔액을 <u>다음 회계연도 1월 20일까지</u> 해당 지출관에게 반납하여야 한다. (이하 생략)"

01 경찰 인권보호 규칙에 대한 설명으로 옳은 것은?

① 경찰 인권보호 규칙에 따른 "경찰관등"이란 경찰청과 그 소속기관의 경찰공무원과 일반직공무원을 말한다.

② 경찰 인권보호 규칙에 따른 "인권침해"란 경찰관등이 직무의 내외를 불문하고 모든 사람에게 보장된 인권을 침해하는 것을 말한다.

③ 경찰 인권보호 규칙에 따른 "조사담당자"란 인권침해를 내용으로 하는 진정을 조사하고 이에 따른 구제 업무 등을 수행하는 경찰청과 그 소속기관에 근무하는 공무원을 말한다.

④ 경찰청장 및 시·도경찰청장의 자문기구로서 각각 경찰청 인권위원회, 시·도경찰청 인권위원회를 설치하여 운영할 수 있다.

> **해설** ① 「경찰 인권보호 규칙」 제2조 제1호 ""경찰관등"이란 경찰청과 그 소속기관의 <u>경찰공무원, 일반직공무원, 무기계약근로자 및 기간제근로자, 의무경찰</u>을 의미한다."
> ② 「경찰 인권보호 규칙」 제2조 제2호 ""인권침해"란 경찰관등이 <u>직무를 수행하는</u> 과정에서 모든 사람에게 보장된 인권을 침해하는 것을 말한다."
> ③ 「경찰 인권보호 규칙」 제2조 제3호
> ④ 「경찰 인권보호 규칙」 제3조 "경찰 활동 전반에 걸친 민주적 통제를 구현하여 경찰력 오·남용을 예방하고, 경찰 행정의 인권지향성을 높여 인권을 존중하는 경찰 활동을 정립하기 위해 <u>경찰청장 및 시·도경찰청장의 자문기구로서</u> 각각 경찰청 인권위원회, 시·도경찰청 인권위원회(이하 "위원회"라 한다)를 <u>설치하여 운영한다.</u>"

02 경찰 인권보호 규칙에 따른 인권위원회의 "업무(제4조) 및 구성(제5조)"에 대한 설명으로 틀린 것은?

① 인권위원회는 인권과 관련된 경찰의 제도·정책·관행의 개선 등 규칙상의 업무에 대한 권고 또는 의견표명을 할 수 있고, 청장은 권고 등의 내용을 이행할 경우 구체적인 이행 계획을 권고 등을 받은 날로부터 30일 이내에 위원회에 서면으로 제출해야 한다.

② 인권위원회는 위원장 1명을 포함하여 7명 이상 13명 이하의 위원으로 구성하되, 특정 성별이 전체 위원 수의 10분의 6을 초과하지 아니해야 하고, 위원장은 경찰청장 또는 시·도경찰청장이 지명한다.

③ 인권위원회의 위원은 당연직 위원과 위촉 위원으로 구분하되, 당연직 위원은 경찰청은 감사관, 시·도경찰청은 청문감사담당관으로 한다.

④ 인권위원회의 위촉 위원 가운데 판사·검사 또는 변호사로 3년 이상의 경력이 있는 사람이 반드시 1명 이상 포함되어야 한다.

> **해설** ① 「경찰 인권보호 규칙」 제4조 및 제14조 제2항, ③ 제5조 제2항 후단 및 제3항, ④ 제5조 제4항 제1호
> ② 「경찰 인권보호 규칙」 제5조 제1항 및 제2항 전단 "① 위원회는 위원장 1명을 포함하여 7명 이상 13명 이하의 위원으로 구성한다. 이때, 특정 성별이 전체 위원 수의 10분의 6을 초과하지 아니해야 한다. ② <u>위원장은 위원회에서 호선(互選)</u>하며, 위원은 당연직 위원과 위촉 위원으로 구분한다."

정답 | 01 | ③ | 02 | ②

03 경찰 인권보호 규칙에 따른 인권위원회 위원의 "임기(제7조) 및 위원장의 직무 등(제10조)"에 대한 설명으로 옳은 것은?

① 위원장과 위촉 위원의 임기는 위촉된 날로부터 2년으로 하며, 위원장의 직은 중임할 수 없고, 위촉 위원은 한 차례만 연임할 수 있다.

② 위촉 위원에 결원이 생긴 경우 새로 위촉할 수 있고, 이 경우 새로 위촉된 위원의 임기는 전임자의 잔여 임기로 한다.

③ 위원장이 일시적인 사유로 그 직무를 수행할 수 없을 경우에는 위원 중에서 위촉 일자가 빠른 순으로 그 직무를 대행하되, 위촉 일자가 같을 때에는 연장자 순으로 대행한다.

④ 위원장이 직무를 계속하여 수행할 수 없는 사유가 발생하거나 직무를 수행할 수 없다는 의사 표시를 한 경우 대행자는 그 사유가 발생하거나 의사를 표시한 날로부터 30일 이내에 회의를 개최하여 위원장을 선출하여야 하고, 선출된 위원장의 임기는 새로 선출된 날로부터 기산한다.

해설 ① 「경찰 인권보호 규칙」 제7조 제1항 "위원장과 위촉 위원의 임기는 위촉된 날로부터 2년으로 하며 위원장의 직은 연임할 수 없고, 위촉 위원은 두 차례만 연임할 수 있다."

② 「경찰 인권보호 규칙」 제7조 제2항 "위촉 위원에 결원이 생긴 경우 새로 위촉할 수 있고, 이 경우 새로 위촉된 위원의 임기는 위촉된 날부터 기산한다."

③ 「경찰 인권보호 규칙」 제10조 제2항

④ 「경찰 인권보호 규칙」 제10조 제3항·제4항 "③ 위원장이 직무를 계속하여 수행할 수 없는 사유가 발생하거나 직무를 수행할 수 없다는 의사 표시를 한 경우에는 제2항의 대행자는 그 사유가 발생하거나 의사를 표시한 날로부터 30일 이내에 회의를 개최하여 위원장을 선출하여야 한다. 단, 위원장의 잔여 임기가 6개월 미만일 때에는 위원장을 선출하지 않을 수 있다. ④ 제3항에 따라 선출된 위원장의 임기는 전임 위원장의 잔여 임기로 한다."

04 경찰 인권보호 규칙에 따른 인권위원회의 "회의(제11조)"에 대한 설명으로 틀린 것은?

① 회의는 정기회의와 임시회의로 구분한다.

② 회의는 재적위원 과반수의 출석으로 개의하고, 출석위원 과반수의 찬성으로 의결한다.

③ 정기회의는 경찰청은 월 1회, 시·도경찰청은 분기 1회 개최한다.

④ 임시회의는 위원장이 필요하다고 인정하거나 경찰청장이나 시·도경찰청장 또는 재적위원 과반수 이상이 소집을 요구하는 경우 위원장이 소집한다.

해설 ① 「경찰 인권보호 규칙」 제11조 제1항 전단, ② 제11조 제1항 후단, ③ 제11조 제2항

④ 「경찰 인권보호 규칙」 제11조 제3항 "임시회의는 위원장이 필요하다고 인정하거나 청장 또는 재적위원 3분의 1 이상이 소집을 요구하는 경우 위원장이 소집한다."

05 경찰 인권보호 규칙에 따른 "인권교육(제3장)"에 대한 설명으로 옳은 것은?

① 경찰청장은 경찰관등이 근무하는 동안 지속적·체계적으로 교육을 받을 수 있도록 5년 단위로 인권교육종합계획을 수립하여 시행하여야 한다.

② 경찰관서의 장은 인권교육종합계획의 내용을 반영하여 매년 인권교육 계획을 수립하여 시행하여야 한다.

③ 인권교육은 학습자의 능동적인 학습권을 보장하기 위해 토론식·참여식 교육을 권장하고, 대면 교육 또는 사이버 교육으로 이수하여야 한다.

④ 경찰관 등은 인권의식을 함양하기 위해 인권교육을 이수할 수 있다.

해설 ① 「**경찰 인권보호 규칙**」 제18조 제1항 "경찰청장은 경찰관등이 근무하는 동안 지속적 · 체계적으로 교육을 받을 수 있도록 <u>3년 단위로</u> 인권교육종합계획을 수립하여 시행하여야 한다."
② 「**경찰 인권보호 규칙**」 제18조 제2항
③ 「**경찰 인권보호 규칙**」 제19조 "경찰관등은 대면 교육, 사이버 교육 등 <u>다양한 방법을 통해 교육을 이수</u>할 수 있고, 학습자의 능동적인 학습권을 보장하기 위해 토론식, 참여식 교육을 권장한다."
④ 「**경찰 인권보호 규칙**」 제20조 제1항 "경찰관등은 인권의식을 함양하기 위해 <u>인권교육을 이수하여야 한다.</u>"

06 경찰 인권보호 규칙에 따른 "진정의 접수 및 처리(제28조)"에 대한 설명으로 틀린 것은?

① 인권침해 진정은 문서(컴퓨터 통신에 의한 것을 제외한다)나 전화 또는 구두로 접수받는다.
② 인권침해 진정의 담당 부서는 경찰청 인권보호담당관실이다.
③ 경찰청 인권보호담당관실은 진정이 제기되지 아니하였더라도 일정한 경우 직접 조사할 수 있다.
④ 사건의 내용을 확인하여 처리 관서 또는 부서가 특정되거나 경찰청 사무분장 규칙에 따른 사무가 확인될 경우 경찰청 인권보호담당관실에 접수된 진정을 이첩할 수 있다.

해설 ① 「**경찰 인권보호 규칙**」 제28조 제1항 전단 "인권침해 진정은 문서(우편 · 팩스 및 컴퓨터 통신에 의한 것을 포함한다. 이하 같다)나 전화 또는 구두로 접수 받으며, 담당 부서는 경찰청 인권보호담당관실로 한다."
② 「**경찰 인권보호 규칙**」 제28조 제1항 후단, ③ 제28조 제2항, ④ 제28조 제3항 ③과 관련하여 경찰청장이 직접 조사를 명하거나 중대하고 긴급한 조치가 필요하다고 판단한 사안 또는 인권침해의 단서가 되는 사실을 알게 되었을 경우에는 직접 조사할 수 있다.

07 경찰 인권보호 규칙에 따른 "진정의 각하(제29조)"에 대한 설명으로 옳은 것은?

① 경찰청 및 그 소속기관의 장은 진정 내용이 명백히 사실이 아니거나 이유가 없다고 인정되는 경우에는 그 진정을 각하하여야 한다.
② 경찰청 및 그 소속기관의 장은 국가인권위원회에서 진정서의 내용과 같은 사실을 이미 조사 중이거나 조사한 사실이 확인된 경우(진정인의 진정 취소를 이유로 각하 처리된 사건을 포함한다)에는 그 진정을 각하할 수 있다.
③ 경찰 인권보호 규칙상의 각하사유에 해당하더라도 인권침해를 방지하고 제도 개선을 위한 사실관계 확인을 위하여 조사가 필요한 경우에는 각하하지 아니한다.
④ 인권침해 진정에 대해 조사를 시작한 후에 각하사유가 확인된 경우에는 해당 진정을 각하할 수 있다.

해설 ① 「**경찰 인권보호 규칙**」 제29조 제1항 제2호 "경찰청 및 그 소속기관의 장은 다음 각 호의 어느 하나에 해당할 경우에는 <u>그 진정을 각하할 수 있다.</u> 1. 진정 내용이 인권침해에 해당하지 아니하는 것이 명백한 경우, 2. 진정 내용이 명백히 사실이 아니거나 이유가 없다고 인정되는 경우, 3. 피해자가 아닌 사람이 한 진정으로서 피해자가 조사를 원하지 않는다는 의사표시를 명백하게 한 경우, 4. 진정의 원인이 된 사실이 공소시효, 징계시효 및 민사상 시효 등이 모두 완성된 경우, 5. 진정의 원인이 된 사실에 관하여 법원이나 헌법재판소의 재판, 수사기관의 수사 또는 그 밖에 법률에 따른 권리 구제절차가 진행 중이거나 종결된 경우(기간의 경과 등 형식 요건을 제대로 갖추지 못하여 종결된 경우는 제외한다), 6. 진정이 익명(匿名)이나 가명(假名)으로 제출된 경우, 7. 진정인이 진정을 취소한 경우, 8. 기각 또는 각하된 진정과 동일한 내용으로 다시 진정한 경우, 9. 진정 내용이 추상적이거나 관계자를 근거 없이 비방하는 등 업무를 방해할 의도로 진정한 것으로 판단되는 경우, 10. 진정의 취지가 그 진정의 원인이 된 사실에 관한 법원의 확정 판결이나 헌법재판소의 결정에 반대되는 경우, 11. 국가인권위원회에서 진정서의 내용과 같은 사실을 이미 조사 중이거나 조사한 사실이 확인된 경우(진정인의 진정 취소를 이유로 각하 처리된 사건은 제외한다)" 경찰 인권보호 규칙에 따른 <u>진정의 각하 및 기각</u>은 사유에 해당하는 경우에 "<u>할 수 있다</u>"

② 「**경찰 인권보호 규칙**」 **제29조 제1항 제11호** "국가인권위원회에서 진정서의 내용과 같은 사실을 이미 조사 중이거나 조사한 사실이 확인된 경우(<u>진정인의 진정 취소를 이유로 각하 처리된 사건은 제외한다</u>)"

③ 「**경찰 인권보호 규칙**」 **제29조 제2항** "제1항 각 호의 어느 하나에 해당하더라도 인권침해를 방지하고 제도 개선을 위한 사실관계 확인을 위하여 <u>조사가 필요한 경우에는 각하하지 아니할 수 있다.</u>"

④ 「**경찰 인권보호 규칙**」 **제29조 제3항**

08 경찰 인권보호 규칙에 따른 "물건 등의 보관 등(제32조)"에 대한 설명으로 틀린 것은?

① 조사담당자는 사건 조사 과정에서 진정인·피진정인 또는 참고인 등이 임의로 제출한 물건 중 사건 조사에 필요한 물건은 보관하여야 한다.

② 조사담당자는 제출받은 물건의 목록을 작성하여 제출자에게 내주고 사건기록에 그 물건 등의 번호·명칭 및 내용, 제출자·소유자의 성명·주소를 적고 서명 또는 기명날인하게 하여야 한다.

③ 조사담당자는 제출받은 물건에 사건번호와 표제, 제출자 성명, 물건 번호, 보관자 성명 등을 적은 표지를 붙인 후 봉투에 넣거나 포장하여 안전하게 보관하여야 한다.

④ 조사담당자는 제출자가 보관 중인 물건의 반환을 요구하는 경우에는 반환하여야 하며, 사건이 종결되어 더 이상 보관할 필요가 없는 경우에는 제출자가 요구하지 않더라도 반환할 수 있다.

해설 ① 「**경찰 인권보호 규칙**」 **제32조 제1항** "조사담당자는 사건 조사 과정에서 진정인·피진정인 또는 참고인 등이 임의로 제출한 물건 중 사건 조사에 필요한 <u>물건은 보관할 수 있다.</u>"
② 「**경찰 인권보호 규칙**」 **제32조 제2항**, ③ **제32조 제3항**, ④ **제32조 제4항 제2호**

09 경찰 인권보호 규칙에 따른 "인권침해 사건의 조사·처리(제6장)"에 대한 설명으로 옳은 것은?

① 조사담당자는 진행 중인 사건들을 분리하거나 병합하여 처리하여서는 아니 된다.

② 조사담당자는 사건을 조사하는 과정에서 동일한 사건에 대하여 경찰·검찰 등의 수사가 시작된 경우에는 사건 조사를 즉시 중단하고 종결하거나 해당 기관에 이첩할 수 있다.

③ 수사 개시로 인한 조사중단의 경우 확인된 인권침해 사실에 대한 구제 절차는 계속하여 이행하여야 한다.

④ 조사담당자는 조사하는 과정에서 진정인이나 피해자의 소재를 알 수 없는 경우 또는 사건 해결과 진상 규명에 핵심적인 중요 참고인의 소재를 알 수 없는 경우에는 조사를 중지하여야 하고, 그 사유가 해소된 경우 즉시 조사를 다시 시작하여야 한다.

해설 ① 「**경찰 인권보호 규칙**」 **제33조** "조사담당자는 <u>필요하다고 인정하는 경우에는 진행 중인 사건들을 분리하거나 병합하여 처리할 수 있다.</u>"
② 「**경찰 인권보호 규칙**」 **제34조 본문**
③ 「**경찰 인권보호 규칙**」 **제34조 단서** "조사담당자는 사건을 조사하는 과정에서 동일한 사건에 대하여 경찰·검찰 등의 수사가 시작된 경우에는 사건 조사를 즉시 중단하고 종결하거나 해당 기관에 이첩할 수 있다. 다만, 확인된 인권침해 사실에 대한 <u>구제 절차는 계속하여 이행할 수 있다.</u>"
④ 「**경찰 인권보호 규칙**」 **제35조** "① 조사담당자는 인권침해 사건을 조사하는 과정에서 다음 각 호의 어느 하나에 해당하는 사유로 사건 <u>조사를 진행할 수 없는 경우에는 조사를 중지할 수 있다.</u> 1. 진정인이나 피해자의 소재를 알 수 없는 경우, 2. 사건 해결과 진상 규명에 핵심적인 중요 참고인의 소재를 알 수 없는 경우, 3. 그 밖에 제1호 또는 제2호와 유사한 사정으로 더 이상 사건 조사를 진행할 수 없는 경우. ② <u>조사중지 사유가 해</u>

소된 경우에는 조사담당자는 별지 제4호 서식의 사건 표지에 새롭게 사건을 재개한 사유를 적고 <u>즉시 조사를</u> <u>다시 시작하여야 한다.</u>"

10 경찰 인권보호 규칙에 따른 "진정의 기각(제37조)" 사유에 해당하지 않는 것은?

① 진정의 원인이 된 사실이 공소시효, 징계시효 및 민사상 시효 등이 모두 완성된 경우
② 진정 내용은 사실이나 인권침해에 해당하지 아니하는 경우
③ 진정 내용이 사실이 아니거나 사실 여부를 확인하는 것이 불가능한 경우
④ 진정 내용이 이미 피해회복이 이루어지는 등 따로 구제조치가 필요하지 아니하다고 인정되는 경우

> **해설** 「**경찰 인권보호 규칙」 제37조 제1호 내지 제3호** "경찰청 및 그 소속기관의 장은 진정 내용을 조사한 결과 다음 각 호의 어느 하나에 해당하는 경우에는 그 <u>진정을 기각할 수 있다</u>. 1. 진정 내용이 <u>사실이 아니거나 사실 여부</u> <u>를 확인하는 것이 불가능한 경우</u>. 2. 진정 내용이 이미 피해회복이 이루어지는 등 <u>따로 구제조치가 필요하지 아</u> <u>니하다고 인정되는 경우</u>. 3. 진정 내용은 사실이나 <u>인권침해에 해당하지 아니하는 경우</u>" ①은 진정의 각하사유 이다(경찰 인권보호 규칙 제29조 제1항 제4호)

11 경찰 인권보호 규칙상 인권위원회에 대한 설명으로 틀린 것은 몇 개인가?

> ㉠ 경찰청장 및 시·도경찰청장의 자문기구로서 각각 경찰청 인권위원회, 시·도경찰청 인권위원 회를 설치하여 운영하고, 인권위원회는 그 업무 사항에 대한 권고 또는 의견표명을 할 수 있다.
> ㉡ 인권위원회는 위원장(경찰청장 또는 시·도경찰청장이 지명한다) 1명을 포함하여 7명 이상 13명 이하의 위원으로 구성하고, 특정 성별이 전체 위원 수의 10분의 7을 초과하지 아니해야 한다.
> ㉢ 인권위원회의 위촉 위원 가운데 인권 분야에 전문적인 지식과 경험이 있고 판사·검사 또는 변 호사로 3년 이상의 경력이 있는 사람이 반드시 2명 이상 포함되어야 한다.
> ㉣ 인권위원회의 위원장과 위촉 위원의 임기는 위촉된 날로부터 2년으로 하며, 위원장의 직은 연 임할 수 없고, 위촉 위원은 한 차례만 연임할 수 있다.
> ㉤ 인권위원회의 위촉 위원에 결원이 생긴 경우 새로 위촉할 수 있고, 이 경우 새로 위촉된 위원의 임기는 전임자의 잔여 임기로 한다.
> ㉥ 인권위원회의 정기회의는 경찰청은 월 1회, 시·도경찰청은 분기 1회 개최하고, 임시회의는 위 원장이 필요하다고 인정하거나 경찰청장이나 시·도경찰청장 또는 재적위원 3분의 1 이상이 소 집을 요구하는 경우 위원장이 소집한다.

① 2개 　　　② 3개 　　　③ 4개 　　　④ 5개

> **해설** 「**경찰 인권보호 규칙」**: ㉠ ㉥ 옳은 설명이다.
> ㉡ **제5조 제1항·제2항** "① 위원회는 위원장 1명을 포함하여 7명 이상 13명 이하의 위원으로 구성한다. 이때, 특정 성별이 전체 위원 수의 <u>10분의 6</u>을 초과하지 아니해야 한다. ② <u>위원장은 위원회에서 호선(互選)</u>하며, 위원은 당연직 위원과 위촉 위원으로 구분한다."
> ㉢ **제5조 제4항** "위촉 위원은 인권 분야에 전문적인 지식과 경험이 있고 아래 각 호의 어느 하나에 해당하는 사 람 중에서 경찰청장 또는 시·도경찰청장(이하 "청장"이라 한다)이 위촉한다. 이때, 각 호에 해당하는 사람이 <u>반드시 1명 이상 포함되어야 한다</u>. 1. 판사·검사 또는 변호사로 3년 이상의 경력이 있는 사람"
> ㉣ **제7조 제1항** "위원장과 위촉 위원의 임기는 위촉된 날로부터 2년으로 하며 위원장의 직은 연임할 수 없고, 위촉 위원은 <u>두 차례만 연임할 수 있다</u>."

ⓜ **제7조 제2항** "위촉 위원에 결원이 생긴 경우 새로 위촉할 수 있고, 이 경우 <u>새로 위촉된 위원의 임기는 위촉된 날부터 기산한다.</u>" 위원장이 새로 선출된 경우에는 전임 위원장의 잔여 임기로 한다는 점 그리고 위원장의 잔여임기가 6개월 미만인 경우 위원장을 선출하지 않을 수 있다는 점에 유의한다(경찰 인권보고 규칙 제10조 제3항 · 제4항).

12 경찰 인권보호 규칙에 따라 진정을 기각할 수 있는 사유는 모두 몇 개인가?

> ㉠ 진정 내용이 이미 피해회복이 이루어지는 등 따로 구제조치가 필요하지 아니하다고 인정되는 경우
> ㉡ 피해자가 아닌 사람이 한 진정으로서 피해자가 조사를 원하지 않는다는 의사표시를 명백하게 한 경우
> ㉢ 기각 또는 각하된 진정과 동일한 내용으로 다시 진정한 경우
> ㉣ 진정 내용이 명백히 사실이 아니거나 이유가 없다고 인정되는 경우
> ㉤ 진정 내용은 사실이나 인권침해에 해당하지 아니하는 경우

① 1개 ② 2개 ③ 3개 ④ 4개

해설 「경찰 인권보호 규칙」 제37조 제1호 내지 제3호
기각사유(제37조 – 3개 사유): ㉠ ㉤ 진정 내용이 사실이 아니거나 사실 여부를 확인하는 것이 불가능한 경우
각하사유(제29조 제1항 – 11개 사유): ㉡ ㉢ ㉣
※ 참고 – 기각사유와 각하사유를 구별할 필요가 있다. 기각은 진정에 대해 조사를 진행한 이후에 내리는 판단임에 비해 각하는 원칙적으로 조사를 진행할 필요가 없는 경우에 내리는 판단이다. 다만, 경찰 인권보호 규칙 제29조 제3항은 진정에 대해 조사를 시작한 후에 각하사유가 발견된 경우(더 조사를 진행하지 않고) 진정을 각하할 수 있도록 규정하고 있다는 점도 유의한다.

13 국가인권위원회법에 대한 설명으로 틀린 것은?

① 경찰서 유치장 및 사법경찰관리가 직무 수행을 위하여 사람을 조사하고 유치하거나 수용하는 데에 사용하는 시설은 국가인권위원회법상 "구금 · 보호시설"에 해당한다.
② 아동복지법의 규정에 따른 아동양육시설 · 아동일시보호시설 · 아동보호치료시설 · 공동생활가정 및 자립지원시설(아동복지시설)은 국가인권위원회법상 "구금 · 보호시설"에 해당한다.
③ 국가인권위원회법은 대한민국의 영역에 있는 외국인에 대하여 적용하지 아니한다.
④ 국가인권위원회(상임위원회와 소위원회를 포함)는 필요하다고 인정하면 그 의결로써 경찰서 유치장 및 사법경찰관리가 직무 수행을 위하여 사람을 조사하고 유치하거나 수용하는 데에 사용하는 시설을 방문하여 조사할 수 있다.

해설 ① 「국가인권위원회법」 제2조 제2호 나목, ② 제2조 제2호 마목 및 동법 시행령 제2조 제1호, ④ 제24조 제1항
③ 「국가인권위원회법」 제4조 "이 법은 <u>대한민국 국민과 대한민국의 영역에 있는 외국인</u>에 대하여 적용한다."

14 국가인권위원회법에 대한 설명으로 옳은 것은?

① 구금·보호시설을 방문하여 조사하는 위원은 필요하다고 인정하면 소속 직원 및 전문가를 동반하여야 하고, 구체적인 사항을 지정하여 소속 직원 및 전문가에게 조사를 위임할 수 있다.

② 구금·보호시설을 방문하여 조사하는 위원등은 구금·보호시설의 직원 및 구금·보호시설에 수용되어 있는 사람과 면담하여야 하고, 구술·서면으로 사실이나 의견을 진술하게 할 수 있다.

③ 구금·보호시설의 직원은 위원등이 시설수용자를 면담하는 장소에 참석할 수 없고, 그 대화 내용을 녹음하거나 녹취하지 못한다.

④ 국가인권위원회는 개인의 사생활을 침해하거나 계속 중인 재판 또는 수사 중인 사건의 소추에 부당하게 관여할 목적으로 조사를 하여서는 아니 된다.

해설 ① 「**국가인권위원회법**」**제24조 제2항 제1문** "제1항에 따른 방문조사를 하는 위원은 필요하다고 인정하면 소속 직원 및 전문가를 동반할 수 있으며, 구체적인 사항을 지정하여 소속 직원 및 전문가에게 조사를 위임할 수 있다. 이 경우 조사를 위임받은 전문가가 그 사항에 대하여 조사를 할 때에는 소속 직원을 동반하여야 한다."

② 「**국가인권위원회법**」**제24조 제4항** "제2항에 따라 방문조사를 하는 위원등은 구금·보호시설의 직원 및 구금·보호시설에 수용되어 있는 사람(이하 "시설수용자"라 한다)과 면담할 수 있고 구술 또는 서면으로 사실이나 의견을 진술하게 할 수 있다."

③ 「**국가인권위원회법**」**제24조 제5항** "구금·보호시설의 직원은 위원등이 시설수용자를 면담하는 장소에 참석할 수 있다. 다만, 대화 내용을 녹음하거나 녹취하지 못한다."

④ 「**국가인권위원회법**」**제35조 제2항**

경찰공무원 복무규정

01 경찰공무원 복무규정상 "기본강령(제3조)"에 대한 설명으로 틀린 것은 몇 개인가?

> ㉠ 규　　율: 경찰공무원은 성실하고 청렴한 생활태도로써 국민의 모범이 되어야 한다.
> ㉡ 책　　임: 경찰공무원은 창의와 노력으로써 소임을 완수하여야 하며, 직무수행의 결과에 대하여 책임을 진다.
> ㉢ 경찰사명: 경찰공무원은 국민의 수임자로서 일상의 직무수행에 있어서 국민의 자유와 권리를 존중하는 호국·봉사·정의의 정신을 그 바탕으로 삼는다.
> ㉣ 경찰정신: 경찰공무원은 주어진 사명을 다하기 위하여 긍지를 가지고 한마음 한뜻으로 굳게 뭉쳐 임무수행에 모든 역량을 기울여야 한다.
> ㉤ 예　　절: 경찰공무원은 고운말을 사용하도록 노력하여야 하고, 국민에게 겸손하고 친절하여야 하며, 상·하급자 및 동료간에 서로 예절을 지켜야 한다.

① 1개　　　　　② 2개　　　　　③ 3개　　　　　④ 4개

해설　「**경찰공무원 복무규정**」 제3조: ㉡이 옳은 설명이다.
　㉠ 규율: 경찰공무원은 법령을 준수하고 직무상의 명령에 복종하며, 상사에 대한 존경과 부하에 대한 존중으로써 규율을 지켜야 한다. 지문은 성실·청렴에 대한 내용이다.
　㉢ 경찰사명: 경찰공무원은 국가와 민족을 위하여 충성과 봉사를 다하며, 국민의 생명·신체 및 재산을 보호하고, 공공의 안녕과 질서를 유지함을 그 사명으로 한다. 지문은 경찰정신에 대한 내용이다.
　㉣ 경찰정신: 경찰공무원은 국민의 수임자로서 일상의 직무수행에 있어서 국민의 자유와 권리를 존중하는 호국·봉사·정의의 정신을 그 바탕으로 삼는다. 지문은 단결에 대한 내용이다.
　㉤ 예절의 내용에 대한 설명으로는 옳으나, 예절은 제2장 복무자세이고 기본강령에 속하지 않는다.

02 경찰공무원 복무규정에 대한 설명으로 옳은 것은?

① 경찰공무원의 기본강령으로 경찰사명, 경찰정신, 규율, 단결, 책임, 성실·청렴 및 예절이 있다.
② 경찰공무원은 소속 경찰기관의 장의 허가를 받거나 그 명령에 의한 경우를 제외하고는 직무와 관계없는 장소에서 직무수행을 하여서는 아니된다.
③ 경찰공무원은 직무의 내외를 불문하고 타인의 민사분쟁에 개입하여서는 아니된다.
④ 경찰공무원은 특별한 사정이 있는 경우 근무시간중 음주를 할 수 있으나, 이 경우 주기가 있는 상태에서 직무를 수행하여서는 아니된다.

해설　① 「**경찰공무원 복무규정**」 및 **제4조**. "① 경찰공무원은 고운말을 사용하도록 노력하여야 하며, 국민에게 겸손하고 친절하여야 한다. ② 경찰공무원은 상·하급자 및 동료간에 서로 예절을 지켜야 한다." 예절은 기본강령이 아니라 경찰공무원의 복무자세이다.
　② 「**경찰공무원 복무규정**」 제8조 "경찰공무원은 상사의 허가를 받거나 그 명령에 의한 경우를 제외하고는 직무와 관계없는 장소에서 직무수행을 하여서는 아니된다."
　③ 「**경찰공무원 복무규정**」 제10조 "경찰공무원은 직위 또는 직권을 이용하여 부당하게 타인의 민사분쟁에 개입하여서는 아니된다."
　④ 「**경찰공무원 복무규정**」 제9조

03 경찰공무원 복무규정에 따른 복무 및 휴가 등에 대한 설명으로 틀린 것은?

① 경찰기관의 장은 특별한 사정이 없는 한 연일근무자 및 공휴일근무자에 대하여는 그 다음날 1일의 휴무, 당직 또는 철야근무자에 대하여는 다음 날 오후 2시를 기준으로 하여 오전 또는 오후의 휴무를 허가하여야 한다.

② 경찰기관의 장은 근무성적이 탁월하거나 다른 경찰공무원의 모범이 될 공적이 있는 경찰공무원에 대하여 1회 5일 이내의 포상휴가를 허가할 수 있고, 포상휴가기간은 연가일수에 산입하지 아니한다.

③ 경찰공무원은 신규채용·승진·전보·파견·출장·연가·교육훈련기관에의 입교 기타 신분관계 또는 근무관계 또는 근무관계의 변동이 있는 때에는 소속상관에게 신고를 하여야 한다.

④ 경찰공무원은 휴무일 또는 근무시간외에 2시간 이내에 직무에 복귀하기 어려운 지역으로 여행을 하고자 할 때에는 소속 경찰기관의 장에게 신고를 하여야 한다.

> **해설** ① 「**경찰공무원 복무규정**」 제19조, ③ 제11조, ④ 제13조 본문 ④와 관련하여 원칙적으로 여행은 신고사항이지만, 치안상 특별한 사정이 있어 경찰청장, 해양경찰청장 또는 경찰기관의 장이 지정하는 기간중에는 소속경찰기관의 장의 허가를 받아야 한다(제13조 단서).
> ② 「**경찰공무원 복무규정**」 제18조 "경찰기관의 장은 근무성적이 탁월하거나 다른 경찰공무원의 모범이 될 공적이 있는 경찰공무원에 대하여 1회 10일이내의 포상휴가를 허가할 수 있다. 이 경우의 포상휴가기간은 연가일수에 산입하지 아니한다."

04 경찰공무원 복무규정에 따른 허가권자의 연결이 바르게 된 것은?

> – 경찰공무원은 (㉠)의 허가를 받거나 그 명령에 의한 경우를 제외하고는 직무와 관계없는 장소에서 직무수행을 하여서는 아니된다.
> – 경찰공무원은 치안상 특별한 사정이 있어 경찰청장, 해양경찰청장 또는 경찰기관의 장이 지정하는 기간중 휴무일 또는 근무시간외에 2시간 이내에 직무에 복귀하기 어려운 지역으로 여행을 하고자 할 때에는 소속 (㉡)의 허가를 받아야 한다.
> – (㉢)은 근무성적이 탁월하거나 다른 경찰공무원의 모범이 될 공적이 있는 경찰공무원에 대하여 1회 10일이내의 포상휴가를 허가할 수 있다.
> – (㉣)은 특별한 사정이 없는 한 다음과 같이 휴무를 허가하여야 한다.

① ㉠ – 상사 ㉡ – 경찰기관의 장 ㉢ – 경찰기관의 장 ㉣ – 경찰기관의 장
② ㉠ – 상사 ㉡ – 경찰기관의 장 ㉢ – 경찰기관의 장 ㉣ – 소속 상관
③ ㉠ – 상사 ㉡ – 상관 ㉢ – 소속 상관 ㉣ – 경찰기관의 장
④ ㉠ – 상사 ㉡ – 상관 ㉢ – 경찰기관의 장 ㉣ – 소속 상관

> **해설** 허가권자가 상사(상관)인지 경찰기관의 장인지 구별하는 문제이다. 지문형식으로도 출제될 수 있다.
> ① 「**경찰공무원 복무규정**」 제8조 "경찰공무원은 상사의 허가를 받거나 그 명령에 의한 경우를 제외하고는 직무와 관계없는 장소에서 직무수행을 하여서는 아니된다."
> ② 「**경찰공무원 복무규정**」 제13조 단서 "경찰공무원은 휴무일 또는 근무시간외에 2시간 이내에 직무에 복귀하기 어려운 지역으로 여행을 하고자 할 때에는 소속 경찰기관의 장에게 신고를 하여야 한다. 다만, 치안상 특별한 사정이 있어 경찰청장, 해양경찰청장 또는 경찰기관의 장이 지정하는 기간중에는 소속경찰기관의 장의 허가를 받아야 한다."

③ 「**경찰공무원 복무규정**」 "경찰기관의 장은 근무성적이 탁월하거나 다른 경찰공무원의 모범이 될 공적이 있는 경찰공무원에 대하여 1회 10일이내의 포상휴가를 허가할 수 있다. 이 경우의 포상휴가기간은 연가일수에 산입하지 아니한다."

④ 「**경찰공무원 복무규정**」 **제19조** "경찰기관의 장은 특별한 사정이 없는 한 다음과 같이 휴무를 허가하여야 한다. 1. 연일근무자 및 공휴일근무자에 대하여는 그 다음날 1일의 휴무, 2. 당직 또는 철야근무자에 대하여는 다음 날 오후 2시를 기준으로 하여 오전 또는 오후의 휴무"

언론중재 및 피해구제 등에 관한 법률

01 언론중재 및 피해구제 등에 관한 법률에 따른 "언론중재위원회의 설치(제7조)"에 대한 설명으로 옳은 것은?

① 언론중재위원회는 문화체육관광부장관이 위촉하는 30명 이상 80명 이내의 중재위원으로 구성한다.

② 법관의 자격이 있는 사람 중에서 법원행정처장이 추천한 사람을 문화체육관광부장관이 중재위원으로 위촉하는 경우 중재위원 정수의 5분의 1 이상이 되어야 한다.

③ 언론에 관하여 학식과 경험이 풍부한 사람을 문화체육관광부장관이 중재위원으로 위촉하는 경우 중재위원 정수의 5분의 1 이상이 되어야 한다.

④ 언론사의 취재 · 보도 업무에 5년 이상 종사한 사람은 문화체육관광부장관이 위촉하는 중재위원의 자격이 있다.

> **해설** ① 「**언론중재 및 피해구제 등에 관한 법률**」 제7조 제3항 제1문 "중재위원회는 <u>40명 이상 90명 이내의 중재위원</u>으로 구성하며, 중재위원은 다음 각 호의 사람 중에서 <u>문화체육관광부장관이 위촉</u>한다. 이 경우 제1호부터 제3호까지의 위원은 각각 중재위원 정수의 5분의 1 이상이 되어야 한다. 1. 법관의 자격이 있는 사람 중에서 법원행정처장이 추천한 사람, 2. 변호사의 자격이 있는 사람 중에서 「변호사법」 제78조에 따른 대한변호사협회의 장이 추천한 사람, 3. 언론사의 취재 · 보도 업무에 10년 이상 종사한 사람, 4. 그 밖에 언론에 관하여 학식과 경험이 풍부한 사람"
>
> ② 「**언론중재 및 피해구제 등에 관한 법률**」 제7조 제3항 제2문 제1호
>
> ③ 「**언론중재 및 피해구제 등에 관한 법률**」 제7조 제3항 제2문. 중재위원 정수의 5분의 1 이상이 되어야 하는 경우는 제1호 내지 제3호이고, 제4호인 "그 밖에 언론에 관하여 학식과 경험이 풍부한 사람"은 제외되기 때문에 틀린 설명이다.
>
> ④ 「**언론중재 및 피해구제 등에 관한 법률**」 제7조 제3항 제1문 제3호 "언론사의 취재 · 보도 업무에 <u>10년 이상</u> 종사한 사람"

02 언론중재 및 피해구제 등에 관한 법률에 따른 "언론중재위원회의 설치(제7조)"에 대한 설명으로 틀린 것은?

① 60명의 중재위원으로 구성된 언론중재위원회에서 법관의 자격이 있는 사람 중에서 법원행정처장이 추천한 사람 20명, 변호사의 자격이 있는 사람 중에서 대한변호사협회의 장이 추천한 사람 20명, 언론사의 취재 · 보도 업무에 10년 이상 종사한 사람 15명, 그 밖에 언론에 관하여 학식과 경험이 풍부한 사람 5명인 경우 법률에 따른 적법한 중재위원회의 구성이다.

② 중재위원회에 위원장 1명과 2명 이내의 부위원장 및 2명 이내의 감사를 두며, 각각 중재위원 중에서 호선한다.

③ 언론중재위원회의 위원장 · 부위원장 · 감사 및 중재위원의 임기는 각각 3년으로 하며, 한 차례만 연임할 수 있다.

④ 중재위원회의 회의는 재적위원 과반수의 출석과 출석위원 3분의 2 이상의 찬성으로 의결한다.

> **해설** ① 「**언론중재 및 피해구제 등에 관한 법률**」 제7조 제3항 제2문, ② 제7조 제4항, ③ 제7조 제5항 ①의 경우 법

관의 자격이 있는 사람, 변호사의 자격이 있는 사람 및 언론사의 취재·보도 업무에 10년 이상 종사한 사람이 각각 중재위원 정수의 5분의 1 이상이면 되기 때문에 적법한 중재위원회의 구성이므로 옳은 설명이다.

④ 「언론중재 및 피해구제 등에 관한 법률」 제7조 제9항 "중재위원회의 회의는 재적위원 과반수의 출석과 출석위원 과반수의 찬성으로 의결한다."

03 언론중재 및 피해구제 등에 관한 법률에 따른 "정정보도 청구의 요건(제14조)"에 대한 설명으로 옳은 것은?

① 사실적 주장에 관한 언론보도등으로 인하여 피해를 입은 자는 그 언론보도등의 내용에 관한 정정보도를 청구할 수 있다.

② 정정보도 청구는 해당 언론보도등이 있은 날부터 3개월 이내에 언론사, 인터넷뉴스서비스사업자 및 인터넷 멀티미디어 방송사업자에게 할 수 있다.

③ 정정보도의 청구에는 언론사등의 고의·과실을 요한다.

④ 정정보도의 청구에는 언론사등의 위법성을 필요로 하지 아니한다.

해설 ① ② 「언론중재 및 피해구제 등에 관한 법률」 제14조 제1항 "사실적 주장에 관한 언론보도등이 진실하지 아니함으로 인하여 피해를 입은 자(이하 "피해자"라 한다)는 해당 언론보도등이 있음을 안 날부터 3개월 이내에 언론사, 인터넷뉴스서비스사업자 및 인터넷 멀티미디어 방송사업자(이하 "언론사등"이라 한다)에게 그 언론보도등의 내용에 관한 정정보도를 청구할 수 있다. 다만, 해당 언론보도등이 있은 후 6개월이 지났을 때에는 그러하지 아니하다." ① 정정보도청구는 이른바 허위사실의 보도에 대해서 인정이 되고, 반론보도청구는 보도 내용의 진위 여부에 상관없이 언론보도로 피해를 입은 경우에 인정이 된다는 점에서 차이가 있다. ② 언론보도등이 있음을 안 날로부터 3개월 이내에 하여야 하고, 단서에 따라 언론보도등이 있은 후 6개월이 지났을 때에는 청구하지 못한다.

③ 「언론중재 및 피해구제 등에 관한 법률」 제14조 제2항 "제1항의 청구에는 언론사등의 고의·과실이나 위법성을 필요로 하지 아니한다."

④ 「언론중재 및 피해구제 등에 관한 법률」 제14조 제2항

04 언론중재 및 피해구제 등에 관한 법률에 따른 "정정보도청구권의 행사(제15조)"에 대한 설명으로 틀린 것은?

① 정정보도 청구는 언론사등의 대표자에게 서면으로 하여야 하며, 청구서에는 피해자의 성명·주소·전화번호 등의 연락처를 적고, 정정의 대상인 언론보도등의 내용 및 정정을 청구하는 이유와 청구하는 정정보도문을 명시하여야 한다.

② 정정보도 청구를 받은 언론사등의 대표자는 3일 이내에 그 수용 여부에 대한 통지를 청구인에게 발송하여야 한다.

③ 언론사등이 정정보도 청구를 수용할 때에는 지체 없이 피해자 또는 그 대리인과 정정보도의 내용·크기 등에 관하여 협의한 후, 그 청구를 받은 날부터 14일 내에 정정보도문을 방송하거나 게재하여야 한다.

④ 청구된 정정보도의 내용이 국가·지방자치단체 또는 공공단체의 공개회의와 법원의 공개재판절차의 사실보도에 관한 것인 경우에는 언론사등은 정정보도 청구를 거부할 수 있다.

해설 ① 「언론중재 및 피해구제 등에 관한 법률」 제15조 제1항 본문, ② 제15조 제2항 제1문, ④ 제15조 제4항 제5호

③ 「언론중재 및 피해구제 등에 관한 법률」 제15조 제3항 본문 "언론사등이 제1항의 청구를 수용할 때에는 지체 없이 피해자 또는 그 대리인과 정정보도의 내용·크기 등에 관하여 협의한 후, 그 청구를 받은 날부터 7일 내에 정정보도문을 방송하거나 게재(인터넷신문 및 인터넷뉴스서비스의 경우 제1항 단서에 따른 해당 언론보

도등 내용의 정정을 포함한다)하여야 한다. 다만, 신문 및 잡지 등 정기간행물의 경우 이미 편집 및 제작이 완료되어 부득이할 때에는 다음 발행 호에 이를 게재하여야 한다."

05 언론중재 및 피해구제 등에 관한 법률에 따른 "반론보도청구권(제16조) 및 추후보도청구권(제17조)"에 대한 설명으로 옳은 것은?

① 사실적 주장에 관한 언론보도등으로 인하여 피해를 입은 자는 보도 내용의 진실 여부와 상관없이 그 보도 내용에 관한 반론보도를 언론사등에 청구할 수 있고, 반론보도의 청구에는 언론사등의 고의·과실이나 위법성을 필요로 하지 아니한다.

② 언론등에 의하여 범죄혐의가 있거나 형사상의 조치를 받았다고 보도 또는 공표된 자는 그에 대한 형사절차가 무죄판결 또는 이와 동등한 형태로 종결되었을 때에는 그 사실이 있는 날부터 3개월 이내에 언론사등에 이 사실에 관한 추후보도의 게재를 청구할 수 있다.

③ 추후보도에는 청구인의 명예나 권리 회복에 필요한 설명 또는 해명을 포함할 수 있다.

④ 추후보도청구권을 행사한 때에는 특별한 사정이 있는 경우를 제외하고 언론중재 및 피해구제 등에 관한 법률에 따른 정정보도청구권이나 반론보도청구권을 행사하지 못한다.

> **해설** ① 「**언론중재 및 피해구제 등에 관한 법률**」 제16조 제1항 · 제2항
> ② 「**언론중재 및 피해구제 등에 관한 법률**」 제17조 제1항 "언론등에 의하여 범죄혐의가 있거나 형사상의 조치를 받았다고 보도 또는 공표된 자는 그에 대한 형사절차가 무죄판결 또는 이와 동등한 형태로 종결되었을 때에는 <u>그 사실을 안 날부터 3개월 이내</u>에 언론사등에 이 사실에 관한 추후보도의 게재를 청구할 수 있다."
> ③ 「**언론중재 및 피해구제 등에 관한 법률**」 제17조 제2항 "제1항에 따른 추후보도에는 청구인의 명예나 권리 회복에 필요한 설명 또는 해명이 <u>포함되어야 한다</u>."
> ④ 「**언론중재 및 피해구제 등에 관한 법률**」 제17조 제4항 "<u>추후보도청구권은 특별한 사정이 있는 경우를 제외하고는 이 법에 따른 정정보도청구권이나 반론보도청구권의 행사에 영향을 미치지 아니한다</u>."

06 언론중재 및 피해구제 등에 관한 법률에 따른 "조정신청(제18조) 및 조정(제19조)"에 대한 설명으로 옳은 것은?

① 언론중재 및 피해구제 등에 관한 법률에 따른 정정보도청구등과 관련하여 분쟁이 있는 경우 피해자만 중재위원회에 조정을 신청할 수 있다.

② 정정보도청구등의 조정신청은 피해자가 먼저 언론사등에 정정보도청구등을 한 경우에는 피해자와 언론사등 사이에 협의가 불성립된 날부터 14일 이내에 하여야 한다.

③ 조정은 관할 중재부에서 하고, 관할구역을 같이 하는 중재부가 여럿일 경우에는 중재위원회의 의결로 중재부를 지정한다.

④ 중재부의 장은 조정신청을 접수하였을 때에는 14일 이내에 조정기일을 정하여 당사자에게 출석을 요구하여야 한다.

> **해설** ① 「**언론중재 및 피해구제 등에 관한 법률**」 제18조 제1항 "이 법에 따른 정정보도청구등과 관련하여 분쟁이 있는 경우 <u>피해자 또는 언론사등은</u> 중재위원회에 조정을 신청할 수 있다."
> ② 「**언론중재 및 피해구제 등에 관한 법률**」 제18조 제3항 후단
> ③ 「**언론중재 및 피해구제 등에 관한 법률**」 제19조 제1항 "조정은 관할 중재부에서 한다. 관할구역을 같이 하는 중재부가 여럿일 경우에는 <u>중재위원회 위원장이 중재부를 지정한다</u>."
> ④ 「**언론중재 및 피해구제 등에 관한 법률**」 제19조 제2항 "<u>조정은 신청 접수일부터 14일 이내에 하여야 하며,</u>

중재부의 장은 <u>조정신청을 접수하였을 때에는 지체 없이</u> 조정기일을 정하여 당사자에게 출석을 요구하여야 한다." 당사자에 대한 출석요구는 조정신청 접수하였을 때 지체 없이 하고, 조정은 신청 접수일부터 14일 이내에 하여야 한다.

07 언론중재 및 피해구제 등에 관한 법률에 따른 "조정(제19조) 및 중재(제24조)"에 대한 설명으로 틀린 것은?

① 조정기일에 중재위원은 조정 대상인 분쟁에 관한 사실관계와 법률관계를 당사자들에게 설명·조언할 수 있으나, 절충안을 제시하는 등 합의를 권유할 수는 없다.

② 중재부의 장의 출석요구를 받은 신청인이 2회에 걸쳐 출석하지 아니한 경우에는 조정신청을 취하한 것으로 보며, 피신청 언론사등이 2회에 걸쳐 출석하지 아니한 경우에는 조정신청 취지에 따라 정정보도등을 이행하기로 합의한 것으로 본다.

③ 당사자 양쪽은 정정보도청구등 또는 손해배상의 분쟁에 관하여 중재부의 종국적 결정에 따르기로 합의하고 중재를 신청할 수 있다.

④ 중재신청은 조정절차 계속 중에도 할 수 있고, 중재결정은 확정판결과 동일한 효력이 있다.

> **해설**　① 「**언론중재 및 피해구제 등에 관한 법률**」 제19조 제5항 "조정기일에 중재위원은 조정 대상인 분쟁에 관한 사실관계와 법률관계를 당사자들에게 설명·조언하거나 절충안을 제시하는 등 합의를 권유할 수 있다."
> ② 「**언론중재 및 피해구제 등에 관한 법률**」 제19조 제3항, ③ 제24조 제1항, ④ 제24조 제2항 및 제25조 제1항

01 물품관리법에 따른 "총괄기관(제7조)"에 대한 설명으로 틀린 것은?

① 기획재정부장관은 물품관리의 제도와 정책에 관한 사항을 관장하고, 조달청장은 각 중앙관서의 장이 수행하는 물품관리에 관한 업무를 총괄·조정한다.

② 조달청장은 각 중앙관서의 장이 수행하는 물품관리 상황에 관한 감사를 실시할 수 있고, 감사는 실지감사 또는 서면감사의 방법으로 한다.

③ 조달청장은 물품관리 상황에 관한 감사 결과 부당하거나 위법한 사실이 있으면 해당 중앙관서의 장에게 대통령령으로 정하는 바에 따라 시정 요구 등의 조치를 할 수 있다.

④ 조달청장은 부당·위법한 사실의 재발 방지를 위하여 필요하다고 인정하는 경우에는 시정 요구 등과 함께 책임 있는 관계 공무원에 대한 주의·징계처분을 요구할 수 있고, 요구를 받은 중앙관서의 장은 지체 없이 시정·주의·징계처분 등 필요한 조치를 하고 그 결과를 조달청장에게 알려야 한다.

해설 ① 「물품관리법」 제7조 제1항·제2항, ② 제7조 제3항 제1호 및 제4항, ④ 제7조 제6항·제7항

③ 「물품관리법」 제7조 제5항 "조달청장은 제3항 제1호에 따른 감사 결과 부당하거나 위법한 사실이 있으면 해당 중앙관서의 장에게 대통령령으로 정하는 바에 따라 <u>시정 요구 등의 조치를 하여야 한다</u>."

02 물품관리법에 대한 설명으로 옳은 것은?

① 물품관리법에 따른 관리기관은 중앙관서의 장이다.

② 중앙관서의 장은 그 소관 물품관리에 관한 사무를 소속 공무원에게 위임할 수 있으나, 다른 중앙관서의 소속 공무원에게 위임하지 못한다.

③ 중앙관서의 장으로부터 물품관리에 관한 사무를 위임받은 공무원을 물품운용관이라 한다.

④ 중앙관서의 장이 하는 물품관리에 관한 사무의 위임은 특정한 직위를 지정하여 해야 한다.

해설 ① 「물품관리법」 제8조

② 「물품관리법」 제9조 제1항 "각 중앙관서의 장은 대통령령으로 정하는 바에 따라 그 소관 물품관리에 관한 사무를 소속 공무원에게 위임할 수 있고, <u>필요하면 다른 중앙관서의 소속 공무원에게 위임할 수 있다.</u>"

③ 「물품관리법」 제9조 제2항 "제1항에 따라 각 중앙관서의 장으로부터 물품관리에 관한 사무를 <u>위임받은 공무원을 물품관리관(物品管理官)이라 한다.</u>"

④ 「물품관리법」 제9조 제3항 "제1항에 따른 물품관리에 관한 사무의 위임은 <u>특정한 직위를 지정하여 할 수 있다.</u>"

정답 | 01 | ③ | 02 | ①

03 물품관리법에 대한 설명으로 틀린 것은?

① 물품관리관(그의 사무의 일부를 분장하는 공무원 포함)은 대통령령으로 정하는 바에 따라 그가 소속된 관서의 공무원에게 그 관리하는 물품의 출납과 보관에 관한 사무(출납명령에 관한 사무는 제외한다)를 위임하여야 한다.

② 물품관리관으로부터 물품의 출납과 보관에 관한 사무를 위임받은 공무원을 분임물품관리관이라 하고, 물품관리관이 그 사무를 위임하는 경우에는 특정한 직위를 지정하여 할 수 있다.

③ 물품관리관은 대통령령으로 정하는 바에 따라 그가 소속된 관서의 공무원에게 국가의 사무 또는 사업의 목적과 용도에 따라서 물품을 사용하게 하거나 사용 중인 물품의 관리에 관한 사무를 위임하여야 하고, 물품의 사용에 관한 사무를 위임받은 공무원을 물품운용관이라 한다.

④ 각 중앙관서의 장은 물품관리관의 사무의 일부를 분장하는 공무원을, 물품관리관은 물품출납 공무원의 사무의 일부를 분장하는 공무원을 대통령령으로 정하는 바에 따라 각각 둘 수 있다.

> **해설** ① 「**물품관리법**」 **제10조 제1항**, ③ **제11조 제1항·제2항**, ④ **제12조 제1항** ④와 관련하여 물품운용관의 사무 분장에 대해서는 물품관리법에서 규정하고 있지 않다는 점에 유의한다.
> ② 「**물품관리법**」 **제10조 제2항·제3항** "② 제1항에 따라 <u>물품의 출납과 보관에 관한 사무를 위임받은 공무원을 물품출납공무원이라 한다. ③ 제1항에 따라 물품관리관이 그 사무를 위임하는 경우에는 특정한 직위를 지정하여 할 수 있다.</u>" 물품관리관은 물품의 출납과 보관에 관한 사무(출납명령에 관한 사무는 제외)를 위임하여야 하기 때문에 물품출납공무원이 물품의 출납·보관에 관한 실질적 관리기관이다.

04 물품관리법에 따른 물품관리에 대한 설명으로 틀린 것은 모두 몇 개인가?

> ㉠ 물품관리법상 총괄기관으로 기획재정부장관은 각 중앙관서의 장이 수행하는 물품관리에 관한 업무를 총괄·조정하고, 조달청장은 물품관리의 제도와 정책에 관한 사항을 관장한다.
> ㉡ 경찰의 경우 경찰청장이 그 소관 물품을 관리하는 물품관리법상의 관리기관이다.
> ㉢ 중앙관서의 장으로부터 물품관리에 관한 사무를 위임받은 공무원을 물품관리관이라 한다.
> ㉣ 물품관리관으로부터 물품의 출납·보관에 관한 사무를 위임받은 공무원을 물품운용관이라 한다.
> ㉤ 물품관리관(그의 사무의 일부를 분장하는 공무원 포함)은 대통령령으로 정하는 바에 따라 그가 소속된 관서의 공무원에게 그 관리하는 물품의 출납과 보관에 관한 사무(출납명령에 관한 사무를 포함한다)를 위임하여야 한다.
> ㉥ 중앙관서의 장은 물품관리관의 사무의 일부를 분장하는 공무원을, 물품관리관은 물품출납공무원의 사무의 일부를 분장하는 공무원을 대통령령으로 정하는 바에 따라 각각 둘 수 있다.

① 1개　　　　② 2개　　　　③ 3개　　　　④ 4개

> **해설** 「**물품관리법**」: ㉡ ㉢ ㉥이 옳은 설명이다.
> ㉠ **제7조 제1항·제2항** "① <u>기획재정부장관은 물품관리의 제도와 정책에 관한 사항을 관장하며,</u> 물품관리에 관한 정책의 결정을 위하여 필요하면 조달청장이나 각 중앙관서의 장으로 하여금 물품관리 상황에 관한 보고를 하게 하거나 필요한 조치를 할 수 있다. ② <u>조달청장은 각 중앙관서의 장이 수행하는 물품관리에 관한 업무를 총괄·조정한다.</u>"
> ㉣ **제10조 제2항** "제1항에 따라 물품의 출납과 보관에 관한 사무를 위임받은 공무원을 <u>물품출납공무원이라 한다.</u>" 물품운용관은 물품의 사용에 관한 사무를 위임받은 공무원을 말한다.
> ㉤ **제10조 제1항** "물품관리관[제12조 제1항에 따라 그의 사무의 일부를 분장(分掌)하는 공무원을 포함한다. 이하 같다]은 대통령령으로 정하는 바에 따라 그가 소속된 관서의 공무원에게 그 관리하는 물품의 출납(出納)과 보관에 관한 사무(출납명령에 관한 사무는 제외한다)를 위임하여야 한다."

01 경찰장비관리규칙상 차량의 구분 및 차량소요계획의 제출에 대한 설명으로 옳은 것은?

① 차량의 차종은 승용·승합·화물·특수용으로 구분하고, 차형은 차종별로 대형·중형·소형·경형·다목적형으로 구분한다.
② 차량은 용도별로 전용·지휘용·업무용·순찰용·특수용·일반용 차량으로 구분한다.
③ 부속기관 및 시·도경찰청의 장은 다음 년도에 소속기관의 차량정수를 증감시킬 필요가 있을 때에는 매년 9월 말까지 다음 년도 차량정수 소요계획을 경찰청장에게 제출하여야 한다.
④ 예기치 못한 치안수요의 발생 등 특별한 사유로 조기에 증·감 필요가 있을 경우에는 차량 제작기간 등을 감안 사전에 경찰청장에게 요구하여야 한다.

> **해설** ① 「**경찰장비관리규칙**」 제88조 제1항
> ② 「**경찰장비관리규칙**」 제88조 제2항 "차량은 용도별로 다음 각호와 같이 <u>전용·지휘용·업무용·순찰용·특수용 차량으로 구분한다.</u>" 일반용은 차량의 용도별 구별에 포함되지 않는다.
> ③ 「**경찰장비관리규칙**」 제90조 제1항 "부속기관 및 시·도경찰청의 장은 다음 년도에 소속기관의 차량정수를 증감시킬 필요가 있을 때에는 <u>매년 3월말까지</u> 다음 년도 차량정수 소요계획을 경찰청장에게 제출하여야 한다."
> ④ 「**경찰장비관리규칙**」 제90조 제2항 "예기치 못한 치안수요의 발생 등 특별한 사유로 조기에 증·감 필요가 있을 경우에는 차량 제작기간 등을 감안 사전에 경찰청장에게 <u>요구할 수 있다.</u>"

02 경찰장비관리규칙상 차량의 교체 및 교체대상차량의 불용처리에 대한 설명으로 틀린 것은?

① 부속기관 및 시·도경찰청은 소속기관 차량 중 다음 년도 교체대상 차량을 매년 11월 말까지 경찰청장에게 보고하여야 한다.
② 차량교체를 위한 불용 대상차량은 부속기관 및 시·도경찰청에 배정되는 수량의 범위 내에서 내용연수 경과 여부 등 차량사용기간을 최우선적으로 고려하여 선정한다.
③ 내용연수를 경과한 차량은 안전을 고려하여 일괄교체 또는 불용처분을 하여야 한다.
④ 불용처분된 차량은 부속기관 및 시·도경찰청별로 실정에 맞게 공개매각을 원칙으로 하되, 공개매각이 불가능한 때에는 폐차처분을 할 수 있다.

> **해설** ① 「**경찰장비관리규칙**」 제93조 제1항, ② 제94조 제1항, ④ 제94조 제4항 본문
> ③ 「**경찰장비관리규칙**」 제94조 제3항 "단순한 <u>내용연수 경과를 이유로 일괄교체 또는 불용처분하는 것을 지양</u>하고 성능이 양호하여 운행가능한 차량은 <u>교체순위에 불구하고 연장 사용할 수 있다.</u>"

03 경찰장비관리규칙상 차량의 집중관리 및 관리에 대한 설명으로 옳은 것은?

① 각 경찰기관의 업무용차량은 운전요원의 부족 등 불가피한 사유가 없는 한 집중관리를 원칙으로 하되, 지휘용 차량은 업무의 특성을 고려하여 지정 활용하여야 한다.
② 차량열쇠는 일과시간의 경우 차량 관리부서의 장(정보화장비과장, 운영지원과장, 총무과장, 경찰서 경무과장 등)이 지정된 열쇠함에 집중보관 및 관리한다.
③ 긴급한 상황에 대비할 필요가 있는 경우에는 예비열쇠를 확보하기 위해 복제하거나 운전원이 열쇠를 임의로 소지·보관할 수 있다.
④ 근무교대시 다음 근무자는 차량의 청결상태, 각종 장비의 정상작동 여부 등을 점검한 후 차량을 인계받아야 한다.

해설 ① 「**경찰장비관리규칙**」 제95조 제1항 "각 경찰기관의 업무용차량은 운전요원의 부족 등 불가피한 사유가 없는 한 <u>집중관리를 원칙</u>으로 한다. 다만, 지휘용 차량은 업무의 특성을 고려하여 지정 활용 할 수 있다."

② 「**경찰장비관리규칙**」 제96조 제1항 본문 전단 제1호

③ 「**경찰장비관리규칙**」 제96조 제1항 본문 후단 "차량열쇠는 다음 각 호의 관리자가 지정된 열쇠함에 집중보관 및 관리하고, <u>예비열쇠의 확보 등을 위한 무단 복제와 운전원의 임의 소지 및 보관을 금한다</u>."

④ 「**경찰장비관리규칙**」 제96조 제4항 "근무교대시 <u>전임 근무자는 차량의 청결상태, 각종 장비의 정상작동 여부 등을 점검한 후 다음 근무자에게 인계하여야 한다</u>."

04 경찰장비관리규칙상 차량의 관리 및 점검 등에 대한 설명으로 틀린 것은?

① 경찰기관의 장은 차량이 책임 있게 관리되도록 차량별 관리담당자를 지정하여야 하고, 차량운행시 책임자는 1차 운전자, 2차 선임탑승자(사용자), 3차 경찰기관의 장으로 한다.

② 차량을 배정받은 경찰기관의 장은 안전운행을 위한 자체계획을 수립하여 교육을 실시하여야 하고, 전·의경 신임운전요원은 4주 이상 운전교육을 실시한 후에 운행하도록 하여야 한다.

③ 차량을 운행하고자 할 때는 사용자가 경찰배차관리시스템을 이용하여 주간에는 해당 경찰기관 장의 운행허가를 받아야 하고, 시스템을 이용할 수 없는 때에는 운행허가서로 갈음할 수 있다.

④ 경찰차량의 점검은 운전자가 직접 실시하는 일일점검, 전문 정비요원이 실시하는 월간점검(월 1회, 중·대형 경찰버스 및 화물·특수차는 반기 1회) 및 자동차관리법시행규칙 제59조에 따른 정기검사에 대비하여 실시하는 특별점검의 3단계로 구분한다.

해설 ① 「**경찰장비관리규칙**」 제98조 제2항·제3항, ② 제102조 제1항·제2항, ③ 제99조 제1항

④ 「**경찰장비관리규칙**」 제100조 제1항 "각 경찰기관의 장은 정기적인 차량점검으로 차량 조기 노후화를 방지하여야 하며, 경찰차량의 점검은 다음 각호와 같이 3단계로 구분한다. 1. 1단계: 운전자가 직접 실시하는 점검으로 일일점검을 말한다. 2. 2단계: 전문 정비요원이 실시하는 점검으로 월 1회 실시하는 월간점검을 말한다. 단, 중·대형 경찰버스 및 화물, 특수차는 분기 1회 점검한다. 3. 3단계: 「자동차관리법시행규칙」 제59조에 따른 정기검사에 대비하여 실시하는 특별점검을 말한다."

05 경찰장비관리규칙상 용어의 "정의(제112조)"에 대한 설명으로 옳은 것은 몇 개인가?

> ㉠ "무기"란 인명, 신체 또는 재산에 위해를 가할 수 있도록 제작된 권총·소총·도검 등을 말한다.
> ㉡ "집중무기고"란 경찰인력 및 경찰기관별 무기책정기준에 따라 배정된 공용화기를 집중보관·관리하기 위하여 각 경찰기관에 설치된 시설을 말한다.
> ㉢ "간이무기고"란 경찰기관의 각 기능별 운용부서에서 효율적 사용을 위하여 개인화기를 별도로 보관·관리하는 시설을 말한다.
> ㉣ "탄약고"란 경찰탄약을 집중 보관하기 위하여 타용도의 사무실, 무기고 등과 분리 설치된 보관시설을 말한다.
> ㉤ "무기·탄약 취급담당자"란 경찰기관의 장으로부터 무기·탄약 관리 업무를 위임받아 집중무기고 및 간이무기고에 보관된 무기·탄약을 총괄하여 관리·감독하는 자를 말한다.

① 1개   ② 2개   ③ 3개   ④ 4개

해설 「**경찰장비관리규칙**」 제112조: ㉣이 옳은 설명이다(제3호).

㉠ **제1호** "무기란 <u>인명 또는 신체에 위해</u>를 가할 수 있도록 제작된 권총·소총·도검 등을 말한다."

㉡ **제2호** "집중무기고란 경찰인력 및 경찰기관별 무기책정기준에 따라 배정된 <u>개인화기와 공용화기를 집중보관·관리</u>하기 위하여 각 경찰기관에 설치된 시설을 말한다."

ⓒ **제4호** "간이무기고란 경찰기관의 각 기능별 운용부서에서 효율적 사용을 위하여 <u>집중무기고로부터 무기·탄약의 일부를 대여 받아 별도로 보관·관리하는 시설</u>을 말한다."

ⓓ **제6호** "무기·탄약 취급담당자란 <u>무기·탄약 관리에 관한 업무를 분장받아 해당 경찰기관의 무기·탄약의 보관·운반·수리·입출고 등 무기·탄약 관리사무에 종사하는 자</u>를 말한다." 지문은 제5호의 무기·탄약 관리책임자에 대한 설명이다. **제5호** "무기·탄약 관리책임자란 경찰기관의 장으로부터 무기·탄약 관리 업무를 위임받아 집중무기고 및 간이무기고에 보관된 <u>무기·탄약을 총괄하여 관리·감독하는 자</u>를 말한다."

06 경찰장비관리규칙상 무기고 및 탄약고 설치에 대한 설명으로 틀린 것은?

① 탄약고는 무기고와 분리되어야 하며 가능한 본 청사와 격리된 독립 건물로 하여야 한다.

② 간이무기고는 근무자가 24시간 상주하는 지구대, 파출소, 상황실 및 112타격대 등 경찰기관의 장이 필요하다고 인정하는 상당한 이유가 있는 장소에 설치할 수 있다.

③ 무기고와 탄약고의 환기통 등에는 손이 들어가지 않도록 쇠창살 시설을 하고, 출입문은 3중으로 하여 각 1개소 이상씩 자물쇠를 설치하여야 한다.

④ 탄약고 내에는 전기시설을 하여서는 아니되며, 조명은 건전지 등으로 하고 방화시설을 완비하여야 하나, 방폭설비를 갖춘 경우 전기시설을 설치할 수 있다.

> **해설** ① 「**경찰장비관리규칙**」 제115조 제3항, ② 제115조 제6항, ④ 제115조 제7항
> ③ 「**경찰장비관리규칙**」 제115조 제4항 "무기고와 탄약고의 환기통 등에는 손이 들어가지 않도록 쇠창살 시설을 하고, <u>출입문은 2중으로 하여 각 1개소 이상씩 자물쇠를 설치</u>하여야 한다."

07 경찰장비관리규칙상 "무기·탄약고 열쇠의 보관(제117조)"에 다음 설명으로 옳은 것은 몇 개인가?

> ㉠ 무기고와 탄약고의 열쇠는 관리책임자가 보관한다.
> ㉡ 일과시간의 경우 집중무기·탄약고의 열쇠는 무기 관리부서의 장(정보화장비과장, 운영지원과장, 총무과장, 경찰서 경무과장 등)이 보관·관리한다.
> ㉢ 토요일·공휴일의 경우 집중무기·탄약고의 열쇠는 112종합상황실(팀)장이 보관·관리한다.
> ㉣ 지구대 등 간이무기고의 열쇠는 지역경찰관리자가 보관·관리한다.
> ㉤ 휴가·비번 등으로 무기고·탄약고의 열쇠 관리책임자 공백시는 별도 관리책임자를 지정하여야 한다.

① 1개   ② 2개   ③ 3개   ④ 4개

> **해설** 「**경찰장비관리규칙**」 제117조: ㉠ ㉡ ㉣ ㉤이 옳은 설명이다.
> ㉢ **제2항 제1호 나목** "집중무기·탄약고와 간이무기고는 다음 각 호의 관리자가 보관·관리한다. 다만, 휴가, 비번 등으로 관리책임자 공백시는 별도 관리책임자를 지정하여야 한다. 1. 집중무기·탄약고의 경우. 가. 일과시간의 경우 무기 관리부서의 장(정보화장비과장, 운영지원과장, 총무과장, 경찰서 경무과장 등), 나. 일과시간 후 또는 토요일·공휴일의 경우 <u>당직 업무(청사방호) 책임자(상황관리관 등 당직근무자)</u>" 112종합상황실(팀)장은 상황실 간이무기고의 열쇠에 대한 관리책임자이다(제2항 제2호 가목).

08 경찰장비관리규칙상 무기·탄약의 회수 및 보관에 대한 설명으로 옳은 것은?

① 경찰기관의 장은 직무상의 비위 등으로 인하여 징계대상이 된 자, 형사사건의 조사의 대상이 된 자 또는 사의를 표명한 자가 발생한 때에는 대여한 무기·탄약을 회수할 수 있다.

② 정서적 불안 상태로 인하여 무기 소지가 적합하지 않은 자로서 소속 부서장의 요청이 있는 자가 있을 때에는 경찰기관의 장은 무기 소지 적격 심의위원회의 심의를 거쳐 대여한 무기·탄약을 회수할 수 있다.

③ 무기·탄약을 회수할 수 있는 사유가 소멸되면 경찰기관의 장은 직권으로 무기 소지 적격 심의위원회의 심의를 거쳐 무기 회수의 해제 조치를 할 수 있고, 이 경우 당사자의 신청에 따른 해제 조치는 인정되지 않는다.

④ 소속 부서의 장은 무기를 휴대한 자가 술자리 또는 연회장소에 출입할 경우, 상사의 사무실을 출입할 경우, 기타 정황을 판단하여 필요하다고 인정되는 경우 대여한 무기·탄약을 무기고에 보관하도록 하여야 한다.

> **해설** ① 「**경찰장비관리규칙**」 제120조 제1항 "경찰기관의 장은 무기를 휴대한 자 중에서 다음 각 호에 해당하는 자가 발생한 때에는 <u>즉시 대여한 무기·탄약을 회수하여야 한다</u>. 1. 직무상의 비위 등으로 인하여 징계대상이 된 자, 2. 형사사건의 조사의 대상이 된 자, 3. 사의를 표명한 자" 제1항 각 호의 사유에 해당하는 자가 발생한 때에는 <u>필요적 회수대상</u>이다.
> ② 「**경찰장비관리규칙**」 제120조 제2항 옳은 설명이다. 이외에도 경찰공무원 직무적성검사 결과 고위험군에 해당되는 자, 정신건강상 문제가 우려되어 치료가 필요한 자, 그 밖에 경찰기관의 장이 무기 소지 적격 여부에 대해 심의를 요청하는 자가 있을 때에는 무기 소지 적격 심의위원회의 심의를 거쳐 대여한 무기·탄약을 회수할 수 있다. 제1항과 달리 임의적 회수대상이다.
> ③ 「**경찰장비관리규칙**」 제120조 제3항 "경찰기관의 장은 제2항에 규정한 사유들이 소멸되면 <u>직권 또는 당사자 신청에 따라</u> 무기 소지 적격 심의위원회의 <u>심의를 거쳐 무기 회수의 해제 조치를 할 수 있다</u>."
> ④ 「**경찰장비관리규칙**」 제120조 제4항 "<u>경찰기관의 장</u>은 무기를 휴대한 자 중에서 다음 각 호에 해당하는 경우에는 대여한 무기·탄약을 무기고에 <u>보관하도록 하여야 한다</u>. 1. 술자리 또는 연회장소에 출입할 경우, 2. 상사의 사무실을 출입할 경우, 3. 기타 정황을 판단하여 필요하다고 인정되는 경우"

09 경찰장비관리규칙상 대여한 무기·탄약을 즉시 회수하여야 하는 경우는 모두 몇 개인가?

> ㉠ 정신건강상 문제가 우려되어 치료가 필요한 자
> ㉡ 사의를 표명한 자
> ㉢ 경찰공무원 직무적성검사 결과 고위험군에 해당되는 자
> ㉣ 정서적 불안 상태로 인하여 무기 소지가 적합하지 않은 자로서 소속 부서장의 요청이 있는 자
> ㉤ 직무상의 비위 등으로 인하여 징계대상이 된 자

① 1개   ② 2개   ③ 3개   ④ 4개

> **해설** 「**경찰장비관리규칙**」 제120조 제1항·제2항: 필요적 회수와 임의적(재량적) 회수를 구별하여 기억한다.
> 필요적 (회수하여야 한다): ㉡ ㉤ 및 형사사건의 조사의 대상이 된 자
> 임의적 (회수할 수 있다): ㉠ ㉢ ㉣ 및 경찰기관의 장이 무기 소지 적격 여부에 대해 심의를 요청하는 자
> 　　　　　　　　　　 임의적 회수의 경우 무기 소지 적격 심의위원회의 심의를 거쳐 회수할 수 있다.

10 경찰장비관리규칙상 무기 소지 적격 심의위원회(이하 심의위원회라 함)의 구성에 대한 설명으로 틀린 것은?

① 심의위원회는 각급 경찰기관의 장 소속하에 두고, 위원장 1명을 포함하여 총 5명 이상 7명 이내의 위원으로 구성하되, 민간위원 1명 이상이 위원으로 참여하여야 한다.
② 심의위원회의 위원장은 심의 대상자 소속 경찰기관의 장이 지명한다.
③ 심의위원회의 민간위원은 정신건강 분야에 관한 전문성을 갖춘 사람으로서 위원장이 위촉하는 사람이 된다.
④ 심의위원회의 내부위원은 심의 대상자 소속 경찰기관의 장이 당해 경찰기관에 소속된 자 중 지명한 사람이 된다.

해설 ① 「**경찰장비관리규칙**」 제120조의2 제1항 · 제2항, ② 제120조의2 제4항, ④ 제120조의2 제3항 제1호
③ 「**경찰장비관리규칙**」 제120조의2 제3항 제2호 "위원은 다음 각 호의 사람이 된다. 1. 내부위원: 심의 대상자 소속 경찰기관의 장이 당해 경찰기관에 소속된 자 중 지명한 자. 2. 민간위원: 정신건강 분야에 관한 전문성을 갖춘 사람으로서 <u>심의 대상자 소속 경찰기관의 장이 위촉하는 사람</u>"

11 경찰장비관리규칙상 무기 소지 적격 심의위원회(이하 심의위원회라 함)의 운영에 대한 설명으로 옳은 것은?

① 심의위원회의 회의는 위원장이 필요하다고 인정하는 경우에 개최하고, 비공개로 한다.
② 심의대상자는 심의위원회의 회의에 출석하여 의견을 진술하거나 필요한 자료를 제출하여야 한다.
③ 회의는 재적위원 과반수의 출석으로 개의하며, 출석위원 과반수의 찬성으로 의결한다.
④ 위원장은 심의위원회가 심의한 사항을 7일 이내에 심의 대상자 소속 경찰기관의 장에게 보고하여야 한다.

해설 ① 「**경찰장비관리규칙**」 제120조의3 제1항 · 제3항 "① 심의위원회의 회의는 심의 대상자 소속 <u>경찰기관의 장이 필요하다고 인정하는 경우</u>에 개최한다. ③ 심의위원회의 회의는 <u>비공개</u>로 한다."
② 「**경찰장비관리규칙**」 제120조의3 제4항 "심의대상자는 심의위원회의 회의에 출석하여 <u>의견을 진술하거나 필요한 자료를 제출할 수 있다</u>."
③ 「**경찰장비관리규칙**」 제120조의3 제2항
④ 「**경찰장비관리규칙**」 제120조의3 제5항 "위원장은 심의위원회가 심의한 사항을 <u>지체 없이</u> 심의 대상자 소속 경찰기관의 장에게 보고하여야 한다."

12 경찰장비관리규칙상 권총을 휴대 · 사용하는 경우 준수해야 할 안전수칙에 대한 다음 설명으로 틀린 것은 모두 몇 개인가?

┌───┐
│ ㉠ 총구는 공중 또는 지면(안전지역)을 향한다.
│ ㉡ 실탄 장전시 반드시 안전장치(방아쇠울에 설치 사용)를 장착한다.
│ ㉢ 원칙적으로 1탄은 공포탄, 2탄 이하는 실탄을 장전한다.
│ ㉣ 대간첩작전, 살인 · 강도 등 중요범인이나 무기 · 흉기 등을 사용하는 범인의 체포 및 위해의 방호를 위하여 불가피한 경우에 1탄부터 실탄을 장전해야 한다.
│ ㉤ 조준시는 허리 이하를 향한다.
└───┘

① 1개   ② 2개   ③ 3개   ④ 4개

해설 「**경찰장비관리규칙**」 제123조 제1항 제1호: ㉠ ㉡ ㉢ 옳은 설명이다.
　　㉣ 1탄부터 실탄을 장전할 수 있다. ㉤ 대퇴부 이하를 향한다.

13 경찰장비관리규칙상 무기·탄약 취급상의 안전관리에 대한 설명으로 옳은 것은?

① 무기·탄약 등 위험물을 수송할 때에는 반드시 무장경찰관 2명 이상을 동승시켜야 하고, 과속 운행과 흡연을 하여서는 아니된다.

② 권총을 휴대·사용하는 경우 원칙적으로 1탄은 공포탄, 2탄 이하는 실탄을 장전하고, 대간첩 작전, 살인·강도 등 중요범인이나 무기·흉기 등을 사용하는 범인의 체포 및 위해의 방호를 위하여 불가피한 경우에 1탄부터 실탄을 장전하여야 하며, 조준시는 대퇴부 이하를 향한다.

③ 소총·기관총·유탄발사기를 휴대·사용하는 경우 공포 탄약은 총구에서 5m 이내의 사람을 향해 사격해서는 아니된다.

④ 석궁을 휴대·사용하는 경우 화살의 장착유무를 막론하고 사격목표 이외에 겨냥하지 않도록 하고, 석궁을 놓아둘 때에는 반드시 장전을 해제하여야 한다.

해설 ① 「**경찰장비관리규칙**」 제123조 제4항 "무기·탄약 등 위험물을 수송할 때에는 반드시 무장경찰관 1명 이상을 동승시켜야 하고, 과속운행과 흡연을 하여서는 아니된다."

② 「**경찰장비관리규칙**」 제123조 제1항 제1호 다목·라목 "권총. 가. 총구는 공중 또는 지면(안전지역)을 향한 다. 나. 실탄 장전시 반드시 안전장치(방아쇠울에 설치 사용)를 장착한다. 다. 1탄은 공포탄, 2탄 이하는 실탄 을 장전한다. 다만, 대간첩작전, 살인·강도 등 중요범인이나 무기·흉기 등을 사용하는 범인의 체포 및 위해 의 방호를 위하여 불가피한 경우에 1탄부터 실탄을 장전할 수 있다. 라. 조준시는 대퇴부 이하를 향한다."

③ 「**경찰장비관리규칙**」 제123조 제1항 제2호 마목 "소총. 기관총. 유탄발사기. 가. 실탄은 분리 휴대한다. 나. 실탄 장전시 조정간을 안전위치로 한다. 다. 사용 후 보관시 약실과 총강을 점검한다. 라. 노리쇠 뭉치나 구성 품은 다른 총기의 부품과 교환하지 않도록 한다. 마. 공포 탄약은 총구에서 6m 이내의 사람을 향해 사격해서 는 아니된다."

④ 「**경찰장비관리규칙**」 제123조 제1항 제4호 나목·다목

경찰청 감사 규칙 및 경찰 감찰 규칙

01 경찰청 감사 규칙에 대한 설명으로 옳은 것은?

① 경찰청 감사 규칙은 공공감사에 관한 법률에 따라 경찰청장 또는 시·도경찰청장이 실시하는 자체감사의 기준과 시행방법에 관하여 필요한 사항을 규정함을 목적으로 한다.

② 감사에 관하여 중앙행정기관 및 지방자치단체 자체감사기준과 경찰청 감사 규칙이 다른 경우에는 경찰청 감사 규칙에 의한다.

③ 경찰청 감사 규칙에 따른 감사 대상기관은 경찰청과 그 소속기관 직제에 따른 경찰청 및 그 소속기관에 한한다.

④ 경찰청 감사 규칙에 따른 감사는 경찰청이 실시하는 것을 원칙으로 하되, 필요한 경우에는 감사 대상기관의 바로 위 감독관청이 실시할 수 있다.

해설 ① 「**경찰청 감사 규칙**」 **제1조** "이 규칙은 「공공감사에 관한 법률」에 따라 경찰청장이 실시하는 자체감사(이하 "감사"라 한다)의 기준과 시행방법에 관하여 필요한 사항을 규정함을 목적으로 한다."

② 「**경찰청 감사 규칙**」 **제2조** 옳은 설명이다. "감사에 관하여는 다른 법령에 규정된 것을 제외하고는 이 규칙에 정하는 바에 따르고, 이 규칙에서 정한 것 이외에는 「중앙행정기관 및 지방자치단체 자체감사기준」을 따른다." 법령 우선 – 경찰청 감사 규칙 – 중앙행정기관 및 지방자치단체 자체감사기준의 순으로 적용된다.

③ 「**경찰청 감사 규칙**」 **제3조 제1항** "경찰청장의 감사 대상기관은 다음 각 호와 같다. 1. 「경찰청과 그 소속기관 직제」에 따른 경찰청 및 그 소속기관. 2. 「공공기관 운영에 관한 법률」에 따라 경찰청 소관으로 지정·고시된 공공기관. 3. 법령에 의하여 경찰청장이 기관 임원의 임명·승인, 정관의 승인, 감독 등을 하는 법인 또는 단체. 4. 「행정안전부 및 그 소속청 비영리법인의 설립 및 감독에 관한 규칙」에 따라 경찰청장이 주무관청이 되는 비영리법인. 5. 제1호부터 제4호까지의 감사 대상기관으로부터 보조금 등 예산지원을 받는 법인 또는 단체" 법인 또는 단체나 비영리법인도 경우에 따라 경찰청장의 감사 대상기관에 포함된다는 점에 유의한다.

④ 「**경찰청 감사 규칙**」 **제3조 제2항** "감사는 감사대상기관의 바로 위 감독관청이 실시하는 것을 원칙으로 하되, 필요한 경우에는 경찰청에서 직접 실시할 수 있다." 반대로 설명되어 있다.

02 경찰청 감사 규칙에 따른 "감사의 종류와 주기(제4조) 및 감사계획의 수립(제5조)"에 대한 설명으로 틀린 것은?

① 감사의 종류는 종합감사·특정감사·재무감사·성과감사·복무감사·일상감사로 구분한다.

② 종합감사의 주기는 원칙적으로 1년에서 3년까지 하되 치안수요 등을 고려하여 조정 실시한다.

③ 복무감사와 일상감사의 대상·기준 및 절차 등에 관한 세부사항은 경찰청장이 따로 정한다.

④ 경찰청 감사관은 감사계획 수립에 필요한 경우 시·도자치경찰위원회 및 시·도경찰청장과 감사일정을 협의하여야 하고, 감사관은 매년 2월말까지 연간 감사계획을 수립하여 감사대상기관에 통보한다.

해설 ① 「**경찰청 감사 규칙**」 **제4조 제1항**, ② **제4조 제2항** 본문, ④ **제5조 제1항·제2항**

③ 「**경찰청 감사 규칙**」 **제4조 제3항** "일상감사의 대상·기준 및 절차 등에 관한 세부사항은 경찰청장이 따로 정한다." 경찰청장이 세부사항을 따로 정하는 것은 일상감사에 한한다.

03 경찰청 감사 규칙에 따른 "감사단의 편성(제6조) 및 감사담당자등의 제외 등(제7조)"에 대한 설명으로 옳은 것은?

① 경찰청장은 감사목적을 달성하고 감사성과를 확보할 수 있도록 감사담당자의 전문지식 및 실무경험 등을 고려하여 감사단을 편성할 수 있고 개인별 감사사무분장을 정하여야 한다.

② 경찰청장은 감사단을 편성하고자 할 때에는 감사단장을 지정하여 감사단을 지휘 · 감독하도록 하여야 한다.

③ 감사단장은 전문지식 또는 실무경험이 필요하다고 인정되는 업무에 대한 감사를 할 경우에는 업무담당자나 외부전문가를 감사에 참여시켜야 한다.

④ 감사담당자등(감사관 및 감사담당자)은 공정한 감사수행이 어려운 특별한 사정이 있는 경우에 해당하여 감사수행의 독립성을 유지하기 어렵다고 판단될 때에는 감사관은 경찰청장에게, 감사담당자는 감사관에게 지체 없이 보고하여야 한다.

> **해설** ① 「**경찰청 감사 규칙**」 제6조 제1항 "감사관은 감사목적을 달성하고 감사성과를 확보할 수 있도록 감사담당자의 전문지식 및 실무경험 등을 고려하여 감사단을 편성할 수 있고 개인별 감사사무분장을 정하여야 한다." 감사단의 편성권자는 경찰청장이 아니라 감사관이다.
> ② 「**경찰청 감사 규칙**」 제6조 제2항 "감사관은 제1항에 따라 감사단을 편성하고자 할 때에는 감사담당자 중에서 감사단장을 지정하여 감사단을 지휘 · 감독하도록 하여야 한다."
> ③ 「**경찰청 감사 규칙**」 제6조 제3항 "감사관은 전문지식 또는 실무경험이 필요하다고 인정되는 업무에 대한 감사를 할 경우에는 업무담당자나 외부전문가를 감사에 참여시킬 수 있다."
> ④ 「**경찰청 감사 규칙**」 제7조 제1항 제3호 옳은 설명이다. 이외에도 "1. 본인 또는 본인의 친족(「민법」 제777조에 따른 친족을 말한다. 이하 같다)이 감사대상이 되는 기관 · 부서 · 업무와 관련이 있는 사람과 개인적인 연고나 이해관계 등이 있어 공정한 감사수행에 영향을 미칠 우려가 있는 경우, 2. 본인 또는 본인의 친족이 감사대상이 되는 기관 · 부서 · 업무와 관련된 주요 의사결정과정에 직 · 간접적으로 관여한 경우"에 보고하여야 하고, 경찰청장 또는 감사관은 보고를 받거나 감사담당자등이 제1항 각 호의 어느 하나에 해당한다고 인정하는 경우에는 해당 감사담당자등을 감사에서 제외하는 등 적정한 조치를 하여야 한다(제2항).

04 경찰청 감사 규칙에 따른 "감사의 절차(제9조)"에 대한 설명으로 틀린 것은?

① 감사의 절차는 "감사개요 통보 → 감사의 실시 → 감사결과의 평가 → 감사의 종결" 순으로 진행함을 원칙으로 한다.

② 감사개요 통보 및 감사의 종결은 감사관 또는 감사단장이 한다.

③ 감사의 실시는 개인별 감사사무분장에 따라 감사담당자가 하고, 감사관 또는 감사단장은 감사의 목적을 달성하기 위하여 필요한 경우 감사결과를 설명하고 이에 대한 의견을 들을 수 있다.

④ 감사의 절차는 감사관 또는 감사단장이 감사의 종류 및 현지실정에 따라 조정할 수 있다.

> **해설** ① 「**경찰청 감사 규칙**」 제9조 "감사는 다음 각 호의 순서로 진행함을 원칙으로 하되 감사관 또는 감사단장이 감사의 종류 및 현지실정에 따라 조정할 수 있다. 1. 감사개요 통보: 감사관 또는 감사단장은 감사대상기관의 장에게 감사계획의 개요를 통보한다. 2. 감사의 실시: 감사담당자는 개인별 감사사무분장에 따라 감사를 실시한다. 3. 감사의 종결: 감사관 또는 감사단장은 감사기간 내에 감사를 종결하여야 한다. 다만, 감사목적의 달성을 위하여 필요한 경우 감사기간을 연장할 수 있다. 4. 감사결과의 설명: 감사관 또는 감사단장은 감사의 목적을 달성하기 위하여 필요한 경우 감사대상기관 또는 부서를 대상으로 주요 감사결과를 설명하고 이에 대한 의견을 들을 수 있다." ② ③ ④ 옳은 설명이다. **제9조 참조**.

05 경찰청 감사 규칙에 따른 "감사결과의 처리기준 등(제10조)"에 대한 설명으로 옳은 것은 모두 몇 개인가?

> ㉠ 국가공무원법과 그 밖의 법령에 규정된 징계 또는 문책 사유에 해당하거나 정당한 사유 없이 자체감사를 거부하거나 자료의 제출을 게을리한 경우 감사관은 징계·문책을 요구하여야 한다.
> ㉡ 감사결과 위법 또는 부당하다고 인정되는 사실이 있어 추징·회수·환급·추급 또는 원상복구 등이 필요하다고 인정되는 경우 감사관은 시정 요구를 하여야 한다.
> ㉢ 감사결과 위법·부당하다고 인정되는 사실이 있으나 그 정도가 징계 또는 문책사유에 이르지 아니할 정도로 경미하거나, 감사대상기관 또는 부서에 대한 제재가 필요한 경우 감사관은 통보하여야 한다.
> ㉣ 감사결과 문제점이 인정되는 사실이 있어 그 대안을 제시하고 감사대상기관의 장 등으로 하여금 개선방안을 마련하도록 할 필요가 있는 경우 감사관은 개선 요구를 하여야 한다.
> ㉤ 감사결과 법령상·제도상 또는 행정상 모순이 있거나 그 밖에 개선할 사항이 있다고 인정되는 경우 감사관은 권고하여야 한다.

① 1개   ② 2개   ③ 3개   ④ 4개

해설 「**경찰청 감사 규칙 제10조**」: ㉠ ㉡이 옳은 설명이다. 기존 "할 수 있다"에서 "처리하여야 한다"로 변경되었다. 아울러 "감사결과 경미한 지적사항으로서 현지에서 즉시 시정·개선조치가 필요한 경우"에 하는 현지조치가 추가되었다는 점에 유의한다(※ 2018년 제3차에서 처리기준이 지문으로 출제되어 기출이 있는 부분이다).
  ㉢ **제10조 제6호** "통보: 감사결과 비위 사실이나 위법 또는 부당하다고 인정되는 사실이 있으나 제1호부터 제5호까지의 요구를 하기에 부적합하여 감사대상기관 또는 부서에서 자율적으로 처리할 필요가 있다고 인정되는 경우" 지문은 경고·주의(제3호)의 내용이다.
  ㉣ **제10조 제4호** "개선 요구: 감사결과 법령상·제도상 또는 행정상 모순이 있거나 그 밖에 개선할 사항이 있다고 인정되는 경우" 지문은 권고(제5호)의 내용이다.
  ㉤ **제10조 제5호** "권고: 감사결과 문제점이 인정되는 사실이 있어 그 대안을 제시하고 감사대상기관의 장 등으로 하여금 개선방안을 마련하도록 할 필요가 있는 경우" 지문은 개선 요구(제4호)의 내용이다. "개선할 사항/개선방안"이 내용에 포함되어 있다는 점에서 개선 요구와 권고를 정확히 구별하여야 혼동을 피할 수 있고, 권고와 통보의 구별에도 유의한다.

06 경찰청 감사 규칙상의 "감사처분심의회(제11조)"에 대한 설명으로 틀린 것은?

① 경찰청장은 경찰청 감사 규칙 제11조 제1항 각 호에 관한 사항을 객관적이고 공정하게 처리하기 위하여 감사처분심의회를 설치·운영하여야 한다.
② 감사처분심의회는 위원장을 포함한 3명 이상 7명 이하의 위원으로 구성한다.
③ 감사처분심의회의 위원장은 감사관이 된다.
④ 감사처분심의회의 위원은 감사관이 경찰청 감사관실 소속 공무원 중에서 지명하거나 학식과 경험을 고루 갖춘 해당분야의 외부전문가 중에서 위촉할 수 있다.

해설 ① 「**경찰청 감사 규칙**」 제11조 제1항 "감사관은 다음 각 호에 관한 사항을 객관적이고 공정하게 처리하기 위하여 감사처분심의회를 설치·운영할 수 있다. 1. 제10조에 따른 감사결과 처리에 관련한 사항. 2. 「공공감사에 관한 법률」 제25조 및 동 법 시행령 제15조에 따른 재심의사건의 심리와 처리에 관련한 사항. 3. 감사결과 공개에 관련한 사항" 감사처분심의회의 설치·운영의 주체는 경찰청장이 아닌 감사관이다.
  ② ③ ④ 「**경찰청 감사 규칙**」 제11조 제2항

07 경찰청 감사 규칙에 따른 "감사결과의 보고 · 통보 · 처리(제12조 및 제13조)"에 대한 설명으로 옳은 것은?

① 감사단장은 감사가 종료된 후 감사실시개요 등 경찰청 감사 규칙 제12조 각 호의 사항을 포함한 감사결과보고서를 작성하여야 한다.

② 감사단장은 작성한 감사결과보고서를 감사관을 경유하여 경찰청장에게 보고하여야 한다.

③ 경찰청장은 경찰청 감사 규칙 제12조에 따라 보고받은 감사결과를 감사대상기관의 장에게 통보하여야한다.

④ 감사결과를 통보받은 감사대상기관의 장은 정당한 사유가 없으면 감사결과의 조치사항을 이행하고 15일 이내에 그 이행결과를 경찰청장에게 통보하여야 한다.

해설 ① ② 「**경찰청 감사 규칙**」 제12조 "감사관은 감사가 종료된 후 다음 각 호의 사항을 포함한 감사결과보고서를 작성하여 경찰청장에게 보고하여야 한다. 1. 감사목적 및 범위, 감사기간 등 감사실시개요, 2. 제10조의 처리 기준에 따른 감사결과 처분요구 및 조치사항, 3. 감사결과에 대한 감사대상기관 또는 부서의 변명 또는 반론, 4. 그 밖에 보고할 필요가 인정되는 사항" 경찰청장에 대한 감사결과의 보고는 감사관의 임무이다.

　　③ 「**경찰청 감사 규칙**」 제13조 제1항

　　④ 「**경찰청 감사 규칙**」 제13조 제2항 "감사결과를 통보받은 감사대상기관의 장은 정당한 사유가 없으면 감사결 과의 조치사항을 이행하고 30일 이내에 그 이행결과를 경찰청장에게 통보하여야 한다."

08 경찰청 감사 규칙상의 "시 · 도경찰청장의 감사(제15조)"에 대한 설명으로 옳은 것은?

① 시 · 도경찰청장은 경찰청 감사 규칙 제5조 제2항에 준하여 연간 감사계획을 수립하여 경찰청 장에게 보고하고, 연간 감사계획에 포함되지 않은 감사를 실시하고자 할 때에는 감사계획을 수립하여 감사실시 예정일 전 30일까지 경찰청장에게 보고하여야 한다.

② 시 · 도경찰청장은 부득이한 사정으로 인하여 예정된 감사를 실시하기 어려운 때에는 경찰청 감사 규칙 제15조 제3항 각 호의 기준에 따라 변경된 감사계획을 감사관에게 통보하고, 경찰 청장의 승인을 얻어야 한다.

③ 경찰청장은 보고받거나 승인한 감사계획을 수정할 필요가 있다고 판단되는 경우에는 일정 등 을 조정하여 시 · 도경찰청장에게 통보한다.

④ 시 · 도경찰청장이 감사를 실시한 때에는 감사종료 후 30일 이내에 중요감사내용 및 조치사항, 개선 · 건의사항, 그 밖에 특별히 기재할 사항을 기재한 감사결과보고서를 경찰청장에게 제출 하여야 한다.

해설 ① 「**경찰청 감사 규칙**」 제15조 제1항 · 제2항 "① 시 · 도경찰청장은 제5조 제2항에 준하여 연간 감사계획을 수 립하여 감사관에게 통보하여야 한다. ② 시 · 도경찰청장은 제1항에 따른 연간 감사계획에 포함되지 않은 감 사를 실시하고자 할 때에는 감사계획을 수립하여 감사실시 예정일 전 15일까지 감사관에게 통보하여야 한 다." 시 · 도경찰청장의 감사는 "감사관에 대한 통보"로 이루어지고, 최종적으로 감사결과보고서를 경찰청장 에게 제출하는 형식이다.

　　② 「**경찰청 감사 규칙**」 제15조 제3항 "시 · 도경찰청장은 부득이한 사정으로 인하여 예정된 감사를 실시하기 어 려운 때에는 다음 각 호의 기준에 따라 변경된 감사계획을 감사관에게 통보하여야 한다. 1. 제1항에 따른 감 사를 실시하기 어려운 때에는 감사실시 예정일전 15일까지, 2. 제2항의 규정에 따른 감사를 실시하기 어려운 때에는 감사실시 예정일 전 7일까지" 경찰청장의 승인을 요하지 않는다.

　　③ 「**경찰청 감사 규칙**」 제15조 제4항 "감사관은 제1항 내지 제3항에 따라 통보받은 감사계획을 수정할 필요가 있다고 판단되는 경우에는 일정 등을 조정하여 시 · 도경찰청장에게 통보한다."

　　④ 「**경찰청 감사 규칙**」 제15조 제5항

09 경찰청 감사 규칙에 따른 "감사의뢰의 처리(제14조) 및 상호협조(제16조)"에 대한 설명으로 틀린 것은?

① 경찰청장은 시·도자치경찰위원회로부터 국가경찰사무와 자치경찰사무의 구분이 모호하여 자치경찰사무만을 감사하기가 어려운 경우에 대해 감사의뢰를 받은 때에는 감사를 실시할 수 있다.

② 경찰청장은 경찰청 감사 규칙 제14조 제1항에 따라 시·도자치경찰위원회로부터 감사의뢰를 받은 경우 그에 따른 조치결과를 시·도자치경찰위원회에 통보하여야 한다.

③ 경찰청장은 중복감사를 방지하고 국가경찰사무와 자치경찰사무의 감사가 유기적으로 연계되고 균형이 이루어지도록 시·도자치경찰위원회와 상호 협조하여야 한다.

④ 경찰청장은 감사대상기관의 수감부담을 줄이고 감사업무의 효율화를 위해 시·도경찰청 또는 시·도자치경찰위원회와 같은 기간 동안 함께 감사를 실시할 수 있다.

> **해설** ① **「경찰청 감사 규칙」** 제14조 제1항 "경찰청장은 시·도자치경찰위원회로부터 「국가경찰과 자치경찰의 조직 및 운영에 관한 법률」 제24조 제1항 제7호에 따라 다음 각 호의 어느 하나에 해당하는 경우에 대해 감사의뢰를 받은 경우, 특별한 사정이 없는 한 감사를 실시한다. 1. 다수의 시·도에 걸쳐 동일한 기준으로 감사가 필요한 경우, 2. 국가경찰사무와 자치경찰사무의 구분이 모호하여 자치경찰사무만을 감사하기가 어려운 경우"
> ② **「경찰청 감사 규칙」** 제14조 제2항, ③ 제16조 제1항, ④ 제16조 제2항

10 경찰 감찰 규칙에 따른 "감찰관의 결격사유(제5조) 및 감찰관의 신분보장(제7조)"에 대한 설명으로 틀린 것은?

① 직무와 관련한 금품 및 향응 수수, 공금횡령·유용, 성폭력범죄의 처벌 등에 관한 특례법에 따른 성폭력범죄 이외의 사유로 징계처분을 받은 사람은 말소기간이 경과하지 않은 경우에 한하여 감찰관 결격사유에 해당한다.

② 징계사유가 있는 경우 또는 형사사건에 계류된 경우 경찰기관의 장은 2년 이내에 감찰관의 의사에 반하여 전보할 수 있다.

③ 승진 등 인사관리상 필요한 경우에도 감찰관의 신분보장이 인정된다.

④ 경찰기관의 장은 1년 이상 성실히 근무한 감찰관에 대해서는 희망부서를 고려하여 전보한다.

> **해설** ① **「경찰 감찰 규칙」** 제5조 제2호, ② 제7조 제1항 본문 제1호·제2호, ④ 제7조 제2항 ①과 관련하여 경찰 감찰 규칙 제5조는 "다음 각 호의 어느 하나에 해당하는 사람은 감찰관이 될 수 없다. 1. 직무와 관련한 금품 및 향응 수수, 공금횡령·유용, 「성폭력범죄의 처벌 등에 관한 특례법」에 따른 성폭력범죄로 징계처분을 받은 사람, 2. 제1호 이외의 사유로 징계처분을 받아 말소기간이 경과하지 아니한 사람, 3. 질병 등으로 감찰관으로서의 업무수행이 어려운 사람, 4. 기타 감찰관으로서 적합하지 아니하다고 판단되는 사람"의 결격사유를 규정하고 있고, 제1호의 사유로 징계처분을 받은 경우 말소기간 경과 여부를 불문하고 결격사유에 해당한다.
> ③ **「경찰 감찰 규칙」** 제7조 제1항 단서 "경찰기관의 장은 감찰관이 제5조에 따른 결격사유에 해당되는 것으로 밝혀졌을 경우와 다음 각 호의 어느 하나에 해당하는 경우를 제외하고는 2년 이내에 본인의 의사에 반하여 전보하여서는 아니 된다. 다만, 승진 등 인사관리상 필요한 경우에는 그러하지 아니하다. 1. 징계사유가 있는 경우, 2. 형사사건에 계류된 경우, 3. 질병 등으로 감찰업무를 수행할 수 없거나 직무수행 능력이 현저히 부족하다고 판단되는 경우, 4. 고압·권위적인 감찰활동을 반복하여 물의를 야기한 경우" 제1항 단서에서 감찰관의 신분보장에 대한 예외를 인정하고 있다.

11 경찰 감찰 규칙에 따른 감찰활동에 대한 설명으로 옳은 것은?

① 경찰청장은 의무위반행위가 자주 발생하거나 그 발생 가능성이 높다고 인정되는 시기, 업무분야 및 경찰관서 등에 대하여는 일정기간 동안 전반적인 조직관리 및 업무추진 실태 등을 집중 점검할 수 있다.

② 경찰기관의 장은 상급 경찰기관의 장의 지시에 따라 소속 감찰관으로 하여금 일정기간 동안 다른 경찰기관 소속 직원의 복무실태, 업무추진 실태 등을 점검하게 할 수 있다.

③ 감찰관은 원칙적으로 소속 경찰기관의 관할구역 안에서 활동하여야 하고, 소속 경찰기관의 장의 지시가 있는 경우에는 관할구역 밖에서도 활동할 수 있다.

④ 감찰관은 소속공무원의 의무위반행위에 관한 단서를 수집·접수한 경우 소속 경찰기관의 장에게 보고하여야 하고, 보고를 받은 경찰기관의 장은 감찰활동 착수 여부를 결정하여야 한다.

> **해설** ① 「**경찰 감찰 규칙**」 **제13조** "경찰기관의 장은 의무위반행위가 자주 발생하거나 그 발생 가능성이 높다고 인정되는 시기, 업무분야 및 경찰관서 등에 대하여는 일정기간 동안 전반적인 조직관리 및 업무추진 실태 등을 집중 점검할 수 있다." 특별감찰이다.
> ② 「**경찰 감찰 규칙**」 **제14조** 교류감찰이다.
> ③ 「**경찰 감찰 규칙**」 **제12조** "감찰관은 소속 경찰기관의 관할구역 안에서 활동하여야 한다. 다만, 상급 경찰기관의 장의 지시가 있는 경우에는 관할구역 밖에서도 활동할 수 있다."
> ④ 「**경찰 감찰 규칙**」 **제15조** "① 감찰관은 소속공무원의 의무위반행위에 관한 단서(현장인지, 진정·탄원 등을 포함)를 수집·접수한 경우 소속 경찰기관의 감찰부서장에게 보고하여야 한다. ② 감찰부서장은 제1항에 따른 보고를 받은 경우 감찰 대상으로서의 적정성을 검토한 후 감찰활동 착수 여부를 결정하여야 한다."

12 경찰 감찰 규칙에 따른 감찰활동에 대한 설명으로 틀린 것은?

① 감찰관은 감찰활동 결과 소속공무원의 의무위반행위, 불합리한 제도·관행, 선행·수범 직원 등을 발견한 경우 이를 소속 경찰기관의 장에게 보고하여야 한다.

② 감찰관은 직무상 조사를 위한 출석, 질문에 대한 답변 및 진술서 제출, 증거품 등 자료 제출, 현지조사의 협조를 요구할 수 있고, 요구를 받은 소속공무원은 정당한 사유가 없는 한 그 요구에 응하여야 한다.

③ 감찰관은 질문에 대한 답변 및 진술서 제출 또는 증거품 등 자료 제출의 경우에는 필요 최소한의 범위 내에서 요구하여야 한다.

④ 감찰관은 자료 제출 요구 등을 할 경우 소속 경찰기관의 장이 발행한 감찰관 증명서 및 경찰공무원증을 제시하여 신분을 밝히고 감찰활동의 목적을 설명하여야 한다.

> **해설** ① 「**경찰 감찰 규칙**」 **제19조 제1항**, ② **제17조 제1항 본문 및 제2항**, ③ **제17조 제1항 단서**
> ④ 「**경찰 감찰 규칙**」 **제18조** "감찰관은 제17조에 따른 요구를 할 경우 소속 경찰기관의 장이 발행한 별지 제3호 서식의 감찰관 증명서 또는 경찰공무원증을 제시하여 신분을 밝히고 감찰활동의 목적을 설명하여야 한다." 감찰관 증명서 또는 경찰공무원증 가운데 하나를 제시하면 족하다.

13 경찰 감찰 규칙에 따른 "감찰정보의 수집(제20조) 및 처리(제21조)"에 대한 설명으로 옳은 것은?

① 감찰관은 감찰업무와 관련된 감찰정보를 매월 1건 이상 수집·제출하여야 하며, 감찰관이 아닌 소속공무원도 감찰정보를 수집한 경우에는 이를 감찰부서에 제출하여야 한다.
② 감찰관은 수집한 감찰정보를 감찰정보보고서에 따라 작성한 후 소속 경찰기관의 감찰부서장에게 제출하여야 한다.
③ 감찰정보를 접수한 감찰부서장은 신속한 진상확인 및 조사·처리가 필요한 사항의 경우 즉시 조사대상으로, 사실관계 확인 또는 감찰활동 착수 등 감찰활동이 필요한 사항의 경우 감찰대상으로 구분한다.
④ 감찰정보를 접수한 감찰부서장은 익명 제보 등 출처가 불분명한 정보 또는 이미 제출된 정보와 동일한 정보 등 그 내용상 감찰대상으로서의 가치가 없거나 감찰업무 활용도가 매우 낮을 것으로 예상되는 정보는 참고대상으로 구분한다.

해설

① 「**경찰 감찰 규칙**」 제20조 제1항 "감찰관은 감찰업무와 관련된 다음 각 호의 어느 하나에 해당하는 감찰정보를 <u>매월 1건 이상 수집·제출하여야 하며, 감찰관이 아닌 소속공무원도 감찰정보를 수집한 경우에는 이를 감찰부서에 제출할 수 있다.</u> 1. 비위정보: 소속공무원의 비위와 관련한 정보, 2. 제도개선자료: 불합리한 제도·시책, 관행 등의 개선에 관한 자료, 3. 기타자료: 관리자의 조직관리·운영 실태, 주요 치안시책 등에 대한 현장여론, 비위우려자의 복무실태 등 인사·조직 운영에 참고가 될 만한 자료"
② 「**경찰 감찰 규칙**」 제20조 제2항 "감찰관은 수집한 감찰정보를 별지 제4호 서식의 감찰정보보고서에 따라 작성한 후 <u>경찰청 또는 소속 시·도경찰청의 감찰부서장에게 제출하여야 한다.</u>"
③ 「**경찰 감찰 규칙**」 제21조 제1호·제2호
④ 「**경찰 감찰 규칙**」 제21조 제5호 "제20조에 따른 감찰정보를 접수한 감찰부서장은 다음 각 호의 기준에 따라 감찰정보를 구분한다. 1. 즉시조사대상: 신속한 진상확인 및 조사·처리가 필요한 사항, 2. 감찰대상: 사실관계 확인 또는 감찰활동 착수 등 감찰활동이 필요한 사항, 3. 이첩대상: 해당 경찰기관에서 직접 처리하는 것보다 다른 경찰기관이나 부서 등에서 처리·활용하는 것이 효과적이라고 판단되는 사항, 4. 참고대상: 감찰업무에 도움이 될 것으로 판단되는 사항, 5. <u>폐기대상: 익명 제보 등 출처가 불분명한 정보 또는 이미 제출된 정보와 동일한 정보 등 그 내용상 감찰대상으로서의 가치가 없거나 감찰업무 활용도가 매우 낮을 것으로 예상되는 정보</u>" 지문은 폐기대상에 대한 설명이고, 참고대상은 감찰업무에 도움이 될 것으로 판단되는 사항이다.

14 경찰 감찰 규칙상 "감찰정보의 처리(제21조)"에 대한 다음 설명으로 틀린 것은?

① 즉시조사대상: 신속한 진상확인 및 조사·처리가 필요한 사항
② 감찰대상: 사실관계 확인 또는 감찰활동 착수 등 감찰활동이 필요한 사항
③ 참고대상: 익명 제보 등 출처가 불분명한 정보 또는 이미 제출된 정보와 동일한 정보 등 그 내용상 감찰대상으로서의 가치가 없거나 감찰업무 활용도가 매우 낮을 것으로 예상되는 정보
④ 이첩대상: 해당 경찰기관에서 직접 처리하는 것보다 다른 경찰기관이나 부서 등에서 처리·활용하는 것이 효과적이라고 판단되는 사항

해설 「**경찰 감찰 규칙**」 제21조 제4호·제5호

익명 제보 등 출처가 불분명한 정보 또는 이미 제출된 정보와 동일한 정보 등 그 내용상 감찰대상으로서의 가치가 없거나 감찰업무 활용도가 매우 낮을 것으로 예상되는 정보는 <u>폐기대상</u>이고, <u>감찰업무에 도움이 될 것으로 판단되는 사항은 참고대상</u>으로 구분한다.

15 경찰 감찰 규칙에 따른 감찰조사에 대한 설명으로 틀린 것은?

① 감찰관은 조사대상자의 출석을 요구할 때에는 조사기일 3일 전까지 통지하여야 하고, 사안이 급박한 경우 또는 조사대상자의 요청이 있는 경우 즉시 조사에 착수할 수 있다.
② 감찰관은 조사대상자의 방어권 보장을 위하여 필요한 경우 조사대상자의 동의가 없더라도 조사대상자의 소속 부서장에게 출석요구 사실을 통지할 수 있다.
③ 감찰 조사대상자는 형사소송법상 피의자는 아니지만, 경찰 감찰 규칙상 변호인 선임권 및 진술거부권이 보장되어 있다.
④ 감찰 조사대상자는 감찰부서장의 승인을 받은 경우 변호사가 아닌 사람을 특별변호인으로 선임할 수 있고, 변호인으로 선임된 사람은 그 위임장을 미리 감찰관에게 제출하여야 한다.

> **해설** ① 「**경찰 감찰 규칙**」 제25조 제1항, ③ 제26조 · 제27조, ④ 제26조 제1항 단서 및 제2항
> ② 「**경찰 감찰 규칙**」 제25조 제4항 "감찰관은 조사대상자의 방어권 보장을 위하여 필요한 경우 <u>조사대상자의 동의를 받아</u> 조사대상자의 소속 부서장에게 제1항에 따른 출석요구 사실을 통지할 수 있다."

16 경찰 감찰 규칙에 따른 감찰조사에 대한 설명으로 틀린 것은?

① 감찰관은 조사대상자의 신청이 있는 경우 다른 감찰관이나 변호인을 참여하게 하거나 조사대상자의 동료공무원이나 직계친족, 배우자, 가족 등 조사대상자의 심리적 안정과 원활한 의사소통에 도움을 줄 수 있는 자를 동석하도록 하여야 한다.
② 참여자 또는 동석자가 조사 과정에 부당하게 개입하거나 조사를 제지 · 중단시키는 경우 또는 조사대상자에게 특정한 답변을 유도하거나 진술 번복을 유도하는 경우에 감찰관은 참여자의 참여를 제한하거나 동석자를 퇴거시켜야 한다.
③ 감찰관은 감찰조사를 실시하기 전 조사대상자에게 의무위반행위 사실의 요지를 알려야 한다.
④ 감찰관은 조사대상자에게 참여나 동석을 신청할 수 있다는 사실을 고지하여야 한다.

> **해설** ① 「**경찰 감찰 규칙**」 제28조 제1항, ③ 제29조 제1항, ④ 제29조 제2항
> ② 「**경찰 감찰 규칙**」 제28조 제2항 "감찰관은 다음 각 호의 사유가 발생한 경우에는 <u>참여자의 참여를 제한하거나 동석자의 퇴거를 요구할 수 있다.</u> 1. 참여자 또는 동석자가 조사 과정에 부당하게 개입하거나 조사를 제지 · 중단시키는 경우, 2. 참여자 또는 동석자가 조사대상자에게 특정한 답변을 유도하거나 진술 번복을 유도하는 경우, 3. 그 밖의 참여자 또는 동석자의 언동 등으로 조사에 지장을 초래하는 경우"

17 경찰 감찰규칙에 따른 "조사시 유의사항(제31조)"에 대한 설명으로 옳은 것은?

① 감찰관은 조사시 조사대상자의 이익이 되는 주장 및 제출자료 등에 대해서도 사실관계를 명확히 하여 조사내용에 반영하여야 한다.
② 감찰관은 감찰에 필요한 정보 등을 제공한 자 또는 피해자에 대해서는 가명조서를 작성하는 등의 방법으로 비밀을 유지하고 그 신원을 보호할 수 있다.
③ 감찰부서장은 성폭력 · 성희롱 피해 여성에 대하여는 피해자의 의사에도 불구하고 여성 경찰공무원이 조사하도록 하여야 한다.
④ 감찰관은 피해자를 조사할 경우 피해자의 심리상태를 확인하여야 하고, 필요시 소속 경찰기관의 장에게 보고하여 피해자 심리 전문요원의 조치를 받을 수 있도록 하여야 한다.

> **해설** ① 「**경찰 감찰 규칙**」 제31조 제2항
> ② 「**경찰 감찰 규칙**」 제31조 제4항 "감찰관은 감찰에 필요한 정보 등을 제공한 자 또는 피해자에 대해서는 가명조서를 작성하는 등의 방법으로 비밀을 유지하고 그 신원을 <u>보호하여야 한다.</u>"

③「**경찰 감찰 규칙**」제31조 제5항 전단 "감찰부서장은 성폭력·성희롱 피해 여성에 대하여는 <u>피해자의 의사에 반하지 않는 한</u> 여성 경찰공무원이 조사하도록 하여야 하고, 조사 과정에서 피해자의 인격이나 명예가 손상되거나 사적인 비밀이 침해되지 않도록 하여야 한다."

④「**경찰 감찰 규칙**」제31조 제6항 "감찰관은 피해자를 조사할 경우 피해자의 심리상태를 확인하여야 하고, 필요 시 <u>소속 경찰기관의 감찰부서장에게 보고</u>하여 피해자 심리 전문요원의 조치를 받을 수 있도록 하여야 한다."

18 경찰 감찰 규칙에 따른 "심야조사의 금지(제32조)"에 대한 설명으로 틀린 것은?

① 감찰관은 원칙적으로 심야에 조사를 하여서는 아니 된다.
② 심야는 자정부터 오전 6시까지를 말한다.
③ 심야조사는 조사대상자의 요청이 있거나 긴급한 사정이 있는 경우 예외적으로 할 수 있다.
④ 예외적으로 심야조사를 하는 경우 그 사유를 조서에 명확히 기재하여야 한다.

> **해설**　①②「**경찰 감찰 규칙**」제32조 제1항 및 제2항 제1문, ④ 제32조 제2항 제2문
> ③「**경찰 감찰 규칙**」제32조 제2항 제1문 "제1항에도 불구하고 감찰관은 <u>조사대상자 또는 그 변호인의 별지 제6호 서식에 의한 심야조사 요청</u>이 있는 경우에는 예외적으로 심야조사를 할 수 있다. 이 경우 심야조사의 사유를 조서에 명확히 기재하여야 한다." <u>조사대상자 또는 변호인의 요청이 있는 경우에만 심야조사가 허용되고,</u> 긴급한 사정을 이유로 심야조사를 할 수는 없다.

19 경찰 감찰 규칙에 따른 "민원사건의 처리(제35조) 및 기관통보사건의 처리(제36조)"에 대한 설명으로 옳은 것은?

① 감찰관은 소속공무원의 의무위반사실에 대한 민원을 접수한 경우 접수일로부터 2개월 내에 신속히 처리하여야 하고, 부득이한 사유로 기한 내에 처리할 수 없을 때에는 소속 경찰기관의 감찰부서장에게 보고하여 그 처리 기간을 연장할 수 있다.
② 감찰관은 민원사건을 접수한 경우 접수 후 매 2개월이 경과한 때와 감찰조사를 종결하였을 때에 원칙적으로 민원인 또는 피해자에게 사건처리 진행상황을 통지하여야 한다.
③ 감찰관은 다른 경찰기관 또는 검찰, 감사원 등 다른 행정기관으로부터 통보받은 소속공무원의 의무위반행위에 대해서는 통보받은 날로부터 2개월 이내에 신속히 처리하여야 한다.
④ 감찰관은 검찰·경찰, 그 밖의 수사기관으로부터 수사개시 통보를 받은 경우에는 징계의결요구권자의 결재를 받아 해당 기관으로부터 수사결과의 통보를 받을 때까지 감찰조사, 징계의결요구 등의 절차를 진행하여서는 아니 된다.

> **해설**　①「**경찰 감찰 규칙**」제35조 제1항
> ②「**경찰 감찰 규칙**」제35조 제4항 본문 "감찰관은 민원사건을 접수한 경우 접수 후 <u>매 1개월이 경과한 때</u>와 감찰조사를 종결하였을 때에 민원인 또는 피해자에게 사건처리 진행상황을 <u>통지하여야 한다.</u> 다만, 진행상황에 대한 통지가 감찰조사에 지장을 주거나 피해자 또는 사건관계인의 명예와 권리를 부당히 침해할 우려가 있는 때에는 통지하지 않을 수 있다." 사건처리 진행상황의 통지는 원칙적으로 하되, 단서의 예외에 해당하는 경우 하지 않을 수 있다.
> ③「**경찰 감찰 규칙**」제36조 제1항 "감찰관은 다른 경찰기관 또는 검찰, 감사원 등 다른 행정기관으로부터 통보받은 소속공무원의 의무위반행위에 대해서는 통보받은 날로부터 <u>1개월 이내에</u> 신속히 처리하여야 한다."
> ④「**경찰 감찰 규칙**」제36조 제2항 "감찰관은 검찰·경찰, 그 밖의 수사기관으로부터 수사개시 통보를 받은 경우에는 징계의결요구권자의 결재를 받아 해당 기관으로부터 수사결과의 통보를 받을 때까지 감찰조사, 징계의결요구 등의 절차를 <u>진행하지 아니 할 수 있다.</u>"

01 부패방지 및 국민권익위원회의 설치와 운영에 관한 법률에 따른 "부패행위 등의 신고 및 신고자 등 보호"에 대한 설명 중 틀린 것은?

① 누구든지 부패행위를 알게 된 때에는 이를 국민권익위원회에 신고할 수 있다.

② 부패행위를 신고를 하려는 자는 본인의 인적사항과 신고취지 및 이유를 기재한 기명의 문서로써 하여야 하며, 신고대상과 부패행위의 증거 등을 함께 제시하여야 한다.

③ 부패행위 신고를 한 자가 신고의 내용이 허위라는 사실을 알았거나 알 수 있었음에도 불구하고 신고한 경우에는 부패방지 및 국민권익위원회의 설치와 운영에 관한 법률의 보호를 받지 못한다.

④ 공직자는 직무의 내외를 불문하고 다른 공직자가 부패행위를 한 사실을 알게 되었거나 부패행위를 강요 또는 제의받은 경우에는 지체 없이 이를 수사기관·감사원 또는 국민권익위원회에 신고하여야 한다.

> **해설** ① 「**부패방지 및 국민권익위원회의 설치와 운영에 관한 법률**」 제55조, ② 제58조, ③ 제57조
> ④ 「**부패방지 및 국민권익위원회의 설치와 운영에 관한 법률**」 제56조 "공직자는 <u>그 직무를 행함에 있어</u> 다른 공직자가 부패행위를 한 사실을 알게 되었거나 부패행위를 강요 또는 제의받은 경우에는 지체 없이 이를 수사기관·감사원 또는 위원회에 신고하여야 한다."

02 부패방지 및 국민권익위원회의 설치와 운영에 관한 법률에 따른 "신고의 처리(제59조)"에 대한 설명 중 옳은 것은?

① 국민권익위원회는 접수된 신고사항에 대하여 감사·수사 또는 조사가 필요한 경우 원칙적으로 이를 감사원, 수사기관 또는 해당 공공기관의 감독기관(감독기관이 없는 경우에는 해당 공공기관의 상급기관을 말한다)에 이첩하여야 한다.

② 국민권익위원회는 신고자가 신고서나 증명자료 등에 대한 보완 요청을 3회 이상 받고도 위원회가 정하는 보완요청기간 내에 보완하지 아니한 경우에는 이를 조사기관에 이첩하지 아니하고 종결할 수 있다.

③ 국민권익위원회에 신고가 접수된 당해 부패행위의 혐의대상자가 경무관급 이상의 경찰공무원으로서 형사처벌을 위한 수사 및 공소제기의 필요성이 있는 경우에는 국민권익위원회의 명의로 검찰, 고위공직자범죄수사처, 경찰 등 관할 수사기관에 고발을 하여야 한다.

④ 국민권익위원회는 접수된 신고사항을 그 접수일부터 30일 이내에 처리하여야 하고, 신고자의 인적사항, 신고의 경위 및 취지 등 신고내용의 특정에 필요한 사항을 확인하기 위한 보완 등이 필요하다고 인정되는 경우에는 그 기간을 30일 이내에서 연장할 수 있다.

> **해설** ① 「**부패방지 및 국민권익위원회의 설치와 운영에 관한 법률**」 제59조 제3항 본문 "위원회는 접수된 신고사항에 대하여 감사·수사 또는 조사가 필요한 경우 이를 감사원, 수사기관 또는 해당 공공기관의 감독기관(<u>감독기관이 없는 경우에는 해당 공공기관을 말한다. 이하 "조사기관"이라 한다)에 이첩하여야 한다.</u> 다만, 신고가 다음 각 호의 어느 하나에 해당하는 경우에는 이를 조사기관에 이첩하지 아니하고 <u>종결할 수 있다.</u> 1. 신고의 내용이 명백히 거짓인 경우, 2. 신고자의 인적사항을 알 수 없는 경우, 3. 신고자가 신고서나 증명자료 등에 대한 보완 요청을 2회 이상 받고도 위원회가 정하는 보완요청기간 내에 보완하지 아니한 경우, 4. 신고에 대

한 처리 결과를 통지받은 사항에 대하여 정당한 사유 없이 다시 신고한 경우, 5. 신고의 내용이 언론매체 등을 통하여 공개된 내용에 해당하고 공개된 내용 외에 새로운 증거가 없는 경우, 6. 다른 법령에 따라 해당 부패행위에 대한 감사·수사 또는 조사가 시작되었거나 이미 끝난 경우, 7. 그 밖에 부패행위에 대한 감사·수사 또는 조사가 필요하지 아니한 경우로서 대통령령으로 정하는 경우"

② 「**부패방지 및 국민권익위원회의 설치와 운영에 관한 법률**」 **제59조 제3항 단서 제3호 참조.** 신고자가 신고서나 증명자료 등에 대한 보완 요청을 <u>2회 이상</u> 받고도 위원회가 정하는 보완요청기간 내에 보완하지 아니한 경우에 이첩하지 아니하고 종결할 수 있다.

③ 「**부패방지 및 국민권익위원회의 설치와 운영에 관한 법률**」 **제59조 제4항 제3호**

④ 「**부패방지 및 국민권익위원회의 설치와 운영에 관한 법률**」 **제59조 제6항** "위원회는 접수된 신고사항을 그 접수일부터 <u>60일 이내에</u> 처리하여야 한다. 이 경우 제1항 제1호에 따른 사항을 확인하기 위한 보완 등이 필요하다고 인정되는 경우에는 그 기간을 <u>30일 이내에서</u> 연장할 수 있다."

---

03 부패방지 및 국민권익위원회의 설치와 운영에 관한 법률에 따른 "조사결과의 처리(제60조)"에 대한 설명 중 틀린 것은?

① 조사기관은 신고를 이첩받은 날부터 60일 이내에 감사·수사 또는 조사를 종결하여야 하고, 정당한 사유가 있는 경우에는 그 기간을 연장할 수 있으며, 국민권익위원회에 그 연장사유 및 연장기간을 통보하여야 한다.

② 신고를 이첩받은 조사기관은 감사·수사 또는 조사결과를 감사·수사 또는 조사 종료 후 7일 이내에 국민권익위원회에 통보하여야 하고, 위원회는 통보를 받은 즉시 신고자에게 감사·수사 또는 조사결과의 요지를 통지하여야 한다.

③ 국민권익위원회는 조사기관의 감사·수사 또는 조사가 충분하지 아니하다고 인정되는 경우에는 감사·수사 또는 조사결과를 통보받은 날부터 30일 이내에 새로운 증거자료의 제출 등 합리적인 이유를 들어 조사기관에 대하여 재조사를 요구할 수 있다.

④ 재조사를 요구받은 조사기관은 재조사를 종료한 날부터 7일 이내에 그 결과를 국민권익위원회에 통보하여야 하고, 위원회는 통보를 받은 즉시 신고자에게 재조사 결과의 요지를 통지하여야 한다.

해설 ① 「**부패방지 및 국민권익위원회의 설치와 운영에 관한 법률**」 **제60조 제1항**, ③ **제60조 제4항 제1문**, ④ **제60조 제5항**

② 「**부패방지 및 국민권익위원회의 설치와 운영에 관한 법률**」 **제60조 제2항** "제59조에 따라 신고를 이첩받은 조사기관(조사기관이 이첩받은 신고사항에 대하여 다른 조사기관에 이첩·재이첩, 감사요구, 송치, 수사의뢰 또는 고발을 한 경우에는 이를 받은 조사기관을 포함한다. 이하 이 조에서 같다)은 감사·수사 또는 조사결과를 감사·수사 또는 조사 종료 후 <u>10일 이내에</u> 위원회에 통보하여야 한다. 이 경우 위원회는 통보를 받은 즉시 신고자에게 감사·수사 또는 조사결과의 요지를 통지하여야 한다."

01 다음은 「공공기관의 정보공개에 관한 법률」상 이의신청에 대한 설명이다. ㉠부터 ㉤까지에 들어 갈 숫자를 모두 합한 값은?

(2018년 제2차)

> • 청구인이 정보공개와 관련한 공공기관의 비공개 결정 또는 부분 공개결정에 대하여 불복이 있거 나 정보공개 청구 후 (㉠)일이 경과하도록 정보공개 결정이 없는 때에는 공공기관으로부터 정보 공개 여부의 결정 통지를 받은 날 또는 정보공개 청구 후 (㉡)일이 경과한 날부터 (㉢)일 이내에 해당 공공기관에 문서로 이의신청을 할 수 있다.
> • 공공기관은 이의신청을 받은 날부터 (㉣)일 이내에 그 이의신청에 대하여 결정하고 그 결과를 청구인에게 지체 없이 문서로 통지하여야 한다. 다만, 부득이한 사유로 정하여진 기간이내에 결 정할 수 없을 때에는 그 기간이 끝나는 날의 다음날부터 기산하여 (㉤)일의 범위에서 연장할 수 있으며, 연장사유를 청구인에게 통지하여야 한다.

① 84 　　　　② 90 　　　　③ 94 　　　　④ 100

해설　순서대로 20 - 20 - 30 - 7 - 7

「공공기관의 정보공개에 관한 법률」 제18조 제1항·제3항 "① 청구인이 정보공개와 관련한 공공기관의 비공개 결정 또는 부분 공개 결정에 대하여 불복이 있거나 <u>정보공개 청구 후 20일이</u> 경과하도록 정보공개 결정이 없는 때에는 공공기관으로부터 정보공개 여부의 결정 통지를 받은 날 또는 <u>정보공개 청구 후 20일이 경과한 날부터 30일 이내에</u> 해당 공공기관에 문서로 이의신청을 할 수 있다. ③ 공공기관은 <u>이의신청을 받은 날부터 7일 이내</u>에 그 이의신청에 대하여 결정하고 그 결과를 청구인에게 지체 없이 문서로 통지하여야 한다. 다만, 부득이한 사유로 정하여진 기간 이내에 결정할 수 없을 때에는 <u>그 기간이 끝나는 날의 다음 날부터 기산하여 7일의 범위에서 연장할 수 있으며</u>, 연장 사유를 청구인에게 통지하여야 한다."

분석

> 공공기관의 정보공개에 관한 법률과 관련하여 최근 12년간 독립된 유형의 문제로 7회가 출제되었고, 국민의 알권리와 긴장관계에 있는 사생활의 비밀과 자유(이른바, 프라이버시권)와 관련하여 학자별로 개념 정의를 묻는 문제가 1회 출제되었습니다. 정보공개와 관련된 각종 기간, 정보공개위원회의 구성(다른 위원회들과 비교하여 숙지), 불복절차(이의신청 / 행정심판 - 이의신청을 거칠 필요가 없음 / 행정소송 - 행정소송법 적용: 법령의 규정에 의하여 당해 처분에 대한 행정심판을 제기할 수 있는 경우에도 이를 거치지 아니하고 제기할 수 있음) 등이 중요한 부분으로 향후에도 계속 출제될 가능성이 높기 때문에 기출과 관련된 조문을 정확히 기억하고 있어야 합니다. 그리고 최근 12년간 출제된 적이 없는 제9조(비공개 대상 정보 - 공개하지 아니할 수 있다: 재량사항)와 제12조(정보공개심의회)는 향후 출제 가능성이 높으므로 정확히 기억하고 있어야 합니다.

【정보공개위원회와 정보공개심의회: 공공기관의 정보공개에 관한 법률 및 시행령 / 경찰청 정보공개심의회 운영규칙】 (※ 21. 12. 23. 시행기준)

구분	정보공개위원회 - 국무총리 소속	정보공개심의회 - 국가기관·지방자치단체·공기업 등
위원 구성	11명(위원장·부위원장 각 1명 포함) 7명(위원장 포함 - 공무원 아닌 사람 위촉)	5명 이상 7명 이하의 위원(위원장 포함)

위원 자격	1 대통령령으로 정하는 관계 중앙행정기관의 차관급 공무원이나 고위공무원단에 속하는 일반직공무원 2 정보공개에 관하여 학식과 경험이 풍부한 사람으로서 <u>국무총리가 위촉하는 사람</u> 3 시민단체(「비영리민간단체 지원법」 제2조에 따른 비영리민간단체를 말한다)에서 추천한 사람으로서 국무총리가 위촉하는 사람	– 위원은 소속 공무원, 임직원 또는 외부 전문가로 지명하거나 위촉(그 중 <u>3분의 2는</u> 해당 국가기관등의 업무 또는 정보공개의 업무에 관한 지식을 가진 <u>외부 전문가</u> 위촉하여야 한다) – 제9조 제1항 제2호 및 제4호에 해당하는 업무를 주로 하는 국가기관(<u>예: 경찰</u>)은 그 국가기관의 장이 외부 전문가의 위촉 비율을 따로 정하되, <u>최소한 3분의 1 이상은 외부 전문가</u> 위촉
임기	(1의 위원 제외) 2년의 임기 / 연임 가능	2년의 임기 / 한 번만 연임 가능 공무원인 위원의 임기(그 직위에 재직하는 기간)
운영	회의 – 반기별 개최 / 위원장 임시회 소집 가능 개의(재적위원 과반 출석)/의결(출석위원 과반 찬성)	회의 – 정보공개 처리부서의 장 심의요청시 수시로 개의(재적위원 과반 출석)/의결(출석위원 과반 찬성)

02 「공공기관의 정보공개에 관한 법률」에 대한 설명으로 가장 적절하지 않은 것은? (2017년 제1차)

① 공공기관이 보유·관리하는 정보는 국민의 알권리 보장 등을 위하여 이 법에서 정하는 바에 따라 적극적으로 공개하여야 한다.

② 청구인이 정보공개와 관련한 공공기관의 결정에 대하여 불복이 있거나 정보공개 청구 후 20일이 경과하도록 정보공개 결정이 없는 때에는 「행정심판법」에서 정하는 바에 따라 행정심판을 청구할 수 있다.

③ 공공기관은 청구인의 정보공개청구가 있을 때에는 원칙적으로 청구를 받은 날부터 10일 이내에 공개 여부를 결정하여야 한다.

④ 공공기관은 이의신청을 받은 날부터 7일 이내에 그 이의신청에 대하여 결정하고 그 결과를 청구인에게 지체 없이 문서로 통지하여야 한다. 다만, 부득이한 사유로 정하여진 기간 이내에 결정할 수 없을 때에는 그 기간이 끝나는 날부터 기산하여 7일의 범위에서 연장할 수 있으며, 연장 사유를 청구인에게 통지하여야 한다.

해설 ① 「**공공기관의 정보공개에 관한 법률**」 제3조, ② 제19조 제1항 제1문, ③ 제11조 제1항
④ 「**공공기관의 정보공개에 관한 법률**」 제18조 제3항 "공공기관은 이의신청을 받은 날부터 7일 이내에 그 이의신청에 대하여 결정하고 그 결과를 청구인에게 지체 없이 문서로 통지하여야 한다. 다만, 부득이한 사유로 정하여진 기간 이내에 결정할 수 없을 때에는 <u>그 기간이 끝나는 날의 다음 날부터 기산하여 7일의 범위에서</u> 연장할 수 있으며, 연장 사유를 청구인에게 통지하여야 한다." 기간과 관련된 문구 변경에 유의한다.

03 「공공기관의 정보공개에 관한 법률」상 불복절차에 관한 다음 설명 중 가장 적절하지 않은 것은?
(2016년 제1차)

① 공공기관은 이의신청을 받은 날부터 10일 이내에 그 이의신청에 대하여 결정하고 그 결과를 청구인에게 지체 없이 문서로 통지하여야 한다. 다만, 부득이한 사유로 정하여진 기간 이내에 결정할 수 없을 때에는 그 기간이 끝나는 날의 다음 날부터 기산하여 10일의 범위에서 연장할 수 있으며, 연장 사유를 청구인에게 통지하여야 한다.

② 청구인이 정보공개와 관련한 공공기관의 결정에 대하여 불복이 있거나 정보공개 청구 후 20일이 경과하도록 정보공개 결정이 없는 때에는 「행정심판법」에서 정하는 바에 따라 행정심판을 청구할 수 있다.

③ 청구인은 이의신청 절차를 거치지 아니하고 행정심판을 청구할 수 있다.

④ 청구인이 정보공개와 관련한 공공기관의 결정에 대하여 불복이 있거나 정보공개 청구 후 20일이 경과하도록 정보공개 결정이 없는 때에는 「행정소송법」에서 정하는 바에 따라 행정소송을 제기할 수 있다.

> **해설** ① 「**공공기관의 정보공개에 관한 법률**」 제18조 제3항 "공공기관은 <u>이의신청을 받은 날부터 7일 이내</u>에 그 이의신청에 대하여 결정하고 그 결과를 청구인에게 지체 없이 문서로 통지하여야 한다. 다만, 부득이한 사유로 정하여진 기간 이내에 결정할 수 없을 때에는 그 <u>기간이 끝나는 날의 다음 날부터 기산하여 7일의 범위에서 연</u>장할 수 있으며, 연장 사유를 청구인에게 통지하여야 한다."
> ② 「**공공기관의 정보공개에 관한 법률**」 제19조 제1항, ③ 제19조 제2항, ④ 제20조 제1항

04 「공공기관의 정보공개에 관한 법률」에 관한 다음 설명 중 가장 적절하지 않은 것은?
(2015년 제2차)

① 모든 국민은 정보의 공개를 청구할 권리를 가진다.

② 공공기관이 보유·관리하는 정보는 국민의 알권리 보장 등을 위하여 이 법에서 정하는 바에 따라 적극적으로 공개하여야 한다.

③ 공공기관은 정보공개의 청구를 받으면 그 청구를 받은 날부터 10일 이내에 공개 여부를 결정하여야 한다.

④ 정보의 공개 및 우송 등에 드는 비용은 실비의 범위에서 공공기관이 부담한다.

> **해설** ① 「**공공기관의 정보공개에 관한 법률**」 제5조 제1항, ② 제3조, ③ 제11조 제1항
> ④ 「**공공기관의 정보공개에 관한 법률**」 제17조 제1항 "정보의 공개 및 우송 등에 드는 비용은 실비(實費)의 범위에서 <u>청구인이</u> 부담한다." 다만 동조 제2항에 따라 "공개를 청구하는 정보의 사용 목적이 공공복리의 유지·증진을 위하여 필요하다고 인정되는 경우에는 제1항에 따른 비용을 감면할 수 있다."

05 「공공기관의 정보공개에 관한 법률」에 대한 설명으로 틀린 것은 모두 몇 개인가?
(2015년 제3차 - 현행법 반영 수정)

ⓐ 공공기관이 보유·관리하는 정보는 국민의 알권리 보장 등을 위하여 이 법에서 정하는 바에 따라 적극적으로 공개하여야 한다.

ⓑ 모든 국민은 정보의 공개를 청구할 권리를 가진다. 외국인의 정보공개 청구에 관하여는 대통령령으로 정한다.

ⓒ 청구인이 정보공개와 관련한 공공기관의 비공개 결정 또는 부분 공개 결정에 대하여 불복이 있거나 정보공개 청구 후 20일이 경과하도록 정보공개 결정이 없는 때에는 공공기관으로부터 정

보공개 여부의 결정 통지를 받은 날 또는 정보공개 청구 후 20일이 경과한 날부터 30일 이내에 해당 공공기관에 문서로 이의신청을 할 수 있다.
㉣ 정보공개위원회는 위원장과 부위원장 각 1명을 포함한 7명의 위원으로 구성한다. 이 경우 위원장을 포함한 5명은 공무원이 아닌 사람으로 위촉할 수 있다.
㉤ 행정안전부장관은 정보공개위원회가 정보공개제도의 효율적 운영을 위하여 필요하다고 요청하면 공공기관(국회 · 법원 · 헌법재판소 및 중앙선거관리위원회를 포함한다)의 정보공개제도 운영실태를 평가할 수 있다.

① 1개   ② 2개   ③ 3개   ④ 4개

해설 ㉠ **「공공기관의 정보공개에 관한 법률」 제3조**, ㉡ **제5조**, ㉢ **제18조 제1항**
㉣ **「공공기관의 정보공개에 관한 법률」 제23조 제1항 · 제2항** "① 위원회는 성별을 고려하여 <u>위원장과 부위원장 각 1명을 포함한 11명의 위원으로 구성</u>한다. ② 위원회의 위원은 다음 각 호의 사람이 된다. 이 경우 <u>위원장을 포함한 7명은 공무원이 아닌 사람으로 위촉</u>하여야 한다. 1. 대통령령으로 정하는 관계 중앙행정기관의 차관급 공무원이나 고위공무원단에 속하는 일반직공무원. 2. 정보공개에 관하여 학식과 경험이 풍부한 사람으로서 국무총리가 위촉하는 사람. 3. 시민단체(「비영리민간단체 지원법」 제2조에 따른 비영리민간단체를 말한다)에서 추천한 사람으로서 국무총리가 위촉하는 사람"
㉤ **「공공기관의 정보공개에 관한 법률」 제24조 제2항** "행정안전부장관은 위원회가 정보공개제도의 효율적 운영을 위하여 필요하다고 요청하면 공공기관(<u>국회 · 법원 · 헌법재판소 및 중앙선거관리위원회는 제외한다</u>)의 정보공개제도 운영실태를 평가할 수 있다."

06 「공공기관의 정보공개에 관한 법률」에 대한 다음 설명 중 옳은 것은 모두 몇 개인가?

(2013년 제1차 – 현행법 반영 수정)

㉠ 모든 국민은 정보의 공개를 청구할 권리를 가지며, 외국인의 정보공개 청구에 관하여는 대통령령으로 정한다.
㉡ 공공기관은 정보공개의 청구가 있는 때에는 청구를 받은 날부터 10일 이내에 공개 여부를 결정하여야 하고, 10일 이내의 범위에서 공개 여부 결정기간을 연장할 수 있으며, 정보공개를 청구한 날부터 20일 이내에 공공기관이 공개 여부를 결정하지 아니한 때에는 공개의 결정이 있는 것으로 본다.
㉢ 정보의 공개 및 우송 등에 소요되는 비용은 공공기관의 비용으로 부담한다.
㉣ 정보공개위원회는 위원장 1인과 부위원장 2인을 포함한 11인의 위원으로 구성한다.
㉤ 정보공개위원회 위원(대통령령으로 정하는 관계 중앙행정기관의 차관급 공무원이나 고위공무원단에 속하는 일반직공무원인 위원은 제외한다)의 임기는 2년으로 하되, 연임할 수 없다.

① 1개   ② 2개   ③ 3개   ④ 없음

해설 ㉠ **「공공기관의 정보공개에 관한 법률」 제5조**
㉡ **「공공기관의 정보공개에 관한 법률」 제11조 제1항 · 제2항** "① 공공기관은 제10조에 따라 정보공개의 청구를 받으면 그 청구를 받은 날부터 10일 이내에 공개 여부를 결정하여야 한다. ② 공공기관은 부득이한 사유로 제1항에 따른 기간 이내에 공개 여부를 결정할 수 없을 때에는 그 기간이 끝나는 날의 다음 날부터 기산(起算)하여 10일의 범위에서 공개 여부 결정기간을 연장할 수 있다. 이 경우 공공기관은 연장된 사실과 연장 사유를 청구인에게 지체 없이 문서로 통지하여야 한다." <u>기존의 제11조 제5항(정보공개를 청구한 날부터 20일 이내에 공공기관이 공개여부를 결정하지 아니한 때에는 비공개의 결정이 있는 것으로 본다)은 2013. 11.</u>

<u>7. 시행된 법률</u>에서 삭제되었다. 현행법상 정보공개 청구 후 20일이 경과하도록 정보공개 결정이 없는 때에는 이의신청(제18조 제1항)을 하거나 행정심판(제19조 제1항)을 청구 또는 행정소송(제20조 제1항)을 제기할 수 있다.

ⓒ **「공공기관의 정보공개에 관한 법률」** 제17조 제1항 "정보의 공개 및 우송 등에 드는 비용은 실비(**實費**)의 범위에서 <u>청구인이 부담한다</u>."

ⓔ **「공공기관의 정보공개에 관한 법률」** 제23조 제1항 "위원회는 성별을 고려하여 <u>위원장과 부위원장 각 1명을 포함한 11명의 위원</u>으로 구성한다."

ⓜ **「공공기관의 정보공개에 관한 법률」** 제23조 제3항 "위원장·부위원장 및 위원(제2항 제1호의 위원은 제외한다)의 <u>임기는 2년</u>으로 하며, <u>연임할 수 있다</u>."

07 정보공개제도에 관한 다음 설명 중 가장 적절하지 않은 것은? (2012년 제2차 − 현행법 반영 수정)

① 공공기관은 정보공개의 청구를 받은 날부터 10일 이내에 공개여부를 결정하여야 한다. 부득이한 사유로 규정된 기간 내에 공개여부를 결정할 수 없을 때에는 그 기간의 만료일 다음 날부터 기산하여 10일의 범위에서 공개 여부 결정기간을 연장할 수 있다.

② 정보공개 청구 후 20일이 경과하도록 정보공개 결정이 없는 때에는 「행정심판법」에서 정하는 바에 따라 행정심판을 청구하거나 「행정소송법」에서 정하는 바에 따라 행정소송을 제기할 수 있다.

③ 비공개결정에 대해 청구인은 이의신청 또는 행정심판을 청구할 수 있고, 직접 행정소송을 제기할 수 있다. 청구인이 행정심판을 청구하기 위해서는 반드시 이의신청절차를 거쳐야 한다.

④ 공공기관은 공개 청구된 공개 대상 정보의 전부 또는 일부가 제3자와 관련이 있다고 인정할 때에는 그 사실을 제3자에게 지체 없이 통지하여야 하며, 필요한 경우에는 그의 의견을 들을 수 있다. 공개 청구된 사실을 통지받은 제3자는 그 통지를 받은 날부터 3일 이내에 해당 공공기관에 대하여 자신과 관련된 정보를 공개하지 아니할 것을 요청할 수 있다.

해설 ① **「공공기관의 정보공개에 관한 법률」** 제11조 제1항 및 제2항 제1문, ② 제19조 제1항 제1문 및 제20조 제1항, ④ 제11조 제3항 및 제21조 제1항

③ **「공공기관의 정보공개에 관한 법률」** 제18조 제1항, 제19조 제1항 제1문 및 제20조 제1항에 따라 이의신청, 행정심판 및 행정소송을 할 수 있다. 다만, **제19조 제2항**에 따라 "청구인은 제18조에 따른 <u>이의신청 절차를 거치지 아니하고 행정심판을 청구할 수 있다</u>." 즉, 행정심판을 청구하기 위해 이의신청절차를 거칠 필요는 없다.

08 프라이버시의 정의에 대한 학자들과 그들의 견해들이 가장 맞게 연결된 것은? (2010년 제1차)

㉠ Alan F. Westin	㉡ Samuel Warren and Lousie Brandeis
㉢ Ruth Gavison	㉣ Edward Bloustine

ⓐ 개인이 혼자 있을 권리
ⓑ 개인, 그룹 또는 조직이 자기에 관한 정보를 언제, 어떻게 또는 어느 정도 타인에게 전할까 하는 것을 스스로 결정할 수 있는 권리
ⓒ 인간의 인격권적 법익이므로 인격의 침해, 개인의 자주성, 존엄과 완전성을 보호하는 것
ⓓ 비밀(secrecy), 익명성(anonymity), 고독(solitude)을 가지며, 그것이 자신의 선택에 의해서 또는 타인의 행위에 의해서 상실할 수 있는 상태

① ㉠ − ⓐ, ㉡ − ⓑ, ㉢ − ⓒ, ㉣ − ⓓ   ② ㉠ − ⓑ, ㉡ − ⓐ, ㉢ − ⓒ, ㉣ − ⓓ
③ ㉠ − ⓑ, ㉡ − ⓐ, ㉢ − ⓓ, ㉣ − ⓒ   ④ ㉠ − ⓐ, ㉡ − ⓑ, ㉢ − ⓓ, ㉣ − ⓒ

해설 【프라이버시에 대한 학자들의 개념 정의】

학자	개념 정의
Samuel Warren and Louise Brandeis	개인의 혼자 있을 권리로 이해하여, 민주주의에서 가장 중요한 자유로서 헌법에 반영되어야 한다고 주장
Alan F. Westin	개인, 그룹 또는 조직이 자기에 관한 정보를 언제, 어떻게 또는 어느 정도 타인에게 전할까 하는 것을 스스로 결정할 수 있는 권리
Edward Bloustine	프라이버시란 인간의 인격권의 법익이므로 인격의 침해, 개인의 자주성, 존엄과 완전성을 보호하는 것
Ruth Gavison	프라이버시의 3가지 요소로서 비밀, 익명성, 고독을 가지며, 그것이 자신의 선택에 의해서 또는 타인의 행위에 의해서 상실할 수 있는 상태라고 주장

예상문제   공공기관의 정보공개에 관한 법률

01 공공기관의 정보공개에 관한 법률에 따른 개념의 "정의(제2조)"에 대한 설명으로 옳은 것은?

① "정보"란 공공기관이 직무상 작성 또는 취득하여 관리하고 있는 문서(전자문서를 제외한다) 및 전자매체를 비롯한 모든 형태의 매체 등에 기록된 사항을 말한다.

② 전자정부법 제2조 제10호에 따른 정보통신망을 통하여 정보를 제공하는 것은 "공개"에 해당한다.

③ 국가기관·지방자치단체는 "공공기관"에 해당하지만, 지방공기업법에 따른 지방공사 및 지방공단은 "공공기관"에 해당하지 않는다.

④ 대통령 소속 기관과 국무총리 소속 기관은 "공공기관"에 해당하지 않는다.

> **해설** ① 「**공공기관의 정보공개에 관한 법률**」 제2조 제1호 ""정보"란 공공기관이 직무상 작성 또는 취득하여 관리하고 있는 문서(<u>전자문서를 포함한다.</u> 이하 같다) 및 전자매체를 비롯한 모든 형태의 매체 등에 기록된 사항을 말한다."
>
> ② 「**공공기관의 정보공개에 관한 법률**」 제2조 제2호
>
> ③ 「**공공기관의 정보공개에 관한 법률**」 제2조 제3호 "3. "공공기관"이란 다음 각 목의 기관을 말한다. 가. 국가기관(1) 국회, 법원, 헌법재판소, 중앙선거관리위원회, 2) 중앙행정기관(대통령 소속 기관과 국무총리 소속 기관을 포함한다) 및 그 소속 기관, 3) 「행정기관 소속 위원회의 설치·운영에 관한 법률」에 따른 위원회), 나. 지방자치단체, 다. 「공공기관의 운영에 관한 법률」 제2조에 따른 공공기관, 라. <u>「지방공기업법」에 따른 지방공사 및 지방공단</u>, 마. 그 밖에 대통령령으로 정하는 기관" 라목은 개정된 법에서 추가되었다.
>
> ④ 「**공공기관의 정보공개에 관한 법률**」 제2조 제3호 **참조.** 대통령과 국무총리 소속 기관은 중앙행정기관에 포함되고, (국가기관인) 중앙행정기관 및 그 소속 기관은 공공기관에 해당한다.

02 공공기관의 정보공개에 관한 법률에 대한 설명으로 틀린 것은?

① 공공기관이 보유·관리하는 정보는 국민의 알권리 보장 등을 위하여 공공기관의 정보공개에 관한 법률에서 정하는 바에 따라 공개할 수 있다.

② 국가안전보장에 관련되는 정보 및 보안 업무를 관장하는 기관에서 국가안전보장과 관련된 정보의 분석을 목적으로 수집하거나 작성한 정보에 대해서는 공공기관의 정보공개에 관한 법률을 적용하지 아니한다.

③ 정보의 공개에 관하여는 다른 법률에 특별한 규정이 있는 경우를 제외하고는 공공기관의 정보공개에 관한 법률에서 정하는 바에 따른다.

④ 모든 국민은 정보의 공개를 청구할 권리를 가지고, 외국인의 정보공개 청구에 관하여는 대통령령으로 정한다.

> **해설** ① 「**공공기관의 정보공개에 관한 법률**」 제3조 "공공기관이 보유·관리하는 정보는 국민의 알권리 보장 등을 위하여 이 법에서 정하는 바에 따라 <u>적극적으로 공개하여야 한다.</u>"
>
> ② 「**공공기관의 정보공개에 관한 법률**」 제4조 제3항 본문, ③ 제4조 제1항, ④ 제5조

03 공공기관의 정보공개에 관한 법률에 따른 "비공개 대상 정보(제9조) 및 정보공개의 청구방법(제10조)"에 대한 설명으로 틀린 것은?

① 공공기관이 보유·관리하는 정보는 공개 대상이 되지만, 공공기관의 정보공개에 관한 법률 제9조 제1항 각 호에 규정된 비공개 대상 정보는 공개하지 아니할 수 있다.
② 공공기관은 공공기관의 정보공개에 관한 법률 제9조의 비공개 대상 정보가 기간의 경과 등으로 인하여 비공개의 필요성이 없어진 경우에는 그 정보를 공개 대상으로 할 수 있다.
③ 정보의 공개를 청구하는 자는 해당 정보를 보유하거나 관리하고 있는 공공기관에 정보공개 청구서를 제출하거나 말로써 정보의 공개를 청구할 수 있다.
④ 청구인이 말로써 정보의 공개를 청구할 때에는 담당 공무원 또는 담당 임직원("담당공무원 등")의 앞에서 진술하여야 하고, 담당공무원등은 정보공개 청구조서를 작성하여 이에 청구인과 함께 기명날인하거나 서명하여야 한다.

해설 ① 「**공공기관의 정보공개에 관한 법률**」제9조 제1항, ③ 제10조 제1항, ④ 제10조 제2항
② 「**공공기관의 정보공개에 관한 법률**」제9조 제2항 "공공기관은 제1항 각 호의 어느 하나에 해당하는 정보가 기간의 경과 등으로 인하여 비공개의 필요성이 없어진 경우에는 그 정보를 <u>공개 대상으로 하여야 한다</u>."

04 공공기관의 정보공개에 관한 법률에 따른 "정보공개 여부의 결정(제11조)"에 대한 설명으로 옳은 것은?

① 공공기관은 정보공개의 청구를 받으면 그 청구를 받은 다음 날부터 10일 이내에 공개 여부를 결정하여야 한다.
② 공공기관은 부득이한 사유로 ①의 기간 이내에 공개 여부를 결정할 수 없을 때에는 그 기간이 끝나는 날부터 기산하여 10일의 범위에서 공개 여부 결정기간을 연장할 수 있다.
③ 공공기관은 공개 청구된 공개 대상 정보의 전부 또는 일부가 제3자와 관련이 있다고 인정할 때에는 그 사실을 제3자에게 지체 없이 통지하여야 하며, 그의 의견을 들어야 한다.
④ 공공기관은 다른 공공기관이 보유·관리하는 정보의 공개 청구를 받았을 때에는 지체 없이 이를 소관 기관으로 이송하여야 하며, 이송한 후에는 지체 없이 소관 기관 및 이송 사유 등을 분명히 밝혀 청구인에게 문서로 통지하여야 한다.

해설 ① 「**공공기관의 정보공개에 관한 법률**」제11조 제1항 "공공기관은 제10조에 따라 정보공개의 청구를 받으면 그 청구를 받은 날부터 10일 이내에 공개 여부를 결정하여야 한다."
② 「**공공기관의 정보공개에 관한 법률**」제11조 제2항 제1문 "공공기관은 부득이한 사유로 제1항에 따른 기간 이내에 공개 여부를 결정할 수 없을 때에는 <u>그 기간이 끝나는 날의 다음 날부터</u> 기산(起算)하여 10일의 범위에서 공개 여부 결정기간을 연장할 수 있다. 이 경우 공공기관은 연장된 사실과 연장 사유를 청구인에게 지체 없이 문서로 통지하여야 한다."
③ 「**공공기관의 정보공개에 관한 법률**」제11조 제3항 "공공기관은 공개 청구된 공개 대상 정보의 전부 또는 일부가 제3자와 관련이 있다고 인정할 때에는 그 사실을 제3자에게 지체 없이 통지하여야 하며, <u>필요한 경우에는 그의 의견을 들을 수 있다</u>."
④ 「**공공기관의 정보공개에 관한 법률**」제11조 제4항

05 공공기관의 정보공개에 관한 법률상 "정보공개심의회(제12조)"에 대한 설명으로 틀린 것은? (21. 12. 23. 시행 기준에 따름)

① 국가기관, 지방자치단체, 공공기관의 운영에 관한 법률 제5조에 따른 공기업 및 준정부기관, 지방공기업법에 따른 지방공사 및 지방공단(이하 "국가기관등")은 정보공개 여부 등을 심의하기 위하여 정보공개심의회를 설치·운영한다.

② 정보공개심의회는 위원장 1명을 포함하여 5명 이상 7명 이하의 위원으로 구성하고, 위원장은 위원 중에서 국가기관등의 장이 지명하거나 위촉한다.

③ 정보공개심의회의 위원은 소속 공무원, 임직원 또는 외부 전문가로 지명하거나 위촉하되, 그 중 2분의 1은 해당 국가기관등의 업무 또는 정보공개의 업무에 관한 지식을 가진 외부 전문가로 위촉하여야 한다.

④ 범죄의 예방·수사에 해당하는 업무를 주로 하는 국가기관은 그 국가기관의 장이 외부 전문가의 위촉 비율을 따로 정하되, 최소한 3분의 1 이상은 외부 전문가로 위촉하여야 한다.

> **해설** ① 「**공공기관의 정보공개에 관한 법률**」 제12조 제1항 제1문, ② 제12조 제2항·제4항, ④ 제12조 제3항 단서
> ④와 관련하여 제12조 제3항 단서는 "다만, 제9조 제1항 제2호 및 제4호(※ 진행 중인 재판에 관련된 정보와 범죄의 예방, 수사, 공소의 제기 및 유지, 형의 집행, 교정, 보안처분에 관한 사항으로서 공개될 경우 그 직무수행을 현저히 곤란하게 하거나 형사피고인의 공정한 재판을 받을 권리를 침해한다고 인정할 만한 상당한 이유가 있는 정보)에 해당하는 업무를 주로 하는 국가기관은 그 국가기관의 장이 외부 전문가의 위촉 비율을 따로 정하되, 최소한 3분의 1 이상은 외부 전문가로 위촉하여야 한다."고 규정하고 있다.
> ③ 「**공공기관의 정보공개에 관한 법률**」 제12조 제3항 본문 "심의회의 위원은 소속 공무원, 임직원 또는 외부 전문가로 지명하거나 위촉하되, 그 중 3분의 2는 해당 국가기관등의 업무 또는 정보공개의 업무에 관한 지식을 가진 외부 전문가로 위촉하여야 한다(21. 12. 23. 시행)." 개정된 법에서 2분의 1 → 3분의 2로 변경된다.

06 공공기관의 정보공개에 관한 법률 시행령 및 경찰청 정보공개심의회 운영규칙에 따른 정보공개심의회에 대한 설명으로 옳은 것은?

① 국가기관·지방자치단체 및 공공기관의 운영에 관한 법률 제5조에 따른 공기업은 업무성격이나 업무량 등을 고려하여 정보공개심의회를 그 기관 또는 소속 기관에 1개 이상 설치·운영할 수 있다.

② 정보공개심의회 위원의 임기는 2년으로 하되, 한 차례만 연임할 수 있고, 공무원인 위원의 임기는 그 직위에 재직하는 기간으로 한다.

③ 경찰청 정보공개심의회의 회의는 정보공개 처리부서의 장으로부터 심의요청이 있을 때 수시로 개최하고, 부득이한 사유로 위원의 출석이 어려운 경우 서면심의로 대체하여야 한다.

④ 경찰청 정보공개심의회의 회의는 위원장이 소집하며, 재적위원 3분의 2 이상의 출석으로 개의하고 출석위원 과반수의 찬성으로 의결한다.

> **해설** ① 「**공공기관의 정보공개에 관한 법률 시행령**」 제11조 제1항 "국가기관, 지방자치단체, 「공공기관의 운영에 관한 법률」 제5조에 따른 공기업 및 준정부기관, 「지방공기업법」에 따른 지방공사 및 지방공단(이하 "국가기관등"이라 한다)은 업무성격이나 업무량 등을 고려하여 법 제12조에 따른 정보공개심의회(이하 "심의회"라 한다)를 그 기관 또는 소속 기관에 1개 이상 설치·운영해야 한다(21. 12. 23. 시행)."
> ② 「**공공기관의 정보공개에 관한 법률 시행령**」 제11조 제3항
> ③ 「**경찰청 정보공개심의회 운영규칙**」 제7조 제1항 "심의회의 회의는 정보공개 처리부서의 장으로부터 심의요청이 있을 때 수시로 개최한다. 다만, 안건의 내용이 경미한 경우, 긴급한 사유로 위원이 출석하는 회의를 개최할 시간적 여유가 없는 경우, 그 밖의 부득이한 사유로 위원의 출석이 어려운 경우 서면심의로 대체할 수 있다."

④ 「**경찰청 정보공개심의회 운영규칙**」 제7조 제2항·제3항 "② 회의는 위원장이 소집한다. ③ 심의회의 회의는 재적위원 과반수의 출석으로 개의하고 출석위원 과반수의 찬성으로 의결한다."

07 공공기관의 정보공개에 관한 법률에 따른 "정보공개 여부 결정의 통지(제13조) 및 비용 부담(제17조)"에 대한 설명으로 틀린 것은?

① 공공기관은 청구인이 사본 또는 복제물의 교부를 원하는 경우에는 이를 교부할 수 있다.
② 공공기관은 정보를 공개하는 경우에 그 정보의 원본이 더럽혀지거나 파손될 우려가 있거나 그 밖에 상당한 이유가 있다고 인정할 때에는 그 정보의 사본·복제물을 공개할 수 있다.
③ 공공기관은 정보의 비공개 결정을 한 경우에는 그 사실을 청구인에게 지체 없이 문서로 통지하여야 하고, 이 경우 어느 규정에 해당하는 비공개 대상 정보인지를 포함한 비공개 이유와 불복의 방법 및 절차를 구체적으로 밝혀야 한다.
④ 정보의 공개 및 우송 등에 드는 비용은 실비의 범위에서 청구인이 부담하고, 공개를 청구하는 정보의 사용 목적이 공공복리의 유지·증진을 위하여 필요하다고 인정되는 경우에는 그 비용을 감면할 수 있다.

해설 ① 「**공공기관의 정보공개에 관한 법률**」 제13조 제2항 "공공기관은 청구인이 <u>사본 또는 복제물의 교부를 원하는 경우에는 이를 교부하여야 한다.</u>"
② 「**공공기관의 정보공개에 관한 법률**」 제13조 제4항, ③ 제13조 제5항, ④ 제17조

08 공공기관의 정보공개에 관한 법률에 따른 "이의신청(제18조)"에 대한 설명으로 옳은 것은?

① 청구인이 정보공개와 관련한 공공기관의 비공개 결정 또는 부분 공개 결정에 대하여 불복이 있거나 정보공개 청구 후 20일이 경과하도록 정보공개 결정이 없는 때에는 공공기관에 문서 또는 말로써 이의신청을 할 수 있다.
② 이의신청은 공공기관으로부터 정보공개 여부의 결정 통지를 받은 날 또는 정보공개 청구 후 20일이 경과한 날부터 20일 이내에 할 수 있다.
③ 국가기관등은 이의신청이 있는 경우에는 정보공개심의회를 개최하여야 하고, 심의회의 심의를 이미 거친 사항이나 단순·반복적인 청구 또는 법령에 따라 비밀로 규정된 정보에 대한 청구에 해당하는 경우에는 개최하지 아니한다.
④ 공공기관은 이의신청을 받은 날부터 7일 이내에 그 이의신청에 대하여 결정하고, 부득이한 사유로 정하여진 기간 이내에 결정할 수 없을 때에는 그 기간이 끝나는 날의 다음 날부터 기산하여 7일의 범위에서 연장할 수 있다.

해설 ① 「**공공기관의 정보공개에 관한 법률**」 제18조 제1항 "청구인이 정보공개와 관련한 공공기관의 비공개 결정 또는 부분 공개 결정에 대하여 불복이 있거나 <u>정보공개 청구 후 20일이 경과하도록 정보공개 결정이 없는 때에</u>는 공공기관으로부터 정보공개 여부의 결정 통지를 받은 날 또는 정보공개 청구 후 20일이 경과한 날부터 <u>30일 이내에 해당 공공기관에 문서로 이의신청을 할 수 있다.</u>"
② 「**공공기관의 정보공개에 관한 법률**」 제18조 제1항 참조. 경과한 날부터 <u>30일 이내에 할 수 있다.</u>
③ 「**공공기관의 정보공개에 관한 법률**」 제18조 제2항 "국가기관등은 제1항에 따른 이의신청이 있는 경우에는 <u>심의회를 개최하여야 한다.</u> 다만, 다음 각 호의 어느 하나에 해당하는 경우에는 <u>개최하지 아니할 수 있다.</u> 1. 심의회의 심의를 이미 거친 사항, 2. 단순·반복적인 청구, 3. 법령에 따라 비밀로 규정된 정보에 대한 청구"
④ 「**공공기관의 정보공개에 관한 법률**」 제18조 제3항

09 공공기관의 정보공개에 관한 법률상 "행정심판(제19조) 및 행정소송(제20조)"에 대한 설명으로 옳은 것은?

① 청구인이 정보공개와 관련한 공공기관의 결정에 대하여 불복이 있거나 정보공개 청구 후 30일이 경과하도록 정보공개 결정이 없는 때에는 행정심판을 청구할 수 있다.
② 청구인은 공공기관의 정보공개에 관한 법률에 따른 이의신청 절차를 거치지 아니하고는 행정심판을 청구할 수 없다.
③ 청구인이 정보공개와 관련한 공공기관의 결정에 대하여 불복이 있거나 정보공개 청구 후 20일이 경과하도록 정보공개 결정이 없는 때에는 행정소송을 제기할 수 있다.
④ 재판장은 필요하다고 인정하면 당사자를 참여시키지 아니하고 제출된 공개 청구 정보를 비공개로 열람·심사하여야 한다.

> **해설** ① 「공공기관의 정보공개에 관한 법률」 제19조 제1항 제1문 "청구인이 정보공개와 관련한 공공기관의 결정에 대하여 불복이 있거나 정보공개 <u>청구 후 20일이 경과하도록</u> 정보공개 결정이 없는 때에는 「행정심판법」에서 정하는 바에 따라 행정심판을 청구할 수 있다. 이 경우 국가기관 및 지방자치단체 외의 공공기관의 결정에 대한 감독행정기관은 관계 중앙행정기관의 장 또는 지방자치단체의 장으로 한다."
> ② 「공공기관의 정보공개에 관한 법률」 제19조 제2항 "청구인은 제18조에 따른 이의신청 절차를 거치지 아니<u>하고 행정심판을 청구할 수 있다.</u>"
> ③ 「공공기관의 정보공개에 관한 법률」 제20조 제1항 옳은 설명이다. 공공기관의 정보공개에 관한 법률은 행정소송 및 행정심판의 관계와 관련하여 "행정심판전치주의"를 규정하고 있지 않으므로 행정소송법 제18조 제1항 본문에 따라 행정심판을 거치지 않고 행정소송을 제기할 수 있다. 아울러 이의신청 절차를 거치지 않고 행정심판을 제기할 수 있으므로 결국 <u>청구인은 이의신청 절차 및 행정심판 절차를 거치지 않고 바로 법원에 행정소송을 제기할 수 있다.</u>
> ④ 「공공기관의 정보공개에 관한 법률」 제20조 제2항 "재판장은 필요하다고 인정하면 당사자를 참여시키지 아니하고 제출된 공개 청구 정보를 <u>비공개로 열람·심사할 수 있다.</u>"

10 공공기관의 정보공개에 관한 법률에 따른 "제3자의 비공개 요청 등(제21조)"에 대한 설명으로 틀린 것은?

① 공개 대상 정보의 전부 또는 일부가 제3자와 관련이 있다고 인정되어 공공기관으로부터 공개 청구된 사실을 통지받은 제3자는 그 통지를 받은 날부터 3일 이내에 해당 공공기관에 대하여 자신과 관련된 정보를 공개하지 아니할 것을 요청할 수 있다.
② 공개 대상 정보의 전부 또는 일부가 제3자와 관련이 있다고 인정되어 공공기관으로부터 공개 청구된 사실을 통지받은 제3자의 비공개 요청에도 불구하고 공공기관이 공개 결정을 할 때에는 공개 결정 이유와 공개 실시일을 분명히 밝혀 지체 없이 문서로 통지하여야 한다.
③ ②에 따라 공개 결정 이유와 공개 실시일을 문서로 통지받은 제3자는 해당 공공기관에 문서 또는 말로 이의신청을 하거나 행정심판 또는 행정소송을 제기할 수 있고, 이 경우 이의신청은 통지를 받은 날부터 7일 이내에 하여야 한다.
④ 공개 대상 정보의 전부 또는 일부가 제3자와 관련이 있다고 인정되어 공공기관으로부터 공개 청구된 사실을 통지받은 제3자의 비공개 요청에도 불구하고 공공기관이 공개 결정을 할 때에는 공개 결정일과 공개 실시일 사이에 최소한 30일의 간격을 두어야 한다.

> **해설** ① 「공공기관의 정보공개에 관한 법률」 제21조 제1항, ② 제21조 제2항 제1문 전단, ④ 제21조 제3항
> ③ 「공공기관의 정보공개에 관한 법률」 제21조 제2항 제1문 후단 및 제2문 "제1항에 따른 비공개 요청에도 불구하고 공공기관이 공개 결정을 할 때에는 공개 결정 이유와 공개 실시일을 분명히 밝혀 지체 없이 문서로 통

지하여야 하며, 제3자는 해당 공공기관에 <u>문서로 이의신청을 하거나</u> 행정심판 또는 행정소송을 제기할 수 있다. 이 경우 이의신청은 통지를 받은 날부터 7일 이내에 하여야 한다."

11 공공기관의 정보공개에 관한 법률에 따른 "정보공개 여부의 결정(제11조) 및 제3자의 비공개 요청 등(제21조)"에 대한 설명이다. ㉠부터 ㉤까지 들어갈 숫자를 모두 합한 값은 얼마인가?

> (가) 공공기관은 제10조에 따라 정보공개의 청구를 받으면 그 청구를 받은 날부터 (㉠) 이내에 공개 여부를 결정하여야 한다.
> (나) 공공기관은 부득이한 사유로 (가)에 따른 기간 이내에 공개 여부를 결정할 수 없을 때에는 그 기간이 끝나는 날의 다음 날부터 기산하여 (㉡)의 범위에서 공개 여부 결정기간을 연장할 수 있다.
> (다) 제11조 제3항(공공기관은 공개 청구된 공개 대상 정보의 전부 또는 일부가 제3자와 관련이 있다고 인정하여 그 사실을 제3자에게 통지)에 따라 공개 청구된 사실을 통지받은 제3자는 그 통지를 받은 날부터 (㉢) 이내에 해당 공공기관에 대하여 자신과 관련된 정보를 공개하지 아니할 것을 요청할 수 있다.
> (라) 제3자의 비공개 요청에도 불구하고 공공기관이 공개 결정을 할 때에는 공개 결정 이유와 공개 실시일을 분명히 밝혀 지체 없이 문서로 통지하여야 하며, 제3자는 해당 공공기관에 문서로 이의신청을 하거나 행정심판 또는 행정소송을 제기할 수 있다. 이 경우 이의신청은 통지를 받은 날부터 (㉣) 이내에 하여야 한다.
> (마) 공공기관은 (라)에 따른 공개 결정일과 공개 실시일 사이에 최소한 (㉤)의 간격을 두어야 한다.

① 50일   ② 60일   ③ 64일   ④ 72일

12 공공기관의 정보공개에 관한 법률 및 동법 시행령에 따른 정보공개위원회에 대한 설명으로 옳은 것은?

① 정보공개에 관한 정책 수립 및 제도 개선에 관한 사항 등을 심의·조정하기 위하여 국무총리 소속으로 정보공개위원회를 둔다.

② 정보공개위원회는 성별을 고려하여 위원장과 부위원장 각 1명을 포함한 9명의 위원으로 구성하고, 위원장을 포함한 5명은 공무원이 아닌 사람으로 위촉하여야 한다.

③ 정보공개위원회 위원장·부위원장 및 위원(대통령령으로 정하는 관계 중앙행정기관의 차관급 공무원이나 고위공무원단에 속하는 일반직공무원인 위원을 포함한다)의 임기는 2년으로 하며, 연임할 수 있다.

④ 정보공개위원회의 회의는 분기별로 개최하며, 재적위원 과반수의 출석으로 개의하고 출석위원 과반수의 찬성으로 의결한다.

한다)에서 추천한 사람으로서 국무총리가 위촉하는 사람" 제1항·제2항은 개정·시행되었다.
③ 「**공공기관의 정보공개에 관한 법률**」 제23조 제3항 "위원장·부위원장 및 위원(제2항 제1호의 위원 – 대통령령으로 정하는 관계 중앙행정기관의 차관급 공무원이나 고위공무원단에 속하는 일반직공무원인 위원 – 은 제외한다)의 임기는 2년으로 하며, 연임할 수 있다."
④ 「**공공기관의 정보공개에 관한 법률 시행령**」 제21조 "① 위원회의 회의는 반기(半期)별로 개최한다. 다만, 위원장은 필요하다고 인정하는 경우에는 임시회를 소집할 수 있다. ② 위원회의 회의는 재적위원 과반수의 출석으로 개의(開議)하고 출석위원 과반수의 찬성으로 의결한다."

13 공공기관의 정보공개에 관한 법률, 동법 시행령 및 경찰청 정보공개심의회 운영규칙에 따른 정보공개위원회와 정보공개심의회에 대한 비교 설명으로 옳은 것은 몇 개인가? (21. 12. 23. 시행 기준에 따름)

> ⊙ 정보공개위원회는 국가기관, 지방자치단체 및 공공기관의 운영에 관한 법률 제5조에 따른 공기업 등(이하 "국가기관등")에 설치·운영하고, 정보공개심의회는 국무총리 소속으로 둔다.
> ⓛ 정보공개위원회는 성별을 고려하여 위원장과 부위원장 각 1명을 포함한 11명의 위원으로 구성하고, 정보공개심의회는 위원장 1명을 포함하여 5명 이상 7명 이하의 위원으로 구성한다.
> ⓒ 정보공개위원회의 위원장을 제외한 위원은 소속 공무원, 임직원 또는 외부 전문가로 지명하거나 위촉하되 그 중 2분의 1은 해당 국가기관등의 업무 또는 정보공개의 업무에 관한 지식을 가진 외부 전문가로 위촉하여야 하고, 정보공개심의회 위원의 경우 위원장을 포함한 7명은 공무원이 아닌 사람으로 위촉하여야 한다.
> ⓔ 정보공개위원회 위원(대통령령으로 정하는 관계 중앙행정기관의 차관급 공무원이나 고위공무원단에 속하는 일반직공무원 제외)의 임기는 2년으로 연임할 수 있고, 정보공개심의회 위원(공무원인 위원의 임기는 그 직위에 재직하는 기간)의 임기는 2년으로 한 차례만 연임할 수 있다.
> ⓜ 정보공개위원회의 회의는 재적위원 과반수의 출석으로 개의하고 출석위원 과반수의 찬성으로 의결하며, 경찰청 정보공개심의회의 회의는 재적위원 과반수의 출석으로 개의하고 출석위원 3분의 2 이상의 찬성으로 의결한다.

① 1개   ② 2개   ③ 3개   ④ 4개

해설 「**공공기관의 정보공개에 관한 법률, 동법 시행령, 경찰청 정보공개심의회 운영규칙**」: ⓛ ⓔ이 옳은 설명이다.
⊙ **공공기관의 정보공개에 관한 법률** 제22조 "다음 각 호의 사항을 심의·조정하기 위하여 국무총리 소속으로 정보공개위원회(이하 "위원회"라 한다)를 둔다." 제12조 제1항 제1문 "국가기관, 지방자치단체, 「공공기관의 운영에 관한 법률」 제5조에 따른 공기업 및 준정부기관, 「지방공기업법」에 따른 지방공사 및 지방공단(이하 "국가기관등"이라 한다)은 제11조에 따른 정보공개 여부 등을 심의하기 위하여 정보공개심의회(이하 "심의회"라 한다)를 설치·운영한다(21. 12. 23. 시행)." 반대로 기술되어 틀린 설명이다.
ⓛ **공공기관의 정보공개에 관한 법률** 제23조 제1항 "(정보공개)위원회는 성별을 고려하여 위원장과 부위원장 각 1명을 포함한 11명의 위원으로 구성한다." 제12조 제2항 "(정보공개)심의회는 위원장 1명을 포함하여 5명 이상 7명 이하의 위원으로 구성한다." 옳은 설명이다.
ⓒ **공공기관의 정보공개에 관한 법률** 제23조 제2항 "(정보공개)위원회의 위원은 다음 각 호의 사람이 된다. 이 경우 위원장을 포함한 7명은 공무원이 아닌 사람으로 위촉하여야 한다." 제12조 제3항 본문 "(정보공개)심의회의 위원은 소속 공무원, 임직원 또는 외부 전문가로 지명하거나 위촉하되, 그 중 3분의 2는 해당 국가기관등의 업무 또는 정보공개의 업무에 관한 지식을 가진 외부 전문가로 위촉하여야 한다(21. 12. 23. 시행)." 반대로 기술되어 있고, 21. 12. 23. 개정된 법을 기준으로 2분의 1이 아닌 3분의 2이므로 틀린 설명이다.
ⓔ **공공기관의 정보공개에 관한 법률** 제23조 제3항 "(정보공개위원회)위원장·부위원장 및 위원(제2항 제1호의 위원은 제외한다)의 임기는 2년으로 하며, 연임할 수 있다." **공공기관의 정보공개에 관한 법률 시행령** 제11조 제3항 "(정보공개)심의회의 위원의 임기는 2년으로 하며, 한 차례만 연임할 수 있다. 다만, 공무원인 위원의

임기는 그 직위에 재직하는 기간으로 한다." 옳은 설명이다.

ⓜ **공공기관의 정보공개에 관한 법률 시행령 제21조 제2항** "(정보공개)위원회의 회의는 재적위원 과반수의 출석으로 개의(開議)하고 출석위원 과반수의 찬성으로 의결한다." **경찰청 정보공개심의회 운영규칙 제7조 제3항** "(경찰청 정보공개)심의회의 회의는 재적위원 과반수의 출석으로 개의하고 출석위원 과반수의 찬성으로 의결한다." 양자 모두 정족수가 동일하기 때문에 틀린 설명이다.

14 공공기관의 정보공개에 관한 법률상 "제도 총괄 등(제24조)"에 대한 설명으로 틀린 것은?

① 행정안전부장관은 공공기관의 정보공개에 관한 법률에 따른 정보공개제도의 정책 수립 및 제도 개선 사항 등에 관한 기획·총괄 업무를 관장한다.

② 행정안전부장관은 정보공개위원회가 정보공개제도의 효율적 운영을 위하여 필요하다고 요청하면 공공기관(국회·법원·헌법재판소 및 중앙선거관리위원회는 제외한다)의 정보공개제도 운영실태를 평가할 수 있다.

③ 행정안전부장관은 공공기관의 정보공개제도 운영실태 평가를 실시한 경우에는 그 결과를 정보공개위원회를 거쳐 국무회의에 보고한 후 공개하여야 하며, 정보공개위원회가 개선이 필요하다고 권고한 사항에 대해서는 해당 공공기관에 시정 요구 등의 조치를 하여야 한다.

④ 행정안전부장관은 정보공개에 관하여 필요할 경우에 공공기관(국회·법원·헌법재판소 및 중앙선거관리위원회는 제외한다)의 장에게 정보공개 처리 실태의 개선을 권고하여야 하고, 권고를 받은 공공기관은 이를 이행하기 위하여 성실하게 노력하여야 하며, 그 조치 결과를 행정안전부장관에게 알려야 한다.

해설 ① 「**공공기관의 정보공개에 관한 법률**」 제24조 제1항, ② 제24조 제2항, ③ 제24조 제3항

④ 「**공공기관의 정보공개에 관한 법률**」 제24조 제4항 제1문 "행정안전부장관은 정보공개에 관하여 필요할 경우에 공공기관(국회·법원·헌법재판소 및 중앙선거관리위원회는 제외한다)의 장에게 정보공개 처리 실태의 개선을 권고할 수 있다. 이 경우 권고를 받은 공공기관은 이를 이행하기 위하여 성실하게 노력하여야 하며, 그 조치 결과를 행정안전부장관에게 알려야 한다."

01 「보안업무규정」상 신원조사에 대한 설명으로 가장 적절하지 않은 것은?

　　　　　　　　　　　　　　　　　　　　　　　　　(2018년 제2차 – 현행규정 반영 수정)

　① 신원조사는 경찰청장이 직권으로 하거나 관계기관의 장의 요청에 따라 한다.

　② 공무원 임용예정자(국가안전보장에 한정된 국가 기밀을 취급하는 직위에 임용될 예정인 사람으로 한정한다)는 신원조사의 대상이 된다.

　③ 국가보안시설·보호장비를 관리하는 기관 등의 장(해당 국가보안시설 등의 관리 업무를 수행하는 소속 직원을 포함한다)은 신원조사의 대상이 된다.

　④ 국가정보원장은 신원조사 결과 국가안전보장에 해를 끼칠 정보가 있음이 확인된 사람에 대해서는 관계 기관의 장에게 그 사실을 통보하여야 한다.

> **해설**　① 「**보안업무규정**」 제36조 제1항·제3항 "① 국가정보원장은 제3조 제2호에 해당하는 사람의 충성심·신뢰성 등을 확인하기 위하여 신원조사를 한다. ③ 관계기관의 장은 다음 각 호에 해당하는 사람에 대하여 국가정보원장에게 신원조사를 요청해야 한다." 신원조사는 국가정보원장이 행하고, 관계기관의 장은 국가정보원장에게 신원조사를 요청하여야 한다.
>
> ② 「**보안업무규정**」 제36조 제3항 제1호, ③ 제36조 제3항 제4호, ④ 제37조 제1항

> **분석**　보안업무규정은 국가정보원법 제3조 제2항에 따라 보안 업무 수행에 필요한 사항을 규정함을 목적으로 하는 대통령령으로 최근 12년간 독립된 유형의 문제로 8회가 출제되었고, 보안업무규정의 조문 내용을 정확히 알고 있는지를 확인하는 수준이었습니다. 주로 신원조사 및 비밀과 관련된 분야에서 출제되었고, 특히 비밀의 경우 정의 규정, 비밀의 구분, 비밀의 보호와 관리 원칙, 비밀의 취급, 비밀취급 인가권자, 분류원칙, 비밀관리기록부, 비밀의 복제·복사 제한, 비밀의 열람 및 보안업무규정 시행규칙상 보호구역의 구분까지 광범위하게 출제되었기 때문에 기출조문을 정확히 숙지하고 있어야 출제 가능성에 대비할 수 있습니다.

02 「보안업무규정」상 신원조사에 대하여 설명한 것이다. 옳은 것을 모두 고른 것은?

　　　　　　　　　　　　　　　　　　　　　　　　　(2017년 제2차 – 현행규정 반영 수정)

> ㉠ 신원조사는 관계기관의 장이 직권으로 하거나 국가정보원장의 요청에 따라 한다.
>
> ㉡ 국가보안시설·보호장비를 관리하는 기관 등의 장(해당 국가보안시설 등의 관리 업무를 수행하는 소속 직원을 포함한다)은 신원조사의 대상이 된다.
>
> ㉢ 공무원 임용 예정자(국가안전보장에 한정된 국가 기밀을 취급하는 직위에 임용될 예정인 사람으로 한정한다)와 비밀취급 인가 예정자는 신원조사의 대상이 된다.
>
> ㉣ 다른 법령에서 정하는 사람이나 각급기관의 장이 국가안전보장을 위하여 필요하다고 인정하는 사람은 신원조사의 대상이 된다.
>
> ㉤ 국가정보원장은 신원조사 결과 국가안전보장에 해를 끼칠 정보가 있음이 확인된 사람에 대해서는 관계기관의 장에게 통보할 수 있으며, 통보를 받은 관계기관의 장은 신원조사 결과에 따라 필요한 보안대책을 마련하여야 한다.

　① ㉠㉡　　　　　② ㉠㉢㉣　　　　　③ ㉡㉢㉣　　　　　④ ㉠㉢㉣㉤

> **해설**　㉡ 「**보안업무규정**」 제36조 제3항 제4호, ㉢ 제36조 제3항 제1호·제2호, ㉣ 제36조 제3항 제6호. 「**보안업무규정**」 제36조 제3항 "관계 기관의 장은 다음 각 호에 해당하는 사람에 대하여 국가정보원장에게 신원조사를 요청해야 한다. 1. 공무원 임용 예정자(국가안전보장에 한정된 국가 기밀을 취급하는 직위에 임용될 예정인

사람으로 한정한다). 2. 비밀취급 인가 예정자, 3. 삭제, 4. 국가보안시설·보호장비를 관리하는 기관 등의 장 (해당 국가보안시설 등의 관리 업무를 수행하는 소속 직원을 포함한다), 5. 삭제, 6. 그 밖에 다른 법령에서 정하는 사람이나 각급기관의 장이 국가안전보장을 위하여 필요하다고 인정하는 사람" 2020. 2. 15. 시행된 보안업무규정에서 기존의 제3호 "해외여행을 위하여 「여권법」에 따른 여권이나 「선원법」에 따른 선원수첩 등 신분증서 또는 「출입국관리법」에 따른 사증(査證) 등을 발급받으려는 사람(입국하는 교포를 포함한다)" 및 제5호 "임직원을 임명할 때 정부의 승인이나 동의가 필요한 공공기관의 임직원"는 삭제되었으므로 유의한다.

- ㉠ **「보안업무규정」 제36조 제3항** "관계기관의 장은 다음 각 호에 해당하는 사람에 대하여 국가정보원장에게 신원조사를 요청해야 한다."
- ㉤ **「보안업무규정」 제37조** "① 국가정보원장은 신원조사 결과 국가안전보장에 해를 끼칠 정보가 있음이 확인된 사람에 대해서는 관계기관의 장에게 그 사실을 통보하여야 한다. ② 제1항에 따라 통보를 받은 관계기관의 장은 신원조사 결과에 따라 필요한 보안대책을 마련하여야 한다."

03 「보안업무규정」상 신원조사에 대한 설명 중 가장 적절하지 않은 것은?

(2013년 제2차 – 현행규정 반영 수정)

① 국가안전보장에 한정된 국가 기밀을 취급하는 인원에 해당하는 사람의 충성심·신뢰성 등을 확인하기 위하여 신원조사를 한다.
② 국가정보원장은 신원조사 결과 국가안전보장에 해를 끼칠 정보가 있음이 확인된 사람에 대해서는 관계기관의 장에게 그 사실을 통보하여야 한다.
③ 공무원 임용 예정자(국가안전보장에 한정된 국가 기밀을 취급하는 직위에 임용될 예정인 사람으로 한정한다) 및 비밀취급 인가 예정자는 신원조사의 대상이 된다.
④ 임명할 때 정부의 승인이나 동의가 필요한 공공기관의 임원은 신원조사의 대상이 된다.

해설 | ① **「보안업무규정」 제36조 제1항** 및 **제3조 제2호**, ② **제37조 제1항**, ③ **제36조 제3항 제1호·제2호**
④ **「보안업무규정」 제36조 제3항 제5호**(임명할 때 정부의 승인이나 동의가 필요한 공공기관의 임원)는 2021. 1. 1. 시행된 보안업무규정에서 삭제되었으므로 틀린 설명이다. 기존에 삭제된 3호와 함께 유의한다.

04 「보안업무규정」에 대한 설명으로 가장 적절한 것은?

(2018년 제3차)

① 각급기관의 장은 비밀의 작성·분류·접수·발송 및 취급 등에 필요한 모든 관리사항을 기록하기 위하여 비밀관리기록부를 작성하여 갖추어야 한다. 다만, Ⅱ급 이상 비밀관리기록부는 따로 작성하여 갖추어 두어야 하며, 암호자재는 암호자재 관리기록부로 관리한다.
② 그 생산자가 특정한 제한을 하지 아니한 것으로서 해당 등급의 비밀취급 인가를 받은 사람이 공용으로 사용하는 경우 Ⅰ급 비밀의 일부 또는 전부에 대해서 모사·타자·인쇄·조각·녹음·촬영·인화·확대 등 그 원형을 재현하는 행위를 할 수 있다.
③ 비밀취급인가를 받지 아니한 사람에게 비밀을 열람하거나 취급하게 할 때에는 국가정보원장이 정하는 바에 따라 소속기관의 장(비밀이 군사와 관련된 사항인 경우에는 국방부장관)이 미리 열람자의 인적사항과 열람하려는 비밀의 내용 등을 확인하고, 열람시 비밀보호에 필요한 자체 보안대책을 마련하는 등의 보안조치를 하여야 한다. 다만, Ⅰ급비밀의 보안조치에 관하여는 국가정보원장과 미리 협의하여야 한다.
④ 각급기관의 장은 보안업무의 효율적인 수행을 위하여 필요하다고 인정되는 경우에는 국가정보원장의 승인하에 해당 비밀의 보존기간 내에서 그 사본을 제작하여 보관할 수 있다.

해설 | ① **「보안업무규정」 제22조 제1항** "각급기관의 장은 비밀의 작성·분류·접수·발송 및 취급 등에 필요한 모든 관리사항을 기록하기 위하여 비밀관리기록부를 작성하여 갖추어 두어야 한다. 다만, Ⅰ급비밀관리기록부는

따로 작성하여 갖추어 두어야 하며, 암호자재는 암호자재 관리기록부로 관리한다."

② 「보안업무규정」 제23조 제1항 제2호 "① 비밀의 일부 또는 전부나 암호자재에 대해서는 모사(模寫)·타자(打字)·인쇄·조각·녹음·촬영·인화(印畵)·확대 등 그 원형을 재현(再現)하는 행위를 할 수 없다. 다만, 다음 각 호의 구분에 따른 비밀의 경우에는 그러하지 아니하다. 1. Ⅰ급비밀: 그 생산자의 허가를 받은 경우, 2. Ⅱ급비밀 및 Ⅲ급비밀: 그 생산자가 특정한 제한을 하지 아니한 것으로서 해당 등급의 비밀취급 인가를 받은 사람이 공용(共用)으로 사용하는 경우, 3. 전자적 방법으로 관리되는 비밀: 해당 비밀을 보관하기 위한 용도인 경우" Ⅰ급비밀의 경우 그 생산자의 허가를 받은 경우에 모사 등 그 원형을 재현하는 행위를 할 수 있다.

③ 「보안업무규정」 제24조 제2항

④ 「보안업무규정」 제23조 제2항 "각급기관의 장은 보안업무의 효율적인 수행을 위하여 필요하다고 인정되는 경우에는 해당 비밀의 보존기간 내에서 제1항 단서에 따라 그 사본을 제작하여 보관할 수 있다." 국가정보원장의 승인을 요하지 않는다.

05 「보안업무규정」상 비밀보호에 관한 설명으로 틀린 것은 모두 몇 개인가?　(2016년 제1차)

> ㉠ 각급기관의 장은 비밀의 작성·분류·취급·유통 및 이관 등의 모든 과정에서 비밀이 누설되거나 유출되지 아니하도록 보안대책을 수립하여 시행하여야 한다.
> ㉡ 비밀은 해당 등급의 비밀취급 인가를 받은 사람만 취급할 수 있다.
> ㉢ 비밀은 적절히 보호할 수 있는 최고등급으로 분류하되, 과도하거나 과소하게 분류해서는 아니 된다.
> ㉣ 비밀은 그 자체의 내용과 가치의 정도에 따라 분류하여야 하며, 다른 비밀과 관련해서 분류해서는 아니 된다.
> ㉤ 경찰청장은 Ⅱ급 및 Ⅲ급비밀 취급 인가권자이다.

① 1개　　　② 2개　　　③ 3개　　　④ 4개

해설 ㉠ 「보안업무규정」 제5조 제1문, ㉡ 제8조 전단, ㉣ 제12조 제2항, ㉤ 제9조 제2항 제2호
　　　 ㉢ 「보안업무규정」 제12조 제1항 "비밀은 적절히 보호할 수 있는 최저등급으로 분류하되, 과도하거나 과소하게 분류해서는 아니 된다."

06 「보안업무규정」상 비밀에 대한 설명으로 가장 적절하지 않은 것은?
　　　　　　　　　　　　　　　　　　(2015년 제1차 - 현행규정 반영 수정)

① 비밀이란 「국가정보원법」 제4조 제1항 제2호에 따른 국가 기밀로서 이 영에 따라 비밀로 분류된 것을 말한다.

② 비밀은 그 중요성과 가치의 정도에 따라 Ⅰ급비밀·Ⅱ급비밀 및 Ⅲ급비밀로 구분한다.

③ 누설될 경우 대한민국과 외교관계가 단절되고 전쟁을 일으키며, 국가의 방위계획·정보활동 및 국가방위에 반드시 필요한 과학과 기술의 개발을 위태롭게 하는 등의 우려가 있는 비밀은 이를 Ⅰ급비밀로 한다.

④ 누설될 경우 국가안전보장에 해를 끼칠 우려가 있는 비밀은 이를 Ⅱ급비밀로 한다.

해설 ① 「보안업무규정」 제2조 제1호, ② 제4조 본문, ③ 제4조 제1호
　　　 ④ 「보안업무규정」 제4조 "비밀은 그 중요성과 가치의 정도에 따라 다음 각 호와 같이 구분한다. 1. Ⅰ급비밀: 누설될 경우 대한민국과 외교관계가 단절되고 전쟁을 일으키며, 국가의 방위계획·정보활동 및 국가방위에 반드시 필요한 과학과 기술의 개발을 위태롭게 하는 등의 우려가 있는 비밀, 2. Ⅱ급비밀: 누설될 경우 국가안전보장에 막대한 지장을 끼칠 우려가 있는 비밀, 3. Ⅲ급비밀: 누설될 경우 국가안전보장에 해를 끼칠 우려가 있는 비밀" Ⅱ급비밀은 누설될 경우 국가안전보장에 막대한 지장을 끼칠 우려가 있는 비밀을 말한다.

07 다음 중 「보안업무규정 시행규칙」상 비밀, 주요시설 및 Ⅲ급 비밀 소통용 암호자재에 접근하는 것을 방지하기 위하여 안내를 받아 출입하여야 하는 구역은? (2014년 제1차 – 현행규정 반영 수정)

① 통제구역　　　　　② 통제지역　　　　　③ 제한지역　　　　　④ 제한구역

해설 제한구역에 대한 설명이다.
「**보안업무규정 시행규칙**」 **제54조** "영 제34조 제2항에 따른 제한지역, 제한구역 및 통제구역이란 각각 다음 각 호의 지역 또는 구역을 말한다. 1. **제한지역**: 비밀 또는 국·공유재산의 보호를 위하여 울타리 또는 방호·경비 인력에 의하여 영 제34조제3항에 따른 승인을 받지 않은 사람의 접근이나 출입에 대한 감시가 필요한 지역. 2. 제한구역: 비인가자가 비밀, 주요시설 및 Ⅲ급 비밀 소통용 암호자재에 접근하는 것을 방지하기 위하여 안내를 받아 출입하여야 하는 구역. 3. **통제구역**: 보안상 매우 중요한 구역으로서 비인가자의 출입이 금지되는 구역"

08 「보안업무규정」상 다음 설명 중 가장 옳은 것은? (2012년 제3차 – 현행규정 반영)

① 누설될 경우 국가안전보장에 '막대한 지장'을 초래할 우려가 있는 비밀은 Ⅲ급 비밀로 한다.
② 외국 정부나 국제기구로부터 접수한 비밀은 그 생산기관이 필요로 하는 정도로 보호할 수 있 도록 분류하여야 한다.
③ 경찰청장은 Ⅰ급비밀 취급 인가권자이다.
④ 공무원 임용 예정자(국가안전보장에 한정된 국가 기밀을 취급하는 직위에 임용될 예정인 사 람으로 한정한다)는 신원조사의 대상이 아니다.

해설 ① 「**보안업무규정**」 **제4조 제2호 참조.** Ⅱ급비밀에 대한 설명이다.
② 「**보안업무규정**」 **제12조 제3항**
③ 「**보안업무규정**」 **제9조 제2항 제2호 참조.** 중앙행정기관등인 청의 장(예: 경찰청장)은 Ⅱ급 및 Ⅲ급비밀 취급 인가권자와 Ⅲ급비밀 소통용 암호자재 취급 인가권자이다.
④ 「**보안업무규정**」 **제36조 제3항 제1호 참조.** 신원조사의 대상에 해당한다.

예상문제   보안업무규정

01 보안업무규정에 따른 개념의 "정의(제2조)"에 대한 설명으로 옳은 것은?

① "비밀"이란 국가정보원법 제4조 제1항 제2호에 따른 국가 기밀로서 보안업무규정에 따라 비밀로 분류된 것임을 요하지 않는다.

② "각급기관"이란 대한민국헌법, 정부조직법 또는 그 밖의 법령에 따라 설치된 국가기관(군기관 및 교육기관을 포함한다)과 지방자치단체 및 공공기록물 관리에 관한 법률 시행령 제3조에 따른 공공기관을 말한다.

③ "중앙행정기관등"이란 정부조직법 제2조 제2항에 따른 부·처·청(이에 준하는 위원회를 포함한다)과 대통령 소속·보좌·경호기관 및 국무총리 보좌기관을 말한다.

④ "암호자재"란 비밀의 보호 및 정보통신 보안을 위하여 암호기술이 적용된 장치나 수단으로서 Ⅰ급, Ⅱ급, Ⅲ급 및 Ⅳ급비밀 소통용 암호자재로 구분되는 장치나 수단을 말한다.

해설 ① 「**보안업무규정**」 제2조 제1호 ""비밀"이란 「국가정보원법」(이하 "법"이라 한다) 제4조 제1항 제2호에 따른 국가 기밀(이하 "국가 기밀"이라 한다)로서 이 영에 따라 비밀로 분류된 것을 말한다."

② 「**보안업무규정**」 제2조 제2호

③ 「**보안업무규정**」 제2조 제3호 ""중앙행정기관등"이란 「정부조직법」 제2조 제2항에 따른 부·처·청(이에 준하는 위원회를 포함한다)과 대통령 소속·보좌·경호기관, 국무총리 보좌기관 및 고위공직자범죄수사처를 말한다." 2020. 7. 15. 이전의 보안업무규정에 따르면 옳은 설명이나, 7. 15. 시행된 보안업무규정에서 고위공직자범죄수사처를 포함하였으므로 틀린 설명이다. 유의하여야 한다.

④ 「**보안업무규정**」 제2조 제4호 ""암호자재"란 비밀의 보호 및 정보통신 보안을 위하여 암호기술이 적용된 장치나 수단으로서 Ⅰ급, Ⅱ급 및 Ⅲ급비밀 소통용 암호자재로 구분되는 장치나 수단을 말한다."

02 보안업무규정에 따른 비밀보호에 대한 설명으로 틀린 것은?

① 비밀은 그 활용성과 가치의 정도에 따라 Ⅰ급비밀, Ⅱ급비밀 및 Ⅲ급비밀로 구분하고, 그 구체적인 기준은 누설될 경우에 미치는 영향의 정도이다.

② Ⅰ급비밀은 누설될 경우 대한민국과 외교관계가 단절되고 전쟁을 일으키며, 국가의 방위계획·정보활동 및 국가방위에 반드시 필요한 과학과 기술의 개발을 위태롭게 하는 등의 우려가 있는 비밀을 말한다.

③ Ⅱ급비밀은 누설될 경우 국가안전보장에 막대한 지장을 끼칠 우려가 있는 비밀을 말한다.

④ Ⅲ급비밀은 누설될 경우 국가안전보장에 해를 끼칠 우려가 있는 비밀을 말한다.

해설 ① 「**보안업무규정**」 제4조 "비밀은 그 중요성과 가치의 정도에 따라 다음 각 호와 같이 구분한다. 1. Ⅰ급비밀: 누설될 경우 대한민국과 외교관계가 단절되고 전쟁을 일으키며, 국가의 방위계획·정보활동 및 국가방위에 반드시 필요한 과학과 기술의 개발을 위태롭게 하는 등의 우려가 있는 비밀, 2. Ⅱ급비밀: 누설될 경우 국가안전보장에 막대한 지장을 끼칠 우려가 있는 비밀, 3. Ⅲ급비밀: 누설될 경우 국가안전보장에 해를 끼칠 우려가 있는 비밀"

② ③ ④ 「**보안업무규정**」 제4조 제1호 내지 제3호

03 보안업무규정에 따른 비밀보호에 대한 설명으로 옳은 것은?

① 국가정보원장은 비밀의 작성·분류·취급·유통 및 이관 등의 모든 과정에서 비밀이 누설되거나 유출되지 아니하도록 보안대책을 수립하여 시행하여야 한다.
② 암호자재의 제작 및 공급은 국가정보원장 또는 각급기관의 장이 한다.
③ 암호자재를 사용하는 기관의 장은 사용기간이 끝난 암호자재를 지체 없이 폐기하여야 한다.
④ 국가정보원장이 필요하다고 인정하는 암호자재의 경우 그 암호자재를 사용하는 기관은 국가정보원장이 인가하는 암호체계의 범위에서 암호자재를 제작할 수 있다.

> **해설** ① 「**보안업무규정**」 **제5조 제1문** "각급기관의 장은 비밀의 작성·분류·취급·유통 및 이관 등의 모든 과정에서 비밀이 누설되거나 유출되지 아니하도록 보안대책을 수립하여 시행하여야 한다. 이 경우 비밀의 제목 등 해당 비밀의 내용을 유추할 수 있는 정보가 포함된 자료는 공개하지 않는다."
> ② 「**보안업무규정**」 **제7조 제1항 본문** "국가정보원장은 암호자재를 제작하여 필요한 기관에 공급한다. 다만, 국가정보원장이 필요하다고 인정하는 암호자재의 경우 그 암호자재를 사용하는 기관은 국가정보원장이 인가하는 암호체계의 범위에서 암호자재를 제작할 수 있다."
> ③ 「**보안업무규정**」 **제7조 제2항** "암호자재를 사용하는 기관의 장은 사용기간이 끝난 암호자재를 지체 없이 그 제작기관의 장에게 반납하여야 한다."
> ④ 「**보안업무규정**」 **제7조 제1항 단서**

04 보안업무규정에 따른 "비밀·암호자재의 취급(제8조) 및 비밀·암호자재취급 인가권자(제9조)"에 대한 설명으로 틀린 것은?

① 비밀은 해당 등급의 비밀취급 인가를 받은 사람만 취급할 수 있으며, 암호자재는 해당 등급의 비밀 소통용 암호자재취급 인가를 받은 사람만 취급할 수 있다.
② 보안업무규정은 비밀 및 암호자재와 관련하여 "Ⅰ급비밀 취급 인가권자와 Ⅰ급·Ⅱ급비밀 소통용 암호자재 취급 인가권자" 및 "Ⅱ급·Ⅲ급비밀 취급 인가권자와 Ⅲ급비밀 소통용 암호자재 취급 인가권자"로 구분하고 있다.
③ 고위공직자범죄수사처장, 검찰총장 및 경찰청장은 Ⅰ급비밀 취급 인가권자와 Ⅰ급·Ⅱ급비밀 소통용 암호자재 취급 인가권자에 해당한다.
④ Ⅰ급비밀 취급 인가권자와 Ⅰ급 및 Ⅱ급비밀 소통용 암호자재 취급 인가권자는 동시에 Ⅱ급 및 Ⅲ급비밀 취급 인가권자와 Ⅲ급비밀 소통용 암호자재 취급 인가권자이다.

> **해설** ① 「**보안업무규정**」 제8조, ② 제9조 제1항·제2항, ④ 제9조 제2항 제1호
> ③ 「**보안업무규정**」 제9조 제1항 제4호의2, 제11호 및 제2항 제2호 "① Ⅰ급비밀 취급 인가권자와 Ⅰ급 및 Ⅱ급비밀 소통용 암호자재 취급 인가권자는 다음 각 호와 같다. 4의2. 고위공직자범죄수사처장. 11. 검찰총장. ② Ⅱ급 및 Ⅲ급비밀 취급 인가권자와 Ⅲ급비밀 소통용 암호자재 취급 인가권자는 다음 각 호와 같다. 2. 중앙행정기관등인 청의 장(주: 경찰청장이 여기에 해당)"

05 보안업무규정 시행 세부규칙에 따른 "Ⅱ급 및 Ⅲ급 비밀취급인가(제11조)"에 대한 설명으로 옳은 것은?

① 경찰청장, 경찰대학장, 경찰인재개발원장, 중앙경찰학교장, 경찰수사연수원장, 경찰병원장, 시·도경찰청장 및 경찰청의 국장급은 Ⅱ급 및 Ⅲ급 비밀취급 인가권자이다.
② 시·도경찰청장은 경찰서장, 기동대장에게 Ⅱ급 및 Ⅲ급 비밀취급인가권을 위임할 수 있다.
③ 시·도경찰청장은 경정 이상의 경찰공무원을 장으로 하는 경찰기관의 장에게 Ⅱ급 및 Ⅲ급 비밀취급인가권을 위임할 수 있다.
④ Ⅱ급 및 Ⅲ급 비밀취급인가권을 위임받은 기관의 장은 이를 다시 위임할 수 있다.

> **해설** ① 「보안업무규정 시행 세부규칙」 제11조 제1항 "「보안업무규정」(이하 "규정"이라 한다) 제7조 제2항(현행 제9조 제2항)의 규정에 따른 Ⅱ급 및 Ⅲ급 비밀취급 인가권자는 다음 각 호와 같다. 1. 경찰청장. 2. 경찰대학장. 3. 경찰교육원장(현: 경찰인재개발원장). 4. 중앙경찰학교장. 5. 경찰수사연수원장. 6. 경찰병원장. 7. 시·도경찰청장" 그러나 경찰청의 국장 등은 "기관의 장"이 아닌 보조기관으로 인가권자에 해당하지 않는다.
> ② 「보안업무규정 시행 세부규칙」 제11조 제2항 제1문 "시·도경찰청장은 규정 제7조 제2항(현행 제9조 제2항) 제5호에 따라 경찰서장, 기동대장에게 Ⅱ급 및 Ⅲ급 비밀취급인가권을 위임한다. 이 경우 경정 이상의 경찰공무원을 장으로 하는 경찰기관의 장에게도 Ⅱ급 및 Ⅲ급 비밀취급인가권을 위임할 수 있다." 보안업무규정 시행 세부규칙에 따라 경찰서장 및 기동대장에게 당연히 인가권이 위임되어 있으므로, 이들도 인가권자이다. 다만, 경정 이상의 경찰공무원을 장으로 하는 경찰기관의 장은 시·도경찰청장의 위임을 받은 경우에 한해 인가권자에 해당한다.
> ③ 「보안업무규정 시행 세부규칙」 제11조 제2항 제2문
> ④ 「보안업무규정 시행 세부규칙」 제11조 제3항 "제1항 및 제2항의 규정에 따라 Ⅱ급 및 Ⅲ급 비밀취급인가권을 위임받은 기관의 장은 이를 다시 위임할 수 없다." 위임받은 인가권의 재위임은 금지되어 있다.

06 보안업무규정 시행 세부규칙에 따른 "특별인가(제15조)"에 대한 설명으로 틀린 것은?

① 모든 경찰공무원(전투경찰순경 포함)은 임용과 동시 Ⅲ급 비밀취급권을 가진다.
② 경비·경호·작전·항공·정보통신 담당부서(기동대·전경대의 경우는 행정부서에 한한다)에 근무하는 경찰공무원(전투경찰순경 포함)은 그 보직발령과 동시에 Ⅱ급 비밀취급권을 인가받은 것으로 한다.
③ 각 경찰기관의 장은 특별인가의 대상이 되는 부서(제15조 제2항)에 근무하는 경찰공무원(전투경찰순경 포함) 중 신원특이자에 대하여는 위원회 또는 자체 심의기구에서 Ⅱ급 비밀취급의 인가여부를 심의하고, 비밀취급이 불가능하다고 의결된 자에 대하여는 즉시 인사조치한다.
④ 특별인가(제15조 제1항 및 제2항)에 따라 비밀의 취급인가를 받은 자에 대하여 비밀취급인가증을 발급할 수 있고, 업무상 필요한 경우에는 발급하여야 한다.

> **해설** ① 「보안업무규정 시행 세부규칙」 제15조 제1항, ② 제15조 제2항, ③ 제15조 제4항
> ④ 「보안업무규정 시행 세부규칙」 제15조 제3항 "제1항 및 제2항에 따라 비밀의 취급인가를 받은 자에 대하여는 별도로 비밀취급인가증을 발급하지 않는다. 다만, 업무상 필요한 경우에는 발급할 수 있다."

07 보안업무규정에 따른 "비밀의 분류(제11조) 및 분류원칙(제12조)"에 대한 설명으로 옳은 것은?

① 비밀취급 인가를 받은 사람은 인가받은 등급의 비밀에 대해서만 분류권을 가진다.
② 비밀은 적절히 보호할 수 있는 최저등급으로 분류하되, 과도·과소하게 분류해서는 아니 된다.
③ 비밀은 그 내용·가치의 정도에 따라 분류하여야 하고, 다른 비밀과 관련하여 분류하여야 한다.
④ 외국 정부나 국제기구로부터 접수한 비밀은 그 접수기관이 필요로 하는 정도로 보호할 수 있도록 분류하여야 한다.

해설 ① 「**보안업무규정**」 제11조 제1항 "비밀취급 인가를 받은 사람은 <u>인가받은 비밀 및 그 이하 등급 비밀의 분류권</u>을 가진다."

② 「**보안업무규정**」 제12조 제1항 "과도 · 과소분류 금지의 원칙"이라고 한다.

③ 「**보안업무규정**」 제12조 제2항 "비밀은 그 자체의 내용과 가치의 정도에 따라 분류하여야 하며, <u>다른 비밀과 관련하여 분류해서는 아니 된다</u>." "독립분류의 원칙"이라고 한다.

④ 「**보안업무규정**」 제12조 제3항 "외국 정부나 국제기구로부터 접수한 비밀은 그 생산기관이 필요로 하는 정도로 보호할 수 있도록 분류하여야 한다." "외국 · 국제기구의 비밀존중의 원칙"이라고 한다.

08 보안업무규정과 동 시행규칙에 따른 비밀의 보관 및 보관기준에 대한 설명으로 틀린 것은?

① 비밀은 도난 · 유출 · 화재 · 파괴로부터 보호하고 비밀취급인가를 받지 아니한 사람의 접근을 방지할 수 있는 통제구역에 보관하고, 일반문서나 암호자재와 혼합하여 보관하여서는 아니 된다.

② Ⅰ급비밀은 반드시 금고에 보관하여야 하며, 다른 비밀과 혼합하여 보관하여서는 아니 된다.

③ Ⅱ급비밀 및 Ⅲ급비밀은 잠금장치가 있는 안전한 용기에 보관하여야 하며, 보관책임자가 Ⅱ급비밀 취급 인가를 받은 때에는 Ⅱ급비밀과 Ⅲ급비밀을 같은 용기에 혼합하여 보관할 수 있다.

④ 보관용기에 넣을 수 없는 비밀은 제한구역 또는 통제구역에 보관하는 등 그 내용이 노출되지 않도록 특별한 보호대책을 마련하여야 한다.

해설 ① 「**보안업무규정**」 제18조 "비밀은 도난 · 유출 · 화재 또는 파괴로부터 보호하고 비밀취급인가를 받지 아니한 사람의 접근을 방지할 수 있는 <u>적절한 시설에 보관하여야 한다</u>." 구체적인 보관기준은 보안업무규정 시행규칙 제33조에서 규정하고 있다. 「**보안업무규정 시행규칙**」 제33조 제1항 · 제4항 "① 비밀은 일반문서나 암호자재와 혼합하여 보관하여서는 아니 된다. ④ 보관용기에 넣을 수 없는 비밀은 <u>제한구역 또는 통제구역에 보관하는 등 그 내용이 노출되지 아니하도록 특별한 보호대책을 마련하여야 한다</u>."

② 「**보안업무규정 시행규칙**」 제33조 제2항, ③ 제33조 제3항, ④ 제33조 제4항

09 보안업무규정 시행규칙에 따른 "보관용기(제34조) 및 보관책임자(제35조)"에 대한 설명으로 옳은 것은?

① 비밀의 보관용기 외부에는 비밀의 보관을 알리거나 나타내는 어떠한 표시도 해서는 아니 된다.

② 필요한 경우 비밀취급인가를 받지 않은 사람을 보관책임자로 임명할 수 있다.

③ Ⅱ급비밀 취급 인가를 받은 보관책임자가 Ⅱ급비밀과 Ⅲ급비밀을 같은 용기에 혼합하여 보관하는 경우에도 Ⅲ급비밀 보관책임자를 따로 임명하여야 한다.

④ 보관책임자는 보관 경찰기관 단위로 정책임자 1명을 두고, 보관용기의 수 또는 보관장소에 따라 다수의 부책임자를 둘 수 있다.

해설 ① 「**보안업무규정 시행규칙**」 제34조 제1항

② 「**보안업무규정 시행규칙**」 제35조 제1항 본문 "보관책임자는 <u>비밀취급인가를 받은 사람 중에서 비밀등급별로 임명한다</u>. 다만, 제33조 제3항에 해당하는 경우에는 Ⅲ급비밀 보관책임자를 따로 임명하지 아니한다."

③ 「**보안업무규정 시행규칙**」 제35조 제1항 단서 **참조**. Ⅲ급비밀 보관책임자를 따로 임명하지 아니한다.

④ 「**보안업무규정 시행규칙**」 제35조 제2항 "보관책임자는 <u>보관부서 단위로 정책임자 1명을 두고 보관용기의 수 또는 보관장소에 따라 다수의 부책임자를 둘 수 있다</u>."

10 보안업무규정에 따른 "비밀관리기록부(제22조)"에 대한 설명으로 틀린 것은?

① 각급기관의 장은 비밀의 작성·분류·접수·발송 및 취급 등에 필요한 모든 관리사항을 기록하기 위하여 비밀관리기록부를 작성하여 갖추어 두어야 한다.

② Ⅰ급·Ⅱ급·Ⅲ급비밀관리기록부는 따로 작성하여 갖추어 두어야 한다.

③ 암호자재는 비밀관리기록부가 아니라 암호자재 관리기록부로 관리한다.

④ 비밀관리기록부와 암호자재 관리기록부에는 모든 비밀과 암호자재에 대한 보안책임 및 보안 관리 사항이 정확히 기록·보존되어야 한다.

> **해설** ① 「**보안업무규정**」 제22조 제1항 본문, ③ 제22조 제1항 단서 후단, ④ 제22조 제2항
> ② 「**보안업무규정**」 제22조 제1항 단서 전단 "각급기관의 장은 비밀의 작성·분류·접수·발송 및 취급 등에 필요한 모든 관리사항을 기록하기 위하여 비밀관리기록부를 작성하여 갖추어 두어야 한다. 다만, <u>Ⅰ급비밀관리기록부는 따로 작성하여 갖추어 두어야 하며</u>, 암호자재는 암호자재 관리기록부로 관리한다." Ⅰ급비밀관리기록부만 따로 작성하여 갖추도록 명시하고 있다.

11 보안업무규정 시행규칙에 따른 "비밀의 대출 및 열람(제45조)"에 대한 설명으로 옳은 것은?

① 비밀보관책임자는 보관비밀을 대출하는 때에는 비밀열람기록전에 관련 사항을 기록·유지한다.

② 개별 비밀에 대한 열람자 범위를 파악하기 위하여 각각의 비밀문서 끝 부분에 비밀열람기록전을 첨부하고, 문서 형태 외의 비밀에 대한 열람은 따로 기록·유지하지 아니한다.

③ 비밀의 발간업무에 종사하는 사람은 작업일지에 작업에 관한 사항을 기록·보관해야 하고, 작업일지는 비밀열람기록전을 갈음하는 것으로 본다.

④ 비밀열람기록전은 그 비밀의 접수기관이 첨부하며, 비밀을 파기하는 때에는 비밀에서 분리하여 따로 철하여 보관하여야 한다.

> **해설** ① 「**보안업무규정 시행규칙**」 제45조 제1항 "비밀보관책임자는 보관비밀을 대출하는 때에는 별지 제15호서식의 <u>비밀대출부에 관련 사항을 기록·유지한다.</u>"
> ② 「**보안업무규정 시행규칙**」 제45조 제2항 "개별 비밀에 대한 열람자 범위를 파악하기 위하여 각각의 <u>비밀문서</u> 끝 부분에 별지 제16호서식의 비밀열람기록전을 첨부한다. 이 경우 <u>문서 형태 외의 비밀에 대한 열람기록</u>은 따로 <u>비밀열람기록전(철)을 비치하고 기록·유지한다.</u>"
> ③ 「**보안업무규정 시행규칙**」 제45조 제5항
> ④ 「**보안업무규정 시행규칙**」 제45조 제3항 "제2항에 따른 <u>비밀열람기록전은 그 비밀의 생산기관이 첨부하며</u>, 비밀을 파기하는 때에는 비밀에서 분리하여 따로 철하여 보관하여야 한다."

12 보안업무규정 시행규칙에 따른 "비밀 및 암호자재 관련 자료의 보관(제70조)"에 대한 설명으로 틀린 것은?

① 비밀접수증·비밀열람기록전·배부처는 비밀과 함께 철하여 보관·활용하고, 비밀의 보호기간이 만료되면 비밀에서 분리한 후 각각 편철하여 5년간 보관해야 한다.

② 비밀관리기록부·비밀 접수 및 발송대장·비밀대출부·암호자재 관리기록부는 새로운 관리부철로 옮겨서 관리할 경우 기존 관리부철을 5년간 보관해야 한다.

③ 서약서는 서약서를 작성한 비밀취급인가자의 인사기록카드와 함께 철하여 인가 해제 시까지 보관하되, 인사기록카드와 함께 철할 수 없는 경우에는 별도로 편철하여 보관해야 한다.

④ 암호자재 증명서는 해당 암호자재를 반납하거나 파기한 후 5년간 보관해야 하고, 암호자재 점검기록부는 최근 3년간의 점검기록을 보관해야 한다.

해설 ① 「**보안업무규정 시행규칙**」**제70조 제1항**, ② **제70조 제2항**, ③ **제70조 제3항**
④ 「**보안업무규정 시행규칙**」**제70조 제4항·제5항** "④ 암호자재 증명서는 해당 암호자재를 반납하거나 파기한
후 5년간 보관해야 한다. ⑤ 암호자재 점검기록부는 최근 5년간의 점검기록을 보관해야 한다." 제70조 제1항
내지 제5항의 규정에 따른 보관기간이 지나면 해당 자료는 폐기하는 것이 아니라 공공기록물 관리에 관한 법
률에 따른 기록물관리기관으로 이관해야 한다는 점도 기억할 필요가 있다.

13 보안업무규정에 따른 "비밀의 복제·복사 제한(제23조)"에 대한 설명으로 옳은 것은?

① Ⅰ급비밀은 해당 비밀을 보관하기 위한 용도인 경우에는 그 원형을 재현하는 행위를 할 수
있다.
② Ⅱ급비밀은 그 생산자의 허가를 받은 경우에 한해 그 원형을 재현하는 행위를 할 수 있다.
③ Ⅲ급비밀은 그 생산자가 특정한 제한을 하지 아니한 것으로서 해당 등급의 비밀취급 인가를
받은 사람이 공용으로 사용하는 경우에 그 원형을 재현하는 행위를 할 수 있다.
④ 비밀의 일부에 대해서는 원칙적으로 그 원형을 재현하는 행위를 할 수 있다.

해설 ① 「**보안업무규정**」**제23조 제1항 단서 제1호** "비밀의 일부 또는 전부나 암호자재에 대해서는 모사(模寫)·타자
(打字)·인쇄·조각·녹음·촬영·인화(印畵)·확대 등 그 원형을 재현(再現)하는 행위를 할 수 없다. 다만,
다음 각 호의 구분에 따른 비밀의 경우에는 그러하지 아니하다. 1. Ⅰ급비밀: 그 생산자의 허가를 받은 경우,
2. Ⅱ급비밀 및 Ⅲ급비밀: 그 생산자가 특정한 제한을 하지 아니한 것으로서 해당 등급의 비밀취급 인가를
받은 사람이 공용(共用)으로 사용하는 경우, 3. 전자적 방법으로 관리되는 비밀: 해당 비밀을 보관하기 위한
용도인 경우" 비밀의 일부 또는 전부나 암호자재는 원칙적으로 그 원형을 재현하는 행위를 할 수 없고, 예외
적으로 제1호 내지 제3호에 해당하는 경우에 한해 할 수 있다.
② 「**보안업무규정**」**제23조 제1항 단서 제2호 참조**. Ⅱ급비밀 및 Ⅲ급비밀: 그 생산자가 특정한 제한을 하지 아
니한 것으로서 해당 등급의 비밀취급 인가를 받은 사람이 공용(共用)으로 사용하는 경우에 그 원형을 재현하
는 행위를 할 수 있다.
③ 「**보안업무규정**」**제23조 제1항 단서 제2호**
④ 「**보안업무규정**」**제23조 제1항 본문** ① 해설 참조.

14 보안업무규정에 따른 "비밀의 복제·복사 제한(제23조)"에 대한 설명으로 틀린 것은?

① 원칙적으로 비밀의 일부 또는 전부나 암호자재에 대해서는 모사·타자·인쇄·조각·녹음·촬
영·인화·확대 등 그 원형을 재현하는 행위를 할 수 없다.
② 각급기관의 장은 보안업무의 효율적인 수행을 위하여 필요하다고 인정되는 때에 해당 비밀의
보존기간 내에서 Ⅰ급비밀의 경우 그 접수자의 허가를 받아 사본을 제작하여 보관할 수 있다.
③ 비밀의 사본을 보관할 때에는 원칙적으로 그 예고문이나 비밀등급을 변경해서는 아니 된다.
④ 비밀을 복제하거나 복사한 경우에는 그 원본과 동일한 비밀등급과 예고문을 기재하고, 사본
번호를 매겨야 한다.

해설 ① 「**보안업무규정**」**제23조 제1항 본문**, ③ **제23조 제3항 본문**, ④ **제23조 제4항** ①과 관련하여 원형을 재현하
는 행위의 금지는 원칙적으로 비밀의 등급 여부를 불문하고, 예외적으로 허용되더라도 비밀의 등급에 따라
그 원형을 재현할 수 있는 경우에 차이가 있다.
② 「**보안업무규정**」**제23조 제2항** "각급기관의 장은 보안 업무의 효율적인 수행을 위하여 필요하다고 인정되는
경우에는 해당 비밀의 보존기간 내에서 제1항 단서에 따라 그 사본을 제작하여 보관할 수 있다." 사본의 제작

과 보관은 제1항 단서에 따라야 하므로 I급비밀은 그 생산자의 허가를 받은 경우에 그 사본을 제작하여 보관할 수 있다.

15 보안업무규정에 따른 "비밀의 열람(제24조)"에 대한 설명으로 옳은 것은?

① 비밀은 해당 등급의 비밀취급 인가를 받은 사람이면 누구나 열람할 수 있다.
② 비밀취급 인가를 받지 아니한 사람은 어떠한 경우에도 비밀을 취급할 수 없다.
③ 비밀취급 인가를 받지 아니한 사람에게 비밀을 열람하게 할 때에는 국가정보원장이 정하는 바에 따라 소속 기관의 장(비밀이 군사와 관련된 사항인 경우에는 국방부장관)이 열람 시 비밀 보호에 필요한 자체 보안대책을 마련하는 등의 보안조치를 하여야 한다.
④ ③의 경우에 소속 기관의 장(비밀이 군사와 관련된 사항인 경우에는 국방부장관)은 I급비밀 및 II급비밀의 보안조치에 관하여는 국가정보원장과 미리 협의하여야 한다.

해설 ① 「**보안업무규정**」 **제24조 제1항** "비밀은 해당 등급의 비밀취급 인가를 받은 사람 중 그 비밀과 업무상 직접 관계가 있는 사람만 열람할 수 있다."
② 「**보안업무규정**」 **제24조 제2항 본문** "비밀취급 인가를 받지 아니한 사람에게 비밀을 열람하거나 취급하게 할 때에는 국가정보원장이 정하는 바에 따라 소속 기관의 장(비밀이 군사와 관련된 사항인 경우에는 국방부장관)이 미리 열람자의 인적사항과 열람하려는 비밀의 내용 등을 확인하고 열람 시 비밀 보호에 필요한 자체 보안대책을 마련하는 등의 보안조치를 하여야 한다. 다만, I급비밀의 보안조치에 관하여는 국가정보원장과 미리 협의하여야 한다." 비밀취급 인가를 받지 아니한 사람이라도 보안업무규정 제24조 제2항에 따라 열람 또는 취급할 수 있다.
③ 「**보안업무규정**」 **제24조 제2항 본문**
④ 「**보안업무규정**」 **제24조 제2항 단서 참조.** 국가정보원장과 미리 협의하여야 하는 것은 I급비밀의 보안조치에 한정된다.

16 보안업무규정에 따른 "비밀의 공개(제25조)와 비밀의 반출(제27조)"에 대한 설명으로 틀린 것은?

① 중앙행정기관등의 장은 국가안전보장을 위하여 국민에게 긴급히 알려야 할 필요가 있다고 판단될 때에는 그가 생산한 비밀을 보안심사위원회의 심의를 거쳐 공개할 수 있다.
② ①의 경우에 중앙행정기관등의 장은 I급비밀의 공개에 관하여는 국가정보원장과 미리 협의하여야 한다.
③ 공무원 또는 공무원이었던 사람은 법률에서 정하는 경우를 제외하고는 소속 기관의 장이나 소속되었던 기관의 장의 승인 없이 비밀을 공개해서는 아니 된다.
④ 비밀은 보관하고 있는 시설 밖으로 반출할 수 없고, 다만 공무상 반출이 필요할 때에는 소속 기관의 장이 국가정보원장과 협의를 거친 후 승인할 수 있다.

해설 ① 「**보안업무규정**」 **제25조 제1항 본문 제1호**, ② **제25조 제1항 단서**, ③ **제25조 제2항** ①과 관련하여 제2호에 따라 "공개함으로써 국가안전보장 또는 국가이익에 현저한 도움이 된다고 판단될 때"에도 보안심사위원회의 심의를 거쳐 공개할 수 있다.
④ 「**보안업무규정**」 **제27조** "비밀은 보관하고 있는 시설 밖으로 반출해서는 아니 된다. 다만, 공무상 반출이 필요할 때에는 소속 기관의 장의 승인을 받아야 한다." 소속 기관의 장의 승인으로 충분하다.

17 보안업무규정에 따른 "보호지역(제34조)"에 대한 설명으로 옳은 것은?

① 중앙행정기관등의 장은 국가안전보장에 관련되는 인원·문서·자재·시설의 보호를 위하여 필요한 장소에 일정한 범위의 보호지역을 설정하여야 한다.

② 보안업무규정에 따른 보호지역은 그 중요도에 따라 제한지역, 제한구역, 통제지역 및 통제구역으로 나눈다.

③ 보호지역에 접근하거나 출입하려는 사람은 각급기관의 장 또는 관리기관 등의 장의 승인을 받아야 한다.

④ 보호지역을 관리하는 사람은 각급기관의 장 또는 관리기관 등의 장의 승인을 받지 않은 사람의 보호지역 접근이나 출입을 제한하거나 금지하여야 한다.

해설 ① 「**보안업무규정**」 **제34조 제1항** "각급기관의 장과 관리기관 등의 장은 국가안전보장에 관련되는 인원·문서·자재·시설의 보호를 위하여 필요한 장소에 일정한 범위의 보호지역을 설정할 수 있다."

② 「**보안업무규정**」 **제34조 제2항** "제1항에 따라 설정된 보호지역은 그 중요도에 따라 제한지역, 제한구역 및 통제구역으로 나눈다." 통제지역은 없다.

③ 「**보안업무규정**」 **제34조 제3항**

④ 「**보안업무규정**」 **제34조 제4항** "보호지역을 관리하는 사람은 제3항에 따른 승인을 받지 않은 사람의 보호지역 접근이나 출입을 제한하거나 금지할 수 있다."

18 보안업무규정 시행규칙에 따른 "보호지역의 구분(제54조)"에 대한 설명으로 틀린 것은?

① 제한지역은 비밀 또는 국·공유재산의 보호를 위하여 울타리 또는 방호·경비인력에 의하여 승인을 받지 않은 사람의 접근이나 출입에 대한 감시가 필요한 지역을 말한다.

② 제한구역은 비인가자가 비밀, 주요시설 및 Ⅱ급 비밀 소통용 암호자재에 접근하는 것을 방지하기 위하여 안내를 받아 출입하여야 하는 구역을 말한다.

③ 통제구역은 보안상 매우 중요한 구역으로서 비인가자의 출입이 금지되는 구역을 말한다.

④ 제한구역 및 통제구역에는 그 구역의 기능 및 구조에 따라 출입할 수 있는 사람의 지정과 비인가자에 대한 출입 통제대책, 주야간 경계대책 등의 대책이 마련되어야 한다.

해설 ① 「**보안업무규정**」 **제54조 제1항 제1호**, ③ **제54조 제1항 제3호**, ④ **제54조 제2항** ④와 관련하여 제한지역에 대한 구체적인 대책은 열거하고 있지 않다는 점에 유의할 필요가 있다. **제2항** "보호지역에 대해서는 영 제34조 제3항에 따른 승인을 받지 않은 사람의 접근이나 출입을 제한하거나 금지할 수 있는 보안대책을 수립·시행해야 하며, 제한구역 및 통제구역에는 그 구역의 기능 및 구조에 따라 다음 각 호의 대책이 마련되어야 한다. 1. 출입할 수 있는 사람의 지정과 비인가자에 대한 출입 통제대책, 2. 주야간 경계대책, 3. 외부로부터의 투시, 도청 및 파괴물질의 투척 방지 대책, 4. 방화대책, 5. 경보대책, 6. 그 밖에 필요한 보안대책"

② 「**보안업무규정**」 **제54조 제1항 제2호** "제한구역: 비인가자가 비밀, 주요시설 및 Ⅲ급 비밀 소통용 암호자재에 접근하는 것을 방지하기 위하여 안내를 받아 출입하여야 하는 구역"

19 보안업무규정 시행 세부규칙에 따른 "보호구역 설정(제60조)"에 대한 설명으로 옳은 것은?

① 경찰청훈령인 보안업무규정 시행 세부규칙은 보호구역의 설정기준으로 제한구역과 통제구역을 명시하고 있고, 제한지역에 대해서는 세부적인 기준을 두고 있지 않다.
② 경찰청·시·도경찰청 항공대와 작전·경호·정보·보안업무 담당부서 전역은 통제구역에 해당한다.
③ 종합상황실·치안상황실과 종합조회처리실은 제한구역에 해당한다.
④ 정보상황실은 제한구역, 송신 및 중계소와 정보통신관제센터는 통제구역에 해당한다.

해설 ① 「보안업무규정 시행 세부규칙」 제60조 제1항 제1호(제한구역)·제2호(통제구역)
② 「보안업무규정 시행 세부규칙」 제60조 제1항 제1호 라목·마목에 따라 제한구역에 해당한다.
③ 「보안업무규정 시행 세부규칙」 제60조 제1항 제2호 라목·아목에 따라 통제구역에 해당한다.
④ 「보안업무규정 시행 세부규칙」 제60조 제1항 제2호 바목에 따라 정보상황실은 통제구역, 제60조 제1항 제1호 다목에 따라 송신 및 중계소와 정보통신관제센터는 제한구역에 해당한다.
【보안업무규정 시행 세부규칙 제60조 보호구역 설정】 : 구역에 해당하는 개수를 고르는 문제로 출제 가능

제한구역(제1호)	통제구역(제2호)
가. 전자교환기(통합장비)실, 정보통신실	가. 암호취급소
나. 발간실	나. 정보보안기록실
다. 송신 및 중계소, 정보통신관제센터	다. 무기창·무기고 및 탄약고
라. 경찰청 및 시·도경찰청 항공대	라. 종합상황실·치안상황실
마. 작전·경호·정보·보안업무 담당부서 전역	마. 암호장비관리실
바. 과학수사센터	바. 정보상황실 사. 비밀발간실 아. 종합조회처리실

20 보안업무규정에 따른 "신원조사(제36조)"에 대한 설명으로 틀린 것은?

① 국가정보원장은 국가안전보장에 한정된 국가기밀을 취급하는 인원에 해당하는 사람의 충성심·신뢰성 등을 확인하기 위하여 신원조사를 한다.
② 관계 기관의 장은 보안업무규정 제36조 제3항에 따라 국가정보원장에게 신원조사를 요청할 수 있다.
③ 국가보안시설·보호장비를 관리하는 기관 등의 장(해당 국가보안시설 등의 관리 업무를 수행하는 소속 직원을 포함한다)은 신원조상의 대상이다.
④ 다른 법령에서 정하는 사람이나 각급기관의 장이 국가보안상 필요하다고 인정하는 사람은 신원조사의 대상이다.

해설 ① 「보안업무규정」 제36조 제1항, ③ 제36조 제3항 제4호, ④ 제36조 제3항 제6호
② 「보안업무규정」 제36조 제3항 "관계 기관의 장은 다음 각 호에 해당하는 사람에 대하여 국가정보원장에게 신원조사를 요청해야 한다. 1. 공무원 임용 예정자(국가안전보장에 한정된 국가기밀을 취급하는 직위에 임용될 예정인 사람으로 한정한다), 2. 비밀취급 인가 예정자, 3. 삭제 (※ 여권법·선원법·출입국관리법 관련 규정 삭제되어 신원조사의 대상 아님), 4. 국가보안시설·보호장비를 관리하는 기관 등의 장(해당 국가보안시설 등의 관리 업무를 수행하는 소속 직원을 포함한다), 5. 삭제 (※ 공공기관의 임원 삭제되어 신원조사의 대상 아님), 6. 그 밖에 다른 법령에서 정하는 사람이나 각급기관의 장이 국가안전보장을 위하여 필요하다고 인정하는 사람" 국가정보원장에 대한 관계 기관의 장의 신원조사 요청은 의무사항이다.

21 보안업무규정에 따른 "신원조사(제36조)"에 대한 설명으로 옳은 것은?

① 해외여행을 위하여 여권법에 따른 여권을 발급받으려는 사람은 신원조사의 대상이다.
② 출입국관리법에 따른 사증 등을 발급받으려는 입국하는 교포는 신원조사의 대상이다.
③ 국가정보원장은 신원조사 결과 국가안전보장에 해를 끼칠 정보가 있음이 확인된 사람에 대해서는 관계 기관의 장에게 그 사실을 통보할 수 있다.
④ ③의 통보를 받은 관계 기관의 장은 신원조사 결과에 따라 필요한 보안대책을 마련하여야 한다.

해설 ① ②「**보안업무규정**」**제36조 제3항 제3호.** 기존에는 대상이었으나, 개정으로 삭제되어 현재 대상이 아니다.
③「**보안업무규정**」**제37조 제1항** "국가정보원장은 신원조사 결과 국가안전보장에 해를 끼칠 정보가 있음이 확인된 사람에 대해서는 관계 기관의 장에게 그 사실을 <u>통보하여야 한다.</u>"
④「**보안업무규정**」**제37조 제2항**

22 보안업무규정에 따른 신원조사의 대상이 되는 경우는 모두 몇 개인가?

┌───┐
ㄱ 비밀취급 인가 예정자
ㄴ 선원법에 따른 선원수첩 등 신분증서를 발급받으려는 사람
ㄷ 임명할 때 정부의 승인이나 동의가 필요한 공공기관의 임원
ㄹ 출입국관리법에 따른 사증 등을 발급받으려는 사람
ㅁ 국가안전보장에 한정된 국가기밀을 취급하는 직위에 임용될 예정인 공무원 임용 예정자
ㅂ 해외여행을 위하여 여권법에 따른 여권을 발급받으려는 사람
ㅅ 국가보안시설 · 보호장비를 관리하는 기관 등의 장(해당 국가보안시설 등의 관리 업무를 수행하는 소속 직원을 포함한다)
└───┘

① 3개　　　　　② 4개　　　　　③ 5개　　　　　④ 6개

해설 <u>ㄴ ㄷ ㄹ ㅂ의 경우 기존에는 신원조사의 대상이었으나, 보안업무규정 개정으로 삭제되어 현재는 신원조사의 대상이 아니다.</u> ㅁ 공무원 임용 예정자의 경우 모든 공무원 임용 예정자가 신원조사의 대상이 되는 것은 아니므로, 별다른 제한 없이 "공무원 임용 예정자는 신원조사의 대상이다."라는 지문은 오답으로 보아야 한다. 이외에 "그 밖에 다른 법령에서 정하는 사람이나 각급기관의 장이 국가안전보장을 위하여 필요하다고 인정하는 사람"도 신원조사의 대상이다.

생활안전경찰

(Park & Oh's Police Science for Perfect Score)

01 범죄원인론에서 J. F. Sheley가 주장한 범죄인의 입장에서 바라본 범죄를 일으키는 필요조건 4 가지로 가장 적절하지 않은 것은? (2015년 제2차)

① 범행의 기술　② 보호자(감시자)의 부재　③ 범행의 동기　④ 사회적 제재로부터의 자유

해설 범행의 동기, 범행의 기술, 범행의 기회 및 사회적 제재로부터의 자유이다. 범죄원인론은 아래의 표와 같다.

【범죄원인론 개관】 – ※ 사회학적 범죄이론의 세부적 범주에 대한 분류는 견해에 따라 일부 다를 수 있음

구분		내용	세분
고전 주의 범죄학		· <u>비결정론</u> – 인간의 자유의지 인정 · 잠재적 범죄인(사회인)에게 형벌 　경고를 통해 범죄예방(일반예방)	베까리아, 벤담 등
실증 주의 범죄학		· <u>결정론</u> – 생물학 · 심리학적인 　　　　　외부요인에 기하여 　　　　　인간의 행동이 결정 · 문제해결에 과학적 방법 적용 　(<u>특별예방적 관점이 강조</u>)	이탈리아 실증학파 · 롬브로조: 생래적 범죄인설(격세유전을 통한 속성 전수) · 페리: 범죄포화의 법칙(일정 수의 범죄는 항상 존재) · 가로팔로: 자연범 · 법정범 구별(범죄자의 특성에 따른 　형벌)
			생물학적 범죄학: 범죄와 인간의 생물학적 특성(얼굴/두개 골/체형 등)의 관련성에 초점
			심리학적 범죄학: 정신적 측면(지능 · 성격 · 학습 등)에 초점
사 회 학 적 범 죄 이 론	사 회 구 조 이 론	아노미이론	뒤르켐의 저서 '자살론'에서 주장 – 급격한 사회변화로 규범이 제대로 작동하지 않는 상태가 아노미이며 이러 　한 무규범 및 억제력의 상실 상태에서 범죄 발생
		긴장이론	머튼 – 병리적 사회구조(목표달성이 어려운 계층의 분노 · 좌절)가 사회와 긴장을 유발시키고 목표를 위해 수단의 합법성을 무시하는 행동 야기
		사회해체이론	쇼와 멕케이: "비행지역"에서 이론 소개 – 슬럼지역의 비행 일반화: 산업화 · 도시화 과정에서 지역 사회조직이 극도 　로 해체 – 슬럼지역의 구성 인종이 바뀌더라도 비행 발생률은 변하지 않는 점을 발견
		생태학이론	파크와 버제스: 시카고학파, 범죄를 생태학적으로 연구 – 한 지역사회가 지배 · 침입 · 승계되는 과정을 통해 다른 지역사회를 지배 　하게 되는 과정을 설명
		하위문화이론	코헨이 제시한 사회구조원인에 따른 범죄원인론 – 하류 계층의 청소년들이 중류 계층에 대한 저항으로 비행을 저지르며 목 　표와 수단과의 괴리를 극복하기 위해 자신들만의 고유한 문화를 형성하게 　되는데 그 문화에서 범죄가 발생한다는 이론
		문화전파이론	쇼와 멕케이: "소년비행과 도시지역"에서 범죄도 부모에서 아이로 전달 주장 – 정상적 사회화과정 없이 범죄를 부추기는 성향을 가지거나 자기통제의 상 　실을 범죄의 원인으로 봄

	문화갈등이론	셀린(Sellin)이 '문화갈등과 범죄'라는 저서를 통하여 주장한 이론 – 범죄는 문화의 갈등을 통한 심리적 갈등에 의해 발생한다. – 1차 (다른 문화에 유입시 발생) / 2차 (큰 문화 속에서 작은 문화가 일으킴)
사 회 과 정 이 론	차별접촉이론 (사회학습이론)	서덜랜드와 크레시: "범죄학 원리"에서 주장 – 분화된 사회에서 범죄문화에 차별적으로 접촉 · 참가 · 동조함으로써 범죄 학습 – 범죄 원인: 생물학적 요소나 심리적 결함X → 타인과의 접촉 과정에서 학습
	차별적 동일시이론	글레이저(Glaser)가 제시한 이론 – 자신의 범죄적 행동을 지지해 줄 수 있는 실존 · 허구의 인물과 자신을 동일시
	차별적 강화이론	버제스와 에이커스(Burgess & Akers)가 제시한 이론 – 비행에 대한 처벌이 없거나 칭찬을 받게 되면 비행이 강화되어 반복됨
	중화기술이론	사이크스와 마차: 청소년의 비행화 과정에서 전통적 규범의식 · 가치관 중화 – 중화기술의 5 유형: 책임의 부정/피해의 부정/피해자의 부정/보다 높은 충성심에의 호소/비난자에 대한 비난
	사회통제이론 (사회적 유대이론)	허쉬: 사회적 유대가 약화되어 통제가 되지 않기 때문에 범죄가 발생 – 사회적 유대(비행억제요소) 4요소: 애착/전념/참여/신념
	낙인이론	1960년대 초반 미국에서 등장(H. S. Becker) 범죄 · 일탈에 대한 근본적인 문제 제기. 범죄의 원인보다 범죄로 나아가게 되는 과정(범죄형성과정)에 초점을 둔 이론 – 낙인이 찍힌 자들은 스스로 자신을 범죄자 · 일탈자라 인식하는 자기 관념 형성 – 이러한 자기 관념이 완전한 범죄자를 만드는 결과 초래
비판범죄학		급진적 범죄학 또는 마르크스주의 범죄학으로도 불린다. – 범죄 원인: 구조적으로 야기된 경제문제나 신분 · 지위의 문제

분석 범죄원인론은 최근 12년간 독립된 유형의 문제로 4회가 출제되었고, Sheley의 범죄유발요소 3회, 중화기술이론 1회, 범죄예방론과 결합하여 2회 출제되었습니다. 범죄통제(예방)이론에 비해 중요도는 떨어지지만, 이론적으로 범죄원인론과 범죄예방론은 상호 연결되어 있기 때문에 정확히 이해할 필요가 있습니다. 고전주의와 실증주의의 경우 대표자와 그들의 주요내용만 기억을 하고, 사회학적 범죄학과 관련된 위의 표는 핵심만을 정리한 것이므로 이외에 교과서에 나오는 설명을 정확히 이해하여야 변형된 문제에 대비할 수 있습니다.

02 Joseph F. Sheley 가 주장한 범죄유발의 4요소로 가장 적절하지 않은 것은? (2013년 제2차)

① 범행의 동기(Motivation)
② 이동의 용이성(Inertia)
③ 범행의 기술(Skill)
④ 범행의 기회(Opportunity)

해설 1번 해설【범죄원인론 개관】참조.

03 실리(J. F. Sheley)가 주장한 범죄유발의 4요소에 해당하지 않는 것은?   (2010년 제1차)

① 범행의 가시성(visibility)   ② 범죄의 기술(skill)
③ 사회적 제재로부터의 자유(freedom from social constraints)   ④ 범행의 기회(oppprtunity)

해설   1번 해설 【범죄원인론 개관】 참조.

04 싸이크스(G. Sykes)와 마짜(D. Matza)의 중화이론에서 '조그만 잘못을 저지른 비행청소년이 자신보다 단속하는 경찰관이 더 나쁜 사람'이라고 스스로를 합리화하는 중화기술은? (2009년 제3차)

① 비난자에 대한 비난(condemnantion of condemners)   ② 피해자의 부인(denial of victim)
③ 책임의 부인(denial of responsibility)   ④ 충성심에의 호소(appeal to higher loualties)

해설   【중화기술이론】 개관

책임의 부정	"빚 많아서 할 수 없어"라고 하는 자기변명의 방법으로 중화
피해의 부정	"내가 물건을 훔쳐도 주인은 부자이므로 별 피해가 없다"라며 자기의 행위를 통해 아무도 피해를 받지 않았다고 강조하는 방법으로 중화
피해자의 부정	자신의 범죄는 "도덕적 복수자"의 행위로 자기의 행위는 부정직한 사람에 대한 보복이라는 방법으로 중화
비난자에 대한 비난	교사 · 법관 · 경찰관 등의 비행 · 약점을 생각하며 자신의 행위에 대한 가책심 중화
보다 높은 충성심에 의 호소	자신 주변의 친근한 집단에 대한 충성이나 호의로 비행할 수밖에 없었다고 중화

05 범죄예방 관련 이론에 대한 설명으로 가장 적절하지 않은 것은?   (2021년 제1차)

① 합리적선택이론은 거시적 범죄예방모델에 입각한 특별예방효과에 중점을 둔다.
② 깨진유리창이론에 이론적 근거를 두고 있는 무관용 경찰활동은 처벌의 확실성을 높여 범죄를 억제하는 전략이다.
③ 범죄패턴이론은 지리적 프로파일링을 통한 범행지역 예측 활성화에 기여할 수 있다.
④ 집합효율성은 지역사회 구성원 간의 연대감, 그리고 문제 상황 발생 시 구성원의 적극적인 개입의지를 결합한 개념이다.

해설   ① 합리적선택이론은 자유의지(고전주의의 입장)에 기반한 유 · 불리의 계산을 전제로 하는 이론으로 <u>범죄상황이라는 미시적 관점</u>에서 접근하는 이론이다.   ② ③ ④ 옳은 설명이다.

【범죄통제(예방)의 연혁적 변화과정】

구분	범죄통제의 방법	사전적 혹은 사후적
근세 이전	응보와 복수: 개인에 의한 사적인 응보와 복수(예, 결투)	범죄 발생 이후 사후적 조치
고전주의	형벌과 제재: (형사절차에서 국가형벌권 실현)<u>일반예방적 관점 중시</u> → 형벌의 위하 효과: 일반인이 범죄를 저지르지 못하도록	
실증주의	교정과 치료: (형사절차에서 국가형벌권 실현)<u>특별예방적 관점 중시</u> → 범인 자체의 치료 · 교정을 통한 재사회화로 재범의 방지	
범죄사회학 (20세기 이후)	범죄의 예방: 범인의 검거 · 교정에 많은 비용과 어려움 → 범죄 원인에 대한 다양한 <u>실증적 연구를 통해 예방에 중점</u>	범죄 발생 이전 사전예방적 조치

【범죄통제(예방)이론 개관】 – ※ 범죄예방이론의 세부적 범주에 대한 분류는 견해에 따라 일부 다를 수 있음

구분	내용		한계
억제 이론	<u>고전주의에 기초</u>: 행위에 대한 신속·확실·엄격 처벌 강조 → 범죄는 자유의지에 따라 선택한 개인의 책임(비결정론) → 일반예방: 일반인에 대한 범죄 억제(위하 효과) → 특별예방: 엄한 처벌을 통한 범죄자의 재범 억제		· (합리적 선택 전제X) 충동범죄에 한계 · 범죄를 저질러도 반드시 처벌되지는X · 처벌을 통한 예방 실패시 대안이 없음
치료 갱생 이론	<u>실증주의에 기초</u>: 처벌보다 행위자의 치료·교정 강조 → 범죄자를 내재적인 결함이 있는 존재로 파악(결정론) → 범죄를 개인의 책임이 아닌 사회적 책임으로 인식 → 범죄자의 치료·교정을 통한 범죄자의 재범 억제		· 치료와 교정에 많은 비용 투입 · 범죄 발생 이후의 사후적 조치에 한정 <u>(억제이론 함께 전통적 범죄예방이론)</u> · 범죄 이전 사전적·적극적 예방에 한계
사회 발전 이론	사회학적 범죄학에 기초: 예) 시카고지역계획 → 빈곤·차별·경제적 불평등의 사회적 환경에서 특정 성향의 개인들이 범죄를 저지른다고 이해 → 사회적 환경의 개선을 통한 범죄예방 강조		· 막대한 인적·물적 자원 소요 · 경제·사회·문화환경의 발전과 연결 필요 · 개인이나 소규모 조직체는 수행 불가 · 사회가 실험대상이 되는가에 의문
현대적 범죄 예방 이론	상황적 범죄 예방 이론	합리적 선택이론: 자유의지에 기반한 유·불리 계산 → 자신에게 유리한 경우에 범죄로 나아가게 됨 → 범죄예방: 발각·처벌의 위험성·확실성 높임으로 가능	· 범죄기회를 줄이더라도 범죄 감소가 아니라 이전이 있을 뿐(전이효과) 전체적으로 범죄가 감소하는지 의문 · 과도한 보호조치는 사회적 불신과 요새화된 사회를 형성할 가능성 있음 · 범죄상황이라는 미시적 관점에 기초하기 때문에 거시적인 범죄예방모델 도출 곤란
		범죄패턴이론: 범죄자의 이동경로·수단 등을 분석 예방 → (지리적 프로파일링)교차점/행로/가장자리 개념 제시	
		일상활동이론: 범죄와 관련된 기회적 요인에 초점 → 범죄: 범죄자 / 범죄에 적당한 대상 / 감시(방어기제·보호자)의 부재라는 3가지 조건이 충족될 때 발생 → 범죄자의 고려요소(VIVA모델): 가치 / 이동의 용이성 / 가시성 / 접근성	

집합효율성이론: 지역사회 구성원들의 유대강화와 사회문제(예, 범죄)에 대한 적극적인 개입 등 공동의 노력이 있는 경우 범죄 문제에 효과적으로 대응할 수 있다는 주장(Samson)

생태학적 이론(환경범죄이론): 범죄의 발생을 용이하게 하는 환경적 요소를 제거·개선하여 기회성 범죄를 줄이려는 범죄예방이론 → 환경설계를 통한 범죄예방기법(CPTED)이 대표적인 예
→ 뉴먼(O. Newman)의 방어공간이론: 공공주택의 건축에서 공동체의 익명성을 줄이고, 범죄자의 침입 및 도주로 차단, 순찰·감시를 용이하게 하는 주택설계를 통한 범죄예방을 주장

정답 | 03 | ① | 04 | ① | 05 | ①

깨진유리창이론: 사소한 무질서(이른바 깨진 유리창)를 방치하면 큰 문제로 이어질 가능성이 높다는 이론
→ 범죄예방: 경미한 무질서에도 <u>무관용 · 강력대응 필요</u>

분석 범죄통제(예방)이론은 지난 12년간 독립된 유형의 문제로 8회, 범죄원인론과 결합하여 2회가 출제되었습니다. 자주 출제되는 분야이기 때문에 범죄원인론과 연계하여 정확히 이해하고 있어야 향후 변형된 문제를 해결할 수 있습니다. 최근 12년간 출제된 적이 없는 범죄통제의 연혁적 변화과정도 큰 틀에서 정확히 이해하고 있을 필요가 있습니다.

06 다음은 관할지역 내 범죄문제 해결을 위해 경찰서별로 실시하고 있는 활동들이다. 각 활동들의 근거가 되는 범죄원인론을 가장 적절하게 연결한 것은? (2019년 제2차)

> ㉠ A경찰서는 관내에서 음주소란과 폭행 등으로 적발된 청소년들을 형사입건하는 대신 지역사회 축제에서 실시되는 행사에 보안요원으로 봉사할 수 있는 기회를 제공하였다.
> ㉡ B경찰서는 지역사회에 만연해 있는 경미한 주취소란에 대해서도 예외 없이 엄격한 법집행을 실시하였다.
> ㉢ C경찰서는 관내 자전거 절도사건이 증가하자 관내 자전거 소유자들을 대상으로 자전거에 일련번호를 각인해 주는 서비스를 제공하였다.
> ㉣ D경찰서는 관내 청소년 비행 문제가 증가하자 청소년들을 대상으로 폭력 영상물의 폐해에 관한 교육을 실시하고, 해당 유형의 영상물에 대한 접촉을 삼가도록 계도하였다.

① ㉠ – 낙인이론 ㉡ – 깨진 유리창 이론 ㉢ – 상황적 범죄예방 이론 ㉣ – 차별적 동일시 이론
② ㉠ – 낙인이론 ㉡ – 깨진 유리창 이론 ㉢ – 상황적 범죄예방 이론 ㉣ – 차별적 접촉 이론
③ ㉠ – 상황적 범죄예방 이론 ㉡ – 깨진 유리창 이론 ㉢ – 낙인이론 ㉣ – 차별적 접촉 이론
④ ㉠ – 상황적 범죄예방 이론 ㉡ – 낙인이론 ㉢ – 깨진 유리창 이론 ㉣ – 차별적 동일시 이론

해설 낙인이론 – 깨진 유리창 이론 – 상황적 범죄예방 이론 – 차별적 동일시 이론의 순서이다.
> ㉠ 형사처벌 대신에 봉사의 기회를 제공하는 것은 형사처벌로 인한 "낙인"효과를 방지하기 위한 것으로 낙인이론과 연결된다고 볼 수 있다. 낙인이론은 범죄의 원인보다 범죄로 나아가게 되는 과정(범죄형성과정)에 중점을 둔 이론이다.
> ㉡ 사소한 무질서 행위에 대해 엄격히 법집행을 하는 것으로 깨진 유리창 이론과 연결된다. 깨진 유리창 이론은 사소한 무질서를 방치하면 더 큰 문제로 이어질 가능성이 높다는 이론으로 경미한 무질서에 대한 무관용 및 강력한 대응으로 범죄를 예방할 수 있다고 본다.
> ㉢ 상황적 범죄예방이론(합리적 선택이론/범죄패턴이론/일상활동이론)은 범죄행위에 대한 위험과 어려움을 높여 범죄의 기회를 줄이고, 범죄로 인한 이익을 감소시킴으로써 범죄를 억제 · 예방하려는 이론이다. 자전거 절도의 대상인 자전거에 일련번호를 각인함으로써 소유자를 명확히 할 수 있고, 범행 이후 소유관계의 확인을 통해 범행 발각(체포)의 위험성이 커지므로 범죄로 나아가지 않을 가능성이 높아진다. 이는 자유의지에 기반하여 범행으로 인한 유 · 불리의 계산을 전제로 하는 합리적 선택이론과 관련이 있다. 자전거의 거치대 및 시정장치를 마련하는 조치는 (자전거 절도의)범죄에 적당한 대상을 줄이는 조치로 일상활동이론과 관련될 수 있다.
> ㉣ Glaser의 차별적 동일시 이론은 특정인 혹은 개인이 추구하는 가치와의 동일시는 사람과의 직접적인 접촉보다 더 중요한 영향을 끼치게 되고, 연쇄살인범 · 폭탄테러범 등 특정인물을 평생 만나지 않고도 그들이 추구하는 가치체계에 대한 동일시를 통해 범죄를 행하게 되는 반면에, 비범죄적인 대상의 동일시는 정상적인 상태로의 복귀를 가져올 수 있다는 이론이다. 폭력 영상물에 등장하는 주인공과의 동일시를 피하게 하는 조치를 취한 것으로 당해 조치는 차별적 동일시 이론과 관련이 있는 것이다.

07 다음은 '범죄통제이론'을 설명한 것이다. 가장 적절하지 않은 것은? (2018년 제3차)

① '일상활동이론'의 범죄유발의 4요소는 '범행의 동기', '사회적 제재로부터의 자유', '범행의 기술', '범행의 기회'이다.

② 로버트 샘슨과 동료들은 지역주민 간의 상호신뢰 또는 연대감과 범죄에 대한 적극적인 개입을 강조하는 '집합효율성이론'을 주장하였다.

③ '치료 및 갱생이론'은 결정론적 인간관에 입각하여 특별예방효과에 중점을 둔다.

④ '억제이론'은 폭력과 같은 충동적 범죄에 적용하는데 한계가 있다는 비판이 있다.

해설 ① 일상활동이론에 의하면 범죄는 범죄자, 범죄에 적당한 대상, 감시(방어기제·보호자) 부재라는 3가지 조건이 충족시 발생한다. 지문은 J. F. Sheley가 주장한 범죄를 일으키는 필요조건 4가지이다.
② ③ ④ 옳은 설명이다. 【범죄통제(예방)이론 개관】 참조.

08 범죄통제이론에 대한 설명으로 가장 적절하지 않은 것은? (2017년 제2차)

① '억제이론'은 인간의 자유의지를 인정하지 않는 결정론적 인간관에 바탕을 두고 특별예방효과에 중점을 둔다.

② '치료 및 갱생이론'은 생물학적·심리학적 범죄이론에 바탕을 두고 있다.

③ '합리적 선택이론'은 인간이 자유의지를 가지고 있다고 가정하고 합리적인 인간관을 전제로 하므로 비결정론적 인간관에 바탕을 두고 있다.

④ '일상활동이론'의 범죄 발생 3요소는 '동기가 부여된 잠재적 범죄자(motivated offender)', '적절한 대상(suitable target)', '보호자의 부재(absence of capable guardianship)'이다.

해설 ① 억제이론은 범죄를 개인이 자유의지에 따라 선택한 결과(비결정론)로 보고 이에 대한 개인의 책임을 중시한다. 결정론에 입각하여 특별예방효과(범죄자의 치료·교정을 통한 재범 억제)에 중점을 두는 것은 치료·갱생이론으로 생물학적·심리학적 범죄이론에 바탕을 두고 있다.
② ③ ④ 옳은 설명이다. 【범죄통제(예방)이론 개관】 참조.

09 다음은 '범죄 통제이론'을 설명한 것이다. 가장 적절하지 않은 것은? (2014년 제1차)

① '억제이론'은 인간의 합리적 판단이 범죄 행동에도 적용된다고 보아서 폭력과 같은 충동적 범죄에는 적용에 한계가 있다.

② '치료 및 갱생이론'은 결정론적 인간관에 입각하여 특별예방효과에 중점을 둔다.

③ '일상활동이론'의 범죄발생 3요소는 '동기가 부여된 잠재적 범죄자', '적절한 대상', '범행의 기술'이다.

④ 로버트 샘슨은 지역주민 간의 상호신뢰 또는 연대감과 범죄에 대한 적극적인 개입을 강조하는 '집합효율성이론'을 주장하였다.

해설 ① ② ④ 옳은 설명이다. 【범죄통제(예방)이론 개관】 참조.
③ 일상활동이론에 의하면 범죄는 범죄자, 범죄에 적당한 대상, 감시(방어기제·보호자)의 부재라는 3가지 조건이 충족될 때 발생한다. "범행(범죄)의 기술"은 J. F. Sheley가 주장한 범죄를 일으키는 필요조건 4가지(범행의 동기, 범행의 기술, 범행의 기회 및 사회적 제재로부터의 자유) 중 하나에 해당한다.

10 범죄예방(통제)이론에 대한 다음 설명 중 가장 옳지 않은 것은? (2010년 제2차)

① 합리적 선택이론에서는 인간의 자유의지를 인정하는 결정론적 인간관에 입각하여 범죄자는 비용과 이익을 계산하고 자신에게 유리한 경우에 범죄를 행한다고 본다.

② 사회발전을 통한 범죄예방이론에 대하여는 개인이나 소규모의 조직체에 의해 수행될 수 없다는 비판이 제기된다.

③ 일상활동이론은 범죄자의 입장에서 범행을 결정하는데 고려되는 4가지 요소로 가치(value), 이동의 이용성(inertia), 가시성(visibility), 접근성(access)을 들고 있다.

④ 환경설계를 통한 범죄예방기법(CPTED)은 생태학적 이론의 대표적인 예라 할 수 있다.

> **해설**　① 합리적 선택이론은 <u>인간의 자유의지를 인정하는(비결정론)</u> 전제에서 범죄자는 비용과 이익을 계산하여 자신에게 유리한 경우에 범죄로 나아가게 된다고 본다.
>
> ② ③ ④ 옳은 설명이다. 【범죄통제(예방)이론 개관】 참조. ③과 관련하여 범죄자의 입장에서 범행을 결정하는데 고려되는 요소로 가치(value), 이동의 이용성(inertia), 가시성(visibility), 접근성(access)을 들고 있다(VIVA 모델).

11 '억제이론(deterrence theory)'에 대한 설명으로 적절하지 않은 것은? (2009년 제3차)

① 자유의지를 가진 합리적 범죄자를 기본가정으로 한다.

② 18세기 고전주의 범죄학의 직접적인 영향을 받았다.

③ 처벌의 엄중성, 확실성, 신속성이 범죄억제를 위한 중요한 요소가 된다.

④ 범죄자의 처벌을 통해 대중의 범죄를 예방하고자 하는 것을 특별억제(specific deterrence)라 한다.

> **해설**　① ② ③ 옳은 설명이다. 【범죄통제(예방)이론 개관】 참조
>
> ④ 범죄자의 처벌을 통해 일반인들로 하여금 범죄를 저지르지 않도록(범죄의 예방) 하는 것을 <u>일반예방(억제)</u>이라고 하고, 범죄자를 엄하게 처벌하여 그의 재범을 억제하는 것을 <u>특별예방(억제)</u>라고 한다.

12 다음 중 범죄예방이론에 대한 설명으로 틀린 것은? (2009년 제2차)

① 치료·갱생이론은 생물학적·심리학적 범죄이론에 바탕을 두고 있다.

② 억제이론은 강력한 처벌을 통한 범죄예방을 강조한다.

③ 합리적 선택이론은 비결정적 인간관에 바탕을 두고 있다.

④ 일상활동이론은 거시적 범죄분석을 토대로 범죄예방 모델을 도출하고자 한다.

> **해설**　① ② ③ 옳은 설명이다. 【범죄통제(예방)이론 개관】 참조
>
> ④ 일상활동이론의 주된 내용은 다음과 같다. ㉠ 범죄가 발생하는 상황적 요인, 즉 범죄욕구·범죄능력·범죄기회 중 범죄기회를 통제하여 범죄를 예방하고자 한다. ㉡ 범죄기회가 주어지면 누구든지 범죄를 저지를 수 있다고 보아 모든 개인을 잠재적인 범죄자로 본다. ㉢ 시간과 공간의 변동에 따른 범죄발생 양상, 범죄기회, 범죄조건 등에 대한 <u>구체적이고 미시적인 분석을 통해서 구체적 상황에 맞는 범죄예방활동을 하고자 한다</u>. ㉣ 범죄자적 속성을 범죄의 결정적 요소로 보지는 않는다.

13 브랜팅험(P. Brantingham)과 파우스트(F. Faust)의 3단계 범죄예방모델에서 '2차 예방(secondary prevention)'에 대한 설명으로 가장 적절한 것은?
(2009년 제3차)

① 상습범 대책수립 및 재범억제를 지향하는 전략
② 범죄의 기회를 제공하는 물리적 환경조건을 찾아 개입하는 전략
③ 잠재적 범죄자를 초기에 발견하여 개입하는 전략
④ 범죄발생 원인에 영향을 미치는 경제 및 사회조건에 개입하는 전략

해설 ① 상습범 대책의 수립 및 재범의 억제를 지향하는 전략은 범죄자를 대상으로 하는 3차 예방으로 주로 형사사법 기관이 담당하지만, 민간단체 또는 지역사회 교정프로그램으로도 가능하다.
② 범죄의 기회를 제공하는 물리적 환경조건을 찾아 개입하는 전략은 일반 시민을 대상으로 하는 1차 예방으로 범죄의 원인이 되는 조건의 개선에 초점을 두고, 환경설계·이웃 감시활동·민간경비 등이 여기에 해당한다.
③ 옳은 설명이다. 잠재적 범죄자를 초기에 발견하여 개입하는 전략은 2차 예방으로 비합법적 행위가 발생하기 전 예방하는 것에 중점을 두고, 우범자들과 자주 접촉하는 지역사회의 지도자·교육자·부모 등에 의해 이루어진다.
④ 범죄의 발생 원인에 영향을 미치는 경제 및 사회적 조건에 개입하는 전략은 1차 예방이다.

【기타 범죄예방의 개념과 유형】

견해	개념 및 유형
C. R. Jeffery	Jeffery의 범죄통제모델 - 형벌에 의한 억제모델 / 치료·갱생을 통한 복귀모델 / 사회환경개선을 통한 예방모델 범죄예방모델의 특징 - 사전적 활동 + 행동에 대한 직접적 통제 + 환경과 사람의 상호작용에 초점 + 다양한 학문에 기초(치료·갱생을 위한 범죄자의 무기한 유치 허용X)
미국범죄예방연구소 (NCPI)	범죄기회를 감소시키는 사전 활동 + 범죄와 관련된 환경 요소를 제거하는 직접 통제활동 → 범죄욕구 또는 범죄기술에 대한 예방X
S. P. Lap	실제 범죄발생 뿐만 아니라 범죄에 대한 시민의 두려움을 줄이는 사전적 활동
P. J. Brantingham F. L. Faust	1차 예방: 일반 시민을 대상으로 범죄의 원인이 되는 물리적·사회적·경제적 조건 개선에 초점 → 예) 환경설계, 이웃감시활동, 민간경비, 범죄예방교육, CCTV나 비상벨 등의 설치 등 2차 예방: 잠재적 범죄자(우범자)를 조기에 발견하여 비합법적 행위가 발생하기 전에 예방 → 우범자들과 자주 접촉하는 지역사회의 지도자·교육자·부모 등에 의해 이루어짐 3차 예방: 범죄자를 대상으로 → 예) 체포, 기소, 교도소 구금, 치료, 사회복귀, 상습범·재범 대책의 수립 등 → 주로 형사사법기관이 담당하지만 민간단체 또는 지역사회교정프로그램도 가능

분석 범죄예방의 유형과 관련하여 최근 12년간 독립된 유형의 문제로 1회가 출제되었으나 다른 개념 정의도 향후 출제될 가능성이 있으므로 견해별로 범죄예방을 어떻게 이해하고 있는지 정확히 기억하고 있어야 합니다. 후술하는 환경설계를 통한 범죄예방(CPTED)의 경우 Jeffery의 관점에서는 "사회환경개선을 통한 예방모델"로,

Brantingham과 Faust의 관점에서는 1차 예방으로 파악되는 활동이라는 점을 기억하여야 변형된 문제에 대비할 수 있습니다.

14 다음은 환경설계를 통한 범죄예방(CPTED)에 대한 설명이다. 〈보기 1〉과 〈보기 2〉의 내용이 가장 적절하게 연결된 것은? (2020년 제1차)

보기 1

(가) 사적 공간에 대한 경계를 표시하여 주민들의 책임의식과 소유의식을 증대함으로써 사적공간에 대한 관리권과 권리를 강화시키고, 외부인들에게는 침입에 대한 불법사실을 인식시켜 범죄기회를 차단하는 원리

(나) 건축물이나 시설물 설계 시 가시권을 최대한 확보, 외부침입에 대한 감시기능을 확대함으로써 범죄행위의 발견 가능성을 증가시키고 범죄기회를 감소시킬 수 있다는 원리

(다) 일정한 지역에 접근하는 사람들을 정해진 공간으로 유도하거나 외부인의 출입을 통제하도록 설계함으로써 접근에 대한 심리적 부담을 증대시켜 범죄를 예방하는 원리

(라) 지역사회 설계 시 주민들이 모여서 상호의견을 교환하고 유대감을 증대할 수 있는 공공장소를 설치하고 이용하도록 함으로써 '거리의 눈'을 활용한 자연적 감시와 접근통제의 기능을 확대하는 원리

보기 2

㉠ 조명, 조경, 가시권 확대를 위한 건물의 배치
㉡ 체육시설의 접근성과 이용의 증대, 벤치 정자의 위치 및 활용성에 대한 설계
㉢ 울타리 펜스의 설치, 사적 공적 공간의 구분
㉣ 잠금장치, 통행로의 설계, 출입구의 최소화

	(가)	(나)	(다)	(라)		(가)	(나)	(다)	(라)
①	㉢	㉡	㉣	㉠	②	㉣	㉠	㉢	㉡
③	㉢	㉠	㉣	㉡	④	㉣	㉡	㉢	㉠

해설 【환경설계를 통한 범죄예방 개관】

구분		내용
개념		물리적 환경의 설계·재설계를 통해 범죄의 기회를 차단하고 범죄로 인한 이익보다 비용을 많이 발생시킴으로써 범죄를 포기하도록 하는 기법
기본 원리	자연적 감시	건물·시설 설계시 가시권을 최대한 확보하여 범죄 행동에 대한 감시기능 확대 → 예) 조명, 조경, 시설·건물의 위치선정, 재료의 선택 등
	자연적 접근통제	일정지역에 접근하는 사람들을 정해진 공간으로 유도하거나 외부인의 출입을 통제하도록 설계하여 접근에 대한 심리적 부담 증대시켜 범죄 예방 → 예) 공동주택 출입구의 최소화, 차단기·방범창의 설치, 통행로의 설계 등
	영역성 강화	사적 공간을 경계선으로 구분하여 거주자의 책임·소유의식 증대 및 공간에 대한 권리 강화를 통해 외부인들에게는 침입에 대한 불법을 인식시켜 범죄 예방 → 사적·공적 공간의 분리, 울타리·펜스의 설치 등
부가 원리	활동의 활성화 (활용성 증대)	지역사회 설계시 주민들이 모여 상호 의견을 교환하고 유대감을 증진할 수 있는 공공장소를 설치하고 이용하도록 함으로써 "거리의 눈"을 활용한 자연적 감시 및 접근통제의 기능을 확대하는 원리

	→ 놀이터 · 공원 · 체육시설 · 벤치 · 정자 등의 설치 및 접근성과 이용 증대
유지관리	설계 · 개선된 상태로 기능을 지속적으로 유지 · 관리하여 환경설계의 장기적 · 지속적 효과를 유지하는 원리

분석

환경설계를 통한 범죄예방과 관련하여 최근 12년간 독립된 유형의 문제로 4회가 출제되었고, 5가지의 기본원리를 묻는 내용이었습니다. 범죄예방이론 가운데 <u>생태학적 이론</u>이 반영된 기법으로 기억할 필요가 있고, 5가지의 원리 가운데 활용성의 증대는 "자연적 감시 및 접근통제"의 기능을 확대하는 원리 그리고 "유지관리"는 환경설계의 장기적 · 지속적 효과를 유지시키는 원리라는 점에 유의하기 바랍니다.

15 CPTED(환경설계를 통한 범죄예방)의 원리와 그 내용 및 종류에 대한 설명으로 가장 적절하지 않은 것은? (2019년 제1차)

① '자연적 감시'란 건축물이나 시설물의 설계 시 가시권을 최대한 확보하고, 외부침입에 대한 감시기능을 확대함으로써 범죄행위의 발견 가능성을 증가시키며, 범죄기회를 감소시킬 수 있다는 원리로서, 종류로는 조명 · 조경 · 가시권 확대를 위한 건물의 배치 등이 있다.

② '영역성의 강화'란 사적 공간에 대한 경계를 표시하여 주민들의 책임의식과 소유의식을 증대시킴으로써 사적 공간에 대한 관리권과 권리를 강화시키고, 외부인들에게는 침입에 대한 불법사실을 인식시켜 범죄기회를 차단한다는 원리이며, 종류로는 출입구의 최소화, 통행로의 설계, 사적 · 공적 공간의 구분이 있다.

③ '활동의 활성화'란 지역사회의 설계 시 주민들이 모여서 상호 의견을 교환하고 유대감을 증대할 수 있는 공공장소를 설치하고 이용하도록 함으로써 자연적 감시와 접근통제의 기능을 확대한다는 원리이며, 종류로는 체육시설의 접근성과 이용의 증대, 벤치 · 정자의 위치 및 활용성에 대한 설계가 있다.

④ '유지관리'란 처음 설계된 대로 혹은 개선한 의도대로 기능을 지속적으로 유지하도록 관리함으로써 범죄예방을 위한 환경설계의 장기적이고 지속적인 효과를 유지한다는 원리이며, 종류로는 파손의 즉시보수, 청결유지, 조명 · 조경의 관리가 있다.

해설 ① ③ ④ 옳은 설명이다. 【환경설계를 통한 범죄예방 개관】 참조.
② 영역성의 강화에 대한 설명은 올바르게 되어 있으나, 그 방법으로는 <u>사적 · 공적 공간의 분리, 울타리 · 펜스의 설치</u> 등이 있고, <u>출입구의 최소화 및 통행로의 설계는 자연적 접근통제</u>의 방법이다.

16 환경설계를 통한 범죄예방(CPTED)에 대한 설명으로 가장 적절하지 않은 것은? (2016년 제2차)

① 자연적 감시 — 건축물이나 시설물의 설계 시 가시권을 최대 확보, 외부침입에 대한 감시 기능을 확대하여 범죄행위의 발견 가능성을 증가시키고, 범죄기회를 감소시킬 수 있다는 원리이다.

② 자연적 접근통제 — 사적 공간에 대한 경계를 표시하여 주민들의 책임의식과 소유의식을 증대함으로써 사적 공간에 대한 관리권과 권리를 강화시키고, 외부인들에게는 침입에 대한 불법사실을 인식시켜 범죄 기회를 차단하는 원리이다.

③ 활동의 활성화 — 지역사회의 설계 시 주민들이 모여서 상호의견을 교환하고 유대감을 증대할 수 있는 공공장소를 설치하고 이용하도록 함으로써 '거리의 눈'을 활용한 자연적 감시와 접근통제의 기능을 확대하는 원리이다.

④ 유지관리 — 처음 설계된 대로 혹은 개선한 의도대로 기능을 지속적으로 유지하도록 관리함으로써 범죄예방을 위한 환경설계의 장기적이고 지속적인 효과를 유지하는 원리이다.

해설 ① ③ ④ 옳은 설명이다. 【환경설계를 통한 범죄예방 개관】 참조.
② 자연적 접근통제는 일정한 지역에 접근하는 사람들을 정해진 공간으로 유도하거나 외부인의 출입을 통제하도록 설계하여 접근에 대한 심리적 부담을 증대시켜 범죄를 예방하는 원리이다. 지문의 내용은 영역성 강화 원리에 대한 것이다.

17 환경설계를 통한 범죄예방(CPTED)에 대한 설명으로 가장 적절하지 않은 것은? (2015년 제1차)

① CPTED는 주거 및 도시지역의 물리적 환경설계 또는 재설계를 통해 범죄 기회를 차단하고자 하는 기법이다.
② '자연적 감시'는 건축물이나 시설물의 설계 시 가시권을 최대 확보, 외부 침입에 대한 감시기능을 확대함으로써 범죄행위의 발견 가능성을 증가시키고 범죄 기회를 감소시킬 수 있는 원리이다.
③ '영역성의 강화'는 지역사회의 설계 시 주민들이 모여서 상호의견을 교환하고 유대감을 증대할 수 있는 공공장소를 설치하고 이용하도록 함으로써 거리의 눈을 활용한 자연적 감시와 접근통제의 기능을 확대하는 원리이다.
④ '자연적 접근통제'는 일정한 지역에 접근하는 사람들을 정해진 공간으로 유도하거나 외부인의 출입을 통제하도록 설계함으로써 접근에 대한 심리적 부담을 증대시켜 범죄를 예방하는 원리이다.

해설 ① ② ④ 옳은 설명이다. 【환경설계를 통한 범죄예방 개관】 참조.
③ 영역성 강화는 사적 공간을 경계선으로 구분하여 거주자의 책임 및 소유의식을 증대시키고 공간에 대한 권리 강화를 통해 외부인들에게는 침입에 대한 불법을 인식시켜 범죄를 예방하는 원리로 사적·공적 공간의 분리, 울타리·펜스의 설치 등이 여기에 해당한다. 지문의 내용은 활용성 증대(활동의 활성화)에 대한 설명이다.

18 전통적 경찰활동에서 주로 경찰력에 의존해 왔던 범죄예방과 범죄진압이 한계에 이르고 범죄는 더욱 다양화, 지능화, 흉폭화되었다. 이에 따라 환경설계를 통한 범죄예방(CPTED)은 보다 근본적이고 효과적인 범죄예방을 위한 방안으로 물리적 환경의 설계 또는 재설계를 통해 범죄 기회를 차단하고자 하는 범죄예방 기법이다. 다음 중 환경설계를 통한 범죄예방 기법의 기본원리 중 가장 적절하지 않은 것은?
(2013년 제1차)

① 영역성의 약화 – 사적 공간에 대한 경계를 제거하여 주민들의 책임 의식과 소유의식을 감소시킴으로써 사적 공간에 대한 관리권을 약화
② 자연적 감시 – 건축물이나 시설물의 설계 시 가시권을 최대 확보, 외부 침입에 대한 감시기능을 확대
③ 자연적 접근통제 – 일정한 지역에 접근하는 사람들을 정해진 공간으로 유도하거나 외부인의 출입을 통제하도록 설계함으로써 접근에 대한 심리적 부담을 증대시켜 범죄를 예방
④ 활동의 활성화 – 지역사회의 설계 시 주민들이 모여서 상호의견을 교환하고 유대감을 증대할 수 있는 공공장소를 설치하고 이용하도록 함으로써 '거리의 눈'을 활용한 자연적 감시와 접근통제의 기능을 확대하는 원리

해설 ① 환경설계를 통한 범죄예방의 기본원리로 영역성의 강화가 있다.
② ③ ④ 옳은 설명이다. 【환경설계를 통한 범죄예방 개관】 참조.

19 범죄원인론과 범죄예방론에 대한 설명 중 틀린 것은? (2010년 제1차)

① 실증주의 범죄학 - 페리(E. Ferri)는 범죄의 원인이 존재하는 사회에서는 이에 상응하는 일정한 양의 범죄가 반드시 발생한다고 주장하였다.

② 치료 및 갱생이론 - 결정론적 인간관에 기초하여 범죄자에 대한 치료 내지 갱생으로 범죄를 예방하고자 한다.

③ 문화적 전파이론 - 범죄란 특정 개인이 범죄문화에 참가 · 동조함에 의해 정상적으로 학습된 행위로 본다.

④ 생태학적 이론 - 범죄발생을 용이하게 하는 환경적 요소를 개선하거나 제거함으로써 기회성 범죄를 줄이려는 범죄예방론으로 대표적인 예를 환경설계를 통한 범죄예방기법(CPTED)이 있다.

해설 ① 페리(Enrico Ferri)는 롬브로조 및 가로팔로와 함께 이탈리아 실증학파의 대표자로 범죄의 원인이 존재하는 사회에는 항상 일정한 수의 범죄가 존재한다는 "범죄포화의 법칙"을 주장하였다. 【범죄원인론 개관】 참조. 옳은 설명이다.

② 치료 · 갱생이론은 실증주의(결정론 내지 결정론적 인간관)에 기반을 둔 이론으로 범죄자를 내재적인 결함(생물학적 내지 심리학적)이 있는 존재로 파악하고, 범죄자에 대한 치료 내지 갱생을 통해 범죄를 억제(예방)하고자 하는 특별예방효과에 중점을 두고 있다. 【범죄통제(예방)이론 개관】 참조. 옳은 설명이다.

③ "접촉 · 참가 · 동조를 통한 학습"이라는 표지는 차별적 접촉이론(사회학습이론)의 내용이다. 문화적 전파이론은 쇼와 멕케이가 "소년비행과 도시지역"에서 범죄도 부모에서 아이로 전달된다고 주장한 것으로 정상적인 사회화과정 없이 범죄를 부추기는 성향을 가지거나 자기통제의 상실을 범죄의 원인으로 본다. 【범죄원인론 개관】 참조. 틀린 설명이다.

④ 범죄원인론인 사회구조이론의 파크와 버제스 생태학이론과 범죄통제(예방)이론인 생태학적 이론(환경범죄이론)의 명칭과 내용에 유의한다. 지문은 범죄통제(예방)이론 중 생태학적 이론(환경범죄이론)에 대한 것으로 범죄의 발생을 용이하게 하는 환경적 요소를 제거 내지 개선하여 기회성 범죄를 줄이려는 환경설계를 통한 범죄예방(CPTED)이 대표적인 예이다. 【범죄통제(예방)이론 개관】 참조. 옳은 설명이다.

20 범죄이론 및 예방이론에 대한 설명 중 틀린 것은 몇 개인가? (2009년 제1차)

> 가. 마르크스주의이론 - 구조적으로 야기된 경제적 문제나 신분 · 지위의 문제를 범죄의 원인으로 보는 이론
>
> 나. 사회적 유대이론 - 사람은 일탈의 잠재적 가능성을 가지고 있어서 사회적 유대가 약화되면 일탈 가능성이 범죄로 발현된다고 보는 이론
>
> 다. 중화기술이론 - 청소년은 비행화의 과정에서 이미 내면화되어 있는 합법적 규범이나 가치관을 중화시킴으로써 범죄에 이르게 된다고 보는 이론
>
> 라. 억제이론 - 범죄에 대한 책임을 사회의 책임이 아니라 개인의 책임으로 보는 이론

① 없음　　　　② 3개　　　　③ 4개　　　　④ 1개

해설 모두 옳은 설명이다. 【범죄원인론 개관】 및 【범죄통제(예방)이론 개관】 참조.

가. 마르크스주의 이론(비판범죄학 또는 급진적 범죄학)은 범죄의 원인을 구조적으로 야기된 경제문제나 신분 · 지위의 문제에 있다고 보는 이론이다.

나. 사회적 유대이론(사회통제이론)은 사회적 유대가 약화되어 통제가 되지 않기 때문에 범죄가 발생한다는 이론이다. 사회적 유대(비행억제 요소)의 4가지 요소로 애착 · 전념 · 참여 · 신념이 있다.

다. 중화기술이론은 청소년은 비행화의 과정에서 전통적 규범의식과 가치관을 중화시킴으로써 범죄에 이르게 된

다는 이론이다. 중화기술의 5가지 유형으로 책임의 회피, 피해(발생)의 부정, 피해자의 부정, 보다 높은 충성심에의 호소 및 비난자에 대한 비난이 있다.

라. 억제이론은 고전주의(비결정론 – 범죄원인론)에 기초한 이론으로 범죄는 개인이 자유의지에 따라 선택한 것으로 그에 대한 개인의 책임을 강조한다.

21 문제지향 경찰활동에 대한 설명으로 가장 적절하지 않은 것은?

(2020년 제2차)

① 일선경찰관에게 문제해결 권한과 필요한 시간을 부여하고 범죄분석자료를 제공한다.
② 조사 – 분석 – 대응 – 평가로 이루어진 문제해결과정을 제시한다.
③ 형법의 적용은 여러 대응 수단 중 하나에 불과하다.
④ 거주자들에게 지역에 관한 정보를 제공하며, 주민들은 민간순찰을 실시한다.

해설 **【지역사회 경찰활동(Community Policing) 개관】**

구분	내용	
의의	개념 – 시민과 지역사회와의 공동노력을 통하여 범죄를 예방하려는 경찰의 활동	
기본요소	J. Skolnick의 기본요소 지역사회 범죄예방활동 / 주민에 대한 서비스제공을 위한 순찰활동의 방향 전환 주민에 대한 책임성 중시 / 정책경찰과정에서의 주민참여 증대와 경찰권한의 분산	
구성요소	지역중심 경찰활동	– 트로야노비치 · 버케로(Trojanowicz & Bucqueroux) / 스콜닉 · 베일리(Skolnick & Bayley) – 지역사회와 경찰 사이의 새로운 관계를 증진시키는 조직적인 전략 · 원리 – 목표: 지역사회에서의 전반적인 삶의 질 향상 – 전제조건: 경찰 · 지역사회가 범죄, 사회적 · 물리적 무질서, 지역사회의 타락과 같은 당대의 문제를 확인하여 우선순위를 결정하고 해결하기 위해 함께 노력해야 함 – 문제의 발생 · 심화 전에 예방적 · 적극적 대응 및 개인의 피해 · 응급사태에 대한 경찰의 적극적 · 효과적 대응 유지의 필요성을 조화시킴 – 기존의 범죄신고 처리에 의존하던 방식에서 탈피 + 경찰 · 지역의 협력을 통해 문제 해결
	문제지향 경찰활동	– 골드슈타인(Goldstein) – 경찰의 의사결정과정에 있어서 단순히 개별사건 하나하나를 해결하기 보다는 기본적인 문제의 해결이 더 중요하다고 강조 – 문제해결과정(SARA모델): 조사(Scanning) → 분석(Analysis) → 대응(Response) → 평가(Assessment) – 주요내용: 경찰관리자는 일선경찰관들이 자신의 분야에서 문제를 결정하도록 권한 부여 문제해결에 필요한 시간 부여 지역경찰관들에게 지역의 경향 · 패턴을 파악할 수 있는 자료 제공 대중정보와 비평에 대해 공개적이고 적극적으로 수용
	이웃지향 경찰활동	– 윌리엄스(Williams) – 지역사회 범죄문제는 지역거주자들이 위반행동에 대한 비공식적 사회통제를 기피하거나 경제적 궁핍이 소외를 정당화하기 때문에 발생한다고 전제 – 지역 환경을 바꾸기 위해 필요한 조치를 취함으로써 범죄를 줄일 수 있음 – 지역조직이 경찰관들로부터 중요한 역할을 부여받고 서로를 위해 감시하며, 일부는 공식적인 민간순찰을 실시

– 지역조직은 지역거주자에게 지역에 관한 정보 제공 및 경찰과 함께 범죄 억제 기능 수행

미국의 지역사회 범죄예방활동 프로그램

· Diversion Program

비행을 저지른 소년이 낙인효과로 심각한 범죄자로 발전하는 것을 방지하기 위해 형사법적 제재를 가하지 않고 지역사회의 보호 및 관찰로 대체하여 범죄예방

· Head start Program

미국의 빈곤계층 아동들이 적절한 사회화 과정을 거치게 함으로써 장차 범죄를 저지를 수 있는 잠재성을 감소시키려는 교육프로그램

· Crime stopper Program

범죄에 대한 정보를 가지고 있는 주민이 신고할 수 있도록 동기부여를 위해 현금보상을 실시하는 범죄정보 보상프로그램

【전통적 경찰활동과 지역사회 경찰활동의 비교】

구분	전통적 경찰활동	지역사회 경찰활동
범죄예방의 책임(주체)	법집행기관으로서의 경찰	경찰 + 모든 시민
경찰의 업무대상	범죄사건	지역사회의 포괄적 문제해결(시민의 문제·요구사항)
경찰의 역할과 우선순위	범죄 해결	범죄 및 지역사회 질서유지에 저해되는 요인 해결
경찰의 업무평가	범인검거율	범죄와 무질서의 정도
경찰의 효과성 측정	대응시간	경찰업무에 대한 시민의 협조 정도
경찰책임의 핵심 특징	법규정에 따른 활동과 책임	조직의 가치를 바꾸거나 향상
조직구조의 특징	집권화(감독자의 지휘·통제)	분권화
다른 기관과의 관계	종종 갈등	공동목적 수행을 위한 원활한 협조

분석 지역사회 경찰활동은 최근 12년간 독립된 유형의 문제로 4회가 출제되었고, 전통적 경찰활동의 패러다임 전환을 위한 이론이라는 점에서 향후에도 출제가 가능한 영역입니다. 개념과 Skolnick의 4가지 기본요소, 3가지의 주요 내용 및 전통적 경찰활동과의 비교는 잘 기억해야 변형된 문제에 대비할 수 있습니다.

22 지역사회 경찰활동(Community Policing)에 대한 설명으로 가장 적절하지 않은 것은?

(2020년 제1차)

① 업무평가의 주요한 척도는 사후진압을 강조한 범인검거율이 아닌 사전예방을 강조한 범죄나 무질서의 감소율이다.

② 지역사회 경찰활동의 프로그램으로 이웃지향적 경찰활동, 전략지향적 경찰활동, 문제지향적 경찰활동 등이 있다.

③ 타 기관과는 권한과 책임 문제로 인한 갈등구조가 아닌 지역사회 문제해결의 공동목적 수행을 위한 협력구조를 이룬다.

④ 지역사회 문제해결을 위한 경찰업무 영역의 확대로 일선 경찰관에 대한 감독자의 지휘·통제가 강조된다.

해설 ① ② ③ 옳은 설명이다. 【지역사회 경찰활동(Community Policing) 개관】 참조
① 경찰관에 대한 감독자의 지휘 · 통제 강조는 전통적 경찰활동이다.

23 아래 보기에 가장 부합하지 않은 경찰활동은? (2011년 제2차)

> ㉠ 범인검거에서 범죄예방분야로의 역량을 강화하기 위해 사후적 검거활동에서 사전적 예방활동
> 으로 전환하고, 범죄예방을 위한 다양한 자원을 투입하였으며, 경찰평가의 기준으로 검거실적
> 에서 범죄예방노력과 범죄발생률로 전환하였다.
> ㉡ 지역사회와의 협력치안을 강화하기 위해 경찰력에만 의존한 치안정책에서 지역사회 협력치안
> 으로 전환하고, 지역사회 문제해결과 주민의 경찰행정 참여기회를 보장하였다.
> ㉢ 경찰내부의 개혁으로는 권한의 집중에서 권한분산을 통한 경찰책임의 증대로 권한과 책임의 일
> 치를 추구하고, 상의하달의 의사구조를 하의상달의 구조로 상호교류를 확대하였다.

① 심각한 범죄에 대한 신속하고 효과적인 대응보다는 지역사회의 밀접한 상호작용에 가치를 둔다.
② 경찰의 능률성은 체포율과 적발 건수보다는 범죄와 무질서의 부재에 있다.
③ 경찰의 효율성은 현장임장시간보다는 대중의 협조에 무게를 둔다.
④ 경찰의 역할은 폭넓은 지역문제를 해결하는 것보다는 범죄를 해결하는 것이다.

해설 보기의 내용은 지역사회 경찰활동(Community Policing)에 대한 설명으로 ① ② ③은 이와 관련된 옳은 설명이다.
④ 전통적 경찰활동에 대한 설명으로 지역사회 경찰활동과 관련이 없다. 【지역사회 경찰활동(Community Policing)
개관】 및 【전통적 경찰활동과 지역사회 경찰활동의 비교】 참조.

24 전통적 경찰활동과 비교한 지역사회 경찰활동의 특징으로 적절하지 않은 것은? (2009년 제3차)

① 범죄 이외의 문제도 중요한 경찰업무로 취급한다.
② 체포율과 적발건수로 경찰의 능률을 측정한다.
③ 문제해결(problem solving)과 상황적 범죄예방(situational crime prevention)이 주된 전술이다.
④ 사전적 범죄예방활동을 우선시한다.

해설 ① ③ ④ 옳은 설명이다. 【전통적 경찰활동과 지역사회 경찰활동의 비교】 참조.
② 지역사회 경찰활동은 경찰의 업무평가(능률성의 측면)에 있어서 체포율과 적발건수 보다는 범죄와 무질서의
정도에 초점을 둔다.

25 다음 미국의 지역사회 범죄예방활동 프로그램을 설명한 것 중 틀린 것은? (2009년 제2차)

① Safer city program - 미국 정부와 민간단체에서 전국적으로 전개하는 직업 기회 제공 프로그
램으로 비행소년이나 비행에 빠질 가능성이 높은 청소년을 대상으로 사회적 · 경제적 문제를
해결하고자 하는 정부의 광범위한 범죄예방 프로그램이다.
② Diversion program - 비행을 저지른 소년이 주변의 낙인의 영향으로 심각한 범죄자로 발전
하는 것을 방지하기 위해 형사법적 제재를 가하지 않고 지역사회의 보호 및 관찰로 대치하여
범죄를 예방하는 프로그램이다.
③ Head start program - 미국의 빈곤계층 아동들이 적절한 사회화과정을 거치게 함으로써 장
차 범죄를 저지를 수 있는 잠재성을 감소시키려는 교육프로그램이다.
④ Crime stopper program - 범죄에 대한 정보를 가지고 있는 주민이 신고할 수 있도록 동기
부여를 위해 현금보상을 실시하는 범죄정보 보상프로그램이다.

해설 ① Safer city program은 지역사회 발전프로그램을 통한 사회환경개선으로 범죄 원인을 제거하고자 하는 영국의 안전도시운동을 말한다.

② ③ ④ 옳은 설명이다. 【지역사회 경찰활동(Community Policing) 개관】참조

26 순찰의 증감이 범죄율과 시민의 안전감에 영향을 미치지 못한다는 결과를 도출하여 경찰의 순찰활동 전략을 재고하게 만든 연구는? (2009년 제3차)

① 플린트(Flint) 도보순찰실험
② 뉴왁(Newark) 도보순찰실험
③ 캔사스(Kansas) 예방순찰실험
④ 뉴욕(New York) 경찰의 작전 25실험

해설 질문과 관련된 연구는 캔사스 예방순찰 실험이다. 아래의 【순찰과 관련된 미국의 실험】참조.

【순찰과 관련된 미국의 실험 및 순찰의 기능】

순찰실험	내용
뉴욕(New York) 25구역 순찰실험	경찰관 2배 증원 배치하여 순찰근무 → 노상강도 90%, 차량절도 66% 감소 문제점 – 경찰 자체 조사에 기초 + 연구설계과정에서 범죄에 영향을 주는 다른 변수 통제X + 주변지역으로 이동한 범죄의 정도 측정되지 않음
캔사스(Kansas) 예방순찰실험	차량순찰의 수준과 범죄 증감 및 시민의 안전감과의 관계 → 차량순찰 수준을 증·감시켜도 범죄율이나 시민의 안전감에 별 영향이 없다는 결과 도출
뉴왁(Newark) 도보순찰실험	도보순찰의 효과성 감소에 대해 경찰관의 재배치를 통해 순찰실험 실시 → 주민들의 안전감 증가 + 범죄의 감소에는 영향X (도보순찰의 심리적 효과)
플린트(Flint) 도보순찰프로그램	실험지역 14개 중 10개 범죄 감소 but. 3개 구역 범죄 증가. 1개구역 증감 없음 → 실험기간 중 범죄발생 건수 증가했으나, 도보순찰 결과로 시민은 안전하다고 느낌

순찰의 기능

· 워커(S. Walker): 범죄의 억제, 공공안전감의 증진, 대민서비스의 제공
· 헤일(C. D. Hale): 범죄예방과 범인검거, 법집행, 질서유지, 대민서비스의 제공, 교통지도단속

분석 최근 12년간 순찰과 관련하여 이론적 내용을 묻는 문제 1회와 지역경찰의 조직 및 운영에 관한 규칙과 이론이 혼합된 문제 1회가 출제되었습니다. 이론적 내용은 향후에 계속 출제될 가능성이 있고, 지역경찰의 조직 및 운영에 관한 규칙은 조직 및 근무의 유형·내용과 관련하여 출제될 가능성이 있으므로, 조문의 내용을 숙지해야 합니다.

27 경찰순찰에 대한 설명으로 가장 적절한 것은? (2021년 제1차)

① 뉴왁(Newark)시 도보순찰실험은 도보순찰을 강화하여도 해당 순찰구역의 범죄율을 낮추지는 못하였으나, 도보순찰을 할 때 시민이 경찰서비스에 더 높은 만족감을 드러냈음을 확인하였다.
② 「지역경찰의 조직 및 운영에 관한 규칙」상 순찰팀장은 일근근무를 원칙으로 하며, 휴게시간, 휴무횟수 등 구체적인 사항은 「국가공무원 복무규정」 및 「경찰기관 상시근무 공무원의 근무시간 등에 관한 규칙」이 규정한 범위 안에서 지역경찰관서장이 정한다.
③ 「지역경찰의 조직 및 운영에 관한 규칙」상 순찰근무를 지정받은 지역경찰은 지정된 근무구역에서 경찰사범의 단속 및 검거, 경찰방문 및 방범진단, 시설 및 장비의 작동여부 확인, 각종 현황, 통계, 자료 부책 관리와 같은 업무를 수행한다.
④ 워커(Samuel Walker)는 순찰의 3가지 기능으로 범죄의 억제, 대민 서비스 제공, 교통지도단속을 언급하였다.

해설 ① 뉴왁시의 도보순찰실험에 대한 옳은 설명이다.

② **「지역경찰의 조직 및 운영에 관한 규칙」** 제21조 제3항 "순찰팀장 및 순찰팀원은 상시·교대근무를 원칙으로 하며, 근무교대 시간 및 휴게시간, 휴무횟수 등 <u>구체적인 사항</u>은 「국가공무원 복무규정」 및 「경찰기관 상시근무 공무원의 근무시간 등에 관한 규칙」이 규정한 범위 안에서 <u>시·도경찰청장</u>이 정한다."

③ **「지역경찰의 조직 및 운영에 관한 규칙」** 제25조 제3항 "③ 순찰근무를 지정받은 지역경찰은 지정된 근무구역에서 다음 각 호의 업무를 수행한다. 1. 주민여론 및 범죄첩보 수집, 2. 각종 사건사고 발생시 초동조치 및 보고, 전파, 3. 범죄 예방 및 위험발생 방지 활동, 4. 경찰사범의 단속 및 검거, 5. 경찰방문 및 방범진단, 6. 통행인 및 차량에 대한 검문검색 등" <u>시설 및 장비의 작동 여부 확인은 상황근무, 각종 현황, 통계, 자료 부책 관리는 행정근무의 내용이다.</u>

④ Samuel Walker는 순찰의 3가지 기능으로 "<u>범죄의 억제, 공공안전감의 증진, 대민서비스의 제공</u>"을, C. D. Hale은 5가지 기능으로 "<u>범죄예방과 범인검거, 법집행, 질서유지, 대민서비스의 제공, 교통지도단속</u>"을 언급하였다.

28 무관용(Zero Tolerance)경찰활동의 내용으로 적절하지 않은 것은?　　　　(2009년 제3차)

① 무관용 경찰활동은 1990년대 뉴욕에서 본격적으로 시행되었다.

② 윌슨(J. Wilson)과 켈링(G. Kelling)의 '깨어진 창 이론'에 기초하였다.

③ 경미한 비행자에 대한 무관용 개입은 낙인효과를 유발할 수 있다는 비판이 있다.

④ 직접적인 피해자가 없는 무질서 행위를 용인하는 전통적 경찰활동의 전략을 계승하였다.

해설 ① ② ③ 옳은 설명이다. 아래의 【무관용 경찰활동 개관】 참조.

④ 사소한 일탈도 용납되지 않는다는 전제에서 출발한 경찰활동이다. 틀린 설명이다.

【무관용 경찰활동 개관】

구분	내용
개념	미국의 뉴욕경찰청(New York Police Department)에서 시행하여 전파된 정책으로 사소한 일탈도 용납되어서는 안 되며 철저히 단속되어야만 더 큰 범죄 문제도 해결될 수 있다고 판단하여 경미한 일탈행위까지도 엄격히 단속하도록 한 경찰정책이다. 즉 사소한 규칙 위반에도 관용을 베풀지 않는 원칙 혹은 정책을 말한다.
이론적 근거	J. Wilson(윌슨)과 G. Kelling(켈링)의 "깨진 유리창 이론"에 근거
적용례	1994년 뉴욕시: 경범죄 윤락 등을 집중 단속함으로써 2년 만에 우범지대였던 '할렘지역'의 범죄 발생률을 40% 정도 감소
비판	경미한 비행자에 대한 무관용 법집행 → 낙인효과 유발

29 다음 중 방범용 CCTV에 대한 이론적 설명으로 가장 적절하지 않은 것은?　　　　(2012년 제1차)

① 방범용 CCTV는 상황적 범죄예방이론 및 CPTED이론 등을 근거로 하고 있다.

② 한 지역에서 방범용 CCTV를 설치했을 때 그 지역은 범죄율이 감소하지만 인근지역의 범죄율이 증가하는 것을 범죄의 전이효과(crime displacement effect)라고 한다.

③ 방범용 CCTV의 설치로 우발적이고 비이성적인 범죄에 대한 예방은 어렵지만 침입절도나 강도 등을 예방하는데 효과가 있다는 점은 범죄의 합리적 선택이론을 입증하는 것이다.

④ 방범용 CCTV를 통한 범죄예방은 일반예방이론보다 특별예방이론의 측면이 강하다.

해설 ① ② ③ 옳은 설명이다. 다음의 【방범용 CCTV의 활용 개관】 참조.

④ <u>일반인 또는 잠재적 범죄자</u>들이 범죄로 나아가지 못하도록 한다는 점에서 특정한 범인의 재범 억제(예방)에

중점을 두는 특별예방이론보다는 일반예방이론의 측면이 강하다.

【방범용 CCTV의 활용 개관】

구분	내용
의의	· 범죄예방을 목적으로 주택가 · 도로 등에 폐쇄회로 카메라를 설치한 기계적 감시장치 · 상황적 범죄예방이론에서 다루는 "Target Hardening" 기법에 기초 / CPTED이론과 관련 → 합리적 선택이론 / 일상활동이론 / 범죄패턴이론
법적 근거	· 개인정보 보호법 제25조(영상정보처리기기의 설치 · 운영 제한)

효과성
문제
	· 범죄전이효과와 범죄통제이익의 확산효과라는 상반된 결과들이 팽팽히 대립
	  → 범죄전이효과: 특정지역의 범죄억제전략은 범죄의 감소가 아니라 단지 이동시키는 것에
	    불과하다는 주장
	  → 범죄통제이익 확산효과: 범죄억제전략으로 다른 지역의 범죄도 감소한다는 주장

30 질서위반행위규제법에 대한 내용으로 가장 적절한 것은?

(2018년 제2차)

① 18세가 되지 아니한 자의 질서위반행위는 과태료를 부과하지 아니한다. 다만, 법률에 특별한 규정이 있는 경우에는 그러하지 아니한다.

② 행정청이 질서위반행위에 대하여 과태료를 부과하고자 하는 때에는 미리 당사자에게 대통령령으로 정하는 사항을 통지하고. 7일 이상의 기간을 정하여 의견을 제출할 기회를 주어야 한다. 이 경우 지정된 기일까지 의견 제출이 없는 경우에는 의견이 없는 것으로 본다.

③ 과태료는 행정청의 과태료 부과처분이나 법원의 과태료 재판이 확정된 후 3년간 징수하지 아니하거나 집행하지 아니하면 시효로 인하여 소멸한다.

④ 고의 또는 과실이 없는 질서위반행위는 과태료를 부과하지 아니한다.

해설 ① 「**질서위반행위규제법**」 제9조 "14세가 되지 아니한 자의 질서위반행위는 과태료를 부과하지 아니한다. 다만, 다른 법률에 특별한 규정이 있는 경우에는 그러하지 아니하다."

② 「**질서위반행위규제법**」 제16조 제1항 "행정청이 질서위반행위에 대하여 과태료를 부과하고자 하는 때에는 미리 당사자(제11조 제2항에 따른 고용주등을 포함한다. 이하 같다)에게 대통령령으로 정하는 사항을 통지하고, 10일 이상의 기간을 정하여 의견을 제출할 기회를 주어야 한다. 이 경우 지정된 기일까지 의견 제출이 없는 경우에는 의견이 없는 것으로 본다."

③ 「**질서위반행위규제법**」 제15조 제1항 "과태료는 행정청의 과태료 부과처분이나 법원의 과태료 재판이 확정된 후 5년간 징수하지 아니하거나 집행하지 아니하면 시효로 인하여 소멸한다."

④ 「**질서위반행위규제법**」 제7조

분석 질서위반행위규제법과 관련하여 최근 12년간 독립된 유형의 문제로 2회가 출제되었고, 조문의 내용을 확인하는 수준이었기 때문에 기출된 조문의 내용을 정확히 숙지해야 합니다. 법 적용의 시간적 · 장소적 범위(제3조 및 제4조) 그리고 질서위반행위의 성립과 관련된 죄형법정주의(제6조), 고의 또는 과실(제7조), 위법성의 착오(제8조), 책임연령(제9조), 심신장애(제10조), 다수인의 질서위반행위 가담(제12조), 수 개의 질서위반행위의 처리(제13조) 부분은 형법총칙에 준하여 판단을 하면 충분하고, 최근 12년간 기출된 적은 없지만 정의(제2조)의 개념들, 과태료 부과의 제척기간(제19조) 및 이의제기(제20조)는 향후 제출이 가능하므로 기출 경향에 맞추어 조문을 정확히 기억할 필요가 있습니다.

31 「질서위반행위규제법」에 대한 설명으로 가장 적절한 것은? (2017년 제1차)

① 질서위반행위의 성립과 과태료 처분은 처분 시의 법률에 따른다.
② 고의 또는 과실이 없는 질서위반행위에도 과태료를 부과한다.
③ 2인 이상이 질서위반행위에 가담한 때에는 각자가 질서위반행위를 한 것으로 본다.
④ 과태료는 행정청의 과태료 부과처분이나 법원의 과태료 재판이 확정된 후 3년간 징수하지 아니하거나 집행하지 아니하면 시효로 인하여 소멸한다.

해설 ① 「**질서위반행위규제법**」 제3조 제1항 "질서위반행위의 성립과 과태료 처분은 <u>행위 시의 법률에 따른다.</u>"
② 「**질서위반행위규제법**」 제7조 "고의 또는 과실이 없는 질서위반행위는 <u>과태료를 부과하지 아니한다.</u>"
③ 「**질서위반행위규제법**」 제12조 제1항
④ 「**질서위반행위규제법**」 제15조 제1항 "과태료는 행정청의 과태료 부과처분이나 법원의 과태료 재판이 확정된 후 <u>5년간 징수하지 아니하거나 집행하지 아니하면 시효로 인하여 소멸한다.</u>"

32 「총포·도검·화약류 등의 안전관리에 관한 법률」에 대한 내용으로 가장 적절하지 않은 것은? (2018년 제1차)

① "총포"란 권총·소총·기관총·포·엽총, 금속성 탄알이나 가스 등을 쏠 수 있는 장약총포, 공기총(가스를 이용하는 것을 포함) 및 총포신·기관부 등 그 부품으로서 대통령령으로 정하는 것을 말한다.
② 자격정지 이상의 형을 선고받고 그 집행이 끝나거나 집행을 받지 아니하기로 확정된 후 3년이 지나지 아니한 자는 총포·도검·화약류·분사기·전자충격기·석궁 제조업의 허가를 받을 수 없다.
③ 누구든지 유실·매몰 또는 정당하게 관리되고 있지 아니하는 총포·도검·화약류·분사기·전자충격기·석궁이라고 인정되는 물건을 발견하거나 습득하였을 때에는 24시간 이내에 가까운 경찰관서에 신고하여야 한다.
④ 화약류를 운반하려는 사람은 행정안전부령으로 정하는 바에 따라 발송지를 관할하는 경찰서장에게 신고하여야 한다. 다만, 대통령령으로 정하는 수량 이하의 화약류를 운반하는 경우에는 그러하지 아니하다.

해설 ① 「**총포·도검·화약류 등의 안전관리에 관한 법률**」 제2조 제1항, ③ 제23조, ④ 제26조 제1항
② 「**총포·도검·화약류 등의 안전관리에 관한 법률**」 제5조 제1호 "다음 각 호의 어느 하나에 해당하는 자는 총포·도검·화약류·분사기·전자충격기·석궁 제조업의 허가를 받을 수 없다. 1. <u>금고 이상의 실형을 선</u>고받고 그 집행이 끝나거나 집행을 받지 아니하기로 확정된 후 <u>3년이 지나지 아니한 자</u>, 2. 금고 이상의 형의 집행유예를 선고받고 그 유예기간이 끝난 날부터 1년이 지나지 아니한 자, 3. 심신상실자, 마약·대마·향정신성의약품 또는 알코올 중독자, 그 밖에 이에 준하는 정신장애인, 4. 20세 미만인 자, 5. 피성년후견인 및 피한정후견인, 6. 파산선고를 받고 복권되지 아니한 자, 7. 제45조 제1항에 따라 허가가 취소(이 조 제4호부터 제6호까지의 어느 하나에 해당하여 허가가 취소된 경우는 제외한다)된 후 3년이 지나지 아니한 자, 8. 임원 중에 제1호부터 제7호까지의 어느 하나에 해당하는 자가 있는 법인 또는 단체" 문구를 일부 변경하여 오답을 유도하는 문제에 유의한다.

분석 총포·도검·화약류 등의 안전관리에 관한 법률은 최근 12년간 독립된 유형의 문제로 1회, 다른 지문과 결합하여 1회 출제되어 다소 중요성이 떨어지는 것으로 볼 수 있습니다. 하지만 총포·도검·화약류 등과 관련하여 경찰청장·시·도경찰청장·경찰서장의 허가권 및 경찰서장에 대한 신고(화약류 수입의 경우 – 제9조 제5항)를 규정하고 있으므로 총포·도검·화약류 등의 종류에 따른 허가권자 및 신고와 관련된 조문, 제

> 조업자 · 판매업자 · 임대업자 · 소지의 결격사유와 관련된 조문 및 취급 금지는 정확히 구분하여 암기하고 있어야 향후 조문 내용을 확인하는 기출 수준의 문제 또는 변형된 문제에 대비할 수 있습니다.

33 「유실물법」상 습득물에 대한 보상금의 한도로 가장 적절한 것은? (2015년 제2차)

① (습득물 가액의) 100분의 10 이상 100분의 20 이하
② (습득물 가액의) 100분의 5 이상 100분의 30 이하
③ (습득물 가액의) 100분의 5 이상 100분의 20 이하
④ (습득물 가액의) 100분의 10 이상 100분의 30 이하

해설 「**유실물법」 제4조** "물건을 반환받는 자는 물건가액(物件價額)의 <u>100분의 5 이상 100분의 20 이하</u>의 범위에서 보상금(報償金)을 습득자에게 지급하여야 한다. 다만, 국가 · 지방자치단체와 그 밖에 대통령령으로 정하는 공공기관은 보상금을 청구할 수 없다."

분석
> 유실물법은 최근 12년간 독립된 유형의 문제로 1회가 출제되어 중요도는 다소 떨어집니다. 하지만 생활안전 분야에서 일상적으로 처리하는 업무이므로 보상금의 청구기한(제6조), 습득자의 권리 상실(제9조), 수취하지 않은 물건의 소유권 상실(제14조)의 기간은 향후 출제 가능성이 있으므로 정확히 기억하고 있어야 합니다.

34 「풍속영업의 규제에 관한 법률」 제3조는 풍속영업자의 범위 및 풍속영업자의 준수사항에 관하여 규정하고 있다. 다음 중 이와 관련된 판례의 태도와 부합하는 것은? (2012년 제1차)

① 숙박업소에서 위성방송수신기를 이용하여 수신한 외국의 음란한 위성방송프로그램에 대해 일정한 잠금장치를 설치하여 관람을 원하는 성인만을 상대로 방송을 시청하게 한 경우, 그 시청 대상자가 관람을 원하는 성인에 한정되므로, 풍속영업의 규제에 관한 법률위반으로 처벌할 수 없다.
② 풍속영업자가 지켜야 할 준수사항은 실제로 하고 있는 영업형태에 따라 정하여지는 것이 아니라 그 자가 받은 영업허가 등에 의하여 정하여지는 것이므로, 유흥주점 영업허가를 받고 실제로는 노래연습장 영업을 하고 있다 하더라도 유흥주점 영업에 따른 영업자 준수사항을 지켜야 할 의무가 있다.
③ 풍속영업자가 자신이 운영하는 여관에서 친구들과 일시 오락 정도에 불과한 도박을 한 경우, 형법상 도박죄는 성립되지 않는다 할지라도 형법과 그 제정목적이 다른 풍속영업의 규제에 관한 법률 제3조 제4호의 '도박이나 그 밖의 사행행위를 하게 하는 행위'에는 해당되고 위법성도 조각되지 않으므로 이를 처벌할 수 있다.
④ 유흥주점 여종업원들이 웃옷을 벗고 브래지어만 착용하거나 치마를 허벅지가 다 드러나도록 걷어 올리고 가슴이 보일 정도로 어깨 끈을 밑으로 내린 채 손님을 접대하였다는 정황만으로는 위 종업원들의 행위와 노출 정도가 형사법상 규제의 대상으로 삼을 만큼 사회적으로 유해한 영향을 끼칠 위험성이 있다고 평가할 수 있을 정도로 노골적인 방법에 의하여 성적 부위를 노출하거나 성적 행위를 표현한 것이라고 단정하기에 부족하므로 풍속영업의 규제에 관한 법률 제3조에 정한 '음란행위'에 해당한다고 판단하기 어렵다.

해설 ① **2009도4545 판결**: 텔레비전방송프로그램은 사물의 순간적 영상과 그에 따르는 음성 · 음향 등을 기계나 전자장치로 재생하여 시청자에게 송신할 수 있도록 제작된 방송내용물로서, <u>영화 또는 비디오물과는</u> 저장이나

전달의 방식이 다른 별개의 매체물이므로, 그 방송프로그램이 기억·저장되어 있는 방송사업자의 테이프 또는 디스크 등의 유형물은 구 풍속영업의 규제에 관한 법률(2010. 7. 23. 제10377호로 개정되기 전의 것) 제3조 제2호에서 규정하는 '기타 물건(주: 현행법상 그 밖의 음란한 물건)'에 해당한다. 한편 전기통신설비에 의하여 송신되는 방송프로그램은 그 전달과정에서 신호의 변환이나 증폭 등의 단계를 거치더라도 그 내용을 이루는 영상이나 음성·음향 등이 그대로 텔레비전 등의 장치를 통하여 재현되는 것이므로, 방송 시청자가 관람하는 대상은 유형물에 고정된 방송프로그램 그 자체라고 할 수 있다. 따라서 풍속영업소인 숙박업소에서 음란한 외국의 위성방송프로그램을 수신하여 투숙객 등으로 하여금 시청하게 하는 행위는, 구 풍속영업의 규제에 관한 법률 제3조 제2호에 규정된 '음란한 물건'을 관람하게 하는 행위에 해당한다.

② **97도1873 판결**: 풍속영업의규제에관한법률 제3조 소정의 '풍속영업을 영위하는 자'는 식품위생법 등 개별법률에서 정한 영업허가나 신고, 등록의 유무를 묻지 아니하고, 같은 법 제2조에서 정하는 풍속영업의 범위에 속하는 영업을 실제로 하는 자이므로, 그 풍속영업자가 지켜야 할 준수사항도 실제로 하고 있는 영업형태에 따라 정하여지는 것이지, 그 자가 받은 영업허가 등에 의하여 정하여지는 것은 아니므로, 유흥주점영업허가를 받았다고 하더라도 실제로는 노래연습장 영업을 하고 있다면 유흥주점영업에 따른 영업자 준수사항을 지켜야 할 의무가 있다고 할 수 없다.

③ **2003도6315 판결**: [1] 풍속영업자가 풍속영업소에서 도박을 하게 한 때에는 그것이 일시 오락 정도에 불과하여 형법상 도박죄로 처벌할 수 없는 경우에도 풍속영업자의 준수사항 위반을 처벌하는 풍속영업의규제에관한법률 제10조 제1항, 제3조 제3호의 구성요건 해당성이 있다고 할 것이나, 어떤 행위가 법규정의 문언상 일단 범죄 구성요건에 해당된다고 보이는 경우에도, 그것이 정상적인 생활형태의 하나로서 역사적으로 생성된 사회생활 질서의 범위 안에 있는 것이라고 생각되는 경우에는 사회상규에 위배되지 아니하는 행위로서 그 위법성이 조각되어 처벌할 수 없다. [2] 생략. [3] 풍속영업자가 자신이 운영하는 여관에서 친구들과 일시 오락 정도에 불과한 도박을 한 경우, 형법상 도박죄는 성립하지 아니하고 풍속영업의규제에관한법률위반죄의 구성요건에는 해당하나 사회상규에 위배되지 않는 행위로서 위법성이 조각된다고 한 사례.

④ **2006도3119 판결**: 유흥주점 여종업원들이 웃옷을 벗고 브래지어만 착용하거나 치마를 허벅지가 다 드러나도록 걷어 올리고 가슴이 보일 정도로 어깨끈을 밑으로 내린 채 손님을 접대한 사안에서, 위 종업원들의 행위와 노출 정도가 형사법상 규제의 대상으로 삼을 만큼 사회적으로 유해한 영향을 끼칠 위험성이 있다고 평가할 수 있을 정도로 노골적인 방법에 의하여 성적 부위를 노출하거나 성적 행위를 표현한 것이라고 단정하기에 부족하다는 이유로, 구 풍속영업의 규제에 관한 법률(2007. 1. 3. 법률 제8175호로 개정되기 전의 것) 제3조 제1호에 정한 '음란행위'에 해당한다고 판단한 원심판결을 파기한 사례.

분석	풍속영업의 규제에 관한 법률과 관련하여 최근 12년간 독립된 유형의 문제로 1회, 다른 지문과 결합하여 1회가 출제되어 다소 중요성이 떨어지는 것을 볼 수 있습니다. 하지만 실무에서 주된 단속의 대상이 되고 있다는 점에서 풍속영업의 범위(제2조), 준수사항(제3조), 풍속영업의 통보(제4조), 출입(제9조), 처벌과 양벌규정(제10조 및 제12조)은 향후 출제 가능성이 있으므로 조문내용을 정확히 기억하고 있어야 합니다. 기출 경향에 비추어 보면 풍속영업자의 준수사항과 관련된 다른 판례의 요지도 알고 있어야 향후 출제 가능성에 대비할 수 있습니다.

35 다음 내용 중 맞는 것은 모두 몇 개인가? (2009년 제2차 – 현행법 반영 수정)

㉠ 풍속영업의 규제에 관한 법률에 규정된 풍속영업자의 범위는 허가 또는 인가를 받지 아니하거나, 등록 또는 신고를 하지 아니하고 풍속영업을 영위하는 자는 제외한다.

㉡ 도검, 분사기 수출입, 화약류 2급 저장소의 설치, 화약류 발파, 전자충격기·석궁 제조업의 허가권자는 시·도경찰청장이다.

㉢ 사행행위영업의 대상범위가 2이상의 특별시·광역시·도 또는 특별자치도에 걸치는 경우에는 경찰청장의 허가를 받아야 한다.

> ㉣ 유흥주점, 비디오 감상실, 무도학원은 청소년출입·고용 금지업소이다.
> ㉤ 노래방업주가 22세 남자 대학생을 도우미로 불러 여자 손님들과 동석시킨 후 노래를 부르게 한 경우에 처벌법규는 음악산업진흥에 관한 법률이다.
> ㉥ 노래연습장에서 유흥종사자를 두고 맥주와 조리하지 않은 안주(과자류)를 제공한 경우는 단란주점업에 해당한다.

① 3개   ② 4개   ③ 5개   ④ 6개

해설 ㉢ ㉣ ㉤ 옳은 설명이다.

㉠ 「**풍속영업의 규제에 관한 법률**」 제3조 "풍속영업을 하는 자(허가나 인가를 받지 아니하거나 등록이나 신고를 하지 아니하고 풍속영업을 하는 자를 포함한다. 이하 "풍속영업자"라 한다) 및 대통령령으로 정하는 종사자는 풍속영업을 하는 장소(이하 "풍속영업소"라 한다)에서 다음 각 호의 행위를 하여서는 아니 된다. 1. 「성매매알선 등 행위의 처벌에 관한 법률」 제2조제1항제2호에 따른 성매매알선등행위, 2. 음란행위를 하게 하거나 이를 알선 또는 제공하는 행위, 3. 음란한 문서·도화(圖畵)·영화·음반·비디오물, 그 밖의 음란한 물건에 대한 다음 각 목의 행위: 가. 반포(頒布)·판매·대여하거나 이를 하게 하는 행위, 나. 관람·열람하게 하는 행위, 다. 반포·판매·대여·관람·열람의 목적으로 진열하거나 보관하는 행위, 4. 도박이나 그 밖의 사행 (射倖)행위를 하게 하는 행위" 틀린 설명이다.

㉡ 「**총포·도검·화약류 등의 안전관리에 관한 법률**」 제9조 제2항 "도검·분사기·전자충격기·석궁을 수출 또는 수입하려는 자는 행정안전부령으로 정하는 바에 따라 수출 또는 수입하려는 때마다 주된 사업장의 소재지를 관할하는 시·도경찰청장의 허가를 받아야 한다." 제25조 제1항 "화약류저장소를 설치하려는 자는 대통령령으로 정하는 화약류저장소의 종류별 구분에 따라 그 설치하려는 곳을 관할하는 시·도경찰청장 또는 경찰서장의 허가(주: 대통령령에 따라 3급저장소와 간이저장소만 경찰서장의 허가)를 받아야 한다. 화약류저장소의 위치·구조·설비를 변경하려는 경우에도 또한 같다." 제18조 제1항 "화약류를 발파하거나 연소시키려는 자는 행정안전부령으로 정하는 바에 따라 화약류의 사용장소를 관할하는 경찰서장의 화약류 사용허가를 받아야 한다. 다만, 「광업법」에 따라 광물을 채굴하는 자와 그 밖에 대통령령으로 정하는 자는 그러하지 아니하다." 제4조 제2항 "도검·분사기·전자충격기·석궁의 제조업을 하려는 자는 제조소마다 행정안전부령으로 정하는 바에 따라 제조소의 소재지를 관할하는 시·도경찰청장의 허가를 받아야 한다. 제조소의 위치·구조·시설 또는 설비를 변경하거나 제조하는 도검·분사기·전자충격기·석궁의 종류 또는 제조방법을 변경하려는 경우에도 또한 같다." 화약류의 발파·연소는 화약류의 사용장소를 관할하는 경찰서장의 허가 대상이므로 틀린 설명이다.

㉢ 「**사행행위 등 규제 및 처벌 특례법**」 제4조 제1항 단서 "사행행위영업을 하려는 자는 제3조에 따른 시설 등을 갖추어 행정안전부령으로 정하는 바에 따라 시·도경찰청장의 허가를 받아야 한다. 다만, 그 영업의 대상 범위가 둘 이상의 특별시·광역시·도 또는 특별자치도에 걸치는 경우에는 경찰청장의 허가를 받아야 한다." 옳은 설명이다.

㉣ 「**청소년보호법**」 제2조 제5호 가목 "1) 「게임산업진흥에 관한 법률」에 따른 일반게임제공업 및 복합유통게임제공업 중 대통령령으로 정하는 것, 2) 「사행행위 등 규제 및 처벌 특례법」에 따른 사행행위영업, 3) 「식품위생법」에 따른 식품접객업 중 대통령령으로 정하는 것(주: 단란주점영업 및 유흥주점영업), 4) 「영화 및 비디오물의 진흥에 관한 법률」 제2조 제16호에 따른 비디오물감상실업·제한관람가비디오물소극장업 및 복합영상물제공업, 5) 「음악산업진흥에 관한 법률」에 따른 노래연습장업 중 대통령령으로 정하는 것, 6) 「체육시설의 설치·이용에 관한 법률」에 따른 무도학원업 및 무도장업, 7) 전기통신설비를 갖추고 불특정한 사람들 사이의 음성대화 또는 화상대화를 매개하는 것을 주된 목적으로 하는 영업. 다만, 「전기통신사업법」 등 다른 법률에 따라 통신을 매개하는 영업은 제외한다., 8) 불특정한 사람 사이의 신체적인 접촉 또는 은밀한 부분의 노출 등 성적 행위가 이루어지거나 이와 유사한 행위가 이루어질 우려가 있는 서비스를 제공하는 영업으로서

청소년보호위원회가 결정하고 여성가족부장관이 고시한 것, 9) 청소년유해매체물 및 청소년유해약물등을 제작·생산·유통하는 영업 등 청소년의 출입과 고용이 청소년에게 유해하다고 인정되는 영업으로서 대통령령으로 정하는 기준에 따라 청소년보호위원회가 결정하고 여성가족부장관이 고시한 것, 10)「한국마사회법」제6조 제2항에 따른 장외발매소, 11)「경륜·경정법」제9조제2항에 따른 장외매장" 옳은 설명이다.

ⓜ **「음악산업진흥에 관한 법률」**제22조 제1항 제4호 "① 노래연습장업자는 다음 각 호의 사항을 지켜야 한다. 1. 영업소 안에 화재 또는 안전사고 예방을 위한 조치를 할 것, 2. 해당 영업장소에 대통령령이 정하는 출입시간외에 청소년이 출입하지 아니하도록 할 것. 다만, 부모 등 보호자를 동반하거나 그의 출입동의서를 받은 경우 그 밖에 대통령령이 정하는 경우에는 그러하지 아니하다., 3. 주류를 판매·제공하지 아니할 것, 4. 접대부(남녀를 불문한다)를 고용·알선하거나 호객행위를 하지 아니할 것, 5.「성매매알선 등 행위의 처벌에 관한 법률」제2조 제1항의 규정에 따른 성매매 등의 행위를 하게 하거나 이를 알선·제공하는 행위를 하지 아니할 것, 6. 건전한 영업질서의 유지 등에 관하여 대통령령이 정하는 사항을 준수할 것" **제34조 제2항** "제22조 제1항 제4호 또는 제5호의 규정을 위반한 노래연습장업자는 3년 이하의 징역 또는 3천만원 이하의 벌금에 처한다." 옳은 설명이다.

ⓗ **「식품위생법 시행령」**제21조 제8호 다목·라목 "다. 단란주점영업: 주로 주류를 조리·판매하는 영업으로서 손님이 노래를 부르는 행위가 허용되는 영업, 라. 유흥주점영업: 주로 주류를 조리·판매하는 영업으로서 유흥종사자를 두거나 유흥시설을 설치할 수 있고 손님이 노래를 부르거나 춤을 추는 행위가 허용되는 영업" 노래연습장에서 유흥종사자를 두지 않고 맥주와 조리하지 않은 안주(과자류)를 제공한 경우 (무허가)단란주점업에 해당하고, 유흥종사자를 두고 동일하게 영업한 경우 (무허가)유흥주점업에 해당한다. 틀린 설명이다.

36 「경범죄 처벌법」에 대한 설명 중 가장 적절하지 않은 것은? (2021년 제1차)

① 장난전화, 광고물 무단부착, 행렬방해, 흉기의 은닉휴대는 10만원 이하의 벌금, 구류 또는 과료의 형으로 처벌한다.

②「경범죄 처벌법」제7조 제1항에 따라 범칙자로 인정되는 사람일지라도 통고처분서 받기를 거부한 사람, 주거 또는 신원이 확실하지 아니한 사람, 그 밖에 통고처분을 하기가 매우 어려운 사람에 대하여는 통고처분하지 않는다.

③ 경범죄를 짓도록 시키거나 도와준 사람은 죄를 지은 사람에 준하여 벌하며, 경범죄의 미수범도 처벌한다.

④「경범죄 처벌법」제8조 제1항에 따른 납부기간에 범칙금을 납부하지 아니한 사람은 납부기간의 마지막 날의 다음 날부터 20일 이내에 통고받은 범칙금에 그 금액의 100분의 20을 더한 금액을 납부하여야 한다.

해설 ①「**경범죄 처벌법」**제3조 제1항, ② 제7조 제1항, ④ 제8조 제2항
③「**경범죄 처벌법」**제4조에서 교사·방조의 경우 죄를 지은 사람에 준하여 벌한다고만 규정하고 있고, 미수범을 처벌하는 별도의 규정을 두고 있지 않다.

분석 경범죄 처벌법은 최근 12년간 독립된 유형의 문제로 2회 출제되었습니다. 생활안전 경찰실무와 밀접한 관련이 있고, 일상적으로 행해지는 업무 분야이므로 향후에도 계속 출제가 예상됩니다. 현재까지 기출되지 않은 제1조의 목적, 제2조 남용금지, 제5조 형의 면제와 병과 및 제9조 통고처분 불이행자 등의 처리는 향후 출제가 가능하므로 정확히 기억하고 있어야 합니다.

37 경범죄 처벌법에 대한 설명으로 가장 적절하지 않은 것은? (2020년 제2차)

① 범칙행위란 경범죄 처벌법 제3조 제1항 각 호부터 제3항 각 호까지의 어느 하나에 해당하는 위반행위이다.

② 경범죄 처벌법 제3조의 죄를 짓도록 시키거나 도와준 사람은 죄를 지은 사람에 준하여 처벌한다.

③ "범칙자"란 범칙행위를 한 사람으로서 '피해자가 있는 행위를 한 사람', '죄를 지은 동기나 수단 및 결과를 헤아려볼 때 구류처분을 하는 것이 적절하다고 인정되는 사람', '범칙행위를 상습적으로 하는 사람', '18세 미만인 사람'의 어느 하나에도 해당하지 않는 사람을 말한다.

④ 술에 취한 채로 관공서에서 몹시 거친 말과 행동으로 주정하거나 시끄럽게 한 사람에 대해서 60만원 이하의 벌금, 구류 또는 과료의 형으로 처벌한다.

> **해설**
> ① 「**경범죄 처벌법**」 제6조 제1항 "이 장에서 "범칙행위"란 제3조 제1항 각 호 및 제2항 각 호의 어느 하나에 해당하는 위반행위를 말하며, 그 구체적인 범위는 대통령령으로 정한다." 구체적으로 제3호에 규정된 관공서에서의 주취소란 및 거짓신고는 범칙행위에 해당하지 않는다. 그리고 60만원 이하의 벌금이 규정되어 있으므로, 다액 50만원 이하의 벌금, 구류 또는 과료가 규정된 경미범죄에 해당하지 않으므로, 주거가 분명한 경우에도 형사소송법상 현행범인 체포의 요건이 구비된 경우 현행범인으로 체포할 수 있다.
> ② 「**경범죄 처벌법**」 제4조, ③ 제6조 제2항, ④ 제3조 제3항 제1호

01 범죄원인론에 대한 설명 중 틀린 것은?

① 범죄의 발생원인을 다루는 분야로 크게 고전주의 범죄학, 실증주의 범죄학 및 사회학적 범죄학으로 구분할 수 있다.

② 고전주의 범죄학에서는 인간에게 자유의지가 있음을 전제로 잠재적 범죄자에게 형벌에 의한 경고를 통해 범죄를 예방한다는 일반예방적 관점이 강조된다.

③ 실증주의 범죄학에서는 생물학·심리학적인 외부요인에 기하여 인간의 행동이 결정된다는 전제에서 과학적 방법의 적용을 통한 특별예방적 관점이 강조된다.

④ 실증주의 범죄학에 속하는 이탈리아 실증학파로 생래적 범죄인설의 롬브로조, 범죄포화의 법칙을 주장한 가로팔로, 자연범과 법정범을 구별한 페리가 있다.

해설 ① ② ③ 옳은 설명이다. 고전주의는 비결정론의 관점이고, 실증주의는 결정론의 관점이다.

④ 이탈리아 실증학파로는 격세유전을 통해 속성이 전수된다는 <u>생래적 범죄인설을 주장한 롬브로조</u>, 일정 수의 범죄는 항상 존재한다는 <u>범죄포화의 법칙을 주장한 페리</u> 및 <u>자연범·법정범을 구별한 가로팔로</u>가 있다. 이외에 범죄와 인간의 생물학적 특성(얼굴/두개골의 모양─이른바 골상학/체형 등) 사이의 관련성에 초점을 두는 <u>생물학적 범죄학</u>, 범죄와 인간의 정신적 측면(지능·성격·학습 등) 사이의 관련성에 초점을 두는 <u>심리학적 범죄학</u>도 실증주의 범죄학에 해당한다.

02 아래의 보기 가운데 J. F. Sheley가 주장한 범죄유발 요소에 해당하는 것은 모두 몇 개인가?

> **보기**
> ㉠ 범행의 기회   ㉡ 보호자 부재   ㉢ 범행의 가시성
> ㉣ 이동의 용이성   ㉤ 사회적 제재로부터의 자유

① 1개   ② 2개   ③ 3개   ④ 4개

해설 J. F. Sheley의 4가지 요소로 범행의 동기, 범행의 기술, 범행의 기회 및 사회적 제재로부터의 자유가 있다.

03 사회학적 범죄학 이론에 대한 설명으로 옳은 것은?

① 머튼의 긴장이론은 급격한 사회변화로 규범이 제대로 작동하지 않는 무규범 및 억제력의 상실 상태에서 범죄가 발생한다고 보았다.

② 뒤르켐의 아노미이론은 목표 달성이 어려운 계층의 분노와 좌절 등과 같은 병리적 사회구조(이른바 아노미상태)가 목표를 위한 수단의 합법성을 무시하는 행동을 야기한다고 보았다.

③ 쇼와 멕케이의 문화전파이론은 정상적인 사회화과정 없이 범죄를 부추기는 성향을 가지거나 자기통제의 상실을 범죄의 원인을 보았다.

④ 코헨의 하위문화이론은 도심지의 슬럼지역에서 비행이 일반화되는 이유는 산업화·도시화 과정에서 그 지역의 사회조직이 극도로 해체되었기 때문이라고 보았다.

해설 ① ② 지문의 내용은 긴장이론과 아노미이론의 내용이 바뀌어 설명되었다. 긴장이론은 아노미이론으로 분류된다. 머튼(R. Merton)의 긴장이론은 <u>병리적 사회구조(목표달성이 어려운 계층의 분노·좌절 등)가 사회와 긴</u>

장을 유발시키고 목표를 위해 수단의 합법성을 무시하는 행동을 야기한다고 보았다. 뒤르켐(E. Durkheim)의 아노미이론은 급격한 사회변화로 규범이 제대로 작동하지 않는 상태가 아노미이며, 이러한 무규범 및 억제력의 상실 상태에서 범죄가 발생한다고 보았다.

③ 옳은 설명이다. 쇼(C. R. Shaw)와 멕케이(H. D. Mckay)는 "소년비행과 도시지역"이라는 저서에서 범죄도 문화와 같이 부모로부터 아이에게 전해진다고 하는 문화전파이론을 주장하였다.

④ 코헨(A. K. Cohen)의 하위문화이론은 하류 계층의 청소년들이 중류 계층에 대한 저항으로 비행을 저지르며, 목표와 수단의 괴리를 극복하기 위해 자신들만의 고유한 문화를 형성하게 되는데, 그러한 문화에서 범죄가 발생한다는 이론이다. 지문의 내용은 쇼와 멕케이의 "비행지역"이란 저서에서 소개된 사회해체이론이다. 쇼와 멕케이는 슬럼지역에서는 구성 인종이 바뀌더라도 비행 발생률이 변하지 않는다는 것을 발견하였다.

04 사회학적 범죄학 이론에 대한 설명으로 틀린 것은?

① 베커의 낙인이론은 범죄로 나아가게 되는 과정보다 범죄의 원인에 초점을 두는 것으로 범죄자·일탈자라는 자기 관념을 형성시키는 낙인이 범죄의 원인이라고 한다.

② 허쉬의 사회통제이론은 사회적 유대가 약화되어 통제가 되지 않기 때문에 범죄가 발생한다고 보고, 애착·전념·참여·신념을 비행 발생을 억제하는 요소인 사회적 유대로 보았다.

③ 사이크스와 마차의 중화기술이론은 청소년의 비행화 과정에서 전통적인 규범의식이나 가치관이 중화된다고 한다.

④ 서덜랜드와 크레시의 차별(분화)접촉이론은 범죄행위는 다른 사람들과의 상호작용 과정에서 의사소통을 통해 학습된다고 한다.

해설 ① 베커(H. S. Becker)의 낙인이론은 범죄의 원인보다 범죄로 나아가게 되는 과정(이른바 범죄형성과정)에 초점을 둔 이론이다. 즉, 낙인이 찍힌 사람은 스스로 자신을 범죄자·일탈자라 인식하는 자기 관념을 형성하게 되고, 이러한 자기 관념이 범죄자를 만드는 결과를 초래하게 된다고 한다.

② ③ ④ 옳은 설명이다.

05 사이크스와 마차(G. Sykes and D. Matza)의 중화기술이론에 대한 설명으로 옳은 것은?

① 중화기술이론은 청소년 비행의 예방과 관련하여 특별예방적 관점을 중시하는 실증주의 범죄학 이론에 해당한다.

② 사이크스와 마차는 청소년이 전통적 규범의식이나 가치관을 중화하는 기술로 책임의 부정, 피해의 부정, 피해자의 부정 및 비난자에 대한 비난 4가지를 제시하였다.

③ 자신 주변의 친근한 집단과의 관계를 이유로 전통적 규범의식이나 가치관을 중화하는 것은 보다 높은 충성심에의 호소와 관련이 있다.

④ 자신을 도덕적 복수자라고 생각하는 것은 피해의 부정과 관련이 있다.

해설 ① 중화기술이론은 종래의 고전주의 범죄학, 실증주의 범죄학과 달리 사회 자체 또는 그 속에서의 관계·과정 등에서 범죄의 원인을 찾는 사회학적 범죄학 이론으로 특별예방적 관점은 실증주의 범죄학과 관련이 있다.

② 사이크스와 마차는 지문의 내용 이외에 "보다 높은 충성심에의 호소"도 중화기술로 제시하였다(5가지).

③ 옳은 설명이다.

④ 부정직한 사람에 대한 보복으로 범죄를 한다고 자신을 합리화하는 것은 피해자의 부정과 관련이 있다.

정답 | 01 | ④ | 02 | ② | 03 | ③ | 04 | ① | 05 | ③

06 사이크스와 마차(G. Sykes and D. Matza)의 중화기술에 대한 〈보기 1〉과 〈보기 2〉의 연결이 가장 적절한 것은?

> **보기 1**
>
> (가) 심야에 술을 마시면서 소란을 피우는 사람들이 단속하는 경찰관들에 대해 "뇌물이나 받는 인간들"이라고 자신들을 합리화
> (나) 무전취식을 하면서 "나는 사업이 망해 빚이 많아서 어쩔 수가 없어"라고 자신을 합리화
> (다) 부정한 방법으로 돈을 번 사람의 물건을 훔치면서 "내가 응징하는 거야"라고 자신을 합리화

> **보기 2**
>
> ㉠ 책임의 부정   ㉡ 피해의 부정   ㉢ 피해자의 부정   ㉣ 비난자에 대한 비난

	(가)	(나)	(다)			(가)	(나)	(다)
①	㉣	㉠	㉢		②	㉣	㉠	㉡
③	㉢	㉡	㉣		④	㉢	㉡	㉠

해설 (가) 자신의 행위를 비난하거나 제재하는 사람들(교사·법관·경찰관 등)의 잘못이나 약점 등을 생각하면서 자신의 행위에 대한 가책심을 중화시키는 방법으로 스스로를 합리화하는 비난자에 대한 비난, (나) 자신의 범죄·비행에 대해 그 원인이 자신이 아닌 다른 것에 있다고 스스로의 책임을 부정하는 방법으로 합리화하는 것으로 책임의 부정, (다)는 자신의 행위로 피해를 당하는 사람이 원래 잘못된 행위를 한 사람이기 때문에 자신의 행위로 응징·보복한다고 합리화하는 것으로 피해자의 부정과 관련이 있다.

07 범죄예방(통제)의 연혁적 변화과정에 대한 설명으로 틀린 것은?

① 근세 이전에는 결투 등과 같은 개인에 의한 사적인 복수나 응보가 허용되었다.
② 고전주의는 일반예방적 관점에서 범죄에 대한 처벌·제재를 예고(이른바 위하 효과)함으로써 일반인이 범죄를 저지르지 못하도록 하는 것에 중점을 둔다.
③ 실증주의는 범죄자에 대한 처벌·제재보다는 범인 자체의 치료·교정을 통한 재사회화로 재범을 방지한다는 특별예방적 관점을 중시한다.
④ 범죄사회학은 범죄 발생 이후의 사후적 조치보다는 범죄인에 대한 다양한 실증적 연구를 통해 범죄를 예방하고자 하는 것에 중점을 둔다.

해설 ① ② ③ 옳은 설명이다.
④ 범죄사회학은 이전의 범죄학적 이론, 특히 범죄인 자체의 (생물학적 또는 심리학적) 특성에서 범죄의 원인을 찾는 실증주의의 경향에 반대하면서 범죄를 사회적인 문제로 보아 사회 자체에서 범죄의 원인을 찾고자 한다. 범죄인에 대한 실증적인 연구는 실증주의의 이탈리아 실증학파, 생물학적 범죄학 및 심리학적 범죄학의 주된 관심사이다.

08 범죄예방(통제)과 관련된 억제이론에 대한 설명으로 옳은 것은?

① 억제이론은 범죄자를 내적 결함이 있는 존재로 전제하는 고전주의에 기초하여 범죄자에 대한 신속·확실·엄격한 처벌을 강조한다.
② 억제이론의 경우 범죄를 저질러도 검거되어 반드시 처벌되는 것은 아니며, 처벌을 통한 예방이 실패하는 경우에 범죄예방의 다른 대안이 없다는 한계가 있다.

③ 억제이론은 합리적 선택의 관점에서 설명될 수 있는 범죄 이외에 폭력과 같은 충동적인 범죄에도 적용될 수 있는 이론이다.

④ 억제이론은 엄한 처벌의 위하 효과를 이용한 일반인의 범죄억제에 대한 이론으로 엄한 처벌을 통해 범죄자의 재범을 예방한다는 특별예방적 관점은 고려되지 않는다.

> **해설** ① 억제이론은 <u>인간의 자유의지를 인정하는 고전주의에 기초한</u> 이론이고, 범죄자 자체의 결함을 전제로 하는(결정론) 것은 실증주의로 치료·갱생이론이 실증주의에 기초하고 있다. <u>고전주의는 "범죄", 실증주의는 "범죄자"에 중점</u>을 둔다.
> ② 옳은 설명이다.
> ③ 합리적 선택의 관점이 관철되기 어려운 <u>충동적 유형의 범죄에 대해서는 이론의 적용에 한계</u>가 있다.
> ④ 억제이론은 엄한 처벌을 통한 일반인에 대한 범죄의 억제(일반예방)와 범죄자의 재범 억제(특별예방) 모두를 대상으로 하고 있다.

09 범죄예방(통제)과 관련된 치료·갱생이론에 대한 설명으로 틀린 것은?

① 치료·갱생이론은 범죄자를 내적인 결함이 있는 존재로 파악하는 실증주의에 기초한 이론이다.
② 치료·갱생이론은 엄격한 처벌보다 범죄자의 교정·치료를 통한 재범 억제에 중점을 둔다.
③ 치료·갱생이론은 범죄자의 교정·치료에 많은 비용이 투입된다는 점 그리고 범죄 발생 이후의 사후적인 조치에 한정된다는 점에서 한계가 있다.
④ 치료·갱생이론은 범죄자의 특성에 대한 실증적인 연구를 바탕으로 한다는 점에서 현대적 범죄예방이론에 해당한다.

> **해설** ① ② ③ 옳은 설명이다.
> ④ 고전주의에 기초한 억제이론과 실증주의에 기초한 치료·갱생이론은 이른바 전통적 범죄예방이론이다.

10 범죄예방(통제)과 관련된 사회발전이론에 대한 설명으로 틀린 것은?

① 사회발전이론은 사회학적 범죄학에 기초를 두고 있고, 시카고지역계획이 대표적 사례이다.
② 사회발전이론은 빈곤·차별·경제적 불평등과 같은 사회적 환경에서 특정 성향의 개인들이 범죄를 저지르게 된다고 이해한다.
③ 사회발전이론은 사회적 환경의 개선을 통한 범죄예방을 강조하나, 막대한 인적·물적 자원이 소요된다는 한계가 있다.
④ 사회발전이론은 개인 또는 소규모의 조직체에 의해 수행될 수 없다는 한계가 있으나, 반드시 경제적·문화적 환경의 발전과 연결되어야 하는 것은 아니다.

> **해설** ① ② ③ 옳은 설명이다.
> ④ <u>사회발전이론</u>은 경제적·문화적·사회적 환경의 발전이 상호 연결되어야 하고, 막대한 인적·물적 자원이 필요하기 때문에 <u>개인이나 소규모의 조직체에 의해서는 수행될 수 없다</u>는 한계가 있다.

11 범죄예방과 관련된 상황적 범죄예방이론에 대한 설명으로 틀린 것은?

① 상황적 범죄예방이론은 범죄행위에 대한 위험과 어려움을 높여 범죄의 기회를 줄이고 범죄로 인한 이익을 감소시킴으로써 범죄를 억제·예방하려는 이론이다.

② 범죄와 관련된 기회적 요인에 초점을 두는 일상활동이론, 범죄자의 이동경로·수단 등에 초점을 두는 범죄패턴이론 및 자유의지에 따른 유·불리의 계산에 초점을 두는 합리적 선택이론이 있다.

③ 상황적 범죄예방이론에 의하면 범죄의 기회를 줄이게 되면 전체적으로 범죄의 감소로 이어지게 되고, 범죄가 다른 곳으로 이전되는 전이효과는 발생하지 않는다.

④ 상황적 범죄예방이론은 범죄 상황이라는 미시적 관점을 기초로 하기 때문에 거시적인 범죄예방 모델을 도출하는데 한계가 있다.

해설 ① ② ④ 옳은 설명이다.
③ 범죄 기회를 줄이더라도 실제로 범죄가 줄어드는 것이 아니라 이전되는 전이효과가 있을 뿐이라는 한계가 있다. 이에 대해 범죄예방의 효과가 확산되어 범죄예방의 수단을 강구하지 않은 인근 장소 등에서도 범죄예방·감축효과를 보인다(이익의 확산효과)는 주장이 있으나, <u>전이효과가 없다고 단정할 수는 없다</u>.

12 상황적 범죄예방모델에 대한 〈보기 1〉의 내용과 〈보기 2〉 이론의 연결이 가장 적절한 것은?

> **보기 1**
> (가) 범죄의 발각과 처벌의 위험성 및 확실성을 높임으로써 범죄예방이 가능하다.
> (나) 범죄는 범죄를 저지르려는 범인, 적당한 대상 및 감시의 부재라는 조건이 충족될 때 발생한다.
> (다) 범죄와 연관된 사람·사물들이 어떻게 시간과 공간에서 움직이는지를 고려하고, 교차점·행로·가장자리의 3가지 개념을 제시한다.

> **보기 2**
> ㉠ 범죄패턴이론　ㄴ 일상활동이론　ㄷ 생태학적 이론(환경범죄이론)　ㄹ 합리적 선택이론

	(가)	(나)	(다)			(가)	(나)	(다)
①	㉣	㉢	㉠		②	㉣	㉡	㉠
③	㉠	㉡	㉣		④	㉠	㉡	㉢

해설 (가)는 자유의지에 기반한 유·불리를 계산하여 자신에게 유리한 경우에 범죄로 나아가게 되므로 범행의 발각과 처벌의 위험성·확실성을 높임으로써 범죄를 예방할 수 있다는 합리적 선택이론, (나)는 일상활동이론, (다)는 범죄패턴이론에 대한 설명이다. 생태학적 이론은 범죄의 발생을 용이하게 하는 환경적 요소를 제거·개선하여 기회성 범죄를 줄이려는 범죄예방이론으로 환경설계를 통한 범죄예방기법(CPTED)과 관련이 있다.

13 아래의 보기 가운데 일상활동이론에 의할 때 범죄자가 범행을 결정함에 있어 고려하는 요소는 모두 몇 개인가?

> **보기**
> ㉠ 범죄에 적당한 대상　ㄴ 이동의 용이성　ㄷ 접근성　ㄹ 감시(방어기제·보호자)의 부재

① 1개　　　② 2개　　　③ 3개　　　④ 4개

해설 상황적 범죄예방이론 가운데 일상활동이론에 의하면 범죄는 범죄자, 범죄에 적당한 대상 및 감시의 부재 3가지 조건이 충족될 때 발생한다. 그리고 범죄자가 범행을 결정함에 있어 고려하는 요소로 가치(Value), 이동의 용이성(Inertia), 가시성(Visibility) 및 접근성(Access)이 있다(이른바 VIVA모델). ㉠과 ㉣은 범죄발생의 조건이므로, ㉡가 정답이다.

14 환경설계를 통한 범죄예방기법과 가장 관련이 깊은 현대적 범죄예방이론은?

① 생태학적 이론　　② 집합효율성이론　　③ 깨진 유리창이론　　④ 합리적 선택이론

해설 생태학적 범죄이론이다. 집합효율성이론은 지역사회 구성원들의 유대강화와 범죄와 같은 사회문제에 적극적인 개입 등 공동의 노력이 있는 경우 범죄문제에 효과적으로 대응할 수 있다고 주장한다(Samson). 깨진 유리창이론은 사소한 무질서를 방치하면 큰 문제(무질서)로 이어질 가능성이 높아진다는 이론으로 범죄를 예방하기 위해 경미한 무질서에 대해서도 무관용·강력대응이 필요하다고 본다.

15 아래의 보기 가운데 인간의 자유의지를 전제로 하는 범죄예방(통제)이론은 모두 몇 개인가?

> **보기**
> ㉠ 억제이론　㉡ 치료·갱생이론　㉢ 사회발전이론　㉣ 합리적 선택이론　㉤ 범죄패턴이론

① 1개　　② 2개　　③ 3개　　④ 4개

해설 인간의 자유의지를 이론의 기본적 전제로 삼고 있는 것으로 억제이론과 합리적 선택이론이다.

16 제퍼리(C. R. Jeffery)의 범죄통제모델에 대한 설명으로 틀린 것은?

① 형벌에 의한 억제모델, 치료·갱생을 위한 복귀모델 및 사회환경개선을 통한 예방모델의 성격을 모두 가지고 있다.
② 모델의 특징으로 사전적 활동 및 행동에 대한 직접적인 통제가 있다.
③ 다양한 학문에 기초하고 있고, 치료·갱생을 위한 범죄자의 무기한 유치를 인정한다.
④ 환경과 사람의 상호작용에 초점을 두고 있다.

해설 ① ② ④ 옳은 설명이다.
③ 제퍼리의 범죄통제모델은 치료·갱생을 위한 범죄자의 무기한 유치를 허용하지 않는다.

17 브랜팅험(P. Brantingham)과 파우스트(F. Faust)의 범죄예방모델에 대한 설명으로 틀린 것은?

① 범죄예방활동의 대상을 기준으로 일반 시민을 대상으로 하는 1차 예방, 잠재적 범죄자(우범자)를 대상으로 하는 2차 예방 및 범죄자를 대상으로 하는 3차 예방으로 구분한다.
② 1차 예방의 방법으로 환경설계, 이웃감시활동, 민간경비, 범죄예방교육, CCTV나 비상벨의 설치 등이 있다.
③ 2차 예방은 우범자에 의한 비합법적 행위가 발생하기 전에 예방하는 것으로 지역사회의 지도자, 교육자, 부모 등에 의해 이루어진다.
④ 3차 예방은 범죄자를 대상으로 하는 체포, 기소, 형벌의 집행(구금과 교정·치료)의 방법으로 행해지는 것으로 형사사법기관이 담당하고, 민간단체·지역사회 교정프로그램으로는 할 수 없다.

해설 ① ② ③ 옳은 설명이다.
④ 3차 예방(범죄자 대상)은 체포, 기소, 교도소에 구금 이외에 치료, 사회복귀, 상습범·재범 대책의 수립 등으로 행해지고 주로 형사사법기관이 담당하지만, 민간단체 또는 지역사회 교정프로그램으로도 가능하다.

18 브랜팅험(P. Brantingham)과 파우스트(F. Faust)의 범죄예방모델에 의할 때 성격이 다른 것은?

① 상습범·재범 방지를 위한 대책 수립
② 체포·기소·형집행
③ 우범자를 조기에 발견하여 개입
④ 사회복귀를 위한 직업훈련

해설 ① ② ④ 범죄자를 대상으로 하는 3차 예방의 구체적인 방법이다.
③ 잠재적 범죄자(우범자)를 대상으로 하는 2차 예방이다. 2차 예방은 우범자들과 자주 접촉하는 지역사회의 지도자, 교육자, 부모 등에 의해 이루어진다.

19 범죄예방에 대한 아래의 설명 가운데 옳은 것은?

① 미국범죄예방연구소(NCPI)에 의하면 범죄예방은 범죄기회의 감소에 초점을 두고 범죄와 관련된 환경적 요소를 제거하는 직접적인 통제활동을 의미하므로 범죄욕구·범죄기술에 대한 예방은 여기에 해당하지 않는다.
② 랩(S. P. Lap)에 의하면 범죄예방은 실제의 범죄발생을 줄이는 사전적인 활동을 의미하므로 범죄에 대한 시민의 두려움을 감소시키는 활동은 여기에 해당하지 않는다.
③ 제퍼리의 치료·갱생을 통한 범죄예방은 브랜팅험·파우스트의 2차 예방과 유사하다.
④ 브랜팅험·파우스트의 1차 예방은 제퍼리의 형벌에 의한 범죄예방과 유사하다.

해설 ① 옳은 설명이다.
② 랩에 의하면 범죄예방은 실제 범죄의 발생뿐만 아니라 범죄에 대한 시민의 두려움을 줄이는 사전적 활동을 말한다.
③ 제퍼리의 치료·갱생을 통한 범죄통제는 범죄자의 사회복귀에 있다는 점에서 브랜팅험·파우스트의 3차 예방과 유사하다고 볼 수 있다.
④ 브랜팅험·파우스트의 1차 예방은 일반 시민을 대상으로 범죄의 원인이 되는 물리적·사회적·경제적 조건의 개선에 초점을 둔다는 점에서 제퍼리의 형벌에 의한 억제모델보다는 사회환경개선을 통한 예방모델과 유사하다고 볼 수 있다.

20 환경설계를 통한 범죄예방(CPTED)에 대한 설명으로 틀린 것은?

① 물리적 환경의 설계·재설계를 통하여 범죄의 기회를 차단하고, 범죄로 인한 이익보다 비용을 많이 발생시킴으로써 범죄를 포기하도록 하는 기법을 말한다.
② 범죄의 발생을 용이하게 하는 환경적 요소를 제거·개선하여 기회성 범죄 및 우발적 범죄를 줄이려는 생태학적 이론(환경범죄이론)의 대표적인 예이다.
③ 건물이나 시설의 설계시 가시권을 최대한 확보하여 범죄행동에 대한 감시기능을 확대함으로써 범죄행위의 발견 가능성을 증가시키고 범죄기회를 감소시킬 수 있다는 원리는 자연적 감시이다.
④ 일정한 지역에 접근하는 사람들을 정해진 공간으로 유도하거나 외부인 출입을 통제하도록 설계함으로써 접근에 대한 심리적 부담을 증대시켜 범죄를 예방하는 원리는 자연적 접근통제이다.

해설 ① ③ ④ 옳은 설명이다.

② 생태학적 이론(환경범죄이론)은 기회성 범죄를 줄이려는 범죄예방이론이다.

21 아래의 보기 중 환경설계를 통한 범죄예방의 자연적 감시와 관련이 없는 것은 모두 몇 개인가?

> **보기**
> ㉠ 놀이터·공원의 설치와 접근성·이용성 증대　　㉡ 통행로의 설계　　㉢ 울타리·펜스의 설치
> ㉣ 시설·건물의 위치선정　　㉤ 차단기·방범창의 설치　　㉥ 공동주택의 출입구 최소화

① 2개　　　　　　② 3개　　　　　　③ 4개　　　　　　④ 5개

해설 가시권 확보를 위한 조명, 조경, 시설·건물의 위치선정 및 재료의 선택 등이 기본원리인 자연적 감시와 관련이 있다. ㉠은 부가원리인 활동의 활성화(활용성 증대), ㉡ ㉤ ㉥은 기본원리인 자연적 접근통제, ㉢은 기본원리인 영역성의 강화와 관련이 있다.

22 환경설계를 통한 범죄예방의 부가원리인 활동의 활성화와 가장 관련이 있는 원리는?

① 자연적 감시와 자연적 접근통제　　　② 자연적 접근통제와 영역성의 강화
③ 영역성의 강화와 유지관리　　　　　④ 자연적 감시와 유지관리

해설 활동의 활성화는 "거리의 눈"을 이용한 자연적 감시 및 자연적 접근통제를 강화하는 부가원리이다.

23 스콜닉(J. Skolnick)이 말하는 지역사회 경찰활동의 기본요소로 적당하지 않은 것은?

① 지역사회의 범죄예방 활동　　　　　② 법집행을 위한 순찰활동으로의 방향 전환
③ 주민에 대한 책임성 중시　　　　　④ 정책과정에의 주민참여 증대와 경찰권한의 분산

해설 ②가 적당하지 않다. 법집행이 아닌 주민에 대한 서비스 제공을 위한 순찰활동의 방향전환이다.

24 지역중심 경찰활동에 대한 설명으로 틀린 것은?

① 지역사회와 경찰 사이의 새로운 관계를 증진시키는 전략·원리로 지역사회에서의 범죄감소에 목표를 두고 있다.
② 경찰과 지역사회가 범죄, 무질서, 지역사회 타락과 같은 문제를 확인하여 우선순위를 결정하고, 이를 해결하기 위해 상호 노력하는 것이 전제조건이다.
③ 문제의 발생·심화 전에 예방적·적극적인 대응과 개인의 피해·응급사태에 대한 경찰의 적극적·효과적 대응 유지의 필요성을 조화시키고자 한다.
④ 기존의 범죄신고 처리에 의존하던 방식에서 탈피하여, 경찰과 지역사회의 협력을 통해 문제를 해결하고자 한다.

해설 ① 지역중심 경찰활동은 지역사회에서의 전반적인 삶의 질 향상에 목표를 두고 있다.
② ③ ④ 옳은 설명이다.

25 문제지향 경찰활동에 대한 설명으로 옳은 것은?

① 경찰의 의사결정과정에 있어서 기본적인 문제보다는 개별사건의 해결에 중점을 둔다.
② 경찰활동과 관련하여 일선경찰관들에게 지역의 경향 및 패턴을 파악할 수 있는 자료의 제공이 필요하다.
③ 문제해결과정은 대응 → 조사 → 분석 → 평가의 순으로 진행된다.
④ 일선경찰관들에게 자기 분야의 문제를 해결하기 위한 시간을 부여하되, 통일된 경찰활동의 측면에서 당해 문제에 대한 결정은 경찰관리자가 해야 한다.

해설
① 개별사건 하나하나의 해결보다는 <u>기본적인 문제의 해결</u>이 경찰의 의사결정과정에서 더 중요하다고 본다.
② 옳은 설명이다.
③ 문제해결과정은 <u>SARA모델</u>로 조사(Scanning), 분석(Analysis), 대응(Response) 및 평가(Assessment)이다.
④ 경찰관리자는 일선경찰관들이 자신의 분야에서 <u>문제를 결정하도록 권한을 부여</u>하여야 한다.

26 이웃지향 경찰활동에 대한 설명으로 틀린 것은?

① 지역사회 범죄문제는 지역거주자들이 위반행동에 대한 비공식적인 사회통제를 기피하는 경우에 발생한다고 본다.
② 지역의 환경을 바꾸기 위해 필요한 조치를 취함으로써 범죄를 줄일 수 있다고 본다.
③ 지역조직은 지역거주자에게 지역에 관한 정보를 제공하고, 경찰과 함께 범죄억제 기능을 수행한다.
④ 지역조직이 경찰관들로부터 중요한 역할을 부여받아 서로를 위해 감시하거나 공식적인 민간순찰을 할 수는 없다.

해설
① ② ③ 옳은 설명이다.
④ 지역조직이 경찰관들로부터 중요한 역할을 부여받고, 서로를 위해 감시하며 일부는 공식적인 민간순찰을 실시한다.

27 미국의 지역사회 범죄예방활동 프로그램에 대한 〈보기 1〉과 〈보기 2〉의 연결이 가장 적절한 것은?

보기 1

(가) 범죄에 대한 정보를 가지고 있는 주민이 신고할 수 있도록 동기를 부여하기 위해 현금보상을 실시하는 범죄정보 보상프로그램
(나) 미국의 빈곤계층 아동들이 적절한 사회화 과정을 거치게 함으로써 장차 범죄를 저지를 수 있는 잠재성을 감소시키려는 교육프로그램
(다) 비행을 저지른 소년이 낙인효과로 심각한 범죄자로 발전하는 것을 방지하기 위해 형사법적 제재를 가하지 않고, 지역사회의 보호 및 관찰로 대체하여 범죄를 예방하는 프로그램

보기 2

㉠ Head start Program ㉡ Diversion Program ㉢ Crime stopper Program ㉣ Safer City Program

	(가)	(나)	(다)			(가)	(나)	(다)
①	㉠	㉢	㉡		②	㉠	㉢	㉣
③	㉢	㉠	㉡		④	㉢	㉠	㉣

해설 (가)는 Crime stopper Program, (나)는 Head start Program, (다)는 Diversion Program에 대한 설명이다. Safer City Program은 지역사회 발전프로그램을 통한 사회환경개선으로 범죄 원인을 제거하고자 하는 영국의 안전도시운동을 말한다.

28 지역사회 경찰활동과 전통적 경찰활동에 대한 비교설명으로 틀린 것은?

① 지역사회 경찰활동은 법규정에 따른 활동과 책임을, 전통적 경찰활동은 조직 가치의 변화와 향상을 중시한다.
② 지역사회 경찰활동의 경우 지역사회의 포괄적 문제해결, 전통적 경찰활동의 경우 범죄사건이 경찰의 업무대상이다.
③ 지역사회 경찰활동의 경우 범죄·무질서의 정도가, 전통적 경찰활동의 경우 범인검거율이 경찰의 업무평가 기준이다.
④ 지역사회 경찰활동의 경우 공동목적 수행을 위해 다른 기관과의 협조가 원활한 반면에, 전통적 경찰활동의 경우 다른 기관과 종종 갈등을 일으킨다.

해설 ① 반대로 설명되었다. 지역사회 경찰활동은 <u>조직 가치의 변화와 향상을 중시하고</u>, 전통적 경찰활동은 <u>법규정에 따른 활동과 책임을 중시</u>한다.
② ③ ④ 옳은 설명이다.

29 지역사회 경찰활동과 전통적 경찰활동의 비교설명에 대한 설명으로 옳은 것은?

① 지역사회 경찰활동은 범죄의 해결에, 전통적 경찰활동은 범죄 및 지역사회 질서유지에 저해되는 요인의 해결에 우선순위를 둔다.
② 지역사회 경찰활동의 경우 경찰과 모든 시민이, 전통적 경찰활동의 경우 법집행기관으로서의 경찰이 범죄예방의 주체이다.
③ 지역사회 경찰활동의 경우 범죄에 대한 대응시간을, 전통적 경찰활동은 경찰업무에 대한 시민의 협조 정도를 기준으로 경찰의 효과성을 측정한다.
④ 지역사회 경찰활동의 경우 집권화, 전통적 경찰활동의 경우 분권화가 조직구조의 특징이다.

해설 ① ③ ④ 지역사회 경찰활동과 전통적 경찰활동의 내용이 반대로 설명되어 있다.
② 옳은 설명이다.

30 미국의 순찰실험에 대한 〈보기 1〉과 〈보기 2〉의 연결이 가장 적절한 것은?

보기 1

(가) 차량순찰 수준을 증가·감소시켜도 범죄율이나 시민의 안전감에 별 영향이 없다는 결과 도출
(나) 실험기간 중 일부 구역에서 범죄의 발생이 증가했으나, 도보순찰 결과로 시민은 안전하다고 느낌
(다) 경찰관을 2배로 증원하여 순찰근무에 배치한 결과 노상강도 및 차량절도가 감소한 결과 확인

보기 1

⊙ 뉴욕 25구역 순찰실험   ⓛ 플린트 도보순찰프로그램   ⓒ 캔자스 예방순찰실험

	(가)	(나)	(다)		(가)	(나)	(다)
①	⊙	ⓛ	ⓒ	②	⊙	ⓒ	ⓛ
③	ⓒ	ⓛ	⊙	④	ⓒ	⊙	ⓛ

해설 (가)는 캔자스 예방순찰실험, (나)는 플린트 도보순찰프로그램, (다)는 뉴욕 25구역 순찰실험에 대한 설명이다. 플린트 도보순찰프로그램과 유사하게 뉴왁 도보순찰실험에서도 도보순찰이 범죄의 감소에는 영향을 미치지 못하지만 주민들의 안전감이 증가되었다. 플린트 도보순찰프로그램 및 뉴왁 도보순찰실험에 의하면 범죄의 감소 여부와 관계없이 주민들의 안전감을 높이는데 도보순찰이 효과적이다. 그리고 노상강도와 차량절도의 감소 결과를 얻은 뉴욕 25구역 순찰실험의 경우 1) 경찰 자체 조사에 기초한 점, 2) 연구설계과정에서 범죄에 영향을 주는 다른 변수를 통제하지 못한 점, 3) 주변지역으로 이동한 범죄의 정도가 측정되지 않은 점 등의 문제점이 있다.

31 A경찰서 B지구대의 관할에서 최근 침입절도사건이 급증하여 주민들이 불안해한다는 민원이 A경찰서에 접수되었다. A경찰서장은 B지구대장에게 순찰차량을 이용하여 관내를 상시순찰하라는 지시를 하였다. B지구대장은 A경찰서장의 지시는 잘못되었고, 오히려 도보순찰을 강화해야 한다고 건의하였다. B지구대장의 건의에 대한 근거로 가장 적당한 미국의 순찰실험은?

① 플린트 도보순찰프로그램 및 뉴욕 25구역 순찰실험
② 플린트 도보순찰프로그램 및 뉴왁 도보순찰실험
③ 캔자스 예방순찰실험 및 뉴욕 25구역 순찰실험
④ 캔자스 예방순찰실험 및 뉴왁 도보순찰실험

해설 차량순찰의 수준을 증가 또는 감소시켜도 범죄율이나 시민의 안전감에 별 다른 영향이 없다는 결과가 도출된 <u>캔자스 예방순찰실험</u>은 경찰서장의 지시가 잘못되었다는 근거로 인용될 수 있고, 도보순찰이 시민의 안정감을 증가시킨다는 <u>뉴왁 도보순찰실험 및 플린트 도보순찰프로그램</u>은 지구대장의 건의에 대한 근거로 인용될 수 있다. 플린트 도보순찰프로그램 및 뉴왁 도보순찰실험은 경찰서장의 지시가 잘못되었다는 것에 대한 근거로는 사용할 수 없다는 점에서 ④가 정답이다.

32 무관용 경찰활동에 대한 설명으로 틀린 것은?

① 미국의 뉴욕경찰청에서 시행된 정책으로 사소한 일탈도 철저히 단속되어야만 더 큰 범죄 문제도 해결될 수 있다는 원칙 혹은 정책을 말한다.
② 직접적인 피해자가 없는 무질서 행위를 용인하는 전통적 경찰활동과는 다른 입장의 정책이다.
③ 윌슨(J. Wilson)과 켈링(G. Kelling)의 '깨진 유리창 이론'에 근거를 둔 정책이다.
④ 경미한 비행자에 대한 예외 없는 법집행과 낙인효과 사이에는 아무런 관련성이 없다.

해설 ① ② ③ 옳은 설명이다.
④ 무관용 경찰활동의 결과로 낙인효과가 유발된다는 비판이 있다.

33 방범용 CCTV에 대한 설명으로 틀린 것은?

① CCTV의 설치 및 운영은 공공기관의 개인정보보호에 관한 법률에 근거를 두고 있다.
② CCTV의 활용은 상황적 범죄예방이론에서 다루는 "Target Hardening"기법에 기초하고 있다.
③ CCTV와 관련된 범죄예방이론으로 CPTED이론, 합리적 선택이론, 일상활동이론 및 범죄패턴이론이 있다.
④ CCTV의 효과성 문제와 관련하여 범죄전이효과와 범죄통제이익의 확산효과라는 상반된 결과들이 대립하고 있다.

해설 ① 2007년 공공기관의 개인정보보호에 관한 법률 개정안에 따라 공공기관의 CCTV 설치·운영(제4조의2)이 법제화되었으나, 동법은 2011년에 시행된 개인정보 보호법으로 전환되었고, 현재 개인정보 보호법 제25조에 그 근거를 두고 있다.

② ③ ④ 옳은 설명이다. ④와 관련하여 범죄전이효과는 특정지역의 범죄억제전략은 범죄의 감소가 아니라 단지 이동시키는 것에 불과하다는 주장이고, 범죄통제이익의 확산효과는 특정지역의 범죄억제전략으로 다른 지역 의 범죄도 줄어드는 효과가 있다는 주장이다.

지역경찰의 조직 및 운영에 관한 규칙

01 지역경찰의 조직 및 운영에 관한 규칙상 개념의 "정의(제2조)"에 대한 설명으로 틀린 것은?

① "지역경찰관서"란 국가경찰과 자치경찰의 조직 및 운영에 관한 법률 제30조 및 경찰청과 그 소속기관 직제 제43조에 규정된 지구대 및 파출소를 말한다.

② "지역경찰"이란 지역경찰관서 소속 경찰공무원 및 전투경찰순경을 말한다.

③ "지역경찰업무 담당부서"란 지역경찰관서 및 지역경찰과 관련된 사무를 처리하는 경찰청, 시·도경찰청, 경찰서 소속의 생활안전 부서를 말한다.

④ "일근근무"란 국가공무원 복무규정 제9조 제1항에 규정된 근무형태를 말한다.

> **해설** ① **「지역경찰의 조직 및 운영에 관한 규칙」** 제2조 제1호, ② 제2조 제2호, ④ 제2조 제4호
> ③ **「지역경찰의 조직 및 운영에 관한 규칙」** 제2조 제3호 ""지역경찰업무 담당부서"란 지역경찰관서 및 지역경찰과 관련된 사무를 처리하는 경찰청, 시·도경찰청, 경찰서 <u>소속의 모든 부서</u>를 말한다."
> (※ 법령 개정에도 불구하고 개정되지 않은 부분은 개정 법령에 맞게 수정하여 기술하였다)

02 지역경찰의 조직 및 운영에 관한 규칙에 따른 "지역경찰관서장(제5조) 및 하부조직(제6조)"에 대한 설명으로 옳은 것은?

① 지구대장, 파출소장 및 출장소장은 지역경찰관서의 사무를 통할하고 소속 지역경찰을 지휘·감독하는 지역경찰관서장에 해당한다.

② 지구대장은 경정 또는 경감, 파출소장은 경감 또는 경위로 보한다.

③ 지역경찰관서에는 관리팀과 일근근무로 운영하는 복수의 순찰팀을 둔다.

④ 지역 치안수요 및 인력여건 등을 고려하여 순찰팀의 수는 경찰청장이, 관리팀 및 순찰팀의 인원은 시·도경찰청장이 결정한다.

> **해설** ① **「지역경찰의 조직 및 운영에 관한 규칙」** 제5조 제1항 "지역경찰관서의 사무를 통할하고 소속 지역경찰을 지휘·감독하기 위해 지역경찰관서에 <u>지구대장 및 파출소장(이하 "지역경찰관서장"이라 한다.)</u>을 둔다." 출장소장은 지역경찰관서장에 해당하지 않는다.
> ② **「지역경찰의 조직 및 운영에 관한 규칙」** 제5조 제2항
> ③ **「지역경찰의 조직 및 운영에 관한 규칙」** 제6조 제1항 "지역경찰관서에는 관리팀과 <u>상시·교대근무</u>로 운영하는 복수의 순찰팀을 둔다."
> ④ **「지역경찰의 조직 및 운영에 관한 규칙」** 제6조 제2항·제3항 "② <u>순찰팀의 수</u>는 지역 치안수요 및 인력여건 등을 고려하여 <u>시·도경찰청장이</u> 결정한다. ③ <u>관리팀 및 순찰팀의 인원</u>은 지역 치안수요 및 인력여건 등을 고려하여 <u>경찰서장이</u> 결정한다."

03 지역경찰의 조직 및 운영에 관한 규칙에 따른 "관리팀(제7조) 및 순찰팀(제8조)"에 대한 설명으로 틀린 것은?

① 관리팀은 문서의 접수 및 처리, 시설 및 장비의 관리, 예산의 집행, 근무교대시 주요 취급사항 및 장비 등의 인수인계 확인 등 지역경찰관서의 행정업무를 담당한다.

② 순찰팀은 범죄예방 순찰, 각종 사건사고에 대한 초동조치 등 현장 치안활동을 담당하며, 팀장은 경감 또는 경위로 보한다.

③ 순찰팀장은 관리팀원 및 순찰팀원에 대한 일일근무 지정 및 지휘·감독, 관내 중요 사건 발생 시 현장 지휘, 지역경찰관서장 부재시 업무 대행 등의 직무를 수행한다.

④ 순찰팀장을 보좌하고 순찰팀장 부재시 업무를 대행하기 위해 순찰팀별로 부팀장을 둘 수 있다.

> **해설** ① **「지역경찰의 조직 및 운영에 관한 규칙」** 제7조 "관리팀은 문서의 접수 및 처리, 시설 및 장비의 관리, 예산의 집행 등 지역경찰관서의 행정업무를 담당한다." <u>근무교대시 주요 취급사항 및 장비 등의 인수인계 확인은 순찰팀장의 직무에 속한다.</u>
> ② **「지역경찰의 조직 및 운영에 관한 규칙」** 제8조 제1항, ③ 제8조 제2항, ④ 제8조 제3항

04 지역경찰의 조직 및 운영에 관한 규칙에 따른 "근무형태 및 시간(제21조)에 대한 설명으로 틀린 것은?

① 지역경찰관서장은 일근근무를 원칙으로 하되, 경찰서장은 필요하다고 인정되는 경우에는 지역경찰관서장의 근무시간을 조정하거나, 시간외·휴일 근무 등을 명할 수 있다.

② 순찰팀장 및 순찰팀원은 상시·교대근무를 원칙으로 하며, 근무교대 시간 및 휴게시간, 휴무 횟수 등 구체적인 사항은 국가공무원 복무규정 및 경찰기관 상시근무 공무원의 근무시간 등에 관한 규칙이 규정한 범위 안에서 경찰서장이 정한다.

③ 관리팀은 일근근무를 원칙으로 하되, 지역경찰관서장은 필요하다고 인정되는 경우에는 근무시간을 조정하거나, 시간외·휴일 근무 등을 명할 수 있다.

④ 치안센터 전담근무자의 근무형태 및 근무시간은 치안센터의 종류 및 운영시간 등을 고려하여 경찰서장이 정한다.

> **해설** ① **「지역경찰의 조직 및 운영에 관한 규칙」** 제21조 제1항, ③ 제21조 제2항, ④ 제21조 제4항
> ② **「지역경찰의 조직 및 운영에 관한 규칙」** 제21조 제3항 "순찰팀장 및 순찰팀원은 상시·교대근무를 원칙으로 하며, 근무교대 시간 및 휴게시간, 휴무횟수 등 구체적인 사항은 「국가공무원 복무규정」 및 「경찰기관 상시근무 공무원의 근무시간 등에 관한 규칙」이 규정한 범위 안에서 <u>시·도경찰청장이 정한다.</u>"

05 지역경찰의 조직 및 운영에 관한 규칙에 따른 지역경찰의 근무에 대한 설명으로 옳은 것은?

① 지역경찰 근무는 행정근무·상황근무·순찰근무·경계근무·대기근무·비상근무·기타근무로 구분한다.

② 행정근무를 지정받은 지역경찰은 지역경찰관서 내에서 방문민원 및 각종 신고사건의 접수 및 처리 업무를 수행한다.

③ 상황근무를 지정받은 지역경찰은 지역경찰관서 및 치안센터 내에서 시설·장비의 관리 및 예산의 집행 업무를 수행한다.

④ 순찰근무는 그 수단에 따라 112 순찰, 방범오토바이 순찰, 자전거 순찰 및 도보 순찰 등으로 구분하고, 112 순찰근무 및 야간 순찰근무는 반드시 2인 이상 합동으로 지정하여야 한다.

> **해설** ① **「지역경찰의 조직 및 운영에 관한 규칙」** 제22조 "지역경찰의 근무는 행정근무, 상황근무, 순찰근무, 경계근무, 대기근무, 기타근무로 구분한다." <u>비상근무는 지역경찰의 근무 구분에 해당하지 않는다.</u>
> ② **「지역경찰의 조직 및 운영에 관한 규칙」** 제23조 "행정근무를 지정받은 지역경찰은 <u>지역경찰관서 내에서</u> 다음 각 호의 업무를 수행한다. <u>1. 문서의 접수 및 처리, 2. 시설·장비의 관리 및 예산의 집행, 3. 각종 현황, 통계, 자료, 부책 관리, 4. 기타 행정업무 및 지역경찰관서장이 지시한 업무</u>" 방문민원 및 각종 신고사건의 접

수 및 처리는 상황근무를 지정받은 지역경찰이 수행한다.

③ 「지역경찰의 조직 및 운영에 관한 규칙」 제24조 "상황근무를 지정받은 지역경찰은 <u>지역경찰관서 및 치안센터 내</u>에서 다음 각 호의 업무를 수행한다. <u>1. 시설 및 장비의 작동여부 확인, 2. 방문민원 및 각종 신고사건의 접수 및 처리, 3. 요보호자 또는 피의자에 대한 보호·감시, 4. 중요 사건·사고 발생시 보고 및 전파, 5. 기타 필요한 문서의 작성</u>" 시설·장비의 관리 및 예산의 집행은 행정근무를 지정받은 지역경찰이 수행한다.

④ 「**지역경찰의 조직 및 운영에 관한 규칙**」 제25조 제1항·제2항

06 지역경찰의 조직 및 운영에 관한 규칙에 따른 지역경찰의 근무에 대한 설명으로 틀린 것은?

① 순찰근무를 지정받은 지역경찰은 지정된 근무구역에서 통행인 및 차량에 대한 검문검색 등의 업무를 수행한다.

② 경계근무는 반드시 2인 이상 합동으로 지정하여야 하고, 경계근무를 지정받은 지역경찰은 지정된 장소에서 불순분자 및 범법자 등 색출을 위한 통행인 및 차량, 선박 등에 대한 검문검색 및 후속조치 등의 업무를 수행한다.

③ 대기근무의 장소는 지역경찰관서 및 치안센터 내로 하고, 대기근무를 지정받은 지역경찰은 지정된 장소에서 휴식을 취하되, 무전기를 청취하며 5분 이내 출동이 가능한 상태를 유지하여야 한다.

④ 기타근무는 치안상황에 효과적으로 대응하기 위하여 지역경찰관리자(지역경찰관서장·순찰팀장)가 지정하는 근무를 말하고, 기타근무의 근무내용 및 방법 등은 지역경찰관리자가 정한다.

해설 ① 「**지역경찰의 조직 및 운영에 관한 규칙**」 제25조 제3항 제6호 옳은 설명이다. "순찰근무를 지정받은 지역경찰은 <u>지정된 근무구역</u>에서 다음 각 호의 업무를 수행한다. 1. 주민여론 및 범죄첩보 수집, 2. 각종 사건사고 발생시 초동조치 및 보고, 전파, 3. 범죄 예방 및 위험발생 방지 활동, 4. 경찰사범의 단속 및 검거, 5. 경찰방문 및 방범진단, 6. 통행인 및 차량에 대한 검문검색 등"

② 「**지역경찰의 조직 및 운영에 관한 규칙**」 제26조 옳은 설명이다. 이외에 "비상 및 작전사태 등 발생시 차량, 선박 등의 통행 통제"의 업무도 수행한다.

③ 「**지역경찰의 조직 및 운영에 관한 규칙**」 제27조 제2항·제3항 "② 대기근무의 장소는 <u>지역경찰관서 및 치안센터 내</u>로 한다. 단, 식사시간을 대기 근무로 지정한 경우에는 식사 장소를 대기 근무 장소로 지정할 수 있다. ③ 대기근무를 지정받은 지역경찰은 <u>지정된 장소에서 휴식</u>을 취하되, 무전기를 청취하며 <u>10분 이내 출동</u>이 가능한 상태를 유지하여야 한다."

④ 「**지역경찰의 조직 및 운영에 관한 규칙**」 제28조

07 지역경찰의 조직 및 운영에 관한 규칙에 따른 근무의 종류와 내용의 연결이 잘못된 것은 모두 몇 개인가?

㉠ 행정근무 – 문서의 접수·처리 및 시설·장비의 작동 여부 확인
㉡ 상황근무 – 방문민원과 각종 신고사건의 접수·처리 및 중요 사건·사고 발생시 보고·전파
㉢ 순찰근무 – 범죄 예방과 위험발생 방지 활동, 불순분자·범법자 등 색출을 위한 통행인·차량·선박 등에 대한 검문검색 및 후속조치
㉣ 경계근무 – 통행인·차량에 대한 검문검색 등 및 비상·작전사태 등 발생시 차량·선박 등의 통행 통제
㉤ 대기근무 – 지정된 장소에서의 휴식 및 무전기를 청취하며 5분 이내 출동이 가능한 상태 유지

---

① 1개　　　② 2개　　　③ 3개　　　④ 4개

해설 「**지역경찰의 조직 및 운영에 관한 규칙**」 **제23조 내지 제27조**: ⓒ이 올바르게 연결되었다.

ⓐ **제24조 제1호**: 시설 및 장비의 작동여부 확인은 <u>상황근무의 내용</u>이다.

ⓒ **제26조 제2항 제1호**: 불순분자 및 범법자 등 색출을 위한 통행인 및 차량·선박 등에 대한 검문검색 및 후속조치는 <u>경계근무의 내용</u>이다.

ⓓ **제25조 제3항 제6호**: 통행인 및 차량에 대한 검문검색 등은 <u>순찰근무의 내용</u>이다.

ⓔ **제27조 제3항**: <u>10분 이내에 출동</u>이 가능한 상태를 유지하여야 한다.

01 질서위반행위규제법에 따른 개념의 "정의(제2조)"에 대한 설명으로 옳은 것은?

① "질서위반행위"란 법률(지방자치단체의 조례를 포함한다)상의 의무를 위반하여 과태료를 부과하는 행위를 말한다.

② 대통령령으로 정하는 사법상·소송법상 의무를 위반하여 과태료를 부과하는 행위는 "질서위반행위"에 해당한다.

③ "행정청"이란 행정에 관한 의사를 결정하여 표시하는 국가 또는 지방자치단체의 기관을 말하고, 자치법규에 따라 행정권한을 가지고 있거나 위임 또는 위탁받은 공공단체나 그 기관 또는 사인을 제외한다.

④ "당사자"란 질서위반행위를 한 자연인 또는 법인(법인이 아닌 사단 또는 재단으로서 대표자 또는 관리인이 있는 것을 제외한다)을 말한다.

> **해설** ① 「**질서위반행위규제법**」 제2조 제1호 본문
> ② 「**질서위반행위규제법**」 제2조 제1호 단서 ""질서위반행위"란 법률(지방자치단체의 조례를 포함한다. 이하 같다)상의 의무를 위반하여 과태료를 부과하는 행위를 말한다. 다만, 다음 각 목의 어느 하나에 해당하는 행위를 제외한다. 가. 대통령령으로 정하는 사법(私法)상·소송법상 의무를 위반하여 과태료를 부과하는 행위, 나. 대통령령으로 정하는 법률에 따른 징계사유에 해당하여 과태료를 부과하는 행위"
> ③ 「**질서위반행위규제법**」 제2조 제2호 ""행정청"이란 행정에 관한 의사를 결정하여 표시하는 국가 또는 지방자치단체의 기관, 그 밖의 법령 또는 자치법규에 따라 행정권한을 가지고 있거나 위임 또는 위탁받은 공공단체나 그 기관 또는 사인(私人)을 말한다."
> ④ 「**질서위반행위규제법**」 제2조 제3호 ""당사자"란 질서위반행위를 한 자연인 또는 법인(법인이 아닌 사단 또는 재단으로서 대표자 또는 관리인이 있는 것을 포함한다. 이하 같다)을 말한다."

02 질서위반행위규제법의 적용범위에 대한 설명으로 틀린 것은?

① 질서위반행위의 성립과 과태료 처분은 행위 시의 법률에 의하지만, 질서위반행위 후 법률이 변경되어 그 행위가 질서위반행위에 해당하지 아니하게 되거나 과태료가 변경되기 전의 법률보다 가볍게 된 때에는 법률에 특별한 규정이 없는 한 변경된 법률을 적용한다.

② 행정청의 과태료 처분이나 법원의 과태료 재판이 확정된 후 법률이 변경되어 그 행위가 질서위반행위에 해당하지 아니하게 된 때에는 변경된 법률에 특별한 규정이 없는 한 과태료의 징수 또는 집행을 면제한다.

③ 질서위반행위규제법은 대한민국 영역 안에서 또는 대한민국 영역 밖에 있는 대한민국의 선박 또는 항공기 안에서 질서위반행위를 한 외국인에게 적용한다.

④ 질서위반행위규제법은 대한민국 영역 밖에서 질서위반행위를 한 대한민국의 국민과 외국인에게 적용한다.

> **해설** ① 「**질서위반행위규제법**」 제3조 제1항·제2항, ② 제3조 제3항, ③ 제4조 제1항·제3항
> ④ 「**질서위반행위규제법**」 제4조 제2항 "이 법은 대한민국 영역 밖에서 질서위반행위를 한 대한민국의 국민에게 적용한다." 외국인에게는 적용되지 아니한다(이른바 형법상 "외국인의 국외범"과 같은 구조임).
> ※ 질서위반행위규제법의 일반적 부분인 적용범위, 고의·과실, 위법성의 착오, 책임연령과 심신장애, 다수인의 질서위반행위 등은 형법총칙의 규정과 거의 동일하므로 여기에 착안하여 기억한다.

03 질서위반행위규제법에 따른 질서위반행위의 성립에 관한 설명으로 옳은 것은?

① 법률과 명령에 따르지 아니하고는 어떤 행위도 질서위반행위로 과태료를 부과하지 아니한다.
② 질서위반행위는 형벌이 부과되는 범죄는 아니지만, 고의 또는 과실이 없는 질서위반행위에 대해서는 과태료를 부과하지 아니한다.
③ 자신의 행위가 위법하지 아니한 것으로 오인하고 행한 질서위반행위는 그 오인에 정당한 이유가 있는 때에도 과태료를 부과한다.
④ 다른 법률에 특별한 규정이 있는 경우라도 14세가 되지 아니한 자의 질서위반행위는 과태료를 부과하지 아니한다.

해설　① 「**질서위반행위규제법**」 제6조 "법률에 따르지 아니하고는 어떤 행위도 질서위반행위로 과태료를 부과하지 아니한다." 명령은 포함되지 않고, 제6조에서 말하는 "법률"에는 제2조 제1호에 따라 <u>지방자치단체의 조례가 포함된다는 점에 유의한다.</u>
② 「**질서위반행위규제법**」 제7조
③ 「**질서위반행위규제법**」 제8조 "자신의 행위가 위법하지 아니한 것으로 오인하고 행한 질서위반행위는 그 오인에 <u>정당한 이유가 있는 때에 한하여 과태료를 부과하지 아니한다.</u>"
④ 「**질서위반행위규제법**」 제9조 "<u>14세가 되지 아니한 자의 질서위반행위는 과태료를 부과하지 아니한다.</u> 다만, <u>다른 법률에 특별한 규정이 있는 경우에는 그러하지 아니하다.</u>"

04 질서위반행위규제법에 따른 질서위반행위의 성립에 관한 설명으로 틀린 것은?

① 심신장애로 인하여 행위의 옳고 그름을 판단할 능력이나 그 판단에 따른 행위를 할 능력이 미약한 자의 질서위반행위는 과태료를 감경한다.
② 스스로 심신장애 상태를 일으켜 질서위반행위를 한 자에 대하여는 과태료를 부과하지 아니하거나 감경하는 규정을 적용하지 않는다.
③ 2인 이상이 질서위반행위에 가담한 때에는 공동으로 질서위반행위를 한 것으로 본다.
④ 신분에 의하여 성립하는 질서위반행위에 신분이 없는 자가 가담한 때에는 신분이 없는 자에 대하여도 질서위반행위가 성립한다.

해설　① 「**질서위반행위규제법**」 제10조 제2항, ② 제10조 제3항, ④ 제12조 제2항 ④와 관련하여 신분에 의하여 과태료를 감경 또는 가중하거나 과태료를 부과하지 아니하는 때에는 그 <u>신분의 효과는 신분이 없는 자에게는 미치지 아니한다.</u>
③ 「**질서위반행위규제법**」 제12조 제1항 "2인 이상이 질서위반행위에 가담한 때에는 <u>각자가 질서위반행위를 한 것으로 본다.</u>"

05 질서위반행위규제법에 따른 과태료에 대한 설명으로 옳은 것은?

① 과태료는 행정청의 과태료 부과처분이나 법원의 과태료 재판이 확정된 후 3년간 징수하지 아니하거나 집행하지 아니하면 시효로 인하여 소멸한다.
② 행정청이 질서위반행위에 대하여 과태료를 부과하고자 하는 때에는 미리 당사자에게 통지하고, 10일 이상의 기간을 정하여 의견을 제출할 기회를 주어야 하며, 당사자는 의견 제출 기한 후에도 의견을 진술하거나 필요한 자료를 제출할 수 있다.
③ 행정청은 의견 제출 절차를 마친 후에 서면(당사자가 동의하는 경우에는 전자문서를 포함한다)으로 과태료를 부과할 수 있다.
④ 과태료는 과태료 납부대행기관을 통하여 신용카드, 직불카드 등으로 낼 수 있고, 이 경우에는 과태료 납부대행기관의 승인일을 납부일로 본다.

정답　01 ① 　02 ④ 　03 ② 　04 ③ 　05 ④

해설 ① 「**질서위반행위규제법**」 제15조 제1항 "과태료는 행정청의 과태료 부과처분이나 법원의 과태료 재판이 확정된 후 5년간 징수하지 아니하거나 집행하지 아니하면 시효로 인하여 소멸한다."

② 「**질서위반행위규제법**」 제16조 제1항·제2항 "① 행정청이 질서위반행위에 대하여 과태료를 부과하고자 하는 때에는 미리 당사자(제11조 제2항에 따른 고용주등을 포함한다. 이하 같다)에게 대통령령으로 정하는 사항을 통지하고, 10일 이상의 기간을 정하여 의견을 제출할 기회를 주어야 한다. 이 경우 지정된 기일까지 의견 제출이 없는 경우에는 의견이 없는 것으로 본다. ② 당사자는 의견 제출 기한 이내에 대통령령으로 정하는 방법에 따라 행정청에 의견을 진술하거나 필요한 자료를 제출할 수 있다."

③ 「**질서위반행위규제법**」 제17조 제1항 "행정청은 제16조의 의견 제출 절차를 마친 후에 서면(당사자가 동의하는 경우에는 전자문서를 포함한다. 이하 이 조에서 같다)으로 과태료를 부과하여야 한다."

④ 「**질서위반행위규제법**」 제17조의2 제1항·제2항

06 질서위반행위규제법에 따른 과태료에 대한 설명으로 틀린 것은?

① 행정청은 질서위반행위가 종료된 날부터 5년이 경과한 경우에는 해당 질서위반행위에 대하여 과태료를 부과할 수 없다.

② 행정청의 과태료 부과에 불복하는 당사자는 과태료 부과 통지를 받은 날부터 60일 이내에 해당 행정청에 서면 또는 말로써 이의제기를 할 수 있다.

③ 행정청은 재판·약식재판에 따른 법원의 결정이 있는 경우에는 그 결정이 확정된 날부터 1년이 경과하기 전까지는 과태료를 정정부과 하는 등 해당 결정에 따라 필요한 처분을 할 수 있다.

④ 행정청의 과태료 부과에 불복하는 당사자의 이의제기가 있는 경우 행정청의 과태료 부과처분은 그 효력을 상실한다.

해설 ① 「**질서위반행위규제법**」 제19조 제1항, ③ 제19조 제2항, ④ 제20조 제2항 ④의 경우 아울러 제3항에 따라 당사자는 행정청으로부터 제21조(법원에의 통지) 제3항에 따른 통지를 받기 전까지는 행정청에 대하여 서면으로 이의제기를 철회할 수 있다.

② 「**질서위반행위규제법**」 제20조 제1항 "행정청의 과태료 부과에 불복하는 당사자는 제17조제1항에 따른 과태료 부과 통지를 받은 날부터 60일 이내에 해당 행정청에 서면으로 이의제기를 할 수 있다."

07 질서위반행위규제법에 따른 "과태료의 징수유예 등(제24조의3)"에 대한 설명으로 옳은 것은?

① 행정청은 당사자가 질서위반행위규제법에서 정하는 사유에 해당하여 과태료를 납부하기가 곤란하다고 인정되면 1년의 범위에서 과태료의 징수유예등을 결정할 수 있다.

② 질서위반행위규제법상 과태료의 분할납부는 징수유예등에 해당하지 않는다.

③ 납부의무자(동거 가족을 제외한다)가 질병이나 중상해로 1개월 이상의 장기 치료를 받아야 하는 경우 질서위반행위규제법에 따라 행정청은 징수유예등을 결정할 수 있다.

④ 행정청은 과태료의 징수유예등을 하는 경우 그 유예하는 금액에 상당하는 담보의 제공을 요구하여서는 아니 된다.

해설 ① 「**질서위반행위규제법**」 제24조의3 제1항 옳은 설명이다. "행정청은 당사자가 다음 각 호의 어느 하나에 해당하여 과태료(체납된 과태료와 가산금, 중가산금 및 체납처분비를 포함한다. 이하 이 조에서 같다)를 납부하기가 곤란하다고 인정되면 1년의 범위에서 대통령령으로 정하는 바에 따라 과태료의 분할납부나 납부기일의 연기(이하 "징수유예등"이라 한다)를 결정할 수 있다. 1. 내지 9. 생략"

② 「**질서위반행위규제법**」 제24조의3 제1항 참조. 징수유예 등은 "과태료의 분할납부 또는 납부기일의 연기"를 말한다.

③ 「**질서위반행위규제법**」 **제24조의3 제1항 제6호.** 납부의무자 또는 그 동거 가족이 질병이나 중상해로 1개월 이상의 장기 치료를 받아야 하는 경우 행정청은 징수유예등을 결정할 수 있다.

④ 「**질서위반행위규제법**」 **제24조의3 제3항** "행정청은 제1항에 따라 징수유예등을 하는 경우 그 유예하는 금액에 상당하는 담보의 제공이나 제공된 담보의 변경을 요구할 수 있고, 그 밖에 담보보전에 필요한 명령을 할 수 있다."

08 질서위반행위규제법 시행령상 "과태료의 징수유예등(제7조의2)"에 대한 설명으로 틀린 것은?

① 행정청이 과태료의 분할납부나 납부기일의 연기("징수유예등")를 결정하는 경우 원칙적으로 그 기간을 징수유예등을 결정한 날의 다음 날부터 9개월 이내로 하여야 한다.

② 행정청이 결정한 징수유예등의 기간이 만료될 때까지 징수유예등의 사유가 해소되지 아니하는 경우에는 1회에 한정하여 그 기간을 연장할 수 있다.

③ 징수유예등의 사유가 해소되지 아니하여 1회에 한정하여 기간을 연장하는 경우 그 기간은 2개월의 범위로 한다.

④ 과태료를 일시에 내면 생계유지가 곤란하거나 자금사정에 현저한 어려움이 예상되는 경우는 질서위반행위규제법에서 규정하고 있는 징수유예등의 사유에 해당한다.

해설 ① 「**질서위반행위규제법 시행령**」 **제7조의2 제1항 본문,** ② **제7조의2 제1항 단서,** ④ **제7조의2 제2항 제3호** ④의 경우 이외에도 도난 등으로 재산에 현저한 손실을 입은 경우(제1호) 및 사업이 중대한 위기에 처한 경우(제2호)가 있다. 질서위반행위규제법 제24조의3 제1항 제1호 내지 제8호의 구체적인 사유에는 해당하지 않지만, 제9호의 "그 밖에 제1호부터 제8호까지에 준하는 것으로서 대통령령으로 정하는 부득이한 사유가 있는 경우"에 해당하므로 질서위반행위규제법상 징수유예등의 사유이다.

③ 「**질서위반행위규제법 시행령**」 **제7조의2 제1항 단서** "행정청은 법 제24조의3 제1항에 따라 과태료의 분할납부나 납부기일의 연기(이하 "징수유예등"이라 한다)를 결정하는 경우 그 기간을 그 징수유예등을 결정한 날의 다음 날부터 9개월 이내로 하여야 한다. 다만, 그 기간이 만료될 때까지 법 제24조의3 제1항에 따른 징수유예등의 사유가 해소되지 아니하는 경우에는 1회에 한정하여 3개월의 범위에서 그 기간을 연장할 수 있다."

총포·도검·화약류 등의 안전관리에 관한 법률

---

01 총포 · 도검 · 화약류 등의 안전관리에 관한 법률 및 동법 시행령에 대한 설명으로 틀린 것은?

① 총포 · 도검 · 화약류 등의 안전관리에 관한 법률의 적용대상은 총포 · 도검 · 화약류 · 분사기 · 전자충격기 · 석궁에 한정된다.

② "총포"란 권총, 소총, 기관총, 포, 엽총, 금속성 탄알이나 가스 등을 쏠 수 있는 장약총포, 공기총(가스를 이용하는 것 포함) 및 총포신 · 기관부 등 그 부품으로서 대통령령으로 정하는 것을 말한다.

③ "도검"이란 칼날의 길이가 10센티미터 이상인 칼 · 검 · 창 · 치도 · 비수 등으로서 성질상 흉기로 쓰이는 것과 칼날의 길이가 10센티미터 미만이라 할지라도 흉기로 사용될 위험성이 뚜렷한 것 중에서 대통령령으로 정하는 것을 말한다.

④ 칼날의 길이가 6센티미터 이상인 재크나이프와 칼날의 길이가 5.5센티미터 이상이고 45도이상 자동으로 펴지는 장치가 있는 비출나이프는 총포 · 도검 · 화약류 등의 안전관리에 관한 법률상 "도검"에 해당한다.

> **해설**
> ① 「**총포 · 도검 · 화약류 등의 안전관리에 관한 법률**」 제1조, ② 제2조 제1항, ④ **동법 시행령 제4조 제1항 제8호 · 제9호**
> ③ 「**총포 · 도검 · 화약류 등의 안전관리에 관한 법률**」 제2조 제2항 "이 법에서 "도검"이란 칼날의 길이가 <u>15센티미터 이상</u>인 칼 · 검 · 창 · 치도(雉刀) · 비수 등으로서 성질상 흉기로 쓰이는 것과 칼날의 길이가 <u>15센티미터 미만</u>이라 할지라도 흉기로 사용될 위험성이 뚜렷한 것 중에서 대통령령으로 정하는 것을 말한다."

02 총포 · 도검 · 화약류 등의 안전관리에 관한 법률 및 동법 시행령에 대한 설명으로 옳은 것은?

① "화약류"란 화약 및 폭약(화공품을 제외한다)을 말한다.

② "분사기"란 사람의 활동을 일시적으로 곤란하게 하는 최루 또는 질식 등을 유발하는 작용제를 분사할 수 있는 기기로 살균 · 살충용 및 산업용 분사기를 제외한다.

③ "전자충격기"란 사람의 활동을 일시적으로 곤란하게 하거나 인명에 위해를 주는 전류를 방류할 수 있는 기기로 산업용 및 의료용 전자충격기를 포함한다.

④ "석궁"이란 활과 총의 원리를 이용하여 화살 등의 물체를 발사하여 인명에 위해를 줄 수 있는 것으로서 국궁 또는 양궁에 속하는 것을 포함한다.

> **해설**
> ① 「**총포 · 도검 · 화약류 등의 안전관리에 관한 법률**」 제2조 제3항 "이 법에서 "화약류"란 다음 각 호의 <u>화약, 폭약 및 화공품(火工品: 화약 및 폭약을 써서 만든 공작물을 말한다. 이하 같다)</u>을 말한다."
> ② 「**총포 · 도검 · 화약류 등의 안전관리에 관한 법률**」 제2조 제4항 및 **동법 시행령 제6조의2**
> ③ 「**총포 · 도검 · 화약류 등의 안전관리에 관한 법률**」 제2조 제5항 "이 법에서 "전자충격기"란 사람의 활동을 일시적으로 곤란하게 하거나 인명(人命)에 위해(危害)를 주는 전류를 방류할 수 있는 기기로서 대통령령으로 정하는 것을 말한다." **동법 시행령 제6조의3 단서** "법 제2조 제5항의 규정에 의한 전자충격기는 순간적인 고압전류를 방류할 수 있는 기기로서 다음 각호의 1에 해당하는 것으로 한다. 다만, <u>산업용 및 의료용 전자충격기를 제외한다.</u> 1. 총포형 전자충격기, 2. 막대형 전자충격기, 3. 기타 휴대형 전자충격기"
> ④ 「**총포 · 도검 · 화약류 등의 안전관리에 관한 법률**」 제2조 제6항 "이 법에서 "석궁"이란 활과 총의 원리를 이용하여 화살 등의 물체를 발사하여 인명에 위해를 줄 수 있는 것으로서 대통령령으로 정하는 것을 말한다." **동법 시행령 제6조의4** "법 제2조 제6항의 규정에 의한 석궁은 추진력은 활의 원리를, 조준 및 발사장치는 총

의 원리를 이용하여 만든 기기(국궁 또는 양궁에 속하는 것을 제외한다)로서 다음 각호의 1에 해당하는 것으로 한다. 1. 일반형 석궁, 2. 도르래형 석궁(지렛대의 원리를 이용한 것을 말한다. 이하 같다), 3. 권총형 석궁"

03 총포 · 도검 · 화약류 등의 안전관리에 관한 법률에 따른 "제조업의 허가(제4조)"에 대한 설명으로 틀린 것은?

① 총포 · 화약류의 제조업(총포의 개조 · 수리업과 화약류의 변형 · 가공업 포함)을 하려는 자는 제조소마다 행정안전부령으로 정하는 바에 따라 경찰청장의 허가를 받아야 한다.

② 도검 · 분사기 · 전자충격기 · 석궁의 제조업을 하려는 자는 행정안전부령으로 정하는 바에 따라 제조업을 하려는 자의 주소지를 관할하는 시 · 도경찰청장의 허가를 받아야 한다.

③ 총포 · 도검 · 화약류 · 분사기 · 전자충격기 · 석궁 제조업의 허가를 받은 자(이하 "제조업자"라 한다)가 아니라도 화약류를 물리상 · 화학상의 실험 또는 의료의 목적으로 사용하기 위하여 대통령령으로 정하는 종류와 수량 이하를 제조할 수 있다.

④ 경찰청장 또는 시 · 도경찰청장은 제45조(제조업자 등에 대한 행정처분) 제1항에 따라 총포 · 도검 · 화약류 · 분사기 · 전자충격기 · 석궁 제조업의 허가가 취소된 후 6개월 이내에 그 영업장소에서 같은 종류의 영업을 하려는 자에 대해서는 허가를 하여서는 아니 된다.

해설 ① 「**총포 · 도검 · 화약류 등의 안전관리에 관한 법률**」 제4조 제1항 제1문, ③ 제4조 제3항 단서, ④ 제4조 제4항
② 「**총포 · 도검 · 화약류 등의 안전관리에 관한 법률**」 제4조 제2항 제1문 "도검 · 분사기 · 전자충격기 · 석궁의 제조업을 하려는 자는 제조소마다 행정안전부령으로 정하는 바에 따라 제조소의 소재지를 관할하는 시 · 도 경찰청장의 허가를 받아야 한다. 제조소의 위치 · 구조 · 시설 또는 설비를 변경하거나 제조하는 도검 · 분사기 · 전자충격기 · 석궁의 종류 또는 제조방법을 변경하려는 경우에도 또한 같다."

04 총포 · 도검 · 화약류 등의 안전관리에 관한 법률에 따른 "제조업자의 결격사유(제5조)"에 대한 설명으로 옳은 것은?

① 금고 이상의 형의 선고유예를 받고 그 유예기간이 끝난 날부터 1년이 지나지 아니한 자는 제조업자의 결격사유에 해당한다.

② 금고 이상의 실형을 선고받고 그 집행이 끝나거나 집행을 받지 아니하기로 확정된 후 5년이 지나지 아니한 자는 제조업자의 결격사유에 해당한다.

③ 심신상실자, 심신미약자, 마약 · 대마 · 향정신성의약품 또는 알코올 중독자 그 밖에 이에 준하는 정신장애인은 제조업자의 결격사유에 해당한다.

④ 20세 미만자, 피성년후견인 · 피한정후견인 및 파산선고를 받고 복권되지 아니한 자는 제조업자의 결격사유에 해당한다.

해설 ① 「**총포 · 도검 · 화약류 등의 안전관리에 관한 법률**」 제5조 제2호 "금고 이상의 형의 집행유예를 선고받고 그 유예기간이 끝난 날부터 1년이 지나지 아니한 자"
② 「**총포 · 도검 · 화약류 등의 안전관리에 관한 법률**」 제5조 제1호 "금고 이상의 실형을 선고받고 그 집행이 끝나거나 집행을 받지 아니하기로 확정된 후 3년이 지나지 아니한 자"
③ 「**총포 · 도검 · 화약류 등의 안전관리에 관한 법률**」 제5조 제3호 "심신상실자, 마약 · 대마 · 향정신성의약품 또는 알코올 중독자, 그 밖에 이에 준하는 정신장애인" 심신미약자는 결격사유로 명시되어 있지 않다.
④ 「**총포 · 도검 · 화약류 등의 안전관리에 관한 법률**」 제5조 제4호 내지 제6호

05 총포 · 도검 · 화약류 등의 안전관리에 관한 법률에 따른 "제조업자에 대한 허가"가 취소된 후 3년이 지나지 아니하여 제조업자의 결격사유에 해당하는 경우는?

① 공공의 안녕질서를 해칠 우려가 있다고 믿을 만한 상당한 이유가 있어 허가가 취소된 경우
② 총포 · 도검 · 화약류 등의 안전관리에 관한 법률 제43조에 따른 기간 내에 완성검사를 받지 못하여 허가가 취소된 경우
③ 사업을 시작한 후 정당한 사유 없이 1년 이상 휴업하여 허가가 취소된 경우
④ 지정된 기한 내에 사업을 시작하지 아니하여 허가가 취소된 경우

> **해설** 「**총포 · 도검 · 화약류 등의 안전관리에 관한 법률**」 **제5조 제7호** "제45조(제조업자 등에 대한 행정처분) 제1항에 따라 허가가 취소(이 조 제4호부터 제6호까지의 어느 하나에 해당하여 허가가 취소된 경우는 제외한다)된 후 3년이 지나지 아니한 자"는 제조업자의 결격사유에 해당한다. 다만, 제45조 제1항 제4호부터 제6호(4. 제43조에 따른 기간 내에 완성검사를 받지 못한 경우, 5. 사업을 시작한 후 정당한 사유 없이 1년 이상 휴업한 경우, 6. 지정된 기한 내에 사업을 시작하지 아니한 경우)에 해당하여 허가가 취소된 경우는 결격사유의 대상에 해당되지 않는다.
> ① 허가가 취소된 후 3년이 지나지 않은 사람은 제조업자의 결격사유에 해당한다.
> ② ③ ④는 제5조 제7호에 따라 결격사유에 해당하지 않는다.

06 총포 · 도검 · 화약류 등의 안전관리에 관한 법률에 따른 "판매업의 허가(제6조)"에 대한 설명으로 틀린 것은?

① 총포 · 도검 · 화약류 · 분사기 · 전자충격기 · 석궁의 판매업을 하려는 자는 판매소마다 행정안전부령으로 정하는 바에 따라 시 · 도경찰청장의 허가를 받아야 하고, 판매소의 위치 · 구조 · 시설 또는 설비를 변경하는 경우에도 같다.
② 제조업자가 자신이 제조한 총포 · 도검 · 화약류 · 분사기 · 전자충격기 · 석궁을 제조소에서 직접 판매하는 경우 또는 총포 판매업자가 대통령령으로 정하는 범위에서 판매허가를 받은 총포의 실탄 또는 공포탄을 판매하는 경우 별도로 판매업의 허가를 요하지 않는다.
③ 총포 · 도검 · 화약류 · 분사기 · 전자충격기 · 석궁 판매업의 허가를 받은 자가 아니면 이를 판매(분사기 판매의 경우 분사기에 최루 또는 질식 등을 유발하는 작용제를 충전하는 것을 제외한다)하지 못한다.
④ 시 · 도경찰청장은 제45조(제조업자 등에 대한 행정처분) 제1항에 따라 총포 · 도검 · 화약류 · 분사기 · 전자충격기 · 석궁 판매업의 허가가 취소된 후 6개월 이내에 그 영업장소에서 같은 종류의 영업을 하려는 자에 대해서는 허가를 하여서는 아니 된다.

> **해설** ① 「**총포 · 도검 · 화약류 등의 안전관리에 관한 법률**」 **제6조 제1항**, ② **제6조 제2항 단서**, ④ **제6조 제3항**
> ③ 「**총포 · 도검 · 화약류 등의 안전관리에 관한 법률**」 **제6조 제2항 본문** "제1항에 따라 총포 · 도검 · 화약류 · 분사기 · 전자충격기 · 석궁 판매업의 허가를 받은 자(이하 "판매업자"라 한다)가 아니면 총포 · 도검 · 화약류 · 분사기 · 전자충격기 · 석궁을 판매(분사기 판매의 경우 분사기에 최루 또는 질식 등을 유발하는 작용제를 충전하는 것을 포함한다. 이하 같다)하지 못한다."

07 총포 · 도검 · 화약류 등의 안전관리에 관한 법률에 따른 "예술소품용 총포 등의 임대업 허가 등(제6조의2)"에 대한 설명으로 옳은 것은?

① 임대업 허가를 받은 자는 영화 · 연극 등을 위한 예술소품용으로 사용되는 총포 · 도검 · 화약류 · 분사기 · 전자충격기 · 석궁을 임대할 수 있다.

② 예술소품용 총포 등 임대업의 경우 행정안전부령으로 정하는 바에 따라 임대업을 하려는 자의 주소지를 관할하는 시·도경찰청장의 허가를 받아야 한다.

③ 시·도경찰청장은 제45조(제조업자 등에 대한 행정처분) 제1항에 따라 예술소품용 총포 등의 임대업 허가가 취소된 후 3개월 이내에 그 영업장소에서 같은 종류의 영업을 하려는 자에 대해서는 허가를 하여서는 아니 된다.

④ 제조업자는 자신이 제조한 총포를 별도의 임대업 허가 없이 제조소에서 영화·연극 등을 위한 예술소품용으로 임대할 수 없다.

> **해설** ① ② 「**총포·도검·화약류 등의 안전관리에 관한 법률**」 **제6조의2 제1항** "영화·연극 등을 위한 예술소품용으로 사용되는 <u>총포·도검·분사기·전자충격기·석궁의 임대업</u>을 하려는 자는 임대업소마다 행정안전부령으로 정하는 바에 따라 <u>임대업소의 소재지를 관할하는 시·도경찰청장의 허가</u>를 받아야 한다. 임대업소의 위치·구조·시설 또는 설비를 변경하거나 임대하는 총포·도검·분사기·전자충격기·석궁의 종류를 변경하려는 때에도 또한 같다." 화약은 임대업의 대상이 아니라는 점에 유의한다.
> ③ 「**총포·도검·화약류 등의 안전관리에 관한 법률**」 **제6조의2 제3항** "시·도경찰청장은 제45조 제1항에 따라 허가가 취소된 후 <u>6개월 이내</u>에 그 영업장소에서 같은 종류의 영업을 하려는 자에 대해서는 제1항에 따른 허가를 하여서는 아니 된다."
> ④ 「**총포·도검·화약류 등의 안전관리에 관한 법률**」 **제6조의2 제2항** 옳은 설명이다. 예술소품용 총포 등의 임대업의 경우 총포 등의 판매업과 달리 제조자가 직접 임대할 수 있다는 규정이 없고, **제6조의2 제2항**은 "제1항에 따라 총포·도검·분사기·전자충격기·석궁의 임대업 허가를 받은 자(이하 "임대업자"라 한다)가 아니면 총포·도검·분사기·전자충격기·석궁을 임대하지 못한다."고 규정하고 있다는 점에 유의한다.

08 총포·도검·화약류 등의 안전관리에 관한 법률에 따른 "수출입의 허가 등(제9조)"에 대한 설명으로 틀린 것은?

① 총포·화약류를 수출·수입하려는 자는 행정안전부령으로 정하는 바에 따라 수출·수입하려는 때마다 경찰청장의 허가를 받아야 하고, 이 경우 경찰청장은 수입 허가를 하기 전에 수출국이 수출 허가 등을 하였는지 여부 등을 확인하여야 한다.

② 도검·분사기·전자충격기·석궁을 수출·수입하려는 자는 행정안전부령으로 정하는 바에 따라 수출·수입하려는 때마다 주된 사업장의 소재지를 관할하는 시·도경찰청장의 허가를 받아야 한다.

③ 국가기관·지방자치단체가 사용하려는 것으로서 직접 경찰청장의 승인을 받은 경우에는 그 국가기관·지방자치단체는 총포·도검·화약류·분사기·전자충격기·석궁을 수출 또는 수입할 수 있다.

④ 화약류를 수입한 자는 지체 없이 행정안전부령으로 정하는 바에 따라 수입지를 관할하는 경찰서장에게 신고하여야 한다.

> **해설** ① 「**총포·도검·화약류 등의 안전관리에 관한 법률**」 **제9조 제1항** "총포·화약류를 수출 또는 수입하려는 자는 행정안전부령으로 정하는 바에 따라 수출 또는 수입하려는 때마다 관련 증명서류 등을 경찰청장에게 제출하고 <u>경찰청장의 허가</u>를 받아야 한다. 이 경우 경찰청장은 수출 허가를 하기 전에 <u>수입국이 수입 허가 등을 하였는지 여부 및 경유국이 동의하였는지 여부</u> 등을 확인하여야 한다."
> ② 「**총포·도검·화약류 등의 안전관리에 관한 법률**」 **제9조 제2항**, ③ **제9조 제3항 단서**, ④ **제9조 제5항**

09 총포 · 도검 · 화약류 등의 안전관리에 관한 법률에 따른 "총포 · 도검 · 화약류 · 분사기 · 전자충격기 · 석궁의 소지허가(제12조)"에 대한 설명으로 옳은 것은?

① 총포 · 도검 · 화약류 등의 안전관리에 관한 법률 제10조(소지의 금지)에 해당하지 아니하는 자가 총포를 소지하려는 경우에는 행정안전부령으로 정하는 바에 따라 그 주소지를 관할하는 시 · 도경찰청장의 허가를 받아야 한다.

② 총포 · 도검 · 화약류 등의 안전관리에 관한 법률 제10조(소지의 금지)에 해당하지 아니하는 자가 도검 · 화약류 · 분사기 · 전자충격기 및 석궁을 소지하려는 경우에는 행정안전부령으로 정하는 바에 따라 그 주소지를 관할하는 경찰서장의 허가를 받아야 한다.

③ 건설공사 · 경비 등을 위하여 법인의 대표자 · 대리인, 사용인 그 밖에 종업원이 산업용총 · 가스발사총 · 마취총, 대통령령으로 정하는 폭발물 분쇄 용도의 총포, 분사기 · 전자충격기를 소지하려는 경우에는 그 법인의 주된 사업장의 소재지를 관할하는 시 · 도경찰청장의 허가를 받아야 한다.

④ 예술소품용으로 사용할 목적으로 임대업자로부터 총포 · 도검 · 분사기 · 전자충격기 · 석궁을 빌려 연기자 등에게 일시 소지하도록 하려는 사람은 관리책임자 및 소지기간을 정하여 주소지를 관할하는 경찰서장의 소지허가를 받아야 한다.

해설 ① 「**총포 · 도검 · 화약류 등의 안전관리에 관한 법률**」 제12조 제1항 제1호 · 제2호 "제10조 각 호의 어느 하나에 해당하지 아니하는 자가 총포 · 도검 · 화약류 · 분사기 · 전자충격기 · 석궁을 소지하려는 경우에는 행정안전부령으로 정하는 바에 따라 다음 각 호의 구분에 따라 허가를 받아야 한다. 다만, 제1호 및 제2호의 총포 소지허가를 받으려는 경우에는 신청인의 정신질환 또는 성격장애 등을 확인할 수 있도록 행정안전부령으로 정하는 서류를 허가관청에 제출하여야 한다. 1. 총포(제2호에서 정하는 것은 제외한다): 주소지를 관할하는 <u>시 · 도경찰청장</u>, 2. <u>총포 중 엽총 · 가스발사총 · 공기총 · 마취총 · 도살총 · 산업용총 · 구난구명총 또는 그 부품: 주소지를 관할하는 경찰서장</u>, 3. 도검 · 화약류 · 분사기 · 전자충격기 및 석궁: 주소지를 관할하는 경찰서장" 총포의 경우 소지 허가권자가 주소지를 관할하는 시 · 도경찰청장 또는 경찰서장으로 구분되어 있다는 점에 유의한다.

② 「**총포 · 도검 · 화약류 등의 안전관리에 관한 법률**」 제12조 제1항 제3호

③ 「**총포 · 도검 · 화약류 등의 안전관리에 관한 법률**」 제12조 제2항 제1문 "건설공사 · 경비 등을 위하여 법인의 대표자 또는 대리인, 사용인, 그 밖에 종업원이 산업용총 · 가스발사총 · 마취총, 대통령령으로 정하는 폭발물 분쇄 용도의 총포(이하 이 조 및 제46조에서 "폭발물분쇄용 총포"라 한다), 분사기 또는 전자충격기를 소지하려는 경우에는 그 법인의 대표자가 허가받으려는 산업용총 · 가스발사총 · 마취총, 폭발물분쇄용 총포, 분사기 또는 전자충격기의 수 및 이를 소지할 사람을 특정하여 <u>그 법인의 주된 사업장의 소재지를 관할하는 경찰서장의 허가</u>를 받아야 한다. 이 경우 가스발사총의 소지허가는 이를 소지할 사람이 관계 법령에 따라 무기를 휴대할 수 있는 경우로 한정한다.

④ 「**총포 · 도검 · 화약류 등의 안전관리에 관한 법률**」 제12조 제3항 제1문 "영화 · 연극 등을 위한 예술소품용으로 사용할 목적으로 임대업자로부터 총포 · 도검 · 분사기 · 전자충격기 · 석궁을 빌려 연기자 등에게 일시 소지하도록 하려는 사람은 관리책임자(소지허가 받은 총포 · 도검 · 분사기 · 전자충격기 · 석궁을 영화 촬영이나 연극 상연 등에 사용할 때마다 직접 지급하고 회수하는 등 관리책임을 지는 사람을 말한다. 이하 같다) 및 소지기간을 정하여 <u>주소지를 관할하는 시 · 도경찰청장의 소지허가</u>를 받아야 한다. 이 경우 해당 영화 · 연극 등을 위하여 영화 촬영이나 연극 상연 중에 임대한 총포 · 도검 · 분사기 · 전자충격기 · 석궁을 일시 소지하는 사람은 모두 소지허가를 받은 것으로 본다."

10 총포·도검·화약류 등의 안전관리에 관한 법률에 따른 "총포·도검·화약류·분사기·전자충격기·석궁 소지자의 결격사유 등(제13조)"에 대한 설명으로 틀린 것은?

① 총포·도검·화약류 등의 안전관리에 관한 법률 제13조 제1항의 결격사유에 해당하는 자는 총포·도검·화약류·분사기·전자충격기·석궁의 소지허가를 받을 수 없다.

② 시·도경찰청장 또는 경찰서장은 다른 사람의 생명·재산 또는 공공의 안전을 해칠 우려가 있다고 인정되는 경우에는 결격사유에 해당하지 아니하는 자에 대해서도 총포·도검·화약류·분사기·전자충격기·석궁의 소지허가를 하지 아니할 수 있다.

③ 시·도경찰청장 또는 경찰서장은 위장한 총포·도검·화약류·분사기·전자충격기·석궁의 소지허가를 하여서는 아니 된다.

④ 시·도경찰청장 또는 경찰서장은 그 구조와 기능이 행정안전부령으로 정하는 기준에 적합하지 아니한 총포·도검·화약류·분사기·전자충격기·석궁의 소지허가를 하여서는 아니 된다.

> **해설** ① 「**총포·도검·화약류 등의 안전관리에 관한 법률**」 제13조 제1항, ② 제13조 제2항, ③ 제13조 제3항 전단
> ④ 「**총포·도검·화약류 등의 안전관리에 관한 법률**」 제13조 제3항 후단 "시·도경찰청장 또는 경찰서장은 위장(僞裝)한 총포·도검·화약류·분사기·전자충격기·석궁 또는 그 구조와 기능이 행정안전부령으로 정하는 기준에 적합하지 아니한 **총포·분사기·전자충격기·석궁의 소지허가**를 하여서는 아니 된다." 도검·화약이 제외되어 있다는 점에 유의한다.

11 총포·도검·화약류 등의 안전관리에 관한 법률에 따른 "총포·도검·화약류·분사기·전자충격기·석궁 소지자의 결격사유 등(제13조)"에 대한 설명으로 옳은 것은 모두 몇 개인가?

> ㉠ 금고 이상의 실형을 선고받고 그 집행이 끝나거나(집행이 끝난 것으로 보는 경우를 포함한다) 면제된 날부터 5년이 지나지 아니한 자
> ㉡ 20세 미만인 자(대한체육회장이나 특별시·광역시·특별자치시·도 또는 특별자치도의 체육회장이 추천한 선수 또는 후보자가 사격경기용 총을 소지하려는 경우는 제외한다)
> ㉢ 총포·도검·화약류 등의 안전관리에 관한 법률을 위반하여 금고 이상의 형의 집행유예를 선고받고 그 유예기간이 끝난 날부터 5년이 지나지 아니한 자
> ㉣ 총포·도검·화약류 등의 안전관리에 관한 법률 제45조 또는 제46조 제1항에 따라 허가가 취소된 후 1년이 지나지 아니한 자
> ㉤ 총포·도검·화약류 등의 안전관리에 관한 법률을 위반하여 벌금형을 선고받고 5년이 지나지 아니한 자
> ㉥ 심신상실자, 심신미약자, 마약·대마·향정신성의약품 또는 알코올 중독자, 정신질환자 또는 뇌전증 환자로서 대통령령으로 정하는 사람

① 1개   ② 2개   ③ 3개   ④ 4개

> **해설** 「**총포·도검·화약류 등의 안전관리에 관한 법률**」 제13조 제1항: ㉠ ㉡ ㉣ ㉤이 옳은 설명이다.
> 1. 20세 미만인 자(다만, 대한체육회장이나 특별시·광역시·특별자치시·도 또는 특별자치도의 체육회장이 추천한 선수 또는 후보자가 사격경기용 총을 소지하려는 경우는 제외한다)
> 2. 심신상실자, 마약·대마·향정신성의약품 또는 알코올 중독자, 정신질환자 또는 뇌전증 환자로서 대통령령으로 정하는 사람 (※ <u>유의: 심신미약자는 결격사유 아님</u>) ㉥ 틀린 설명이다.
> 3. 금고 이상의 실형을 선고받고 그 집행이 끝나거나(집행이 끝난 것으로 보는 경우를 포함한다) 면제된 날부터 5년이 지나지 아니한 자

4. 이 법을 위반하여 벌금형을 선고받고 5년이 지나지 아니한 자

5. 「특정강력범죄의 처벌에 관한 특례법」 제2조 제1항 각 호의 어느 하나에 해당하는 특정강력범죄를 범하여 벌금형의 선고 또는 징역 이상의 형의 집행유예를 선고받고 그 유예기간이 끝난 날부터 5년이 지나지 아니한 자

6. 이 법을 위반하여 금고 이상의 형의 집행유예를 선고받고 그 유예기간이 끝난 날부터 <u>3년이 지나지 아니한 자</u>
   ⓒ 틀린 설명이다.

6의2. 다음 각 목의 어느 하나에 해당하는 죄를 범하여 벌금형을 선고받고 5년이 지나지 아니하거나 금고 이상의 형의 집행유예를 선고받고 그 유예기간이 끝난 날부터 5년이 지나지 아니한 사람 가. 내지 다. 생략

6의3. 「도로교통법」 제148조의2의 죄(이하 "음주운전 등"이라 한다)로 벌금 이상의 형을 선고받은 날부터 5년 이내에 다시 음주운전 등으로 벌금 이상의 형을 선고받고 그 집행이 종료(집행이 종료된 것으로 보는 경우를 포함한다)되거나 집행이 면제된 날부터 5년이 지나지 아니한 사람

7. 제45조 또는 제46조 제1항에 따라 허가가 취소된 후 1년이 지나지 아니한 자

12 총포 · 도검 · 화약류 등의 안전관리에 관한 법률에 따른 "화약류의 사용(제18조)"에 대한 설명으로 옳은 것은?

① 화약류를 발파하거나 연소시키려는 자는 행정안전부령으로 정하는 바에 따라 그 주소지를 관할하는 경찰서장의 화약류 사용허가를 받아야 한다.

② 광업법에 따라 광물을 채굴하는 자가 화약류를 발파하거나 연소시키는 경우 행정안전부령으로 정하는 바에 따라 화약류의 사용장소를 관할하는 경찰서장의 화약류 사용허가를 받아야 한다.

③ 화약류의 사용허가를 받은 자가 그 화약류를 허가받은 용도와 다른 용도로 사용하려는 경우에는 다시 화약류의 사용허가를 받을 필요가 없다.

④ 경찰서장은 화약류 사용의 목적 · 장소 · 일시 · 수량 또는 방법이 적당하지 아니하거나 공공의 안전유지에 지장이 있다고 인정되는 경우에는 화약류의 사용허가를 하여서는 아니 된다.

해설 ① ② **「총포 · 도검 · 화약류 등의 안전관리에 관한 법률」 제18조 제1항 본문** "화약류를 발파하거나 연소시키려는 자는 행정안전부령으로 정하는 바에 따라 <u>화약류의 사용장소를 관할하는 경찰서장의 화약류 사용허가를</u> 받아야 한다. 다만, 「광업법」에 따라 광물을 채굴하는 자와 그 밖에 대통령령으로 정하는 자는 그러하지 아니하다."

③ **「총포 · 도검 · 화약류 등의 안전관리에 관한 법률」 제18조 제2항** "제1항 본문에 따른 화약류의 사용허가를 받은 자(이하 "화약류사용자"라 한다)가 그 화약류를 <u>허가받은 용도와 다른 용도로 사용하려는 경우에는 제1항 본문에 따른 화약류의 사용허가를 다시 받아야 한다.</u>"

④ **「총포 · 도검 · 화약류 등의 안전관리에 관한 법률」 제18조 제3항**

13 총포 · 도검 · 화약류 등의 안전관리에 관한 법률에 따른 "취급 금지(제19조) 및 발견 · 습득의 신고 등(제23조)"에 대한 설명으로 틀린 것은?

① 20세 미만인 자(대한체육회장이나 특별시 · 광역시 · 특별자치시 · 도 또는 특별자치도의 체육회장이 추천한 선수 또는 후보자가 사격경기용 총포나 석궁을 소지하는 경우 제외)는 총포 · 도검 · 화약류 · 분사기 · 전자충격기 · 석궁을 취급하여서는 아니 된다.

② 영화 · 연극 등을 위한 예술소품용으로 사용되는 총포 · 도검 · 분사기 · 전자충격기 · 석궁의 경우 총포 · 도검 · 화약류 등의 안전관리에 관한 법률 제19조 각 호에 따른 취급 금지에 해당하더라도 동법 제12조 제3항에 따라 해당 영화 또는 연극 등을 위하여 일시 소지할 수 있다.

③ 누구든지 유실 · 매몰 또는 정당하게 관리되고 있지 아니하는 총포 · 도검 · 화약류 · 분사기 · 전자충격기 · 석궁이라고 인정되는 물건을 발견하거나 습득하였을 때에는 24시간 이내에 가까운 경찰관서에 신고하여야 한다.

④ 누구든지 유실·매몰 또는 정당하게 관리되고 있지 아니하는 총포·도검·화약류·분사기·전자충격기·석궁이라고 인정되는 물건을 발견하거나 습득하였을 때에는 경찰공무원(의무경찰을 포함한다)의 지시 없이 이를 만지거나 옮기거나 두들기거나 해체하여서는 아니 된다.

해설 ① 「**총포·도검·화약류 등의 안전관리에 관한 법률**」 **제19조 본문 제1호** "다음 각 호의 어느 하나에 해당하는 자는 총포·도검·화약류·분사기·전자충격기·석궁을 취급(제조·판매·수수·적재·운반·저장·소지·사용·폐기 등을 말한다. 이하 같다)하여서는 아니 되며, 누구든지 그들에게 이를 취급하게 하여서는 아니 된다. 다만, 제6조의2 제1항에 따른 총포·도검·분사기·전자충격기·석궁을 제12조 제3항에 따라 <u>해당 영화 또는 연극 등을 위하여 일시 소지하는 경우에는 그러하지 아니하다</u>. 1. <u>18세 미만인 자</u>. 다만, 대한체육회장이나 특별시·광역시·특별자치시·도 또는 특별자치도의 체육회장이 추천한 선수 또는 후보자가 사격경기용 총포나 석궁을 소지하는 경우는 제외한다. 2. 제5조 각 호의 어느 하나(같은 조 제4호는 제외한다)에 해당하는 자, 3. 제13조 제1항 제2호부터 제7호까지의 어느 하나에 해당하는 자" 총포 등의 취급 금지의 경우 <u>연령(18세 미만인 자)</u>을 제외하고, 제조업자의 결격사유(제5조) 및 소지자의 결격사유(제13조 제1항)가 있는 자는 제19조 단서에 해당하는 경우를 제외하고 총포 등을 취급할 수 없다.

②「**총포·도검·화약류 등의 안전관리에 관한 법률**」 **제19조 단서**, ③ **제23조 전단**, ④ **제23조 후단**

14 총포·도검·화약류 등의 안전관리에 관한 법률 및 동법 시행령에 따른 "화약류의 저장과 운반"에 대한 설명으로 옳은 것은?

① 화약류저장소(3급저장소 및 간이저장소)를 설치하려는 자는 그 설치하려는 곳을 관할하는 시·도경찰청장의 허가를 받아야 한다.

② 시·도경찰청장 또는 경찰서장은 화약류저장소의 설치허가가 취소된 후 1년 이내에 그 장소에 화약류저장소를 설치하려는 자에 대해서는 허가를 하여서는 아니 된다.

③ 대통령령으로 정하는 수량 이하의 화약류를 운반하는 경우을 제외하고 화약류를 운반하려는 사람은 행정안전부령으로 정하는 바에 따라 발송지를 관할하는 경찰서장에게 신고하여야 한다.

④ 화약류를 운반하는 사람은 행정안전부령으로 정하는 바에 따라 경찰서장으로부터 화약류운반신고증명서를 발급받으면 족하고, 이를 소지하고 있어야 하는 것은 아니다.

해설 ① 「**총포·도검·화약류 등의 안전관리에 관한 법률**」 **제25조 제1항** "화약류저장소를 설치하려는 자는 대통령령으로 정하는 화약류저장소의 종류별 구분에 따라 <u>그 설치하려는 곳을 관할하는 시·도경찰청장 또는 경찰서장의 허가</u>를 받아야 한다. 화약류저장소의 위치·구조·설비를 변경하려는 경우에도 또한 같다." 및 **동법 시행령 제28조 제1항** "법 제25조 제1항의 규정에 의한 화약류저장소의 종별 구분은 다음과 같이 하되, 제1호·제2호·제4호 내지 제8호의 저장소는 시·도경찰청장의 허가를, <u>제3호 및 제9호의 저장소는 경찰서장의 허가</u>를 받아 설치한다. 3. 3급저장소, 9. 간이저장소 기타 각 호 생략"

②「**총포·도검·화약류 등의 안전관리에 관한 법률**」 **제25조 제4항** "시·도경찰청장 또는 경찰서장은 제45조 제2항에 따라 화약류저장소의 설치허가가 취소된 후 <u>6개월 이내</u>에 그 장소에 화약류저장소를 설치하려는 자에 대해서는 제1항에 따른 허가를 하여서는 아니 된다."

③「**총포·도검·화약류 등의 안전관리에 관한 법률**」 **제26조 제1항**

④「**총포·도검·화약류 등의 안전관리에 관한 법률**」 **제26조 제2항·제3항** "② 제1항에 따른 운반신고를 받은 경찰서장은 행정안전부령으로 정하는 바에 따라 화약류운반신고증명서를 발급하여야 한다. ③ 화약류를 운반하는 사람은 제2항에 따라 발급받은 <u>화약류운반신고증명서를 지니고 있어야 한다</u>." 소지의무가 있다.

15 총포·도검·화약류 등의 안전관리에 관한 법률에 따른 "감독(완성검사 및 공공의 안전을 위한 조치 등)"에 대한 설명으로 틀린 것은?

① 제조업자·판매업자 또는 화약류저장소설치자는 그 허가를 받은 날부터 6개월 이내에 그 시설·설비에 대하여 허가관청의 검사를 받아야 하며, 허가관청은 부득이한 사유가 있는 경우에는 6월을 초과하지 아니하는 범위에서 그 기간을 연장할 수 있다.

② 허가관청은 재해 예방 또는 공공의 안전유지를 위하여 필요하다고 인정되는 경우에 제47조(공공의 안전을 위한 조치 등) 제1항 각 호에 규정된 명령 또는 조치를 할 수 있다.

③ 허가관청은 제47조(공공의 안전을 위한 조치 등) 제1항에 따른 명령 또는 조치를 하는 경우에 필요하다고 인정되면 총포·도검·화약류·분사기·전자충격기·석궁을 허가관청이 지정하는 곳에 보관할 것을 명할 수 있다.

④ 허가관청은 총포 사고의 발생, 총포의 소재불명, 그 밖에 재해의 예방 또는 공공의 안전유지를 위하여 필요한 경우 경보를 발령하거나, 총포를 추적 또는 수색하는 등 필요한 조치를 취한다.

> **해설** ① 「**총포·도검·화약류 등의 안전관리에 관한 법률**」제43조 "제조업자, 판매업자 또는 화약류저장소설치자는 그 허가를 받은 날부터 1년 이내에 그 시설 또는 설비에 대하여 허가관청의 검사를 받아야 하며, 그 검사에 합격한 후가 아니면 업무를 시작하거나 시설 또는 설비를 사용할 수 없다. 다만, 허가관청은 부득이한 사유가 있는 경우에는 1년을 초과하지 아니하는 범위에서 그 기간을 연장할 수 있다."
> ② 「**총포·도검·화약류 등의 안전관리에 관한 법률**」제47조 제1항, ③ 제47조 제2항, ④ 제47조 제4항

16 총포·도검·화약류 등의 안전관리에 관한 법률에 따른 허가권자에 대한 설명으로 틀린 것은 모두 몇 개인가?

> ㉠ 총포·화약류의 제조업(총포의 개조·수리업과 화약류의 변형·가공업 포함)을 하려는 자는 제조소마다 행정안전부령으로 정하는 바에 따라 제조소의 소재지를 관할하는 시·도경찰청장의 허가를 받아야 한다.
> ㉡ 총포 중 엽총·가스발사총·공기총·마취총·도살총·산업용총·구난구명총 또는 그 부품을 소지하려는 경우에는 행정안전부령으로 정하는 바에 따라 주소지를 관할하는 경찰서장의 허가를 받아야 한다.
> ㉢ 도검·분사기·전자충격기·석궁의 제조업을 하려는 자는 제조소마다 행정안전부령으로 정하는 바에 따라 제조소의 소재지를 관할하는 시·도경찰청장의 허가를 받아야 한다.
> ㉣ 총포(엽총·가스발사총·공기총·마취총·도살총·산업용총·구난구명총 또는 그 부품은 제외한다) 및 화약류를 소지하려는 경우에는 행정안전부령으로 정하는 바에 따라 주소지를 관할하는 시·도경찰청장의 허가를 받아야 한다.
> ㉤ 화약류저장소(1급저장소)를 설치하려는 자는 그 설치하려는 곳을 관할하는 시·도경찰청장의 허가를, 화약류저장소(2급저장소 및 3급저장소)를 설치하려는 자는 그 설치하려는 곳을 관할하는 경찰서장의 허가를 받아야 한다.
> ㉥ 총포·도검·화약류·분사기·전자충격기·석궁의 판매업을 하려는 자는 판매소마다 행정안전부령으로 정하는 바에 따라 판매소의 소재지를 관할하는 시·도경찰청장의 허가를 받아야 한다.

① 1개　　　　② 2개　　　　③ 3개　　　　④ 4개

> **해설** 「**총포·도검·화약류 등의 안전관리에 관한 법률**」: ㉡ ㉢ ㉥이 옳은 설명이다.
> ㉠ **제4조 제1항** "총포·화약류의 제조업(총포의 개조·수리업과 화약류의 변형·가공업을 포함한다. 이하 같

다)을 하려는 자는 제조소마다 행정안전부령으로 정하는 바에 따라 <u>경찰청장의 허가</u>를 받아야 한다. 제조소의 위치·구조·시설 또는 설비를 변경하거나 제조하는 총포·화약류의 종류 또는 제조방법을 변경하려는 경우에도 또한 같다."

㉣ **제12조 제1항** "제10조 각 호의 어느 하나에 해당하지 아니하는 자가 총포·도검·화약류·분사기·전자충격기·석궁을 소지하려는 경우에는 행정안전부령으로 정하는 바에 따라 다음 각 호의 구분에 따라 허가를 받아야 한다. 다만, 제1호 및 제2호의 총포 소지허가를 받으려는 경우에는 신청인의 정신질환 또는 성격장애 등을 확인할 수 있도록 행정안전부령으로 정하는 서류를 허가관청에 제출하여야 한다. 1. 총포(제2호에서 정하는 것은 제외한다): 주소지를 관할하는 시·도경찰청장, 2. 총포 중 엽총·가스발사총·공기총·마취총·도살총·산업용총·구난구명총 또는 그 부품: 주소지를 관할하는 경찰서장, 3. <u>도검·화약류·분사기·전자충격기 및 석궁: 주소지를 관할하는 경찰서장</u>" 화약류는 경찰서장의 허가이다.

㉤ **총포·도검·화약류 등의 안전관리에 관한 법률 제25조 제1항, 동법 시행령 제28조 제1항 제1호 내지 제3호**: 화약류저장소(1급저장소 및 2급저장소)는 시·도경찰청장의 허가, 화약류저장소(3급저장소 및 간이저장소만)는 경찰서장의 허가를 받아야 한다.

【총포·도검·화약류 등의 안전관리에 관한 법률에 따른 허가대상 및 허가권자】

허가대상	허가권자
총포·화약류 **제조업**(총포의 개조·수리업과 화약류의 변형·가공업 포함) 총포·화약류 제조소의 위치·구조·시설·설비 변경 총포·화약류의 종류·제조방법 변경 총포·화약류의 **수출·수입**	**경찰청장**
도검·분사기·전자충격기·석궁 **제조업** 도검·분사기·전자충격기·석궁 제조소의 위치·구조·시설·설비 변경 도검·분사기·전자충격기·석궁의 종류·제조방법 변경	(제조소 소재지 관할) **시·도경찰청장**
총포·도검·화약류·분사기·전자충격기·석궁 **판매업** 총포·도검·화약류·분사기·전자충격기·석궁 판매소의 위치·구조·시설·설비 변경 판매하는 총포·도검·화약류·분사기·전자충격기·석궁의 종류 변경	(판매소 소재지 관할) **시·도경찰청장**
총포·도검·분사기·전자충격기·석궁 **임대업** (※ 화약류는 임대업의 대상X) 총포·도검·분사기·전자충격기·석궁 임대업소의 위치·구조·시설·설비 변경 임대하는 총포·도검·분사기·전자충격기·석궁의 종류 변경	(임대업소 소재지 관할) **시·도경찰청장**
도검·분사기·전자충격기·석궁의 **수출·수입**	(주된 사업장 소재지 관할) **시·도경찰청장**
총포(엽총·가스발사총·공기총·마취총·도살총·산업용총·구난구명총 또는 그 부품 제외)의 **소지** 예술소품용으로 사용할 목적으로 임대업자로부터 빌려 **소지**	(주소지 관할) **시·도경찰청장**
(경찰서장의 허가대상을 제외한) 화약류저장소의 **설치** 화약류저장소의 위치·구조·설비를 변경	(설치하려는 곳 관할) **시·도경찰청장**
총포(엽총·가스발사총·공기총·마취총·도살총·산업용총·구난구명총 또는 그 부품) 및 도검·화약류·분사기·전자충격기·석궁의 **소지**	(주소지 관할) **경찰서장**

건설공사 · 경비 등을 위한 산업용총 등의 **소지**	(주된 사업장 소재지 관할) **경찰서장**
화약류의 **사용**	(사용장소 관할) **경찰서장**
화약류저장소(3급저장소와 간이저장소)의 **설치** 화약류저장소의 위치 · 구조 · 설비를 변경	(설치하려는 곳 관할) **경찰서장**

※ 신고사항: 화약류 수입한 자 – 수입지 관할 경찰서장에게 신고 / 화약류 운반 – 발송지 관할 경찰서장

※ 경찰청장, 시 · 도경찰청장, 경찰서장의 권한에 속하는 개수를 선택하는 박스형 문제로 출제가 가능하고, 지문형으로 출제되는 경우 "관할" 부분을 변경하여 오답을 유도할 수 있다는 점을 유의한다.

예상문제 유실물법

01 유실물법에 대한 설명 중 옳은 것은?

① 물건을 반환받는 자는 물건가액의 100분의 5 이상 100분의 10 이하의 범위에서 보상금을 습득자에게 지급하여야 한다.
② 국가·지방자치단체와 그 밖에 대통령령으로 정하는 공공기관은 보상금을 청구할 수 없다.
③ 유실물법에 따라 습득자가 지급받는 보상금은 물건 반환 후 3개월이 지나면 청구할 수 없다.
④ 습득일부터 10일 이내에 유실물법상의 절차를 밟지 아니한 자는 보상금을 받을 권리 및 습득물의 소유권을 취득할 권리를 상실한다.

해설 ① 「**유실물법**」 **제4조** 본문 "물건을 반환받는 자는 물건가액(物件價額)의 <u>100분의 5 이상 100분의 20 이하</u>의 범위에서 보상금(報償金)을 습득자에게 지급하여야 한다. 다만, 국가·지방자치단체와 그 밖에 대통령령으로 정하는 공공기관은 보상금을 청구할 수 없다."
② 「**유실물법**」 **제4조** 단서
③ 「**유실물법**」 **제6조** "제3조의 비용과 제4조의 보상금은 물건을 <u>반환한 후 1개월</u>이 지나면 청구할 수 없다."
④ 「**유실물법**」 **제9조** "습득물이나 그 밖에 이 법의 규정을 준용하는 물건을 횡령함으로써 처벌을 받은 자 및 습득일부터 <u>7일 이내</u>에 제1조 제1항 또는 제11조 제1항의 절차를 밟지 아니한 자는 제3조의 비용과 제4조의 보상금을 받을 권리 및 습득물의 소유권을 취득할 권리를 상실한다."

02 유실물법에 대한 설명 중 틀린 것은?

① 관리자가 있는 선박, 차량, 건축물 그 밖에 일반인의 통행을 금지한 구내에서 타인의 물건을 습득한 자는 그 물건을 경찰서(지구대·파출소 등 소속 경찰관서 포함)에 제출하여야 한다.
② 관리자가 있는 선박, 차량, 건축물, 그 밖에 일반인의 통행을 금지한 구내에서 타인의 물건을 습득한 경우에는 선박, 차량, 건축물 등의 점유자를 습득자로 하고, 이 경우에 보상금은 점유자와 실제로 물건을 습득한 자가 반씩 나누어야 한다.
③ 유실물은 법률에 정한 바에 의하여 공고한 후 6개월 내에 그 소유자가 권리를 주장하지 아니하면 습득자가 그 소유권을 취득하고, 매장물은 공고한 후 1년내에 그 소유자가 권리를 주장하지 아니하면 원칙적으로 발견자가 그 소유권을 취득한다.
④ 유실물법 및 민법의 규정에 따라 물건의 소유권을 취득한 자가 그 취득한 날부터 3개월 이내에 물건을 경찰서 또는 자치경찰단으로부터 받아가지 아니할 때에는 그 소유권을 상실한다.

해설 ① 「**유실물법**」 **제10조 제1항** "관리자가 있는 선박, 차량, 건축물, 그 밖에 일반인의 통행을 금지한 구내에서 타인의 물건을 습득한 자는 그 물건을 <u>관리자에게 인계하여야 한다.</u>"
② 「**유실물법**」 **제10조 제2항 제1문 및 제3항**, ③ 「**민법**」 **제253조 및 제254조 제1문**, ④ 「**유실물법**」 **제14조**

01 풍속영업의 규제에 관한 법률 제2조에 따른 풍속영업의 종류와 그 근거 법률이 올바르게 연결된 것은 모두 몇 개인가?

ⓐ 비디오물감상실업 및 비디오물소극장업 – 영화 및 비디오물의 진흥에 관한 법률
ⓑ 숙박업, 목욕장업 및 이용업 중 대통령령으로 정하는 것 – 공중위생관리법
ⓒ 단란주점영업, 유흥주점영업 및 휴게음식점영업 – 식품위생법
ⓓ 게임제공업, 복합유통게임제공업 및 인터넷컴퓨터게임시설제공업 – 게임산업진흥에 관한 법률
ⓔ 노래연습장업 – 음악산업진흥에 관한 법률
ⓕ 무도학원업, 무도장업 및 당구장업 – 체육시설의 설치·이용에 관한 법률

---

① 1개   ② 2개   ③ 3개   ④ 4개

> **해설** 「**풍속영업의 규제에 관한 법률**」 **제2조 및 동법 시행령 제2조**: ⓑ ⓔ이 옳은 설명이다.
>
> ⓐ **제2호** "「영화 및 비디오물의 진흥에 관한 법률」 제2조 제16호 가목에 따른 <u>비디오물감상실업</u>" 영화 및 비디오물의 진흥에 관한 법률 제2조 제16호에 따른 "비디오물시청제공업" 가운데 비디오물소극장업, 제한관람가 비디오물소극장업 및 복합영상물제공업 등은 풍속영업에 해당하지 않는다.
>
> ⓒ **제5호** "「식품위생법」 제36조 제1항 제3호에 따른 <u>식품접객업 중 대통령령으로 정하는 것</u>" 및 **시행령 제2조 제1호** "법 제2조 제5호에서 "식품접객업 중 대통령령으로 정하는 것"이란 「식품위생법 시행령」 제21조 제8호 다목에 따른 <u>단란주점영업</u> 및 같은 호 라목에 따른 <u>유흥주점영업</u>을 말한다." 휴게음식점영업과 일반음식점영업은 풍속영업에 해당하지 않는다.
>
> ⓓ **제1호** "「게임산업진흥에 관한 법률」 제2조 제6호에 따른 <u>게임제공업</u> 및 같은 법 제2조 제8호에 따른 <u>복합유통게임제공업</u>" 인터넷컴퓨터게임시설제공업은 풍속영업에 해당하지 않는다.
>
> ⓕ **제6호** "「체육시설의 설치·이용에 관한 법률」 제10조 제1항 제2호에 따른 <u>무도학원업 및 무도장업</u>" 체육시설의 설치·이용에 관한 법률 제10조 제1항 제2호의 "신고 체육시설업" 가운데 무도학원업과 무도장업만 풍속영업에 해당하고 기타 당구장업 등은 해당하지 않는다.
>
> ※ **제7호 및 시행령 제2조 제2호**에 따라 청소년 보호법 제2조 제5호 가목 8) 또는 9)에 따른 청소년 출입·고용금지업소에서의 영업은 풍속영업에 해당한다.

02 풍속영업의 규제에 관한 법률에 따른 "준수 사항(제3조)"에 대한 설명으로 옳은 것은(다툼이 있으면 판례에 의함)?

① 허가나 인가를 받지 아니하거나 등록이나 신고를 하지 아니하고 풍속영업을 하는 자는 풍속영업의 규제에 관한 법률에 따른 풍속영업을 하는 자에 해당하지 않는다.

② 풍속영업을 하는 자가 열람의 목적 없이 풍속영업을 하는 장소에서 음란한 문서·도화·영화·음반·비디오물, 그 밖의 음란한 물건을 보관하는 경우 준수사항위반에 해당한다.

③ 풍속영업자가 지켜야 할 준수사항은 실제로 행해지는 영업형태를 기준으로 결정하고, 풍속영업자가 받은 영업허가 등에 의하여 정해지는 것은 아니다.

④ 풍속영업인 숙박업을 하는 자가 자신이 운영하는 여관에서 친구들과 형법상 처벌되지 않는 일시 오락 정도에 해당하는 도박을 한 경우 도박이나 그 밖의 사행행위를 하게 하는 행위(준수사항 위반)에 해당하지 않는다.

해설 ① 「**풍속영업의 규제에 관한 법률**」 제3조 "풍속영업을 하는 자(허가나 인가를 받지 아니하거나 등록이나 신고를 하지 아니하고 풍속영업을 하는 자를 포함한다. 이하 "풍속영업자"라 한다) 및 대통령령으로 정하는 종사자는 풍속영업을 하는 장소(이하 "풍속영업소"라 한다)에서 다음 각 호의 행위를 하여서는 아니 된다. 1. 「성매매알선 등 행위의 처벌에 관한 법률」 제2조 제1항 제2호에 따른 성매매알선등행위, 2. 음란행위를 하게 하거나 이를 알선 또는 제공하는 행위, 3. 음란한 문서·도화(圖畵)·영화·음반·비디오물, 그 밖의 음란한 물건에 대한 다음 각 목의 행위(가. 반포(頒布)·판매·대여하거나 이를 하게 하는 행위, 나. 관람·열람하게 하는 행위, 다. 반포·판매·대여·관람·열람의 목적으로 진열하거나 보관하는 행위), 4. 도박이나 그 밖의 사행(射倖)행위를 하게 하는 행위"

② 「**풍속영업의 규제에 관한 법률**」 **제3조 제3호 다목 참조.** 진열하거나 보관하는 행위는 목적범으로 "반포·판매·대여·관람·열람의 목적"이 있어야 준수사항위반에 해당한다.

③ 「**97도1873판결**」 – 풍속영업에 해당하는 유흥주점영업 허가를 받고 실제로는 노래연습장 영업을 한 사안 "풍속영업의규제에관한법률 제3조 소정의 '풍속영업을 영위하는 자'는 식품위생법 등 개별법률에서 정한 영업허가나 신고, 등록의 유무를 묻지 아니하고, 같은 법 제2조에서 정하는 풍속영업의 범위에 속하는 영업을 실제로 하는 자이므로, 그 풍속영업자가 지켜야 할 준수사항도 실제로 하고 있는 영업형태에 따라 정하여지는 것이지, 그 자가 받은 영업허가 등에 의하여 정하여지는 것은 아니므로, 유흥주점영업허가를 받았다고 하더라도 실제로는 노래연습장 영업을 하고 있다면 유흥주점영업에 따른 영업자 준수사항을 지켜야 할 의무가 있다고 할 수 없다." (※ 유의 – 판결 당시 노래연습장업은 풍속영업에 해당하지 않았으나, 현재는 해당함)

④ 「**2003도6351판결**」 – 숙박업(풍속영업)을 하는 자가 자신의 여관에서 형법상 처벌되지 않는 도박을 한 사안 "풍속영업자가 자신이 운영하는 여관에서 친구들과 일시 오락 정도에 불과한 도박을 한 경우, 형법상 도박죄는 성립하지 아니하고 풍속영업의규제에관한법률위반죄의 구성요건에는 해당하나 사회상규에 위배되지 않는 행위로서 위법성이 조각된다고 한 사례." 도박 그 밖의 사행행위를 하게 하는 행위(준수사항위반)에는 해당하지만 사회상규에 위반되지 않는 행위로 위법성이 조각된다.

※ **기출 이후의 최근판례** – 판례가 출제된 분야이므로 향후 기출 이후의 판례가 출제될 가능성이 있다.

「**2017도16995판결**」 – 남자 손님에게 여성용 원피스를 제공하여 갈아입게 한 다음 접객행위를 한 사안 "(상략) 특히 여성종업원들은 남자 손님들을 대면하자 곧 여성용 원피스로 갈아입게 하였는데 이는 그 재질이 얇고 미끄러운 소재로 만들어졌을 뿐만 아니라 남성이 입는 경우에도 여유 공간이 남을 정도로 사이즈가 크고 헐렁한 형태로서 남자 손님 3명 중 2명은 속옷을 모두 벗은 채 여성용 원피스를 입은 것을 보면, 단순히 노래와 춤으로 유흥을 즐기기 위한 하나의 방편이라고 보기 어렵고, 남자 손님과 여성종업원이 함께 있었던 방이 폐쇄된 공간이라는 점까지 함께 고려하면, 정상적인 성적 수치심을 무뎌지게 하고 성적 흥분을 의식적으로 유발하고자 한 방식으로 볼 여지가 큰 점, 위와 같은 일련의 과정에다가 남자 손님들이 여성종업원들과 만난 지 채 1시간도 되지 않은 시점에 이루어진 경찰관들의 단속 당시의 현장 상황 등에 비추어 보면, 피고인들이 여성종업원들에게 따르게 한 위와 같은 영업방식이나 행위는 결국 피고인들의 추가 개입이 없더라도 남자 손님들의 성욕을 자극하여 성적 흥분을 유발함으로써 여성종업원들과 음란행위로 나아갈 수 있도록 편의를 도모한 주선행위라고 평가함에 부족함이 없는 점을 종합하면, 피고인들은 풍속영업을 하는 자가 준수하여야 할 금지규범을 어기고 유흥주점의 남자 손님들과 여성종업원들 사이에 서서 음란행위를 알선하였다고 평가함이 타당하다는 이유로, 이와 달리 보아 공소사실을 무죄로 판단한 원심판결에 풍속영업규제법 제3조 제2호에서 정한 음란행위의 알선 등에 관한 법리를 오해한 잘못이 있다고 한 사례."

「**2010도10171판결**」 – 나이트클럽 무용수가 성행위와 유사한 동작을 연출하고 모조성기를 노출한 사안 "나이트클럽 무용수인 피고인이 무대에서 공연하면서 겉옷을 모두 벗고 성행위와 유사한 동작을 연출하거나 속옷에 부착되어 있던 모조 성기를 수차례 노출한 사안에서, 제반 사정에 비추어 위 공연이 구 풍속영업의 규제에 관한 법률 제3조 제1호의2에서 정한 음란행위에 해당한다는 이유로, 이와 달리 판단하여 무죄를 인정한 원심판결에 법리오해의 위법이 있다고 한 사례"

03 풍속영업의 규제에 관한 법률에 대한 설명으로 틀린 것은?

① 경찰서장은 특별히 필요한 경우 경찰공무원에게 풍속영업소에 출입하여 풍속영업자와 대통령령으로 정하는 종사자가 그 준수사항을 지키고 있는지를 검사하게 할 수 있으나, 이를 거부하는 경우의 제재에 대해서는 풍속영업의 규제에 관한 법률에서 명시적으로 규정하고 있지 않다.

② 풍속영업소에 출입하여 검사하는 경찰공무원은 그 권한을 표시하는 증표를 지니고 이를 관계인에게 내보여야 한다.

③ 풍속영업자의 준수사항위반 가운데 성매매알선등행위(제3조 제1호)에 대한 법정형이 가장 높다.

④ 개인의 대리인, 사용인, 그 밖의 종업원이 그 개인의 업무에 관하여 제10조(벌칙)의 위반행위를 하면 그 행위자를 벌하는 외에 그 개인에게도 해당 조문의 징역형 또는 벌금형을 과한다.

> **해설**　① 「**풍속영업의 규제에 관한 법률**」 제9조 제1항, ② 제9조 제2항, ③ 제10조 ①과 관련하여 풍속영업의 규제에 관한 법률은 출입 및 검사에 대한 권한을 부여하고 있으나, 이에 대한 불응시의 제재수단에 대해서는 규정하고 있지 않다. ③과 관련하여 성매매알선 등 행위에 대해서는 3년 이하의 징역 또는 3천만원 이하의 벌금이 규정되어 있고, 기타 준수사항(제2호 내지 제4호)은 3년 이하의 징역 또는 2천만원 이하의 벌금이 규정되어 있어 법정형 가운데 징역형이 아닌 벌금형에 있어서 차이가 있다.
>
> 　④ 「**풍속영업의 규제에 관한 법률**」 제12조 "법인의 대표자나 법인 또는 개인의 대리인, 사용인, 그 밖의 종업원이 그 법인 또는 개인의 업무에 관하여 제10조의 위반행위를 하면 그 행위자를 벌하는 외에 그 <u>법인 또는 개인에게도 해당 조문의 벌금형을 과(科)한다</u>. 다만, 법인 또는 개인이 그 위반행위를 방지하기 위하여 해당 업무에 관하여 상당한 주의와 감독을 게을리하지 아니한 경우에는 그러하지 아니하다." 실제 위반행위를 하는 사람이 아닌 법인 또는 개인은 양벌규정에 의해 벌금형만을 과할 수 있고, 양벌규정에 의한 벌금형의 <u>형사책임은 법인 또는 개인이 상당한 주의와 감독을 게을리한 경우에 인정된다.</u>

04 사행행위 등 규제 및 처벌 특례법에 따른 "허가 등(제4조)"에 대한 설명으로 틀린 것은?

① 사행행위영업을 하려는 자는 사행행위 등 규제 및 처벌 특례법에 따른 시설 등을 갖추어 행정안전부령으로 정하는 바에 따라 시·도경찰청장의 허가를 받아야 한다.

② 사행행위영업의 대상 범위가 둘 이상의 특별시·광역시·도 또는 특별자치도에 걸치는 경우에는 주된 영업소의 소재지를 관할하는 시·도경찰청장의 허가를 받아야 한다.

③ 사행행위영업의 허가를 받은 자가 대통령령으로 정하는 중요사항을 변경하려면 행정안전부령으로 정하는 바에 따라 경찰청장이나 시·도경찰청장의 허가를 받아야 한다.

④ 국가기관이나 지방자치단체가 사행행위영업을 하려면 경찰청장의 승인을 받아야 한다.

> **해설**　① 「**사행행위 등 규제 및 처벌 특례법**」 제4조 제1항 본문, ③ 제4조 제2항, ④ 제4조 제3항
>
> 　② 「**사행행위 등 규제 및 처벌 특례법**」 제4조 제1항 단서 "사행행위영업을 하려는 자는 제3조에 따른 시설 등을 갖추어 행정안전부령으로 정하는 바에 따라 시·도경찰청장의 허가를 받아야 한다. 다만, 그 영업의 대상 범위가 <u>둘 이상의 특별시·광역시·도 또는 특별자치도에 걸치는 경우에는 경찰청장의 허가를 받아야 한다.</u>"

01 음악산업진흥에 관한 법률상 "노래연습장업자의 준수사항(제22조)"에 대한 설명으로 틀린 것은?

① 노래연습장업자가 부모 등 보호자를 동반하거나 그의 출입동의서를 받은 청소년을 출입시간 외에 해당 영업장소에 출입하게 한 경우 노래연습장업자의 준수사항위반에 해당하지 않는다.

② 노래연습장업자가 주류를 판매·제공 또는 그 반입을 묵인하거나, 접대부(남녀를 불문한다)를 고용·알선 또는 호객행위를 한 경우 노래연습장업자의 준수사항위반에 해당하고, 음악산업진흥에 관한 법률에 따라 형사처벌의 대상이 된다.

③ 노래연습장에서 손님과 함께 술을 마시거나 노래 또는 춤으로 손님의 유흥을 돋우는 접객행위를 하거나 타인에게 그 행위를 알선한 경우라도 영리의 목적이 없다면 음악산업진흥에 관한 법률에 따른 형사처벌의 대상은 아니다.

④ 노래연습장업자가 영업소 안에 화재·안전사고 예방을 위한 조치를 하지 아니하거나 건전한 영업질서의 유지 등에 관하여 대통령령이 정하는 사항을 준수하지 않은 경우 음악산업진흥에 관한 법률에 따른 형사처벌의 대상은 아니다.

> **해설**　①「음악산업진흥에 관한 법률」제22조 제1항 제2호, ③ 제22조 제2항, ④ 제22조 제1항 제1호·제6호 및 제34조 ③과 관련하여 주체는 "누구든지"이므로 노래연습장업자에 한정되지 않고 이러한 행위를 하는 사람(예: 접객행위를 하는 사람)은 영리의 목적이 있으면 모두 형사처벌 대상이다. 다만, 상대방인 손님에 대해서는 처벌하는 규정이 없다. ④와 관련하여 제1호 및 제6호는 노래연습장업자의 준수사항에는 해당하지만 이를 위반하더라도 형사처벌(제34조) 하거나 과태료(제36조)를 부과하는 규정을 두고 있지 않다.
>
> ②「음악산업진흥에 관한 법률」제22조 제1항 제3호·제4호·제6호 및 제34조 "3. 주류를 판매·제공하지 아니할 것, 4. 접대부(남녀를 불문한다)를 고용·알선하거나 호객행위를 하지 아니할 것, 6. 건전한 영업질서의 유지 등에 관하여 대통령령이 정하는 사항(이용자의 주류 반입을 묵인하여서는 아니된다)을 준수할 것" 노래연습장업자가 손님에게 주류를 판매·제공한 경우 및 접대부를 고용·알선하거나 호객행위를 한 경우 형사처벌의 대상이 되지만, 손님이 주류를 가지고 들어오는 것을 제지하지 않은 경우(이른바 주류반입의 묵인)에는 노래연습장업자의 준수사항위반(제6호)에 해당하지만, 형사처벌의 대상은 아니다.

02 게임산업진흥에 관한 법률상 "게임물 관련 사업자 준수사항(제28조)"에 대한 설명으로 틀린 것은?

① 게임물 관련 사업자는 게임물·게임상품의 건전한 유통질서 확립과 건전한 게임문화 조성을 위하여 연 6시간 이내의 범위에서 대통령령이 정하는 바에 따라 실시되는 교육을 받아야 한다.

② 게임물 관련 사업자는 게임물을 이용하여 도박 그 밖의 사행행위를 하게 하거나 이를 하도록 내버려 두어서는 아니 된다.

③ 게임물 관련 사업자는 게임머니의 화폐단위를 한국은행에서 발행되는 화폐단위와 동일하게 하는 등 게임물의 내용구현과 밀접한 관련이 있는 운영방식 또는 기기·장치 등을 통하여 사행성을 조장하여서는 아니 된다.

④ 게임물 관련 사업자는 경품 등을 제공하여 사행성을 조장하여서는 아니 된다.

> **해설**　①「게임산업진흥에 관한 법률」제28조 제1호 "제9조 제3항의 규정에 의한 유통질서 등에 관한 교육을 받을 것" 및 **동법 제9조 제3항** "특별자치시장·특별자치도지사·시장·군수·구청장(자치구의 구청장을 말한다.

이하 같다)은 게임물 및 게임상품의 건전한 유통질서 확립과 건전한 게임문화의 조성을 위하여 게임물 관련 사업자를 대상으로 연 3시간 이내의 범위에서 대통령령이 정하는 바에 따라 교육을 실시할 수 있다.”

② 「게임산업진흥에 관한 법률」 제28조 제2호, ③ 제28조 제2호의2, ④ 제28조 제3호 본문 ④와 관련하여 경품의 경우 단서 규정에서 청소년게임제공업의 전체이용가 게임물에 대하여 예외를 인정하고 있지만, 이 경우에도 **현금ㆍ상품권ㆍ유가증권은 경품으로 제공할 수 없다.**

---

03 게임산업진흥에 관한 법률상 “게임물 관련 사업자 준수사항(제28조)”에 대한 설명으로 틀린 것은?

① 청소년게임제공업을 영위하는 자는 청소년이용불가 게임물을 제공하여서는 아니 되고, 대통령령이 정하는 영업시간 및 청소년의 출입시간을 준수하여야 한다.

② 일반게임제공업 또는 복합유통게임제공업(청소년 보호법에 따라 청소년 출입을 허용하는 경우는 제외한다)을 영위하는 자는 게임장에 청소년을 출입시켜서는 아니 된다.

③ 게임물 관련 사업자는 게임물 및 컴퓨터 설비 등에 문화체육관광부장관이 고시하는 음란물 및 사행성게임물 차단 프로그램 또는 장치를 설치하여야 한다.

④ 게임물 관련 사업자는 청소년게임제공업의 전체이용가 게임물에 대해 대통령령이 정하는 경품의 종류(완구류, 문구류 및 상품권 등. 다만, 현금 및 유가증권은 제외한다)ㆍ지급기준ㆍ제공방법 등에 따라 경품을 제공할 수 있다.

해설 ① 「게임산업진흥에 관한 법률」 제28조 제4호ㆍ제7호, ② 제28조 제5호, ③ 제28조 제6호
④ 「게임산업진흥에 관한 법률」 제28조 제3호 단서 “경품 등을 제공하여 사행성을 조장하지 아니할 것. 다만, 청소년게임제공업의 전체이용가 게임물에 대하여 <u>대통령령이 정하는 경품의 종류</u>(완구류 및 문구류 등. 다만, <u>현금, 상품권 및 유가증권은 제외한다</u>)ㆍ지급기준ㆍ제공방법 등에 의한 경우에는 <u>그러하지 아니하다.</u>” 청소년게임제공업의 전체이용가 게임물의 경우 완구류 및 문구류 등의 경품 제공이 허용된다. 다만, <u>현금, 상품권 및 유가증권을 경품으로 제공해서는 안 된다.</u>

---

04 A경찰서 생활안전과 생활질서계 소속 경찰관 甲은 아래의 보기와 같은 사항에 대해 신고를 받고 게임산업진흥에 관한 법률에 따른 “게임물 관련 사업자의 준수사항” 위반을 확인하였다. 형사처벌을 하기 위해 단속할 수 있는 경우는 모두 몇 개인가?

> ㉠ 게임물 관련 사업자가 게임머니의 화폐단위를 한국은행에서 발행되는 화폐단위와 동일하게 하는 등 게임물의 내용구현과 밀접한 관련이 있는 운영방식ㆍ기기ㆍ장치 등을 통하여 사행성을 조장한 경우
> ㉡ 특별자치시장ㆍ특별자치도지사ㆍ시장ㆍ군수ㆍ구청장(자치구의 구청장)이 게임물 및 게임상품의 건전한 유통질서 확립과 건전한 게임문화의 조성을 위하여 연 3시간 이내의 범위에서 대통령령이 정하는 바에 따라 실시하는 교육을 게임물 관련 사업자가 받지 않은 경우
> ㉢ 청소년게임제공업을 영위하는 자가 청소년이용불가 게임물을 제공한 경우
> ㉣ 청소년게임제공업의 전체이용가 게임물에 대하여 대통령령이 정하는 경품의 종류(완구류 및 문구류 등. 현금ㆍ상품권ㆍ유가증권 제외)ㆍ지급기준ㆍ제공방법 등에 따라 경품을 제공할 수 있는 예외에 해당하지 않음에도 게임물 관련사업자가 경품 등을 제공하여 사행성을 조장한 경우
> ㉤ 음란물 및 사행성게임물에 접속할 수 없게 되어 있지 않음에도 게임물 관련 사업자가 게임물 및 컴퓨터 설비 등에 문화체육관광부장관이 고시하는 음란물 및 사행성게임물 차단 프로그램 또는 장치를 설치하지 않은 경우

① 1개   ② 2개   ③ 3개   ④ 4개

해설 「게임산업진흥에 관한 법률」 **제28조(게임물 관련사업자의 준수사항), 제44조 내지 제46조 및 제48조**: 게임물 관련 사업자의 준수사항위반 가운데 형사처벌 사안과 과태료 사안을 구별하는 문제이다.
㉠ 형사처벌 · 과태료 대상X   ㉡ ㉢ 과태료 처분대상이다.   ㉢ ㉣ 형사처벌 대상이다.

【게임물 관련 사업자의 준수사항위반에 따른 형사처벌 및 과태료 사안 – 제28조 관련】

형사 처벌	제44조	2. 게임물을 이용하여 도박 그 밖의 사행행위를 하게 하거나 이를 하도록 내버려 두지 아니할 것 3. 경품 등을 제공하여 사행성을 조장하지 아니할 것. 다만, 청소년게임제공업의 전체 이용가 게임물에 대하여 대통령령이 정하는 경품의 종류(완구류 및 문구류 등. 다만, 현금, 상품권 및 유가증권은 제외한다) · 지급기준 · 제공방법 등에 의한 경우에는 그러하지 아니하다. → 5년 이하의 징역 또는 5천만원 이하의 벌금
	제45조	4. 제2조 제6호의2 가목의 규정에 따른 청소년게임제공업을 영위하는 자는 청소년이 용불가 게임물을 제공하지 아니할 것 → 2년 이하의 징역 또는 2천만원 이하의 벌금
	제46조	7. 대통령령이 정하는 영업시간 및 청소년(※ 18세 미만)의 출입시간을 준수할 것 (청소년의 출입시간을 위반하여 청소년을 출입시킨 자) → 1년 이하의 징역 또는 1천만원 이하의 벌금
과태료		1. 제9조 제3항의 규정에 의한 유통질서 등에 관한 교육(※ 연 3시간 이내)을 받을 것 5. 제2조 제6호의2 나목의 규정에 따른 일반게임제공업 또는 제2조 제8호에 따른 복합유통게임 제공업(「청소년 보호법」에 따라 청소년 출입을 허용하는 경우는 제외한다)을 영위하는 자는 게임장에 청소년을 출입시키지 아니할 것 6. 게임물 및 컴퓨터 설비 등에 문화체육관광부장관이 고시하는 음란물 및 사행성게임물 차단 프로그램 또는 장치를 설치할 것. 다만, 음란물 및 사행성게임물 차단 프로그램 또는 장치를 설치하지 아니하여도 음란물 및 사행성게임물을 접속할 수 없게 되어 있는 경우에는 그러하지 아니하다.
제재 없음		2의2. 게임머니의 화폐단위를 한국은행에서 발행되는 화폐단위와 동일하게 하는 등 게임물의 내용구현과 밀접한 관련이 있는 운영방식 또는 기기 · 장치 등을 통하여 사행성을 조장하지 아니할 것 8. 그 밖에 영업질서의 유지 등에 관하여 필요한 사항으로서 대통령령이 정하는 사항을 준수할 것

경범죄 처벌법

01 경범죄 처벌법에 대한 설명으로 틀린 것은?

① 경범죄 처벌법은 경범죄의 종류 및 처벌에 필요한 사항을 정함으로써 국민의 자유와 권리를 보호하고 사회공공의 질서유지에 이바지함을 목적으로 한다.

② 경범죄 처벌법을 적용할 때에는 국민의 권리를 부당하게 침해하지 아니하도록 세심한 주의를 기울여야 하며, 본래의 목적에서 벗어나 다른 목적을 위하여 이 법을 적용하여서는 아니 된다.

③ 경범죄를 짓도록 시킨 사람은 죄를 지은 사람에 준하여 처벌하고, 도와준 사람은 죄를 지은 사람보다 감경한다.

④ 경범죄를 저지른 사람을 벌할 때에는 그 사정과 형편을 헤아려서 그 형을 면제하거나 구류와 과료를 함께 과할 수 있다.

> **해설** ① 「**경범죄 처벌법**」 제1조, ② 제2조, ④ 제5조
> ③ 「**경범죄 처벌법**」 제4조 "제3조의 죄를 짓도록 시키거나 도와준 사람은 <u>죄를 지은 사람에 준하여 벌한다</u>." 형법상 교사범(동일한 형벌) 및 방조범(감경한다)과 혼동하지 않도록 유의한다.

02 경범죄 처벌법에 따른 "경범죄의 종류(제3조)" 가운데 그 현행범인의 주거가 분명한 경우에도 현행범인으로 체포를 할 수 있는 사람은? (기타 현행범인 체포의 요건은 구비된 것으로 간주)

① 여러 사람에게 물품을 팔거나 나누어 주거나 일을 해주면서 다른 사람을 속이거나 잘못 알게 할 만한 사실을 들어 광고한 사람

② 술에 취한 채로 관공서에서 몹시 거친 말과 행동으로 주정하거나 시끄럽게 한 사람

③ 올바르지 아니한 이익을 얻을 목적으로 다른 사람 또는 단체의 사업이나 사사로운 일에 관하여 신문, 잡지, 그 밖의 출판물에 어떤 사항을 싣거나 싣지 아니할 것을 약속하고 돈이나 물건을 받은 사람

④ 영업용 차 또는 배 등을 타거나 다른 사람이 파는 음식을 먹고 정당한 이유 없이 제 값을 치르지 아니한 사람

> **해설** **형사소송법 제214조(경미사건과 현행범인의 체포)** "다액 50만원 이하의 벌금, 구류 또는 과료에 해당하는 죄의 현행범인에 대하여는 <u>범인의 주거가 분명하지 아니한 때에 한하여</u> 제212조 내지 제213조의 규정을 적용한다."의 내용과 경범죄 처벌법에 따른 경범죄의 종류 가운데 다액 50만원을 초과하는 벌금이 법정형으로 규정된 경범죄의 종류를 알고 있는지 확인하는 유형의 문제이다. 경범죄 처벌법 제3조 제3항(다음 각 호의 어느 하나에 해당하는 사람은 60만원 이하의 벌금, 구류 또는 과료의 형으로 처벌한다)에 해당하는 경범죄를 골라야 한다.
> ① 「**경범죄 처벌법**」 제3조 제2항 제2호 <u>20만원 이하의 벌금, 구류 또는 과료</u>에 해당한다.
> ② 「**경범죄 처벌법**」 제3조 제3항 제1호 및 **형사소송법 제214조**에 따라 경미사건에 해당하지 않아 주거가 분명하더라도 현행범인으로 체포할 수 있다.
> ③ 「**경범죄 처벌법**」 제3조 제2항 제1호, <u>20만원 이하의 벌금, 구류 또는 과료</u>에 해당한다.
> ④ 「**경범죄 처벌법**」 제3조 제1항 제39호, <u>10만원 이하의 벌금, 구류 또는 과료</u>에 해당한다.

03 경범죄 처벌법에 따른 "범칙행위, 범칙자 및 범칙금"에 대한 설명으로 옳은 것은?

① 범칙금이란 범칙자가 통고처분(제7조)에 따라 국고에 납부하여야 할 금전만을 의미한다.
② 있지 아니한 범죄나 재해 사실을 공무원에게 거짓으로 신고하는 행위는 범칙행위에 해당한다.
③ 싫다고 하는데도 되풀이하여 단체 가입을 억지로 강요하는 행위를 상습적으로 하는 사람은 범칙자에 해당한다.
④ 술에 취한 채로 관공서에서 몹시 거친 말과 행동으로 주정하거나 시끄럽게 한 사람은 범칙자에 해당하지 않는다.

> **해설** ① 「**경범죄 처벌법**」 제6조 제3항 "이 장에서 "범칙금"이란 범칙자가 제7조에 따른 통고처분에 따라 <u>국고 또는 제주특별자치도의 금고에 납부하여야 할 금전을 말한다.</u>"
> ② 「**경범죄 처벌법**」 제6조 제1항 "이 장에서 "범칙행위"란 <u>제3조 제1항 각 호 및 제2항 각 호</u>의 어느 하나에 해당하는 위반행위를 말하며, 그 구체적인 범위는 대통령령으로 정한다." 지문의 행위는 <u>제3조 제3항 제2호의 행위로 범칙행위에 해당하지 않는다</u>. 아울러 술에 취한 채로 관공서에서 몹시 거친 말과 행동으로 주정하거나 시끄럽게 하는 행위(제3조 제3항 제1호)도 범칙행위에 해당하지 않는다.
> ③ 「**경범죄 처벌법**」 제6조 제2항 "이 장에서 "범칙자"란 범칙행위를 한 사람으로서 <u>다음 각 호의 어느 하나에 해당하지 아니하는 사람</u>을 말한다. 1. <u>범칙행위를 상습적으로 하는 사람</u>, 2. 죄를 지은 동기나 수단 및 결과를 헤아려볼 때 구류처분을 하는 것이 적절하다고 인정되는 사람, 3. 피해자가 있는 행위를 한 사람, 4. 18세 미만인 사람" 싫다고 하는데도 되풀이하여 단체 가입을 억지로 강요하는 행위(제3조 제1항 제14호 – 단체가입 강요)는 범칙행위에는 해당하지만, 이를 <u>상습적으로 하는 사람은 제2항에 제1호에 따라 범칙행위자에 해당하지 않는다</u>.
> ④ 「**경범죄 처벌법**」 제6조 제2항 및 제3조 제3항 제1호

04 경범죄 처벌법에 따른 범칙자에 해당하는 경우는 모두 몇 개인가?

> ㉠ 영업용 차 또는 배 등을 타거나 다른 사람이 파는 음식을 먹고 정당한 이유 없이 제 값을 치르지 아니한 17세인 사람
> ㉡ 상습적으로 공개된 장소에서 공공연하게 성기·엉덩이 등 신체의 주요한 부위를 노출하여 다른 사람에게 부끄러운 느낌이나 불쾌감을 준 사람
> ㉢ 술에 취한 채로 관공서에서 몹시 거친 말과 행동으로 주정하거나 시끄럽게 한 자로 주거가 확실하지 아니한 사람
> ㉣ 못된 장난 등으로 다른 사람, 단체 또는 공무수행 중인 자의 업무를 방해하여 타인에게 피해를 주는 행위를 한 사람
> ㉤ 상대방의 명시적 의사에 반하여 지속적으로 접근을 시도하여 면회·교제를 요구하거나 지켜보기·따라다니기·잠복하여 기다리기를 반복하고, 그 동기나 수단 및 결과를 헤아려볼 때 구류처분을 하는 것이 적절하다고 인정되는 사람
> ㉥ 있지 아니한 범죄나 재해 사실을 공무원에게 거짓으로 신고한 자로 신원이 확실하지 아니한 사람

① 없음　　　　② 1개　　　　③ 2개　　　　④ 3개

> **해설** 「**경범죄 처벌법**」 제3조 및 제6조
> ㉠ **제6조 제2항 제4호**: 무임승차 및 무전취식(제3조 제1항 제39호)은 범칙행위에 해당하지만, <u>18세 미만인 사람은 범칙자에서 제외된다.</u>

    ⓛ **제6조 제2항 제1호**: 과다노출(제3조 제1항 제33호)은 범칙행위에 해당하지만, 범칙행위를 상습적으로 하는 사람은 범칙자에서 제외된다.

    ⓒ **제6조 제1항·제2항**: 관공서에서의 주취소란(제3조 제3항 제1호)을 한 자는 (범칙행위X) 범칙자에 해당하지 아니한다. 주거가 확실하지 아니한 사람은 범칙자에 대한 즉결심판청구 사유(제9조 제1항 제1호)이다.

    ⓔ **제6조 제2항 제3호**: 업무방해(제3조 제2항 제3호)는 범칙행위에 해당하지만, <u>피해자가 있는 행위를 한 사람</u>은 범칙자에서 제외된다.

    ⓜ **제6조 제2항 제2호**: 지속적 괴롭힘(제3조 제1항 제41호)은 범칙행위에 해당하지만, <u>구류처분을 하는 것이 적절하다고 인정되는 사람</u>은 범칙자에서 제외된다.

    ⓗ **제6조 제1항 및 제2항**: 거짓신고(제3조 제3항 제2호)를 한 자는 (범칙행위X) 범칙자에 해당하지 아니한다. 신원이 확실하지 아니한 사람은 범칙자에 대한 즉결심판청구의 사유(제9조 제1항 제1호)이다.

05 경범죄 처벌법에 따른 "통고처분(제7조)"에 대한 설명으로 옳은 것은?

    ① 시·도경찰청장 및 경찰서장은 경범죄 처벌법에 따른 통고처분권자에 해당한다.

    ② 통고처분권자는 범칙자로 인정되는 사람에 대하여 그 이유를 명백히 나타낸 서면으로 범칙금을 부과하고 이를 납부할 것을 통고하여야 한다.

    ③ 통고처분서 받기를 거부한 사람, 주거 또는 신원이 확실하지 아니한 사람 또는 범칙행위를 상습적으로 하는 사람은 통고처분의 대상이 아니다.

    ④ 제주특별자치도지사, 철도특별사법경찰대장이 통고처분을 한 경우 관할 경찰서장에게 그 사실을 통보할 수 있다.

    해설 ① ② 「**경범죄 처벌법**」 제7조 제1항 본문 "경찰서장, 해양경찰서장, 제주특별자치도지사 또는 철도특별사법경찰대장은 범칙자로 인정되는 사람에 대하여 그 이유를 명백히 나타낸 <u>서면으로 범칙금을 부과하고 이를 납부할 것을 통고할 수 있다.</u> 다만, 다음 각 호의 어느 하나에 해당하는 사람에게는 통고하지 아니한다. 1. 통고처분서 받기를 거부한 사람. 2. 주거 또는 신원이 확실하지 아니한 사람. 3. 그 밖에 통고처분을 하기가 매우 어려운 사람" <u>시·도경찰청장은 통고처분권자에 해당하지 않는다.</u>

    ③ 「**경범죄 처벌법**」 제7조 제1항 단서 제1호·제2호 및 제6조 제2항 제1호 옳은 설명이다. 제6조 제2항의 "범칙자"로 인정되는 사람 가운데 통고처분서 받기를 거부한 사람과 주거·신원이 확실하지 아니한 사람의 경우 통고하지 아니한다. 통고처분은 제6조 제2항의 "범칙자"로 인정되는 사람에 대해 하는 것으로 범칙행위를 상습적으로 하는 사람은 범칙자에 해당하지 않아 제7조의 통고처분 대상이 아니다.

    ④ 「**경범죄 처벌법**」 제7조 제3항 "<u>제주특별자치도지사, 철도특별사법경찰대장은 제1항에 따라 통고처분을 한 경우에는 관할 경찰서장에게 그 사실을 통보하여야 한다.</u>"

06 경범죄 처벌법에 따른 "범칙금의 납부(제8조)"에 대한 설명으로 틀린 것은?

    ① 범칙금은 원칙적으로 통고처분서를 받은 날부터 10일 이내에 납부하여야 한다.

    ② 천재지변이나 그 밖의 부득이한 사유로 말미암아 납부기간 내에 범칙금을 납부할 수 없을 때에는 부득이한 사유가 없어지게 된 날부터 10일 이내에 납부하여야 한다.

    ③ 납부기간에 범칙금을 납부하지 아니한 사람은 납부기간의 마지막 날의 다음 날부터 20일 이내에 통고받은 범칙금에 그 금액의 100분의 20을 더한 금액을 납부하여야 한다.

    ④ 경범죄 처벌법에 따라 범칙금을 납부한 사람은 그 범칙행위로 다시 처벌받지 아니한다.

    해설 ① 「**경범죄 처벌법**」 제8조 제1항 본문, ③ 제8조 제2항, ④ 제8조 제3항

    ② 「**경범죄 처벌법**」 제8조 제1항 단서 "제7조에 따라 통고처분서를 받은 사람은 통고처분서를 받은 날부터 10일 이내에 경찰청장·해양경찰청장 또는 철도특별사법경찰대장이 지정한 은행, 그 지점이나 대리점, 우체국

또는 제주특별자치도지사가 지정하는 금융기관이나 그 지점에 범칙금을 납부하여야 한다. 다만, 천재지변이나 그 밖의 부득이한 사유로 말미암아 그 기간 내에 범칙금을 납부할 수 없을 때에는 그 부득이한 사유가 없어지게 된 날부터 5일 이내에 납부하여야 한다."

경범죄 처벌법 제8조 제3항의 "이중처벌의 금지"와 관련하여 공소사실의 동일성 측면에서 결론을 달리한 판례가 있고, 출제 가능성이 있으므로 유의하여야 한다.

「2002도2642 판결」 – 경범죄 처벌법상의 (인근)소란행위와 상해죄 사안
"경범죄처벌법위반죄로 범칙금 통고처분을 받아 범칙금을 납부한 범칙행위인 소란행위와 상해죄의 공소사실은 범행장소가 동일하고 범행일시도 거의 같으며, 모두 피고인과 피해자의 시비에서 발단한 일련의 행위임이 분명하므로, 양 사실은 그 기본적 사실관계가 동일한 것이라고 할 것이어서 위 경범죄처벌법위반죄에 대한 범칙금납부로 인한 확정재판에 준하는 효력이 상해의 공소사실에도 미친다고 보아 면소의 판결을 선고한 원심판결을 수긍한 사례."

「2009도12249 판결」 – 경범죄 처벌법상의 (인근)소란행위와 흉기휴대상해의 사안
"피고인에게 적용된 경범죄처벌법 제1조 제26호(인근소란등)의 범칙행위와 흉기인 야채 손질용 칼 2자루를 휴대하여 피해자의 신체를 상해하였다는 폭력행위 등 처벌에 관한 법률 위반(집단·흉기등상해)의 공소사실은 범죄사실의 내용이나 그 행위의 수단 및 태양, 각 행위에 따른 피해법익이 다르고, 그 죄질에도 현저한 차이가 있으며, 위 범칙행위의 내용이나 수단 및 태양 등에 비추어 그 행위과정에서나 이로 인한 결과에 통상적으로 흉기휴대상해 행위까지 포함된다거나 이를 예상할 수 있다고는 볼 수 없어 기본적 사실관계가 동일한 것으로 평가할 수 없다는 이유로, 위 범칙행위에 대한 범칙금 납부의 효력이 위 공소사실에는 미치지 않는다고 한 사례."

07 경범죄 처벌법에 따른 "통고처분 불이행자 등의 처리(제9조)"에 대한 설명으로 옳은 것은?

① 경찰서장은 통고처분서 받기를 거부한 사람, 주거·신원이 확실하지 아니한 사람, 그 밖에 통고처분을 하기가 매우 어려운 사람에 대하여는 지체 없이 즉결심판을 청구하여야 한다.
② 경찰서장은 납부기간에 범칙금을 납부하지 아니한 사람에 대하여 즉결심판을 청구할 수 있다.
③ 범칙금 미납의 경우 즉결심판이 청구되기 전까지 통고받은 범칙금에 그 금액의 100분의 30을 더한 금액을 납부한 사람에 대해 경찰서장은 즉결심판을 청구하지 아니한다.
④ 즉결심판이 청구된 피고인이 통고받은 범칙금에 그 금액의 100분의 80을 더한 금액을 납부하고 그 증명서류를 즉결심판 선고 전까지 제출하였을 경우 경찰서장은 그 피고인에 대한 즉결심판 청구를 취소하여야 한다.

해설 ① 「**경범죄 처벌법**」 제9조 제1항 본문 제1호
② ③ 「**경범죄 처벌법**」 제9조 제1항 본문 제2호 및 단서 "경찰서장, 해양경찰서장 및 제주특별자치도지사는 다음 각 호의 어느 하나에 해당하는 사람에 대하여는 지체 없이 즉결심판을 청구하여야 한다. 다만, 즉결심판이 청구되기 전까지 통고받은 범칙금에 그 금액의 100분의 50을 더한 금액을 납부한 사람에 대하여는 그러하지 아니하다. 1. 제7조 제1항 각 호의 어느 하나에 해당하는 사람. 2. 제8조 제2항에 따른 납부기간에 범칙금을 납부하지 아니한 사람"
④ 「**경범죄 처벌법**」 제9조 제2항 "제1항 제2호에 따라 즉결심판이 청구된 피고인이 통고받은 범칙금에 그 금액의 100분의 50을 더한 금액을 납부하고 그 증명서류를 즉결심판 선고 전까지 제출하였을 때에는 경찰서장, 해양경찰서장 및 제주특별자치도지사는 그 피고인에 대한 즉결심판 청구를 취소하여야 한다."

예상문제   즉결심판에 관한 절차법

01 즉결심판에 관한 절차법에 대한 설명으로 틀린 것은?

① 지방법원, 지원 또는 시·군법원의 판사는 즉결심판절차에 의하여 피고인에게 20만원 이하의 벌금, 구류 또는 과료에 처할 수 있다.

② 즉결심판은 관할경찰서장이 관할법원에 이를 청구한다.

③ 즉결심판을 청구하는 경우 피고인의 성명 기타 피고인을 특정할 수 있는 사항, 죄명, 범죄사실과 적용법조가 기재된 즉결심판청구서를 제출하여야 한다.

④ 경찰서장은 즉결심판을 청구한 이후 지체없이 피고인에게 즉결심판의 절차를 이해하는 데 필요한 사항을 서면으로 알려주어야 한다.

> **해설** ① 「즉결심판에 관한 절차법」 제2조, ② 제3조 제1항, ③ 제3조 제2항
> ④ 「즉결심판에 관한 절차법」 제3조 제3항 "즉결심판을 청구할 때에는 사전에 피고인에게 즉결심판의 절차를 이해하는 데 필요한 사항을 서면 또는 구두로 알려주어야 한다."

02 즉결심판에 관한 절차법에 대한 설명으로 옳은 것은?

① 경찰서장이 즉결심판을 청구하는 경우 즉결심판청구서만을 제출하고, 즉결심판에 필요한 서류 또는 증거물을 같이 제출하여서는 아니 된다.

② 판사는 사건이 즉결심판을 할 수 없거나 즉결심판절차에 의하여 심판함이 적당하지 아니하다고 인정할 때에는 판결로 즉결심판의 청구를 기각하여야 하고, 이 경우 경찰서장은 지체없이 사건을 관할지방검찰청 또는 지청의 장에게 송치하여야 한다.

③ 즉결심판절차에 의한 심리와 재판의 선고는 공개된 법정에서 행하되, 그 법정은 경찰관서(해양경찰관서 포함)에 설치한다.

④ 판사는 상당한 이유가 있는 경우에는 개정 없이 피고인의 진술서와 즉결심판을 함에 필요하여 경찰서장이 제출한 서류 또는 증거물에 의하여 심판할 수 있으나, 구류에 처하는 경우에는 그러하지 아니하다.

> **해설** ① 「즉결심판에 관한 절차법」 제4조 "경찰서장은 즉결심판의 청구와 동시에 즉결심판을 함에 필요한 서류 또는 증거물을 판사에게 제출하여야 한다." 즉결심판청구서를 공소장으로 이해하는 경우 즉결심판절차에서는 공소장단독주의(또는 공소장일본주의)가 적용되지 않는다.
> ② 「즉결심판에 관한 절차법」 제5조 "① 판사는 사건이 즉결심판을 할 수 없거나 즉결심판절차에 의하여 심판함이 적당하지 아니하다고 인정할 때에는 결정으로 즉결심판의 청구를 기각하여야 한다. ② 제1항의 결정이 있는 때에는 경찰서장은 지체없이 사건을 관할지방검찰청 또는 지청의 장에게 송치하여야 한다."
> ③ 「즉결심판에 관한 절차법」 제7조 제1항 "즉결심판절차에 의한 심리와 재판의 선고는 공개된 법정에서 행하되, 그 법정은 경찰관서(해양경찰관서를 포함한다)외의 장소에 설치되어야 한다."
> ④ 「즉결심판에 관한 절차법」 제7조 제3항

03 즉결심판에 관한 절차법에 대한 설명으로 틀린 것은?

① 유죄의 즉결심판서에는 피고인의 성명 기타 피고인을 특정할 수 있는 사항, 주문, 범죄사실과 적용법조를 명시하고 판사가 서명·날인하고, 피고인은 정식재판의 청구를 포기할 수 있다.

② 정식재판을 청구하고자 하는 피고인은 즉결심판의 선고·고지를 받은 날부터 7일 이내에 정식재판청구서를 관할법원의 판사에게 제출하여야 한다.

③ 판사가 즉결심판이 청구된 사건에 대해 무죄·면소 또는 공소기각을 선고·고지한 경우 경찰서장은 그 선고·고지를 한 날부터 7일 이내에 정식재판을 청구할 수 있다.

④ 판사는 정식재판청구서를 받은 날부터 7일 이내에 경찰서장에게 정식재판청구서를 첨부한 사건기록과 증거물을 송부하고, 경찰서장은 지체없이 관할지방검찰청 또는 지청의 장에게 이를 송부하며, 그 검찰청 또는 지청의 장은 지체없이 관할법원에 이를 송부한다.

> **해설** ① 「**즉결심판에 관한 절차법**」 **제12조** 옳은 설명이다. 피고인은 정식재판의 청구를 포기할 수 있고, 이 경우 제11조에 따른 기록의 작성을 생략하고 즉결심판서에 선고한 주문과 적용법조를 명시하고 판사가 기명·날인한다.
>
> ② 「**즉결심판에 관한 절차법**」 **제14조 제1항** "정식재판을 청구하고자 하는 피고인은 즉결심판의 선고·고지를 받은 날부터 7일 이내에 정식재판청구서를 경찰서장에게 제출하여야 한다. 정식재판청구서를 받은 경찰서장은 지체없이 판사에게 이를 송부하여야 한다."
>
> ③ 「**즉결심판에 관한 절차법**」 **제14조 제2항 제1문** 옳은 설명이다. 이 경우 경찰서장은 관할지방검찰청 또는 지청의 검사의 승인을 얻어 정식재판청구서를 판사에게 제출하여야 한다.
>
> ④ 「**즉결심판에 관한 절차법**」 **제14조 제3항**

04 즉결심판에 관한 절차법에 대한 설명으로 옳은 것은?

① 즉결심판은 정식재판의 청구에 의한 판결이 있는 때에는 그 효력을 잃는다.

② 판사는 구류의 선고를 받은 피고인이 일정한 주소가 없거나 도망할 염려가 있을 때에는 5일을 초과하지 아니하는 기간 경찰서 유치장에 유치할 것을 명령하여야 한다.

③ 구류의 선고를 받은 피고인이 일정한 주소가 없거나 도망할 염려가 있어 경찰서 유치장에 유치할 것을 판사가 명령한 경우에 그 기간은 선고기간을 초과할 수 있다.

④ 구류의 선고를 받은 피고인이 일정한 주소가 없거나 도망할 염려가 있어 판사의 명령에 의해 경찰서 유치장에 유치된 경우에 집행된 유치기간은 본형의 집행에 산입하지 아니한다.

> **해설** ① 「**즉결심판에 관한 절차법**」 **제15조**
>
> ② ③ 「**즉결심판에 관한 절차법**」 **제17조 제1항 본문** "판사는 구류의 선고를 받은 피고인이 일정한 주소가 없거나 또는 도망할 염려가 있을 때에는 5일을 초과하지 아니하는 기간 경찰서유치장(지방해양경찰관서의 유치장을 포함한다)에 유치할 것을 명령할 수 있다. 다만, 이 기간은 선고기간을 초과할 수 없다."
>
> ④ 「**즉결심판에 관한 절차법**」 **제17조 제2항** "집행된 유치기간은 본형의 집행에 산입한다."

01 「경비업법」에 대한 내용으로 가장 적절하지 않은 것은?　(2018년 제1차 - 현행법 반영 수정)

① 경비업은 법인이 아니면 이를 영위할 수 없다.

② 경비업을 영위하고자 하는 법인은 도급받아 행하고자 하는 경비업무를 특정하여 그 법인의 주사무소의 소재지를 관할하는 시·도경찰청장의 허가를 받아야 한다. 도급받아 행하고자 하는 경비업무를 변경하는 경우에도 또한 같다.

③ 이 법 제4조 제1항의 규정에 의한 경비업 허가의 유효기간은 허가받은 다음 날부터 5년으로 한다.

④ 경비업자는 집단민원현장에 경비원 배치하는 때에는 경비지도사를 선임하고 그 장소에 배치하여 행정안전부령으로 정하는 바에 따라 경비원을 지도·감독하게 하여야 한다.

> **해설**　① 「**경비업법**」 제3조, ② 제4조 제1항, ④ 제7조 제6항
> ③ 「**경비업법**」 제6조 제1항 "제4조 제1항의 규정에 의한 경비업 허가의 유효기간은 <u>허가받은 날부터 5년으로</u> 한다."

> **분석**　경비업법은 최근 12년간 독립된 유형의 문제로 6회가 출제되었고, 조문의 내용을 정확히 알고 있는지를 확인하는 수준이었습니다. 특히 경비업무의 종류를 명시하고 있는 제2조(정의) 제1호가 5회에 걸쳐 반복적으로 출제되었으므로 경비업무의 종류(5가지)와 그 업무 내용에 대해서는 반드시 숙지하고 있어야 합니다. 아울러 제2조 제1호의 개념 정의에 따르면 경비업무의 전부뿐만 아니라 "일부"를 도급받아 행할 수 있다는 점을 유념해야 합니다. 임원의 결격사유(제5조) 및 기출 조문인 경비업자의 의무(제7조)와 연계된 경비업 허가의 취소 등(제19조)은 최근 12년간 출제된 적이 없으나, 경비업의 허가와 관련된 부분이므로 기출 경향에 따라 해당 조문의 내용을 정확히 기억하고 있어야 향후 출제 가능성에 대비할 수 있습니다.

02 「경비업법」 상 경비업에 대한 설명이다. 다음 중 옳은 것을 모두 고른 것은?　(2017년 제1차)

> ㉠ 경비업의 업무에는 시설경비, 호송경비, 신변보호, 기계경비, 특수경비가 있다.
> ㉡ 신변보호업무는 사람의 생명이나 신체에 대한 위해의 발생을 방지하고 그 신변을 보호하는 업무이다.
> ㉢ 시설경비업무는 공항(항공기를 포함) 등 대통령령이 정하는 국가중요시설의 경비 및 도난·화재 그 밖의 위험발생을 방지하는 업무이다.
> ㉣ 기계경비업무는 경비대상시설에 설치한 기기에 의하여 감지·송신된 정보를 그 경비대상시설 내의 장소에 설치한 관제시설의 기기로 수신하여 도난·화재 등 위험발생을 방지하는 업무이다.

① 없음　　② ㉠㉡　　③ ㉠㉡㉢　　④ ㉠㉡㉢㉣

> **해설**　㉠ 「**경비업법**」 제2조 제1호, ㉡ 제2조 제1호 다목
> ㉢ 「**경비업법**」 제2조 제1호 가목 "1. "경비업"이라 함은 다음 각목의 1에 해당하는 업무(이하 "경비업무"라 한다)의 전부 또는 일부를 도급받아 행하는 영업을 말한다. 가. **시설경비업무**: <u>경비를 필요로 하는 시설 및 장소(이하 "경비대상시설"이라 한다)에서의 도난·화재 그 밖의 혼잡 등으로 인한 위험발생을 방지하는 업무</u>, 나. **호송경비업무**: 운반중에 있는 현금·유가증권·귀금속·상품 그 밖의 물건에 대하여 도난·화재 등 위험발생을 방지하는 업무, 다. **신변보호업무**: <u>사람의 생명이나 신체에 대한 위해의 발생을 방지하고 그 신변을 보</u>

호하는 업무, 라. **기계경비업무**: 경비대상시설에 설치한 기기에 의하여 감지·송신된 정보를 그 경비대상시설외의 장소에 설치한 관제시설의 기기로 수신하여 도난·화재 등 위험발생을 방지하는 업무, 마. **특수경비업무**: 공항(항공기를 포함한다) 등 대통령령이 정하는 국가중요시설(이하 "국가중요시설"이라 한다)의 경비 및 도난·화재 그 밖의 위험발생을 방지하는 업무" 지문의 내용은 특수경비업무에 대한 설명이다.

ㄹ 「**경비업법**」 **제2조 제1호 라목** 참조. 경비대상시설외의 장소에 설치한 관제시설의 기기로 수신한다.

03 「경비업법」상 경비업무의 종류에 대한 정의로 가장 적절하지 않은 것은? (2016년 제1차)

① 특수경비업무 – 공항(항공기를 포함한다) 등 대통령령이 정하는 국가중요시설의 경비 및 도난·화재 그 밖의 위험발생을 방지하는 업무를 말한다.
② 기계경비업무 – 경비대상시설에 설치한 기기에 의하여 감지·송신된 정보를 그 경비대상시설내의 장소에 설치한 관제시설의 기기로 수신하여 도난·화재 등 위험 발생을 방지하는 업무를 말한다.
③ 시설경비업무 – 경비를 필요로 하는 시설 및 장소에서의 도난·화재 그 밖의 혼잡 등으로 인한 위험발생을 방지하는 업무를 말한다.
④ 신변보호업무 – 사람의 생명이나 신체에 대한 위해의 발생을 방지하고 그 신변을 보호하는 업무를 말한다.

해설 ① 「**경비업법**」 **제2조 제1호 마목**, ③ **가목**, ④ **다목**
② 「**경비업법**」 **제2조 라목** "기계경비업무: 경비대상시설에 설치한 기기에 의하여 감지·송신된 정보를 그 경비대상시설외의 장소에 설치한 관제시설의 기기로 수신하여 도난·화재 등 위험발생을 방지하는 업무"

04 「경비업법」상 경비업무에 대한 설명으로 가장 적절한 것은? (2015년 제3차)

① 시설경비업무 – 경비대상시설에 설치한 기기에 의하여 감지·송신된 정보를 그 경비대상시설외의 장소에 설치한 관제시설의 기기로 수신하여 도난·화재 등 위험 발생을 방지하는 업무
② 호송경비업무 – 사람의 생명이나 신체에 대한 위해의 발생을 방지하고 그 신변을 보호하는 업무
③ 기계경비업무 – 경비를 필요로 하는 시설 및 장소에서의 도난·화재 그 밖의 혼잡 등으로 인한 위험발생을 방지하는 업무
④ 특수경비업무 – 공항(항공기를 포함한다) 등 대통령령이 정하는 국가중요시설의 경비 및 도난·화재 그 밖의 위험 발생을 방지하는 업무

해설 ① 「**경비업법**」 **제2조 제1호 가목** "시설경비업무: 경비를 필요로 하는 시설 및 장소(이하 "경비대상시설"이라 한다)에서의 도난·화재 그 밖의 혼잡 등으로 인한 위험발생을 방지하는 업무" 기계경비업무 또는 특수경비업무와 개념 혼동에 유의한다.
② 「**경비업법**」 **제2조 제1호 나목** "호송경비업무: 운반중에 있는 현금·유가증권·귀금속·상품 그 밖의 물건에 대하여 도난·화재 등 위험발생을 방지하는 업무" 신변보호업무와 개념 혼동에 유의한다.
③ 「**경비업법**」 **제2조 제1호 라목** "기계경비업무: 경비대상시설에 설치한 기기에 의하여 감지·송신된 정보를 그 경비대상시설외의 장소에 설치한 관제시설의 기기로 수신하여 도난·화재 등 위험발생을 방지하는 업무"
④ 「**경비업법**」 **제2조 제1호 마목**

05 다음 중 「경비업법」상 경비업무에 관한 설명으로 가장 적절하지 않은 것은? (2012년 제1차)

① 시설경비업무는 경비를 필요로 하는 시설 및 장소에서의 도난·화재 그 밖의 혼잡 등으로 인한 위험발생을 방지하는 업무이다.

② 특수경비업무는 공항(항공기를 제외한다) 등 대통령령이 정하는 국가중요시설의 경비 및 도난·화재 그 밖의 위험발생을 방지하는 업무이다.

③ 기계경비업무는 경비대상시설에 설치한 기기에 의하여 감지·송신된 정보를 그 경비대상시설 외의 장소에 설치한 관제시설의 기기로 수신하여 도난·화재 등 위험발생을 방지하는 업무이다.

④ 신변보호업무는 사람의 생명이나 신체에 대한 위해의 발생을 방지하고 그 신변을 보호하는 업무이다.

해설 ① 「**경비업법**」 **제2조 제1호 가목**, ③ **라목**, ④ **다목**
② 「**경비업법**」 **제2조 마목** "특수경비업무: 공항(<u>항공기를 포함한다</u>) 등 대통령령이 정하는 국가중요시설(이하 "국가중요시설"이라 한다)의 경비 및 도난·화재 그 밖의 위험발생을 방지하는 업무"

06 「경비업법」 제2조 제1호 규정하고 있는 경비업무에 해당하는 것은 모두 몇 개인가?
(2011년 제1차)

| ㉠ 시설경비업무 ㉡ 신변보호업무 ㉢ 특수경비업무 ㉣ 호송경비업무 ㉤ 기계경비업무 |

① 2개 　　② 3개 　　③ 4개 　　④ 5개

해설 2번 해설 참조.

01 경비업법에 따른 개념의 "정의(제2조)"에 대한 설명으로 옳은 것은?

① "경비업"이란 시설경비·호송경비·신변보호·기계경비·특수경비업무의 전부(일부를 도급받은 경우를 제외한다)를 도급받아 행하는 영업을 말한다.

② "경비지도사"라 함은 경비원을 지도·감독 및 교육하는 자를 말하며 일반경비지도사와 기계경비지도사로 구분한다.

③ "경비원"이라 함은 경비업의 허가를 받은 법인이 채용한 고용인으로서 시설경비업무·호송경비업무·기계경비업무를 수행하는 일반경비원과 신변보호업무·특수경비업무를 수행하는 특수경비원을 말한다.

④ "무기"라 함은 인명이나 신체 또는 재산에 위해를 가할 수 있도록 제작된 권총·소총 등을 말한다.

해설　① 「**경비업법**」 **제2조 제1호** ""경비업"이라 함은 다음 각목의 1에 해당하는 업무(이하 "경비업무"라 한다)의 전부 또는 일부를 도급받아 행하는 영업을 말한다."

　② 「**경비업법**」 **제2조 제2호**

　③ 「**경비업법**」 **제2조 제3호** "3. "경비원"이라 함은 제4조 제1항의 규정에 의하여 경비업의 허가를 받은 법인(이하 "경비업자"라 한다)이 채용한 고용인으로서 다음 각목의 1에 해당하는 자를 말한다. 가. 일반경비원: 제1호 가목 내지 라목의 경비업무를 수행하는 자, 나. 특수경비원: 제1호 마목의 경비업무를 수행하는 자" 특수경비업무를 수행하는 자가 특수경비원이고, 나머지의 경비업무를 수행하는 자는 일반경비원이다.

　④ 「**경비업법**」 **제2조 제4호** ""무기"라 함은 인명 또는 신체에 위해를 가할 수 있도록 제작된 권총·소총 등을 말한다."

02 경비업법에 따른 경비업무의 내용에 대한 설명으로 틀린 것은 모두 몇 개인가?

> ㉠ 시설경비업무: 경비를 필요로 하는 시설 및 장소에서의 도난·화재 그 밖의 혼잡 등으로 인한 위험발생을 방지하는 업무
> ㉡ 호송경비업무: 운반중에 있는 현금·유가증권·귀금속·상품 그 밖의 물건에 대하여 도난·화재 등 위험발생을 방지하는 업무
> ㉢ 신변보호업무: 사람의 생명이나 신체에 대한 위해의 발생을 방지하고 그 신변을 보호하는 업무
> ㉣ 기계경비업무: 경비대상시설에 설치한 기기에 의하여 감지·송신된 정보를 그 경비대상시설 내의 장소에 설치한 관제시설의 기기로 수신하여 도난·화재 등 위험발생을 방지하는 업무
> ㉤ 특수경비업무: 공항(항공기를 제외한다) 등 대통령령이 정하는 국가중요시설의 경비 및 도난·화재 그 밖의 위험발생을 방지하는 업무

① 없음　　　　② 1개　　　　③ 2개　　　　④ 3개

해설　「**경비업법**」 **제2조 제1호 가목 내지 마목**: ㉠ ㉡ ㉢ 옳은 설명이다.

　㉣ **제2조 제1호 라목** "기계경비업무: 경비대상시설에 설치한 기기에 의하여 감지·송신된 정보를 그 경비대상시설외의 장소에 설치한 관제시설의 기기로 수신하여 도난·화재 등 위험발생을 방지하는 업무"

ⓜ **제2조 제1호 마목** "특수경비업무: 공항(항공기를 포함한다) 등 대통령령이 정하는 국가중요시설(이하 "국가 중요시설"이라 한다)의 경비 및 도난·화재 그 밖의 위험발생을 방지하는 업무"

03 경비업법에 따른 "집단민원현장(제2조 제5호)"에 대한 설명으로 틀린 것은?

① 노동조합 및 노동관계조정법에 따라 쟁의행위가 발생한 사업장은 집단민원현장에 해당하지만, 노동관계 당사자가 노동쟁의 조정신청을 한 사업장은 집단민원현장에 해당하지 않는다.
② 집회 및 시위에 관한 법률에 따라 집회가 행해지고 있는 장소는 집단민원현장에 해당하지 않는다.
③ 100명 이상의 사람이 모이는 국제·문화·예술·체육 행사장은 집단민원현장에 해당한다.
④ 도시 및 주거환경정비법에 따른 정비사업과 관련하여 이해대립이 있어 다툼이 있는 장소는 집단민원현장에 해당한다.

해설 ① 「**경비업법**」 **제2조 제5호 가목** "「노동조합 및 노동관계조정법」에 따라 노동관계 당사자가 노동쟁의 조정신청을 한 사업장 또는 쟁의행위가 발생한 사업장"
② 경비업법의 집단민원현장으로 규정되어 있지 않다.
③ 「**경비업법**」 **제2조 제5호 바목**, ④ **제2조 제5호 나목** 이외에도 특정 시설물의 설치와 관련하여 민원이 있는 장소, 주주총회와 관련하여 이해대립이 있어 다툼이 있는 장소, 건물·토지 등 부동산 및 동산에 대한 소유권·운영권·관리권·점유권 등 법적 권리에 대한 이해대립이 있어 다툼이 있는 장소 및 행정대집행법에 따라 대집행을 하는 장소는 "집단민원현장"에 해당한다.

04 경비업법에 따른 경비업의 영위 및 허가 등에 대한 설명으로 옳은 것은?

① 경비업은 법인은 물론 사업자등록을 한 개인도 영위할 수 있다.
② 경비업을 영위하고자 하는 법인은 도급받아 행하고자 하는 경비업무를 특정하여 경찰청장의 허가를 받아야 하고, 경비업 허가의 유효기간은 허가받은 날부터 5년으로 한다.
③ 경비업의 허가를 받은 법인이 도급받아 행하고자 하는 경비업무를 변경하는 경우 그 법인의 주사무소의 소재지를 관할하는 시·도경찰청장의 허가를 받아야 한다.
④ 경비업의 허가를 받은 법인이 법인의 주사무소나 출장소를 신설·이전 또는 폐지하는 경우 시·도경찰청장의 허가를 받아야 한다.

해설 ① 「**경비업법**」 **제3조** "경비업은 법인이 아니면 이를 영위할 수 없다."
② 「**경비업법**」 **제4조 제1항 제1문 및 제6조 제1항** "경비업을 영위하고자 하는 법인은 도급받아 행하고자 하는 경비업무를 특정하여 그 법인의 주사무소의 소재지를 관할하는 시·도경찰청장의 허가를 받아야 한다. 도급받아 행하고자 하는 경비업무를 변경하는 경우에도 또한 같다."
③ 「**경비업법**」 **제4조 제1항 제2문**
④ 「**경비업법**」 **제4조 제3항** "제1항의 규정에 의하여 경비업의 허가를 받은 법인은 다음 각호의 1에 해당하는 때에는 시·도경찰청장에게 신고하여야 한다. 1. 영업을 폐업하거나 휴업한 때, 2. 법인의 명칭이나 대표자·임원을 변경한 때, 3. 법인의 주사무소나 출장소를 신설·이전 또는 폐지한 때, 4. 기계경비업무의 수행을 위한 관제시설을 신설·이전 또는 폐지한 때, 5. 특수경비업무를 개시하거나 종료한 때, 6. 그 밖에 대통령령이 정하는 중요사항을 변경한 때" 각호에 해당하는 경우 신고사항이다(※ 허가사항이 아님에 유의한다).

05 경비업법에 따른 "임원의 결격사유(제5조)"에 대한 설명으로 틀린 것은?

① 피성년후견인, 파산선고를 받고 복권되지 아니한 자 또는 금고 이상의 형의 선고를 받고 그 형이 실효되지 아니한 자는 경비업을 영위하는 법인의 임원이 될 수 없다.

② 허가받은 경비업무 외의 업무에 경비원을 종사하게 한(제19조 제1항 제2호) 사유로 허가가 취소된 법인의 허가취소 당시의 임원이었던 자로서 허가가 취소된 날부터 5년이 지나지 아니한 자는 경비업을 영위하는 법인의 임원이 될 수 없다.

③ 경비업법(제19조 제1항 제2호 및 제7호 제외) 또는 동법에 의한 명령에 위반하여 허가가 취소된 법인의 허가취소 당시의 임원이었던 자로서 그 취소 후 3년이 지나지 아니한 자는 허가취소사유에 해당하는 경비업무와 동종의 경비업무를 수행하는 법인의 임원이 될 수 없다.

④ 경비업법 또는 대통령 등의 경호에 관한 법률에 위반하여 벌금형의 선고를 받고 5년이 지나지 아니한 자는 특수경비업무를 수행하는 법인의 임원이 될 수 없다.

> **해설**　① 「**경비업법**」 제5조 제1호 내지 제3호, ② 제5조 제6호, ③ 제5조 제5호
> ④ 「**경비업법**」 제5조 제4호 "이 법 또는 「대통령 등의 경호에 관한 법률」에 위반하여 벌금형의 선고를 받고 <u>3년이 지나지 아니한 자</u>" 제4호에 해당하는 자의 경우에는 <u>특수경비업무를 수행하는 법인을 말하므로, 이를 제외한 시설경비업무 등을 수행하는 법인의 경우 임원이 될 수 있다.</u>

06 경비업법에 따른 경비업자의 의무와 위반시의 제재에 대한 설명으로 옳은 것은?

① 경비업자는 도급을 의뢰받은 경비업무가 위법 또는 부당한 것일 때에는 이를 거부하여야 하고, 이를 위반한 경우 허가관청은 그 허가를 취소하거나 영업정지를 명할 수 있다.

② 경비업자는 허가받은 경비업무외의 업무에 경비원을 종사하게 하여서는 아니 되고, 이를 위반한 경우 허가관청은 그 허가를 취소할 수 있다.

③ 경비업자는 집단민원현장에 경비원을 배치하는 때에는 경비지도사를 선임하고 그 장소에 배치하여 행정안전부령으로 정하는 바에 따라 경비원을 지도·감독하게 하여야 하고, 이를 위반한 경우 허가관청은 허가를 취소하거나 영업정지를 명할 수 있다.

④ 특수경비업자는 경비업법에 의한 경비업과 경비장비의 제조·설비·판매업, 네트워크를 활용한 정보산업, 시설물 유지관리업 및 경비원 교육업 등 대통령령이 정하는 경비관련업외의 영업을 하여서는 아니 되고, 이를 위반한 경우 허가관청은 그 허가를 취소할 수 있다.

> **해설**　① 「**경비업법**」 제7조 제2항 "경비업자는 경비업무를 성실하게 수행하여야 하고, 도급을 의뢰받은 경비업무가 <u>위법 또는 부당한 것일 때에는 이를 거부하여야 한다.</u>" **제19조 제2항 제2호** "허가관청은 경비업자가 다음 각 호의 어느 하나에 해당하는 때에는 대통령령으로 정하는 행정처분의 기준에 따라 그 <u>허가를 취소하거나 6개월 이내의 기간을 정하여 영업의 전부 또는 일부에 대하여 영업정지를 명할 수 있다.</u> 2. 제7조 제2항을 위반하여 도급을 의뢰받은 경비업무가 <u>위법한 것임에도 이를 거부하지 아니한 때</u>" 경비업자는 위법·부당한 경비업무를 거부하여야 하지만, 위반에 대한 제재는 위법한 경우에 한정된다(※ 부당은 제외된다는 점에 유의한다).
> ② 「**경비업법**」 제7조 제5항 "경비업자는 허가받은 경비업무외의 업무에 경비원을 종사하게 하여서는 아니된다." **경비업법 제19조 제1항 제2호** "허가관청은 경비업자가 다음 각 호의 어느 하나에 해당하는 때에는 그 <u>허가를 취소하여야 한다.</u> 2. <u>제7조 제5항의 규정에 위반하여 허가받은 경비업무외의 업무에 경비원을 종사하게 한 때</u>" 제19조 제1항에 따른 허가취소는 기속행위이다.

③ 「**경비업법**」**제7조 제6항 및 제19조 제2항 제3호** 옳은 설명이다. 경비업법 제19조 제1항의 허가취소는 기속
행위임에 비해, 제2항의 허가취소 또는 (전부·일부) 영업정지는 대통령령으로 정하는 행정처분의 기준에 따
라 행할 수 있는 재량행위임에 유의한다.

④ 「**경비업법**」**제7조 제9항** "특수경비업자는 이 법에 의한 경비업과 경비장비의 제조·설비·판매업, 네트워크
를 활용한 정보산업, 시설물 유지관리업 및 경비원 교육업 등 대통령령이 정하는 경비관련업외의 영업을 하
여서는 아니된다." **제19조 제1항 제3호** "허가관청은 경비업자가 다음 각 호의 어느 하나에 해당하는 때에는
그 <u>허가를 취소하여야 한다.</u> 3. 제7조 제9항의 규정에 위반하여 경비업 및 경비관련업외의 영업을 한 때" 제
19조 제1항에 따른 허가취소는 기속행위이다.

여성청소년·
수사경찰

(Park & Oh's Police Science for Perfect Score)

01 「청소년 보호법」상 "청소년유해업소"에 관한 설명으로 가장 적절하지 않은 것은? (단 청소년은 모두 청소년 보호법 제2조 제1호의 "청소년"을 의미한다.)　　　(2019년 제2차)

① 청소년 출입·고용금지업소와 청소년고용금지업소로 구분된다.

② 이 경우 업소의 구분은 그 업소가 영업을 할 때 다른 법령에 따라 요구되는 허가·인가·등록· 신고 등의 여부와 관계없이 실제로 이루어지고 있는 영업행위를 기준으로 한다.

③ 사행행위 영업, 단란주점 영업, 유흥주점 영업소의 경우 청소년의 고용뿐 아니라 출입도 금지 되어 있다.

④ 청소년은 일반음식점 영업 중 주로 주류의 조리 판매를 목적으로 한 소주방·호프·카페는 출 입할 수 없다.

해설　① ② ③ 옳은 설명이다. ④의 경우 청소년 보호법 시행령에 따른 청소년고용금지업소이므로 출입은 허용된다.

【청소년유해업소 비교표: 제2조(정의) 제5호 및 시행령 제5조】→ 실제의 영업행위 기준(허가 등이 기준X)

구분	영업 종류
청소년 출입·고용 금지업소	1) 일반게임제공업 및 복합유통게임제공업(시행령 제5조 제1항 제2호: 둘 이상의 업종−1개 의 기기에서 게임, 노래연습, 영화감상 등 다양한 콘텐츠를 제공하는 경우는 <u>제외한다</u>−을 같은 장소에서 영업하는 경우로서 청소년 출입·고용금지업소가 포함되지 아니한 업소는 청소년의 출입 허용) 2) 사행행위영업 　3) 단란주점영업 및 유흥주점영업 4) 비디오물감상실업, 제한관람가비디오물소극장업 및 복합영상물제공업 5) 노래연습장업(시행령 제5조 제3항 − 청소년실을 갖춘 경우 출입 허용) 6) 무도학원업 및 무도장업 7) 전기통신설비를 갖추고 불특정한 사람들 사이의 음성대화 또는 화상대화를 매개하는 것 을 주된 목적으로 하는 영업(전기통신사업법 등 다른 법률에 따라 통신을 매개하는 영업 제외) 8) 불특정한 사람 사이의 신체적인 접촉 또는 은밀한 부분의 노출 등 성적 행위가 이루어지 거나 이와 유사한 행위가 이루어질 우려가 있는 서비스를 제공하는 영업으로서 청소년보 호위원회가 결정하고 여성가족부장관이 고시한 것 9) 청소년유해매체물 및 청소년유해약물등을 제작·생산·유통하는 영업 등 청소년의 출입 과 고용이 청소년에게 유해하다고 인정되는 영업으로서 대통령령으로 정하는 기준에 따 라 청소년보호위원회가 결정하고 여성가족부장관이 고시한 것 10) 한국마사회법에 따른 장외발매소(경마가 개최되는 날 한정) 11) 경륜·경정법에 따른 장외매장(경륜·경정이 개최되는 날 한정)
청소년 고용 금지업소	1) 청소년게임제공업 및 인터넷컴퓨터게임시설제공업 2) 숙박업, 목욕장업, 이용업 중 대통령령으로 정하는 것 3) 식품위생법에 따른 식품접객업 중 대통령령으로 정하는 것(일명 티켓다방, 소주방·호 프·카페 등) 4) 비디오물소극장업 5) 유해화학물질 영업(유해화학물질 사용과 직접 관련이 없는 영업으로서 대통령령으로 정 하는 영업 제외)

6) 회비 등을 받거나 유료로 만화를 빌려주는 만화대여업

7) 청소년유해매체물 및 청소년유해약물등을 제작·생산·유통하는 영업 등 청소년의 고용이 청소년에게 유해하다고 인정되는 영업으로서 대통령령으로 정하는 기준에 따라 청소년보호위원회가 결정하고 여성가족부장관이 고시한 것

분석

청소년 보호법의 경우 청소년 출입·고용 금지업소 및 청소년 출입 금지업소의 구분과 관련하여 2회, 지문으로 1회 출제되었으나, 향후에도 계속 출제가 가능하므로 정확히 구분하여 기억하고 있어야 합니다. 아울러 일반음식점이라고 하더라도 "음식류의 조리·판매보다는 주로 주류의 조리·판매를 목적으로 하는 소주방·호프·카페 등의 형태로 운영되는 영업"의 경우 청소년의 고용이 금지되는데, 이와 관련된 판례인 2003도6282 판결의 내용 및 청소년 고용 금지 및 출입 제한(제29조)과 관련하여 청소년유해업소인 유흥주점의 업주가 종업원을 고용하는 경우 대상자의 연령을 확인하여야 하는 의무의 내용과 관련된 판례인 2013도8385 판결의 내용은 향후 출제 가능성이 있으므로 예상문제에 제시된 내용을 잘 기억하고 있어야 합니다. 여성청소년 분야는 최근 12년간 독립된 유형의 문제로 총 19회가 출제되었고, 주로 다루게 되는 법률과 규칙의 내용을 정확히 알고 있는지 확인하는 수준이었습니다. 분야별로는 가정폭력범죄의 처벌 등에 관한 특례법 10회, 실종아동등 및 가출인 업무처리 규칙(경찰청예규) 3회, 아동학대범죄의 처벌 등에 관한 특례법 및 청소년 보호법 2회, 성매매알선 등 행위의 처벌에 관한 법률 및 성폭력범죄의 처벌 등에 관한 특례법이 각 1회 출제되었습니다. 여성청소년 분야의 중요성이 강조되고 있으므로 향후에도 출제 가능성이 높습니다. 따라서 최근 12년간 출제된 적은 없지만 아동·청소년의 성보호에 관한 법률, 학교폭력예방 및 대책에 관한 법률상 관계 기관과의 협조 등(제11조의3) 및 학교전담경찰관(제20조의6) 규정은 출제가 가능하므로 정확히 숙지하고 있어야 합니다. 아울러 다른 분야에서 판례가 출제되고 있는 경향에 비추어 여성청소년 분야의 중요한 판례는 그 내용을 알고 있어야 관련된 문제에 대비할 수 있습니다.

02 다음의 「청소년 보호법」 및 「동법 시행령」상 청소년유해업소 중 "청소년 출입·고용금지업소"를 모두 고른 것은?

(2018년 제2차)

> ㉠ 「게임산업진흥에 관한 법률」에 따른 인터넷컴퓨터게임시설 제공업
> ㉡ 「게임산업진흥에 관한 법률」에 따른 일반게임제공업
> ㉢ 「영화 및 비디오물의 진흥에 관한 법률」 제2조 제16호에 따른 비디오물감상실업
> ㉣ 「영화 및 비디오물의 진흥에 관한 법률」에 따른 비디오물소극장업

① ㉠㉢　　　　② ㉠㉣　　　　③ ㉡㉢　　　　④ ㉡㉣

해설 ㉡ ㉢은 청소년 출입·고용 금지업소이고, ㉠ ㉣은 청소년 고용 금지업소이다. 【청소년유해업소 비교표】 참조

03 다음 설명 중 가장 적절하지 않은 것은? (다툼이 있는 경우 판례에 의함) (2012년 제2차)

① 경찰관이 범인을 제압하는 과정에서 총기를 사용하여 범인을 사망에 이르게 한 사안에서, 경찰관이 총기 사용에 이르게 된 동기나 목적, 경위 등을 고려하여 형사사건에서 무죄판결이 확정되었다면 당해 경찰관의 과실의 내용과 그로 인하여 발생한 결과의 중대함은 상호 인과관계를 인정할 수 없으므로 민사상 불법행위책임을 인정할 수 없다.

② 수사관이 동행에 앞서 피의자에게 동행을 거부할 수 있음을 알려 주었거나 동행한 피의자가 언제든지 자유로이 동행과정에서 이탈 또는 동행장소로부터 퇴거할 수 있었음이 인정되는 등 오로지 피의자의 자발적인 의사에 의하여 수사관서 등에의 동행이 이루어졌음이 객관적인 사정에 의하여 명백하게 입증된 경우에 한하여 임의동행의 적법성이 인정되는 것으로 봄이 상당하다.

③ 식품위생법상의 일반음식점 영업허가를 받은 업소라고 하더라도 실제의 영업형태 중에서는 주간에는 주로 음식류를 조리·판매하고, 야간에는 주로 주류를 조리·판매하는 형태도 있을 수 있는데 이러한 경우 음식류의 조리·판매 보다는 주로 주류를 조리·판매하는 야간의 영업형태에 있어서의 그 업소는 청소년 보호법의 입법취지에 비추어 볼 때 청소년 보호법상의 청소년고용금지업소에 해당한다.

④ 유흥주점 운영자가 업소에 들어온 미성년자의 신분을 의심하여 주문받은 술을 들고 룸에 들어가 신분증의 제시를 요구하고 밖으로 데리고 나온 사안에서 미성년자가 실제 주류를 마시거나 마실 수 있는 상태에 이르지 않았으므로 술값의 선불지금 여부 등과 무관하게 주류 판매에 관한 청소년보호법위반죄가 성립하지 않는다.

해설 경찰관 직무집행법과 청소년 보호법의 판례가 혼합된 문제이다. 청소년 보호법상 중요 판례로 기억하고 있어야 한다.

① 경찰관 직무집행법 기출문제 25번 해설 참조: 경찰관의 총기사용이 정당방위에 해당하여 업무상과실치사상이라는 범죄를 구성하지 않더라도 구체적인 사실관계에 따라 <u>민사상(또는 국가배상법상) 손해배상책임이 인정될 수 있다</u>는 것이 판례의 입장(2006다6713 판결)이다. 틀린 설명이다.

② 경찰관 직무집행법 기출문제 10번 해설 참조: **2005도6810 판결** – 동행에 앞서 피의자에게 동행을 거부할 수 있음을 알려 주었거나 동행한 피의자가 언제든지 자유로이 동행과정에서 이탈 또는 동행장소로부터 퇴거할 수 있었음이 인정되는 등 <u>오로지 피의자의 자발적인 의사에 의하여 수사관서 등에의 동행이 이루어졌음이 객관적인 사정에 의하여 명백하게 입증된 경우에 한하여 그 적법성이 인정되는 것으로 봄이 상당하다</u>

③ **2003도6282 판결**: ...(상략)... 청소년고용금지업소 등 청소년유해업소의 구분은 그 업소가 영업을 함에 있어서 다른 법령에 의하여 요구되는 허가·인가·등록·신고 등의 여부에 불구하고 실제로 이루어지고 있는 영업행위를 기준으로 하도록 규정하고 있으므로, 음식류를 조리·판매하면서 식사와 함께 부수적으로 음주행위가 허용되는 영업을 하겠다면서 <u>식품위생법상의 일반음식점 영업허가를 받은 업소라고 하더라도 실제로는 음식류의 조리·판매보다는 주로 주류를 조리·판매하는 영업행위가 이루어지고 있는 경우에는 청소년보호법상의 청소년고용금지업소에 해당</u>하며, 나아가 일반음식점의 실제의 영업형태 중에서는 주간에는 주로 음식류를 조리·판매하고 야간에는 주로 주류를 조리·판매하는 형태도 있을 수 있는데, 이러한 경우 음식류의 조리·판매보다는 주로 주류를 조리·판매하는 야간의 영업형태에 있어서의 그 업소는 위 <u>청소년보호법의 입법취지에 비추어 볼 때 청소년보호법상의 청소년고용금지업소에 해당</u>한다.

④ **2008도3211 판결**: [1] 청소년 보호법 제51조 제8호 소정의 '청소년에게 주류를 판매하는 행위'란 청소년에게 주류를 유상으로 제공하는 행위를 말하고, <u>청소년에게 주류를 제공하였다고 하려면 청소년이 실제 주류를 마시거나 마실 수 있는 상태</u>에 이르러야 한다. [2] 유흥주점 운영자가 업소에 들어온 <u>미성년자의 신분을 의심하여 주문받은 술을 들고 룸에 들어가 신분증의 제시를 요구하고 밖으로 데리고 나온 사안</u>에서, 미성년자가 실제 주류를 마시거나 마실 수 있는 상태에 이르지 않았으므로 <u>술값의 선불지급 여부 등과 무관하게 주류판매에 관한 청소년보호법 위반죄가 성립하지 않는다</u>고 한 사례.

04 「아동학대범죄의 처벌 등에 관한 특례법」상 응급조치에 대한 설명으로 가장 적절하지 않은 것은?

(2015년 제1차 – 현행법 반영 수정)

① 현장에 출동하거나 아동학대범죄 현장을 발견한 경우 또는 학대현장 이외의 장소에서 학대피해가 확인되고 재학대의 위험이 급박·현저한 경우, 사법경찰관리 또는 아동학대전담공무원은 피해아동, 피해아동의 형제자매인 아동 및 피해아동과 동거하는 아동(이하 "피해아동등"이라 함)의 보호를 위하여 즉시 응급조치를 하여야 한다.

② 사법경찰관리나 아동학대전담공무원은 피해아동등을 분리·인도하여 보호하는 경우 지체 없이 피해아동등을 인도받은 보호시설·의료시설을 관할하는 시·도지사 또는 시장·군수·구청장에게 그 사실을 통보하여야 한다.

③ 피해아동 등에 대한 응급조치는 48시간을 넘을 수 없다.

④ 사법경찰관리 또는 아동학대전담공무원이 응급조치를 한 경우에는 즉시 응급조치결과보고서를 작성하여야 하며, 사법경찰관리가 응급조치를 한 경우에는 관할 경찰관서의 장이 시·도지사 또는 시장·군수·구청장에게, 아동학대전담공무원이 응급조치를 한 경우에는 소속 시·도지사 또는 시장·군수·구청장이 관할 경찰관서의 장에게 작성된 응급조치결과보고서를 지체없이 송부하여야 한다.

해설 ① 「아동학대범죄의 처벌 등에 관한 특례법」 제12조 제1항 제1문, ② 제12조 제2항, ④ 제12조 제5항
③ 「아동학대범죄의 처벌 등에 관한 특례법」 제12조 제3항 "제1항 제2호부터 제4호까지의 규정(주: 2. 아동학대행위자를 피해아동등으로부터 격리, 3. 피해아동등을 아동학대 관련 보호시설로 인도, 4. 긴급치료가 필요한 피해아동을 의료기관으로 인도)에 따른 응급조치는 72시간을 넘을 수 없다. 다만, 본문의 기간에 공휴일이나 토요일이 포함되는 경우로서 피해아동등의 보호를 위하여 필요하다고 인정되는 경우에는 48시간의 범위에서 그 기간을 연장할 수 있다."

분석
아동학대범죄의 처벌 등에 관한 특례법은 최근 12년간 독립된 유형으로 2회가 출제되었고, 조문의 내용을 정확히 알고 있는지를 확인하는 수준이었습니다. 기출된 법의 목적(제1조), 아동의 개념(제2조 제1호), 다른 법률과의 관계(제3조), 현장출동(제11조) 및 피해아동에 대한 응급조치(제12조) 이외에 가정폭력범죄의 처벌 등에 관한 특례법(가폭법)의 기출에 비추어 제2조(정의) "보호자·아동학대·아동학대범죄·아동학대행위자·피해아동"의 개념, 고소에 대한 특례(제10조의4), 아동학대행위자에 대한 긴급임시조치(제13조), 임시조치의 청구(제14조) 및 응급조치·긴급임시조치 후 임시조치의 청구(제15조)도 향후 출제 가능하므로 조문의 내용을 숙지하고 있어야 합니다. 특히 판사가 행하는 7가지의 임시조치(제19조 제1항) 가운데 사법경찰관이 취하는 긴급임시조치(제19조 제1항 제1호 내지 3호의 조치만 가능)에 제한이 있다는 점을 유의해야 합니다. 그리고 가폭법상 응급조치, 임시조치 및 긴급임시조치 등의 유사한 규정이 있으므로 비교하여 기억할 필요가 있습니다.

05 「아동학대범죄의 처벌 등에 관한 특례법」에 대한 설명으로 가장 적절하지 않은 것은?

(2015년 제3차 – 현행법 반영 수정)

① 아동이란 19세 미만인 사람을 말한다.

② 아동학대범죄에 대하여는 이 법을 우선 적용한다. 다만, 「성폭력범죄의 처벌 등에 관한 특례법」, 「아동·청소년의 성보호에 관한 법률」에서 가중처벌되는 경우에는 그 법에서 정한 바에 따른다.

③ 이 법은 아동학대범죄의 처벌 및 그 절차에 관한 특례와 피해아동에 대한 보호절차 및 아동학대행위자에 대한 보호처분을 규정함으로써 아동을 보호하여 아동이 건강한 사회 구성원으로 성장하도록 함을 목적으로 한다.

④ 아동학대범죄 신고를 접수한 사법경찰관리나 아동학대전담공무원은 지체 없이 아동학대범죄의 현장에 출동하여야 한다.

해설 ① 「아동학대범죄의 처벌 등에 관한 특례법」 제2조 제1호 "이 법에서 사용하는 용어의 뜻은 다음과 같다. 1. "아동"이란 「아동복지법」 제3조 제1호에 따른 <u>아동(주: 18세 미만인 사람)</u>을 말한다."
② **「아동학대범죄의 처벌 등에 관한 특례법」** 제3조, ③ 제1조, ④ 제11조 제1항 제1문

06 「성매매알선 등 행위의 처벌에 관한 법률」에 관한 다음 설명 중 옳은 것은 모두 몇 개인가?

(2015년 제2차)

> ㉠ "성매매"란 불특정인을 상대로 금품이나 그 밖의 재산상의 이익을 수수하거나 수수하기로 약속하고 성교행위 또는 구강·항문 등 신체의 일부 또는 도구를 이용한 유사 성교행위를 하거나 그 상대방이 되는 것을 말한다.
> ㉡ "성매매알선 등 행위"에는 성매매의 장소를 제공하는 것도 포함한다.
> ㉢ 성매매피해자의 성매매는 처벌하지 아니한다.
> ㉣ 이 법에 규정된 죄를 범한 사람이 수사기관에 신고하거나 자수한 경우에는 형을 감경하거나 면제해야 한다.

① 1개   ② 2개   ③ 3개   ④ 4개

해설 ㉠ ㉡ ㉢ 옳은 설명이다.
㉠ **「성매매알선 등 행위의 처벌에 관한 법률」** 제2조 제1항 제1호 ""성매매"란 불특정인을 상대로 금품이나 그 밖의 재산상의 이익을 수수(收受)하거나 수수하기로 약속하고 다음 각 목의 어느 하나에 해당하는 <u>행위를 하거나 그 상대방이 되는 것</u>을 말한다. 가. <u>성교행위</u>, 나. <u>구강, 항문 등 신체의 일부 또는 도구를 이용한 유사 성교행위</u>" 성교행위 이외에 유사성교행위도 성매매에 해당한다는 점에 유의한다. 옳은 설명이다.
㉡ **「성매매알선 등 행위의 처벌에 관한 법률」** 제2조 제1항 제2호 ""성매매알선 등 행위"란 다음 각 목의 어느 하나에 해당하는 행위를 하는 것을 말한다. 가. 성매매를 알선, 권유, 유인 또는 강요하는 행위, 나. <u>성매매의 장소를 제공하는 행위</u>, 다. 성매매에 제공되는 사실을 알면서 자금, 토지 또는 건물을 제공하는 행위" 옳은 설명이다.
㉢ **「성매매알선 등 행위의 처벌에 관한 법률」** 제6조 제1항 "성매매피해자의 성매매는 처벌하지 아니한다." 옳은 설명이다.
㉣ **「성매매알선 등 행위의 처벌에 관한 법률」** 제26조 "이 법에 규정된 죄를 범한 사람이 수사기관에 신고하거나 자수한 경우에는 <u>형을 감경하거나 면제할 수 있다.</u>" 임의적 감면사유에 해당한다. 필요적 감면·감경사유 또는 임의적 감경사유로 변경하여 오답을 유도할 수 있다는 점에 유의한다.

분석 성매매알선 등 행위의 처벌에 관한 법률은 최근 12년간 독립된 유형의 문제로 1회가 출제되었고, 개념 정의, 성매매피해자에 대한 처벌특례와 보호 및 형의 임의적 감면(감경·면제할 수 있다)과 관련된 조문의 내용을 알고 있는지를 확인하는 수준이었습니다. 출제 경향을 보면 다소 중요성이 떨어지는 부분이기는 하지만 기출된 조문은 정확히 기억을 하고 있어야 하고, 5가지의 금지행위(제4조), 다른 법률과의 관계(제5조 – 아동학대범죄의 처벌 등에 관한 특례법에서 비슷한 유형으로 출제), 신뢰관계에 있는 사람의 동석(제8조) 및 불법원인으로 인한 채권무효(제10조)는 향후 출제 가능성이 있으므로 조문의 내용을 정확히 기억할 필요가 있습니다.

07 성폭력범죄의 처벌 등에 관한 특례법에 대한 설명으로 가장 적절한 것은?

(2020년 제2차)

① 수사기관은 성폭력범죄의 처벌 등에 관한 특례법 제3조부터 제8조까지, 제10조 및 제15조(제9조의 미수범은 제외한다)의 범죄의 피해자를 조사하는 경우에 피해자 등이 신청할 때에는 조사에 지장을 줄 우려가 있는 등 부득이한 경우가 아니면 피해자와 신뢰관계에 있는 사람을 동석하게 하여야 한다. 이 경우 수사기관은 피해자와 신뢰관계에 있는 사람이 피해자에게 불리하거나 피해자가 원하지 아니하는 경우에는 동석하게 하여서는 아니 된다.

② 모든 성폭력범죄 피해자를 조사하는 경우에 진술 내용과 조사과정을 비디오녹화기 등 영상물 녹화장치로 촬영·보존하여야 한다.

③ 경찰청장은 각 경찰서장으로 하여금 성폭력범죄 전담 사법경찰관을 지정하도록 하여 특별한 사정이 없으면 이들로 하여금 피의자를 조사하게 하여야 한다.

④ 수사기관은 성폭력범죄의 피해자를 조사할 때 피해자가 편안한 상태에서 진술할 수 있는 환경을 조성하여야 하며, 조사 횟수는 1회로 마쳐야 한다.

해설 ① 「**성폭력범죄의 처벌 등에 관한 특례법**」 제34조
② 「**성폭력범죄의 처벌 등에 관한 특례법**」 제30조 제1항 "성폭력범죄의 피해자가 <u>19세 미만이거나 신체적인 또는 정신적인 장애로 사물을 변별하거나 의사를 결정할 능력이 미약한 경우</u>에는 피해자의 진술 내용과 조사과정을 비디오녹화기 등 영상물 녹화장치로 촬영·보존하여야 한다."
③ 「**성폭력범죄의 처벌 등에 관한 특례법**」 제26조 제2항 "경찰청장은 각 경찰서장으로 하여금 <u>성폭력범죄 전담 사법경찰관을 지정</u>하도록 하여 특별한 사정이 없으면 이들로 하여금 <u>피해자를 조사</u>하게 하여야 한다."
④ 「**성폭력범죄의 처벌 등에 관한 특례법**」 제29조 제2항 "수사기관과 법원은 성폭력범죄의 <u>피해자를 조사하거나 심리·재판할 때</u> 피해자가 편안한 상태에서 진술할 수 있는 환경을 조성하여야 하며, <u>조사 및 심리·재판 횟수는 필요한 범위에서 최소한</u>으로 하여야 한다."

분석 성폭력범죄의 처벌 등에 관한 특례법은 최근 12년간 독립된 유형의 문제로 1회가 출제되었습니다. 여성·청소년 분야에서는 중요하게 다루어지는 법률이고, 최근에 기출이 되었던 만큼 향후에도 계속 출제될 가능성이 높습니다. 기출되지 않은 제21조 공소시효에 관한 특례, 제25조 피의자 얼굴 등 공개(특히 중요), 제33조 전문가의 의견 조회, 제36조 진술조력인의 수사과정 참여, 제41조 증거보전의 특례는 출제될 가능성이 있으므로 조문의 내용을 정확히 기억해야 합니다.

08 「경찰수사규칙 및 (경찰청)범죄수사규칙」의 영상녹화에 대한 내용으로 가장 적절하지 않은 것은?
(2018년 제1차 – 현행법 반영 수정)

① 사법경찰관리는 피의자 또는 피의자가 아닌 사람을 영상녹화하는 경우 그 조사의 시작부터 조서에 기명날인 또는 서명을 마치는 시점까지의 모든 과정을 영상녹화해야 한다.

② 사법경찰관리는 조사를 마친 후 조서 정리에 오랜 시간이 필요한 경우에는 조서 정리과정을 영상녹화하지 않고, 조서 열람 시부터 영상녹화를 다시 시작할 수 있다.

③ 경찰관은 피조사자의 기명날인 또는 서명을 받을 수 없는 경우에는 기명날인 또는 서명란에 그 취지를 기재하고 직접 기명날인 또는 서명한다.

④ 경찰관은 원본을 봉인하기 전에 진술자 또는 변호인이 녹화물의 시청을 요구하는 때에는 영상녹화물을 재생하여 시청하게 할 수 있다. 이 경우 진술자 또는 변호인이 녹화된 내용에 대하여 이의를 진술하는 때에는 그 취지를 기재한 서면을 사건 기록에 편철하여야 한다.

해설 ① 「**경찰수사규칙**」 제43조 제1항 본문, ② 제43조 제2항, ③ 「**범죄수사규칙**」 제85조 제3항
④ 「**범죄수사규칙**」 제86조 "경찰관은 원본을 봉인하기 전에 진술자 또는 변호인이 <u>녹화물의 시청을 요구하는 때에는 영상녹화물을 재생하여 시청하게 하여야 한다.</u> 이 경우 진술자 또는 변호인이 녹화된 내용에 대하여 이의를 진술하는 때에는 그 취지를 기재한 서면을 사건기록에 편철하여야 한다."

분석 수사는 형사소송법 및 각종 법령과 규칙 등 광범위한 분야임에도 최근 12년간 범죄수사규칙상의 영상녹화 및 형사소송법 제196조, 수사구조개혁(및 외국제도), 마약 및 수사의 일반적 내용과 관련하여 9회 출제되었

습니다. 2021년 경찰과 검찰의 협력관계를 전제로 하는 개정 형사소송법 및 경찰수사규칙(행정안전부령)이 제정 · 시행되었으나, 형사소송법과의 중복 등으로 향후 출제 가능성은 높지 않습니다. 다만, 기출 분야가 다시 출제될 수 있으므로 영상녹화와 관련된 경찰수사규칙 · 범죄수사규칙의 규정, 외국의 수사제도 및 수사구조개혁 과정 등은 기억할 필요가 있습니다.

09 다음은 외국 경찰의 수사권에 관한 설명이다. 어느 나라 경찰에 관한 것인가? (2011년 제2차)

> 수사권의 주체를 1차적으로 수사권을 행사하는 일반사법경찰직원, 특수한 사항에 관해서만 1차적 수사권을 행사하는 특별사법경찰직원, 이들에 대해서 보충적 입장에서 모든 사항에 관해서 2차적 수사권을 행사하는 검찰관으로 구분할 수 있다. 경찰은 독자적 수사권을 가지며, 검사와는 상호협력관계에 있다. 원칙적으로 경찰은 1차적 수사기관이며, 검찰은 2차적 수사권 및 소추권을 가진다. 경찰은 모든 사건에 대한 수사권을 행사하나, 검찰은 모든 범죄에 대해 수사는 가능하지만, 통상 정치 · 금융 · 경제 · 저명인사 사건에 대한 중요 사건에 대해서 직접 수사를 한다.

① 독일   ② 미국   ③ 영국   ④ 일본

해설 일본경찰의 수사권에 대한 설명이다.

10 마약류에 대한 설명으로 가장 적절한 것은? (2020년 제1차)

① 러미나(덱스트로메트로판)는 강한 중추신경 억제성 진해작용이 있으며, 의존성과 독성이 강한 특징이 있다.
② 카리소프로돌(일명 S정)은 골격근 이완의 효과가 있는 근골격계 질환 치료제로서 과다복용 시 인사불성, 혼수쇼크, 호흡저하, 사망에까지 이르게 할 수 있다.
③ GHB는 무색, 무취, 무미의 액체로 소다수 등 음료수에 타서 복용하여 '물 같은 히로뽕'이라는 뜻으로 일명 물뽕으로 불리고 있다.
④ 사일로시빈은 미국의 텍사스나 멕시코 북부지역에서 자생하는 선인장인 페이요트(Peyote)에서 추출 합성한 향정신성의약품이다.

해설 ① 러미나(덱스트로메트로판)은 강한 중추신경 억제성 진해작용이 있으나, 의존성 · 독성은 없어 진해거담제(감기 · 폐렴 등의 치료제)로서 의사의 처방전으로 약국에서 구입 가능하다.
② 옳은 설명이다. 금단증상으로는 온몸이 뻣뻣해지고 뒤틀리며 혀가 꼬부라지는 소리 등을 하게 된다.
③ GHB(일명 물뽕)는 무색 · 무취의 짠맛이 나는 액체로 소다수 등의 음료에 타서 복용하고, 미국 · 유럽 등지에서 성범죄용으로 악용되어 "데이트 강간 약물"로 불린다.
④ 사일로시빈은 남미에서 자생하는 사일로시비라고 하는 버섯에서 추출한 것으로 복용시 환각작용을 일으킨다.

11 다음은 마약류에 대한 설명이다. 옳은 것으로 묶인 것은? (2019년 제1차)

> ㉠ 마약이라 함은 양귀비, 아편, 대마와 이로부터 추출되는 모든 알칼로이드로서 대통령령으로 정하는 것을 말한다.
> ㉡ GHB(일명 물뽕)는 무색, 무취, 무미의 액체로 유럽 등지에서 데이트 강간약물로도 불린다.
> ㉢ LSD는 곡물의 곰팡이, 보리 맥각에서 추출한 물질을 인공합성시켜 만든 것으로 무색, 무취, 무미하다.
> ㉣ 코카인은 마약류 관리에 관한 법률에서 규제하는 향정신성의약품에 해당한다.

ⓜ 마약성분을 갖고 있으나 다른 약들과 혼합되어 마약으로 다시 제조하거나 제제할 수 없고, 그것에 의하여 신체적 또는 정신적 의존성을 일으키지 아니하는 것으로서 총리령으로 정하는 것을 한외마약이라고 한다.
ⓑ 한외마약은 코데날, 코데잘, 코데솔, 코데인, 유코데, 세코날 등이 있다.

① ㉠ ⓑ   ② ㉡ ㉢   ③ ㉢ ⓜ   ④ ㉣ ⓜ

해설 ㉢ ⓜ 옳은 설명이다.
㉠「마약류 관리에 관한 법률」제2조 제1호에 따라 마약류란 "마약·향정신성의약품 및 대마"를 말하고, 제2호에서 마약에 해당하는 것을 규정하고 있다. "양귀비, 아편 또는 코카 잎에서 추출되는 모든 알카로이드 및 그와 동일한 화학적 합성품으로서 대통령령으로 정하는 것"은 마약에 해당하나, 대마는 제4호에서 별도로 규정하고 있다.
㉡ GHB(이른바 "물뽕")는 무색·무취의 짠맛이 나는 액체로 성범죄용으로 악용되어 데이트 강간약물로 불린다.
㉣ 코카인은 마약류 관리에 관한 법률상 마약에 해당한다.
ⓑ 코데인은 천연마약에 해당한다.

12 경찰 수사와 관련한 설명으로 가장 적절하지 않은 것은? (2019년 제2차 – 현행법 반영 수정)
① 「국가경찰과 자치경찰의 조직 및 운영에 관한 법률」제3조와 「경찰관 직무집행법」제2조에서 범죄수사를 명백히 경찰의 임무(직무)로 규정하고 있다.
② 수사진행에 있어 핵심이라 할 수 있는 영장청구는 사법경찰관이 직접 판사에게 할 수 있다.
③ 「형사소송법」과 「검찰청법」은 2011년 일부개정을 통해 사법경찰관의 수사개시권을 명문화하고 검사의 직무상 명령에 복종하도록 한 기존 규정을 삭제하였으나, 한편으로는 사법경찰관의 모든 수사에 대한 검사의 지휘권을 명시하였다.
④ 2019년 '검·경 수사권 조정을 위한 「형사소송법」·「검찰청법」일부 개정안'이 국회에서 신속처리법안으로 지정되었다.

해설 ① ③ ④ 옳은 설명이다. 형사소송법을 알고 있으면 쉽게 정답을 고를 수 있는 문제이다. 보기 ③과 ④는 우리나라의 수사제도 변화라는 역사적 사건으로는 의미가 있다. ③과 관련하여 2011년 개정된 검찰청법 이전에 제53조에서 "사법경찰관리는 범죄수사와 관련하여 소관 검사가 직무상 내린 명령에 복종하여야 한다."고 규정하여 검사와 사법경찰관의 관계를 "상명하복의 관계"로 설명하였으나, 2011년 개정으로 삭제되었다. ④와 관련하여 현재 검사와 사법경찰관은 상호협력관계이고, 2021년 1월 1일 "검사와 사법경찰관의 상호협력과 일반적 수사준칙에 관한 규정(대통령령)"이 시행되고 있다.

13 현재 경찰과 검찰 간의 수사구조에 대한 설명으로 가장 적절한 것은? (2019년 제1차 – 현행법 반영 수정)
① 체포, 구속, 압수·수색 영장은 객관성과 독립성이 보장된 법관이 발부하므로 검사뿐만 아니라 사법경찰관도 법관에게 영장을 청구할 수 있다.
② 형사소송법에는 검사와 사법경찰관이 수사와 공소제기, 공소유지에 관하여 서로 협력하도록 규정되어 있다.
③ 사법경찰관은 모든 사건에 대하여 종국적 수사종결권을 가지고 있다.
④ 수사구조개혁과 관련하여 2018년 6월 21일에 '수사권 조정 합의문'이 발표되었다.

해설 ① 현행 형사소송법상 사법경찰관은 법관에게 직접 영장을 청구할 수 없다.

② 출제 당시에는 틀린 설명이나, 현행 형사소송법에 의하면 옳은 설명이다. 제195조 제1항 "검사와 사법경찰관은 수사, 공소제기 및 공소유지에 관하여 서로 협력하여야 한다."

③ 현행법령상 사법경찰관에게 1차적 수사종결권이 부여되어 있다.

④ 옳은 설명이다.

예상문제   청소년 보호법

01 청소년 보호법에 따른 개념의 "정의(제2조)"에 대한 설명으로 틀린 것은?

① "청소년"이란 만 19세 미만인 사람(만 19세가 되는 해의 1월 1일을 맞이한 사람 제외)을 말한다.

② "청소년유해업소"는 청소년 출입·고용금지업소와 청소년고용금지업소로 구분되고, 그 구분은 업소가 영업을 할 때 다른 법령에 따라 요구되는 허가·인가·등록·신고 등을 기준으로 한다.

③ "청소년폭력·학대"란 폭력이나 학대를 통하여 청소년에게 신체적·정신적 피해를 발생하게 하는 행위를 말한다.

④ "청소년유해환경"이란 청소년유해매체물, 청소년유해약물등, 청소년유해업소 및 청소년폭력·학대를 말한다.

> **해설** ①「**청소년 보호법**」제2조 제1호, ③ 제2조 제7호, ④ 제2조 제8호
> ②「**청소년 보호법**」제2조 제5호 ""청소년유해업소"란 청소년의 출입과 고용이 청소년에게 유해한 것으로 인정되는 다음 가목의 업소(이하 "**청소년 출입·고용금지업소**"라 한다)와 청소년의 출입은 가능하나 고용이 청소년에게 유해한 것으로 인정되는 다음 나목의 업소(이하 "**청소년고용금지업소**"라 한다)를 말한다. 이 경우 업소의 구분은 그 업소가 영업을 할 때 다른 법령에 따라 요구되는 허가·인가·등록·신고 등의 여부와 관계 없이 <u>실제로 이루어지고 있는 영업행위를 기준으로</u> 한다."

02 청소년 보호법 및 동법 시행령에 따른 청소년유해업소에 대한 설명으로 옳은 것은?

① 복합유통게임제공업 중 둘 이상의 업종(1개의 기기에서 게임, 노래연습, 영화감상 등 다양한 콘텐츠를 제공하는 경우 제외)을 같은 장소에서 영업하는 경우 청소년의 출입이 금지된다.

② 관광진흥법에 따른 휴양 콘도미니엄업과 농어촌정비법 또는 국제회의산업 육성에 관한 법률의 적용받는 숙박시설에 의한 숙박업은 청소년고용금지업소에 해당한다.

③ 식품접객업 중 휴게음식점영업으로서 주로 차 종류를 조리·판매하는 영업 중 종업원에게 영업장을 벗어나 차 종류 등을 배달·판매하게 하면서 소요 시간에 따라 대가를 받게 하거나 이를 조장 또는 묵인하는 형태로 운영되는 영업은 청소년출입·고용금지업소에 해당한다.

④ 일반음식점영업 중 음식류의 조리·판매보다는 주로 주류의 조리·판매를 목적으로 하는 소주방·호프·카페 등의 형태로 운영되는 영업은 청소년고용금지업소에 해당한다.

> **해설** ①「**청소년 보호법 시행령**」제5조 제1항 제2호 "복합유통게임제공업. 다만, 둘 이상의 업종(1개의 기기에서 게임, 노래연습, 영화감상 등 다양한 콘텐츠를 제공하는 경우는 제외한다)을 같은 장소에서 영업하는 경우로서 <u>제1호의 업소 및 법 제2조 제5호 가목 2)부터 9)까지의 청소년 출입·고용금지업소가 포함되지 아니한 업소는 청소년의 출입을 허용한다.</u>" 복합유통게임제공업의 경우 청소년 보호법에 따른 청소년 출입·고용금지업소가 포함되지 아니한 업소는 청소년의 출입이 허용된다.
> ②「**청소년 보호법 시행령**」제6조 제1항 제1호 숙박업 가운데 「관광진흥법」제3조 제1항 제2호 나목에 따른 <u>휴양 콘도미니엄업, 「국제회의산업 육성에 관한 법률」 또는 「농어촌정비법」을 적용받는 숙박시설에 의한 숙박업은 제외</u>. 라목·마목에도 예외 있음." 원칙적으로 숙박업은 청소년고용금지업소에 해당하나, 청소년 보호법 시행령 제6조 제1항 제1호 단서의 각 목에 따라 지문의 경우 청소년고용금지업소에 해당하지 않는다.

③ 「**청소년 보호법**」 제2조 제5호 나목 3) "나. 청소년고용금지업소 3) 「식품위생법」에 따른 <u>식품접객업 중 대통</u>
<u>령령으로 정하는 것</u>" 및 **동법 시행령** 제6조 제2항 제1호 "법 제2조 제5호 나목 3)에서 "대통령령으로 정하는
것"이란 다음 각 호의 어느 하나에 해당하는 영업을 말한다. 1. 휴게음식점영업으로서 주로 차 종류를 조리·
판매하는 영업 중 종업원에게 영업장을 벗어나 차 종류 등을 배달·판매하게 하면서 소요 시간에 따라 대가
를 받게 하거나 이를 조장 또는 묵인하는 형태로 운영되는 영업" 일명 "티켓다방" 영업의 경우 청소년고용금
지업소에 해당한다.

④ 「**청소년 보호법**」 제2조 제5호 나목 3) 및 **동법 시행령** 제6조 제2항 제2호

03 청소년 보호법 및 동법 시행령에 따른 청소년유해업소의 연결이 틀린 것은?

보기	청소년출입 · 고용금지업소	청소년고용금지업소
①	공중위생관리법에 따른 목욕장업 중 안마실을 설치하거나 개별실로 구획하여 하는 영업	회비 등을 받거나 유료로 만화를 빌려주는 만화대여업
②	사행행위 등 규제 및 처벌 특례법에 따른 사행행위영업	게임산업진흥에 관한 법률에 따른 청소년게임제공업
③	식품위생법에 따른 식품접객업 중 단란주점영업 및 유흥주점영업	게임산업진흥에 관한 법률에 따른 인터넷컴퓨터게임시설제공업
④	영화 및 비디오물의 진흥에 관한 법률에 따른 비디오물감상실업	영화 및 비디오물의 진흥에 관한 법률에 따른 비디오물소극장업

① 없음　　　　② 1개　　　　③ 2개　　　　④ 3개

해설　상세한 해설은 "**여성청소년 · 수사경찰 일반 기출문제**" 1번 해설 참조

① 「**청소년 보호법**」 제2조 제5호 나목 2)·6) 및 **동법 시행령** 제6조 제1항 제2호에 따라 둘 다 청소년고용금지
업소에 해당한다.

② 「**청소년 보호법**」 제2조 제5호 가목 2) 및 나목 1)에 따른 옳은 연결이다.

③ 「**청소년 보호법**」 제2조 제5호 가목 3) 및 나목1)과 **동법 시행령** 제5조 제2항에 따른 옳은 연결이다.

④ 「**청소년 보호법**」 제2조 제5호 가목 4) 및 나목 4)에 따른 옳은 연결이다.

04 청소년 보호법상의 청소년유해업소에 대한 설명으로 옳은 것은(다툼이 있으면 판례에 의함)?

① 체육시설의 설치·이용에 관한 법률에 따른 무도학원업·무도장업은 청소년고용금지업소에 해
당한다.

② 전기통신설비를 갖추고 불특정한 사람들 사이의 음성대화 또는 화상대화를 매개하는 것을 주
된 목적으로 하는 영업(전기통신사업법 등 다른 법률에 따라 통신을 매개하는 영업을 포함한
다)은 청소년출입·고용금지업소에 해당한다.

③ 주간에는 주로 음식류를, 야간에는 주로 주류를 조리·판매하는 형태의 영업행위를 한 경우
음식류의 조리·판매보다는 주로 주류를 조리·판매하는 야간의 영업형태에 있어서의 그 업소
는 청소년보호법상의 청소년고용금지업소에 해당한다.

④ 청소년유해업소의 업주가 종업원을 고용하는 경우 주민등록증이나 이에 유사한 정도로 연령
에 관한 공적 증명력이 있는 증거에 의해 대상자의 연령을 확인하면 족하고, 주민등록증의 사
진과 실물이 다르다는 의심이 들더라도 주소 또는 주민등록번호를 외워보도록 하는 등의 추
가적인 연령확인조치를 취하여야 할 의무까지 있는 것은 아니다.

해설 ① 「**청소년 보호법**」 **제2조 제5호 가목 6)** "가. 청소년 출입·고용금지업소 6) 「체육시설의 설치·이용에 관한 법률」에 따른 <u>무도학원업 및 무도장업</u>"

② 「**청소년 보호법**」 **제2조 제5호 가목 7)** "가. 청소년 출입·고용금지업소 7) 전기통신설비를 갖추고 불특정한 사람들 사이의 음성대화 또는 화상대화를 매개하는 것을 주된 목적으로 하는 영업. 다만, 「전기통신사업법」 등 <u>다른 법률에 따라 통신을 매개하는 영업은 제외한다.</u>"

③ 「**2003도6282판결**」 – 주간에는 주로 음식류, 야간에는 주로 주류를 조리·판매하는 영업과 관련된 사안 "…(상략)…청소년보호법 제2조 제5호는 청소년고용금지업소 등 <u>청소년유해업소의 구분</u>은 그 업소가 영업을 함에 있어서 다른 법령에 의하여 요구되는 허가·인가·등록·신고 등의 여부에 불구하고 <u>실제로 이루어지고 있는 영업행위를 기준으로</u> 하도록 규정하고 있으므로, 음식류를 조리·판매하면서 식사와 함께 부수적으로 음주행위가 허용되는 영업을 하겠다면서 식품위생법상의 일반음식점 영업허가를 받은 업소라고 하더라도 <u>실제로는 음식류의 조리·판매보다는 주로 주류를 조리·판매하는 영업행위가 이루어지고 있는 경우에는 청소년보호법상의 청소년고용금지업소에 해당</u>하며, 나아가 일반음식점의 실제의 영업형태 중에서는 주간에는 주로 음식류를 조리·판매하고 야간에는 주로 주류를 조리·판매하는 형태도 있을 수 있는데, 이러한 경우 음식류의 조리·판매보다는 <u>주로 주류를 조리·판매하는 야간의 영업형태에 있어서의 그 업소는 위 청소년보호법의 입법취지에 비추어 볼 때 청소년보호법상의 청소년고용금지업소에 해당</u>한다."

④ 「**2013도8385판결**」 – 유흥주점 업주가 종업원 고용시 대상자의 연령을 확인하여야 하는 의무의 범위 "청소년 보호법의 입법목적 등에 비추어 볼 때, 유흥주점과 같은 <u>청소년유해업소의 업주에게는 청소년 보호를 위하여 청소년을 당해 업소에 고용하여서는 아니 될 매우 엄중한 책임이 부여되어 있으므로</u>, 유흥주점의 업주가 당해 유흥업소에 종업원을 고용할 때에는 주민등록증이나 이에 유사한 정도로 연령에 관한 <u>공적 증명력이 있는 증거에 의하여 대상자의 연령을 확인하여야 하고</u>, 만일 대상자가 제시한 <u>주민등록증상의 사진과 실물이 다르다는 의심</u>이 들면 청소년이 자신의 신분과 연령을 감추고 유흥업소 취업을 감행하는 사례가 적지 않은 유흥업계의 취약한 고용실태 등에 비추어 볼 때, 업주로서는 <u>주민등록증상의 사진과 실물을 자세히 대조하거나 주민등록증상의 주소 또는 주민등록번호를 외워보도록 하는 등 추가적인 연령확인조치를 취하여야 할 의무</u>가 있다."

05 청소년 보호법에 따른 청소년유해업소의 구분과 영업의 종류를 바르게 연결한 것은 몇 개인가?

> ㉠ 청소년고용금지업소:
> 영화 및 비디오물의 진흥에 관한 법률에 따른 비디오물감상실업과 비디오물소극장업
> ㉡ 청소년출입·고용금지업소:
> 식품위생법에 따른 식품접객업 중 단란주점영업과 유흥주점영업
> ㉢ 청소년고용금지업소:
> 게임산업진흥에 관한 법률에 따른 일반게임제공업과 인터넷컴퓨터게임시설제공업
> ㉣ 청소년출입·고용금지업소:
> 음악산업진흥에 관한 법률에 따른 노래연습장업(청소년실을 갖춘 경우)
> ㉤ 청소년고용금지업소:
> 식품위생법에 따른 식품접객업 중 휴게음식점영업으로서 종업원으로 하여금 영업장 내에서 차 종류를 조리·판매하게 하는 영업
> ㉥ 청소년출입·고용금지업소:
> 체육시설의 설치·이용에 관한 법률에 따른 무도학원업, 무도장업 및 당구장업

① 없음   ② 1개   ③ 2개   ④ 3개

해설 「**청소년 보호법 및 동법 시행령**」: ⓒ이 올바르게 연결된 것이다.
ⓐ **제2조 제5호 가목 4) 및 나목 4)**: 비디오물감상실업은 청소년출입 · 고용금지업소에, 비디오물소극장업은 청소년고용금지업소에 해당한다.
ⓒ **제2조 제5호 가목 1) 및 나목 1)**: 일반게임제공업은 청소년출입 · 고용금지업소에, 인터넷컴퓨터게임시설제공업은 청소년고용금지업소에 해당한다.
ⓔ **제2조 제5호 가목 5) 및 시행령 제5조 제3항**: 노래연습장업은 청소년출입 · 고용금지업소이지만, 청소년실을 갖춘 경우 청소년실에 한정하여 청소년의 출입이 허용된다.
ⓜ **제2조 제5호 나목 3) 및 시행령 제6조 제2항 제1호**: 청소년고용금지업소인 휴게음식점영업은 종업원에게 영업장을 벗어나 차 종류 등을 배달 · 판매하게 하면서 소요 시간에 따라 대가를 받게 하거나 이를 조장 또는 묵인하는 형태로 운영되는 영업(속칭 "티켓다방")만을 의미한다.
ⓗ **제2조 제5호 가목 6)**: 당구장업은 포함되지 않는다.

06 청소년 보호법상 영리의 목적을 요하는 청소년유해행위(제30조)는 모두 몇 개인가?

> ㉠ 청소년으로 하여금 신체적인 접촉 또는 은밀한 부분의 노출 등 성적 접대행위를 하게 하거나 이러한 행위를 알선 · 매개하는 행위
> ㉡ 청소년으로 하여금 손님과 함께 술을 마시거나 노래 또는 춤 등으로 손님의 유흥을 돋우는 접객행위를 하게 하거나 이러한 행위를 알선 · 매개하는 행위
> ㉢ 청소년에게 구걸을 시키거나 청소년을 이용하여 구걸하는 행위
> ㉣ 청소년을 남녀 혼숙하게 하는 등 풍기를 문란하게 하는 영업행위를 하는 행위
> ㉤ 주로 차 종류를 조리 · 판매하는 업소에서 청소년으로 하여금 영업장을 벗어나 차 종류를 배달하는 행위를 하게 하거나 이를 조장하거나 묵인하는 행위
> ㉥ 청소년으로 하여금 거리에서 손님을 유인하는 행위를 하게 하는 행위

① 2개 ② 3개 ③ 4개 ④ 5개

해설 「**청소년 보호법**」 제30조: ㉠ ㉡ ㉥의 경우 영리의 목적이 있어야 청소년유해행위에 해당한다.

영리	– 청소년으로 하여금 신체적인 접촉 또는 은밀한 부분의 노출 등 성적 접대행위를 하게 하거나 이러한 행위를 알선 · 매개하는 행위 – 청소년으로 하여금 손님과 함께 술을 마시거나 노래 또는 춤 등으로 손님의 유흥을 돋우는 접객행위를 하게 하거나 이러한 행위를 알선 · 매개하는 행위 – 청소년으로 하여금 거리에서 손님을 유인하는 행위를 하게 하는 행위
영리 또는 흥행	– 청소년에게 음란한 행위를 하게 하는 행위 – 청소년의 장애나 기형 등의 모습을 일반인들에게 관람시키는 행위
영리 또는 흥행의 목적 불요	– 청소년에게 구걸을 시키거나 청소년을 이용하여 구걸하는 행위 – 청소년을 학대하는 행위 – 청소년을 남녀 혼숙하게 하는 등 풍기를 문란하게 하는 영업행위를 하거나 이를 목적으로 장소를 제공하는 행위 – 주로 차 종류를 조리 · 판매하는 업소에서 청소년으로 하여금 영업장을 벗어나 차 종류를 배달하는 행위를 하게 하거나 이를 조장하거나 묵인하는 행위

예상문제 아동학대범죄의 처벌 등에 관한 특례법

01 아동학대범죄의 처벌 등에 관한 특례법상 개념의 "정의(제2조)"에 대한 설명으로 틀린 것은?

① "아동"이란 18세 미만인 사람을 말한다.

② "보호자"란 친권자, 후견인, 아동을 보호·양육·교육하거나 그러한 의무가 있는 자 또는 업무·고용 등의 관계로 사실상 아동을 보호·감독하는 자를 말한다.

③ "아동학대"란 보호자를 포함한 성인이 아동의 건강 또는 복지를 해치거나 정상적 발달을 저해할 수 있는 신체적·정신적·성적 폭력이나 가혹행위를 하는 것과 아동의 보호자가 아동을 유기하거나 방임하는 것을 말한다.

④ "아동학대행위자"란 아동학대범죄를 범한 사람(공범을 제외한다)을 말하고, "피해아동"이란 아동학대범죄로 인하여 직접적 또는 간접적으로 피해를 입은 아동을 말한다.

해설 ① 「**아동학대범죄의 처벌 등에 관한 특례법**」 제2조 제1호, ② 제2조 제2호, ③ 제2조 제3호
④ 「**아동학대범죄의 처벌 등에 관한 특례법**」 제2조 제5호 및 제6호 "5. "<u>아동학대행위자</u>"란 <u>아동학대범죄를 범한 사람 및 그 공범</u>을 말한다. 6. "<u>피해아동</u>"이란 아동학대범죄로 인하여 <u>직접적으로 피해</u>를 입은 아동을 말한다."

02 아동학대범죄의 처벌 등에 관한 특례법에 대한 설명으로 틀린 것은?

① 아동학대범죄의 처벌 등에 관한 특례법은 아동학대범죄의 처벌 및 그 절차에 관한 특례와 피해아동에 대한 보호절차 및 아동학대행위자에 대한 보호처분을 규정함으로써 아동을 보호하여 아동이 건강한 사회 구성원으로 성장하도록 함을 목적으로 한다.

② 피해아동 또는 그 법정대리인은 아동학대행위자를 고소할 수 있고, 피해아동의 법정대리인이 아동학대행위자인 경우 또는 아동학대행위자와 공동으로 아동학대범죄를 범한 경우에는 피해 아동의 친족이 고소할 수 있다.

③ 피해아동은 아동학대행위자가 자기 또는 배우자의 직계존속인 경우에도 고소할 수 있고, 피해 아동에게 고소할 법정대리인이나 친족이 없는 경우에 이해관계인이 신청하면 검사는 10일 이내에 고소할 수 있는 사람을 지정하여야 한다.

④ 아동학대범죄에 대하여는 아동학대범죄의 처벌 등에 관한 특례법을 우선 적용하고, 성폭력범죄의 처벌 등에 관한 특례법, 아동·청소년의 성보호에 관한 법률, 가정폭력범죄의 처벌 등에 관한 특례법에서 가중처벌되는 경우에는 그 법에서 정한 바에 따른다.

해설 ① 「**아동학대범죄의 처벌 등에 관한 특례법**」 제1조, ② 제10조의4 제1항, ③ 제10조의4 제2항·제3항
④ 「**아동학대범죄의 처벌 등에 관한 특례법**」 제3조 "아동학대범죄에 대하여는 이 법을 우선 적용한다. 다만, 「성폭력범죄의 처벌 등에 관한 특례법」, 「아동·청소년의 성보호에 관한 법률」에서 가중처벌되는 경우에는 그 법에서 정한 바에 따른다." 가정폭력범죄의 처벌 등에 관한 특례법의 우선 적용이 규정되어 있지 않고, 동법(가폭법) 제3조에 의하면 "가정폭력범죄에 대하여는 이 법을 우선 적용한다. 다만, 아동학대범죄에 대하여는 「아동학대범죄의 처벌 등에 관한 특례법」을 우선 적용한다."고 규정하고 있다.

03 아동학대범죄의 처벌 등에 관한 특례법상 "현장출동(제11조)"에 대한 설명으로 옳은 것은?

① 아동학대범죄 신고를 접수한 사법경찰관리나 아동학대전담공무원은 지체 없이 아동학대범죄의 현장에 출동하여야 하고, 수사기관의 장이나 시·도지사 또는 시장·군수·구청장은 서로 동행하여 줄 것을 요청하여야 한다.

② 현장출동 시 동행 요청을 받은 요청을 받은 수사기관의 장이나 시·도지사 또는 시장·군수·구청장은 사법경찰관리나 아동학대전담공무원이 아동학대범죄 현장에 동행하도록 조치할 수 있다.

③ 현장출동 시 아동 또는 아동학대행위자 등 관계인에 대한 질문과 조사의 범위는 사법경찰관리와 아동학대전담공무원 사이에 차이가 있다.

④ 수사기관의 장은 현장출동 시 아동보호 및 사례관리를 위하여 필요한 경우 아동보호전문기관의 장에게 아동보호전문기관의 직원이 동행할 것을 요청할 수 있다.

해설

① 「아동학대범죄의 처벌 등에 관한 특례법」 제11조 제1항 제1문 및 제2문 전단 "아동학대범죄 신고를 접수한 <u>사법경찰관리나</u> 「아동복지법」 제22조 제4항에 따른 <u>아동학대전담공무원</u>(이하 "아동학대전담공무원"이라 한다)은 <u>지체 없이 아동학대범죄의 현장에 출동하여야 한다.</u> 이 경우 수사기관의 장이나 시·도지사 또는 시장·군수·구청장은 <u>서로 동행하여 줄 것을 요청할 수 있으며,</u> 그 요청을 받은 수사기관의 장이나 시·도지사 또는 시장·군수·구청장은 <u>정당한 사유가 없으면</u> 사법경찰관리나 아동학대전담공무원이 아동학대범죄 <u>현장에 동행하도록 조치하여야 한다.</u>" 수사기관의 장이나 시·도지사 또는 시장·군수·구청장의 동행 요청은 재량사항이다.

② 「아동학대범죄의 처벌 등에 관한 특례법」 제11조 제1항 제2문 후단 참조. 동행 요청이 있는 경우 <u>정당한 사유가 없으면 현장에 동행하도록 조치하여야 한다.</u>

③ 「아동학대범죄의 처벌 등에 관한 특례법」 제11조 제2항 옳은 설명이다. 사법경찰관리의 경우 조사·질문의 범위에 법률상 제한이 없지만, 아동학대전담공무원은 피해아동의 보호 및 사례관리의 범위에서 조사나 질문할 수 있다.

④ 「아동학대범죄의 처벌 등에 관한 특례법」 제11조 제3항 제1문 "<u>시·도지사 또는 시장·군수·구청장은</u> 제1항에 따른 현장출동 시 아동보호 및 사례관리를 위하여 필요한 경우 <u>아동보호전문기관의 장에게 아동보호전문기관의 직원이 동행할 것을 요청할 수 있다.</u> 이 경우 아동보호전문기관의 직원은 피해아동의 보호 및 사례관리를 위한 범위에서 아동학대전담공무원의 조사에 참여할 수 있다."

04 아동학대범죄의 처벌 등에 관한 특례법상 "응급조치(제12조)"에 대한 설명으로 틀린 것은?

① 사법경찰관리 또는 아동학대전담공무원은 아동학대범죄 신고의 접수에 따라 현장에 출동하거나 아동학대범죄 현장을 발견한 경우에 응급조치를 취하여야 하고, 학대현장 이외의 장소에서는 응급조치를 취할 수 없다.

② 사법경찰관리 또는 아동학대전담공무원은 피해아동, 피해아동의 형제자매인 아동 및 피해아동과 동거하는 아동("피해아동등")의 보호를 위하여 즉시 응급조치를 하여야 하고, 피해아동등을 아동학대 관련 보호시설로 인도하는 경우 원칙적으로 피해아동등의 의사를 존중하여야 한다.

③ 사법경찰관리나 아동학대전담공무원은 피해아동등을 분리·인도하여 보호하는 경우 지체 없이 피해아동등을 인도받은 보호시설·의료시설을 관할하는 시·도지사 또는 시장·군수·구청장에게 그 사실을 통보하여야 한다.

④ 아동학대행위자를 피해아동등으로부터 격리, 피해아동등을 아동학대 관련 보호시설로 인도 및 긴급치료가 필요한 피해아동을 의료기관으로 인도하는 응급조치는 원칙적으로 72시간을 넘을 수 없고, 검사가 임시조치를 법원에 청구한 경우에는 법원의 임시조치 결정 시까지 연장된다.

해설 ① 「**아동학대범죄의 처벌 등에 관한 특례법**」 제12조 제1항 제1문 "제11조 제1항에 따라 현장에 출동하거나 아동학대범죄 현장을 발견한 경우 또는 <u>학대현장 이외의 장소에서 학대피해가 확인되고 재학대의 위험이 급박·현저한 경우</u> 사법경찰관리 또는 아동학대전담공무원은 피해아동, 피해아동의 형제자매인 아동 및 피해아동과 동거하는 아동(이하 "피해아동등"이라 한다)의 보호를 위하여 즉시 다음 각 호의 조치(이하 "응급조치"라 한다)를 하여야 한다. 이 경우 <u>제3호의 조치</u>를 하는 때에는 <u>피해아동등의 이익을 최우선으로 고려하여야 하며</u>, 피해아동등을 보호하여야 할 필요가 있는 등 특별한 사정이 있는 경우를 제외하고는 <u>피해아동등의 의사를 존중</u>하여야 한다. 1. 아동학대범죄 행위의 제지, 2. 아동학대행위자를 피해아동등으로부터 격리, 3. <u>피해아동등을 아동학대 관련 보호시설로 인도</u>, 4. 긴급치료가 필요한 피해아동을 의료기관으로 인도"(※ 학대현장 이외의 장소라도 학대피해가 확인되고 재학대의 위험이 급박·현저한 경우 응급조치를 취하여야 한다. 2020. 10. 1. 시행된 개정 법률에 추가된 사항이므로 유의한다.)
  ② 「**아동학대범죄의 처벌 등에 관한 특례법**」 제12조 제1항 제2문, ③ 제12조 제2항, ④ 제12조 제3항·제4항
  ②와 관련하여 제3호의 조치(피해아동등을 아동학대 관련 보호시설로 인도)를 하는 때에는 피해아동등의 이익을 최우선으로 고려하여야 하며, 피해아동등을 보호하여야 할 필요가 있는 등 특별한 사정이 있는 경우를 제외하고는 피해아동등의 의사를 존중하여야 한다. 따라서 <u>긴급치료가 필요한 피해아동을 의료기관으로 인도(제4호)하는 경우 이러한 제한이 없다.</u>

05 아동학대범죄의 처벌 등에 관한 특례법상 응급조치(제12조)에 해당하는 것은 몇 개인가?

> ㉠ 아동학대행위자를 피해아동등으로부터 격리
> ㉡ 피해아동등 또는 가정구성원의 주거로부터 퇴거 등 격리
> ㉢ 피해아동등을 아동학대 관련 보호시설로 인도
> ㉣ 피해아동등 또는 가정구성원의 주거, 학교 또는 보호시설 등에서 100미터 이내의 접근 금지
> ㉤ 긴급치료가 필요한 피해아동을 의료기관으로 인도
> ㉥ 피해아동등 또는 가정구성원에 대한 전기통신기본법 제2조제1호의 전기통신을 이용한 접근 금지

① 2개   ② 3개   ③ 4개   ④ 5개

해설 「**아동학대범죄의 처벌 등에 관한 특례법**」 제12조 제1항: ㉠ ㉢ ㉤ 조치별 구체적 내용에 유의한다.
  ㉡ ㉣ ㉥은 긴급임시조치(제13조 제1항) 또는 임시조치(제19조 제1항)의 내용이다. 법원은 이외에도 임시조치로 친권 또는 후견인 권한 행사의 제한 또는 정지, 아동보호전문기관 등에의 상담 및 교육 위탁, 의료기관이나 그 밖의 요양시설에의 위탁, 경찰관서의 유치장 또는 구치소에의 유치를 할 수 있다.

06 아동학대범죄의 처벌 등에 관한 특례법상 "긴급임시조치(제13조)"에 대한 설명으로 옳은 것은?

① 긴급임시조치는 응급조치에도 불구하고 아동학대범죄가 재발될 우려가 있고, 긴급을 요하여 법원의 임시조치 결정을 받을 수 없을 때에 사법경찰관리·아동학대전담공무원이 행하는 조치이다.
② 긴급임시조치는 피해아동등, 그 법정대리인(아동학대행위자 제외), 변호사, 시·도지사, 시장·군수·구청장 또는 아동보호전문기관의 장의 신청이 있어야 할 수 있다.
③ 아동학대행위자에 대한 아동보호전문기관 등에의 상담·교육 위탁, 의료기관이나 그 밖의 요양시설에의 위탁 또는 경찰관서의 유치장 또는 구치소에의 유치는 긴급임시조치에 해당하지 않는다.
④ 사법경찰관은 긴급임시조치를 한 경우 긴급임시조치결정서를 작성하여야 하고, 긴급임시조치를 한 때로부터 24시간 이내에 그 내용을 시·도지사 또는 시장·군수·구청장에게 통지하여야 한다.

해설 ① ② 「**아동학대범죄의 처벌 등에 관한 특례법**」 제13조 제1항 "① <u>사법경찰관</u>은 제12조 제1항에 따른 <u>응급조</u> <u>치에도 불구하고 아동학대범죄가 재발될 우려가 있고, 긴급을 요하여 제19조 제1항에 따른 법원의 임시조치</u> <u>결정을 받을 수 없을 때에는</u> 직권이나 피해아동등, 그 법정대리인(아동학대행위자를 제외한다. 이하 같다), 변 호사(제16조에 따른 변호사를 말한다. 제48조 및 제49조를 제외하고는 이하 같다), 시 · 도지사, 시장 · 군 수 · 구청장 또는 아동보호전문기관의 장의 신청에 따라 <u>제19조 제1항 제1호부터 제3호까지의 어느 하나에</u> <u>해당하는 조치</u>를 할 수 있다." 사법경찰리와 아동학대전담공무원은 긴급임시조치권이 없고, 사법경찰관은 직 권 또는 지문과 같이 신청에 따라 긴급임시조치를 할 수 있다.
  ③ 「**아동학대범죄의 처벌 등에 관한 특례법**」 제13조 제1항
  ④ 「**아동학대범죄의 처벌 등에 관한 특례법**」 제13조 제2항 "사법경찰관은 제1항에 따른 조치(이하 "긴급임시조 치"라 한다)를 한 경우에는 즉시 긴급임시조치결정서를 작성하여야 하고, 그 내용을 시 · 도지사 또는 시장 · 군수 · 구청장에게 <u>지체 없이 통지</u>하여야 한다."

07 아동학대범죄의 처벌 등에 관한 특례법상 "임시조치의 청구(제14조)"에 대한 설명으로 틀린 것은?

① 검사는 아동학대범죄가 재발될 우려가 있다고 인정하는 경우에는 사법경찰관 또는 아동학대 전담공무원의 신청에 따라 법원에 임시조치를 청구할 수 있다.

② 검사는 아동학대범죄가 재발될 우려가 있다고 인정하는 경우에는 직권으로 법원에 임시조치 를 청구할 수 있다.

③ 피해아동등, 그 법정대리인, 변호사, 시 · 도지사, 시장 · 군수 · 구청장 또는 아동보호전문기관의 장은 사법경찰관에게 임시조치의 신청을 요청하거나 이에 관하여 의견을 진술할 수 있다.

④ 임시조치의 신청을 요청받은 사법경찰관이 임시조치를 신청하지 아니하는 경우에는 검사 및 임시조치를 요청한 자에게 그 사유를 통지하여야 한다.

해설 ① 「**아동학대범죄의 처벌 등에 관한 특례법**」 제14조 제1항 "검사는 아동학대범죄가 재발될 우려가 있다고 인정 하는 경우에는 <u>직권으로</u> 또는 사법경찰관이나 보호관찰관의 <u>신청</u>에 따라 법원에 제19조 제1항 각 호의 임시 조치를 청구할 수 있다." 검사에게 임시조치를 신청하는 자는 사법경찰관 또는 보호관찰관이다.
  ② 「**아동학대범죄의 처벌 등에 관한 특례법**」 제14조 제1항, ③ 제14조 제2항, ④ 제14조 제3항

08 아동학대범죄의 처벌 등에 관한 특례법에 따른 "응급조치 · 긴급임시조치 후 임시조치의 청구(제 15조)"에 대한 설명으로 옳은 것은?

① 사법경찰관이 아동학대범죄 행위를 제지하는 응급조치를 하였을 때에는 지체 없이 검사에게 임시조치의 청구를 신청하여야 한다.

② 응급조치 후 사법경찰관으로부터 임시조치의 청구를 신청받은 검사는 응급조치가 있었던 때 부터 48시간 이내에 임시조치를 청구하여야 한다.

③ 긴급임시조치 후 사법경찰관으로부터 임시조치의 청구를 신청받은 검사는 긴급임시조치가 있 었던 때부터 72시간 이내에 임시조치를 청구하여야 한다.

④ 사법경찰관은 검사가 임시조치를 청구하지 아니하거나 법원이 임시조치의 결정을 하지 아니 한 때에는 즉시 그 긴급임시조치를 취소하여야 한다.

해설 ① 「**아동학대범죄의 처벌 등에 관한 특례법**」 제15조 제1항 "사법경찰관이 <u>제12조 제1항 제2호부터 제4호까지</u> <u>의 규정에 따른 응급조치</u> 또는 <u>제13조 제1항에 따른 긴급임시조치</u>를 하였거나 시 · 도지사 또는 시장 · 군 수 · 구청장으로부터 제12조 제1항 제2호부터 제4호까지의 규정에 따른 응급조치가 행하여졌다는 통지를 받 은 때에는 <u>지체 없이 검사에게 제19조에 따른 임시조치의 청구를 신청하여야</u> 한다." 사법경찰관이 응급조치 (아동학대행위자를 피해아동등으로부터 격리, 피해아동등을 아동학대 관련 보호시설로 인도 또는 긴급치료가

필요한 피해아동을 의료기관으로 인도) 또는 긴급임시조치를 한 경우 검사에게 임시조치의 청구를 신청해야
하고, 아동학대범죄 행위를 제지한 경우에는 검사에게 임시조치의 청구를 신청해야 하는 것은 아니다.

② ③ 「**아동학대범죄의 처벌 등에 관한 특례법**」 제15조 제2항 "제1항의 신청을 받은 검사는 임시조치를 청구하
는 때에는 응급조치가 있었던 때부터 72시간 이내(제12조 제3항 단서에 따라 응급조치 기간이 연장된 경우
에는 그 기간을 말한다)에, 긴급임시조치가 있었던 때부터 48시간 이내에 하여야 한다. 이 경우 제12조 제5
항에 따라 작성된 응급조치결과보고서 및 제13조 제2항에 따라 작성된 긴급임시조치결정서를 첨부하여야 한
다." 응급조치와 긴급임시조치의 경우 임시조치의 청구기한이 다르다는 점에 유의한다.

④ 「**아동학대범죄의 처벌 등에 관한 특례법**」 제15조 제3항

09 아동학대범죄의 처벌 등에 관한 특례법에 따른 응급조치, 긴급임시조치 및 임시조치 청구의 신청
에 대한 설명으로 옳은 것은 몇 개인가?

> ⊙ 아동학대범죄의 처벌 등에 관한 특례법상 응급조치(제12조)는 사법경찰리가 할 수 있으나, 긴
> 급임시조치(제13조) 및 임시조치 청구의 신청(제14조)은 사법경찰관이 할 수 있다.
> ⓛ 사법경찰관이 응급조치 또는 긴급임시조치를 한 경우 조치를 한 때로부터 24시간 이내에 검사
> 에게 임시조치의 청구를 신청하여야 한다.
> ⓒ 아동학대범죄 신고를 접수한 사법경찰관이 현장에 출동한 경우 응급조치를 취하지 않고, 바로
> 긴급임시조치를 할 수 있다.
> ② 사법경찰관이 피해아동등을 아동학대 관련 보호시설로 인도한 경우 원칙적으로 72시간을 넘을
> 수 없지만, 검사가 임시조치를 법원에 청구한 경우에는 법원의 임시조치 결정 시까지 연장된다.
> ⓜ 응급조치 또는 긴급임시조치 후 사법경찰관의 신청에 따라 검사가 임시조치를 청구하는 경우
> 응급조치가 있었던 때부터 72시간 이내에, 긴급임시조치가 있었던 때부터 48시간 이내에 하여
> 야 한다.
> ⓗ 사법경찰관의 응급조치에도 불구하고 아동학대범죄가 재발될 우려가 있고, 긴급을 요하여 법원
> 의 임시조치 결정을 받을 수 없을 경우 사법경찰관은 직권으로 아동학대행위자를 의료기관이나
> 그 밖의 요양시설에 위탁할 수 있다.
> ⓢ 아동학대범죄 신고에 따라 현장에 출동한 사법경찰관리는 피해아동등의 이익을 최우선으로 고
> 려하여 피해아동등을 보호하여야 할 필요가 있는 등 특별한 사정이 있는 경우에는 피해아동등
> 의 의사에도 불구하고 아동학대 관련 보호시설로 인도할 수 있다.

① 3개 　　② 4개 　　③ 5개 　　④ 6개

해설 「**아동학대범죄의 처벌 등에 관한 특례법**」: ⊙ ② ⓜ ⓢ 옳은 설명이다.

ⓛ **제15조 제1항**: 사법경찰관이 응급조치 또는 긴급임시조치를 한 경우 지체 없이 검사에게 임시조치의 청구를
신청하여야 한다(※ 이 경우 임시조치의 청구에 대한 신청은 의무적이다 – 신청할 수 있다X).

ⓒ **제13조 제1항**: 응급조치에도 불구하고 아동학대범죄가 재발될 우려가 있고, 긴급을 요하여 법원의 임시조치
결정을 받을 수 없을 때에 한해 직권 또는 (신청권자의) 신청에 따라 긴급임시조치를 취할 수 있다.

ⓗ **제13조 제1항**: 법원의 임시조치인 (아동학대행위자에 대한) 친권 또는 후견인 권한 행사의 제한 또는 정지,
아동보호전문기관 등에의 상담 및 교육 위탁, 의료기관이나 그 밖의 요양시설의 위탁 및 경찰서의 유치
장 또는 구치소에의 유치는 사법경찰관이 긴급임시조치로 할 수 없다.

성매매알선 등 행위의 처벌에 관한 법률

01 성매매알선 등 행위의 처벌에 관한 법률상 개념의 "정의(제2조)"에 대한 설명으로 틀린 것은?

① 불특정인을 상대로 금품이나 그 밖의 재산상의 이익을 수수하거나 수수하기로 약속하였더라도 도구를 이용한 유사 성교행위를 하거나 그 상대방이 되는 것은 "성매매"에 해당하지 않는다.

② 성매매를 알선·권유·유인·강요하는 행위 및 성매매의 장소를 제공하는 행위 이외에 성매매에 제공되는 사실을 알면서 자금·토지·건물을 제공하는 행위도 "성매매알선 등 행위"에 해당한다.

③ 위계, 위력, 그 밖에 이에 준하는 방법으로 성매매를 강요당한 사람 또는 성매매 목적의 인신매매를 당한 사람은 "성매매피해자"에 해당한다.

④ 업무관계, 고용관계, 그 밖의 관계로 인하여 보호 또는 감독하는 사람에 의하여 마약류관리에 관한 법률 제2조에 따른 마약·향정신성의약품 또는 대마에 중독되어 성매매를 한 사람은 "성매매피해자"에 해당한다.

해설 ① 「성매매알선 등 행위의 처벌에 관한 법률」 제2조 제1항 제1호 나목 "1. "성매매"란 불특정인을 상대로 금품이나 그 밖의 재산상의 이익을 수수(收受)하거나 수수하기로 약속하고 다음 각 목의 어느 하나에 해당하는 행위를 하거나 그 상대방이 되는 것을 말한다. 가. 성교행위. 나. 구강, 항문 등 신체의 일부 또는 도구를 이용한 유사 성교행위"
② 「성매매알선 등 행위의 처벌에 관한 법률」 제2조 제1항 제2호, ③ 제2조 제1항 제4호 가목·라목, ④ 제2조 제1항 제4호 나목

02 성매매알선 등 행위의 처벌에 관한 법률상 개념의 "정의(제2조)"에 따른 성매매알선 등 행위는 모두 몇 개인가?

> ㉠ 성매매에 제공되는 사실을 알면서 자금, 토지 또는 건물을 제공하는 행위
> ㉡ 성매매 행위 및 그 행위가 행하여지는 업소에 대한 광고행위
> ㉢ 성매매가 행하여진다는 사실을 알고 직업을 소개·알선하는 행위
> ㉣ 성매매를 알선, 권유, 유인 또는 강요하는 행위
> ㉤ 성을 파는 행위를 하게 할 목적으로 다른 사람을 고용·모집하는 행위

① 1개　　　　② 2개　　　　③ 3개　　　　④ 4개

해설 「성매매알선 등 행위의 처벌에 관한 법률」 제2조 제1항 제2호: ㉠ ㉣ 및 성매매의 장소를 제공하는 행위
㉡ ㉢ ㉤은 성매매알선 등 행위의 처벌에 관한 법률에서 정하고 있는 "금지행위"에 해당한다. 이러한 금지행위에는 이외에도 "성매매, 성매매알선 등 행위 및 성매매 목적의 인신매매"가 있다.

03 성매매알선 등 행위의 처벌에 관한 법률에 대한 설명으로 옳은 것은?

① 성매매 목적의 인신매매 행위 및 그 행위가 행하여지는 업소에 대한 광고행위는 금지행위에 해당한다.

② 업무관계, 고용관계, 그 밖의 관계로 인하여 보호 또는 감독하는 사람에 의하여 성매매를 한 사람은 처벌하지 아니한다.

③ 성매매알선 등 행위의 처벌에 관한 법률에서 규정한 사항에 관하여 아동·청소년의 성보호에 관한 법률에 특별한 규정이 있는 경우에는 아동·청소년의 성보호에 관한 법률에서 정하는 바에 따른다.

④ 성매매알선 등 행위의 처벌에 관한 법률에 규정된 죄를 범한 사람이 수사기관에 신고하거나 자수한 경우에는 형을 감경하여야 한다.

해설 ① **「성매매알선 등 행위의 처벌에 관한 법률」 제4조 제5호 참조**. 제1호(성매매), 제2호(성매매알선 등 행위) 및 제4호(성을 파는 행위를 하게 할 목적으로 다른 사람을 고용·모집하거나 성매매가 행하여진다는 사실을 알고 직업을 소개·알선하는 행위)의 행위 및 그 행위가 행하여지는 업소에 대한 광고행위가 금지행위에 해당하고, <u>제3호(성매매 목적의 인신매매)는 그 대상이 아니다.</u>

② **「성매매알선 등 행위의 처벌에 관한 법률」 제6조 제1항** "성매매피해자의 성매매는 처벌하지 아니한다." 성매매피해자의 개념에 대해서는 제2조 제1항 제4호에서 규정하고 있는데, 업무관계, 고용관계, 그 밖의 관계로 인하여 보호 또는 감독하는 사람에 의하여 「마약류관리에 관한 법률」 제2조에 따른 <u>마약·향정신성의약품 또는 대마</u>(이하 "마약등"이라 한다)에 중독되어 성매매를 한 사람이 성매매피해자에 해당하고, 단순히 업무관계·고용관계 그 밖의 관계로 인하여 보호 또는 감독하는 사람에 의하여 성매매를 한 사람은 성매매피해자에 해당하지 않는다. "마약 등에 의한 중독"의 추가적 요건이 필요하다.

③ **「성매매알선 등 행위의 처벌에 관한 법률」 제5조**

④ **「성매매알선 등 행위의 처벌에 관한 법률」 제26조** "이 법에 규정된 죄를 범한 사람이 수사기관에 신고하거나 자수한 경우에는 <u>형을 감경하거나 면제할 수 있다.</u>" 필요적 감경(감경해야 한다) 또는 필요적 감면(감경 또는 면제하여야 한다)가 아니라 <u>임의적 감면사유</u>에 해당한다.

04 성매매알선 등 행위의 처벌에 관한 법률에 따른 성매매피해자 등의 보호에 대한 설명으로 틀린 것은?

① 사법경찰관은 수사과정에서 피의자·참고인이 성매매피해자에 해당한다고 볼 만한 상당한 이유가 있을 때에는 지체 없이 법정대리인·친족·변호인에게 통지하고, 그 보호에 필요한 조치를 하여야 한다.

② 사법경찰관은 수사과정에서 피의자·참고인이 성매매피해자에 해당한다고 볼 만한 상당한 이유가 있고, 피의자·참고인의 사생활 보호 등 부득이한 사유가 있는 경우 법정대리인·친족·변호인에게 통지하지 아니할 수 있다.

③ 수사기관이 성매매피해자를 조사하는 경우 본인·법정대리인의 신청이 없더라도 직권으로 신뢰관계에 있는 사람을 동석하게 할 수 있다.

④ 수사기관이 청소년, 사물을 변별하거나 의사를 결정할 능력이 없거나 미약한 사람을 조사할 때에 신뢰관계에 있는 사람의 동석에 대한 본인·법정대리인의 신청을 받은 경우 수사기관은 예외 없이 동석하게 하여야 한다.

해설 ① **「성매매알선 등 행위의 처벌에 관한 법률」 제6조 제2항 본문**, ② **제6조 제2항 단서**, ③ **제8조 제2항** ③과 관련하여 신고자등은 성매매알선 등 행위의 처벌에 관한 법률에 규정된 범죄를 신고(고소·고발을 포함한다. 이하 같다)한 사람 또는 성매매피해자를 말한다(제6조 제3항 참조).

④ **「성매매알선 등 행위의 처벌에 관한 법률」 제8조 제3항** "법원 또는 수사기관은 청소년, 사물을 변별하거나 의사를 결정할 능력이 없거나 미약한 사람 또는 대통령령으로 정하는 중대한 장애가 있는 사람에 대하여 제1항 및 제2항에 따른 신청을 받은 경우에는 재판이나 <u>수사에 지장을 줄 우려가 있는 등 특별한 사유가 없으면</u> 신뢰관계에 있는 사람을 동석하게 하여야 한다." <u>수사에 지장을 줄 우려가 있는 등 특별한 사유가 있는 경우 동석하지 않게 할 수 있다.</u>

05 성매매알선 등 행위의 처벌에 관한 법률상 "불법원인으로 인한 채권무효(제10조)"에 대한 설명으로 틀린 것은?

① 성매매알선 등 행위를 한 사람이 그 행위와 관련하여 성을 파는 행위를 하였거나 할 사람에게 가지는 채권은 그 계약의 형식이나 명목에 관계없이 무효로 한다.

② 불법원인으로 인한 채권무효의 경우 그 무효인 채권을 양도하더라도 양수인은 채권을 주장할 수 없고, 채무를 인수하더라도 인수자는 이행할 필요가 없다.

③ 사법경찰관은 불법원인과 관련된 것으로 의심되는 채무의 불이행을 이유로 고소·고발된 사건을 수사할 때에는 금품이나 그 밖의 재산상의 이익 제공이 성매매의 유인·강요 수단이나 성매매 업소로부터의 이탈방지 수단으로 이용되었는지를 확인하여 수사에 참작할 수 있다.

④ 사법경찰관은 성을 파는 행위를 한 사람이나 성매매피해자를 조사할 때에는 불법원인으로 인한 채권이 무효라는 사실과 지원시설 등을 이용할 수 있음을 본인·법정대리인 등에게 고지하여야 한다.

해설 ① 「성매매알선 등 행위의 처벌에 관한 법률」 제10조 제1항 제1문, ② 제10조 제1항 제2문, ④ 제10조 제3항
②와 관련하여 불법원인으로 인한 무효인 채권을 양도하거나 채무를 인수한 경우에도 마찬가지로 무효이므로, 채권의 양수인은 채권을 주장할 수 없고, 채무의 인수자는 이행할 필요가 없다.

③ 「성매매알선 등 행위의 처벌에 관한 법률」 제10조 제2항 "검사 또는 사법경찰관은 제1항의 불법원인과 관련된 것으로 의심되는 채무의 불이행을 이유로 고소·고발된 사건을 수사할 때에는 금품이나 그 밖의 재산상의 이익 제공이 성매매의 유인·강요 수단이나 성매매 업소로부터의 이탈방지 수단으로 이용되었는지를 확인하여 수사에 참작하여야 한다."

성폭력범죄의 처벌 등에 관한 특례법

01 성폭력범죄의 처벌 등에 관한 특례법이 적용되지 않는 경우는?

① 주거침입·야간주거침입·특수절도의 죄를 범한 사람이 강간한 경우
② 13세 미만의 사람에 대하여 간음 또는 추행한 경우
③ 4촌 이내의 혈족·인척인 사람을 폭행 또는 협박으로 강간한 경우
④ 흉기나 그 밖의 위험한 물건을 지닌 채 또는 2명 이상이 합동하여 강제추행한 경우

해설
① 「**성폭력범죄의 처벌 등에 관한 특례법**」 **제3조(특수강도강간 등) 제1항**에 해당하는 범죄이다.
② 「**성폭력범죄의 처벌 등에 관한 특례법**」 **제7조(13세 미만의 미성년자에 대한 강간, 강제추행 등)** "① 13세 미만의 사람에 대하여 「형법」 제297조(강간)의 죄를 범한 사람은 무기징역 또는 10년 이상의 징역에 처한다. ② 13세 미만의 사람에 대하여 폭행이나 협박으로 다음 각 호의 어느 하나에 해당하는 행위를 한 사람은 7년 이상의 유기징역에 처한다. 1. 구강·항문 등 신체(성기는 제외한다)의 내부에 성기를 넣는 행위, 2. 성기·항문에 손가락 등 신체(성기는 제외한다)의 일부나 도구를 넣는 행위. ③ 13세 미만의 사람에 대하여 「형법」 제298조(강제추행)의 죄를 범한 사람은 5년 이상의 유기징역에 처한다. ④ 13세 미만의 사람에 대하여 「형법」 제299조(준강간, 준강제추행)의 죄를 범한 사람은 제1항부터 제3항까지의 예에 따라 처벌한다. ⑤ <u>위계 또는 위력으로써 13세 미만의 사람을 간음하거나 추행한 사람은 제1항부터 제3항까지의 예에 따라 처벌한다.</u>" <u>13세 미만의 사람에 대한 (단순)간음·추행은 형법 제305조 제1항이 적용되고, 위계 또는 위력이 있는 경우에는 성폭력범죄의 처벌 등에 관한 특례법 제7조 제5항이 적용</u>된다.
③ 「**성폭력범죄의 처벌 등에 관한 특례법**」 **제5조(친족관계에 의한 강간 등) 제1항**에 해당하는 범죄이다.
④ 「**성폭력범죄의 처벌 등에 관한 특례법**」 **제4조(특수강간 등) 제2항**에 해당하는 범죄이다.

02 성폭력범죄의 처벌 등에 관한 특례법이 적용되지 않는 경우는?

① 업무·고용 기타 관계로 인하여 자기의 보호·감독을 받는 사람에 대하여 위계·위력으로써 간음한 경우
② 신체적인·정신적인 장애로 항거불능·항거곤란 상태에 있음을 이용하여 사람을 간음하거나 추행한 경우
③ 성적 욕망·수치심을 유발할 수 있는 촬영물 또는 복제물을 이용하여 사람을 협박한 경우
④ 카메라나 그 밖에 이와 유사한 기능을 갖춘 기계장치를 이용하여 성적 욕망·수치심을 유발할 수 있는 사람의 신체 촬영이 촬영 당시에는 촬영대상자의 의사에 반하지 않더라도(자신의 신체를 직접 촬영한 경우를 포함한다) 사후에 그 촬영물 또는 복제물을 촬영대상자의 의사에 반하여 반포 등을 한 경우

해설
① 「**성폭력범죄의 처벌 등에 관한 특례법**」 **제10조(업무상 위력 등에 의한 추행)** "① 업무, 고용이나 그 밖의 관계로 인하여 자기의 보호, 감독을 받는 사람에 대하여 <u>위계 또는 위력으로 추행</u>한 사람은 3년 이하의 징역 또는 1천500만원 이하의 벌금에 처한다. ② 법률에 따라 구금된 사람을 감호하는 사람이 그 사람을 추행한 때에는 5년 이하의 징역 또는 2천만원 이하의 벌금에 처한다." <u>업무상위력 등에 의한 간음의 경우 형법 제303조가 적용되고, 기본적 구성요건을 같이 하되 행위태양이 "추행"인 경우에는 성폭력범죄의 처벌 등에 관한 특례법 제10조가 적용</u>된다.

② 「**성폭력범죄의 처벌 등에 관한 특례법**」 제6조(장애인에 대한 강간 · 강제추행 등) 제4항에 해당하는 범죄이다. 사람의 심신상실 또는 항거불능의 상태를 이용하여 간음 또는 추행하는 형법상의 준강간 · 준강제추행(제299조)은 성폭력범죄의 처벌 등에 관한 특례법 제3조 내지 제7조에 해당하지 않는 경우에 적용된다.

③ 「**성폭력범죄의 처벌 등에 관한 특례법**」 제14조의3(촬영물 등을 이용한 협박 · 강요) 제1항에 해당하는 범죄이다. 텔레그램을 이용한 성착취 사건 등 사이버 성범죄에 대한 대책으로 신설된 규정이다.

④ 「**성폭력범죄의 처벌 등에 관한 특례법**」 제14조(카메라 등을 이용한 촬영) 제2항에 해당하는 범죄이다. 텔레그램을 이용한 성착취 사건 등 사이버 성범죄에 대한 대책으로 "자신의 신체를 직접 촬영한 경우"를 명시적으로 포함하였다.

03 성폭력범죄의 처벌 등에 관한 특례법에 따라 미수범을 처벌하는 경우는 모두 몇 개인가?

> ㉠ 업무상 위력 등에 의한 추행　　　　㉡ 카메라 등을 이용한 촬영
> ㉢ 공중 밀집 장소에서의 추행　　　　　㉣ 촬영물 등을 이용한 협박 · 강요
> ㉤ 성적 목적을 위한 다중이용장소 침입행위　㉥ 통신매체를 이용한 음란행위

① 2개　　　　② 3개　　　　③ 4개　　　　④ 5개

해설 「**성폭력범죄의 처벌 등에 관한 특례법**」 제15조: ㉡ ㉣의 경우 미수범 처벌규정이 있다.

특수강도강간 등(제3조) 특수강간 등(제4조) 친족관계에 의한 강간 등(제5조) 장애인에 대한 강간 · 강제추행 등(제6조) 13세 미만의 미성년자에 대한 강간 · 강제추행 등(제7조)	**미수 및 예비 · 음모 처벌**
강간 등 상해 · 치상(제8조) 강간 등 살인 · 치사(제9조) 카메라 등을 이용한 촬영(제14조) 허위영상물 등의 반포등(제14조의2) 촬영물 등을 이용한 협박 · 강요(제14조의3)	**미수 처벌** / 예비 · 음모 불벌
업무상 위력 등에 의한 추행(제10조) 공중 밀집 장소에서의 추행(제11조) 성적 목적을 위한 다중이용장소 침입행위(제12조) 통신매체를 이용한 음란행위(제13조)	미수 및 예비 · 음모 불벌

04 성폭력범죄의 처벌 등에 관한 특례법상 "공소시효에 관한 특례(제21조)"에 대한 설명으로 틀린 것은?

① 13세 미만의 사람에 대하여 성폭력범죄의 처벌 등에 관한 특례법 제21조 제3항 각 호의 죄를 범한 사람에 대해서는 공소시효를 적용하지 아니한다.

② 신체적인 또는 정신적인 장애가 있는 사람에 대하여 성폭력범죄의 처벌 등에 관한 특례법 제21조 제3항 각 호의 죄를 범한 사람에 대해서는 공소시효를 적용하지 아니한다.

③ 미성년자에 대한 성폭력범죄의 공소시효는 해당 성폭력범죄로 피해를 당한 미성년자가 성년에 달한 날부터 진행한다.

④ 성폭력범죄의 처벌 등에 관한 특례법상 업무상 위력 등에 의한 추행(제10조)의 죄는 디엔에이 증거 등 그 죄를 증명할 수 있는 과학적인 증거가 있는 때에는 공소시효가 10년 연장된다.

해설 ① ② **「성폭력범죄의 처벌 등에 관한 특례법」** 제21조 제3항, ③ 제21조 제1항
④ **「성폭력범죄의 처벌 등에 관한 특례법」** 제21조 제2항 "제2조 제3호 및 제4호의 죄와 제3조부터 제9조까지의 죄는 디엔에이(DNA)증거 등 그 죄를 증명할 수 있는 과학적인 증거가 있는 때에는 공소시효가 10년 연장된다." 제2조 제3호 및 제4호의 죄 이외에 성폭력범죄의 처벌 등에 관한 특례법에 규정되어 있는 범죄(제3조 내지 제14조의3) 가운데 디엔에이 증거가 남을 가능성이 있는 유형의 범죄(강간 · 간음 · 추행)인 업무상 위력 등에 의한 추행(제10조) 및 공중 밀집 장소에서의 추행(제11조)에 대해서는 공소시효 10년 연장이 적용되지 않는다.

05 성폭력범죄의 처벌 등에 관한 특례법에 대한 설명으로 옳은 것은?

① 사법경찰관은 성폭력범죄의 피의자가 죄를 범하였다고 믿을 만한 상당한 이유가 있고, 오로지 공공의 이익을 위하여 필요할 때에는 피의자의 신상에 관한 정보를 공개할 수 있다.
② ①의 경우 특별한 사정이 있는 때에는 피의자가 청소년 보호법 제2조 제1호의 청소년에 해당하는 경우에도 피의자의 신상에 관한 정보를 공개할 수 있다.
③ 경찰청장은 각 경찰서장으로 하여금 성폭력범죄 전담 사법경찰관을 지정하도록 하여 특별한 사정이 없으면 이들로 하여금 피해자를 조사하게 하여야 한다.
④ 국가는 성폭력범죄 전담 사법경찰관에게 성폭력범죄의 수사에 필요한 전문지식과 피해자보호를 위한 수사방법 및 수사절차 등에 관한 교육을 실시할 수 있다.

해설 ① ② **「성폭력범죄의 처벌 등에 관한 특례법」** 제25조 제1항 "검사와 사법경찰관은 성폭력범죄의 피의자가 죄를 범하였다고 믿을 만한 충분한 증거가 있고, 국민의 알권리 보장, 피의자의 재범 방지 및 범죄예방 등 오로지 공공의 이익을 위하여 필요할 때에는 얼굴, 성명 및 나이 등 피의자의 신상에 관한 정보를 공개할 수 있다. 다만, 피의자가 「청소년 보호법」 제2조 제1호의 청소년에 해당하는 경우에는 공개하지 아니한다." 청소년 보호법 제2조 제1호의 청소년에 해당하는 경우 피의자의 신상에 관한 정보는 공개금지이다.
③ **「성폭력범죄의 처벌 등에 관한 특례법」** 제26조 제2항
④ **「성폭력범죄의 처벌 등에 관한 특례법」** 제26조 제3항 "국가는 제1항의 검사 및 제2항의 사법경찰관에게 성폭력범죄의 수사에 필요한 전문지식과 피해자보호를 위한 수사방법 및 수사절차 등에 관한 교육을 실시하여야 한다."

06 성폭력범죄의 피해자가 19세 미만이거나 신체적인 · 정신적인 장애로 사물을 변별하거나 의사를 결정할 능력이 미약한 경우 영상물의 촬영 · 보존 등에 대한 설명으로 틀린 것은?

① 피해자의 진술 내용과 조사 과정을 비디오녹화기 등 영상물 녹화장치로 촬영 · 보존하여야 한다.
② 가해자가 친권자 중 일방인 경우를 제외하고, 영상물 녹화는 피해자 또는 법정대리인이 이를 원하지 아니하는 의사를 표시한 경우에는 촬영을 하여서는 아니 된다.
③ 영상물의 녹화가 완료된 때에는 지체 없이 그 원본을 피해자 또는 변호사 앞에서 봉인하고 변호사로 하여금 기명날인 또는 서명하게 하여야 한다.
④ 사법경찰관은 피해자 또는 법정대리인이 신청하는 경우에는 영상물 촬영과정에서 작성한 조서의 사본을 신청인에게 발급하거나 영상물을 재생하여 시청하게 하여야 한다.

해설 ① **「성폭력범죄의 처벌 등에 관한 특례법」** 제30조 제1항, ② 제30조 제2항, ④ 제30조 제5항
③ **「성폭력범죄의 처벌 등에 관한 특례법」** 제30조 제3항 "제1항에 따른 영상물 녹화는 조사의 개시부터 종료까지의 전 과정 및 객관적 정황을 녹화하여야 하고, 녹화가 완료된 때에는 지체 없이 그 원본을 피해자 또는 변호사 앞에서 봉인하고 피해자로 하여금 기명날인 또는 서명하게 하여야 한다."

정답 | **03** | ① | **04** | ④ | **05** | ③ | **06** | ③

07 성폭력범죄의 처벌 등에 관한 법률에 따른 신뢰관계인 · 진술조력인에 대한 설명으로 틀린 것은?

① 신뢰관계에 있는 사람의 동석은 성폭력범죄의 처벌 등에 관한 법률 제2조에 규정된 성폭력범죄의 피해자를 수사기관이 조사하는 경우에 인정된다.

② 수사기관은 피해자와 신뢰관계에 있는 사람이 피해자에게 불리하거나 피해자가 원하지 아니하는 경우에는 동석하게 하여서는 아니 된다.

③ 진술조력인의 수사과정 참여는 성폭력범죄의 피해자가 13세 미만의 아동이거나 신체적인 · 정신적인 장애로 의사소통이나 의사표현에 어려움이 있는 경우에 원활한 조사를 위하여 인정된다.

④ 진술조력인은 조사 전에 피해자를 면담하여 진술조력인 조력 필요성에 관하여 평가한 의견을 수사기관에 제출할 수 있고, 조사과정에 참여한 진술조력인은 피해자의 의사소통이나 표현 능력, 특성 등에 관한 의견을 수사기관에 제출할 수 있다.

> **해설** ①「**성폭력범죄의 처벌 등에 관한 특례법**」제34조 제1항 · 제2항 "① 법원은 <u>제3조부터 제8조까지, 제10조 및 제15조(제9조의 미수범은 제외한다)의 범죄의 피해자를 증인으로 신문하는 경우에</u> 검사, 피해자 또는 법정대리인이 신청할 때에는 재판에 지장을 줄 우려가 있는 등 부득이한 경우가 아니면 피해자와 신뢰관계에 있는 사람을 동석하게 하여야 한다. ② 제1항은 <u>수사기관이 같은 항의 피해자를 조사하는 경우에 관하여 준용한다.</u>" 신뢰관계에 있는 사람의 동석이 인정되는 범죄에 제한이 있고, 성폭력범죄의 처벌 등에 관한 특례법 제2조의 성폭력범죄 전반에 대해 인정되는 것은 아니라는 점에 유의한다.
> ②「**성폭력범죄의 처벌 등에 관한 특례법**」제34조 제3항, ③ 제36조 제1항, ④ 제36조 제3항 · 제4항

08 성폭력범죄의 처벌 등에 관한 특례법에 대한 설명으로 옳은 것은?

① 수사기관은 성폭력범죄를 수사하는 경우 정신건강의학과의사 등 관련 전문가로부터 행위자 또는 피해자의 정신 · 심리상태에 대한 진단 소견 및 피해자의 진술 내용에 관한 의견을 조회할 수 있고, 수사에 그 의견 조회의 결과를 고려할 수 있다.

② 13세 미만이거나 신체적인 · 정신적인 장애로 사물을 변별하거나 의사를 결정할 능력이 미약한 피해자에 대한 성폭력범죄를 수사하는 경우 수사기관은 관련 전문가에게 피해자의 정신 · 심리 상태에 대한 진단 소견 및 진술 내용에 관한 의견을 조회하여야 한다.

③ 피해자가 공판기일에 출석하여 증언하는 것에 현저히 곤란한 사정이 있을 경우에 경찰은 그 사유를 소명하여 제30조에 따라 촬영된 영상물 또는 그 밖의 증거에 대하여 해당 성폭력범죄를 수사하는 검사에게 증거보전(형사소송법 제184조 제1항)의 청구를 할 것을 요청하여야 한다.

④ ③의 경우 피해자가 13세 미만이거나 신체적인 · 정신적인 장애로 사물을 변별하거나 의사를 결정할 능력이 미약한 경우에는 공판기일에 출석하여 증언하는 것에 현저히 곤란한 사정이 있는 것으로 본다.

> **해설** ①「**성폭력범죄의 처벌 등에 관한 특례법**」제33조 제1항, 제2항 및 제4항 본문 "① 법원은 정신건강의학과의사, 심리학자, 사회복지학자, 그 밖의 관련 전문가로부터 <u>행위자 또는 피해자의 정신 · 심리 상태에 대한 진단 소견 및 피해자의 진술 내용에 관한 의견을 조회할 수 있다.</u> ② 법원은 성폭력범죄를 조사 · 심리할 때에는 제1항에 따른 <u>의견 조회의 결과를 고려하여야</u> 한다. ④ 제1항부터 제3항까지의 규정은 <u>수사기관이 성폭력범죄를 수사하는 경우에 준용한다.</u> 다만, 피해자가 <u>13세 미만이거나 신체적인 또는 정신적인 장애로 사물을 변별하거나 의사를 결정할 능력이 미약한 경우에는 관련 전문가에게 피해자의 정신 · 심리 상태에 대한 진단 소견 및 진술 내용에 관한 <u>의견을 조회하여야 한다.</u>" 수사에 의견 조회의 결과를 고려하여야 한다.
> ②「**성폭력범죄의 처벌 등에 관한 특례법**」제33조 제4항 단서

③ ④ 「**성폭력범죄의 처벌 등에 관한 특례법**」 **제41조 제1항** "피해자나 그 법정대리인 또는 경찰은 피해자가 공판기일에 출석하여 증언하는 것에 현저히 곤란한 사정이 있을 때에는 그 사유를 소명하여 제30조에 따라 촬영된 영상물 또는 그 밖의 다른 증거에 대하여 해당 성폭력범죄를 수사하는 검사에게 「형사소송법」 제184조(증거보전의 청구와 그 절차)제1항에 따른 증거보전의 청구를 할 것을 요청할 수 있다. 이 경우 피해자가 16세 미만이거나 신체적인 또는 정신적인 장애로 사물을 변별하거나 의사를 결정할 능력이 미약한 경우에는 공판기일에 출석하여 증언하는 것에 현저히 곤란한 사정이 있는 것으로 본다."

아동·청소년의 성보호에 관한 법률

01 아동 · 청소년의 성보호에 관한 법률상 개념의 "정의(제2조)"에 대한 설명으로 틀린 것은?

① "아동 · 청소년"이란 19세 미만의 자를 말하고, 19세에 도달하는 연도의 1월 1일을 맞이한 자는 제외한다.

② "아동 · 청소년의 성을 사는 행위"의 대가는 금품이나 그 밖의 재산상 이익 이외에 직무 · 편의 제공 등도 포함된다.

③ "아동 · 청소년의 성을 사는 행위"에는 신체의 전부 · 일부를 접촉 · 노출하는 행위로서 일반인의 성적 수치심이나 혐오감을 일으키는 행위는 물론 자위행위도 포함된다.

④ "아동 · 청소년성착취물"은 아동 · 청소년이 등장하여야 하고, 아동 · 청소년으로 명백하게 인식될 수 있는 사람이나 표현물이 등장하는 것은 포함되지 않는다.

> **해설** ① 「아동 · 청소년의 성보호에 관한 법률」 제2조 제1호, ② 제2조 제4호, ③ 제2조 제4호 다목 · 라목 ③과 관련하여 성매매알선 등 행위의 처벌에 관한 법률에 규정된 "성매매(성교 행위와 유사 성교 행위)"에 해당하는 경우는 물론 지문의 경우도 포함된다는 점에서 그 범위가 성매매보다 넓다.
>
> ④ 「아동 · 청소년의 성보호에 관한 법률」 제2조 제5호 ""아동 · 청소년성착취물"이란 아동 · 청소년 또는 아동 · 청소년으로 명백하게 인식될 수 있는 사람이나 표현물이 등장하여 제4호 각 목의 어느 하나에 해당하는 행위를 하거나 그 밖의 성적 행위를 하는 내용을 표현하는 것으로서 필름 · 비디오물 · 게임물 또는 컴퓨터나 그 밖의 통신매체를 통한 화상 · 영상 등의 형태로 된 것을 말한다." 아동 · 청소년이 아닌 성인이 등장하더라도 아동 · 청소년으로 명백하게 인식될 수 있다면 "아동 · 청소년성착취물"에 해당한다. 기존의 "아동 · 청소년이용음란물"이 아동 · 청소년성착취물로 개정(20. 6. 2. 시행)하였고, 새로이 개정된 법이 2021. 9. 24. 시행된다는 점에 유의한다.

02 아동 · 청소년의 성보호에 관한 법률상 "아동 · 청소년의 성을 사는 행위"는 모두 몇 개인가?

> ㉠ 성교 행위 ㉡ 구강 · 항문 등 신체의 일부나 도구를 이용한 유사 성교 행위
> ㉢ 자위 행위 ㉣ 성적 수치심을 주는 성희롱 등의 성적 학대행위
> ㉤ 손님과 함께 술을 마시거나 노래 또는 춤 등으로 손님의 유흥을 돋우는 접객행위
> ㉥ 신체의 전부 또는 일부를 접촉 · 노출하는 행위

① 2개 ② 3개 ③ 4개 ④ 5개

> **해설** 「아동 · 청소년의 성보호에 관한 법률」 제2조 제4호: ㉠ ㉡ ㉢이 아동 · 청소년의 성을 사는 행위에 해당한다.
> ㉣ 아동복지법상의 금지행위(제17조)에 해당한다. ㉤ 청소년 보호법상 청소년유해행위(제30조)에 해당한다.
> ㉥ 신체의 전부 또는 일부를 접촉 · 노출하는 것으로는 부족하고 일반인의 성적 수치심이나 혐오감을 일으키는 행위여야 아동 · 청소년의 성을 사는 행위에 해당한다.

03 아동 · 청소년의 성보호에 관한 법률에 따라 법정형이 가장 중한 행위는?

① 아동 · 청소년에 대하여 폭행이나 협박으로 구강 · 항문 등 신체(성기 제외)의 내부에 성기를 넣는 행위를 한 자

② 아동 · 청소년의 성을 사는 행위를 한 자

③ 아동·청소년성착취물을 제작·수입 또는 수출한 자
④ 폭행·협박으로 아동·청소년으로 하여금 아동·청소년의 성을 사는 행위의 상대방이 되게 한 자

해설 ① 「**아동·청소년의 성보호에 관한 법률**」 제7조 제2항 제1호에 따라 <u>5년 이상의 유기징역</u>에 처한다.
② 「**아동·청소년의 성보호에 관한 법률**」 제13조 제1항에 따라 <u>1년 이상 10년 이하의 징역 또는 2천만원 이상 5천만원 이하의 벌금</u>에 처한다.
③ 「**아동·청소년의 성보호에 관한 법률**」 제11조 제1항에 따라 <u>무기징역 또는 5년 이상의 유기징역</u>에 처한다. 아동·청소년의 성보호에 관한 법률상 "강간 등 상해·치상(제9조) 및 강간 등 살인·치사(제10조)"를 제외하고, <u>무기형 또는 5년 이상의 유기징역</u>이 법정형으로 규정된 경우는 지문 이외에 "폭행 또는 협박으로 아동·청소년을 강간한 사람(제7조 제1항), 아동·청소년에 대한 준강간(제7조 제4항), 아동·청소년의 성을 사는 행위 또는 아동·청소년성착취물을 제작하는 행위의 대상이 될 것을 알면서 아동·청소년을 매매 또는 국외에 이송하거나 국외에 거주하는 아동·청소년을 국내에 이송한 자(제12조 제1항)"가 있다. 아동·청소년성착취물의 제작·수입·수출은 법정형이 높다는 점을 기억한다.
④ 「**아동·청소년의 성보호에 관한 법률**」 제14조 제1항 제1호에 따라 <u>5년 이상의 유기징역</u>에 처한다.

04 아동·청소년의 성보호에 관한 법률상 미수범 처벌규정이 있는 경우는 모두 몇 개인가?

> ㉠ 폭행 또는 협박으로 아동·청소년을 강간하는 경우
> ㉡ 19세 이상의 사람이 장애 아동·청소년을 간음하는 경우
> ㉢ 아동·청소년성착취물을 배포·제공하거나 이를 목적으로 광고·소개하는 경우
> ㉣ 아동·청소년의 성을 사는 행위의 대상이 될 것을 알면서 아동·청소년을 매매하는 경우
> ㉤ 폭행·협박으로 아동·청소년으로 하여금 아동·청소년의 성을 사는 행위의 상대방이 되게 하는 경우
> ㉥ 업으로 아동·청소년의 성을 사는 행위의 장소를 제공하는 경우
> ㉦ 폭행이나 협박으로 아동·청소년대상 성범죄의 피해자를 상대로 합의를 강요하는 경우

① 2개　　　　② 3개　　　　③ 4개　　　　④ 5개

해설 「**아동·청소년의 성보호에 관한 법률**」: ㉠ ㉣ ㉤이 미수범 처벌 규정이 있다.

	미수 및 예비·음모 처벌
아동·청소년에 대한 강간·강제추행 등(제7조 전부)	
아동·청소년성착취물을 제작·수입·수출(제11조 제1항) 아동·청소년 매매행위(제12조 제1항) 아동·청소년에 대한 강요행위 등(제14조 제1항 및 제2항)	**미수 처벌**/예비·음모 불벌
장애인인 아동·청소년에 대한 간음 등(제8조) 13세 이상 16세 미만 아동·청소년에 대한 간음 등(제8조의2) 강간 등 상해·치상(제9조) 강간 등 살인·치사(제10조) 아동·청소년성착취물의 제작·배포 등(제11조 - 제1항 제외) 아동·청소년의 성을 사는 행위 등(제13조) 아동·청소년에 대한 강요행위 등(제14조 제3항 - 영업 아닌 유인·권유) 알선영업행위 등(제15조 전부) 아동청소년에 대한 성착취 목적 대화 등(제15조의2 - 2021. 9. 24. 시행) 피해자 등에 대한 강요행위(제16조)	미수 및 예비·음모 불벌

05 아동 · 청소년의 성보호에 관한 법률에 대한 설명으로 옳은 것은?

① 음주 또는 약물로 인한 심신장애 상태에서 아동 · 청소년대상 성폭력범죄를 범한 때에는 형법 제10조 제1항(심신상실자) · 제2항(심신미약자) 및 제11조(농아자)를 적용하지 아니할 수 있다.

② 아동 · 청소년에 대한 강간 · 강제추행 등(제7조), 장애인인 아동 · 청소년에 대한 간음 등(제8조) 및 13세 이상 16세 미만 아동 · 청소년에 대한 간음 등(제8조의2)의 죄는 디엔에이(DNA)증거 등 그 죄를 증명할 수 있는 과학적인 증거가 있는 때에는 공소시효가 10년 연장된다.

③ 16세 미만의 사람 및 신체적인 또는 정신적인 장애가 있는 사람에 대하여 아동 · 청소년의 성보호에 관한 법률상 강간 등 상해 · 치상(제9조) 및 강간 등 살인 · 치사(제10조)의 죄를 범한 경우에는 공소시효를 적용하지 아니한다.

④ 법원은 아동 · 청소년대상 성범죄를 범한 소년법 제2조의 소년(19세 미만인 자)에 대하여 형의 선고를 유예하는 경우에는 보호관찰을 명할 수 있다.

> **해설** ① 「**아동 · 청소년의 성보호에 관한 법률**」 **제19조**
>
> ② 「**아동 · 청소년의 성보호에 관한 법률**」 **제20조 제2항** "<u>제7조의 죄</u>는 디엔에이(DNA)증거 등 그 죄를 증명할 수 있는 과학적인 증거가 있는 때에는 <u>공소시효가 10년 연장된다</u>." 제8조 및 제8조의2는 공소시효 연장의 대상범죄가 아니다. 성폭력범죄의 처벌 등에 관한 법률과 유사하게 "아동 · 청소년대상 성범죄의 공소시효는 「형사소송법」 제252조 제1항에도 불구하고 해당 성범죄로 피해를 당한 아동 · 청소년이 성년에 달한 날부터 진행한다(제20조 제1항)."
>
> ③ 「**아동 · 청소년의 성보호에 관한 법률**」 **제20조 제3항** "<u>13세 미만의 사람 및 신체적인 또는 정신적인 장애가 있는 사람</u>에 대하여 다음 각 호의 죄를 범한 경우에는 제1항과 제2항에도 불구하고 「형사소송법」 제249조부터 제253조까지 및 「군사법원법」 제291조부터 제295조까지에 규정된 <u>공소시효를 적용하지 아니한다</u>. 1. 「형법」 제297조(강간), 제298조(강제추행), 제299조(준강간, 준강제추행), 제301조(강간등 상해 · 치상), 제301조의2(강간등 살인 · 치사) 또는 제305조(미성년자에 대한 간음, 추행)의 죄, 2. <u>제9조 및 제10조의 죄</u>, 3. 「성폭력범죄의 처벌 등에 관한 특례법」 제6조 제2항, 제7조 제2항 · 제5항, 제8조, 제9조의 죄"
>
> ④ 「**아동 · 청소년의 성보호에 관한 법률**」 **제21조 제1항** "법원은 아동 · 청소년대상 성범죄를 범한 「소년법」 제2조의 소년(19세 미만인 자)에 대하여 형의 선고를 유예하는 경우에는 <u>반드시 보호관찰을 명하여야 한다</u>."

06 아동 · 청소년의 성보호에 관한 법률상의 "디지털 성범죄"가 아닌 것은?

① 아동 · 청소년의 성보호에 관한 법률 제11조(아동 · 청소년성착취물의 제작 · 배포 등)의 죄

② 아동 · 청소년에 대한 성폭력범죄의 처벌 등에 관한 특례법 제13조(통신매체를 이용한 음란행위)의 죄

③ 아동 · 청소년의 성보호에 관한 법률 제15조의2(아동 · 청소년에 대한 성착취 목적 대화 등)의 죄

④ 아동 · 청소년에 대한 성폭력범죄의 처벌 등에 관한 특례법 제14조(카메라 등을 이용한 촬영) 제2항 및 제3항의 죄

> **해설** ① ③ ④ 「**아동 · 청소년의 성보호에 관한 법률**」 **제25조의2 제1항**: 6번 – 11번까지 문제는 21. 9. 24. 시행 법률 기준
>
> ② 아동 · 청소년에 대한 성폭력범죄의 처벌 등에 관한 특례법 제13조(<u>통신매체를 이용한 음란행위</u>), 제14조의2(허위영상물 등의 반포등) 및 제14조의3(<u>촬영물 등을 이용한 협박 · 강요</u>)의 죄는 아동 · 청소년의 성보호에 관한 법률상의 "디지털 성범죄"에 해당하지 않으므로 동법이 예정하고 있는 <u>신분비공개수사 및 신분위장수사가 허용되지 않는다</u>는 점에 유의한다.

07 아동 · 청소년의 성보호에 관한 법률상 "디지털 성범죄의 수사"에 대한 설명으로 틀린 것은?

① 디지털 성범죄 수사의 유형으로 신분비공개수사, 신분위장수사, 긴급 신분비공개수사 및 긴급 신분위장수사가 규정되어 있다.

② 신분비공개수사는 법원의 허가를 요하지 않는다는 점에서 법원의 (사전 또는 사후)허가가 필요한 신분위장수사와 구별된다.

③ 신분비공개수사란 사법경찰관리가 신분을 비공개하고 범죄현장(정보통신망을 포함한다) 또는 범인으로 추정되는 자들에게 접근하여 범죄행위의 증거 및 자료 등을 수집하는 것을 말한다.

④ 신분위장수사란 사법경찰관리가 신분을 위장하기 위한 문서·도화·전자기록 등의 작성·변경·행사나 위장 신분을 사용한 계약·거래 등의 행위를 하는 것을 말한다.

> **해설** ① 「아동 · 청소년의 성보호에 관한 법률」 제25조의2 제1항·제2항 및 제25조의4 제1항에 따라 <u>신분비공개수사, 신분위장수사 및 긴급 신분위장수사</u>가 규정되어 있다. 신분비공개수사는 법원의 허가를 요하지 않는다는 점에서 (긴급)신분위장수사와 구별되고, 긴급 신분위장수사는 법원의 사후허가를 요한다는 점에서 법원의 사전허가를 요하는 신분위장수사와 구별된다.
> ② 「아동 · 청소년의 성보호에 관한 법률」 제25조의3 제1항·제3항 및 제25조의4 제1항·제2항, ③ 제25조의2 제1항, ④ 제25조의2 제2항 각 호 ④와 관련하여 이외에도 사법경찰관리는 신분위장수사로 아동 · 청소년 성착취물 또는 「성폭력범죄의 처벌 등에 관한 특례법」 제14조 제2항의 촬영물 또는 복제물(복제물의 복제물을 포함한다)의 소지, 판매 또는 광고를 할 수 있다.

08 아동 · 청소년의 성보호에 관한 법률에 따른 "신분비공개수사, 신분위장수사 및 긴급 신분위장수사"에 대한 설명으로 옳은 것은?

① 신분비공개수사를 진행하고자 할 때에는 사전에 국가수사본부장 또는 시·도경찰청장의 승인을 받아야 하고, 그 수사기간은 3개월을 초과할 수 없다.

② 긴급 신분위장수사의 경우 다른 방법으로는 그 범죄의 실행을 저지하거나 범인의 체포 또는 증거의 수집이 어려운 경우에 한정하여 수사 목적을 달성하기 위하여 부득이한 때라는 요건을 요하지 않는다.

③ 신분위장수사의 기간은 원칙적으로 3개월을 초과할 수 없고, 그 수사기간 중 수사의 목적이 달성되었을 경우에는 기간 만료 전이라도 종료할 수 있다.

④ 신분위장수사의 요건이 존속하여 허가받은 수사기간을 연장할 필요가 있는 경우 3개월의 범위에서 연장이 가능하고, 이 경우 신분위장수사의 총 기간은 1년을 초과할 수 없다.

> **해설** ① 「아동 · 청소년의 성보호에 관한 법률」 제25조의3 제1항 "사법경찰관리가 신분비공개수사를 진행하고자 할 때에는 사전에 <u>상급 경찰관서 수사부서의 장의 승인</u>을 받아야 한다. 이 경우 그 수사기간은 <u>3개월을 초과할 수 없다.</u>" 긴급한 경우 사전 승인 없이 신분비공개수사를 하고, 사후에 상급 경찰관서 수사부서의 장의 승인을 받는 방식("긴급 신분비공개수사")은 명시되어 있지 않다.
> ② 「아동 · 청소년의 성보호에 관한 법률」 제25조의4 제1항 "사법경찰관리는 <u>제25조의2 제2항의 요건을 구비</u>하고, 제25조의3 제3항부터 제8항까지에 따른 절차를 거칠 수 없는 긴급을 요하는 때에는 법원의 허가 없이 신분위장수사를 할 수 있다." 신분위장수사와 긴급 신분위장수사는 그 요건(제25조의2 제2항)은 동일하고, 다만 긴급 신분위장수사는 법원의 허가를 발부받는 절차를 거칠 수 없는 긴급을 요하는 때에 할 수 있다는 점에서 차이가 있다.

③ 「**아동 · 청소년의 성보호에 관한 법률**」 제25조의3 제7항 "신분위장수사의 기간은 <u>3개월</u>을 초과할 수 없으며, 그 <u>수사기간 중 수사의 목적이 달성되었을 경우에는 즉시 종료</u>하여야 한다."

④ 「**아동 · 청소년의 성보호에 관한 법률**」 제25조의3 제8항

09 아동 · 청소년의 성보호에 관한 법률에 따른 "신분위장수사 및 긴급 신분위장수사"에 대한 설명으로 틀린 것은?

① 신분위장수사와 긴급 신분위장수사의 적법요건인 법원의 허가를 받기 위해 사법경찰관리는 검사에게 (긴급)신분위장수사에 대한 허가를 신청하고, 검사는 법원에 그 허가를 청구한다.

② 사법경찰관리가 긴급 신분위장수사를 개시한 후 법원의 허가를 받은 때에 원칙적으로 신분위장수사의 기간은 3개월을 초과할 수 없으나, 신분위장수사의 요건이 존속하여 그 수사기간을 연장할 필요가 있는 경우에는 3개월의 범위에서 연장이 가능하다.

③ 사법경찰관리가 법원의 허가 없이 신분위장수사를 개시한 경우 24시간 이내에 검사에게 허가를 신청하여야 하고, 48시간 이내에 법원의 허가를 받지 못한 때에는 즉시 신분위장수사를 중지하여야 한다.

④ 신분위장수사와 긴급 신분위장수사의 기간 중 수사의 목적이 달성되었을 경우에는 즉시 종료하여야 한다.

해설 ① 「**아동 · 청소년의 성보호에 관한 법률**」 제25조의3 제3항 및 제25조의4 제2항 전단, ② ④ 제25조의3 제7항 · 제8항 및 제25조의4 제3항

③ 「**아동 · 청소년의 성보호에 관한 법률**」 제25조의4 제2항 "사법경찰관리는 제1항에 따른 신분위장수사 개시 후 <u>지체 없이 검사에게 허가를 신청</u>하여야 하고, 사법경찰관리는 <u>48시간 이내</u>에 법원의 허가를 받지 못한 때에는 <u>즉시 신분위장수사를 중지</u>하여야 한다."

10 아동 · 청소년의 성보호에 관한 법률에 따른 "신분비공개수사, 신분위장수사 및 긴급 신분위장수사"에 대한 설명으로 옳은 것은?

① 디지털 성범죄에 대한 신분비공개수사 · 신분위장수사(제25조의2부터 제25조의4)로 수집한 증거 및 자료 등은 그 수사의 목적이 된 디지털 성범죄나 이와 관련되는 범죄를 수사 · 소추하기 위하여 사용하는 경우를 제외하고 다른 용도로 사용할 수는 없다.

② 디지털 성범죄의 수사와 관련하여 국가수사본부장이 대통령령으로 정하는 바에 따라 국가경찰위원회 및 국회 소관 상임위원회에 보고하여야 하는 수사는 신분비공개수사에 한한다.

③ 사법경찰관리가 신분비공개수사 · 신분위장수사 중 부득이한 사유로 위법행위를 한 경우에 그 행위에 대한 형사책임 및 국가공무원법에 따른 징계 · 문책 요구 등의 책임을 묻지 아니한다.

④ 사법경찰관리가 신분비공개수사 · 신분위장수사 행위로 타인에게 손해를 발생시킨 경우에 그 손해에 대한 책임을 지지 아니한다.

해설 ① 「**아동 · 청소년의 성보호에 관한 법률**」 제25조의5 "사법경찰관리가 제25조의2부터 제25조의4까지에 따라 수집한 증거 및 자료 등은 다음 각 호의 어느 하나에 해당하는 경우 외에는 사용할 수 없다. 1. 신분비공개수사 또는 신분위장수사의 목적이 된 디지털 성범죄나 이와 관련되는 <u>범죄를 수사 · 소추하거나 그 범죄를 예방</u>하기 위하여 사용하는 경우, 2. 신분비공개수사 또는 신분위장수사의 목적이 된 디지털 성범죄나 이와 관련되는 <u>범죄로 인한 징계절차에 사용</u>하는 경우, 3. 증거 및 자료 수집의 대상자가 제기하는 <u>손해배상청구소송에서 사용</u>하는 경우, 4. 그 밖에 다른 <u>법률의 규정에 의하여 사용</u>하는 경우" 디지털 성범죄를 예방하기 위해 사용할 수 있을 뿐만 아니라 제2호 내지 제4호의 목적으로 사용이 허용된다.

② 「**아동 · 청소년의 성보호에 관한 법률**」 제25조의6 옳은 설명이다. 신분위장수사는 국가경찰위원회 및 국회

소관 상임위원회에 대한 보고의 대상이 아니다. "① 「국가경찰과 자치경찰의 조직 및 운영에 관한 법률」 제16조 제1항에 따른 국가수사본부장(이하 "국가수사본부장"이라 한다)은 신분비공개수사가 종료된 즉시 대통령령으로 정하는 바에 따라 같은 법 제7조 제1항에 따른 국가경찰위원회에 수사 관련 자료를 보고하여야 한다. ② 국가수사본부장은 대통령령으로 정하는 바에 따라 국회 소관 상임위원회에 신분비공개수사 관련 자료를 반기별로 보고하여야 한다."

③ **「아동·청소년의 성보호에 관한 법률」 제25조의8 제1항·제2항** "① 사법경찰관리가 신분비공개수사 또는 신분위장수사 중 부득이한 사유로 위법행위를 한 경우 그 행위에 고의나 중대한 과실이 없는 경우에는 벌하지 아니한다. ② 제1항에 따른 위법행위가 「국가공무원법」 제78조 제1항에 따른 징계 사유에 해당하더라도 그 행위에 고의나 중대한 과실이 없는 경우에는 징계 요구 또는 문책 요구 등 책임을 묻지 아니한다." 고의 또는 중대한 과실이 있는 경우 형사책임 또는 징계책임 등을 물을 수 있다.

④ **「아동·청소년의 성보호에 관한 법률」 제25조의8 제3항** "신분비공개수사 또는 신분위장수사 행위로 타인에게 손해가 발생한 경우라도 사법경찰관리는 그 행위에 고의나 중대한 과실이 없는 경우에는 그 손해에 대한 책임을 지지 아니한다." 고의 또는 중대한 과실이 있는 경우에도 손해에 대해 면책되는 것은 아니다.

11 아동·청소년의 성보호에 관한 법률에 따른 "신분비공개수사, 신분위장수사 및 긴급 신분위장수사"에 대한 설명으로 틀린 것은 모두 몇 개인가?

> ㉠ 아동·청소년의 성보호에 관한 법률 제15조의2(아동·청소년에 대한 성착취 목적 대화 등)는 동법상의 디지털 성범죄에 해당한다.
> ㉡ 사법경찰관리가 신분비공개수사를 진행하고자 할 때에는 소속 기관의 장의 승인을 받아야 하고, 소속 기관의 장은 6개월의 범위 내에서 기간을 정하여 승인할 수 있다.
> ㉢ 디지털 성범죄를 수사하는 사법경찰관이 정보통신망에서 대화하는 상대방의 질문에 대해 다른 직업을 말하는 것은 신분위장수사에 해당한다.
> ㉣ 신분위장수사 및 긴급 신분위장수사의 기간 중 수사의 목적이 달성되었더라도 법원의 허가 기간이 남아 있는 경우 신분위장수사를 계속할 수 있다.
> ㉤ 국가수사본부장은 신분비공개수사와 관련된 자료를 반기별로 국가경찰위원회에, 신분위장수사와 관련된 자료를 분기별로 국회 소관 상임위원회에 보고하여야 한다.

① 2개　　　　② 3개　　　　③ 4개　　　　④ 5개

해설 **「아동·청소년의 성보호에 관한 법률」**: ㉠ 옳은 설명이다.
㉡ **제25조의3 제1항** "사법경찰관리가 신분비공개수사를 진행하고자 할 때에는 사전에 상급 경찰관서 수사부서의 장의 승인을 받아야 한다. 이 경우 그 수사기간은 3개월을 초과할 수 없다."
㉢ **제25조의3 제2항**은 "1. 신분을 위장하기 위한 문서, 도화 및 전자기록 등의 작성, 변경 또는 행사, 2. 위장 신분을 사용한 계약·거래, 3. 아동·청소년성착취물 또는 「성폭력범죄의 처벌 등에 관한 특례법」 제14조 제2항의 촬영물 또는 복제물(복제물의 복제물을 포함한다)의 소지, 판매 또는 광고"만을 신분위장수사로 규정하고 있으므로, 여기에 해당하지 않고 단지 신분을 밝히지 않거나 구두로 다른 직업이나 인적사항을 말하는 것은 신분비공개수사에 해당한다.
㉣ **제25조의3 제7항** "신분위장수사의 기간은 3개월을 초과할 수 없으며, 그 수사기간 중 수사의 목적이 달성되었을 경우에는 즉시 종료하여야 한다." 제25조의4 제3항에서 긴급 신분위장수사의 경우에도 제25조의3 제7항을 준용하고 있다.
㉤ **제25조의6**은 신분위장수사에 대해서는 국가경찰위원회 및 국회 소관 상임위원회의 통제를 규정하고 있지 않다. 신분비공개수사의 경우 대통령령이 정하는 바에 따라 신분비공개수사가 종료된 즉시 국가경찰위원회에, 반기별로 국회 소관 상임위원회에 (수사)관련 자료를 보고하도록 규정하고 있다.

01 학교폭력예방 및 대책에 관한 법률상 개념의 "정의(제2조)"에 대한 설명으로 틀린 것은?

① "학교폭력"이란 학교 내에서 학생을 대상으로 발생한 상해 등에 의하여 신체·정신 또는 재산 상의 피해를 수반하는 행위를 말한다.

② "따돌림"이란 학교 내외에서 2명 이상의 학생들이 특정인이나 특정집단의 학생들을 대상으로 지속적이거나 반복적으로 신체적·심리적 공격을 가하여 상대방이 고통을 느끼도록 하는 모 든 행위를 말한다.

③ "사이버 따돌림"이란 인터넷, 휴대전화 등 정보통신기기를 이용하여 학생들이 특정 학생들을 대상으로 지속적, 반복적으로 심리적 공격을 가하거나, 특정 학생과 관련된 개인정보 또는 허 위사실을 유포하여 상대방이 고통을 느끼도록 하는 모든 행위를 말한다.

④ "가해학생"이란 가해자 중에서 학교폭력을 행사하거나 그 행위에 가담한 학생을 말한다.

> **해설**   ① 「**학교폭력예방 및 대책에 관한 법률**」 제2조 제1호 ""학교폭력"이란 <u>학교 내외에서</u> 학생을 대상으로 발생한 상해, 폭행, 감금, 협박, 약취·유인, 명예훼손·모욕, 공갈, 강요·강제적인 심부름 및 성폭력, 따돌림, 사이 버 따돌림, 정보통신망을 이용한 음란·폭력 정보 등에 의하여 신체·정신 또는 재산상의 피해를 수반하는 행위를 말한다.
> ② 「**학교폭력예방 및 대책에 관한 법률**」 제2조 제1호의2, ③ 제2조 제1호의3, ④ 제2조 제3호

02 학교폭력예방 및 대책에 관한 법률에 대한 설명으로 옳은 것은?

① 교육부장관, 교육감, 지역 교육장, 학교의 장은 학교폭력과 관련한 개인정보 등을 경찰청장, 시·도경찰청장, 관할 경찰서장에게 요청할 수 있고, 요청받은 경찰청장, 시·도경찰청장, 관 할 경찰서장은 그 요청에 따를 수 있다.

② 반성문의 제출 및 피해학생에 대한 구두 사과는 학교폭력예방 및 대책에 관한 법률 제17조에 규정된 가해학생에 대한 조치에 해당한다.

③ 국가는 학교폭력 예방 및 근절을 위하여 학교폭력 업무 등을 전담하는 경찰관을 둘 수 있다.

④ 학교폭력의 예방 및 대책과 관련된 업무를 수행하거나 수행하였던 사람은 그 직무로 인하여 알게 된 비밀 또는 가해학생·피해학생 및 제20조에 따른 신고자·고발자와 관련된 자료를 누 설하여서는 아니 되고, 위반 시 학교폭력예방 및 대책에 관한 법률에 따라 과태료가 부과된다.

> **해설**   ① 「**학교폭력예방 및 대책에 관한 법률**」 제11조의3 제1항·제2항 "① 교육부장관, 교육감, 지역 교육장, 학교 의 장은 학교폭력과 관련한 개인정보 등을 경찰청장, 시·도경찰청장, 관할 경찰서장 및 관계 기관의 장에게 <u>요청할 수 있다.</u> ② 제1항에 따라 정보제공을 요청받은 경찰청장, 시·도경찰청장, 관할 경찰서장 및 관계 기 관의 장은 <u>특별한 사정이 없으면 그 요청을 따라야 한다.</u>"
> ② 「**학교폭력예방 및 대책에 관한 법률**」 제17조 제1항 "① 본문 생략. 다만, 퇴학처분은 의무교육과정에 있는 가해학생에 대하여는 적용하지 아니한다. 1. 피해학생에 대한 <u>서면사과</u>, 2. 피해학생 및 신고·고발 학생에 대한 접촉, 협박 및 보복행위의 금지, 3. 학교에서의 봉사, 4. 사회봉사, 5. 학내외 전문가에 의한 특별 교육이 수 또는 심리치료, 6. 출석정지, 7. 학급교체, 8. 전학, 9. 퇴학처분" 사과는 서면사과에 한하고, 반성문의 제 출은 조치에 포함되어 있지 않다.
> ③ 「**학교폭력예방 및 대책에 관한 법률**」 제20조의6 제1항

④ 「**학교폭력예방 및 대책에 관한 법률**」 **제22조** "제21조 제1항을 위반한 자는 1년 이하의 징역 또는 1천만원 이하의 벌금에 처한다." **제21조 제1항** "이 법에 따라 학교폭력의 예방 및 대책과 관련된 업무를 수행하거나 수행하였던 자는 그 직무로 인하여 알게 된 비밀 또는 가해학생 · 피해학생 및 제20조에 따른 신고자 · 고발 자와 관련된 자료를 누설하여서는 아니 된다." 위반시 형사처벌의 대상이다.

가정폭력범죄의 처벌 등에 관한 특례법

01 「가정폭력범죄의 처벌 등에 관한 특례법」상 가정폭력 범죄에 해당하는 것은 모두 몇 개인가?

(2016년 제1차)

㉠ 살인　ㄴ 폭행　ㄷ 중상해　ㄹ 영아유기　ㅁ 특수공갈

① 1개 　　　② 2개 　　　③ 3개 　　　④ 4개

해설 살인을 제외한 나머지 범죄는 모두 가정폭력범죄에 해당한다.

분석

가정폭력범죄의 처벌 등에 관한 특례법상 가정폭력범죄와 관련하여 독립된 유형의 문제로 2회 출제되었고, 다른 조문의 내용과 결합하여 3회 출제되었습니다. 제2조 제3호에 규정되어 있는 범죄(유의: 법률 개정으로 범위 확대)를 정확히 기억하고 있는지를 확인하는 수준이었습니다. 기출 경향을 보면 세부적인 형법상의 죄명보다는 어떤 종류의 범죄라는 정도를 기억하면 비슷한 유형의 문제에 충분히 대비 가능할 것으로 보이고, 정의 규정과 관련하여 문구를 다소 변경하여 오답을 유도하는 문제에 유의하여야 합니다.

가정폭력범죄의 처벌 등에 관한 특례법의 경우 정의(제2조), 신고의무 등(제4조), 가정폭력범죄에 대한 응급조치(제5조), 고소에 관한 특례(제6조), 사법경찰관의 사건 송치(제7조), 임시조치의 청구 등(제8조), 긴급임시조치(제8조의2), 긴급임시조치와 임시조치의 청구(제8조의3) 등 경찰이 관여하는 분야는 모두 출제가 되었기 때문에 기출된 조문을 정확히 기억하고 있어야 합니다. 특히 판사가 행하는 6가지의 임시조치(제29조 제1항) 가운데 사법경찰관이 취하는 긴급임시조치(제29조 제1항 제1호 내지 3호의 조치만 가능) 및 사법경찰관이 신청하는 임시조치(제29조 제1항 제1호 내지 제3호 및 제5호 – 제4호인 "의료기관이나 그 밖의 요양소에의 위탁" 제외)를 유의해서 기억해야 합니다. 가정폭력범죄의 처벌 등에 관한 특례법의 주요 부분은 아래의 표를 참조하기 바랍니다.

【정의 규정 개관】 – 정의 규정의 내용에 변형을 가하여 오답을 유도할 가능성이 있으므로 정확히 기억

개념	내용
가정폭력	가정구성원 사이의 신체적 · 정신적 · 재산상(포함됨에 유의) 피해를 수반하는 행위
가정 구성원	· 배우자(사실상 혼인관계에 있는 사람 포함 – 유의) 또는 배우자였던 사람 · 자기 또는 배우자와 직계존비속관계(사실상의 양친자관계 포함 – 유의)에 있거나 있었던 사람 · 계부모와 자녀의 관계 또는 적모(嫡母)와 서자(庶子)의 관계에 있거나 있었던 사람 · 동거하는 친족(※ 유의 – 동거하는 친족관계에 있었던 자 또는 동거하였던 친족X)
가정 폭력범죄	· 상해와 폭행, 유기 · 학대 · 아동혹사, 체포와 감금, 협박, 강간과 추행, 명예훼손과 모욕, 주거침입의 죄(제36장 모두), 강요, 공갈, 재물손괴 · 특수손괴, 카메라등이용촬영, 정보통신망 이용촉진 및 정보보호 등에 관한 법률 제74조 제1항 제3호의 죄(공포심 · 불안감 유발 부호 등 반복 도달) · 위의 죄로서 다른 법률에 따라 가중처벌되는 죄 　※ 유의 – 다른 법률에 따라 가중처벌되는 경우 제외(X)
가정폭력 행위자	가정폭력범죄를 범한 사람 및 가정구성원인 공범 　※ 유의 – 가정구성원 아닌 공범은 가정폭력행위자(X)

피해자	가정폭력범죄로 인하여 <u>직접적</u>으로 피해를 입은 사람 **※ 유의 – 간접적 피해(X)**: 가정폭력범죄로 인하여 직접적 또는 간접적으로 피해를 입은 사람(X)
아동	아동복지법 제3조 제1호에 따른 아동: <u>18세 미만인 사람</u> **※ 유의 – 18세 이하인 사람(X)**

02 「가정폭력범죄의 처벌 등에 관한 특례법」상 가정폭력범죄에 해당하지 않는 것은? (2015년 제1차)

① 공갈죄 ② 주거·신체수색죄 ③ 약취·유인죄 ④ 명예훼손죄

해설 약취·유인죄는 해당되지 않는다. 【정의 규정 개관】 표 참조. ②와 관련하여 개정된 법률의 시행으로 범위가 확대되어 주거침입의 죄(제36장)에 해당하는 주거침입·퇴거불응(제319조) 및 특수주거침입(제320조)도 해당된다.

03 「가정폭력범죄의 처벌 등에 관한 특례법」 제5조(가정폭력범죄에 대한 응급조치) 상 진행 중인 가정폭력범죄에 대하여 신고를 받은 사법경찰관리가 즉시 현장에 나가서 취해야 하는 응급조치로 거리가 먼 것을 모두 고른 것은? (2013년 제1차 – 현행법 반영 수정)

> ㉠ 피해자 또는 가정구성원의 주거 또는 점유하는 방실(房室)로부터의 퇴거 등 격리
> ㉡ 피해자 또는 가정구성원의 주거, 직장 등에서 100미터 이내의 접근 금지
> ㉢ 피해자 또는 가정구성원에 대한 전기통신을 이용한 접근 금지
> ㉣ 폭력행위의 제지, 가정폭력행위자·피해자의 분리, 현행범인의 체포 등 범죄수사
> ㉤ 피해자를 가정폭력 관련 상담소 또는 보호시설로 인도(피해자가 동의한 경우만 해당)
> ㉥ 긴급치료가 필요한 피해자를 의료기관으로 인도

① ㉠㉡㉢ ② ㉠㉡㉤ ③ ㉡㉢㉣ ④ ㉢㉣㉥

해설 ㉠ ㉡ ㉢은 임시조치 또는 긴급임시조치의 내용이다.

【가정폭력범죄의 처벌 등에 관한 특례법상 응급조치/긴급임시조치/임시조치 비교표】 – 요건과 조치내용

구분	요건	조치내용
응급 조치	<u>진행 중인 가정폭력범죄</u> (즉시 현장에 나가서)	· 폭력행위의 <u>제지</u>, 가정폭력행위자·피해자의 <u>분리</u> · 현행범인의 체포 등 범죄수사 · 피해자를 가정폭력 관련 <u>상담소 또는 보호시설로 인도</u> (피해자가 동의한 경우만 해당) · 긴급치료가 필요한 피해자를 <u>의료기관으로 인도</u> · 폭력행위 재발 시 임시조치(제8조)를 신청할 수 있음을 통보 · 피해자보호명령 또는 신변안전조치를 청구할 수 있음을 고지
긴급 임시 조치	<u>응급조치에도 불구하고 가정폭력범죄가 재발될 우려가 있고, 긴급을 요하여 법원의 임시조치 결정을 받을 수 없을 때</u> – 사법경찰관의 직권	· 피해자 또는 가정구성원의 주거 또는 점유하는 방실로부터의 <u>퇴거 등 격리</u> · 피해자 또는 가정구성원의 주거·직장 등에서 <u>100미터 이내의 접근 금지</u>

	– 피해자 · 그 법정대리인의 신청	· 피해자 또는 가정구성원에 대한 전기통신기본법 제2조 제1호의 <u>전기통신을 이용한 접근 금지</u>
임시 조치	가정폭력범죄가 재발될 우려가 있다고 인정하는 경우 청구 – 검사의 직권/사법경찰관의 신청	· 피해자 또는 가정구성원의 주거 또는 점유하는 방실로부터의 <u>퇴거 등 격리</u> · 피해자 또는 가정구성원의 주거, 직장 등에서 <u>100미터 이내의 접근 금지</u> · 피해자 또는 가정구성원에 대한 전기통신기본법 제2조 제1호의 <u>전기통신을 이용한 접근 금지</u>
	<u>결정된 임시조치를 위반하여 가정폭력범죄가 재발될 우려가 있다고 인정하는 경우 청구</u> – 검사의 직권/사법경찰관의 신청	· 국가경찰관서의 유치장 또는 구치소에의 유치 ※ **유의**: 판사의 임시조치인 "<u>의료기관이나 그 밖의 요양소에의 위탁</u>" 제외

【아동학대범죄의 처벌 등에 관한 특례법상 응급조치/긴급임시조치/임시조치 비교표】 – 가폭법과 비교 · 암기

구분	요건	조치내용
응급 조치	· 현장에 출동하거나 아동학대범죄 현장을 발견 ※ 현장출동시 신고된 현장 또는 필요한 장소에 출입하여 조사를 하거나 질문할 수 있음 · 학대현장 이외의 장소에서 학대피해가 확인되고 재학대의 위험이 급박 · 현저한 경우	· 아동학대범죄 행위의 <u>제지</u> · 아동학대행위자를 피해아동등으로부터 <u>격리</u> · 피해아동등을 아동학대 관련 <u>보호시설로 인도</u>(아동 의사 존중) · 긴급치료가 필요한 피해아동을 <u>의료기관으로 인도</u> ※ **유의**: <u>가폭법은 "범죄수사"를 규정하고 있지만, 아특법은 현장출동(제11조)에 따라 아동학대범죄가 행하여지고 있는 것으로 신고된 현장 또는 피해아동을 보호하기 위하여 필요한 장소에 출입하여 아동 또는 아동학대행위자 등 관계인에 대하여 조사를 하거나 질문을 할 수 있음</u>
긴급 임시 조치	<u>응급조치에도 불구하고 아동학대범죄가 재발될 우려가 있고, 긴급을 요하여 법원의 임시조치 결정을 받을 수 없을 때</u> – 사법경찰관의 직권 – 피해아동등 · 그 법정대리인(아동학대행위자 제외) · 변호사 · 시 · 도지사 · 시장 · 군수 · 구청장 · 아동보호전문기관의 장의 신청 ※ **유의**: <u>신청권자 범위가 가폭법보다 넓고, 아동학대행위자인 법정대리인은 제외.</u>	· 피해아동등 또는 가정구성원(가정폭력범죄의 처벌 등에 관한 특례법 제2조 제2호에 따른 가정구성원)의 주거로부터 <u>퇴거 등 격리</u> · 피해아동등 또는 가정구성원의 주거, 학교 또는 보호시설 등에서 <u>100미터 이내의 접근 금지</u> · 피해아동등 또는 가정구성원에 대한 전기통신기본법 제2조 제1호의 <u>전기통신을 이용한 접근 금지</u> ※ **유의**: <u>접근 금지와 관련하여 가폭법은 "주거 · 직장 등"이고 아특법은 "주거 · 학교 · 보호시설 등" 차이가 있음</u>
임시 조치	아동학대범죄가 재발될 우려가 있다고 인정하는 경우 청구 – 검사의 직권 – 사법경찰관 · 보호관찰관의 신청 ※ **유의**: <u>신청권자에 보호관찰관 포함</u>	· 피해아동등 또는 가정구성원(가정폭력범죄의 처벌 등에 관한 특례법 제2조 제2호에 따른 가정구성원)의 주거로부터 <u>퇴거 등 격리</u> · 피해아동등 또는 가정구성원의 주거, 학교 또는 보호시설 등에서 <u>100미터 이내의 접근 금지</u> · 피해아동등 또는 가정구성원에 대한 전기통신기본

	법 제2조 제1호의 <u>전기통신을 이용한 접근 금지</u> · 친권 또는 후견인 <u>권한 행사의 제한 또는 정지</u> · 아동보호전문기관 등에의 상담 및 교육 위탁 · <u>의료기관이나 그 밖의 요양시설에의 위탁</u> · 경찰관서의 유치장 또는 구치소에의 유치 　※ <u>유의</u>: 가폭법상 의료기관이나 그 밖의 요양시 　　　설에의 위탁은 임시조치의 대상이 아니지만, 　　　<u>아특법은 임시조치에 포함</u>

【가폭법 및 아특법상 (응급조치) 긴급임시조치와 임시조치의 청구 비교표】

구분	임시조치의 청구 절차 – 시간 및 응급조치 포함 여부에 유의
가폭법	사법경찰관이 긴급임시조치(제8조의2 제1항에 규정된 3가지 – 격리/100미터 이내의 접근 금지/전기통신을 이용한 접근 금지)를 한 때 – <u>지체 없이</u> 검사에게 제8조에 따른 임시조치를 신청 / 검사는 법원에 임시조치 청구 – 임시조치의 청구는 긴급임시조치를 한 때부터 <u>48시간 이내</u>에 청구(긴급임시조치결정서 첨부) 　※ **유의: 응급조치(제5조)를 한 경우 임시조치 청구 절차 없음**
아특법	사법경찰관이 <u>응급조치</u>(제12조 제1항에 규정된 3가지 – 격리/보호시설로 인도/의료기관으로 인도) 또는 <u>긴급임시조치</u>(제13조 제1항에 규정된 3가지 – 격리/100미터 이내의 접근 금지/전기통신을 이용한 접근 금지)를 하였거나 시·도지사·시장·군수·구청장으로부터 응급조치(제12조 제1항에 규정된 3가지 – 격리/보호시설로 인도/의료기관으로 인도)가 행하여졌다는 통지를 받은 때 – 지체 없이 검사에게　제19조에 따른 임시조치의 청구를 신청 – 검사의 임시조치 청구(응급조치결과보고서 또는 긴급임시조치결정서 첨부) – 청구: **응급조치가 있었던 때부터 72시간 이내, 긴급임시조치가 있었던 때부터 48시간 이내**

04 「가정폭력범죄의 처벌 등에 관한 특례법」에 대한 설명으로 가장 적절하지 않은 것은?

(2021년 제1차)

① 가정폭력으로서 출판물 등에 의한 명예훼손, 재물손괴, 유사강간, 주거침입의 죄는 가정폭력범죄에 해당한다.

② 사법경찰관은 「가정폭력범죄의 처벌 등에 관한 특례법」 제5조에 따른 응급조치에도 불구하고 가정폭력범죄가 재발될 우려가 있고, 긴급을 요하여 법원의 임시조치 결정을 받을 수 없을 때에는 직권 또는 피해자나 그 법정대리인의 신청에 의하여 긴급임시조치를 할 수 있다.

③ 법원은 가정폭력행위자에 대하여 유죄판결(선고유예는 제외)을 선고하거나 약식명령을 고지하는 경우에는 200시간의 범위에서 재범예방에 필요한 수강명령(「보호관찰 등에 관한 법률」에 따른 수강명령) 또는 가정폭력 치료프로그램의 이수명령을 병과할 수 있다.

④ 가정폭력범죄 중 아동학대범죄에 대해서는 「청소년 보호법」을 우선 적용한다.

해설　① 「**가정폭력범죄의 처벌 등에 관한 특례법**」 제2조 제3호, ② 제8조의2 제1항, ③ 제3조의2 제1항
④ 「**가정폭력범죄의 처벌 등에 관한 특례법**」 제3조 "가정폭력범죄에 대하여는 이 법을 우선 적용한다. 다만, <u>아동학대범죄에 대하여는 「아동학대범죄의 처벌 등에 관한 특례법」을 우선 적용한다</u>."

05 「가정폭력범죄의 처벌 등에 관한 특례법」에 대한 설명으로 가장 적절하지 않은 것은?

(2016년 제2차)

① 검사는 가정폭력범죄가 재발될 우려가 있다고 인정하는 경우에는 직권으로 또는 사법경찰관의 신청에 의하여 법원에 피해자 또는 가정구성원의 주거 또는 점유하는 방실로부터 퇴거 등 격리, 피해자 또는 가정구성원의 주거 · 직장 등에서 100미터 이내의 접근 금지, 의료기관이나 그 밖의 요양소에 위탁의 임시조치를 청구할 수 있다.

② 사법경찰관은 응급조치에도 불구하고 가정폭력범죄가 재발될 우려가 있고, 긴급을 요하여 법원의 임시조치 결정을 받을 수 없을 때에는 직권 또는 피해자나 그 법정대리인의 신청에 의하여 긴급임시조치를 할 수 있다.

③ 임시조치의 청구는 긴급임시조치를 한 때부터 48시간 이내에 청구하여야 하며, 긴급임시조치 결정서를 첨부하여야 한다.

④ 「형법」상 유기죄는 가정폭력범죄에 해당한다.

> **해설** ① 「**가정폭력범죄의 처벌 등에 관한 특례법**」 **제8조 제1항** "검사는 가정폭력범죄가 재발될 우려가 있다고 인정하는 경우에는 직권으로 또는 사법경찰관의 신청에 의하여 법원에 제29조 제1항 제1호 · 제2호 또는 제3호의 임시조치(주: 1. 피해자 또는 가정구성원의 주거 또는 점유하는 방실(房室)로부터의 퇴거 등 격리, 2. 피해자 또는 가정구성원이나 그 주거 · 직장 등에서 100미터 이내의 접근 금지, 3. 피해자 또는 가정구성원에 대한「전기통신기본법」제2조 제1호의 전기통신을 이용한 접근 금지)를 청구할 수 있다." 의료기관이나 그 밖의 요양소에의 위탁은 임시조치 청구의 대상에 포함되지 않는다.
>
> ② 「**가정폭력범죄의 처벌 등에 관한 특례법**」 **제8조의2 제1항**, ③ **제8조의3 제1항**, ④ **제2조 제3호 나목**

06 「가정폭력범죄의 처벌 등에 관한 특례법」상 가정폭력범죄에 대해 사법경찰관이 취할 수 있는 조치에 대한 설명으로 틀린 것은 모두 몇 개인가?

(2015년 제1차)

> ㉠ 긴급치료가 필요한 피해자를 의료기관으로 인도하여야 한다.
> ㉡ 피해자의 동의 없이도 피해자를 가정폭력 관련 상담소 또는 보호시설로 인도할 수 있다.
> ㉢ 가정폭력범죄가 재발될 우려가 있다고 인정하는 경우에는 사법경찰관의 직권으로 법원에 임시조치를 청구할 수 있다.
> ㉣ 사법경찰관은 가정폭력범죄를 신속히 수사하여 사건을 검사에게 송치하여야 한다. 이 경우 사법경찰관은 해당 사건을 가정보호사건으로 처리하는 것이 적절한지에 관한 의견을 제시할 수 있다.

① 1개   ② 2개   ③ 3개   ④ 4개

> **해설** ㉠ 「**가정폭력범죄의 처벌 등에 관한 특례법**」 **제5조 제3호**, ㉣ **제7조**
>
> ㉡ 「**가정폭력범죄의 처벌 등에 관한 특례법**」 **제5조 제2호** "진행 중인 가정폭력범죄에 대하여 신고를 받은 사법경찰관리는 즉시 현장에 나가서 다음 각 호의 조치를 하여야 한다. 1. 폭력행위의 제지, 가정폭력행위자 · 피해자의 분리, 1의2.「형사소송법」제212조에 따른 현행범인의 체포 등 범죄수사, 2. 피해자를 가정폭력 관련 상담소 또는 보호시설로 인도(피해자가 동의한 경우만 해당한다), 3. 긴급치료가 필요한 피해자를 의료기관으로 인도, 4. 폭력행위 재발 시 제8조에 따라 임시조치를 신청할 수 있음을 통보, 5. 제55조의2에 따른 피해자보호명령 또는 신변안전조치를 청구할 수 있음을 고지" 피해자의 동의가 없는 경우 가정폭력 관련 상담소 또는 보호시설로 인도할 수 없다.
>
> ㉢ 「**가정폭력범죄의 처벌 등에 관한 특례법**」 **제8조 제1항** "검사는 가정폭력범죄가 재발될 우려가 있다고 인정하는 경우에는 직권으로 또는 사법경찰관의 신청에 의하여 법원에 제29조 제1항 제1호 · 제2호 또는 제3호의 임시조치(주: 1. 피해자 또는 가정구성원의 주거 또는 점유하는 방실(房室)로부터의 퇴거 등 격리, 2. 피해

자 또는 가정구성원이나 그 주거·직장 등에서 100미터 이내의 접근 금지, 3. 피해자 또는 가정구성원에 대한 「전기통신기본법」 제2조 제1호의 전기통신을 이용한 접근 금지)를 청구할 수 있다.” 법원에 대한 임시조치의 청구권자는 검사이다.

07 서울중앙경찰서 중앙지구대 소속 甲경사와 乙순경은 112순찰 근무 중 관내에서 '술에 취한 남편 (A)이 집에서 아내(B)를 폭행하고 있다'라는 신고를 접수하였다. 현장에 도착한 甲경사와 乙순경 이 취한 다음 조치 중 가장 적절하지 않은 것은?

(2012년 제2차)

① 아내(B)를 보호하기 위하여 권한을 표시하는 증표를 제시하고 집안으로 들어갔다.
② 남편(A)의 폭력행위를 제지하고 아내(B)와 분리하여 수사를 개시하였다.
③ 아내(B)의 요청에 따라 관내에 있는 보호시설로 인도하였다.
④ 조사한 결과 가정폭력이 재발될 우려가 인정되어 남편(A)에 대하여 직접 법원에 접근금지조치를 청구하였다.

해설

① 「**가정폭력범죄의 처벌 등에 관한 특례법**」 **제5조** 및 「**경찰관 직무집행법**」 **제7조 제1항·제4항**에 근거하여 조치할 수 있다. 유의할 점은 가정폭력범죄의 처벌 등에 관한 특례법 제5조에 의하면 즉시 현장에 나가서 응급조치를 하여야 한다고 규정하고 있을 뿐이고, 타인의 주거 등에 출입할 수 있는지에 대해서는 명시적으로 규정하고 있지 않다(이에 비해 아동학대범죄의 처벌 등에 관한 특례법 제11조-현장출동-는 제2항에서 아동학대범죄가 행하여지고 있는 것으로 신고된 현장 또는 피해아동을 보호하기 위하여 필요한 장소에 출입하여 아동 또는 아동학대행위자 등 관계인에 대하여 조사를 하거나 질문을 할 수 있다고 규정하고 있음). 현재 폭행이 진행 중이라는 신고가 있었으므로 범죄의 예방과 제지(경찰관 직무집행법 제6조)를 위해 경찰관 직무집행법 제7조(위험 방지를 위한 출입) 제1항에 근거하여 집안으로 들어갈 수 있고, 출입하는 경우 동조 제4항에 따라 그 신분을 표시하는 증표를 제시하여야 한다. 적절한 조치이다.
② 「**가정폭력범죄의 처벌 등에 관한 특례법**」 **제5조 제1호·제1호의2** “진행 중인 가정폭력범죄에 대하여 신고를 받은 사법경찰관리는 즉시 현장에 나가서 다음 각 호의 조치를 하여야 한다. 1. 폭력행위의 제지, 가정폭력행위자·피해자의 분리, 1의2. 「형사소송법」 제212조에 따른 현행범인의 체포 등 범죄수사” 적절한 조치이다.
③ 「**가정폭력범죄의 처벌 등에 관한 특례법**」 **제5조 제2호** “피해자를 가정폭력 관련 상담소 또는 보호시설로 인도(피해자가 동의한 경우만 해당한다)” 피해자인 아내의 요청이 있으므로 피해자가 동의한 경우에 해당하여 아내를 보호시설로 인도할 수 있다. 적절한 조치이다. 하지만 아내의 동의가 없는 경우에는 적절하지 않은 조치에 해당한다.
④ 「**가정폭력범죄의 처벌 등에 관한 특례법**」 **제8조 제1항** “검사는 가정폭력범죄가 재발될 우려가 있다고 인정하는 경우에는 직권으로 또는 사법경찰관의 신청에 의하여 법원에 제29조 제1항 제1호·제2호 또는 제3호의 임시조치(주: 1. 피해자 또는 가정구성원의 주거 또는 점유하는 방실(房室)로부터의 퇴거 등 격리, 2. 피해자 또는 가정구성원이나 그 주거·직장 등에서 100미터 이내의 접근 금지, 3. 피해자 또는 가정구성원에 대한 「전기통신기본법」 제2조 제1호의 전기통신을 이용한 접근 금지)를 청구할 수 있다.” 접근 금지는 임시조치의 내용에 해당하지만, 법원에 대한 임시조치의 청구권자는 검사이다. 따라서 법원이 아니라 검사에게 임시조치의 청구를 신청하여야 한다. 적절하지 않은 조치이다.

08 「가정폭력범죄 처벌 등에 관한 특례법」에 대한 설명으로 옳은 것은 모두 몇 개인가?

(2015년 제3차)

> ㉠ 피해자 또는 그 법정대리인은 가정폭력행위자를 고소할 수 있다. 피해자의 법정대리인이 가정폭력행위자인 경우 또는 가정폭력행위자와 공동으로 가정폭력범죄를 범한 경우에는 피해자의 친족이 고소할 수 없다.
> ㉡ 동거하는 친족관계에 있었던 자는 가정구성원에 해당되지 않는다.
> ㉢ 사법경찰관은 가정폭력범죄를 신속히 수사하여 사건을 검사에게 송치하여야 한다. 이 경우 사법경찰관은 해당 사건을 가정보호사건으로 처리하는 것이 적절한지에 관한 의견을 제시할 수 있다.
> ㉣ 피해자에게 고소할 법정대리인이나 친족이 없는 경우에 이해관계인이 신청하면 검사는 10일 이내에 고소할 수 있는 사람을 지정하여야 한다.

① 없음   ② 1개   ③ 2개   ④ 3개

해설 ㉡「가정폭력범죄의 처벌 등에 관한 특례법」제2조 제2호 라목, ㉢ 제7조, ㉣ 제6조 제3항 ㉡과 관련하여 가정구성원의 범위를 규정하는 제2조 제2호에 의하면 다른 신분관계와 달리 친족의 경우 동거하는 친족만이 가정구성원에 해당하고, 동거하는 친족관계에 있었던 사람은 가정구성원에 해당하지 않는다.
　㉠「가정폭력범죄의 처벌 등에 관한 특례법」제6조 제1항 "피해자 또는 그 법정대리인은 가정폭력행위자를 고소할 수 있다. 피해자의 법정대리인이 가정폭력행위자인 경우 또는 가정폭력행위자와 공동으로 가정폭력범죄를 범한 경우에는 피해자의 친족이 고소할 수 있다."

09 「가정폭력범죄의 처벌 등에 관한 특례법」에 대한 다음 설명 중 가장 적절하지 않은 것은?

(2014년 제2차)

① 사법경찰관은 가정폭력범죄에 대한 응급조치에도 불구하고 재발될 우려가 있고, 긴급을 요하여 검사의 임시조치 결정을 받을 수 없는 경우에도 긴급임시조치를 할 수 있다.
② 누구든지 가정폭력범죄를 알게 된 경우에는 수사기관에 신고할 수 있다.
③ 모욕, 명예훼손, 재물손괴, 강간, 강제추행은 가정폭력범죄에 해당한다.
④ '가정폭력'이란 가정구성원 사이의 신체적, 정신적 또는 재산상 피해를 수반하는 행위를 말하며, 사실상 혼인관계에 있는 사람도 가정구성원에 해당한다.

해설 ① 「가정폭력범죄의 처벌 등에 관한 특례법」제8조의2 제1항 "사법경찰관은 제5조에 따른 응급조치에도 불구하고 가정폭력범죄가 재발될 우려가 있고, 긴급을 요하여 법원의 임시조치 결정을 받을 수 없을 때에는 직권 또는 피해자나 그 법정대리인의 신청에 의하여 제29조 제1항 제1호부터 제3호까지의 어느 하나에 해당하는 조치(이하 "긴급임시조치"라 한다)를 할 수 있다." 임시조치의 결정권자는 법원이고, 검사는 청구권자이다.
　② 「가정폭력범죄의 처벌 등에 관한 특례법」제4조 제1항, ③ 제2조 제3호, ④ 제2조 제1호 및 제2호 가목

10 다음 설명 중 틀린 것은?

(2009년 제2차 – 현행법 반영 수정)

① 가정폭력범죄의 처벌 등에 관한 특례법에 규정된 가정구성원에는 배우자(사실상 혼인관계에 있는 자를 포함) 또는 배우자였던 사람을 포함한다.

② 아동·청소년의 성보호에 관한 법률에서 아동·청소년을 대상으로 한 강제추행죄는 비친고죄이다.

③ 소년법상의 보호처분은 소년의 비행사실에 대하여 책임을 묻는 수단으로서의 처벌이 아니고, 비행에 나타난 소년의 범죄적 위험성에 대처하기 위한 수단이다.

④ 성매매알선 등 행위의 처벌에 관한 법률에 의하면 성매매피해자의 성매매는 반드시 그 형을 감면한다.

> **해설**
> ① 「가정폭력범죄의 처벌 등에 관한 특례법」제2조 제2호 가목 ""가정구성원"이란 다음 각 목의 어느 하나에 해당하는 사람을 말한다. 가. 배우자(사실상 혼인관계에 있는 사람을 포함한다. 이하 같다) 또는 배우자였던 사람, 나. 자기 또는 배우자와 직계존비속관계(사실상의 양친자관계를 포함한다. 이하 같다)에 있거나 있었던 사람, 다. 계부모와 자녀의 관계 또는 적모(嫡母)와 서자(庶子)의 관계에 있거나 있었던 사람, 라. 동거하는 친족"
> ② 「아동·청소년의 성보호에 관한 법률」제7조 제3항 참조. 강제추행죄에 대한 형법의 친고죄 조항(구 형법 제306조)은 2012년 12월 18일 삭제되었다.
> ③ 소년법 제1조(목적), 제32조(보호처분의 결정) 제6항 및 제53조(보호처분의 효력) 본문을 종합하면 소년법은 비행사실에 대한 책임을 묻는 처벌이 아니라, 소년의 범죄적 위험성에 대처하는 교정수단이다.
> ④ 「성매매알선 등 행위의 처벌에 관한 법률」제6조 제1항 "성매매피해자의 성매매는 처벌하지 아니한다."

> **분석**
> 여성청소년 분야에서 다루는 법률을 종합한 문제로 향후에도 비슷한 유형의 문제가 출제될 가능성이 있으므로 관련된 법률의 주요 내용은 정확히 기억을 하고 있어야 합니다.

01 가정폭력범죄의 처벌 등에 관한 특례법상 개념의 "정의(제2조)"에 대한 설명으로 옳은 것은?

① "가정폭력"이란 가정구성원 사이의 신체적 · 정신적 · 재산상 피해를 수반하는 행위를 말한다.
② 사실상의 혼인관계 · 양친자관계에 있거나 있었던 사람은 "가정구성원"에 해당하지 않는다.
③ 계부모와 자녀의 관계, 적모와 서자의 관계에 있었던 사람은 "가정구성원"에 해당하지 않는다.
④ 동거하거나 동거하였던 친족은 "가정구성원"에 해당한다.

해설 ① 「가정폭력범죄의 처벌 등에 관한 특례법」 제2조 제1호
② 「가정폭력범죄의 처벌 등에 관한 특례법」 제2조 제2호 가목 및 나목 "2. "가정구성원"이란 다음 각 목의 어느 하나에 해당하는 사람을 말한다. 가. 배우자(사실상 혼인관계에 있는 사람을 포함한다. 이하 같다) 또는 배우자였던 사람. 나. 자기 또는 배우자와 직계존비속관계(사실상의 양친자관계를 포함한다. 이하 같다)에 있거나 있었던 사람. 다. 계부모와 자녀의 관계 또는 적모(嫡母)와 서자(庶子)의 관계에 있거나 있었던 사람. 라. 동거하는 친족"
③ 「가정폭력범죄의 처벌 등에 관한 특례법」 제2조 제2호 다목 참조. 가정구성원에 해당한다.
④ 「가정폭력범죄의 처벌 등에 관한 특례법」 제2조 제2호 라목 참조. 동거하는 친족만 가정구성원에 해당한다.

02 가정폭력범죄의 처벌 등에 관한 특례법상 개념의 "정의(제2조)"에 대한 설명으로 틀린 것은?

① "피해자"란 가정폭력범죄로 인하여 직접적으로 피해를 입은 사람을 말한다.
② "가정폭력행위자"란 가정폭력범죄를 범한 사람 및 가정구성원이 아닌 공범을 말한다.
③ "아동"이란 18세 미만인 사람을 말한다.
④ "가정보호사건"이란 가정폭력범죄로 인하여 가정폭력범죄의 처벌 등에 관한 특례법에 따른 보호처분의 대상이 되는 사건을 말한다.

해설 ① 「가정폭력범죄의 처벌 등에 관한 특례법」 제2조 제5호, ③ 제2조 제8호, ④ 제2조 제6호 ③과 관련하여 아동복지법 제3조 제1호에 따른 아동이란 "18세 미만인 사람"을 말한다.
② 「가정폭력범죄의 처벌 등에 관한 특례법」 제2조 제4호 ""가정폭력행위자"란 가정폭력범죄를 범한 사람 및 가정구성원인 공범을 말한다."

03 가정폭력범죄의 처벌 등에 관한 특례법상의 "가정폭력범죄(제2조 제3호)"에 해당하는 것은 모두 몇 개인가?

㉠ 특수공갈죄	㉡ 주거 · 신체수색죄	㉢ 살인죄	㉣ 특수손괴죄	㉤ 중상해죄
㉥ 영아유기죄	㉦ 약취 · 유인죄	㉧ 명예훼손죄		

㉨ 성폭력범죄의 처벌 등에 관한 특례법 위반죄(카메라 등을 이용한 촬영)
㉩ 정보통신망 이용촉진 및 정보보호 등에 관한 법률 위반죄(공포심이나 불안감을 유발하는 부호 · 문언 · 음향 · 화상 또는 영상을 반복적으로 상대방에게 도달하게 한 자)

① 6개   ② 7개   ③ 8개   ④ 9개

해설 「가정폭력범죄의 처벌 등에 관한 특례법」 제2조 제3호: ㉢ ㉦ 가정폭력범죄에 해당하지 않는다.
㉣ ㉨ ㉩은 2021. 1. 21. 시행된 가정폭력범죄의 처벌 등에 관한 특례법에서 가정폭력범죄로 신설 또는 추가되

었고, 주거침입의 죄(형법 제36장)의 경우 기존에 주거·신체수색죄에 한정되었으나, 개정된 법에서는 제36장에 규정된 모든 범죄로 확대되었다는 점에 유의한다. ㉠ ㉡ ㉢ ㉤ ㉥은 가정폭력범죄로 기출된 범죄유형이다.

04 가정폭력범죄의 처벌 등에 관한 특례법에 대한 설명으로 옳은 것은?

① 가정폭력범죄에 대하여는 가정폭력범죄의 처벌 등에 관한 특례법을 우선 적용하고, 아동학대범죄에 대하여도 또한 같다.

② 누구든지 가정폭력범죄를 알게 된 경우에는 수사기관에 신고하여야 한다.

③ 진행 중인 가정폭력범죄에 대하여 신고를 받은 사법경찰관리는 즉시 현장에 나가서 피해자의 의사에도 불구하고 피해자를 가정폭력 관련 상담소 또는 보호시설로 인도하여야 한다.

④ 진행 중인 가정폭력범죄에 대하여 신고를 받은 사법경찰관리는 즉시 현장에 나가서 피해자의 의사에도 불구하고 긴급치료가 필요한 피해자를 의료기관으로 인도하여야 한다.

해설 ① 「**가정폭력범죄의 처벌 등에 관한 특례법**」 제3조 "가정폭력범죄에 대하여는 이 법을 우선 적용한다. 다만, 아동학대범죄에 대하여는 「아동학대범죄의 처벌 등에 관한 특례법」을 우선 적용한다."

② 「**가정폭력범죄의 처벌 등에 관한 특례법**」 제4조 제1항 "누구든지 가정폭력범죄를 알게 된 경우에는 수사기관에 신고할 수 있다." 다만, 제2항에서 아동의 교육과 보호를 담당하는 기관의 종사자와 그 기관장, 구조대·구급대의 대원, 사회복지 전담공무원 등 일정한 신분에 있는 사람에게 신고의무를 부과하고 있다.

③ 「**가정폭력범죄의 처벌 등에 관한 특례법**」 제5조 제2호 "진행 중인 가정폭력범죄에 대하여 신고를 받은 사법경찰관리는 즉시 현장에 나가서 다음 각 호의 조치를 하여야 한다. 1. 폭력행위의 제지, 가정폭력행위자·피해자의 분리, 1의2. 「형사소송법」 제212조에 따른 현행범인의 체포 등 범죄수사, 2. 피해자를 가정폭력 관련 상담소 또는 보호시설로 인도(피해자가 동의한 경우만 해당한다), 3. 긴급치료가 필요한 피해자를 의료기관으로 인도, 4. 폭력행위 재발 시 제8조에 따라 임시조치를 신청할 수 있음을 통보, 5. 제55조의2에 따른 피해자보호명령 또는 신변안전조치를 청구할 수 있음을 고지"

④ 「**가정폭력범죄의 처벌 등에 관한 특례법**」 제5조 제3 옳은 설명이다. 제2호의 상담소 또는 보호시설로 인도는 피해자가 동의한 경우만 가능하지만, 의료기관으로 인도는 이러한 제한이 없으므로 피해자의 의사에도 불구하고 긴급치료가 필요한 경우 피해자를 의료기관으로 인도하여야 한다.

05 가정폭력범죄의 처벌 등에 관한 특례법에 대한 설명으로 틀린 것은?

① 주거침입죄·퇴거불응죄(형법 제319조), 특수주거침입죄(형법 제320조) 및 주거·신체수색죄(제321조)는 가정폭력범죄의 처벌 등에 관한 특례법상의 가정폭력범죄에 해당한다.

② 가정폭력범죄의 처벌 등에 관한 특례법은 일정한 신분에 있는 사람의 경우 직무를 수행하면서 가정폭력범죄를 알게 된 경우에는 정당한 사유가 없으면 즉시 수사기관에 신고하도록 의무를 부과하고 있다.

③ 법원이 가정폭력행위자에 대하여 유죄판결(선고유예는 제외)을 선고하거나 약식명령을 고지하는 경우에는 재범예방에 필요한 수강명령 또는 가정폭력 치료프로그램의 이수명령 중 하나를 부과하고, 양자를 병과할 수는 없다.

④ 법원이 가정폭력행위자에 대하여 부과하는 재범예방에 필요한 수강명령은 200시간의 범위에서 할 수 있다.

해설 ① 「**가정폭력범죄의 처벌 등에 관한 특례법**」 제2조 제3호 사목, ② 제4조 제2항, ④ 제3조의2 제1항

③ 「**가정폭력범죄의 처벌 등에 관한 특례법**」 제3조의2 제1항 "법원은 가정폭력행위자에 대하여 유죄판결(선고 유예는 제외한다)을 선고하거나 약식명령을 고지하는 경우에는 200시간의 범위에서 재범예방에 필요한 <u>수강 명령</u>(「보호관찰 등에 관한 법률」에 따른 수강명령을 말한다. 이하 같다) 또는 가정폭력 치료프로그램의 <u>이수 명령</u>(이하 "이수명령"이라 한다)을 <u>병과할 수 있다.</u>"

06 가정폭력범죄의 처벌 등에 관한 특례법상의 "응급조치(제5조)"에 해당하는 것은 몇 개인가?

> ㉠ 피해자보호명령 또는 신변안전조치를 청구할 수 있음을 고지
> ㉡ 피해자 또는 가정구성원의 주거 또는 점유하는 방실로부터의 퇴거 등 격리
> ㉢ 피해자 또는 가정구성원이나 그 주거 · 직장 등에서 100미터 이내의 접근 금지
> ㉣ 형사소송법 제212조에 따른 현행범인의 체포 등 범죄수사
> ㉤ 폭력행위 재발 시 임시조치를 신청할 수 있음을 통보
> ㉥ 상담소등에의 상담위탁

① 2개   ② 3개   ③ 4개   ④ 5개

해설 「**가정폭력범죄의 처벌 등에 관한 특례법**」 제5조: ㉠ ㉣ ㉤이 응급조치에 해당한다.
㉡ ㉢ ㉥은 법원의 임시조치의 내용이다. **제29조 제1항** "판사는 가정보호사건의 원활한 조사 · 심리 또는 피해자 보호를 위하여 필요하다고 인정하는 경우에는 결정으로 가정폭력행위자에게 다음 각 호의 어느 하나에 해당하는 <u>임시조치</u>를 할 수 있다. 1. 피해자 또는 가정구성원의 주거 또는 점유하는 방실(房室)로부터의 퇴거 등 격리, 2. 피해자 또는 가정구성원이나 그 주거 · 직장 등에서 100미터 이내의 접근 금지, 3. 피해자 또는 가정구성원에 대한 「전기통신기본법」 제2조 제1호의 전기통신을 이용한 접근 금지, 4. 의료기관이나 그 밖의 요양소에의 위탁, 5. 국가경찰관서의 유치장 또는 구치소에의 유치, 6. 상담소등에의 상담위탁" 2021. 1. 21. 시행된 개정법률에서 제2호의 경우 일부 자구 수정이 있었고, <u>제6호 "상담소등에의 상담위탁"</u>이 추가되었다는 점에 유의한다.

07 가정폭력범죄의 처벌 등에 관한 특례법상 고소 및 사건의 송치에 대한 설명으로 틀린 것은?

① 피해자의 법정대리인이 가정폭력행위자인 경우 또는 가정폭력행위자와 공동으로 가정폭력범죄를 범한 경우에는 피해자의 친족이 고소할 수 있다.
② 피해자는 가정폭력행위자가 자기 또는 배우자의 직계존속인 경우에도 고소할 수 있고, 법정대리인이 고소하는 경우에도 또한 같다.
③ 피해자에게 고소할 법정대리인이나 친족이 없는 경우에 이해관계인이 신청하면 검사는 10일 이내에 고소할 수 있는 사람을 지정하여야 한다.
④ 사법경찰관은 가정폭력범죄를 신속히 수사하여 사건을 검사에게 송치하여야 하고, 사법경찰관은 해당 사건을 가정보호사건으로 처리하는 것이 적절한지에 관한 의견을 제시하여야 한다.

해설 ① 「**가정폭력범죄의 처벌 등에 관한 특례법**」 제6조 제1항 제2문, ② 제6조 제2항, ③ 제6조 제3항
④ 「**가정폭력범죄의 처벌 등에 관한 특례법**」 제7조 "사법경찰관은 가정폭력범죄를 신속히 수사하여 사건을 검사에게 송치하여야 한다. 이 경우 사법경찰관은 해당 사건을 가정보호사건으로 처리하는 것이 적절한지에 관한 <u>의견을 제시할 수 있다.</u>"

08 가정폭력범죄의 처벌 등에 관한 특례법상의 "임시조치(제8조)"에 대한 설명으로 틀린 것은?

① 임시조치의 청구권자는 검사이고, 사법경찰관리는 검사에게 임시조치의 청구를 신청할 수 있다.
② 검사는 가정폭력범죄가 재발될 우려가 있다고 인정하는 경우에 직권으로 또는 사법경찰관의 신청에 의하여 가정폭력행위자에 대한 국가경찰관서의 유치장 또는 구치소에의 유치를 법원에 청구할 수는 없다.
③ 검사는 가정폭력행위자가 결정된 임시조치를 위반하여 가정폭력범죄가 재발될 우려가 있다고 인정하는 경우에 직권으로 또는 사법경찰관의 신청에 의하여 가정폭력행위자에 대한 의료기관이나 그 밖의 요양소에의 위탁 또는 상담소등에의 상담위탁을 법원에 청구할 수는 없다.
④ 피해자 또는 그 법정대리인은 사법경찰관에게 임시조치의 신청을 요청할 수 있고, 요청을 받은 사법경찰관이 임시조치를 신청하지 아니하는 경우에는 검사에게 그 사유를 보고하여야 한다.

> **해설** ① 「**가정폭력범죄의 처벌 등에 관한 특례법**」 제8조 제1항 "검사는 가정폭력범죄가 재발될 우려가 있다고 인정하는 경우에는 <u>직권으로 또는 사법경찰관의 신청</u>에 의하여 법원에 제29조 제1항 제1호·제2호 또는 제3호의 임시조치를 청구할 수 있다." 법원에 대한 임시조치의 청구권자는 검사에 한정되고, 검사에 대한 임시조치 청구의 <u>신청권자는 사법경찰관</u>이다.
> ② 「**가정폭력범죄의 처벌 등에 관한 특례법**」 제8조 제1항·제2항 옳은 설명이다. 가정폭력범죄가 재발될 우려가 있다고 인정하는 경우 제29조 제1항 제1호 내지 제3호(1. 피해자 또는 가정구성원의 주거 또는 점유하는 방실(房室)로부터의 퇴거 등 격리, 2. 피해자 또는 가정구성원이나 그 주거·직장 등에서 100미터 이내의 접근 금지, 3. 피해자 또는 가정구성원에 대한 「전기통신기본법」 제2조 제1호의 전기통신을 이용한 접근 금지)의 임시조치를 청구할 수 있고, "국가경찰관서의 유치장 또는 구치소에의 유치(제29조 제1항 제5호)"는 가정폭력행위자가 검사의 청구에 의하여 결정된 임시조치를 위반하여 가정폭력범죄가 재발될 우려가 있다고 인정하는 경우에 한해 청구할 수 있다. 요건에 차이가 있다는 점에 유의한다.
> ③ 「**가정폭력범죄의 처벌 등에 관한 특례법**」 제8조 제2항 옳은 설명이다. 결정된 임시조치를 위반한 가정폭력행위자에 대해서는 국가경찰관서의 유치장 또는 구치소에의 유치를 청구할 수 있고, 의료기관이나 그 밖의 요양소에의 위탁 또는 상담소등에의 상담위탁은 법원의 임시조치에 속한다.
> ④ 「**가정폭력범죄의 처벌 등에 관한 특례법**」 제8조 제3항·제4항

09 가정폭력범죄의 처벌 등에 관한 특례법에 따른 긴급임시조치에 대한 설명으로 옳은 것은?

① 응급조치에도 불구하고 가정폭력범죄가 재발될 우려가 있고, 긴급을 요하여 법원의 임시조치 결정을 받을 수 없을 경우에 행해지는 긴급임시조치는 검사 또는 사법경찰관이 할 수 있다.
② 사법경찰관은 긴급임시조치로 가정폭력행위자를 국가경찰관서의 유치장 또는 구치소에 유치할 수 있고, 긴급임시조치를 한 경우에는 즉시 긴급임시조치결정서를 작성하여야 한다.
③ 사법경찰관이 긴급임시조치를 한 때에는 24시간 이내에 검사에게 임시조치를 신청하고, 신청받은 검사는 법원에 임시조치를 청구하여야 한다.
④ 사법경찰관이 긴급임시조치 후 임시조치를 신청한 경우에 신청을 받은 검사는 긴급임시조치를 한 때부터 48시간 이내에 법원에 임시조치를 청구하여야 하고, 임시조치를 청구하지 아니하거나 법원이 임시조치의 결정을 하지 아니한 때에는 즉시 긴급임시조치를 취소하여야 한다.

> **해설** ① 「**가정폭력범죄의 처벌 등에 관한 특례법**」 제8조의2 제1항 "<u>사법경찰관</u>은 제5조에 따른 응급조치에도 불구하고 가정폭력범죄가 재발될 우려가 있고, 긴급을 요하여 법원의 임시조치 결정을 받을 수 없을 때에는 <u>직권 또는 피해자나 그 법정대리인의 신청</u>에 의하여 제29조 제1항 제1호부터 제3호까지의 어느 하나에 해당하는 조

치(이하 "긴급임시조치"라 한다)를 할 수 있다." 긴급임시조치권자는 사법경찰관(사법경찰리나 검사는 주체X)이고, 직권 또는 피해자나 그 법정대리인의 신청에 의하여 할 수 있다.

② 「**가정폭력범죄의 처벌 등에 관한 특례법**」 **제8조의2 제1항 참조 및 제2항** "② 사법경찰관은 제1항에 따라 긴급임시조치를 한 경우에는 <u>즉시 긴급임시조치결정서를 작성하여야 한다.</u>" 국가경찰관서의 유치장 또는 구치소에의 유치(제29조 제1항 제5호)는 사법경찰관이 긴급임시조치로 할 수는 없다.

③ 「**가정폭력범죄의 처벌 등에 관한 특례법**」 **제8조의3 제1항 제1문** "사법경찰관이 제8조의2 제1항에 따라 긴급임시조치를 한 때에는 <u>지체 없이 검사에게 제8조에 따른 임시조치를 신청</u>하고, 신청받은 검사는 법원에 임시조치를 청구하여야 한다. 이 경우 임시조치의 청구는 긴급임시조치를 한 때부터 48시간 이내에 청구하여야 하며, 제8조의2 제2항에 따른 긴급임시조치결정서를 첨부하여야 한다."

④ 「**가정폭력범죄의 처벌 등에 관한 특례법**」 **제8조의3 제1항 · 제2항**

10 아동학대범죄의 처벌 등에 관한 특례법 및 가정폭력범죄의 처벌 등에 관한 특례법상 응급조치, 긴급임시조치 및 임시조치의 청구에 대한 아래의 비교설명 가운데 옳은 것은 모두 몇 개인가?

> ※ 아동학대범죄의 처벌 등에 관한 특례법은 아동학대처벌법, 가정폭력범죄의 처벌 등에 관한 특례법은 가정폭력처벌법이라 한다.
> ㉠ 아동학대처벌법상 피해아동등을 보호시설로 인도하기 위해서는 피해아동등의 동의를 요하고, 가정폭력처벌법상 피해자를 보호시설로 인도하기 위해서는 피해자의 의사를 존중하여야 하되 피해자를 보호하여야 할 필요가 있는 등 특별한 사정이 있는 경우에는 그러하지 아니하다.
> ㉡ 아동학대처벌법상 진행 중인 아동학대범죄에 대하여 신고를 받은 사법경찰관리는 즉시 현장에 나가서 피해아동등의 분리 및 범죄수사를 하여야 하고, 가정폭력처벌법상 가정폭력범죄 신고를 접수한 사법경찰관리는 가정폭력범죄가 행하여지고 있는 것으로 신고된 현장에 출입하여 피해자 또는 가정폭력행위자 등 관계인에 대하여 조사를 하거나 질문을 할 수 있다.
> ㉢ 아동학대처벌법상 사법경찰관은 응급조치에도 불구하고 아동학대범죄가 재발될 우려가 있고, 긴급을 요하여 법원의 임시조치 결정을 받을 수 없을 때에는 직권 또는 피해자나 그 법정대리인의 신청에 의하여 긴급임시조치를 할 수 있고, 가정폭력처벌법상 사법경찰관은 응급조치에도 불구하고 가정폭력범죄가 재발될 우려가 있고, 긴급을 요하여 법원의 임시조치 결정을 받을 수 없을 때에는 직권이나 피해자, 그 법정대리인 또는 변호사의 신청에 따라 긴급임시조치를 할 수 있다.
> ㉣ 아동학대처벌법 및 가정폭력처벌법상 사법경찰관은 아동학대범죄 및 가정폭력범죄가 재발될 우려가 있다고 인정하는 경우에는 검사에게 의료기관이나 그 밖의 요양시설(요양소)에의 위탁 또는 (국가)경찰관서의 유치장 또는 구치소에의 유치를 신청할 수 있다.
> ㉤ 아동학대처벌법 및 가정폭력처벌법상 사법경찰관이 긴급임시조치를 한 때에는 지체 없이 검사에게 임시조치를 신청하여야 하고, 신청을 받은 검사는 긴급임시조치가 있었던 때 또는 긴급임시조치를 한 때부터 72시간 이내에 임시조치를 청구하여야 한다.

① 없음　　　　② 1개　　　　③ 2개　　　　④ 3개

해설 ㉠ 아동학대범죄의 처벌 등에 관한 특례법상 응급조치로 피해아동등을 보호시설로 인도하는 때에는 피해아동등의 의사를 존중하여야 하고, 피해아동등을 보호하여야 할 필요가 있는 등 특별한 사정이 있는 경우에는 그러하지 아니하다(제12조 제1항 제3호). 반면에 가정폭력범죄의 처벌 등에 관한 특례법상 응급조치로 피해자를 보호시설로 인도하기 위해서는 피해자가 동의한 경우에만 할 수 있다(제5조 제2호). 서로 바뀌어 기술된 틀린 설명이다.

㉡ 아동학대범죄의 처벌 등에 관한 특례법은 응급조치와 분리된 현장출동을 규정하고 있고, 아동학대범죄 신고를 접수한 사법경찰관리는 아동학대범죄가 행하여지고 있는 것으로 신고된 현장에 출입하여 아동 또는 아동학대행위자 등 관계인에 대하여 조사를 하거나 질문을 할 수 있다(제11조 제2항). 반면에 가정폭력범죄의 처

벌 등에 관한 특례법은 응급조치의 방법으로 진행 중인 가정폭력범죄에 대하여 신고를 받은 사법경찰관리는 즉시 현장에 나가서 피해자의 분리 및 범죄수사를 하여야 한다(제5조 제1호 및 제1호의2). 서로 바뀌어 기술된 틀린 설명이다.

ⓒ 아동학대범죄의 처벌 등에 관한 특례법상 긴급조치는 사법경찰관이 직권 또는 피해아동등, 그 법정대리인(아동학대행위자를 제외한다), 변호사(제16조에 따른 변호사를 말한다) 또는 시·도지사·시장·군수·구청장·아동보호전문기관의 장의 신청에 따라 긴급임시조치를 할 수 있다(제13조 제1항). 반면에 가정폭력범죄의 처벌 등에 관한 특례법상 긴급임시조치는 사법경찰관이 직권 또는 피해자나 그 법정대리인의 신청에 의하여 긴급임시조치를 할 수 있다(제8조의2 제1항). 긴급임시조치의 신청권자가 서로 바뀌어 기술된 틀린 설명이다.

ⓓ 아동학대범죄의 처벌 등에 관한 특례법상 사법경찰관은 아동학대행위자에 대한 임시조치로 의료기관이나 그밖의 요양시설에의 위탁 또는 경찰관서의 유치장 또는 구치소의 유치를 신청할 수 있다(제14조 제1항 및 제19조 제1항 각 호). 반면에 가정폭력범죄의 처벌 등에 관한 특례법상 사법경찰관은 결정된 임시조치를 위반하여 가정폭력범죄가 재발될 우려가 있다고 인정하는 경우에 한하여 가정폭력행위자에 대한 국가경찰관서의 유치장 또는 구치소에의 유치를 신청할 수 있고, 의료기관이나 그 밖의 요양소에의 위탁은 임시조치의 대상이 아니다(제8조 제2항, 제29조 제1항 제4호 및 제5호).

ⓔ 양자 모두 사법경찰관이 긴급임시조치를 한 때에는 지체 없이 검사에게 임시조치(의 청구)를 신청하여야 하고, 신청을 받은 검사는 긴급임시조치가 있었던 때 또는 긴급임시조치를 한 때부터 48시간 이내에 임시조치를 청구하여야 한다(아동학대범죄의 처벌 등에 관한 특례법 제15조 제1항·제2항 및 가정폭력범죄의 처벌 등에 관한 특례법 제8조의3 제1항에 따라 임시조치를 청구하는 경우 – 단, 검사는 사법경찰관의 임시조치 신청에 대해 임시조치를 청구하지 않을 수 있고 이 경우 즉시 긴급임시조치를 취소해야 함: 제15조 제3항 및 제8조의3 제2항 참조)는 점에서 동일(유사)하다. 다만, 아동학대범죄의 처벌 등에 관한 특례법의 경우 가정폭력범죄의 처벌 등에 관한 특례법과 달리 <u>응급조치 후 임시조치의 청구</u>를 규정하고 있고, 사법경찰관이 응급조치를 하였을 때에는 지체 없이 검사에게 임시조치의 청구를 신청하여야 하고, 검사는 임시조치를 청구하는 때에는 응급조치가 있었던 때부터 72시간 이내(제12조 제3항 단서에 따라 응급조치 기간이 연장된 경우에는 그 기간을 말한다)에 임시조치를 청구하여야 한다(아동학대범죄의 처벌 등에 관한 특례법 제15조 제1항·제2항).

01 「실종아동등 및 가출인 업무처리 규칙」상 규정된 용어에 대한 설명 중 가장 적절하지 않은 것은?

(2018년 제3차)

① "가출인"이란 신고 당시 보호자로부터 이탈된 18세 이상의 사람을 말한다.

② "장기실종아동등"이란 보호자로부터 신고를 접수한 지 48시간이 경과한 후에도 발견되지 않은 찾는실종아동등을 말한다.

③ "보호실종아동등"이란 보호자가 확인되어 경찰관이 보호하고 있는 실종아동등을 말한다.

④ "발견지"란 실종아동등 또는 가출인을 발견하여 보호 중인 장소를 말하며, 발견한 장소와 보호 중인 장소가 서로 다른 경우에는 보호 중인 장소를 말한다.

해설 ① 「실종아동등 및 가출인 업무처리 규칙」 제2조 제6호, ② 제2조 제5호, ④ 제2조 제8호

③ 「실종아동등 및 가출인 업무처리 규칙」 제2조 제4호 ""보호실종아동등"이란 보호자가 확인되지 않아 경찰관이 보호하고 있는 실종아동등을 말한다."

분석 실종아동등 및 가출인 업무처리 규칙은 최근 12년간 독립된 유형의 문제로 3회 출제되었고, 규정의 내용을 정확히 알고 있는지를 확인하는 수준이었습니다. 주로 제2조(정의)의 내용을 정확히 알고 있는지를 확인하는 문제였고, 신고에 대한 조치를 다루는 제11조와 제16조도 출제되었습니다. 12년간 기출된 적은 없으나 장기실종자 추적팀(제5조 – 경찰청 또는 시 · 도경찰청에 설치 / 경찰서X), 정보시스템 입력 대상 및 정보 관리(제7조), 초동조치 및 추적 · 수사와 관련된 현장 탐문 및 수색(제18조), 추적 및 수사(제19조), 실종수사 조정위원회(제20조)는 향후 출제가 가능하므로 규정의 내용을 숙지할 필요가 있습니다.

【실종아동 관련 주요 개념 정리】

규정	용어	정의 내용
실종아동 등의 보호 및 지원에 관한 법률	아동등	실종 당시 18세 미만인 아동 / 장애인복지법 제2조의 장애인 중 지적 · 자폐성 · 정신장애인 / 치매관리법 제2조 제2호의 치매환자(**유의: 18세 이하X**)
	실종아동등	약취 · 유인 · 유기되거나 사고를 당하거나 가출하거나 길을 잃는 등의 사유로 인하여 보호자로부터 이탈된 아동등
	보호자	친권자 · 후견인이나 그 밖에 다른 법률에 따라 아동등을 보호하거나 부양할 의무가 있는 사람(**유의: 제4호의 보호시설의 장 또는 종사자 제외 – 포함X**)
실종아동 등 및 가출인 업무처리 규칙	찾는실종아동등	보호자가 찾고 있는 실종아동등
	보호실종아동등	보호자가 확인되지 않아 경찰관이 보호하고 있는 실종아동등
	장기실종아동등	보호자로부터 <u>신고를 접수한 지 48시간이 경과</u>한 후에도 발견되지 않은 찾는실종아동등(**유의: 보호자로부터 이탈한 지X / 48시간이 경과**)
	가출인	신고 당시 보호자로부터 이탈된 18세 이상의 사람
	발생지	· 최종적으로 목격되었거나 목격되었을 것으로 추정하여 <u>신고자 등이 진술한 장소</u> · 최종 목격 장소를 진술하지 못하거나, 목격되었을 것으로 추정되는 장소가 대중교통시설 등일 경우 또는 실종 · 가출 발생 후 <u>1개월이 경과</u>한 때에는 실종아동등 및 가출인의 <u>실종 전 최종 주거지</u>

	발견지	· 실종아동등 또는 가출인을 발견하여 보호 중인 장소
		· 발견한 장소와 보호 중인 장소가 서로 다른 경우에는 **보호 중인 장소(유의)**

02 「실종아동등의 보호 및 지원에 관한 법률」과 「실종아동등 및 가출인 업무처리 규칙」상 용어의 설명으로 가장 적절한 것은?

(2017년 제1차)

① '아동등'이란 실종신고 당시 18세 미만인 아동, 「장애인복지법」 제2조의 장애인 중 지적장애인, 자폐성장애인 또는 정신장애인 및 「치매관리법」 제2조 제2호의 치매환자를 말한다.

② '발생지'란 실종아동등 및 가출인이 실종·가출 전 최종적으로 목격되었거나 목격되었을 것으로 추정하여 신고자 등이 진술한 장소를 말하며, 신고자 등이 최종 목격 장소를 진술하지 못하거나, 목격되었을 것으로 추정되는 장소가 대중교통시설 등일 경우 또는 실종·가출 발생 후 10일이 경과한 때에는 실종아동등 및 가출인의 실종 전 최종 주거지를 말한다.

③ '발견지'란 실종아동등 또는 가출인을 발견하여 보호 중인 장소를 말하며, 발견한 장소와 보호 중인 장소가 서로 다른 경우에는 발견한 장소를 말한다.

④ '장기실종아동등'이란 보호자로부터 신고를 접수한 지 48시간이 경과한 후에도 발견되지 않은 찾는실종아동등을 말한다.

> **해설** ① **「실종아동등의 보호 및 지원에 관한 법률」** 제2조 제1호 ""아동등"이란 다음 각 목의 어느 하나에 해당하는 사람을 말한다. 가. 실종 당시 18세 미만인 아동. 나. 「장애인복지법」 제2조의 장애인 중 지적장애인, 자폐성장애인 또는 정신장애인. 다. 「치매관리법」 제2조 제2호의 치매환자" <u>"실종신고 당시"가 아니라 "실종 당시"</u> <u>이므로 틀린 설명이다.</u>
> ② **「실종아동등 및 가출인 업무처리 규칙」** 제2조 제7호 ""발생지"란 실종아동등 및 가출인이 실종·가출 전 최종적으로 목격되었거나 목격되었을 것으로 추정하여 신고자 등이 진술한 장소를 말하며, 신고자 등이 최종 목격 장소를 진술하지 못하거나, 목격되었을 것으로 추정되는 장소가 대중교통시설 등일 경우 또는 <u>실종·가출 발생 후 1개월이 경과</u>한 때에는 실종아동등 및 가출인의 실종 전 최종 주거지를 말한다."
> ③ **「실종아동등 및 가출인 업무처리 규칙」** 제2조 제8호 ""발견지"란 실종아동등 또는 가출인을 발견하여 보호 중인 장소를 말하며, <u>발견한 장소와 보호 중인 장소가 서로 다른 경우에는 보호 중인 장소를 말한다.</u>"
> ④ **「실종아동등 및 가출인 업무처리 규칙」** 제2조 제5호

03 「실종아동등 및 가출인 업무처리 규칙」에 관한 다음 설명 중 적절하지 않은 것은 모두 몇 개인 가?

(2012년 제2차 - 현행규정 반영 수정)

> ㉠ '장기실종아동등'이란 보호자로부터 신고를 접수한 지 48시간이 경과한 후에도 발견되지 않은 찾는실종아동등을 말한다.
> ㉡ 발견한 장소와 보호 중인 장소가 서로 다른 경우에는 보호 중인 장소를 '발견지'로 한다.
> ㉢ 신고자 등이 최종 목격 장소를 진술하지 못하거나, 목격되었을 것으로 추정되는 장소가 대중교통시설 등 일 경우 또는 실종·가출발생 후 1개월이 경과한 때에는 실종아동등 및 가출인의 실종 전 최종 주거지를 '발생지'로 한다.
> ㉣ 경찰관서의 장은 실종아동등 프로파일링시스템에 등록한 날로부터 1개월까지는 15일에 1회, 1개월이 경과한 후부터는 분기별 1회 보호자에게 추적 진행사항을 통보한다.
> ㉤ 경찰서장은 가출인을 발견한 때에는 등록을 해제하고, 해당 가출인을 발견한 경찰서와 관할하는 경찰서가 다른 경우에는 발견 사실을 관할 경찰서장에게 지체 없이 알려야 한다.

① 1개   ② 2개   ③ 3개   ④ 없음

해설 ㉠ 「실종아동등 및 가출인 업무처리 규칙」 제2조 제5호, ㉡ 제2조 제8호, ㉢ 제2조 제7호, ㉣ 제11조 제5항, ㉤ 제16조 제2항

01 실종아동등 및 가출인 업무처리 규칙상 개념의 "정의(제2조)"에 대한 설명으로 옳은 것은?

① 실종 당시 18세 이하인 아동, 장애인복지법 제2조의 장애인 중 지적장애인, 자폐성장애인 또는 정신장애인, 치매관리법 제2조 제2호의 치매환자는 "아동등"에 해당한다.

② 가출하여 보호자로부터 이탈된 아동등은 "실종아동등"에 해당한다.

③ "찾는실종아동등"이란 보호자가 확인되지 않아 경찰관이 보호하고 있는 실종아동등을 말한다.

④ "장기실종아동등"이란 실종시부터 48시간이 경과한 후에도 발견되지 않은 찾는실종아동등을 말한다.

해설 ① 「**실종아동등 및 가출인 업무처리 규칙**」 제2조 제1호 ""아동등"이란 「실종아동등의 보호 및 지원에 관한 법률」(이하 "법"이라 한다) 제2조 제1호에 따른 실종 당시 <u>18세 미만</u> 아동, 지적·자폐성·정신장애인, 치매환자를 말한다." 실종아동등의 보호 및 지원에 관한 법률 제2조 제1호 ""아동등"이란 다음 각 목의 어느 하나에 해당하는 사람을 말한다. 가. 실종 당시 18세 미만인 아동, 나. 「장애인복지법」 제2조의 장애인 중 지적장애인, 자폐성장애인 또는 정신장애인, 다. 「치매관리법」 제2조 제2호의 치매환자"

② 「**실종아동등 및 가출인 업무처리 규칙**」 제2조 제2호

③ 「**실종아동등 및 가출인 업무처리 규칙**」 제2조 제3호 ""찾는실종아동등"이란 <u>보호자가 찾고 있는 실종아동등</u>을 말한다." 지문의 내용은 제4호의 "보호실종아동등"에 대한 설명이다.

④ 「**실종아동등 및 가출인 업무처리 규칙**」 제2조 제5호 ""장기실종아동등"이란 보호자로부터 <u>신고를 접수한 지 48시간이</u> 경과한 후에도 발견되지 않은 찾는실종아동등을 말한다."

02 실종아동등 및 가출인 업무처리 규칙상 개념의 "정의(제2조)"에 대한 설명으로 틀린 것은?

① "보호실종아동등"이란 보호자가 확인되지 않아 경찰관이 보호하고 있는 실종아동등을 말한다.

② "가출인"이란 신고 당시 보호자로부터 이탈된 18세 이상의 사람을 말한다.

③ 신고자 등이 최종 목격 장소를 진술하지 못하는 경우에는 실종아동등 및 가출인의 실종 전 최종 주거지가 "발생지"에 해당한다.

④ "발견지"란 실종아동등 또는 가출인을 발견하여 보호 중인 장소를 말하며, 발견한 장소와 보호 중인 장소가 서로 다른 경우에는 발견한 장소를 말한다.

해설 ① 「**실종아동등 및 가출인 업무처리 규칙**」 제2조 제4호, ② 제2조 제6호, ③ 제2조 제7호 ③와 관련하여 ""발생지"란 실종아동등 및 가출인이 실종·가출 전 <u>최종적으로 목격되었거나 목격되었을 것으로 추정하여 신고자 등이 진술한 장소</u>를 말하며, 신고자 등이 최종 목격 장소를 진술하지 못하거나, 목격되었을 것으로 추정되는 장소가 대중교통시설 등일 경우 또는 실종·가출 발생 후 1개월이 경과한 때에는 실종아동등 및 가출인의 실종 전 최종 주거지를 말한다."

④ 「**실종아동등 및 가출인 업무처리 규칙**」 제2조 제8호 ""발견지"란 실종아동등 또는 가출인을 발견하여 보호 중인 장소를 말하며, 발견한 장소와 보호 중인 장소가 서로 다른 경우에는 <u>보호 중인 장소</u>를 말한다."

정답 | 01 | ② | 02 | ④

03 실종아동등 및 가출인 업무처리 규칙에 따른 "정보시스템 입력 대상 및 정보 관리(제7조)"에 대한 설명으로 옳은 것은?

① 보호시설 입소자는 실종아동등 프로파일링시스템에 입력하는 대상이 아니다.
② 경찰관서의 장은 신고를 접수한 후 신고대상자가 실종아동등 및 가출인 발견 외 다른 목적으로 신고된 사람에 해당하는 경우에는 실종아동등 프로파일링시스템에 입력하지 아니한다.
③ 실종아동등 프로파일링시스템에 등록된 자료는 대상자가 사망하거나 보호자가 삭제를 요구한 경우는 즉시 삭제하여야 한다.
④ 경찰관서의 장은 필요한 경우에 본인 또는 보호자의 동의가 없더라도 시스템에서 데이터베이스로 관리하는 실종아동등 및 보호시설 무연고자 자료를 인터넷 안전드림에 공개할 수 있다.

> **해설** ① 「실종아동등 및 가출인 업무처리 규칙」제7조 제1항 제3호 "실종아동등 프로파일링시스템에 입력하는 대상은 다음 각 호와 같다. 1. 실종아동등, 2. 가출인, 3. 보호시설 입소자 중 보호자가 확인되지 않는 사람(이하 "보호시설 무연고자"라 한다)" 보호시설 무연고자는 입력대상에 해당한다.
> ② 「실종아동등 및 가출인 업무처리 규칙」제7조 제2항 제1호 "경찰관서의 장은 실종아동등 또는 가출인에 대한 신고를 접수한 후 신고대상자가 다음 각 호의 어느 하나에 해당하는 경우에는 신고 내용을 실종아동등 프로파일링시스템에 입력하지 않을 수 있다. 1. 채무관계 해결, 형사사건 당사자 소재 확인 등 실종아동등 및 가출인 발견 외 다른 목적으로 신고된 사람, 2. 수사기관으로부터 지명수배 또는 지명통보된 사람, 3. 허위로 신고된 사람, 4. 보호자가 가출 시 동행한 아동등, 5. 그 밖에 신고 내용을 종합하였을 때 명백히 제1항에 따른 입력 대상이 아니라고 판단되는 사람"
> ③ 「실종아동등 및 가출인 업무처리 규칙」제7조 제3항 단서
> ④ 「실종아동등 및 가출인 업무처리 규칙」제7조 제4항 "경찰관서의 장은 본인 또는 보호자의 동의를 받아 실종아동등 프로파일링시스템에서 데이터베이스로 관리하는 실종아동등 및 보호시설 무연고자 자료를 인터넷 안전드림에 공개할 수 있다."

04 실종아동등 및 가출인 업무처리 규칙에 따른 실종아동등 프로파일링시스템에 등록된 자료의 보존기간 중 틀린 것은?

① 발견된 18세 미만 아동 및 가출인: 수배 해제 후로부터 5년간 보관
② 발견된 지적 · 자폐성 · 정신장애인 등 및 치매환자: 수배 해제 후로부터 10년간 보관
③ 미발견자: 소재 발견 시까지 보관
④ 보호시설 무연고자: 연고자 발견 시까지 보관

> **해설** ① 「실종아동등 및 가출인 업무처리 규칙」제7조 제3항 제1호, ② 제7조 제3항 제2호, ③ 제7조 제3항 제3호
> ④ 「실종아동등 및 가출인 업무처리 규칙」제7조 제3항 제4호 "보호시설 무연고자: 본인 요청 시"

05 실종아동등 및 가출인 업무처리 규칙에 따른 신고에 대한 조치의 설명으로 옳은 것은?

① 경찰관서의 장은 실종아동등에 대하여 현장 탐문 및 수색 후 그 결과를 즉시 보호자에게 통보하여야 하고, 이후에는 실종아동등 프로파일링시스템에 등록한 날로부터 1개월까지는 15일에 1회, 1개월이 경과한 후부터는 분기별 1회 보호자에게 추적 진행사항을 통보한다.
② 가출인 사건을 관할하는 경찰서장은 실종아동등 프로파일링시스템에 등록한 날로부터 분기별 1회 보호자에게 귀가 여부를 확인한다.
③ 경찰서장은 가출인을 발견한 때에는 등록을 해제하고, 해당 가출인을 발견한 경찰서와 관할하는 경찰서가 다른 경우에는 24시간 이내에 발견 사실을 관할 경찰서장에게 알려야 한다.

④ 경찰서장은 가출인을 발견한 경우에 가출인이 거부하더라도 보호자에게 가출인의 소재를 알 수 있는 사항을 통보할 수 있다.

해설 ① 「**실종아동등 및 가출인 업무처리 규칙**」 제11조 제5항
② 「**실종아동등 및 가출인 업무처리 규칙**」 제16조 제1항 "가출인 사건을 관할하는 경찰서장은 정보시스템 자료의 조회, 다른 자료와의 대조, 주변인물과의 연락 등 가출인을 발견하기 위해 지속적으로 추적하고, 실종아동등 프로파일링시스템에 등록한 날로부터 반기별 1회 보호자에게 귀가 여부를 확인한다."
③ 「**실종아동등 및 가출인 업무처리 규칙**」 제16조 제2항 "경찰서장은 가출인을 발견한 때에는 등록을 해제하고, 해당 가출인을 발견한 경찰서와 관할하는 경찰서가 다른 경우에는 발견 사실을 관할 경찰서장에게 <u>지체 없이 알려야 한다.</u>"
④ 「**실종아동등 및 가출인 업무처리 규칙**」 제16조 제4항 "경찰서장은 가출인을 발견한 경우에는 <u>가출신고가 되어 있음을 고지하고, 보호자에게 통보한다.</u> 다만, <u>가출인이 거부하는 때에는 보호자에게 가출인의 소재(所在)를 알 수 있는 사항을 통보하여서는 아니 된다.</u>"

06 실종아동등 및 가출인 업무처리 규칙상의 탐문·수색·추적·수사에 대한 설명 중 틀린 것은?

① 찾는실종아동등 및 가출인발생신고를 접수 또는 이첩 받은 발생지 관할 경찰서장은 즉시 현장출동 경찰관을 지정하여 탐문·수색하도록 하여야 하고, 이를 생략하여서는 아니 된다.
② 경찰서장은 현장을 탐문·수색한 결과, 정밀수색이 필요하다고 인정될 경우에는 추가로 필요한 경찰관 등을 출동시킬 수 있다.
③ 현장출동 경찰관은 현장을 탐문·수색한 결과에 대해 필요한 보고서를 작성하여 실종아동등 프로파일링시스템에 등록하고 경찰서장에게 보고하여야 한다.
④ 찾는실종아동등 및 가출인에 대한 발생지 관할 경찰서장은 위치추적 등 통신수사, 유전자검사 등의 방법을 통해 실종아동등 및 가출인을 발견하기 위한 추적에 착수하고, 경찰서장은 범죄 관련 여부가 의심되는 경우 신속히 수사에 착수하여야 한다.

해설 ① 「**실종아동등 및 가출인 업무처리 규칙**」 제18조 제1항 "찾는실종아동등 및 가출인발생신고를 접수 또는 이첩 받은 발생지 관할 경찰서장은 즉시 현장출동 경찰관을 지정하여 탐문·수색하도록 하여야 한다. 다만, 경찰관 서장이 판단하여 <u>수색의 실익이 없거나 현저히 곤란한 경우에는 탐문·수색을 생략하거나 중단할 수 있다.</u>"
② 「**실종아동등 및 가출인 업무처리 규칙**」 제18조 제2항, ③ 제18조 제3항, ④ 제19조 제1항·제2항

07 실종아동등 및 가출인 업무처리 규칙에 따른 "실종수사 조정위원회(제20조)"에 대한 설명으로 옳은 것은?

① 경찰서장은 실종아동등 및 가출인의 수색·추적 중 인지된 국가경찰 및 자치경찰 수사 범죄의 업무를 조정하기 위하여 실종수사 조정위원회를 구성하여 운영할 수 있다.
② 실종수사 조정위원회는 위원장을 경찰서장으로 하고, 위원은 여성청소년과장(미직제시 생활안전과장), 형사과장(미직제시 수사과장) 등 과장 3인 이상으로 구성한다.
③ 실종수사 조정위원회는 경찰서 여성청소년과장 또는 형사과장이 회부한 국가경찰 및 자치경찰 수사 범죄 의심 사건의 범죄관련성 여부 판단 및 담당부서를 결정한다.
④ 실종수사 조정위원회는 안건 회부 후 12시간 내에 서면으로 결정하여야 한다.

해설 ① 「**실종아동등 및 가출인 업무처리 규칙**」 제20조 제1항 "경찰서장은 실종아동등 및 가출인의 수색·추적 중 인지된 <u>국가경찰 수사 범죄의</u> 업무를 조정하기 위하여 실종수사 조정위원회를 구성하여 운영할 수 있다."

② 「**실종아동등 및 가출인 업무처리 규칙**」 제20조 제1항 제1호
③ 「**실종아동등 및 가출인 업무처리 규칙**」 제20조 제1항 제2호 "위원회는 경찰서 <u>여성청소년과장이</u> 회부한 국가경찰 수사 범죄 의심 사건의 범죄관련성 여부 판단 및 담당부서를 결정한다."
④ 「**실종아동등 및 가출인 업무처리 규칙**」 제20조 제2항 "위원회는 경찰서 여성청소년과장의 안건 회부 후 <u>24시간 내에 서면으로 결정</u>하여야 한다."

01 실종아동등의 보호 및 지원에 관한 법률상 개념의 "정의(제2조)"에 대한 설명으로 틀린 것은?

① "아동등"이란 실종 신고 당시 18세 미만인 아동, 장애인복지법 제2조의 장애인 중 지적장애인·자폐성장애인·정신장애인, 치매관리법 제2조 제2호의 치매환자에 해당하는 사람을 말한다.

② "실종아동등"이란 약취·유인 또는 유기되거나 사고를 당하거나 가출하거나 길을 잃는 등의 사유로 인하여 보호자로부터 이탈된 아동등을 말한다.

③ "보호자"란 친권자, 후견인이나 그 밖에 다른 법률에 따라 아동등을 보호하거나 부양할 의무가 있는 사람(제4호의 보호시설의 장 또는 종사자는 제외한다)을 말한다.

④ "보호시설"이란 사회복지사업법 제2조 제4호에 따른 사회복지시설 및 인가·신고 등이 없이 아동등을 보호하는 시설로서 사회복지시설에 준하는 시설을 말한다.

> **해설** ① 「**실종아동등의 보호 및 지원에 관한 법률**」 제2조 제1호 ""아동등"이란 다음 각 목의 어느 하나에 해당하는 사람을 말한다. 가. 실종 당시 18세 미만인 아동, 나. 「장애인복지법」 제2조의 장애인 중 지적장애인, 자폐성장애인 또는 정신장애인, 다. 「치매관리법」 제2조 제2호의 치매환자"
> ② 「**실종아동등의 보호 및 지원에 관한 법률**」 제2조 제2호, ③ 제2조 제3호, ④ 제2조 제4호

02 실종아동등의 보호 및 지원에 관한 법률에 따른 경찰청장의 시행 사항은 모두 몇 개인가?

> ㉠ 실종아동등을 위한 정책 수립 및 시행
> ㉡ 실종아동등과 관련한 실태조사 및 연구
> ㉢ 실종아동등에 대한 신고체계의 구축 및 운영
> ㉣ 정보연계시스템 및 데이터베이스의 구축·운영
> ㉤ 실종아동등의 발견을 위한 수색 및 수사
> ㉥ 실종아동등의 발생예방을 위한 연구·교육 및 홍보

① 2개 　　　　② 3개 　　　　③ 4개 　　　　④ 5개

> **해설** 「**실종아동등의 보호 및 지원에 관한 법률**」 제3조 제2항: ㉢ ㉤이 경찰청장의 시행 사항에 해당하고, 이외에도 유전자검사대상물의 채취 및 그 밖에 실종아동등의 발견을 위하여 필요한 사항이 있다(신고/수색·수사/유전자/기타 발견). ㉠ ㉡ ㉣ ㉥은 보건복지부장관의 시행 사항에 해당한다.

03 실종아동등의 보호 및 지원에 관한 법률에 따라 직무를 수행하면서 실종아동등임을 알게 되었을 때 신고의무가 있는 사람이 아닌 경우는?

① 인가·신고 등이 없이 아동등을 보호하는 시설로서 사회복지시설에 준하는 시설의 장 및 그 종사자

② 사회복지사업법 제14조에 따른 사회복지전담공무원

③ 업무·고용 등의 관계없이 사실상 아동등을 보호·감독하는 사람

④ 청소년 보호법 제35조에 따른 청소년 보호·재활센터의 장 또는 그 종사자

정답 | 01 | ① | 02 | ① | 03 | ③

> **해설** ① 「**실종아동등의 보호 및 지원에 관한 법률**」 제6조 제1항 제1호 및 제2조 제4호에 따른 신고의무자이다.
> ② 「**실종아동등의 보호 및 지원에 관한 법률**」 제6조 제1항 제4호에 따른 신고의무자이다.
> ③ 「**실종아동등의 보호 및 지원에 관한 법률**」 제6조 제1항 제6호 "업무 · 고용 등의 관계로 사실상 아동등을 보호 · 감독하는 사람" 이외에도 아동복지법 제13조에 따른 아동복지전담공무원 및 의료법 제3조에 따른 의료기관의 장 또는 의료인도 신고의무자에 해당한다.
> ④ 「**실종아동등의 보호 및 지원에 관한 법률**」 제6조 제1항 제3호에 따른 신고의무자이다.

04 실종아동등의 보호 및 지원에 관한 법률에 대한 설명으로 옳은 것은?

① 누구든지 정당한 사유 없이 실종아동등을 지방자치단체의 장에게 신고하지 아니하고 보호할 수 없고, 이를 위반한 경우 형사처벌된다.
② 경찰관서의 장은 실종아동등의 발생 신고를 접수하면 수사의 실시 여부를 결정할 수 있다.
③ 경찰관서의 장은 실종아동등(범죄로 인한 경우를 포함한다)의 조속한 발견을 위하여 필요한 때에는 개인위치정보 등의 제공을 요청할 수 있다.
④ 실종아동등을 찾기 위한 목적으로 제공받은 개인위치정보 등을 실종아동등을 찾기 위한 목적 외의 용도로 이용하여서는 아니 되며, 목적을 달성하였을 때에는 지체 없이 파기하여야 한다.

> **해설** ① 「**실종아동등의 보호 및 지원에 관한 법률**」 제7조 "누구든지 정당한 사유 없이 실종아동등을 경찰관서의 장에게 신고하지 아니하고 보호할 수 없다." 제17조 "제7조를 위반하여 정당한 사유없이 실종아동등을 보호한 자 및 제9조 제4항을 위반하여 개인위치정보등을 실종아동등을 찾기 위한 목적 외의 용도로 이용한 자는 5년 이하의 징역 또는 5천만원 이하의 벌금에 처한다."
> ② 「**실종아동등의 보호 및 지원에 관한 법률**」 제9조 제1항 "경찰관서의 장은 실종아동등의 발생 신고를 접수하면 지체 없이 수색 또는 수사의 실시 여부를 결정하여야 한다."
> ③ 「**실종아동등의 보호 및 지원에 관한 법률**」 제9조 제2항 "경찰관서의 장은 실종아동등(범죄로 인한 경우를 제외한다. 이하 이 조에서 같다)의 조속한 발견을 위하여 필요한 때에는 다음 각 호의 어느 하나에 해당하는 자에게 실종아동등의 위치 확인에 필요한 「위치정보의 보호 및 이용 등에 관한 법률」 제2조 제2호에 따른 개인위치정보, 「인터넷주소자원에 관한 법률」 제2조 제1호에 따른 인터넷주소 및 「통신비밀보호법」 제2조 제11호 마목 · 사목에 따른 통신사실확인자료(이하 "개인위치정보등"이라 한다)의 제공을 요청할 수 있다. 이 경우 경찰관서의 장의 요청을 받은 자는 「통신비밀보호법」 제3조에도 불구하고 정당한 사유가 없으면 이에 따라야 한다." 아울러 **제3항**에 따라 "제2항의 요청을 받은 자는 그 실종아동등의 동의 없이 개인위치정보등을 수집할 수 있으며, 실종아동등의 동의가 없음을 이유로 경찰관서의 장의 요청을 거부하여서는 아니 된다." 요청을 받은 자에게는 개인위치정보등의 제공의무가 있다.
> ④ 「**실종아동등의 보호 및 지원에 관한 법률**」 제9조 제4항 옳은 설명이다. 아울러 목적외 용도로 사용하는 경우 제17조에 따라 형사처벌의 대상이다.

경비경찰

(Park & Oh's Police Science for Perfect Score)

01 다중범죄의 정책적 치료법과 그에 대한 내용으로 가장 적절한 것은? (2018년 제1차)

① 선수승화법 – 불만집단의 고조된 주장을 시간을 끌어 이성적으로 사고할 기회를 부여하고 정서적으로 감정을 둔화시켜서 흥분을 가라앉게 하는 방법

② 전이법 – 다중범죄의 발생 징후나 이슈가 있을 때 집단이나 국민들의 관심을 집중시킬 수 있는 경이적인 사건을 폭로하거나 규모가 큰 행사를 개최하여 그 발생 징후나 이슈가 상대적으로 약화되도록 하는 방법

③ 지연정화법 – 불만집단에 반대하는 대중의견을 크게 부각시켜 불만집단이 위압되어 자진해산 및 분산되도록 하는 방법

④ 경쟁행위법 – 특정한 불만집단에 대한 정보활동을 강화하여 사전에 불만 및 분쟁요인을 찾아내어 해소시켜 주는 방법

해설 ② 옳은 설명이다. ① ③ ④는 아래 【다중범죄의 정책적 치료법】 참조.

【다중범죄의 정책적 치료법】

구분	내용
선수 승화법	특정사안과 관련된 불만집단에 대한 <u>정보활동을 강화하여 사전에 불만 및 분쟁요인을 찾아서 해소</u> – 예: 언론기관의 노조단체가 임금문제로 인해 파업을 한다는 첩보를 입수하고, 파업에 앞서 임금협상을 통하여 파업을 방지
전이법	다중범죄의 발생 징후 또는 이슈가 있을 때 <u>국민들의 관심을 집중시킬 수 있는 사건을 폭로하거나 규모가 큰 행사를 개최</u>하여 원래의 이슈가 상대적으로 약화되도록 유도
지연 정화법	불만집단의 주장에 대해 <u>시간을 끌어 이성적으로 생각할 기회를 부여</u>하고 정서적으로 감정을 둔화시켜 흥분을 가라앉힘
경쟁 행위법	불만집단과 <u>반대되는 대중의 의견을 부각</u>시켜 불만집단이 위압되어 자진 해산 및 분산되게 함 – 예: 지하철노조가 파업을 함에 있어 그에 반대하는 대중의 의견을 크게 부각시켜 언론에 보도함으로써 당황하여 그만두게 함

분석 다중범죄의 정책적 치료법은 최근 12년간 독립된 유형의 문제로 5회, 다른 지문과 결합하여 1회가 출제되었고, 정책적 치료법의 내용을 정확히 알고 있는지를 확인하는 수준이었습니다. 향후에도 계속 출제가 가능한 중요한 부분이므로 표의 내용을 정확히 암기하고 있어야 변형된 문제에 대비할 수 있습니다.

02 다음은 다중범죄의 정책적 치료법 중 무엇에 대한 설명인가? (2016년 제2차)

불만집단과 이에 반대하는 대중의견을 크게 부각하여 불만집단이 위압되어 자진해산 및 분산되도록 하는 방법이다.

① 선수승화법 ② 전이법 ③ 지연정화법 ④ 경쟁행위법

해설 ④ 경쟁행위법에 대한 설명이다. 【다중범죄의 정책적 치료법】 참조.

03 다중범죄의 정책적 치료법 가운데 특정사안의 불만집단에 대한 정보활동을 강화하여 사전에 불만 및 분쟁요인을 찾아내어 해소시켜 주는 방법으로 가장 적절한 것은? (2015년 제1차)

① 선수승화법   ② 전이법   ③ 지연정화법   ④ 경쟁행위법

해설 ① 선수승화법에 대한 설명이다. 【다중범죄의 정책적 치료법】참조.

04 다음의 내용이 옳게 짝지어진 것은? (2009년 제1차)

> 가. 지하철노조가 파업을 함에 있어 그에 반대하는 대중의 의견을 크게 부각시켜 언론에 보도함으로써 당황하여 그만두게 하였다.
> 나. 언론기관의 노조단체가 임금문제로 인해 파업을 한다는 첩보를 입수하고, 파업에 앞서 임금협상을 통하여 파업을 방지하였다.

① 경쟁행위법, 자연정화법   ② 자연정화법, 전이법
③ 경쟁행위법, 선수승화법   ④ 선수승화법, 전이법

해설 가. 경쟁행위법, 나. 선수승화법이다. 【다중범죄의 정책적 치료법】참조.

05 다중범죄의 정책적 치료법 중 불만집단의 고조된 주장을 시간을 끌어 이성적으로 생각할 기회를 부여하고 정서적으로 감정을 둔화시켜서 흥분을 가라앉게 하는 방법은? (2009년 제2차)

① 선수승화법   ② 전이법   ③ 지연정화법   ④ 경쟁행위법

해설 ③ 지연정화법에 대한 설명이다. 【다중범죄의 정책적 치료법】참조.

06 열린 음악회에 인기 아이돌 가수들이 대거 출연하여 많은 관객들이 입장할 것으로 예상된다. 안전사고 등을 미연에 방지하고자 하는 경비유형으로 가장 적절한 것은? (2014년 제2차)

① 치안경비   ② 특수경비   ③ 경호경비   ④ 혼잡경비

해설 ④ 혼잡경비에 대한 설명이다. 아래의 【경비경찰의 세부 유형】참조.

【경비경찰의 세부 유형】

대상	유형	내용
개인적 단체적 불법 행위	치안경비	공공의 안녕과 질서를 해하는 다중범죄 등 집단적 범죄사태가 발생하거나 발생할 우려가 있는 경우에 이를 예방·경계·진압하기 위한 경비활동
	특수경비 (대테러)	총포·도검·폭발물 등에 의한 인질살상 등 사회적 이목을 집중시키는 중요사건을 예방·경계·진압하기 위한 경비활동
	경호경비	피경호자의 신변을 보호하기 위한 경비활동
	중요시설 경비	국가적으로 중대한 영향을 미치는 국가의 산업·행정시설을 방호하기 위한 경비활동
인위적 자연적	혼잡경비	기념행사, 경기대회, 축제 등 미조직된 군중에 의해 발생할 수 있는 자연적·인위적 혼란상태를 예방·경계·진압하기 위한 경비활동

정답 | 01 ② | 02 ④ | 03 ① | 04 ③ | 05 ③ | 06 ④

혼잡 재난	재난경비	천재지변, 화재 등 자연적·인위적 돌발사태로 인하여 대규모의 인명·재산에 피해가 발생하거나 발생할 우려가 있는 경우에 이를 예방·경계·진압하기 위한 경비활동

분석

경비의 유형과 관련하여 최근 12년간 독립된 유형의 문제로 1회 출제되었고, 혼잡경비의 내용을 정확히 알고 있는지를 확인하는 수준이었습니다. 기출 경향에 비추어 중요성이 떨어지지만, 표에 있는 경비경찰의 세부 유형이 어떤 것인지는 기억하고 있어야 유사한 유형의 문제에 대비할 수 있습니다.

07 경비경찰의 특징에 대한 다음 설명 중 가장 적절하지 않은 것은? (2012년 제3차)

① 경비사태가 발생한 후의 진압뿐만 아니라 특정한 사태가 발생하기 전의 경계·예방의 역할을 수행한다는 점에서 복합기능적 활동이라 할 수 있다.

② 경비경찰은 경비사태 발생시 조직적이고 집단적인 대응이 요구되므로 조직적 부대활동에 중점을 둔다.

③ 경비경찰의 현상유지적 활동이란 기본적으로 적극적·동태적 개념의 활동이 아니라 현재의 질서상태를 보존하는 소극적·정태적 활동만을 의미하는 것이다.

④ 경비경찰의 활동은 하향적인 명령에 의하여 이루어지며, 그 결과에 대하여 일반적으로 지휘관의 지휘책임을 강조한다.

해설 ③ 경비경찰의 현상유지적 활동이란 기본적으로 현재의 질서상태를 보존하는 것에 가치를 두나, 이는 정태적·소극적인 질서유지가 아니라 새로운 변화와 발전을 보장하기 위한 동태적·적극적인 의미의 질서유지 작용을 말한다.

【경비경찰의 특징】

구분	내용
복합 기능적 활동	경비사태가 발생하기 전에 경계·예방의 역할을 수행하고 사태 발생시 진압
현상 유지적 활동	기본적으로 현재의 질서상태를 보존하는 것에 가치를 두나, 정태적·소극적인 질서유지가 아니라 새로운 변화와 발전을 보장하기 위한 동태적·적극적인 의미의 질서유지 작용
즉응적(즉시적) 활동	경비사태는 항상 긴급을 요하는 사태이고 국가적·사회적으로 중대한 영향을 미치는 중요사태이므로 신속한 처리 요망 → (시간 경과시 사태 확산 가능)즉시 출동 + 신속한 조기 진압
조직적 부대활동	경비사태 발생시 조직적·집단적인 대응 필요하므로 조직적 부대활동에 중점 → 체계적인 부대의 편성·관리·운영 필요
하향적 명령에 따른 활동	경비경찰은 지휘관, 참모와 중간지휘자 및 지휘를 받는 대원들로 구성되고, 계선조직의 지휘관이 내리는 하향적 지시나 명령에 따라 활동 → 활동의 결과에 대한 지휘관의 지휘책임 강조
사회 전반적 안녕목적의 활동	경비경찰은 공공의 안녕과 질서를 유지하는 것을 목적으로 하고, 사회 전체의 질서를 파괴하는 범죄가 경비경찰의 대상이라는 점에서 국가 목적적인 치안의 수행

분석

경비경찰의 특징은 최근 12년간 독립된 유형의 문제로 1회 출제되었고, 경비경찰의 특징과 관련된 구체적인 내용을 알고 있는지 확인하는 수준이었습니다. 기출 경향에 비추어 중요성이 다소 떨어지는 부분이지만, 기출되지 않은 경비경찰의 특징은 향후 출제 가능성이 있으므로 표의 내용을 정확히 기억하고 있어야 합니다.

08 경비경찰과 관련된 설명으로 가장 적절하지 않은 것은? (2011년 제2차)

① 경호의 4대 원칙으로는 자기희생의 원칙, 자기 담당구역 책임의 원칙, 다양하게 통제된 지점을 통한 접근의 원칙, 목표물 보존의 원칙을 들 수 있다.

② 집압의 기본원칙으로는 봉쇄 · 방어, 차단 · 배제, 세력분산, 주동자 격리의 원칙을 들 수 있다.

③ 행사장 안전경비에 있어 군중정리에는 밀도의 희박화, 이동의 일정화, 경쟁적 사태의 해소, 지시의 철저의 네 가지 원칙이 적용되어야 한다.

④ 경비경찰의 조직운용원리로는 부대단위활동의 원칙, 지휘관 단일성의 원칙, 체계통일성의 원칙, 치안협력성의 원칙의 네 가지를 들 수 있다.

해설 ② ③ ④ 옳은 설명이다. 아래의 【경비경찰의 원리 · 원칙 개관】 참조. ① 경호의 4대 원칙은 자기희생의 원칙, (자기)담당구역 책임의 원칙, 하나의 통제된 지점을 통한 출입의 원칙 및 목표물 보존의 원칙이다. 틀린 설명이다.

【경비경찰의 원리 · 원칙 개관】

구분	세부 원리 · 원칙	내용
경비경찰 조직운용 원리	부대단위 활동의 원칙	업무의 특성으로 인해 부대단위활동으로 이루어지는 경우가 대부분
	지휘관 단일성의 원칙	1명의 지휘관에 의해 관리 · 운용 → 의사결정과정의 단일화를 의미X
	체계 통일성의 원칙	상 · 하 계급 사이에 명령 · 복종의 체계가 형성되어 통일성을 가질 것
	치안 협력성의 원칙	업무수행과정에서 국민과 협력관계 형성 필요
진압의 기본원칙	봉쇄 · 방어의 원칙	다중이 보호대상물 점거를 기도하는 경우 부대가 사전 점령하거나 방어
	차단 · 배제의 원칙	다중이 목적지에 집결하기 전 중간에서 차단하여 집결하지 못하게 함
	세력 분산의 원칙	시위집단을 수 개의 소집단으로 분할하고 시위의지를 약화시켜 세력 분산
	주동자 격리의 원칙	주동자를 사전에 검거하거나 군중과 격리시켜 다중의 결속력 약화
경호의 4대 원칙	목표물 보존의 원칙	경호대상자는 위해 가능성이 있는 자들로부터 완전히 차단되도록 보호
	자기희생의 원칙	경호자는 어떤 희생을 치르더라도 경호대상자의 안전을 보호
	담당구역 책임의 원칙	담당구역에서 일어나는 사태에 대해 책임지고 해결 / 책임구역 이탈X
	하나의 통제된 지점을 통한 출입의 원칙	경호대상자에게 접근하는 출입구는 통제된 유일한 출입구만 필요
군중정리 4대 원칙	밀도의 희박화	제한된 장소에 많은 사람이 모이는 것을 회피하게 함 → 사전에 블록화함
	이동의 일정화	군중을 일정한 방향 · 속도로 이동시켜 상황을 파악할 수 있는 여건 조성
	경쟁적 사태의 해소	남보다 먼저 가려는 심리상태 해소하여 순서에 따라 질서있게 움직이게 함
	철저한 지시	계속적이고 지속적인 안내방송을 통해 철저하게 지시하여 사고 예방
경비수단 4대 원칙	균형의 원칙	주력부대와 예비부대를 적절히 활용하여 한정된 경력으로 최대의 성과

	위치의 원칙	실력행사시 유리한 지점과 위치 확보
	적시의 원칙	저항력이 가장 약한 시점을 포착하여 강력하고 집중적인 실력 행사
	안전의 원칙	경비경력과 군중 모두에게 사고가 없는 안전한 진압
진압의 3대 원칙	신속한 해산	군중심리로 시위는 격화·확대되기 쉬우므로 초기 단계에 신속히 해산
	주모자 체포	주모자를 잃으면 대체로 시위는 쉽게 해산되므로 주모자부터 체포·분리
	재집결 방지	해산되더라도 다시 집결하기 쉬우므로 재집결 예상 장소에 경력 배치

분석 경비경찰의 각종 원리·원칙을 묻는 문제는 독립된 유형으로 최근 12년간 5회, 다른 지문과 결합된 문제로 2회 출제되었습니다. 향후에도 계속 출제 가능성이 있는 중요 부분이므로 표의 내용을 정확히 기억하고 있어야 합니다. 아울러 다중범죄의 진압과 관련된 <u>다중범죄의 특징</u>(확신적 행동성/조직적 연계성/부화뇌동적 파급성/비이성적 단순성)과 행사장안전경비와 관련된 군중의 특성(익명성/비개인성/피암시성/지도자의 부존재)도 기억하고 있어야 합니다.

09 군중정리의 원칙에 관한 다음 설명 중 가장 적절하지 않은 것은? (2015년 제2차)

① 밀도의 희박화 – 많은 사람이 모이면 충돌과 혼잡이 야기되므로 제한된 장소에 가급적 많은 사람이 모이는 것을 회피하게 한다.

② 이동의 일정화 – 대규모 군중이 모이는 장소는 사전에 블록화한다.

③ 경쟁적 사태의 해소 – 순서에 의하여 움직일 때 순조롭게 모든 일이 잘될 수 있다는 것을 이해시키는 것으로, 차분한 목소리로 안내방송을 하는 것도 한 방법이다.

④ 지시의 철저 – 계속적이고 자세한 안내방송으로 지시를 철저히 해서 혼잡한 사태를 정리하고 사고를 미리 방지할 수 있다.

해설 ① ③ ④ 옳은 설명이다. 【경비경찰의 원리·원칙 개관】 참조.
② 이동의 일정화는 <u>군중을 일정한 방향·속도로 이동시켜 상황을 파악할 수 있는 여건</u>을 조성하는 것을 말한다. 지문의 내용은 제한된 장소에 많은 사람이 모이지 못하도록 하는 "밀도의 희박화"에 관할 설명이다.

10 경비조직의 운영 원리에 대한 설명 중 틀린 것은? (2009년 제1차)

① 부대의 관리와 임무의 수행을 위한 최종결정은 지휘관만이 할 수 있고, 부대의 성패는 지휘관에 의해 크게 좌우된다.

② 경비조직의 모든 단위나 체계는 당해 경비조직이 추구하는 목적을 위해 일관되게 작용하여야 한다.

③ 경비조직이 아무리 완벽하게 경비 활동을 수행하더라도 각종 위해요소들을 직접 인지할 수 없고, 모든 사태에 세밀히 대처할 수 없기 때문에 국민들과의 협력을 필수요소로 하여야 한다.

④ 임무를 중복으로 부여하여 최악의 경우에 대비하여야 한다.

해설 ① 지휘관 단일성의 원칙에 대한 설명으로 경비조직의 운영은 1명의 지휘관에 의해 관리·운영되어야 한다. 다만, 지휘관 단일성의 원칙이 "의사결정 과정의 단일화"를 의미하는 것은 아니다.
② 모든 단위나 체계의 일관성은 우선적으로 체계 통일성의 원칙과 관련된다.
③ 치안 협력성의 원칙에 대한 설명으로 경비경찰의 업무수행 과정에서 국민과의 협력관계 형성이 필요하다.
④ 체계 통일성의 원칙과 관련된 설명으로 경비조직의 운영시 상·하 계급 사이에 명령·복종의 체계가 형성되어

통일성을 가져야 하고, 이를 위해서는 **책임과 임무의 분담이 명확하게 이루어져 임무의 중복이 없어야 한다.**

11 경비수단의 원칙 중 경비사태와 대상에 따라 주력부대와 예비부대를 적절히 활용하여 한정된 경찰력으로 최대의 성과를 올리는 것을 의미하는 것은? _(2009년 제3차)_

① 균형의 원칙　　　② 안전의 원칙　　　③ 적시의 원칙　　　④ 위치의 원칙

해설 ① 균형의 원칙에 대한 설명이다. ② ③ ④ 【경비경찰의 원리 · 원칙 개관】 참조.

12 다음은 다중범죄 진압경비에 대한 설명이다. 가장 적절하지 않은 것은? _(2014년 제1차)_

① 다중범죄의 특성으로는 부화뇌동적 파급성, 비이성적 단순성, 확신적 행동성, 조직적 연계성이 있다.
② 진압의 3대원칙으로는 신속한 해산, 주모자 체포, 재집결 방지가 있다.
③ 진압의 기본원칙 중 군중이 목적지에 집결하기 이전에 중간에서 차단하여 집합을 하지 못하게 하는 방법은 차단 · 배제이다.
④ 다중범죄의 정책적 치료법 중 불만집단과 반대되는 대중의견을 크게 부각시켜 불만집단이 위압되어 스스로 해산 및 분산되도록 하는 방법은 전이법이다.

해설 ① ② ③ 옳은 설명이다. 【경비경찰의 원리 · 원칙 개관】 및 분석 참조.
④ 지문의 내용은 경쟁행위법에 대한 설명이다. 전이법은 <u>다중범죄의 발생 징후 또는 이슈가 있을 때 국민들의 관심을 집중시킬 수 있는 사건을 폭로하거나 규모가 큰 행사를 개최하여 원래의 이슈가 상대적으로 약화되도록 유도하는 방법</u>을 말한다.

13 경비경찰에 관한 다음 설명 중 가장 옳은 것은? _(2012년 제2차)_

① 각국의 대테러조직으로 영국의 SAS, 미국의 SWAT, 독일의 GIGN, 프랑스의 GSG－9등이 있다.
② 진압활동시의 3대 원칙은 신속한 해산, 주모자 체포, 재집결 방지이다.
③ 경호경비의 4대 원칙 중 '하나의 통제된 지점을 통한 접근원칙'은 일반에 노출된 도보 행차나 수차 행차하였던 동일한 장소를 가급적 회피하는 원칙이다.
④ 재난발생시 재난관리 주무부서는 경찰청이다.

해설 ① 외국의 대테러조직으로 영국의 SAS, 미국의 SWAT, 독일의 GSG－9, 프랑스의 GIGN 등이 있다.
② 옳은 설명이다.
③ 하나의 통제된 지점을 통한 접근의 원칙은 경호대상자에게 접근하는 출입구는 통제된 유일한 출입구만 필요하다는 원칙이다.
④ "주무부서"의 의미가 명확하지 않은 측면이 있다. 재난 및 안전관리 기본법 제6조는 "행정안전부장관은 국가 및 지방자치단체가 행하는 재난 및 안전관리 업무를 총괄 · 조정한다"고 규정하고 있고, 제14조 제3항은 행정안전부장관이 중앙대책본부의 본부장이 된다고 규정하면서, 제16조 제1항 및 제2항은 해당 관할구역에서 재난의 수습 등에 관한 사항을 총괄 · 조정하고 필요한 조치를 하기 위한 시 · 도대책본부 또는 시 · 군 · 구대책본부(이하 "지역대책본부"라 한다)의 본부장(이하 "지역대책본부장"이라 한다)은 시 · 도지사 또는 시장 · 군수 · 구청장이 된다고 규정하고 있다. 중앙행정기관의 장(예: 경찰청장)은 소관 업무분야의 재난상황을 관리하기 위하여 재난안전상황실을 설치 · 운영하거나 재난상황을 관리할 수 있는 체계를 갖추어야 한다고 규정하고 있는 동법 제18조 제3항에 의하면 경찰 소관 업무분야의 재난상황에 한해 주무부서로 볼 여지는 있

지만, 재난 및 안전관리 기본법 제3조 제1호 및 제2호에서 규정하고 있는 재난 유형 전체에 대한 주무부서로 볼 수는 없다고 할 것이다.

14 경비경찰은 공공의 안녕과 질서를 파괴하는 국가비상사태, 긴급한 주요사태 등이 발생하거나 발생할 우려가 있는 경우 이러한 상황이나 범죄를 예방·경계·진압·검거하는 경찰활동이다. 다음 경비경찰의 수단에 관한 설명으로 가장 적절하지 않은 것은? (2011년 제1차)

① 경비수단의 원칙으로 위치의 원칙, 안전의 원칙, 적시의 원칙, 균형의 원칙이 있다.
② 경비수단은 간접적 실력행사인 경고와 직접적 실력행사인 제지·체포로 구분할 수 있다.
③ 간접적 실력행사인 경고가 반드시 직접적 실력행사인 제지·체포에 선행되어야 하는 것은 아니다.
④ 간접적 실력행사인 경고는 경찰관 직무집행법 제5조(위험발생의 방지), 직접적 실력행사인 제지·체포는 경찰관 직무집행법 제6조(범죄의 예방과 제지)에 근거한다.

해설 ① 경비수단의 원칙으로 균형·위치·적시·안전의 원칙이 있다. 세부 내용은 【경비경찰의 원리·원칙 개관】 참조.
② ③ 옳은 설명이다. 아래의 【현실적·구체적 경비수단 개관】 참조
④ 체포의 법적 근거는 형사소송법으로 틀린 설명이다. 간접적 실력행사인 경고는 경찰관 직무집행법 제5조 및 제6조에서 명시적으로 규정하고 있다. 반면에 직접적 실력행사인 제지는 제6조에 명시되어 있고, 제5조의 문언상 명시되어 있지 않지만, 제5조 제1항 제3호 "직접 그 조치를 취하는 것"에 제지가 포함되는 것으로 볼 수 있다. 유의할 점은 직접적 실력행사인 "제지"의 법적 근거로 경찰관 직무집행법 제5조 및 제6조가 언급되는 경우 옳은 설명으로 보아야 하고(견해에 따른 다툼의 가능성이 있음), 직접적 실력행사인 "제지"가 경찰관 직무집행법 제5조 및 제6조에 명시되어 있다고 하는 경우에는 틀린 설명으로 보아야 한다.

【현실적·구체적 경비수단 개관】

종류		내용과 법적 근거
간접적 실력행사	경고	경비사태와 관련된 사람들에게 주의를 촉구하는 <u>사실상의 통지행위</u>(임의처분) – 법적 근거: 경찰관 직무집행법 제5조(위험 발생의 방지 등), 제6조(범죄의 예방과 제지)
직접적 실력행사	제지	경비사태를 예방·진압하기 위한 직접적 실력행사(세력의 분산·통제, 주동자 등의 격리 등)로 <u>행정상(경찰상) 즉시강제</u>에 해당 – 법적 근거: 경찰관 직무집행법 제5조(위험 발생의 방지 등), 제6조(범죄의 예방과 제지) ※ 경찰관 직무집행법 제5조에는 "제지"라는 용어를 명시적으로 사용하고 있지 않지만, 제1항 제3호에 따라 위해를 방지하기 위하여 필요하다고 인정되는 조치를 직접 할 수 있으므로 여기에 근거하여 제지를 할 수 있음(반대 견해가 있을 수 있음)
	체포	행위가 명백히 범죄를 구성하는 경우 상대방의 신체의 자유를 제한하는 <u>대인적 강제처분</u> – 법적 근거: 형사소송법 제212조(현행범인의 체포)

※ **유의점**: 실력행사의 방법(경고·제지·체포)은 구체적인 경비상황에 따라 법적 요건에 해당하는 경우에 할 수 있으며 선·후관계가 정해져 있는 것은 아님 → 경고 없이 직접적 실력행사인 제지·체포를 할 수 있음
<u>경찰권 발동의 조리상 한계인 경찰비례의 원칙은 간접적·직접적 실력행사 모두에 적용</u>

분석 경비수단의 종류와 관련하여 최근 12년간 독립된 유형의 문제로 2회 출제되었으나, 법률과 연관되어 있는 부분이라 향후에도 출제 가능성이 높으므로 표의 내용을 숙지하고 있어야 합니다. 특히 간접적 실력행사와 직접적 실력행사 사이에 선·후관계가 없다는 점 그리고 각 수단의 법적 근거는 정확히 기억하고 있어야 변형된 문제에 대비할 수 있습니다.

15 경비수단의 종류에 대한 설명으로 맞는 것은?

(2010년 제1차)

① 경고는 사실상 통지행위로 간접적 실력행사이므로 경찰비례의 원칙이 적용되지 않는다.
② 제지는 주동자 격리 등 직접적 실력행사로서 행정상 즉시강제에 해당한다.
③ 체포는 직접적 실력행사로서 경찰관 직무집행법이 법적 근거가 된다.
④ 경비수단을 통해 실력을 행사할 경우 반드시 경고, 제지, 체포의 단계적 절차를 거쳐 행해져야 한다.

해설 ① 경고는 사실상 통지행위이나, <u>경찰권 발동의 조리상 한계인 경찰비례의 원칙(적합성 · 필요성 · 상당성)은 간접적 · 직접적 실력행사 모두에 적용된다.</u> 틀린 설명이다.
② 제지의 법적 성격은 행정상(경찰상) 즉시강제로 옳은 설명이다. 【현실적 · 구체적 경비수단 개관】 참조.
③ 체포는 범죄수사를 위한 대인적 강제처분으로 그 법적 근거는 <u>형사소송법</u>이다. 틀린 설명이다.
④ 실력행사의 방법(경고 · 제지 · 체포)은 구체적인 경비상황에 따라 법적 요건에 해당하는 경우에 할 수 있으며 선 · 후관계가 정해져 있는 것은 아니므로, <u>경고 없이 직접적 실력행사인 제지 · 체포를 할 수 있다.</u> 틀린 설명이다.

16 경비경찰에 관한 설명으로 가장 적절하지 않은 것은? (다툼이 있으면 판례에 의함)

(2011년 제1차 – 현행법 반영 수정)

① 헌법 제37조 제2항, 경찰관 직무집행법, 국가경찰과 자치경찰의 조직 및 운영에 관한 법률 모두 경비경찰권의 법적 근거로 볼 수 있다.
② 경비경찰권의 발동에 관한 가장 주된 법률은 경찰관 직무집행법이다.
③ 대규모 시위대가 지하철로 이동하면서 하차하여 불법시위를 할 것이 명백한 경우, 경찰이 지하철역에 요구하여 무정차 통과토록 조치하였다면 경찰관 직무집행법 제6조(범죄의 예방과 제지)에 근거한 조치로 볼 수 있다.
④ 제주항공에서 시민단체 회원들이 제주도로부터 440여 킬로미터 떨어진 서울에서 열린 옥외집회에 참석하기 위해 비행기에 탑승하려 하였으나, 경찰은 위 집회가 금지통고를 받은 불법집회라는 이유를 들어 이들의 비행기 탑승 자체를 저지하였다. 이는 경찰관 직무집행법 제6조(범죄의 예방과 제지)에 근거한 정당한 경찰권의 행사이다.

해설 ① ② 옳은 설명이다. 경찰관 직무집행법 제2조(직무의 범위) 및 국가경찰과 자치경찰의 조직 및 운영에 관한 법률 제3조(경찰의 임무)는 조직법적 규정으로 국민의 자유와 권리를 침해하지 않는 경찰작용의 경우 이에 근거하여 할 수 있다는 것이 일반적인 견해이다(국민의 자유와 권리를 침해하는 경우 그 근거가 될 수 있는가에 대한 것이 이른바 "일반적(개괄적) 수권조항"의 문제이다). 따라서 경비경찰권의 발동시 국민의 자유와 권리를 침해하지 않는 성격의 활동은 헌법 제37조 제2항, 경찰관 직무집행법 및 국가경찰과 자치경찰의 조직 및 운영에 관한 법률상 임무(직무)조항에 따라 할 수 있다.
③ 지문의 불법시위(집회 및 시위에 관한 법률 위반)를 할 것이 명백하다는 것은 범죄행위가 목전(目前)에 행하여지려고 하고 있다고 인정되는 경우에 해당하는 것으로 볼 수 있고, 따라서 불법시위(범죄)를 예방하기 위하여 관계인(범죄행위를 하려는 자 이외에 제3자도 포함)에게 필요한 경고를 할 수 있으므로 지하철역에 무정차를 요구하는 것은 정차하게 되면 불법시위가 일어나게 된다는 것을 알리는 경고에 해당한다고 볼 수 있다. 따라서 경찰관 직무집행법 제6조에 근거한 적법한 조치로 볼 수 있다.
④ 경찰관 직무집행법 제6조에 근거한 범죄의 예방과 제지를 하기 위해서는 <u>범죄행위가 목전(目前)에 행하여지려고 하고 있다고 인정될 때에는 이를 예방하기 위하여 관계인에게 필요한 경고를 하고, 그 행위로 인하여 사람의 생명 · 신체에 위해를 끼치거나 재산에 중대한 손해를 끼칠 우려가 있는 긴급한 경우에는 그 행위를 제</u>

지하도록 규정하고 있다. 판례도 규정의 해석을 엄격히 하면서 <u>시간적 · 장소적으로 근접하지 않은 다른 지역의 집회 · 시위에 참석하기 위해 출발 · 이동을 제지하는 행위는 제지의 범위를 넘어서는 위법한 직무집행</u>이라고 판단하고 있다. 따라서 사안의 경우 경찰관 직무집행법 제6조가 탑승 자체를 제지하는 행위의 법적 근거가 될 수 없어 위법한 공무집행에 해당하고, 이에 저항하더라도 적법한 공무집행을 전제로 하는 공무집행방해죄는 성립되지 않는다.

2007도9794 판결: [1] 경찰관 직무집행법 제6조 제1항 중 경찰관의 제지에 관한 부분은 범죄의 예방을 위한 경찰 <u>행정상 즉시강제에 관한 근거 조항</u>이다. 행정상 즉시강제는 그 본질상 행정 목적 달성을 위하여 <u>불가피한 한도 내에서 예외적으로 허용되는 것</u>이므로, 위 조항에 의한 경찰관의 제지 조치 역시 그러한 조치가 불가피한 최소한도 내에서만 행사되도록 그 발동 · 행사 요건을 신중하고 엄격하게 해석하여야 한다. 그러한 해석 · 적용의 범위 내에서만 우리 헌법상 신체의 자유 등 기본권 보장 조항과 그 정신 및 해석 원칙에 합치될 수 있다. [2] 구 집회 및 시위에 관한 법률에 의하여 금지되어 그 주최 또는 참가행위가 형사처벌의 대상이 되는 위법한 집회 · 시위가 장차 특정지역에서 개최될 것이 예상된다고 하더라도, 이와 <u>시간적 · 장소적으로 근접하지 않은 다른 지역에서 그 집회 · 시위에 참가하기 위하여 출발 또는 이동하는 행위를 함부로 제지하는 것은 경찰관 직무집행법 제6조 제1항의 행정상 즉시강제인 경찰관의 제지의 범위를 명백히 넘어 허용될 수 없다</u>...(하략)

【경비경찰활동과 법】

구분	내용
헌법 제37조 제2항 근거규범으로서의 법 (법률유보의 원칙)	· 국민의 모든 자유와 권리는 <u>국가안전보장 · 질서유지 또는 공공복리</u>를 위하여 필요한 경우에 한하여 **법률로써 제한**할 수 있으며, 제한하는 경우에도 자유와 권리의 <u>본질적인 내용을 침해할 수 없다.</u> · 경비경찰이 경비사태에 대응하기 위해 사용하는 수단이 헌법상 보장된 국민의 자유와 권리를 침해하는 경우 (작용법적) 법적 근거 필요
조직규범으로서의 법	**국가경찰과 자치경찰의 조직 및 운영에 관한 법률 제3조(경찰의 임무)** 제4호 경비 · 요인경호 및 대간첩 · 대테러 작전 수행 **경찰관 직무집행법 제2조(직무의 범위) – 경비경찰권 발동의 주된 법률** 제3호 경비, 주요 인사(人士) 경호 및 대간첩 · 대테러 작전 수행 ※ **유의**: 국가경찰과 자치경찰의 조직 및 운영에 관한 법률상 경찰의 임무 규정 및 경찰관 직무집행법상 직무의 범위 규정이 직접적으로 경찰권을 발동하는 경우에 작용법적 근거가 되는지 여부에 대해서는 견해가 대립하고 있고, 전술한 일반적(개괄적) 수권조항과 관련된 문제로 헌법재판소의 재판관 사이에 견해가 대립하고 있고, 학설상의 견해도 대립하고 있음
제약규범으로서의 법 (법률우위의 원칙)	경비경찰권 발동의 주된 법적 근거: 경찰관 직무집행법(작용법적 근거) – 경찰관 직무집행법에 규정되어 있는 요건에 해당하는 경우 법에 규정된 절차와 방식으로 경찰권 발동
경찰법규의 재량조항성	경찰권 발동의 중요한 작용법적 근거인 경찰관 직무집행법은 "–할 수 있다."는 재량조항으로 규정되어 있으나, 자유재량이 아닌 의무에 합당한 재량 → 사안에 따라 재량이 인정되지 않는 경우가 있음(재량권의 0으로의 수축) → 경찰권을 발동하지 않은 경우 구체적인 사안에 따라 그 부작위가 위법하다는 판단을 받을 수 있음(경찰의 부작위에 대한 손해배상을 인정한 다수의 판례가 있음)

분석　경비경찰활동의 법적 문제와 관련하여 최근 12년간 독립된 유형의 문제로 2회가 출제되었고, 단순한 조문의 수준을 넘어 관련된 판례를 정확히 이해하고 있는지를 확인하는 수준이었습니다. 법이 경비경찰활동에 어떤

의미를 가지는지 표의 내용을 숙지하고 있어야 합니다. 판례가 있는 분야는 앞으로도 출제가 예상되므로 경찰관 직무집행법과 관련된 예상문제에서 소개하고 있는 중요 판례의 내용을 정확히 기억하고 있어야 변형된 문제에 대비할 수 있습니다.

17 경비경찰권 발동의 근거와 한계에 대한 설명 중 틀린 것은? (2009년 제2차)

① 경비경찰권 행사의 근거가 될 수 있는 헌법 제37조 제2항에 의하면 국민의 모든 자유와 권리는 국가안전보장, 질서유지, 공공의 복리를 위하여 필요한 경우에 한하여 법령으로 제한될 수 있으나, 자유와 권리의 본질적인 내용을 침해할 수 없다.

② 경비경찰권 발동에 가장 주된 법률은 경찰관 직무집행법이다.

③ 경찰작용의 다양성으로 경찰법규는 재량조항이 필요하며, 이 경우의 재량은 자유재량이 아니라 의무에 합당한 재량이다.

④ 판례에 의하면 경찰관이 농민들의 시위를 진압하고 시위과정에서 도로상 방치된 트랙터에 대하여 위험발생방지 조치를 취하지 않고 철수하여, 야간에 운전자가 이를 피하려다가 다른 트랙터에 부딪혀 상해를 입은 경우 국가는 배상책임을 진다.

해설 ① 헌법 제37조 제2항에 의하면 국민의 자유와 권리에 대한 제한은 **법률**에 의하여야 한다. "법령"은 법률과 명령의 줄임말로 "명령"은 이른바 행정입법(대통령령/총리령/부령)으로 행정부에서 제정한 일반적·추상적 규범이다.

② ③ 옳은 설명이다. 【경비경찰활동과 법】참조.

④ **98다16890 판결**: [1] 경찰관직무집행법 제5조는…(중략)…형식상 경찰관에게 재량에 의한 직무수행권한을 부여한 것처럼 되어 있으나, 경찰관에게 그러한 권한을 부여한 취지와 목적에 비추어 볼 때 <u>구체적인 사정에 따라 경찰관이 그 권한을 행사하여 필요한 조치를 취하지 아니하는 것이 현저하게 불합리하다고 인정되는 경우에는 그러한 권한의 불행사는 직무상의 의무를 위반한 것이 되어 위법</u>(주: "-할 수 있다"는 재량형식으로 규정되어 있다고 하더라도 경찰관의 자유재량이 아님 = 재량권의 0으로의 수축)하게 된다. [2] 경찰관이 농민들의 시위를 진압하고 시위과정에 도로상에 방치된 트랙터 1대에 대하여 이를 도로 밖으로 옮기거나 후방에 안전표지판을 설치하는 것과 같은 <u>위험발생방지조치를 취하지 아니한 채 그대로 방치하고 철수하여 버린 결과, 야간에 그 도로를 진행하던 운전자가 위 방치된 트랙터를 피하려다가 다른 트랙터에 부딪혀 상해를 입은 사안에서 국가배상책임을 인정한 사례</u>. 판례는 재량이 있더라도 일정한 부작위는 위법한 것으로 평가될 수 있다는 취지이다.

18 다음 중 선거경비에 관한 설명으로 가장 적절하지 않은 것은? (2012년 제1차)

① 개표소 내부는 선거관리위원회 위원장의 책임하에 질서를 유지하며, 질서문란행위가 발생하면 선거관리위원회 위원장의 요청이 있을 경우에만 경찰력을 투입할 수 있다.

② 개표소 내부의 질서가 회복되거나 선거관리위원회 위원장의 요구가 있을 때에는 즉시 퇴거하여야 한다.

③ 대통령선거 후보자는 을호 경호 대상으로 후보자등록시부터 당선확정시까지 실시하며, 대통령으로 당선이 확정된 자는 갑호 경호의 대상이다.

④ 선거경비는 행사안전경비, 특수경비, 경호경비, 다중범죄진압 등 종합적인 경비활동이 요구된다.

해설 ① 「**공직선거법**」**제183조 제3항·제4항** "③ 구·시·군선거관리위원회위원장이나 위원은 개표소의 질서가 심히 문란하여 공정한 개표가 진행될 수 없다고 인정하는 때에는 개표소의 질서유지를 위하여 <u>정복을 한 경찰</u> <u>공무원 또는 경찰관서장에게 원조를 요구할 수 있다.</u> ④ 제3항의 규정에 의하여 <u>원조요구를 받은 경찰공무원</u> <u>또는 경찰관서장은 즉시 이에 따라야 한다.</u>" 요청의 주체는 선거관리위원회위원장 또는 위원이므로 틀린 설 명이다.

② 「**공직선거법**」**제183조 제5항** 옳은 설명이다. 위원은 퇴거요구를 할 수 없다. ③ ④ 옳은 설명이다.

분석

선거경비와 관련하여 최근 12년간 독립된 유형의 문제로 3회, 다른 지문과 결합된 유형으로 1회 출제되었 고, 대통령선거 후보자의 신변 보호 및 선거경비의 특징과 관련된 내용을 제외하고, 공직선거법과 관련된 조 문의 내용을 확인하는 수준에서 출제되었습니다. 공직선거법은 분량이 많으므로 기출된 조문을 정확히 기억 하고 있어야 하고, 특히 기출 이후에 조문의 변경이 있거나 신설된 조항에 유의하여야 합니다.

【개표소 경비 개관】 – 3선 개념의 경비

구분	내용
제1선 개표소 내부	· 선거관리위원회 위원장의 책임 하에 질서 유지 · 질서문란행위시 선거관리위원회 <u>위원장 또는 위원</u>은 개표소의 질서유지를 위하여 정복을 한 경찰공무원 또는 경찰관서장에게 원조를 요구할 수 있고, <u>원조요구를 받은 경찰공무</u><u>원 또는 경찰관서장은 즉시 이에 따라야 한다</u>(공직선거법 제183조 제3항 및 제4항). · 개표소안에 들어간 경찰공무원 또는 경찰관서장은 선거관리위원회위원장의 지시를 받아야 하며, <u>질서가 회복되거나 위원장의 요구가 있는 때에는 즉시 개표소에서 퇴거하여야</u>한다.
제2선 울타리 내곽	· 경찰은 선거관리위원회와 합동으로 출입자 통제 · 출입문은 가능한 한 정문만 사용하고 기타 출입문 시정
제3선 울타리 외곽	· 경찰은 검문조 · 순찰조를 운영 → 위해기도자의 접근 차단

19 공직선거법과 관련된 설명으로 맞는 것은? (2010년 제1차)

① 공직선거법상 선거운동이란 당선되거나 되게 하거나 되지 못하게 하기 위한 행위로 정당의 후보자 추천에 관한 단순한 지지 · 반대의 의견개진 및 의사표시, 입후보와 선거운동을 위한 준비행위는 선거운동으로 보지 아니한다.
② 공직선거법에 규정된 죄의 공소시효는 당해 범죄행위가 종료한 때로부터 1년이 경과함으로써 완성되나 범인이 도피한 때에는 그 기간을 3년으로 한다.
③ 대한민국 국민이 아닌 자와 미성년자, 국회의원 등 국가공무원법상 공무원은 선거운동을 할 수 없다.
④ 지방자치단체의 장의 선거의 예비후보자는 예비후보자의 등록이 끝난 때부터 개표종료시까지 사형 · 무기 또는 장기 5년 이상의 징역이나 금고에 해당하는 죄를 범한 경우를 제외하고는 현 행범인이 아니면 체포 또는 구속되지 아니한다.

해설 ① 「**공직선거법**」**제58조 제1항 제2호 · 제3호** 옳은 설명이다. 이외에도 선거에 관한 단순한 의견개진 및 의사표 시(제1호), 통상적인 정당활동(제4호), 설날 · 추석 등 명절 및 석가탄신일 · 기독탄신일 등에 하는 의례적인 인사말을 문자메시지(그림말 · 음성 · 화상 · 동영상 등을 포함한다)로 전송하는 행위(제6호)도 선거운동으로 보지 아니한다.
② 「**공직선거법**」**제268조 제1항** "이 법에 규정한 죄의 공소시효는 당해 <u>선거일후 6개월(선거일 후에 행하여진</u> <u>범죄는 그 행위가 있는 날부터 6개월)</u>을 경과함으로써 완성한다. 다만, 범인이 도피한 때나 범인이 공범 또는

범죄의 증명에 필요한 참고인을 <u>도피시킨 때에는 그 기간은 3년으로 한다.</u>"

③ **「공직선거법」 제60조 제1항 제1호·제2호·제4호** "다음 각 호의 어느 하나에 해당하는 사람은 선거운동을 할 수 없다. 다만,....(중략)...그러하지 아니하다. 1. 대한민국 국민이 아닌 자. 다만, 제15조 제2항 제3호에 따른 외국인이 해당 선거에서 선거운동을 하는 경우에는 그러하지 아니하다., 2. 미성년자(18세 미만의 자를 말한다. 이하 같다). 4. 「국가공무원법」 제2조(공무원의 구분)에 규정된 국가공무원과 「지방공무원법」 제2조(공무원의 구분)에 규정된 지방공무원. 다만, <u>「정당법」 제22조(발기인 및 당원의 자격) 제1항 제1호 단서의 규정에 의하여 정당의 당원이 될 수 있는 공무원(국회의원과 지방의회의원외의 정무직공무원을 제외한다)은 그러하지 아니하다.</u>"

④ **「공직선거법」 제11조 제2항** "<u>국회의원선거, 지방의회의원 및 지방자치단체의 장의 선거의 후보자는 후보자의 등록이 끝난 때부터 개표종료시까지 사형·무기 또는 장기 5년 이상의 징역이나 금고에 해당하는 죄를 범하였거나 제16장 벌칙에 규정된 죄를 범한 경우를 제외하고는 현행범인이 아니면 체포 또는 구속되지 아니하며, 병역소집의 유예를 받는다.</u>"

20 공직선거법과 관련된 설명으로 틀린 것은 모두 몇 개인가? (2009년 제2차 - 현행법 반영 수정)

> ㉠ 선거운동은 선거기간개시일부터 선거일 전일까지에 한하여 할 수 있다.
> ㉡ 지역구시·도의회의원선거의 예비후보자등록 신청기간은 선거일전 90일부터이다.
> ㉢ 관할 선거관리위원회에 등록한 국회의원선거의 예비후보자는 지하철역 구내에서 자신의 명함을 직접 배포할 수 있다.
> ㉣ 당선인이 공직선거법에 규정된 죄를 범함으로 인하여 징역 또는 100만원 이상의 벌금형의 선고를 받은 때에는 그 당선은 무효로 한다.
> ㉤ 선거에 관한 단순한 의사표시도 선거운동으로 본다.

① 1개 ② 2개 ③ 3개 ④ 4개

해설 ㉠ **「공직선거법」 제59조 본문**, ㉣ **「공직선거법」 제264조**
㉡ **「공직선거법」 제60조의2 제1항 제3호** "예비후보자가 되려는 사람(비례대표국회의원선거 및 비례대표지방의회의원선거는 제외한다)은 다음 각 호에서 정하는 날(그 날후에 실시사유가 확정된 보궐선거등에 있어서는 그 선거의 실시사유가 확정된 때)부터 관할선거구선거관리위원회에 예비후보자등록을 서면으로 신청하여야 한다. 3. 지역구시·도의회의원선거, 자치구·시의 지역구의회의원 및 장의 선거: <u>선거기간개시일 전 90일</u>" 선거일과 선거기간개시일을 혼동하지 않도록 유의한다. <u>선거일 기준</u>은 대통령선거(선거일 전 240일)와 지역구국회의원선거 및 시·도지사선거(선거일 전 120일)이고, <u>선거개시일 기준</u>은 지역구시·도의회의원선거, 자치구·시의 지역구의회의원 및 장의 선거(선거기간개시일 전 90일)와 군의 지역구의회의원 및 장의 선거(선거기간개시일 전 60일)이다.
㉢ **「공직선거법」 제60조의3 제1항 제2호** "예비후보자는 다음 각호의 어느 하나에 해당하는 방법으로 선거운동을 할 수 있다. 2. 자신의 성명·사진·전화번호·학력(정규학력과 이에 준하는 외국의 교육과정을 이수한 학력을 말한다. 이하 제4호에서 같다)·경력, 그 밖에 홍보에 필요한 사항을 게재한 길이 9센티미터 너비 5센티미터 이내의 명함을 직접 주거나 지지를 호소하는 행위. 다만, <u>선박·정기여객자동차·열차·전동차·항공기의 안과 그 터미널·역·공항의 개찰구 안, 병원·종교시설·극장의 옥내(대관 등으로 해당 시설이 본래의 용도 외의 용도로 이용되는 경우는 제외한다)에서 주거나 지지를 호소하는 행위는 그러하지 아니하다.</u>" 단서에 규정된 장소에서는 명함을 배포하면서 선거운동을 할 수 없다.
㉤ **「공직선거법」 제58조 제1항 제1호** "이 법에서 "선거운동"이라 함은 당선되거나 되게 하거나 되지 못하게 하기 위한 행위를 말한다. 다만, 다음 각 호의 어느 하나에 해당하는 행위는 선거운동으로 보지 아니한다. 1. <u>선거에 관한 단순한 의견개진 및 의사표시</u>"

21 다음 설명 중 옳지 않은 것은 모두 몇 개인가?

(2010년 제2차)

> ㉠ 선거별 선거기간은 대통령선거는 23일, 국회의원선거와 지방자치단체의 의회의원 및 장의 선거는 14일이다.
> ㉡ 고용노동부 장관의 긴급조정 결정이 공표된 때에는 관계 당사자는 즉시 쟁의행위를 중지하여야 하며, 공표일부터 15일이 경과하지 아니하면 쟁의행위를 재개할 수 없다.
> ㉢ 옥외집회나 시위를 주최하려는 자는 신고서를 옥외집회나 시위를 시작하기 720시간 전부터 48시간 전에 제출하여야 한다.
> ㉣ 정당이 임기만료에 의한 국회의원선거에 참여하여 의석을 얻지 못하고 유효투표총수의 100분의 2 이상을 득표하지 못한 때 당해 선거관리위원회는 그 정당의 등록을 취소한다.

① 1개　　　　② 2개　　　　③ 3개　　　　④ 4개

해설 ㉠「공직선거법」제33조 제1항 제1호·제2호, ㉢「집회 및 시위에 관한 법률」제6조 제1항, ㉣「정당법」제44조 제1항 제3호

㉡「노동조합 및 노동관계조정법」제77조 "관계 당사자는 제76조 제3항(주: 고용노동부장관은 긴급조정을 결정한 때에는 지체없이 그 이유를 붙여 이를 공표함과 동시에 중앙노동위원회와 관계 당사자에게 각각 통고)의 규정에 의한 긴급조정의 결정이 공표된 때에는 즉시 쟁의행위를 중지하여야 하며, 공표일부터 30일이 경과하지 아니하면 쟁의행위를 재개할 수 없다.

22「국민보호와 공공안전을 위한 테러방지법」에 대한 설명으로 가장 적절한 것은?　　(2017년 제1차)

① 국가테러대책위원회 위원장은 대통령으로 한다.
② '테러단체'란 국제연합(UN)이 지정한 테러단체를 말한다.
③ '테러위험인물'이란 테러를 실행·계획·준비하거나 테러에 참가할 목적으로 국적국이 아닌 국가의 테러단체에 가입하거나 가입하기 위하여 이동 또는 이동을 시도하는 내국인·외국인을 말한다.
④ 국가정보원장은 테러위험인물에 대하여 출입국·금융거래 및 통신이용 등 관련 정보를 수집하여야 한다.

해설 ①「국민보호와 공공안전을 위한 테러방지법」제5조 제2항 "(주: 국가테러)대책위원회는 국무총리 및 관계기관의 장 중 대통령령으로 정하는 사람으로 구성하고 위원장은 국무총리로 한다."
②「국민보호와 공공안전을 위한 테러방지법」제2조 제2호
③「국민보호와 공공안전을 위한 테러방지법」제2조 제3호 ""테러위험인물"이란 테러단체의 조직원이거나 테러단체 선전, 테러자금 모금·기부, 그 밖에 테러 예비·음모·선전·선동을 하였거나 하였다고 의심할 상당한 이유가 있는 사람을 말한다." 지문의 내용은 제4호의 "외국인테러전투원"에 대한 설명이다.
④「국민보호와 공공안전을 위한 테러방지법」제9조 제1항 제1문 "국가정보원장은 테러위험인물에 대하여 출입국·금융거래 및 통신이용 등 관련 정보를 수집할 수 있다. 이 경우 출입국·금융거래 및 통신이용 등 관련 정보의 수집은「출입국관리법」,「관세법」,「특정 금융거래정보의 보고 및 이용 등에 관한 법률」,「통신비밀보호법」의 절차에 따른다."

분석 대테러와 관련하여 최근 12년간 국민보호와 공공안전을 위한 테러방지법의 조문 내용을 묻는 문제로 1회, 다른 지문과 결합하여 테러조직을 묻는 문제로 1회 출제되었습니다. 기출 경향에 비추어 중요성이 다소 떨어지는 영역이지만, 비교적 최근에 기출되었다는 점에서 재차 출제될 가능성도 있습니다. 개념 정의와 관련된 제2조, 국가테러대책위원회(제5조 – 위원장: 국무총리), 대테러센터(제6조 – 국무총리 소속 / 관계기관 공

무원으로 구성), 테러위험인물에 대한 정보 수집(제9조 – "할 수 있음") 등은 향후 출제 가능성이 있으므로 조문의 내용을 숙지하기 바랍니다.

23 재난 및 안전관리 기본법 에 대한 설명으로 가장 적절한 것은? (2020년 제2차)

① "재난"이란 국민의 생명·신체·재산과 국가에 피해를 주거나 줄 수 있는 것으로서 자연재난과 인적재난으로 구분된다.
② "재난관리"란 재난의 예방·대응·복구 및 평가를 위하여 하는 모든 활동을 말한다.
③ 재난 및 안전관리 기본법상 대통령령으로 정하는 대규모 재난의 대응·복구 등에 관한 사항을 총괄·조정하고 필요한 조치를 하기 위하여 국무조정실에 중앙재난안전대책본부를 둔다.
④ 해외재난의 경우 외교부장관이 중앙대책본부장의 권한을 행사한다.

해설 ① 「**재난 및 안전관리 기본법**」 **제3조 제1호** ""재난"이란 국민의 생명 · 신체 · 재산과 국가에 피해를 주거나 줄 수 있는 것으로서 다음 각 목의 것을 말한다. <u>가. 자연재난, 나. 사회재난,</u> 다. 삭제(※ 이상 내용 생략)" 인적 재난은 재난의 유형으로 구분하고 있지 않다.
② 「**재난 및 안전관리 기본법**」 **제3조 제3호** ""재난관리"란 <u>재난의 예방 · 대비 · 대응 및 복구를</u> 위하여 하는 모든 활동을 말한다." 평가는 포함되지 않고, 제4호의 안전관리(안전관리란 재난이나 그 밖의 각종 사고로부터 사람의 생명 · 신체 및 재산의 안전을 확보하기 위하여 하는 모든 활동을 말한다)와 개념을 혼동하지 않도록 유의한다.
③ 「**재난 및 안전관리 기본법**」 **제14조 제1항** "대통령령으로 정하는 대규모 재난(이하 "대규모재난"이라 한다)의 대응 · 복구(이하 "수습"이라 한다) 등에 관한 사항을 총괄 · 조정하고 필요한 조치를 하기 위하여 <u>행정안전부에 중앙재난안전대책본부(이하 "중앙대책본부"라 한다)</u>를 둔다."
④ 「**재난 및 안전관리 기본법**」 **제14조 제3항** 옳은 설명이다. 원칙적으로 중앙대책본부의 본부장은 행정안전부 장관이 되지만, 해외재난의 경우 외교부장관이, 방사능재난의 경우 중앙방사능방재대책본부의 장이 각각 중앙대책본부장의 권한을 행사한다.

분석

재난 및 안전관리 기본법과 관련하여 최근 12년간 독립된 유형의 문제로 4회, 다른 지문과 결합하여 재난관리 주무부서를 묻는 문제 1회가 출제되었으며, 최근에 자주 출제되는 경향을 보입니다. 재난경비의 경우 경찰관 직무집행법 제5조(위험 발생의 방지 등) 및 제7조(위험 방지를 위한 출입)가 중요한 법적 근거라는 점은 정확히 기억하고 있어야 합니다. 아울러 재난발생시 수행하는 경찰의 재난경비와 관련하여 "경찰 재난관리 규칙"이 2021. 7. 15. 개정되어 시행되었기 때문에 개정된 부분을 중심으로 기억할 필요가 있습니다.

24 「재난 및 안전관리 기본법」에 관한 설명으로 가장 적절하지 않은 것은? (2019년 제2차)

① "재난"이란 국민의 생명·신체·재산과 국가에 피해를 주거나 줄 수 있는 것으로서 자연재난과 사회재난으로 구분된다.
② "재난관리"란 재난의 예방·대비·대응 및 복구를 위하여 하는 모든 활동을 말한다.
③ 국무총리는 국가 및 지방자치단체가 행하는 재난 및 안전관리 업무를 총괄 조정한다.
④ 특별재난지역 선포는 재난관리 체계상 복구 단계에서의 활동에 해당된다.

해설 ① 「**재난 및 안전관리 기본법**」 **제3조 제1호,** ② **제3조 제3호,** ④ **제60조** ④와 관련하여 특별재난지역의 선포는 재난 및 안전관리 기본법 제7장(재난의 복구)에 규정되어 있으므로 복구단계의 활동이다.

③ 「**재난 및 안전관리 기본법**」 제6조 "<u>행정안전부장관은 국가 및 지방자치단체가 행하는 재난 및 안전관리 업무를 총괄 · 조정한다.</u>"

25 「재난 및 안전관리 기본법」상 재난관리 체계에 대한 설명으로 옳은 것은? (2019년 제1차)

① 특별재난지역 선포는 대응 단계에서의 활동이다.
② 재난분야 위기관리 매뉴얼 작성은 예방 단계에서의 활동이다.
③ 재난관리체계 등의 평가는 대비 단계에서의 활동이다.
④ 재난피해조사는 복구 단계에서의 활동이다.

해설 ① 특별재난지역의 선포는 복구 단계, ② 위기관리 매뉴얼 작성은 대응 단계, ③ 관리체계 평가는 예방 단계이다.

【재난관리 체계 개관】

개관	재난의 <u>예방</u> → 재난의 <u>대비</u> → 재난의 대응 → 재난의 복구
재난 예방	– 국가핵심기반의 지정 · 관리 / 특정관리대상지역의 지정 · 관리 / 재난방지시설의 관리 (지정 · 관리) – 안전취약계층에 대한 안전 환경 지원 / 정부합동 안전 점검 – 재난관리체계 등에 대한 평가(대비 단계X) / 재난관리 실태 공시 등(복구 단계X)
재난 대비	– 재난관리자원의 비축 · 관리 / 재난현장 긴급통신수단의 마련(대응 단계X) – 기능별 재난대응 활동계획의 작성 · 활용 / 재난분야 위기관리 매뉴얼 작성 · 운용(예방 단계X) – 재난안전통신망의 구축 · 운영 / 재난대비훈련 기본계획 수립과 훈련 실시 등
재난 대응	– 재난사태 선포 / 응급조치 / 위기경보의 발령 / 동원 · 대피명령 / 위험구역 설정 / 통행제한 등 – 긴급구조 등
재난 복구	– 피해조사 및 복구계획 / 특별재난지역 선포 및 지원 등

26 「재난 및 안전관리 기본법」상 다음의 설명은 무엇에 관한 내용인가?
(2012년 제3차 – 현행법 반영 수정)

대통령령으로 정하는 규모의 재난이 발생하여 국가의 안녕 및 사회질서의 유지에 중대한 영향을 미치거나 피해를 효과적으로 수습하기 위하여 특별한 조치가 필요하다고 인정하거나 지역대책본부장의 요청이 타당하다고 인정하는 경우에 선포하여 특별지원을 할 수 있다.

① 긴급재난지역 ② 재난통제지역
③ 특정재난지역 ④ 특별재난지역

해설 「**재난 및 안전관리 기본법**」 제60조 제1항 및 제61조 참조. 재난 및 안전관리 기본법에 따른 특별재난지역에 대한 설명이다. 재난 및 안전관리 기본법은 제2조에서 특별재난지역의 개념을 규정하지 않고, 제60조 및 제61조에서 선포 절차와 조치에 대해서 규정하고 있다.

27 다음 중 인질사건 발생시 나타날 수 있는 현상으로 (가)항목의 요소와 (나)항목의 요소가 올바르게 연결된 것은?

(2010년 제2차)

> (가)
> ㉠ 스톡홀름 증후군 ㉡ 리마 증후군
> (나)
> ⓐ 페루 수도 소재 일본대사관에서 발생하였던 투팍아마르 혁명운동 소속 게릴라들에 의해 발생한 인질사건에 유래되었다.
> ⓑ 심리학에서는 오귀인 효과라고도 한다.
> ⓒ 인질이 인질범에게 동화되는 현상으로 이는 시간이 경과할수록 인질이 인질범을 이해하는 일종의 감정이입이 이루어져 상호간에 친근감을 갖게 되는 현상을 말한다.
> ⓓ 인질범이 인질들의 문화를 학습하거나 정신적으로 동화되어 결과적으로 공격적인 태도가 완화되는 현상을 말한다.

① ㉠ - ⓐ, ⓑ
② ㉠ - ⓑ, ⓓ
③ ㉡ - ⓑ, ⓒ
④ ㉡ - ⓐ, ⓓ

해설 【리마 증후군과 스톡홀름 증후군 비교】

구분	내용
리마 증후군	· 시간이 경과함에 따라 인질범이 인질에 동화되어 인질의 입장을 이해하고 호의를 베푸는 현상 · 1995년 12월 페루의 수도 리마에 있는 일본대사관에서 투팍 아마르 소속 게릴라에 의해 발생한 인질사건에서 유래
스톡홀름 증후군	· 인질이 인질범에게 동화되어 인질이 인질범을 이해하는 일종의 감정이입이 이루어져 상호간에 친근감을 갖게 되는 현상 (심리학에서 오귀인 효과라고 함) · 스웨덴의 수도 스톡홀름에서 은행강도사건이 발생하여 131시간 동안 인질로 잡혀 있던 여성이 인질범과 사랑에 빠져 인질범과 함께 경찰에 대항한 사건에서 유래

01 다중범죄의 정책적 치료법에 대한 〈보기 1〉과 〈보기 2〉의 연결이 가장 적절한 것은?

> **보기 1**
>
> (가) 특정사안과 관련된 불만집단에 대한 정보활동을 강화하여 사전에 불만·분쟁요인을 찾아서 해소
> (나) 불만집단과 반대되는 대중의 의견을 부각시켜 불만집단이 위압되어 자진 해산 및 분산되게 함
> (다) 다중범죄의 발생 징후가 있을 때 국민의 관심을 집중시킬 수 있는 사건을 폭로하거나 규모가 큰 행사를 개최하여 원래의 이슈가 상대적으로 약화되도록 유도

> **보기 2**
>
> ㉠ 경쟁행위법   ㉡ 선수승화법   ㉢ 지연정화법   ㉣ 전이법

	(가)	(나)	(다)			(가)	(나)	(다)
①	㉡	㉠	㉢		②	㉡	㉠	㉣
③	㉣	㉡	㉠		④	㉣	㉡	㉢

해설 (가)는 선수승화법, (나)는 경쟁행위법, (다)는 전이법에 대한 설명이다.

02 미군의 미사일 기지가 들어설 지역에서 이를 반대하는 집회·시위가 계속되자 정부의 설명 및 이에 찬성하는 높은 여론을 언론에 보도하게 함으로써 이후의 집회·시위를 방지하였다. 이와 관련된 다중범죄의 정책적 치료법은?

① 지연정화법   ② 전이법   ③ 선수승화법   ④ 경쟁행위법

해설 불만집단과 반대되는 대중의 의견을 부각시켜 이에 위압되도록 하는 경쟁행위법과 관련이 있다.

03 원자력 발전소를 건설하려는 정부의 계획이 발표되자 해당 지역의 주민들이 이에 반대하는 대책위원회를 구성하고 대규모의 반대집회를 하려고 하자, 대책위원회에 대한 정보활동을 통해 불만 및 요구사항을 확인하고 정부의 관계자와 협상할 수 있도록 자리를 마련하였고, 불만 및 요구사항이 받아들여져 계획된 집회가 열리지 않았다. 이와 관련된 다중범죄의 정책적 치료법은?

① 선수승화법   ② 전이법   ③ 경쟁행위법   ④ 경쟁행위법

해설 사전 정보활동을 통해 불만 및 분쟁요인을 찾아서 해소하는 선수승화법과 관련이 있다.

04 교황이 대한민국을 방문하여 월드컵 축구경기장에서 미사를 할 예정으로 많은 신도들이 경기장에 모일 것으로 예상된다. 이에 필요한 경비유형으로 가장 적절한 것은?

① 치안경비와 혼잡경비   ② 치안경비와 경호경비
③ 경호경비와 혼잡경비   ④ 특수경비와 혼잡경비

해설 피경호자인 교황의 신변을 보호하기 위한 경호경비와 미조직된 신도에 의해 발생할 수 있는 혼란을 예방·경

계 · (돌발사태시)진압하기 위한 혼잡경비가 필요하다.

05 경비경찰의 특징에 대한 설명으로 틀린 것은?

① 경비사태는 항상 긴급을 요하고 국가적 · 사회적으로 중대한 영향을 미치므로 즉시 출동하여 신속한 조기 진압이 필요하다.

② 경비경찰은 현재의 질서 상태를 보존하는 것에 가치를 두나, 정태적 · 소극적인 질서의 유지가 아니라 새로운 변화 · 발전을 보장하기 위한 동태적 · 적극적 의미의 질서유지 작용이다.

③ 경비경찰은 공공의 안녕과 질서를 유지하는 것을 목적으로 하고 개인의 법익을 침해하는 범죄가 경비경찰의 대상이 된다.

④ 경비사태가 발생한 경우 조직적 · 집단적인 대응이 필요하므로 경비경찰은 조직적인 부대활동에 중점을 둔다.

> **해설** ① ② ④ 옳은 설명이다. ①은 즉응적(즉시적) 활동, ② 현상유지적 활동, ④ 조직적 부대활동의 특징이다.
> ③ 경비경찰은 공공의 안녕 · 질서를 유지하는 것을 목적으로 하고 <u>사회 전체의 질서를 파괴하는 범죄가 경비경찰의 대상이 된다(사회 전반적 안녕 목적의 활동)</u>.

06 경비경찰의 조직운용 원리에 대한 설명으로 옳은 것은?

① 부대단위 활동 원칙, 의사결정과정 단일화 원칙, 체계 통일성 원칙, 치안 협력성 원칙이 있다.

② 경비경찰은 상 · 하 계급 사이에 명령 · 복종의 체계가 형성되어 통일성을 가져야 한다.

③ 의사결정과정 단일화의 원칙에 따라 경비경찰은 1명의 지휘관에 의해 관리 · 운용되어야 한다.

④ 경비경찰은 업무의 특성으로 인해 부대의 구성원이 개별적으로 활동하는 경우가 대부분이다.

> **해설** ① ③ 의사결정과정 단일화의 원칙이 아니라 지휘관 단일성의 원칙이다. 경비경찰은 1명의 지휘관에 의해 관리 · 운용되어야 하지만, <u>지휘관 단일성의 원칙이 의사결정과정의 단일화를 의미하는 것은 아니다</u>.
> ② 옳은 설명이다.
> ④ 부대단위 활동의 원칙에 따라 부대의 구성원이 아닌 부대단위로 경비경찰활동이 이루어진다.

07 진압의 기본원칙에 대한 설명으로 틀린 것은?

① 봉쇄 · 방어의 원칙, 차단 · 배제의 원칙, 세력 분산의 원칙, 담당구역 책임의 원칙이 있다.

② 다중이 보호대상의 점거를 기도하는 경우 부대가 사전에 점령하거나 방어하는 것은 봉쇄 · 방어의 원칙이다.

③ 목적지에 집결하기 전에 중간에 차단하여 집결하지 못하게 하는 것은 차단 · 배제의 원칙이다.

④ 시위집단을 수 개의 작은 집단으로 분할하고, 시위의 의지를 약화시켜 세력을 분산시키는 것은 세력 분산의 원칙이다.

> **해설** ① 담당구역 책임의 원칙은 경호의 4대 원칙 가운데 하나이고, 진압의 기본원칙은 주동자 격리의 원칙이다.
> ② ③ ④ 옳은 설명이다. 아울러 주동자를 사전에 검거하거나 군중과 격리시켜 다중의 결속력을 약화시키는 것은 주동자 격리의 원칙이다.

08 경비경찰 원리 또는 원칙의 세부내용에 대한 연결로 옳은 것은?

① 경호의 원칙 – 목표물 보존의 원칙, 자기희생의 원칙, 담당구역 책임의 원칙, 통제된 다양한 지점을 통한 접근의 원칙
② 군중정리의 원칙 – 밀도의 희박화, 이동의 일정화, 경쟁적 사태의 해소, 균형의 원칙
③ 경비수단의 원칙 – 위치의 원칙, 적시의 원칙, 안전의 원칙, 철저한 지시의 원칙
④ 진압의 원칙 – 신속한 해산, 주모자의 체포, 재집결의 방지

해설 ① 경호대상자에게 접근하는 출입구는 통제된 유일한 출입구만 필요하다는 하나의 통제된 지점을 통한 출입의 원칙이다.
② ③ 균형의 원칙은 경비수단의 원칙이고, 철저한 지시는 군중정리 4대 원칙이다.
④ 옳은 설명이다.

09 경비경찰의 원리 또는 원칙에 대한 설명으로 틀린 것은?

① 군중정리 4대 원칙인 이동의 일정화를 위해 대규모의 군중이 모이는 장소를 사전에 블록화한다.
② 저항력이 약한 시점을 포착하여 강력하고 집중적인 실력을 행사하는 것은 경비수단 4대 원칙 가운데 적시의 원칙에 해당한다.
③ 경비경찰의 업무수행 과정에서 국민과의 협력관계를 형성하는 것은 경비경찰 조직운용 원리 가운데 치안 협력성의 원칙에 해당한다.
④ 다른 사람보다 먼저 가려는 심리상태를 해소하여 순서에 따라 질서있게 움직이게 하는 것은 군중정리 4대 원칙 가운데 경쟁적 사태의 해소에 해당한다.

해설 ① 대규모의 군중이 모이는 장소를 사전에 블록화하는 것은 제한된 장소에 많은 사람이 모이지 못하도록 하는 조치로 군중정리의 4대 원칙 가운데 밀도의 희박화와 관련이 있다.
② ③ ④ 옳은 설명이다.

10 경비의 수단에 대한 설명으로 옳은 것은?

① 경비경찰이 실력을 행사하는 시점에 유리한 지점과 위치를 확보하는 것은 적시의 원칙이다.
② 경찰비례의 원칙은 간접적 실력행사로 관련된 사람의 주의를 촉구하는 경고에도 적용된다.
③ 경비사태에서 세력의 분산·통제와 주동자 격리는 직접 실력을 행사하는 경찰상 직접강제이다.
④ 경비사태에서 직접적으로 실력을 행사하는 제지는 경찰관 직무집행법 제5조(위험발생의 방지 등)에 명시적으로 규정하고 있다.

해설 ① 유리한 지점과 위치를 확보하는 것은 경비수단 4대 원칙 가운데 위치의 원칙에 해당한다.
② 옳은 설명이다.
③ 세력을 분산·통제하고 주동자를 격리하는 등 직접적인 실력의 행사는 경찰관 직무집행법 제5조(위험 발생의 방지 등) 및 범죄의 예방과 제지(제6조)에 근거한 것으로 경찰상 즉시강제에 해당한다.
④ 실력행사의 방법으로 제지를 명시적으로 규정하고 있지 않지만, 제5조 제1항 제3호의 "위해를 방지하기 위하여 필요하다고 인정되는 조치"에 근거하여 제지할 수 있는 것으로 해석된다(해석상 이견 가능).

11 아래의 보기에서 A경찰청이 취한 조치에 대한 설명으로 틀린 것은?

> **보기**
>
> 甲단체는 A시청 앞 잔디광장(평소 시민들의 휴식 장소로 이용)에서 신고 없이 집회·시위를 개최하였고, 일부 참가자들이 방화와 폭력을 행사하였다. 甲단체는 향후에도 불시에 A시청 광장을 점거하여 집회·시위를 하겠다고 경고하였고, 이에 A경찰청은 甲단체의 불법집회·시위를 미연에 방지하기 위해 7일 동안 광장을 차벽으로 둘러싸고 일체의 출입을 금지하는 조치를 취하였다.

① 다중이 보호대상물의 점거를 기도하는 경우 부대가 사전에 점령하거나 방어하는 봉쇄·방어의 원칙에 따른 조치이다.

② 광장으로의 출입을 일체 금지하는 실력행사는 광장을 이용하고자 하는 시민의 일반적 행동자유권을 침해하는 성격을 가진다.

③ 출입의 금지 조치가 국민의 자유와 권리를 제한·침해하는 경우 헌법 제37조 제2항에 따라 법률에 근거가 있어야 한다.

④ 甲단체가 향후에도 불법집회·시위를 하겠다고 경고하였고, 이러한 범죄의 예방과 제지를 위해 경찰관 직무집행법 제6조에 근거하여 광장으로의 출입을 일체 금지하는 조치를 할 수 있다.

해설 ① ② ③ 옳은 설명이다.

④ 경찰관 직무집행법 제6조에 따른 범죄행위의 제지는 범죄행위가 목전(目前)에 행하여지려고 하고 있다고 인정되고, 그 행위로 인하여 사람의 생명·신체에 위해를 끼치거나 재산에 중대한 손해를 끼칠 우려가 있는 긴급한 경우에 허용된다. 장래에 언제 있을지 모르는 범죄행위는 "목전"과 "긴급성"의 요건을 충족할 수 없기 때문에 경찰관 직무집행법 제6조에 근거하여 광장으로의 출입을 일체 금하는 조치를 취할 수 없다. 【2009헌마406 결정: 이른바 "서울광장통행저지행위 위헌확인 사건"】: "…(상략)… 대규모의 불법·폭력 집회나 시위를 막아 시민들의 생명·신체와 재산을 보호한다는 공익은 중요한 것이지만, 당시의 상황에 비추어 볼 때 이러한 공익의 존재 여부나 그 실현 효과는 다소 가상적이고 추상적인 것이라고 볼 여지도 있고, 비교적 덜 제한적인 수단에 의하여도 상당 부분 달성될 수 있었던 것으로 보여 일반 시민들이 입은 실질적이고 현존하는 불이익에 비하여 결코 크다고 단정하기 어려우므로 법익의 균형성 요건도 충족하였다고 할 수 없다. 따라서 이 사건 통행제지행위는 과잉금지원칙을 위반하여 청구인들의 일반적 행동자유권을 침해한 것이다. **(재판관 김종대, 재판관 송두환의 보충의견)** 경찰관 직무집행법 제5조 제2항의 '소요사태'는 '다중이 집합하여 한 지방의 평화 또는 평온을 해할 정도에 이르는 폭행·협박 또는 손괴행위를 하는 사태'를 의미하고, 같은 법 제6조 제1항의 '급박성'은 '당해행위를 당장 제지하지 아니하면 곧 범죄로 인한 손해가 발생할 상황이라서 그 방법 외에는 결과를 막을 수 없는 절박한 상황일 경우'를 의미하는 것으로 해석되는바, 경찰청장이 청구인들에 대한 이 사건 통행제지행위를 한 2009. 6. 3. 당시 서울광장 주변에 '소요사태'가 존재하였거나 범죄발생의 '급박성'이 있었다고 인정할 수 없으므로 위 조항들은 이 사건 통행제지행위 발동의 법률적 근거가 된다고 할 수 없다…(하략)" 보기의 조치는 헌법상 과잉금지의 원칙(비례의 원칙)을 위반하였음은 물론 법률상의 근거없이 행해진 조치이다. 다만, 반대의견으로 과잉금지의 원칙에 위배되지 않고, 구 경찰법(현 국가경찰과 자치경찰의 조직 및 운영에 관한 법률) 제3조 및 경찰관 직무집행법 제2조를 일반적 수권조항으로 보아 그 법적 근거가 될 수 있다는 재판관 2인의 반대견해가 있다.

12 선거경비에 대한 설명으로 옳은 것은?

① 개표소 경비는 제1선 개표소 내부와 제2선 개표소 외부로 구분하여 실시한다.

② 개표소 내부 및 외부의 경비는 개표소가 설치된 관할 경찰서장의 책임하에 실시한다.

③ 경찰공무원은 개표소 내에서 무기를 휴대할 수 있다.

④ 개표소 외부의 울타리 내곽은 경찰이 단독으로 경비하면서 출입자를 통제한다.

해설 ① 개표소 경비는 제1선(개표소 내부), 제2선(울타리 내곽) 및 제3선(울타리 외곽)으로 구분하여 실시한다.
② 공직선거법 제183조 제3항 내지 제5항에 따라 개표소 내부의 질서유지는 구·시·군선거관리위원회위원장이 한다.
③ 옳은 설명이다. 공직선거법 제183조 제4항 및 제6항에 따라 무기를 지닐 수 있다.
④ 제2선 울타리 내곽은 경찰이 선거관리위원회와 합동으로 출입자를 통제하고, 제3선 울타리 외곽에서는 경찰이 검문서·순찰조 등을 운영하면서 위해기도자의 접근을 차단한다.

13 「재난 및 안전관리 기본법」의 재난관리 체계에 따른 설명으로 옳은 것은?

① 재난 및 안전관리 기본법상 재난관리는 예방, 대응, 복구의 단계로 구성되어 있다.
② 재난관리체계 등에 대한 평가 및 재난관리 실태 공시는 예방 단계의 조치이다.
③ 재난현장 긴급통신수단의 마련은 대응 단계의 조치이다.
④ 재난분야 위기관리 매뉴얼 작성·운용은 예방 단계의 조치이다.

해설 ① 예방, 대비, 대응 및 복구의 4단계로 규정되어 있고, 단계별로 조치사항이 다르다.
② 옳은 설명이다.
③ 재난 대비 단계의 조치이다.
④ 재난 대비 단계의 조치이다.

14 「재난 및 안전관리 기본법」의 재난관리 체계에 대한 연결이 올바른 것은?

① 재난 예방: 재난방지시설의 관리, 재난관리체계 등에 대한 평가, 재난관리자원의 비축·관리
② 재난 대비: 재난현장 긴급통신수단의 마련, 정부합동 안전 점검, 위기관리 매뉴얼 작성·운용
③ 재난 대응: 재난사태 선포 및 응급조치, 위기경보의 발령, 위험구역의 설정
④ 재난 복구: 피해조사 및 복구계획, 특별재난지역 선포, 재난관리 실태 공시

해설 ① 재난관리자원의 비축·관리는 대비 단계의 조치이다.
② 정부합동 안전 점검은 예방 단계의 조치이다.
③ 옳은 설명이다.
④ 재난관리 실태 공시는 예방 단계의 조치이다.

예상문제   공직선거법

01 공직선거법에 따른 "후보자 등의 신분보장(제11조)"에 대한 설명으로 틀린 것은?

① 대통령선거, 국회의원선거, 지방의회의원 및 지방자치단체의 장의 선거의 후보자는 병역소집의 유예를 받는다.

② 대통령선거, 국회의원선거, 지방의회의원 및 지방자치단체의 장의 선거의 후보자에 대한 신분보장은 후보자의 등록이 끝난 때부터 개표종료시까지이다.

③ 대통령선거의 후보자는 사형·무기 또는 장기 7년 이상의 징역이나 금고에 해당하는 죄를 범하였거나 제16장 벌칙에 규정된 죄를 범한 경우를 제외하고는 현행범인이 아니면 체포 또는 구속되지 아니한다.

④ 국회의원선거, 지방의회의원 및 지방자치단체의 장의 선거의 후보자는 사형·무기 또는 장기 5년 이상의 징역이나 금고에 해당하는 죄를 범하였거나 제16장 벌칙에 규정된 죄를 범한 경우를 제외하고는 현행범인이 아니면 체포 또는 구속되지 아니한다.

해설 ① ② 「**공직선거법**」 **제11조 제1항·제2항**, ④ **제11조 제2항**
③ 「**공직선거법**」 **제11조 제1항** "대통령선거의 후보자는 후보자의 등록이 끝난 때부터 개표종료시까지 <u>사형·무기 또는 장기 7년 이상의 징역이나 금고에 해당하는 죄</u>를 범한 경우를 제외하고는 현행범인이 아니면 체포 또는 구속되지 아니하며, 병역소집의 유예를 받는다." 대통령선거 후보자와 기타 선거 후보자의 신분보장과 관련하여 대상범죄에 차이가 있음에 유의한다. <u>대통령선거 후보자의 경우 공직선거법 제16장 벌칙에 규정된 죄는 제외된다.</u>

02 공직선거법에 따른 "선거권(제15조)"에 대한 설명으로 옳은 것은?

① 18세 이상의 국민으로서 선거인명부작성기준일 현재 주민등록법에 따라 해당 국회의원지역선거구 안에 주민등록이 되어 있는 사람(거주불명자 제외)은 지역구국회의원의 선거권이 있다.

② 18세 이상의 국민으로서 선거인명부작성기준일 현재 주민등록법에 따른 재외국민에 해당하는 사람으로서 주민등록표에 6개월 이상 계속하여 올라 있고 해당 국회의원지역선거구 안에 주민등록이 되어 있는 사람은 지역구국회의원의 선거권이 있다.

③ 18세 이상으로서 선거인명부작성기준일 현재 주민등록법에 따른 재외국민에 해당하는 사람으로서 주민등록표에 3개월 이상 계속하여 올라 있고 해당 지방자치단체의 관할구역에 주민등록이 되어 있는 사람은 그 구역에서 선거하는 지방자치단체의 의회의원 및 장의 선거권이 있다.

④ 18세 이상으로서 선거인명부작성기준일 현재 출입국관리법에 따른 영주의 체류자격 취득일 후 3년이 경과한 외국인으로서 같은 법에 따라 해당 지방자치단체의 외국인등록대장에 올라 있는 사람은 지역구국회의원, 지방자치단체의 의회의원과 장의 선거권이 있다.

해설 ① 「**공직선거법**」 **제15조 제1항 단서 제1호** "18세 이상의 국민은 대통령 및 국회의원의 선거권이 있다. 다만, <u>지역구국회의원의 선거권은 18세 이상의 국민으로서 제37조 제1항에 따른 선거인명부작성기준일 현재 다음각 호의 어느 하나에 해당하는 사람에 한하여 인정된다. 1. 「주민등록법」 제6조 제1항 제1호(거주자) 또는 제2호(거주불명자)에 해당하는 사람으로서 해당 국회의원지역선거구 안에 주민등록이 되어 있는 사람</u>"

정답 | **01** | ③ | **02** | ③

② 「**공직선거법**」 제15조 제1항 단서 제2호 "2. 「**주민등록법**」 제6조 제1항 제3호(재외국민)에 해당하는 사람으로서 <u>주민등록표에 3개월 이상 계속하여 올라 있고</u> 해당 국회의원지역선거구 안에 <u>주민등록이 되어 있는 사람</u>"

③ 「**공직선거법**」 제15조 제2항 제2호

④ 「**공직선거법**」 제15조 제2항 제3호 "18세 이상으로서 제37조 제1항에 따른 선거인명부작성기준일 현재 다음 각 호의 어느 하나에 해당하는 사람은 그 구역에서 선거하는 <u>지방자치단체의 의회의원 및 장의 선거권이 있다. 3. 「출입국관리법」</u> 제10조에 따른 <u>영주의 체류자격 취득일 후 3년이 경과한</u> 외국인으로서 같은 법 제34조에 따라 해당 지방자치단체의 <u>외국인등록대장에</u> 올라 있는 사람" <u>외국인의 경우 대통령 및 국회의원의 선거권이 없다는 점에 유의한다</u>(제15조 제1항 참조).

03 공직선거법에 따른 "피선거권(제16조)"에 대한 설명으로 틀린 것은?

① 선거일 현재 5년 이상 국내에 거주하고 있는 45세 이상의 국민은 대통령의 피선거권이 있다.

② ①의 경우에 공무로 외국에 파견된 기간과 국내에 주소를 두고 일정기간 외국에 체류한 기간은 국내거주기간으로 본다.

③ 25세 이상의 국민은 국회의원의 피선거권이 있다.

④ 선거일 현재 계속하여 60일 이상 해당 지방자치단체의 관할구역에 주민등록이 되어 있는 주민으로서 25세 이상의 국민은 그 지방의회의원 및 지방자치단체의 장의 피선거권이 있다.

> **해설** ① 「**공직선거법**」 제16조 제1항 제1문 "선거일 현재 <u>5년 이상 국내에 거주하고 있는 40세 이상의 국민은</u> 대통령의 피선거권이 있다. 이 경우 공무로 외국에 파견된 기간과 국내에 주소를 두고 일정기간 외국에 체류한 기간은 국내거주기간으로 본다."
> ② 「**공직선거법**」 제16조 제1항 제2문, ③ 제16조 제2항, ④ 제16조 제3항 제1문

04 공직선거법에 따른 선거권과 피선거권에 대한 설명으로 옳은 것은?

① 공직선거법에 따른 선거권의 기준연령은 19세 이상이다.

② 대통령의 피선거권 기준연령은 45세 이상이다.

③ 국회의원, 지방자치단체의 의회의원 및 장의 피선거권 기준연령은 20세 이상이다.

④ 외국인에게는 대통령 및 국회의원의 선거권이 인정되지 않는다.

> **해설** ① 「**공직선거법**」 제15조에 따른 선거권의 기준 연령은 <u>선거의 종류에 구별 없이 18세 이상</u>이다.
> ② 「**공직선거법**」 제16조 제1항 제1문에 따른 대통령의 피선거권 기준연령은 <u>40세 이상</u>이다.
> ③ 「**공직선거법**」 제16조 제2항 · 제3항에 따른 국회의원, 지방자치단체의 의회의원 및 장의 피선거권 기준연령은 <u>25세 이상</u>이다.
> ④ 「**공직선거법**」 제15조 제1항 아울러 외국인의 경우 피선거권도 인정되지 않는다.

05 공직선거법에 따른 "선거기간(제33조)"에 대한 설명으로 틀린 것은?

① 대통령선거의 선거기간이란 후보자등록마감일부터 선거일까지를 말한다.

② 국회의원선거와 지방자치단체의 의회의원 및 장의 선거의 선거기간은 후보자등록마감일 후 6일부터 선거일까지를 말한다.

③ 대통령선거의 선거기간은 23일이다.

④ 국회의원선거와 지방자치단체의 의회의원 및 장의 선거의 선거기간은 14일이다.

해설 ① **「공직선거법」** 제33조 제3항 제1호 ""선거기간"이란 다음 각 호의 기간을 말한다. 1. 대통령선거: <u>후보자등록</u> <u>마감일의 다음 날부터 선거일까지</u>, 2. 국회의원선거와 지방자치단체의 의회의원 및 장의 선거: <u>후보자등록마</u> <u>감일 후 6일부터 선거일까지</u>"
② **「공직선거법」** 제33조 제3항 제2호, ③ 제33조 제1항 제1호, ④ 제33조 제1항 제2호

06 공직선거법에 따른 "선거운동(제58조)"에 해당하는 것은 모두 몇 개인가?

> ㉠ 선거에 관한 단순한 의견개진 및 의사표시 행위
> ㉡ 정당의 후보자 추천에 관한 단순한 지지·반대의 의견개진 및 의사표시 행위
> ㉢ 당선되거나 되게 하는 행위
> ㉣ 통상적인 정당활동 행위
> ㉤ 입후보와 선거운동을 위한 준비행위
> ㉥ 당선되지 못하게 하기 위한 행위
> ㉦ 설날·추석 등 명절 및 석가탄신일·기독탄신일 등에 하는 의례적인 인사말을 문자메시지(그림 말·음성·화상·동영상 등을 포함)로 전송하는 행위

① 1개   ② 2개   ③ 3개   ④ 4개

해설 **「공직선거법」** 제58조 제1항: ㉢ ㉥이 선거운동의 개념이고, 기타는 선거운동으로 보지 아니하는 행위이다.

07 공직선거법에 따른 "선거운동기간(제59조)"에 대한 설명으로 옳은 것은?

① 선거운동은 선거기간개시일의 다음 날부터 선거일 전일까지에 한하여 할 수 있다.
② 공직선거법 제60조의3에 따른 예비후보자 등의 선거운동도 선거운동기간의 제한을 받는다.
③ 공직선거법 제59조의 규정에 따라 문자메시지를 전송하는 방법으로 선거운동을 하는 경우 선 거운동기간의 제한을 받지 않는다.
④ 후보자·예비후보자의 배우자가 전송대행업체에 위탁하여 전자우편을 전송하는 방법으로 선 거운동을 하는 경우 선거운동기간의 제한을 받지 않는다.

해설 ① **「공직선거법」** 제59조 본문 "선거운동은 <u>선거기간개시일부터 선거일 전일까지</u>에 한하여 할 수 있다. 다만, 다 음 각 호의 어느 하나에 해당하는 경우에는 그러하지 아니하다."
② **「공직선거법」** 제59조 단서 제1호 "1. 제60조의3(예비후보자 등의 선거운동) 제1항 및 제2항의 규정에 따라 <u>예비후보자 등이 선거운동을 하는 경우</u>"
③ **「공직선거법」** 제59조 단서 제2호 옳은 설명이다. 다만, 자동 동보통신 방법의 경우에는 일정한 제한이 있다. "2. 문자메시지를 전송하는 방법으로 선거운동을 하는 경우. 이 경우 <u>자동 동보통신의 방법</u>(동시 수신대상자 가 20명을 초과하거나 그 대상자가 20명 이하인 경우에도 프로그램을 이용하여 수신자를 자동으로 선택하여 전송하는 방식을 말한다. 이하 같다)으로 전송할 수 있는 자는 <u>후보자와 예비후보자</u>에 한하되, 그 횟수는 <u>8회</u> <u>(후보자의 경우 예비후보자로서 전송한 횟수를 포함한다)</u>를 넘을 수 없으며, 중앙선거관리위원회규칙에 따라 <u>신고한 1개의 전화번호만을 사용</u>하여야 한다."
④ **「공직선거법」** 제59조 단서 제3호 "3. 인터넷 홈페이지 또는 그 게시판·대화방 등에 글이나 동영상 등을 게 시하거나 <u>전자우편</u>(컴퓨터 이용자끼리 네트워크를 통하여 문자·음성·화상 또는 동영상 등의 정보를 주고 받는 통신시스템을 말한다. 이하 같다)을 <u>전송하는 방법으로 선거운동을 하는 경우</u>. 이 경우 전자우편 전송대 행업체에 위탁하여 전자우편을 전송할 수 있는 사람은 <u>후보자와 예비후보자에 한한다</u>."

08 공직선거법에 따른 "선거운동을 할 수 없는 자(제60조)"에 대한 설명으로 틀린 것은?

① 예비후보자·후보자의 배우자인 외국인(대한민국 국민이 아닌 자)은 선거운동을 할 수 있다.

② 국가공무원법에 따른 국가공무원과 지방공무원법에 따른 지방공무원은 원칙적으로 선거운동을 할 수 없다.

③ 정당법에 따라 정당의 당원이 될 수 있는 공무원(국회의원과 지방의회의원외의 정무직공무원 제외)은 선거운동을 할 수 있다.

④ 후보자의 직계비속인 18세 미만의 미성년자는 선거운동을 할 수 있다.

해설
① 「**공직선거법**」 **제60조 제1항 본문 제1호 및 단서** 옳은 설명이다. 이와 관련하여 출입국관리법 제10조에 따른 영주의 체류자격 취득일 후 3년이 경과한 외국인으로서 같은 법 제34조에 따라 해당 지방자치단체의 외국인 등록대장에 올라 있는 사람은 그 구역 지방자치단체의 의회의원 및 장의 선거에서 선거운동을 할 수도 있다.

② 「**공직선거법**」 **제60조 제1항 본문 제4호 본문** 옳은 설명이다. 이와 관련하여 국가공무원과 지방공무원이 예비후보자·후보자의 배우자이거나 후보자의 직계존비속인 경우에는 선거운동을 할 수 있다.

③ 「**공직선거법**」 **제60조 제1항 본문 제4호 단서**

④ 「**공직선거법**」 **제60조 제1항 본문 제2호 및 단서** "다음 각 호의 어느 하나에 해당하는 사람은 선거운동을 할 수 없다. 다만, 제1호에 해당하는 사람이 예비후보자·후보자의 배우자인 경우와 제4호부터 제8호까지의 규정에 해당하는 사람이 예비후보자·후보자의 배우자이거나 후보자의 직계존비속인 경우에는 그러하지 아니하다. 2. 미성년자(18세 미만의 자를 말한다. 이하 같다)" <u>미성년자와 제18조 제1항의 규정에 의하여 선거권이 없는 자는 예비후보자·후보자의 배우자인 경우 또는 후보자의 직계존비속인 경우에도 마찬가지로 선거운동을 할 수 없다.</u>

09 공직선거법에 따른 "예비후보자등록(제60조의2)"과 관련하여 올바르게 연결된 것은?

1. 대통령선거: 선거일 전 (㉠)일
2. 지역구국회의원선거 및 시·도지사선거: 선거일 전 (㉡)일
3. 지역구시·도의회의원선거, 자치구·시의 지역구의회의원·장의 선거: 선거기간개시일 전 (㉢)일
4. 군의 지역구의회의원 및 장의 선거: 선거기간개시일 전 (㉣)일

① ㉠－240 ㉡－120 ㉢－90 ㉣－60   ② ㉠－240 ㉡－150 ㉢－120 ㉣－90
③ ㉠－180 ㉡－120 ㉢－90 ㉣－60   ④ ㉠－180 ㉡－150 ㉢－120 ㉣－90

해설 「**공직선거법**」 제60조의2 제1항 "예비후보자가 되려는 사람(비례대표국회의원선거 및 비례대표지방의회의원선거는 제외한다)은 다음 각 호에서 정하는 날(그 날후에 실시사유가 확정된 보궐선거등에 있어서는 그 선거의 실시사유가 확정된 때)부터 관할선거구선거관리위원회에 예비후보자등록을 서면으로 신청하여야 한다. 1. 대통령선거: <u>선거일 전 240일</u>, 2. 지역구국회의원선거 및 시·도지사선거: <u>선거일 전 120일</u>, 3. 지역구시·도의회의원선거, 자치구·시의 지역구의회의원 및 장의 선거: <u>선거기간개시일 전 90일</u>, 4. 군의 지역구의회의원 및 장의 선거: <u>선거기간개시일 전 60일</u>" 지문으로 출제되는 경우 선거일과 선거기간개시일의 구별에 유의한다.

10 공직선거법에 따른 "예비후보자 등의 선거운동(제60조의3)"에 대한 설명으로 틀린 것은?

① 예비후보자는 선거운동을 위하여 어깨띠·예비후보자임을 나타내는 표지물을 착용하는 방법으로 선거운동을 할 수 있으나, 전화를 이용하여 송·수화자 간 직접 통화로 지지를 호소하는 방법으로 선거운동을 할 수는 없다.

② 예비후보자는 공직선거법의 규정에 의하여 선거사무소를 설치하거나 그 선거사무소에 간판·현판 또는 현수막을 설치·게시하는 방법으로 선거운동을 할 수 있다.

③ 예비후보자는 홍보에 필요한 사항을 게재한 길이 9센티미터 너비 5센티미터 이내의 명함을 터미널·역·공항의 개찰구 안, 병원·종교시설·극장의 옥내(대관 등으로 해당 시설이 본래의 용도 외의 용도로 이용되는 경우 제외)에서 주거나 지지를 호소하는 방법으로 선거운동을 할 수는 없다.

④ 예비후보자는 선거구안에 있는 세대수의 100분의 10에 해당하는 수 이내에서 예비후보자홍보물을 작성하여 관할 선거관리위원회로부터 발송대상·매수 등을 확인받은 후 선거기간개시일까지 중앙선거관리위원회규칙에 따라 우편발송하는 방법으로 선거운동을 할 수 있다.

해설 ① 「**공직선거법**」 제60조의3 제1항 제5호, ② 제60조의3 제1항 제1호, ③ 제60조의3 제1항 제2호 단서 ①과 관련하여 전화를 이용한 지지 호소의 경우 2020. 12. 29. 시행된 법에서 삭제되어 현행법상 할 수 없다. ③과 관련하여 원칙적으로 예비후보자는 명함을 직접 주거나 지지를 호소하는 방법으로 선거운동을 할 수 있으나, 선박·정기여객자동차·열차·전동차·항공기의 안과 그 터미널·역·공항의 개찰구 안, 병원·종교시설·극장의 옥내(대관 등으로 해당 시설이 본래의 용도 외의 용도로 이용되는 경우는 제외한다)에서는 할 수 없다.
④ 「**공직선거법**」 제60조의3 제1항 제4호 제1문 "선거구안에 있는 세대수의 100분의 10에 해당하는 수 이내에서 자신의 사진·성명·전화번호·학력·경력, 그 밖에 홍보에 필요한 사항을 게재한 인쇄물(이하 "예비후보자홍보물"이라 한다)을 작성하여 관할 선거관리위원회로부터 발송대상·매수 등을 확인받은 후 선거기간개시일 전 3일까지 중앙선거관리위원회규칙이 정하는 바에 따라 우편발송하는 행위."

11 공직선거법에 따라 예비후보자의 명함을 직접 주거나 예비후보자에 대한 지지를 호소할 수 없는 사람은?

① 예비후보자와 함께 다니는 선거사무장·선거사무원 및 제62조 제4항에 따른 활동보조인
② 예비후보자의 배우자(배우자가 없는 경우 예비후보자가 지정한 1명)
③ 예비후보자의 직계존비속과 동거친족
④ 예비후보자가 그와 함께 다니는 사람 중에서 지정한 1명

해설 ① 「**공직선거법**」 제60조의3 제2항 제2호, ② 제60조의3 제2항 제1호, ④ 제60조의3 제2항 제3호
③ 「**공직선거법**」 제60조의3 제2항 "다음 각 호의 어느 하나에 해당하는 사람은 예비후보자의 선거운동을 위하여 제1항 제2호에 따른 예비후보자의 명함을 직접 주거나 예비후보자에 대한 지지를 호소할 수 있다. 1. 예비후보자의 배우자(배우자가 없는 경우 예비후보자가 지정한 1명)와 직계존비속, 2. 예비후보자와 함께 다니는 선거사무장·선거사무원 및 제62조 제4항에 따른 활동보조인, 3. 예비후보자가 그와 함께 다니는 사람 중에서 지정한 1명" 예비후보자의 동거친족은 규정이 없으므로 예비후보자의 명함을 직접 주거나 지지를 호소할 수 없다.

12 공직선거법에 따른 "개표소의 출입제한과 질서유지(제183조)"에 대한 설명으로 옳은 것은?

① 구·시·군선거관리위원회위원장이나 위원은 개표소의 질서가 심히 문란하여 공정한 개표가 진행될 수 없다고 인정하는 때에는 개표소의 질서유지를 위하여 정복을 한 경찰공무원 또는 경찰관서장에게 원조를 요구하여야 한다.
② 개표소의 질서유지를 위해 구·시·군선거관리위원회위원장이나 위원으로부터 원조요구를 받은 경찰공무원 또는 경찰관서장은 즉시 이에 따라야 한다.
③ 구·시·군선거관리위원회위원장이나 위원의 요구로 개표소 안에 들어간 정복을 한 경찰공무원은 소속 경찰관서장의 지시를 받아야 하며, 질서가 회복되거나 위원장의 요구가 있는 때에는 즉시 개표소에서 퇴거하여야 한다.
④ 구·시·군선거관리위원회위원장이나 위원의 요구로 개표소 안에 들어간 정복을 한 경찰공무원은 개표소 안에서 무기를 지닐 수 없다.

해설 ① 「**공직선거법**」 제183조 제3항 "구 · 시 · 군선거관리위원회위원장이나 위원은 개표소의 질서가 심히 문란하여 공정한 개표가 진행될 수 없다고 인정하는 때에는 개표소의 질서유지를 위하여 정복을 한 경찰공무원 또는 경찰관서장에게 <u>원조를 요구할 수 있다.</u>"

② 「**공직선거법**」 제183조 제4항

③ 「**공직선거법**」 제183조 제5항 "제3항의 요구에 의하여 개표소안에 들어간 경찰공무원 또는 경찰관서장은 <u>구 · 시 · 군선거관리위원회위원장의 지시</u>를 받아야 하며, 질서가 회복되거나 위원장의 요구가 있는 때에는 즉시 개표소에서 퇴거하여야 한다."

④ 「**공직선거법**」 제183조 제6항 "<u>제3항의 경우를 제외하고</u>는 누구든지 개표소안에서 <u>무기나 흉기 또는 폭발물을 지닐 수 없다.</u>" 제3항의 경우(개표소의 질서유지를 위하여 구 · 시 · 군선거관리위원회위원장이나 위원으로부터 원조를 요구받은 정복을 한 경찰공무원 또는 경찰관서장)에 경찰공무원은 무기를 지닐 수 있다.

13 공직선거법에 따른 벌칙과 공소시효에 대한 설명으로 틀린 것은?

① 당선인이 당해 선거에 있어 공직선거법에 규정된 죄를 범함으로 인하여 징역 또는 100만원 이상의 벌금형의 선고를 받은 때에는 그 당선은 무효로 한다.

② 공직선거법에 규정한 죄의 공소시효는 당해 선거일후 6개월(선거일후에 행하여진 범죄는 그 행위가 있는 날부터 6개월)을 경과함으로써 완성하고, 범인이 도피한 때나 범인이 공범 또는 범죄의 증명에 필요한 참고인을 도피시킨 때에는 그 기간은 3년으로 한다.

③ 선상투표와 관련하여 선박에서 범한 공직선거법에 규정된 죄의 공소시효는 범인이 국내에 들어온 날부터 6개월을 경과함으로써 완성된다.

④ 공무원(제60조 제1항 제4호 단서에 따라 선거운동을 할 수 있는 사람을 포함한다)이 직무와 관련하여 또는 지위를 이용하여 범한 공직선거법에 규정된 죄의 공소시효는 해당 선거일 후 5년(선거일 후에 행하여진 범죄는 그 행위가 있는 날부터 5년)을 경과함으로써 완성된다.

해설 ① 「**공직선거법**」 제264조, ② 제268조 제1항, ③ 제268조 제2항

④ 「**공직선거법**」 제268조 제3항 "제1항 및 제2항에도 불구하고 공무원(제60조 제1항 제4호 단서에 따라 선거운동을 할 수 있는 사람은 제외한다)이 직무와 관련하여 또는 지위를 이용하여 범한 이 법에 규정된 죄의 공소시효는 해당 선거일 후 <u>10년</u>(선거일 후에 행하여진 범죄는 그 행위가 있는 날부터 10년)을 경과함으로써 완성된다."

정당법, 노동조합 및 노동관계조정법

01 정당법에 따른 정당의 "등록의 취소(제44조)"에 대한 설명으로 틀린 것은?

① 법정시·도당수 및 시·도당의 법정당원수의 요건을 구비하지 못하게 된 경우에는 정당법상 등록취소 사유이지만, 요건의 흠결이 공직선거의 선거일 전 3월 이내에 생긴 때에는 선거일 후 3월까지, 그 외의 경우에는 요건흠결시부터 3월까지 그 취소를 유예한다.

② 정당이 최근 5년간 임기만료에 의한 국회의원선거, 임기만료에 의한 지방자치단체의 장 선거나 시·도의회의원선거에 참여하지 아니한 때에는 당해 선거관리위원회는 그 등록을 취소한다.

③ 정당이 임기만료에 의한 국회의원선거에 참여하여 의석을 얻지 못하고 유효투표총수의 100분의 2 이상을 득표하지 못한 때에는 당해 선거관리위원회는 그 등록을 취소한다.

④ 정당법의 규정에 의하여 정당 등록을 취소한 때에는 당해 선거관리위원회는 지체 없이 그 뜻을 공고하여야 한다.

해설 ① 「**정당법**」 제44조 제1항 제1호, ③ 제44조 제1항 제3호, ④ 제44조 제2항
② 「**정당법**」 제44조 제1항 제2호 "2. 최근 4년간 임기만료에 의한 국회의원선거 또는 임기만료에 의한 지방자치단체의 장선거나 시·도의회의원선거에 참여하지 아니한 때"

02 노동조합 및 노동관계조정법에 따른 공익사업등의 조정에 대한 설명으로 틀린 것은?

① 노동조합 및 노동관계조정법은 공익사업등의 조정과 관련하여 공익사업과 필수공익사업으로 구분하여 사업을 규정하고 있다.

② 공익사업은 공중의 일상생활과 밀접한 관련이 있거나 국민경제에 미치는 영향이 큰 일정한 종류의 사업을 말한다.

③ 방송 및 통신사업은 노동조합 및 노동관계조정법상 필수공익사업에 해당한다.

④ 정기노선 여객운수사업 및 항공운수사업은 노동조합 및 노동관계조정법상 공익사업에 해당한다.

해설 ① 「**노동조합 및 노동관계조정법**」 제71조, ② 제71조 제1항, ④ 제71조 제1항 제1호 ②와 관련하여 필수공익사업은 공익사업 가운데 그 업무의 정지 또는 폐지가 공중의 일상생활을 현저히 위태롭게 하거나 국민경제를 현저히 저해하고 그 업무의 대체가 용이하지 아니한 일정한 종류의 사업을 말한다.
③ 「**노동조합 및 노동관계조정법**」 제71조 제1항·제2항 각 제5호 참조. 통신사업은 필수공익사업이지만, 방송사업은 공익사업에 해당한다.

03 노동조합 및 노동관계조정법에 따른 필수공익사업에 해당하는 것은 모두 몇 개인가?

> ㉠ 철도사업, 도시철도사업 및 항공운수사업
> ㉡ 수도사업, 전기사업, 가스사업, 석유정제사업 및 석유공급사업
> ㉢ 공중위생사업, 의료사업 및 혈액공급사업
> ㉣ 한국은행사업　　㉤ 방송 및 통신사업

① 2개　　　　② 3개　　　　③ 4개　　　　5개

정답 | 01 | ② | 02 | ③ | 03 | ② |

해설 「노동조합 및 노동관계조정법」제71조 제1항 및 제2항: ㉠ ㉡ ㉣이 필수공익사업이다. 필수공익사업은 공익사업 가운데 그 업무의 정지 또는 폐지가 공중의 일상생활을 현저히 위태롭게 하거나 국민경제를 현저히 저해하고 그 업무의 대체가 용이하지 아니한 일정한 종류의 사업을 말한다. 다만, "항공운수사업", "수도사업, 전기사업, 가스사업, 석유정제사업 및 석유공급사업", "혈액공급사업" 및 "통신사업"은 공익사업인 동시에 필수공익사업이라는 점에 유의한다(사업의 종류를 열거하고 양자에 해당하는 사업의 개수를 고르는 유형으로 출제가 가능하다).

공익사업(제71조 제1항)	필수공익사업(제71조 제2항)
1. 정기노선 여객운수사업 및 항공운수사업	1. 철도사업, 도시철도사업 및 항공운수사업
2. 수도사업, 전기사업, 가스사업, 석유정제사업 및 석유공급사업	2. 수도사업, 전기사업, 가스사업, 석유정제사업 및 석유공급사업
3. 공중위생사업, 의료사업 및 혈액공급사업	3. 병원사업 및 혈액공급사업
4. 은행 및 조폐사업	4. 한국은행사업
5. 방송 및 통신사업	5. 통신사업

04 노동조합 및 노동관계조정법에 따른 긴급조정에 대한 설명으로 옳은 것은?

① 고용노동부장관은 쟁의행위가 공익사업에 관한 것이거나 그 규모가 크거나 그 성질이 특별한 것으로서 현저히 국민경제를 해하거나 국민의 일상생활을 위태롭게 할 위험이 현존하는 때에는 긴급조정의 결정을 할 수 있다.

② 고용노동부장관은 긴급조정의 결정을 하고자 할 때에는 미리 중앙노동위원회 위원장의 승인을 얻어야 한다.

③ 고용노동부장관은 긴급조정을 결정한 때에는 3일 이내에 그 이유를 붙여 이를 공표함과 동시에 중앙노동위원회와 관계 당사자에게 각각 통고하여야 한다.

④ 관계 당사자는 긴급조정의 결정이 공표된 때에는 즉시 쟁의행위를 중지하여야 하며, 공표일부터 15일이 경과하지 아니하면 쟁의행위를 재개할 수 없다.

해설 ① **「노동조합 및 노동관계조정법」제76조 제1항**

② **「노동조합 및 노동관계조정법」제76조 제2항** "고용노동부장관은 긴급조정의 결정을 하고자 할 때에는 미리 중앙노동위원회 위원장의 의견을 들어야 한다."

③ **「노동조합 및 노동관계조정법」제76조 제3항** "고용노동부장관은 제1항 및 제2항의 규정에 의하여 긴급조정을 결정한 때에는 지체없이 그 이유를 붙여 이를 공표함과 동시에 중앙노동위원회와 관계 당사자에게 각각 통고하여야 한다."

④ **「노동조합 및 노동관계조정법」제77조** "관계 당사자는 제76조 제3항의 규정에 의한 긴급조정의 결정이 공표된 때에는 즉시 쟁의행위를 중지하여야 하며, 공표일부터 30일이 경과하지 아니하면 쟁의행위를 재개할 수 없다."

01 국민보호와 공공안전을 위한 테러방지법상 개념의 "정의(제2조)"에 대한 설명으로 틀린 것은?

① "테러"에 해당하기 위해서는 국가·지방자치단체 또는 외국 정부의 권한행사를 방해하거나 의무 없는 일을 하게 할 목적 또는 공중을 협박할 목적을 요한다.

② "테러위험인물"이란 테러단체(국제연합이 지정한 테러단체를 말한다)의 조직원이거나 테러단체 선전, 테러자금 모금·기부, 그 밖에 테러 예비·음모·선전·선동을 하였거나 하였다고 의심할 상당한 이유가 있는 사람을 말한다.

③ "외국인테러전투원"이란 테러를 실행·계획·준비하거나 테러에 참가할 목적으로 국적국이 아닌 국가의 테러단체에 가입하거나 가입하기 위하여 이동 또는 이동을 시도하는 내국인·외국인을 말한다.

④ "대테러조사"란 테러 관련 정보의 수집, 테러위험인물의 관리, 테러에 이용될 수 있는 위험물질 등 테러수단의 안전관리, 인원·시설·장비의 보호, 국제행사의 안전확보, 테러위협에의 대응 및 무력진압 등 테러 예방과 대응에 관한 제반 활동을 말한다.

해설 ① 「**국민보호와 공공안전을 위한 테러방지법**」 제2조 제1호, ② 제2조 제2호·제3호, ③ 제2조 제4호 ①과 관련하여 외국정부에는 외국 지방자치단체와 조약 또는 그 밖의 국제적인 협약에 따라 설립된 국제기구가 포함된다.

④ 「**국민보호와 공공안전을 위한 테러방지법**」 제2조 제8호 "8. "대테러조사"란 대테러활동에 필요한 정보나 자료를 수집하기 위하여 현장조사·문서열람·시료채취 등을 하거나 조사대상자에게 자료제출 및 진술을 요구하는 활동을 말한다." 지문은 대테러활동에 대한 것이다. "대테러활동과 대테러조사"의 개념 구분 및 "테러위험인물과 외국인테러전투원"의 개념 구분에 유의한다.

02 국민보호와 공공안전을 위한 테러방지법에 따른 대테러 관련 조직에 대한 설명으로 옳은 것은?

① 대테러활동에 관한 정책의 중요사항을 심의·의결하기 위하여 국가테러대책위원회를 둔다.

② 국가테러대책위원회는 국무총리 및 관계기관의 장 중 대통령령으로 정하는 사람으로 구성하고 위원장은 대통령으로 한다.

③ 대테러활동과 관련하여 국무총리 소속으로 관계기관 공무원으로 구성되는 대테러센터를 두고, 대테러센터 소속 직원의 인적사항은 공개하지 아니한다.

④ 관계기관의 대테러활동으로 인한 국민의 기본권 침해 방지를 위하여 대테러센터 소속으로 대테러 인권보호관 1명을 둔다.

해설 ① 「**국민보호와 공공안전을 위한 테러방지법**」 제5조 제1항

② 「**국민보호와 공공안전을 위한 테러방지법**」 제5조 제2항 "대책위원회는 국무총리 및 관계기관의 장 중 대통령령으로 정하는 사람으로 구성하고 위원장은 국무총리로 한다."

③ 「**국민보호와 공공안전을 위한 테러방지법**」 제6조 제1항·제3항 "① 대테러활동과 관련하여 다음 각 호의 사항을 수행하기 위하여 국무총리 소속으로 관계기관 공무원으로 구성되는 대테러센터를 둔다. 1. 국가 대테러활동 관련 임무분담 및 협조사항 실무 조정, 2. 장단기 국가대테러활동 지침 작성·배포, 3. 테러경보 발령, 4. 국가 중요행사 대테러안전대책 수립, 5. 대책위원회의 회의 및 운영에 필요한 사무의 처리, 6. 그 밖에 대

정답 | **01** | ④ | **02** | ①

책위원회에서 심의 · 의결한 사항, ③ 대테러센터 소속 직원의 인적사항은 공개하지 아니할 수 있다."

④ 「국민보호와 공공안전을 위한 테러방지법」 제7조 제1항 "관계기관의 대테러활동으로 인한 국민의 기본권 침해 방지를 위하여 (국가테러)대책위원회 소속으로 대테러 인권보호관(이하 "인권보호관"이라 한다) 1명을 둔다."

03 국민보호 및 공공안전을 위한 테러방지법 및 동법 시행령에 따른 "전담조직의 설치"에 대한 설명으로 틀린 것은?

① 관계기관의 장은 테러 예방 및 대응을 위하여 필요한 전담조직을 둘 수 있고, 전담조직의 구성 및 운영과 효율적 테러대응을 위하여 필요한 사항은 대통령령으로 정한다.

② 분야별 테러사건대책본부의 설치 · 운영권자는 외교부장관, 국방부장관, 국토교통부장관, 경찰청장 및 해양경찰청장이다.

③ 경찰청장은 테러가 발생하거나 발생할 우려가 현저한 경우 국내일반 테러사건대책본부를 설치 · 운영하여야 하고, 대책본부의 장은 현장지휘본부의 사건 대응 활동을 지휘 · 통제한다.

④ 같은 사건에 2개 이상의 테러사건대책본부가 관련되는 경우 대테러센터장이 테러사건의 성질 · 중요성 등을 고려하여 대책본부를 설치할 기관을 지정할 수 있다.

해설 ① 「국민보호와 공공안전을 위한 테러방지법」 제8조, ② 「국민보호와 공공안전을 위한 테러방지법 시행령」 제14조 제1항 각 호, ③ 「국민보호와 공공안전을 위한 테러방지법 시행령」 제14조 제1항 제5호 및 제3항 ②와 관련하여 "1. 외교부장관: 국외테러사건대책본부, 2. 국방부장관: 군사시설테러사건대책본부, 3. 국토교통부장관: 항공테러사건대책본부, 4. 삭제, 5. 경찰청장: 국내일반 테러사건대책본부, 6. 해양경찰청장: 해양테러사건대책본부" 국내일반 테러사건대책본부의 경우 행정안전부장관, 해양테러사건대책본부의 경우 해양수산부장관이 아니고, 국가정보원장도 테러사건대책본부의 설치 · 운영권자가 아님에 유의한다.

④ 「국민보호와 공공안전을 위한 테러방지법 시행령」 제14조 제2항 "제1항에 따라 대책본부를 설치한 관계기관의 장은 그 사실을 즉시 (국가테러대책위원회)위원장에게 보고하여야 하며, 같은 사건에 2개 이상의 대책본부가 관련되는 경우에는 위원장이 테러사건의 성질 · 중요성 등을 고려하여 대책본부를 설치할 기관을 지정할 수 있다."

04 국민보호와 공공안전을 위한 테러방지법 시행령상의 "현장지휘본부(제15조)"에 대한 설명으로 옳은 것은?

① 테러사건대책본부의 장은 테러사건이 발생한 경우 사건 현장의 대응 활동을 총괄하기 위하여 현장지휘본부를 설치하여야 한다.

② 현장지휘본부의 장은 국가테러대책위원회의 위원장이 지명한다.

③ 현장지휘본부의 장은 테러의 양상 · 규모 · 현장상황 등을 고려하여 협상 · 진압 · 구조 · 구급 · 소방 등에 필요한 전문조직을 직접 구성하거나 관계기관의 장에게 지원을 요청할 수 있다.

④ 테러사건대책본부의 장은 현장에 출동한 관계기관의 조직(대테러특공대, 테러대응구조대, 대화생방테러 특수임무대 및 대테러합동조사팀을 포함한다)을 지휘 · 통제한다.

해설 ① 「국민보호와 공공안전을 위한 테러방지법 시행령」 제15조 제1항 "대책본부의 장은 테러사건이 발생한 경우 사건 현장의 대응 활동을 총괄하기 위하여 현장지휘본부를 설치할 수 있다."

② 「국민보호와 공공안전을 위한 테러방지법 시행령」 제15조 제2항 "현장지휘본부의 장은 대책본부의 장이 지명한다."

③ 「국민보호와 공공안전을 위한 테러방지법 시행령」 제15조 제3항 제1문 옳은 설명이다. 이 경우 관계기관의 장은 특별한 사정이 없으면 현장지휘본부의 장이 요청한 사항을 지원하여야 한다(제3항 제2문).

④ 「국민보호와 공공안전을 위한 테러방지법 시행령」 제15조 제4항 "현장지휘본부의 장은 현장에 출동한 관계

기관의 조직(대테러특공대, 테러대응구조대, 대화생방테러 특수임무대 및 대테러합동조사팀을 포함한다)을 지휘·통제한다."

05 국민보호와 공공안전을 위한 테러방지법 시행령에 따른 "테러경보의 발령(제22조)"에 대한 설명으로 옳은 것은?

① 테러경보는 원칙적으로 테러대책 실무위원회의 심의를 거쳐 대테러센터장이 발령한다.
② 긴급한 경우나 경계 이하의 테러경보 발령 시 테러대책 실무위원회의 심의를 생략할 수 있다.
③ 테러경보는 테러위협의 정도에 따라 관심·주의·경계·임박·심각의 5단계로 구분한다.
④ 대테러센터장은 테러경보를 발령하였을 때에는 즉시 테러대책 실무위원회에 보고하고, 관계기관에 전파하여야 한다.

해설 ① 「**국민보호와 공공안전을 위한 테러방지법 시행령**」 **제22조 제1항 본문**
② 「**국민보호와 공공안전을 위한 테러방지법 시행령**」 **제22조 제1항 단서** "대테러센터장은 테러 위험 징후를 포착한 경우 테러경보 발령의 필요성, 발령 단계, 발령 범위 및 기간 등에 관하여 실무위원회의 심의를 거쳐 테러경보를 발령한다. 다만, 긴급한 경우 또는 제2항에 따른 주의 이하의 테러경보 발령 시에는 실무위원회의 심의 절차를 생략할 수 있다."
③ 「**국민보호와 공공안전을 위한 테러방지법 시행령**」 **제22조 제2항** "테러경보는 테러위협의 정도에 따라 관심·주의·경계·심각의 4단계로 구분한다."
④ 「**국민보호와 공공안전을 위한 테러방지법 시행령**」 **제22조 제3항** "대테러센터장은 테러경보를 발령하였을 때에는 즉시 (국가테러대책위원회) 위원장에게 보고하고, 관계기관에 전파하여야 한다."

06 국민보호와 공공안전을 위한 테러방지법 시행령상의 "상황 전파 및 초동 조치(제23조)와 테러사건 대응(제24조)"에 대한 설명으로 틀린 것은?

① 관계기관의 장은 테러사건이 발생하거나 테러 위협 등 그 징후를 인지한 경우에는 관련 상황 및 조치사항을 관련기관의 장과 대테러센터장에게 즉시 통보하여야 하고, 테러사건이 발생한 경우 사건의 확산 방지를 위하여 신속히 초동 조치를 하여야 한다.
② 국내 일반테러사건의 경우에는 테러사건대책본부가 설치되기 전까지 테러사건 발생 지역 관할 시·도경찰청장이 초동 조치를 지휘·통제한다.
③ 테러사건대책본부의 장은 테러사건에 대한 대응을 위하여 필요한 경우 현장지휘본부를 설치하여 상황 전파 및 대응 체계를 유지하고, 조치사항을 체계적으로 시행한다.
④ 테러사건대책본부의 장은 테러사건에 신속히 대응하기 위하여 필요한 경우에 관계기관의 장에게 인력·장비 등의 지원을 요청할 수 있다.

해설 ① 「**국민보호와 공공안전을 위한 테러방지법 시행령**」 **제23조 제1항·제2항,** ③ **제24조 제1항,** ④ **제24조 제2항 제1문** ①의 경우 초동 조치는 "1. 사건 현장의 통제·보존 및 경비 강화, 2. 긴급대피 및 구조·구급, 3. 관계기관에 대한 지원 요청, 4. 그 밖에 사건 확산 방지를 위하여 필요한 사항"이다. ④와 관련하여 요청을 받은 관계기관의 장은 특별한 사유가 없으면 요청에 따라야 한다(제2항 제2문).
② 「**국민보호와 공공안전을 위한 테러방지법 시행령**」 **제23조 제3항** "국내 일반테러사건의 경우에는 대책본부가 설치되기 전까지 테러사건 발생 지역 관할 경찰관서의 장이 제2항에 따른 초동 조치를 지휘·통제한다."

07 국민보호와 공공안전을 위한 테러방지법상의 "테러위험인물에 대한 정보 수집 등(제9조) 및 외국인테러전투원에 대한 규제(제13조)"에 대한 설명으로 옳은 것은?

① 국가정보원장 및 경찰청장은 테러위험인물에 대하여 출입국·금융거래 및 통신이용 등 관련 정보를 수집할 수 있다.
② 국가정보원장 및 경찰청장은 테러위험인물에 대한 개인정보와 위치정보를 개인정보처리자와 개인위치정보사업자 및 사물위치정보사업자에게 요구할 수 있다.
③ 관계기관의 장은 외국인테러전투원으로 출국하려 한다고 의심할 만한 상당한 이유가 있는 내국인·외국인에 대하여 일시 출국금지(90일)를 법무부장관에게 요청할 수 있다.
④ 관계기관의 장은 테러위험인물에 대하여 여권법에 따른 여권의 효력정지 및 재발급 거부를 외교부장관에게 요청할 수 있다.

> **해설** ① 「**국민보호와 공공안전을 위한 테러방지법**」 제9조 제1항 "국가정보원장은 테러위험인물에 대하여 출입국·금융거래 및 통신이용 등 관련 정보를 수집할 수 있다. 이 경우 출입국·금융거래 및 통신이용 등 관련 정보의 수집은 「출입국관리법」, 「관세법」, 「특정 금융거래정보의 보고 및 이용 등에 관한 법률」, 「통신비밀보호법」의 절차에 따른다." 테러위험인물에 대한 정보 수집의 주체는 국가정보원장에 한정되어 있다. 제1항의 조치 이외에도 금융거래에 대하여 지급정지 등의 조치를 취하도록 금융위원회 위원장에게 요청하거나(제2항), 개인정보(민감정보 포함)와 위치정보를 개인정보처리자·개인위치정보사업자·사물위치정보사업자에게 요구하거나(제3항) 대테러활동에 필요한 정보나 자료를 수집하기 위하여 대테러조사 및 테러위험인물에 대한 추적을 할 수 있다(제4항).
> ② 「**국민보호와 공공안전을 위한 테러방지법**」 제9조 제3항. ①번 해설 참조 국가정보원장에 한한다.
> ③ 「**국민보호와 공공안전을 위한 테러방지법**」 제13조 제1항 및 제2항 본문
> ④ 「**국민보호와 공공안전을 위한 테러방지법**」 제13조 제3항 "관계기관의 장은 외국인테러전투원으로 가담한 사람에 대하여 「여권법」 제13조에 따른 여권의 효력정지 및 같은 법 제12조 제3항에 따른 재발급 거부를 외교부장관에게 요청할 수 있다."

08 국민보호와 공공안전을 위한 테러방지법에 따른 형사처벌에 대한 설명으로 틀린 것은?

① 테러단체를 구성하거나 구성원으로 가입한 사람은 구체적인 역할에 따라 법정형이 상이하다.
② 테러단체를 구성하거나 구성원으로 가입하는 행위 및 테러단체 가입을 지원하거나 타인에게 가입을 권유·선동하는 행위의 미수범은 처벌한다.
③ 테러단체를 구성하거나 구성원으로 가입하는 행위를 할 목적으로 예비 또는 음모한 사람에 대한 처벌규정을 두고 있다.
④ 테러단체 구성죄 등(제17조)에 대해서는 세계주의가 적용되어 대한민국 영역 밖에서 저지른 외국인에게도 국내법을 적용한다.

> **해설** ① 「**국민보호와 공공안전을 위한 테러방지법**」 제17조 제1항 구체적으로 "테러단체를 구성하거나 구성원으로 가입한 사람은 다음 각 호의 구분에 따라 처벌한다. 1. 수괴(首魁)는 사형·무기 또는 10년 이상의 징역, 2. 테러를 기획 또는 지휘하는 등 중요한 역할을 맡은 사람은 무기 또는 7년 이상의 징역, 3. 타국의 외국인테러전투원으로 가입한 사람은 5년 이상의 징역, 4. 그 밖의 사람은 3년 이상의 징역"
> ② 「**국민보호와 공공안전을 위한 테러방지법**」 제17조 제3항·제4항 "③ 테러단체 가입을 지원하거나 타인에게 가입을 권유 또는 선동한 사람은 5년 이하의 징역에 처한다. ④ 제1항 및 제2항의 미수범은 처벌한다." 테러단체 가입을 지원하거나 타인에게 가입을 권유하는 행위는 미수범 처벌에서 제외되어 있다.
> ③ 「**국민보호와 공공안전을 위한 테러방지법**」 제17조 제5항 구체적으로 제17조 제1항 및 제2항의 예비·음모의 경우 3년 이하의 징역에 처한다.
> ④ 「**국민보호와 공공안전을 위한 테러방지법**」 제19조

예상문제　　테러취약시설 안전활동에 관한 규칙

01 테러취약시설 안전활동에 관한 규칙상 개념의 "정의(제2조)"에 대한 설명으로 틀린 것은?

① "테러취약시설"이란 테러 예방 및 대응을 위해 경찰이 관리하는 시설·건축물 등 중 경찰청장이 지정하는 것을 말한다.

② "국가중요시설"이란 국방부장관이 국가정보원장 및 경찰청장과 협의하여 지정한 시설을 말한다.

③ "다중이용건축물등"이란 재난 및 안전관리 기본법 시행령의 규정에 따른 건축물 또는 시설로서 관계기관의 장이 소관업무와 관련하여 대테러센터장과 협의하여 지정한 것을 말한다.

④ "미군 관련 시설"이란 주한미군 기지, 중요 방위산업체 등의 시설로서 테러취약시설 심의위원회에서 지정한 것을 말한다.

> **해설**　① 「테러취약시설 안전활동에 관한 규칙」 제2조 제1호, ③ 제2조 제3호, ④ 제2조 제5호 이외에 "제4호의 공관지역"은 소유자 여하를 불문하고 공관장의 주거를 포함하여 공관의 목적으로 사용되는 건물 이외에 건물의 부분 및 부속토지도 포함된다는 점에 유의한다.
> ② 「테러취약시설 안전활동에 관한 규칙」 제2조 제2호 ""국가중요시설"이란 「통합방위법」 제21조 제4항에 따라 국방부장관이 지정한 시설을 말한다." 통합방위법 제21조 제4항 "국가중요시설은 국방부장관이 관계 행정기관의 장 및 국가정보원장과 협의하여 지정한다."

02 테러취약시설 안전활동에 관한 규칙에 따른 "다중이용건축물등의 분류(제9조)"에 대한 설명으로 옳은 것은?

① 다중이용건축물등을 기능·역할의 중요성과 가치의 정도에 따라 "A"등급, "B"등급, "C"등급, "D"등급으로 구분한다.

② A등급은 테러에 의하여 파괴되거나 기능 마비시 일부 지역의 대테러진압작전이 요구되고, 국민생활에 중대한 영향을 미칠 수 있는 건축물 또는 시설을 말한다.

③ B등급은 테러에 의하여 파괴되거나 기능 마비시 제한된 지역에서 단기간 대테러진압작전이 요구되고, 국민생활에 상당한 영향을 미칠 수 있는 건축물 또는 시설을 말한다.

④ 그 밖에 특별한 관리가 필요하다고 규칙 제14조의 테러취약시설 심의위원회에서 결정한 시설의 경우 다중이용건축물등의 기준에 따라 구분 및 관리한다.

> **해설**　① 「테러취약시설 안전활동에 관한 규칙」 제9조 제1항 "다중이용건축물등은 기능·역할의 중요성과 가치의 정도에 따라 "A"등급, "B"등급, "C"등급(이하 각 "A급", "B급", "C급"이라 한다)으로 구분하며, 그 기준은 다음 각 호와 같다. 1. A급: 테러에 의하여 파괴되거나 기능 마비시 광범위한 지역의 대테러진압작전이 요구되고, 국민생활에 결정적인 영향을 미칠 수 있는 건축물 또는 시설. 2. B급: 테러에 의하여 파괴되거나 기능 마비시 일부 지역의 대테러진압작전이 요구되고, 국민생활에 중대한 영향을 미칠 수 있는 건축물 또는 시설. 3. C급: 테러에 의하여 파괴되거나 기능 마비시 제한된 지역에서 단기간 대테러진압작전이 요구되고, 국민생활에 상당한 영향을 미칠 수 있는 건축물 또는 시설"
> ② 「테러취약시설 안전활동에 관한 규칙」 제9조 제1항 참조. 지문의 내용은 B등급에 대한 설명이다.
> ③ 「테러취약시설 안전활동에 관한 규칙」 제9조 제1항 참조. 지문의 내용은 C등급에 대한 설명이다.
> ④ 「테러취약시설 안전활동에 관한 규칙」 제9조 제2항

정답 | 01 | ② | 02 | ④

03 테러취약시설 안전활동에 관한 규칙에 따른 테러취약시설의 지정에 대한 설명으로 옳은 것은?

① 테러취약시설 안전활동에 관한 규칙상 "지정등"이란 신규지정, 등급변경, 지정해제 및 재지정을 말하고, 테러취약시설의 지정등은 경찰청장이 행한다.

② 경찰서장은 관할 테러취약시설의 지정등이 필요한 경우 소속 시·도경찰청장에게 요청하여야 하고, 해당 시·도경찰청장은 그 적절성 여부를 검토한 후 경찰청장에게 요청하여야 한다.

③ 경찰청장은 ②의 요청을 받거나 그 밖에 필요하다고 인정하는 경우 테러취약시설 심의위원회의 심의를 거쳐서 국가중요시설·다중이용건축물등·공관지역은 테러취약시설로 지정할 수 있다.

④ 경찰청 위기관리센터장은 테러취약시설 신규지정, 등급변경, 지정해제에 관한 계획수립, 업무조정 등 총괄 업무를 수행한다.

> **해설** ① 「테러취약시설 안전활동에 관한 규칙」 제2조 제8호 ""지정등"이란 <u>신규지정, 등급변경, 지정해제를 말한다.</u>" <u>재지정은 포함되어 있지 않다.</u> **제5조** "테러취약시설의 지정등은 경찰청장이 행한다."
> ② 「**테러취약시설 안전활동에 관한 규칙**」 제13조 제1항
> ③ 「**테러취약시설 안전활동에 관한 규칙**」 제13조 제2항 "경찰청장은 시·도경찰청장으로부터 제1항 후단의 요청을 받거나 그 밖에 필요하다고 인정하는 경우 심의위원회의 심의를 거쳐서 <u>테러취약시설 지정등을 할 수 있다.</u> 다만, <u>국가중요시설, 다중이용건축물등, 공관지역은 테러취약시설로 지정하여야 한다.</u>" 이와 달리 미군 관련 시설과 그 밖에 특별한 관리가 필요하다고 제14조의 테러취약시설 심의위원회(이하 '심의위원회'라고 한다)에서 결정한 시설의 경우 경찰청장이 <u>지정등을 할 수 있다.</u>
> ④ 「**테러취약시설 안전활동에 관한 규칙**」 제13조 제3항 "경찰청 경비국장은 테러취약시설 신규지정, 등급변경, 지정해제에 관한 계획수립, 업무조정 등 총괄 업무를 수행한다."

04 테러취약시설 안전활동에 관한 규칙상의 "테러취약시설 심의위원회 구성과 운영(제14조)"에 대한 설명으로 틀린 것은?

① 테러취약시설 심의위원회(이하 "심의위원회)는 위기관리센터에 비상설로 둔다.

② 심의위원회의 위원장은 경찰청 경비국장, 부위원장은 위기관리센터장이 된다.

③ 심의위원회의 정기회의는 매년 상·하반기 각 1회 개최하고, 임시회의는 위원장의 결정에 따라 수시 개최한다.

④ 심의위원회의 회의는 재적위원 과반수의 출석으로 개의하고, 출석위원 과반수의 찬성으로 의결한다.

> **해설** ① 「**테러취약시설 안전활동에 관한 규칙**」 제14조 제1항 전단, ② **제14조 제1항 제1호·제2호**, ④ **제14조 제3항 제3호**
> ③ 「**테러취약시설 안전활동에 관한 규칙**」 제14조 제3항 제1호·제2호 "심의위원회의 개최 및 심의·의결은 다음 각 호에 따른다. 1. <u>정기회의: 매년 하반기 1회 개최</u>, 2. <u>임시회의: 위원장의 결정</u>에 따라 수시 개최, 3. 심의위원회 회의는 재적위원 과반수의 출석으로 개의하고 출석위원 과반수의 찬성으로 의결한다."

05 테러취약시설 안전활동에 관한 규칙상 경력배치 및 대테러 훈련에 대한 설명으로 옳은 것은?

① 테러경보는 관심·주의·경계·심각단계로 구분하고, 경력배치는 1단계·2단계·3단계의 구분에 따라 이루어진다.

② 경찰서장은 관할 테러취약시설 중 선정하여 반기 1회 이상 대테러 훈련을 실시해야 한다.

③ ②의 경우 연 1회 이상은 관계기관 합동으로 실시할 수 있다.

④ 시·도경찰청장은 연 1회 이상 권역별로 대테러 훈련을 실시하여야 한다.

해설 ① 「테러취약시설 안전활동에 관한 규칙」 제16조 별표 2 테러경보별로 경력배치가 이루어지는 것이 아니라, "경력배치는 1단계(관심→주의), 2단계(주의→경계) 및 3단계(경계→심각)"로 이루어진다.

② ③ 「테러취약시설 안전활동에 관한 규칙」 제27조 제1항 "경찰서장은 관할 테러취약시설 중 선정하여 <u>분기 1</u> <u>회 이상</u> 대테러 훈련(FTX)을 실시해야 한다. 이 경우 연 1회 이상은 관계기관 <u>합동으로 실시한다.</u>"

④ 「테러취약시설 안전활동에 관한 규칙」 제27조 제2항 "시·도경찰청장은 <u>반기 1회 이상</u> 권역별로 대테러 훈 련을 실시하여야 한다."

06 테러취약시설 안전활동에 관한 규칙에 대한 설명으로 틀린 것은 모두 몇 개인가?

> ㉠ "국가중요시설"이란 국가정보원장이 관계 행정기관의 장 및 국방부장관과 협의하여 지정한 시 설을 말한다.
> ㉡ "미군 관련 시설"이란 주한미군 기지, 중요 방위산업체 등의 시설로서 테러취약시설 심의위원 회에서 지정한 것을 말한다.
> ㉢ 테러취약시설 안전활동에 관한 규칙은 다중이용건축물등을 기능·역할의 중요성과 가치의 정 도에 따라 "A"등급, "B"등급, "C"등급으로 구분한다.
> ㉣ 다중이용건축물등 C등급은 테러에 의하여 파괴되거나 기능 마비시 제한된 지역에서 단기간 대 테러진압작전이 요구되고, 국민생활에 상당한 영향을 미칠 수 있는 건축물 또는 시설을 말한다.
> ㉤ 테러취약시설 심의위원회는 위기관리센터에 비상설로 두며, 위원장은 경찰청 경비국장, 부위원 장은 위기관리센터장으로 한다.
> ㉥ 테러취약시설 안전관리에 관한 규칙상 테러경보는 관심, 주의, 경계 및 심각 4단계로 구분하고, 단계별 경력배치도 1단계, 2단계, 3단계 및 4단계로 구분한다.

① 1개   ② 2개   ③ 3개   ④ 4개

해설 「테러취약시설 안전활동에 관한 규칙」: ㉡ ㉢ ㉣ ㉤ 옳은 설명이다.

㉠ **제2조 제2호**: 국방부장관이 통합방위법 제21조 제4항(관계 행정기관의 장 및 국가정보원장과 협의하여)에 따라 지정한 시설을 말한다.

㉥ **제16조 별표 2**: 단계별 경력배치는 1단계(관심→주의), 2단계(주의→경계), 3단계(경계→심각)로 구분한다.

01 재난 및 안전관리 기본법상 개념의 "정의(제3조)"에 대한 설명으로 옳은 것은 모두 몇 개인가?

> ㉠ "재난"은 자연재난, 사회재난 및 인적 재난으로 구분된다.
> ㉡ 감염병의 예방 및 관리에 관한 법률에 따른 감염병, 가축전염병예방법에 따른 가축전염병의 확산 및 미세먼지 저감 및 관리에 관한 특별법에 따른 미세먼지 등으로 인한 피해는 "자연재난"에 해당한다
> ㉢ "재난관리"란 재난이나 그 밖의 각종 사고로부터 사람의 생명·신체 및 재산의 안전을 확보하기 위하여 하는 모든 활동을 말한다.
> ㉣ "안전관리"란 재난의 예방·대비·대응 및 복구를 위하여 하는 모든 활동을 말한다.
> ㉤ "재난관리책임기관"이란 재난이나 그 밖의 각종 사고에 대하여 그 유형별로 예방·대비·대응 및 복구 등의 업무를 주관하여 수행하도록 대통령령으로 정하는 관계 중앙행정기관을 말한다.
> ㉥ 경찰청은 재난 및 안전관리 기본법상 "긴급구조기관"에 해당한다.

① 없음 ② 1개 ③ 2개 ④ 3개

해설 「재난 및 안전관리 기본법」 제3조: 모두 틀린 설명이다.

㉠ **제1호**: 가. 자연재난, 나. 사회재난 (인적 재난은 규정되어 있지 않다)

㉡ **제1호 나목**: <u>사회재난</u>: 화재·붕괴·폭발·교통사고(항공사고 및 해상사고를 포함한다)·화생방사고·환경오염사고 등으로 인하여 발생하는 대통령령으로 정하는 규모 이상의 피해와 국가핵심기반의 마비, 「<u>감염병의 예방 및 관리에 관한 법률</u>」에 따른 감염병 또는 「가축전염병예방법」에 따른 가축전염병의 확산, 「미세먼지 저감 및 관리에 관한 특별법」에 따른 미세먼지 등으로 인한 피해

㉢ **제3호**: "재난관리"란 <u>재난의 예방·대비·대응 및 복구</u>를 위하여 하는 모든 활동을 말한다. 지문의 내용은 제4호의 안전관리에 대한 내용이다.

㉣ **제4호**: "안전관리"란 재난이나 그 밖의 각종 사고로부터 사람의 생명·신체 및 재산의 안전을 확보하기 위하여 하는 모든 활동을 말한다. (※ <u>재난관리와 안전관리의 개념을 혼동하지 않도록 유의한다</u>)

㉤ **제5호**: "재난관리책임기관"이란 재난관리업무를 하는 중앙행정기관 및 지방자치단체(「제주특별자치도 설치 및 국제자유도시 조성을 위한 특별법」 제10조 제2항에 따른 행정시를 포함한다)와 지방행정기관·공공기관·공공단체(공공기관 및 공공단체의 지부 등 지방조직을 포함한다) 및 재난관리의 대상이 되는 중요시설의 관리기관 등으로서 대통령령으로 정하는 기관을 말한다. 지문은 재난관리주관기관에 대한 것이다. **제5호의2** "재난관리주관기관"이란 재난이나 그 밖의 각종 사고에 대하여 그 유형별로 예방·대비·대응 및 복구 등의 업무를 주관하여 수행하도록 대통령령으로 정하는 관계 중앙행정기관을 말한다." (※ <u>재난관리책임기관과 재난관리주관기관의 개념을 혼동하지 않도록 유의한다</u>)

㉥ **제7호·제8호 및 동법 시행령 제4조 제1호**: "긴급구조기관"이란 소방청·소방본부 및 소방서를 말한다. 다만, 해양에서 발생한 재난의 경우에는 해양경찰청·지방해양경찰청 및 해양경찰서를 말한다(제7호). "긴급구조지원기관"이란 긴급구조에 필요한 인력·시설 및 장비, 운영체계 등 긴급구조능력을 보유한 기관이나 단체로서 대통령령으로 정하는 기관과 단체를 말한다(제8호). 법 제3조 제8호에서 "대통령령으로 정하는 기관과 단체"란 다음 각 호의 기관과 단체를 말한다. 1. 교육부, 과학기술정보통신부, 국방부, 산업통상자원부, 보건복지부, 환경부, 국토교통부, 해양수산부, 방송통신위원회, <u>경찰청</u>, 기상청 및 산림청(시행령 제4조 제1호). <u>경찰청은 긴급구조기관이 아니라 긴급구조지원기관이다.</u>

02 재난 및 안전관리 기본법에 따른 재난 및 안전관리 업무의 총괄 · 조정권자는?

① 대통령　　　② 국무총리　　　③ 행정안전부장관　　　④ 중앙안전관리위원회

해설　「**재난 및 안전관리 기본법**」제6조에 따라 행정안전부장관이다. 중앙안전관리위원회는 국무총리 소속의 재난 및 안전관리에 관한 심의기구이다.

03 재난 및 안전관리 기본법상의 "중앙재난안전대책본부 등(제14조)"에 대한 설명으로 틀린 것은?

① 대통령령으로 정하는 대규모 재난의 대응 · 복구 등에 관한 사항을 총괄 · 조정하고 필요한 조치를 하기 위하여 행정안전부에 중앙재난안전대책본부를 둔다.

② 중앙재난안전대책본부에 본부장과 차장을 두고, 본부장(행정안전부차관)은 중앙재난안전대책본부의 업무를 총괄하고 필요하다고 인정하면 중앙재난안전대책본부회의를 소집할 수 있다.

③ 해외재난의 경우에는 외교부장관이 중앙재난안전대책본부장의 권한을 행사한다.

④ 재난의 효과적인 수습을 위하여 국무총리가 범정부적 차원의 통합 대응이 필요하다고 인정하는 경우에는 국무총리가 중앙재난안전대책본부장의 권한을 행사할 수 있다.

해설　① 「**재난 및 안전관리 기본법**」제14조 제1항, ③ 제14조 제3항 단서, ④ 제14조 제4항 제1문 ④의 경우 행정안전부장관, 외교부장관(해외재난의 경우에 한정한다) 또는 원자력안전위원회 위원장(방사능 재난의 경우에 한정한다)이 차장이 된다(제4항 제2문).

　　② 「**재난 및 안전관리 기본법**」제14조 제2항 및 제3항 본문 "② 중앙대책본부에 본부장과 차장을 둔다. ③ 중앙대책본부의 본부장(이하 "중앙대책본부장"이라 한다)은 행정안전부장관이 되며, 중앙대책본부장은 중앙대책본부의 업무를 총괄하고 필요하다고 인정하면 중앙재난안전대책본부회의를 소집할 수 있다. 다만, 해외재난의 경우에는 외교부장관이, 「원자력시설 등의 방호 및 방사능 방재 대책법」제2조 제1항 제8호에 따른 방사능재난의 경우에는 같은 법 제25조에 따른 중앙방사능방재대책본부의 장이 각각 중앙대책본부장의 권한을 행사한다."

04 재난 및 안전관리 기본법에 따른 "재난사태 선포(제36조)"에 대한 설명으로 틀린 것은?

① 재난사태 선포는 재난의 대응 단계에서 행해지는 활동으로 행정안전부장관이 할 수 있다.

② 재난사태 선포에는 원칙적으로 중앙안전관리위원회의 심의를 거쳐야 하고, 재난상황이 긴급하여 이를 거칠 시간적 여유가 없다고 인정하는 경우에는 심의를 거치지 않고 선포할 수 있다.

③ 중앙안전관리위원회의 심의를 거치지 않고 재난사태를 선포한 경우에 행정안전부장관은 지체 없이 그 승인을 받아야 하고, 승인을 받지 못하면 선포된 재난사태를 즉시 해제하여야 한다.

④ 행정안전부장관 및 지방자치단체의 장은 재난사태가 선포된 지역에 대하여 해당 지역에 소재하는 행정기관 소속 공무원의 비상소집 등의 조치를 하여야 한다.

해설　① 「**재난 및 안전관리 기본법**」제6장 및 제36조 제1항, ② 제36조 제1항, ③ 제36조 제2항 ①과 관련하여 재난사태 선포는 제6장 재난의 대응에 규정되어 있다. 재난 및 안전관리 기본법은 재난의 예방(제4장), 재난의 대비(제5장), 재난의 대응(제6장) 및 재난의 복구(제7장)로 구성되어 있고, 각 단계별 필요한 사항에 대해서 규정을 하고 있다. 재난사태 선포와 달리 "특별재난지역의 선포(제60조)"는 재난의 복구(제7장) 단계에서 행해지는 활동이라는 점에 유의한다.

　　④ 「**재난 및 안전관리 기본법**」제36조 제3항 "행정안전부장관 및 지방자치단체의 장은 제1항에 따라 재난사태가 선포된 지역에 대하여 다음 각 호의 조치를 할 수 있다. 1. 재난경보의 발령, 인력 · 장비 및 물자의 동원,

정답　**01**　①　**02**　③　**03**　②　**04**　④

위험구역 설정, 대피명령, 응급지원 등 이 법에 따른 <u>응급조치</u>, 2. 해당 지역에 소재하는 행정기관 소속 공무원의 <u>비상소집</u>, 3. 해당 지역에 대한 여행 등 <u>이동 자제 권고</u>, 4.「유아교육법」제31조,「초·중등교육법」제64조 및「고등교육법」제61조에 따른 <u>휴업명령 및 휴원·휴교 처분의 요청</u>, 5. 그 밖에 재난예방에 <u>필요한 조치</u>"

05 재난 및 안전관리 기본법에 따른 "특별재난지역의 선포(제60조)"에 대한 설명으로 옳은 것은?

① 특별재난지역의 선포는 재난의 복구 단계에서 이루어지는 것으로 국가·지방자치단체는 선포된 지역에 대하여는 대통령령으로 정하는 바에 따라 응급대책 및 재난구호와 복구에 필요한 행정상·재정상·금융상·의료상의 특별지원을 하여야 한다.

② 특별재난지역으로 선포하기 위한 요건으로 대통령령으로 정하는 규모의 재난이 발생하거나 발생할 우려가 있는 경우에 사람의 생명·신체 및 재산에 미치는 중대한 영향이나 피해를 줄이기 위하여 긴급한 조치가 필요하다고 인정되어야 한다.

③ 중앙재난안전대책본부장 및 지역재난안전대책본부장은 특별재난지역으로 선포할 것을 대통령에게 건의할 수 있다.

④ 특별재난지역의 선포권자는 대통령이고, 대통령에게 특별재난지역의 선포를 건의하는 경우에는 중앙안전관리위원회의 심의를 거쳐야 한다.

해설 ①「재난 및 안전관리 기본법」제7장, 제60조·제61조 참조. 특별재난지역의 선포는 <u>재난의 복구(제7장)</u>에 규정되어 있는 활동이다. **제61조** "국가나 지방자치단체는 제60조에 따라 특별재난지역으로 선포된 지역에 대하여는 <u>제66조 제3항에 따른 지원을 하는 외에</u> 대통령령으로 정하는 바에 따라 응급대책 및 재난구호와 복구에 필요한 <u>행정상·재정상·금융상·의료상의 특별지원을 할 수 있다.</u>"

②「재난 및 안전관리 기본법」제60조 제1항·제3항에 따라 "대통령령으로 정하는 규모의 재난이 발생하여 <u>국가의 안녕 및 사회질서의 유지에 중대한 영향을 미치거나 피해를 효과적으로 수습하기 위하여 특별한 조치가 필요하다고 인정</u>"되어야 한다. 지문의 내용은 행정안전부장관이 하는 "재난사태 선포"의 요건이다.

③「재난 및 안전관리 기본법」제60조 제1항·제3항 "① 중앙대책본부장은 대통령령으로 정하는 규모의 재난이 발생하여 국가의 안녕 및 사회질서의 유지에 중대한 영향을 미치거나 피해를 효과적으로 수습하기 위하여 <u>특별한 조치가 필요하다고 인정</u>하거나 제3항에 따른 지역대책본부장의 요청이 타당하다고 인정하는 경우에는 중앙위원회의 심의를 거쳐 해당 지역을 <u>특별재난지역으로 선포할 것을 대통령에게 건의할 수 있다.</u> ③ <u>지역대책본부장</u>은 관할지역에서 발생한 재난으로 인하여 제1항에 따른 사유가 발생한 경우에는 <u>중앙대책본부장에게 특별재난지역의 선포 건의를 요청할 수 있다.</u>" 특별재난지역의 선포 건의는 중앙재난안전대책본부장(중앙대책본부장)이 할 수 있고, 지역재난안전대책본부장(지역대책본부장)은 대통령에게 직접 건의하지 못하고, 중앙대책본부장에게 건의를 요청할 수 있을 뿐이다.

④「재난 및 안전관리 기본법」제60조 제1항·제2항

경찰 재난관리 규칙

01 경찰 재난관리 규칙에 따른 "재난상황 시 국·관의 임무(제2조)"에 대한 설명으로 틀린 것은?

① 경찰의 재난관리 업무는 치안상황관리관이 총괄·조정하고, 재난대책본부 및 재난상황실 운영 등의 임무를 담당한다.

② 재난관리와 관련하여 업무를 처리할 부서를 판단하기 어려운 경우에는 치안상황관리관이 처리 할 부서를 지정하되, 국가수사본부 내 분장 사항에 대해서는 국가수사본부장의 의견에 따른다.

③ 경찰의 재난관리 관련 홍보는 대변인, 재난상황 시 재난관리태세 점검은 감사관이 담당한다.

④ 재난지역 범죄예방활동 및 재난지역 총포·화약류 안전관리는 생활안전국이 담당한다.

해설 ① 「**경찰 재난관리 규칙**」 제2조 제1항 및 제2항 별표 참조, ③ ④ 제2조 제2항 별표 참조

② 「**경찰 재난관리 규칙**」 제2조 제3항 "제2항에도 불구하고 재난관리와 관련하여 업무를 처리할 부서를 판단하 기 어려운 경우에는 <u>치안상황관리관이 처리할 부서를 지정한다. 다만, 국가수사본부 내 분장 사항에 대해서는 수사기획조정관의 의견에 따른다.</u>"

【재난관리 관련 경찰청 국·관의 임무 – 별표 1】 ※ 대변인·감사관·정보화장비정책관·안보수사국의 임무 생략

국·관	임무
치안상황 관리관	○ 재난대책본부 및 재난상황실 운영 ○ 재난관리를 위한 관계기관과의 협력 ○ 재난피해우려지역 예방 순찰 및 재난취약요소 발견 시 초동조치 ○ 재난지역 주민대피 지원
기획조정관	○ 재난관리와 관련한 예산의 조정·지원
경무인사 기획관	○ 경찰관·경찰관서의 피해 예방 및 피해 발생 시 대응·복구 ○ 재난상황 시 직원 복무 및 사기 관리
생활안전국	○ 재난지역 범죄예방활동 ○ 재난지역 총포·화약류 안전관리
교통국	○ 재난대비 교통취약지 예방 순찰 및 취약요소 발견 시 초동조치 ○ 재난지역 교통통제 및 긴급차량 출동로 확보 ○ 재난지역 교통안전시설 관리 ○ 재난 관련 인적·물적자원의 이동 시 교통안전 확보
경비국	○ 재난관리를 위한 경찰부대 및 장비 동원 ○ 재난관리 필수시설의 안전관리
공공안녕 정보국	○ 재난취약요소에 대한 정보활동 ○ 재난상황 시 국민 안전을 확보하기 위한 정보활동
외사국	○ 해외 재난안전정보 수집 ○ 재난지역 체류 외국인 관련 치안활동
형사국	○ 재난지역 강도·절도 등 민생침해범죄의 예방 및 검거 ○ 재난으로 인한 인명피해 발생 시 원인이 되는 불법행위에 대한 수사
수사국	○ 재난 관계 법령 위반 행위에 대한 수사 ○ 매점매석 등 사회혼란 야기 행위에 대한 수사 ○ 감염병·가축전염병의 확산으로 인한 재난 발생 시 역학조사 지원

정답 **01** ②

	○ 기타 재난 발생의 원인이 되는 불법행위에 대한 수사
과학수사 관리관	○ 재난상황으로 인한 사상자 신원확인
사이버 수사국	○ 온라인상 허위정보의 생산·유포 행위 대응 및 수사 ○ 온라인상 매점매석 등 사회혼란 야기 행위에 대한 수사

02 경찰 재난관리 규칙 별표 1에 따른 국·관의 임무에 대한 설명으로 옳은 것은?

① 재난관리와 관련한 예산의 조정·지원은 경무인사기획관의 임무이다.

② 경찰관·경찰관서의 피해 예방 및 피해 발생 시 대응·복구과 재난상황 시 직원 복무 및 사기 관리는 기획조정관의 임무이다.

③ 재난관리를 위한 경찰부대 및 장비 동원, 재난관리 필수시설의 안전관리와 재난지역 주민대피 지원은 경비국의 임무이다.

④ 재난으로 인한 인명피해 발생 시 원인이 되는 불법행위에 대한 수사는 형사국, 기타 재난 발생의 원인이 되는 불법행위에 대한 수사는 수사국의 임무이다.

> **해설** ① ② 기획조정관과 경무인사기획관의 임무가 바뀌어 설명되어 있다. 양자의 구별에 유의한다.
> ③ 재난지역 주민대피 지원은 치안상황관리관의 임무이다. 그리고 재난피해우려지역 예방 순찰 및 재난취약요소 발견 시 초동조치는 생활안전국이 아닌 치안상황관리관의 임무라는 점도 유의한다.
> ④ 옳은 설명이다. 수사의 경우 형사국·수사국·과학수사관리관·사이버수사국의 임무 구별에 유의한다. "사상자의 신원확인은 형사국(X) 또는 온라인상의 수사는 수사국의 임무이다(X)"로 지문이 변경될 수 있다.

03 경찰 재난관리 규칙상 경찰청 재난상황실의 설치 및 구성(제4조 및 제5조)에 대한 설명으로 틀린 것은?

① 경찰청장은 경찰청 재난대책본부가 설치되었거나 재난 및 안전관리 기본법 제38조에 따라 "경계" 단계 이상의 위기경보가 발령된 경우에는 재난상황실을 설치·운영하여야 한다.

② 재난상황실은 재난이 발생하였거나 재난이 발생할 우려가 있는 경우에는 위기관리센터 또는 치안종합상황실에 설치·운영할 수 있다.

③ 경찰청 재난상황실에는 재난상황실장(위기관리센터장으로 한다) 1명을 두고, 일과시간 외 또는 토요일·공휴일의 경우 또는 그 밖에 치안상황관리관이 필요하다고 인정하는 경우에는 상황관리관(상황관리관의 임무를 수행하는 자를 포함한다)이 그 임무를 대행할 수 있다.

④ 경찰청 재난상황실에 총괄반·분석반·상황반을 두며, 총괄반과 분석반은 위기관리센터 소속 직원으로 구성하고, 상황반은 치안상황관리관실 및 다른 국·관의 직원으로 구성한다.

> **해설** ① 「**경찰 재난관리 규칙**」 제4조 단서 "<u>치안상황관리관</u>은 재난이 발생하였거나 재난이 발생할 우려가 있는 경우에는 위기관리센터 또는 치안종합상황실에 <u>재난상황실을 설치·운영할 수 있다</u>. 다만, 제11조의 <u>재난대책본부</u>가 설치되었거나 「재난 및 안전관리 기본법」(이하 "법"이라 한다) 제38조에 따라 '<u>심각</u>' 단계의 위기경보가 발령된 경우에는 재난상황실을 <u>설치·운영하여야 한다</u>." 경찰청 재난상황실의 설치·운영권자는 치안상황관리관이고, "심각" 단계(관심·주의·경계·심각으로 구분)의 위기경보 발령시 설치·운영 의무가 있다.
> ② 「**경찰 재난관리 규칙**」 제4조 본문, ③ **제5조 제1항**, ④ **제5조 제2항**

04 경찰 재난관리 규칙상 시·도경찰청등 재난상황실의 설치·운영과 재난상황의 보고·전파(제9조 및 제10조)에 대한 설명으로 옳은 것은?

① 시·도경찰청 및 경찰서의 장은 경찰청에 재난대책본부가 설치되었거나, 재난 및 안전관리 기본법 제38조에 따라 "심각" 단계의 위기경보가 발령된 경우에는 재난상황실을 설치·운영하여야 한다.

② 시·도경찰청 및 경찰서에 설치된 재난상황실의 운영은 경찰 재난관리 규칙 제5조부터 제8조까지의 규정을 준용하고, 시·도경찰청등의 여건에 따라 달리 정하여서는 아니 된다.

③ 시·도경찰청 및 경찰서의 상황실장은 재난상황보고서를 작성하여 경찰청 치안상황관리관에게 정기 보고하여야 하며, 보고주기와 서식 및 내용은 치안상황관리관이 재난의 성격과 유형에 따라 조정할 수 있다.

④ 시·도경찰청 및 경찰서의 상황실장은 재난의 발생일시·장소 및 원인 등 경찰 재난관리 규칙 제10조 제1항 각 호의 사항을 경찰청 재난상황실장에게 수시 보고하여야 한다.

해설 ① 「**경찰 재난관리 규칙**」 **제9조 제1항** "시·도경찰청등(※ 시·도경찰청 및 경찰서)의 장은 관할 지역 내에서 재난이 발생하였거나 발생할 우려가 있는 경우 재난상황실을 설치·운영할 수 있다. 다만, 시·도경찰청등에 재난대책본부가 설치되었거나, 법 제38조에 따라 '심각' 단계의 위기경보가 발령된 경우에는 재난상황실을 설치·운영하여야 한다." 경찰서의 장도 재난상황실의 설치·운영권자라는 점도 유의한다.

② 「**경찰 재난관리 규칙**」 **제9조 제2항** "제1항에 따라 시·도경찰청등에 설치된 재난상황실의 운영은 제5조부터 제8조까지의 규정을 준용하되 시·도경찰청등의 여건에 따라 달리 정할 수 있다."

③ 「**경찰 재난관리 규칙**」 **제10조 제2항**

④ 「**경찰 재난관리 규칙**」 **제10조 제1항** "시·도경찰청등의 상황실장은 다음 각 호의 사항을 경찰청 치안상황관리관에게 수시 보고하여야 한다. 1. 재난의 발생일시·장소 및 원인, 2. 인적·물적 피해 현황, 3. 초동조치 사항, 4. 대응 및 복구활동 사항, 5. 그밖에 재난관리를 위해 필요한 사항" 수시 및 정기 보고의 주체는 시·도경찰청등(시·도경찰청 및 경찰서)의 상황실장이고, 양 보고 모두 경찰청 치안상황관리관에게 한다는 점에 유의한다.

05 경찰 재난관리 규칙상 재난대책본부의 설치 및 구성 등(제11조 및 제12조)에 대한 설명으로 틀린 것은?

① 치안상황관리관은 인명 또는 재산의 피해정도가 매우 큰 재난 또는 사회적, 경제적으로 광범위한 영향이 있는 재난이 발생하였거나 발생할 우려가 있어 이에 대한 전국적인 관리가 필요하다고 인정하는 경우 경찰청에 재난대책본부를 설치하여야 한다.

② 치안상황관리관이 경찰청 재난대책본부의 본부장이 되고, 재난대책본부에 총괄운영단, 대책실행단, 대책지원단을 둔다.

③ 총괄운영단은 본부장을 보좌하여 재난대책본부의 운영에 필요한 사무를 담당하며, 단장은 위기관리센터장이 된다.

④ 대책실행단은 경찰 재난관리 활동의 실행을 담당하고, 대책지원단은 대책실행단의 활동을 지원하며, 각각의 단장은 경찰 재난관리 규칙 제12조 제1항의 구성원 중 본부장이 지정한 사람으로 한다.

해설 ① 「**경찰 재난관리 규칙**」 제11조 "경찰청장은 인명 또는 재산의 피해정도가 매우 큰 재난 또는 사회적, 경제적으로 광범위한 영향이 있는 재난이 발생하였거나 발생할 우려가 있어 이에 대한 전국적인 관리가 필요하다고 인정하는 경우 <u>경찰청에 재난대책본부를 설치할 수 있다.</u>" 경찰청 재난대책본부의 설치권자는 경찰청장이고, 제12조 제1항에 따라 원칙적으로 치안상황관리관이 본부장이 된다(제15조의 격상에 따른 예외 있음).
② 「**경찰 재난관리 규칙**」 제12조 제1항 · 제2항
③ 「**경찰 재난관리 규칙**」 제12조 제2항 제1호
④ 「**경찰 재난관리 규칙**」 제12조 제2항 제2호 · 제3호

06 경찰 재난관리 규칙에 따른 경찰청 재난대책본부장의 권한 및 재난대책본부의 격상(제14조 및 제15조)에 대한 설명으로 틀린 것은?

① 경찰청 재난대책본부의 업무는 본부장이 통할한다.
② 본부장은 재난대책본부의 기능을 수행하기 위해 필요한 경우 경찰청 국 · 관 및 소속기관에 경찰 재난관리 규칙 제14조 제2항 각 호의 조치를 요구할 수 있고, 이 경우 요청을 받은 국 · 관 및 소속기관은 특별한 사유가 없으면 이에 따라야 한다.
③ 경찰 재난관리 규칙 제12조에도 불구하고 재난에 대한 범정부적 차원의 통합대응이 필요하다고 인정되는 경우 본부장을 경찰청장으로 격상하여 운영하여야 한다.
④ 재난대책본부를 격상하여 운영하는 경우에 총괄운영단장은 치안상황관리관이 된다.

해설 ① 「**경찰 재난관리 규칙**」 제14조 제1항, ② 제14조 제2항, ④ 제15조 제2항 제2문 ④와 관련하여 재난대책본부를 격상하여 운영하는 경우 재난대책본부를 구성하는 사람도 제12조 제1항에 해당하는 사람의 상급자인 국 · 관으로 하고, 대책실행단장과 대책지원단장은 경찰청장 또는 경찰청 차장이 지정하는 사람으로 한다.
③ 「**경찰 재난관리 규칙**」 제15조 제1항 "제12조에도 불구하고 재난에 대한 범정부적 차원의 통합대응이 필요하다고 인정되는 경우 본부장을 <u>경찰청장 또는 경찰청 차장</u>으로 격상하여 운영할 수 있다."

07 경찰 재난관리 규칙에 따른 재난상황실과 재난대책본부의 기능 연결로 올바른 것은?

보기	재난상황실	재난대책본부
①	재난상황의 접수 · 분석 · 전파 등 관리	재난관리를 위한 초동조치 지휘 및 대책 마련
②	재난상황 대응을 위한 비상연락망 유지	시 · 도경찰청 및 경찰서에 설치한 재난상황실에 대한 지휘 및 지원
③	중앙재난안전대책본부 및 중앙사고수습본부와의 협조	경찰재난관리와 관련한 주요 정책의 결정
④	재난관리를 위한 관계기관과의 협조	경찰관서 방재 · 피해복구를 위해 필요한 사항의 결정

해설 「**경찰 재난관리 규칙**」상 재난상황실 및 재난대책본부의 기능(제6조 및 제13조)

재난상황실	재난대책본부
· 재난상황의 접수·분석·전파 등 관리 · 재난관리를 위한 초동조치 지휘 및 대책 마련 · 재난관리를 위한 관계기관과의 협조 · 재난상황 대응을 위한 비상연락망 유지 · 시·도경찰청 및 경찰서(이하 "시·도경찰청등")에 설치된 재난상황실에 대한 지휘 및 지원 · 그 밖에 재난관리를 위해 필요한 사항	· 경찰재난관리와 관련한 주요 정책의 결정 · 경찰관서 방재·피해복구를 위해 필요한 사항의 결정 · 법 제14조에 따른 중앙재난안전대책본부, 법 제15조의2에 따른 중앙사고수습본부 및 관계기관과의 협조 · 시·도경찰청등에 설치한 재난대책본부에 대한 지휘 및 지원 · 그 밖에 경찰청장 또는 본부장이 재난관리를 위해 필요하다고 인정하는 사항

08 경찰 재난관리규칙에 따른 시·도경찰청등 재난대책본부의 설치 및 운영(제16조)에 대한 설명으로 옳은 것은?

① 시·도경찰청 및 경찰서의 장은 재난대책본부를 설치할 수 있고, 이 경우 재난대책본부의 설치 사항을 경찰청 치안상황관리관에게 보고한다.
② 시·도경찰청의 본부장은 시·도경찰청장이 지정하는 차장 또는 부장으로 한다.
③ 경찰서의 본부장은 상황실장 또는 경찰서장이 지정하는 과장으로 한다.
④ 시·도경찰청 및 경찰서(이하 "시·도경찰청등")의 장은 재난의 규모가 광범위하여 효과적인 대응이 필요한 경우 본부장을 시·도경찰청등의 장으로 격상하여 운영하여야 한다.

해설 ① 「**경찰 재난관리 규칙**」제16조 제1항 "시·도경찰청등의 장은 경찰청에 재난대책본부가 설치되었거나, 관할지역 내 재난이 발생하였거나 발생할 우려가 있는 경우 시·도경찰청등에 재난대책본부를 설치할 수 있고 그 운영은 제12조부터 제14조의 규정을 준용한다. 이 경우, 시·도경찰청등의 장은 재난대책본부의 설치 사항을 바로 위 상급기관의 장에게 보고한다."
② 「**경찰 재난관리 규칙**」제16조 제2항
③ 「**경찰 재난관리 규칙**」제16조 제3항 "경찰서의 본부장은 재난업무를 주관하는 부서의 장으로 한다."
④ 「**경찰 재난관리 규칙**」제16조 제4항 "제2항 및 제3항에도 불구하고, 시·도경찰청등의 장은 재난의 규모가 광범위하여 효과적인 대응이 필요한 경우 본부장을 시·도경찰청등의 장으로 격상하여 운영할 수 있다."

09 경찰 재난관리 규칙에 따른 재난의 예방·대비·대응·복구(제17조 내지 제19조)에 대한 설명으로 틀린 것은?

① 재난의 예방·대비·대응·복구는 시·도경찰청 및 경찰서(이하 "시·도경찰청등")의 장이 행한다.
② 재난예방대책의 수립·시행, 소속 직원들에 대한 교육·훈련, 소요물자의 비축 및 긴급통신수단의 마련은 재난의 예방·대비를 위한 조치이다.
③ 시·도경찰청등의 장은 재난으로 인하여 피해가 발생하였을 때에는 바로 위 상급기관의 장에게 피해내용을 지체 없이 보고하여야 한다.
④ 시·도경찰청등의 장은 경찰관, 경찰장비 및 경찰관서가 재난에 의해 피해를 입은 경우에는 경찰청 재난상황실장에게 피해내용을 지체 없이 보고하여야 한다.

해설 ① 「**경찰 재난관리 규칙**」 제17조 내지 제19조, ② 제17조, ③ **제18조 제2항** ③과 관련하여 재난 대응으로 시·도경찰청등의 장은 관할 지역에서 재난이 발생하였거나 발생이 임박한 경우 그 피해를 최소화하기 위하여 현장 접근통제 및 우회로 확보, 교통관리 및 치안질서유지 활동, 긴급구조 및 주민대피 지원, 그 밖에 재난 대응을 위한 조치 중 필요한 조치를 하여야 한다.
  ④ 「**경찰 재난관리 규칙**」 제19조 제2항 "시·도경찰청등의 장은 경찰관, 경찰장비 및 경찰관서가 재난에 의해 피해를 입은 경우에는 <u>바로 위 상급기관의 장에게 피해내용을 지체 없이 보고하여야 한다.</u>" 재난 복구와 관련하여 시·도경찰청등의 장은 지방자치단체 및 관계기관과 협조하여 재난복구활동을 지원한다.

10 경찰 재난관리 규칙상 현장지휘본부의 설치 및 운영(제20조)에 대한 설명으로 옳은 것은?

① 시·도경찰청 및 경찰서의 장은 관할 지역 내 재난이 발생한 경우 재난 현장의 대응 활동을 총괄하기 위하여 현장지휘본부를 설치하여야 한다.
② 현장지휘본부장은 시·도경찰청장 또는 경찰서장이 되고, 현장지휘본부는 전담반(경비지원팀이 병행)을 둔다.
③ 현장지휘본부는 7개의 경무지원팀, 홍보지원팀, 경비지원팀, 교통지원팀, 생활안전지원팀, 수사지원팀 및 정보지원팀으로 구성한다.
④ 현장지휘본부의 전담반은 현장지휘본부 운영 총괄·조정, 재난안전상황실 업무협조 및 현장상황 등 보고·전파의 임무를 담당한다.

해설 ① 「**경찰 재난관리 규칙**」 제20조 제1항 "<u>시·도경찰청등의 장은 관할 지역 내 재난이 발생한 경우 재난 현장의 대응 활동을 총괄하기 위하여 현장지휘본부를 설치할 수 있다.</u>"
  ② ③ 「**경찰 재난관리 규칙**」 제20조 제2항 별표 2 참조. 개정 이전의 규칙에 의하면 경비지원팀이 전담반을 병행하였으나, 개정된 규칙에서는 전담반(현장지휘본부 운영 총괄·조정, 재난안전상황실 업무협조 및 현장상황 등 보고·전파 담당)이 별도로 설치되고, 112지원팀(신설)을 포함하여 8개의 지원팀으로 구성된다.
  ④ 「**경찰 재난관리 규칙**」 제22조 제2항 별표에 따른 옳은 설명이다.

11 경찰 재난관리규칙에 따른 현장지휘본부 지원팀별 임무에 대한 연결이 바른 것은 몇 개인가?

> ㉠ 경무 – 재난안전상황실 업무협조   ㉡ 홍보 – 관계기관 협조체제, 대외 협력관계 유지
> ㉢ 경비 – 경찰통제선 설정·운용   ㉣ 교통 – 비상출동로 지정·운용
> ㉤ 생안 – 재난지역·중요시설 주변 순찰활동   ㉥ 정보 – 재난지역 집단민원 파악

① 3개   ② 4개   ③ 5개   ④ 6개

해설 **경찰 재난관리 규칙 별표 2** : ㉢ ㉣ ㉥이 올바른 연결이다.
  ㉠ 재난안전상황실 업무협조는 전담반의 임무이다. ㉡ 관계기관 협조체제 및 대외 협력관계 유지는 정보지원팀의 임무이다. ㉤ 재난지역 및 중요시설 주변 순찰활동은 새로 규정된 112지원팀의 임무이다.

지원팀	임무
전담반	○ 현장지휘본부 운영 총괄·조정 ○ 재난안전상황실 업무협조 ○ 현장상황 등 보고·전파
112	○ 재난지역 및 중요시설 주변 순찰활동 ○ 피해지역 주민 소개 등 대피 및 접근 통제
경 무	○ 현장지휘본부 사무실, 차량, 유·무선 통신시설 등 설치 ○ 그 밖에 예산, 장비 등 행정업무 지원
홍 보	○ 경찰 지원활동 등 언론대응 및 홍보

경 비	◦ 재난지역 및 중요시설 등 경비 ◦ 경찰통제선 설정·운용
교 통	◦ 비상출동로 지정·운용 ◦ 현장주변에 대한 교통통제 및 우회로 확보 등 교통관리
생 안	◦ 재난지역 범죄예방활동 ◦ 재난지역 총포, 화약류 안전관리 강화
수 사	◦ 실종자·사상자 현황 파악 및 수사 ◦ 민생침해범죄의 예방 및 수사활동
정 보	◦ 재난지역 집단민원 파악 ◦ 관계기관 협조체제 및 대외 협력관계 유지

01 「통합방위법」상 통합방위작전 및 경찰작전에 대한 설명으로 가장 적절한 것은?

(2017년 제2차 – 현행법 반영 수정)

① 대통령 소속으로 중앙 통합방위협의회를 둔다.

② '갑종사태'란 일정한 조직 체계를 갖춘 적의 대규모 병력 침투 또는 대량살상무기 공격 등의 도발로 발생한 비상사태로서 통합방위본부장 또는 지역군사령관의 지휘·통제 하에 통합방위작전을 수행하여야 할 사태를 말한다.

③ 시·도경찰청장 또는 경찰서장은 통합방위사태가 선포된 때에는 인명·신체에 대한 위해를 방지하기 위하여 즉시 작전지역에 있는 주민이나 체류 중인 사람에게 대피할 것을 명하여야 한다.

④ '을종사태'란 일부 또는 여러 지역에서 적이 침투·도발하여 단기간 내에 치안이 회복되기 어려워 시·도경찰청장의 지휘·통제 하에 통합방위작전을 수행하여야 할 사태를 말한다.

해설 ① 「**통합방위법**」 **제4조 제1항** "국무총리 소속으로 중앙 통합방위협의회(이하 "중앙협의회"라 한다)를 둔다."

② 「**통합방위법**」 **제2조 제6호**

③ 「**통합방위법**」 **제17조 제1항** "시·도지사 또는 시장·군수·구청장은 통합방위사태가 선포된 때에는 인명·신체에 대한 위해를 방지하기 위하여 즉시 작전지역에 있는 주민이나 체류 중인 사람에게 대피할 것을 명할 수 있다."

④ 「**통합방위법**」 **제2조 제7호** ""을종사태"란 일부 또는 여러 지역에서 적이 침투·도발하여 단기간 내에 치안이 회복되기 어려워 지역군사령관의 지휘·통제 하에 통합방위작전을 수행하여야 할 사태를 말한다."

분석 통합방위법은 최근 12년간 독립된 유형의 문제로 6회가 출제되었고, 조문의 내용을 정확히 알고 있는지를 확인하는 수준이었습니다. 세부적으로는 국가중요시설 2회(통합방위법 및 국가중요시설 지정 및 방호 훈령), 갑·을·병종사태의 개념 2회, 국가중요시설과 사태의 유형 및 다른 조문의 내용과 결합된 문제로 2회가 출제되었습니다. 자주 출제되는 부분이므로 향후에도 출제가 될 가능성이 높습니다. 기출 조문을 위주로 기억을 하되, 조직편성과 관련해서는 다른 영역에서도 자주 출제되는 유형의 문제이므로 통합방위법상 관련 분야인 중앙 통합방위협의회(제4조 – 국무총리 소속 / 의장: 국무총리), 지역 통합방위협의회(제5조 – 시·도지사 소속 시·도협의회 / 의장: 시·도지사, 시장·군수·구청장 소속 시·군·구 통합방위협의회 / 의장: 시장·군수·구청장), 직장 통합방위협의회(제6조 – 직장 / 의장: 직장의 장) 부분도 기억하고 있어야 합니다. 아울러 경계태세(제11조 – 발령권자), 통합방위사태의 선포(제12조 – 선포의 절차 유의) 역시 출제가 가능한 부분이므로 조문의 내용을 정확히 기억하고 있어야 합니다.

02 「통합방위법」상 국가중요시설에 관한 다음 설명 중 가장 적절하지 않은 것은?

(2016년 제1차 – 현행법 반영 수정)

① 국가중요시설의 관리자(소유자를 포함한다. 이하 같다)는 경비·보안 및 방호책임을 지며, 통합방위사태에 대비하여 자체방호계획을 수립하여야 한다. 이 경우 국가중요시설의 관리자는 자체방호계획을 수립하기 위하여 필요하면 시·도경찰청장 또는 지역군사령관에게 협조를 요청할 수 있다.

② 시·도경찰청장 또는 지역군사령관은 통합방위사태에 대비하여 국가중요시설에 대한 방호지원계획을 수립·시행하여야 한다.

③ 국가중요시설의 평시 경비·보안활동에 대한 지도·감독은 관계 행정기관의 장과 국가정보원장이 수행한다.

④ 국가중요시설은 경찰청장이 관계 행정기관의 장 및 국가정보원장과 협의하여 지정한다.

> **해설** ① 「**통합방위법**」 제21조 제1항, ② 제21조 제2항, ③ 제21조 제3항
> ④ 「**통합방위법**」 제21조 제4항 "국가중요시설은 <u>국방부장관이 관계 행정기관의 장 및 국가정보원장과 협의</u>하여 지정한다."

03 국가중요시설경비에 대한 설명 중 틀린 것은?　　　　　　　　　(2009년 제1차)

① 국가중요시설이 국가안전에 미치는 중요도에 따라 실질적으로 가·나·다급으로 분류한다.

② 가급은 적에 의하여 점령 또는 파괴되거나 기능마비시 광범위한 지역의 통합방위작전수행이 요구되고, 국민생활에 결정적인 영향을 미칠 수 있는 시설이다.

③ 나급은 적에 의하여 점령 또는 파괴되거나 기능마비시 일부지역의 통합방위작전수행이 요구되고, 국민생활에 상당한 영향을 미칠 수 있는 시설이다.

④ 다급은 적에 의하여 점령 또는 파괴되거나 기능 마비시 제한된 지역에서 장기간 통합방위작전수행이 요구되고, 국민생활에 상당한 영향을 미칠 수 있는 시설이다.

> **해설** ① ② ③ 옳은 설명이다. 아래의 【국가중요시설의 개념과 분류】 참조.
> ④ 국가중요시설 다급은 적에 의하여 점령 또는 파괴되거나 기능 마비시 제한된 지역에서 <u>단기간 통합방위작전수행이 요구되고</u>, 국민생활에 상당한 영향을 미칠 수 있는 시설을 말한다.
>
> **【국가중요시설의 개념과 분류】** – 통합방위법 및 국가중요시설 지정 및 방호 훈령
>
> | 구분 | 내용 |
> |---|---|
> | 개념 | 국가중요시설이란 공공기관, 공항·항만, 주요 산업시설 등 적에 의하여 점령 또는 파괴되거나 기능이 마비될 경우 국가안보와 국민생활에 심각한 영향을 주게 되는 시설 |
> | 분류 | 가급: 적에 의하여 점령 또는 파괴되거나 기능 마비시 <u>광범위한 지역</u>의 통합방위작전수행이 요구되고, <u>국민생활에 결정적인 영향</u>을 미칠 수 있는 시설 |
> | | 나급: 적에 의하여 점령 또는 파괴되거나 기능 마비시 <u>일부 지역</u>의 통합방위작전수행이 요구되고, <u>국민생활에 중대한 영향</u>을 미칠 수 있는 시설 |
> | | 다급: 적에 의하여 점령 또는 파괴되거나 기능 마비시 <u>제한된 지역</u>에서 <u>단기간 통합방위작전수행이 요구되고, 국민생활에 상당한 영향</u>을 미칠 수 있는 시설 |

04 「통합방위법」상 다음 설명에 해당하는 것은 무엇인가?　　　(2015년 제3차 – 현행법 반영 수정)

> 적의 침투·도발 위협이 예상되거나 소규모의 적이 침투하였을 때에 시·도경찰청장, 지역군사령관 또는 함대사령관의 지휘·통제 하에 통합방위작전을 수행하여 단기간 내에 치안이 회복될 수 있는 사태

① 갑종사태　　　　② 을종사태　　　　③ 병종사태　　　　④ 정종사태

> **해설** 통합방위사태는 갑·을·병종사태가 있고, 지문의 내용은 병종사태에 대한 설명이다.

【통합방위사태의 유형과 선포절차】

유형	내용	선포절차
갑종 사태	일정한 조직체계를 갖춘 적의 <u>대규모 병력 침투</u> <u>또는 대량살상무기 공격</u> 등의 도발로 발생한 비상사태로서 <u>통합방위본부장</u> 또는 <u>지역군사령관</u>의 지휘·통제 하에 통합방위작전을 수행하여야 할 사태	<u>국방부장관</u>은 즉시 국무총리를 거쳐 대통령에게 통합방위사태의 선포를 건의
을종 사태	<u>일부 또는 여러 지역</u>에서 적이 침투·도발하여 단기간 내에 치안이 회복되기 어려워 <u>지역군사령관</u>의 지휘·통제 하에 통합방위작전을 수행하여야 할 사태	둘 이상의 시·도에 걸쳐 을종사태에 해당하는 상황이 발생: <u>국방부장관</u>은 즉시 국무총리를 거쳐 대통령에게 선포를 건의
		시·도경찰청장, 지역군사령관 또는 함대사령관은 을종사태에 해당하는 상황이 발생: 즉시 시·도지사에게 선포를 건의
병종 사태	<u>적의 침투·도발 위협이 예상되거나 소규모의 적이 침투하였을 때에 시·도경찰청장, 지역군사령관 또는 함대사령관의 지휘·통제 하에 통합방위작전을 수행하여 단기간 내에 치안이 회복될 수 있는 사태</u>	둘 이상의 시·도에 걸쳐 병종사태에 해당하는 상황이 발생: 행정안전부장관 또는 국방부장관은 즉시 국무총리를 거쳐 대통령에게 선포를 건의
		시·도경찰청장, 지역군사령관 또는 함대사령관은 병종사태에 해당하는 상황이 발생: 즉시 시·도지사에게 선포를 건의

05 「통합방위법」상 다음의 내용이 설명하는 것과 옳게 연결된 것은? (2013년 제1차 − 현행법 반영 수정)

> ㉠ 적의 침투·도발 위협이 예상되거나 소규모의 적이 침투하였을 때에 시·도경찰청장, 지역군사령관 또는 함대사령관의 지휘·통제하에 통합방위작전을 수행하여 단기간 내에 치안이 회복될 수 있는 사태를 말한다.
> ㉡ 일정한 조직체계를 갖춘 적의 대규모 병력 침투 또는 대량살상무기 공격 등의 도발로 발생한 비상사태로서 통합방위본부장 또는 지역군사령관의 지휘·통제 하에 통합방위작전을 수행하여야 할 사태를 말한다.

① ㉠ − 갑종사태, ㉡ − 을종사태　　　② ㉠ − 병종사태, ㉡ − 갑종사태
③ ㉠ − 을종사태, ㉡ − 갑종사태　　　④ ㉠ − 갑종사태, ㉡ − 병종사태

해설 ㉠ 병종사태, ㉡ 갑종사태에 대한 설명이다. 【통합방위사태의 유형과 선포절차】 참조

06 「통합방위법」에 관한 다음 설명 중 가장 적절하지 않은 것은? (2014년 제2차 − 현행법 반영 수정)

① '갑종사태'란 일정한 조직체계를 갖춘 적의 대규모 병력 침투 또는 대량살상무기 공격 등의 도발로 발생한 비상사태로서 통합방위본부장 또는 지역군사령관의 지휘·통제 하에 통합방위작전을 수행하여야 할 사태를 말한다.
② '국가중요시설'이란 공공기관, 공항·항만, 주요 산업시설 등 적에 의하여 점령 또는 파괴되거나 기능이 마비될 경우 국가안보와 국민생활에 심각한 영향을 주게 되는 시설을 말한다.
③ 국가중요시설은 국방부장관이 관계행정기관의 장 및 국가정보원장과 협의하여 지정한다.
④ 시·도경찰청장, 지역군사령관 또는 함대사령관은 둘 이상의 시·도에 걸쳐 병종사태에 해당하는 상황이 발생하였을 때 즉시 국방부장관에게 통합방위사태의 선포를 건의하여야 한다.

해설 ① 「**통합방위법**」 **제2조 제6호**, ② **제2조 제13호**, ③ **제21조 제4항**

④ 「**통합방위법**」 **제12조 제2항 제2호** "제1항의 사태에 해당하는 상황이 발생하면 다음 각 호의 구분에 따라 해당하는 사람은 즉시 국무총리를 거쳐 대통령에게 통합방위사태의 선포를 건의하여야 한다. 1. 갑종사태에 해당하는 상황이 발생하였을 때 또는 둘 이상의 특별시 · 광역시 · 특별자치시 · 도 · 특별자치도(이하 "시 · 도"라 한다)에 걸쳐 을종사태에 해당하는 상황이 발생하였을 때: 국방부장관, 2. 둘 이상의 시 · 도에 걸쳐 병종사태에 해당하는 상황이 발생하였을 때: 행정안전부장관 또는 국방부장관" 시 · 도경찰청장, 지역군사령관 또는 함대사령관은 (주: 제12조 제2항 제2호에 해당하지 않는)을종사태나 병종사태에 해당하는 상황이 발생한 때에는 즉시 시 · 도지사에게 통합방위사태의 선포를 건의하여야 한다(제12조 제4항).

01 통합방위법상 개념의 "정의(제2조)"에 대한 설명으로 옳은 것은?

① "통합방위"란 적의 침투·도발(위협을 제외한다)에 대응하기 위하여 각종 국가방위요소를 통합하고 지휘체계를 일원화하여 국가를 방위하는 것을 말한다.

② 경찰청 및 그 소속기관은 통합방위법상 "국가방위요소"에 해당하지 않는다.

③ "통합방위사태"란 적의 침투·도발이나 그 위협에 대응하여 갑종사태, 을종사태 및 병종사태의 구분에 따라 선포하는 단계별 사태를 말한다.

④ "통합방위작전"이란 통합방위사태가 선포된 지역에서 통합방위본부장, 지역군사령관, 함대사령관 또는 경찰청장이 국가방위요소를 통합하여 지휘·통제하는 방위작전을 말한다.

> **해설** ① 「**통합방위법**」 제2조 제1호 ""통합방위"란 <u>적의 침투·도발이나 그 위협</u>에 대응하기 위하여 각종 국가방위요소를 통합하고 지휘체계를 일원화하여 국가를 방위하는 것을 말한다."
> ② 「**통합방위법**」 제2조 제2호 **나목** ""국가방위요소"란 통합방위작전의 수행에 필요한 다음 각 목의 방위전력(防衛戰力) 또는 그 지원 요소를 말한다. 나. <u>경찰청·해양경찰청 및 그 소속 기관</u>과 「제주특별자치도 설치 및 국제자유도시 조성을 위한 특별법」에 따른 자치경찰기구"
> ③ 「**통합방위법**」 제2조 제3호
> ④ 「**통합방위법**」 제2조 제4호 ""통합방위작전"이란 통합방위사태가 선포된 지역에서 제15조에 따라 통합방위본부장, 지역군사령관, 함대사령관 또는 <u>시·도경찰청장</u>(이하 "작전지휘관"이라 한다)이 국가방위요소를 통합하여 지휘·통제하는 방위작전을 말한다."

02 통합방위법상 개념의 "정의(제2조)"에 대한 설명으로 틀린 것은?

① "갑종사태"란 일정한 조직체계를 갖춘 적의 대규모 병력 침투 또는 대량살상무기 공격 등의 도발로 발생한 비상사태로서 통합방위본부장 또는 지역군사령관의 지휘·통제 하에 통합방위작전을 수행하여야 할 사태를 말한다.

② "을종사태"란 일부 또는 여러 지역에서 적이 침투·도발하여 단기간 내에 치안이 회복되기 어려워 지역군사령관 또는 경찰청장의 지휘·통제 하에 통합방위작전을 수행하여야 할 사태를 말한다.

③ "병종사태"란 적의 침투·도발 위협이 예상되거나 소규모의 적이 침투하였을 때에 시·도경찰청장, 지역군사령관 또는 함대사령관의 지휘·통제 하에 통합방위작전을 수행하여 단기간 내에 치안이 회복될 수 있는 사태를 말한다.

④ "국가중요시설"이란 공공기관, 공항·항만, 주요 산업시설 등 적에 의하여 점령 또는 파괴되거나 기능이 마비될 경우 국가안보와 국민생활에 심각한 영향을 주게 되는 시설을 말한다.

> **해설** ① 「**통합방위법**」 제2조 제6호, ③ 제2조 제8호, ④ 제2조 제13호
> ② 「**통합방위법**」 제2조 제7호 ""을종사태"란 일부 또는 여러 지역에서 적이 침투·도발하여 단기간 내에 치안이 회복되기 어려워 <u>지역군사령관의 지휘·통제</u> 하에 통합방위작전을 수행하여야 할 사태를 말한다."

03 통합방위법에 따른 통합방위기구의 운용에 대한 설명으로 옳은 것은?

① 통합방위법은 통합방위협의회를 중앙 통합방위협의회, 지역 통합방위협의회 및 직장 통합방위협의회로 구분한다.
② 중앙 통합방위협의회는 국무총리 소속으로 그 의장은 행정안전부장관이 된다.
③ 경찰청장은 중앙 통합방위협의회의 위원이 된다.
④ 통합방위본부는 합동참모본부에 두며, 통합방위본부장은 국방부장관이 되고 부본부장은 합동참모의장이 된다.

> **해설** ① 「**통합방위법**」 제4조 내지 제6조
> ② 「**통합방위법**」 제4조 제1항·제2항 "① <u>국무총리 소속으로 중앙 통합방위협의회</u>(이하 "중앙협의회"라 한다)를 둔다. ② <u>중앙협의회의 의장은 국무총리가 되고</u>...(이하 생략)."
> ③ 「**통합방위법**」 제4조 제2항 참조. <u>경찰청장은 중앙 통합방위협의회의 위원이 아니다.</u> 위원은 각 부의 장관과 국무조정실장, 국가보훈처장, 법제처장, 식품의약품안전처장, 국가정보원장 및 통합방위본부장과 그 밖에 대통령령으로 정하는 사람이 된다.
> ④ 「**통합방위법**」 제8조 제1항·제2항 "① <u>합동참모본부에 통합방위본부를 둔다.</u> ② 통합방위본부에는 본부장과 부본부장 1명씩을 두되, 통합방위본부장은 <u>합동참모의장</u>이 되고 부본부장은 <u>합동참모본부 합동작전본부장</u>이 된다."

04 통합방위법에 따른 통합방위기구의 운용에 대한 설명으로 틀린 것은?

① 통합방위법은 지역 통합방위협의회를 특별시·광역시·특별자치시·도·특별자치도 통합방위협의회와 시·군·구 통합방위협의회로 구분한다.
② 특별시장·광역시장·특별자치시장·도지사·특별자치도지사 소속으로 특별시·광역시·특별자치시·도·특별자치도 통합방위협의회를 두고, 그 의장은 시·도경찰청장이 된다.
③ 시장·군수·구청장(자치구의 구청장을 말한다) 소속으로 시·군·구 통합방위협의회를 두고, 그 의장은 시장·군수·구청장이 된다.
④ 직장에는 직장 통합방위협의회를 두고, 그 의장은 직장의 장이 된다.

> **해설** ① 「**통합방위법**」 제5조 제1항·제2항, ③ 제5조 제2항, ④ 제6조 제1항
> ② 「**통합방위법**」 제5조 제1항 "① 특별시장·광역시장·특별자치시장·도지사·특별자치도지사(이하 "시·도지사"라 한다) 소속으로 <u>특별시·광역시·특별자치시·도·특별자치도 통합방위협의회</u>(이하 "시·도 협의회"라 한다)를 두고, 그 <u>의장은 시·도지사가 된다.</u>"

05 통합방위법 및 동법 시행령상의 "경계태세(제11조)"에 대한 설명으로 옳은 것은?

① 대통령령으로 정하는 군부대의 장 및 경찰관서의 장(이하 "발령권자")은 적의 침투·도발이나 그 위협이 예상될 경우 통합방위작전을 준비하기 위하여 경계태세를 발령하여야 한다.
② 서울특별시 외의 지역의 경우 연대장급(해군·공군의 경우에는 독립전대장급을 말한다) 이상의 지휘관과 시·도경찰청장이 경계태세의 발령권자이다.
③ 서울특별시 지역의 경우 대통령이 정하는 군부대의 장이 경계태세의 발령권자이다.
④ 발령권자는 경계태세 상황이 종료되거나 상급 지휘관의 지시가 있는 경우 경계태세를 해제하여야 하고, 통합방위법 제12조에 따라 통합방위사태가 선포된 경우 경계태세는 계속 유지된다.

해설 ① 「**통합방위법**」제11조 제1항 "대통령령으로 정하는 군부대의 장 및 경찰관서의 장(이하 이 조에서 "발령권자" 라 한다)은 적의 침투·도발이나 그 위협이 예상될 경우 통합방위작전을 준비하기 위하여 경계태세를 발령할 수 있다."
② 「**통합방위법 시행령**」제21조 제1항 제1호 "① 법 제11조 제1항에서 "대통령령으로 정하는 군부대의 장 및 경찰관서의 장"이란 다음 각 호의 구분에 따른 사람을 말한다. 1. 서울특별시 외의 지역: 가. 연대장급(해 군·공군의 경우에는 독립전대장급을 말한다) 이상의 지휘관, 나. 경찰서장급 이상의 지휘관 2. 서울특별시 지역: 대통령이 정하는 군부대의 장"
③ 「**통합방위법 시행령**」제21조 제1항 제2호
④ 「**통합방위법**」제11조 제3항 "발령권자는 경계태세 상황이 종료되거나 상급 지휘관의 지시가 있는 경우 경계 태세를 해제하여야 하고, 제12조에 따라 통합방위사태가 선포된 때에는 경계태세는 해제된 것으로 본다."

06 통합방위법에 따른 통합방위사태의 종류 및 그 선포 절차에 대한 아래의 설명 가운데 틀린 것은 모두 몇 개인가?

> ㉠ 갑종사태란 일정한 조직체계를 갖춘 적의 대규모 병력 침투 또는 대량살상무기 공격 등의 도발 로 발생한 비상사태로서 통합방위본부장 또는 지역군사령관의 지휘·통제 하에 통합방위작전 을 수행하여야 할 사태를 말한다.
> ㉡ 을종사태란 적의 침투·도발 위협이 예상되거나 소규모의 적이 침투하였을 때에 지역군사령관 의 지휘·통제 하에 통합방위작전을 수행하여야 할 사태를 말한다.
> ㉢ 병종사태란 일부 또는 여러 지역에서 적이 침투·도발하여 단기간 내에 치안이 회복되기 어려 워 시·도경찰청장, 지역군사령관 또는 함대사령관의 지휘·통제 하에 통합방위작전을 수행하 여야 할 사태를 말한다.
> ㉣ 둘 이상의 특별시·광역시·특별자치시·도·특별자치도에 걸쳐 을종사태·병종사태에 해당하 는 상황이 발생하였을 경우 행정안전부장관 또는 국방부장관은 즉시 국무총리를 거쳐 대통령 에게 통합방위사태의 선포를 건의하여야 한다.
> ㉤ 둘 이상의 특별시·광역시·특별자치시·도·특별자치도에 걸치지 않은 을종사태·병종사태에 해당하는 상황이 발생한 경우 시·도경찰청장, 지역군사령관 또는 함대사령관은 즉시 특별시장· 광역시장·특별자치시장·도지사·특별자치도지사에게 통합방위사태의 선포를 건의하여야 한다.
> ㉥ 국방부장관 또는 행정안전부장관의 건의를 받은 대통령은 국무회의의 심의를 거쳐 통합방위사 태를 선포할 수 있고, 시·도경찰청장, 지역군사령관 또는 함대사령관의 건의를 받은 특별시장· 광역시장·특별자치시장·도지사·특별자치도지사는 특별시·광역시·특별자치시·도·특별자 치도 통합방위협의회의 심의를 거쳐 을종사태 또는 병종사태를 선포할 수 있다.

① 1개 ② 2개 ③ 3개 ④ 4개

해설 「**통합방위법**」제2조 제6호 내지 제8호 및 제12조: ㉠ ㉤이 옳은 설명이다.
㉡ **제2조 제7호**: 을종사태란 일부 또는 여러 지역에서 적이 침투·도발하여 단기간 내에 치안이 회복되기 어려 워 지역군사령관의 지휘·통제 하에 통합방위작전을 수행하여야 할 사태를 말한다.
㉢ **제2조 제8호**: 병종사태란 적의 침투·도발 위협이 예상되거나 소규모의 적이 침투하였을 때에 시·도경찰청 장, 지역군사령관 또는 함대사령관의 지휘·통제 하에 통합방위작전을 수행하여 단기간 내에 치안이 회복될 수 있는 사태를 말한다. ㉡과 ㉢ 지문에서 을종사태와 병종사태의 내용이 바뀌어 설명되어 있다.
㉣ **제12조 제2항 제1호·제2호**: 둘 이상의 시·도에 걸쳐 을종사태에 해당하는 상황이 발생하였을 경우에는 국방부장관만이 건의하고, 행정안전부장관은 건의할 수 없다. 행정안전부장관은 둘 이상의 시·도에 걸쳐 병 종사태에 해당하는 상황이 발생하였을 경우에 건의할 수 있다.
㉥ **제12조 제3항·제5항**: 건의를 받은 대통령은 중앙협의회와 국무회의 심의를 거쳐 선포할 수 있다.

07 통합방위법에 따른 "통합방위사태의 선포(제12조)"에 대한 설명으로 틀린 것은?

① 통합방위사태는 갑종사태, 을종사태 또는 병종사태로 구분하여 선포한다.
② 갑종사태의 선포권자는 대통령, 을종사태·병종사태의 선포권자는 상황의 지역적 규모에 따라 대통령 또는 특별시장·광역시장·특별자치시장·도지사·특별자치도지사(이하 "시·도지사")이다.
③ 시·도지사가 을종사태·병종사태를 선포한 때에는 지체 없이 국무총리를 거쳐 대통령에게 그 사실을 보고하여야 한다.
④ 시·도지사가 통합방위사태를 선포한 지역에 대하여 대통령이 통합방위사태를 선포한 때에는 그 때부터 시·도지사가 선포한 통합방위사태는 효력을 상실한다.

> **해설** ① 「통합방위법」 제12조 제1항, ② 제12조 제2항·제3항·제5항, ④ 제12조 제8항
> ③ 「통합방위법」 제12조 제6항 "시·도지사는 제5항에 따라 을종사태 또는 병종사태를 선포한 때에는 지체 없이 행정안전부장관 및 국방부장관과 국무총리를 거쳐 대통령에게 그 사실을 보고하여야 한다."

08 통합방위법상의 "통합방위작전(제15조)"에 대한 설명으로 옳은 것은?

① 통합방위작전의 관할구역은 지상 관할구역의 경우 특수경비지역, 특정경비지역, 군관할지역 및 경찰관할지역으로 구분된다.
② 통합방위사태가 선포되어 시·도경찰청장이 통합방위작전을 신속히 수행하여야 하는 경우는 병종사태가 선포된 경우에 한한다.
③ 시·도경찰청장이 통합방위작전을 신속하게 수행하여야 하는 지역은 특정경비지역과 경찰관할지역이다.
④ 통합방위작전의 임무를 수행하는 사람은 그 작전지역에서 대통령령으로 정하는 바에 따라 임무 수행에 필요한 검문을 하여야 한다.

> **해설** ① 「통합방위법」 제15조 제1항 제1호 "통합방위작전의 관할구역은 다음 각 호와 같이 구분한다. 1. 지상 관할구역: 특정경비지역, 군관할지역 및 경찰관할지역, 2. 해상 관할구역: 특정경비해역 및 일반경비해역, 3. 공중 관할구역: 비행금지공역(空域) 및 일반공역" 특수경비지역의 구분은 없다.
> ② 「통합방위법」 제15조 제2항 본문 제1호 및 단서 "시·도경찰청장, 지역군사령관 또는 함대사령관은 통합방위사태가 선포된 때에는 즉시 다음 각 호의 구분에 따라 통합방위작전(공군작전사령관의 경우에는 통합방위지원작전)을 신속하게 수행하여야 한다. 다만, 을종사태가 선포된 경우에는 지역군사령관이 통합방위작전을 수행하고, 갑종사태가 선포된 경우에는 통합방위본부장 또는 지역군사령관이 통합방위작전을 수행한다. 1. 경찰관할지역: 시·도경찰청장, 2. 특정경비지역 및 군관할지역: 지역군사령관" 본문과 단서의 규정에 따라 시·도경찰청장이 통합방위작전을 수행하는 경우는 병종사태가 선포된 때이다. 옳은 설명이다.
> ③ 「통합방위법」 제15조 제2항 본문 제1호 참조. 시·도경찰청장은 경찰관할지역에서 작전을 수행하고, 특정경비지역은 해당되지 않는다.
> ④ 「통합방위법」 제15조 제5항 "통합방위작전의 임무를 수행하는 사람은 그 작전지역에서 대통령령으로 정하는 바에 따라 임무 수행에 필요한 검문을 할 수 있다."

09 통합방위법에 따른 통합방위작전에 대한 설명으로 틀린 것은?

① 통합방위사태가 선포되거나 경계태세 1급이 발령된 경우 통제구역의 설정, 출입의 금지·제한, 퇴거명령은 특별시장·광역시장·특별자치시장·도지사·특별자치도지사(이하 "시·도지사") 또는 시장·군수·구청장(자치구의 구청장을 말한다)이 할 수 있다.

② 시·도지사 또는 시장·군수·구청장은 통합방위사태가 선포된 때에는 인명·신체에 대한 위해를 방지하기 위하여 즉시 작전지역에 있는 주민이나 체류 중인 사람에게 대피할 것을 명할 수 있다.

③ 시·도경찰청장, 지방해양경찰청장(대통령령으로 정하는 해양경찰서장 포함), 지역군사령관 및 함대사령관은 관할구역 중에서 적의 침투가 예상되는 곳 등에 검문소를 설치·운용할 수 있다.

④ 지방해양경찰청장이 관할구역 중에서 적의 침투가 예상되는 곳 등에 검문소를 설치하는 경우에는 미리 관할 함대사령관의 승인을 얻어야 한다.

해설 ① 「**통합방위법**」 제16조 제1항, ② 제17조 제1항, ③ 제18조 제1항 본문 ① ②와 관련하여 통제구역의 설정, 출입의 금지·제한, 통제구역으로부터의 퇴거명령(제16조), 대피명령(제17조) 등은 시·도경찰청장 또는 지역군사령관 등의 권한이 아님에 유의한다. 아울러 제16조 통제구역의 설정 등은 경계태세 1급이 발령된 경우에도 할 수 있으나, 제17조 대피명령은 통합방위사태가 선포된 경우에 한해 할 수 있음에도 유의한다.

④ 「**통합방위법**」 제18조 제1항 단서 "시·도경찰청장, 지방해양경찰청장(대통령령으로 정하는 해양경찰서장을 포함한다. 이하 같다), 지역군사령관 및 함대사령관은 관할구역 중에서 적의 침투가 예상되는 곳 등에 검문소를 설치·운용할 수 있다. 다만, 지방해양경찰청장이 검문소를 설치하는 경우에는 <u>미리 관할 함대사령관과 협의하여야 한다</u>."

10 통합방위법에 따른 "국가중요시설의 경비·보안 및 방호(제21조)"에 대한 설명으로 옳은 것은?

① 국가중요시설의 관리자(소유자 포함)는 자체방호계획을 수립하기 위하여 필요하면 시·도경찰청장 또는 지역군사령관에게 협조를 요청할 수 있다.

② 경찰청장이나 통합방위본부장 또는 지역군사령관은 통합방위사태에 대비하여 국가중요시설에 대한 방호지원계획을 수립·시행하여야 한다.

③ 국가중요시설의 평시 경비·보안활동에 대한 지도·감독은 경찰청장과 국가정보원장이 수행한다.

④ 국가중요시설은 국가정보원장이 관계 행정기관의 장 및 국방부장관과 협의하여 지정한다.

해설 ① 「**통합방위법**」 제21조 제1항 제2문

② 「**통합방위법**」 제21조 제2항 "<u>시·도경찰청장 또는 지역군사령관</u>은 통합방위사태에 대비하여 국가중요시설에 대한 <u>방호지원계획을 수립·시행하여야 한다</u>."

③ 「**통합방위법**」 제21조 제3항 "국가중요시설의 평시 경비·보안활동에 대한 지도·감독은 <u>관계 행정기관의 장과 국가정보원장</u>이 수행한다."

④ 「**통합방위법**」 제21조 제4항 "국가중요시설은 <u>국방부장관이 관계 행정기관의 장 및 국가정보원장과 협의</u>하여 지정한다."

01 「청원경찰법 및 동법 시행령」상 청원경찰에 대한 설명으로 가장 적절하지 않은 것은?

(2020년 제1차)

① 청원경찰에 대한 징계의 종류는 파면, 해임, 정직, 감봉 및 견책으로 구분한다.
② 청원주는 청원경찰을 신규로 배치하거나 이동배치하였을 때에는 배치지(이동배치의 경우에는 종전의 배치지)를 관할하는 경찰서장에게 그 사실을 통보하여야 한다.
③ 청원경찰(국가기관이나 지방자치단체에 근무하는 청원경찰을 포함한다)의 직무상 불법행위에 대한 배상책임에 관하여는 민법의 규정을 따른다.
④ 청원경찰이 그 배치지의 특수성 등으로 특수복장을 착용할 필요가 있을 때에는 청원주는 시·도 경찰청장의 승인을 받아 특수복장을 착용하게 할 수 있다.

해설　① 「**청원경찰법**」 **제5조의2 제2항**, ② 「**청원경찰법 시행령**」 **제6조 제1항**, ④ 「**청원경찰법 시행령**」 **제14조 제3항**
③ 「**청원경찰법**」 **제10조의2** "청원경찰(국가기관이나 지방자치단체에 근무하는 청원경찰은 제외한다)의 직무상 불법행위에 대한 배상책임에 관하여는 「민법」의 규정을 따른다."

분석

> 청원경찰법은 최근 12년간 독립된 유형의 문제로 5회가 출제되었고, 조문 내용을 정확히 알고 있는지를 확인하는 수준이었으며 청원경찰의 징계 및 임용자격과 관련하여서는 시행령의 내용을 묻는 문제도 출제되었습니다. 특히 청원경찰의 경우 경찰관 직무집행법에 따른 경찰관의 직무를 수행하지만 징계의 경우 경찰공무원과 달리 "정직"이 없다는 점을 유념하기 바랍니다. 기출된 청원경찰법 및 동법 시행령의 조문들 이외에 개념과 관련된 정의 규정(제2조), 쟁의행위의 금지 및 위반시 처벌(제9조의4 및 제11조 – 직권남용의 금지보다 중하게 처벌), 권한의 위임(제10조의3 – 유의: 시행령에 따라 청원경찰을 배치하고 있는 사업장이 하나의 경찰서의 관할구역에 있는 경우에 한하여 시·도경찰청장의 권한을 관할 경찰서장에게 위임) 그리고 의사에 반한 면직(제10조의4)과 관련된 부분을 정확히 숙지하고 있어야 향후 출제 가능성에 대비할 수 있습니다.

02 「청원경찰법 및 동법 시행령」상 청원경찰에 대한 설명으로 가장 적절한 것은?

(2017년 제2차 – 현행법 반영 수정)

① 청원경찰은 청원주와 배치된 기관·시설 또는 사업장 등의 구역을 관할하는 경찰서장의 감독을 받아 그 경비구역만의 경비를 목적으로 필요한 범위에서 「국가경찰과 자치경찰의 조직 및 운영에 관한 법률」에 따른 경찰관의 직무를 수행한다.
② 관할 경찰서장은 청원경찰이 직무상의 의무를 위반하거나 직무를 태만히 한 때에는 징계처분을 하여야 한다.
③ 관할 경찰서장은 매달 1회 이상 청원경찰을 배치한 경비구역에 대하여 복무규율과 근무 상황을 감독하여야 한다.
④ 청원경찰의 임용자격은 19세 이상인 사람이며, 남자의 경우에는 군복무를 마쳤거나 군복무가 면제된 사람으로 한정한다.

해설　① 「**청원경찰법**」 **제3조** "청원경찰은 제4조 제2항에 따라 청원경찰의 배치 결정을 받은 자{이하 "청원주"(請願主)라 한다}와 배치된 기관·시설 또는 사업장 등의 구역을 관할하는 경찰서장의 감독을 받아 그 경비구역만의 경비를 목적으로 필요한 범위에서 「경찰관 직무집행법」에 따른 경찰관의 직무를 수행한다."
② 「청원경찰법 시행령」 제8조 제1항 관할 경찰서장은 청원경찰이 법 제5조의2 제1항 각 호(주: 1. 직무상의 의무를 위반하거나 직무를 태만히 한 때, 2. 품위를 손상하는 행위를 한 때)의 어느 하나에 해당한다고 인정되면 청원주에게 해당 청원경찰에 대하여 징계처분을 하도록 요청할 수 있다. 관할 경찰서장에게는 징계처분 요청권이 있을 뿐이고, 청원경찰에 대한 징계권은 청원경찰법 제5조의2 제1항에 따라 청원주에게 있고, 징계 사유가 있는 경우 대통령령으로 정하는 징계절차를 거쳐 징계를 하여야 한다(유의: 징계할 수 있다X).
③ 「청원경찰법 시행령」 제17조 옳은 설명이다. 무기의 관리 · 취급 사항도 관할 경찰서장의 감독사항이다.
④ 「청원경찰법 시행령」 제3조 "법 제5조 제3항에 따른 청원경찰의 임용자격은 다음 각 호와 같다. 1. 18세 이상인 사람. 다만, 남자의 경우에는 군복무를 마쳤거나 군복무가 면제된 사람으로 한정한다. 2. 행정안전부령으로 정하는 신체조건에 해당하는 사람"

03 「청원경찰법」상 다음 설명 중 틀린 것은 모두 몇 개인가? (2015년 제2차 − 현행법 반영 수정)

> ㉠ 청원경찰은 청원경찰의 배치 결정을 받은 자(이하 청원주)와 배치된 기관 · 시설 또는 사업장 등의 구역을 관할하는 경찰서장의 감독을 받아 그 경비구역만의 경비를 목적으로 필요한 범위에서 「경찰관 직무집행법」에 따른 경찰관의 직무를 수행한다.
> ㉡ 청원경찰에 대한 징계의 종류는 파면, 해임, 강등, 정직, 감봉 및 견책으로 구분한다.
> ㉢ 청원경찰은 청원주가 임용하되, 임용을 할 때에는 미리 시 · 도경찰청장의 승인을 받아야 한다.
> ㉣ 시 · 도경찰청장은 청원경찰이 직무를 수행하기 위하여 필요하다고 인정하면 청원주의 신청을 받아 관할 경찰서장으로 하여금 청원경찰에게 무기를 대여하여 지니게 할 수 있다.

① 0개   ② 1개   ③ 2개   ④ 3개

해설 ㉠ **「청원경찰법」** 제3조, ㉢ 제5조 제1항, ㉣ 제8조 제2항
㉡ **「청원경찰법」** 제5조의2 제2항 "청원경찰에 대한 징계의 종류는 <u>파면, 해임, 정직, 감봉 및 견책으로 구분한다.</u>" 경찰공무원과 달리 징계의 종류로 강등이 없다는 점에 유의한다.

04 다음 보기 중 「청원경찰법」상 청원경찰을 설명한 것으로 틀린 것은 모두 몇 개인가?
(2014년 제1차 − 현행법 반영 수정)

> ㉠ 청원경찰은 청원경찰의 배치 결정을 받은 자(이하 청원주)와 배치된 기관 · 시설 또는 사업장 등의 구역을 관할하는 경찰서장의 감독을 받아 그 경비구역만의 경비를 목적으로 필요한 범위에서 「경찰관 직무집행법」에 따른 경찰관의 직무를 수행한다.
> ㉡ 청원경찰은 청원주가 임용하되, 임용을 할 때에는 미리 시 · 도경찰청장의 승인을 받아야 한다.
> ㉢ 시 · 도경찰청장은 청원경찰이 직무를 수행하기 위하여 필요하다고 인정하면 청원주의 신청을 받아 관할 경찰서장으로 하여금 청원경찰에게 무기를 대여하여 지니게 할 수 있다.
> ㉣ 청원경찰에 대한 징계 종류로는 파면, 해임, 강등, 감봉, 견책이 있다.
> ㉤ 청원경찰이 직무를 수행할 때 직권을 남용하여 국민에게 해를 끼친 경우에는 「청원경찰법」제10조에 의하여 1년 이하의 징역이나 금고에 처한다.

① 0개   ② 1개   ③ 2개   ④ 3개

해설 ㉠ **「청원경찰법」** 제3조, ㉡ 제5조 제1항, ㉢ 제8조 제2항
㉣ **「청원경찰법」** 제5조의2 제2항 "청원경찰에 대한 징계의 종류는 파면, 해임, 정직, 감봉 및 견책으로 구분한다."
㉤ **「청원경찰법」** 제10조 제1항 "청원경찰이 직무를 수행할 때 직권을 남용하여 국민에게 해를 끼친 경우에는 <u>6개월 이하의 징역이나 금고에 처한다.</u>" 청원경찰이 청원경찰법 제9조의4(쟁의행위의 금지)에 위반하여 쟁의

행위를 한 경우 1년 이하의 징역 또는 1천만원 이하의 벌금에 처한다(청원경찰법 제11조).

05 「청원경찰법」에 대한 설명 중 가장 적절하지 않은 것은?　(2013년 제2차 – 현행법 반영 수정)

① 청원경찰은 청원주가 임용하되, 임용할 때에는 미리 경찰서장의 승인을 받아야 한다.

② 청원경찰에 대한 징계의 종류는 파면, 해임, 정직, 감봉 및 견책으로 구분한다.

③ 청원경찰은 청원주와 배치된 기관·시설 또는 사업장 등의 구역을 관할하는 경찰서장의 감독을 받아 그 경비구역만의 경비를 목적으로 필요한 범위에서 「경찰관 직무집행법」에 따른 경찰관의 직무를 수행한다.

④ 시·도경찰청장은 청원경찰의 효율적인 운영을 위하여 청원주를 지도하며 감독상 필요한 명령을 할 수 있다.

해설 ① 「**청원경찰법**」 **제5조 제1항** "청원경찰은 청원주가 임용하되, 임용을 할 때에는 미리 <u>시·도경찰청장의 승인</u>을 받아야 한다."

② 「**청원경찰법**」 **제5조의2**, ③ **제3조**, ④ **제9조의3**

01 청원경찰에 대한 설명으로 틀린 것은?

① 청원경찰은 업무분장상 경비국의 소관업무이고, 경비업은 생활안전국의 소관업무이다.
② 청원경찰법 제2조에 해당하는 기관의 장 또는 시설·사업장 등의 경영자가 청원경찰의 경비를 부담한다.
③ 청원경찰은 청원경찰의 배치 결정을 받은 자와 배치된 기관·시설·사업장 등의 구역을 관할하는 시·도경찰청장의 감독을 받는다.
④ 청원경찰은 당해 경비구역만의 경비를 목적으로 필요한 범위에서 경찰관 직무집행법에 따른 경찰관의 직무를 수행한다.

해설 ① "경찰청과 그 소속기관 직제"상의 업무분장에 대한 옳은 설명이다. ② 「**청원경찰법**」 **제2조**, ④ **제3조**
③ 「**청원경찰법**」 **제3조** "청원경찰은 제4조 제2항에 따라 청원경찰의 배치 결정을 받은 자(이하 "청원주"라 한다)와 배치된 기관·시설 또는 사업장 등의 구역을 관할하는 경찰서장의 감독을 받아 그 경비구역만의 경비를 목적으로 필요한 범위에서 「경찰관 직무집행법」에 따른 경찰관의 직무를 수행한다."

02 청원경찰법에 따른 "청원경찰의 배치(제4조)"에 대한 설명으로 옳은 것은?

① 청원경찰을 배치받으려는 자를 청원주라 한다.
② 청원경찰을 배치받으려는 자는 관할 시·도경찰청장에게 청원경찰 배치를 신청하여야 한다.
③ 시·도경찰청장은 청원경찰의 배치 신청을 받은 때로부터 7일 이내에 그 배치 여부를 결정하여 신청인에게 알려야 한다.
④ 시·도경찰청장은 청원경찰 배치가 필요하다고 인정하는 기관의 장 또는 시설·사업장의 경영자에게 청원경찰을 배치할 것을 요청하여야 한다.

해설 ① 「**청원경찰법**」 **제3조 참조**. 청원경찰의 배치 결정을 받은 자를 "청원주"(請願主)라 한다.
② 「**청원경찰법**」 **제4조 제1항**
③ 「**청원경찰법**」 **제4조 제2항** "시·도경찰청장은 제1항의 청원경찰 배치 신청을 받으면 지체 없이 그 배치 여부를 결정하여 신청인에게 알려야 한다."
④ 「**청원경찰법**」 **제4조 제3항** "시·도경찰청장은 청원경찰 배치가 필요하다고 인정하는 기관의 장 또는 시설·사업장의 경영자에게 청원경찰을 배치할 것을 요청할 수 있다."

03 청원경찰법 및 동법 시행령에 따른 "청원경찰의 임용 등(제5조)"에 대한 설명으로 틀린 것은?

① 청원경찰은 시·도경찰청장이 임용하되, 임용을 할 때에는 미리 청원주와 협의하여야 한다.
② 국가공무원법상 공무원의 결격사유에 해당하는 사람은 청원경찰로 임용될 수 없다.
③ 18세 이상인 사람(남자의 경우에는 군복무를 마쳤거나 면제된 사람으로 한정)으로 행정안전부령이 정하는 신체조건에 해당하는 사람은 청원경찰의 임용자격이 있다.
④ 청원경찰의 복무와 관련하여 국가공무원법상 정치운동 금지의무(제65조)는 준용되지 않는다.

해설 ① 「**청원경찰법**」 **제5조 제1항** "청원경찰은 청원주가 임용하되, 임용을 할 때에는 미리 시·도경찰청장의 승인을 받아야 한다."

② 「**청원경찰법**」 **제5조 제2항**, ③ **제5조 제3항 및 동법 시행령 제3조**, ④ **제5조 제4항** ④의 경우 청원경찰의 복무에 관하여는 「국가공무원법」 제57조(복종의무), 제58조 제1항(직장이탈 금지의무), 제60조(비밀엄수의무) 및 「경찰공무원법」 제24조(거짓보고 금지의무)를 준용한다. 청원경찰법 제9조의4에서 쟁의행위의 금지, 제10조에서 직권남용 금지 등을 규정하고 있다.

04 청원경찰법 시행령상의 "임용방법 등(제4조)"에 대한 설명이다. 아래의 보기에 들어갈 숫자의 연결이 바른 것은?

> - 청원경찰의 배치 결정을 받은 자는 그 배치 결정의 통지를 받은 날부터 (㉠)일 이내에 배치 결정된 인원수의 임용예정자에 대하여 청원경찰 임용승인을 시·도경찰청장에게 신청하여야 한다.
> - 청원경찰의 배치 결정을 받은 자가 청원경찰을 임용하였을 때에는 임용한 날부터 (㉡)일 이내에 그 임용사항을 관할 경찰서장을 거쳐 시·도경찰청장에게 보고하여야 한다.
> - 청원경찰의 배치 결정을 받은 자는 청원경찰이 퇴직하였을 때에는 퇴직한 날부터 (㉢)일 이내에 그 퇴직사항을 관할 경찰서장을 거쳐 시·도경찰청장에게 보고하여야 한다.

① ㉠ - 60   ㉡ - 30   ㉢ - 30 　　② ㉠ - 60   ㉡ - 30   ㉢ - 15
③ ㉠ - 30   ㉡ - 30   ㉢ - 10 　　④ ㉠ - 30   ㉡ - 10   ㉢ - 10

해설　「**청원경찰법 시행령**」 **제4조**: 순서대로 30 - 10 - 10

05 청원경찰법 및 동법 시행령에 따른 "청원경찰의 징계(제5조의2)"에 대한 설명으로 옳은 것은?

① 청원경찰이 직무상의 의무를 위반하거나 직무를 태만히 한 때 또는 품위를 손상하는 행위를 한 때에는 시·도경찰청장은 대통령령으로 정하는 징계절차를 거쳐 징계처분하여야 한다.
② 청원경찰에 대한 징계의 종류는 파면, 해임, 강등, 정직, 감봉 및 견책으로 구분한다.
③ 관할 경찰서장은 청원경찰이 청원경찰법의 징계사유에 해당한다고 인정되면 청원주에게 해당 청원경찰에 대하여 징계처분을 하도록 요청할 수 있다.
④ 청원경찰의 정직(신분은 보유하나 직무에 종사하지 못한다)과 감봉은 1개월 이상 3개월 이하로 하고, 그 기간에 보수의 3분의 1을 줄인다.

해설　① 「**청원경찰법**」 **제5조의2 제1항** "청원주는 청원경찰이 다음 각 호의 어느 하나에 해당하는 때에는 대통령령으로 정하는 징계절차를 거쳐 징계처분을 하여야 한다. 1. 직무상의 의무를 위반하거나 직무를 태만히 한 때, 2. 품위를 손상하는 행위를 한 때" 청원경찰에 대한 징계처분권자는 "청원주"이다.
② 「**청원경찰법**」 **제5조의2 제2항** "청원경찰에 대한 징계의 종류는 파면, 해임, 정직, 감봉 및 견책으로 구분한다." 강등이 있는 경찰공무원과 달리 청원경찰의 경우 징계의 종류로 강등이 없다는 점에 유의한다.
③ 「**청원경찰법 시행령**」 **제8조 제1항**
④ 「**청원경찰법 시행령**」 **제8조 제2항·제3항** "② 법 제5조의2 제2항의 정직(停職)은 1개월 이상 3개월 이하로 하고, 그 기간에 청원경찰의 신분은 보유하나 직무에 종사하지 못하며, 보수의 3분의 2를 줄인다. ③ 법 제5조의2 제2항의 감봉은 1개월 이상 3개월 이하로 하고, 그 기간에 보수의 3분의 1을 줄인다."

06 청원경찰법 및 동법 시행령에 따른 청원경찰의 복무와 감독에 대한 설명으로 틀린 것은?

① 청원경찰은 근무 중 제복착용의무가 있다.
② 시·도경찰청장은 청원경찰이 직무를 수행하기 위하여 필요하다고 인정하면 청원주의 신청을 받아 관할 경찰서장으로 하여금 청원경찰에게 무기를 대여하여 지니게 할 수 있다.
③ 시·도경찰청장의 위임으로 관할 경찰서장은 청원주에 대한 지도·감독상 필요한 명령을 할 수 있고, 사업장이 복수 경찰서의 관할구역에 있는 경우에는 관할 경찰서장을 지정하여 위임한다.
④ 관할 경찰서장은 매달 1회 이상 청원경찰을 배치한 경비구역에 대하여 복무규율과 근무 상황, 무기의 관리 및 취급 사항을 감독하여야 한다.

> **해설** ① 「**청원경찰법**」 제8조 제1항, ② 제8조 제2항, ④ 「**청원경찰법 시행령**」 제17조
> ③ 「**청원경찰법**」 제9조의3 "<u>시·도경찰청장은 청원경찰의 효율적인 운영을 위하여 청원주를 지도하며 감독상</u> <u>필요한 명령을 할 수 있다.</u>" 청원경찰법 제9조의3에 의하면 청원주에 대한 지도, 감독상 필요한 명령은 시·도경찰청장이 할 수 있지만, **청원경찰법 제10조의3(권한의 위임)**은 "이 법에 따른 시·도경찰청장의 권한은 그 일부를 대통령령으로 정하는 바에 따라 <u>관할 경찰서장에게 위임할 수 있다.</u>"고 규정하고 있다. 동법 시행령 제20조 "시·도경찰청장은 법 제10조의3에 따라 다음 각 호의 권한을 관할 경찰서장에게 위임한다. 다만, 청원경찰을 배치하고 있는 <u>사업장이 하나의 경찰서의 관할구역에 있는 경우로 한정한다.</u> 1. 법 제4조 제2항 및 제3항에 따른 청원경찰 배치의 결정 및 요청에 관한 권한. 2. 법 제5조 제1항에 따른 청원경찰의 임용 승인에 관한 권한. 3. 법 제9조의3 제2항에 따른 <u>청원주에 대한 지도 및 감독상 필요한 명령에 관한 권한.</u> 4. 법 제12조에 따른 과태료 부과·징수에 관한 권한" 청원경찰법 및 동법 시행령 규정에 의하면 시·도경찰청장의 (제1호 내지 제4호의) 권한은 관할 경찰서장에게 위임되나, <u>청원경찰을 배치하고 있는 사업장이 하나의 경찰서의 관할구역에 있는 경우에 한정된다.</u>

07 청원경찰법상 청원경찰의 의무와 신분보장에 대한 설명으로 옳은 것은?

① 청원경찰법은 국가공무원법상의 "집단행위 금지의무(제66조)"를 청원경찰의 복무에 대해 준용하지 않으므로 청원경찰은 쟁의행위를 할 수 있다.
② 청원경찰이 직무를 수행할 때 직권을 남용하여 국민에게 해를 끼친 경우에는 6개월 이하의 징역이나 금고에 처하고, 청원경찰 업무에 종사하는 사람은 형법이나 그 밖의 법령에 따른 벌칙을 적용할 때에는 공무원으로 본다.
③ 청원경찰은 형의 선고 또는 징계처분을 받은 경우를 제외하고는 그 의사에 반하여 면직되지 아니한다.
④ 청원경찰의 면직은 청원주의 신청을 받아 시·도경찰청장이 한다.

> **해설** ① 「**청원경찰법**」 제9조의4 "청원경찰은 파업, 태업 또는 그 밖에 업무의 정상적인 운영을 방해하는 <u>일체의 쟁의행위를 하여서는 아니 된다.</u>" 국가공무원법상 집단행위 금지의무를 청원경찰의 복무(제5조 제4항)에 준용하지 않지만, 청원경찰법은 제9조의4에서 "쟁위행위의 금지"를 명문으로 규정하고 있고, 이를 위반한 경우 1년 이하의 징역 또는 1천만원 이하의 벌금에 처한다(제11조).
> ② 「**청원경찰법**」 제10조 제1항·제2항
> ③ 「**청원경찰법**」 제10조의4 제1항 "청원경찰은 형의 선고, 징계처분 또는 <u>신체상·정신상의 이상으로 직무를 감당하지 못할 때를 제외하고는 그 의사(意思)에 반하여 면직(免職)되지 아니한다.</u>"
> ④ 「**청원경찰법**」 제10조의4 제2항 "<u>청원주가 청원경찰을 면직시켰을 때에는 그 사실을 관할 경찰서장을 거쳐 시·도경찰청장에게 보고하여야 한다.</u>" 청원경찰의 면직은 청원주의 권한이다.

08 청원경찰법 시행령에 대한 설명으로 옳은 것은 모두 몇 개인가?

> ㉠ 시 · 도경찰청장은 청원경찰법 제10조의3에 따라 원칙적으로 청원경찰 배치의 결정 및 요청에 관한 권한, 청원경찰의 임용승인에 관한 권한을 위임한다.
> ㉡ 청원주는 청원경찰을 신규로 배치하거나 이동배치하였을 때에는 배치지(이동배치의 경우에는 이동 후의 배치지)를 관할하는 경찰서장을 거쳐 관할 시 · 도경찰청장에게 그 사실을 통보하여야 한다.
> ㉢ 청원주는 청원경찰 배치 결정의 통지를 받았을 때에는 통지를 받은 날부터 1개월 이내에 청원경찰에 대한 징계규정을 제정하여 관할 경찰서장에게 신고하여야 한다.
> ㉣ 청원경찰이 그 배치지의 특수성 등으로 특수복장을 착용할 필요가 있을 때에는 청원주는 관할 경찰서장의 승인을 받아 특수복장을 착용하게 할 수 있다.

① 없음 ② 1개 ③ 2개 ④ 3개

해설 「**청원경찰법 시행령**」: ㉠이 옳은 설명이다.
㉡ **제6조 제1항**: "청원주는 청원경찰을 신규로 배치하거나 이동배치하였을 때에는 배치지(이동배치의 경우에는 <u>종전의 배치지</u>)를 관할하는 <u>경찰서장에게 그 사실을 통보</u>하여야 한다."
㉢ **제8조 제5항 제1문**: "청원주는 청원경찰 배치 결정의 통지를 받았을 때에는 통지를 받은 날부터 <u>15일 이내</u>에 청원경찰에 대한 징계규정을 제정하여 <u>관할 시 · 도경찰청장에게 신고</u>하여야 한다. 징계규정을 변경할 때에도 또한 같다." 아울러 제6항에 따라 "<u>시 · 도경찰청장</u>은 제5항에 따른 징계규정의 보완이 필요하다고 인정할 때에는 청원주에게 그 보완을 요구할 수 있다."
㉣ **제14조 제3항**: "청원경찰이 그 배치지의 특수성 등으로 특수복장을 착용할 필요가 있을 때에는 청원주는 <u>시 · 도경찰청장</u>의 승인을 받아 특수복장을 착용하게 할 수 있다."

경찰 비상업무 규칙

01 「경찰 비상업무 규칙」에 대한 설명으로 가장 적절한 것은? (2018년 제3차)

① "필수요원"이라 함은 전 경찰관 및 일반직공무원 중 경찰기관의 장이 지정한 자로 비상소집시 1시간 이내에 응소하여야 할 자를 말한다.

② "지휘선상 위치근무"라 함은 감독순시·현장근무 및 사무실 대기 등 관할구역 내에 위치하는 것을 말한다.

③ 지휘관과 참모는 을호 비상시 정위치 근무 또는 지휘선상 위치근무를 원칙으로, 병호 비상시 지휘선상 위치근무를 원칙으로 한다.

④ 비상근무를 발령할 경우에는 정황의 특수성을 감안하여 비상근무의 목적이 원활히 달성될 수 있도록 가용병력을 최대한 동원하여야 한다.

해설 ① 「**경찰 비상업무 규칙**」 제2조 제5호

② 「**경찰 비상업무 규칙**」 제2조 제2호 "" "지휘선상 위치 근무"라 함은 <u>비상연락체계를 유지하며 유사시 1시간 이내에</u> 현장지휘 및 현장근무가 가능한 장소에 위치하는 것을 말한다." 지문의 내용은 정위치 근무에 대한 설명이다.

③ 「**경찰 비상업무 규칙**」 제7조 제1항 제2호·제3호 "비상근무 발령권자는 비상상황을 판단하여 다음의 기준에 따라 비상근무를 실시한다. 2. 을호 비상: 가. 비상근무 을호가 발령된 때에는 연가를 중지하고 가용경력 50%까지 동원할 수 있다. 나. <u>지휘관과 참모는 정위치 근무를 원칙으로 한다.</u>, 3. 병호 비상: 가. 비상근무 병호가 발령된 때에는 부득이한 경우를 제외하고는 연가를 억제하고 가용경력 30%까지 동원할 수 있다. 나. <u>지휘관과 참모는 정위치 근무 또는 지휘선상 위치 근무를 원칙으로 한다.</u>" 을호·병호 비상의 근무원칙이 바뀌었다.

④ 「**경찰 비상업무 규칙**」 제5조 제6항 "비상근무를 발령할 경우에는 정황의 특수성을 감안하여 비상근무의 목적이 원활히 달성될 수 있도록 적정한 인원, 계급, 부서를 동원하여 <u>불필요한 동원이 없도록 하여야 한다.</u>"

분석 경찰 비상업무 규칙(경찰청훈령)은 최근 12년간 독립된 유형의 문제로 5회가 출제되었고, 조문의 내용을 확인하는 수준이었습니다. 개념 정의를 규정하고 있는 제2조와 근무요령을 규정하고 있는 제7조가 중요하게 다루어졌고(아래의 표를 숙지하세요), 비상근무의 종류에 대한 제4조, 비상근무의 발령에 대한 제5조 및 지휘본부의 설치에 대한 제17조도 지문으로 출제되었습니다. 기출 조문은 다시 출제될 가능성이 있기 때문에 정확하게 암기할 필요가 있고, 최근 12년간 출제된 적은 없지만 제3조(근무방침), 제6조(해제), 제18조(구성)는 향후 출제 가능하기 때문에 조문의 내용을 숙지하여야 합니다.

【개념 정의 개관】

용어	개념 정의
비상상황	대간첩·테러, 대규모 재난 등의 긴급 상황이 발생하거나 발생할 우려가 있는 경우 또는 다수의 경력을 동원해야 할 치안수요가 발생하여 치안활동을 강화할 필요가 있는 때
지휘선상 위치 근무	비상연락체계를 유지하며 유사시 1시간 이내에 현장지휘 및 현장근무가 가능한 장소에 위치하는 것을 말한다.
정위치 근무	감독순시·현장근무 및 사무실 대기 등 관할구역 내에 위치하는 것을 말한다.
정착근무	사무실 또는 상황과 관련된 현장에 위치하는 것을 말한다.

필수요원	전 경찰관 및 일반직공무원 중 경찰기관의 장이 지정한 자로 비상소집시 1시간 이내에 응소하여야 할 자
일반요원	필수요원을 제외한 경찰관 등으로 비상소집시 2시간 이내에 응소하여야 할 자
가용경력	총원에서 휴가·출장·교육·파견 등을 제외하고 실제 동원될 수 있는 모든 인원
소집관	비상근무발령권자로부터 권한을 위임받아 비상근무발령에 따른 비상소집을 지휘·감독하는 주무참모 또는 상황관리관(상황관리관의 임무를 수행하는 자를 포함한다)
작전준비태세	'경계강화'단계를 발령하기 이전에 별도의 경력동원 없이 경찰작전부대의 출동태세 점검, 지휘관 및 참모의 비상연락망 구축 및 신속한 응소체제를 유지하며, 작전상황반을 운영하는 등 필요한 작전사항을 미리 조치하는 것

【근무요령 정리】

비상의 유형	근무요령
갑호 비상	· 연가를 중지하고 <u>가용경력 100%까지</u> 동원할 수 있다. · 지휘관(지구대장, 파출소장은 지휘관에 준한다)과 참모는 <u>정착 근무를 원칙으로</u> 한다.
을호 비상	· <u>연가를 중지하고 가용경력 50%까지</u> 동원할 수 있다. · 지휘관과 참모는 <u>정위치 근무를</u> 원칙으로 한다.
병호 비상	· 부득이한 경우를 제외하고는 <u>연가를 억제하고 가용경력 30%까지</u> 동원할 수 있다. · 지휘관과 참모는 <u>정위치 근무 또는 지휘선상 위치 근무를</u> 원칙으로 한다.
경계 강화	· <u>별도의 경력동원 없이</u> 특정분야의 근무를 강화한다. · 전 경찰관은 <u>비상연락체계를 유지하고</u> 경찰작전부대는 상황발생시 즉각 출동이 가능하도록 <u>출동대기태세를 유지한다.</u> · 지휘관과 참모는 지휘선상 위치 근무를 원칙으로 한다.
작전준비 태세	· <u>별도의 경력동원 없이</u> 경찰관서 지휘관 및 참모의 비상연락망을 구축하고 신속한 응소체제를 유지한다. · 경찰작전부대는 상황발생시 즉각 출동이 가능하도록 <u>출동태세 점검을 실시한다.</u> · 유관기관과의 긴밀한 <u>연락체계를 유지하고, 필요시 작전상황반을 유지한다.</u>

비상등급별로 <u>연가를 중지 또는 억제하되 경조사 휴가, 공가, 병가, 출산휴가 등 특별한 사유가 있는 경우에는 그러하지 아니하다.</u>

02 「경찰 비상업무규칙」상 용어의 정의로 가장 적절하지 않은 것은?　　　　　　(2018년 제2차)

① "가용경력"이라 함은 총원에서 휴가·출장·교육·파견 등을 제외하고 실제 동원될 수 있는 모든 인원을 말한다.

② "정위치 근무"라 함은 감독순시·현장근무 및 사무실 대기 등 관할구역 내에 위치하는 것을 말한다.

③ "정착근무"라 함은 사무실 또는 상황과 관련된 현장에 위치하는 것을 말한다.

④ "작전준비태세"라 함은 '경계강화'단계를 발령하기 이전에 별도의 경력을 동원하여 경찰작전부대의 출동태세 점검, 지휘관 및 참모의 비상연락망 구축 및 신속한 응소체제를 유지하며, 작전상황반을 운영하는 등 필요한 작전사항을 미리 조치하는 것을 말한다.

해설 ① 「**경찰 비상업무 규칙**」 제2조 제7호, ② 제2조 제3호, ③ 제2조 제4호
④ 「**경찰 비상업무 규칙**」 제2조 제9호 ""작전준비태세"라 함은 '경계강화'단계를 발령하기 이전에 <u>별도의 경력 동원 없이</u> 경찰작전부대의 출동태세 점검, 지휘관 및 참모의 비상연락망 구축 및 신속한 응소체제를 유지하며, 작전상황반을 운영하는 등 필요한 작전사항을 미리 조치하는 것을 말한다."

03 「경찰 비상업무 규칙」에 대한 설명으로 가장 적절하지 않은 것은?　　　　　　(2021년 제1차)

① 필수요원이라 함은 전 경찰관 및 일반직공무원(이하 "경찰관 등"이라 한다) 중 경찰기관의 장이 지정한 자로 비상소집시 1시간 이내에 응소하여야 할 자를 말하며, 일반요원이라 함은 필수요원을 제외한 경찰관 등으로 비상소집시 2시간 이내에 응소하여야 할 자를 말한다.

② 비상근무는 경비 소관의 경비, 작전비상, 안보 소관의 안보비상, 수사 소관의 수사비상, 교통 소관의 교통비상, 생활안전 소관의 생활안전비상, 치안상황 소관의 재난비상으로 구분하여 발령한다.

③ 비상근무 갑호가 발령된 때에는 연가를 중지하고 가용경력 100%까지 동원할 수 있고, 비상근무 을호가 발령된 때에는 연가를 중지하고 가용경력 50%까지 동원할 수 있으며, 비상근무 병호가 발령된 때에는 부득이한 경우를 제외하고는 연가를 억제하고 가용경력 30%까지 동원할 수 있다.

④ 작전준비태세가 발령된 때에는 별도의 경력동원 없이 경찰관서 지휘관 및 참모의 비상연락망을 구축하고 신속한 응소체제를 유지하며, 경찰작전부대는 상황발생 시 즉각 출동이 가능하도록 출동태세 점검을 실시하는 등의 비상근무를 한다.

해설 ① 「**경찰 비상업무 규칙**」 제2조 제5호·제6호, ③ 제7조 제1항 제1호 내지 제3호, ④ 제7조 제1항 제5호
② 「**경찰 비상업무 규칙**」 제4조 제1항 "① 비상근무는 그 상황의 유형에 따라 다음과 같이 구분하여 발령한다. 1. 경비 소관: 경비, 작전비상, 2. 안보 소관: 안보비상, 3. 수사 소관: 수사비상, 4. 교통 소관: 교통비상, 5. 치안상황 소관: 재난비상" <u>생활안전 소관은 규정하고 있지 않다.</u>

04 경찰비상 근무요령에 관한 설명 중 틀린 것은?　　　　　　(2009년 제1차)

① 甲호비상 – 지휘관과 참모는 정착 근무를 원칙으로 한다.
② 乙호비상 – 지휘관과 참모는 정위치 근무를 원칙으로 한다.
③ 丙호비상 – 지휘관과 참모는 정위치 근무를 원칙으로 하며, 가용경력 50%까지 동원할 수 있다.
④ 경계강화 – 경찰작전부대는 상황발생시 즉각 출동할 수 있도록 출동대기태세를 유지한다.

해설 ① 「**경찰 비상업무 규칙**」 제7조 제1항 제1호, ② 제7조 제1항 제2호, ④ 제7조 제1항 제4호
③ 「**경찰 비상업무 규칙**」 제7조 제1항 제3호 "비상근무 발령권자는 비상상황을 판단하여 다음의 기준에 따라 비상근무를 실시한다. 3. 병호 비상: 가. 비상근무 병호가 발령된 때에는 부득이한 경우를 제외하고는 연가를 억제하고 <u>가용경력 30%까지</u> 동원할 수 있다. 나. 지휘관과 참모는 <u>정위치 근무 또는 지휘선상 위치 근무</u>를 원칙으로 한다."

05 「경찰 비상업무 규칙」에 대한 설명 중 옳은 것은 모두 몇 개인가? (2013년 제2차 – 현행법 반영 수정)

> ㉠ '비상상황'이라 함은 대간첩·테러, 대규모 재난 등의 긴급 상황이 발생하거나 발생할 우려가 있는 경우 또는 다수의 경력을 동원해야 할 치안수요가 발생하여 치안활동을 강화할 필요가 있는 때를 말한다.
> ㉡ '지휘선상 위치 근무'라 함은 비상연락체제를 유지하며 유사시 2시간 이내에 현장지휘 및 현장근무가 가능한 장소에 위치하는 것을 말한다.
> ㉢ '정위치 근무'라 함은 감독순시·현장근무 및 사무실 대기 등 관할구역 내에 위치하는 것을 말한다.
> ㉣ 갑호비상이 발령된 때에는 지휘관(지구대장, 파출소장은 지휘관에 준한다)과 참모는 정착근무를 원칙으로 한다.
> ㉤ 을호비상이 발령된 때에는 연가를 중지하고 가용경력 75%까지 동원할 수 있다.
> ㉥ 경찰지휘본부는 당해 지휘본부장이 필요하다고 인정할 때에 설치하며 경찰청 및 시·도경찰청은 치안상황실에 설치함을 원칙으로 한다.

① 3개　　　　② 4개　　　　③ 5개　　　　④ 6개

해설 ㉠ 「**경찰 비상업무 규칙**」 **제2조 제1호**, ㉢ **제2조 제3호**, ㉣ **제7조 제1항 제1호**, ㉥ **제17조 제2항**
　　　㉡ 「**경찰 비상업무 규칙**」 **제2조 제2호** ""지휘선상 위치 근무"라 함은 비상연락체계를 유지하며 유사시 1시간 이내에 현장지휘 및 현장근무가 가능한 장소에 위치하는 것을 말한다."
　　　㉤ 「**경찰 비상업무 규칙**」 **제7조 제1항 제2호** "2. 을호 비상: 가. 비상근무 을호가 발령된 때에는 연가를 중지하고 가용경력 50%까지 동원할 수 있다. 나. 지휘관과 참모는 정위치 근무를 원칙으로 한다."

01 경찰 비상업무 규칙상 개념의 "정의(제2조)"에 대한 설명으로 틀린 것은?

① "비상상황"이라 함은 대간첩·테러, 대규모 재난 등의 긴급 상황이 발생하거나 발생할 우려가 있는 경우 또는 다수의 경력을 동원해야 할 치안수요가 발생하여 치안활동을 강화할 필요가 있는 때를 말한다.
② "지휘선상 위치 근무"라 함은 비상연락체계를 유지하며 유사시 1시간 이내에 현장지휘 및 현장근무가 가능한 장소에 위치하는 것을 말한다.
③ "정위치 근무"라 함은 사무실 또는 상황과 관련된 현장에 위치하는 것을 말한다.
④ "일반요원"이라 함은 필수요원을 제외한 경찰관 및 일반직공무원으로 비상소집시 2시간 이내에 응소하여야 할 자를 말한다.

> **해설** ① 「경찰 비상업무 규칙」 제2조 제1호, ② 제2조 제2호, ④ 제2조 제6호
> ③ 「경찰 비상업무 규칙」 제2조 제3호 ""정위치 근무"라 함은 감독순시·현장근무 및 사무실 대기 등 관할구역 내에 위치하는 것을 말한다." 사무실이나 상황과 관련된 현장에 위치하는 것은 "정착근무"이다(제4호). 지휘선상 위치 근무, 정위치 근무, 정착근무의 개념 차이를 정확히 기억하고 혼동하지 않도록 유의한다.

02 경찰 비상업무 규칙상 개념의 "정의(제2조)"에 대한 설명으로 옳은 것은?

① "소집관"이라 함은 비상근무발령권자로부터 권한을 위임받아 비상근무발령에 따른 비상소집을 지휘·감독하는 주무 참모 또는 상황관리관(상황관리관의 임무를 수행하는 자 포함)을 말한다.
② "가용경력"이라 함은 총원에서 휴가·출장·교육·파견 등을 제외한 모든 인원을 말한다.
③ "작전준비태세"라 함은 '경계강화'단계를 발령하기 이전에 별도의 경력을 동원하여 경찰작전부대의 출동태세 점검, 지휘관 및 참모의 비상연락망 구축 및 신속한 응소체제를 유지하며, 작전상황반을 운영하는 등 필요한 작전사항을 미리 조치하는 것을 말한다.
④ "필수요원"이라 함은 전 경찰관 중 경찰기관의 장이 지정한 자로 비상소집시 1시간 이내에 응소하여야 할 자를 말한다.

> **해설** ① 「경찰 비상업무 규칙」 제2조 제8호
> ② 「경찰 비상업무 규칙」 제2조 제7호 ""가용경력"이라 함은 총원에서 휴가·출장·교육·파견 등을 제외하고 실제 동원될 수 있는 모든 인원을 말한다."
> ③ 「경찰 비상업무 규칙」 제2조 제9호 ""작전준비태세"라 함은 '경계강화'단계를 발령하기 이전에 별도의 경력 동원 없이 경찰작전부대의 출동태세 점검, 지휘관 및 참모의 비상연락망 구축 및 신속한 응소체제를 유지하며, 작전상황반을 운영하는 등 필요한 작전사항을 미리 조치하는 것을 말한다."
> ④ 「경찰 비상업무 규칙」 제2조 제5호 ""필수요원"이라 함은 전 경찰관 및 일반직공무원(이하 "경찰관 등"이라 한다) 중 경찰기관의 장이 지정한 자로 비상소집시 1시간 이내에 응소하여야 할 자를 말한다."

03 경찰 비상업무 규칙에 따른 "근무방침(제3조) 및 비상근무의 종류 · 등급(제4조)"에 대한 설명으로 틀린 것은?

① 비상근무 대상은 경비 · 작전 · 안보 · 수사 · 생활안전 · 교통 또는 재난관리 업무와 관련한 비상상황에 국한하되, 두 종류 이상의 비상상황이 동시에 발생한 경우에는 경비비상으로 통합 · 실시한다.

② 비상근무의 적용지역은 전국 또는 일정지역(시 · 도경찰청 또는 경찰서 관할)으로 구분하되, 2개 이상의 지역에 관련되는 상황은 바로 위의 상급 기관에서 주관하여 실시한다.

③ 비상근무는 경비 소관의 경우 경비 · 작전비상, 안보 소관의 경우 안보비상, 수사 소관의 경우 수사비상, 교통 소관의 경우 교통비상, 치안상황 소관의 경우 재난비상으로 구분하여 발령한다.

④ 기능별 상황의 긴급성 및 중요도에 따라 비상등급을 갑호 비상, 을호 비상, 병호 비상, 경계강화 및 작전준비태세(작전비상시 적용)로 구분하여 실시한다.

> **해설** ①「**경찰 비상업무 규칙**」제3조 제2항 "비상근무 대상은 <u>경비 · 작전 · 안보 · 수사 · 교통 또는 재난관리</u> 업무와 관련한 비상상황에 국한한다. 다만, <u>두 종류 이상의 비상상황이</u> 동시에 발생한 경우에는 긴급성 또는 중요도가 상대적으로 더 큰 비상상황(이하 "<u>주된 비상상황</u>"이라 한다)의 <u>비상근무로 통합 · 실시한다.</u>" 생활안전은 비상근무의 대상이 아니고, 제2항은 21. 5. 18. 개정 · 시행된 부분으로 기존과 혼동하지 않도록 유의한다.
> ②「**경찰 비상업무 규칙**」제3조 제3항, ③ 제4조 제1항, ④ 제4조 제2항

04 경찰 비상업무 규칙상 "비상근무의 종류에 따른 등급별 정황(별표 1)"에 대한 설명으로 옳은 것은?

① 비상근무는 경비비상 · 작전비상 · 안보비상의 경우 갑호 · 을호 · 병호로 등급을 구분하고, 수사비상 · 교통비상 · 재난비상은 갑호 · 을호로 등급을 구분한다.

② 대규모 집단사태 · 테러 등의 발생으로 치안질서가 혼란하게 되었거나 그 징후가 예견되는 경우는 경비비상 갑호의 정황에 해당한다.

③ 집단사태 · 테러 등의 발생으로 치안질서의 혼란이 예견되는 경우 경비비상 을호의 정황에 해당한다.

④ 국제행사 · 기념일 등을 전후하여 치안수요가 증가하여 가용경력의 30%를 동원할 필요가 있는 경우는 경비비상 병호의 정황에 해당한다.

> **해설** ①「**경찰 비상업무 규칙**」제4조 제3항 별표 1에 따른 틀린 설명이다. <u>경비비상 · 작전비상 · 재난비상의 경우 갑 · 을 · 병호로, 안보비상 · 수사비상 · 교통비상은 갑 · 을호로</u> 등급을 구분한다. 정보비상은 개정으로 안보비상으로 명칭이 변경되었고, 재난비상이 신설되었다는 점에 유의한다. 아울러 <u>경계강화는 기능 공통</u>이다.
> ②③④「**경찰 비상업무 규칙**」제4조 제3항 별표 1【**경비비상의 종류별 정황**】정황별 차이점에 유의한다.

갑호	1. <u>계엄</u>이 선포되기 전의 치안상태 2. <u>대규모</u> 집단사태 · 테러 등의 발생으로 치안질서가 <u>극도로 혼란하게</u> 되었거나 그 징후가 <u>현저한</u> 경우 3. <u>국제행사 · 기념일</u> 등을 전후하여 치안수요의 <u>급증</u>으로 가용경력을 <u>100%</u> 동원할 필요가 있는 경우
을호	1. <u>대규모</u> 집단사태 · 테러 등의 발생으로 치안질서가 <u>혼란하게</u> 되었거나 그 징후가 예견되는 경우 2. <u>국제행사 · 기념일</u> 등을 전후하여 치안수요가 <u>증가</u>하여 가용경력의 <u>50%</u>를 동원할 필요가 있는 경우

| 병호 | 1. 집단사태·테러 등의 발생으로 치안질서의 <u>혼란이 예견</u>되는 경우
2. <u>국제행사·기념일</u> 등을 전후하여 치안수요가 <u>증가</u>하여 가용경력의 <u>30%를</u> 동원할 필요가 있는 경우 |

05 경찰 비상업무 규칙상 "비상근무의 종류에 따른 등급별 정황(별표 1)"에 대한 설명으로 틀린 것은?

① 국제행사·기념일 등을 전후하여 치안수요의 급증으로 가용경력을 100% 동원할 필요가 있는 경우는 경비비상 갑호의 정황에 해당한다.

② 국제행사·기념일 등을 전후하여 치안수요가 증가하여 가용경력의 50%를 동원할 필요가 있는 경우는 경비비상 을호의 정황에 해당한다.

③ "병호"비상보다는 낮은 단계로 별도의 경력동원 없이 평상시보다 치안활동을 강화할 필요가 있을 때는 경계강화의 정황에 해당하고, 경계강화는 작전비상시만 적용되는 등급이다.

④ "경계강화"를 발령하기 이전에 별도의 경력동원 없이 필요한 작전사항을 미리 조치할 필요가 있을 때는 작전준비태세의 정황에 해당하고, 작전비상시에 적용한다.

해설 ① ② ④ 「**경찰 비상업무 규칙**」 **제4조 제3항 별표 1**에 따른 옳은 설명이다.
③ 「**경찰 비상업무 규칙**」 **제4조 제3항 별표 1 참조**. 경비·작전·안보·수사·교통·재난비상에 공통되는 등급이다.

06 경찰 비상업무 규칙상의 재난비상에 대한 설명으로 옳은 것은?

① 재난비상은 경비 소관으로 발령한다.

② 재난비상은 갑호비상·을호비상·병호비상·경계강화로 구분하여 실시한다.

③ 대규모 재난의 발생으로 치안질서가 혼란하게 되었거나 그 징후가 예견되는 경우는 재난비상 갑호의 정황이다.

④ 재난의 발생으로 치안질서의 혼란이 예상되는 경우는 재난비상 을호의 정황이다.

해설 ① 「**경찰 비상업무 규칙**」 **제4조 제1항 제5호** "치안상황 소관: 재난비상"
② 「**경찰 비상업무 규칙**」 **제4조 제2항**
③ ④ 「**경찰 비상업무 규칙**」 **제4조 제3항 별표 1 참조**. ③은 재난비상 을호의 정황, ④는 병호의 정황이다. 재난비상 갑호의 정황은 "대규모 재난의 발생으로 <u>치안질서가 극도로 혼란</u>하게 되었거나 그 <u>징후가 현저한 경우</u>"이다.

07 경찰 비상업무 규칙에 따른 비상근무의 "발령(제5조)"에 대한 설명으로 옳은 것은?

① 전국 또는 2개 이상 시·도경찰청·경찰서 관할지역의 경우 비상근무의 발령권자는 경찰청장이다.

② 비상근무 발령권자인 시·도경찰청장·경찰서장은 원칙적으로 비상구분, 실시목적, 기간 및 범위, 경력 및 장비동원사항 등을 바로 위의 상급 기관의 장에게 보고하여 사전에 승인을 얻어야 한다.

③ 긴급을 요하는 경우 비상근무 발령권자인 시·경찰청장·경찰서장은 비상근무를 발령한 후 사후에 승인을 얻을 수 있고, 경계강화·작전준비태세를 발령한 경우에도 또한 같다.

④ 비상근무를 발령할 경우에는 정황의 특수성을 감안하여 최대한의 인원·부서 등을 동원하여야 하고, 자치경찰사무와 관련이 있는 비상근무의 발령에는 자치경찰위원회의 승인을 얻어야 한다.

해설 ① 「**경찰 비상업무 규칙**」 제5조 제1항 "① 비상근무의 발령권자는 다음과 같다. 1. 전국 또는 2개 이상 시·도 경찰청 관할지역: 경찰청장. 2. 시·도경찰청 또는 2개 이상 경찰서 관할지역: 시·도경찰청장. 3. 단일 경찰서 관할지역: 경찰서장" 2개 이상 경찰서 관할지역의 경우 시·도경찰청장이 비상근무의 발령권자이다.

② 「**경찰 비상업무 규칙**」 제5조 제3항 본문

③ 「**경찰 비상업무 규칙**」 제5조 제3항 단서 및 제5항 "제3항의 규정에도 불구하고 '경계강화, 작전준비태세'를 발령한 경우에는 승인을 요하지 아니한다."

④ 「**경찰 비상업무 규칙**」 제5조 제4항·제6항 "④ 자치경찰사무와 관련이 있는 비상근무가 발령된 경우에는 해당 시·도경찰청장은 자치경찰위원회에 그 발령사실을 통보한다. ⑥ 비상근무를 발령할 경우에는 정황의 특수성을 감안하여 비상근무의 목적이 원활히 달성될 수 있도록 적정한 인원, 계급, 부서를 동원하여 불필요한 동원이 없도록 하여야 한다."

---

08 경찰 비상업무 규칙에 따른 비상근무의 "해제(제6조)"에 대한 설명으로 틀린 것은?

① 비상근무의 발령권자는 비상상황이 종료되는 경우에는 비상근무를 해제할 수 있다.
② 비상근무 해제시 발령권자인 시·도경찰청장·경찰서장은 6시간 이내에 해제일시, 사유 및 비상근무결과 등을 바로 위의 상급 기관의 장에게 보고한다.
③ 비상근무를 발령한 경우 바로 위의 상급 기관의 장은 비상근무의 적정성을 판단하여 비상근무의 해제를 지시할 수 있다.
④ 바로 위의 상급 기관의 장으로부터 비상근무의 해제를 지시받은 비상근무발령권자는 즉시 비상근무를 해제하여야 한다.

해설 ① 「**경찰 비상업무 규칙**」 제6조 제1항 전단 "비상근무의 발령권자는 비상상황이 종료되는 즉시 비상근무를 해제하고, 비상근무 해제시 제5조 제1항 제2호·제3호의 발령권자는 6시간 이내에 해제일시, 사유 및 비상근무결과 등을 바로 위의 상급 기관의 장에게 보고한다."

② 「**경찰 비상업무 규칙**」 제6조 제1항 후단, ③ ④ 제6조 제2항

---

09 경찰 비상업무 규칙에 따른 비상근무 발령시의 "근무요령(제7조)"에 대한 설명으로 옳은 것은?

① 비상근무 갑호가 발령된 때에는 연가를 중지하고 가용경력 100%를 동원한다.
② 비상근무 을호가 발령된 때에는 연가를 억제하고 가용경력 50%까지 동원할 수 있다.
③ 비상근무 병호가 발령된 때에는 부득이한 경우를 제외하고는 연가를 억제하고 가용경력 30% 까지 동원할 수 있다.
④ 경계강화가 발령된 때에는 필요한 경우 별도의 경력을 동원하여 특정분야의 근무를 강화한다.

해설 ① 「**경찰 비상업무 규칙**」 제7조 제1항 제1호 가목 "비상근무 갑호가 발령된 때에는 연가를 중지하고 가용경력 100%까지 동원할 수 있다."

② 「**경찰 비상업무 규칙**」 제7조 제1항 제2호 가목 "비상근무 을호가 발령된 때에는 연가를 중지하고 가용경력 50%까지 동원할 수 있다."

③ 「**경찰 비상업무 규칙**」 제7조 제1항 제3호 가목

④ 「**경찰 비상업무 규칙**」 제7조 제1항 제4호 가목 "별도의 경력동원 없이 특정분야의 근무를 강화한다."

10 경찰 비상업무 규칙에 따른 비상근무 발령시의 "근무요령(제7조)"에 대한 설명으로 틀린 것은?

① 비상근무 갑호가 발령된 경우 지휘관(지구대장·파출소장은 지휘관에 준한다. 이하 같음)과 참모는 정착 근무를 원칙으로 한다.
② 비상근무 을호가 발령된 경우 지휘관과 참모는 정위치 근무 또는 지휘선상 위치 근무를 원칙으로 한다.
③ 경계강화가 발령된 경우 지휘관과 참모는 지휘선상 위치 근무를 원칙으로 하고, 경찰관 등은 비상연락체계를 유지하며 경찰작전부대는 출동대기태세를 유지한다.
④ 작전준비태세가 발령된 경우 경찰관서 지휘관 및 참모의 비상연락망을 구축하고 신속한 응소체제를 유지하며, 경찰작전부대는 출동태세 점검을 실시한다.

해설 ① 「**경찰 비상업무 규칙**」 제7조 제1항 제1호 나목, ③ 제7조 제1항 제4호 나목·다목, ④ 제7조 제1항 제5호 가목·나목
② 「**경찰 비상업무 규칙**」 제7조 제1항 제2호 나목 "지휘관과 참모는 <u>정위치 근무</u>를 원칙으로 한다." 정위치 근무 또는 지휘선상 위치 근무는 비상근무 병호가 발령된 경우이다(제3호 나목 참조).

11 경찰 비상업무 규칙에 대한 설명으로 옳은 것은 모두 몇 개인가?

㉠ "필수요원"이라 함은 전 경찰관 및 일반직공무원 중 경찰기관의 장이 지정한 자로 비상소집시 2시간 이내에 응소하여야 할 자를 말한다.
㉡ "작전준비태세"라 함은 '경계강화'단계를 발령하기 이전에 별도의 경력동원 없이 경찰작전부대의 출동태세 점검, 지휘관 및 참모의 비상연락망 구축 및 신속한 응소체제를 유지하며, 작전상황반을 운영하는 등 필요한 작전사항을 미리 조치하는 것을 말한다.
㉢ 계엄이 선포되기 전의 치안상태는 경비비상으로 비상근무 을호의 정황에 해당한다.
㉣ 비상근무는 경비비상·작전비상·재난비상의 경우 갑호·을호·병호로 등급을 구분하고, 안보비상·수사비상·교통비상은 갑호·을호로 등급을 구분하며, 경계강화는 기능에 공통되는 등급이다.
㉤ 비상근무 갑호가 발령된 때에는 연가를 중지하고 가용경력 100%까지 동원할 수 있으며, 지휘관(지구대장, 파출소장은 지휘관에 준한다)과 참모는 정착 근무를 원칙으로 한다.

---

① 1개   ② 2개   ③ 3개   ④ 4개

해설 「**경찰 비상업무 규칙**」: ㉡ ㉣ ㉤이 옳은 설명이다.
㉠ **제2조 제5호**: 필수요원은 비상소집시 <u>1시간 이내</u>에 응소하여야 할 자를 말한다.
㉢ **제4조 제3항 별표 1**: 계엄이 선포되기 전의 치안상태는 경비비상으로 <u>비상근무 갑호의 정황</u>이다.

12 경찰 비상업무 규칙에 따른 지휘본부의 "설치(제17조)와 구성(제18조)"에 대한 설명으로 틀린 것은?

① 비상상황에서 경찰청·시·도경찰청·경찰서 등에 경찰지휘본부를 둘 수 있다.
② 경찰청 지휘본부의 본부장은 경찰청장이, 시·도경찰청과 경찰서의 본부장은 당해 시·도경찰청장 및 경찰서장이 된다.
③ 경찰지휘본부는 당해 지휘본부장이 필요하다고 인정할 때에 설치하며 경찰청 및 시·도경찰청은 치안상황실에 설치함을 원칙으로 한다.
④ 각종 상황발생시 상황의 효율적인 관리를 위해 필요한 경우 현장 인근에 현장지휘본부를 설치하여야 한다.

해설 ① 「**경찰 비상업무 규칙**」 제17조 제1항, ② 제18조 제2항, ③ 제17조 제2항

④ 「**경찰 비상업무 규칙**」 제17조 제3항 "각종 상황발생시 상황의 효율적인 관리를 위해 필요한 경우 현장인근에 <u>현장지휘본부를 설치할 수 있다.</u>"

교통경찰

01 「도로교통법」 제2조 용어의 정의에 대한 설명으로 가장 적절하지 않은 것은?

(2017년 제2차 – 현행법 반영 수정)

① "자전거횡단도"란 자전거 및 개인형 이동장치가 일반도로를 횡단할 수 있도록 안전표지로 표시한 도로의 부분을 말한다.

② "교차로"란 '십'자로, 'T'자로나 그 밖에 둘 이상의 도로(보도와 차도가 구분되어 있는 도로에서는 차도를 말한다)가 교차하는 부분을 말한다.

③ "길가장자리구역"이란 보도와 차도가 구분되어 있는 도로에서 보행자의 안전을 확보하기 위하여 안전표지 등으로 경계를 표시한 도로의 가장자리 부분을 말한다.

④ ""안전표지"란 교통안전에 필요한 주의·규제·지시 등을 표시하는 표지판이나 도로의 바닥에 표시하는 기호·문자 또는 선 등을 말한다.

해설 ① 「도로교통법」 제2조 제9호, ② 제2조 제13호, ④ 제2조 제16호
③ 「도로교통법」 제2조 제11호 ""길가장자리구역"이란 보도와 차도가 구분되지 아니한 도로에서 보행자의 안전을 확보하기 위하여 안전표지 등으로 경계를 표시한 도로의 가장자리 부분을 말한다."

【도로교통법 개념 정의】 – 제2조 관련

용어	개념 정의
도로	「도로법」에 따른 도로, 「유료도로법」에 따른 유료도로, 「농어촌도로 정비법」에 따른 농어촌도로, 그 밖에 현실적으로 불특정 다수의 사람 또는 차마가 통행할 수 있도록 공개된 장소로서 안전하고 원활한 교통을 확보할 필요가 있는 장소
자동차전용도로	자동차만 다닐 수 있도록 설치된 도로
고속도로	자동차의 고속 운행에만 사용하기 위하여 지정된 도로
차도	연석선(차도와 보도를 구분하는 돌 등으로 이어진 선), 안전표지 또는 그와 비슷한 인공구조물을 이용하여 경계(境界)를 표시하여 모든 차가 통행할 수 있도록 설치된 도로의 부분
중앙선	차마의 통행 방향을 명확하게 구분하기 위하여 도로에 황색 실선이나 황색 점선 등의 안전표지로 표시한 선 또는 중앙분리대나 울타리 등으로 설치한 시설물 – 다만, 제14조 제1항 후단에 따라 가변차로가 설치된 경우에는 신호기가 지시하는 진행방향의 가장 왼쪽에 있는 황색 점선
차로	차마가 한 줄로 도로의 정하여진 부분을 통행하도록 차선으로 구분한 차도의 부분
차선	차로와 차로를 구분하기 위하여 그 경계지점을 안전표지로 표시한 선
노면전차전용로	도로에서 궤도를 설치하고, 안전표지 또는 인공구조물로 경계를 표시하여 설치한 「도시철도법」 제18조의2 제1항 각 호에 따른 도로 또는 차로
자전거도로	안전표지, 위험방지용 울타리나 그와 비슷한 인공구조물로 경계를 표시하여 자전거 및 개인형 이동장치가 통행할 수 있도록 설치된 「자전거 이용 활성화에 관한 법률」 제3조 각 호의 도로
자전거횡단도	자전거 및 개인형 이동장치가 일반도로를 횡단할 수 있도록 안전표지로 표시한 도로의 부분

보도	연석선, 안전표지나 그와 비슷한 인공구조물로 경계를 표시하여 보행자(유모차와 행정안전부령으로 정하는 보행보조용 의자차 포함)가 통행할 수 있도록 한 도로의 부분
길가장자리구역	보도와 차도가 구분되지 아니한 도로에서 보행자의 안전을 확보하기 위하여 안전표지 등으로 경계를 표시한 도로의 가장자리 부분
횡단보도	보행자가 도로를 횡단할 수 있도록 안전표지로 표시한 도로의 부분
교차로	'십'자로, 'T'자로나 그 밖에 둘 이상의 도로(보도와 차도가 구분되어 있는 도로에서는 차도)가 교차하는 부분
안전지대	도로를 횡단하는 보행자나 통행하는 차마의 안전을 위하여 안전표지나 이와 비슷한 인공구조물로 표시한 도로의 부분
신호기	도로교통에서 문자·기호 또는 등화를 사용하여 진행·정지·방향전환·주의 등의 신호를 표시하기 위하여 사람이나 전기의 힘으로 조작하는 장치
안전표지	교통안전에 필요한 주의·규제·지시 등을 표시하는 표지판이나 도로의 바닥에 표시하는 기호·문자 또는 선 등
차마	차란 다음의 어느 하나에 해당하는 것 – 1) 자동차 2) 건설기계 3) 원동기장치자전거 4) 자전거 – 5) 사람 또는 가축의 힘이나 그 밖의 동력으로 도로에서 운전되는 것. 다만, 철길이나 가설된 선을 이용하여 운전되는 것, 유모차와 행정안전부령으로 정하는 보행보조용 의자차 제외 우마란 교통이나 운수에 사용되는 가축
노면전차	도시철도법 제2조 제2호에 따른 노면전차로서 도로에서 궤도를 이용하여 운행되는 차
자동차	철길이나 가설된 선을 이용하지 아니하고 원동기를 사용하여 운전되는 차(견인되는 자동차도 자동차의 일부로 본다)로서 다음 각 목의 차 가. 자동차관리법 제3조에 따른 다음의 자동차. 다만, 원동기장치자전거 제외 – 1) 승용자동차 2) 승합자동차 3) 화물자동차 4) 특수자동차 5) 이륜자동차 나. 「건설기계관리법」 제26조 제1항 단서에 따른 건설기계
원동기장치자전거	가. 「자동차관리법」 제3조에 따른 이륜자동차 가운데 배기량 125시시 이하(전기를 동력으로 하는 경우에는 최고정격출력 11킬로와트 이하)의 이륜자동차 나. 그 밖에 배기량 125시시 이하(전기를 동력으로 하는 경우에는 최고정격출력 11킬로와트 이하)의 원동기를 단 차(「자전거 이용 활성화에 관한 법률」 제2조 제1호의2에 따른 전기자전거는 제외한다)
개인형이동장치 (새로 도입)	제19호 나목의 원동기장치자전거 중 시속 25킬로미터 이상으로 운행할 경우 전동기가 작동하지 아니하고 차체 중량이 30킬로그램 미만인 것으로서 행정안전부령으로 정하는 것
자전거	자전거 이용 활성화에 관한 법률 제2조 제1호 및 제1호의2에 따른 자전거 및 전기자전거
자동차등	자동차와 원동기장치자전거
자전거등 (새로 도입)	자전거와 개인형 이동장치(※ 도로교통법상 동일하게 취급)
긴급자동차	다음 각 목의 자동차(가. 소방차, 나. 구급차, 다. 혈액 공급차량, 라. 그 밖에 대통령령으로 정하는 자동차)로서 그 본래의 긴급한 용도로 사용되고 있는 자동차

어린이 통학버스	다음 각 목의 시설 가운데 어린이(13세 미만인 사람)를 교육 대상으로 하는 시설에서 어린이의 통학 등에 이용되는 자동차와 여객자동차 운수사업법 제4조 제3항에 따른 여객자동차운송사업의 한정면허를 받아 어린이를 여객대상으로 하여 운행되는 운송사업용 자동차 가목 내지 차목(기존의 가목 내지 라목에 마목 내지 차목 추가)
주차	운전자가 승객을 기다리거나 화물을 싣거나 차가 고장 나거나 그 밖의 사유로 차를 계속 정지 상태에 두는 것 또는 운전자가 차에서 떠나서 즉시 그 차를 운전할 수 없는 상태에 두는 것
정차	운전자가 <u>5분을 초과하지 아니하고</u> 차를 정지시키는 것으로서 주차 외의 정지 상태
운전	<u>도로(제44조 · 제45조 · 제54조 제1항 · 제148조 · 제148조의2 및 제156조 제10호의 경우에는 도로 외의 곳을 포함)</u>에서 차마 또는 노면전차를 그 본래의 사용방법에 따라 사용하는 것 (조종 포함) ※ **유의**: (원칙)도로교통법은 제2조 제1호에 규정된 "도로"에서 일어나는 행위에 대해 적용 　→ 음주운전(제44조) · 과로등운전(제45조) · 사고발생시조치(제54조 제1항 – 제2항 미신고X) 　→ 제148조(사고후미조치 벌칙) · 제148조의2(음주운전 · 측정거부 벌칙) · 제156조 제10호(문콕) 　<u>이상의 경우는 도로가 아닌 곳에서 발생하더라도 도로교통법을 적용하여 처벌</u>
초보 운전자	처음 운전면허를 받은 날(처음 운전면허를 받은 날부터 2년이 지나기 전에 운전면허의 취소처분을 받은 경우에는 그 후 다시 운전면허를 받은 날)부터 <u>2년이 지나지 아니한 사람</u> – 이 경우 원동기장치자전거면허만 받은 사람이 <u>원동기장치자전거면허 외의 운전면허를 받은 경우에는 처음 운전면허를 받은 것으로 본다</u>
서행	운전자가 차 또는 노면전차를 즉시 정지시킬 수 있는 정도의 느린 속도로 진행하는 것
앞지르기	차의 운전자가 앞서가는 다른 차의 옆을 지나서 그 차의 앞으로 나가는 것
일시정지	차 또는 노면전차의 운전자가 그 차 · 노면전차의 바퀴를 일시적으로 완전히 정지시키는 것
보행자 전용도로	보행자만 다닐 수 있도록 안전표지나 그와 비슷한 인공구조물로 표시한 도로

분석　도로교통법의 정의 규정과 관련하여 최근 12년간 독립된 유형의 문제로 4회 출제되었고, 조문의 내용을 정확히 알고 있는지를 확인하는 수준이었습니다. 향후에도 문구를 다소 변경하여 오답을 유도하는 방식으로 출제될 가능성이 있으므로 표의 밑줄 부분을 정확히 기억하고 있어야 합니다. 아울러 운전의 개념 정의와 관련하여 음주운전 · 과로등운전 · 사고발생시조치 및 이에 대한 형사처벌을 규정하고 있는 조항과 제156조 제10호(주 · 정차된 차만 손괴한 것이 분명한 경우에 제54조 제1항 제2호에 따라 피해자에게 인적 사항을 제공하지 아니한 사람 – 일명 문콕)의 경우 도로가 아닌 곳에서도 도로교통법이 적용되어 처벌된다는 점에 유의하여야 합니다.

02 「도로교통법」에서 규정하고 있는 용어에 대한 정의로 가장 적절하지 않은 것은? (2015년 제3차)

① 자동차전용도로란 자동차만 다닐 수 있도록 설치된 도로를 말한다.
② 고속도로란 자동차의 고속 운행에만 사용하기 위하여 지정된 도로를 말한다.
③ 길가장자리구역이란 보도와 차도가 구분된 도로에서 보행자의 안전을 확보하기 위하여 안전표지 등으로 경계를 표시한 도로의 가장자리 부분을 말한다.
④ 안전지대란 도로를 횡단하는 보행자나 통행하는 차마의 안전을 위하여 안전표지나 이와 비슷한 인공구조물로 표시한 도로의 부분을 말한다.

해설 ① ② ④ 옳은 설명이다. 【도로교통법 개념 정의】 참조.
③ **「도로교통법」 제2조 제11호** "'길가장자리구역'이란 <u>보도와 차도가 구분되지 아니한 도로</u>에서 보행자의 안전을 확보하기 위하여 안전표지 등으로 경계를 표시한 도로의 가장자리 부분을 말한다."

03 「도로교통법」상 용어의 정의에 관한 다음 설명 중 가장 적절하지 않은 것은? (2014년 제2차)

① '자동차전용도로'란 자동차만 다닐 수 있도록 설치된 도로를 말한다.
② '길가장자리구역'이란 보도와 차도가 구분된 도로에서 보행자의 안전을 확보하기 위하여 안전표지 등으로 경계를 표시한 도로의 가장자리 부분을 말한다.
③ '차선'이란 차로와 차로를 구분하기 위하여 그 경계지점을 안전표지로 표시한 선을 말한다.
④ '정차'란 운전자가 5분을 초과하지 아니하고 차를 정지시키는 것으로서 주차 외의 정지 상태를 말한다.

해설 ① ③ ④ 옳은 설명이다. 【도로교통법 개념 정의】 참조.
② **「도로교통법」 제2조 제11호** "'길가장자리구역'이란 <u>보도와 차도가 구분되지 아니한 도로</u>에서 보행자의 안전을 확보하기 위하여 안전표지 등으로 경계를 표시한 도로의 가장자리 부분을 말한다."

04 「도로교통법」제2조에서 규정하고 있는 용어의 정의로 가장 적절하지 않은 것은? (2013년 제2차)

① "교차로"란 '십'자로, 'T'자로나 그 밖에 둘 이상의 도로(보도와 차도가 구분되어 있는 도로에서는 차도를 말한다)가 교차하는 부분을 말한다.
② "신호기"란 도로교통에서 문자·기호 또는 등화를 사용하여 진행·정지·방향전환·주의 등의 신호를 표시하기 위하여 사람이나 전기의 힘으로 조작하는 장치를 말한다.
③ "주차"란 운전자가 승객을 기다리거나 화물을 싣거나 차가 고장 나거나 그 밖의 사유로 차를 계속 정지 상태에 두는 것 또는 운전자가 차에서 떠나서 즉시 그 차를 운전할 수 없는 상태에 두는 것을 말한다.
④ "보도"란 보행자만 다닐 수 있도록 안전표지나 그와 비슷한 인공구조물로 표시한 도로를 말한다.

해설 ① ② ③ 옳은 설명이다. 【도로교통법 개념 정의】 참조.
④ **「도로교통법」 제2조 제10호** "연석선, 안전표지나 그와 비슷한 인공구조물로 경계를 표시하여 <u>보행자(유모차와 행정안전부령으로 정하는 보행보조용 의자차를 포함한다)</u>가 통행할 수 있도록 한 <u>도로의 부분</u>을 말한다." 보행자 이외에 유모차와 행정안전부령으로 정하는 보행보조용 의자차를 포함하고, 보도는 연석선, 안전표지나 그와 비슷한 인공구조물로 경계를 표시한 "도로의 부분"이다.

05 「도로교통법」상 '주차금지장소'에 대한 설명으로 가장 적절하지 않은 것은?
(2017년 제1차 – 현행법 반영 수정)

① 터널 안 및 다리 위
② 시·도경찰청장이 도로에서의 위험을 방지하고 교통의 안전과 원활한 소통을 확보하기 위하여 필요하다고 인정하여 지정한 곳
③ 다중이용업소의 안전관리에 관한 특별법에 따른 다중이용업소의 영업장이 속한 건축물로 소방본부장의 요청에 의하여 시·도경찰청장이 지정한 곳으로부터 5미터 이내인 곳
④ 도로공사를 하고 있는 경우에는 그 공사 구역의 양쪽 가장자리로부터 10미터 이내인 곳

해설 ① ② ③ 「도로교통법」 제33조
④ 「**도로교통법**」 **제33조 제2호 가목** 참조. 양쪽 가장자리로부터 5미터 이내인 곳이다.

【주차금지장소】 – 도로교통법 제33조

주차금지의 장소	1. <u>터널 안 및 다리 위</u> 2. 다음 각 목의 곳으로부터 <u>5미터 이내인 곳</u> 　가. 도로공사를 하고 있는 경우에는 그 공사 구역의 양쪽 가장자리 　나. 「다중이용업소의 안전관리에 관한 특별법」에 따른 다중이용업소의 영업장이 속한 건 　　축물로 소방본부장의 요청에 의하여 시·도경찰청장이 지정한 곳 3. 시·도경찰청장이 도로에서의 위험을 방지하고 <u>교통의 안전과 원활한 소통을 확보하기</u> 　<u>위하여 필요하다고 인정하여 지정한 곳</u>

분석 도로교통법상 주차금지장소는 최근 12년간 독립된 유형의 문제로 2회가 출제되었습니다. 출제 이후 도로교통법 개정으로 조문의 내용이 변경되었으므로 유의하여야 합니다. 12년간 출제되지 않은 "정차 및 주차의 금지"도 향후 출제 가능하므로 아래의 표를 잘 숙지하고, 기출 경향에 비추어 볼 때 주·정차가 금지되는 거리(5미터 또는 10미터)를 잘 구분하여 기억하고 있어야 거리를 수정하여 오답을 유도하는 문제에 대비할 수 있습니다.

【정차 및 주차 금지장소와 특례】 – 도로교통법 제32조 및 제34조의2

정차 및 주차의 금지	1. 교차로·횡단보도·건널목이나 보도와 차도가 구분된 도로의 보도(「주차장법」에 따라 차도와 보도에 걸쳐서 설치된 <u>노상주차장은 제외한다</u>) 2. 교차로의 가장자리나 도로의 모퉁이로부터 <u>5미터 이내인 곳</u> 3. 안전지대가 설치된 도로에서는 그 안전지대의 사방으로부터 각각 <u>10미터 이내인 곳</u> 4. 버스여객자동차의 정류지임을 표시하는 기둥이나 표지판 또는 선이 설치된 곳으로부터 <u>10미터 이내인 곳</u>. 다만, 버스여객자동차의 운전자가 그 버스여객자동차의 운행시간 중에 운행노선에 따르는 정류장에서 승객을 태우거나 내리기 위하여 차를 정차하거나 주차하는 경우에는 그러하지 아니하다. 5. 건널목의 가장자리 또는 횡단보도로부터 <u>10미터 이내인 곳</u> 6. 다음 각 목의 곳으로부터 <u>5미터 이내인 곳</u> 　가. 「소방기본법」 제10조에 따른 소방용수시설 또는 비상소화장치가 설치된 곳 　나. 「화재예방, 소방시설 설치·유지 및 안전관리에 관한 법률」 제2조 제1항 제1호에 따른 소방시설로서 대통령령으로 정하는 시설이 설치된 곳 7. 시·도경찰청장이 도로에서의 위험을 방지하고 교통의 안전과 원활한 소통을 확보하기 위하여 필요하다고 인정하여 지정한 곳 8. 시장등이 제12조 제1항에 따라 지정한 어린이 보호구역(2021. 10. 21. 시행)
정차 또는 주차를 금지하는 장소의 특례	– 다음 각 호의 어느 하나에 해당하는 경우에는 제32조 제1호·제4호·제5호·제7호 또는 제33조 제3호에도 불구하고 정차하거나 주차할 수 있다. 　1. 「자전거 이용 활성화에 관한 법률」 제2조 제2호에 따른 자전거이용시설 중 전기자전거 충전소 및 자전거주차장치에 자전거를 정차 또는 주차하는 경우 　2. 시장등의 요청에 따라 시·도경찰청장이 안전표지로 자전거등의 정차 또는 주차를 허용한 경우 – 시·도경찰청장이 안전표지로 구역·시간·방법 및 차의 종류를 정하여 정차나 주차를 허용한 곳에서는 제32조 제7호 또는 제33조 제3호에도 불구하고 정차하거나 주차할 수 있다.

06 「도로교통법」상 주차금지 장소로 옳은 것은 모두 몇 개인가? (2016년 제1차 – 현행법 반영 수정)

> ㉠ 다중이용업소의 안전관리에 관한 특별법에 따른 다중이용업소의 영업장이 속한 건축물로 소방
> 본부장의 요청에 의하여 시·도경찰청장이 지정한 곳으로부터 5미터 이내인 곳
> ㉡ 터널 안 및 다리 위
> ㉢ 시·도경찰청장이 도로에서의 위험을 방지하고 교통의 안전과 원활한 소통을 확보하기 위하여
> 필요하다고 인정하여 지정한 곳
> ㉣ 도로공사를 하고 있는 경우에는 그 공사구역의 양쪽 가장 자리로부터 5미터 이내인 곳

① 1개 　　② 2개 　　③ 3개 　　④ 4개

해설 모두 옳은 설명이다. 【주차금지장소】 참조.

07 다음 중 「도로교통법」 및 「도로교통법 시행규칙」에 따라 제2종 보통 연습면허만을 받은 사람이
운전할 수 있는 차량의 개수는? (2021년 제1차)

> ○ 승차정원 10명 이하의 승합자동차 　　○ 총중량 3.5톤 이하의 견인형 특수자동차
> ○ 적재중량 4톤 이하의 화물자동차 　　○ 건설기계(도로를 운행하는 3톤 미만의 지게차로 한정)

① 1개 　　② 2개 　　③ 3개 　　④ 4개

해설 제2종 보통 연습면허로 승차정원 10명 이하의 승합자동차와 적재중량 4톤 이하의 화물자동차를 운전할 수 있
다. 보기의 총중량 3.5톤 이하의 견인형 특수자동차는 제1종 특수면허, 보기의 건설기계는 제1종 보통면허·대
형면허가 있어야 운전할 수 있다. 대형견인차·소형견인차·구난차인 특수자동차의 경우 제1종 대형면허·보통
면허로 운전할 수 없다는 점에 유의한다.

【면허 종별 운전차량】

운전면허		운전할 수 있는 차량
종별	구분	
제1종	대형면허	1. 승용자동차 　2. 승합자동차 　3. 화물자동차 4. 삭제 〈2018. 4. 25.〉　※ **유의** – 긴급자동차 삭제 5. 건설기계 　가. 덤프트럭, 아스팔트살포기, 노상안정기 　나. 콘크리트믹서트럭, 콘크리트펌프, 천공기(트럭 적재식) 　다. 콘크리트믹서트레일러, 아스팔트콘크리트재생기 　라. 도로보수트럭, 3톤 미만의 지게차 6. 특수자동차[대형견인차, 소형견인차 및 구난차 제외] 　7. 원동기장치자전거
	보통면허	1. 승용자동차 　2. 승차정원 15명 이하의 승합자동차 3. 삭제 〈2018. 4. 25.〉　※ **유의** – 12명 이하의 긴급자동차 삭제 4. 적재중량 12톤 미만의 화물자동차 5. 건설기계(도로를 운행하는 3톤 미만의 지게차로 한정) 6. 총중량 10톤 미만의 특수자동차(구난차등은 제외) 　7. 원동기장치자전거
	소형면허	1. 3륜화물자동차 　2. 3륜승용자동차 　3. 원동기장치자전거

특수면허	대형 견인차	1. 견인형 특수자동차　　　2. 제2종 보통면허로 운전할 수 있는 차량	
	소형 견인차	1. 총중량 3.5톤 이하의 견인형 특수자동차　2. 제2종 보통면허로 운전할 수 있는 차량	
	구난차	1. 구난형 특수자동차　　　2. 제2종보통면허로 운전할 수 있는 차량	
제2종	보통면허	1. 승용자동차　　　2. 승차정원 10명 이하의 승합자동차 3. 적재중량 4톤 이하의 화물자동차 4. 총중량 3.5톤 이하의 특수자동차(구난차등은 제외)　　　5. 원동기장치자전거	
	소형면허	1. 이륜자동차(측차부를 포함한다)　　　2. 원동기장치자전거	
	원동기장치 자전거 면허	원동기장치자전거	
연습 면허	제1종 보통	1. 승용자동차　　　2. 승차정원 15명 이하의 승합자동차 3. 적재중량 12톤 미만의 화물자동차	
	제2종 보통	1. 승용자동차　　　2. 승차정원 10명 이하의 승합자동차 3. 적재중량 4톤 이하의 화물자동차	

분석 | 면허 종별 운전 가능 차량과 관련하여 최근 12년간 독립된 유형의 문제로 8회, 다른 지문과 결합된 문제로 3회 출제되었습니다. 도로교통법 시행규칙 별표18은 2018년 4월 25일 개정되었기 때문에 이전의 기출문제는 유의하여야 합니다. 도로교통법에서 매우 중요한 부분이기 때문에 향후에도 출제 가능성이 높고, 인원 및 중량(이하/미만)을 정확히 기억하고 있어야 문구를 변경해 오답을 유도하는 문제에 대비할 수 있습니다.

08 다음 중 무면허운전에 해당하는 경우로 가장 적절한 것은?　　　(2019년 제2차)

① 제1종 보통면허를 소지한 甲이 구난차 등이 아닌 10톤의 특수자동차를 운전한 경우
② 제1종 대형면허를 소지한 乙이 구난차 등이 아닌 특수자동차를 운전한 경우
③ 제2종 보통면허를 소지한 丙이 승차정원 10인의 승합자동차를 운전한 경우
④ 제2종 보통면허를 소지한 丁이 적재중량 4톤의 화물자동차를 운전한 경우

해설 | ②③④ 무면허운전에 해당하지 않는다. 【면허 종별 운전차량】 참조.
① 제1종 보통면허로 대형견인차·소형견인차·구난차("구난차등")를 제외한 <u>총중량 10톤 미만의 특수자동차</u>를 운전할 수 있으므로, 총중량 10톤인 특수자동차를 운전한 경우 무면허운전에 해당한다.

09 「도로교통법」 및 「도로교통법 시행규칙」 상 제1종 특수면허로 운전할 수 없는 것을 모두 고른 것은?　　　(2017년 제1차 − 현행법 반영 수정)

㉠ 덤프트럭	㉡ 적재중량 10톤의 화물자동차
㉢ 배기량 125cc인 이륜자동차	㉣ 승차정원 10명인 승합자동차

① 없음　　　② ㉠㉡　　　③ ㉠㉡㉢　　　④ ㉠㉡㉢㉣

해설 | 제1종 특수면허는 대형견인차(견인형 특수자동차), 소형견인차(총중량 3.5톤 이하의 견인형 특수자동차), 구난차(구난형 특수자동차)로 구분되고, 괄호의 자동차 이외에 제2종 보통면허로 운전할 수 있는 차량을 운전할 수 있다. ㉠의 덤프트럭은 제1종 대형면허, ㉡의 적재중량 10톤의 화물자동차는 제1종 대형면허·보통면허가 있어야

한다. 따라서 ㉠과 ㉡은 제1종 특수면허로는 운전할 수 없다. ㉢의 배기량 125cc인 이륜자동차는 원동기장치자전거 면허, ㉣의 승차정원 10명인 승합자동차는 제2종 보통면허로 운전할 수 있으므로 제1종 특수면허로 운전할 수 있다.

10 「도로교통법 시행규칙」 별표 18에 따른 각종 운전면허와 운전할 수 있는 차에 대한 설명으로 가장 적절하지 않은 것은? (2018년 제3차)

① 제1종 보통 연습면허로 승차정원 15인의 승합자동차는 운전할 수 있으나 적재중량 12톤의 화물자동차는 운전할 수 없다.

② 제2종 보통면허로 승차정원 10인의 승합자동차는 운전할 수 있으나 적재중량 4톤의 화물자동차는 운전할 수 없다.

③ 제1종 보통면허로 승차정원 15인의 승합자동차는 운전할 수 있으나 적재중량 12톤의 화물자동차는 운전할 수 없다.

④ 제1종 대형면허로 승차정원 45인의 승합자동차는 운전할 수 있으나 대형견인차는 운전할 수 없다.

해설 ① ③ ④ 옳은 설명이다. 【면허 종별 운전차량】 참조.
② 승차정원 10명 이하의 승합자동차와 적재중량 4톤 이하의 화물자동차를 운전할 수 있다.

11 다음은 「도로교통법 시행규칙」상 각종 운전면허로 운전할 수 있는 차량의 종류를 표로 정리한 것이다. ㉠부터 ㉣까지 ( )안에 들어갈 숫자를 순서대로 나열한 것은? (2018년 제2차)

제1종 보통운전면허
㉠ 적재중량 ( )톤 미만의 화물자동차

제2종 보통운전면허
㉡ 승차인원 ( )명 이하의 승합자동차   ㉢ 적재중량 ( )톤 이하의 화물자동차
㉣ 총중량 ( )톤 이하의 특수자동차(구난차 등은 제외한다)

① 10 - 12 - 4 - 3.5 　　　　② 12 - 10 - 4 - 3.5
③ 12 - 10 - 4 - 4 　　　　④ 12 - 10 - 3.5 - 4

해설 순서대로 12 - 10 - 4 - 3.5이다. 【면허 종별 운전차량】 참조.

12 「도로교통법」 및 동법 시행규칙상 제1종 보통면허로 운전할 수 있는 것은 모두 몇 개인가? (2016년 제1차 - 현행법 반영 수정)

㉠ 승용자동차　　　㉡ 승차정원 15인 이하의 승합자동차　　　㉢ 원동기장치자전거
㉣ 총중량 10톤 미만의 특수자동차(구난차등은 제외한다)　　　㉤ 이륜자동차(125cc 초과)

① 2개 　　　② 3개 　　　③ 4개 　　　④ 5개

해설 ㉠ ㉡ ㉢ ㉣은 제1종 보통면허로 운전할 수 있다. 【면허 종별 운전차량】 참조.
㉤ 이륜자동차는 제2종 소형면허가 있어야 한다. 3륜화물자동차·3륜승용자동차는 제1종 소형면허가 있어야 한다.

13 다음은 「도로교통법 시행규칙」상 제1종 보통운전면허와 제2종 보통운전면허로 운전할 수 있는 차량이다. 괄호 안에 들어갈 숫자의 총 합은? (2014년 제1차 - 현행법 반영 수정)

> **제1종 보통운전면허**
> ㉠ 승차정원 ( )인 이하의 승합자동차   ㉡ 적재중량 ( )톤 미만의 화물자동차
> ㉢ 총 중량 ( )톤 미만의 특수자동차(대형견인차·소형견인차·구난차는 제외한다)

> **제2종 보통운전면허**
> ㉠ 승차정원 ( )인 이하의 승합자동차   ㉡ 적재중량 ( )톤 이하의 화물자동차

① 41   ② 45   ③ 48   ④ 51

해설 순서대로 15 - 12 - 10 - 10 - 4이다. 【면허 종별 운전차량】 참조.

14 다음 중 도로교통에 관한 법령에 따른 1종 보통면허로 운전이 가능한 차량은 모두 몇 개인가? (2011년 제1차 - 현행법 반영 수정)

> ㉠ 도로를 운행하는 3톤인 지게차   ㉡ 승차정원 15인승인 승합자동차
> ㉢ 적재중량 12톤인 화물자동차   ㉣ 총중량 10톤인 특수자동차

① 1개   ② 2개   ③ 3개   ④ 4개

해설 ㉡만 제1종 보통면허로 운전할 수 있다. 면허종별 운전차량과 관련된 문제에서 "이하"와 "미만"에 유의해서 기억해야 한다. ㉠ ㉢ ㉣의 경우 "미만"에 해당하는 경우로 제1종 보통면허로는 운전할 수 없다.

15 「도로교통법」상 운전면허 결격사유에 대한 설명으로 가장 적절하지 않은 것은? (2017년 제2차)

① 19세 미만(원동기장치자전거의 경우에는 16세 미만)인 사람은 운전면허를 받을 수 없다.
② 제1종 대형면허 또는 제1종 특수면허를 받으려는 경우로서 19세 미만이거나 자동차(이륜자동차는 제외한다)의 운전경험이 1년 미만인 사람은 운전면허를 받을 수 없다.
③ 듣지 못하는 사람(제1종 운전면허 중 대형면허·특수면허만 해당한다), 앞을 보지 못하는 사람(한쪽 눈만 보지 못하는 사람의 경우에는 제1종 운전면허 중 대형면허·특수면허만 해당한다)이나 그 밖에 대통령령으로 정하는 신체장애인은 운전면허를 받을 수 없다.
④ 교통상의 위험과 장해를 일으킬 수 있는 정신질환자 또는 뇌전증 환자로서 대통령령으로 정하는 사람은 운전면허를 받을 수 없다.

해설 도로교통법은 신체적·정신적 능력이 부족하거나 기타의 객관적인 사실에 근거하여 운전면허를 받을 수 없는 결격사유(제82조 제1항)와 교통법규를 위반한 운전자에 대해서 면허시험에 응시할 수 있는 기간에 제한(제82조 제2항 - 결격기간)을 두고 있다.
① 「**도로교통법**」 제82조 제1항 제1호 "다음 각 호의 어느 하나에 해당하는 사람은 운전면허를 받을 수 없다. 1. 18세 미만(원동기장치자전거의 경우에는 16세 미만)인 사람" 자동차와 원동기장치자전거의 면허를 받을 수 있는 연령 차이에도 유의하여야 한다.
② 「**도로교통법**」 **제82조 제1항 제6호**, ③ **제82조 제1항 제3호**, ④ **제82조 제1항 제2호** ③과 관련하여 듣지 못하는 사람과 한쪽 눈만 보지 못하는 사람의 경우에는 제1종 운전면허 중 대형면허·특수면허만 받을 수 없고, 다른 면허는 받을 수 있다는 점에 유의한다.

【운전면허 결격사유】 – 도로교통법 제82조 제1항

1. 18세 미만(원동기장치자전거의 경우에는 16세 미만)인 사람
2. 교통상의 위험과 장해를 일으킬 수 있는 정신질환자 또는 뇌전증 환자로서 대통령령으로 정하는 사람
3. 듣지 못하는 사람(제1종 운전면허 중 대형·특수면허만 해당), 앞을 보지 못하는 사람(한쪽 눈만 보지 못하는 사람의 경우에는 제1종 운전면허 중 대형·특수면허만 해당)이나 그 밖에 대통령령으로 정하는 신체장애인
4. 양쪽 팔의 팔꿈치관절 이상을 잃은 사람이나 양쪽 팔을 전혀 쓸 수 없는 사람. 다만, 본인의 신체장애 정도에 적합하게 제작된 자동차를 이용하여 정상적인 운전을 할 수 있는 경우에는 그러하지 아니하다.
5. 교통상 위험·장해를 일으킬 수 있는 마약·대마·향정신성의약품·알코올 중독자로서 대통령령으로 정하는 사람
6. 제1종 대형면허 또는 제1종 특수면허를 받으려는 경우로서 19세 미만이거나 자동차(이륜자동차는 제외)의 운전경험이 1년 미만인 사람 (주: 취득을 위해서는 19세 이상 and 자동차운전경험 1년 이상)
7. 대한민국의 국적을 가지지 아니한 사람 중 「출입국관리법」 제31조에 따라 외국인등록을 하지 아니한 사람(외국인등록이 면제된 사람은 제외한다)이나 「재외동포의 출입국과 법적 지위에 관한 법률」 제6조 제1항에 따라 국내거소신고를 하지 아니한 사람

【운전면허 결격기간】 – 도로교통법 제82조 제2항(제8호: 운전면허효력 정지처분의 경우 그 정지기간 동안 결격)

기간	시점	위반내용
5년	취소된 날부터	· 음주운전등(제44조)·과로운전등(제45조)·공동위험행위(제46조)를 위반하여 운전을 하다가 사람을 사상한 후 제54조 제1항(사고후미조치) 및 제2항(사고후미신고)에 따른 필요한 조치 및 신고를 하지 아니한 경우 · 음주운전등(제44조)을 위반하여 운전을 하다가 사람을 사망에 이르게 한 경우
	위반한 날부터	· 무면허운전(제43조·제96조 제3항 위반)으로 사람을 사상한 후 제54조 제1항에 따른 필요한 조치 및 제2항에 따른 신고를 하지 아니한 경우 · 무면허운전과 함께 음주운전등(제44조)·과로운전등(제45조)·공동위험행위(제46조)를 위반하여 운전을 하다가 사람을 사상한 후 제54조 제1항·제2항에 따른 필요한 조치·신고를 하지 아니한 경우 · 무면허운전과 함께 음주운전등(제44조)을 위반하여 운전을 하다가 사람을 사망에 이르게 한 경우
4년	취소된 날부터	· 무면허운전(제43조)·음주운전등(제44조)·과로운전등(제45조)·공동위험행위(제46조) 이외의 다른 사유로 사람을 사상한 후 제54조 제1항·제2항에 따른 필요한 조치 및 신고를 하지 아니한 경우
3년	취소된 날부터	· 음주운전·측정거부(제44조 제1항·제2항)을 위반하여 운전을 하다가 2회 이상 교통사고를 일으킨 경우
	위반한 날부터	· 무면허운전과 함께 음주운전·측정거부(제44조 제1항·제2항)을 위반하여 운전을 하다가 2회 이상 교통사고를 일으킨 경우 · 자동차등을 이용하여 범죄행위를 한 경우 · 다른 사람의 자동차등을 훔치거나 빼앗은 사람이 무면허운전금지(제43조)를 위반하여 그 자동차등을 운전한 경우
2년	취소된 날부터	· 음주운전·측정거부(제44조 제1항·제2항)를 2회 이상 위반한 경우 · 음주운전·측정거부(제44조 제1항·제2항)를 위반하여 운전을 하다가 교통사고를

		일으킨 경우 · 공동위험행위(제46조)를 <u>2회</u> 이상 위반한 경우 · 면허부당취득(제93조 제1항 제8호/유의: 기출 후 개정으로 제8호의2 거짓 · 부정취득 은 1년) · 타인자동차강 · 절도(제12호) 또는 면허시험대리응시(제13호)의 사유로 운전 면허가 취소된 경우
	위반한 날부터	· 무면허운전과 함께 음주운전 · 측정거부(제44조 제1항 · 제2항)를 <u>2회</u> 이상 위반한 경우 · 무면허운전과 함께 음주운전 · 측정거부(제44조 제1항 · 제2항)를 위반하여 운전을 하다가 교통사고를 일으킨 경우 · 무면허운전과 함께 공동위험행위(제46조)를 <u>2회</u> 이상 위반한 경우 · 무면허운전(제43조 · 제96조 제3항 위반)을 <u>3회</u> 이상 위반하여 자동차등을 운전한 경우
1년	취소된 날부터	· 위의 경우가 아닌 다른 사유로 운전면허가 취소된 경우(원동기장치자전거면허를 받으 려는 경우에는 6개월로 하되, 공동위험행위(제46조)를 위반하여 운전면허가 취소된 경우에는 1년)
	위반한 날부터	· 무면허운전(제43조 · 제96조 제3항 위반)한 경우(운전면허효력 정지기간에 운전하여 취소된 경우에는 그 취소된 날을 의미) 　－ 원동기장치자전거면허를 받으려는 경우 6개월(공동위험행위금지(제46조) 위반시 1년)

분석 | 운전면허 결격사유와 관련하여 최근 12년간 독립된 유형의 문제로 2회, 다른 지문과 결합하여 2회 출제되었고, 결격기간과 관련하여 독립된 유형의 문제로 4회, 다른 지문과 결합하여 2회 출제되었습니다. 운전면허 결격사유와 결격기간은 도로교통법에서 중요한 부분에 해당하고 유형이 복잡하므로 향후에도 계속 출제될 가능성이 아주 높습니다. 위의 표를 정확히 기억하여야 각종 변형된 문제에 대비할 수 있습니다.

16 「도로교통법」상 운전면허 결격사유에 관한 다음 설명 중 가장 적절하지 않은 것은?

(2012년 제3차 － 현행법 반영 수정)

① 18세 이하(원동기장치자전거의 경우에는 16세 이하)인 사람은 운전면허를 받을 수 없다

② 교통상의 위험과 장해를 일으킬 수 있는 정신질환자 또는 뇌전증 환자로서 대통령령으로 정하는 사람은 운전면허를 받을 수 없다.

③ 듣지 못하는 사람(제1종 운전면허 중 대형면허 · 특수면허만 해당한다), 앞을 보지 못하는 사람(한쪽 눈만 보지 못하는 사람의 경우에는 제1종 운전면허 중 대형면허 · 특수면허만 해당한다)이나 그 밖에 대통령령으로 정하는 신체장애인은 운전면허를 받을 수 없다.

④ 제1종 대형면허 또는 제1종 특수면허를 받으려는 경우로서 19세 미만이거나 자동차(이륜자동차는 제외한다)의 운전경험이 1년 미만인 사람은 운전면허를 받을 수 없다.

해설 ① 「**도로교통법**」 **제82조 제1항 제1호** "다음 각 호의 어느 하나에 해당하는 사람은 운전면허를 받을 수 없다. 1. <u>18세 미만(원동기장치자전거의 경우에는 16세 미만)인 사람</u>"【운전면허 결격사유】표 참조.

② 「**도로교통법**」 **제82조 제1항 제2호**, ③ **제82조 제1항 제3호**, ④ **제82조 제1항 제6호**

17 「도로교통법」상 다음 보기의 운전면허 결격기간을 모두 합한 것으로 옳은 것은?

(2014년 제2차 – 현행법 반영 수정)

> ㉠ 운전면허를 받을 수 없는 사람이 운전면허를 받거나 운전면허효력의 정지기간 중 운전면허증 또는 운전면허증을 갈음하는 증명서를 발급받은 사실이 드러난 경우
> ㉡ 과로상태운전으로 사람을 사상한 후 필요한 조치 및 신고를 하지 아니한 경우
> ㉢ 음주운전의 규정을 2회 이상 위반하여 운전면허가 취소된 경우
> ㉣ 적성검사를 받지 아니하여 운전면허가 취소된 경우

① 9년 ② 9년 6개월 ③ 10년 ④ 10년 6개월

해설 순서대로 2 – 5 – 2 – 0【운전면허 결격기간】참조. 표에 설명되지 않은 ㉣과 관련하여 제93조 제1항 제9호의 사유(제87조 제2항 또는 제88조 제1항에 따른 적성검사를 받지 아니하거나 그 적성검사에 불합격한 경우)로 운전면허가 취소된 사람 또는 제1종 운전면허를 받은 사람이 적성검사에 불합격되어 다시 제2종 운전면허를 받으려는 경우에는 그러하지 아니하다(결격기간을 적용하지 않음 – 제82조 제2항 제7호 단서). 운전면허 결격기간과 관련된 기출문제는 결격기간의 기산점(취소된 날 또는 위반한 날) 구분 없이 단순히 기간을 알고 있는지를 확인하는 수준에서 출제되었으나, 향후 기간은 옳게 기술하면서 결격기간의 기산점을 변경하여 오답을 유도하는 문제가 출제될 수 있으므로【운전면허 결격기간】상의 기간은 물론 기산점을 정확히 구분하고 기억하고 있어야 한다.

18 다음 중 「도로교통법」상 운전면허 행정처분결과에 따른 운전면허 발급제한기간이 3년인 경우는 모두 몇 개인가?

(2013년 제1차)

> ㉠ 무면허운전, 음주운전, 약물·과로운전, 공동위험행위 외의 사유로 사람을 사상한 후 구호 조치 및 신고 없이 도주한 경우(취소된 날부터)
> ㉡ 2회 이상 음주운전(음주측정거부 포함)으로 운전면허가 취소된 경우(취소된 날부터)
> ㉢ 제1종 운전면허를 받은 사람이 적성검사에 불합격되어 다시 제2종 운전면허를 받으려는 경우
> ㉣ 2회 이상의 공동위험행위로 운전면허가 취소된 경우(취소된 날부터)

① 1개 ② 2개 ③ 3개 ④ 없음

해설 ㉠의 경우 4년, ㉡의 경우 2년, ㉢의 경우 결격기간 없음, ㉣의 경우 2년이다.【운전면허 결격기간】참조.

19 다음 중 운전면허 결격기간(응시제한기간)이 나머지와 다른 것은? (2012년 제1차 – 현행법 반영 수정)

① 음주운전으로 2회 이상 교통사고를 야기한 경우
② 2회 이상 음주운전 및 측정거부로 운전면허가 취소된 경우
③ 다른 사람의 자동차를 훔치거나 빼앗은 때
④ 무면허 운전금지 규정(정지기간 중 운전 포함)을 3회 이상 위반하여 운전한 경우

해설 ①의 경우 3년, ② ③ ④의 경우 2년이다.【운전면허 결격기간】참조. ④와 관련하여 제43조는 "누구든지 제80조에 따라 시·도경찰청장으로부터 운전면허를 받지 아니하거나 운전면허의 효력이 정지된 경우에는 자동차등을 운전하여서는 아니 된다."고 규정하므로 운전면허 정지기간 중 운전도 무면허운전이다.

20 다음 중 운전면허 재발급 제한기간이 다른 것은? (2009년 제1차 – 현행법 반영 수정)

① 운전면허를 받을 수 없는 사람이 운전면허를 받거나 운전면허효력의 정지기간 중 운전면허증 또는 운전면허증을 갈음하는 증명서를 발급받은 사실이 드러난 경우
② 다른 사람의 자동차등을 훔치거나 빼앗아 취소된 경우
③ 무면허운전금지규정을 위반하여 자동차등을 운전한 경우
④ 다른 사람이 부정하게 운전면허를 받도록 하기 위하여 운전면허시험에 대신 응시하여 취소된 경우

해설 ①·②·④의 경우 2년, ③의 경우 1년이다. 【운전면허 결격기간】참조. 기출 당시의 지문인 "거짓이나 그 밖의 부정한 수단으로 운전면허를 받아 취소된 경우"는 기출 당시 도로교통법 제93조 제1항 제8호에 규정되어 있었기 때문에 결격기간이 2년이었다. 기출 이후 기존의 제93조 제1항 제8호는 도로교통법 개정으로 제8호(제82조에 따라 운전면허를 받을 수 없는 사람이 운전면허를 받거나 운전면허효력의 정지기간 중 운전면허증 또는 운전면허증을 갈음하는 증명서를 발급받은 사실이 드러난 경우)와 제8호의2(거짓이나 그 밖의 부정한 수단으로 운전면허를 받은 경우)로 구분되었다. 현행 도로교통법 제82조 제2항 제6호(결격기간 2년) 라목은 제93조 제1항 제8호만을 규정하고 있고, "거짓이나 그 밖의 부정한 수단으로 운전면허를 받아 취소된 경우"는 제82조 제2항 제1호 내지 제6호에 규정된 사유가 아니기 때문에 제7호에 따라 결격기간이 1년이 된다.
※ 문제 17번 보기 ㉠도 동일하게 출제되었다. 기출과 혼동하지 않도록 유의한다.

21 연습운전면허에 관한 설명으로 옳지 않은 것은 모두 몇 개인가? (2010년 제2차)

> ㉠ 연습운전면허는 제1종 보통연습면허와 제2종 보통연습면허의 2종류가 있으며, 원칙적으로 그 면허를 받은 날부터 1년 동안 효력을 가진다.
> ㉡ 주행연습을 하는 때에는 운전면허를 받은 날부터 1년이 경과된 사람과 함께 타서 그의 지도를 받아야 한다.
> ㉢ 교통사고를 일으켰더라도 단순히 물적 피해만 발생한 경우에는 벌점을 부과한다.
> ㉣ 도로교통공단의 도로주행시험을 담당하는 사람의 지시에 따라 운전하던 중 교통사고를 일으킨 경우 면허를 취소하지 않는다.

① 1개　　　　② 2개　　　　③ 3개　　　　④ 4개

해설 ㉠「도로교통법」제80조 제2항 제3호 및 제81조 본문, ㉣ 제93조 제3항 단서 및 「도로교통법 시행령」제59조 제1호
㉡「도로교통법 시행규칙」제55조 제1호 "1. 운전면허(연습하고자 하는 자동차를 운전할 수 있는 운전면허에 한한다)를 받은 날부터 2년이 경과된 사람(소지하고 있는 운전면허의 효력이 정지기간 중인 사람을 제외한다)과 함께 승차하여 그 사람의 지도를 받아야 한다."
㉢「도로교통법 시행규칙」제91조 제3항에 따라 연습운전면허를 받은 사람에 대해 벌점을 관리하지 아니한다.
【연습운전면허 개관】

구분	내용
종류	제1종 · 제2종 보통연습면허: 운행 가능 차종은 문제 7번 해설 참조
효력	원칙적으로 면허를 받은 날부터 1년 동안 효력 – 면허를 받은 날부터 1년 이전이라도 제1종 또는 제2종 보통면허를 받은 경우 연습운전면허 효력 상실
준수 사항	· 운전면허(연습하고자 하는 자동차를 운전할 수 있는 운전면허에 한함)를 받은 날부터 2년이 경과된 사람(소지하고 있는 운전면허의 효력이 정지기간 중인 사람 제외)과 함께 승차하여 그 사

람의 지도
· 「여객자동차 운수사업법」 또는 「화물자동차 운수사업법」에 따른 사업용 자동차를 운전하는 등 주행연습 외의 목적으로 운전X
· 다른 차의 운전자가 알 수 있도록 연습 중인 자동차에 별표21의 표지(주행연습) 부착
  → <u>유의(2000도5540 판결)</u>: 연습운전면허를 받은 자의 준수사항 위반: 무면허운전X

취소 기준	면허를 취소해야 함 – 운전 중 고의 · 과실로 교통사고 or 이 법이나 이 법에 따른 명령 · 처분을 위반 **예외사유:** 본인에게 귀책사유가 없는 경우 등 대통령령으로 정하는 경우 – 도로교통공단에서 도로주행시험을 담당하는 사람, 자동차운전학원의 강사, 전문학원의 강사 또는 기능검정원(技能檢正員)의 지시에 따라 운전하던 중 교통사고를 일으킨 경우 – 도로가 아닌 곳에서 교통사고를 일으킨 경우, 교통사고를 일으켰으나 물적 피해만 발생한 경우

22 운전면허와 운전면허 행정처분에 관한 다음 설명 중 적절하지 않은 것은 모두 몇 개인가?

(2012년 제2차 – 현행법 반영 수정)

> ㉠ 승차정원 15인 이하의 승합자동차는 제1종 보통면허로 운전이 가능하다.
> ㉡ 19세 미만(원동기장치자전거의 경우 16세만)인 사람은 운전면허 결격사유에 해당한다.
> ㉢ 연습운전면허를 받은 사람이 연습운전면허를 받은 날부터 1년 이전이라도 제1종 보통면허 또는 제2종 보통면허를 받은 경우 연습운전면허는 그 효력을 잃는다.
> ㉣ 면허 있는 자가 약물 · 과로운전 중에 사람을 사상한 후 구호조치 및 신고 없이 도주한 경우, 운전면허시험 응시제한 기간은 취소된 날부터 5년이다.
> ㉤ 면허 있는 자가 음주운전으로 2회 이상 교통사고를 야기한 경우, 운전면허시험 응시제한 기간은 취소된 날부터 4년이다.

① 2개 　　② 3개 　　③ 4개 　　④ 5개

 해설 ㉠ 【면허 종별 운전차량】 참조, ㉢ 「**도로교통법**」 제81조 단서, ㉣ 「**도로교통법**」 제82조 제2항 제3호 가목 【운전면허 결격기간】 참조.
　　㉡ 「**도로교통법**」 제82조 제1항 제1호 "다음 각 호의 어느 하나에 해당하는 사람은 운전면허를 받을 수 없다. 1. <u>18세 미만(원동기장치자전거의 경우에는 16세 미만)인 사람</u>"
　　㉤ 「**도로교통법**」 제82조 제2항 제5호 "<u>제44조 제1항 또는 제2항을 위반</u>(제43조 또는 제96조 제3항을 함께 위반한 경우도 포함한다)하여 운전을 하다가 <u>2회 이상 교통사고를 일으킨 경우에는</u> <u>운전면허가 취소된 날</u>(제43조 또는 제96조 제3항을 함께 위반한 경우에는 그 위반한 날을 말한다)부터 3년"

23 운전면허에 관한 설명으로 가장 적절하지 않은 것은?　　(2011년 제2차 – 현행법 반영 수정)

① 운전면허는 크게 제1종 운전면허와 제2종 운전면허로 구분된다.
② 1종 면허는 대형면허, 보통면허, 소형면허, 특수면허로 구분된다.
③ 1종 대형과 특수면허는 19세 이상으로 자동차(이륜자동차 제외)의 운전경험이 1년 이상인 사람만이 취득할 수 있고, 1종 보통과 소형면허는 18세 이상, 원동기장치자전거면허는 16세 이상의 사람이 취득할 수 있다.
④ 연습운전면허는 제1종 보통연습면허와 제2종 보통연습면허가 있고, 면허를 받은 날로부터 2년간의 효력을 가진다.

해설 ① ② 「도로교통법」 제80조 제2항, ③ 제82조 제1항 제1호·제6호
④ 「도로교통법」 제81조 본문 "연습운전면허는 그 면허를 받은 날부터 1년 동안 효력을 가진다. 다만, 연습운전
면허를 받은 날부터 1년 이전이라도 연습운전면허를 받은 사람이 제1종 보통면허 또는 제2종 보통면허를 받
은 경우 연습운전면허는 그 효력을 잃는다."

24 다음 중 운전면허에 대한 설명으로 틀린 것은 모두 몇 개인가? (2009년 제2차 - 현행법 반영 수정)

> ㉠ 2회 이상 음주운전으로 운전면허가 취소된 경우 운전면허발급 제한기간은 취소된 날로부터 3년이다.
> ㉡ 다른 사람의 자동차 등을 훔치거나 빼앗은 사람이 무면허로 그 자동차 등을 운전할 경우 운전면허발급 제한기간은 위반한 날로부터 2년이다.
> ㉢ 공동위험행위의 금지규정을 2회 이상 위반하여 취소된 경우 운전면허발급 제한기간은 취소된 날로부터 3년이다.
> ㉣ 국제운전면허를 외국에서 발급받은 사람은 여객자동차운수사업법 또는 화물자동차운수사업법에 의한 모든 사업용자동차를 운전할 수 없다.
> ㉤ 시·도경찰청장은 연습운전면허를 발급받은 사람이 운전 중 고의 또는 과실로 교통사고를 일으키더라도 물적 피해만 발생한 경우에는 운전면허를 취소할 수 없다.
> ㉥ 제1종 대형면허를 취득한 자는 콘크리트 믹서트럭을 운전할 수 없다.

① 2개　　　　② 3개　　　　③ 4개　　　　④ 5개

해설 ㉤ 「도로교통법」 제93조 제3항 단서 및 「도로교통법 시행령」 제59조 제3호
㉠ 「도로교통법」 제82조 제2항 제6호 가목 "다음 각 목의 경우에는 운전면허가 취소된 날(제43조 또는 제96조 제3항을 함께 위반한 경우에는 그 위반한 날을 말한다)부터 2년. 가. 제44조 제1항 또는 제2항을 2회 이상 위반(제43조 또는 제96조 제3항을 함께 위반한 경우도 포함한다)한 경우"
㉡ 「도로교통법」 제82조 제2항 제5호 후단 "제44조 제1항 또는 제2항을 위반(제43조 또는 제96조 제3항을 함께 위반한 경우도 포함한다)하여 운전을 하다가 2회 이상 교통사고를 일으킨 경우에는 운전면허가 취소된 날(제43조 또는 제96조 제3항을 함께 위반한 경우에는 그 위반한 날을 말한다)부터 3년, 자동차등을 이용하여 범죄행위를 하거나 다른 사람의 자동차등을 훔치거나 빼앗은 사람이 제43조를 위반하여 그 자동차등을 운전한 경우에는 그 위반한 날부터 3년"
㉢ 「도로교통법」 제82조 제2항 제6호 다목 "다음 각 목의 경우에는 운전면허가 취소된 날(제43조 또는 제96조 제3항을 함께 위반한 경우에는 그 위반한 날을 말한다)부터 2년. 다. 제46조를 2회 이상 위반(제43조 또는 제96조 제3항을 함께 위반한 경우도 포함한다)한 경우"
㉣ 「도로교통법」 제96조 제2항 "국제운전면허증을 외국에서 발급받은 사람은 「여객자동차 운수사업법」 또는 「화물자동차 운수사업법」에 따른 사업용 자동차를 운전할 수 없다. 다만, 「여객자동차 운수사업법」에 따른 대여사업용 자동차를 임차(賃借)하여 운전하는 경우에는 그러하지 아니하다." 국제운전면허증을 외국에서 발급받은 사람은 대여사업용 자동차(일명 "렌트카")를 임차하여 운전할 수 있다.
㉥ 제1종 대형면허를 취득한 사람은 콘크리트 믹서트럭을 운전할 수 있다. 【면허 종별 운전차량】 참조.

25 「도로교통법」상 음주운전 처벌기준에 대한 설명으로 가장 적절하지 않은 것은?

(2015년 제1차 – 현행법 반영 수정)

① 최초 위반 시 혈중알코올농도가 0.2% 이상인 경우 2년 이상 5년 이하의 징역이나 1천만원 이상 2천만원 이하의 벌금

② 음주측정에 응하지 않을 시 1년 이상 5년 이하의 징역이나 500만원 이상 2천만원 이하의 벌금

③ 최초 위반 시 혈중알코올농도가 0.1% 이상 0.2% 미만인 경우 1년 이상 2년 이하의 징역이나 500만원 이상 1천만원 이하의 벌금

④ 2회 이상 위반 시 2년 이상 5년 이하의 징역이나 1천만원 이상 2천만원 이하의 벌금

해설 ① 「도로교통법」 제148조의2 제3항 제1호, ② 제148조의2 제2항, ④ 제148조의2 제1항

③ 「도로교통법」 제148조의2 제3항 제2호 "제44조 제1항을 위반하여 술에 취한 상태에서 자동차등 또는 노면전차를 운전한 사람은 다음 각 호의 구분에 따라 처벌한다. 2. 혈중알코올농도가 <u>0.08퍼센트 이상 0.2퍼센트 미만</u>인 사람은 1년 이상 2년 이하의 징역이나 500만원 이상 1천만원 이하의 벌금" 개정된 단속기준에 유의한다.

【음주운전 등 처벌기준】 – 도로교통법 제148조의2(벌칙) 및 제154조(벌칙) 제3호

위반유형	처벌기준(자동차등 또는 노면전차 운전 – 자전거/개인형이동장치 제외)	
음주운전	0.2퍼센트 이상	2년 이상 5년 이하의 징역이나 1천만원 이상 2천만원 이하의 벌금
	0.08퍼센트 이상 0.2퍼센트 미만	1년 이상 2년 이하의 징역이나 500만원 이상 1천만원 이하의 벌금
	0.03퍼센트 이상 0.08퍼센트 미만	1년 이하의 징역이나 500만원 이하의 벌금
측정거부	1년 이상 5년 이하의 징역이나 500만원 이상 2천만원 이하의 벌금	
2회 이상 음주운전 측정거부	2년 이상 5년 이하의 징역이나 1천만원 이상 2천만원 이하의 벌금	
과로운전등	약물	3년 이하의 징역이나 1천만원 이하의 벌금
	과로 · 질병	30만원 이하의 벌금이나 구류

※ 자전거 · 개인형이동장치 음주운전 · 음주측정거부 – 20만원 이하의 벌금이나 구류 또는 과료 (제156조 제11호 · 제12호)

분석 음주운전 및 음주측정거부와 과로운전등의 경우 최근 12년간 독립된 유형의 문제로 6회, 다른 지문과 결합하여 2회가 출제되었고, 조문의 내용을 확인하는 수준을 넘어 주로 판례의 내용을 알고 있는지 확인하는 문제로 출제되었습니다. 판례가 중요하게 다루어지는 부분으로 향후에도 기출 되지 않은 판례가 시험에 나올 가능성이 높기 때문에 예상문제에서 다루는 판례를 숙지해야 합니다. 그리고 일명 윤창호법의 시행으로 음주운전의 단속기준이 하향되었고, 그 처벌이 강화되었기 때문에 이와 관련된 부분도 정확히 기억하고 있어야 합니다.

26 음주운전 관련 판례에 대한 설명으로 가장 적절하지 않은 것은? (다툼이 있는 경우 판례에 의함)

(2020년 제2차)

① 음주운전 전력이 1회(벌금형) 있는 운전자가 한 달 내 2회에 걸친 음주운전으로 적발되어 두 사건이 동시에 기소된 사안에서, 도로교통법 제148조의2 제1항(벌칙)에 규정된 '음주운전 금지 규정을 2회 이상 위반한 사람'이란 음주운전으로 2회 이상 형의 선고를 받거나 유죄의 확정판결을 받은 자로 한정하여야 한다.

② 경찰공무원이 술에 취한 상태에 있다고 인정할 만한 상당한 이유가 있는 운전자에게 음주 여부를 확인하기 위하여 음주측정기에 의한 측정의 사전 단계로 음주감지기에 의한 시험을 요구하는 경우, 그 시험 결과에 따라 음주측정기에 의한 측정이 예정되어 있고 운전자가 그러한 사정을 인식하였음에도 음주감지기에 의한 시험에 명시적으로 불응함으로써 음주측정을 거부하겠다는 의사를 표명하였다면, 음주감지기에 의한 시험을 거부한 행위도 음주측정기에 의한 측정에 응할 의사가 없음을 객관적으로 명백하게 나타낸 것으로 볼 수 있다.

③ 주취운전자에 대한 경찰관의 권한 행사가 법률상 경찰관의 재량에 맡겨져 있다고 하더라도, 그러한 권한을 행사하지 아니한 것이 구체적인 상황 하에서 현저하게 합리성을 잃는 경우에는 경찰관의 직무상 의무를 위배한 것으로서 위법하다. 음주운전으로 적발된 주취운전자가 도로 밖으로 차량을 이동하겠다며 단속경찰관으로부터 보관 중이던 차량열쇠를 반환받아 몰래 차량을 운전하여 가던 중 사고를 일으켰다면, 주의의무를 게을리한 경찰관의 직무상 의무 위반에 의한 국가배상 책임이 인정된다.

④ 음주운전과 관련한 도로교통법 위반죄의 범죄수사를 위하여 미성년자인 피의자의 혈액채취가 필요한 경우, 피의자에게 의사능력이 있다면 피의자 본인만이 혈액채취에 관한 유효한 동의를 할 수 있고, 피의자에게 의사능력이 없는 경우에도 명문의 규정이 없는 이상 법정대리인이 피의자를 대리하여 동의할 수는 없다.

해설
① **2018도11378 판결**: …(상략)…법 제148조의2 제1항 제1호는 행위주체를 단순히 2회 이상 음주운전 금지규정을 위반한 사람으로 정하고 있고, 이러한 음주운전 금지규정 위반으로 형을 선고받거나 유죄의 확정판결을 받은 경우 등으로 한정하고 있지 않다…(중략)…'제44조 제1항을 2회 이상 위반한 사람'은 문언 그대로 2회 이상 음주운전 금지규정을 위반하여 음주운전을 하였던 사실이 인정되는 사람으로 해석해야 하고, 그에 대한 형의 선고나 유죄의 확정판결 등이 있어야만 하는 것은 아니다…(하략)

② **2016도16121 판결**: …(상략)…경찰공무원은…(중략)…음주측정기에 의한 측정과 밀접한 관련이 있는 검사 방법인 음주감지기에 의한 시험도 요구할 수 있다. 한편 도로교통법 제148조의2 제1항 제2호에서 말하는 '경찰공무원의 측정에 응하지 아니한 경우'란 전체적인 사건의 경과에 비추어 술에 취한 상태에 있다고 인정할 만한 상당한 이유가 있는 운전자가 음주측정에 응할 의사가 없음이 객관적으로 명백하다고 인정되는 때를 의미한다. 운전자의 측정불응의사가 객관적으로 명백하였는지는…(중략)…전체적 경과를 종합적으로 고려하여 신중하게 판단하여야 한다. 그리고 경찰공무원이 운전자에게 음주 여부를 확인하기 위하여 음주측정기에 의한 측정의 전 단계에 실시되는 음주감지기에 의한 시험을 요구하는 경우 그 시험 결과에 따라 음주측정기에 의한 측정이 예정되어 있고, 운전자가 그러한 사정을 인식하였음에도 음주감지기에 의한 시험에 불응함으로써 음주측정을 거부하겠다는 의사를 표명한 것으로 볼 수 있다면, 음주감지기에 의한 시험을 거부한 행위도 음주측정기에 의한 측정에 응할 의사가 없음을 객관적으로 명백하게 나타낸 것으로 볼 수 있다.

③ **97다54482 판결**: [1] 주취 상태에서의 운전은 도로교통법 제41조의 규정에 의하여 금지되어 있는 범죄행위임이 명백하고 그로 인하여 자기 또는 타인의 생명이나 신체에 위해를 미칠 위험이 큰 점을 감안하면, 주취운전을 적발한 경찰관이 주취운전의 계속을 막기 위하여 취할 수 있는 조치로는, 단순히 주취운전의 계속을 금지하는 명령 이외에 <u>다른 사람으로 하여금 대신하여 운전하게 하거나 당해 주취운전자가 임의로 제출한 차량열쇠를 일시 보관하면서 가족에게 연락하여 주취운전자와 자동차를 인수하게 하거나 또는 주취 상태에서 벗어난 후 다시 운전하게 하며 그 주취 정도가 심한 경우에 경찰관서에 일시 보호하는 것 등을 들 수 있고, 한편 주취운전이라는 범죄행위로 당해 음주운전자를 구속·체포하지 아니한 경우에도 필요하다면 그 차량열쇠는 범행 중 또는 범행 직후의 범죄장소에서의 압수로서 형사소송법 제216조 제3항에 의하여 영장 없이 이를 압수할 수 있다.</u> [2] 경찰관의 주취운전자에 대한 권한 행사가 관계 법률의 규정 형식상 경찰관의 재량에 맡겨져 있다고 하더라도, 그러한 권한을 행사하지 아니한 것이 구체적인 상황하에서 <u>현저하게 합리성을 잃어 사회적 타당성이 없는 경우에는 경찰관의 직무상 의무를 위배한 것으로서 위법하게 된다.</u> [3] 음주운전으로 적발된 주취운전자가 도로 밖으로 차량을 이동하겠다며 단속경찰관으로부터 보관중이던 차량열쇠를 반환받아 몰래 차량을 운전하여 가던 중 사고를 일으킨 경우, 국가배상책임을 인정한 사례.

④ **2013도1228 판결**: …(상략)…따라서 음주운전과 관련한 도로교통법 위반죄의 범죄수사를 위하여 <u>미성년자인 피의자의 혈액채취가 필요한 경우에도 피의자에게 의사능력이 있다면 피의자 본인만이 혈액채취에 관한 유효한 동의를 할 수 있고, 피의자에게 의사능력이 없는 경우에도 명문의 규정이 없는 이상 법정대리인이 피의자를 대리하여 동의할 수는 없다</u>(※ 음주운전과 관련하여 혈액채취에 대한 동의는 본인의 동의만을 의미한다는 것이 판례의 일관된 입장이다).

27 「도로교통법」상 음주운전과 관련된 내용이다. 아래 ㉠부터 ㉣까지의 내용 중 옳고 그름의 표시 (O. X)가 바르게 된 것은?

(2019년 제1차)

> ㉠ 술에 취한 상태에서 자전거를 운전한 사람은 처벌된다.
> ㉡ 음주운전 3회 이상 위반으로 벌금형을 확정받고 면허가 취소된 경우, 면허가 취소된 날부터 3년간 면허시험 응시자격이 제한된다.
> ㉢ 무면허인 자가 술에 취한 상태에서 자동차 등을 운전한 경우, 무면허운전죄와 음주운전죄는 실체적 경합관계에 있다.
> ㉣ 도로가 아닌 곳에서 술에 취한 상태로 자동차 등을 운전하더라도 음주단속의 대상이 된다.

① ㉠(O) ㉡(O) ㉢(X) ㉣(X)
② ㉠(O) ㉡(X) ㉢(O) ㉣(O)
③ ㉠(O) ㉡(X) ㉢(X) ㉣(O)
④ ㉠(X) ㉡(O) ㉢(O) ㉣(X)

해설 ㉠ 「도로교통법」 제156조 제11호, ㉣ 제2조 제26호 ㉣과 관련하여 음주운전(제44조)과 과로한 때 등의 운전금지(제45조) 및 위반에 대한 처벌(제148조의2), 사고발생 시의 조치 및 조치의무미이행에 대한 처벌(제54조 제1항 및 제148조) 그리고 주·정차된 차만 손괴한 것이 분명한 경우에 제54조 제1항 제2호에 따라 피해자에게 인적 사항을 제공하지 아니한 경우(제156조 제10호)는 <u>도로 외의 곳을 포함</u>한다.
㉡ 「도로교통법」 제82조 제2항 제6호 가목에 따라 <u>2년간 면허시험 응시자격이 제한</u>된다.
㉢ 운전이라는 1개의 행위로 무면허운전과 음주운전에 동시에 해당하므로 <u>상상적 경합관계(2009도10845)</u>이다.

28 음주운전 관련 판례의 내용으로 가장 적절하지 않은 것은? (2018년 제1차)

① 「형사소송법」 규정에 위반하여 수사기관이 법원으로부터 영장 또는 감정처분허가장을 발부받지 아니한 채 피의자의 동의 없이 피의자의 신체로부터 혈액을 채취하고 더구나 사후적으로도 지체 없이 이에 대한 영장을 발부받지도 아니하고서 그 강제 채혈한 피의자의 혈액 중 알코올농도에 관한 감정결과보고서 등은 피고인이나 변호인의 증거동의가 있다고 하더라도 유죄의 증거로 사용할 수 없다.

② 음주운전과 관련한 도로교통법위반죄의 범죄수사를 위하여 미성년자인 피의자의 혈액채취가 필요한 경우에도 피의자에게 의사능력이 있다면 피의자 본인만이 혈액채취에 관한 유효한 동의를 할 수 있고, 피의자에게 의사능력이 없는 경우에도 명문의 규정이 없는 이상 법정대리인이 피의자를 대리하여 동의할 수는 없다.

③ 「도로교통법」에 규정된 음주측정은 성질상 강제될 수 있는 것이 아니며 궁극적으로 당사자의 자발적인 협조가 필수적인 것이므로 이를 두고 법관의 영장을 필요로 하는 강제처분이라 할 수 없다. 따라서 주취운전의 혐의자에게 영장 없는 음주측정에 응할 의무를 지우고 이에 불응한 사람을 처벌한다고 하더라도 영장주의에 위배되지 아니한다.

④ 위드마크 공식은 운전자가 음주한 상태에서 운전한 사실이 있는지에 대한 경험법칙에 의한 증거수집 방법이므로 경찰공무원에게 위드마크 공식의 존재 및 나아가 호흡측정에 의한 혈중알코올 농도가 음주운전 처벌기준 수치에 미달하였더라도 위드마크 공식에 의한 역추산 방식에 의하여 운전 당시의 혈중알코올 농도를 산출한 경우 그 결과가 음주운전 처벌기준 수치 이상이 될 가능성이 있다는 취지를 운전자에게 미리 고지하여야 할 의무가 있다.

> **해설** ① **2009도2109 판결**: (사실관계 – 피고인이 운전 중 교통사고를 내고 의식을 잃은 채 병원 응급실로 호송되자, 출동한 경찰관이 법원으로부터 압수ㆍ수색 또는 검증 영장을 발부받지 아니한 채 피고인의 동서로부터 채혈동의를 받고 의사로 하여금 채혈을 하도록 한 사안) [1] 형사소송법 제308조의2는 "적법한 절차에 따르지 아니하고 수집한 증거는 증거로 할 수 없다."고 선언하고 있고, 기본적 인권 보장을 위하여 압수ㆍ수색ㆍ검증 및 감정처분에 관한 적법절차와 영장주의의 근간을 선언한 헌법과 이를 이어받아 실체적 진실 규명과 개인의 권리보호 이념을 조화롭게 실현할 수 있도록 압수ㆍ수색ㆍ검증 및 감정처분절차에 관한 구체적 기준을 마련하고 있는 형사소송법의 규범력은 확고히 유지되어야 하므로, 헌법과 형사소송법이 정한 절차에 따르지 아니하고 수집한 증거는 물론 이를 기초로 하여 획득한 2차적 증거 역시 기본적 인권 보장을 위해 마련된 적법한 절차에 따르지 않은 것으로서 원칙적으로 유죄 인정의 증거로 삼을 수 없다...(하략). [2] 형사소송법 제215조 제2항, 제216조 제3항, 제221조, 제221조의4, 제173조 제1항의 규정을 위반하여 수사기관이 법원으로부터 영장 또는 감정처분허가장을 발부받지 아니한 채 피의자의 동의 없이 피의자의 신체로부터 혈액을 채취하고 사후적으로도 지체 없이 이에 대한 영장을 발부받지도 아니한 채 강제채혈한 피의자의 혈액 중 알콜농도에 관한 감정이 이루어졌다면, 이러한 감정결과보고서 등은 형사소송법상 영장주의 원칙을 위반하여 수집되거나 그에 기초한 증거로서 그 절차 위반행위가 적법절차의 실질적인 내용을 침해하는 정도에 해당하고, 이러한 증거는 피고인이나 변호인의 증거동의가 있다고 하더라도 유죄의 증거로 사용할 수 없다. [3] 생략.
>
> ② **2013도1228 판결**: 형사소송법상 소송능력이란 소송당사자가 유효하게 소송행위를 할 수 있는 능력, 즉 피고인 또는 피의자가 자기의 소송상의 지위와 이해관계를 이해하고 이에 따라 방어행위를 할 수 있는 의사능력을 의미하는데, 피의자에게 의사능력이 있으면 직접 소송행위를 하는 것이 원칙이고, 피의자에게 의사능력이 없는 경우에는 형법 제9조 내지 제11조의 규정의 적용을 받지 아니하는 범죄사건에 한하여 예외적으로 법정대리인이 소송행위를 대리할 수 있다(형사소송법 제26조). 따라서 음주운전과 관련한 도로교통법 위반죄의 범죄수사를 위하여 미성년자인 피의자의 혈액채취가 필요한 경우에도 피의자에게 의사능력이 있다면 피의자 본인만이 혈액채취에 관한 유효한 동의를 할 수 있고, 피의자에게 의사능력이 없는 경우에도 명문의 규정이 없는 이상 법정대리인이 피의자를 대리하여 동의할 수는 없다.

③ **96헌가11 결정**: 1. 도로교통법 제41조 제2항에서 규정하고 있는 주취여부의 "측정"이라 함은 혈중알콜농도를 수치로 나타낼 수 있는 과학적 측정방법, 그 중에서도 호흡을 채취하여 그로부터 주취의 정도를 객관적으로 환산하는 측정방법, 즉 호흡측정기에 의한 음주측정을 뜻한다. 2. 헌법 제12조 제2항은 진술거부권을 보장하고 있으나, 여기서 "진술"이라함은 생각이나 지식, 경험사실을 정신작용의 일환인 언어를 통하여 표출하는 것을 의미하는데 반해, 도로교통법 제41조 제2항에 규정된 음주측정은 호흡측정기에 입을 대고 호흡을 불어 넣음으로써 신체의 물리적, 사실적 상태를 그대로 드러내는 행위에 불과하므로 이를 두고 "진술"이라 할 수 없고, 따라서 주취운전의 혐의자에게 호흡측정기에 의한 주취여부의 측정에 응할 것을 요구하고 이에 불응할 경우 처벌한다고 하여도 이는 형사상 불리한 "진술"을 강요하는 것에 해당한다고 할 수 없으므로 헌법 제12조 제2항의 진술거부권조항에 위배되지 아니한다. 3. 도로교통법 제41조 제2항에 규정된 음주측정은 성질상 강제될 수 있는 것이 아니며 궁극적으로 당사자의 자발적 협조가 필수적인 것이므로 이를 두고 법관의 영장을 필요로 하는 강제처분이라 할 수 없다. 따라서 이 사건 법률조항이 주취운전의 혐의자에게 영장없는 음주측정에 응할 의무를 지우고 이에 불응한 사람을 처벌한다고 하더라도 헌법 제12조 제3항에 규정된 영장주의에 위배되지 아니한다.

④ **2017도661 판결**: [1] 음주운전에 대한 수사과정에서 음주운전의 혐의가 있는 운전자에 대하여 도로교통법 제44조 제2항에 따른 호흡측정이 이루어진 경우에는 그에 따라 과학적이고 중립적인 호흡측정 수치가 도출된 이상 다시 음주측정을 할 필요가 사라졌으므로 운전자의 불복이 없는 한 다시 음주측정을 하는 것은 원칙적으로 허용되지 아니한다. 또한 도로교통법 제44조 제2항, 제3항의 내용 등에 비추어 보면, 호흡측정 방식에 따라 혈중알코올농도를 측정한 경찰공무원에게 특별한 사정이 없는 한 혈액채취의 방법을 통하여 혈중알코올농도를 다시 측정할 수 있다는 취지를 운전자에게 고지하여야 할 의무가 있다고 볼 수 없다. [2] 위드마크 공식은 운전자가 음주한 상태에서 운전한 사실이 있는지에 대한 경험법칙에 의한 증거수집 방법에 불과하다. 따라서 경찰공무원에게 위드마크 공식의 존재 및 나아가 호흡측정에 의한 혈중알코올농도가 음주운전 처벌기준 수치에 미달하였더라도 위드마크 공식에 의한 역추산 방식에 의하여 운전 당시의 혈중알코올농도를 산출할 경우 그 결과가 음주운전 처벌기준 수치 이상이 될 가능성이 있다는 취지를 운전자에게 미리 고지하여야 할 의무가 있다고 보기도 어렵다.

29 음주운전 관련 판례에 대한 설명으로 가장 적절하지 않은 것은? (2016년 제2차)

① 경찰관이 음주운전 단속 시 운전자의 요구에 따라 곧바로 채혈을 실시하지 않은 채 호흡측정기에 의한 음주측정기에 의한 음주측정을 하고 1시간 12분이 경과한 후에야 채혈을 하였다는 사정만으로는 위 행위가 법령에 위배된다거나 객관적 정당성을 상실하여 운전자가 음주운전 단속과정에서 받을 수 있는 권익이 현저하게 침해되었다고 단정하기 어렵다.

② 피고인의 음주와 음주운전을 목격한 참고인이 있는 상황에서 경찰관이 음주 및 음주운전 종료로부터 약 5시간 후 집에서 자고 있는 피고인을 연행하여 음주측정을 요구한 데에 대하여 피고인이 불응한 경우, 도로교통법상의 음주측정불응죄가 성립하지 않는다.

③ 어떤 사람이 자동차를 움직이게 할 의도 없이 다른 목적을 위하여 자동차의 원동기(모터)의 시동을 걸었는데, 실수로 기어 등 자동차의 발진에 필요한 장치를 건드려 원동기의 추진력에 의하여 자동차의 발진에 필요한 장치를 건드려 원동기의 추진력에 의하여 자동차가 움직이거나 또는 불안전한 주차상태나 도로여건 등으로 인하여 자동차가 움직이게 된 경우는 자동차의 운전에 해당하지 아니한다.

④ 경찰관이 술에 취한 상태에서 자동차를 운전한 것으로 보이는 피고인을 경찰관 직무집행법에 따른 보호조치 대상자로 보아 경찰서로 데려온 직후 음주측정을 요구했는데 피고인이 불응하여 음주측정불응죄로 기소된 사안에서 위법한 보호조치 상태를 이용하여 음주측정 요구가 이루어졌다는 등의 특별한 사정이 없는 한 피고인의 행위는 음주측정불응죄에 해당한다.

해설 ① **2006다32132 판결:** [1] 교통단속처리지침 제38조 제6항은 호흡측정기에 의한 측정결과의 오류방지와 음주운전 단속자에게 정확한 혈중알콜농도 측정의 기회를 제공하기 위한 규정으로서, 위 규정의 '주취운전자 적발 보고서를 작성한 후 즉시'의 의미는 상당한 시간 경과 등으로 운전 당시의 혈중알콜농도 입증이 곤란하여지는 것 등을 방지하기 위하여 운전자가 경찰공무원에 대하여 호흡측정기에 의한 측정결과에 불복하고 혈액채취의 방법에 의한 측정을 요구한 때로부터 상당한 이유 없이 장시간 지체하지 않을 것을 의미한다고 해석함이 상당하다. [2] 범죄의 예방·진압 및 수사는 경찰관의 직무에 해당하며 그 직무행위의 구체적 내용이나 방법 등이 경찰관의 전문적 판단에 기한 합리적인 재량에 위임되어 있으므로, 경찰관이 구체적 상황하에서 그 인적·물적 능력의 범위 내에서의 적절한 조치라는 판단에 따라 범죄의 진압 및 수사에 관한 직무를 수행한 경우...(중략)...그것이 객관적 정당성을 상실하여 현저하게 불합리하다고 인정되지 않는다면 그와 다른 조치를 취하지 아니한 부작위를 내세워 국가배상책임의 요건인 법령 위반에 해당한다고 할 수 없다. [3] 경찰관이 음주운전 단속시 운전자의 요구에 따라 곧바로 채혈을 실시하지 않은 채 호흡측정기에 의한 음주측정을 하고 1시간 12분이 경과한 후에야 채혈을 하였다는 사정만으로는 위 행위가 법령에 위배된다거나 객관적 정당성을 상실하여 운전자가 음주운전 단속과정에서 받을 수 있는 권익이 현저하게 침해되었다고 단정하기 어렵다고 본 사례.

② **2000도6026 판결:** [1] 도로교통법 제107조의2 제2호의 음주측정불응죄는 술에 취한 상태에 있다고 인정할 만한 상당한 이유가 있는 사람이 같은 법 제41조 제2항의 규정에 의한 경찰공무원의 측정에 응하지 아니한 경우에 성립하는 것인바...(중략)...사후의 음주측정에 의하여 음주운전 여부를 확인할 수 없음이 명백하지 않는 한 경찰공무원은 당해 운전자에 대하여 음주측정을 요구할 수 있고, 당해 운전자가 이에 불응한 경우에는 같은 법 제107조의2 제2호 소정의 음주측정불응죄가 성립한다. [2] ...(상략)...운전이 종료한 후에는 운전자의 외관·태도 및 기왕의 운전 행태, 운전자가 마신 술의 종류 및 양, 음주운전의 종료로부터 음주측정의 요구까지의 시간적·장소적 근접성 등 객관적 사정을 종합하여 판단하여야 한다. [3] 피고인의 음주와 음주운전을 목격한 참고인이 있는 상황에서 경찰관이 음주 및 음주운전 종료로부터 약 5시간 후 집에서 자고 있는 피고인을 연행하여 음주측정을 요구한 데에 대하여 피고인이 불응한 경우, 도로교통법상의 음주측정불응죄가 성립한다고 본 사례.

③ **2004도1109 판결:** (사실관계 − 술에 취한 피고인이 자동차 안에서 잠을 자다가 추위를 느껴 히터를 가동시키기 위하여 시동을 걸었고, 실수로 자동차의 제동장치 등을 건드렸거나 처음 주차할 때 안전조치를 제대로 취하지 아니한 탓으로 원동기의 추진력에 의하여 자동차가 약간 경사진 길을 따라 앞으로 움직여 피해자의 차량 옆면을 충격) [1] 도로교통법 제2조 제19호는 '운전'이라 함은 도로에서 차를 그 본래의 사용 방법에 따라 사용하는 것을 말한다고 규정하고 있는바, 여기에서 말하는 운전의 개념은 그 규정의 내용에 비추어 목적적 요소를 포함하는 것이므로 고의의 운전행위만을 의미하고 자동차 안에 있는 사람의 의지나 관여 없이 자동차가 움직인 경우에는 운전에 해당하지 않는다. [2] 어떤 사람이 자동차를 움직이게 할 의도 없이 다른 목적을 위하여 자동차의 원동기(모터)의 시동을 걸었는데, 실수로 기어 등 자동차의 발진에 필요한 장치를 건드려 원동기의 추진력에 의하여 자동차가 움직이거나 또는 불안전한 주차상태나 도로여건 등으로 인하여 자동차가 움직이게 된 경우는 자동차의 운전에 해당하지 아니한다.

④ **2011도4328 판결:** [1] 경찰공무원은 교통의 안전과 위험방지를 위하여 필요하다고 인정하거나 운전자가 술에 취한 상태에서 자동차 등을 운전하였다고 인정할 만한 상당한 이유가 있고 운전자의 음주운전 여부를 확인하기 위하여 필요한 경우에는 사후의 음주측정에 의하여 음주운전 여부를 확인할 수 없음이 명백하지 않는 한 운전자에 대하여 구 도로교통법(2011. 6. 8. 법률 제10790호로 개정되기 전의 것) 제44조 제2항에 의하여 음주측정을 요구할 수 있고, 운전자가 이에 불응한 경우에는 같은 법 제148조의2 제2호의 음주측정불응죄가 성립한다...(하략). [2] 경찰관이 술에 취한 상태에서 자동차를 운전한 것으로 보이는 피고인을 경찰관 직무집행법 제4조 제1항에 따른 보호조치 대상자로 보아 경찰서 지구대로 데려온 직후 3회에 걸쳐 음주측정을 요구하였는데 피고인이 불응하여 구. 도로교통법(2011. 6. 8. 법률 제10790호로 개정되기 전의 것)상 음주측정불응죄로 기소된 사안에서, 경찰관이 지구대로 보호조치된 피고인에게 음주측정을 요구한 것은 같은 법 제44조 제2항에 따른 것으로서, 위법한 보호조치 상태를 이용하여 음주측정 요구가 이루어졌다는 등의 특별한 사정이 없는 한 이에 불응한 피고인의 행위는 음주측정불응죄에 해당한다...(하략).

30 다음은 교통업무와 관련하여 지역경찰 직원들의 질문에 대해 교통사고 조사계 직원들이 답변한 내용이다. 이 중 관련 판례와 다른 입장을 취하고 있는 설명은? (2012년 제3차 – 현행법 반영 수정)

① 술에 취해 자동차 안에서 잠을 자다가 추위를 느껴 히터를 가동시키기 위하여 시동을 걸었고 실수로 자동차의 제동장치를 건드렸거나 처음 주차할 때 안전조치를 제대로 취하지 아니한 탓으로 원동기의 추진력에 의하여 자동차가 약간 경사진 길을 따라 앞으로 움직여 피해자의 차량 옆면을 충격한 사실이 있다고 하더라도 이를 두고 자동차를 운전하였다고 할 수는 없습니다.

② 호흡측정기에 의한 음주측정 요구를 하기 전에 사용되는 음주감지기 시험에서 음주반응이 나왔다고 할지라도 그것만으로 바로 혈중알콜농도 0.03% 이상의 술에 취한 상태에 있다고 인정할만한 상당한 이유가 있다고 볼 수 없습니다.

③ 물로 입안을 헹굴 기회를 달라는 피고인의 요구를 무시한 채 호흡측정기로 측정한 혈중알콜농도 수치가 0.03%로 나타났더라도 0.03% 이상의 술에 취한 상태에서 운전하였다고 단정할 수는 없습니다.

④ 약물 등의 영향으로 정상적으로 운전하지 못할 우려가 있는 상태에서 자동차등을 운전하였다고 인정하려면 약물 등의 영향으로 인해 현실적으로 정상적인 운전을 하지 못할 상태에 이르러야만 합니다.

> **해설** ① 29번 해설 **2004도1109 판결** 참조. 판례의 입장에 부합한다.
> ② **2001도5987 판결**: [1] 도로교통법 제107조의2 제2호의 음주측정불응죄는 술에 취한 상태에 있다고 인정할 만한 상당한 이유가 있는 사람이 같은 법 제41조 제2항의 규정에 의한 경찰공무원의 측정에 응하지 아니한 경우에 성립하는 것인바, 여기서 '술에 취한 상태'라 함은 음주운전죄로 처벌되는 음주수치인 혈중알콜농도 0.05% (주: 현행 도로교통법상 0.03%)이상의 음주상태를 말한다고 보아야 할 것이므로, 음주측정불응죄가 성립하기 위하여서는 음주측정요구 당시 운전자가 반드시 혈중알콜농도 0.05% 이상의 상태에 있어야 하는 것은 아니지만 적어도 혈중알콜농도 0.05% 이상 상태에 있다고 인정할 만한 상당한 이유가 있어야 하는 것이고, 나아가 술에 취한 상태에 있다고 인정할 만한 상당한 이유가 있는지 여부는 음주측정 요구 당시 개별 운전자마다 그의 외관·태도·운전 행태 등 객관적 사정을 종합하여 판단하여야 한다. [2] 호흡측정기에 의한 음주측정을 요구하기 전에 사용되는 음주감지기 시험에서 음주반응이 나왔다고 할지라도 현재 사용되는 음주감지기가 혈중알콜농도 0.02%인 상태에서부터 반응하게 되어 있는 점을 감안하면 그것만으로 바로 운전자가 혈중알콜농도 0.05% 이상의 술에 취한 상태에 있다고 인정할 만한 상당한 이유가 있다고 볼 수는 없고, 거기에다가 운전자의 외관·태도·운전 행태 등의 객관적 사정을 종합하여 술에 취한 상태에 있다고 인정할 만한 상당한 이유가 있는지 여부를 판단하여야 한다.
> ③ **2005도7034 판결**: [1] 호흡측정기에 의한 혈중알코올 농도의 측정은 장에서 흡수되어 혈액 중에 용해되어 있는 알코올이 폐를 통과하면서 증발되어 호흡공기로 배출되는 것을 측정하는 것이므로, 최종 음주시로부터 상당한 시간이 경과하지 아니하였거나 또는 트림, 구토, 치아보철, 구강청정제 사용 등으로 인하여 입 안에 남아 있는 알코올, 알코올 성분이 있는 구강 내 타액, 상처부위의 혈액 등이 폐에서 배출된 호흡공기와 함께 측정될 경우에는 실제 혈중알코올의 농도보다 수치가 높게 나타나는 수가 있어, 피측정자가 물로 입 안 헹구기를 하지 아니한 상태에서 한 호흡측정기에 의한 혈중알코올 농도의 측정결과만으로는 혈중알코올 농도가 반드시 그와 같다고 단정할 수 없거나 호흡측정기에 의한 측정수치가 혈중알코올 농도보다 높을 수 있다는 의심을 배제할 수 없다. [2] 물로 입 안을 헹굴 기회를 달라는 피고인의 요구를 무시한 채 호흡측정기로 측정한 혈중알코올 농도 수치가 0.05%로 나타난 사안에서, 피고인이 당시 혈중알코올 농도 0.05% 이상의 술에 취한 상태에서 운전하였다고 단정할 수 없다고 한 사례.
> ④ **2010도11272 판결**: 구. 도로교통법(2010. 7. 23. 법률 제10382호로 개정되기 전의 것) 제150조 제1호에

"제45조의 규정을 위반하여 약물로 인하여 정상적으로 운전하지 못할 우려가 있는 상태에서 자동차 등을 운전한 사람"을 처벌하도록 규정하고 있고, 같은 법 제45조에 "자동차 등의 운전자는 제44조의 규정에 의한 술에 취한 상태 외에 과로 · 질병 또는 약물(마약 · 대마 및 항정신성의약품과 그 밖에 행정안전부령이 정하는 것을 말한다)의 영향과 그 밖의 사유로 인하여 정상적으로 운전하지 못할 우려가 있는 상태에서 자동차 등을 운전하여서는 아니된다."고 규정하고 있다. 위 규정의 법문상 필로폰을 투약한 상태에서 운전하였다고 하여 바로 처벌할 수 있는 것은 아니고 그로 인하여 정상적으로 운전하지 못할 우려가 있는 상태에서 자동차 등을 운전한 경우에만 처벌할 수 있다고 보아야 하나, 위 법 위반죄는 이른바 위태범으로서 약물 등의 영향으로 인하여 '정상적으로 운전하지 못할 우려가 있는 상태'에서 운전을 하면 바로 성립하고, 현실적으로 '정상적으로 운전하지 못할 상태'에 이르러야만 하는 것은 아니다.

31 다음 설명 중 가장 적절하지 않은 것은? (다툼이 있으면 판례에 의함)　(2015년 제2차)

① 화물차를 주차한 상태에서 적재된 상자 일부가 떨어지면서 지나가던 피해자에게 상해를 입힌 경우 교통사고로 볼 수 없다.
② 교통사고로 인한 물적 피해가 경미하고, 파편이 도로상에 비산되지도 않았다고 하더라도, 가해차량이 즉시 정차하는 등 필요한 조치를 취하지 아니한 채 그대로 도주한 경우에는 도로교통법 제54조 제1항 위반죄가 성립한다.
③ 교차로 직전의 횡단보도에 따로 차량 보조등이 설치되어 있지 아니한 경우, 교차로 차량 신호등이 적색이고 횡단보도 보행등이 녹색인 상태에서 횡단보도를 지나 우회전하다가 사람을 다치게 하였다면 「교통사고처리 특례법」상 특례조항인 신호위반에 해당하지 않는다.
④ 교차로에 교통섬이 설치되고 그 오른쪽으로 직진 차로에서 분리된 우회전 차로가 설치된 경우, 우회전 차로가 아닌 직진 차로를 따라 우회전하는 행위는 교차로 통행방법을 위반한 것이다.

해설 ① **2009도2390 판결**: [1] 교통사고처리 특례법 제2조 제2호에서 '교통사고'란 차의 교통으로 인하여 사람을 사상하거나 물건을 손괴하는 것을 말한다고 규정하고 있는바…(중략)… 교통사고처리 특례법 제2조 제2호에 정한 '교통'은 자동차손해배상 보장법 제2조 제2호에 정한 운행보다 제한적으로 해석하여야 한다. [2] 화물차를 주차하고 적재함에 적재된 토마토 상자를 운반하던 중 적재된 상자 일부가 떨어지면서 지나가던 피해자에게 상해를 입힌 경우, 교통사고처리 특례법에 정한 '교통사고'에 해당하지 않아 업무상과실치상죄가 성립한다고 한 사례.

② **2009도787 판결**: [1] 도로교통법 제54조 제1항의 취지는 도로에서 일어나는 교통상의 위험과 장해를 방지 · 제거하여 안전하고 원활한 교통을 확보하기 위한 것으로서, 피해자의 피해를 회복시켜 주기 위한 것이 아니다. 이 경우 운전자가 취하여야 할 조치는 사고의 내용과 피해의 정도 등 구체적 상황에 따라 적절히 강구되어야 하고, 그 정도는 건전한 양식에 비추어 통상 요구되는 정도의 조치를 말한다. [2] 농로에서 중앙분리대가 설치된 왕복 4차로의 도로로 진입하던 차량의 운전자가 속도를 줄이거나 일시 정지하여 진행 차량의 유무를 확인하지 않은 채 그대로 진입하다가 도로를 진행하던 차량을 들이받아 파손한 사안에서, 비록 사고로 인한 피해차량의 물적 피해가 경미하고, 파편이 도로상에 비산되지도 않았다고 하더라도, 차량에서 내리지 않은 채 미안하다는 손짓만 하고 도로를 역주행하여 피해차량의 진행방향과 반대편으로 도주한 것은 교통사고 발생시의 필요한 조치를 다하였다고 볼 수 없다고 한 사례.

③ **2009도8222 판결**: (사실관계 – 자동차 운전자인 피고인이, 삼거리 교차로에 연접한 횡단보도에 차량보조등은 설치되지 않았으나 그 보행등이 녹색이고, 교차로의 차량신호등은 적색인데도, 횡단보도를 통과하여 교차로에 진입 · 우회전을 하다가 당시 신호에 따라 교차로를 지나 같은 방향으로 직진하던 자전거를 들이받아 그 운전자에게 상해를 입힌 사안) [1] 교차로와 횡단보도가 연접하여 설치되어 있고 차량용 신호기는 교차로에만 설치된 경우에 있어서는, 그 차량용 신호기는 차량에 대하여 교차로의 통행은 물론 교차로 직전의 횡단보도에 대한 통행까지도 아울러 지시하는 것이라고 보아야 할 것이고, 횡단보도의 보행등 측면에 차량보조등이 설치되어 있지 아니하다고 하여 횡단보도에 대한 차량용 신호등이 없는 상태라고는 볼 수 없다. 위와 같은 경

우에 그러한 교차로의 차량용 적색등화는 교차로 및 횡단보도 앞에서의 정지의무를 아울러 명하고 있는 것으로 보아야 하므로, ...(중략)... 교차로의 차량신호등이 적색이고 교차로에 연접한 횡단보도 보행등이 녹색인 경우에 차량 운전자가 위 횡단보도 앞에서 정지하지 아니하고 횡단보도를 지나 우회전하던 중 업무상과실치상의 결과가 발생하면 교통사고처리 특례법 제3조 제1항, 제2항 단서 제1호의 '신호위반'에 해당하고, 이때 위 신호위반 행위가 교통사고 발생의 직접적인 원인이 된 이상 사고장소가 횡단보도를 벗어난 곳이라 하여도 위 신호위반으로 인한 업무상과실치상죄가 성립함에는 지장이 없다. [2] 생략.

④ **2011도9821 판결**: (자동차 운전자인 피고인이, 교통섬이 설치되고 그 오른쪽으로 직진 차로에서 분리된 우회전차로가 설치되어 있는 교차로에서 우회전차로가 아닌 직진 2개 차로 중 오른쪽 차로를 따라 교차로에 진입하는 방법으로 우회전하였다고 하여 구 도로교통법위반으로 기소된 사안) [1] 구. 도로교통법(2010. 7. 23. 법률 제10382호로 개정되기 전의 것) 제25조 제1항, 제2조 제12호 및 '도로의 구조·시설 기준에 관한 규칙' 제2조 제24호, 제43호, 제32조 제3항의 내용과 취지 등을 종합하면, 교통섬이 설치되고 그 오른쪽으로 직진 차로에서 분리된 우회전차로가 설치되어 있는 교차로에서 우회전을 하고자 하는 운전자는 특별한 사정이 없는 한 도로 우측 가장자리인 우회전차로를 따라 서행하면서 우회전하여야 하고, 우회전차로가 아닌 직진 차로를 따라 교차로에 진입하는 방법으로 우회전하여서는 아니된다. [2] 생략.

분석

> 교통사고, 교통사고처리 특례법상 예외사고 및 교통사고에서 요구되는 과실(주의의무의 내용)과 관련하여 최근 12년간 독립된 유형으로 3회, 다른 지문과 결합된 유형으로 3회가 출제되었습니다. 교통 분야에서 중요하게 다루어지는 부분이므로 향후에도 계속 출제될 가능성이 있습니다. 우선 기출문제와 관련된 내용 및 해설 부분을 정확히 기억하고 있어야 합니다. 교통사고의 개념에 대해서는 교통사고처리 특례법 제2조 제2호에서 교통사고란 차(차란 「도로교통법」 제2조 제17호 가목에 따른 차와 「건설기계관리법」 제2조 제1항 제1호에 따른 건설기계)의 교통으로 인하여 사람을 사상하거나 물건을 손괴하는 것을 말한다고 규정하고 있으나, "교통"의 개념이 무엇인지에 대해 동법 및 도로교통법은 규정을 하고 있지 않습니다. 따라서 판례(2016도12407 판결)가 제시하고 있는 교통의 개념(도로교통법상의 운전보다 범위가 넓음)을 이해하고 있어야 하고, 교통사고처리 특례법에 따른 교통사고는 도로교통법상의 도로가 아닌 곳에서 발생하더라도 교통사고로 처리된다는 점도 유념해야 합니다. 아울러 교통사고처리 특례법에 따른 처벌의 특례(제3조와 제4조)는 교통사고 조사실무에서 매우 중요한 부분이므로 예외사고(피해자가 처벌을 원치 않는 의사표시를 하거나 보험 또는 공제에 가입되어 있더라도 공소를 제기하는 사고)에 어떤 유형들이 있는지는 기억하여야 하고, 과실(주의의무의 내용)과 관련된 문제가 기출된 만큼 과실범인 교통사고의 성립요건(업무상과실 - 결과의 발생 - 양자 사이의 인과관계)과 관련된 판례도 기억하고 있어야 향후 출제 가능성에 대비할 수 있습니다. 예상문제에서 다루는 교통사고와 관련된 주요 내용 및 판례의 내용을 잘 숙지하기 바랍니다.

32 「교통사고처리 특례법」 제3조(처벌의 특례) 제2항 각 호에 규정된 12개 예외 항목에 해당하지 않는 것은?

(2018년 제2차)

① 횡단보도에서의 보행자 보호의무를 위반하여 운전한 경우
② 자동차의 화물이 떨어지지 아니하도록 필요한 조치를 하지 아니하고 운전한 경우
③ 제한속도를 시속 10킬로미터 초과하여 운전한 경우
④ 철길건널목 통과방법을 위반하여 운전한 경우

해설

> ① ② ④의 경우 예외사고의 유형에 해당한다(교통사고처리 특례법 제3조 제2항 단서 제6호, 제12호, 제5호).
> ③ 속도위반이 예외사고의 유형에 해당하려면 제한속도를 시속 20킬로미터 초과하여 운전한 경우여야 한다(교통사고처리 특례법 제3조 제2항 단서 제3호)

【예외사고의 유형】 – 교통사고처리 특례법 제3조 제2항 단서 관련 (해당시 반의사불벌죄X)

구분	내용
제1호	**(신호 · 지시위반)** 도로교통법 제5조에 따른 신호기가 표시하는 신호 또는 교통정리를 하는 경찰 공무원등의 신호를 위반하거나 통행금지 또는 일시정지를 내용으로 하는 안전표지가 표시하는 지시를 위반하여 운전한 경우
제2호	**(중앙선침범등)** 도로교통법 제13조 제3항을 위반하여 중앙선을 침범하거나 같은 법 제62조를 위반하여 횡단, 유턴 또는 후진한 경우
제3호	**(속도위반)** 도로교통법 제17조 제1항 또는 제2항에 따른 제한속도를 시속 20킬로미터 초과하여 운전한 경우
제4호	**(앞지르기위반)** 도로교통법 제21조 제1항, 제22조, 제23조에 따른 앞지르기의 방법 · 금지시 기 · 금지장소 또는 끼어들기의 금지를 위반하거나 같은 법 제60조 제2항에 따른 고속도로에서 의 앞지르기 방법을 위반하여 운전한 경우
제5호	**(철길건널목통과방법위반)** 도로교통법 제24조에 따른 철길건널목 통과방법을 위반하여 운전한 경우
제6호	**(횡단보도보행자보호의무위반)** 도로교통법 제27조 제1항에 따른 횡단보도에서의 보행자 보호의 무를 위반하여 운전한 경우
제7호	**(무면허운전)** 도로교통법 제43조, 건설기계관리법 제26조 또는 도로교통법 제96조를 위반하여 운전면허 또는 건설기계조종사면허를 받지 아니하거나 국제운전면허증을 소지하지 아니하고 운 전한 경우. 이 경우 운전면허 또는 건설기계조종사면허의 효력이 정지 중이거나 운전의 금지 중 인 때에는 운전면허 또는 건설기계조종사면허를 받지 아니하거나 국제운전면허증을 소지하지 아니한 것으로 본다.
제8호	**(음주운전 · 약물운전)** 도로교통법 제44조 제1항을 위반하여 술에 취한 상태에서 운전을 하거나 같은 법 제45조를 위반하여 약물의 영향으로 정상적으로 운전하지 못할 우려가 있는 상태에서 운전한 경우
제9호	**(보도침범)** 도로교통법 제13조 제1항을 위반하여 보도(步道)가 설치된 도로의 보도를 침범하거 나 같은 법 제13조 제2항에 따른 보도 횡단방법을 위반하여 운전한 경우
제10호	**(승객추락방지의무위반)** 도로교통법 제39조 제3항에 따른 승객의 추락 방지의무를 위반하여 운 전한 경우
제11호	**(어린이보호구역안전운전의무위반)** 도로교통법 제12조 제3항에 따른 어린이 보호구역에서 같은 조 제1항에 따른 조치를 준수하고 어린이의 안전에 유의하면서 운전하여야 할 의무를 위반하여 어린이의 신체를 상해에 이르게 한 경우
제12호	**(화물추락방지조치의무위반)** 도로교통법 제39조 제4항을 위반하여 자동차의 화물이 떨어지지 아니하도록 필요한 조치를 하지 아니하고 운전한 경우

33 도로교통에 참여하는 운전자는 도로교통법 상 다른 운전자들도 스스로 도로교통법규를 준수하리라는 것을 신뢰할 수 있고, 교통규칙에 위반되는 돌발 사태까지 예상하여 주의할 필요가 없다는 원칙에 관하여 다음 내용 중 적절하지 않은 것은 모두 몇 개인가? (2011년 제2차)

> ㉠ 신뢰의 원칙이라고 하며 과실과 관련이 있다.
> ㉡ 현대사회에서 도로교통의 사회적 중요성에 기인하여 과실범처벌을 완화하자는 원칙이다.
> ㉢ 이 원칙은 독일의 판례가 채택한 이래 스위스, 오스트리아, 일본, 우리나라의 판례에 영향을 주었다.
> ㉣ 고속도로에서 상대방 차량이 중앙선을 침범하지 않을 것이라는 것을 믿어도 된다는 원칙
> ㉤ 다른 차량이 무모하게 앞지르지 않을 것을 믿어도 된다는 원칙
> ㉥ 교차로에 들어서서 통행후순위 차량이 앞질러 진입하지 않을 것을 믿어도 된다는 원칙
> ㉦ 도로교통에서 상대방의 규칙위반을 이미 인식한 경우에도 동 원칙이 적용된다.

① 1개   ② 2개   ③ 3개   ④ 4개

해설 【**신뢰의 원칙 개관**】 – ㉦의 경우 신뢰의 원칙은 적용되지 않는다.

개념	스스로 교통규칙을 준수한 자는 다른 교통관여자도 교통규칙을 준수하여 행동할 것으로 신뢰하면 족하고, 다른 교통관여자가 교통규칙을 위반하는 경우까지 예상하여 이에 대비할 필요는 없다는 원칙(과실범의 성립을 제한하는 원리로 현재는 수술과 같은 분업적 공동작업에 확대 적용)
적용상의 한계	아래의 경우 신뢰의 원칙 적용이 배제 · 타인의 규칙위반을 인식할 수 있는 특별한 사정이 존재하는 경우 · 타인에게 객관적 주의의무를 기대하기 곤란한 경우 · 타인의 행동에 대한 지휘·감독이나 감시등과 같은 우월적 관계에 있는 경우 · 스스로 규칙위반행위를 한 자의 경우

34 다음 설명 중 가장 적절한 것은? (다툼이 있으면 판례에 의함) (2015년 제3차)

① 일반적으로 고속도로를 운전하는 자동차 운전자에게 도로상에 장애물이 나타날 것을 예견하여 제한속도 이하로 감속 운행할 주의의무가 있다.

② 자동차를 움직이게 할 의도 없이 다른 목적을 위하여 자동차의 원동기(모터)의 시동을 걸었는데, 실수로 기어 등 자동차의 발진에 필요한 장치를 건드려 원동기의 추진력에 의하여 자동차가 움직인 경우 자동차의 운전에 해당한다.

③ 무면허운전으로 인한 도로교통법위반죄에 있어서는 어느 날에 운전을 시작하여 다음날까지 동일한 기회에 일련의 과정에서 계속 운전을 한 경우 등 특별한 경우를 제외하고는 사회통념상 운전한 날을 기준으로 운전한 날마다 1개의 운전행위가 있다고 보는 것은 상당하지 않다.

④ 특별한 이유 없이 호흡측정기에 의한 측정에 불응하는 운전자에게 경찰공무원이 혈액채취에 의한 측정방법이 있음을 고지하고 그 선택 여부를 물어야 할 의무가 있다고는 할 수 없다.

해설 ① **81도1808 판결**: 일반적으로 고속도로를 운전하는 자동차운전자에게 도로상에 장애물이 나타날 것을 예견하여 제한속도 이하로 감속 서행할 주의의무가 없다는 이유로 고속도로상에서 도로를 횡단하는 피해자(5세)를 피고인이 운전하는 화물자동차로 충격하여 사망케 한 공소사실에 대하여 무죄를 선고한 조처를 긍정한 예

② 29번 해설 **2004도1109 판결** 참조. 운전에 해당하지 않는다.

③ **2001도6281 판결**: 무면허운전으로 인한 도로교통법위반죄에 있어서는 어느 날에 운전을 시작하여 다음날

까지 동일한 기회에 일련의 과정에서 계속 운전을 한 경우 등 특별한 경우를 제외하고는 사회통념상 운전한 날을 기준으로 운전한 날마다 1개의 운전행위가 있다고 보는 것이 상당하므로 운전한 날마다 무면허운전으로 인한 도로교통법위반의 1죄가 성립한다고 보아야 할 것이고, 비록 계속적으로 무면허운전을 할 의사를 가지고 여러 날에 걸쳐 무면허운전행위를 반복하였다 하더라도 이를 포괄하여 일죄로 볼 수는 없다.

④ **2002도4220 판결**: [1] 도로교통법 제41조 제2항, 제3항의 해석상, 운전자의 신체 이상 등의 사유로 호흡측정기에 의한 측정이 불가능 내지 심히 곤란하거나 운전자가 처음부터 호흡측정기에 의한 측정의 방법을 불신하면서 혈액채취에 의한 측정을 요구하는 경우 등에는 호흡측정기에 의한 측정의 절차를 생략하고 바로 혈액채취에 의한 측정으로 나아가야 할 것이고, 이와 같은 경우라면 호흡측정기에 의한 측정에 불응한 행위를 음주측정불응으로 볼 수 없다. [2] 특별한 이유 없이 호흡측정기에 의한 측정에 불응하는 운전자에게 경찰공무원이 혈액채취에 의한 측정방법이 있음을 고지하고 그 선택 여부를 물어야 할 의무가 있다고는 할 수 없다.

35 다음 중 교통경찰과 관련된 판례의 태도와 부합하지 않는 것은 모두 몇 개인가? (2012년 제1차)

> ㉠ 운전자에게는 특별한 사정이 없는 한 반대차로를 운행하는 차가 갑자기 중앙선을 넘어 올 것까지 예견하여 감속하는 등 미리 충돌을 방지할 태세를 갖추어 운전해야 할 주의의무가 있다고는 할 수 없다.
> ㉡ 특별한 이유 없이 호흡측정기에 의한 측정에 불응하는 운전자에게 경찰공무원이 혈액채취에 의한 측정방법이 있음을 고지하고 그 선택 여부를 물어야 할 의무가 있다고는 할 수 없다.
> ㉢ 고속도로를 운행하는 자동차 운전자는 고속도로를 무단횡단하는 보행자가 있을 것을 미리 예견하여 운전할 주의의무가 있다.
> ㉣ 술에 취한 피고인이 자동차 안에서 잠을 자다가 추위를 느껴 히터를 가동하기 위하여 시동을 걸었고, 실수로 제동장치 등을 건드렸다고 하더라도 자동차가 움직였으면 음주운전에 해당한다.
> ㉤ 약물 등의 영향으로 정상적으로 운전하지 못할 우려가 있는 상태에서 자동차 등을 운전하였다고 인정하려면, 약물 등의 영향으로 인하여 '정상적으로 운전하지 못할 우려가 있는 상태'에서 운전을 하면 바로 성립하고, 현실적으로 '정상적으로 운전하지 못할 상태'에 이르러야만 하는 것은 아니다.
> ㉥ 횡단보도 보행신호등의 녹색등화가 점멸할 때에는 보행자의 횡단을 금지하고 있으므로 보행자가 녹색등화의 점멸신호 이후에 횡단을 시작하였다면 설사 녹색등화가 점멸 중이더라도 횡단보도에서의 보행자보호의무의 대상으로 보기 어렵다.

① 2개   ② 3개   ③ 4개   ④ 5개

해설 ㉠ ㉡ ㉤이 옳은 설명이다.

㉠ **85도2651 판결**: 침범금지의 황색중앙선이 설치된 도로에서 자기차선을 따라 운행하는 자동차운전수는 반대방향에서 오는 차량도 그쪽 차선에 따라 운행하리라고 신뢰하는 것이 보통이고 중앙선을 침범하여 이쪽 차선에 돌입할 경우까지 예견하여 운전할 주의의무는 없으나, 다만 반대방향에서 오는 차량이 이미 중앙선을 침범하여 비정상적인 운행을 하고 있음을 목격한 경우에는 자기의 진행전방에 돌입할 가능성을 예견하여 그 차량의 동태를 주의깊게 살피면서 속도를 줄여 피행하는 등 적절한 조치를 취함으로써 사고발생을 미연에 방지할 업무상 주의의무가 있다(주: 신뢰의 원칙과 그 적용이 제한되는 경우를 동시에 판시하고 있음).

㉡ 34번 해설 **2002도4220 판결** 참조. 옳은 설명이다.

㉢ 34번 해설 **81도1808 판결** 참조. 틀린 설명이다.

㉣ 29번 해설 **2004도1109 판결** 참조. 틀린 설명이다.

㉤ 30번 해설 **2010도11272 판결** 참조. 옳은 설명이다.

㉥ **2007도9598 판결**: ...(상략)...보행신호등의 녹색등화 점멸신호는 보행자가 준수하여야 할 횡단보도의 통행에 관한 신호일 뿐이어서, 보행신호등의 수범자가 아닌 차의 운전자가 부담하는 보행자보호의무의 존부에 관하여 어떠한 영향을 미칠 수 없다. 이에 더하여 보행자보호의무에 관한 법률규정의 입법 취지가 차를 운전하여 횡단

보도를 지나는 운전자의 보행자에 대한 주의의무를 강화하여 횡단보도를 통행하는 보행자의 생명·신체의 안전을 두텁게 보호하려는 데 있는 것임을 감안하면, 보행신호등의 녹색등화의 점멸신호 전에 횡단을 시작하였는지 여부를 가리지 아니하고 보행신호등의 녹색등화가 점멸하고 있는 동안에 횡단보도를 통행하는 모든 보행자는 도로교통법 제27조 제1항에서 정한 횡단보도에서의 보행자보호의무의 대상이 된다. 틀린 설명이다.

비교대상 판결(2001도2939 판결 – 녹색등화 점멸이 아닌 적색등화로 바뀐 경우): …(상략)…피해자가 보행신호등의 녹색등화가 점멸되고 있는 상태에서 횡단보도를 횡단하기 시작하여 횡단을 완료하기 전에 보행신호등이 적색등화로 변경된 후 차량신호등의 녹색등화에 따라서 직진하던 피고인 운전차량에 충격된 경우에, 피해자는 신호기가 설치된 횡단보도에서 녹색등화의 점멸신호에 위반하여 횡단보도를 통행하고 있었던 것이어서 횡단보도를 통행중인 보행자라고 보기는 어렵다고 할 것이므로, 피고인에게 운전자로서 사고발생방지에 관한 업무상 주의의무위반의 과실이 있음은 별론으로 하고 도로교통법 제24조 제1항 소정의 보행자보호의무를 위반한 잘못이 있다고는 할 수 없다.

36 경찰의 교통사고 조사에 관한 설명으로 틀린 것은? (2009년 제3차 – 현행법 반영 수정)

① 교통사고처리 특례법에 의하면 교통사고란 차의 교통으로 인하여 사람을 사상하거나 물건을 손괴하는 것을 말한다.

② 교통사고처리 특례법에서는 교통사고가 반드시 도로에서 발생하여야 할 것을 요건으로 하지 않는다.

③ 도로교통법에서 운전은 도로(제44조·제45조·제54조제1항·제148조·제148조의2 및 제156조 제10호의 경우에는 도로 외의 곳을 포함한다)에서 차마 또는 노면전차를 그 본래의 사용방법에 따라 사용하는 것(조종을 포함한다)을 말한다.

④ 도로교통법에 의하면 견인되는 자동차는 자동차의 일부로 보지 않는다.

해설 ① ②「**교통사고처리 특례법**」제2조 제2호, ③「**도로교통법**」제2조 제26호 ②와 관련하여 도로교통법상 도로에서 교통사고가 발생할 것을 규정하고 있지 않으므로 도로가 아닌 곳에서 발생한 것도 교통사고처리 특례법에 따른 교통사고로 처리된다.

④「**도로교통법**」제2조 제18호 ""자동차"란 철길이나 가설된 선을 이용하지 아니하고 원동기를 사용하여 운전되는 차(<u>견인되는 자동차도 자동차의 일부로 본다</u>)로서 다음 각 목의 차를 말한다."

37「도로교통법」상 어린이통학버스 등에 대한 다음 설명 중 틀린 것은 모두 몇 개인가? (2013년 제1차 – 현행법 반영 수정)

┌───┐
│ ㉠ 모든 차의 운전자는 어린이나 영유아를 태우고 있다는 표시를 한 상태로 도로를 통행하는 어린이통학버스를 앞지르지 못한다.

㉡ 어린이통학버스(「여객자동차 운수사업법」제4조 제3항에 따른 한정면허를 받아 어린이를 여객대상으로 하여 운행되는 운송사업용 자동차는 제외한다)를 운영하려는 자는 행정안전부령으로 정하는 바에 따라 미리 관할 경찰서장에게 신고하고 신고증명서를 발급받아야 한다.

㉢ 어린이통학버스를 운전하는 사람은 어린이나 영유아가 어린이통학버스를 탈 때에는 승차한 모든 어린이나 영유아가 좌석안전띠를 매도록 한 후에 출발하여야 하며, 내릴 때에는 보도나 길가장자리구역 등 자동차로부터 안전한 장소에 도착한 것을 확인한 후에 출발하여야 한다.

㉣ 어린이통학버스를 운영하는 사람과 운전하는 사람 및 도로교통법 제53조 제3항에 따른 보호자는 어린이통학버스의 안전운행 등에 관한 교육(어린이통학버스 안전교육)을 받아야 한다.
└───┘

① 1개   ② 2개   ③ 3개   ④ 없음

해설 모두 옳은 설명이다. 어린이 통학버스 및 보호구역은 중요한 부분이므로 조문의 내용을 정확히 기억해야 한다.

ⓐ 「**도로교통법**」 **제51조 제3항** "모든 차의 운전자는 어린이나 영유아를 태우고 있다는 표시를 한 상태로 도로를 통행하는 어린이통학버스를 앞지르지 못한다." 도로교통법상 차와 "자동차"는 그 개념을 달리한다. 따라서 "모든 자동차의 운전자는.... 앞지르지 못한다."는 지문으로 출제되면 틀린 설명이 되므로 유의한다.

ⓑ 「**도로교통법**」 **제52조 제1항** "어린이통학버스(「여객자동차 운수사업법」 제4조 제3항에 따른 한정면허를 받아 어린이를 여객대상으로 하여 운행되는 운송사업용 자동차는 제외한다)를 운영하려는 자는 행정안전부령으로 정하는 바에 따라 미리 관할 경찰서장에게 신고하고 신고증명서를 발급받아야 한다." 괄호의 운송사업용 자동차는 제외한다는 부분을 "포함한다"로 문구 변경하여 오답을 유도할 수 있으므로 유의한다.

ⓒ 「**도로교통법**」 **제53조 제2항 본문** "어린이통학버스를 운전하는 사람은 어린이나 영유아가 어린이통학버스를 탈 때에는 승차한 모든 어린이나 영유아가 좌석안전띠(어린이나 영유아의 신체구조에 따라 적합하게 조절될 수 있는 안전띠를 말한다. 이하 이 조 및 제156조 제1호, 제160조 제2항 제4호의2에서 같다)를 매도록 한 후에 출발하여야 하며, 내릴 때에는 보도나 길가장자리구역 등 자동차로부터 안전한 장소에 도착한 것을 확인한 후에 출발하여야 한다. 다만, 좌석안전띠 착용과 관련하여 질병 등으로 인하여 좌석안전띠를 매는 것이 곤란하거나 행정안전부령으로 정하는 사유가 있는 경우에는 그러하지 아니하다."

ⓓ 「**도로교통법**」 **제53조의3 제1항** "어린이통학버스를 운영하는 사람과 운전하는 사람 및 제53조 제3항에 따른 보호자는 어린이통학버스의 안전운행 등에 관한 교육(이하 "어린이통학버스 안전교육"이라 한다)을 받아야 한다." 2020. 11. 27. 시행된 개정 도로교통법은 어린이통학버스 안전교육의 대상자에 제53조 제3항에 따른 보호자(성년인 사람 중 어린이통학버스를 운영하는 자가 지명한 보호자: 동승보호자)를 추가하였다. "어린이통학버스 안전교육의 대상자는 어린이통학버스를 운영하는 사람과 운전하는 사람이다."라는 지문은 틀린 설명이므로 유의해야 한다.

분석

어린이통학버스는 최근 12년간 독립된 유형의 문제로 1회 출제되었고, 조문의 내용을 정확히 알고 있는지를 확인하는 수준이었습니다. 기출 경향과 달리 사회적 분위기 등에 비추어 어린이 보호구역과 함께 그 중요성은 떨어지지 않는 부분입니다. 2013년 이후 출제되지 않았고, 최근의 개정으로 어린이통학버스와 관련된 조문의 내용에 변경이 있었던 만큼 기출된 조문과 변경된 조문을 정확히 기억하고 있어야 출제 가능성에 대비할 수 있습니다.

38 「도로교통법」상 자전거등과 관련된 설명 중 가장 적절하지 않은 것은?

(2013년 제2차 – 현행법 반영 수정)

① 자전거등의 운전자는 자전거도로 및 도로법에 따른 도로를 운전할 때에는 행정안전부령으로 정하는 인명보호 장구를 착용하여야 하며, 동승자에게도 이를 착용하도록 하여야 한다.

② 자전거등의 운전자는 안전표지로 통행이 허용된 경우를 제외하고는 2대 이상이 나란히 차도를 통행하여서는 아니 된다.

③ 자전거등의 운전자는 약물의 영향과 그 밖의 사유로 정상적으로 운전하지 못할 우려가 있는 상태에서 자전거등을 운전하여서는 아니 된다.

④ 자전거등의 운전자가 횡단보도를 이용하여 도로를 횡단할 때에는 보행자의 통행에 방해가 되지 않도록 서행하여야 한다.

해설 ① 「**도로교통법**」 **제50조 제4항**, ② **제13조의2 제5항**, ③ **제50조 제8항**

④ 「**도로교통법**」 **제13조의2 제6항** "자전거등의 운전자가 횡단보도를 이용하여 도로를 횡단할 때에는 자전거등에서 내려서 자전거등을 끌거나 들고 보행하여야 한다." 자전거등(도로교통법 제2조 제21호의2: 자전거 + 개인형 이동장치)을 타고(운전하여) 가는 경우 도로교통법상 보행자가 아닌 "차"의 운전자로 다루어진다. 도로교통법 제13조의2 제6항에 따라 자전거등의 운전자가 횡단보도를 이용하여 도로를 횡단할 때에는 내려서 끌거나 들고 보행을 하여야 하고 이 경우에는 보행자로 취급된다. 반면에 횡단보호에서 자전거등을 타고 가는 사람은 보행자가 아닌 운전자이므로 이를 자동차로 충격한 경우(신호위반이나 과속 등 교통사고처리 특례법 제3조 제2항에 규정된 다른 중요한 위반이 없는 이상) 교통사고처리 특례법 제3조 제2항 단서 제6호(횡단

보도 보행자보호의무위반)에 해당하지 않아 일반사고로 처리되고, 피해자가 처벌을 원하지 않는 의사표시를 하거나 가해운전자가 보험·공제에 가입된 경우 공소를 제기할 수 없게 된다는 점은 유의하기 바랍니다.

참고: 2021. 1. 1. 시행된 개정 도로교통법은 종래 "퀵보드"로 통칭되던 것을 개인형 이동장치로 규정하였다 (제2조 제19조의2 참조). 그리고 자전거와 개인형 이동장치를 합하여 "자전거등"으로 규정하면서, 도로교통 법상의 규제는 자전거와 동일하게 취급하고 있다.

분석 │ 자전거는 최근 12년간 독립된 유형의 문제로 1회 출제되었고, 조문의 내용을 정확히 알고 있는지를 확인하는 수준이었습니다. 기출 경향에 의하면 그 중요성은 떨어지지만, 2021. 1. 1. 시행된 개정 도로교통법에서 개인형 이동장치를 규정하면서 이를 자전거와 동일하게 규제하고 있고, 양자를 합하여 "자전거등"으로 규정하고 있으므로 관련 개념 및 기출된 조문을 정확히 기억할 필요가 있습니다.

39 다음 긴급자동차에 대한 설명으로 틀린 것은?

(2009년 제2차 - 현행법 반영 수정)

① 긴급자동차는 긴급하고 부득이한 경우 도로의 중앙이나 좌측 부분을 통행할 수 있다.

② 긴급자동차에 대하여는 도로교통법 제21조(앞지르기 방법) 제1항, 제22조(앞지르기 금지의 시기 및 장소), 제23조(끼어들기의 금지) 등에 관한 규정을 적용하지 아니한다.

③ 민방위업무를 수행하는 기관에서 긴급예방 또는 복구를 위한 출동에 사용되는 자동차는 이를 사용하는 사람 또는 기관 등의 신청에 의하여 시·도경찰청장이 지정하는 경우에 한해 긴급자동차의 특례를 적용받을 수 있다.

④ 시·도경찰청장은 지정받은 긴급자동차가 자동차의 색칠·사이렌 또는 경광등이 도로교통법시행령 제3조 제1항에 따른 자동차안전기준에 규정된 긴급자동차에 관한 구조에 적합하지 아니한 경우 그 지정을 취소할 수 있다.

해설 ① 「**도로교통법**」 **제29조 제1항**, ③ 「**도로교통법 시행령**」 **제2조 제1항 단서 제7호**, ④ 「**도로교통법 시행규칙**」 **제4조 제1항**

② 「**도로교통법**」 **제30조**에 의하면 (도로교통법상 모든)긴급자동차에 대해 제17조(자동차등과 노면전차의 속도), 제22조(앞지르기 금지의 시기 및 장소), 제23조(끼어들기의 금지)에 관한 규정은 적용되지 않는다. 다만, 제21조(앞지르기 방법 등) 제1항은 소방차, 구급차, 혈액공급차량, 대통령령으로 정하는 경찰용 자동차(범죄수사·교통단속·그 밖의 긴급한 경찰업무 수행에 사용되는 자동차)에 대해서만 적용되지 않고 나머지 긴급자동차에 대해서는 적용된다. 따라서 제30조 단서에 해당하지 않는 긴급자동차에 대해서는 도로교통법 제21조(앞지르기 방법 등) 제1항이 여전히 적용되므로 틀린 설명이다.

【긴급자동차에 대한 특례】 - 도로교통법 제30조

(모든) 긴급자동차	1. 제17조(자동차등과 노면전차의 속도)에 따른 자동차등의 속도 제한. 　- 단, 제17조에 따라 긴급자동차에 대하여 속도를 제한한 경우 같은 조의 규정 적용 2. 제22조(앞지르기 금지의 시기 및 장소)에 따른 앞지르기의 금지 3. 제23조(끼어들기의 금지)에 따른 끼어들기의 금지
· 소방차 · 구급차 · 혈액공급차량 · 범죄수사·교통단 속, 그 밖의 긴급한	4. 제5조(신호 또는 지시에 따를 의무)에 따른 신호위반 5. 6. 제13조(차마의 통행) 제1항에 따른 보도침범 및 제3항에 따른 중앙선 침범 7. 제18조(횡단 등의 금지)에 따른 횡단 등의 금지 8. 제19조(안전거리 확보 등)에 따른 안전거리 확보 등 9. 제21조(앞지르기 방법 등) 제1항에 따른 앞지르기 방법 등(※ 제2호와 구별에

	유의)
경찰업무 수행에 사용되는 자동차	10. 제32조(정차 및 주차의 금지)에 따른 정차 및 주차의 금지
	11. 제33조(주차금지의 장소)에 따른 주차금지
	12. 제66조(고장 등의 조치)에 따른 고장 등의 조치

분석

긴급자동차는 최근 12년간 독립된 유형의 문제로 1회 출제되었고, 도로교통법 및 동법 시행령과 시행규칙상 관련 규정을 알고 있는지 확인하는 수준이었습니다. 기출 경향에 비추어 중요도는 다소 떨어지지만, 시행령과 시행규칙까지 출제되었다는 점에서 시행령에 규정된 긴급자동차의 종류(신청에 의하는 경우와 그렇지 않은 경우)는 구분하여 기억할 필요가 있습니다. 아래의 표를 참고하기 바랍니다. 아울러 긴급자동차의 특례(제30조)는 2021. 1. 21. 시행된 개정 도로교통법에서 긴급자동차의 종류에 따른 특례의 범위를 구분하고 있고, 당해 조문이 기출된 적이 있으므로 개정된 내용을 정확히 기억해야 향후 출제 가능성에 대비할 수 있다.

【긴급자동차의 종류】 – 지정권자: 시·도경찰청장

신청에 따른 시·도경찰청장의 지정이 필요 없는 경우	신청에 따른 시·도경찰청장의 지정이 필요한 경우
1. 경찰용 자동차 중 범죄수사, 교통단속, 그 밖의 긴급한 경찰업무 수행에 사용되는 자동차 2. 국군 및 주한 국제연합군용 자동차 중 군 내부의 질서 유지나 부대의 질서 있는 이동을 유도하는 데 사용되는 자동차 3. 수사기관의 자동차 중 범죄수사를 위하여 사용되는 자동차 4. 다음 각 목의 어느 하나에 해당하는 시설 또는 기관의 자동차 중 도주자의 체포 또는 수용자, 보호관찰 대상자의 호송·경비를 위하여 사용되는 자동차 　가. 교도소·소년교도소 또는 구치소 　나. 소년원 또는 소년분류심사원 　다. 보호관찰소 5. 국내외 요인에 대한 경호업무 수행에 공무로 사용되는 자동차	6. 전기사업, 가스사업, 그 밖의 공익사업을 하는 기관에서 위험 방지를 위한 응급작업에 사용되는 자동차 7. 민방위업무를 수행하는 기관에서 긴급예방 또는 복구를 위한 출동에 사용되는 자동차 8. 도로관리를 위하여 사용되는 자동차 중 도로상의 위험을 방지하기 위한 응급작업에 사용되거나 운행이 제한되는 자동차를 단속하기 위하여 사용되는 자동차 9. 전신·전화의 수리공사 등 응급작업에 사용되는 자동차 10. 긴급한 우편물의 운송에 사용되는 자동차 11. 전파감시업무에 사용되는 자동차

40 도로교통법상 통고처분에 대한 설명 중 맞는 것은 모두 몇 개인가? (2010년 제1차 – 현행법 반영 수정)

> ㉠ 범칙금 통고처분 제도란 경미한 법규위반자에 대하여 경찰관이 범칙금을 납부할 것을 통고하는 형사처분으로 이행시 확정판결과 같은 효력이 발생한다.
> ㉡ 도로교통법상 범칙자란 상습적 범칙행위자, 구류의 형에 해당하는 자, 18세 미만인 자를 제외한 범칙행위자를 말한다.
> ㉢ 도로교통법상의 범칙자 중 성명이나 주소가 확실하지 아니한 사람, 달아날 우려가 있는 사람, 범칙금 납부통고서를 받기 거부한 사람에 대해서는 통고처분 대상의 예외에 해당한다.
> ㉣ 범칙금 납부통고서 받기를 거부한 사람에 대해서는 즉결심판을 청구할 수 있다.

① 1개　　　② 2개　　　③ 3개　　　④ 4개

해설 ㉢「**도로교통법**」제163조 제1항 단서 옳은 설명이다. 제163조 제1항 각 호에 해당하는 사람에 대해서는 통고처분을 하는 것이 아니라 제165조 제1항 제1호에 따라 지체 없이 즉결심판을 청구하여야 한다.

ⓐ "형사처분"의 개념이 명확하지 않아 논란의 여지가 있다. 형사처분은 사법권(법원)이 행하는 형벌에 의한 제재라는 전제에서 범칙금 통고처분 제도는 행정권의 작용에 의해 재산적 제재를 가하는 조치로 사법권의 작용인 형사처분으로 보기는 어렵다. 틀린 설명이다. 다만, 도로교통법 제164조 제3항은 "제1항이나 제2항에 따라 범칙금을 낸 사람은 범칙행위에 대하여 다시 벌 받지 아니한다."고 규정하고 있다(이중처벌의 금지). <u>도로교통법상의 통고처분은 행정소송의 대상이 되는 행정처분은 아니라는 것이 대법원의 입장(95누4674 판결)이므로 통고처분이 행정처분이므로 ⓐ이 오답이라고 설명할 수는 없다.</u>

ⓑ <u>「도로교통법」 제162조 제2항</u> "이 장에서 <u>"범칙자"란 범칙행위를 한 사람으로서 다음 각 호의 어느 하나에 해당하지 아니하는 사람</u>을 말한다. 1. 범칙행위 당시 제92조 제1항에 따른 운전면허증등 또는 이를 갈음하는 증명서를 제시하지 못하거나 경찰공무원의 운전자 신원 및 운전면허 확인을 위한 질문에 응하지 아니한 운전자, 2. 범칙행위로 교통사고를 일으킨 사람. 다만, 「교통사고처리 특례법」 제3조 제2항 및 제4조에 따라 업무상과실치상죄ㆍ중과실치상죄 또는 이 법 제151조의 죄에 대한 벌을 받지 아니하게 된 사람은 제외한다." 지문의 내용은 경범죄 처벌법 제6조 제2항에 따른 범칙자에 해당하지 않는 사람에 대한 것이다.

ⓒ <u>「도로교통법」 제165조 제1항</u> "<u>경찰서장 또는 제주특별자치도지사는 다음 각 호의 어느 하나에 해당하는 사람에 대해서는 지체 없이 즉결심판을 청구하여야 한다.</u> 다만, 제2호에 해당하는 사람으로서 즉결심판이 청구되기 전까지 통고받은 범칙금액에 100분의 50을 더한 금액을 납부한 사람에 대해서는 그러하지 아니하다. 1. 제163조 제1항 각 호의 어느 하나에 해당하는 사람(주: 성명이나 주소가 확실하지 아니한 사람, 달아날 우려가 있는 사람, <u>범칙금 납부통고서 받기를 거부한 사람</u>), 2. 제164조 제2항에 따른 납부기간에 범칙금을 납부하지 아니한 사람"

분석

도로교통법상 통고처분은 최근 12년간 독립된 유형의 문제로 1회 출제되었고, 통고처분 제도의 의의 및 도로교통법상 조문의 내용을 알고 있는지 확인하는 수준에서 출제되었습니다. 실무에서 많이 활용되는 제도로 향후 출제 가능성이 있으므로 도로교통법의 조문을 잘 숙지하기 바랍니다. 실무적으로 교통사고처리 특례법 제3조 제2항 단서 각 호의 사유(예외사고의 사유)에 해당하는 행위로 신고되어 경찰관이 현장에 출동하여 확인한 결과, 피해자가 상해사실을 주장하지 않고 외관상으로도 상해사실이 확인되지 않아 경찰관이 범칙금 납부통고서를 발부하고 대상자는 범칙금을 납부하였으나, 이후 피해자가 진단서를 첨부하여 상해사실을 주장하는 경우 교통사고처리 특례법 위반죄로 다시 처벌할 수 있는지 여부와 관련하여 도로교통법 제165조 제3항("범칙금을 납부한 사람은 그 범칙행위에 대하여 다시 벌 받지 아니한다")의 의미를 밝히고 있는 2006도4322 판결의 내용(결론: 형사처벌할 수 있음)을 잘 숙지하고 있어야 출제 가능성에 대비할 수 있습니다.

01 어린이 보호구역 내 주요 법규위반의 벌칙에 관한 다음 설명 중 가장 적절하지 않은 것은? (위반행위는 어린이 보호구역 안에서 오후 1시에 이루어진 것으로 한다.)

(2012년 제2차 – 현행법 반영 수정)

① 적용시간은 오전 8시부터 오후 8시까지이다.

② 적용대상 법규위반 행위에는 통행금지 · 제한위반, 주 · 정차위반, 속도위반, 신호 · 지시위반, 보행자보호의무불이행이 있다.

③ 승합자동차를 이용하여 신호를 위반하다 단속되는 경우, 범칙금 13만원과 운전면허 벌점 30점이 부과된다.

④ 승합자동차를 이용하여 규정 속도를 15Km/h 초과 운행하다 단속되는 경우, 범칙금 6만원과 운전면허 벌점 30점이 부과된다.

해설 「**도로교통법 시행령**」 **제93조 제2항** "별표 8에도 불구하고 어린이보호구역 및 노인 · 장애인보호구역에서 <u>오전 8시부터 오후 8시까지</u> 법 제5조, 제6조 제1항 · 제2항 · 제4항, 제17조 제3항, 제27조, 제32조부터 제34조까지 및 제35조 제1항의 어느 하나에 해당하는 범칙행위를 한 경우 범칙금액은 별표 10과 같다."

도로교통법 시행령 제93조(범칙행위의 범위와 범칙금액) 제2항 별표10 (아래의 표 참조) 및 시행규칙 별표28 주4

범칙행위	근거 법조문 (도로교통법)	차량 종류별 범칙금액
1. <u>신호 · 지시 위반</u> 2. <u>횡단보도 보행자 횡단 방해</u>	제5조 제27조 제1항 · 제2항	1) <u>승합자동차등: 13만원</u> 2) 승용자동차등: 12만원 3) 이륜자동차등: 8만원 4) 자전거등: 6만원
3. 속도위반 　가. 60km/h 초과	제17조 제3항	1) 승합자동차등: 16만원 2) 승용자동차등: 15만원 3) 이륜자동차등: 10만원
나. 40km/h 초과 60km/h 이하		1) 승합자동차등: 13만원 2) 승용자동차등: 12만원 3) 이륜자동차등: 8만원
다. 20km/h 초과 40km/h 이하		1) 승합자동차등: 10만원 2) 승용자동차등: 9만원 3) 이륜자동차등: 6만원
라. <u>20km/h 이하</u>		1) <u>**승합자동차등: 6만원**</u> 2) 승용자동차등: 6만원 3) 이륜자동차등: 4만원

4. 통행 금지 · 제한 위반 5. <u>보행자 통행 방해 또는 보호 불이행</u>	제6조 제1항 · 제2항 · 제4항 제27조 제3항부터 제5항까지	1) 승합자동차등: 9만원 2) 승용자동차등: 8만원 3) 이륜자동차등: 6만원 4) 자전거등: 4만원
6. 정차 · 주차 금지 위반 7. 주차금지 위반 8. 정차 · 주차방법 위반 9. 정차 · 주차 위반에 대한 조치 불응	제32조 제33조 제34조 제35조 제1항	**(어린이보호구역에서 위반)** 1) 승합자동차등: 13만원 2) 승용자동차등: 12만원 3) 이륜자동차등: 9만원 4) 자전거등: 6만원 **(노인 · 장애인보호구역에서 위반)** 1) 승합자동차등: 9만원 2) 승용자동차등: 8만원 3) 이륜자동차등: 6만원 4) 자전거등: 4만원

※ **유의**: 도로교통법 시행규칙 별표28 주4에 의하면 어린이 보호구역 및 노인 · 장애인보호구역 안에서 오전 8시부터 오후 8시까지 사이에 3호의2 속도위반(60k 초과~80 이하 - 60점), 9호 속도위반(40k 초과~60 이하 - 30점), 14호 <u>신호 · 지시위반</u> 및 15호 속도위반(20k 초과~40 이하 - <u>15점</u>) 또는 25호 보행자보호불이행(정지선위반 포함 - 10점)의 어느 하나에 해당하는 위반행위를 한 운전자에 대해서는 <u>별표28에 따른 벌점의 2배에 해당하는 벌점을 부과하도록 규정하고 있다.</u> 따라서 신호위반의 경우 원래 벌점 15점의 2배인 30점이 부과되지만, <u>20k 이하의 속도위반의 경우 별표28 제15조의2(속도위반 - 어린이보호구역 안에서 오전 8시부터 오후 8시까지 사이에 제한속도를 20k 이내에서 초과한 경우에 한정한다)에 따라 원래 벌점 15점이 부과되고 2배 가산되지 않는다.</u>

> **분석**
>
> 어린이 보호구역과 관련하여 최근 12년간 독립된 유형의 문제로 1회 출제되었고, 도로교통법 시행령 제93조 제2항의 조문 내용과 별표10 그리고 도로교통법 시행규칙 별표28 주4에 규정되어 있는 어린이 보호구역에서 위반행위가 있는 경우 벌점 2배 가산 항목이 어떤 것인지 알고 있는지 확인하는 수준이었습니다. 표의 내용을 정확히 암기하고 있지 않으면 해결할 수 없는 문제이고, 어린이 보호구역의 경우 일명 "민식이법"을 통해 최근 공론화가 되었던 부분이므로 향후 다시 출제될 가능성이 높습니다. 아울러 어린이 보호구역과 관련된 도로교통법 제12조(어린이 보호구역의 지정 및 관리)의 경우 "시 · 도경찰청장, 경찰서장 또는 시장등은 제3항을 위반하는 행위 등의 단속을 위하여 어린이 보호구역의 도로 중에서 행정안전부령으로 정하는 곳에 우선적으로 제4조의2에 따른 무인 교통단속용 장비를 <u>설치하여야 한다</u>(설치할 수 있다X)"는 제4항과 "시장등은 제1항에 따라 지정한 어린이 보호구역에 어린이의 안전을 위하여 다음 각 호에 따른 시설 또는 장비(1. 어린이 보호구역으로 지정한 시설의 주 출입문과 가장 가까운 거리에 있는 간선도로상 횡단보도의 신호기, 2. 속도 제한 및 횡단보도에 관한 안전표지, 3. 「도로법」 제2조 제2호에 따른 도로의 부속물 중 과속방지시설 및 차마의 미끄럼을 방지하기 위한 시설, 4. 그 밖에 교육부, 행정안전부 및 국토교통부의 공동부령으로 정하는 시설 또는 장비)를 우선적으로 설치하거나 관할 도로관리청에 해당 시설 또는 장비의 설치를 <u>요청하여야 한다</u>(요청할 수 있다X)"는 제5항이 신설되었으므로 조문의 내용을 정확히 기억하고 있어야 합니다.

02 아래는 「도로교통법 시행규칙」 별표 28 운전면허 취소 · 정지처분 기준의 일부를 발췌한 것이다. 다음 중 옳은 것은? (2018년 제3차)

> 1. 일반기준
> 바. 처분기준의 감경
> (1) 감경사유
> (가) 음주운전으로 운전면허 취소처분 또는 정지처분을 받은 경우
>   운전이 가족의 생계를 유지할 중요한 수단이 되거나, ㉠ 모범운전자로서 처분 당시 2년 이상 교통봉사활동에 종사하고 있거나, 교통사고를 일으키고 도주한 운전자를 검거하여 경찰서장 이상의 표창을 받은 사람으로서 다음의 어느 하나에 해당되는 경우가 없어야 한다.
>   1) ㉡ 혈중알콜농도가 0.15퍼센트를 초과하여 운전한 경우
>   2) 음주운전 중 인적피해 교통사고를 일으킨 경우
>   3) 경찰관의 음주측정요구에 불응하거나 도주한 때 또는 단속경찰관을 폭행한 경우
>   4) ㉢ 과거 5년 이내에 3회 이상의 인적피해 교통사고의 전력이 있는 경우
>   5) ㉣ 과거 3년 이내에 음주운전의 전력이 있는 경우

① ㉠   ② ㉡   ③ ㉢   ④ ㉣

해설 ㉢ 옳은 설명이다.
㉠ 3년 이상 교통봉사활동에 종사 ㉡ 혈중알코올농도 0.1퍼센트 초과 ㉣ 과거 5년 이내
「도로교통법 시행규칙」 별표28 "(가) 음주운전으로 운전면허 취소처분 또는 정지처분을 받은 경우: 운전이 가족의 생계를 유지할 중요한 수단이 되거나, ㉠ 모범운전자로서 처분 당시 3년 이상 교통봉사활동에 종사하고 있거나, 교통사고를 일으키고 도주한 운전자를 검거하여 경찰서장 이상의 표창을 받은 사람으로서 다음의 어느 하나에 해당되는 경우가 없어야 한다. 1) 혈중알콜농도가 0.1퍼센트를 초과하여 운전한 경우, 2) 음주운전 중 인적피해 교통사고를 일으킨 경우, 3) 경찰관의 음주측정요구에 불응하거나 도주한 때 또는 단속경찰관을 폭행한 경우, 4) 과거 5년 이내에 3회 이상의 인적피해 교통사고의 전력이 있는 경우, 5) 과거 5년 이내에 음주운전의 전력이 있는 경우"

분석 운전면허 취소 · 정지처분 기준과 관련하여 최근 12년간 독립된 유형의 문제로 1회 출제되었고, 도로교통법 시행규칙 별표 28 가운데 처분기준의 감경을 정확히 알고 있는지를 확인하는 수준이었습니다. 기출 경향에 의하면 도로교통법 시행규칙 별표 28의 다른 내용도 향후에 출제될 가능성이 있으므로, "벌점 등 초과로 인한 운전면허의 취소 · 정지", "처분벌점 및 정지처분 집행일수의 감경" 및 "처분기준의 감경 중 벌점 · 누산점수 초과로 인하여 운전면허 취소처분을 받은 경우"에 나오는 기간과 벌점 및 기준은 정확히 기억하고 있어야 합니다.

03 「도로교통법 시행규칙」상 안전표지에 대한 설명 중 적절하지 않은 것을 모두 고른 것은?

(2020년 제1차)

⊙ 보조표지 – 도로상태가 위험하거나 도로 또는 그 부근에 위험물이 있는 경우에 필요한 안전조치를 할 수 있도록 이를 도로사용자에게 알리는 표지
ⓒ 규제표지 – 도로교통의 안전을 위하여 각종 제한 금지 등의 규제를 하는 경우에 이를 도로사용자에게 알리는 표지
ⓒ 노면표시 – 주의표지 규제표지 또는 지시표지의 주기능을 보충하여 도로사용자에게 알리는 표지
ⓔ 지시표지 – 도로의 통행방법 통행구분 등 도로교통의 안전을 위하여 필요한 지시를 하는 경우에 도로사용자가 이에 따르도록 알리는 표지

① ⊙ ⓒ   ② ⓒ ⓒ   ③ ⊙ ⓒ   ④ ⓒ ⓔ

해설 【안전표지의 종류와 내용】 – 도로교통법 시행규칙 제8조

종류	내용
주의표지	도로상태가 위험하거나 도로 또는 그 부근에 위험물이 있는 경우에 필요한 안전조치를 할 수 있도록 이를 도로사용자에게 알리는 표지
규제표지	도로교통의 안전을 위하여 각종 제한 · 금지 등의 규제를 하는 경우에 이를 도로사용자에게 알리는 표지
지시표지	도로의 통행방법 · 통행구분 등 도로교통의 안전을 위하여 필요한 지시를 하는 경우에 도로사용자가 이에 따르도록 알리는 표지
보조표지	주의표지 · 규제표지 또는 지시표지의 주기능을 보충하여 도로사용자에게 알리는 표지
노면표시	도로교통의 안전을 위하여 각종 주의 · 규제 · 지시 등의 내용을 노면에 기호 · 문자 또는 선으로 도로사용자에게 알리는 표지

04 「도로교통법 시행규칙」상 도로상태가 위험하거나 도로 또는 그 부근에 위험물이 있는 경우에 필요한 안전조치를 할 수 있도록 이를 도로사용자에게 알리는 '안전표지'는 무엇인가?   (2014년 제1차)

① 주의표지   ② 규제표지   ③ 지시표지   ④ 보조표지

해설 주의표지에 대한 설명이다. 【안전표지의 종류와 내용】 참조.

05 다음 중 교통안전표지의 종류로 옳은 것은?

(2009년 제1차)

① 보조표지, 주의표지, 규제표지, 노면표시, 지시표지
② 주의표지, 규제표지, 안내표지, 경고표지, 보고표지
③ 규제표지, 지시표지, 안내표지, 보조표지, 노면표시
④ 노면표시, 규제표지, 안전표지, 지시표지, 보조표지

해설 3번 해설 참조

01 도로교통법상 개념의 "정의(제2조)"에 대한 설명으로 틀린 것은?

① 현실적으로 불특정 다수의 사람 또는 차마가 통행할 수 있도록 공개된 장소로서 안전하고 원활한 교통을 확보할 필요가 있는 장소는 도로교통법상의 "도로"에 해당한다.

② "고속도로"란 자동차의 고속 운행에만 사용하기 위하여 지정된 도로를 말한다.

③ 가변차로(제14조 제1항 후단)가 설치된 경우에는 신호기가 지시하는 진행방향의 가장 왼쪽에 있는 황색 점선이 도로교통법상의 "중앙선"에 해당한다.

④ "차로"란 차마가 한 줄로 도로의 정하여진 부분을 통행하도록 차선으로 구분한 도로의 부분을 말한다.

> **해설** ①「**도로교통법**」제2조 제1호 라목, ②제2조 제3호, ③제2조 제5호 단서
> ④「**도로교통법**」제2조 제6호 ""차로"란 차마가 한 줄로 도로의 정하여진 부분을 통행하도록 차선(車線)으로 구분한 <u>차도의 부분</u>을 말한다."

02 도로교통법상 개념의 "정의(제2조)"에 대한 설명으로 틀린 것은?

① "개인형 이동장치"란 원동기장치자전거(도로교통법 제19호 나목) 중 시속 25킬로미터 이상으로 운행할 경우 전동기가 작동하지 아니하고 차체 중량이 30킬로그램 미만인 것으로서 행정안전부령으로 정하는 것을 말한다.

② "자전거도로"란 안전표지, 위험방지용 울타리나 그와 비슷한 인공구조물로 경계를 표시하여 자전거 및 개인형 이동장치가 통행할 수 있도록 설치된 자전거 이용 활성화에 관한 법률 제3조 각 호의 도로를 말한다.

③ "보도"란 연석선, 안전표지나 그와 비슷한 인공구조물로 경계를 표시하여 보행자와 개인형 이동장치가 통행할 수 있도록 한 도로의 부분을 말한다.

④ "자전거횡단도"란 자전거 및 개인형 이동장치가 일반도로를 횡단할 수 있도록 안전표지로 표시한 도로의 부분을 말한다.

> **해설** ①「**도로교통법**」제2조 제19호의2, ②제2조 제8호, ④제2조 제9호 ①과 관련하여 2020. 12. 10. 시행된 개정 도로교통법에서 개인형 이동장치가 새로 규정되었고, 이를 포함하여 개정된 내용에 유의한다.
> ③「**도로교통법**」제2조 제10호 ""**보도**"(步道)란 연석선, 안전표지나 그와 비슷한 인공구조물로 경계를 표시하여 <u>보행자(유모차와 행정안전부령으로 정하는 보행보조용 의자차를 포함한다.)</u>가 통행할 수 있도록 한 도로의 부분을 말한다." 원동기장치자전거인 개인형 이동장치는 포함되지 않는다.

03 도로교통법상 개념의 "정의(제2조)"에 대한 설명으로 옳은 것은?

① "길가장자리구역"이란 보도와 차도가 구분된 도로에서 보행자의 안전을 확보하기 위하여 안전표지 등으로 경계를 표시한 도로의 가장자리 부분을 말한다.

② "횡단보도"란 보행자와 개인형 이동장치가 도로를 횡단할 수 있도록 안전표지로 표시한 도로의 부분을 말한다.

③ "안전표지"란 교통안전에 필요한 주의·규제·지시 등을 표시하는 표지판(도로의 바닥에 표시하는 기호·문자 또는 선 등을 제외한다)을 말한다.

④ "안전지대란 도로를 횡단하는 보행자나 통행하는 차마의 안전을 위하여 안전표지나 이와 비슷한 인공구조물로 표시한 도로의 부분을 말한다.

해설 ① 「**도로교통법**」 제2조 제11호 ""길가장자리구역"이란 <u>보도와 차도가 구분되지 아니한 도로</u>에서 보행자의 안전을 확보하기 위하여 안전표지 등으로 경계를 표시한 도로의 가장자리 부분을 말한다."
② 「**도로교통법**」 제2조 제12호 ""횡단보도"란 <u>보행자가 도로를 횡단할 수 있도록</u> 안전표지로 표시한 도로의 부분을 말한다." 개인형 이동장치 및 자전거는 포함되어 있지 않고, 양자는 도로교통법상 "차"에 해당한다.
③ 「**도로교통법**」 제2조 제16호 ""안전표지"란 교통안전에 필요한 주의 · 규제 · 지시 등을 표시하는 표지판이나 <u>도로의 바닥에 표시하는 기호 · 문자 또는 선 등을 말한다.</u>"
④ 「**도로교통법**」 제2조 제14호

04 도로교통법상 개념의 "정의(제2조)"에 대한 설명으로 틀린 것은?

① 도로교통법상 "차마"란 차와 우마를 말하고, 철길이나 가설된 선을 이용하여 운전되는 것은 "차"에 해당하지만, 유모차와 행정안전부령으로 정하는 보행보조용 의자차는 해당하지 않는다.
② "교차로"란 '십'자로, 'T'자로나 그 밖에 둘 이상의 도로(보도와 차도가 구분되어 있는 도로에서는 차도를 말한다)가 교차하는 부분을 말한다.
③ "차선"이란 차로와 차로를 구분하기 위하여 그 경계지점을 안전표지로 표시한 선을 말한다.
④ "차도"란 연석선(차도 · 보도를 구분하는 돌 등으로 이어진 선), 안전표지 또는 그와 비슷한 인공구조물을 이용하여 경계를 표시하여 모든 차가 통행할 수 있도록 설치된 도로의 부분을 말한다.

해설 ① 「**도로교통법**」 제2조 제17호 가목 5) 단서 "가. "차"란 다음의 어느 하나에 해당하는 것을 말한다. 1) 자동차, 2) 건설기계, 3) 원동기장치자전거, 4) 자전거, 5) 사람 또는 가축의 힘이나 그 밖의 동력(動力)으로 도로에서 운전되는 것. 다만, <u>철길이나 가설(架設)된 선을 이용하여 운전되는 것, 유모차와 행정안전부령으로 정하는 보행보조용 의자차는 제외한다.</u>"
② 「**도로교통법**」 제2조 제13호, ③ 제2조 제7호, ④ 제2조 제4호

05 도로교통법상 개념의 "정의(제2조)"에 대한 설명으로 옳은 것은?

① 자동차관리법 제3조에 따른 이륜자동차 가운데 배기량 125시시 이하(전기를 동력으로 하는 경우에는 최고정격출력 15킬로와트 이하)는 도로교통법상의 "원동기장치자전거"에 해당한다.
② "자전거"란 자전거 이용 활성화에 관한 법률 제2조 제1호에 따른 자전거(제1호의2에 따른 전기자전거를 제외한다)를 말한다.
③ "자동차등"이란 자동차와 원동기장치자전거를 말한다.
④ "자전거등"이란 자전거와 전기자전거를 말한다.

해설 ① 「**도로교통법**」 제2조 제19호 가목 ""원동기장치자전거"란 다음 각 목의 어느 하나에 해당하는 차를 말한다. 가. 「자동차관리법」 제3조에 따른 이륜자동차 가운데 배기량 <u>125시시 이하</u>(전기를 동력으로 하는 경우에는 <u>최고정격출력 11킬로와트 이하</u>)의 이륜자동차, 나. 그 밖에 배기량 125시시 이하(전기를 동력으로 하는 경우에는 최고정격출력 11킬로와트 이하)의 원동기를 단 차(「자전거 이용 활성화에 관한 법률」 제2조 제1호의2에 따른 <u>전기자전거는 제외한다</u>)"
② 「**도로교통법**」 제2조 제20호 ""자전거"란 「자전거 이용 활성화에 관한 법률」 제2조 제1호 및 제1호의2에 따른 <u>자전거 및 전기자전거를 말한다.</u>"
③ 「**도로교통법**」 제2조 제21호
④ 「**도로교통법**」 제2조 제21호의2 ""자전거등"이란 <u>자전거와 개인형 이동장치를 말한다.</u>"

06 도로교통법상 개념의 "정의(제2조)"에 대한 설명으로 틀린 것은?

① "긴급자동차"란 소방차, 구급차, 혈액 공급차량, 그 밖에 대통령령으로 정하는 자동차로서 그 본래의 긴급한 용도로 사용되고 있는 자동차를 말한다.

② "정차"란 운전자가 10분을 초과하지 아니하고 차를 정지시키는 것으로서 주차 외의 정지 상태를 말한다.

③ "주차"란 운전자가 승객을 기다리거나 화물을 싣거나 차가 고장 나거나 그 밖의 사유로 차를 계속 정지 상태에 두는 것 또는 운전자가 차에서 떠나서 즉시 그 차를 운전할 수 없는 상태에 두는 것을 말한다.

④ 도로교통법상 도로가 아닌 곳에서 무면허운전을 한 경우 도로교통법위반에 해당하지 않는다.

해설 ① 「도로교통법」 제2조 제22호, ③ 제2조 제24호, ④ 「도로교통법」 제2조 제26호 ④와 관련하여 도로교통법이 적용되는 장소는 원칙적으로 도로에 한정되고, 다만 제44조(술에 취한 상태에서의 운전 금지), 제45조(과로한 때 등의 운전 금지), 제54조(사고발생 시의 조치) 제1항(사고후미조치), 제148조(사고후미조치에 대한 처벌 규정), 제148조의2(음주운전 및 약물운전에 대한 처벌 규정), 제156조 제10호(속칭 문콕 사고)는 <u>도로 외에서도 적용되나</u>, 무면허운전은 여기에 해당이 없으므로 도로교통법위반에 해당하지 않는다.
② 「도로교통법」 제2조 제25호 ""정차"란 운전자가 <u>5분을 초과하지 아니하고</u> 차를 정지시키는 것으로서 주차 외의 정지 상태를 말한다."

07 도로교통법상 개념의 "정의(제2조)"에 대한 설명으로 옳은 것은 모두 몇 개인가?

> ㉠ "초보운전자"란 처음 운전면허를 받은 날(처음 운전면허를 받은 날부터 2년이 지나기 전에 운전면허의 취소처분을 받은 경우에는 그 후 다시 운전면허를 받은 날을 말한다)부터 2년이 지나지 아니한 사람을 말하고, 이 경우 원동기장치자전거면허만 받은 사람이 원동기장치자전거면허 외의 운전면허를 받은 경우에는 처음 운전면허를 받은 것으로 본다.
> ㉡ "차도"란 연석선, 안전표지 또는 그와 비슷한 인공구조물을 이용하여 경계를 표시하여 모든 차가 통행할 수 있도록 설치된 도로의 부분을 말한다.
> ㉢ "자전거횡단도"란 자전거 및 개인형 이동장치가 일반도로를 횡단할 수 있도록 안전표지로 표시한 도로의 부분을 말한다.
> ㉣ "길가장자리구역"이란 보도와 차도가 구분된 도로에서 보행자의 안전을 확보하기 위하여 안전표지 등으로 경계를 표시한 도로의 가장자리 부분을 말한다.
> ㉤ "보행자전용도로"란 보행자와 자전거등이 다닐 수 있도록 안전표지나 그와 비슷한 인공구조물로 표시한 도로를 말한다.

① 3개   ② 4개   ③ 5개   ④ 6개

해설 「도로교통법」 제2조: ㉠ ㉡ ㉢이 옳은 설명이다.
㉣ 제2조 제11호: 길가장자리구역은 <u>보도와 차도가 구분되지 아니한 도로</u>에서 보행자의 안전을 확보하기 위하여 안전표지 등으로 경계를 표시한 도로의 가장자리 부분을 말한다.
㉤ 제2조 제31호: 보행자만 다닐 수 있는 도로를 말한다. <u>개인형 이동장치와 자전거는 포함되지 않는다.</u>

08 도로교통법 시행규칙에 따른 "차량신호등의 원형등화"에 대한 설명으로 옳은 것은?

① 황색등화의 점멸인 경우 차마는 정지선이나 횡단보도가 있을 때에는 그 직전이나 교차로의 직전에서 일시정지한 후 다른 교통에 주의하면서 진행할 수 있다.

② 황색등화인 경우 차마는 정지선이 있거나 횡단보도가 있을 때에는 그 직전이나 교차로의 직전에 정지하여야 한다.

③ 적색등화의 점멸인 경우 차마는 다른 교통 또는 안전표지의 표시에 주의하면서 진행할 수 있다.

④ 적색등화인 경우 차마는 정지선·횡단보도·교차로의 직전에서 정지하여야 하고, 우회전할 수 없다.

> **해설** 「**도로교통법 시행규칙**」 제6조 제2항 **별표 2**: "차량신호등의 원형등화" 발췌

구분	신호의 종류	신호의 뜻
원형등화	녹색의 등화	1. 차마는 직진 또는 우회전할 수 있다. 2. 비보호좌회전표지 또는 비보호좌회전표시가 있는 곳에서는 좌회전할 수 있다.
	황색의 등화	1. 차마는 정지선이 있거나 횡단보도가 있을 때에는 그 직전이나 교차로의 직전에 정지하여야 하며, 이미 교차로에 차마의 일부라도 진입한 경우에는 신속히 교차로 밖으로 진행하여야 한다. 2. 차마는 우회전할 수 있고 우회전하는 경우에는 보행자의 횡단을 방해하지 못한다.
	적색의 등화	차마는 정지선, 횡단보도 및 교차로의 직전에서 정지하여야 한다. 다만, 신호에 따라 진행하는 다른 차마의 교통을 방해하지 아니하고 우회전할 수 있다.
	황색 등화의 점멸	차마는 다른 교통 또는 안전표지의 표시에 주의하면서 진행할 수 있다.
	적색 등화의 점멸	차마는 정지선이나 횡단보도가 있을 때에는 그 직전이나 교차로의 직전에 일시정지한 후 다른 교통에 주의하면서 진행할 수 있다.

09 도로교통법 시행규칙에 따른 "신호기의 성능"에 대한 설명이다. 괄호 안에 들어갈 숫자의 연결로 옳은 것은?

> 1. 등화의 밝기는 낮에 (㉠)미터 앞쪽에서 식별할 수 있도록 할 것
> 2. 등화의 빛의 발산각도는 사방으로 각각 (㉡)도 이상으로 할 것

① ㉠ - 100 ㉡ - 30   ② ㉠ - 100 ㉡ - 45   ③ ㉠ - 150 ㉡ - 30   ④ ㉠ - 150 ㉡ - 45

> **해설** 「**도로교통법 시행규칙**」 제7조 제3항: 순서대로 150 - 45

10 도로교통법 시행규칙상의 "안전표지"에 대한 설명으로 틀린 것은?

① 안전표지로는 주의표지·규제표지·지시표지·보조표지·노면표시가 있다.

② 보조표지는 주의표지·규제표지 또는 지시표지의 주기능을 보충하여 도로사용자에게 알리는 표지를 말한다.

③ 주의표지는 도로교통의 안전을 위하여 각종 제한·금지 등의 규제를 하는 경우에 이를 도로사용자에게 알리는 표지를 말한다.

④ 지시표지는 도로의 통행방법·통행구분 등 도로교통의 안전을 위하여 필요한 지시를 하는 경우에 도로사용자가 이에 따르도록 알리는 표지를 말한다.

> **해설** ① 「**도로교통법 시행규칙**」 제8조 제1항, ② 제8조 제1항 제4호, ④ 제8조 제1항 제3호

③ 「**도로교통법 시행규칙**」 **제8조 제1항 제1호** "1. 주의표지: 도로상태가 위험하거나 도로 또는 그 부근에 위험물이 있는 경우에 필요한 안전조치를 할 수 있도록 이를 도로사용자에게 알리는 표지"

11 도로교통법 제5조(신호 또는 지시에 따를 의무)에 따른 신호 또는 지시를 할 수 있는 사람은?

① 의무경찰 　　　　　　　　　　　　② 녹색어머니회의 회원
③ 본래의 긴급한 용도로 운행하지 않는 소방차·구급차를 유도하는 소방공무원
④ 해병대전우회의 회원

해설 ① 「**도로교통법**」 **제5조 제1항 제1호**에 따라 신호 또는 지시를 할 수 있다.
② ③ ④ 「**도로교통법 시행령**」 **제6조** "1. 모범운전자, 2. 군사훈련 및 작전에 동원되는 부대의 이동을 유도하는 군사경찰, 3. 본래의 긴급한 용도로 운행하는 소방차·구급차를 유도하는 소방공무원"

12 도로교통법 및 동법 시행령상의 "신호 또는 지시에 따를 의무"에 대한 설명으로 틀린 것은?

① 보행자·운전자는 교통안전시설이 표시하는 신호·지시와 교통정리를 하는 경찰공무원(의무경찰 포함. 이하 같음) 및 제주특별자치도의 자치경찰공무원이 하는 신호·지시를 따라야 한다.
② 해병대전우회 및 녹색어머니회의 회원은 신호·지시를 할 수 있는 경찰공무원(자치경찰공무원 포함)을 보조하는 사람에 해당하지 않는다.
③ 본래의 긴급한 용도로 사용되고 있지 않은 소방차·구급차를 유도하는 소방공무원은 신호·지시를 할 수 있는 경찰공무원(자치경찰공무원 포함)을 보조하는 사람에 해당하지 않는다.
④ 보행자·운전자는 교통안전시설이 표시하는 신호·지시와 교통정리를 하는 경찰공무원의 신호·지시가 서로 다른 경우에는 교통안전시설이 표시하는 신호·지시에 따라야 한다.

해설 ① 「**도로교통법**」 **제5조 제1항**, ② ③ **제5조 제1항 및 동법 시행령 제6조**
④ 「**도로교통법**」 **제5조 제2항** "도로를 통행하는 보행자, 차마 또는 노면전차의 운전자는 제1항에 따른 교통안전시설이 표시하는 신호 또는 지시와 교통정리를 하는 경찰공무원 또는 경찰보조자(이하 "경찰공무원등"이라 한다)의 신호 또는 지시가 서로 다른 경우에는 경찰공무원등의 신호 또는 지시에 따라야 한다."

13 도로교통법에 따른 "어린이에 대한 보호"에 관한 설명으로 옳은 것은?

① 도로교통법상 어린이는 13세 이하인 사람을, 영유아는 6세 이하인 사람을 말한다.
② 어린이의 보호자는 교통이 빈번한 도로에서 어린이를 혼자 보행하게 하여서는 아니 되며, 영유아의 보호자는 교통이 빈번한 도로에서 영유아가 혼자 놀게 하여서는 아니 된다.
③ 어린이의 보호자는 도로에서 어린이가 개인형 이동장치를 운전하는 경우에는 어린이의 안전을 위하여 행정안전부령으로 정하는 인명보호 장구를 착용하게 하여야 한다.
④ 경찰공무원은 교통이 빈번한 도로에서 놀고 있는 어린이 또는 보호자 없이 도로를 보행하는 영유아를 발견한 경우에는 그들의 안전을 위하여 적절한 조치를 하여야 한다.

해설 ① 「**도로교통법**」 **제2조 제23호** ""어린이통학버스"란 다음 각 목의 시설 가운데 어린이(13세 미만인 사람을 말한다. 이하 같다)를 교육 대상으로 하는 시설에서 어린이의 통학 등에 이용되는 자동차와 「여객자동차 운수사업법」 제4조 제3항에 따른 여객자동차운송사업의 한정면허를 받아 어린이를 여객대상으로 하여 운행되는 운송사업용 자동차를 말한다." 및 **제11조 제1항** "어린이의 보호자는 교통이 빈번한 도로에서 어린이를 놀게 하여서는 아니 되며, 영유아(6세 미만인 사람을 말한다. 이하 같다)의 보호자는 교통이 빈번한 도로에서 영유아가 혼자 보행하게 하여서는 아니 된다." 도로교통법상 어린이는 13세 미만, 영유아는 6세 미만인 사람을 말한다.

② 「**도로교통법**」 제11조 제1항 "어린이의 보호자는 <u>교통이 빈번한 도로</u>에서 어린이를 놀게 하여서는 아니 되며, 영유아(6세 미만인 사람을 말한다. 이하 같다)의 보호자는 <u>교통이 빈번한 도로에서 영유아가 혼자 보행하게</u> 하여서는 아니 된다." 반대로 설명되어 있다.

③ 「**도로교통법**」 제11조 제4항 "어린이의 보호자는 <u>도로에서</u> 어린이가 <u>개인형 이동장치를 운전하게 하여서는 아니 된다.</u>" 인명보호 장구를 착용하도록 하여야 하는 때는 <u>자전거를 타거나 행정안전부령으로 정하는 위험성이 큰 움직이는 놀이기구를 타는 경우</u>이다(제11조 제3항).

④ 「**도로교통법**」 제11조 제6항

---

14 도로교통법에 따른 "어린이 보호구역의 지정 및 관리(제12조)"에 대한 설명으로 틀린 것은?

① 어린이 보호구역의 지정 및 자동차등과 노면전차의 통행속도를 시속 30킬로미터 이내로 제한할 수 있는 사람은 시장등이다.

② 시·도경찰청장·경찰서장·시장등은 위반행위 등의 단속을 위하여 어린이 보호구역의 도로 중에서 행정안전부령으로 정하는 곳에 우선적으로 무인 교통단속용 장비를 설치하여야 한다.

③ 자동차등 또는 노면전차의 운전자는 어린이 보호구역에서 도로교통법 제12조 제1항에 따른 조치를 준수하고 어린이의 안전에 유의하면서 운행하여야 한다.

④ 어린이 보호구역의 지정절차 및 기준 등에 관하여 필요한 사항은 교육부, 행정안전부 및 국토교통부의 공동부령으로 정한다.

> **해설** ① 「**도로교통법**」 제12조 제1항, ② 제12조 제4항, ④ 제12조 제2항
> ③ 「**도로교통법**」 제12조 제3항 "<u>차마</u> 또는 노면전차의 운전자는 어린이 보호구역에서 제1항에 따른 조치를 준수하고 어린이의 안전에 유의하면서 운행하여야 한다." 도로교통법상 "차마"는 차와 우마를 말하고(제2조 제17호), "자동차등"은 자동차와 원동기장치자전거를 말한다. "차"에는 자동차와 원동기장치자전거 이외에 건설기계, 자전거 등이 포함되어 차마의 범위가 넓다는 점에 유의한다.

---

15 어린이·노인 및 장애인 보호구역의 지정 및 관리에 관한 규칙에 따른 "보호구역의 지정(제3조)"에 대한 설명이다. 괄호 안에 들어갈 협의권자와 숫자의 연결로 옳은 것은?

> 시장등은 조사 결과 보호구역으로 지정·관리할 필요가 인정되는 경우에는 관할 (㉠)과 협의하여 해당 보호구역 지정대상시설의 주 출입문을 중심으로 반경 (㉡)미터 이내의 도로 중 일정구간을 보호구역으로 지정한다. 다만, 시장등은 해당 지역의 교통여건 및 효과성 등을 면밀히 검토하여 필요한 경우 보호구역 지정대상시설의 주 출입문을 중심으로 반경 (㉢)미터 이내의 도로에 대해서도 보호구역으로 지정할 수 있다.

① ㉠ - 경찰서장 ㉡ - 300 ㉢ - 500 ② ㉠ - 시·도경찰청장 또는 경찰서장 ㉡ - 300 ㉢ - 500
③ ㉠ - 경찰서장 ㉡ - 500 ㉢ - 1000 ④ ㉠ - 시·도경찰청장 또는 경찰서장 ㉡ - 500 ㉢ - 1000

> **해설** 「**어린이·노인 및 장애인 보호구역의 지정 및 관리에 관한 규칙**」 제3조 제6항 "시장등은 제4항에 따른 조사 결과 보호구역으로 지정·관리할 필요가 인정되는 경우에는 <u>관할 시·도경찰청장 또는 경찰서장</u>과 협의하여 해당 보호구역 지정대상시설의 주(主) 출입문을 중심으로 반경 <u>300미터 이내</u>의 도로 중 일정구간을 보호구역으로 지정한다. 다만, 시장등은 해당 지역의 교통여건 및 효과성 등을 면밀히 검토하여 필요한 경우 보호구역 지정대상시설의 주 출입문을 중심으로 반경 <u>500미터 이내의 도로에 대해서도 보호구역으로 지정할 수 있다.</u>" 300미터 이내의 도로 중 일정구간을 보호구역으로 지정하도록 규정되어 있고, 필요한 경우 500미터 이내의 도로에 대해서도 보호구역으로 지정할 수 있다는 점에 유의한다.

16 어린이·노인 및 장애인 보호구역의 지정 및 관리에 관한 규칙에 따른 "보호구역에서의 필요한 조치(제9조)"에 대한 설명 중 옳은 것은?

① 보호구역에서의 필요한 조치는 시·도경찰청장이나 경찰서장이 할 수 있고, 특별시장·광역시장·특별자치도지사 또는 시장·군수(광역시의 군수 제외)는 할 수 없다.

② 보호구역에서 구간별·시간대별로 차마의 정차·주차를 금지하거나 통행을 제한할 수 있지만, 차마의 통행을 금지할 수는 없다.

③ 보호구역에서 구간별·시간대별로 운행속도를 시속 30킬로미터 이내로 제한하거나 이면도로 및 간선도로를 일방통행로로 지정·운영할 수 있다.

④ 시·도경찰청장이나 경찰서장이 어린이 보호구역에서 구간별·시간대별 조치를 하려는 경우에는 그 뜻을 표시하는 안전표지를 설치할 수 있다.

> **해설** ① 「어린이·노인 및 장애인 보호구역의 지정 및 관리에 관한 규칙」 제9조 제1항
> ② 「어린이·노인 및 장애인 보호구역의 지정 및 관리에 관한 규칙」 제9조 제1항 제1호·제2호 "1. 차마(車馬)의 통행을 금지하거나 제한하는 것, 2. 차마의 정차나 주차를 금지하는 것"
> ③ 「어린이·노인 및 장애인 보호구역의 지정 및 관리에 관한 규칙」 제9조 제1항 제3호·제4호 "3. 운행속도를 시속 30킬로미터 이내로 제한하는 것, 4. 이면도로(도시지역에 있어서 간선도로가 아닌 도로로서 일반의 교통에 사용되는 도로를 말한다)를 일방통행로로 지정·운영하는 것"
> ④ 「어린이·노인 및 장애인 보호구역의 지정 및 관리에 관한 규칙」 제9조 제2항 "시·도경찰청장이나 경찰서장이 제1항에 따른 조치를 하려는 경우에는 그 뜻을 표시하는 안전표지를 설치하여야 한다."
> **【보호구역에서의 구간별·시간대별 조치】**: 조치권자 = 시·도경찰청장 또는 경찰서장(시장등X)
>
> 1. 차마(車馬)의 통행을 금지하거나 제한하는 것   2. 차마의 정차나 주차를 금지하는 것
> 3. 운행속도를 시속 30킬로미터 이내로 제한하는 것
> 4. 이면도로(도시지역에 있어서 간선도로가 아닌 도로로서 일반의 교통에 사용되는 도로를 말한다)를 일방통행로로 지정·운영하는 것

17 도로교통법에 따른 "자전거등의 통행방법의 특례(제13조의2)"에 대한 설명으로 틀린 것은?

① 개인형 이동장치의 운전자는 자전거도로가 따로 있는 곳에서는 그 자전거도로로 통행하여서는 아니 된다.

② 개인형 이동장치의 운전자는 자전거도로가 설치되지 아니한 곳에서는 도로 우측 가장자리에 붙어서 통행하여야 한다.

③ 개인형 이동장치의 운전자는 안전표지로 통행이 허용된 경우를 제외하고는 2대 이상이 나란히 차도를 통행하여서는 아니 된다.

④ 개인형 이동장치의 운전자가 횡단보도를 이용하여 도로를 횡단할 때에는 개인형 이동장치에서 내려서 개인형 이동장치를 끌거나 들고 보행하여야 한다.

> **해설** ① 「도로교통법」 제13조의2 제1항 "자전거등의 운전자는 자전거도로(제15조 제1항에 따라 자전거만 통행할 수 있도록 설치된 전용차로를 포함한다. 이하 이 조에서 같다)가 따로 있는 곳에서는 그 자전거도로로 통행하여야 한다." 2020.12.10. 시행된 개정 도로교통법에서 종전의 자전거가 "자전거등"으로 변경되었고, 제2조 제21호의2에 의하면 자전거등이란 자전거와 개인형 이동장치를 말한다. 따라서 제13조의2에서 자전거와 개인형 이동장치의 통행방법은 동일하다.
> ② 「도로교통법」 제13조의2 제2항, ③ 제13조의2 제5항, ④ 제13조의2 제6항

18 도로교통법 및 동법 시행령상의 전용차로에 대한 설명으로 옳은 것은?

① 전용차로(차의 종류나 승차 인원에 따라 지정된 차만 통행할 수 있는 차로)의 설치권자는 시·도 경찰청장 또는 경찰서장이다.

② 15인승의 승합자동차는 1명이 승차한 경우에도 고속도로의 버스전용차로를 통행할 수 있다.

③ 12인승의 승합자동차는 6명이 승차한 경우에도 고속도로의 버스전용차로를 통행할 수 없다.

④ 긴급자동차는 본래의 긴급한 용도로 운행되지 않더라도 전용차로를 통행할 수 있다.

> **해설** ①「**도로교통법**」**제15조 제1항** "<u>시장등은</u> 원활한 교통을 확보하기 위하여 특히 필요한 경우에는 시·<u>도경찰청</u> <u>장이나 경찰서장과 협의하여</u> 도로에 <u>전용차로</u>(차의 종류나 승차 인원에 따라 지정된 차만 통행할 수 있는 차 로를 말한다. 이하 같다)<u>를 설치할 수 있다.</u>" 시·도경찰청장이나 경찰서장은 협의의 대상이다.
>
> ②「**도로교통법**」**제15조 제2항 및 동법 시행령 제9조 제1항 별표 1** 옳은 설명이다. 버스전용차로(고속도로의 경우)는 9인승 이상 승용자동차 및 승합자동차(승용자동차 또는 12인승 이하의 승합자동차는 6명 이상이 승 차한 경우로 한정한다)가 고속도로의 버스전용차로를 통행할 수 있다.
>
> ③「**도로교통법**」**제15조 제2항 및 동법 시행령 제9조 제1항 별표 1** 참조. 승용자동차 또는 12인승 이하의 승합 자동차는 6명 이상이 승차한 경우 고속도로의 버스전용차로를 통행할 수 있다.
>
> ④「**도로교통법**」**제15조 제3항** "제2항에 따라 전용차로로 통행할 수 있는 차가 아니면 전용차로로 통행하여서 는 아니 된다. 다만, 긴급자동차가 그 <u>본래의 긴급한 용도로 운행되고 있는 경우</u> 등 대통령령으로 정하는 경 우에는 <u>그러하지 아니하다.</u>"

19 도로교통법 및 동법 시행규칙상의 "자동차등과 노면전차의 속도"에 대한 설명으로 옳은 것은?

① 자동차등(개인형 이동장치를 포함한다)과 노면전차의 도로 통행 속도는 행정안전부령으로 정한 다.

② 자동차등과 노면전차의 도로 통행 속도는 일반도로(고속도로·자동차전용도로 외의 모든 도로)의 경우 매시 60킬로미터 이내, 편도 2차로 이상의 도로에서는 매시 80킬로미터 이내이다.

③ 자동차등과 노면전차의 도로 통행 속도는 자동차전용도로의 경우 최고속도는 매시 90킬로미 터, 최저속도는 매시 30킬로미터이다.

④ 고속도로·자동차전용도로를 제외한 도로의 경우 시·도경찰청장이 구역이나 구간을 지정하여 도로교통법 제17조 제1항에 따라 정한 속도를 제한할 수 있다.

> **해설** ①「**도로교통법**」**제17조 제1항** "자동차등(<u>개인형 이동장치는 제외한다.</u> 이하 이 조에서 같다)과 노면전차의 도 로 통행 속도는 행정안전부령으로 정한다."
>
> ②「**도로교통법**」**제17조 제1항 및 동법 시행규칙 제19조 제1항 제1호** "1. 일반도로(고속도로 및 자동차전용도 로 외의 모든 도로를 말한다) 가.「국토의 계획 및 이용에 관한 법률」제36조 제1항 제1호 가목부터 다목까 지의 규정에 따른 <u>주거지역·상업지역 및 공업지역의 일반도로에서는 매시 50킬로미터 이내.</u> 다만, 시·도 <u>경찰청장이</u> 원활한 소통을 위하여 특히 필요하다고 인정하여 지정한 노선 또는 구간에서는 매시 <u>60킬로미터</u> <u>이내.</u> 나. <u>가목 외의 일반도로에서는 매시 60킬로미터 이내.</u> 다만, 편도 2차로 이상의 도로에서는 매시 80킬 <u>로미터 이내</u>" 2021년 4월 17일 개정 이전에는 옳은 설명이나, 개정된 규정에 의하면 일반도로의 경우 가목 과 나목으로 세분화되어 있으므로 틀린 설명이다.
>
> ③「**도로교통법**」**제17조 제1항 및 동법 시행규칙 제19조 제1항 제2호**
>
> ④「**도로교통법**」**제17조 제2항** "<u>경찰청장이나 시·도경찰청장은</u> 도로에서 일어나는 위험을 방지하고 교통의 안전과 원활한 소통을 확보하기 위하여 필요하다고 인정하는 경우에는 다음 각 호의 구분에 따라 구역이나

구간을 지정하여 제1항에 따라 정한 속도를 제한할 수 있다. 1. 경찰청장: 고속도로, 2. <u>시·도경찰청장: 고속도로를 제외한 도로</u>" 자동차전용도로의 속도제한은 시·도경찰청장이 할 수 있다.

20 도로교통법 시행규칙에 따른 "고속도로에서의 자동차등과 노면전차의 속도"에 대한 설명으로 틀린 것은?

① 편도 1차로 고속도로에서의 최고속도는 매시 80킬로미터, 최저속도는 매시 50킬로미터
② 편도 2차로 이상 고속도로에서의 최고속도는 매시 100킬로미터, 최저속도는 매시 50킬로미터
③ 편도 2차로 이상 고속도로의 경우 화물자동차(적재중량 1.5톤을 초과하는 경우에 한한다)의 최고속도는 매시 80킬로미터, 최저속도는 매시 50킬로미터
④ 편도 2차로 이상의 고속도로로서 경찰청장이 고속도로의 원활한 소통을 위하여 특히 필요하다고 인정하여 지정·고시한 노선 또는 구간의 최고속도는 매시 110킬로미터 이내, 최저속도는 매시 50킬로미터

해설 **【자동차등과 노면전차의 속도】**: 도로교통법 시행규칙 제19조 제1항 관련

일반도로	일반도로(고속도로 및 자동차전용도로 외의 모든 도로를 말한다) – 국토의 계획 및 이용에 관한 법률 제36조 제1항 제1호 가목부터 다목까지의 규정에 따른 <u>주거지역·상업지역 및 공업지역의 일반도로</u>에서는 매시 <u>50킬로미터 이내</u>. 다만, 시·도경찰청장이 원활한 소통을 위하여 특히 필요하다고 인정하여 지정한 노선 또는 구간에서는 매시 60킬로미터 이내 – 이외의 일반도로에서는 매시 60킬로미터 이내. 다만, 편도 2차로 이상의 도로에서는 매시 80킬로미터 이내	
자동차 전용도로	– 최고속도 매시 90킬로미터 – 최저속도 매시 30킬로미터	
고속도로 (최저50 동일)	편도1차로	매시 80킬로미터
	편도2차로 이상	– 매시 100킬로미터 – 매시 80킬로미터: 화물자동차(적재중량 1.5톤을 초과하는 경우에 한함)·특수자동차·위험물운반자동차 및 건설기계
	편도2차로 이상 (경찰청장이 지정·고시 노선)	– 매시 120킬로미터 이내 – 매시 90킬로미터 이내: 화물자동차(적재중량 1.5톤을 초과하는 경우에 한함)·특수자동차·위험물운반자동차 및 건설기계

21 도로교통법 시행규칙에 따른 비·안개·눈 등으로 인한 악천후 시의 감속운행 기준에 대한 설명이다. 괄호 안에 들어갈 숫자의 연결로 옳은 것은?

> 1. 최고속도의 100분의 (㉠)을 줄인 속도로 운행하여야 하는 경우
> 가. 비가 내려 노면이 젖어있는 경우 나. 눈이 (㉡)밀리미터 미만 쌓인 경우
> 2. 최고속도의 100분의 (㉢)을 줄인 속도로 운행하여야 하는 경우
> 가. 폭우·폭설·안개 등으로 가시거리가 (㉣)미터 이내인 경우
> 나. 노면이 얼어 붙은 경우   다. 눈이 (㉤)밀리미터 이상 쌓인 경우

① ㉠－20 ㉡－20 ㉢－50 ㉣－50 ㉤－20
② ㉠－20 ㉡－10 ㉢－50 ㉣－50 ㉤－10
③ ㉠－20 ㉡－10 ㉢－50 ㉣－100 ㉤－10
④ ㉠－20 ㉡－20 ㉢－50 ㉣－100 ㉤－20

해설 「**도로교통법 시행규칙**」 **제19조 제2항**: 순서대로 20-20-50-100-20

22 도로교통법에 따른 "횡단 등의 금지(제18조 및 제62조)"에 대한 설명으로 틀린 것은?

① 차마의 운전자는 보행자나 다른 차마의 정상적인 통행을 방해할 우려가 있는 경우에는 차마를 운전하여 도로를 횡단하거나 유턴 또는 후진하여서는 아니 된다.

② 긴급자동차로서 그 목적을 위하여 반드시 필요한 경우 긴급자동차의 운전자는 그 차를 운전하여 고속도로 또는 자동차전용도로를 횡단하거나 유턴 또는 후진할 수 있다.

③ 차마의 운전자는 길가의 건물이나 주차장 등에서 도로에 들어갈 때에는 안전한지 확인하면서 서행하여야 한다.

④ 시·도경찰청장은 도로에서의 위험을 방지하고 교통의 안전과 원활한 소통을 확보하기 위하여 특히 필요하다고 인정하는 경우에는 도로의 구간을 지정하여 차마의 횡단이나 유턴 또는 후진을 금지할 수 있다.

해설 ① 「**도로교통법**」 **제18조 제1항**, ② **제62조 단서**, ④ **제18조 제2항**
③ 「**도로교통법**」 **제18조 제3항** "차마의 운전자는 길가의 건물이나 주차장 등에서 도로에 들어갈 때에는 <u>일단 정지한 후</u>에 안전한지 확인하면서 <u>서행하여야</u> 한다."

23 도로교통법상의 "교차로 통행방법(제25조)"에 대한 설명으로 틀린 것은?

① 모든 차의 운전자는 교차로에서 우회전을 하려는 경우에는 일시정지한 후 도로의 우측 가장자리를 서행하면서 우회전하여야 하고, 이 경우 우회전하는 차의 운전자는 신호에 따라 진행하는 보행자 또는 자전거등에 주의하여야 한다.

② 모든 차의 운전자는 교차로에서 좌회전을 하려는 경우에는 미리 도로의 중앙선을 따라 서행하면서 교차로의 중심 안쪽을 이용하여 좌회전하여야 하고, 시·도경찰청장이 교차로의 상황에 따라 특히 필요하다고 인정하여 지정한 곳에서는 교차로의 중심 바깥쪽을 통과할 수 있다.

③ 자전거등의 운전자는 교차로에서 좌회전하려는 경우에는 미리 도로의 우측 가장자리로 붙어 서행하면서 교차로의 가장자리 부분을 이용하여 좌회전하여야 한다.

④ 모든 차의 운전자는 교통정리를 하고 있지 아니하고 일시정지나 양보를 표시하는 안전표지가 설치되어 있는 교차로에 들어가려고 할 때에는 다른 차의 진행을 방해하지 아니하도록 일시정지하거나 양보하여야 한다.

해설 ① 「**도로교통법**」 **제25조 제1항** "모든 차의 운전자는 교차로에서 우회전을 하려는 경우에는 <u>미리 도로의 우측 가장자리를 서행하면서 우회전하여야 한다</u>. 이 경우 우회전하는 차의 운전자는 신호에 따라 정지하거나 진행하는 보행자 또는 자전거등에 주의하여야 한다." 일시정지는 요하지 않는다.
② 「**도로교통법**」 **제25조 제2항**, ③ **제25조 제3항**, ④ **제25조 제6항**

24 도로교통법과 동법 시행령 및 시행규칙에 따른 긴급자동차에 대한 설명으로 옳은 것은?

① 긴급자동차는 본래의 긴급한 용도로 사용되면 충분하고, 시·도경찰청장에 의한 별도의 지정 절차를 요하지 않는다.

② 경찰용 긴급자동차에 의하여 유도되고 있는 자동차 및 국군·주한 국제연합군용의 긴급자동차 에 의하여 유도되고 있는 국군·주한 국제연합군의 자동차는 긴급자동차에 해당하지 않는다.

③ 시·도경찰청장은 자동차의 색칠·사이렌 또는 경광등이 도로교통법 시행령 제3조 제1항 제1 호에 따른 자동차안전기준에 규정된 긴급자동차에 관한 구조에 적합하지 아니한 경우에는 그 긴급자동차의 지정을 취소할 수 있다.

④ 시·도경찰청장은 긴급자동차를 도로교통법 시행령 제2조 제1항 각 호의 목적에 벗어나 사용 하거나 고장이나 그 밖의 사유로 인하여 긴급자동차로 사용할 수 없게 된 경우 그 긴급자동 차의 지정을 취소하여야 한다.

해설 ① 「**도로교통법 시행령**」 **제2조 제1항 단서** "「도로교통법」(이하 "법"이라 한다) 제2조 제22호 라목에서 "대통령 령으로 정하는 자동차"란 긴급한 용도로 사용되는 다음 각 호의 어느 하나에 해당하는 자동차를 말한다. 다 만, 제6호부터 제11호까지의 자동차는 이를 사용하는 사람 또는 기관 등의 신청에 의하여 시·도경찰청장이 지정하는 경우로 한정한다." 긴급자동차는 시·도경찰청장의 지정이 필요 없는 경우와 필요한 경우로 구별된 다는 점에 유의한다.

② 「**도로교통법 시행령**」 **제2조 제2항 제1호·제2호** "제1항 각 호에 따른 자동차 외에 다음 각 호의 어느 하나 에 해당하는 자동차는 긴급자동차로 본다. 1. 제1항 제1호에 따른 경찰용 긴급자동차에 의하여 유도되고 있 는 자동차, 2. 제1항 제2호에 따른 국군 및 주한 국제연합군용의 긴급자동차에 의하여 유도되고 있는 국군 및 주한 국제연합군의 자동차, 3. 생명이 위급한 환자 또는 부상자나 수혈을 위한 혈액을 운송 중인 자동차"

③ 「**도로교통법 시행규칙**」 **제4조 제1항 제1호**

④ 「**도로교통법 시행규칙**」 **제4조 제1항 제2호** "시·도경찰청장은 제3조 제2항에 따라 지정을 받은 긴급자동차 가 다음 각 호의 어느 하나에 해당하는 경우에는 그 지정을 취소할 수 있다. 1. 자동차의 색칠·사이렌 또는 경광등이 영 제3조 제1항 제1호에 따른 자동차안전기준에 규정된 긴급자동차에 관한 구조에 적합하지 아니 한 경우, 2. 그 차를 영 제2조 제1항 각 호의 목적에 벗어나 사용하거나 고장이나 그 밖의 사유로 인하여 긴 급자동차로 사용할 수 없게 된 경우" 긴급자동차의 지정 취소는 시·도경찰청장의 재량사항(할 수 있다)이다.

25 도로교통법 및 동법 시행령상의 긴급자동차에 해당하기 위해 시·도경찰청장의 지정 없이 본래 의 긴급한 용도로 사용되면 충분한 경우는 모두 몇 개인가?

┌───┐
│ ㉠ 소방차·구급차·혈액공급차량   │
│ ㉡ 민방위업무를 수행하는 기관에서 긴급예방 또는 복구를 위한 출동에 사용되는 자동차 │
│ ㉢ 긴급한 우편물의 운송에 사용되는 자동차   │
│ ㉣ 전신·전화의 수리공사 등 응급작업에 사용되는 자동차 │
│ ㉤ 전파감시업무에 사용되는 자동차   │
└───┘

① 없음　　　　　② 1개　　　　　③ 2개　　　　　④ 3개

해설 「**도로교통법**」 **제2조 제22호 및 동법 시행령 제2조 제1항**: ㉠만이 지정을 필요로 하지 않는다.

지정 불요	– 도로교통법 제2조 제22호의 소방차·구급차·혈액공급차량 – 경찰용 자동차 중 범죄수사, 교통단속, 그 밖의 긴급한 경찰업무 수행에 사용되는 자동차 – 국군 및 주한 국제연합군용 자동차 중 군 내부의 질서 유지나 부대의 질서 있는 이동을 유도하 는 데 사용되는 자동차

	– 수사기관의 자동차 중 범죄수사를 위하여 사용되는 자동차 – 다음 각 목의 어느 하나에 해당하는 시설 또는 기관의 자동차 중 도주자의 체포 또는 수용자, 보호관찰 대상자의 호송·경비를 위하여 사용되는 자동차 가. 교도소·소년교도소 또는 구치소 나. 소년원 또는 소년분류심사원 다. 보호관찰소 – 국내외 요인에 대한 경호업무 수행에 공무로 사용되는 자동차
지정 필요	– 전기사업, 가스사업, 그 밖의 공익사업을 하는 기관에서 위험 방지를 위한 응급작업에 사용되는 자동차 – 민방위업무를 수행하는 기관에서 긴급예방 또는 복구를 위한 출동에 사용되는 자동차 – 도로관리를 위하여 사용되는 자동차 중 도로상의 위험을 방지하기 위한 응급작업에 사용되거나 운행이 제한되는 자동차를 단속하기 위하여 사용되는 자동차 – 전신·전화의 수리공사 등 응급작업에 사용되는 자동차 – 긴급한 우편물의 운송에 사용되는 자동차 – 전파감시업무에 사용되는 자동차

26 도로교통법에 따른 "긴급자동차의 우선 통행(제29조) 및 긴급자동차에 대한 특례(제30조)"에 관한 설명으로 틀린 것은?

① 긴급자동차는 긴급하고 부득이한 경우 도로의 중앙이나 좌측 부분을 통행할 수 있고, 도로교통법이나 동법에 따른 명령에 따라 정지하여야 하는 경우에도 긴급하고 부득이한 경우에는 정지하지 아니할 수 있다.

② 교차로나 그 부근에서 긴급자동차가 접근하는 경우에 차마·노면전차의 운전자는 서행하여야 한다.

③ 모든 차와 노면전차의 운전자는 교차로나 그 부근 외의 곳에서 긴급자동차가 접근한 경우에는 긴급자동차가 우선통행할 수 있도록 진로를 양보하여야 한다.

④ 긴급자동차에 대하여는 제17조에 따른 자동차등의 속도 제한(제17조에 따라 긴급자동차에 대하여 속도를 제한한 경우에는 같은 조의 규정을 적용한다), 제22조에 따른 앞지르기의 금지 및 제23조에 따른 끼어들기의 금지를 적용하지 아니한다.

해설 ① 「도로교통법」 제29조 제1항·제2항, ③ 제29조 제5항, ④ 제30조 제1호 내지 제3호
② 「도로교통법」 제29조 제4항 "교차로나 그 부근에서 긴급자동차가 접근하는 경우에는 차마와 노면전차의 운전자는 교차로를 피하여 일시정지하여야 한다."

27 아래의 보기 가운데 긴급자동차에 대한 특례가 허용되는 경우로 연결이 올바른 것은 모두 몇 개인가? (시·도경찰청장의 지정을 요하는 경우에는 지정되었음을 전제함)

> ㉠ 수사기관의 자동차 중 범죄수사를 위하여 사용되는 자동차 – 제13조 제3항에 따른 중앙선 침범
> ㉡ 국내외 요인에 대한 경호업무 수행에 공무로 사용되는 자동차 – 제5조에 따른 신호위반
> ㉢ 소방차, 구급차, 혈액 공급차량 – 제22조에 따른 앞지르기의 금지
> ㉣ 전신·전화의 수리공사 등 응급작업에 사용되는 자동차 – 제32조에 따른 정차 및 주차의 금지
> ㉤ 경찰용 자동차 중 교통단속에 사용되는 자동차 – 제13조 제1항에 따른 보도침범
> ㉥ 전파감시업무에 사용되는 자동차 – 제18조에 따른 횡단 등의 금지

① 2개   ② 3개   ③ 4개   ④ 5개

해설 「**도로교통법**」 제30조: ⓒ ⓜ이 바르게 연결되었다(※ 2021. 1. 12. 시행된 내용이므로 유의한다).

1. 제17조에 따른 자동차등의 속도 제한(제17조에 따라 긴급 자동차에 대하여 속도를 제한한 경우 같은 조의 규정 적용) 2. 제22조에 따른 앞지르기의 금지 3. 제23조에 따른 끼어들기의 금지	긴급자동차 전체에 대해 특례 인정 (지정을 요하는 경우 지정이 필요)
4. 제5조에 따른 신호위반 5. 제13조 제1항에 따른 보도침범 6. 제13조 제3항에 따른 중앙선 침범 7. 제18조에 따른 횡단 등의 금지 8. 제19조에 따른 안전거리 확보 등 9. 제21조 제1항에 따른 앞지르기 방법 등 10. 제32조에 따른 정차 및 주차의 금지 11. 제33조에 따른 주차금지 12. 제66조에 따른 고장 등의 조치	− 소방차, 구급차, 혈액 공급차량 − 대통령령으로 정하는 경찰용 자동차(경찰용 자동차 중 범죄수사, 교통단속, 그 밖의 긴급한 경찰 업무 수행에 사용되는 자동차) ※ 이외의 긴급자동차에 대해서는 특례X

28 도로교통법상의 "서행 또는 일시정지할 장소(제31조)"에 대한 설명으로 옳은 것은?

① 교통정리를 하고 있지 아니하고 좌우를 확인할 수 없거나 교통이 빈번한 교차로에서는 일시정지하여야 한다.
② 가파른 비탈길의 오르막에서는 서행하여야 한다.
③ 서행 또는 일시정지할 장소의 지정권자는 경찰서장이다.
④ 서행 또는 일시정지의 의무는 자동차등 및 노면전차의 운전자에게 부과되어 있다.

해설 ① 「**도로교통법**」 제31조 제2항 제1호
② 「**도로교통법**」 제31조 제1항 제4호 "① 모든 차 또는 노면전차의 운전자는 다음 각 호의 어느 하나에 해당하는 곳에서는 서행하여야 한다. 1. 교통정리를 하고 있지 아니하는 교차로, 2. 도로가 구부러진 부근, 3. 비탈길의 고갯마루 부근, 4. 가파른 비탈길의 내리막, 5. 시ㆍ도경찰청장이 도로에서의 위험을 방지하고 교통의 안전과 원활한 소통을 확보하기 위하여 필요하다고 인정하여 안전표지로 지정한 곳."
③ 「**도로교통법**」 제31조 제1항 제5호 및 제2항 제2호 참조. 시ㆍ도경찰청장이 도로에서의 위험을 방지하고 교통의 안전과 원활한 소통을 확보하기 위하여 필요하다고 인정하여 안전표지로 지정할 수 있다.
④ 「**도로교통법**」 제31조 제1항ㆍ제2항 참조. 모든 차와 노면전차의 운전자에게 부과되어 있다.

29 도로교통법에 따라 서행하여야 할 장소는 모두 몇 개인가?

> ㉠ 시ㆍ도경찰청장이 도로에서의 위험을 방지하고 교통의 안전과 원활한 소통을 확보하기 위하여 필요하다고 인정하여 안전표지로 지정한 곳
> ㉡ 비탈길의 고갯마루 부근
> ㉢ 교통정리를 하고 있지 아니하고 좌우를 확인할 수 없거나 교통이 빈번한 교차로
> ㉣ 도로가 구부러진 부근
> ㉤ 가파른 비탈길의 내리막

① 1개   ② 2개   ③ 3개   ④ 4개

해설 「**도로교통법**」 제31조 제1항: ㉢은 일시정지하여야 할 장소이고, 나머지는 서행하여야 할 장소이다.

30 도로교통법에 따른 "정차 및 주차의 금지(제32조)"에 대한 설명으로 옳은 것은?

① 도로교통법 제32조에 따른 정차 및 주차 금지의무는 자동차등과 노면전차의 운전자에게 부과되어 있는 의무이다.

② 경찰서장은 도로에서의 위험을 방지하고 교통의 안전과 원활한 소통을 확보하기 위하여 필요하다고 인정하는 경우에는 정차 및 주차가 금지되는 장소를 지정할 수 있다.

③ 운전자는 보도와 차도가 구분된 도로의 보도(주차장법에 따라 차도와 보도에 걸쳐서 설치된 노상주차장은 제외한다)에서는 차를 정차하거나 주차하여서는 아니 된다.

④ 운전자는 건널목의 가장자리 또는 횡단보도로부터 5미터 이내인 곳에서는 정차하거나 주차하여서는 아니 된다.

> **해설** ① 「**도로교통법**」 제32조 본문 "모든 차의 운전자는 다음 각 호의 어느 하나에 해당하는 곳에서는 차를 정차하거나 주차하여서는 아니 된다. 단서 생략."
> ② 「**도로교통법**」 제32조 제7호 "시·도경찰청장이 도로에서의 위험을 방지하고 교통의 안전과 원활한 소통을 확보하기 위하여 필요하다고 인정하여 지정한 곳" 정차 및 주차가 금지되는 장소의 지정권자는 시·도경찰청장이다.
> ③ 「**도로교통법**」 제32조 제1호
> ④ 「**도로교통법**」 제32조 제호 "건널목의 가장자리 또는 횡단보도로부터 10미터 이내인 곳"

31 도로교통법상 "정차 및 주차의 금지(제32조)"에 대한 설명이다. 괄호 안에 들어갈 숫자의 합으로 옳은 것은?

> – 교차로의 가장자리나 도로의 모퉁이로부터 (   )미터 이내인 곳
> – 안전지대가 설치된 도로에서는 그 안전지대의 사방으로부터 각각 (   )미터 이내인 곳
> – 버스여객자동차의 정류지임을 표시하는 기둥·표지판·선이 설치된 곳으로부터 (   )미터 이내인 곳.
> – 건널목의 가장자리 또는 횡단보도로부터 (   )미터 이내인 곳
> – 다음 각 목의 곳으로부터 (   )미터 이내인 곳
>   가. 소방기본법 제10조에 따른 소방용수시설 또는 비상소화장치가 설치된 곳
>   나. 화재예방, 소방시설 설치·유지 및 안전관리에 관한 법률 제2조 제1항 제1호에 따른 소방시설로서 대통령령으로 정하는 시설이 설치된 곳

① 35 　　　② 40 　　　③ 45 　　　④ 50

> **해설** 「**도로교통법**」 제32조 제2호 내지 제6호: 순서대로 5-10-10-10-5

32 도로교통법 제32조에 따라 5미터 이내에서 정차 및 주차가 금지되는 장소는?

① 건널목의 가장자리 또는 횡단보도
② 버스여객자동차의 정류지임을 표시하는 기둥이나 표지판 또는 선이 설치된 곳
③ 안전지대가 설치된 도로에서는 그 안전지대의 사방
④ 소방기본법 제10조에 따른 소방용수시설 또는 비상소화장치가 설치된 곳

> **해설** ① 「**도로교통법**」 제32조 제5호 10미터 이내 　　② 「**도로교통법**」 제32조 제4호 10미터 이내
> ③ 「**도로교통법**」 제32조 제3호 10미터 이내 　　④ 「**도로교통법**」 제32조 제6호 가목 5미터 이내

정답 | **28** | ① | **29** | ④ | **30** | ③ | **31** | ② | **32** | ④ |

33 도로교통법에 따른 "주차금지의 장소(제33조)"에 대한 설명으로 틀린 것은?

① 도로공사를 하고 있는 경우에는 그 공사 구역의 양쪽 가장자리로부터 10미터 이내인 곳은 주차가 금지되는 장소이다.
② 시·도경찰청장은 도로에서의 위험을 방지하고 교통의 안전과 원활한 소통을 확보하기 위하여 필요하다고 인정하는 경우에는 주차가 금지되는 장소를 지정할 수 있다.
③ 터널 안 및 다리 위는 주차가 금지되는 장소이므로 정차는 허용된다.
④ 도로교통법 제33조에 따른 주차 금지의무는 모든 차의 운전자에게 부과되어 있는 의무이다.

> **해설** ① 「**도로교통법**」 제33조 제2호 **가목** "<u>모든 차의 운전자</u>는 다음 각 호의 어느 하나에 해당하는 곳에 차를 주차해서는 아니 된다. 1. 터널 안 및 다리 위. 2. 다음 각 목의 곳으로부터 <u>5미터 이내인 곳</u>: 가. 도로공사를 하고 있는 경우에는 그 공사 구역의 양쪽 가장자리. 나. 「다중이용업소의 안전관리에 관한 특별법」에 따른 다중이용업소의 영업장이 속한 건축물로 소방본부장의 요청에 의하여 시·도경찰청장이 지정한 곳. 3. 시·도경찰청장이 도로에서의 위험을 방지하고 교통의 안전과 원활한 소통을 확보하기 위하여 필요하다고 인정하여 지정한 곳"
> ② 「**도로교통법**」 제33조 제3호, ③ **제33조 제1호**, ④ **제33조** ③과 관련하여 제33조 "주차금지의 장소"에 해당하는 곳은 주차만 금지되기 때문에 정차는 허용된다. 반면에 제32조에 해당하는 장소는 주차와 정차 모두 금지되는 곳이다.

34 도로교통법에 따른 주차 및 정차의 금지와 관련하여 다른 것은?

① 터널 안 및 다리 위
② 다중이용업소의 안전관리에 관한 특별법에 따른 다중이용업소의 영업장이 속한 건축물로 소방본부장의 요청에 의하여 시·도경찰청장이 지정한 곳으로부터 5미터 이내인 곳
③ 화재예방, 소방시설 설치·유지 및 안전관리에 관한 법률 제2조 제1항 제1호에 따른 소방시설로서 대통령령으로 정하는 시설이 설치된 곳으로부터 5미터 이내인 곳
④ 도로공사를 하고 있는 경우에는 그 공사 구역의 양쪽 가장자리로부터 5미터 이내인 곳

> **해설** 「**도로교통법**」 제32조 **및 제33조**: "정차 및 주차가 금지되는 장소"와 "주차가 금지되는 장소"를 구별하는 문제이다. ③은 정차 및 주차가 금지되는 장소이고, 나머지는 주차만 금지되는 장소이다.

35 도로교통법 및 동법 시행령상의 "주차위반에 대한 조치"에 대한 설명으로 옳은 것은(기타 요건과 절차는 충족된 것으로 본다)?

① 교통정리를 하는 의무경찰은 도로교통법을 위반하여 주차하고 있는 차의 운전자 또는 관리 책임이 있는 사람에게 주차 방법을 변경하거나 그곳으로부터 이동할 것을 명할 수 있다.
② 경찰서장은 차의 운전자 또는 관리 책임이 있는 사람이 현장에 없고 부득이한 경우에는 관할 경찰서나 경찰서장 또는 시장등이 지정하는 곳으로 이동하게 하여야 하고, 이 경우에는 그 사실을 차의 사용자나 운전자에게 신속히 알리는 등 반환에 필요한 조치를 하여야 한다.
③ 경찰서장은 차를 견인하였을 때부터 48시간이 경과되어도 이를 인수하지 아니하는 때에는 해당 차의 보관장소 등 행정안전부령이 정하는 사항을 해당 차의 사용자 또는 운전자에게 등기우편으로 통지하여야 한다.
④ 경찰서장은 이동된 차의 반환에 필요한 조치 또는 공고를 하였음에도 불구하고 그 차의 사용자나 운전자가 조치 또는 공고를 한 날부터 3개월 이내에 그 반환을 요구하지 아니할 때에는 대통령령으로 정하는 바에 따라 그 차를 매각하거나 폐차할 수 있다.

해설 ① 「**도로교통법**」 **제35조 제1항** "다음 각 호의 어느 하나에 해당하는 사람은 제32조·제33조 또는 제34조를 위반하여 주차하고 있는 차가 교통에 위험을 일으키게 하거나 방해될 우려가 있을 때에는 차의 운전자 또는 관리 책임이 있는 사람에게 <u>주차 방법을 변경하거나 그 곳으로부터 이동할 것을 명할 수 있다</u>. 1. 경찰공무원. 2. 시장등(도지사를 포함한다. 이하 이 조에서 같다)이 대통령령으로 정하는 바에 따라 임명하는 공무원(이하 "<u>시·군공무원</u>"이라 한다)" **제5조 제1항 제1호·제2호**에 따라 경찰공무원은 경찰공무원(<u>의무경찰을 포함한다. 이하 같다</u>) 및 자치경찰공무원을 의미하므로, 교통정리를 하는 의무경찰은 주차 방법을 변경하거나 이동할 것을 명할 수 있다. 옳은 설명이다.

② 「**도로교통법**」 **제35조 제2항·제3항** "② 경찰서장이나 시장등은 제1항의 경우 차의 운전자나 관리 책임이 있는 사람이 <u>현장에 없을 때</u>에는 도로에서 일어나는 위험을 방지하고 교통의 안전과 원활한 소통을 확보하기 위하여 필요한 범위에서 그 차의 <u>주차방법을 직접 변경하거나 변경에 필요한 조치</u>를 할 수 있으며, <u>부득이한 경우</u>에는 관할 경찰서나 경찰서장 또는 시장등이 <u>지정하는 곳으로 이동</u>하게 할 수 있다. ③ 경찰서장이나 시장등은 제2항에 따라 주차위반 차를 관할 경찰서나 경찰서장 또는 시장등이 지정하는 곳으로 <u>이동시킨 경우</u>에는 선량한 관리자로서의 주의의무를 다하여 보관하여야 하며, 그 사실을 차의 사용자(소유자 또는 소유자로부터 차의 관리에 관한 위탁을 받은 사람을 말한다. 이하 같다)나 운전자에게 <u>신속히 알리는 등 반환에 필요한 조치를 하여야 한다</u>."

③ 「**도로교통법 시행령**」 **제13조 제3항** "경찰서장, 도지사 또는 시장등은 차를 견인하였을 때부터 <u>24시간이 경과되어도</u> 이를 인수하지 아니하는 때에는 해당 차의 보관장소 등 행정안전부령이 정하는 사항을 해당 차의 사용자 또는 운전자에게 <u>등기우편으로</u> 통지하여야 한다."

④ 「**도로교통법**」 **제35조 제5항** "경찰서장이나 시장등은 제3항과 제4항에 따라 차의 반환에 필요한 조치 또는 공고를 하였음에도 불구하고 그 차의 사용자나 운전자가 <u>조치 또는 공고를 한 날부터 1개월 이내에</u> 그 반환을 요구하지 아니할 때에는 대통령령으로 정하는 바에 따라 그 차를 <u>매각하거나 폐차할 수 있다</u>."

36 도로교통법 및 동법 시행령에 따른 "정비불량차의 점검(제41조)"에 대한 설명으로 틀린 것은?

① 경찰공무원은 정비불량차에 해당한다고 인정하는 차가 운행되고 있는 경우에는 우선 그 차를 정지시킨 후, 운전자에게 그 차의 자동차등록증 또는 자동차 운전면허증을 제시하도록 요구하고 그 차의 장치를 점검할 수 있다.

② 경찰공무원은 차의 장치를 점검한 결과 정비불량 사항이 발견된 경우에는 그 차의 운전자로 하여금 응급조치를 하게 한 후에 운전을 하도록 할 수 있다.

③ 경찰공무원은 정비 상태가 매우 불량하여 위험발생의 우려가 있는 경우에는 그 차의 자동차등록증을 보관하고 운전의 일시정지를 명할 수 있고, 이 경우 필요하면 10일의 범위에서 정비기간을 정하여 그 차의 사용을 정지시킬 수 있다.

④ 10일의 범위에서 정비기간을 정하여 자동차등의 사용을 정지시키고자 하는 때에는 행정안전부령이 정하는 자동차사용정지통고서를 교부하여야 한다.

해설 ① 「**도로교통법**」 **제41조 제1항**, ② **제41조 제2항**, ④ **제41조 제4항 및 동법 시행령 제26조 제1항** ②와 관련하여 이외에도 그 정비불량 상태의 정도에 따라 도로 또는 교통 상황을 고려하여 통행구간, 통행로와 위험방지를 위한 필요한 조건을 정한 후 그에 따라 운전을 계속하게 할 수 있다.

③ 「**도로교통법**」 **제41조 제3항** "<u>시·도경찰청장</u>은 제2항에도 불구하고 정비 상태가 매우 불량하여 위험발생의 우려가 있는 경우에는 그 차의 <u>자동차등록증을 보관</u>하고 운전의 일시정지를 명할 수 있다. 이 경우 필요하면 <u>10일의 범위에서 정비기간을 정하여 그 차의 사용을 정지</u>시킬 수 있다." 자동차등록증의 보관 및 운전의 일시정지 명령과 10일의 범위에서 차의 사용중지는 시·도경찰청장의 권한이다. 제1항 및 제2항에 규정된 경찰공무원의 권한과 구별하여 기억한다.

37 도로교통법에 따른 "술에 취한 상태에서의 운전 금지(제44조)"에 대한 설명으로 옳은 것은?

① 개인형 이동장치를 술에 취한 상태에서 운전한 경우에는 술에 취한 상태에서의 운전 금지 위반에 해당하지 않으므로 처벌되지 않는다.

② 도로교통법 제44조에 따른 음주측정은 호흡조사가 원칙이고, 호흡조사에 의한 측정의 결과에 불복하는 경우에는 혈액 채취의 방법으로 할 수 있다.

③ 호흡조사의 측정 결과에 불복하는 운전자에 대하여는 그 운전자의 동의가 없더라도 혈액 채취 등의 방법으로 다시 측정할 수 있다.

④ 술에 취한 상태의 기준은 운전자의 혈중알코올농도가 0.05퍼센트 이상인 경우로 한다.

해설 ① 「**도로교통법**」 **제44조 제1항** "누구든지 술에 취한 상태에서 <u>자동차등</u>(「건설기계관리법」 제26조 제1항 단서에 따른 건설기계 외의 건설기계를 포함한다. 이하 이 조, 제45조, 제47조, 제93조 제1항 제1호부터 제4호까지 및 제148조의2에서 같다), <u>노면전차 또는 자전거</u>를 운전하여서는 아니 된다." **도로교통법 제2조 제19호의2**에 의하면 "개인형 이동장치"란 제19호 나목의 원동기장치자전거 중 시속 25킬로미터 이상으로 운행할 경우 전동기가 작동하지 아니하고 차체 중량이 30킬로그램 미만인 것으로서 행정안전부령으로 정하는 것을 말하고, **제2조 제21호**에 의하면 "자동차등"이란 자동차와 원동기장치자전거를 말하므로 원동기장치자전거에 해당하는 <u>개인형 이동장치는 도로교통법 제44조 제1항의 "자동차등"에 해당한다</u>. 따라서 술에 취한 상태에서 개인형 이동장치를 운전한 경우 제44조 위반에 해당한다(다만, 다른 자동차등은 제148조의2에 따라 처벌되고, <u>개인형 이동장치 및 자전거(자전거등)는 제156조 제11호에 따라 20만원 이하의 벌금이나 구료 또는 과료에 처한다</u>).

② 「**도로교통법**」 **제44조 제2항·제3항**

③ 「**도로교통법**」 **제44조 제3항** "제2항에 따른 측정 결과에 불복하는 운전자에 대하여는 <u>그 운전자의 동의를 받아 혈액 채취</u> 등의 방법으로 다시 측정할 수 있다."

④ 「**도로교통법**」 **제44조 제4항** "제1항에 따라 운전이 금지되는 술에 취한 상태의 기준은 운전자의 혈중알코올농도가 <u>0.03퍼센트 이상인 경우</u>로 한다."

38 도로교통법에 따른 운전자의 준수사항에 대한 설명으로 틀린 것은?

① 운전자는 자동차등 또는 노면전차의 운전 중에는 원칙적으로 휴대용 전화(자동차용 전화 포함)를 사용하여서는 아니 된다.

② 긴급자동차를 운전하거나 각종 범죄 및 재해 신고 등 긴급한 필요가 있는 경우에 운전자는 자동차등 또는 노면전차의 운전 중에 휴대용 전화를 사용할 수 있다.

③ 자동차(이륜자동차 제외)의 운전자는 원칙적으로 자동차를 운전할 때에는 좌석안전띠를 매어야 하며, 모든 좌석의 동승자에게도 좌석안전띠를 매도록 하여야 한다.

④ 이륜자동차와 원동기장치자전거(개인형 이동장치를 포함한다)의 운전자는 필요한 경우에는 행정안전부령으로 정하는 인명보호 장구를 착용하고 운행하여야 한다.

해설 ① 「**도로교통법**」 **제49조 제1항 제10호 본문**, ② **제49조 제1항 제10호 단서 나목·다목**, ③ **제50조 제1항 본문**

④ 「**도로교통법**」 **제50조 제3항** "이륜자동차와 원동기장치자전거(<u>개인형 이동장치는 제외한다</u>)의 운전자는 행정안전부령으로 정하는 <u>인명보호 장구를 착용하고 운행하여야 하며</u>, 동승자에게도 착용하도록 하여야 한다." 인명보호 장구는 <u>무조건 착용하고 운행</u>해야 하고, 필요한 경우에 착용하는 것은 아니다.

39 도로교통법에 따른 운전자의 준수사항 위반 시 과태료가 부과되는 경우는?

① 이륜자동차의 운전자가 동승자에게 행정안전부령으로 정하는 인명보호 장구를 착용하도록 하지 아니한 경우
② 개인형 이동장치의 운전자가 행정안전부령으로 정하는 승차정원을 초과하여 동승자를 태우고 개인형 이동장치를 운전하는 경우
③ 자전거등의 운전자가 약물의 영향과 그 밖의 사유로 정상적으로 운전하지 못할 우려가 있는 상태에서 자전거등을 운전하는 경우
④ 개인형 이동장치의 운전자가 자전거도로 및 도로법에 따른 도로를 운전할 때에 행정안전부령으로 정하는 인명보호 장구를 착용하지 아니한 경우

해설 ① 「**도로교통법**」 **제50조 제3항**에 위반되고, 20만원 이하의 과태료를 부과한다(제160조 제2항 제3호). 운전자가 인명보호장구를 착용하지 않은 경우는 20만원 이하의 벌금, 구류 또는 과료에 처한다(제156조 제6호).
② 「**도로교통법**」 **제50조 제10항**에 위반되고, 20만원 이하의 벌금, 구류 또는 과료에 처한다(제156조 제1호).
③ 「**도로교통법**」 **제50조 제8항**에 위반되고, 20만원 이하의 벌금, 구류 또는 과료에 처한다(제156조 제1호).
④ 「**도로교통법**」 **제50조 제4항**에 위반되고, 20만원 이하의 벌금, 구류 또는 과료에 처한다(제156조 제6호).

40 도로교통법에 따른 "어린이통학버스의 특별보호(제51조)"에 대한 설명으로 틀린 것은?

① 도로교통법에 따른 어린이는 13세 미만인 사람을, 영유아는 6세 미만인 사람을 말한다.
② 어린이통학버스가 도로에 정차하여 어린이나 영유아가 타고 내리는 중임을 표시하는 점멸등 등의 장치를 작동 중일 때에는 어린이통학버스가 정차한 차로와 그 차로의 바로 옆 차로로 통행하는 차의 운전자는 어린이통학버스에 이르기 전에 안전을 확인한 후 서행하여야 한다.
③ 어린이통학버스가 도로에 정차하여 어린이나 영유아가 타고 내리는 중임을 표시하는 점멸등 등의 장치를 작동 중일 때에는 중앙선이 설치되지 아니한 도로와 편도 1차로인 도로에서는 반대방향에서 진행하는 차의 운전자는 어린이통학버스에 이르기 전에 일시정지하여 안전을 확인한 후 서행하여야 한다.
④ 모든 차의 운전자는 어린이나 영유아를 태우고 있다는 표시를 한 상태로 도로를 통행하는 어린이통학버스를 앞지르지 못한다.

해설 ① 「**도로교통법**」 **제2조 제23호** 및 **제11조 제1항**, ③ **제51조 제2항**, ④ **제51조 제3항**
② 「**도로교통법**」 **제51조 제1항** "어린이통학버스가 도로에 정차하여 어린이나 영유아가 타고 내리는 중임을 표시하는 점멸등 등의 장치를 작동 중일 때에는 어린이통학버스가 정차한 차로와 그 차로의 바로 옆 차로로 통행하는 차의 운전자는 어린이통학버스에 이르기 전에 일시정지하여 안전을 확인한 후 서행하여야 한다."

41 도로교통법 및 동법 시행규칙상의 어린이통학버스에 대한 설명으로 틀린 것은?

① 어린이통학버스(여객자동차 운수사업법 제4조 제3항에 따른 한정면허를 받아 어린이를 여객 대상으로 하여 운행되는 운송사업용 자동차는 제외한다)를 운영하려는 자는 행정안전부령으로 정하는 바에 따라 미리 관할 경찰서장에게 신고하고 신고증명서를 발급받아야 한다.
② 어린이통학버스를 운영하는 자는 어린이통학버스 안에 발급받은 신고증명서를 항상 갖추어 두어야 한다.
③ 어린이통학버스로 사용할 수 있는 자동차는 승차정원 9인승(어린이 1명을 승차정원 1명으로 본다) 이상의 자동차로 한다.
④ 자동차관리법에 따른 튜닝의 경우에는 튜닝 후의 승차정원이 9인승 이상이어야만 어린이통학버스로 사용할 수 있는 자동차에 해당한다.

해설 ① 「도로교통법」 제52조 제1항, ② 제52조 제2항, ③ 「도로교통법 시행규칙」 제34조 제1문
④ 「도로교통법 시행규칙」 제34조 제2문 "법 제52조 제3항에 따라 어린이통학버스로 사용할 수 있는 자동차는 승차정원 9인승(어린이 1명을 승차정원 1명으로 본다) 이상의 자동차로 한다. 이 경우, 「자동차관리법」 제34 조에 따라 튜닝 승인을 받은 자가 9인승 이상의 승용자동차 또는 승합자동차를 <u>장애아동의 승·하차 편의를 위하여 9인승 미만으로 튜닝한 경우 그 승용자동차 또는 승합자동차를 포함한다.</u>"

42 도로교통법 시행령에 따른 "어린이통학버스의 요건 등(제31조)"에 대한 설명으로 틀린 것은?

① 자동차안전기준에서 정한 어린이운송용 승합자동차의 구조를 갖추어야 한다.
② 어린이통학버스 앞면 창유리 우측상단과 뒷면 창유리 중앙하단의 보기 쉬운 곳에 행정안전부령이 정하는 어린이 보호표지를 부착하여야 한다.
③ 교통사고로 인한 피해를 전액 배상할 수 있도록 보험업법에 따른 보험(여객자동차 운수사업법에 따른 공제조합 가입은 제외한다)에 가입되어 있어야 한다.
④ 자동차등록령에 따른 등록원부에 어린이교육시설등의 장의 명의로 등록되어 있는 자동차 또는 어린이교육시설등의 장이 여객자동차 운수사업법 시행령에 따라 전세버스운송사업자와 운송계약을 맺은 자동차여야 한다.

해설 ① 「도로교통법 시행령」 제31조 제1호, ② 제31조 제2호, ④ 제31조 제4호
③ 「도로교통법 시행령」 제31조 제3호 "교통사고로 인한 피해를 전액 배상할 수 있도록 「보험업법」 제4조에 따른 보험 또는 「여객자동차 운수사업법」 제61조에 따른 공제조합에 가입되어 있을 것" 공제조합 가입도 포함된다.

43 도로교통법상 "어린이통학버스 운전자 및 운영자 등의 의무(제53조)"에 대한 설명으로 옳은 것은?

① 어린이통학버스를 운전하는 사람은 어린이나 영유아를 태우고 운행 중인 경우에만 어린이나 영유아를 태우고 있다는 표시를 하여야 한다.
② 어린이통학버스를 운전하는 사람이 어린이나 영유아의 하차 여부를 확인할 때에는 행정안전부령으로 정하는 어린이나 영유아의 하차를 확인할 수 있는 장치를 작동할 수 있다.
③ 어린이통학버스를 운전하는 사람은 동승한 보호자를 함께 태우고 운행하는 경우에는 행정안전부령으로 정하는 보호자 동승을 표시하는 표지를 부착할 수 있다.
④ 어린이통학버스를 운영하는 자는 좌석안전띠 착용 및 보호자 동승 확인 기록을 작성·보관하고, 이를 매 반기 어린이통학버스를 운영하는 시설을 감독하는 주무기관의 장에게 제출하여야 한다.

해설 ① 「도로교통법」 제53조 제1항 옳은 설명이다. 아울러 어린이나 영유아가 타고 내리는 경우에만 어린이나 영유아가 타고 내리는 중임을 표시하는 점멸등 등의 장치를 작동하여야 한다.
② 「도로교통법」 제53조 제5항 "<u>어린이통학버스를 운전하는</u> 사람이 제4항에 따라 어린이나 영유아의 하차 여부를 확인할 때에는 행정안전부령으로 정하는 어린이나 영유아의 하차를 확인할 수 있는 장치(이하 "어린이 하차확인장치"라 한다)를 <u>작동하여야 한다.</u>"
③ 「도로교통법」 제53조 제6항 "<u>어린이통학버스를 운영하는</u> 자는 제3항에 따라 <u>보호자를 함께 태우고 운행하는 경우</u>에는 행정안전부령으로 정하는 보호자 동승을 표시하는 표지(이하 "<u>보호자 동승표지</u>"라 한다)를 부착할 수 <u>있으며,</u> 누구든지 보호자를 함께 태우지 아니하고 운행하는 경우에는 보호자 동승표지를 부착하여서는 아니된다." 부착의 주체는 운영자이다. 2020.11.27. 시행된 도로교통법에서 신설된 항이므로 그 내용에 유의한다.
④ 「도로교통법」 제53조 제7항 "<u>어린이통학버스를 운영하는</u> 자는 좌석안전띠 착용 및 보호자 동승 확인 기록(이하 "안전운행기록"이라 한다)을 작성·보관하고 <u>매 분기</u> 어린이통학버스를 운영하는 <u>시설을 감독하는 주무기</u>

관의 장에게 안전운행기록을 제출하여야 한다.” 관할 경찰서장에게 제출하는 것이 아니라는 점에 유의한다.

44 도로교통법 제53조(어린이통학버스 운전자 및 운영자 등의 의무)에 따른 어린이통학버스를 운전하는 사람의 의무는 모두 몇 개인가?

> ㉠ 어린이나 영유아가 어린이통학버스를 탈 때에는 승차한 모든 어린이나 영유아가 좌석안전띠를 매도록 하여야 한다.
> ㉡ 어린이나 영유아가 어린이통학버스를 내릴 때에는 보도나 길가장자리구역 등 자동차로부터 안전한 장소에 도착한 것을 확인하여야 한다.
> ㉢ 어린이통학버스에 어린이나 영유아를 태울 때에는 성년인 사람 중 어린이통학버스를 운영하는 자가 지명한 보호자를 함께 태우고 운행하여야 한다.
> ㉣ 어린이나 영유아가 승차 또는 하차하는 때에는 자동차에서 내려서 어린이나 영유아가 안전하게 승하차하는 것을 확인하는 등 어린이 보호에 필요한 조치를 하여야 한다.
> ㉤ 어린이통학버스 운행을 마친 후 어린이나 영유아가 모두 하차하였는지를 확인하여야 한다.

① 1개   ② 2개   ③ 3개   ④ 4개

해설 「**도로교통법**」 **제53조**: ㉠ ㉡ ㉤이 어린이통학버스를 운전하는 사람의 의무이다.
   ㉠ ㉡ **제2항**: “어린이통학버스를 운전하는 사람은 어린이나 영유아가 어린이통학버스를 탈 때에는 승차한 모든 어린이나 영유아가 좌석안전띠(어린이나 영유아의 신체구조에 따라 적합하게 조절될 수 있는 안전띠를 말한다. 이하 이 조 및 제156조 제1호, 제160조 제2항 제4호의2에서 같다)를 매도록 한 후에 출발하여야 하며, 내릴 때에는 보도나 길가장자리구역 등 자동차로부터 안전한 장소에 도착한 것을 확인한 후에 출발하여야 한다.” 어린이통학버스에 동승한 보호자의 의무와 혼동하지 않도록 유의한다.
   ㉢ **제3항 전단**: “어린이통학버스를 운영하는 자는 어린이통학버스에 어린이나 영유아를 태울 때에는 성년인 사람 중 어린이통학버스를 운영하는 자가 지명한 보호자를 함께 태우고 운행하여야 하며.” 어린이통학버스를 운영하는 자의 의무이고, 어린이통학버스를 운전하는 사람의 의무와 혼동하지 않도록 유의한다.
   ㉣ **제3항 후단**: “동승한 보호자는 어린이나 영유아가 승차 또는 하차하는 때에는 자동차에서 내려서 어린이나 영유아가 안전하게 승하차하는 것을 확인하고 운행 중에는 어린이나 영유아가 좌석에 앉아 좌석안전띠를 매고 있도록 하는 등 어린이 보호에 필요한 조치를 하여야 한다.” 어린이통학버스를 운전하는 사람의 의무와 혼동하지 않도록 유의한다.
   ㉤ **제4항**: “어린이통학버스를 운전하는 사람은 어린이통학버스 운행을 마친 후 어린이나 영유아가 모두 하차하였는지를 확인하여야 한다.” 동승한 보호자의 의무와 혼동하지 않도록 유의한다.

45 도로교통법에 따른 “어린이통학버스 운영자 등에 대한 안전교육(제53조의3)”에 대한 설명으로 틀린 것은?

① 어린이통학버스 안전교육은 신규 안전교육과 정기 안전교육의 구분에 따라 실시한다.
② 어린이통학버스 안전교육의 대상자는 어린이통학버스를 운영하는 사람과 운전하는 사람이다.
③ 어린이통학버스 정기 안전교육은 2년마다 정기적으로 실시한다.
④ 어린이통학버스를 운영하는 사람은 어린이통학버스 안전교육을 받지 아니한 사람에게 어린이통학버스를 운전하게 하여서는 아니 된다.

해설 ① 「**도로교통법**」 **제53조의3 제2항 제1호 · 제2호**, ③ **제53조의3 제2항 제2호**, ④ **제53조의3 제3항**
   ② 「**도로교통법**」 **제53조의3 제1항** “어린이통학버스를 운영하는 사람과 운전하는 사람 및 제53조 제3항에 따른

보호자는 어린이통학버스의 안전운행 등에 관한 교육(이하 "어린이통학버스 안전교육"이라 한다)을 받아야 한다." 2020.11.27. 시행된 도로교통법에서 내용이 변경되어 <u>"성년인 사람 중 어린이통학버스를 운영하는 자가 지명한 보호자(제53조 제3항에 따른 보호자)"</u>가 안전교육의 대상자로 추가되었음에 유의한다.

46 도로교통법에 따른 "사고발생 시의 조치(제54조 제1항)"에 대한 설명으로 옳은 것은? (다툼이 있는 경우 판례에 의함)

① 차 또는 노면전차의 운전으로 인하여 사람을 사상하거나 물건을 손괴한 경우에는 즉시 정차하여 사상자를 구호하는 등 필요한 조치와 피해자에게 인적 사항(성명·전화번호·주소 등을 말한다)을 제공하는 조치를 취하여야 하고, 운전이 아닌 경우에는 이러한 의무는 발생하지 않는다.

② 사상자를 구호하는 등 필요한 조치와 피해자에게 인적사항을 제공하는 조치를 취하여야 하는 자는 당해 차 또는 노면전차의 운전자에 한정된다.

③ 피해자에게 인적사항을 제공하는 조치를 취하도록 규정하고 있는 도로교통법 제54조 제1항은 교통사고 피해자의 물적 피해를 회복시켜 주기 위한 취지의 규정이다.

④ 도로교통법상 도로가 아닌 곳에서 차의 운전으로 인하여 사람을 사상하거나 물건을 손괴한 경우에도 즉시 정차하여 사상자를 구호하는 등 필요한 조치와 피해자에게 인적 사항을 제공하는 조치를 취하여야 한다.

해설 ① **「도로교통법」 제54조 제1항** "<u>차 또는 노면전차의 운전 등 교통으로 인하여 사람을 사상하거나 물건을 손괴</u>(이하 "교통사고"라 한다)한 경우에는 그 차 또는 노면전차의 운전자나 그 밖의 승무원(이하 "운전자등"이라 한다)은 즉시 정차하여 다음 각 호의 조치를 하여야 한다. 1. 사상자를 구호하는 등 필요한 조치, 2. 피해자에게 인적 사항(성명·전화번호·주소 등을 말한다. 이하 제148조 및 제156조 제10호에서 같다) 제공" <u>도로교통법 제54조 제1항에 따른 조치의무는 "운전 등 교통으로" 인하여 사람을 사상하거나 물건을 손괴한 경우에 발생한다.</u> 도로교통법 제2조 제26호에서는 운전의 개념을 정의하고 있으나, 교통의 개념은 정의하고 있지 않다. 이와 관련하여 판례는 운전보다 교통의 개념을 넓게 해석하고 있으므로 <u>차의 운전이 아닌 차의 교통으로 사상 또는 손괴의 결과가 발생한 경우에도 도로교통법 제54조 제1항은 적용된다.</u>

2016도12407 판결 "도로교통법 제2조 제26호는 '운전'이란 도로에서 차마를 그 본래의 사용 방법에 따라 사용하는 것을 말한다고 규정하고 있다. 여기서 말하는 운전의 개념은 그 규정의 내용에 비추어 목적적 요소를 포함하는 것이므로 고의의 운전행위만을 의미하고, 자동차 안에 있는 사람의 의지나 관여 없이 자동차가 움직인 경우에는 운전에 해당하지 아니한다. 한편 <u>「교통사고처리 특례법」</u>은 차의 운전자가 '교통사고'로 인하여 형법 제268조의 죄(업무상과실치상죄)를 범한 경우를 처벌의 특례 적용 대상으로 정하고 있고(제3조 제1항), '교통사고'란 차의 교통으로 인하여 사람을 사상하거나 물건을 손괴하는 것을 말한다고 규정하고 있는데(제2조 제2호), 여기서의 '차의 교통'이란 <u>차량을 운전하는 행위 및 그와 동일하게 평가할 수 있을 정도로 밀접하게 관련된 행위를 포함하는 것</u>으로 해석하여야 한다. 이러한 '운전'과 '차의 교통'의 해석에 관한 법리는 '차의 운전 등 교통으로 인하여' 사람을 사상하거나 물건을 손괴한 경우 운전자 등이 취하여야 할 조치에 관한 의무를 규정한 <u>도로교통법 제54조 제1항에서의 '차의 운전 등 교통'의 해석에 관하여도 마찬가지로 적용된다고 할 것이다.</u>"

② **「도로교통법」 제54조 제1항 참조.** 차 또는 노면전차의 운전자나 <u>그 밖의 승무원</u>이 조치의무자이다.

③ **2005도4383 판결** "도로교통법 제50조(※ 주: 현행 제54조) 제1항의 취지는 도로에서 일어나는 교통상의 위험과 장해를 방지·제거하여 안전하고 원활한 교통을 확보함을 그 목적으로 하는 것이지 <u>피해자의 물적 피해를 회복시켜 주기 위한 규정은 아니며...(하략)</u>"

④ **「도로교통법」 제2조 제26호** ""운전"이란 도로(제44조·제45조·<u>제54조 제1항</u>·제148조·제148조의2 및 제156조 제10호의 경우에는 도로 외의 곳을 포함한다)에서 차마 또는 노면전차를 그 본래의 사용방법에 따라 사용하는 것(조종을 포함한다)을 말한다." <u>제54조 제1항의 경우 도로가 아닌 곳에서 운전을 한 경우에도 적용되므로 옳은 설명이다.</u>

47 차·노면전차의 운전 등 교통으로 인하여 사람을 사상하거나 물건을 손괴한 경우에 그 운전자등이 취하여야 할 신고의무(제54조 제2항)에 대한 설명으로 옳은 것은? (다툼이 있으면 판례에 의함)

① 경찰공무원이 현장에 있을 때에는 그 경찰공무원에게, 경찰공무원이 현장에 없을 때에는 가장 가까운 경찰서에 지체 없이 신고하여야 한다.

② 신고사항은 사고가 일어난 곳, 사상자 수 및 부상 정도, 손괴한 물건 및 손괴 정도, 사고의 구체적인 발생 경위, 그 밖의 조치사항 등이다.

③ 차 또는 노면전차만 손괴된 것이 분명하고 도로에서의 위험방지와 원활한 소통을 위하여 필요한 조치를 한 경우에는 신고의무가 없다.

④ 사고의 규모나 당시의 구체적 상황에 따라 피해자의 구호 및 교통질서의 회복을 위해 경찰관의 조직적 조치가 필요하다고 인정되지 않는 경우에도 신고의무가 있다.

해설 ① 「도로교통법」 제54조 제2항 본문 "제1항의 경우 그 차 또는 노면전차의 운전자등은 경찰공무원이 현장에 있을 때에는 그 <u>경찰공무원에게</u>, 경찰공무원이 현장에 없을 때에는 <u>가장 가까운 국가경찰관서(지구대, 파출소 및 출장소를 포함한다. 이하 같다)</u>에 다음 각 호의 사항을 지체 없이 신고하여야 한다. 다만, 차 또는 노면전차만 손괴된 것이 분명하고 도로에서의 위험방지와 원활한 소통을 위하여 필요한 조치를 한 경우에는 그러하지 아니하다. 1. 사고가 일어난 곳, 2. 사상자 수 및 부상 정도, 3. 손괴한 물건 및 손괴 정도, 4. 그 밖의 조치사항 등"

② 「도로교통법」 제54조 제2항 참조. "사고의 구체적인 발생 경위"는 신고사항에 규정되어 있지 않다.

③ 「도로교통법」 제54조 제2항 단서 옳은 설명이다. 아울러 <u>도로교통법상 도로가 아닌 곳에서 "차의 운전"으로</u> 사고가 발생한 경우 제54조 제1항에 따른 조치의무는 있지만, <u>제54조 제2항에 따른 신고의무는 없다는 점에</u> 유의한다. 이유는 도로교통법 제2조 제26호의 운전은 원칙적으로 도로교통법상 도로에서의 운전을 말하고, 제54조 제2항은 제1항과 달리 도로 외의 장소에도 적용된다는 규정이 없기 때문이다.

④ 「2013도15500 판결」 "...(상략)...<u>교통사고를 낸 차의 운전자 등의 신고의무는</u> 사고의 규모나 당시의 구체적인 상황에 따라 피해자의 구호 및 교통질서의 회복을 위하여 당사자의 개인적인 조치를 넘어 <u>경찰관의 조직적 조치가 필요하다고 인정되는 경우에만</u> 있는 것이라고 해석하여야 한다. 그리고 이는 도로교통법 제54조 제2항 단서에서 '운행 중인 차만 손괴된 것이 분명하고 도로에서의 위험방지와 원활한 소통을 위하여 필요한 조치를 한 경우에는 그러하지 아니하다'고 규정하고 있어도 마찬가지이다."

48 도로교통법상의 고속도로 및 자동차전용도로(이하 "고속도로등")에 대한 설명으로 틀린 것은?

① 본래의 긴급한 용도로 사용되고 있지 않더라도 긴급자동차의 운전자는 고속도로등을 횡단하거나 유턴 또는 후진할 수 있다.

② 긴급자동차와 고속도로등의 보수·유지 등의 작업을 하는 자동차를 운전하는 경우에는 그 운전자는 고속도로등에서 갓길로 통행할 수 있다.

③ 경찰청장은 고속도로의 원활한 소통을 위하여 특히 필요한 경우에는 고속도로에 전용차로를 설치할 수 있다.

④ 자동차의 운전자는 고속도로등에서 도로교통법 제64조 단서 각 호에서 규정하는 예외적인 경우를 제외하고 차를 정차하거나 주차시켜서는 아니 된다.

해설 ① 「도로교통법」 제62조 "자동차의 운전자는 그 차를 운전하여 고속도로등을 <u>횡단하거나 유턴 또는 후진하여서는 아니 된다</u>. 다만, <u>긴급자동차</u> 또는 도로의 보수·유지 등의 작업을 하는 자동차 가운데 고속도로등에서의 위험을 방지·제거하거나 교통사고에 대한 응급조치작업을 위한 자동차로서 <u>그 목적을 위하여 반드시 필요</u>

한 경우에는 그러하지 아니하다.”

② 「도로교통법」 제60조 제1항 단서 제1호, ③ 제61조 제1항, ④ 제64조 ②와 관련하여 이외에도 차량정체 시 신호기 또는 경찰공무원등의 신호나 지시에 따라 갓길에서 자동차를 운전할 수 있다(단서 제2호).

49 도로교통법상의 고속도로 및 자동차전용도로(이하 “고속도로등”)에 대한 설명으로 틀린 것은?

① 자동차(이륜자동차는 긴급자동차만 해당한다) 외의 차마의 운전자 또는 보행자는 고속도로등을 통행하거나 횡단하여서는 아니 된다.

② 고속도로를 통행하고 있는 자동차(긴급자동차는 제외한다)의 운전자는 고속도로에 들어가려고 하는 다른 자동차의 통행을 방해하여서는 아니 된다.

③ 긴급자동차 외의 자동차의 운전자는 긴급자동차가 고속도로에 들어가는 경우에는 그 진입을 방해하여서는 아니 된다.

④ 고속도로등을 운행하는 자동차의 운전자는 교통의 안전과 원활한 소통을 확보하기 위하여 고장자동차의 표지를 항상 비치하며, 고장이나 그 밖의 부득이한 사유로 자동차를 운행할 수 없게 되었을 때에는 자동차를 도로의 우측 가장자리에 정지시키고 행정안전부령으로 정하는 바에 따라 그 표지를 설치하여야 하며, 이를 위반한 경우 과태료가 부과된다.

해설   ① 「도로교통법」 제63조, ③ 제65조 제2항, ④ 제67조 제2항 및 제160조 제2항 제5호

② 「도로교통법」 제65조 제1항 “자동차(긴급자동차는 제외한다)의 운전자는 고속도로에 들어가려고 하는 경우에는 그 <u>고속도로를 통행하고 있는 다른 자동차의 통행을 방해하여서는 아니 된다.</u>” 고속도로에 진입하는 자동차가 긴급자동차인 경우를 제외하고, 우선순위는 고속도로를 통행하고 있는 자동차에게 있다.

50 도로교통법 및 동법 시행규칙에 따른 “도로공사의 신고 및 안전조치 등(제69조)”에 대한 설명으로 옳은 것은?

① 도로관리청·공사시행청의 명령에 따라 도로를 파거나 뚫는 등 공사를 하려는 사람(이하 “공사시행자”)은 공사시행 7일 전에 그 일시, 공사구간, 공사기간 및 시행방법, 그 밖에 필요한 사항을 관할 경찰서장에게 신고하여야 한다.

② 관할 경찰서장은 공사장 주변의 교통정체가 예상하지 못한 수준까지 현저히 증가하고, 교통의 안전과 원활한 소통에 미치는 영향이 중대하다고 판단하면 공사시행자에 대하여 공사시간의 제한 등 필요한 조치를 할 수 있고, 이 경우 해당 도로관리청에 이를 통보하여야 한다.

③ 공사시행자는 공사기간 중 필요한 경우에는 관할 경찰서장의 지시에 따라 교통안전시설을 설치하거나 안전요원 또는 안전유도 장비를 배치할 수 있다.

④ 공사시행자는 공사로 인하여 교통안전시설을 훼손한 경우에는 부득이한 사유가 없는 한 해당 공사가 끝난 날부터 3일 이내에 원상회복하고 그 결과를 관할 경찰서장에게 신고하여야 한다.

해설   ① 「도로교통법」 제69조 제1항 본문 “도로관리청 또는 공사시행청의 명령에 따라 도로를 파거나 뚫는 등 공사를 하려는 사람(이하 이 조에서 “공사시행자”라 한다)은 <u>공사시행 3일 전</u>에 그 일시, 공사구간, 공사기간 및 시행방법, 그 밖에 필요한 사항을 <u>관할 경찰서장에게</u> 신고하여야 한다. 다만, 산사태나 수도관 파열 등으로 긴급히 시공할 필요가 있는 경우에는 그에 알맞은 안전조치를 하고 공사를 시작한 후에 지체 없이 신고하여야 한다.” 원칙적으로 <u>3일 전 사전신고</u>이고, 단서의 예외에 해당하는 경우 사후신고이다.

② 「도로교통법」 제69조 제2항 “관할 경찰서장은 공사장 주변의 교통정체가 예상하지 못한 수준까지 현저히 증가하고, 교통의 안전과 원활한 소통에 미치는 영향이 중대하다고 판단하면 <u>해당 도로관리청과 사전 협의하여</u> 제1항에 따른 공사시행자에 대하여 <u>공사시간의 제한 등 필요한 조치</u>를 할 수 있다.”

③ 「도로교통법」 제69조 제3항·제4항 “③ 공사시행자는 공사기간 중 차마의 통행을 유도하거나 지시 등을 할

필요가 있을 때에는 관할 경찰서장의 지시에 따라 교통안전시설을 설치하여야 한다. ④ 공사시행자는 공사기간 중 공사의 규모, 주변 교통환경 등을 고려하여 필요한 경우 관할 경찰서장의 지시에 따라 안전요원 또는 안전유도 장비를 배치하여야 한다."

　④「**도로교통법**」제69조 제6항 및 동법 시행규칙 제43조

51 도로교통법상의 "운전면허(제80조)"에 대한 설명으로 틀린 것은?

① 자동차등을 운전하려는 사람은 시·도경찰청장으로부터 운전면허를 받아야 한다.

② 도로교통법에 따른 운전면허가 없더라도 개인형 이동장치를 운전할 수 있다.

③ 시·도경찰청장은 운전을 할 수 있는 차의 종류를 기준으로 제1종 운전면허(대형·보동·소형·특수면허), 제2종 운전면허(보동·소형·원동기장치자전거면허) 및 연습운전면허(제1종·제2종 보통연습면허)와 같이 운전면허의 범위를 구분하고 관리하여야 한다.

④ 시·도경찰청장은 운전면허를 받을 사람의 신체 상태 또는 운전 능력에 따라 행정안전부령으로 정하는 바에 따라 운전할 수 있는 자동차등의 구조를 한정하는 등 운전면허에 필요한 조건을 붙일 수 있다.

해설　① 「**도로교통법**」제80조 제1항 본문, ③ 제80조 제2항 제1문, ④ 제80조 제3항 ④와 관련하여 이외에도 도로교통법 제87조(운전면허증의 갱신과 정기 적성검사) 및 제88조(수시 적성검사)에 따라 적성검사를 받은 사람의 신체 상태 또는 운전 능력에 따라 제3항에 따른 조건을 새로 붙이거나 바꿀 수 있다(제4항).

　② 「**도로교통법**」제80조 제1항 단서 "자동차등을 운전하려는 사람은 시·도경찰청장으로부터 운전면허를 받아야 한다. 다만, 제2조 제19호 나목의 원동기를 단 차 중「교통약자의 이동편의 증진법」제2조 제1호에 따른 교통약자가 최고속도 시속 20킬로미터 이하로만 운행될 수 있는 차를 운전하는 경우에는 그러하지 아니하다." 제80조 제1항 단서에 해당하는 경우에 한해 운전면허를 요하지 아니하므로, 개인형 이동장치의 경우 원동기장치자전거에 해당하므로 운전면허가 있어야 한다.

52 도로교통법 시행규칙상 "운전면허에 따라 운전할 수 있는 자동차 등의 종류(제53조)"에 대한 설명으로 옳은 것은?

① 제1종 대형면허로 3톤인 지게차를 운전할 수 없다.

② 제1종 대형면허로 특수자동차(대형견인차·소형견인차·구난차를 포함한다)를 운전할 수 있다.

③ 제1종 보통면허로 적재중량 10톤인 화물자동차 및 총중량 10톤인 특수자동차(대형견인차·소형견인차·구난차는 제외한다)를 운전할 수 있다.

④ 제1종 보통면허로 승차정원 15명인 승합자동차를 운전할 수 없다.

해설　① 「**도로교통법 시행규칙**」제53조 별표 18참조. 옳은 설명이다. 제1종 대형면허로 3톤 미만의 지게차를 운전할 수 있으므로, 3톤인 지게차를 운전할 수 없다.

　② 「**도로교통법 시행규칙**」제53조 별표 18참조. 대형견인차·소형견인차·구난차는 제1종 특수면허가 있어야 한다. 이(구난차등)를 제외한 특수자동차는 제1종 대형면허로 운전할 수 있다.

　③ 「**도로교통법 시행규칙**」제53조 별표 18참조. 제1종 보통면허로 적재중량 12톤 미만의 화물자동차와 총중량 10톤 미만의 특수자동차(구난차등 제외)를 운전할 수 있다. 총중량 10톤인 특수자동차는 운전할 수 없다.

　④ 「**도로교통법 시행규칙**」제53조 별표 18참조. 제1종 보통면허로 승차정원 15명 이하의 승합자동차를 운전할 수 있다.

53 도로교통법 시행규칙상 "운전면허에 따라 운전할 수 있는 자동차 등의 종류(제53조)"에 대한 설명으로 틀린 것은?

① 3륜화물자동차나 3륜승용자동차를 운전하기 위해서는 반드시 제1종 소형면허가 있어야 하고, 제1종 대형면허 또는 보통면허만으로는 운전할 수 없다.
② 제1종 특수면허(대형견인차/소형견인차/구난차)를 가진 사람은 승차정원 12명인 승합자동차를 운전할 수 없다.
③ 제2종 보통면허로 승용자동차와 승차정원 10명인 승합자동차를 운전할 수 있다.
④ 제2종 보통면허로 적재중량 4톤인 화물자동차와 총중량 3.5톤인 특수자동차(대형견인차 · 소형견인차 · 구난차는 제외한다)를 운전할 수 없다.

해설 ① 「도로교통법 시행규칙」 제53조 별표 18참조. 옳은 설명이다. 제1종 소형면허는 원동기장치자전거면허를 제외하고 다른 종별의 면허와 전혀 관련성이 없다는 점에 유의한다.
② ③ 「도로교통법 시행규칙」 제53조 별표 18참조. 옳은 설명이다. 제1종 특수면허는 제2종 보통면허로 운전할 수 있는 차량을 운전할 수 있으므로, 승차정원 10명 이하의 승합자동차를 운전할 수 있다.
④ 「도로교통법 시행규칙」 제53조 별표 18참조. 틀린 설명이다. 제2종 보통면허로 운전할 수 있다.

54 도로교통법 시행규칙상 "운전면허에 따라 운전할 수 있는 자동차 등의 종류(제53조)"에 대한 설명으로 옳은 것은?

① 제1종 대형면허 · 보통면허 · 소형면허 · 특수면허 또는 제2종 보통면허로 이륜자동차 및 원동기장치자전거를 운전할 수 있다.
② 제1종 특수면허만으로는 원동기장치자전거를 운전할 수 없다.
③ 제1종 보통연습면허로 승차정원 15명인 승합자동차와 적재중량 10톤인 화물자동차를 운전할 수 있다.
④ 제2종 보통연습면허로 승차정원 10명인 승합자동차와 총중량 3톤인 특수자동차(대형견인차 · 소형견인차 · 구난차는 제외한다)를 운전할 수 있다.

해설 ① 「도로교통법 시행규칙」 제53조 별표 18참조. 원동기장치자전거를 운전할 수 있으나, 이륜자동차의 경우 제2종 소형면허가 있어야 한다. 제1종 소형면허와 동일하게 원동기장치자전거면허를 제외하고 다른 종별의 운전면허와 관련성이 없다.
② 「도로교통법 시행규칙」 제53조 별표 18참조. 제1종 특수면허는 제2종 보통면허로 운전할 수 있는 차량을 운전할 수 있고, 제2종 보통면허로 원동기장치자전거를 운전할 수 있으므로, 제1종 특수면허만 있더라도 원동기장치자전거를 운전할 수 있다.
③ 「도로교통법 시행규칙」 제53조 별표 18참조. 옳은 설명이다.
④ 「도로교통법 시행규칙」 제53조 별표 18참조. 제2종 보통연습면허로 승차정원 10명 이하의 승합자동차와 적재중량 4톤 이하의 화물자동차를 운전할 수 있다. 연습면허의 경우 종별을 불문하고(총중량 여부에 관계없이) 특수자동차를 운전할 수 없다.

55 도로교통법 시행규칙 제53조 별표 18(운전할 수 있는 차의 종류)에 따른 "제1종 특수면허(소형견인차)"로 운전할 수 있는 차는 모두 몇 개인가?

㉠ 승차정원 12명인 승합자동차	㉡ 도로를 운행하는 3톤 미만의 지게차
㉢ 적재중량 4톤인 화물자동차	㉣ 총중량 4톤인 견인형 특수자동차
㉤ 이륜자동차	㉥ 3륜승용자동차

① 1개   ② 2개   ③ 3개   ④ 4개

해설 「**도로교통법 시행규칙**」 **제53조 별표 18**: 제1종 특수면허(소형견인차)로는 총중량 3.5톤 이하의 견인형 특수자동차와 제2종 보통면허로 운전할 수 있는 차량을 운전할 수 있다. 해당하는 것은 ㉢이 유일하다.

㉠ 제1종 대형면허, 제1종 보통면허, 제1종 보통연습면허로 운전할 수 있다.

㉡ 제1종 대형면허, 제1종 보통면허로 운전할 수 있다.

㉢ 제1종 대형면허, 제1종 보통면허, 제2종 보통면허, 제1종 보통연습면허, 제2종 보통연습면허로 운전할 수 있다. 제2종 보통면허로 가능하므로 제1종 특수면허(소형견인차)로 운전할 수 있다.

㉣ 제1종 특수면허(대형견인차)로 운전할 수 있다.

㉤ ㉥ 각각 제2종 소형면허와 제1종 소형면허가 필요하고, 다른 면허로는 운전할 수 없다.

56 도로교통법 시행규칙 제53조 별표 18(운전할 수 있는 차의 종류)에 따른 "제1종 보통면허"로 운전할 수 있는 차는 모두 몇 개인가?

> ㉠ 총중량 10톤인 특수자동차(대형견인차 · 소형견인차 · 구난차는 제외한다)
> ㉡ 승차정원 15명인 승합자동차   ㉢ 적재중량 10톤인 화물자동차
> ㉣ 도로보수트럭   ㉤ 도로를 운행하는 3톤인 지게차

① 1개   ② 2개   ③ 3개   ④ 4개

해설 「**도로교통법 시행규칙**」 **제53조 별표 18**: ㉡ ㉢이 제1종 보통면허로 운전할 수 있다.

㉠ ㉣ 제1종 대형면허로 운전할 수 있다. ㉤ 3톤인 지게차는 제1종 대형 · 보통면허로 운전할 수 없다.

57 도로교통법 시행규칙 제53조 별표 18(운전할 수 있는 차의 종류)에 따른 면허별 운전이 가능한 차량에 대한 내용이다. 괄호 안에 들어갈 숫자의 합은?

제1종 보통면허		승차정원 ( )명 이하의 승합자동차 적재중량 ( )톤 미만의 화물자동차 총중량 ( )톤 미만의 특수자동차(구난차등은 제외한다)
제2종 보통면허		승차정원 ( )명 이하의 승합자동차 적재중량 ( )톤 이하의 화물자동차 총중량 ( )톤 이하의 특수자동차(구난차등은 제외한다)
연습면허	제1종 보통	승차정원 ( )명 이하의 승합자동차 적재중량 ( )톤 미만의 화물자동차
	제2종 보통	승차정원 ( )명 이하의 승합자동차 적재중량 ( )톤 이하의 화물자동차

① 92.5   ② 94.5   ③ 95.5   ④ 97.5

해설 「**도로교통법 시행규칙**」 **제53조 별표 18**: 순서대로 15 - 12 - 10 - 10 - 4 - 3.5 - 15 - 12 - 10 - 4

"이하와 미만"도 정확히 구별해서 기억해야 지문형으로 출제되는 문제에 대비할 수 있다.

58 자동차관리법에 따라 자동차의 형식 또는 구조·장치가 변경승인된 경우 도로교통법 시행규칙 제53조 별표 18(운전할 수 있는 차의 종류)의 적용기준에 대한 설명으로 틀린 것은?

① 자동차관리법에 따라 자동차의 구조·장치가 변경된 경우 변경승인 전의 승차정원 또는 적재중량을 기준으로 한다.
② 자동차관리법에 따라 승차정원 7명인 승용자동차가 승차정원 12명인 승합자동차로 형식이 변경승인된 경우 제1종 보통연습면허로 당해 승합자동차를 운전할 수 있다.
③ 자동차관리법에 따라 적재중량 10톤인 화물자동차가 적재중량 12톤인 화물자동차로 형식이 변경승인된 경우 제1종 대형면허가 있어야 당해 화물자동차를 운전할 수 있다.
④ 자동차관리법에 따라 승차정원 12명인 승합자동차가 승차정원 8명인 승합자동차로 형식이 변경승인된 경우 제2종 보통면허로 당해 승합자동차를 운전할 수 있다.

> **해설**
> ① 「**도로교통법 시행규칙**」 제53조 **별표 18** 비고 1 나 옳은 설명이다.
> ② 「**도로교통법 시행규칙**」 제53조 **별표 18** 비고 1 가의 1) 옳은 설명이다. <u>차종이 변경되거나 승차정원 또는 적재중량이 증가한 경우 변경승인 후의 차종이나 승차정원 또는 적재중량을 기준</u>으로 하므로 승차정원 12명인 승합자동차의 경우 제1종 대형면허·보통면허·보통연습면허로 당해 승합차량을 운전할 수 있다.
> ③ 「**도로교통법 시행규칙**」 제53조 **별표 18** 비고 1 가의 1) 옳은 설명이다. <u>차종이 변경되거나 승차정원 또는 적재중량이 증가한 경우 변경승인 후의 차종이나 승차정원 또는 적재중량을 기준</u>으로 하므로 적재중량 12톤인 화물자동차를 운전할 수 있는 면허인 제1종 대형면허가 있어야 한다. 제1종 보통면허 또는 제1종 보통연습면허로는 12톤 미만의 화물자동차를 운전할 수 있으므로 12톤인 화물자동차를 이 면허로 운전할 수는 없다.
> ④ 「**도로교통법 시행규칙**」 제53조 **별표 18** 비고 1 가의 2) "<u>차종의 변경 없이 승차정원 또는 적재중량이 감소된 경우: 변경승인 전의 승차정원 또는 적재중량</u>" 승합자동차의 차종에는 변경이 없이 승차정원이 감소된 경우에는 변경승인 전의 승차정원인 12명이 기준이다. 따라서 승차정원 10명 이하의 승합자동차를 운전할 수 있는 제2종 보통면허로는 운전할 수 없다.

59 도로교통법 및 동법 시행규칙상의 연습면허에 대한 설명으로 옳은 것은?

① 승용자동차, 승차정원 15명인 승합자동차 및 적재중량 12톤인 화물자동차는 제1종 보통연습면허로 운전할 수 있다.
② 승용자동차, 승차정원 10명인 승합자동차 및 총중량 4톤인 특수자동차는 제2종 보통연습면허로 운전할 수 있다.
③ 연습운전면허는 그 면허를 받은 날부터 1년 동안 효력을 가진다.
④ 연습운전면허를 받은 사람이 연습운전면허를 받은 날부터 1년 이전에 제1종 보통면허 또는 제2종 보통면허를 받은 경우에도 연습운전면허는 그 효력을 유지한다.

> **해설**
> ① 「**도로교통법 시행규칙**」 제53조 **별표 18**에 의하면 적재중량 12톤 미만의 화물자동차를 제1종 보통연습면허로 운전할 수 있으므로, 적재중량 12톤인 화물자동차는 제1종 보통연습면허로 운전할 수 없다.
> ② 「**도로교통법 시행규칙**」 제53조 **별표 18**에 의하면 연습면허(제1종 보통 및 제2종 보통)로는 총중량에 관계없이 특수자동차를 운전할 수 없다. 제2종 보통연습면허로는 승용자동차, 승차정원 10명 이하의 승합자동차 및 적재중량 4톤 이하의 화물자동차를 운전할 수 있다.
> ③ 「**도로교통법**」 제81조 본문
> ④ 「**도로교통법**」 제81조 단서 "연습운전면허는 그 면허를 받은 날부터 1년 동안 효력을 가진다. 다만, 연습운전면허를 받은 날부터 1년 이전이라도 연습운전면허를 받은 사람이 <u>제1종 보통면허 또는 제2종 보통면허를 받은 경우 연습운전면허는 그 효력을 잃는다</u>."

60 도로교통법에 따른 "운전면허의 결격사유(제82조)"에 대한 설명으로 틀린 것은?

① 18세 미만(원동기장치자전거의 경우에는 16세 미만)인 사람은 운전면허를 받을 수 없다.
② 교통상의 위험과 장해를 일으킬 수 있는 정신질환자 또는 뇌전증 환자로서 대통령령으로 정하는 사람은 운전면허를 받을 수 없다.
③ 듣지 못하는 사람 또는 한쪽 눈만 보지 못하는 사람은 제1종 운전면허를 받을 수 없다.
④ 양쪽 팔의 팔꿈치관절 이상을 잃은 사람은 본인의 신체장애 정도에 적합하게 제작된 자동차를 이용하여 정상적인 운전을 할 수 있는 경우에는 운전면허를 받을 수 있다.

해설 ① 「도로교통법」 제82조 제1항 제1호, ② 제82조 제1항 제2호, ④ 제82조 제1항 제4호 단서
③ 「도로교통법」 제82조 제1항 제3호 "듣지 못하는 사람(제1종 운전면허 중 대형면허 · 특수면허만 해당한다), 앞을 보지 못하는 사람(한쪽 눈만 보지 못하는 사람의 경우에는 제1종 운전면허 중 대형면허 · 특수면허만 해당한다)이나 그 밖에 대통령령으로 정하는 신체장애인" 듣지 못하는 사람과 한쪽 눈만 보지 못하는 사람의 경우 제1종 대형면허와 특수면허를 제외한 나머지 운전면허를 받을 수 있다.

61 도로교통법에 따른 "운전면허의 결격사유(제82조)"에 대한 설명으로 틀린 것은?

① 교통상의 위험과 장해를 일으킬 수 있는 마약 · 대마 · 향정신성의약품 또는 알코올 중독자로서 대통령령으로 정하는 사람은 운전면허를 받을 수 없다.
② 대한민국의 국적을 가지지 아니한 사람 중 출입국관리법에 따라 외국인등록을 하지 아니한 사람(외국인등록이 면제된 사람은 제외한다)은 운전면허를 받을 수 없다.
③ 재외동포의 출입국과 법적 지위에 관한 법률에 따라 국내거소신고를 하지 아니한 사람은 운전면허를 받을 수 없다.
④ 19세 미만이거나 자동차(이륜자동차를 포함한다)의 운전경험이 2년 미만인 사람은 제1종 대형면허 또는 제1종 특수면허를 받을 수 없다.

해설 ① 「도로교통법」 제82조 제1항 제5호, ② 제82조 제1항 제7호 전단, ③ 제82조 제1항 제7호 후단
④ 「도로교통법」 제82조 제1항 제6호 "제1종 대형면허 또는 제1종 특수면허를 받으려는 경우로서 19세 미만이거나 자동차(이륜자동차는 제외한다)의 운전경험이 1년 미만인 사람" 제1종 대형면허 · 특수면허는 다른 면허와 달리 연령 제한이 19세 미만으로 높고, 1년 이상의 자동차(이륜자동차 제외) 운전경험을 요한다.

62 도로교통법상 운전면허 결격기간(제82조 제2항) 중에 운전면허를 받을 수 없는 경우는?

① 운전면허 결격사유로 인하여 벌금 미만의 형이 확정된 경우
② 운전면허 결격사유로 인하여 집행유예의 판결이 확정된 경우
③ 운전면허 결격사유로 인하여 선고유예의 판결이 확정된 경우
④ 운전면허 결격사유로 인하여 기소유예나 소년법 제32조에 따른 보호처분의 결정이 있는 경우

해설 ① ③ ④ 「도로교통법」 제82조 제2항 단서에 따라 결격기간 내라도 운전면허를 받을 수 있다.
② 「도로교통법」 제82조 제2항 단서 "다음 각 호의 어느 하나의 경우에 해당하는 사람은 해당 각 호에 규정된 기간이 지나지 아니하면 운전면허를 받을 수 없다. 다만, 다음 각 호의 사유로 인하여 벌금 미만의 형이 확정되거나 선고유예의 판결이 확정된 경우 또는 기소유예나 「소년법」 제32조에 따른 보호처분의 결정이 있는 경우에는 각 호에 규정된 기간 내라도 운전면허를 받을 수 있다." 집행유예의 판결은 포함되어 있지 않고, "벌금 이하의 형이 확정된 경우"가 아님에 유의한다.

63 ( )를 위반하여 자동차등을 운전하다가 사람을 사상한 후 도로교통법 제54조 제1항에 따른 필요한 조치 또는 제2항에 따른 신고를 하지 아니한 경우에 취소 또는 위반한 날로부터 운전면허 결격기간이 다른 것은?

① 무면허운전 등의 금지
② 술에 취한 상태에서의 운전 금지
③ 공동 위험행위의 금지
④ 난폭운전 금지

해설 「도로교통법」 제82조 제2항 제1호 단서 및 제3호: 취소 또는 위반한 날로부터 5년이 운전면허 결격기간

취소된 날부터	– 술에 취한 상태에서의 운전 금지(제44조), 과로한 때 등의 운전 금지(제45조) 또는 공동 위험행위의 금지(제46조)를 위반(제43조 또는 제96조 제3항을 함께 위반한 경우도 포함한다)하여 운전을 하다가 사람을 사상한 후 제54조 제1항 및 제2항에 따른 필요한 조치 및 신고를 하지 아니한 경우 – 술에 취한 상태에서의 운전 금지(제44조)를 위반(제43조 또는 제96조 제3항을 함께 위반한 경우도 포함한다)하여 운전을 하다가 사람을 사망에 이르게 한 경우 ※ 제43조 또는 제96조 제3항을 함께 위반한 경우에는 그 위반한 날을 말한다.
위반한 날부터	– 무면허운전 등의 금지(제43조) 또는 국제운전면허증에 의한 자동차등의 운전(제96조 제3항)을 위반하여 자동차등을 운전하다가 사람을 사상한 후 제54조 제1항 및 제2항에 따른 필요한 조치 및 신고를 하지 아니한 경우

제43조부터 제46조까지의 규정에 따른 사유가 아닌 다른 사유로 사람을 사상한 후 제54조 제1항 및 제2항에 따른 필요한 조치 및 신고를 하지 아니한 경우에는 운전면허가 취소된 날부터 4년이 운전면허 결격기간이다(제82조 제2항 제4호). 따라서 ④ 난폭운전 금지(제46조의3)를 위반한 경우는 4년으로 다른 사유와 결격기간이 다르다. 술에 취한 상태에서의 운전 금지(제43조 또는 제96조 제3항을 함께 위반한 경우 포함)를 위반하여 사람을 사망(상해는 포함되지 않음에 유의)에 이르게 한 경우도 운전면허 결격기간이 5년이다.

64 도로교통법 제82조 제2항에 따른 취소 또는 위반한 날로부터 운전면허 결격기간이 다른 것은?

① 술에 취한 상태에서의 운전 금지(제44조 제1항 또는 제2항)를 3회 위반한 경우
② 운전면허 없이 술에 취한 상태에서의 운전 금지(제44조 제1항)를 위반하여 운전을 하다가 2회 이상 교통사고를 일으킨 경우
③ 자동차등을 이용하여 범죄행위를 한 사람이 무면허운전 등의 금지(제43조)를 위반하여 그 자동차등을 운전한 경우
④ 다른 사람의 자동차등을 훔치거나 빼앗은 사람이 무면허운전 등의 금지(제43조)를 위반하여 그 자동차등을 운전한 경우

해설 「도로교통법」 제82조 제2항 제5호: 취소 또는 위반한 날로부터 3년이 운전면허 결격기간

취소된 날부터	– 술에 취한 상태에서의 운전금지(제44조 제1항 – 음주운전 / 제2항 – 음주측정거부)를 위반하여 운전을 하다가 2회 이상 교통사고를 일으킨 경우
위반한 날부터	– 술에 취한 상태에서의 운전금지(제44조 제1항 – 음주운전 / 제2항 – 음주측정거부)를 위반(제43조 또는 제96조 제3항을 함께 위반한 경우)하여 운전을 하다가 2회 이상 교통사고를 일으킨 경우 – 자동차등을 이용하여 범죄행위를 하거나 다른 사람의 자동차등을 훔치거나 빼앗은 사람이 무면허운전 등의 금지(제43조)를 위반하여 그 자동차등을 운전한 경우

술에 취한 상태에서의 운전 금지(제44조 제1항 − 음주운전 / 제2항 − 음주측정거부)를 2회 이상 위반한 경우 운전면허 결격기간은 2년이다(제82조 제2항 제6호 가목).

65 도로교통법 제82조 제2항에 따른 취소 또는 위반한 날로부터 운전면허 결격기간이 다른 것은?

① 술에 취한 상태에서의 운전 금지(제44조 제1항 또는 제2항)를 2회 이상 위반한 경우
② 운전면허 없이 공동 위험행위의 금지(제46조)를 위반한 경우
③ 타인의 자동차등을 훔치거나 빼앗은 사유(제93조 제1항 제12호)로 운전면허가 취소된 경우
④ 술에 취한 상태에서의 운전 금지(제44조 제1항 또는 제2항)를 위반하여 교통사고를 일으킨 경우

> **해설** 「**도로교통법**」 **제82조 제2항 제2호 · 제6호**: 취소 또는 위반한 날로부터 2년이 운전면허 결격기간
>
> | | |
> |---|---|
> | 취소된 날부터 | − 술에 취한 상태에서의 운전 금지(제44조 제1항 − 음주운전 / 제2항 − 음주측정거부)를 2회 이상 위반한 경우
− 술에 취한 상태에서의 운전 금지(제44조 제1항 − 음주운전 / 제2항 − 음주측정거부)를 위반하여 운전을 하다가 교통사고를 일으킨 경우
− 공동 위험행위의 금지(제46조)를 2회 이상 위반한 경우
− 운전면허부당취득(제93조 제1항 제8호) · 타인자동차강 · 절도(제93조 제1항 제12호) · 면허시험대리응시(제93조 제1항 제13호) 사유로 운전면허가 취소된 경우 |
> | 위반한 날부터 | − 무면허운전 등의 금지(제43조) 또는 국제운전면허증에 의한 자동차등의 운전(제96조 제3항)을 3회 이상 위반하여 자동차등을 운전한 경우
− 술에 취한 상태에서의 운전 금지(제44조 제1항 − 음주운전 / 제2항 − 음주측정거부)를 2회 이상 위반(제43조 또는 제96조 제3항을 함께 위반한 경우)한 경우
− 술에 취한 상태에서의 운전 금지(제44조 제1항 − 음주운전 / 제2항 − 음주측정거부)를 위반(제43조 또는 제96조 제3항을 함께 위반한 경우)하여 운전을 하다가 교통사고를 일으킨 경우
− 공동 위험행위의 금지(제46조)를 2회 이상 위반(제43조 또는 제96조 제3항을 함께 위반한 경우)한 경우 |

(제43조 또는 제96조 제3항을 함께 위반한 경우를 포함한다) 공동 위험행위의 금지를 2회 이상 위반한 경우에 한하여 운전면허 결격기간이 2년이므로, ②의 경우는 제82조 제2항 제7호에 따라 결격기간은 1년이다.

66 도로교통법에 따른 "운전면허의 결격사유(제82조)"에 대한 설명으로 틀린 것은?

① 도로교통법에 따른 적성검사를 받지 아니하거나 그 적성검사에 불합격한 사유로 운전면허가 취소된 경우 취소된 날로부터 1년이 운전면허 결격기간이다.
② 제1종 운전면허를 받은 사람이 적성검사에 불합격되어 다시 제2종 운전면허를 받으려는 경우 운전면허 결격기간이 없다.
③ 무면허운전 등의 금지(제43조)를 위반하여 자동차등을 운전한 경우 그 위반한 날부터 1년이 운전면허 결격기간이다.
④ 운전면허 없이 공동 위험행위의 금지(제46조)를 위반한 자가 원동기장치자전거면허를 받으려는 경우 그 위반한 날부터 1년이 운전면허 결격기간이다.

해설 ①「**도로교통법**」 **제82조 제2항 제7호 단서** "제1호부터 제6호까지의 규정에 따른 경우가 아닌 다른 사유로 운전면허가 취소된 경우에는 운전면허가 취소된 날부터 1년(원동기장치자전거면허를 받으려는 경우에는 6개월로 하되, 제46조를 위반하여 운전면허가 취소된 경우에는 1년). 다만, <u>제93조 제1항 제9호의 사유로 운전면허가 취소된 사람 또는 제1종 운전면허를 받은 사람이 적성검사에 불합격되어 다시 제2종 운전면허를 받으려는 경우에는 그러하지 아니하다.</u>" 도로교통법 제87조 제2항 또는 제88조 제1항에 따른 적성검사를 받지 아니하거나 그 적성검사에 불합격한 사유로 운전면허가 취소된 경우에는 운전면허 결격기간의 적용이 없다.

②「**도로교통법**」 **제82조 제2항 제7호 단서**, ③ **제82조 제2항 제1호 본문**, ④ **제82조 제2항 제1호 본문**

67 도로교통법에 따른 "운전면허의 결격사유(제82조)"에 대한 설명으로 옳은 것은?

① 술에 취한 상태에서의 운전 금지(제44조)를 위반하여 운전을 하다가 사람을 상해에 이르게 한 경우 운전면허 결격기간은 5년이다.

② 난폭운전 금지를 위반하여 사람을 사상한 후 도로교통법 제54조 제1항 및 제2항에 따른 필요한 조치 및 신고를 하지 않은 경우 운전면허가 취소된 날부터 5년이 운전면허 결격기간이다.

③ 운전면허효력 정지처분을 받고 있는 경우에는 운전면허 결격기간이 없다.

④ 운전면허 결격기간이 끝났다 하여도 도로교통법 제93조에 따른 취소처분을 받은 이후에 특별교통안전 의무교육(제73조 제2항)을 받지 아니하면 운전면허를 받을 수 없다.

해설 ①「**도로교통법**」 **제82조 제2항 제3호 나목** "제44조를 위반(제43조 또는 제96조 제3항을 함께 위반한 경우도 포함한다)하여 운전을 하다가 사람을 <u>사망에 이르게 한 경우</u>" 음주운전으로 인하여 사람을 상해에 이르게 하는 교통사고를 일으킨 경우는 2년이 운전면허 결격기간이다.

②「**도로교통법**」 **제82조 제2항 제4호** "<u>제43조부터 제46조까지의 규정에 따른 사유가 아닌 다른 사유로 사람을 사상한 후 제54조 제1항 및 제2항에 따른 필요한 조치 및 신고를 하지 아니한 경우에는 <u>운전면허가 취소된 날부터 4년</u>" 난폭운전 금지(제46조의3)를 위반한 경우 제43조부터 제46조까지의 규정에 따른 사유가 아니므로 4년이 운전면허 결격기간이다.

③「**도로교통법**」 **제82조 제2항 제8호** "운전면허효력 정지처분을 받고 있는 경우에는 그 <u>정지기간</u>"

④「**도로교통법**」 **제82조 제3항**

68 도로교통법상 (취소된 또는 위반한 날로부터) 운전면허 결격기간을 모두 합한 값은?

> ㉠ 술에 취한 상태에서의 운전 금지(제44조)를 위반하여 운전을 하다가 사람을 사망에 이르게 하여 운전면허가 취소된 경우
>
> ㉡ 다른 사람이 부정하게 운전면허를 받도록 하기 위하여 운전면허시험에 대신 응시한 사유로 운전면허가 취소된 경우
>
> ㉢ 운전면허 없이 자동차등을 운전한 자가 원동기장치자전거면허를 받으려는 경우
>
> ㉣ 무면허운전 등의 금지(제43조)를 3회 이상 위반하여 자동차등을 운전한 경우
>
> ㉤ 술에 취한 상태에서의 운전 금지(제44조 제1항 또는 제2항)를 위반하여 운전을 하다가 2회 이상 교통사고를 일으켜 운전면허가 취소된 경우

① 12년　　　② 12년 6월　　　③ 13년　　　④ 13년 6월

해설 「**도로교통법**」 **제82조 제2항**
㉠ **제3호 나목**: 5년　㉡ **제6호 라목**: 2년　㉢ **제1호 본문**: 6개월　㉣ **제2호**: 2년　㉤ **제5호**: 3년

69 도로교통법상 (취소된·위반한 날로부터) 운전면허 결격기간이 2년인 경우는 모두 몇 개인가?

> ㉠ 다른 사람의 자동차등을 훔치거나 빼앗은 사람이 무면허운전 등의 금지(제43조)를 위반하여 그 자동차등을 운전한 경우
> ㉡ 운전면허를 받을 수 없는 사람이 운전면허를 받거나 운전면허효력의 정지기간 중 운전면허증 또는 운전면허증을 갈음하는 증명서를 발급받은 사실이 드러나 운전면허가 취소된 경우
> ㉢ 술에 취한 상태에서의 운전 금지(제44조 제1항 또는 제2항)을 위반하여 운전을 하다가 교통사고를 일으켜 운전면허가 취소된 경우
> ㉣ 다른 사람이 부정하게 운전면허를 받도록 하기 위하여 운전면허시험에 대신 응시한 사유로 운전면허가 취소된 경우
> ㉤ 공동 위험행위의 금지(제46조)를 위반하여 운전면허가 취소된 경우

① 2개   ② 3개   ③ 4개   ④ 5개

해설 「**도로교통법**」 **제82조 제2항**: ㉡ ㉢ ㉣ 의 경우 운전면허 결격기간이 2년이다. ㉡과 관련하여 제93조 제1항 제8호의2(거짓이나 그 밖의 부정한 수단으로 운전면허를 받은 경우)의 사유로 운전면허가 취소된 경우에는 제8호(㉡의 사유)와 달리 제82조 제2항 제7호에 따라 결격기간이 1년임에 유의한다.
    ㉠ **제5호**: 3년 ㉤ **제6호 다목 및 제7호**: 공동 위험행위의 금지를 <u>2회 이상 위반하여</u> 운전면허가 취소된 경우에는 운전면허 결격기간이 2년이지만, 아닌 경우에는 제7호에 따라 "제1호부터 제6호까지의 규정에 따른 경우가 아닌 다른 사유로 운전면허가 취소된 경우에는 <u>운전면허가 취소된 날부터 1년</u>"이 운전면허 결격기간이다.

70 도로교통법상의 "운전면허증의 갱신과 정기 적성검사(제87조)"의 내용이다. 괄호의 숫자를 모두 더한 값은 얼마인가?

> 운전면허를 받은 사람은 다음 각 호의 구분에 따른 기간 이내에 대통령령으로 정하는 바에 따라 시·도경찰청장으로부터 운전면허증을 갱신하여 발급받아야 한다.
> 1. 최초의 운전면허증 갱신기간은 제83조 제1항 또는 제2항에 따른 운전면허시험에 합격한 날부터 기산하여 ( )년 〔운전면허시험 합격일에 ( )세 이상 75세 미만인 사람은 ( )년, 75세 이상인 사람은 ( )년, 한쪽 눈만 보지 못하는 사람으로서 제1종 운전면허 중 보통면허를 취득한 사람은 ( )년〕 이 되는 날이 속하는 해의 1월 1일부터 12월 31일까지
> 2. 제1호 외의 운전면허증 갱신기간은 직전의 운전면허증 갱신일부터 기산하여 매 ( )년 〔직전의 운전면허증 갱신일에 ( )세 이상 75세 미만인 사람은 ( )년, 75세 이상인 사람은 ( )년, 한쪽 눈만 보지 못하는 사람으로서 제1종 운전면허 중 보통면허를 취득한 사람은 ( )년〕 이 되는 날이 속하는 해의 1월 1일부터 12월 31일까지

① 162   ② 167   ③ 172   ④ 182

해설 「**도로교통법**」 **제87조 제1항**: 10 − 65 − 5 − 3 − 3 − 10 − 65 − 5 − 3 − 3

71 도로교통법상 "운전면허증의 갱신과 정기 적성검사(제87조)"에 대한 설명으로 틀린 것은?

① 제2종 운전면허를 받은 사람 중 운전면허증 갱신기간에 65세 이상인 사람은 운전면허증 갱신기간에 대통령령으로 정하는 바에 따라 도로교통공단이 실시하는 정기 적성검사를 받아야 한다.

② 제1종 운전면허를 받은 사람은 운전면허증 갱신기간에 대통령령으로 정하는 바에 따라 도로교통공단이 실시하는 정기 적성검사를 받아야 한다.

③ 도로교통법 제73조 제5항에 따른 교통안전교육을 받지 아니한 사람은 운전면허증을 갱신하여 받을 수 없다.

④ 도로교통법 제87조 제2항에 따른 정기 적성검사를 받지 아니하거나 이에 합격하지 못한 사람은 운전면허증을 갱신하여 받을 수 없다.

> **해설** ① 「**도로교통법**」 제87조 제2항 제2호 "다음 각 호의 어느 하나에 해당하는 사람은 제1항에 따른 운전면허증 갱신기간에 대통령령으로 정하는 바에 따라 도로교통공단이 실시하는 정기(定期) 적성검사(適性檢査)를 받아야 한다. 1. 제1종 운전면허를 받은 사람, 2. 제2종 운전면허를 받은 사람 중 운전면허증 갱신기간에 <u>70세 이상인 사람</u>"
> ② 「**도로교통법**」 제87조 제2항 제1호, ③ 제87조 제3항 제1호, ④ 제87조 제3항 제2호

72 도로교통법 및 동법 시행규칙상의 "임시운전증명서"에 대한 설명으로 옳은 것은?

① 발급권자는 경찰서장이고, 그 유효기간 중에는 운전면허증과 같은 효력이 있다.

② 정기 적성검사 또는 운전면허증 갱신 발급 신청을 하거나 수시 적성검사를 신청한 경우에는 임시운전증명서를 발급하여야 한다.

③ 유효기간 연장권자는 경찰서장이고, 1회에 한하여 20일의 범위에서 유효기간을 연장할 수 있다.

④ 유효기간은 20일 이내로 하되, 운전면허의 취소·정지처분 대상자의 경우 30일 이내로 할 수 있다.

> **해설** ① 「**도로교통법**」 제91조 제1항 본문 및 제2항 "① <u>시·도경찰청장</u>은 다음 각 호의 어느 하나의 경우에 해당하는 사람이 임시운전증명서 발급을 신청하면 행정안전부령으로 정하는 바에 따라 <u>임시운전증명서를 발급할 수 있다.</u> 이하 생략. ② 제1항의 임시운전증명서는 <u>그 유효기간 중에는 운전면허증과 같은 효력이 있다.</u>"
> ② 「**도로교통법**」 제91조 제1항 단서 참조. 운전면허증에 행정안전부령으로 정하는 사항을 기재하여 발급함으로써 <u>임시운전증명서 발급을 갈음할 수 있다.</u>
> ③ 「**도로교통법 시행규칙**」 제88조 제2항 단서
> ④ 「**도로교통법 시행규칙**」 제88조 제2항 본문 "제1항에 따른 임시운전증명서의 유효기간은 <u>20일 이내로 하되,</u> 법 제93조에 따른 <u>운전면허의 취소 또는 정지처분 대상자의 경우에는 40일 이내로 할 수 있다.</u> 다만, 경찰서장이 필요하다고 인정하는 경우에는 그 유효기간을 1회에 한하여 20일의 범위에서 연장할 수 있다."

73 도로교통법에 따른 "운전면허의 취소·정지(제93조)"에 대한 설명으로 틀린 것은?

① 도로교통법 제93조에 따른 운전면허의 취소·정지권자는 시·도경찰청장이다.

② 도로교통법 제93조 제1항 각 호의 사유가 있는 경우 운전면허를 취소·정지할 수 있다.

③ 도로교통법 제93조 제1항에 따른 운전면허 취소·정지의 경우 연습운전면허를 제외한다.

④ 도로교통법 제93조에 따라 운전면허는 1년 이내의 범위에서 그 효력을 정지시킬 수 있다.

> **해설** ① ③ ④ 「**도로교통법**」 도로교통법 제93조 제1항 본문 ④와 관련하여 1년을 초과하는 운전면허의 효력 정지는 재량권의 일탈(위법한 행정처분)에 해당하여 행정소송·행정심판의 대상이 된다.

② 「**도로교통법**」 도로교통법 제93조 제1항 단서 "(본문 생략). 다만, 제2호, 제3호, 제7호, 제8호, 제8호의2, 제9호(정기 적성검사 기간이 지난 경우는 제외한다), 제14호, 제16호, 제17호, 제20호의 규정에 해당하는 경우에는 운전면허를 취소하여야 하고...(이하 생략)." 기속행위이므로 시·도경찰청장에게 재량이 없다.

74 도로교통법에 따라 시·도경찰청장이 운전면허를 취소하여야 하는 경우는?

① 도로교통법 제44조(술에 취한 상태에서의 운전 금지) 제1항을 위반하여 술에 취한 상태(혈중알코올농도 0.08% 이상)에서 자동차등을 운전한 경우
② 교통사고로 사람을 사상한 후 도로교통법 제54조(사고발생 시의 조치) 제1항 또는 제2항에 따른 필요한 조치 또는 신고를 하지 아니한 경우
③ 운전면허를 받은 사람이 자동차등을 범죄의 도구나 장소로 이용하여 살인·사체유기 또는 방화의 죄를 범한 경우
④ 운전면허를 받을 수 없는 사람이 운전면허를 받거나 운전면허효력의 정지기간 중 운전면허증 또는 운전면허증을 갈음하는 증명서를 발급받은 사실이 드러난 경우

해설 ① ② ③ 「**도로교통법**」 제93조 제1항 본문 제1호·제6호·제11호 나목의 1)에 따라 취소·정지할 수 있다.
④ 「**도로교통법**」 제93조 제1항 단서 및 제8호에 따라 취소하여야 한다.

운전면허를 취소하여야 하는 경우 (기속행위 – 재량 없음: 필요적 취소)

- 술에 취한 상태에서의 운전 금지(제1항 – 음주운전, 제2항 후단 – 음주측정거부)를 위반(자동차등을 운전한 경우로 한정)한 사람이 다시 같은 조 제1항을 위반하여 운전면허 정지 사유에 해당된 경우
- 술에 취한 상태에서의 운전 금지(제2항 후단: 음주측정거부)를 위반하여 술에 취한 상태에 있다고 인정할 만한 상당한 이유가 있음에도 불구하고 경찰공무원의 측정에 응하지 아니한 경우
- 운전면허의 결격사유(제82조 제1항 제2호부터 제5호까지)의 규정에 따른 운전면허를 받을 수 없는 사람에 해당된 경우
- 운전면허의 결격사유(제82조)에 따라 운전면허를 받을 수 없는 사람이 운전면허를 받거나 운전면허효력의 정지기간 중 운전면허증 또는 운전면허증을 갈음하는 증명서를 발급받은 사실이 드러난 경우
- 거짓이나 그 밖의 부정한 수단으로 운전면허를 받은 경우(취소하여야 하는 운전면허의 범위는 운전자가 거짓이나 그 밖의 부정한 수단으로 받은 그 운전면허로 한정)
- 운전면허증의 갱신과 정기 적성검사(제87조 제2항) 또는 수시 적성검사(제88조 제1항)에 따른 적성검사를 받지 아니하거나 그 적성검사에 불합격한 경우(정기 적성검사 기간이 지난 경우는 제외)
- 도로교통법에 따른 교통단속 임무를 수행하는 경찰공무원등 및 시·군공무원을 폭행한 경우
- 자동차관리법에 따라 등록되지 아니하거나 임시운행허가를 받지 아니한 자동차(이륜자동차는 제외한다)를 운전한 경우
- 제1종 보통면허 및 제2종 보통면허를 받기 전에 연습운전면허의 취소 사유가 있었던 경우
- 다른 법률에 따라 관계 행정기관의 장이 운전면허의 취소처분을 요청한 경우(정당한 사유 없으면)
- 운전면허를 받은 사람이 자신의 운전면허를 실효(失效)시킬 목적으로 시·도경찰청장에게 자진하여 운전면허를 반납하는 경우. 다만, 실효시키려는 운전면허가 취소처분 또는 정지처분의 대상이거나 효력정지 기간 중인 경우는 제외

운전면허를 취소 또는 (1년 이내의 범위에서) 정지시킬 수 있는 경우 (재량 있음)

- 술에 취한 상태에서의 운전 금지(제44조 제1항: 음주운전)를 위반하여 술에 취한 상태에서 자동차등을 운전한 경우

- 과로한 때 등의 운전 금지(제45조)를 위반하여 약물의 영향으로 인하여 정상적으로 운전하지 못할 우려가 있는 상태에서 자동차등을 운전한 경우
- 공동 위험행위의 금지(제46조 제1항)를 위반하여 공동 위험행위를 한 경우
- 난폭운전 금지(제46조의3)를 위반하여 난폭운전을 한 경우
- 자동차등과 노면전차의 속도(제17조 제3항)를 위반하여 제17조 제1항 및 제2항에 따른 최고속도보다 시속 100킬로미터를 초과한 속도로 3회 이상 자동차등을 운전한 경우
- 교통사고로 사람을 사상한 후 사고발생 시의 조치(제54조 제1항 또는 제2항)에 따른 필요한 조치 또는 신고를 하지 아니한 경우
- 운전 중 고의 또는 과실로 교통사고를 일으킨 경우
- 운전면허를 받은 사람이 자동차등을 이용하여 형법 제258조의2(특수상해)·제261조(특수폭행)·제284조(특수협박) 또는 제369조(특수손괴)를 위반하는 행위를 한 경우
- 운전면허를 받은 사람이 자동차등을 범죄의 도구나 장소로 이용하여 다음 각 목의 어느 하나의 죄를 범한 경우
  가. 국가보안법 중 제4조부터 제9조까지의 죄 및 같은 법 제12조 중 증거를 날조·인멸·은닉한 죄
  나. 형법 중 다음 어느 하나의 범죄. 1) 살인·사체유기·방화, 2) 강도·강간·강제추행, 3) 약취·유인·감금
  　　4) 상습절도(절취한 물건을 운반한 경우만), 5) 교통방해(단체·다중의 위력으로써 위반한 경우만)
- 다른 사람의 자동차등을 훔치거나 빼앗은 경우
- 다른 사람이 부정하게 운전면허를 받도록 하기 위하여 제83조에 따른 운전면허시험에 대신 응시한 경우
- 운전면허증을 다른 사람에게 빌려주어 운전하게 하거나 다른 사람의 운전면허증을 빌려서 사용한 경우
- 승차 또는 적재의 방법과 제한(제39조 제1항 또는 제4항)을 위반하여 화물자동차를 운전한 경우
- 도로교통법이나 도로교통법에 따른 명령 또는 처분을 위반한 경우

※ 제93조 제1항 본문에 따라 취소·정지시킬 수 있는 경우 그 개별기준은 도로교통법 시행규칙 제91조 제1항 별표 28에서 규정하고 있다. 가령 도로교통법상 "공동 위험행위의 금지(제46조 제1항)를 위반하여 공동 위험행위를 한 경우"에는 취소·정지시킬 수 있고, 별표 28에 의하면 "공동위험행위로 구속된 때"에 취소할 수 있다.

75 도로교통법에 따라 시·도경찰청장이 운전면허를 취소하여야 하는 경우는 모두 몇 개인가?

> ㉠ 다른 사람의 자동차등을 훔치거나 빼앗은 경우
> ㉡ 운전 중 고의 또는 과실로 교통사고를 일으킨 경우
> ㉢ 도로교통법 제44조 제2항 후단을 위반하여 술에 취한 상태에 있다고 인정할 만한 상당한 이유가 있음에도 불구하고 경찰공무원의 측정에 응하지 아니한 경우
> ㉣ 다른 사람이 부정하게 운전면허를 받도록 하기 위하여 운전면허시험에 대신 응시한 경우
> ㉤ 도로교통법 제46조 제1항을 위반하여 공동 위험행위를 한 경우
> ㉥ 자동차관리법에 따라 등록되지 아니하거나 임시운행허가를 받지 아니한 자동차(이륜자동차는 제외한다)를 운전한 경우

① 2개　　　　② 3개　　　　③ 4개　　　　④ 5개

해설 「**도로교통법**」 **제93조 제1항 단서**: ㉢ ㉥의 경우 취소하여야 한다.
취소하거나 정지시킬 수 있다(제1항 본문): ㉠ ㉡ ㉣ ㉤

76 도로교통법에 따라 시·도경찰청장이 운전면허를 취소하거나 1년 이내의 범위에서 그 효력을 정지시킬 수 있는 경우는?

① 도로교통법 제44조(술에 취한 상태에서의 운전 금지) 제1항을 위반(자동차등을 운전한 경우로 한정)한 사람이 다시 같은 조 제1항을 위반하여 운전면허 정지 사유에 해당된 경우
② 도로교통법에 따른 교통단속 임무를 수행하는 경찰공무원등 및 시·군공무원을 폭행한 경우
③ 도로교통법 제17조(자동차등과 노면전차의 속도)에 따른 최고속도보다 시속 100킬로미터를 초과한 속도로 3회 이상 자동차등을 운전한 경우
④ 제1종 보통면허 및 제2종 보통면허를 받기 전에 연습운전면허의 취소 사유가 있었던 경우

> **해설** ① ② ④ 「**도로교통법**」 **제93조 제1항 단서 및 제2호·제14호·제17호**에 따라 취소하여야 한다.
> ③ 「**도로교통법**」 **제93조 제1항 본문 제5호의3**에 따라 취소 또는 정지시킬 수 있다. 신설규정으로 유의한다.

77 도로교통법 시행규칙 제91조 제1항 별표 28에 따른 운전면허 취소·정지처분 기준의 일부를 발췌한 것이다. 다음의 내용 중 옳은 것은 모두 몇 개인가?

> 1. 일반기준 바. 처분기준의 감경
> (1) 감경사유
> (나) 벌점·누산점수 초과로 인하여 운전면허 취소처분을 받은 경우
> 　　운전이 가족의 생계를 유지할 중요한 수단이 되거나, ㉠ 모범운전자로서 처분 당시 3년 이상 교통봉사활동에 종사하고 있거나, ㉡ 교통사고를 일으키고 도주한 운전자를 검거하여 시·도경찰청장 이상의 표창을 받은 사람으로서 다음의 어느 하나에 해당되는 경우가 없어야 한다.
> 　　1) ㉢ 과거 5년 이내에 음주운전의 전력이 있는 경우
> 　　2) ㉣ 과거 5년 이내에 2회 이상 인적피해 교통사고를 일으킨 경우
> 　　3) ㉤ 과거 5년 이내에 3회 이상 운전면허 정지처분을 받은 전력이 있는 경우
> 　　4) ㉥ 과거 5년 이내에 운전면허행정처분 이의심의위원회의 심의를 거치거나 행정심판 또는 행정소송을 통하여 행정처분이 감경된 경우

① 2개　　　　② 3개　　　　③ 4개　　　　④ 5개

> **해설** 「**도로교통법 시행규칙**」 **제93조 제1항 별표 28**: ㉠ ㉤ ㉥ 옳은 설명이다.
> ㉡ 경찰서장 이상의 표창장을 받은 사람　㉢ 과거 5년 이내에 운전면허 취소처분을 받은 전력이 있는 경우
> ㉣ 과거 5년 이내에 3회 이상 인적피해 교통사고를 일으킨 경우

78 도로교통법, 동법 시행령 및 시행규칙에 따른 연습운전면허에 대한 설명으로 틀린 것은?

① 시·도경찰청장은 연습운전면허를 발급받은 사람이 운전 중 고의·과실로 교통사고를 일으킨 경우에는 원칙적으로 연습운전면허를 취소하여야 한다.
② 연습운전면허를 발급받은 사람이 도로교통공단에서 도로주행시험을 담당하는 사람, 자동차운전학원의 강사, 전문학원의 강사·기능검정원의 지시에 따라 운전하던 중 교통사고를 일으킨 경우에는 연습운전면허를 취소하지 아니한다.
③ 연습운전면허를 발급받은 사람이 도로가 아닌 곳에서 교통사고를 일으킨 경우 또는 교통사고를 일으켰으나 물적 피해만 발생한 경우에는 연습운전면허를 취소하지 아니할 수 있다.
④ 도로교통법에 따른 연습운전면허를 받은 사람이 도로에서 주행연습을 하는 때에는 주행연습 중이라는 사실을 다른 차의 운전자가 알 수 있도록 연습 중인 자동차에 별표 21의 표지("주행연습")를 붙여야 한다.

해설 ① 「도로교통법」 제93조 제3항 본문, ② 제93조 제3항 단서 및 동법 시행령 제59조 제1호, ④ 「도로교통법 시행규칙」 제55조 제3호

③ 「도로교통법」 제93조 제3항 단서 "시·도경찰청장은 연습운전면허를 발급받은 사람이 운전 중 고의 또는 과실로 교통사고를 일으키거나 이 법이나 이 법에 따른 명령 또는 처분을 위반한 경우에는 <u>연습운전면허를 취소하여야 한다</u>. 다만, 본인에게 귀책사유(歸責事由)가 없는 경우 등 <u>대통령령으로 정하는 경우에는 그러하지 아니하다</u>." 및 **동법 시행령 제59조 제2호·제3호** "법 제93조 제3항 단서에서 "대통령령으로 정하는 경우"란 다음 각 호의 어느 하나에 해당하는 경우를 말한다. 1. 도로교통공단에서 도로주행시험을 담당하는 사람, 자동차운전학원의 강사, 전문학원의 강사 또는 기능검정원(技能檢正員)의 지시에 따라 운전하던 중 교통사고를 일으킨 경우, 2. <u>도로가 아닌 곳에서 교통사고를 일으킨 경우</u>, 3. <u>교통사고를 일으켰으나 물적(物的) 피해만 발생한 경우</u>" 도로교통법 제93조 제3항 단서에 해당하는 경우에는 연습운전면허를 취소하지 아니한다.

79 도로교통법 시행규칙에 따른 연습운전면허에 대한 설명으로 옳은 것은? (다툼이 있으면 판례에 의함)

① 연습운전면허를 받은 사람이 도로교통법 시행규칙 제55조에 따른 준수사항을 위반한 경우 무면허운전에 해당한다.

② 연습운전면허를 받은 사람이 도로에서 주행연습을 하는 때에는 연습하고자 하는 자동차를 운전할 수 있는 운전면허를 받은 날부터 1년이 경과된 사람(소지하고 있는 운전면허의 효력이 정지기간 중인 사람을 제외한다)과 함께 승차하여 그 사람의 지도를 받아야 한다.

③ 연습운전면허를 받은 사람은 여객자동차 운수사업법 또는 화물자동차 운수사업법에 따른 사업용 자동차를 운전하는 등 주행연습 외의 목적으로 운전할 수 있다.

④ 연습운전면허를 받은 사람에 대하여는 도로교통법 시행규칙 별표 28의 기준에 의한 벌점을 관리하지 아니한다.

해설 ① 「도로교통법 시행규칙」 제91조 제2항 별표 29에 따른 연습운전면허 취소사유에 해당한다. 「2000도5540 판결」은 "...(상략)... 연습운전면허를 받은 사람이 도로에서 주행연습을 함에 있어서 위와 같은 준수사항을 지키지 않았다고 하더라도 준수사항을 지키지 않은 데에 따른 제재를 가할 수 있음은 별론으로 하고 <u>그 운전을 무면허운전이라고 할 수는 없다</u>."

② 「도로교통법 시행규칙」 제55조 제1호 "법 제80조 제2항 제3호에 따른 연습운전면허를 받은 사람이 도로에서 주행연습을 하는 때에는 다음 각 호의 사항을 지켜야 한다. 1. <u>운전면허(연습하고자 하는 자동차를 운전할 수 있는 운전면허에 한한다)를 받은 날부터 2년이 경과된 사람(소지하고 있는 운전면허의 효력이 정지기간 중인 사람을 제외한다)</u>과 함께 승차하여 그 사람의 지도를 받아야 한다. 2. 「여객자동차 운수사업법」 또는 「화물자동차 운수사업법」에 따른 사업용 자동차를 운전하는 등 주행연습 외의 목적으로 운전하여서는 아니된다. 3. 주행연습 중이라는 사실을 다른 차의 운전자가 알 수 있도록 연습 중인 자동차에 별표 21의 표지를 붙여야 한다."

③ 「도로교통법 시행규칙」 제55조 제2호 참조. 사업용 자동차를 운전하는 등 주행연습 외의 목적으로 운전하여서는 아니된다.

④ 「도로교통법 시행규칙」 제91조 제3항

80 도로교통법에 따른 운전면허의 취소에 대한 판례의 태도로 옳은 것은?

① 운전면허의 취소사유가 특정 면허에 관한 것이 아니라 다른 면허와 공통된 것이거나 운전면허를 받은 사람에 관한 것일 경우 여러 면허를 전부 취소할 수 있는 것처럼 한 사람이 여러 종류의 운전면허를 가지고 있는 경우에도 원칙적으로 별개의 것으로 취급할 것은 아니다.

② 한 사람이 여러 종류의 운전면허를 취득하는 경우 1개의 운전면허증을 발급하고 그 운전면허증의 면허번호는 최초로 부여한 면허번호로 하여 이를 통합관리하고 있으므로 여러 종류의 운전면허를 서로 별개의 것으로 취급할 수 없다.

③ 도로교통법 시행규칙에 의하면 제1종 대형면허 소지자는 제1종 보통면허 소지자가 운전할 수 있는 차량을 모두 운전할 수 있는 것으로 규정하고 있어 제1종 대형면허의 취소에는 당연히 제1종 보통면허 소지자가 운전할 수 있는 차량의 운전까지 금지하는 취지가 포함된 것이다.

④ 음주운전으로 인한 운전면허의 취소 여부는 재량행위이고, 운전면허의 취소에서는 일반의 수익적 행정행위 취소와 마찬가지로 취소로 인하여 입게 될 당사자의 불이익이 더욱 강조되어야 한다.

해설 ① 「**2012두1891 판결**」 "[1] 한 사람이 여러 종류의 자동차운전면허를 취득하는 경우뿐 아니라 이를 취소 또는 정지하는 경우에도 <u>서로 별개의 것으로 취급하는 것이 원칙</u>이고, 다만 취소사유가 특정 면허에 관한 것이 아니고 <u>다른 면허와 공통된 것이거나 운전면허를 받은 사람에 관한 것일 경우에는 여러 면허를 전부 취소할 수도 있다.</u> [2] 제1종 대형, 제1종 보통 자동차운전면허를 가지고 있는 갑이 배기량 400cc의 오토바이를 절취하였다는 이유로 지방경찰청장이 도로교통법 제93조 제1항 제12호에 따라 갑의 제1종 대형, 제1종 보통 자동차운전면허를 모두 취소한 사안에서, 도로교통법 제93조 제1항 제12호, 도로교통법 시행규칙 제91조 제1항 [별표 28] 규정에 따르면 그 취소 사유가 훔치거나 빼앗은 해당 자동차 등을 운전할 수 있는 특정 면허에 관한 것이며, 제2종 소형면허 이외의 다른 운전면허를 가지고는 위 오토바이를 운전할 수 없어 취소 사유가 다른 면허와 공통된 것도 아니므로, 갑이 위 오토바이를 훔친 것은 제1종 대형면허나 보통면허와는 아무런 관련이 없어 위 오토바이를 훔쳤다는 사유만으로 제1종 대형면허나 보통면허를 취소할 수 없다고 본 원심판단을 정당하다고 한 사례."

② 「**95누8850 전원합의체판결**」 "가. …(상략)…<u>한 사람이 여러 종류의 자동차 운전면허를 취득하는 경우 1개의 운전면허증을 발급하고 그 운전면허증의 면허번호는 최초로 부여한 면허번호로 하여 이를 통합관리하고 있다고 하더라도</u>, 이는 자동차 운전면허증 및 그 면허번호 관리상의 편의를 위한 것에 불과할 뿐 그렇다고 하여 <u>여러 종류의 면허를 서로 별개의 것으로 취급할 수 없다거나 각 면허의 개별적인 취소 또는 정지를 분리하여 집행할 수 없는 것은 아니다.</u> 나. 외형상 하나의 행정처분이라 하더라도 가분성이 있거나 그 처분대상의 일부가 특정될 수 있다면 <u>그 일부만의 취소도 가능하고 그 일부의 취소는 당해 취소부분에 관하여 효력이 생긴다</u>고 할 것인바, 이는 한 사람이 여러 종류의 자동차 운전면허를 취득한 경우 그 각 운전면허를 취소하거나 그 운전면허의 효력을 정지함에 있어서도 마찬가지이다. 다. <u>제1종 보통, 대형 및 특수 면허를 가지고 있는 자가 레이카크레인을 음주운전한 행위는 제1종 특수면허의 취소사유에 해당될 뿐 제1종 보통 및 대형 면허의 취소사유는 아니므로, 3종의 면허를 모두 취소한 처분 중 제1종 보통 및 대형 면허에 대한 부분은 이를 이유로 취소하면 될 것이나…(하략)"</u>

③ 「**2004두12452 판결**」에 따른 옳은 설명이다. "…(상략)…자동차운전면허는 그 성질이 대인적 면허일 뿐만 아니라, 도로교통법시행규칙 제26조 [별표 13의6]에 의하면, 제1종 대형면허 소지자는 제1종 보통면허 소지자가 운전할 수 있는 차량을 모두 운전할 수 있는 것으로 규정하고 있어, <u>제1종 대형면허의 취소에는 당연히 제1종 보통면허소지자가 운전할 수 있는 차량의 운전까지 금지하는 취지가 포함된 것</u>이어서 이들 차량의 운전면허는 서로 관련된 것이라고 할 것이므로, 제1종 대형면허로 운전할 수 있는 차량을 운전면허정지기간 중에 운전한 경우에는 이와 관련된 제1종 보통면허까지 취소할 수 있다."

④ 「**2017두67476 판결**」 "[1] 운전면허를 받은 사람이 음주운전을 한 경우에 운전면허의 취소 여부는 행정청의 재량행위이나, 음주운전으로 인한 교통사고의 증가와 그 결과의 참혹성 등에 비추어 보면 음주운전으로 인한

교통사고를 방지할 공익상의 필요는 더욱 중시되어야 하고, 운전면허의 취소에서는 일반의 수익적 행정행위의 취소와는 달리 취소로 인하여 입게 될 당사자의 불이익보다는 이를 방지하여야 하는 일반예방적 측면이 더욱 강조되어야 한다. [2] 甲이 혈중알코올농도 0.140%의 주취상태로 배기량 125cc 이륜자동차를 운전하였다는 이유로 관할 지방경찰청장이 甲의 자동차운전면허[제1종 대형, 제1종 보통, 제1종 특수(대형견인 · 구난), 제2종 소형]를 취소하는 처분을 한 사안에서, 위 처분 중 제1종 대형, 제1종 보통, 제1종 특수(대형견인 · 구난) 운전면허를 취소한 부분에 재량권을 일탈 · 남용한 위법이 있다고 본 원심판단에 재량권 일탈 · 남용에 관한 법리 등을 오해한 위법이 있다고 한 사례(※ 주: 전부 취소가 정당하다는 취지)"

【복수 운전면허의 취소 · 정지와 관련된 판례의 이론 정리】 – 두 가지 기준을 같이 적용하고 있음

(일반론)
- 한 사람이 여러 종류의 자동차운전면허를 취득하는 경우뿐 아니라 이를 취소 또는 정지하는 경우에도 서로 별개의 것으로 취급하는 것이 원칙(2012두1891 판결 / 95누8850 전원합의체판결)
- 취소(or 정지)사유가 특정 면허에 관한 것이 아니고 다른 면허와 공통된 것이거나 운전면허를 받은 사람에 관한 것일 경우에는 여러 면허를 전부 취소(or 정지)할 수 있음(2012두1891 판결 및 면허기준 판례 참조)
- 최초로 부여한 면허번호(하나)로 복수의 운전면허를 관리하더라도 각 면허의 개별적인 취소 또는 정지를 분리하여 집행할 수 있음(95누8850 전원합의체판결)
- ※ 원동기장치자전거면허를 제외하고 다른 면허와 전혀 관련성이 없는 제1종 소형면허(운전할 수 있는 차량), 제2종 소형면허(운전할 수 있는 차량)에 유의한다. 아울러 제1종 특수면허도 제2종 보통면허로 운전할 수 있는 차량을 운전할 수 있어 다른 면허와 관련을 맺고 있으나, 제1종 특수면허로 운전할 수 있는 차량 자체는 위반차량 기준으로 판단할 때 유의하여야 한다. 특히 원동기장치자전거는 모든 유형의 운전면허로 운전할 수 있으므로 원동기장치자전거를 운전하면서 취소사유가 발생한 경우(ex. 취소 수치의 음주운전)에는 운전자가 가지고 있는 모든 운전면허를 취소할 수 있다.

위반 차량 기준	– 위반 당시 운전한 차량을 기준으로 당해 차량을 운전할 수 있는 모든 면허를 취소할 수 있음(다른 면허와 공통된 것이기 때문에 전부 취소할 수 있음 – 2012두1891 판결) – 위반 당시 차량의 운전과 무관한 면허는 취소 불가
면허 기준	취소되는 면허(大)가 다른 면허(小)를 완전히 포함하는 경우 다른 면허(小)까지 취소할 수 있음(2004두12452 판결 / 95누8850 판결)
	취소될 대(大)면허가 없는 경우(ex. 원동기장치자전거면허 외에 다른 운전면허 없이 승용자동차를 음주운전한 경우) 승용자동차를 운전할 수 있는 면허(제1종 대형·보통면허 및 제2종 보통면허)가 없다고 하더라도 승용자동차의 음주운전은 원동기장치자전거의 운전을 금지시킬 사유에 해당하므로 원동기장치자전거면허를 취소할 수 있음(2011두358 판결)

81 운전자가 발급받은 복수의 운전면허 취소에 대한 판례의 입장과 다른 것은?

① 제1종 대형면허 · 보통면허 · 특수면허(대형견인차)를 가진 자가 승차정원 12명인 승합자동차를 운전하다 운전면허 취소사유가 발생한 경우에는 운전자가 가진 제1종 특수면허(대형견인차)는 취소할 수 없다.

② 제1종 대형면허 · 보통면허 · 특수면허(대형견인 · 구난) 및 제2종 소형면허를 가진 자가 운전면허 취소사유에 해당하는 주취 상태로 배기량 125cc의 이륜자동차를 운전한 경우 운전자가 가진 모든 운전면허를 취소할 수 있다.

③ 제2종 원동기장치자전거면허만 있는 자가 운전면허 취소사유에 해당하는 주취 상태로 승용자동차를 운전한 경우 제2종 원동기장치자전거면허를 취소할 수 있다.

④ 제1종 대형면허 · 보통면허 · 특수면허(소형견인차)를 가진 자가 운전면허 취소사유에 해당하는 주취 상태로 총중량 3.5톤인 견인형 특수자동차를 운전한 경우 제1종 대형면허 · 보통면허를 취소할 수 있다.

해설 ① 「**98두1031 판결**」과 같은 입장이다. "도로교통법 제68조 제6항의 위임에 따라 운전면허를 받은 사람이 운전할 수 있는 자동차 등의 종류를 규정하고 있는 도로교통법시행규칙 제26조 [별표 14]에 의하면 제1종보통, 제1종대형, 제1종특수자동차운전면허소유자가 운전한 12인승 승합자동차는 제1종보통 및 제1종대형자동차운전면허로는 운전이 가능하나 제1종특수자동차운전면허로는 운전할 수 없으므로, 위 운전자는 자신이 소지하고 있는 자동차운전면허 중 제1종보통 및 제1종대형자동차운전면허만으로 운전한 것이 되어, 제1종특수자동차운전면허는 위 승합자동차의 운전과는 아무런 관련이 없고, 또한 위 [별표 14]에 의하면 추레라와 레이카는 제1종특수자동차운전면허를 받은 자만이 운전할 수 있어 제1종보통이나 제1종대형자동차운전면허의 취소에 제1종특수자동차운전면허로 운전할 수 있는 자동차의 운전까지 금지하는 취지가 당연히 포함되어 있는 것은 아니다." 제1종 대형면허나 보통면허로 운전할 수 있는 승차정원 12명인 승합자동차를 운전하다가 운전면허 취소사유가 발생한 경우 우선 위반차량기준에 의하면 당해 승합자동차를 운전할 수 있는 면허인 제1종 대형면허와 보통면허는 취소될 수 있다. 다음으로 면허기준에 의하면 제1종 대형면허 또는 보통면허에 제1종 특수면허가 포함되는 관계에 있지 않으므로(판례상 레이카와 추레라이지만 현행에 맞게 대형견인차로 변형 – 대형견인차는 제1종 대형면허나 보통면허로 운전할 수 없기 때문에 취소되는 제1종 대형면허와 보통면허가 제1종 특수면허에 대한 관계에서 대(大)면허가 아니므로) 제1종 특수면허를 취소할 수 없다.

② 위의 「**2017두67476 판결**」과 같은 입장이다. 위반차량기준에 의하면 당해 차량을 운전할 수 있는 모든 면허를 취소할 수 있고, 배기량 125cc의 이륜자동차는 원동기장치자전거이다(도로교통법 제2조 제19호 가목). 따라서 운전자가 가지고 있는 모든 면허를 취소할 수 있다. 제1종 특수면허의 경우 원동기장치자전거가 명시되어 있지는 않지만, 제2종 보통면허로 운전할 수 있는 차를 운전할 수 있고, 이 제2종 보통면허로 운전할 수 있는 차에 원동기장치자전거가 포함되어 있으므로 제1종 특수면허도 취소할 수 있다.

③ 「**2011두358 판결**」과 같은 입장이다. "원고의 이 사건 승용자동차의 음주운전행위가 도로교통법 시행규칙 제53조 [별표 18]에 의하여 승용자동차를 운전할 수 있는 제1종 대형면허, 제1종 보통면허, 제2종 보통면허의 취소사유에 해당하는 것인 이상 승용자동차를 운전할 수 있는 위 각 면허와 제2종 원동기장치자전거면허를 소지하고 이 사건 승용자동차를 음주운전한 경우라면 승용자동차를 운전할 수 있는 위 각 면허의 취소에는 당연히 원동기장치자전거의 운전까지 금지하는 취지가 포함된 것이어서 이와 관련된 면허인 원동기장치자전거면허까지 취소할 수 있는 점(대법원 1994. 11. 25. 선고 94누9672 판결 참조)에 비추어 보면, 원고에게 승용자동차를 운전할 수 있는 위 각 면허가 없었다 하더라도 원고의 이 사건 승용자동차의 음주운전행위는 제2종 원동기장치자전거의 운전을 금지시킬 사유에 해당하므로 그 면허를 취소할 수 있다고 봄이 마땅하므로 피고가 원고의 제2종 원동기장치자전거면허를 취소한 이 사건 처분은 적법하다고 할 것이다." 취소할 수 있는 대(大)면허(제1종 대형면허·보통면허·특수면허, 제2종 보통면허)와 제2종 원동기장치자전거면허를 모두 가진 자가 면허취소에 해당하는 주취상태에서 승용자동차를 운전을 한 경우 제2종 원동기장치자전거면허가 취소되고, 승용자동차를 운전할 수 있는 대(大)면허없이 제2종 원동기장치자전거면허만 있는 자가 면허취소에 해당하는 주취상태에서 승용자동차를 운전한 경우 취소할 대(大)면허가 없다는 이유로 제2종 원동기장치자전거면허를 취소하지 않으면, 결과적으로 무면허로 음주운전을 한 경우가 우대되는 결과가 된다는 점에서도 판례의 입장은 타당하다.

④ 「**95누8850 전원합의체판결**」과 다른 입장이다. "제1종 보통, 대형 및 특수 면허를 가지고 있는 자가 레이카크레인을 음주운전한 행위는 제1종 특수면허의 취소사유에 해당될 뿐 제1종 보통 및 대형 면허의 취소사유는 아니므로...(하략)" 현행에 맞추어 지문을 변형하였고, 제1종 특수면허(소형견인차)만 취소할 수 있다. 총중량 3.5톤인 견인형 특수자동차는 제1종 특수면허(소형견인차)의 취소사유일 뿐이다. 위반차량기준에 의하면 제1종 대형면허와 보통면허로는 총중량 3.5톤인 견인형 특수자동차를 운전할 수 없고, 취소되는 제1종 특수면허(소형견인차)가 제1종 대형면허 및 보통면허에 대한 관계에서 대(大)면허도 아니므로 제1종 대형면허와 보통면허를 취소할 수는 없다. 단, 이 경우에 운전자가 제2종 보통면허도 가지고 있었다면 제2종 보통면허는 취소할 수 있다. 취소되는 제1종 특수면허(소형견인차)로 제2종 보통면허로 운전할 수 있는 차량을 운전할 수 있어 제2종 보통면허에 대한 관계에서 대(大)면허이므로 여기에 포함되는 소(小)면허인 제2종 보통면허를 취소할 수 있다(같은 취지로 위의 2004두12452 판결 참조).

82 운전자가 발급받은 복수의 운전면허 취소에 대한 설명으로 틀린 것은?

① 제1종 대형면허·보통면허와 제2종 원동기장치자전거면허를 가지고 있는 사람이 운전면허 취소사유에 해당하는 주취 상태에서 승차정원 10명인 승합자동차를 운전한 경우 3종류의 운전면허를 모두 취소할 수 있다.

② 제1종 보통면허와 특수면허(대형견인차)를 가지고 있는 사람이 운전면허 취소사유에 해당하는 주취 상태에서 적재중량 4톤인 화물자동차를 운전한 경우 제1종 보통면허를 취소할 수 있지만, 제1종 특수면허는 취소할 수 없다.

③ 제1종 대형면허·보통면허·특수면허(구난차)와 제2종 소형면허를 가지고 있는 사람이 운전면허 취소사유에 해당하는 주취 상태에서 배기량 250cc인 이륜자동차를 운전한 경우 제2종 소형면허만 취소할 수 있고, 나머지 운전면허는 취소할 수 없다.

④ 제1종 보통면허와 제2종 소형면허를 가지고 있는 사람이 운전면허 취소사유에 해당하는 주취 상태에서 승차정원 18명인 승합자동차를 운전한 경우 제1종 보통면허는 취소할 수 있지만, 제2종 소형면허는 취소할 수 없다.

해설 **【복수 운전면허의 취소·정지와 관련된 판례의 이론 정리】 참조.**

면허종별로 운전할 수 있는 차량의 범위와 복수운전면허의 취소(정지)에 관한 판례 이론이 결합된 유형의 문제이다. 판례가 제시하고 있는 2가지 기준 가운데 위반차량기준에 따라 취소할 수 있는 면허를 먼저 확정하고, 면허기준에 따라 취소되는 대(大)면허에 완전히 포함되는 소(小)면허를 확인하는 방식으로 문제를 해결한다.

① 옳은 설명이다. 위반 당시의 차량이 승차정원 10명인 승합자동차이므로 당해 차량을 운전할 수 있는 면허인 제1종 대형면허와 보통면허는 취소할 수 있다. 아울러 면허기준에 따라 취소되는 대(大)면허인 제1종 대형면허·보통면허에 제2종 원동기장치자전거면허가 완전히 포함되므로 소(小)면허인 제2종 원동기장치자전거면허도 취소할 수 있다.

② 틀린 설명이다. 위반 당시의 차량이 적재중량 4톤인 화물자동차이므로 당해 차량을 운전할 수 있는 면허인 제1종 보통면허를 취소할 수 있다. 아울러 제1종 특수면허로 제2종 보통면허로 운전할 수 있는 차량(사안의 적재중량 4톤인 화물자동차)을 운전할 수 있으므로 적재중량 4톤의 화물자동차를 운전할 수 있는 제1종 특수면허도 취소할 수 있다.

③ 옳은 설명이다. 위반 당시의 차량이 배기량 250cc인 이륜자동차이므로 당해 차량을 운전할 수 있는 면허인 제2종 소형면허를 취소할 수 있다. 면허기준에 따라 취소되는 제2종 소형면허에 제1종 대형면허·보통면허·특수면허(구난차)가 완전히 포함되는 관계에 있지 않으므로 나머지 면허는 취소할 수 없다.

④ 옳은 설명이다. 2011두358 판결의 논리가 적용된다. 위반 당시의 차량이 승차정원 18명인 승합자동차로 이는 제1종 대형면허로만 운전할 수 있고, 제1종 보통면허 또는 제2종 소형면허로는 운전할 수 없다. 운전자는 제1종 보통면허와 제2종 소형면허를 가지고 있어 취소할 수 있는 대(大)면허인 제1종 대형면허가 없지만, 승차정원 18명인 승합자동차의 음주운전행위는 제1종 보통면허를 취소시킬 사유에 해당한다. 그렇지 않으면 제1종 대형면허와 제1종 보통면허를 가지고 있는 사람이 승차정원 18명인 승합자동차를 운전면허 취소사유에 해당하는 주취 상태에서 운전한 경우 제1종 대형면허와 보통면허가 취소되지만, 제1종 대형면허가 없다는 이유로 제1종 보통면허를 취소하지 않게 되면 결과적으로 무면허로 운전한 사람이 면허가 있는 사람보다 우대되는 불합리한 결과가 발생하기 때문이다. 하지만 제2종 소형면허의 경우 제1종 대형면허 및 보통면허와는 전혀 관련을 맺고 있지 않은 면허이고, 이들 사이에 대소관계가 성립하지 않기 때문에 위반차량기준 및 면허기준에 의하더라도 취소할 수 없다.

83 제1종 대형·보통·소형·특수(대형견인차)면허와 제2종 보통·소형·원동기장치자전거면허 7종을 모두 가지고 있는 자가 운전면허 취소사유에 해당하는 주취상태로 적재중량 10톤인 화물자동차를 운전하였다. 취소할 수 있는 면허의 종류는 모두 몇 개인가?

① 4종　　　　② 5종　　　　③ 6종　　　　④ 7종

해설 【복수 운전면허의 취소·정지와 관련된 판례의 이론 정리】 참조.

판례가 제시하고 있는 2가지 기준 가운데 위반차량기준에 따라 취소할 수 있는 면허를 먼저 확정하고, 면허기준에 따라 취소되는 대(大)면허에 완전히 포함되는 소(小)면허를 확인한다.

위반 당시의 차량이 적재중량 10톤인 화물자동차이므로 당해 차량을 운전할 수 있는 면허는 제1종 대형면허·보통면허이다. 우선 차량기준에 따라 제1종 대형면허와 보통면허는 취소할 수 있다. 다음으로 취소되는 대(大)면허에 완전히 포함되는 소(小)면허로는 제2종 보통면허와 원동기장치자전거면허가 있고 이들 면허들도 취소할 수 있다. 하지만 제1종 특수면허와 소형면허 그리고 제2종 소형면허로 운전할 수 있는 차량을 취소되는 면허들로 운전할 수 없기 때문에 취소되는 면허들과의 관계에서 제1종 특수면허·소형면허 및 제2종 소형면허는 소(小)면허가 아니므로, 이들 면허를 취소할 수 없다.

(운전면허 취소사유에 해당하는 주취상태에서의 운전) 사례를 변형하면 다음과 같은 결과가 된다.

1. 배기량 125cc인 이륜자동차(원동기장치자전거)를 운전한 경우: 운전자가 가지는 모든 면허로 당해 차량을 운전할 수 있기 때문에 위반차량기준에 의하면 운전자가 가지는 모든 면허를 취소할 수 있다.
2. 배기량 250cc인 이륜자동차를 운전한 경우: 위반차량기준에 따라 위반 당시의 차량인 250cc 이륜자동차를 운전할 수 있는 면허는 제2종 소형면허뿐이다. 따라서 제2종 소형면허가 취소되고, 취소되는 대(大)면허에 완전히 포함되는 소(小)면허로 제2종 원동기장치자전거면허가 있으므로 제2종 원동기장치자전거면허도 취소할 수 있다(이는 3륜화물자동차·3륜승용자동차를 운전할 수 있는 제1종 소형면허에도 그대로 적용된다).
3. 승차정원 10명인 승합자동차를 운전한 경우: 위반차량기준에 따라 위반 당시의 차량인 승차정원 10명의 승합자동차를 운전할 수 있는 면허는 제1종 대형면허·보통면허·특수면허(3종 모두)와 제2종 보통면허가 있고, 이들 면허를 취소할 수 있다. 취소되는 대(大)면허에 완전히 포함되는 소(小)면허로는 제2종 원동기장치자전거면허가 있으므로 이 면허도 취소할 수 있다. 다만, 제1종 소형면허와 제2종 소형면허는 취소되는 다른 면허들과의 관계에서 소(小)면허가 아니므로 이들 면허를 취소할 수는 없다.
4. 적재중량 12톤인 화물자동차를 운전한 경우: 위반차량 기준에 따라 위반 당시의 차량인 적재중량 12톤의 화물자동차를 운전할 수 있는 면허는 제1종 대형면허가 있고, 당해 면허를 취소할 수 있다. 취소되는 대(大)면허에 완전히 포함되는 소(小)면허로는 제1종 보통면허, 제2종 보통면허, 제2종 원동기장치자전거면허가 있으므로 이 면허도 취소할 수 있다. 다만, 제1종 소형면허와 특수면허 및 제2종 소형면허는 취소되는 다른 면허들과의 관계에서 소(小)면허가 아니므로 이들 면허를 취소할 수는 없다.
5. 총중량 5톤인 견인형 특수자동차를 운전한 경우: 위반차량 기준에 따라 위반 당시의 차량인 총중량 5톤의 견인형 특수자동차를 운전할 수 있는 면허는 제1종 특수면허(대형견인차)가 있고, 당해 면허를 취소할 수 있다. 취소되는 대(大)면허에 완전히 포함되는 소(小)면허로는 제2종 보통면허와 원동기장치자전거면허가 있으므로 이 면허도 취소할 수 있다. 다만, 제1종 대형면허·보통면허·소형면허와 제2종 소형면허는 취소되는 다른 면허들과의 관계에서 소(小)면허가 아니므로 이들 면허를 취소할 수는 없다.

84 도로교통법상의 운전면허증 및 국제운전면허증에 대한 설명으로 틀린 것은?

① 운전면허증을 받은 사람이 도로교통법 제95조(운전면허증의 반납) 제1항에 규정된 사유에 해당하는 경우에는 주소지를 관할하는 경찰서장에게 운전면허증을 반납하여야 한다.

② 운전면허 취소처분을 받은 경우 또는 운전면허효력 정지처분을 받은 경우에는 그 사유가 발생한 날부터 7일 이내에 운전면허증을 반납하여야 한다.

③ 외국의 권한 있는 기관에서 국제운전면허증을 발급받은 사람은 국내에 입국한 날부터 1년 동안만 그 국제운전면허증으로 자동차등을 운전할 수 있고, 운전할 수 있는 자동차의 종류는 그 국제운전면허증에 기재된 것으로 한정한다.

④ 국제운전면허증을 외국에서 발급받은 사람은 여객자동차 운수사업법 또는 화물자동차 운수사업법에 따른 사업용 자동차를 운전할 수 없으나, 여객자동차 운수사업법에 따른 대여사업용 자동차를 임차하여 운전할 수 있다.

> **해설** ① 「**도로교통법**」 제95조 제1항 "① 운전면허증을 받은 사람이 다음 각 호의 어느 하나에 해당하면 그 사유가 발생한 날부터 7일 이내(제4호 및 제5호의 경우 새로운 운전면허증을 받기 위하여 운전면허증을 제출한 때)에 <u>주소지를 관할하는 시·도경찰청장에게 운전면허증을 반납하여야 한다.</u> 1. 운전면허 취소처분을 받은 경우, 2. 운전면허효력 정지처분을 받은 경우, 3. 운전면허증을 잃어버리고 다시 발급받은 후 그 잃어버린 운전면허증을 찾은 경우, 4. 연습운전면허증을 받은 사람이 제1종 보통면허증 또는 제2종 보통면허증을 받은 경우, 5. 운전면허증 갱신을 받은 경우"
> ② 「**도로교통법**」 제95조 제1항 제1호·제2호, ③ 제96조 제1항, ④ 제96조 제2항

85 도로교통법에 따른 사고발생 시의 조치의무 불이행과 처벌에 대한 설명으로 옳은 것은? (다툼이 있으면 판례에 의함)

① 도로교통법 제54조(사고발생 시의 조치) 제1항 및 제2항에 따른 교통사고 발생 시의 조치를 하지 아니한 사람은 5년 이하의 징역이나 1천 500만원 이하의 벌금에 처한다.

② 주·정차된 차만 손괴한 것이 분명한 경우 도로교통법 제54조(사고발생 시의 조치) 제1항 제2호에 따라 피해자에게 인적 사항을 제공하지 아니한 사람은 처벌되지 않는다.

③ 도로교통법 제54조 제1항에 따른 조치의무는 교통사고를 발생시킨 당해 차량의 운전자에게 그 사고 발생에 있어서 고의·과실 혹은 유책·위법의 유무에 따라 부과된 의무라고 해석함이 타당하므로 당해 사고의 발생에 귀책사유가 없는 경우에는 이러한 의무가 없다.

④ 업무상과실로 다른 사람의 재물을 손괴한 자가 도로교통법 제54조 제1항에 의한 교통사고 발생시의 조치를 하지 아니함으로써 성립되는 제148조의 죄는 반의사불벌죄로 볼 수 없다.

> **해설** ① 「**도로교통법**」 제148조 "제54조 제1항에 따른 교통사고 발생 시의 조치를 하지 아니한 사람(주·정차된 차만 손괴한 것이 분명한 경우에 제54조 제1항 제2호에 따라 피해자에게 인적 사항을 제공하지 아니한 사람은 제외한다)은 5년 이하의 징역이나 1천 500만원 이하의 벌금에 처한다." 이른바 "사고후미조치"에 대한 처벌 규정이고, "<u>사고후미신고(도로교통법 제54조 제2항 위반)</u>"의 경우 도로교통법 제154조 제4호에 따라 <u>30만원 이하의 벌금이나 구류</u>에 처한다.
> ② 「**도로교통법**」 제156조 제10호 "다음 각 호의 어느 하나에 해당하는 사람은 <u>20만원 이하의 벌금이나 구류 또는 과료(科料)</u>에 처한다. 10. 주·정차된 차만 손괴한 것이 분명한 경우에 제54조 제1항 제2호에 따라 피해자에게 인적 사항을 제공하지 아니한 사람" 제162조 제1항에 따른 <u>범칙행위로 통고처분의 대상</u>이다.
> ③ 「**2015도12451 판결**」 "...(상략)...교통사고의 결과가 피해자의 구호 및 교통질서의 회복을 위한 조치가 필요한 상황인 이상 그 의무는 <u>교통사고를 발생시킨 당해 차량의 운전자에게 그 사고 발생에 있어서 고의·과실 혹은 유책·위법의 유무에 관계없이 부과된 의무라고 해석함이 타당하고, 당해 사고의 발생에 귀책사유가 없는 경우에도 위 의무가 없다 할 수 없다.</u>"
> ④ 「**91도253 판결**」에 따른 옳은 설명이다. "...(상략)...도로교통법 제106조(현행 제148조)의 죄를 반의사불벌죄로 보아야 할 필요성은 전혀 없으므로 업무상과실로 다른 사람의 재물을 손괴한 자가 같은 법 제50조(현행 제54조) 제1항에 의한 교통사고 발생시의 조치를 하지 아니함으로써 성립되는 같은 법 제106조(현행 제148조)의 죄는 반의사불벌죄로 볼 수 없다." 도로교통법 제54조 제1항에 규정된 조치를 취하지 아니함으로써 성립하는 도로교통법위반죄(제148조)는 교통사고처리 특례법에 따른 보험·공제의 가입 여부 및 피해자의 처벌의사와 상관없이 형사처벌된다.

86 도로교통법에 따른 "음주운전 및 음주측정거부"의 벌칙에 대한 설명으로 틀린 것은?

① 도로교통법 제148조의2 제1항 내지 제3항은 음주운전·음주측정거부의 위반 횟수 및 혈중알코올농도의 정도에 따라 법정형을 달리하여 규정하고 있다.

② 자동차등, 노면전차 또는 자전거를 음주운전하거나 음주측정을 거부한 경우에는 처벌 규정을 두고 있지만, 개인형 이동장치에 대해서는 처벌 규정을 두고 있지 않다.

③ 도로교통법 제44조 제1항(음주운전) 또는 제2항(음주측정거부)을 2회 이상 위반한 사람(자동차등 또는 노면전차를 운전한 사람으로 한정한다. 다만, 개인형 이동장치를 운전하는 경우는 제외)은 2년 이상 5년 이하의 징역이나 1천만원 이상 2천만원 이하의 벌금에 처한다.

④ 술에 취한 상태에 있다고 인정할 만한 상당한 이유가 있는 사람으로서 도로교통법 제44조 제2항에 따른 경찰공무원의 측정에 응하지 아니하는 사람(자동차등 또는 노면전차를 운전하는 사람으로 한정)은 1년 이상 5년 이하의 징역이나 500만원 이상 2천만원 이하의 벌금에 처한다.

> **해설** ① 「**도로교통법**」 제148조의2 제1항 내지 제3항. ③ 제148조의2 제1항. ④ 제148조의2 제2항
> ② 「**도로교통법**」 제148조의2의 적용 대상은 <u>자동차등 또는 노면전차를</u> 운전한 경우에 한정된다. 다만, 자전거와 개인형 이동장치(자전거등)의 경우 음주운전과 음주측정거부에 대해 제156조 제11호·제12호에서 20만원 이하의 벌금이나 구류 또는 과료에 처한다고 규정하고 있다. 처벌조항이 다르고, 후자의 경우 통고처분의 대상이 되는 범칙행위라는 점에서 차이가 있지만, 형사처벌 된다는 점에서 차이가 없다.

87 도로교통법 제148조의2에 따른 음주운전의 처벌기준에 대한 설명으로 옳은 것은?

① 혈중알코올농도가 0.2퍼센트 이상인 사람은 2년 이상 5년 이하의 징역이나 2천만원 이상 3천만원 이하의 벌금

② 혈중알코올농도가 0.08퍼센트 이상 0.2퍼센트 미만인 사람은 1년 이상 2년 이하의 징역이나 500만원 이상 2천만원 이하의 벌금

③ 혈중알코올농도가 0.03퍼센트 이상 0.08퍼센트 미만인 사람은 1년 이하의 징역이나 500만원 이하의 벌금

④ 약물로 인하여 정상적으로 운전하지 못할 우려가 있는 상태에서 자동차등 또는 노면전차를 운전한 사람은 2년 이하의 징역이나 1천만원 이하의 벌금

> **해설** ① 「**도로교통법**」 제148조의2 제3항 제1호 "2년 이상 5년 이하의 징역이나 1천만원 이상 2천만원 이하의 벌금"
> ② 「**도로교통법**」 제148조의2 제3항 제2호 "1년 이상 2년 이하의 징역이나 500만원 이상 1천만원 이하의 벌금"
> ③ 「**도로교통법**」 제148조의2 제3항 제3호
> ④ 「**도로교통법**」 제148조의2 제4항 "3년 이하의 징역이나 1천만원 이하의 벌금"

88 도로교통법 제44조의 음주운전에 대한 판례의 입장과 다른 것은?

① 도로교통법 제44조 제1항·제2항을 2회 이상 위반한 사람에 개정된 도로교통법이 시행된 2019. 6. 25. 이전에 구 도로교통법 제44조 제1항·제2항을 위반한 전과가 포함된다고 해석하는 것은 형벌불소급의 원칙이나 일사부재리의 원칙에 위배된다.

② 도로교통법 제44조 제1항을 2회 이상 위반한 사람은 문언 그대로 2회 이상 음주운전 금지규정을 위반하여 음주운전을 하였던 사실이 인정되는 사람으로 해석해야 하고, 그에 대한 형의 선고나 유죄의 확정판결 등이 있어야만 하는 것은 아니다.

③ 특별한 사정이 없는 한 호흡측정 방식에 따라 혈중알코올농도를 측정한 경찰공무원에게 혈액 채취의 방법을 통하여 혈중알코올농도를 다시 측정할 수 있다는 취지를 운전자에게 고지하여야 할 의무가 있다고 볼 수 없다.

④ 피고인이 음주측정을 위해 동행할 것을 요구받고 자발적인 의사로 경찰차에 탑승하여 경찰서로 이동 중 하차를 요구하였으나, 그 직후 수사 과정에 관한 설명을 듣고 빨리 가자고 요구한 경우 피고인에 대한 임의동행은 적법하고 이후 이루어진 음주측정의 결과도 증거능력이 있다.

해설 **2015년 이후에 선고된 대법원 판결이므로 유의하여 기억한다.**

① 「2020도7154 판결」"...(상략)...제148조의2 제1항은 '도로교통법 제44조 제1항 또는 제2항을 2회 이상 위반한 사람(자동차 등 또는 노면전차를 운전한 사람으로 한정한다)'을 2년 이상 5년 이하의 징역이나 1,000만원 이상 2,000만 원 이하의 벌금에 처하도록 정하고 있다. 위 규정의 문언과 입법 취지에 비추어 '도로교통법 제44조 제1항 또는 제2항을 2회 이상 위반한 사람'에 위와 같이 <u>개정된 도로교통법이 시행된 2019. 6. 25.</u> <u>이전에 구 도로교통법 제44조 제1항 또는 제2항을 위반한 전과가 포함된다고 보아야 한다. 이와 같이 해석하더라도 형벌불소급의 원칙이나 일사부재리의 원칙에 위배되지 않는다...(하략)"</u> 2회 위반행위의 산정에 개정된 도로교통법이 시행된 2019. 6. 25. 이전의 전과도 포함된다는 취지이다.

② 「2018도11378 판결」"...(상략)...법 제148조의2 제1항 제1호는 행위주체를 단순히 2회 이상 음주운전 금지규정을 위반한 사람으로 정하고 있고, 이러한 음주운전 금지규정 위반으로 형을 선고받거나 유죄의 확정판결을 받은 경우 등으로 한정하고 있지 않다...(중략)...<u>'제44조 제1항을 2회 이상 위반한 사람'은 문언 그대로 2</u> <u>회 이상 음주운전 금지규정을 위반하여 음주운전을 하였던 사실이 인정되는 사람으로 해석해야 하고, 그에</u> <u>대한 형의 선고나 유죄의 확정판결 등이 있어야만 하는 것은 아니다...(하략)"</u>

③ 「2017도661 판결」"[1] 음주운전에 대한 수사과정에서 음주운전의 혐의가 있는 운전자에 대하여 도로교통법 제44조 제2항에 따른 호흡측정이 이루어진 경우에는 그에 따라 과학적이고 중립적인 호흡측정 수치가 도출된 이상 다시 음주측정을 할 필요가 사라졌으므로 <u>운전자의 불복이 없는 한 다시 음주측정을 하는 것은 원</u> <u>칙적으로 허용되지 아니한다. 또한 도로교통법 제44조 제2항, 제3항의 내용 등에 비추어 보면, 호흡측정 방</u> <u>식에 따라 혈중알코올농도를 측정한 경찰공무원에게 특별한 사정이 없는 한 혈액채취의 방법을 통하여 혈중</u> <u>알코올농도를 다시 측정할 수 있다는 취지를 운전자에게 고지하여야 할 의무가 있다고 볼 수 없다.</u> [2] 위드마크 공식은 운전자가 음주한 상태에서 운전한 사실이 있는지에 대한 경험법칙에 의한 증거수집 방법에 불과하다. 따라서 경찰공무원에게 위드마크 공식의 존재 및 나아가 호흡측정에 의한 혈중알코올농도가 음주운전 처벌기준 수치에 미달하였더라도 <u>위드마크 공식 공식에 의한 역추산 방식에 의하여 운전 당시의 혈중알코올농도</u> <u>를 산출할 경우 그 결과가 음주운전 처벌기준 수치 이상이 될 가능성이 있다는 취지를 운전자에게 미리 고지</u> <u>하여야 할 의무가 있다고 보기도 어렵다.</u>" 판결요지 [2]가 기출되었고, 판결요지 [1]도 중요하므로 향후 출제될 가능성이 있다.

④ 「2015도2798 판결」"피고인이 술에 취한 상태에서 굴삭기를 운전하여 화물차에 적재하였다고 하여 도로교통법 위반(음주운전)으로 기소된 사안에서, 피고인이 음주측정을 위해 경찰서에 동행할 것을 요구받고 <u>자발적</u> <u>인 의사로 경찰차에 탑승하였고, 경찰서로 이동 중 하차를 요구하였으나 그 직후 수사 과정에 관한 설명을 듣</u> <u>고 빨리 가자고 요구하였으므로, 피고인에 대한 임의동행이 적법하고, 그 후 이루어진 음주측정 결과가 증거</u> <u>능력이 있다고 본 원심판단을 수긍한 사례"</u>

89　도로교통법 제44조의 음주운전 및 음주측정거부에 대한 판례의 입장과 다른 것은?

① 음주운전에 대한 수사방법으로서 혈액 채취에 의한 측정 방법은 운전자가 호흡측정 결과에 불복하는 경우에만 한정하여 허용되는 것은 아니다.

② 호흡측정 결과에 오류가 있다고 인정할 만한 객관적이고 합리적인 사정이 있는 경우라면 그러한 수치를 얻은 것만으로는 수사의 목적을 달성하였다고 할 수 없어 추가로 음주측정을 할 필요가 있고, 운전자는 재차 혈액 채취에 응할 의무가 있다.

③ 운전자가 경찰공무원의 1차 측정에만 불응하였을 뿐 곧이어 이어진 2차 측정에 응한 경우와 같이 측정거부가 일시적인 것에 불과한 경우까지 측정불응행위가 있었다고 보아 처벌조항의 음주측정불응죄가 성립한다고 볼 것은 아니다.

④ 음주감지기에 의한 시험을 요구하는 경우 그 결과에 따라 음주측정기에 의한 측정이 예정되어 있고, 운전자가 이를 인식하였음에도 음주감지기에 의한 시험에 불응함으로써 음주측정을 거부하겠다는 의사를 표명한 것으로 볼 수 있다면, 음주감지기에 의한 시험을 거부한 행위도 음주측정기에 의한 측정에 응할 의사가 없음을 객관적으로 명백하게 나타낸 것으로 볼 수 있다.

해설 2015년 이후에 선고된 대법원 판결이므로 유의하여 기억한다.

① ②「2014도16051 판결」 "[1] 구 도로교통법(2014. 12. 30. 법률 제12917호로 개정되기 전의 것, 이하 같다) 제44조 제2항, 제3항, 제148조의2 제1항 제2호의 입법연혁과 내용 등에 비추어 보면, 구 도로교통법 제44조 제2항, 제3항은 음주운전 혐의가 있는 운전자에게 수사를 위한 호흡측정에도 응할 것을 간접적으로 강제하는 한편 혈액 채취 등의 방법에 의한 재측정을 통하여 호흡측정의 오류로 인한 불이익을 구제받을 수 있는 기회를 보장하는 데 취지가 있으므로, 이 규정들이 음주운전에 대한 수사방법으로서의 <u>혈액 채취에 의한 측정의 방법을 운전자가 호흡측정 결과에 불복하는 경우에만 한정하여 허용하려는 취지의 규정이라고 해석할 수는 없다.</u> [2] ...(상략)...호흡측정이 이루어진 경우에는 그에 따라 과학적이고 중립적인 호흡측정 수치가 도출된 이상 다시 음주측정을 할 필요성은 사라졌으므로 운전자의 불복이 없는 한 다시 음주측정을 하는 것은 원칙적으로 허용되지 아니한다. 그러나...(중략)...호흡측정 결과에 오류가 있다고 인정할 만한 객관적이고 합리적인 사정이 있는 경우라면 그러한 호흡측정 수치를 얻은 것만으로는 수사의 목적을 달성하였다고 할 수 없어 추가로 음주측정을 할 필요성이 있으므로, 경찰관이 음주운전 혐의를 제대로 밝히기 위하여 <u>운전자의 자발적인 동의를 얻어 혈액 채취에 의한 측정의 방법으로 다시 음주측정을 하는 것을 위법하다고 볼 수는 없다.</u> 이 경우 운전자가 일단 호흡측정에 응한 이상 재차 음주측정에 응할 의무까지 당연히 있다고 할 수는 없으므로, <u>운전자의 혈액 채취에 대한 동의의 임의성을 담보하기 위하여는</u> 경찰관이 미리 운전자에게 혈액 채취를 거부할 수 있음을 알려주었거나 운전자가 언제든지 자유로이 혈액 채취에 응하지 아니할 수 있었음이 인정되는 등 <u>운전자의 자발적인 의사에 의하여 혈액 채취가 이루어졌다는 것이 객관적인 사정에 의하여 명백한 경우에 한하여 혈액 채취에 의한 측정의 적법성이 인정된다."</u> 혈액 채취에 대한 의무는 없고, 운전자의 자발적 동의하에 혈액 채취로 측정할 수 있다는 취지이다.

③「2013도8481 판결」 "...(상략)...처벌조항에서 말하는 '경찰공무원의 측정에 응하지 아니한 경우'란 전체적인 사건의 경과에 비추어 술에 취한 상태에 있다고 인정할 만한 상당한 이유가 있는 운전자가 음주측정에 응할 의사가 없음이 객관적으로 명백하다고 인정되는 때를 의미하고, <u>운전자가 경찰공무원의 1차 측정에만 불응하였을 뿐 곧이어 이어진 2차 측정에 응한 경우와 같이 측정거부가 일시적인 것에 불과한 경우까지 측정불응행위가 있었다고 보아 처벌조항의 음주측정불응죄가 성립한다고 볼 것은 아니다.</u> 따라서 술에 취한 상태에 있다고 인정할 만한 상당한 이유가 있는 운전자가 호흡측정기에 숨을 내쉬는 시늉만 하는 등으로 음주측정을 소극적으로 거부한 경우라면, <u>소극적 거부행위가 일정 시간 계속적으로 반복되어 운전자의 측정불응의사가 객관적으로 명백하다고 인정되는 때에 비로소 음주측정불응죄가 성립하고,</u> 반면 운전자가 명시적이고도 적극적으로 음주측정을 거부하겠다는 의사를 표명한 것이라면 즉시 음주측정불응죄가 성립할 수 있으나, 그 경우 운전자의 측정불응의사가 객관적으로 명백하였는지는...(중략)...전체적 경과를 종합적으로 고려하여 신중하게 판단하여야 한다."

④「2016도16121 판결」 "...(상략)...경찰공무원은...(중략)...음주측정기에 의한 측정과 밀접한 관련이 있는 검사방법인 음주감지기에 의한 시험도 요구할 수 있다. 한편 도로교통법 제148조의2 제1항 제2호에서 말하는 '경찰공무원의 측정에 응하지 아니한 경우'란 전체적인 사건의 경과에 비추어 술에 취한 상태에 있다고 인정할 만한 상당한 이유가 있는 <u>운전자가 음주측정에 응할 의사가 없음이 객관적으로 명백하다고 인정되는 때를</u> 의미한다. 운전자의 측정불응의사가 객관적으로 명백하였는지는...(중략)...전체적 경과를 종합적으로 고려하여 신중하게 판단하여야 한다. 그리고 경찰공무원이 운전자에게 음주 여부를 확인하기 위하여 음주측정기에 의한 측정의 전 단계에 실시되는 <u>음주감지기에 의한 시험을 요구하는 경우</u> 그 시험 결과에 따라 음주측정기에 의한 측정이 예정되어 있고, 운전자가 그러한 사정을 인식하였음에도 음주감지기에 의한 시험에 불응함으로써 음주측정을 거부하겠다는 의사를 표명한 것으로 볼 수 있다면, <u>음주감지기에 의한 시험을 거부한 행위도 음주측정기에 의한 측정에 응할 의사가 없음을 객관적으로 명백하게 나타낸 것으로 볼 수 있다."</u>

90 도로교통법에 따른 혈중알코올농도의 측정 방법인 호흡 측정과 채혈에 대한 설명으로 옳은 것은? (다툼이 있으면 판례에 의함)

① 음주운전 여부를 알아보기 위한 측정은 호흡을 채취하여 그로부터 주취의 정도를 객관적으로 환산하는 측정 방법, 즉 음주측정기에 의한 측정으로 이해하여야 하고, 이 경우 경찰공무원에게 측정 방법이나 측정 횟수에 관하여 재량은 인정되지 않는다.

② 운전자가 호흡측정 결과에 불복하고 혈액채취 방법(채혈)에 의한 측정을 요구할 수 있는 시한이 도로교통법에 명시되어 있지 않으므로, 운전자의 채혈 요구는 경찰공무원이 호흡측정의 결과를 제시하여 확인을 구하는 때로부터 상당한 정도로 근접한 시점에 해야 하는 것은 아니다.

③ 혈중알코올농도 측정치가 단속 수치를 근소하게 넘은 경우에 운전자에 대한 음주측정시 구강 내 잔류 알코올 등으로 인한 과다측정을 방지하기 위한 조치를 취하지 않고 1개의 불대만으로 연속적으로 측정하였다면 단속 수치를 넘은 상태에서 자동차를 운전하였다고 단정할 수 없다.

④ 술에 취하였는지 여부는 호흡조사로 측정하되 그 결과에 불복하는 운전자에 대하여는 동의를 받아 혈액 채취 등의 방법으로 다시 측정할 수 있고, 호흡측정기와 혈액검사에 의한 음주측정치가 불일치한 경우에는 원칙적인 측정 방법인 호흡측정기에 의한 음주측정치에 따라야 한다.

해설 ① 「2016도16121 판결」 "구 도로교통법(2014. 12. 30. 법률 제12917호로 개정되기 전의 것. 이하 '도로교통법'이라 한다) 제44조 제2항에 의하여 경찰공무원이 운전자가 술에 취하였는지를 알아보기 위하여 실시하는 측정은 호흡을 채취하여 그로부터 주취의 정도를 객관적으로 환산하는 측정 방법, 즉 음주측정기에 의한 측정으로 이해하여야 한다. 그리고 경찰공무원이 음주 여부나 주취 정도를 측정하는 경우 합리적으로 필요한 한도 내에서 측정 방법이나 측정 횟수에 관하여 어느 정도 재량을 갖는다. 따라서 경찰공무원은 운전자의 음주 여부나 주취 정도를 확인하기 위하여 운전자에게 음주측정기를 면전에 제시하면서 호흡을 불어넣을 것을 요구하는 것 이외에도 그 사전절차로서 음주측정기에 의한 측정과 밀접한 관련이 있는 검사 방법인 음주감지기에 의한 시험도 요구할 수 있다...(하략)"

② 「2001도7121 판결」 "운전자가 경찰공무원에 대하여 호흡측정기에 의한 측정결과에 불복하고 혈액채취의 방법에 의한 측정을 요구할 수 있는 것은 경찰공무원이 운전자에게 호흡측정의 결과를 제시하여 확인을 구하는 때로부터 상당한 정도로 근접한 시점에 한정된다 할 것이고(...중략...이와 같은 처리지침에 비추어 보면 위 측정결과의 확인을 구하는 때로부터 30분이 경과하기까지를 일응 상당한 시간 내의 기준으로 삼을 수 있을 것이다), 운전자가 정당한 이유 없이 그 확인을 거부하면서 시간을 보내다가 위 시점으로부터 상당한 시간이 경과한 후에야 호흡측정 결과에 이의를 제기하면서 혈액채취의 방법에 의한 측정을 요구하는 경우에는 이를 정당한 요구라고 할 수 없으므로, 이와 같은 경우에는 경찰공무원이 혈액채취의 방법에 의한 측정을 실시하지 않았다고 하더라도 호흡측정기에 의한 측정의 결과만으로 음주운전 사실을 증명할 수 있다."

③ 「2005도7528 판결」 "[1] 구 도로교통법(2005. 5. 31. 법률 제7545호로 전문 개정되기 전의 것) 제41조 제2항의 규정에 의하여 실시한 음주측정 결과는 그 결과에 따라서는 운전면허를 취소하거나 정지하는 등 당해 운전자에게 불이익한 처분을 내리게 되는 근거가 될 수 있고 향후 수사와 재판에 있어 중요한 증거로 사용될 수 있는 것이므로, 음주측정을 함에 있어서는 음주측정 기계나 운전자의 구강 내에 남아 있는 잔류 알코올로 인하여 잘못된 결과가 나오지 않도록 미리 필요한 조치를 취하는 등 음주측정은 그 측정결과의 정확성과 객관성이 담보될 수 있는 공정한 방법과 절차에 따라 이루어져야 하고, 만약 당해 음주측정 결과가 이러한 방법과 절차에 의하여 얻어진 것이 아니라면 이를 쉽사리 유죄의 증거로 삼아서는 아니 될 것이다. [2] 피고인에 대한 음주측정시 구강 내 잔류 알코올 등으로 인한 과다측정을 방지하기 위한 조치를 전혀 취하지 않았고, 1개의 불대만으로 연속적으로 측정한 점 등의 사정에 비추어, 혈중알코올농도 측정치가 0.058%로 나왔다는 사실만으로는 피고인이 음주운전의 법정 최저 기준치인 혈중알코올농도 0.05% 이상의 상태에서 자동차를 운전하였다고 단정할 수 없다고 한 원심의 판단을 수긍한 사례."

④ 「2003도6905 판결」 "도로교통법 제41조 제2항에서 말하는 '측정'이란, 측정결과에 불복하는 운전자에 대하

여 그의 동의를 얻어 혈액채취 등의 방법으로 다시 측정할 수 있음을 규정하고 있는 같은 조 제3항과의 체계적 해석상, 호흡을 채취하여 그로부터 주취의 정도를 객관적으로 환산하는 측정방법, 즉 <u>호흡측정기에 의한 측정이라고 이해하여야 할 것이고</u>, 호흡측정기에 의한 음주측정치와 혈액검사에 의한 음주측정치가 다른 경우에 어느 음주측정치를 신뢰할 것인지는 법관의 자유심증에 의한 증거취사선택의 문제라고 할 것이나, 호흡측정기에 의한 측정의 경우 그 측정기의 상태, 측정방법, 상대방의 협조정도 등에 의하여 그 측정결과의 정확성과 신뢰성에 문제가 있을 수 있다는 사정을 고려하면, 혈액의 채취 또는 검사과정에서 인위적인 조작이나 관계자의 잘못이 개입되는 등 <u>혈액채취에 의한 검사결과를 믿지 못할 특별한 사정이 없는 한, 혈액검사에 의한 음주측정치가 호흡측정기에 의한 음주측정치보다 측정 당시의 혈중알콜농도에 더 근접한 음주측정치라고 보는 것이 경험칙에 부합한다.</u>"

91 혈중알코올농도의 측정과 관련된 위드마크 공식의 적용에 대한 판례의 입장과 다른 것은?

① 위드마크 공식을 적용하여 운전시점 이후의 혈중 알코올분해량을 가산함에 있어서 시간당 0.008%는 피고인에게 가장 유리한 수치이므로 특별한 사정이 없는 한 이 수치를 적용하여 산출된 결과는 운전 당시의 혈중 알코올농도를 증명하는 자료로서 증명력이 충분하다.

② 사후 음주측정기에 의한 측정결과를 토대로 위드마크 공식에 의하여 역추산한 혈중알코올농도가 처벌기준치를 근소하게 상회하는 경우에는 운전 당시 처벌기준치를 초과한 음주운전이 있었던 것으로 단정할 수 없다.

③ 경찰공무원에게 혈중알코올농도가 음주운전 처벌기준 수치에 미달하였더라도 위드마크 공식에 의한 역추산 방식으로 혈중알코올농도를 산출할 경우 그 결과가 음주운전 처벌기준 수치 이상이 될 가능성이 있다는 취지를 운전자에게 미리 고지하여야 할 의무가 있다고 보기 어렵다.

④ 위드마크 공식을 적용하는 경우에 피고인에게 가장 유리한 감소치(0.008%/h)를 적용하면 족하고 음주운전의 시점이 혈중알코올농도의 상승시점인지 하강시점인지 확정되어야 하는 것은 아니다.

해설 ① 「**2001도2823 판결**」 "음주운전에 있어서 운전 직후에 운전자의 혈액이나 호흡 등 표본을 검사하여 혈중 알코올농도를 측정할 수 있는 경우가 아니라면 소위 위드마크 공식을 사용하여 수학적 방법에 따른 결과로 운전 당시의 혈중 알코올농도를 추정할 수 있고...(중략)...다양한 요소들이 시간당 혈중 알코올의 감소치에 영향을 미칠 수 있으나 그 <u>시간당 감소치는 대체로 0.03%에서 0.008% 사이</u>라는 것은 이미 알려진 신빙성 있는 통계자료에 의하여 인정되는바, 위와 같은 역추산 방식에 의하여 운전시점 이후의 혈중 알코올분해량을 가산함에 있어서 <u>시간당 0.008%는 피고인에게 가장 유리한 수치이므로 특별한 사정이 없는 한 이 수치를 적용하여 산출된 결과는 운전 당시의 혈중 알코올농도를 증명하는 자료로서 증명력이 충분하다</u>(그 이상의 시간당 감소치를 적용하기 위하여는 이를 정당화할 만한 특별한 사정에 대한 입증이 있어야 한다)."

② 「**2002도6762 판결**」 "[1] 생략. [2]...(상략)...위드마크 공식에 의하여 산출한 혈중알코올농도가 법이 허용하는 혈중알코올농도를 상당히 초과하는 것이 아니라 근소하게 초과하는 정도에 불과한 경우라면 위 공식에 의하여 산출된 수치에 따라 범죄의 구성요건 사실을 인정함에 있어서 더욱 신중하게 판단하여야 한다. [3] 사후 음주측정기에 의한 측정결과를 토대로 <u>위드마크 공식에 의하여 역추산한 혈중알코올농도가 처벌기준치를 근소하게 상회하더라도 운전 당시 처벌기준치를 초과한 음주운전이 있었던 것으로 단정할 수 없다</u>고 한 사례(주: 사안의 경우 위드마크 공식을 적용하여 추산한 수치가 <u>0.0503%</u>인 사안)."

③ 「**2017도661 판결**」에 따른 옳은 설명이다. 예상문제 88번 해설 참조.

④ 「**2001도1929 판결**」 "피고인에게 가장 유리한 감소치를 적용하여 위드마크(Widmark) 공식에 따라 사후 측정수치에 혈중알코올농도의 감소치를 가산하는 방법으로 산출한 혈중알코올농도가 처벌기준치를 근소하게 초과하는 것에 그치고 있을 뿐만 아니라, <u>음주운전 시점이 혈중알코올농도의 상승시점인지 하강시점인지 확</u>

정할 수 없는 상황에서 사후 측정수치에 혈중알코올농도 감소치를 가산하는 방법으로 산출한 혈중알코올농도가 처벌기준치를 약간 넘는다고 하여 음주운전시점의 혈중알코올농도가 처벌기준치를 초과한 것이라고 단정할 수 없다고 한 사례(판결이유: 혈중알코올농도의 하강기간이라면 위드마크 공식에 의한 역추산 방식이 적용가능하나 만일 혈중알코올농도의 상승기간이라면 위 방식은 허용될 수 없음이 명백하다)." 판례는 혈중알코올농도의 상승기간에 있는 경우 위드마크 공식의 적용을 인정하지 않는다.

92 도로교통법상의 음주측정거부에 대한 설명으로 틀린 것은? (다툼이 있으면 판례에 의함)

① 음주감지기 시험에서 음주반응이 나왔으나 이외에 "술에 취한 상태에 있다고 인정할 만한 상당한 이유"를 인정하기에 충분한 객관적 사정이 없는 상황에서 음주측정을 요구받고 불응한 경우 음주측정거부에 해당한다고 볼 수 없다.

② 신체 이상 등의 사유로 호흡조사에 의한 음주측정에 응할 수 없는 운전자가 혈액채취에 의한 측정을 거부하거나 이를 불가능하게 한 경우에는 음주측정거부에 해당하지 아니한다.

③ 운전자가 호흡측정기에 의한 음주측정을 거부하여 음주측정거부죄가 기수에 도달한 경우에는 그 후 채혈 등을 통하여 음주수치가 밝혀졌다 하더라도 음주측정거부죄로만 처벌하여야 하고, 음주측정거부 이외에 음주운전을 이유로 처벌할 수는 없다.

④ 경찰의 음주단속에 불응하고 도주하였으나 경찰관 직무집행법에 따른 보호조치의 요건이 갖추어지지 않은 사람에 대해 보호조치를 한 상태에서 음주측정을 요구하고 대상자가 이를 거부한 경우에는 음주측정거부로 처벌할 수는 없다.

해설 ① 「2002도6632 판결」 "[1] 생략. [2] 호흡측정기에 의한 음주측정을 요구하기 전에 사용되는 음주감지기 시험에서 음주반응이 나왔다고 할지라도 현재 사용되는 음주감지기가 혈중알코올농도 0.02%인 상태에서부터 반응하게 되어 있는 점을 감안하면 그것만으로 바로 운전자가 혈중알코올농도 0.05%(현행 0.03%)이상의 술에 취한 상태에 있다고 인정할 만한 상당한 이유가 있다고 볼 수는 없고, 거기에다가 운전자의 외관·태도·운전행태 등의 객관적 사정을 종합하여 술에 취한 상태에 있다고 인정할 만한 상당한 이유가 있는지 여부를 판단하여야 한다. [3] 피고인이 음주측정을 요구받을 당시 음주운전죄로 처벌되는 음주수치인 혈중알코올농도 0.05% 이상의 음주상태에 있다고 인정할 만한 상당한 이유가 있었다고 보기 어렵다는 이유(주: 피고인을 단속한 경찰관의 진술에 의하더라도 음주감지기 시험에서는 음주반응이 나왔기 때문에 피고인이 음주운전을 하였다는 의심을 하였을 뿐이지 여기에 더 나아가 피고인의 입에서 술냄새가 나거나 걸음걸이에 특이한 점은 없었다고 진술하고 있을 뿐만 아니라, 이후 측정에서도 단속 수치 이하로 나온 사정도 고려됨)로 피고인이 음주측정을 요구받고서도 이를 불응한 행위가 도로교통법 제107조의2 제2호, 제41조 제2항 소정의 음주측정불응죄에 해당한다고 볼 수는 없다고 한 사례."

② 「2010도2935 판결」 "...(상략)...구 도로교통법 제150조 제2호는 "술에 취한 상태에 있다고 인정할 만한 상당한 이유가 있는 사람으로서 제44조 제2항의 규정에 의한 경찰공무원의 측정에 응하지 아니한 사람은 2년 이하의 징역이나 500만 원 이하의 벌금에 처한다"라고 규정하고 있으므로, 위 조항에서 규정한 경찰공무원의 측정은 같은 법 제44조 제2항 소정의 호흡조사에 의한 측정만을 의미하는 것으로서 같은 법 제44조 제3항 소정의 혈액채취에 의한 측정을 포함하는 것으로 볼 수 없음은 법문상 명백하다. 따라서, 신체 이상 등의 사유로 인하여 호흡조사에 의한 측정에 응할 수 없는 운전자가 혈액채취에 의한 측정을 거부하거나 이를 불가능하게 하였다고 하더라도 이를 들어 음주측정에 불응한 것으로 볼 수는 없다."

③ 「2004도5257 판결」 "...(상략)... 결국 양자가 반드시 동일한 법익을 침해하는 것이라거나 주취운전의 불법과 책임내용이 일반적으로 음주측정거부의 그것에 포섭되는 것이라고는 단정할 수 없으므로, 결국 주취운전과 음주측정거부의 각 도로교통법위반죄는 실체적 경합관계에 있는 것으로 보아야 한다."

④ 「2012도11162 판결」 "화물차 운전자인 피고인이 경찰의 음주단속에 불응하고 도주하였다가 다른 차량에 막혀 더 이상 진행하지 못하게 되자 운전석에서 내려 다시 도주하려다 경찰관에게 검거되어 지구대로 보호조치된 후 2회에 걸쳐 음주측정요구를 거부하였다고 하여 도로교통법 위반(음주측정거부)으로 기소된 사안에

서, 당시 피고인이 술에 취한 상태이기는 하였으나 술에 만취하여 정상적인 판단능력이나 의사능력을 상실할 정도에 있었다고 보기 어려운 점, 당시 상황에 비추어 평균적인 경찰관으로서는 피고인이 경찰관직무집행법 제4조 제1항 제1호(이하 '이 사건 조항'이라 한다)의 보호조치를 필요로 하는 상태에 있었다고 판단하지 않았을 것으로 보이는 점, 경찰관이 피고인에 대하여 이 사건 조항에 따른 보호조치를 하고자 하였다면, 당시 옆에 있었던 피고인 처(妻)에게 피고인을 인계하였어야 하는데도, 피고인 처의 의사에 반하여 지구대로 데려간 점 등 제반 사정을 종합할 때, <u>경찰관이 피고인과 피고인 처의 의사에 반하여 피고인을 지구대로 데려간 행위를 적법한 보호조치라고 할 수 없고, 나아가 달리 적법 요건을 갖추었다고 볼 자료가 없는 이상 경찰관이 피고인을 지구대로 데려간 행위는 위법한 체포에 해당하므로, 그와 같이 위법한 체포 상태에서 이루어진 경찰관의 음주측정요구도 위법하다고 볼 수밖에 없어 그에 불응하였다고 하여 피고인을 음주측정거부에 관한 도로교통법 위반죄로 처벌할 수는 없는데도,</u>……(하략)" 보호조치 또는 임의동행 등 그 명목 여하를 불문하고 <u>위법한 체포 상태가 인정되는 경우</u> 그러한 상황에서 이루어진 음주측정 요구는 적법한 요구가 아니므로 이에 응하지 않더라도 음주측정거부에 해당하지 않는다. 아울러 이러한 상황에서 호흡측정 또는 채혈에 의한 음주측정이 이루어지더라도 호흡측정의 수치 또는 감정에 따른 수치에 기하여 음주운전으로 처벌할 수 없고(위법수집증거), 설령 피고인이나 변호인이 그 수치에 동의하더라도 증거로 사용할 수 없다는 것이 판례의 입장이다. 기출문제에서 사례형으로 제시된 판례이다.

93 교통사고 현장에서 의식을 잃고 병원 응급실로 후송된 운전자의 신체 또는 의복류에서 술 냄새가 심하게 나는 등 음주운전의 정황이 충분한 경우에 출동한 경찰관의 판단과 조치에 대한 설명으로 옳은 것은? (다툼이 있으면 판례에 의함)

① 음주운전의 범죄장소는 술에 취한 상태에서 운전을 개시하여 운전이 종료된 곳까지의 구간을 의미하므로 운전자가 후송된 병원 응급실을 범죄장소 또는 이에 준하는 장소로 볼 수는 없다.
② 사전영장 없이 행해지는 압수·수색·검증의 경우 범죄장소임을 요하므로 사안에서는 범죄장소에 해당하지 않아 사전영장 없이는 혈액을 압수할 수 없다.
③ 사전영장을 발부받을 시간적인 여유가 없는 경우로 응급실에 있는 운전자의 가족 등의 동의를 받아 의료인으로 하여금 채혈하게 한 후 그 혈액을 압수할 수 있다.
④ 의식불명인 운전자의 진료를 위해 병원에서 혈액을 채취하여 보관하고 있는 경우에 운전자의 혈액 일부를 사고운전자를 담당하는 의사나 간호사로부터 임의제출 받아 압수할 수 있다.

해설 ① ② 「**2011도15258 판결**」"[1] 생략. [2] 생략. 피의자의 혈액을 취득·보관하는 행위(감정에 필요한 처분 또는 압수의 방법으로 할 수 있음) [3] 음주운전 중 교통사고를 야기한 후 피의자가 의식불명 상태에 빠져 있는 등으로 도로교통법이 음주운전의 제1차적 수사방법으로 규정한 호흡조사에 의한 음주측정이 불가능하고 혈액 채취에 대한 동의를 받을 수도 없을 뿐만 아니라 <u>법원으로부터 혈액 채취에 대한 감정처분허가장이나 사전 압수영장을 발부받을 시간적 여유도 없는 긴급한 상황</u>이 생길 수 있다. 이러한 경우 피의자의 신체 내지 의복류에 주취로 인한 냄새가 강하게 나는 등 <u>형사소송법 제211조 제2항 제3호가 정하는 범죄의 증적이 현저한 준현행범인의 요건이 갖추어져 있고 교통사고 발생 시각으로부터 사회통념상 범행 직후라고 볼 수 있는 시간 내라면,</u> 피의자의 생명·신체를 구조하기 위하여 사고현장으로부터 곧바로 후송된 병원 응급실 등의 <u>장소는 형사소송법 제216조 제3항의 범죄장소에 준한다</u> 할 것이므로, 검사 또는 사법경찰관은 피의자의 혈중알코올농도 등 증거의 수집을 위하여 의료법상 의료인의 자격이 있는 자로 하여금 의료용 기구로 <u>의학적인 방법에 따라 필요최소한의 한도 내에서 피의자의 혈액을 채취하게 한 후 그 혈액을 영장 없이 압수할 수 있다.</u> 다만 이 경우에도 형사소송법 제216조 제3항 단서, 형사소송규칙 제58조, 제107조 제1항 제3호에 따라 <u>사후에 지체 없이 강제채혈에 의한 압수의 사유 등을 기재한 영장청구서에 의하여 법원으로부터 압수영장을 받아야 한다</u>(주: 피고인 아들의 동의를 받아 간호사가 채혈)."

③ 피고인의 처로부터 채혈에 대한 동의를 받은 경우(2009도10871 판결), 피고인의 동서로부터 채혈에 대한 동의를 받은 경우(2009도2109 판결), 피고인의 아들로부터 채혈에 대한 동의를 받은 경우(2011도15258 판결) 등에서 당해 동의에 기한 혈액의 압수를 적법한 것으로 보지 않았고, 판례는 법관으로부터 발부받은 영장을 요한다고 일관되게 판시하고 있다.

④ 「98도968 판결」 "...(상략)...의료인이 진료 목적으로 채혈한 환자의 혈액을 수사기관에 임의로 제출하였다면 그 혈액의 증거사용에 대하여도 환자의 사생활의 비밀 기타 인격적 법익이 침해되는 등의 특별한 사정이 없는 한 반드시 그 환자의 동의를 받아야 하는 것이 아니고, 따라서 <u>경찰관이 간호사로부터 진료 목적으로 이미 채혈되어 있던 피고인의 혈액 중 일부를 주취운전 여부에 대한 감정을 목적으로 임의로 제출 받아 이를 압수한 경우</u>, 당시 간호사가 위 혈액의 소지자 겸 보관자인 병원 또는 담당의사를 대리하여 혈액을 경찰관에게 임의로 제출할 수 있는 권한이 없었다고 볼 특별한 사정이 없는 이상, 그 압수절차가 피고인 또는 피고인의 가족의 동의 및 영장 없이 행하여졌다고 하더라도 이에 적법절차를 위반한 위법이 있다고 할 수 없다."

【교통사고현장에서 후송된 의식불명 운전자의 음주측정에 필요한 혈액의 확보 문제】

1. 병원에서 이미 의식불명인 운전자의 혈액을 진료 목적을 채혈하여 보관하고 있는 경우 특별한 사정이 없는 이상 해당 혈액을 보관하고 있는 병원의 의사나 간호사로부터 임의제출을 받아 압수할 수 있다.

2. 진료 목적으로 채혈된 혈액이 없는 경우 피고인의 가족 등의 동의로는 적법한 임의제출의 요건을 갖출 수가 없고, 사전영장을 발부받을 시간적인 여유가 없기 때문에 운전자의 신체나 의복류에서 술 냄새가 심하게 나는 등 범죄의 증적이 현저한 준현행범인의 요건이 갖추어져 있고, 교통사고 발생시점으로부터 사회통념상 범행 직후라고 볼 수 있는 시간 내라면 후송된 응급실을 범죄장소에 준하는 것으로 보아 의료인 등으로 하여금 운전자의 혈액을 채취하게 한 후 그 혈액을 영장없이 압수할 수 있다. 다만, 사후에 지체 없이 영장을 발부받아야 하고, 사후영장을 발부받지 않으면 위법수집증거에 해당한다.

3. 2에서 사후에 지체 없이 영장을 발부받지 않은 경우 당해 혈액에 기초한 감정서(감정회보서)는 영장주의를 위반한 것으로 피고인이나 변호인의 증거동의가 있다고 하더라도 유죄의 증거로 사용할 수 없다.

94 도로교통법상의 범칙행위와 범칙자에 대한 설명으로 틀린 것은?

① 범칙행위란 도로교통법 제156조 각 호 또는 제157조 각 호의 죄에 해당하는 위반행위를 말하며, 그 구체적인 범위는 대통령령으로 정한다.

② 도로교통법 제92조 제2항을 위반하여 경찰공무원의 운전면허증등의 제시 요구나 운전자 확인을 위한 진술 요구에 따르지 아니한 경우에는 범칙행위에 해당한다.

③ 범칙행위 당시 도로교통법 제92조 제1항에 따른 운전면허증등 또는 이를 갈음하는 증명서를 제시하지 못하거나 경찰공무원의 운전자 신원 및 운전면허 확인을 위한 질문에 응하지 아니한 운전자는 범칙자에 해당하지 않는다.

④ 범칙행위로 교통사고를 일으킨 사람으로서 교통사고처리 특례법에 따라 업무상과실치상죄·중과실치상죄 또는 도로교통법 제151조의 죄에 대한 벌을 받지 아니하게 된 사람은 범칙자에 해당한다.

해설 ① 「도로교통법」 제162조 제1항, ③ 제162조 제2항 제1호, ④ 제162조 제2항 제2호 ④와 관련하여 범칙행위로 교통사고를 일으킨 사람은 원칙적으로 범칙자에 해당하지 않지만, 이들 가운데 교통사고처리 특례법 제3조 제2항 및 제4항에 따라 업무상과실치상죄·중과실치상죄 또는 도로교통법 제151조의 죄에 대한 벌을 받지 아니하게 된 사람은 제외하므로 범칙자에 해당한다.

② 「도로교통법」 제162조 제1항 및 제155조. 도로교통법 제92조 제2항을 위반하여 경찰공무원의 운전면허증등의 제시 요구나 운전자 확인을 위한 진술 요구에 따르지 아니한 사람은 20만원 이하의 벌금 또는 구류에 처하나(제155조), 범칙행위는 제156조 및 제157조 각 호의 죄에 해당하는 행위를 말하므로 제155조 위반은 범칙행위에 해당하지 않는다. 여기에 해당하는 사람은 범칙자에서 제외된다.

95 도로교통법상의 범칙행위와 통고처분에 대한 설명으로 옳은 것은? (다툼이 있으면 판례에 의함)

① 주·정차된 차만 손괴한 것이 분명한 경우에 도로교통법 제54조 제1항 제2호에 따라 피해자에게 인적 사항을 제공하지 아니한 때에는 범칙행위에 해당하고, 범칙금액은 승합자동차의 경우 13만원, 승용자동차의 경우 12만원, 이륜자동차의 경우 8만원이다.

② 도로교통법 제44조 제1항을 위반하여 술에 취한 상태에서 자전거를 운전한 경우 범칙행위(범칙금 3만원)에 해당하지만, 개인형 이동장치를 운전한 경우 범칙행위에 해당하지 않는다.

③ 시·도경찰청장은 도로교통법에 따른 범칙자에 대해 범칙금 납부통고서로 범칙금을 낼 것을 통고할 수 있다.

④ 신호위반의 범칙행위로 교통사고를 일으킨 사람이 통고처분을 받아 범칙금을 납부한 경우에 그로 인한 업무상과실치상죄에 대하여 교통사고처리특례법위반죄로 다시 처벌하는 것은 도로교통법 제164조 제3항에서 금지하는 이중처벌에 해당한다.

해설

① 「도로교통법」 제156조 제10호, 제162조 제1항 및 동법 시행령 제93조 제1항 별표 8 1의4

② 「도로교통법」 제156조 제11호, 제162조 제1항 및 동법 시행령 제93조 제1항 별표 8 64의2. 범칙행위에 해당하고, 범칙금액은 자전거의 경우 3만원, 개인형 이동장치의 경우 10만원이다.

③ 「도로교통법」 제163조 제1항 본문 "<u>경찰서장이나 제주특별자치도지사</u>(제주특별자치도지사의 경우에는 이하 생략)는 범칙자로 인정하는 사람에 대하여는 이유를 분명하게 밝힌 <u>범칙금 납부통고서로 범칙금을 낼 것을 통고할 수 있다.</u>" 범칙금납부 통고처분권자는 경찰서장이다.

④ 「**2006도4322 판결**」"[1] 도로교통법(2005. 5. 31. 법률 제7545호로 전문 개정되기 전의 것) 제119조 제3항에 의하면, 범칙금 납부 통고를 받고 범칙금을 납부한 사람은 그 범칙행위에 대하여 다시 벌받지 아니한다고 규정하고 있는바, 범칙금의 통고 및 납부 등에 관한 같은 법의 규정들의 내용과 취지에 비추어 볼 때 범칙자가 경찰서장으로부터 범칙행위를 하였음을 이유로 범칙금 통고를 받고 그 범칙금을 납부한 경우 다시 벌받지 아니하게 되는 행위는 범칙금 통고의 이유에 기재된 <u>당해 범칙행위 자체 및 그 범칙행위와 동일성이 인정되는 범칙행위에 한정된다</u>고 해석함이 상당하므로, 범칙행위와 같은 때, 같은 곳에서 이루어진 행위라 하더라도 <u>범칙행위와 별개의 형사범죄행위에 대하여는 범칙금의 납부로 인한 불처벌의 효력이 미치지 아니한다</u>. [2] 교통사고로 인하여 업무상과실치상죄 또는 중과실치상죄를 범한 운전자에 대하여 피해자의 명시한 의사에 반하여 공소를 제기할 수 있도록 하고 있는 교통사고처리 특례법 제3조 제2항 단서의 각 호에서 규정한 <u>신호위반 등의 예외사유는 같은 법 제3조 제1항 위반죄의 구성요건 요소가 아니라 그 공소제기의 조건에 관한 사유</u>이다. [3] 교통사고처리 특례법 제3조 제2항 단서 각 호에서 규정한 <u>예외사유에 해당하는 신호위반 등의 범칙행위와 같은 법 제3조 제1항 위반죄는 그 행위의 성격 및 내용이나 죄질, 피해법익 등에 현저한 차이가 있어 동일성이 인정되지 않는 별개의 범죄행위</u>라고 보아야 할 것이므로, 교통사고처리 특례법 제3조 제2항 단서 각 호의 예외사유에 해당하는 신호위반 등의 범칙행위로 교통사고를 일으킨 사람이 통고처분을 받아 범칙금을 납부하였다고 하더라도, <u>업무상과실치상죄 또는 중과실치상죄에 대하여 같은 법 제3조 제1항 위반죄로 처벌하는 것이 도로교통법 제119조 제3항</u>(주: 현행 제164조 제3항)에서 금지하는 이중처벌에 해당한다고 볼 수 없다."

96 도로교통법상의 "통고처분(제163조) 및 범칙금의 납부(제164조)"에 대한 설명으로 틀린 것은?

① 경찰서장은 성명·주소가 확실하지 아니한 사람, 달아날 우려가 있는 사람 또는 범칙금 납부통고서 받기를 거부한 사람에 대하여는 범칙금 납부통고서로 범칙금을 낼 것을 통고할 수 없다.

② 도로교통법에 따라 범칙금 납부통고서를 받은 사람은 원칙적으로 10일 이내에 범칙금을 내야 한다.

③ 천재지변이나 그 밖의 부득이한 사유로 말미암아 ②의 기간에 범칙금을 낼 수 없는 경우에는 부득이한 사유가 없어지게 된 날부터 5일 이내에 내야 한다.

④ 도로교통법 제164조 제1항에 따른 납부기간에 범칙금을 내지 아니한 사람은 납부기간이 끝나는 날부터 20일 이내에 통고받은 범칙금에 100분의 20을 더한 금액을 내야 한다.

해설 ① 「**도로교통법**」 제163조 제1항 단서, ② 제164조 제1항 본문, ③ 제164조 제1항 단서 ①과 관련하여 제163조 제1항 단서에 해당하는 사람에 대해서는 지체 없이 즉결심판을 청구하여야 한다(제165조 제1항 제1호).

④ 「**도로교통법**」 제164조 제2항 "제1항에 따른 납부기간에 범칙금을 내지 아니한 사람은 <u>납부기간이 끝나는 날의 다음 날부터</u> 20일 이내에 통고받은 범칙금에 100분의 20을 더한 금액을 내야 한다."

97 도로교통법에 따른 "통고처분 불이행자 등의 처리(제165조)"에 대한 설명으로 틀린 것은?

① 경찰서장은 성명·주소가 확실하지 아니한 사람, 달아날 우려가 있는 사람, 범칙금 납부통고서 받기를 거부한 사람 또는 도로교통법 제164조 제2항에 따른 납부기간에 범칙금을 납부하지 아니한 사람에 대해서는 지체 없이 즉결심판을 청구하여야 한다.

② 경찰서장은 도로교통법 제164조 제2항에 따른 납부기간에 범칙금을 납부하지 아니한 사람으로서 즉결심판이 청구되기 전까지 통고받은 범칙금액에 100분의 50을 더한 금액을 납부한 사람에 대해서는 즉결심판을 청구하지 아니한다.

③ 범칙금 납부통고서 받기를 거부하여 즉결심판이 청구된 피고인이 즉결심판의 선고 전까지 범칙금액에 100분의 50을 더한 금액을 내고 납부를 증명하는 서류를 제출하면 경찰서장은 즉결심판 청구를 취소하여야 한다.

④ 도로교통법에 따라 범칙금을 납부한 사람은 그 범칙행위에 대하여 다시 벌 받지 아니한다.

해설 ① 「**도로교통법**」 제165조 제1항 본문, ② 제165조 제1항 단서, ④ 제164조 제3항 및 제165조 제3항

③ 「**도로교통법**」 제165조 제2항 "제1항 제2호에 따라 즉결심판이 청구된 피고인이 즉결심판의 선고 전까지 통고받은 범칙금액에 100분의 50을 더한 금액을 내고 납부를 증명하는 서류를 제출하면 경찰서장 또는 제주특별자치도지사는 피고인에 대한 <u>즉결심판 청구를 취소하여야 한다.</u>" 제2항은 통고처분을 받고 이를 이행하지 않은 사람에 한하여 적용된다. <u>도로교통법 제163조 제1항 각 호의 어느 하나에 해당하는 사람(성명이나 주소가 확실하지 아니한 사람/달아날 우려가 있는 사람/범칙금 납부통고서 받기를 거부한 사람)에 대해서는 통고처분 없이 바로 즉결심판을 청구하기 때문에 통고처분의 미이행을 전제로 하는 즉결심판 청구의 취소는 그 적용이 없다.</u>

교통사고처리 특례법 및 특정범죄 가중처벌 등에 관한 법률

01 교통사고처리 특례법에 대한 설명으로 옳은 것은?

① 업무상과실 또는 중대한 과실로 교통사고를 일으켜 사상의 결과를 발생시킨 사람에게는 형법상 업무상과실·중과실치사상죄보다 법정형이 중한 교통사고처리특례법위반죄가 성립한다.

② 철길이나 가설된 선을 이용하여 운전되는 것은 교통사고처리 특례법상의 차에 해당하지 않는다.

③ 자전거 또는 개인형 이동장치를 운전하던 중 업무상 과실 또는 중과실로 사람을 다치게 한 경우 교통사고처리 특례법에 따른 교통사고에 해당하지 아니한다.

④ 교통사고처리 특례법에 따른 교통사고는 도로교통법상의 도로에서 발생한 것에 한한다.

해설 ①「**교통사고처리 특례법**」**제1조** "이 법은 업무상과실(業務上過失) 또는 중대한 과실로 교통사고를 일으킨 운전자에 관한 형사처벌 등의 특례를 정함으로써 교통사고로 인한 피해의 신속한 회복을 촉진하고 국민생활의 편익을 증진함을 목적으로 한다." 교통사고처리 특례법은 형법상 업무상과실·중과실치사상죄에 대한 관계에서 특별법의 성격을 가지므로, 형법이 아닌 교통사고처리 특례법에 따라 처벌된다. <u>교통사고처리특례법위반죄와 형법상 업무상과실·중과실치사상죄 양자는 그 법정형이 동일하다.</u>

② 「**교통사고처리 특례법**」**제2조 제1호** 옳은 설명이다. 교통사고처리 특례법상 "차"란 「도로교통법」 제2조 제17호 가목에 따른 차(車)와 「건설기계관리법」 제2조 제1항 제1호에 따른 건설기계를 말한다. 도로교통법 제2조 제17호 가목에 의하면 <u>철길이나 가설된 선을 이용하여 운전되는 것과 유모차와 행정안전부령으로 정하는 보행보조용 의자차는 차에서 제외되기 때문에 교통사고처리 특례법상의 차에 해당하지 않는다.</u>

③ 「**교통사고처리 특례법**」**제2조 제1호 참조.** 자전거와 개인형 이동장치(원동기장치자전거에 해당)은 도로교통법 제2조 제17호 가목에 따른 차에 해당하므로 교통사고에 해당한다.

④ 「**교통사고처리 특례법**」**제2조 제2호** ""교통사고"란 차의 교통으로 인하여 사람을 사상(死傷)하거나 물건을 손괴(損壞)하는 것을 말한다." 차의 교통으로 인하여 사람을 사상하거나 물건을 손괴하면 교통사고에 해당하고, 이러한 결과가 어디에서 발생하였는지는 묻지 않기 때문에 도로교통법상의 도로는 물론, 도로가 아닌 곳에서 교통사고가 발생한 경우에도 교통사고처리 특례법이 적용된다.

02 교통사고처리 특례법에 대한 설명으로 틀린 것은? (다툼이 있으면 판례에 의함)

① 교통사고처리 특례법에 따른 "교통"과 고의의 운전행위를 의미하는 도로교통법상의 "운전"은 동일한 개념이므로 운전에 해당하지 않는 이상 교통사고처리 특례법에 따른 교통사고로 처리되지 않는다.

② 차의 교통으로 교통사고처리 특례법 제3조 제1항의 죄 중 업무상과실치상죄·중과실치상죄와 도로교통법 제151조의 죄(업무상과실·중과실재물손괴죄)를 범한 경우에 반의사불벌죄에 해당한다.

③ 차의 운전자가 업무상과실 또는 중과실로 사람을 사망하게 한 경우에 교통사고처리 특례법에 따른 반의사불벌죄에 해당하지 않는다.

④ 차의 운전자가 교통사고처리 특례법 제3조 제1항의 죄 중 업무상과실치상죄 또는 중과실치상죄를 범하고도 피해자를 구호하는 등 도로교통법 제54조 제1항에 따른 조치를 하지 아니하고 도주하거나 피해자를 사고 장소로부터 옮겨 유기하고 도주한 경우에 반의사불벌죄가 아니다.

정답 | **01** | ② | **02** | ①

해설 ① 「2016도12407 판결」"도로교통법 제2조 제26호는 '운전'이란 도로에서 차마를 그 본래의 사용 방법에 따라 사용하는 것을 말한다고 규정하고 있다. 여기서 말하는 <u>운전의 개념은 그 규정의 내용에 비추어 목적적 요소를 포함하는 것이므로 고의의 운전행위만을 의미하고</u>, 자동차 안에 있는 사람의 의지나 관여 없이 자동차가 움직인 경우에는 운전에 해당하지 아니한다(대법원 2004. 4. 23. 선고 2004도1109 판결 등 참조). 한편 「교통사고처리 특례법」은 차의 운전자가 '교통사고'로 인하여 형법 제268조의 죄(업무상과실치상죄)를 범한 경우를 처벌의 특례 적용대상으로 정하고 있고(제3조 제1항), '교통사고'란 차의 교통으로 인하여 사람을 사상하거나 물건을 손괴하는 것을 말한다고 규정하고 있는데(제2조 제2호), 여기서의 '차의 교통'이란 <u>차량을 운전하는 행위 및 그와 동일하게 평가할 수 있을 정도로 밀접하게 관련된 행위를 포함하는 것으로 해석하여야 한다</u>(대법원 2007. 1. 11. 선고 2006도7272 판결 참조)." 교통사고처리 특례법에 따른 교통이 도로교통법에 따른 운전보다 그 개념의 범위가 넓다.

② 「교통사고처리 특례법」 제3조 제2항 본문, ③ 제3조 제1항·제2항의 반대해석, ④ 제3조 제2항 단서 제1문
④의 경우 이외에도 도로교통법 제44조 제2항을 위반하여 음주측정 요구에 따르지 아니한 경우(운전자가 채혈 측정을 요청하거나 동의한 경우는 제외)와 12개의 예외사유 가운데 어느 하나에 해당하는 행위로 인하여 같은 죄를 범한 경우에도 반의사불벌죄에 해당하지 않는다.

03 교통사고처리 특례법상 "보험 등에 가입된 경우의 특례(제4조)"에 대한 설명으로 틀린 것은?

① 차의 교통으로 교통사고처리 특례법 제3조 제1항의 죄 중 업무상과실치상죄 또는 중과실치상죄와 도로교통법 제151조의 죄(업무상과실·중과실재물손괴)를 범한 운전자가 보험업법·여객자동차 운수사업법·화물자동차 운수사업법에 따른 보험·공제에 가입된 경우에는 피해자가 처벌을 희망하는 의사를 표시하더라도 원칙적으로 공소를 제기할 수 없다.

② 교통사고처리 특례법 제4조에 따른 "보험 또는 공제에 가입된 경우"란 그 가입한 보험에 의하여 교통사고처리 특례법 제4조 제2항에서 정하고 있는 교통사고 손해배상금 전액의 신속·확실한 보상의 권리가 피해자에게 주어지는 경우를 가리킨다.

③ 차의 교통으로 교통사고처리 특례법 제3조 제1항의 죄 중 업무상과실치상죄 또는 중과실치상죄를 범한 운전자가 제4조에 따른 보험 또는 공제에 가입된 경우에 피해자가 신체의 상해로 인하여 생명에 대한 위험이 발생하거나 불구가 되거나 불치 또는 난치의 질병이 생긴 때에는 피해자가 처벌을 원하지 않는 의사를 표시하더라도 공소를 제기할 수 있다.

④ 차의 교통으로 교통사고처리 특례법 제3조 제1항의 죄 중 업무상과실치상죄·중과실치상죄와 도로교통법 제151조의 죄(업무상과실·중과실재물손괴)를 범한 운전자가 제4조에 따른 보험 또는 공제에 가입된 경우라도 피해자가 처벌을 원하지 않는 의사표시를 하지 않고, 보험계약·공제계약이 무효로 되거나 해지되거나 계약상의 면책 규정 등으로 인하여 보험회사, 공제조합 또는 공제사업자의 보험금·공제금 지급의무가 없어진 때에는 공소를 제기할 수 있다.

해설 ① 「교통사고처리 특례법」 제4조 제1항 본문, ② 「2011도6273 판결」, ④ 제4조 제1항 제3호 ②와 관련하여 자동차손해배상 보장법상의 "책임보험"은 동조에서 말하는 보험에 해당하지 않고, 실무상으로는 보험의 경우 교통사고 손해배상금 전액을 보상하는 "종합보험"을 말한다.

③ 「교통사고처리 특례법」 제4조 제1항 제2호 "교통사고를 일으킨 차가 「보험업법」 제4조, 제126조, 제127조 및 제128조, 「여객자동차 운수사업법」 제60조, 제61조 또는 「화물자동차 운수사업법」 제51조에 따른 <u>보험 또는 공제에 가입된 경우에는 제3조 제2항 본문에 규정된 죄를 범한 차의 운전자에 대하여 공소를 제기할 수 없다.</u> 다만, 다음 각 호의 어느 하나에 해당하는 경우에는 그러하지 아니하다. 2. 피해자가 신체의 상해로 인하여 생명에 대한 위험이 발생하거나 불구(不具)가 되거나 불치(不治) 또는 난치(難治)의 질병이 생긴 경우" 제2호에 해당하는 중상해가 피해자에게 발생하였다고 하더라도 피해자가 처벌을 원하지 않는 의사표시를 한 경우에는 제3조 제2항 본문에 따라 공소를 제기할 수 없다.

04 교통사고처리 특례법 제3조(처벌의 특례) 제2항 단서 각 호에 규정된 12개의 예외 항목에 해당하지 않는 것은?

① 신호기가 표시하는 신호 또는 교통정리를 하는 경찰공무원등의 신호를 위반한 경우
② 제한속도 시속 70킬로미터인 도로에서 시속 90킬로미터로 운전한 경우
③ 술에 취한 상태에서 운전을 하거나 약물의 영향으로 정상적으로 운전하지 못할 우려가 있는 상태에서 운전한 경우
④ 철길건널목 통과방법을 위반하여 운전한 경우

해설 ① 「교통사고처리 특례법」 제3조 제2항 단서 제1호, ③ 제3조 제2항 단서 제8호, ④ 제3조 제2항 단서 제5호
② 「교통사고처리 특례법」 제3조 제2항 단서 제3호 "3. 「도로교통법」 제17조제1항 또는 제2항에 따른 제한속도를 <u>시속 20킬로미터 초과하여 운전한 경우</u>" 20킬로미터 이하이므로 예외 항목에 해당하지 않는다.

05 교통사고처리 특례법 제3조(처벌의 특례) 제2항 단서 각 호에 규정된 12개의 예외 항목에 해당하지 않는 것은? (다툼이 있으면 판례에 의함)

① 앞지르기의 방법·금지시기·금지장소 또는 끼어들기의 금지를 위반한 경우
② 횡단보도에서의 보행자 보호의무를 위반하여 운전한 경우
③ 승객의 추락 방지의무를 위반하여 운전한 경우
④ 고속도로·자동차전용도로·일반도로에서 후진한 경우

해설 ① 「교통사고처리 특례법」 제3조 제2항 단서 제4호, ② 제3조 제2항 단서 제6호, ③ 제3조 제2항 단서 제10호
④ 「교통사고처리 특례법」 제3조 제2항 단서 제2호 "「도로교통법」 제13조 제3항을 위반하여 중앙선을 침범하거나 같은 법 제62조를 위반하여 횡단, 유턴 또는 후진한 경우" 후진의 경우 제62조를 위반하여야 하고 제62조는 "고속도로등(고속도로와 자동차전용도로)"에서의 횡단·유턴·후진을 금지하고 있으므로, 일반도로에서 후진한 경우는 예외 항목에 해당하지 않는다. <u>판례(2010도3436 판결)</u>도 같은 입장이다. "...(상략)...구 도로교통법(2011. 6. 8. 법률 제10790호로 개정되기 전의 것) 제62조는 "자동차의 운전자는 차를 운전하여 고속도로등을 횡단하거나 유턴 또는 후진하여서는 아니된다."고 규정하고, 같은 법 제57조에 의하면 위 '고속도로등'은 고속도로 또는 자동차전용도로만을 의미하므로, <u>일반도로에서 후진하는 행위는 '동법 제62조의 규정을 위반하여 횡단·유턴 또는 후진한 경우'에 포함되지 않는다.</u> 또한 교특법 제3조 제2항 단서 제2호가 고속도로등에서 후진한 경우를 중앙선침범과 별도로 열거하고 있는 취지에 비추어 볼 때, 중앙선의 우측 차로 내에서 후진하는 행위는 같은 호 전단의 도로교통법 제13조 제3항의 규정을 위반하여 중앙선을 침범한 경우에 포함되지 않는다고 해석하여야 한다."

【도로교통법 제3조 제2항 단서의 예외 항목】 – 피해자가 처벌을 원하지 않는 경우에도 형사처벌 가능

업무상과실치상죄·중과실치상죄를 범하고도 (사망의 결과가 발생한 경우 예외 항목에 해당하지 않더라도 무조건 형사처벌)	
단서	1. 피해자를 구호하는 등 도로교통법 제54조 제1항에 따른 조치를 하지 아니하고 도주 (주: 특정범죄 가중처벌 등에 관한 법률/특가법위반 – 도주차량: 이른바 뺑소니) 2. 피해자를 사고 장소로부터 옮겨 유기하고 도주 (주: 특가법위반) 3. 도로교통법 제44조 제2항을 위반하여 음주측정 요구에 따르지 아니한 경우 (운전자가 채혈측정을 요청하거나 동의한 경우는 제외한다)
단서 각 호	1. 신호·지시위반 2. 중앙선 침범/고속도로등(고속도로 + 자동차전용도로) 횡단·유턴·후진

	(※ 2010도3436 판결 – 일반도로에서 후진한 경우는 포함되지 않음)
(12개)	3. 속도위반(20km 초과) 4. 앞지르기의 방법·금지시기·금지장소 또는 끼어들기의 금지 위반 　 고속도로에서의 앞지르기 방법을 위반 5. 철길건널목 통과방법 위반 6. 횡단보도 보행자 보호의무 위반 7. 무면허운전 8. 음주(약물)운전 9. 보도침범 / 보도 횡단방법 위반 10. 승객 추락방지의무 위반 11. 어린이보호구역 안전의무 위반하여 어린이의 신체를 상해에 이르게 한 경우 12. 화물 추락방지조치 위반

06 특정범죄 가중처벌 등에 관한 법률상 "도주차량 운전자의 가중처벌(제5조의3)"에 대한 설명으로 옳은 것은? (다툼이 있으면 판례에 의함)

① 형법 제268조(업무상과실·중과실치사상)의 죄를 범한 해당 차량의 운전자("사고운전자")만 주체가 될 수 있고, 원칙적으로 승무원 또는 동승자는 주체가 될 수 없다.

② 도로교통법상 "차"의 교통으로 인하여 형법 제268조(업무상과실·중과실치사상)의 죄를 범하고도 피해자를 구호하는 등 도로교통법 제54조 제1항에 따른 조치를 하지 아니하고 도주한 경우에 제5조의3 위반에 해당한다.

③ 제5조의3에서 규정하고 있는 "도주"에 해당하기 위해서는 사고현장에서 장소적으로 이탈하는 것으로 족하다.

④ 사고운전자가 피해자를 구호하는 등의 조치를 취할 필요가 있었다고 인정되지 않더라도 도로교통법 제54조 제1항에 규정된 의무를 이행하기 전에 사고현장을 이탈하였다면 제5조의3 위반에 해당한다.

해설 ① 「특정범죄 가중처벌 등에 관한 법률」 제5조의3 제1항 옳은 설명이다. 도로교통법 제54조 제1항의 경우 그 주체는 "운전자나 그 밖의 승무원"이지만, 특정범죄 가중처벌 등에 관한 법률에 따른 도주차량의 경우 "사고운전자"만 주체에 해당한다. 판례(2007도2919 판결)도 원칙적으로 사고운전자만이 주체에 해당한다고 판시하고 있다. "운전자가 아닌 동승자가 교통사고 후 운전자와 공모하여 운전자의 도주행위에 가담하였다 하더라도, 동승자에게 과실범의 공동정범의 책임을 물을 수 있는 특별한 경우가 아닌 한, 특정범죄가중처벌등에관한법률위반(도주차량)죄의 공동정범으로 처벌할 수는 없다." 판례의 취지에 의하면 예외적으로 과실범의 공동정범의 책임을 물을 수 있는 특별한 경우에는 사고운전자가 아닌 자도 주체가 될 수 있다.

② 「특정범죄 가중처벌 등에 관한 법률」 제5조의3 제1항. "자동차·원동기장치자전거의 교통"에 한정되어 있기 때문에 자전거나 경운기의 경우 제5조의3 위반에 해당하지 않는다. 다만, 도로교통법에 새로이 규정된 "개인형 이동장치(제19조의2)"는 원동기장치자전거이므로 제5조의3 위반에 해당한다는 점에 유의한다.

③ 「2002도5748 판결」 "[1] 특정범죄가중처벌등에관한법률 제5조의3 제1항에 정하여진 '피해자를 구호하는 등 도로교통법 제50조(※ 주: 현행 제54조) 제1항의 규정에 의한 조치를 취하지 아니하고 도주한 때'라고 함은 사고운전자가 사고로 인하여 피해자가 사상을 당한 사실을 인식하였음에도 불구하고 '도로교통법 제50조 제1항의 규정에 의한 조치'를 취하지 아니하고 사고 장소를 이탈하여 사고를 낸 사람이 누구인지 확정될 수 없는 상태를 초래하는 경우를 말하고, '도로교통법 제50조 제1항의 규정에 의한 조치'에는 피해자나 경찰관 등 교통사고와 관계 있는 사람에게 사고운전자의 신원을 밝히는 것도 포함된다. [2] 교통사고 야기자가 피해자를 병원에 후송하기는 하였으나 조사 경찰관에게 사고사실을 부인하고 자신을 목격자라고 하면서 참고인 조사를 받고 귀가한 경우, 특정범죄가중처벌등에관한법률 제5조의3 제1항 소정의 도주에 해당한다고 한 사

례." 사고현장으로부터의 장소적 이탈이 "도주" 여부를 판단하는데 있어서 중요한 기준이기는 하지만, 이와 함께 "사고운전자가 누구인지 확정할 수 없는 상태를 초래하는 것"도 중요한 판단기준으로 작용한다.

④ 「2002도6903 판결」"[1] ...(상략)...교통의 안전이라는 공공의 이익을 보호함과 아울러 교통사고로 사상을 당한 피해자의 생명·신체의 안전이라는 개인적 법익을 보호하기 위하여 제정된 것이라는 입법 취지와 보호 법익에 비추어 볼 때, 사고의 경위와 내용, 피해자의 상해의 부위와 정도, 사고운전자의 과실 정도, 사고운전 자와 피해자의 나이와 성별, 사고 후의 정황 등을 종합적으로 고려하여 사고운전자가 실제로 피해자를 구호 하는 등 도로교통법 제50조(※ 주: 현행 제54조) 제1항에 의한 조치를 취할 필요가 있었다고 인정되지 아니 하는 경우에는 사고운전자가 피해자를 구호하는 등 도로교통법 제50조 제1항에 규정된 의무를 이행하기 이 전에 사고현장을 이탈하였더라도 특정범죄가중처벌등에관한법률 제5조의3 제1항 위반죄로는 처벌할 수 없 다. [2] 피해자의 피해 정도 및 사고 경위와 사고 후의 정황 등에 비추어 사고운전자가 실제로 피해자를 구호 하는 등의 조치를 취하여야 할 필요가 있었다고 보기 어렵다고 한 사례." 판례는 특정범죄 가중처벌 등에 관 한 법률 제5조의3 위반에 해당하기 위해서는 "구호조치의 필요성"이 있음에도 불구하고 도로교통법 제54조 제1항에 규정된 의무를 이행하지 않고 도주한 경우에 한정하여 제5조의3 위반을 인정하고 있다. 구호조치의 필요성이 있었는지 여부에 대한 판단과 관련하여 판례(2011도14018 판결)는 "...(상략)....피해자를 구호하는 등의 조치를 취할 필요가 없었다고 인정하기 위하여는 피해자 측에서 구호조치가 불필요함을 적극적으로 표 명하였다거나 기타 응급적인 조치가 필요 없다는 사정이 사고 직후의 시점에서 객관적이고 명확히 드러나야 할 것이고, 단지 사고 직후 피해자의 거동에 큰 불편이 없었고 외관에 상처가 없었으며 피해 정도가 비교적 가벼운 것으로 사후에 판명되었다는 등의 사유만으로 가벼이 그러한 필요가 없었다고 단정할 수는 없다...(하 략)"고 판시하고 있다.

07 특정범죄 가중처벌 등에 관한 법률상의 "위험운전 등 치사상(제5조의11)"에 대한 설명으로 틀린 것은? (다툼이 있으면 판례에 의함)

① 음주·약물의 영향으로 정상적인 운전이 곤란한 상태에서 자동차(원동기장치자전거 포함)를 운전하여 사람을 상해·사망에 이르게 한 경우 제5조의11 위반에 해당한다.

② 음주·약물의 영향으로 정상적인 운전이 곤란한 상태에서 자동차(원동기장치자전거 포함)를 운전하여 사람을 상해·사망에 이르게 한 경우 제5조의11 위반에만 해당하고, 교통사고처리 특례법위반죄는 별도로 성립하지 않는다.

③ 제5조의11에 해당하기 위해서는 음주·약물의 영향으로 정상적으로 운전하지 못할 우려가 있 는 상태이면 족하고, 실제 정상적인 운전이 곤란한 상태에 있어야 하는 것은 아니다.

④ 정상적인 운전이 곤란한 상태에 해당하는지 여부는 주취 정도뿐만 아니라 운전자(알코올 냄 새, 혀가 꼬부라졌는지, 똑바로 걸을 수 있는지, 교통사고 전후의 행태 등)의 상태 및 교통사 고의 발생 경위, 교통상황에 대한 주의력·반응속도·운동능력의 저하 정도, 자동차 운전장치 의 조작을 제대로 조절했는지 여부 등을 종합하여 판단하여야 한다.

해설

① 「특정범죄 가중처벌 등에 관한 법률」 제5조의11 제1항 옳은 설명이다.

② 「2008도9182 판결」에 따른 옳은 설명이다. 이른바 흡수관계이다. "...(상략)...형법 제268조에서 규정하고 있 는 업무상과실치사상죄의 특례를 규정하여 가중처벌함으로써 피해자의 생명·신체의 안전이라는 개인적 법 익을 보호하기 위한 것이다. 따라서 그 죄가 성립하는 때에는 차의 운전자가 형법 제268조의 죄를 범한 것을 내용으로 하는 교통사고처리특례법 위반죄는 그 죄에 흡수되어 별죄를 구성하지 아니한다." 특정범죄 가중처 벌 등에 관한 법률 위반죄(위험운전치사상)와 교통사고처리특례법위반죄의 상상적 경합이 아님에 유의한다.

③ 「2017도15519 판결」"음주로 인한 특정범죄 가중처벌 등에 관한 법률 위반(위험운전치사상)죄는 도로교통 법 위반(음주운전)죄의 경우와는 달리 형식적으로 혈중알코올농도의 법정 최저기준치를 초과하였는지 여부와

는 상관없이 운전자가 '음주의 영향으로 실제 정상적인 운전이 곤란한 상태'에 있어야만 하고, 그러한 상태에서 자동차를 운전하다가 사람을 상해 또는 사망에 이르게 한 행위를 처벌대상으로 하고 있는바, 이는 음주로 인한 특정범죄 가중처벌 등에 관한 법률 위반(위험운전치사상)죄는 업무상과실치사상죄의 일종으로 구성요건적 행위와 그 결과 발생 사이에 인과관계가 요구되기 때문이다...(하략)" 도로교통법 제45조(과로한 때 등의 운전 금지)는 "정상적으로 운전하지 못할 우려가 있는 상태에서 운전"한 경우로 규정하고 있고, 판례(2010도 11272 판결 – 기출문제 판례 참조)는 이를 위태범(위험범)으로 보고 현실적으로 정상적으로 운전하지 못할 상태에 이르러야만 하는 것은 아니다고 판시하고 있다. 이러한 도로교통법 제45조 위반과 달리 특정범죄 가중처벌 등에 관한 법률 제5조의11 위반의 경우 운전자가 실제 정상적인 운전이 곤란한 상태에 있어야만 성립한다는 점에 유의한다.

④ **2008헌가11 결정**에 따른 옳은 설명이다. 헌법재판소의 결정에 의하면 일정한 정도 이상의 음주측정 수치가 나오면 정상적인 운전이 곤란한 상태에 해당한다고 일률적으로 판단할 수 없다.

08 특정범죄 가중처벌 등에 관한 법률상 "어린이 보호구역에서 어린이 치사상의 가중처벌(제5조의 13)"에 대한 설명으로 틀린 것은?

① 자동차(원동기장치자전거 포함)의 운전자가 도로교통법 제12조 제3항에 따른 어린이 보호구역에서 같은 조 제1항에 따른 조치를 준수하고 어린이의 안전에 유의하면서 운전하여야 할 의무를 위반하여 어린이(13세 미만인 사람)에게 교통사고처리 특례법 제3조 제1항의 죄를 범한 경우에는 제5조의13 위반에 해당한다.

② 도로교통법 제12조에 따른 어린이보호구역에서 제한속도를 준수한 이상 제5조의13 위반에는 해당하지 않고, 이 경우에는 교통사고처리특례법위반죄의 성립 여부가 검토된다.

③ 제5조의13을 위반하여 어린이를 사망에 이르게 한 경우에는 무기 또는 3년 이상의 징역에 처한다.

④ 제5조의13을 위반하여 어린이를 상해에 이르게 한 경우에는 1년 이상 15년 이하의 징역 또는 500만원 이상 3천만원 이하의 벌금에 처한다.

해설 ① 「특정범죄 가중처벌 등에 관한 법률」 제5조의13, ③ 제5조의13 제1호, ④ 제5조의13 제2호
② 「특정범죄 가중처벌 등에 관한 법률」 제5조의13 "자동차(원동기장치자전거를 포함한다)의 운전자가 「도로교통법」 제12조 제3항에 따른 어린이 보호구역에서 같은 조 제1항에 따른 조치(주: 30km이내 속도 제한)를 준수하고 어린이의 안전에 유의하면서 운전하여야 할 의무를 위반하여 어린이(13세 미만인 사람을 말한다. 이하 같다)에게 「교통사고처리 특례법」 제3조 제1항의 죄를 범한 경우에는 다음 각 호의 구분에 따라 가중처벌한다. 1. 어린이를 사망에 이르게 한 경우에는 무기 또는 3년 이상의 징역에 처한다. 2. 어린이를 상해에 이르게 한 경우에는 1년 이상 15년 이하의 징역 또는 500만원 이상 3천만원 이하의 벌금에 처한다." 제한속도 준수는 어린이보호구역에서 운전자가 준수하여야 할 의무의 내용 가운데 하나에 불과하고, 나아가 기타 어린이의 안전에 유의하면서 운전하여야 할 의무도 준수하여야 한다. 속도제한을 준수하였다고 하더라도 어린이의 안전에 유의하면서 운전하여야 할 의무를 위반하였다면 제5조의13 위반에 해당한다.

정보경찰

(Park & Oh's Police Science for Perfect Score)

01 자료 · 첩보 · 정보에 대한 설명이다. 틀린 것은?

① 자료는 단순사실 · 신호를 의미하고 데이터(Data)라는 용어로 사용된다.
② 첩보(Information)는 목적성을 가지지 않고, 수집된 다소 불확실한 데이터를 말한다.
③ 정보(Intelligence)는 정확성, 완전성, 적시성, 목적성의 특징을 갖는다.
④ 첩보는 정보의 자료가 되고, 정보는 지식으로서의 자료적 가치를 가진다.

> **해설** ① ③ ④ 옳은 설명이다.
> ② 첩보는 목적성을 가지고 의도적으로 수집된 데이터로서 아직 분석 · 평가 등의 정보처리과정을 거치지 않은 다소 불확실한 특징을 가지고 있다.

02 정보의 순환 4단계 과정이 바르게 연결된 것은?

① 정보요구단계 → 첩보수집단계 → 정보생산단계 → 정보배포단계
② 첩보요구단계 → 첩보수집단계 → 정보생산단계 → 정보배포단계
③ 첩보요구단계 → 정보수집단계 → 첩보생산단계 → 정보배포단계
④ 첩보수집단계 → 정보생산단계 → 정보배포단계 → 정보요구단계

> **해설** ① 옳은 설명이다.

03 정보의 순환과정과 관련된 견해들에 대한 설명으로 옳은 것은?

① 로웬탈(M. M. Lowenthal)은 정보의 순환을 요구 · 임무의 발생 → 수집 → 분석 → 배포 → 요청의 5단계로 분류하였다.
② 베르코위츠(B. D. Berkowitz)는 요구 → 수집 → 처리 · 이용 → 분석 · 생산 → 배포 · 소비 → 환류의 6단계로 분류하였다.
③ 존슨(L. K. Johnson)은 경찰정보 이론에서 요구 → 수집 → 생산 → 배포의 4단계, CIA 분류를 참고하여 기획 · 관리 → 수집 → 처리 → 생산 · 분석 → 배포의 5단계로 분류하였다.
④ 로웬탈 및 베르코위츠와 달리 존슨은 환류를 정보의 순환단계에서 배제하였다.

> **해설** ①은 베르코위츠의 견해, ②는 로웬탈의 견해이다.
> ③ 옳은 설명이다.
> ④ 존슨은 환류를 정보의 순환단계에 내재한 기능으로 간주하였다. 이에 비해 로웬탈과 베르코위치는 환류의 과정을 환류 또는 요청이라는 별도의 단계로 분류하였다.

04 정보의 순환에 대한 설명으로 틀린 것은?

① 정보의 순환이란 정보기관의 활동이 요구 · 수집 · 생산 · 배포 등의 다양한 기능들에 의해 유기적으로 연결 · 수행되면서 환류를 통한 자동적 조정을 거치는 특성을 의미한다.
② 정보요구는 첩보수집계획서의 작성 → 첩보의 기본요소의 결정 → 명령 및 하달 → 조정 · 감독(사후검토)이라는 소순환 과정을 거친다.

③ 첩보수집은 첩보수집계획의 수립 → 첩보출처의 개척 → 첩보의 수집활동 → 첩보의 전달이라는 소순환 과정을 거친다.

④ 정보생산은 선택 → 기록 → 평가 → 분석 → 종합 → 해석이라는 소순환 과정을 거친다.

> **해설** ① ③ ④ 옳은 설명이다.
> ② 정보요구는 기본요소의 결정 → 첩보수집계획서의 작성 → 명령·하달 → 사후검토(조정 및 감독)의 소순환 과정을 거친다.

05 정보요구의 방법에 대한 설명이다. 틀린 것은?

① 첩보기본요소(EEI – Essential Elements of Information)는 해당 부서의 정보활동을 위한 일반적인 지침으로서 계속적·반복적으로 수집되어야 할 사항을 요구하는 방법이다.

② 특별첩보요구(SRI – Special Requirement for information)는 특정지역의 특별한 돌발사항에 대한 단기적 해결을 위하여 필요한 범위 내에서 임시적·단편적인 첩보를 요구하는 방법이다.

③ 국가정보목표우선순위(PNIO – Priority for National Intelligence Objective)는 국가안전보장이나 정책에 관련되는 국가정보목표의 우선순위로서 정부에서 기획된 연간 기본정책을 수행함에 있어서 필요로 하는 자료들을 목표로 하여 선정된다.

④ 기타정보요구(OIR – Other Intelligence Requirement)는 급변하는 정세의 변화에 따라 불가피하게 정책상 수정이 요구되거나 이를 위한 자료가 절실히 요구될 때 특별첩보요구(SRI)에 우선하여 정보목표를 달성하기 위한 정보요구이다.

> **해설** ① ② ③ 옳은 설명이다. ④ 기타첩보요구(OIR)는 특별첩보요구(SRI)가 아니라 국가정보목표 우선순위(PNIO)에 우선한다.

06 첩보의 수집단계에서 분류원칙에 대한 설명 중 연결이 다른 하나는?

① 통합의 원칙 – 다른 것과의 관계를 생각하여 관계있는 것은 통합하여 분류

② 병치의 원칙 – 유사한 것이나 관계되는 자료는 가깝게 위치할 수 있도록 분류

③ 점진의 원칙 – 순차적으로 분류하는 것으로 간단한 것부터 복잡하고 특수한 것으로 분류

④ 일관성의 원칙 – 분류의 세분항목을 확실하게 하여 중복 없이 분류해야 하는 것

> **해설** ① ② ③ 옳은 설명이다.
> ④ 상호배제의 원칙에 대한 설명이다. 일관성의 원칙은 동일한 분류기준에 따라 끝까지 동일하게 분류해야 한다는 것을 말한다. 첩보의 분류원칙은 통합의 원칙, 병치의 원칙, 점진의 원칙, 일관성의 원칙, 상호배제의 원칙 등 5가지 원칙이 있다.

07 정보의 생산 중 정보기록의 분류방법에 대한 설명으로 틀린 것은?

① 자료를 제공한 출처나 발송기관 명칭을 '가나...순' 또는 'AB...순'으로 배열하는 방법은 명칭별 분류이다.

② 접수되는 자료의 ㉠ 순차에 따라, ㉡ 출처에 따라, ㉢ 기관에 따라 일련번호를 배당하고 그 번호순으로 배열하는 방법은 번호별 분류이다.

③ 보관할 자료의 내용을 대표하는 주제에 의해 배열하는 방법으로 자료의 양이 많고 내용을 위주로 하는 기관에 편리한 것은 연대별 분류이다.

④ 자료의 내용이 발생하는 지역 또는 지명별로 배열하는 방법으로 특정 지역문제를 연구하는 기관에 효과적인 것은 지역별 분류이다.

정답 | 01 | ② | 02 | ① | 03 | ③ | 04 | ② | 05 | ④ | 06 | ④ | 07 | ③

해설 ① ② ④ 옳은 설명이다.
③ 주제별 분류에 대한 설명이다. 이는 어렵고, 고도의 분류기술을 필요로 한다. 정보기록의 분류방법에는 명칭별 분류, 번호별 분류, 연대별 분류, 지역별 분류, 주제별 분류가 있다.

08 정보의 배포에 대한 설명으로 옳은 것은?

① 정보 배포는 정보를 필요로 하는 개인·기관에 제공하는 것으로 적합한 형태를 갖출 필요는 없다.
② 정보 배포의 원칙으로 신속성, 적당성, 보안성 및 계속성이 있다.
③ 정보의 배포는 신속성에 따라 먼저 생산된 정보를 우선 배포한다.
④ 정보가 배포된 경우 이전 정보와 비교하여 변동사항이 없더라도 그 취지를 알려야 한다.

해설 ① 정보배포는 정보를 필요로 하는 개인·기관에게 적합한 형태와 내용을 갖추어 적당한 시기에 제공하는 과정을 말한다. 적합한 형태를 갖추어야 한다.
② 정보배포의 원칙은 적시성, 적당성 보안성 및 계속성이다.
③ 정보배포의 순위는 정보의 중요성·긴급성에 따라 결정되기 때문에 먼저 생산되었다고 우선 배포하는 것은 아니다.
④ 옳은 설명이다. 정보 배포의 원칙 가운데 계속성에 대한 내용이다.

09 아래 보기 가운데 정보 배포의 원칙인 보안성을 위한 조치는 모두 몇 개인가?

보기
㉠ 정보의 분류조치   ㉡ 인사보안조치   ㉢ 물리적 보안조치   ㉣ 통신보안조치

① 1개   ② 2개   ③ 3개   ④ 4개

해설 정보의 분류조치란 정부가 주요문서와 같은 정보들을 여러 등급으로 분류하여 각각의 관리방법과 열람자격 등을 규정함으로써 정보의 유출을 막는 일련의 조치들을 말한다. 인사보안조치는 정부 차원에서 민감한 정보를 취급할 가능성이 있는 공무원을 채용하고 관리하는데 있어서 해당 정보들이 공무원이 될 자 또는 공무원에 의해 유출될 가능성을 차단하는 것을 말하고, 채용·임용 과정에서의 보안심사 및 보안서약서 징구, 보안교육 등의 조치가 여기에 해당한다. 물리적 보안은 정부가 보호가치 있는 정보를 보관하는 보호구역을 지정·관리하고 그 시설에 대한 보안조치를 실시하는 방안들을 총칭하는 것이다. 통신보안조치는 정보의 배포수단으로 전선과 전파 또는 컴퓨터 네트워크를 이용할 경우 정보의 유출을 방지하기 위한 필수적 조치이다.

10 정보의 배포수단에 대한 설명으로 틀린 것은?

① 정보의 배포수단은 브리핑, 메모, 일일정보보고서, 비공식적 방법, 특별보고서로 구분된다.
② 브리핑은 시간을 절약할 수 있기 때문에 판단정보의 배포수단으로 많이 이용된다.
③ 긴급한 경우에 내용을 요약하여 기록을 전달하는 메모는 정보분석관이 가장 많이 활용하는 수단이다.
④ 매일 24시간에 걸친 제반정세의 변화를 중점적으로 망라한 보고서는 일일정보보고서로 대부분이 현용정보로 신속한 전달이 필수적이다.

해설 ① ③ ④ 옳은 설명이다. ② 브리핑은 시간을 절약할 수 있으므로 현용정보의 배포수단으로 많이 이용된다. 그러므로 판단정보는 틀린 설명이다.

11 정보의 분류에 대한 설명으로 틀린 것은?

① 전략정보, 전술정보 및 방첩정보는 성질에 따른 분류이다.
② 내부정보, 외부정보는 사용주체에 따른 분류이다.
③ 적극정보, 소극정보는 출처에 따른 분류이다.
④ 기본정보, 현용정보, 판단정보는 기능에 따른 분류이다.

해설 ① ② ④ 옳은 설명이다. ③ 적극정보 및 소극정보는 대상에 따른 분류이고, 출처에 따른 분류는 정보가 얻어지는 출처에 따라 근본출처와 부차적 출처, 정보가 획득되는 시기에 따라 정기출처와 우연출처, 비밀보호의 정도에 따라 비밀출처, 공개출처로 구분된다.

01 「집회 및 시위에 관한 법률」에서 사용하는 용어의 정의로 가장 적절하지 않은 것은? (2016년 제1차)

① "시위"란 여러 사람이 공동의 목적을 가지고 도로, 광장, 공원 등 일반인이 자유로이 통행할 수 있는 장소를 행진하거나 위력 또는 기세를 보여, 불특정한 여러 사람의 의견에 영향을 주거나 제압을 가하는 행위를 말한다.

② "주관자"란 자기 이름으로 자기 책임 아래 집회나 시위를 여는 사람이나 단체를 말한다. 주관자는 주최자를 따로 두어 집회 또는 시위의 실행을 맡아 관리하도록 위임할 수 있다. 이 경우 주최자는 그 위임의 범위 안에서 주관자로 본다.

③ "질서유지인"이란 주최자가 자신을 보좌하여 집회 또는 시위의 질서를 유지하게 할 목적으로 임명한 자를 말한다.

④ "옥외집회"란 천장이 없거나 사방이 폐쇄되지 아니한 장소에서 여는 집회를 말한다.

해설 ① 「집회 및 시위에 관한 법률」 제2조 제2호, ③ 제2조 제4호, ④ 제2조 제1호
② 「집회 및 시위에 관한 법률」 제2조 제3호 ""주최자(主催者)"란 자기 이름으로 자기 책임 아래 집회나 시위를 여는 사람이나 단체를 말한다. 주최자는 주관자(主管者)를 따로 두어 집회 또는 시위의 실행을 맡아 관리하도록 위임할 수 있다. 이 경우 주관자는 그 위임의 범위 안에서 주최자로 본다." 주최자와 주관자에 대한 설명이 바뀌어 있다.

【집시법 개념 정의】 – 집회 및 시위에 관한 법률 제2조

용어	개념 정의
옥외집회	천장이 없거나 사방이 폐쇄되지 아니한 장소에서 여는 집회 – **판례(2008도3014 판결)**: 집회란 특정 또는 불특정 다수인이 공동의 의견을 형성하여 이를 대외적으로 표명할 목적 아래 일시적으로 일정한 장소에 모이는 것 – **판례(83도2528 판결)**: 모이는 장소나 사람의 다과에 제한 없음
시위	여러 사람이 공동의 목적을 가지고 도로 · 광장 · 공원 등 일반인이 자유로이 통행할 수 있는 장소를 행진하거나 위력 · 기세를 보여, 불특정한 여러 사람의 의견에 영향을 주거나 제압을 가하는 행위 – **판례(2011도2871 판결)** – 시위 여부 판단방법): 행위의 태양 및 참가 인원 등 객관적 측면과 아울러 그들 사이의 내적인 유대 관계 등 주관적 측면을 종합하여 전체적으로 그 행위를 여러 사람이 위력 또는 기세를 보여 불특정한 여러 사람의 의견에 영향을 주거나 제압을 가하는 행위로 볼 수 있는지에 따라 평가
주최자	자기 이름으로 자기 책임 아래 집회나 시위를 여는 사람이나 단체 – 주최자는 주관자(유의: 질서유지인X)를 따로 두어 집회 또는 시위의 실행을 맡아 관리하도록 위임할 수 있다. 이 경우 주관자는 그 위임의 범위 안에서 주최자로 본다.
질서유지인	주최자(유의: 주관자X)가 자신을 보좌하여 집회 또는 시위의 질서를 유지하게 할 목적으로 임명한 자
질서유지선	관할 경찰서장이나 시 · 도경찰청장이 적법한 집회 및 시위를 보호하고 질서유지나 원활한 교통 소통을 위하여 집회 또는 시위의 장소나 행진 구간을 일정하게 구획하여 설정한 띠, 방책, 차선 등의 경계 표지

경찰관서	국가경찰관서

분석 집시법 개념 정의(제2조)와 관련하여 최근 12년간 독립된 유형의 문제로 1회가 출제되었으나, 다른 지문과 결합하여 10회 출제된 중요한 부분으로 향후에도 출제 가능성이 매우 높은 부분입니다. 집시법 제2조에서 규정하고 있는 개념을 정확히 기억하고 있어야 하며, 특히 주최자와 주관자의 개념을 혼동하지 않도록 유의해야 합니다. 아울러 집회 및 시위와 관련된 판례의 내용도 이해하고 있어야 관련 문제를 해결할 수 있습니다.

02 「집회 및 시위에 관한 법률」상 옥외집회 또는 시위를 하여서는 아니되는 장소에 대한 설명 중 틀린 것은 모두 몇 개인가?

(2015년 제3차 – 현행법 반영 수정)

⊙ 국회의 활동을 방해할 우려가 없거나 대규모 집회·시위로 확산될 우려가 없는 경우로서 국회의 기능이나 안녕을 침해할 우려가 없다고 인정되는 때에는 국회의사당의 경계 지점으로부터 100미터 이내의 장소에서 옥외집회 또는 시위를 할 수 있다.

⊙ 법관이나 재판관의 직무상 독립이나 구체적 사건의 재판에 영향을 미칠 우려가 없거나 대규모 집회·시위로 확산될 우려가 없는 경우로서 각급 법원, 헌법재판소의 기능이나 안녕을 침해할 우려가 없다고 인정되는 때에는 각급 법원, 헌법재판소의 경계 지점으로부터 100미터 이내의 장소에서 옥외집회 또는 시위를 할 수 있다.

⊙ 대통령, 국회의장, 대법원장, 헌법재판소장, 국무총리를 대상으로 하지 아니하거나 대규모 집회·시위로 확산될 우려가 없는 경우로서 대통령 관저, 국회의장·대법원장·헌법재판소장·국무총리 공관의 기능이나 안녕을 침해할 우려가 없다고 인정되는 때에는 관저 또는 공관의 경계 지점으로부터 100미터 이내의 장소에서 옥외집회 또는 시위를 할 수 있다.

⊙ 국내 주재 외국의 외교기관 또는 외교사절의 숙소를 대상으로 하지 아니하거나 대규모 집회·시위로 확산될 우려가 없거나 외교기관의 업무가 없는 휴일에 개최하는 경우로서 외교기관 또는 외교사절 숙소의 기능이나 안녕을 침해할 우려가 없다고 인정되는 때에는 국내 주재 외국의 외교기관이나 외교사절 숙소의 경계 지점으로부터 100미터 이내의 장소에서 옥외집회 또는 시위를 할 수 있다.

① 1개   ② 2개   ③ 3개   ④ 4개

해설 헌법재판소의 헌법불합치결정 이후 그 효력을 상실하였음에도 개정 없이 유지되어 오던 집회 및 시위에 관한 법률의 관련 조항이 2020. 6. 9. 시행된 집회 및 시위에 관한 법률(법률 제17393호)에 의해 개정되었다. 개정된 법률에 의하면 <u>대통령 관저, 국회의장·대법원장·헌법재판소장 공관의 경우 그 경계 지점으로부터 100 미터 이내의 장소에서는 옥외집회 또는 시위가 절대적으로 금지된다(집회 및 시위에 관한 법률 제11조 제3호)</u>. 이를 제외한 나머지 장소의 경우 각 호의 사유에 기하여 "기능이나 안녕을 침해할 우려가 없다고 인정되는 때에는" 옥외집회 또는 시위를 할 수 있다. 즉, 원칙적으로 금지되지만, 단서의 예외 사유에 해당하는 경우 허용되는 형식을 취하고 있다.

⊙ **「집회 및 시위에 관한 법률」 제11조 제1호**, ⊙ 제11조 제2호, ⊙ 제11조 제5호 옳은 설명이다.

⊙ **「집회 및 시위에 관한 법률」 제11조 제4호**에 따라 <u>국무총리 공관의 경우 국무총리를 대상으로 하지 아니하거나 대규모 집회 또는 시위로 확산될 우려가 없는 경우로서 국무총리 공관의 기능이나 안녕을 침해할 우려가 없다고 인정되는 때에는 옥외집회 또는 시위를 할 수 있다. 반면에 **제11조 제3호**에 따라 <u>대통령 관저, 국회의장·대법원장·헌법재판소장 공관의 경우 그 경계 지점으로부터 100미터 이내의 장소에서는 옥외집회 또는 시위를 할 수 없다(절대적 금지).</u></u>

집회 및 시위에 관한 법률에 따른 옥외집회 및 시위의 금지는 위의 장소적 금지 이외에 그 유형으로 목적·행위

에 따른 금지(제5조), 시간적 금지(제10조), 신고서 미보완에 따른 금지 및 교통 소통 목적의 금지(제8조 제1항), 시간·장소가 중복되는 2개 이상 신고시의 금지(제8조 제3항), 시설·장소 보호요청시의 금지(제8조 제5항)가 있다.

【옥외집회와 시위의 금지】 – 유의: 사유 해당시 금지할 것을 <u>통고할 수 있다</u>(통고하여야 한다X).

분류	내용
목적·행위에 따른 금지 (제5조)	· 헌법재판소의 결정에 따라 해산된 정당의 목적을 달성하기 위한 집회 또는 시위 · 집단적인 폭행·협박·손괴·방화 등으로 공공의 안녕 질서에 직접적인 위협을 끼칠 것이 명백한 집회 또는 시위
시간적 금지 (제10조)	· 옥외집회: 헌법불합치결정으로 인해 전면 허용(※ **유의** – 집시법 미개정) · 시위: 한정합헌결정으로 인해 자정부터 일출 전까지 금지(※ **유의** – 집시법 미개정)
장소적 금지 (제11조)	누구든지 다음 각 호의 어느 하나에 해당하는 청사 또는 저택의 경계 지점으로부터 100 미터 이내의 장소에서는 옥외집회 또는 시위를 하여서는 아니 된다. 1. **국회의사당**. 다음 각 목의 어느 하나에 해당하는 경우로서 국회의 기능이나 안녕을 침해할 우려가 없다고 인정되는 때에는 그러하지 아니하다. 가. 국회의 활동을 방해할 우려가 없는 경우, 나. 대규모 집회 또는 시위로 확산될 우려가 없는 경우 2. **각급 법원, 헌법재판소**. 다만, 다음 각 목의 어느 하나에 해당하는 경우로서 각급 법원, 헌법재판소의 기능이나 안녕을 침해할 우려가 없다고 인정되는 때에는 그러하지 아니하다. 가. 법관이나 재판관의 직무상 독립이나 구체적 사건의 재판에 영향을 미칠 우려가 없는 경우, 나. 대규모 집회 또는 시위로 확산될 우려가 없는 경우 3. **대통령 관저, 국회의장 공관, 대법원장 공관, 헌법재판소장 공관** 4. **국무총리 공관**. 다만, 다음 각 목의 어느 하나에 해당하는 경우로서 국무총리 공관의 기능이나 안녕을 침해할 우려가 없다고 인정되는 때에는 그러하지 아니하다. 가. 국무총리를 대상으로 하지 아니하는 경우, 나. 대규모 집회 또는 시위로 확산될 우려가 없는 경우 5. **국내 주재 외국의 외교기관이나 외교사절의 숙소**. 다만, 다음 각 목의 어느 하나에 해당하는 경우로서 외교기관 또는 외교사절 숙소의 기능이나 안녕을 침해할 우려가 없다고 인정되는 때에는 그러하지 아니하다. 가. 해당 외교기관 또는 외교사절의 숙소를 대상으로 하지 아니하는 경우, 나. 대규모 집회 또는 시위로 확산될 우려가 없는 경우, 다. 외교기관의 업무가 없는 휴일에 개최하는 경우
신고서 미보완시 또는 교통 소통 목적 금지 (제8조 제1항)	· 제7조(신고서의 보완 등) 제1항에 따른 신고서 기재 사항을 보완하지 아니한 때 · 제12조(교통 소통을 위한 제한)에 따라 금지할 집회 또는 시위라고 인정될 때 – 대통령령으로 정하는 주요 도시의 주요 도로에서의 집회 또는 시위에 대하여 교통 소통을 위하여 필요하다고 인정하는 경우(원칙: 행진시 질서유지인을 두는 경우 금지X) – 집회·시위의 주최자가 질서유지인을 두고 도로를 행진하는 경우라고 하더라도 해당 도로와 주변 도로의 <u>교통 소통에 장애를 발생시켜 심각한 교통 불편</u>을 줄 우려가 있는 경우
시간·장소 중복 되는 2개 이상	· 그 목적으로 보아 서로 상반되거나 방해가 된다고 인정되면 각 옥외집회 또는 시위 간에 시간을 나누거나 장소를 분할하여 개최하도록 권유하는 등 각 옥외집회 또는

신고시 금지 (제8조 제3항)	시위가 서로 방해되지 아니하고 평화적으로 개최·진행될 수 있도록 노력 · 위 권유가 받아들여지지 아니하면 <u>뒤에 접수된 옥외집회 또는 시위 금지</u>
시설·장소 보호 요청시 금지 (제8조 5항)	· (제6조 제1항에 기재된) 신고장소가 다른 사람의 주거지역이나 이와 유사한 장소로서 집회나 시위로 재산 또는 시설에 심각한 피해가 발생하거나 사생활의 평온을 뚜렷하게 해칠 우려가 있는 경우 · 신고장소가 「초·중등교육법」 제2조에 따른 학교의 주변 지역으로서 집회 또는 시위로 학습권을 뚜렷이 침해할 우려가 있는 경우 · 신고장소가 「군사기지 및 군사시설 보호법」 제2조 제2호에 따른 군사시설의 주변 지역으로서 집회 또는 시위로 시설이나 군 작전의 수행에 심각한 피해가 발생할 우려가 있는 경우 → <u>그 거주자나 관리자가 시설이나 장소의 보호를 요청하는 경우</u>

※ **보충설명**: 집회 및 시위의 금지와 관련하여 "교통 소통을 위한 제한(제12조 제1항)과 시설·장소 보호 요청시(제8조 제5항)"의 경우 **금지 뿐만 아니라 제한 통고도 허용**

분석 옥외집회 및 시위의 금지(제5조, 제10조 및 제11조)와 관련하여 최근 12년간 독립된 유형으로 3회, 다른 지문과 결합하여 4회가 출제되었고, 조문의 내용을 알고 있는지 확인하는 수준이었습니다. 유의할 점은 장소적 금지와 관련하여 2020. 6. 9. 시행된 집회 및 시위에 관한 법률은 헌법재판소의 결정 취지를 받아들여 관련 조항을 개정하였습니다. 그리고 <u>시간적 금지와 관련하여서도 헌법불합치결정과 한정위헌결정으로 해당 부분은 효력을 상실하였습니다(현재 집회 및 시위에 관한 법률 미개정 상태)</u>. 헌법불합치 및 한정위헌 결정을 받은 부분 및 장소적 금지와 관련하여 개정된 부분은 향후 출제 가능성이 높고, (현행법 및 헌법재판소의 결정이 반영되지 않은)기출문제의 정답을 기억하는 경우 오답이 될 가능성이 높으므로 유의하여야 합니다. 아울러 "집회 및 시위의 금지·제한 통고"와 관련된 지문이 함께 출제되는 경향이므로 이 부분(기타 금지 또는 제한이 가능한 집회·시위 및 신고 이후의 절차 등)과 연계하여 이해를 하고 있어야 변형된 문제에 대비할 수 있습니다.

03 집회 및 시위의 금지와 관련한 다음 설명 중 가장 옳은 것은 모두 몇 개인가?

(2011년 제2차 – 현행법 반영 수정)

> ㉠ 헌법재판소의 결정에 따라 해산된 정당의 목적을 달성하기 위한 집회 또는 시위는 금지된다.
> ㉡ 집회 및 시위의 신고장소가 학교의 주변 지역으로서 집회 또는 시위로 학습권을 뚜렷이 침해할 우려가 있는 경우는 금지될 수 있다.
> ㉢ 집회 및 시위의 신고장소가 군사시설의 주변 지역으로서 집회 또는 시위로 시설이나 군 작전의 수행에 심각한 피해가 발생할 우려가 있는 경우는 금지될 수 있다.
> ㉣ 집회 및 시위의 주최자가 질서유지인을 두고 도로를 행진하는 경우에는 해당 도로와 주변 도로의 교통 소통에 장애를 발생시켜 심각한 교통 불편을 줄 우려가 있지 않은 한 이를 금지할 수 없다.
> ㉤ 대통령 관저, 국회의장 공관, 대법원장 공관, 헌법재판소장 공관, 국무총리 공관의 경계 지점으로부터 100미터 이내의 장소에서는 관저나 공관의 기능이나 안녕을 침해할 우려가 없다고 인정되는 경우에도 옥외집회 또는 시위를 할 수 없다.

① 2개   ② 3개   ③ 4개   ④ 5개

해설 ㉠ 【옥외집회와 시위의 금지】 참조. 「**집회 및 시위에 관한 법률**」 **제5조 제1항 제1호**, ㉡ **제8조 제5항 제2호**,

ⓒ 제8조 제5항 제3호, ⓔ 제8조 제1항 제3호 및 제12조 제2항

ⓜ 「집회 및 시위에 관한 법률」 제11조 제3호·제4호에 따라 대통령 관저, 국회의장·대법원장·헌법재판소장 공관의 경계 지점으로부터 100미터 이내의 장소에서는 절대적으로 집회·시위가 금지되지만, 국무총리 공관의 경우 국무총리를 대상으로 하지 아니하거나 대규모 집회·시위로 확산될 우려가 없는 경우로서 국무총리 공관의 기능이나 안녕을 침해할 우려가 없다고 인정되는 때에는 옥외집회 또는 시위를 할 수 있다.

04 다음 중 절대적으로 금지되는 집회·시위가 아닌 것은? (2009년 제2차 - 현행법 반영 수정)

① 헌법재판소의 결정에 따라 해산된 정당의 목적을 달성하기 위한 집회·시위
② 집단적인 폭행·협박·손괴·방화 등으로 공공의 안녕질서에 직접적인 위협을 끼칠 것이 명백한 집회·시위
③ 헌법재판소장 공관의 경계 지점으로부터 1백 미터 이내 장소에서의 옥외집회·시위
④ 국무총리 공관의 경계 지점으로부터 1백 미터 이내 장소에서의 옥외집회·시위

해설 ① ② ③은 절대적으로 집회·시위가 금지되는 경우다.

④ 「집회 및 시위에 관한 법률」 제11조 제4호 "국무총리 공관. 다만, 다음 각 목의 어느 하나에 해당하는 경우로서 국무총리 공관의 기능이나 안녕을 침해할 우려가 없다고 인정되는 때에는 그러하지 아니하다. 가. 국무총리를 대상으로 하지 아니하는 경우. 나. 대규모 집회 또는 시위로 확산될 우려가 없는 경우" 장소적 금지(제11조)의 경우 대통령 관저, 국회의장·대법원장·헌법재판소장 공관의 경계 지점으로부터 100미터 이내의 장소가 절대적 금지에 해당한다.

05 「집회 및 시위에 관한 법률」상 다음 ( ) 안에 들어갈 숫자를 순서대로 가장 적절하게 나열한 것은? (2015년 제2차 - 현행법 반영 수정)

- 관할경찰관서장(관할 경찰서장 또는 시·도경찰청장)은 신고서의 기재 사항에 미비한 점을 발견하면 접수증을 교부한 때부터 (㉠)시간 이내에 주최자에게 (㉡)시간을 기한으로 그 기재 사항을 보완할 것을 통고할 수 있다.
- 집회 또는 시위의 주최자는 금지 통고를 받은 날부터 (㉢)일 이내에 해당 경찰관서의 바로 위의 상급경찰관서의 장에게 이의를 신청할 수 있다.

① ㉠ - 12, ㉡ - 12, ㉢ - 10
② ㉠ - 24, ㉡ - 12, ㉢ - 7
③ ㉠ - 12, ㉡ - 24, ㉢ - 7
④ ㉠ - 12, ㉡ - 24, ㉢ - 10

해설 순서대로 12 - 24 - 10이다.

「집회 및 시위에 관한 법률」 제7조 제1항 "관할경찰관서장은 제6조 제1항에 따른 신고서의 기재 사항에 미비한 점을 발견하면 접수증을 교부한 때부터 12시간 이내에 주최자에게 24시간을 기한으로 그 기재 사항을 보완할 것을 통고할 수 있다." 제9조 제1항 "집회 또는 시위의 주최자는 제8조에 따른 금지 통고를 받은 날부터 10일 이내에 해당 경찰관서의 바로 위의 상급경찰관서의 장에게 이의를 신청할 수 있다."

【집회·시위 신고 및 신고 후의 절차】

순서	내용
집회·시위 신고 등	· 기재사항: 목적 / 일시(필요한 시간을 포함) / 장소 / 주최자(단체인 경우에는 그 대표자 포함)·연락책임자·질서유지인의 주소·성명·직업·연락처 / 참가 예정인 단체와 인원 / 시위의 경우 그 방법(진로와 약도 포함) · 옥외집회 또는 시위를 주최하려는 자는 신고서를 옥외집회나 시위를 시작하기 720시간 전부터 48시간 전에 관할 경찰서장에게 제출

		· 옥외집회 · 시위 장소가 두 곳 이상의 경찰서의 관할에 속하는 경우 – <u>관할 시 · 도경찰청장</u>에게 제출 · 두 곳 이상의 시 · 도경찰청 관할에 속하는 경우 – <u>주최지를 관할하는 시 · 도경찰청장</u>에게 제출
접수		· 관할 경찰서장 또는 시 · 도경찰청장(이하 "관할경찰관서장")은 신고서를 접수하면 신고자에게 접수 일시를 적은 <u>접수증을 즉시 교부</u> · 신고한 옥외집회 · 시위를 하지 아니하게 된 경우 – 신고서에 적힌 집회 일시 <u>24시간 전</u>에 그 철회사유 등을 적은 철회신고서를 관할경찰관서장에게 제출 → 철회신고서를 받은 관할경찰관서장은 제8조 제3항에 따라 금지 통고(시간과 장소가 중복되는 2개 이상 신고가 있고 권유가 받아들여지지 않은 경우 후순위 신고에 금지 통고)를 한 집회나 시위가 있는 경우 그 금지 통고를 받은 <u>주최자에게 선순위 신고의 철회 사실을 즉시 알림</u>
신고서 보완 등		· 관할경찰관서장은 신고서의 기재 사항에 미비한 점을 발견하면 <u>접수증을 교부한 때부터 12시간 이내</u>에 주최자에게 24시간을 기한으로 그 기재 사항을 보완할 것을 통고 · 보완할 사항을 분명히 밝혀 **서면**으로 **주최자 또는 연락책임자**에게 송달 → 보완통고서(서면)를 송달받은 때로부터 24시간 이내에 보완X: 금지통고 할 수 있음
통고	금지	· 사유 – 2번 해설【옥외집회와 시위의 금지】참조 · 신고서를 접수한 때부터 <u>48시간 이내</u>에 집회 또는 시위를 금지할 것을 주최자에게 통고할 수 있음 · 집회 · 시위가 집단적인 폭행 · 협박 · 손괴 · 방화 등으로 공공의 안녕 질서에 직접적인 위험을 초래한 경우 → 남은 기간의 해당 집회 · 시위에 대하여 신고서를 접수한 때부터 <u>48시간이 지난 경우에도 금지 통고</u>할 수 있음
	제한	· 사유 – 2번 해설 보충 설명 참조 ※ **유의**: 금지 통고와 같이 시간 제한이 명시적으로 규정되어 있지 않음
이의 신청		· 주최자는 제8조에 따른 금지 통고를 받은 날부터 <u>10일 이내</u>에 해당 경찰관서의 바로 위의 <u>상급경찰관서의 장</u>에게 이의를 신청할 수 있음 · 이의 신청을 받은 경찰관서의 장은 접수 일시를 적은 접수증을 이의 신청인에게 <u>즉시 교부</u>
재결		· 이의 신청을 받은 경찰관서의 장은 <u>접수한 때부터 24시간 이내</u>에 재결해야 함 → 접수(<u>유의: 재결X</u>)한 때부터 24시간 이내에 재결서를 발송(<u>유의: 도달X</u>)하지 아니하면 관할경찰관서장의 금지 통고는 소급하여 그 효력 상실
재결 후		· 금지 통고가 <u>위법 · 부당</u>한 것으로 재결되거나 그 효력을 잃게 된 경우 처음 신고한 대로 집회 또는 시위를 개최할 수 있음 · 금지 통고 등으로 시기를 놓친 경우에는 <u>일시를 새로 정하여</u> 집회 또는 시위를 시작하기 24시간 전에 관할경찰관서장에게 신고함으로써 집회 또는 시위를 개최할 수 있음

분석

집회 · 시위의 신고 및 신고 후의 절차와 관련하여 최근 12년간 독립된 유형의 문제로 3회, 다른 지문과 결합하여 13회가 출제되었고, 조문의 내용을 정확히 알고 있는지를 확인하는 수준이었습니다. 자주 출제된 기출 경향에 비추어 독립된 유형 또는 다른 지문과 결합하여 향후에도 계속 출제될 가능성이 매우 높은 부분입니다. 아울러 앞에서 설명한 집회 · 시위의 금지와 관련되어 있는 부분이므로 연계해서 이해를 하고 있어야 하고, 각종 시간이나 기간 및 용어(특히 관할 경찰서장·시·도경찰청장 또는 관할경찰관서장)는 정확하게 암기하고 있어야 문구 변경으로 오답을 유도하는 문제에 대비할 수 있습니다. 위의 표를 순서대로 잘 기억하기 바랍니다.

06 다음 중 「집회 및 시위에 관한 법률」에 관한 설명으로서 옳지 않은 것은 모두 몇 개인가?
(2011년 제1차)

> ㉠ 옥외집회나 시위를 주최하려는 자는 신고서를 옥외집회나 시위를 시작하기 720시간 전부터 48시간 전에 관할 경찰서장에게 제출하여야 한다.
> ㉡ 관할경찰관서장은 신고서의 기재사항에 미비한 점을 발견하면 접수증을 교부한 때부터 12시간 이내에 주최자에게 24시간을 기한으로 그 기재사항을 보완할 것을 통고하여야 한다.
> ㉢ 이의신청을 받은 경찰관서의 장은 이의신청을 접수한 때부터 24시간 이내에 재결을 할 수 있다.
> ㉣ 이의신청인은 금지 통고가 위법하거나 부당한 것으로 재결되거나 그 효력을 잃게 된 경우 처음 신고한 대로 집회 또는 시위를 개최할 수 있다.
> ㉤ 다만, ㉣의 사안에서 금지 통고 등으로 시기를 놓친 경우에는 일시를 새로 정하여 집회 또는 시위를 시작하기 12시간 전에 관할 경찰관서장에게 신고함으로써 집회 또는 시위를 개최할 수 있다.

① 1개   ② 2개   ③ 3개   ④ 4개

해설 ㉠「집회 및 시위에 관한 법률」제6조 제1항 본문, ㉣「집회 및 시위에 관한 법률」제9조 제3항 본문【집회·시위 신고 및 신고 후의 절차】참조.
　　　㉡「집회 및 시위에 관한 법률」제7조 제1항 "관할경찰관서장은 제6조 제1항에 따른 신고서의 기재 사항에 미비한 점을 발견하면 접수증을 교부한 때부터 12시간 이내에 주최자에게 24시간을 기한으로 그 기재 사항을 <u>보완할 것을 통고할 수 있다.</u>"
　　　㉢「집회 및 시위에 관한 법률」제9조 제2항 제1문 "제1항에 따른 이의 신청을 받은 경찰관서의 장은 접수 일시를 적은 접수증을 이의 신청인에게 즉시 내주고 접수한 때부터 24시간 이내에 재결(裁決)을 하여야 한다. 이 경우 접수한 때부터 24시간 이내에 재결서를 발송하지 아니하면 관할경찰관서장의 금지 통고는 소급하여 그 효력을 잃는다."
　　　㉤「집회 및 시위에 관한 법률」제9조 제3항 단서 "이의 신청인은 제2항에 따라 금지 통고가 위법하거나 부당한 것으로 재결되거나 그 효력을 잃게 된 경우 처음 신고한 대로 집회 또는 시위를 개최할 수 있다. 다만, 금지 통고 등으로 시기를 놓친 경우에는 <u>일시를 새로 정하여 집회 또는 시위를 시작하기 24시간 전에 관할경찰관 서장에게 신고함으로써</u> 집회 또는 시위를 개최할 수 있다."

07 집회 및 시위에 관한 법률의 내용 중 틀린 것은?   (2009년 제1차 – 문구 일부 수정)

① 참가 예정인 단체와 인원, 시위의 경우 그 방법(진로와 약도를 포함한다) 등을 기재한 신고서를 옥외집회 또는 시위를 시작하기 720시간 전부터 48시간 전에 관할 경찰서장에게 제출해야 한다.
② 관할경찰관서장은 신고서의 기재사항에 미비한 점이 있다는 것을 안 경우에는 접수증을 교부한 때부터 10시간 이내에 주최자에게 기재사항을 보완할 것을 통고할 수 있다
③ 집회·시위의 주최자는 금지 통고를 받은 날부터 10일 이내에 해당 경찰관서의 바로 위의 상급 경찰관서의 장에게 이의를 신청할 수 있다.
④ 이의신청을 받은 경찰관서의 장이 접수한 때부터 24시간 이내에 재결서를 발송하지 아니하면 주최자는 처음 신고한 대로 집회·시위를 개최할 수 있다.

해설 ① 「**집회 및 시위에 관한 법률**」 **제6조 제1항 본문**, ③ **제9조 제1항**, ④ **제9조 제2항 및 제3항 본문**
② 「**집회 및 시위에 관한 법률**」 **제7조 제1항** "관할경찰관서장은 제6조 제1항에 따른 신고서의 기재 사항에 미비한 점을 발견하면 접수증을 교부한 때부터 <u>12시간 이내</u>에 주최자에게 24시간을 기한으로 그 기재 사항을 보완할 것을 통고할 수 있다."

08 「**집회 및 시위에 관한 법률**」 **및** 「**집회 및 시위에 관한 법률 시행령**」**에 대한 설명으로 가장 적절한 것은?** (2020년 제2차)

① 집회 또는 시위의 주최자는 금지 통고를 받은 날부터 7일 이내에 해당 경찰관서의 바로 위의 상급경찰관서의 장에게 이의를 신청할 수 있다.
② 집회 또는 시위 금지통고에 대해 이의 신청을 받은 경찰관서장은 24시간 이내에 금지를 통고한 경찰관서장에게 이의 신청의 취지와 이유를 알리고, 답변서의 제출을 명하여야 한다.
③ 주최자는 신고한 옥외집회 또는 시위를 하지 아니하게 된 경우에는 신고서에 적힌 집회 일시 12시간 전에 철회신고서를 관할 경찰관서장에게 제출하여야 한다.
④ 관할 경찰관서장은 집회 및 시위 참가자들이 자진 해산 요청에 따르지 아니하는 경우, 세 번 이상 자진 해산할 것을 명령하고 그 이후에도 해산하지 아니하면 직접 해산시킬 수 있다.

해설 ① 「**집회 및 시위에 관한 법률**」 **제9조 제1항** "집회 또는 시위의 주최자는 제8조에 따른 <u>금지 통고를 받은 날부터 10일 이내</u>에 해당 경찰관서의 <u>바로 위의 상급경찰관서의 장</u>에게 이의를 신청할 수 있다."
② 「**집회 및 시위에 관한 법률 시행령**」 **제8조 제1항** "법 제9조 제1항에 따른 이의 신청을 받은 경찰관서장은 <u>즉시</u> 집회 또는 시위의 금지를 통고한 경찰관서장에게 이의 신청의 취지와 이유(이의 신청시 증거서류나 증거물을 제출한 경우에는 그 요지를 포함한다)를 알리고, <u>답변서의 제출을 명하여야 한다.</u>"
③ 「**집회 및 시위에 관한 법률**」 **제6조 제3항** "주최자는 제1항에 따라 신고한 옥외집회 또는 시위를 하지 아니하게 된 경우에는 신고서에 적힌 <u>집회 일시 24시간 전</u>에 그 철회사유 등을 적은 <u>철회신고서를 관할경찰관서장에게 제출하여야 한다.</u>"
④ 「**집회 및 시위에 관한 법률 시행령**」 **제17조 제3호**

09 「**집회 및 시위에 관한 법률**」**에 대한 설명으로 가장 적절한 것은?** (2020년 제1차)

① 적법한 절차에 따라 설정한 질서유지선을 경찰관의 경고에도 불구하고 정당한 사유 없이 상당 시간 침범하거나 손괴·은닉·이동 또는 제거하거나 그 밖의 방법으로 그 효용을 해친 자는 6개월 이하의 징역 또는 50만원 이하의 벌금·구류 또는 과료에 처한다.
② 옥외집회 또는 시위 장소가 두 곳 이상의 경찰서의 관할에 속하는 경우에는 주최지를 관할하는 경찰서장에게 신고서를 제출하여야 한다.
③ 관할경찰관서장은 신고서의 기재 사항에 미비한 점을 발견하면 접수증을 교부한 때부터 12시간 이내에 주최자에게 24시간을 기한으로 그 기재 사항을 보완할 것을 통고하여야 한다.
④ "주관자"란 자기 이름으로 자기 책임 아래 집회나 시위를 여는 사람이나 단체를 말한다. 주관자는 주최자를 따로 두어 집회 또는 시위의 실행을 맡아 관리하도록 위임할 수 있다.

해설 ① 「**집회 및 시위에 관한 법률**」 **제24조 제3호**
② 「**집회 및 시위에 관한 법률**」 **제6조 제1항 단서 전단** "옥외집회나 시위를 주최하려는 자는 그에 관한 다음 각 호의 사항 모두를 적은 신고서를 옥외집회나 시위를 시작하기 720시간 전부터 48시간 전에 관할 경찰서장에게 제출하여야 한다. 다만, 옥외집회 또는 시위 장소가 <u>두 곳 이상의 경찰서의 관할에 속하는 경우에는 관할</u>

시·도경찰청장에게 제출하여야 하고, 두 곳 이상의 시·도경찰청 관할에 속하는 경우에는 주최지를 관할하는 시·도경찰청장에게 제출하여야 한다."

③ 「집회 및 시위에 관한 법률」 제7조 제1항 "관할경찰관서장은 제6조 제1항에 따른 신고서의 기재 사항에 미비한 점을 발견하면 접수증을 교부한 때부터 <u>12시간 이내</u>에 주최자에게 <u>24시간을 기한</u>으로 그 기재 사항을 보완할 것을 통고할 수 있다."

④ 「집회 및 시위에 관한 법률」 제2조 제3호 ""<u>주최자(主催者)</u>"란 자기 이름으로 자기 책임 아래 집회나 시위를 여는 사람이나 단체를 말한다. <u>주최자는 주관자(主管者)를 따로 두어 집회 또는 시위의 실행을 맡아 관리하도록 위임할 수 있다</u>. 이 경우 주관자는 그 위임의 범위 안에서 주최자로 본다."

10 「집회 및 시위에 관한 법률」에 대한 설명으로 가장 적절하지 <u>않은</u> 것은? (2019년 제1차)

① 군인·검사·경찰관이 폭행, 협박, 그 밖의 방법으로 평화적인 집회 또는 시위를 방해한 경우 3년 이하의 징역에 처한다.

② 관할 경찰관서장은 집회신고서의 기재사항에 미비점을 발견하면 접수증을 교부한 때로부터 12시간 이내에 주최자에게 24시간을 기한으로 그 기재사항을 보완할 것을 통고할 수 있다.

③ 헌법재판소의 결정에 따라 해산된 정당의 목적을 달성하기 위한 집회 또는 시위는 주최하여서는 아니 된다.

④ 집회신고서를 접수한 때로부터 48시간이 경과한 이후에도 남은 기간의 집회·시위에 대해 금지통고를 할 수 있는 경우가 있다.

해설 ① 「집회 및 시위에 관한 법률」 제22조 제1항 단서 "제3조 제1항 또는 제2항을 위반한 자는 3년 이하의 징역 또는 300만원 이하의 벌금에 처한다. 다만, <u>군인·검사 또는 경찰관</u>이 제3조 제1항 또는 제2항을 위반한 경우에는 <u>5년 이하의 징역</u>에 처한다." 군인·검사 또는 경찰관의 경우 가중처벌되어 5년 이하의 징역이다.

② 「집회 및 시위에 관한 법률」 제7조 제1항, ③ 제5조 제1항 제1호, ④ 제8조 제1항 단서

11 「집회 및 시위에 관한 법률」에 대한 설명으로 가장 적절한 것은? (2018년 제3차 – 현행법 반영 수정)

① "주최자"란 자기 이름으로 자기 책임 아래 집회나 시위를 여는 사람이나 단체를 말한다. 주최자는 질서유지인을 따로 두어 집회 또는 시위의 실행을 맡아 관리하도록 위임할 수 있다.

② 집회 또는 시위의 주최자는 집회 또는 시위의 질서유지에 관하여 자신을 보좌하도록 18세 이상의 사람을 질서유지인으로 임명하여야 한다.

③ 옥외집회 또는 시위장소가 두 곳 이상의 경찰서의 관할에 속하는 경우에는 관할 시·도경찰청장에게 신고서를 제출해야 하고, 두 곳 이상의 시·도경찰청 관할에 속하는 경우에는 경찰청장에게 신고서를 제출하여야 한다.

④ 집회 또는 시위의 주최자는 집회 또는 시위에 있어서의 질서를 유지할 수 없으면 그 집회 또는 시위의 종결을 선언하여야 한다.

해설 ① 「집회 및 시위에 관한 법률」 제2조 제3호 ""<u>주최자(主催者)</u>"란 자기 이름으로 자기 책임 아래 집회나 시위를 여는 사람이나 단체를 말한다. <u>주최자는 주관자(主管者)를 따로 두어 집회 또는 시위의 실행을 맡아 관리하도록 위임할 수 있다</u>. 이 경우 주관자는 그 위임의 범위 안에서 주최자로 본다." 주최자로부터 집회·시위의 실행을 맡아 관리하도록 위임받은 자는 주관자이고, 질서유지인은 주최자가 자신을 보좌하여 집회 또는 시위의 질서를 유지하게 할 목적으로 임명한 자를 말한다(제2조 제4호).

② 「집회 및 시위에 관한 법률」 제16조 제2항 "집회 또는 시위의 주최자는 집회 또는 시위의 질서 유지에 관하여 자신을 보좌하도록 <u>18세 이상의 사람을 질서유지인으로 임명할 수 있다</u>."

③ 「집회 및 시위에 관한 법률」 제6조 제1항 단서 "옥외집회나 시위를 주최하려는 자는 그에 관한 다음 각 호의

사항 모두를 적은 신고서를 옥외집회나 시위를 시작하기 720시간 전부터 48시간 전에 관할 경찰서장에게 제출하여야 한다. 다만, 옥외집회 또는 시위 장소가 두 곳 이상의 경찰서의 관할에 속하는 경우에는 관할 시·도경찰청장에게 제출하여야 하고, <u>두 곳 이상의 시·도경찰청 관할에 속하는 경우에는 주최지를 관할하는 시·도경찰청장에게 제출하여야 한다.</u>"

④「집회 및 시위에 관한 법률」제16조 제3항

분석 집회·시위의 주최자 및 질서유지인과 관련하여 최근 12년간 독립된 유형의 문제로는 출제된 바가 없고, 다른 지문과 결합하여 6회 출제되었으며 조문의 내용을 확인하는 수준이었습니다. 주최자 및 질서유지인과 관련하여 정의 규정의 개념(제2조 – 주최자/주관자/질서유지인 혼동하지 않도록 유의) 및 특정인 참가의 배제(제4조)가 중요하게 다루어졌습니다. 그리고 주최자의 준수사항(제16조)도 지문으로 출제되었던 경향에 비추어 질서유지인 및 참가자의 준수 사항도 향후 출제 가능성이 있으므로 서로의 같은 점과 차이점을 잘 비교하여 기억하고 있어야 변형된 문제에 대비할 수 있습니다.

【주최자·질서유지인·참여자의 준수사항 비교】 – 집회 및 시위에 관한 법률 제4조 및 제16조 내지 제18조

구분	준수사항
주최자	· 특정한 사람이나 단체가 집회나 시위에 참가하는 것을 <u>막을 수 있음</u> · 집회 또는 시위에 있어서의 질서를 유지하여야 함 　→ 질서 유지에 관하여 자신을 보좌하도록 <u>18세 이상</u>의 사람을 질서유지인으로 <u>임명할 수 있음</u> · 질서를 유지할 수 없으면 그 집회 또는 시위의 종결을 <u>선언해야 함(종결을 선언할 수 있다X)</u> · 집회·시위 주최자의 금지행위 　– 총포·폭발물·도검·철봉·곤봉·돌덩이 등 다른 사람의 생명을 위협하거나 신체에 해를 끼칠 수 있는 기구를 휴대하거나 사용하는 행위 또는 다른 사람에게 이를 휴대하게 하거나 사용하게 하는 행위 　– 폭행·협박·손괴·방화 등으로 질서를 문란하게 하는 행위 　– 신고한 목적·일시·장소·방법 등의 범위를 뚜렷이 벗어나는 행위 · 관할경찰관서장은 집회·시위의 주최자와 협의하여 <u>질서유지인의 수를 적절하게 조정할 수 있음</u> 　→ 집회 또는 시위를 개최하기 전에 <u>조정된 질서유지인의 명단</u>을 관할경찰관서장에게 알려야 함
질서유지인	· 특정한 사람이나 단체가 집회나 시위에 참가하는 것을 <u>막을 수 있음</u> · <u>주최자의 지시에 따라</u> 집회 또는 시위 질서가 유지되도록 하여야 함 · 질서유지인의 금지행위 – 주최자와 동일 · 참가자 등이 질서유지인임을 쉽게 알아볼 수 있도록 <u>완장·모자·어깨띠·상의</u> 등을 착용하여야 함
참여자	· <u>주최자 및 질서유지인</u>의 질서 유지를 위한 지시에 따라야 함 · 참여자의 금지행위 　– 총포·폭발물·도검·철봉·곤봉·돌덩이 등 다른 사람의 생명을 위협하거나 신체에 해를 끼칠 수 있는 기구를 휴대하거나 사용하는 행위 또는 다른 사람에게 이를 휴대하게 하거나 사용하게 하는 행위 　– 폭행·협박·손괴·방화 등으로 질서를 문란하게 하는 행위 　※ 유의 – 신고한 목적·일시·장소·방법 등의 범위를 뚜렷이 벗어나는 행위는 참여자의 금지행위X

※ **유의**: 집회 또는 시위의 주최자 및 질서유지인은 특정한 사람이나 단체의 참가를 막을 수 있지만, <u>언론사의 기자는 출입이 보장</u>되어야 하며, 기자는 <u>신분증을 제시</u>하고 <u>기자임을 표시한 완장</u>을 착용해야 함

12 「집회 및 시위에 관한 법률」 및 「집회 및 시위에 관한 법률 시행령」상 질서유지선에 대한 설명으로 가장 적절한 것은?
(2021년 제1차)

① 관할 경찰관서장은 집회 및 시위의 보호와 공공의 질서 유지를 위하여 집회·시위의 행진로를 확보하거나 이를 위한 임시횡단 보도를 설치할 필요가 있을 경우에는 「집회 및 시위에 관한 법률」 제13조 제1항에 따라 질서유지선을 설정할 수 있다.

② 경찰관서장이 질서유지선을 설정할 때에는 주최자 또는 연락책임자에게 이를 서면으로 고지하여야 하며, 이러한 과정을 통해 설정·고지된 질서유지선은 추후에 변경할 수 없다.

③ 옥외집회 및 시위의 신고를 받은 관할 경찰관서장은 집회 및 시위의 보호와 공공의 질서 유지를 위하여 필요하다고 인정하면 최대한의 범위를 정하여 질서유지선을 설정할 수 있다.

④ 「집회 및 시위에 관한 법률」 제13조에 따라 설정한 질서유지선을 경찰관의 경고에도 불구하고 정당한 사유 없이 상당 시간 침범하거나 손괴·은닉·이동 또는 제거하거나 그 밖의 방법으로 그 효용을 해친 자는 6개월 이하의 징역 또는 500만원 이하의 벌금·구류 또는 과료에 처한다.

해설 ① 「집회 및 시위에 관한 법률」 제13조 제1항 및 동법 시행령 제13조 제1항 제5호
② 「집회 및 시위에 관한 법률 시행령」 제13조 제2항 "법 제13조 제2항에 따른 질서유지선의 설정 고지는 서면으로 하여야 한다. 다만, 집회 또는 시위 장소의 상황에 따라 질서유지선을 새로 설정하거나 변경하는 경우에는 집회 또는 시위의 장소에 있는 경찰공무원이 구두로 알릴 수 있다.
③ 「집회 및 시위에 관한 법률」 제13조 제1항 "제6조 제1항에 따른 신고를 받은 관할경찰관서장은 집회 및 시위의 보호와 공공의 질서 유지를 위하여 필요하다고 인정하면 최소한의 범위를 정하여 질서유지선을 설정할 수 있다."
④ 「집회 및 시위에 관한 법률」 제24조 제3호 "다음 각 호의 어느 하나에 해당하는 자는 6개월 이하의 징역 또는 50만원 이하의 벌금·구류 또는 과료에 처한다. 3. 제13조에 따라 설정한 질서유지선을 경찰관의 경고에도 불구하고 정당한 사유 없이 상당 시간 침범하거나 손괴·은닉·이동 또는 제거하거나 그 밖의 방법으로 그 효용을 해친 자"

13 다음 중 「집회 및 시위에 관한 법률」에 대한 설명으로 적절한 것을 모두 고른 것은?
(2018년 제2차)

┌───
│ ㉠ 집회 또는 시위의 주최자 및 질서유지인은 특정한 사람이나 단체가 집회나 시위에 참가하는 것을 막을 수 있다. 다만, 언론사의 기자는 출입이 보장되어야 하며, 이 경우 기자는 신분증을 제시하고 기자임을 표시한 완장을 착용하여야 한다.
│ ㉡ 단체는 「집회 및 시위에 관한 법률」상 "주최자"가 될 수 없다.
│ ㉢ 집회 또는 시위의 주최자는 집회 또는 시위의 질서 유지에 관하여 자신을 보좌하도록 18세 이상의 사람을 질서유지인으로 임명할 수 있다.
│ ㉣ 학문, 예술, 체육, 종교, 의식, 친목, 오락, 관혼상제 및 국경행사에 관한 집회에는 '확성기 등 사용의 제한'에 관한 규정을 적용하지 아니한다.
└───

① ㉠㉡   ② ㉠㉢   ③ ㉡㉢   ④ ㉠㉢㉣

해설 ㉠ 「집회 및 시위에 관한 법률」 제4조, ㉢ 제16조 제2항
㉡ 「집회 및 시위에 관한 법률」 제2조 제3호 제1문 ""주최자(主催者)"란 자기 이름으로 자기 책임 아래 집회나 시위를 여는 사람이나 단체를 말한다. 주최자는 주관자(主管者)를 따로 두어 집회 또는 시위의 실행을 맡아 관리하도록 위임할 수 있다. 이 경우 주관자는 그 위임의 범위 안에서 주최자로 본다."
㉣ 「집회 및 시위에 관한 법률」 제15조 "학문, 예술, 체육, 종교, 의식, 친목, 오락, 관혼상제(冠婚喪祭) 및 국경

행사(國慶行事)에 관한 집회에는 <u>제6조부터 제12조까지의 규정을 적용하지 아니한다.</u>" 질서유지선(제13조) 과 확성기등 사용 제한(제14조)은 그대로 적용된다는 점에 유의한다.

14 「집회 및 시위에 관한 법률」에 대한 설명으로 가장 적절한 것은? (2017년 제2차 – 현행법 반영 수정)

① '주관자(主管者)'란 자기 이름으로 자기 책임 아래 집회나 시위를 여는 사람이나 단체를 말한다.
② 집회 또는 시위의 주관자는 집회 또는 시위의 질서 유지에 관하여 자신을 보좌하도록 18세 이상의 사람을 질서유지인으로 임명하여야 한다.
③ 주최자는 신고한 옥외집회 또는 시위를 하지 아니하게 된 경우에는 신고서에 적힌 집회 일시 24시간 전에 그 철회사유 등을 적은 철회신고서를 관할경찰관서장에게 제출하여야 한다.
④ 관할 경찰서장 또는 시·도경찰청장은 신고서를 접수하면 신고자에게 접수 일시를 적은 접수 증을 12시간 이내에 내주어야 한다.

해설 ① **「집회 및 시위에 관한 법률」 제2조 제3호** ""주최자(主催者)"란 자기 이름으로 자기 책임 아래 집회나 시위를 여는 사람이나 단체를 말한다. <u>주최자는 주관자(主管者)를 따로 두어 집회 또는 시위의 실행을 맡아 관리하도록 위임할 수 있다.</u> 이 경우 주관자는 그 위임의 범위 안에서 주최자로 본다." 정의 규정에 따른 주최자·주관자·질서유지인에 대한 설명을 혼동하지 않도록 유의한다.
② **「집회 및 시위에 관한 법률」 제16조 제2항** "집회 또는 시위의 주최자는 집회 또는 시위의 질서 유지에 관하여 자신을 보좌하도록 <u>18세 이상의 사람을 질서유지인으로 임명할 수 있다.</u>"
③ **「집회 및 시위에 관한 법률」 제6조 제3항**
④ **「집회 및 시위에 관한 법률」 제6조 제2항** "관할 경찰서장 또는 시·도경찰청장(이하 "관할경찰관서장"이라 한다)은 제1항에 따른 신고서를 접수하면 신고자에게 접수 일시를 적은 <u>접수증을 즉시 내주어야 한다.</u>"

15 「집회 및 시위에 관한 법률」에 대한 설명으로 가장 적절하지 않은 것은?
(2015년 제1차 – 현행법 반영 수정)

① '주최자'란 자기 이름으로 자기 책임 아래 집회나 시위를 여는 사람이나 단체를 말한다.
② 헌법재판소의 결정에 따라 해산된 정당의 목적을 달성하기 위한 집회 또는 시위는 주최하여 서는 아니 된다.
③ 관할경찰관서장은 집회 또는 시위의 시간과 장소가 중복되는 2개 이상의 신고가 있는 경우 그 목적으로 보아 서로 상반되거나 방해가 된다고 인정되면 각 옥외집회 또는 시위 간에 시간을 나누거나 장소를 분할하여 개최하도록 권유하는 등 각 옥외집회 또는 시위가 서로 방해되지 아니하고 평화적으로 개최·진행될 수 있도록 노력하여야 한다.
④ 관할경찰관서장은 신고서의 기재 사항에 미비한 점을 발견하면 접수증을 교부한 때부터 24시간 이내에 주최자에게 12시간을 기한으로 그 기재사항을 보완할 것을 통고할 수 있다.

해설 ① **「집회 및 시위에 관한 법률」 제2조 제3호**, ② **제5조 제1항 제1호**, ③ **제8조 제2항** ③과 관련하여 출제 당시 의 규정으로는 뒤에 접수된 집회 또는 시위에 대하여 금지 통고 할 수 있다고 규정하였으나, 2016. 2. 28. 개정된 집회 및 시위에 관한 법률은 제2항과 같이 규정을 하면서 제3항에서 "관할경찰관서장은 제2항에 따른 권유가 받아들여지지 아니하면 뒤에 접수된 옥외집회 또는 시위에 대하여 제1항에 준하여 그 집회 또는 시위의 금지를 통고할 수 있다."고 규정하고 있다. 즉, 바로 금지 통고를 할 수 있는 것이 아니라 제2항과 같이 권유하는 등 노력을 하고 권유가 받아들여지지 않는 경우 뒤에 접수된 옥외집회 또는 시위에 대하여 금지 통고를 할 수 있다. <u>기출 이후 변경된 부분이므로 유의하여야 한다.</u>
④ **「집회 및 시위에 관한 법률」 제7조 제1항** "관할경찰관서장은 제6조 제1항에 따른 신고서의 기재 사항에 미

비한 점을 발견하면 <u>접수증을 교부한 때부터 12시간 이내</u>에 주최자에게 <u>24시간을 기한으로</u> 그 기재 사항을 보완할 것을 통고할 수 있다."

16 다음 보기 중 「집회 및 시위에 관한 법률」에 대한 설명으로 옳은 것은 모두 몇 개인가?

(2014년 제1차 – 현행법 반영 수정)

> ㉠ 옥외집회 또는 시위 장소가 두 곳 이상의 경찰서의 관할에 속하는 경우에는 관할 시·도경찰청장에게 신고서를 제출하여야 하고, 두 곳 이상의 시·도경찰청 관할에 속하는 경우에는 경찰청장에게 제출하여야 한다.
> ㉡ 관할경찰관서장은 「집회 및 시위에 관한 법률」 제6조 제1항에 따른 신고서의 기재사항에 미비한 점을 발견하면 접수증을 교부한 때부터 24시간 이내에 주최자에게 12시간을 기한으로 그 기재 사항을 보완할 것을 통고할 수 있다.
> ㉢ 금지 통고를 받은 주최자는 금지 통고를 받은 날로부터 10일 이내에 해당 경찰관서의 바로 위의 상급 경찰관서의 장에게 이의를 신청할 수 있다.
> ㉣ '주최자'라 함은 자기 이름으로 자기 책임 아래 집회 또는 시위를 개최하는 사람 또는 단체를 말하며, 주최자는 질서유지인을 따로 두어 집회 또는 시위의 실행을 맡아 관리하도록 위임할 수 있다.
> ㉤ 집회 또는 시위의 주최자 및 질서유지인은 특정한 사람이나 단체가 집회나 시위에 참가하는 것을 막을 수 있다. 다만, 언론사의 기자는 출입이 보장되어야 하며, 이 경우 기자는 신분증을 제시하고 기자임을 표시한 완장을 착용하여야 한다.

① 1개   ② 2개   ③ 3개   ④ 4개

해설 ㉢ 「집회 및 시위에 관한 법률」 제9조 제1항, ㉤ 제4조
㉠ 「집회 및 시위에 관한 법률」 제6조 제1항 단서 "옥외집회나 시위를 주최하려는 자는 그에 관한 다음 각 호의 사항 모두를 적은 신고서를 옥외집회나 시위를 시작하기 <u>720시간 전부터 48시간 전</u>에 관할 경찰서장에게 제출하여야 한다. 다만, 옥외집회 또는 시위 장소가 <u>두 곳 이상의 경찰서의 관할에 속하는 경우에는 관할 시·도경찰청장에게 제출하여야 하고, 두 곳 이상의 시·도경찰청 관할에 속하는 경우에는 주최지를 관할하는 시·도경찰청장에게 제출하여야 한다.</u>"
㉡ 「집회 및 시위에 관한 법률」 제7조 제1항 "관할경찰관서장은 제6조 제1항에 따른 신고서의 기재 사항에 미비한 점을 발견하면 <u>접수증을 교부한 때부터 12시간 이내</u>에 주최자에게 <u>24시간을 기한으로</u> 그 기재 사항을 보완할 것을 통고할 수 있다."
㉣ 「집회 및 시위에 관한 법률」 제2조 제3호 ""주최자(主催者)"란 자기 이름으로 자기 책임 아래 집회나 시위를 여는 사람이나 단체를 말한다. <u>주최자는 주관자(主管者)를 따로 두어 집회 또는 시위의 실행을 맡아 관리하도록 위임할 수 있다.</u> 이 경우 주관자는 그 위임의 범위 안에서 주최자로 본다."

17 「집회 및 시위에 관한 법률」에 관한 다음 설명 중 가장 적절하지 않은 것은?

(2014년 제2차 – 현행법 반영 수정)

① 관할경찰관서장은 집회 또는 시위의 시간과 장소가 중복되는 2개 이상의 신고가 있는 경우 그 목적으로 보아 서로 상반되거나 방해가 된다고 인정되면 뒤에 접수된 집회 또는 시위에 대하여 그 집회 또는 시위의 금지를 통고하여야 한다.
② 집회 또는 시위의 주최자는 금지 통고를 받은 날부터 10일 이내에 해당 경찰관서의 바로 위의 상급경찰관서의 장에게 이의를 신청할 수 있다.
③ 관할경찰관서장은 신고서의 기재사항에 미비한 점을 발견하면 접수증을 교부한 때부터 12시간 이내에 주최자에게 24시간을 기한으로 그 기재사항을 보완할 것을 통고할 수 있다.

④ 집회 또는 시위의 주최자가 질서유지인을 두고 도로를 행진하는 경우에는 교통 소통을 위한 금지를 할 수 없다. 다만, 해당 도로와 주변 도로의 교통 소통에 장애를 발생시켜 심각한 교통 불편을 줄 우려가 있으면 금지를 할 수 있다.

해설 ① 「**집회 및 시위에 관한 법률**」 제8조에 따른 금지 통고는 사유를 불문하고 "−할 수 있다."고 규정하고 있다. ① 의 경우 "집회 또는 시위의 금지를 통고할 수 있다"고 지문을 구성하더라도 현행 집회 및 시위에 관한 법률에 의하면 권유 등 노력을 한 다음 권유가 받아들여지지 않은 경우에 금지를 통고할 수 있으므로 오답이 된다는 점에 유의한다.

② 「**집회 및 시위에 관한 법률**」 제9조 제1항, ③ 제7조 제1항, ④ 제12조 제2항

18 「집회 및 시위에 관한 법률」상 다음 설명 중 옳은 것은 모두 몇 개인가? (2013년 제1차)

> ㉠ '옥외집회'란 천장이 있고, 사방이 폐쇄된 장소에서 여는 집회를 말한다.
> ㉡ '주최자'란 자기 이름으로 자기 책임 아래 집회나 시위를 여는 사람이나 단체를 말한다. 주최자 는 주관자를 따로 두어 집회 또는 시위의 실행을 맡아 관리하도록 위임할 수 있다. 이 경우 주 관자는 그 위임의 범위 안에서 주최자로 본다.
> ㉢ 관할경찰관서장은 신고서의 기재사항에 미비한 점을 발견하면 접수증을 교부한 때부터 12시간 이내에 주최자에게 24시간을 기한으로 그 기재사항을 보완할 것을 통고할 수 있다.
> ㉣ 집회 또는 시위의 주최자 및 질서유지인은 특정한 사람이나 단체가 집회나 시위에 참가하는 것 을 막을 수 있다. 다만, 언론사의 기자는 출입이 보장되어야 하며, 이 경우 기자는 신분증을 제 시하고 기자임을 표시한 완장을 착용하여야 한다.

① 1개   ② 2개   ③ 3개   ④ 4개

해설 ㉡ 「**집회 및 시위에 관한 법률**」 제2조 제3호, ㉢ 제7조 제1항, ㉣ 제4조
㉠ 「**집회 및 시위에 관한 법률**」 제2조 제1호 ""옥외집회"란 <u>천장이 없거나 사방이 폐쇄되지 아니한 장소에서 여</u>는 집회를 말한다."

19 「집회 및 시위에 관한 법률」에 규정된 다음 내용 중 가장 적절하지 않은 것은 모두 몇 개인가? (2012년 제1차 − 현행법 반영 수정)

> ㉠ 집회 또는 시위의 주최자는 집회 또는 시위의 질서 유지에 관하여 자신을 보좌하도록 18세 이 상의 사람을 질서유지인으로 임명할 수 있다.
> ㉡ 집회 또는 시위의 주최자는 집회 또는 시위의 금지 통고를 받은 날로부터 10일 이내에 해당 경 찰서의 장에게 이의를 신청할 수 있다.
> ㉢ 학문, 예술, 체육, 종교, 의식, 친목, 오락, 관혼상제 및 국경행사에 관한 집회는 신고대상이 아 니다.
> ㉣ 국회의사당 경계 지점으로부터 100미터 이내의 장소에서 옥외집회 또는 시위는 절대적으로 금 지된다.

① 1개   ② 2개   ③ 3개   ④ 4개

해설 ㉠ 「**집회 및 시위에 관한 법률**」 제16조 제2항, ㉢ 제15조
㉡ 「**집회 및 시위에 관한 법률**」 제9조 제1항 "집회 또는 시위의 주최자는 제8조에 따른 금지 통고를 받은 날부

터 10일 이내에 <u>해당 경찰관서의 바로 위의 상급경찰관서의 장</u>에게 이의를 신청할 수 있다.”

․ 「**집회 및 시위에 관한 법률**」 제11조 제1호 “누구든지 다음 각 호의 어느 하나에 해당하는 청사 또는 저택의 경계 지점으로부터 <u>100 미터 이내의 장소</u>에서는 옥외집회 또는 시위를 하여서는 아니 된다. 1. <u>국회의사당</u>. 다만, 다음 각 목의 어느 하나에 해당하는 경우로서 <u>국회의 기능이나 안녕을 침해할 우려가 없다고 인정되는</u> 때에는 그러하지 아니하다. 가. 국회의 활동을 방해할 우려가 없는 경우. 나. 대규모 집회 또는 시위로 확산될 우려가 없는 경우” 집회 및 시위에 관한 법률 제11조에 따라 절대적으로 옥외집회 또는 시위가 금지되는 장소는 대통령 관저, 국회의장 공관, 대법원장 공관, 헌법재판소장 공관의 경계 지점으로부터 100미터 이내의 장소이다. 이외에는 각 호의 단서에 해당하는 경우 옥외집회 또는 시위를 할 수 있다.

20 「집회 및 시위에 관한 법률」상 다음 설명 중 옳은 것은 모두 몇 개인가?

(2012년 제3차 – 현행법 반영 수정)

> ㉠ ‘시위’란 여러 사람이 공동의 목적을 가지고 도로, 광장, 공원 등 일반인이 자유로이 통행할 수 있는 장소를 행진하거나 위력 또는 기세를 보여, 불특정한 여러 사람의 의견에 영향을 주거나 제압을 가하는 행위를 말한다.
> ㉡ 옥외집회나 시위를 주최하려는 자는 그에 관한 신고서를 옥외집회나 시위를 시작하기 720시간 전부터 48시간 전에 관할 경찰서장에게 제출하여야 한다. 다만, 옥외집회 또는 시위 장소가 두 곳 이상의 경찰서의 관할에 속하는 경우에는 주최지를 관할하는 경찰서장에게 제출하여야 하고, 두 곳 이상의 시·도경찰청 관할에 속하는 경우에는 주최지를 관할하는 시·도경찰청장에게 제출하여야 한다.
> ㉢ 집회 또는 시위의 주최자는 금지 통고를 받은 날부터 10일 이내에 금지 통고를 한 경찰관서의 장에게 이의신청을 해야 한다.
> ㉣ 금지 통고에 따른 이의신청을 받은 경찰관서의 장은 접수 일시를 적은 접수증을 이의 신청인에게 즉시 내주고, 접수한 때부터 12시간 이내에 재결을 하여야 한다. 이 경우 접수한 때부터 24시간 이내에 재결서를 발송하지 아니하면 관할경찰관서장의 금지 통고는 소급하여 그 효력을 잃는다.

① 1개   ② 2개   ③ 3개   ④ 4개

해설   ㉠ 「**집회 및 시위에 관한 법률**」 제2조 제2호

㉡ 「**집회 및 시위에 관한 법률**」 제6조 제1항 “옥외집회나 시위를 주최하려는 자는 그에 관한 다음 각 호의 사항 모두를 적은 신고서를 옥외집회나 시위를 시작하기 720시간 전부터 48시간 전에 관할 경찰서장에게 제출하여야 한다. 다만, 옥외집회 또는 시위 장소가 <u>두 곳 이상의 경찰서의 관할에 속하는 경우에는 관할 시·도경찰청장에게 제출하여야 하고</u>, 두 곳 이상의 시·도경찰청 관할에 속하는 경우에는 주최지를 관할하는 시·도경찰청장에게 제출하여야 한다.”

㉢ 「**집회 및 시위에 관한 법률**」 제9조 제1항 “집회 또는 시위의 주최자는 제8조에 따른 금지 통고를 받은 날부터 10일 이내에 <u>해당 경찰관서의 바로 위의 상급경찰관서의 장</u>에게 이의를 신청할 수 있다.”

㉣ 「**집회 및 시위에 관한 법률**」 제9조 제2항 “제1항에 따른 이의 신청을 받은 경찰관서의 장은 접수 일시를 적은 접수증을 이의 신청인에게 즉시 내주고 <u>접수한 때부터 24시간 이내에 재결(裁決)을 하여야 한다</u>. 이 경우 접수한 때부터 24시간 이내에 재결서를 발송하지 아니하면 관할경찰관서장의 금지 통고는 소급하여 그 효력을 잃는다.”

21 집회 및 시위에 관한 설명으로 틀린 것은?

(2009년 제3차)

① 옥외집회 및 시위는 720시간 전부터 48시간 전에 관할 경찰서장에게 신고서를 제출하여야 한다.

② 신고서의 기재사항에 미비한 점이 있는 경우 접수증을 교부한 때로부터 24시간 이내에 그 기재사항을 보완할 것을 통고하여야 한다.

③ 주최자의 자격에는 아무런 제한이 없으며, 단체인 경우에는 법인격의 유무를 불문한다.

④ 금지 통고에 대한 이의신청은 금지통고를 한 해당 경찰관서의 바로 위의 상급경찰관서의 장에게 금지 통고를 받은 날로부터 10일 이내에 할 수 있다.

> **해설** ① 「**집회 및 시위에 관한 법률**」 제6조 제1항, ④ 제9조 제1항, ③ 집회 또는 시위의 주최자는 사람 또는 단체가 될 수 있고, 단체의 경우 법인격의 유무를 불문한다. 옳은 설명이다.
>
> ② 「**집회 및 시위에 관한 법률**」 제7조 제1항 "관할경찰관서장은 제6조 제1항에 따른 신고서의 기재 사항에 미비한 점을 발견하면 <u>접수증을 교부한 때부터 12시간 이내</u>에 주최자에게 <u>24시간을 기한으로</u> 그 <u>기재 사항을 보완할 것을 통고할 수 있다</u>."

22 「집회 및 시위에 관한 법률」에 대한 설명 중 가장 적절하지 않은 것은?

(2013년 제2차 – 현행법 반영 수정)

① "질서유지인"이란 주최자가 자신을 보좌하여 집회 또는 시위의 질서를 유지하게 할 목적으로 임명한 자를 말한다.

② 집회 또는 시위의 주최자는 평화적인 집회 또는 시위가 방해받을 염려가 있다고 인정되면 관할 경찰관서에 그 사실을 알려 보호를 요청할 수 있다. 이 경우 관할 경찰관서의 장은 정당한 사유 없이 보호 요청을 거절하여서는 아니 된다.

③ 관할 경찰서장 또는 시·도경찰청장은 「집회 및 시위에 관한 법률」 제6조 제1항에 따른 신고서를 접수하면 신고자에게 접수 일시를 적은 접수증을 24시간 이내에 내주어야 한다.

④ 경찰관은 집회 또는 시위의 주최자에게 알리고 그 집회 또는 시위의 장소에 정복을 입고 출입할 수 있다. 다만, 옥내집회 장소에 출입하는 것은 직무 집행을 위하여 긴급한 경우에만 할 수 있다.

> **해설** ① 「**집회 및 시위에 관한 법률**」 제2조 제4호, ② 제3조 제3항, ④ 제19조 제1항
>
> ③ 「**집회 및 시위에 관한 법률**」 제6조 제2항 "관할 경찰서장 또는 시·도경찰청장(이하 "관할경찰관서장"이라 한다)은 제1항에 따른 <u>신고서를 접수하면</u> 신고자에게 접수 일시를 적은 <u>접수증을 즉시 내주어야 한다</u>."

> **분석**
>
> 집회 및 시위에 대한 방해 금지(제3조) 및 경찰관의 출입(제19조)은 최근 12년간 다른 지문과 결합하여 1회 출제되었고, 조문의 내용을 알고 있는지 확인하는 수준이었습니다. 제3조 제1항 및 제2항은 "누구든지"라고 규정하여 그 주체에 제한을 두고 있지 않지만, 제22조(벌칙) 제1항에서 군인·검사 또는 경찰관이 제3조 제1항 또는 제2항을 위반한 경우 가중처벌하고 있다는 점에 유의할 필요가 있습니다. 그리고 옥내집회의 경우 그 장소에 출입하는 것은 직무 집행을 위하여 긴급한 경우에만 할 수 있고, 이 경우 집회나 시위의 주최자, 질서유지인 또는 장소관리자는 질서를 유지하기 위한 경찰관의 직무집행에 협조해야 한다는 점도 기억할 필요가 있습니다.

23 정보의 배포와 관련된 설명으로 ⊙~⊙의 내용 중 옳고 그름의 표시(O, X)가 모두 바르게 된 것은? (2019년 제2차)

⊙ 정보의 배포란 정보를 필요로 하는 개인이나 기관에게 적합한 내용을 적당한 시기에 제공하는 과정을 말하는 것으로, 적합한 형태를 갖출 필요는 없다.
⊙ 보안성의 원칙은 정보연구 및 판단이 누설되면 정보로서의 가치를 상실할 수 있으므로 이를 예방하기 위해 보안대책을 강구해야 한다는 것을 말한다.
⊙ 계속성의 원칙은 정보가 정보사용자에게 배포되었다면, 그 정보의 내용이 변화되었거나 관련 내용이 추가적으로 입수되었거나 할 경우 계속적으로 사용자에게 배포되어야 한다는 것을 말한다.
⊙ 정보배포의 주된 목적은 정책입안자 또는 정책결정자가 정보를 바탕으로 건전한 정책결정에 이르도록 하는 데 있다.
⊙ 정보는 먼저 생산된 것을 우선적으로 배포하여야 한다.

① ⊙(X) ⊙(X) ⊙(O) ⊙(X) ⊙(O)
② ⊙(X) ⊙(O) ⊙(O) ⊙(O) ⊙(X)
③ ⊙(O) ⊙(O) ⊙(X) ⊙(O) ⊙(O)
④ ⊙(X) ⊙(O) ⊙(O) ⊙(X) ⊙(X)

해설 ⊙ ⊙ ⊙ 옳은 설명이다. 아래의 【정보의 순환체계 개관】 정보배포(원칙) 참조
⊙ 정보를 배포하는 경우 필요로 하는 개인·기관에게 적합한 형태와 내용을 갖추어야 한다.
⊙ 정보의 적시성과 관련하여 배포 순위는 정보의 중요성·긴급성에 따라 결정되고, 정보가 먼저 생산되었다고 하여 우선적으로 배포하는 것은 아니다.

【정보의 순환체계 개관】

개념	정보기관의 활동이 요구·수집·생산·배포 등의 다양한 기능들에 의해 유기적으로 연결·수행되면서 환류를 통한 자동적 조정을 거치는 특성을 의미(intelligence cycle) (정보의)요구 → (첩보의)수집 → (정보의)생산 → (정보의)배포
순환과정 견해들	로웬탈(M. M. Lowenthal): 요구 → 수집 → 처리·이용 → 분석·생산 → 배포·소비 → 환류 (6단계 분류) 베르코위츠(B. D. Berkowitz): 요구·임무의 발생 → 수집 → 분석 → 배포 → 요청 (5단계 분류) – 로웬탈과 베르코위츠는 환류의 과정을 환류·요청이라는 별도의 단계로 분류 존슨(L. K. Johnson): (CIA 분류 참고)기획·관리 → 수집 → 처리 → 생산·분석 → 배포(5단계 분류) (경찰정보 이론)요구 → 수집 → 생산 → 배포(4단계 분류) – 로웬탈·베르코위츠와 달리 존슨은 "환류"를 정보의 순환단계에 내재한 기능으로 간주
정보요구	소순환과정: 기본요소의 결정 → 수집계획서의 작성 → 명령·하달 → 조정·감독(사후검토)
첩보수집	소순환과정: 수집계획의 수립 → 출처의 개척 → 첩보의 수집활동 → 첩보의 전달
정보생산	소순환과정: 선택 → 기록 → 평가 → 분석 →종합 → 해석
정보배포 (원칙)	정보를 필요로 하는 개인·기관에게 적합한 형태와 내용을 갖추어 적당한 시기에 제공하는 과정
	적시성	사용자의 필요에 비추어 가장 적절한 시기에 제공되어야 함 – 배포 순위는 정보의 중요성과 긴급성에 따라 결정(먼저 생산되었다고 우선 배포X)
	적당성	사용자의 능력·상황에 비추어 적당한 양을 조절하여 필요한 만큼 적절한 수단으로 전달

보안성	배포과정은 (정보의)생산자와 사용자를 연결하는 과정으로 누설의 위험성이 가장 큼 - 정보연구 · 판단이 누설되면 정보의 가치를 상실할 수 있으므로 이를 위한 보안대책 강구 - 정보의 분류조치/인사(정보취급자)보안조치/물리적 보안조치/통신보안조치
계속성	정보가 필요한 사용자에게 배포되었다면 그 정보와 관련된 새로운 정보가 생산된 경우 이를 해당 사용자에게 계속 배포해 주어야 함 - 정보의 내용이 변경되었거나 관련 내용이 추가적으로 입수된 경우는 물론 - (유의) 이전 정보와 비교하여 변동사항이 없더라도 변동사항 없다는 취지를 알려야 함

분석 정보경찰과 관련된 이론적 내용은 최근 12년간 처음 출제되었습니다. 다른 실무분야의 이론적 내용이 출제되고 있는 경향에 비추어 정보경찰의 이론은 향후에 출제될 가능성이 있습니다. 기출 문제의 지문을 정확히 기억하고, 정보의 순환체계에 대한 일반적 내용을 정리한 위의 표를 정확히 기억하고 있어야 향후 출제 가능성에 대비할 수 있습니다.

01 「집회 및 시위에 관한 법률 시행령」제14조 별표 2의 확성기 등 소음기준 [단위 "Leq dB(A)"] 및 소음 측정 방법에 대한 내용으로 가장 적절하지 않은 것은? (2018년 제1차 – 현행규정 반영 수정)

① 주거지역, 학교, 종합병원, 공공도서관에서 주간(07:00 ~ 해지기 전)에 확성기 등의 소음기준은 65이하이다.

② 그 밖의 지역에서 야간(해진 후 ~ 24:00)에 확성기 등의 소음기준은 65이하이다.

③ 소음 측정 장소는 피해자가 위치한 건물 외벽에서 소음원 방향으로 1~3.5m 떨어진 지점으로 하되, 소음도가 높을 것으로 예상되는 지점의 지면 위 1.2m~1.5m 높이에서 측정하고, 주된 건물의 경비 등을 위하여 사용되는 부속건물, 광장·공원이나 도로상의 영업시설물, 공원의 관리사무소 등도 소음 측정 장소로 포함된다.

④ 확성기 등의 소음은 관할 경찰서장(현장 경찰공무원)이 측정한다.

해설 ① ② ④ 옳은 설명이다. 아래의 【소음기준 및 측정방법】참조

③ 「집회 및 시위에 관한 법률 시행령」제14조 별표2 비고 2에 의하면 주된 건물의 경비 등을 위하여 사용되는 부속 건물, 광장·공원이나 도로상의 영업시설물, 공원의 관리사무소 등은 소음 측정 장소에서 제외한다

【소음기준 및 측정방법】– 집회 및 시위에 관한 법률 시행령 제14조 별표2   [단위: dB(A)]

소음도 구분		대상 지역	시간대		
			주간 (07:00~해지기 전)	야간 (해진 후~24:00)	심야 (00:00~07:00)
대상 소음도	등가소음도 (Leq)	주거지역, 학교, 종합병원	65 이하	60 이하	55 이하
		공공도서관	65 이하	60 이하	
		그 밖의 지역	75 이하	65 이하	
	최고소음도 (Lmax)	주거지역, 학교, 종합병원	85 이하	80 이하	75 이하
		공공도서관	85 이하	80 이하	
		그 밖의 지역	95 이하		

【비고】

1. 확성기등의 소음은 관할 경찰서장(현장 경찰공무원)이 측정한다.

2. 소음 측정 장소는 피해자가 위치한 건물의 외벽에서 소음원 방향으로 1 ~ 3.5m 떨어진 지점으로 하되, 소음도가 높을 것으로 예상되는 지점의 지면 위 1.2 ~ 1.5m 높이에서 측정한다. 다만, 주된 건물의 경비 등을 위하여 사용되는 부속 건물, 광장·공원이나 도로상의 영업시설물, 공원의 관리사무소 등은 소음 측정 장소에서 제외한다.

3. 확성기등의 대상소음이 있을 때 측정한 소음도를 측정소음도로 하고, 같은 장소에서 확성기등의 대상소음이 없을 때 5분간 측정한 소음도를 배경소음도로 한다.

4. 측정소음도가 배경소음도보다 10dB 이상 크면 배경소음의 보정 없이 측정소음도를 대상소음도로 하고... (이하 생략)

5. 등가소음도는 10분간(소음 발생 시간이 10분 이내인 경우에는 그 발생 시간 동안을 말한다) 측정한다.

6. 최고소음도는 확성기등의 대상소음에 대해 매 측정 시 발생된 소음도 중 가장 높은 소음도를 측정하며, 동일한 집회·시위에서 측정된 최고소음도가 1시간 내에 3회 이상 위 표의 최고소음도 기준을 초과한 경우 소음기준을 위반한 것으로 본다.

분석 집회 및 시위에 관한 법률 시행령은 독립된 유형의 문제로 2회, 집회 및 시위에 관한 법률과 결합된 유형의 문제로 2회 출제되었고, 조문 및 (소음기준 관련)별표와 비고의 내용을 정확히 알고 있는지 확인하는 수준이었습니다. 시행령과 관련하여 소음기준은 3회가 출제되었고, 최근에 개정(대상지역 세분화 및 대상소음도 구분)되었기 때문에 해설의 표와 비교 내용을 정확히 기억하고 있어야 합니다. 집회·시위의 해산과 관련하여 시행령 제17조(집회 또는 시위의 자진 해산의 요청 등)의 내용을 묻는 문제도 출제되었으므로 기억하고 있어야 향후 출제 가능성에 대비할 수 있습니다. 아울러 정보경찰과 관련된 법령 및 행정규칙으로 2019년 1월 22일 제정·시행된 "정보경찰 활동규칙(경찰청훈령)" 및 2021년 3월 23일 제정·시행된 "경찰관의 정보수집 및 처리 등에 관한 규정(대통령령)"이 있고, 현재까지 출제된 적이 없다는 점에서 향후 출제 가능성이 있으므로 예상문제에서 다루는 전체적인 내용을 기억할 필요가 있습니다.

02 「집회 및 시위에 관한 법률 시행령」에 대한 설명이다. 옳은 것을 모두 고른 것은? (2017년 제1차)

㉠ 관할 경찰관서장이 권한을 부여하면 관할 경찰서 경비교통과장도 해산명령의 주체가 될 수 있다.
㉡ 자진 해산 요청은 직접 집회주최자에게 공개적으로 하여야 한다.
㉢ 자진 해산 요청에 따르지 아니하는 경우에는 세 번 이상 자진 해산할 것을 명령하고, 참가자들이 해산명령에도 불구하고 해산하지 아니하면 직접 해산시킬 수 있다.
㉣ 종결선언은 주최자에게 요청하되, 주최자의 소재를 알 수 없는 경우에는 주관자·연락책임자 및 질서유지인에게 하여야 하며 종결선언의 요청은 필요적 절차로 생략할 수 없다.

① ㉠㉡   ② ㉠㉢   ③ ㉡㉢   ④ ㉢㉣

해설 ㉠ 「집회 및 시위에 관한 법률 시행령」 제17조 본문, ㉢ 제17조 제3호
㉡ 「집회 및 시위에 관한 법률 시행령」 제17조 제2호에 따라 직접 "참가자들"에 대하여 한다.
㉣ 「집회 및 시위에 관한 법률 시행령」 제17조 단서에 따라 일정한 경우 생략할 수 있다.
【집회·시위의 해산절차】 – 집회 및 시위에 관한 법률 시행령 제17조(집회 또는 시위의 자진 해산의 요청 등)

구분		내용
주체		관할 경찰관서장 또는 관할 경찰관서장으로부터 권한을 부여받은 경찰공무원
해산절차	1. 종결 선언의 요청	주최자에게 집회 또는 시위의 종결 선언을 요청하되, 주최자의 소재를 알 수 없는 경우에는 주관자·연락책임자 또는 질서유지인을 통하여 종결 선언을 요청할 수 있음
	2. 자진 해산의 요청	제1호의 종결 선언 요청에 따르지 아니하거나 종결 선언에도 불구하고 집회 또는 시위의 참가자들이 집회 또는 시위를 계속하는 경우에는 직접 참가자들에 대하여 자진 해산할 것을 요청
	3. 해산명령 및 직접 해산	제2호에 따른 자진 해산 요청에 따르지 아니하는 경우에는 세 번 이상 자진 해산할 것을 명령하고, 참가자들이 해산명령에도 불구하고 해산하지 아니하면 직접 해산시킬 수 있음

종결 선언 요청 생략	· 제5조(집회 및 시위의 금지) 제1항, 제10조(옥외집회와 시위의 금지 시간) 본문 또는 제11조 (옥외집회와 시위의 금지 장소)를 위반한 집회 또는 시위 · 제6조(옥외집회 및 시위의 신고 등) 제1항에 따른 신고를 하지 아니하거나 제8조(집회 및 시 위의 금지 또는 제한 통고) 또는 제12조(교통 소통을 위한 제한)에 따라 금지된 집회 또는 시위 · 제16조(주최자의 준수 사항) 제3항에 따른 종결 선언을 한 집회 또는 시위 · 주최자 · 주관자 · 연락책임자 · 질서유지인이 집회 또는 시위 장소에 없는 경우

03 「집회 및 시위에 관한 법률 및 그 시행령」에 대한 설명으로 가장 적절하지 않은 것은?

(2016년 제2차 – 현행법 및 규정 반영 수정)

① 질서유지선은 관할 경찰서장이나 시 · 도경찰청장이 적법한 집회 및 시위를 보호하고 질서유지나 원활한 교통 소통을 위하여 집회 또는 시위의 장소나 행진 구간을 일정하게 구획하여 설정한 띠, 방책(防柵), 차선(車線) 등의 경계표지(標識)를 말한다.

② 집회현장에서의 확성기 소음기준은 주거지역, 학교, 종합병원, 공공도서관인 경우 주간(07:00 ~ 해지기 전) 65dB 이하, 심야(00:00 ~ 07:00) 60dB 이하이다.

③ 옥외집회나 시위를 주최하려는 자는 그에 관한 신고서를 옥외집회나 시위를 시작하기 720시간 전부터 48시간 전에 관할 경찰서장에게 제출하여야 한다.

④ 집회 또는 시위의 주최자는 금지 통고를 받은 날부터 10일 이내에 해당 경찰관서의 바로 위의 상급경찰관서의 장에게 이의를 신청할 수 있다.

> **해설** ① 「집회 및 시위에 관한 법률」 제2조 제5호, ③ 제6조 제1항, ④ 제9조 제1항
> ② 「집회 및 시위에 관한 법률 시행령」 제14조 별표2에 의하면 주거지역 · 학교 · 종합병원과 공공도서관의 경우 공통적으로 주간 65 이하, 야간 60 이하이지만, <u>심야의 경우 주거지역 · 학교 · 종합병원은 55 이하, 공공도서관은 60 이하이다. 개정 이전 주거지역 · 학교 · 종합병원 · 공공도서관은 동일한 기준이 적용되었으나, 개정 이후 주거지역 · 학교 · 종합병원과 공공도서관으로 구분되었고, 시간대도 주간 · 야간에서 주간 · 야간 · 심야로 세분화되어 심야에서 등가소음도 및 최고소음도의 소음기준을 달리하고 있다.</u> 【소음기준 및 측정방법】 참조.

04 「집회 및 시위에 관한 법률」 및 시행령에 관한 다음 설명 중 가장 옳은 것은?   (2012년 제2차)

① 해상시위 · 공중시위, 군 작전 관할구역 내에서의 옥외집회, 자동차 · 건설기계 농기계 등을 동원한 차량시위는 신고대상이 아니다.

② 집회신고서를 접수한 관할 경찰관서장은 신고서에 미비점이 발견되었을 때 접수증을 교부한 때부터 12시간 이내 36시간을 기한으로 그 기재사항을 보완할 것을 통고할 수 있으며, 집회금지 통고의 경우 신고서를 접수한 때부터 48시간 이내에 주최자에게 통고할 수 있다.

③ 주거지역에서 야간에 개최되는 집회의 경우에 「집회 및 시위에 관한 법률 시행령」에서 규정한 확성기 등의 소음기준은 65db 이하이다.

④ 집회 또는 시위의 주최자 및 질서유지인은 특정한 사람이나 단체가 집회나 시위에 참가하는 것을 막을 수 있다. 다만, 언론사의 기자는 출입이 보장되어야 하며, 이 경우 기자는 신분증을 제시하고 기자임을 표시한 완장을 착용하여야 한다.

> **해설** ① 군 작전 관할구역 내에서의 옥외집회 및 시위는 신고대상이다.
> ② 「집회 및 시위에 관한 법률」 제7조 제1항 "관할경찰관서장은 제6조 제1항에 따른 신고서의 기재 사항에 미비한 점을 발견하면 접수증을 <u>교부한 때부터 12시간 이내</u>에 주최자에게 <u>24시간을 기한으로</u> 그 기재 사항을 보완할 것을 통고할 수 있다." 금지 통고는 신고서를 접수한 때로부터 48시간 이내에 주최자에게 할 수 있다.

　후단의 설명은 옳다(제8조 제1항 본문).
③ 「**집회 및 시위에 관한 법률 시행령**」 **제14조 별표2** 참조. 주거지역에서 야간인 경우 소음기준은 60 이하이다.
④ 「**집회 및 시위에 관한 법률**」 **제4조**

01 집회 및 시위에 관한 법률상 개념의 "정의(제2조)"에 대한 설명으로 옳은 것은 몇 개인가? (다툼이 있으면 판례에 의함)

> ㉠ "옥외집회"란 천장이 없거나 사방이 폐쇄되지 아니한 장소에서 여는 집회를 말한다.
> ㉡ "집회"란 특정 또는 불특정 다수인이 공동의 의견을 형성하여 이를 대외적으로 표명할 목적 아래 지속적으로 일정한 장소에 모이는 것으로, 모이는 장소나 사람의 다과에는 제한이 없다.
> ㉢ "시위"란 여러 사람이 공동의 목적을 가지고 도로·광장·공원 등 일반인이 자유로이 통행할 수 있는 장소를 행진하거나 위력·기세를 보여, 특정 또는 불특정한 여러 사람의 의견에 영향을 주거나 제압을 가하는 행위를 말한다.
> ㉣ "주관자"란 자기 이름으로 자기 책임 아래 집회나 시위를 여는 사람이나 단체를 말하고, 주관자는 주체자를 따로 두어 집회 또는 시위의 실행을 맡아 관리하도록 위임할 수 있으며, 이 경우 주최자는 그 위임의 범위 안에서 주관자로 본다.
> ㉤ "질서유지인"이란 주최자가 자신을 보좌하여 집회 또는 시위의 질서를 유지하게 할 목적으로 임명한 자를 말한다.

① 2개　　　　② 3개　　　　③ 4개　　　　④ 5개

해설　「집회 및 시위에 관한 법률」 제2조: ㉠ ㉤이 옳은 설명이다.
　　㉡ 「2008도3014 판결」 "구. 집회 및 시위에 관한 법률(2007. 5. 11. 법률 제8424호로 전문 개정되기 전의 것)의 목적, 시위에 관한 정의, 같은 법 제3조 이하에서 옥외집회를 시위와 동렬에서 보장 및 규제하고 있는 점에 비추어 볼 때, 위 법률이 보장 및 규제의 대상으로 삼고 있는 집회란 '특정 또는 불특정 다수인이 공동의 의견을 형성하여 이를 대외적으로 표명할 목적 아래 일시적으로 일정한 장소에 모이는 것'을 말한다."
　　「83도2528 판결」 "집회 및 시위에 관한 법률 제3조의 집회란 특정 또는 불특정 다수인이 특정한 목적 아래 일시적으로 일정한 장소에 모이는 것을 말하고 그 모이는 장소나 사람의 다과에 제한이 있을 수 없다."
　　㉢ 제2호: ""시위"란 여러 사람이 공동의 목적을 가지고 도로, 광장, 공원 등 일반인이 자유로이 통행할 수 있는 장소를 행진하거나 위력(威力) 또는 기세(氣勢)를 보여, 불특정한 여러 사람의 의견에 영향을 주거나 제압(制壓)을 가하는 행위를 말한다."
　　㉣ 제3호: ""주최자(主催者)"란 자기 이름으로 자기 책임 아래 집회나 시위를 여는 사람이나 단체를 말한다. 주최자는 주관자(主管者)를 따로 두어 집회 또는 시위의 실행을 맡아 관리하도록 위임할 수 있다. 이 경우 주관자는 그 위임의 범위 안에서 주최자로 본다." 주최자·주관자에 대한 설명이 바뀌어 있고, 주최자·주관자를 혼동하지 않도록 유의한다. 주관자는 주최자로부터 집회·시위의 실행을 맡아 관리하도록 위임받은 자이다.

02 집회 및 시위에 관한 법률상 "집회·시위에 대한 방해 금지(제3조)"에 대한 설명으로 틀린 것은?

① 집회·시위에 대한 방해 금지의 유형으로 폭행, 협박, 그 밖의 방법으로 평화적인 집회·시위를 방해하거나 질서를 문란하게 하는 행위와 집회·시위의 주최자나 질서유지인의 집회 및 시위에 관한 법률의 규정에 따른 임무 수행을 방해하는 행위가 규정되어 있다.

② 누구든지 집회·시위에 대한 방해를 하지 못하도록 규정하고 있으므로 군인·검사 또는 경찰관도 대상이 되고, 군인·검사 또는 경찰관이 이를 위반한 경우에는 가중처벌 된다.

③ 집회·시위의 질서유지인은 평화적인 집회·시위가 방해받을 염려가 있다고 인정되면 관할 경찰관서에 그 사실을 알려 보호를 요청하여야 한다.

④ 평화적인 집회·시위가 방해받을 염려가 있다고 인정되어 보호를 요청받은 관할 경찰관서의 장은 정당한 사유 없이 보호 요청을 거절하여서는 아니 된다.

해설 ① 「집회 및 시위에 관한 법률」 제3조 제1항·제2항, ② 제3조 제1항·제2항 및 제22조 제1항, ④ 제3조 제3항 제2문 ②와 관련하여 제22조 제1항은 "제3조 제1항 또는 제2항을 위반한 자는 <u>3년 이하의 징역 또는 300만원 이하의 벌금</u>에 처한다. 다만, <u>군인·검사 또는 경찰관이 제3조 제1항 또는 제2항을 위반한 경우에는 5년 이하의 징역</u>에 처한다."고 규정하고 있다. 군인·검사·경찰관의 경우 징역형이 더 높고, 선택형이 없다.

③ 「집회 및 시위에 관한 법률」 제3조 제3항 제1문 "<u>집회 또는 시위의 주최자</u>는 평화적인 집회 또는 시위가 방해받을 염려가 있다고 인정되면 관할 경찰관서에 그 사실을 알려 <u>보호를 요청할 수 있다.</u> 이 경우 관할 경찰관서의 장은 정당한 사유 없이 보호 요청을 거절하여서는 아니 된다." 보호 요청의 주체는 주최자이다.

03 집회 및 시위에 관한 법률에 따른 "특정인 참가의 배제(제4조) 및 집회 및 시위의 금지(제5조)"에 대한 설명으로 옳은 것은?

① 특정한 사람·단체가 집회·시위에 참가하는 것을 막을 수 있는 사람은 집회·시위의 질서를 유지하게 할 목적으로 주최자에 의해 임명된 질서유지인에 한한다.

② 언론사의 기자는 출입이 보장되어야 하며, 이 경우 기자는 신분증을 제시하고 기자임을 표시한 완장을 착용하여야 한다.

③ 헌법재판소의 결정에 따라 해산된 정당의 목적을 달성하기 위한 집회·시위와 집단적인 폭행·협박·손괴·방화 등으로 공공의 안녕질서에 직접적인 위협을 끼칠 것이 명백한 집회·시위를 주최한 자는 1년 이하의 징역 또는 100만원 이하의 벌금에 처한다.

④ 헌법재판소의 결정에 따라 해산된 정당의 목적을 달성하기 위한 집회·시위와 집단적인 폭행·협박·손괴·방화 등으로 공공의 안녕질서에 직접적인 위협을 끼칠 것이 명백한 집회·시위를 할 것을 선전·선동한 자도 주최자와 동일한 법정형으로 처벌된다.

해설 ① 「집회 및 시위에 관한 법률」 제4조 본문 "<u>집회 또는 시위의 주최자 및 질서유지인</u>은 특정한 사람이나 단체가 집회나 시위에 참가하는 것을 막을 수 있다. 다만, <u>언론사의 기자는 출입이 보장되어야 하며</u>, 이 경우 기자는 신분증을 제시하고 <u>기자임을 표시한 완장(腕章)을 착용하여야 한다.</u>" 주최자 및 질서유지인이 막을 수 있다.

② 「집회 및 시위에 관한 법률」 제4조 단서

③ 「집회 및 시위에 관한 법률」 제5조 제1항 및 제22조 제2항 "<u>제5조 제1항</u> 또는 제6조 제1항을 위반하거나 제8조에 따라 금지를 통고한 집회 또는 시위를 <u>주최한 자는 2년 이하의 징역 또는 200만원 이하의 벌금</u>에 처한다." 지문의 내용은 선전·선동한 자의 법정형이다.

④ 「집회 및 시위에 관한 법률」 제5조 제2항 및 제22조 제3항 "<u>제5조 제2항</u> 또는 제16조 제4항을 위반한 자는 <u>1년 이하의 징역 또는 100만원 이하의 벌금에 처한다.</u>" 주최자의 법정형이 선전·선동한 자보다 높다.

04 집회 및 시위에 관한 법률상 "옥외집회 및 시위의 신고 등(제6조)"에 대한 설명으로 틀린 것은?

① 옥외집회나 시위를 주최하려는 자는 원칙적으로 신고사항을 적은 신고서를 옥외집회나 시위를 시작하기 720시간 전부터 48시간 전에 관할 경찰서장에게 제출하여야 한다.

② 옥외집회 또는 시위 장소가 두 곳 이상의 경찰서의 관할에 속하는 경우에는 관할 시·도경찰청장에게 신고사항을 적은 신고서를 제출하여야 한다.

③ 옥외집회 또는 시위 장소가 두 곳 이상의 시·도경찰청 관할에 속하는 경우에는 주최지를 관할하는 시·도경찰청장에게 신고사항을 적은 신고서를 제출하여야 한다.

④ 관할 경찰서장 또는 시·도경찰청장은 집회 및 시위에 관한 법률 제6조 제1항에 따른 신고서를 접수하면 12시간 이내에 신고자에게 접수 일시를 적은 접수증을 내주어야 한다.

정답 | 01 | ① | 02 | ③ | 03 | ② | 04 | ④

> **해설** ①「집회 및 시위에 관한 법률」제6조 제1항 본문, ② ③ 제6조 제1항 단서
> ④「집회 및 시위에 관한 법률」제6조 제2항 "관할 경찰서장 또는 시·도경찰청장(이하 "관할경찰관서장"이라
> 한다)은 제1항에 따른 <u>신고서를 접수하면</u> 신고자에게 접수 일시를 적은 <u>접수증을 즉시 내주어야 한다.</u>"

05 집회 및 시위에 관한 법률상 "옥외집회 및 시위의 신고 등(제6조)"에 대한 설명으로 옳은 것은?

① 신고한 옥외집회·시위를 하지 아니하게 된 경우에는 질서유지인은 신고서에 적힌 집회 일시
24시간 전에 그 철회사유 등을 적은 철회신고서를 관할 경찰서장 또는 시·도경찰청장(이하
"관할경찰관서장")에게 제출하여야 한다.

② ①의 철회신고서를 받은 관할경찰관서장은 집회 및 시위에 관한 법률 제8조 제3항에 따라 금
지 통고를 한 집회·시위가 있는 경우(시간과 장소가 중복되는 2개 이상의 신고에 대해 뒤에
접수된 옥외집회·시위에 대하여 금지 통고를 한 경우)에는 철회신고서를 받은 때로부터 12시
간 이내에 그 금지 통고를 받은 주최자에게 그 사실을 알려야 한다.

③ ②에 따라 통지를 받은 주최자는 그 금지 통고된 집회·시위를 최초에 신고한 대로 개최할 수
있다.

④ 금지 통고 등으로 최초에 신고한 대로 집회 또는 시위를 개최할 수 있는 시기를 놓친 경우에
는 주최자는 일시를 새로 정하여 집회 또는 시위를 시작하기 48시간 전에 관할경찰관서장에
게 신고서를 제출하고 집회 또는 시위를 개최할 수 있다.

> **해설** ①「집회 및 시위에 관한 법률」제6조 제3항 "주최자는 제1항에 따라 신고한 옥외집회 또는 시위를 하지 아니하
> 게 된 경우에는 신고서에 적힌 <u>집회 일시 24시간 전에 그 철회사유 등을 적은 철회신고서를 관할경찰관서장</u>
> <u>에게 제출하여야 한다.</u>" 철회신고서를 제출하는 주체는 주최자이다.
> ②「집회 및 시위에 관한 법률」제6조 제4항 "제3항에 따라 철회신고서를 받은 관할경찰관서장은 제8조 제3항
> 에 따라 금지 통고를 한 집회나 시위가 있는 경우에는 그 <u>금지 통고를 받은 주최자에게 제3항에 따른 사실을</u>
> <u>즉시 알려야 한다.</u>"
> ③「집회 및 시위에 관한 법률」제6조 제5항 본문
> ④「집회 및 시위에 관한 법률」제6조 제5항 단서 "제4항에 따라 통지를 받은 주최자는 그 금지 통고된 집회 또
> 는 시위를 최초에 신고한 대로 개최할 수 있다. 다만, <u>금지 통고 등으로 시기를 놓친 경우에는</u> 일시를 새로 정
> 하여 집회 또는 시위를 시작하기 <u>24시간 전에</u> 관할경찰관서장에게 신고서를 제출하고 집회 또는 시위를 개
> 최할 수 있다.

06 집회 및 시위에 관한 법률과 동법 시행령에 따른 신고서의 보완 및 보완 통고서의 송달에 대한
설명으로 틀린 것은?

① 신고서를 접수한 관할 경찰서장 또는 시·도경찰청장(이하 "관할경찰관서장")은 신고서의 기재
사항에 미비한 점을 발견하면 접수증을 교부한 때부터 24시간 이내에 주최자에게 24시간을
기한으로 그 기재 사항을 보완할 것을 통고할 수 있다.

② ①에 따른 보완 통고는 보완할 사항을 분명히 밝혀 서면으로 주최자 또는 연락책임자에게 송
달하여야 한다.

③ 신고서를 접수한 관할경찰관서장은 보완 통고서를 주최자나 연락책임자의 책임 있는 사유로
직접 송달할 수 없는 때에는 주최자가 단체인 경우 최종적으로 단체의 사무소가 있는 건물의
관리인이나 건물 소재지의 통장 또는 반장에게 전달할 수 있다.

④ 신고서를 접수한 관할경찰관서장은 보완 통고서를 주최자나 연락책임자의 책임 있는 사유로
직접 송달할 수 없는 때에는 주최자가 개인인 경우 최종적으로 주최자 또는 연락책임자가 거
주하는 건물의 관리인이나 건물 소재지의 통장 또는 반장에게 전달할 수 있다.

해설 ① 「**집회 및 시위에 관한 법률**」제7조 제1항 "관할경찰관서장은 제6조 제1항에 따른 신고서의 기재 사항에 미비한 점을 발견하면 접수증을 교부한 때부터 12시간 이내에 주최자에게 24시간을 기한으로 그 기재 사항을 보완할 것을 통고할 수 있다."

② 「**집회 및 시위에 관한 법률**」제7조 제2항

③ 「**집회 및 시위에 관한 법률 시행령**」제3조 제1호 옳은 설명이다. "주최자 또는 연락책임자의 대리인이나 단체의 사무소에서 근무하는 직원에게 전달하되, 대리인 또는 사무소에서 근무하는 직원에게 전달할 수 없는 때에는 단체의 사무소가 있는 건물의 관리인이나 건물 소재지의 통장 또는 반장에게 전달할 수 있다."

④ 「**집회 및 시위에 관한 법률 시행령**」제3조 제2호 옳은 설명이다. "주최자 또는 연락책임자의 세대주나 가족 중 성년자에게 전달하되, 주최자 또는 연락책임자의 세대주나 가족 중 성년자에게 전달할 수 없는 때에는 주최자 또는 연락책임자가 거주하는 건물의 관리인이나 건물 소재지의 통장 또는 반장에게 전달할 수 있다."

07 집회 및 시위에 관한 법률에 따른 "집회 및 시위의 금지 또는 제한 통고(제8조)"에 대한 설명으로 옳은 것은?

① 신고서를 접수한 관할 경찰서장 또는 시·도경찰청장(이하 "관할경찰관서장")은 신고된 옥외집회 또는 시위가 제8조 제1항의 금지 통고 사유에 해당하는 때에는 신고서를 접수한 때부터 48시간 이내에 집회 또는 시위를 금지할 것을 주최자 또는 연락책임자에게 통고할 수 있다.

② 신고서를 접수한 관할경찰관서장은 집회 또는 시위가 집단적인 폭행·협박·손괴·방화 등으로 공공의 안녕 질서에 직접적인 위험을 초래한 경우에는 남은 기간의 해당 집회 또는 시위에 대하여 신고서를 접수한 때부터 48시간이 지난 경우에도 금지 통고를 할 수 있다.

③ 신고서를 접수한 관할경찰관서장은 집회 또는 시위의 시간·장소가 중복되는 2개 이상의 신고가 있는 경우 그 목적으로 보아 서로 상반되거나 방해가 된다고 인정되면 뒤에 접수된 옥외집회 또는 시위에 대하여 즉시 그 집회 또는 시위의 금지를 통고할 수 있다.

④ ③에 따라 뒤에 접수된 옥외집회 또는 시위가 금지 통고된 경우 먼저 신고를 접수하여 옥외집회 또는 시위를 개최할 수 있는 자는 집회 시작 2시간 전에 관할경찰관서장에게 집회 개최 사실을 통지하여야 한다.

해설 ① 「**집회 및 시위에 관한 법률**」제8조 제1항 본문 "제6조 제1항에 따른 신고서를 접수한 관할경찰관서장은 신고된 옥외집회 또는 시위가 다음 각 호의 어느 하나에 해당하는 때에는 신고서를 접수한 때부터 48시간 이내에 집회 또는 시위를 금지할 것을 주최자에게 통고할 수 있다. 다만, 집회 또는 시위가 집단적인 폭행, 협박, 손괴, 방화 등으로 공공의 안녕 질서에 직접적인 위험을 초래한 경우에는 남은 기간의 해당 집회 또는 시위에 대하여 신고서를 접수한 때부터 48시간이 지난 경우에도 금지 통고를 할 수 있다. 1. 제5조 제1항, 제10조 본문 또는 제11조에 위반된다고 인정될 때, 2. 제7조 제1항에 따른 신고서 기재 사항을 보완하지 아니한 때, 3. 제12조에 따라 금지할 집회 또는 시위라고 인정될 때" 금지 또는 제한 통고는 주최자에게 할 수 있다.

② 「**집회 및 시위에 관한 법률**」제8조 제1항 단서

③ 「**집회 및 시위에 관한 법률**」제8조 제2항·제3항 "② 관할경찰관서장은 집회 또는 시위의 시간과 장소가 중복되는 2개 이상의 신고가 있는 경우 그 목적으로 보아 서로 상반되거나 방해가 된다고 인정되면 각 옥외집회 또는 시위 간에 시간을 나누거나 장소를 분할하여 개최하도록 권유하는 등 각 옥외집회 또는 시위가 서로 방해되지 아니하고 평화적으로 개최·진행될 수 있도록 노력하여야 한다. ③ 관할경찰관서장은 제2항에 따른 권유가 받아들여지지 아니하면 뒤에 접수된 옥외집회 또는 시위에 대하여 제1항에 준하여 그 집회 또는 시위의 금지를 통고할 수 있다." 즉시 뒤에 접수된 집회 또는 시위에 대해 금지 통고할 수 있는 것이 아니라 제2항에 따른 노력을 하였음에도 불구하고 권유가 받아들여지지 않으면 뒤에 접수된 집회 또는 시위에 대하여 금지 통고를 할 수 있다.

④ 「집회 및 시위에 관한 법률」 제8조 제4항 "제3항에 따라 뒤에 접수된 옥외집회 또는 시위가 금지 통고된 경우 먼저 신고를 접수하여 옥외집회 또는 시위를 개최할 수 있는 자는 <u>집회 시작 1시간 전에 관할경찰관서장에게 집회 개최 사실을 통지하여야 한다.</u>"

08 집회 및 시위에 관한 법률과 동법 시행령에 따른 "집회 및 시위의 금지 또는 제한 통고(제8조)"에 대한 설명으로 틀린 것은?

① 집회 또는 시위의 금지·제한 통고는 그 이유를 분명하게 밝혀 서면으로 주최자 또는 연락책임자에게 송달하여야 하고, 주최자나 연락책임자의 책임 있는 사유로 직접 송달할 수 없는 때에는 보완 통고서의 송달에 준하여 송달할 수 있다.

② 신고장소가 다른 사람의 주거지역이나 이와 유사한 장소로서 집회나 시위로 재산·시설에 심각한 피해가 발생하거나 사생활의 평온을 뚜렷하게 해칠 우려가 있는 경우 그 거주자나 관리자가 시설이나 장소의 보호를 요청하는 때에는 집회나 시위의 금지·제한을 통고할 수 있다.

③ 신고장소가 초·중등교육법에 따른 학교의 주변 지역으로서 집회 또는 시위로 학습권을 뚜렷이 침해할 우려가 있는 경우 그 거주자나 관리자가 시설이나 장소의 보호를 요청하는 때에는 집회나 시위의 금지·제한을 통고할 수 있다.

④ 신고장소가 군사기지 및 군사시설 보호법에 따른 군사시설의 주변 지역으로서 집회·시위로 시설이나 군 작전의 수행에 심각한 피해가 발생할 우려가 있는 경우 그 거주자나 관리자가 시설이나 장소의 보호를 요청하지 않더라도 집회나 시위의 금지 또는 제한을 통고할 수 있다.

> **해설** ① 「집회 및 시위에 관한 법률」 제8조 제6항, 동법 시행령 제7조. ② 제8조 제5항 제1호. ③ 제8조 제5항 제2호
> ④ 「집회 및 시위에 관한 법률」 제8조 제5항 제3호. 제8조 제5항에 규정된 경우에 해당하더라도 그 <u>거주자나 관리자가 시설이나 장소의 보호를 요청</u>해야 집회나 시위의 금지 또는 제한을 통고할 수 있다.

09 집회 및 시위에 관한 법률상 "집회 및 시위의 금지 통고에 대한 이의 신청 등(제9조)"에 대한 설명으로 옳은 것은?

① 집회 또는 시위의 주최자는 집회 및 시위에 관한 법률 제8조에 따른 금지 통고를 받은 날부터 10일 이내에 해당 경찰관서의 장에게 이의를 신청할 수 있다.

② ①에 따른 이의 신청을 받은 경찰관서의 장은 접수 일시를 적은 접수증을 이의 신청인에게 즉시 내주고 접수한 때부터 24시간 이내에 재결을 하여야 하며, 이 경우 재결한 때로부터 24시간 이내에 재결서를 발송하지 아니하면 금지 통고는 소급하여 그 효력을 잃는다.

③ 이의 신청인은 금지 통고가 위법하거나 부당한 것으로 재결되거나 그 효력을 잃게 된 경우 처음 신고한 대로 집회 또는 시위를 개최할 수 있다.

④ 금지 통고 등으로 시기를 놓친 경우에는 이의 신청인은 일시를 새로 정하여 집회 또는 시위를 시작하기 48시간 전에 관할 경찰서장 또는 시·도경찰청장에게 신고함으로써 집회 또는 시위를 개최할 수 있다.

> **해설** ① 「집회 및 시위에 관한 법률」 제9조 제1항 "집회 또는 시위의 주최자는 제8조에 따른 금지 통고를 받은 날부터 10일 이내에 <u>해당 경찰관서의 바로 위의 상급경찰관서의 장에게</u> 이의를 신청할 수 있다."
> ② 「집회 및 시위에 관한 법률」 제9조 제2항 "제1항에 따른 이의 신청을 받은 경찰관서의 장은 접수 일시를 적은 접수증을 이의 신청인에게 즉시 내주고 접수한 때부터 24시간 이내에 재결(裁決)을 하여야 한다. 이 경우 <u>접수한 때부터 24시간 이내에 재결서를 발송하지 아니하면 관할경찰관서장의 금지 통고는 소급하여 그 효력을 잃는다.</u>"

③ 「집회 및 시위에 관한 법률」 제9조 제3항 본문
④ 「집회 및 시위에 관한 법률」 제9조 제3항 단서 "이의 신청인은 제2항에 따라 금지 통고가 위법하거나 부당한 것으로 재결되거나 그 효력을 잃게 된 경우 처음 신고한 대로 집회 또는 시위를 개최할 수 있다. 다만, 금지 통고 등으로 시기를 놓친 경우에는 일시를 새로 정하여 집회 또는 시위를 시작하기 24시간 전에 관할경찰관 서장에게 신고함으로써 집회 또는 시위를 개최할 수 있다."

10 집회 및 시위에 관한 법률에 따른 "집회 또는 시위의 신고·보완·금지통고·이의신청 등" 절차 에 대한 설명으로 옳은 것은 모두 몇 개인가?

> ㉠ 옥외집회나 시위를 주최하려는 자는 신고서를 옥외집회나 시위를 시작하기 720시간 전부터 48 시간 전에 관할 경찰서장에게, 그 장소가 두 곳 이상의 경찰서의 관할에 속하는 경우 관할 시·도경찰청장에게, 두 곳 이상의 시·도경찰청 관할에 속하는 경우 주최지를 관할하는 시·도경찰 청장에게 제출하여야 한다.
> ㉡ 관할 경찰서장 또는 시·도경찰청장(이하 "관할경찰관서장")은 신고서를 접수하면 신고자에게 접수 일시를 적은 접수증을 즉시 내주어야 한다.
> ㉢ 신고서를 접수한 관할경찰관서장은 그 기재 사항에 미비한 점을 발견하면 접수증을 교부한 때 부터 24시간 이내에 주최자에게 48시간을 기한으로 기재 사항을 보완할 것을 통고하여야 한다.
> ㉣ 신고서를 접수한 관할경찰관서장은 신고된 옥외집회 또는 시위가 집회 및 시위에 관한 법률 제 8조 제1항의 금지 통고 사유에 해당하는 때에는 신고서를 접수한 때부터 24시간 이내에 집회 또는 시위를 금지할 것을 주최자에게 통고하여야 한다.
> ㉤ 집회 또는 시위의 주최자는 집회 및 시위에 관한 법률 제8조에 따른 금지 통고를 받은 날부터 10일 이내에 해당 경찰관서의 바로 위의 상급경찰관서의 장에게 이의를 신청할 수 있다.
> ㉥ 이의 신청을 받은 경찰관서의 장은 접수한 때부터 24시간 이내에 재결을 하여야 하고, 이 경우 접수한 때부터 48시간 이내에 재결서를 발송하지 아니하면 관할경찰관서장의 금지 통고는 소 급하여 그 효력을 잃는다.
> ㉦ 이의 신청인은 금지 통고가 위법하거나 부당한 것으로 재결되거나 그 효력을 잃게 된 경우 처음 신고한 대로 집회 또는 시위를 개최할 수 있고, 금지 통고 등으로 시기를 놓친 경우에는 일시를 새로 정하여 집회 또는 시위를 시작하기 24시간 전에 관할경찰관서장에게 신고함으로써 집회 또는 시위를 개최할 수 있다.

① 3개   ② 4개   ③ 5개   ④ 6개

해설 「집회 및 시위에 관한 법률」: ㉠ ㉡ ㉤ ㉦ 옳은 설명이다.
㉢ **제7조 제1항**: 접수증을 교부한 때부터 12시간 이내에 주최자에게 24시간을 기한으로 그 기재 사항을 보완 할 것을 통고할 수 있다.
㉣ **제8조 제1항 본문**: 48시간 이내에 통고할 수 있다.
㉥ **제9조 제2항**: 접수한 때부터 24시간 이내에 재결을 하여야 하고, 이 경우 접수한 때부터 24시간 이내에 재 결서를 발송하지 아니하면 관할경찰관서장의 금지 통고는 소급하여 그 효력을 잃는다.

11 집회 및 시위에 관한 법률상의 "옥외집회와 시위의 금지 시간(제10조) 및 장소(제11조)"에 대한 설명으로 옳은 것은?

① 시위의 경우 해가 진 후부터 같은 날 24시까지 허용되고, 자정부터 해가 뜨기 전까지 금지된다.
② 집회의 성격상 부득이하여 주최자가 질서유지인을 두고 미리 신고한 경우에는 관할 경찰서장 또는 시·도경찰청장은 질서 유지를 위한 조건을 붙여 해가 뜨기 전이나 해가 진 후에도 옥외집회를 허용할 수 있다.
③ 국회의사당, 각급 법원, 헌법재판소의 경계 지점으로부터 100미터 이내의 장소에서는 옥외집회 또는 시위를 하여서는 아니 된다.
④ 국회의장·대법원장·헌법재판소장 공관의 경계 지점으로부터 100미터 이내 장소에서의 옥외집회 또는 시위는 대규모 집회·시위로 확산될 우려가 없는 경우로서 공관의 기능이나 안녕을 침해할 우려가 없다고 인정되는 때에는 허용된다.

해설 ① 옳은 설명이다. 2010헌가2결정에서 한정위헌 판단이 나왔으나, 현재까지 법률의 개정이 이루어지지 않아 입법부작위의 상태가 지속되고 있다.
② 「집회 및 시위에 관한 법률」 제10조 단서의 내용이지만 2008헌가25결정에서 헌법불합치로 판단되었기 때문에 틀린 내용이다. 현재 옥외집회의 경우 시간에 제한을 두지 않고 전면 허용되고 있고, 일출 후 일몰 전의 옥외집회와 동일하게 다루고 있다.
③ 「집회 및 시위에 관한 법률」 제11조 제1호·제2호 각 단서 "누구든지 다음 각 호의 어느 하나에 해당하는 청사 또는 저택의 경계 지점으로부터 100미터 이내의 장소에서는 옥외집회 또는 시위를 하여서는 아니 된다. 1. 국회의사당. 다만, 다음 각 목의 어느 하나에 해당하는 경우로서 국회의 기능이나 안녕을 침해할 우려가 없다고 인정되는 때에는 그러하지 아니하다. 가. 국회의 활동을 방해할 우려가 없는 경우, 나. 대규모 집회 또는 시위로 확산될 우려가 없는 경우. 2. 각급 법원, 헌법재판소. 다만, 다음 각 목의 어느 하나에 해당하는 경우로서 각급 법원, 헌법재판소의 기능이나 안녕을 침해할 우려가 없다고 인정되는 때에는 그러하지 아니하다. 가. 법관이나 재판관의 직무상 독립이나 구체적 사건의 재판에 영향을 미칠 우려가 없는 경우, 나. 대규모 집회 또는 시위로 확산될 우려가 없는 경우" 단서에 해당하는 경우에는 허용된다.
④ 「집회 및 시위에 관한 법률」 제11조 제3호 "누구든지 다음 각 호의 어느 하나에 해당하는 청사 또는 저택의 경계 지점으로부터 100미터 이내의 장소에서는 옥외집회 또는 시위를 하여서는 아니 된다. 3. 대통령 관저(官邸), 국회의장 공관, 대법원장 공관, 헌법재판소장 공관" 대통령 관저, 국회의장·대법원장·헌법재판소장 공관의 경계 지점으로부터 100미터 이내의 장소에서는 옥외집회 또는 시위가 절대적으로 금지되고, 다른 장소와 달리 예외적으로 허용하는 규정을 두고 있지 않다.

12 집회 및 시위에 관한 법률상의 "옥외집회와 시위의 금지 장소(제11조)"에 대한 설명으로 틀린 것은?

① 국회의사당의 경계 지점으로부터 100미터 이내 장소에서의 옥외집회·시위는 국회의 활동을 방해할 우려가 없는 경우로서 국회의 기능이나 안녕을 침해할 우려가 없다고 인정되는 때에는 허용된다.
② 각급 법원, 헌법재판소의 경계 지점으로부터 100미터 이내 장소에서의 옥외집회·시위는 법관이나 재판관의 직무상 독립이나 구체적 사건의 재판에 영향을 미칠 우려가 없는 경우로서 각급 법원, 헌법재판소의 기능이나 안녕을 침해할 우려가 없다고 인정되는 때에는 허용된다.
③ 국내 주재 외국의 외교기관의 경계 지점으로부터 100미터 이내 장소에서의 옥외집회·시위는 외교기관의 업무가 없는 휴일에 개최하는 경우로서 외교기관의 기능이나 안녕을 침해할 우려가 없다고 인정되는 때에는 허용된다.
④ 대통령 관저, 국무총리·국회의장·대법원장·헌법재판소장 공관의 경계 지점으로부터 100미터 이내 장소에서의 옥외집회·시위는 대규모 집회·시위로 확산될 우려가 없는 경우로서 관저·공관의 기능이나 안녕을 침해할 우려가 없다고 인정되는 때에는 허용된다.

해설 ① 「집회 및 시위에 관한 법률」 제11조 제1호 단서 가목, ② 제11조 제2호 단서 가목, ③ 제11조 제5호 단서 다목

④ 「집회 및 시위에 관한 법률」 제11조 제3호·제4호 참조. 대통령 관저와 국회의장·대법원장·헌법재판소장 공관의 경계 지점으로부터 100미터 이내 장소에서의 옥외집회 또는 시위는 절대적으로 금지된다. 지문의 내용에 해당하는 것은 국무총리 공관의 경우에 한한다.

13 집회 및 시위에 관한 법률 제11조(옥외집회와 시위의 금지 장소)에 따라 대규모 집회·시위로 확산될 우려가 없는 경우로서 그 기능·안녕을 침해할 우려가 없다고 인정되는 때에 경계 지점으로부터 100미터 이내의 장소에서 옥외집회 또는 시위가 허용되는 장소는 몇 개인가?

㉠ 각급 법원 및 헌법재판소	㉡ 국회의사당
㉢ 대통령 관저	㉣ 국회의장·대법원장·헌법재판소장 공관
㉤ 국무총리 공관	㉥ 국내 주재 외국의 외교기관이나 외교사절의 숙소

① 2개　　　② 3개　　　③ 4개　　　④ 5개

해설 「집회 및 시위에 관한 법률」 제11조 각호: ㉠ ㉡ ㉤ ㉥의 경우 경계 지점 100미터 이내에서도 허용된다.

14 집회 및 시위에 관한 법률상의 "교통 소통을 위한 제한(제12조) 및 질서유지선의 설정(제13조)"에 대한 설명으로 옳은 것은?

① 관할 경찰서장 또는 시·도경찰청장(이하 "관할경찰관서장")은 대통령령으로 정하는 주요 도시의 주요 도로에서의 집회·시위에 대하여 교통 소통을 위하여 필요하다고 인정하면 이를 금지하거나 교통질서 유지를 위한 조건을 붙여 제한하여야 한다.

② 대통령령으로 정하는 주요 도시의 주요 도로에서의 집회·시위의 주최자가 질서유지인을 두고 도로를 행진하는 경우에는 해당 도로와 주변 도로의 교통 소통에 장애를 발생시켜 심각한 교통 불편을 줄 우려가 없으면 관할경찰관서장은 집회·시위를 금지할 수 없다.

③ 집회 및 시위에 관한 법률 제6조 제1항에 따른 신고를 받은 관할경찰관서장은 집회 및 시위의 보호와 공공의 질서 유지를 위하여 필요하다고 인정하면 최소한의 범위를 정하여 질서유지선을 설정하여야 한다.

④ 관할경찰관서장이 질서유지선을 설정할 때에는 주최자 또는 질서유지인에게 이를 알려야 한다.

해설 ① 「집회 및 시위에 관한 법률」 제12조 제1항 "관할경찰관서장은 대통령령으로 정하는 주요 도시의 주요 도로에서의 집회 또는 시위에 대하여 교통 소통을 위하여 필요하다고 인정하면 이를 금지하거나 교통질서 유지를 위한 조건을 붙여 제한할 수 있다."

② 「집회 및 시위에 관한 법률」 제12조 제2항

③ 「집회 및 시위에 관한 법률」 제13조 제1항 "제6조 제1항에 따른 신고를 받은 관할경찰관서장은 집회 및 시위의 보호와 공공의 질서 유지를 위하여 필요하다고 인정하면 최소한의 범위를 정하여 질서유지선을 설정할 수 있다."

④ 「집회 및 시위에 관한 법률」 제13조 제2항 "제1항에 따라 경찰관서장이 질서유지선을 설정할 때에는 주최자 또는 연락책임자에게 이를 알려야 한다."

15 집회 및 시위에 관한 법률 시행령에 따른 "질서유지선의 설정·고지 등(제13조)"에 대한 설명으로 틀린 것은?

① 관할 경찰서장 또는 시·도경찰청장(이하 "관할경찰관서장")은 집회 및 시위의 보호와 공공의 질서 유지를 위하여 일반인의 통행 또는 교통 소통 등을 위하여 필요할 경우에는 질서유지선을 설정할 수 있다.

② 관할경찰관서장은 집회 및 시위의 보호와 공공의 질서 유지를 위하여 집회·시위의 장소를 한정하거나 집회·시위의 참가자와 일반인을 구별할 필요가 있을 경우에는 질서유지선을 설정할 수 있다.

③ 관할경찰관서장은 집회 및 시위의 보호와 공공의 질서 유지를 위하여 통신시설 등 중요시설·위험물시설 등에 접근·행진하는 것을 금지·제한할 필요가 있을 경우에는 질서유지선을 설정할 수 있다.

④ 질서유지선을 설정하거나 집회 또는 시위 장소의 상황에 따라 질서유지선을 새로 설정하거나 변경하는 경우에는 이를 서면으로 고지하여야 한다.

> **해설** ① 「집회 및 시위에 관한 법률 시행령」 제13조 제1항 제3호, ② 제13조 제1항 제1호, ③ 제13조 제1항 제4호 **나목·다목** 옳은 설명이다. "1. 집회·시위의 장소를 한정하거나 집회·시위의 참가자와 일반인을 구분할 필요가 있을 경우, 2. 집회·시위의 참가자를 일반인이나 차량으로부터 보호할 필요가 있을 경우, 3. 일반인의 통행 또는 교통 소통 등을 위하여 필요할 경우, 4. 다음 각 목의 어느 하나의 시설 등에 접근하거나 행진하는 것을 금지하거나 제한할 필요가 있을 경우: 가. 법 제11조에 따른 집회 또는 시위가 금지되는 장소, 나. 통신시설 등 중요시설, 다. 위험물시설, 라. 그 밖에 안전 유지 또는 보호가 필요한 재산·시설 등, 5. 집회·시위의 행진로를 확보하거나 이를 위한 임시횡단보도를 설치할 필요가 있을 경우, 6. 그 밖에 집회·시위의 보호와 공공의 질서 유지를 위하여 필요할 경우"에는 집회 및 시위에 관한 법률 제13조 제1항에 따라 <u>질서유지선을 설정할 수 있다.</u> 다만, 최소한의 범위에서 질서유지선을 설정할 수 있다.
> ④ 「집회 및 시위에 관한 법률 시행령」 제13조 제2항 "법 제13조 제2항에 따른 <u>질서유지선의 설정·고지는 서면</u>으로 하여야 한다. 다만, 집회 또는 시위 장소의 상황에 따라 질서유지선을 <u>새로 설정하거나 변경</u>하는 경우에는 집회 또는 시위의 장소에 있는 <u>경찰공무원이 구두로 알릴 수 있다.</u>"

16 집회 및 시위에 관한 법률 및 동법 시행령에 따른 "확성기등 사용의 제한(법 제14조) 및 확성기등의 소음기준(영 제14조)"에 대한 설명으로 옳은 것은?

① 집회·시위의 주최자는 확성기 등을 사용하여 타인에게 심각한 피해를 주는 소음으로서 대통령령으로 정하는 기준을 위반하는 소음을 발생시켜서는 아니 되고, 확성기등의 소음은 관할 경찰서 경비과장(현장 경찰공무원)이 측정한다.

② 관할 경찰서장 또는 시·도경찰청장은 집회 또는 시위의 주최자가 기준을 초과하는 소음을 발생시켜 타인에게 피해를 주는 경우에는 확성기등의 사용 중지를 명할 수는 있으나, 이를 일시 보관하는 등의 조치를 취할 수는 없다.

③ 집회 및 시위에 관한 법률 시행령에 의하면 소음도는 등가소음도와 최고소음도로 구분하고, 등가소음도는 10분간(소음 발생 시간이 10분 이내인 경우 그 발생 시간 동안) 측정하며, 최고소음도는 발생된 소음도 중 가장 높은 소음도를 측정한다.

④ 집회 및 시위에 관한 법률 시행령에 의하면 소음기준의 대상 지역은 주거지역·학교·종합병원, 공공도서관 및 그 밖의 지역 3개로 구분하고, 시간대별(주간 및 야간)로 등가소음도와 최고소음도를 달리 규정하고 있다.

> **해설** ① 「집회 및 시위에 관한 법률」 제14조 제1항 및 동법 시행령 제14조 별표 2 비고 1 참조. "관할 경찰서장(현장

경찰공무원)"이 측정한다.

② 「집회 및 시위에 관한 법률」 제14조 제2항 "관할경찰관서장은 집회 또는 시위의 주최자가 제1항에 따른 기준을 초과하는 소음을 발생시켜 타인에게 피해를 주는 경우에는 그 <u>기준 이하의 소음 유지 또는 확성기등의 사용 중지를 명하거나 확성기등의 일시보관</u> 등 필요한 조치를 할 수 있다."

③ **「집회 및 시위에 관한 법률 시행령」 제14조 별표 2 비고 5와 6**

④ **「집회 및 시위에 관한 법률 시행령」 제14조 별표 2의 표 참조.** 소음기준의 대상지역은 주거지역·학교·종합병원, 공공도서관 및 그 밖의 지역 3개로 구분하고, 시간대는 주간(07:00 – 해지기 전), 야간(해진 후 – 24:00) 및 심야(00:00 – 07:00)로 구분하여 지역별·시간대별로 등가소음도 및 최고소음도를 달리 규정하고 있다. 최근에 개정된 사항이므로 유의해야 한다.

17 집회 및 시위에 관한 법률 시행령에 따른 "확성기등의 소음기준(제14조)"에 대한 설명으로 틀린 것은?

① 주된 건물의 경비 등을 위하여 사용되는 부속 건물, 광장·공원이나 도로상의 영업시설물, 공원의 관리사무소 등도 소음 측정 장소에 포함한다.

② 확성기등의 측정소음도가 배경소음도보다 10dB 이상 크면 배경소음의 보정 없이 측정소음도를 대상소음도로 한다.

③ 확성기등의 대상소음이 있을 때 측정한 소음도를 측정소음도로 하고, 같은 장소에서 확성기등의 대상소음이 없을 때 5분간 측정한 소음도를 배경소음도로 한다.

④ 동일한 집회·시위에서 측정된 최고소음도가 1시간 내에 3회 이상 최고소음도 기준을 초과한 경우 소음기준을 위반한 것으로 본다.

해설 ① **「집회 및 시위에 관한 법률 시행령」 제14조 별표 2 비고 2 단서 참조.** 주된 건물의 경비 등을 위하여 사용되는 부속 건물, 광장·공원이나 도로상의 영업시설물, 공원의 관리사무소 등은 소음 측정 장소에서 제외한다.

② ③ ④ **「집회 및 시위에 관한 법률 시행령」 제14조 별표 2 비고 4, 3 및 6.**

18 집회 및 시위에 관한 법률 시행령에 따른 "확성기등의 소음기준(제14조)"에 대한 설명으로 옳은 것은?

① 주거지역·학교·종합병원·공공도서관 지역에서 주간(07:00 ~ 해지기 전)에 확성기등의 소음기준은 등가소음도(Leq) 60dB(A) 이하, 최고소음도(Lmax) 80dB(A) 이하이다.

② 주거지역·학교·종합병원 지역에서 심야(00:00 ~ 07:00)에 확성기등의 소음기준은 등가소음도(Leq) 55dB(A) 이하, 최고소음도(Lmax) 75dB(A) 이하이고, 공공도서관 지역에서 심야에 확성기 등의 소음기준은 등가소음도(Leq) 60dB(A) 이하, 최고소음도(Lmax) 80dB(A) 이하이다.

③ 주거지역·학교·종합병원·공공도서관을 제외한 그 밖의 지역에서 주간(07:00 ~ 해지기 전)에 확성기등의 소음기준은 등가소음도(Leq) 80dB(A) 이하, 최고소음도(Lmax) 95dB(A) 이하이다.

④ 주거지역·학교·종합병원·공공도서관을 제외한 그 밖의 지역에서 야간(해진 후 ~ 24:00)에 확성기등의 소음기준은 등가소음도(Leq) 70dB(A) 이하, 최고소음도(Lmax) 95dB(A) 이하이다.

해설 **집회 및 시위에 관한 법률 시행령 기출문제 1번 해설 참조**

① 등가소음도는 65 이하, 최고소음도는 85 이하이다.

② 집회 및 시위에 관한 법률 시행령 제14조 별표 2의 표에 따른 옳은 설명이다.

③ 등가소음도 75 이하, 최고소음도 95 이하이다.

④ 등가소음도 65 이하, 최고소음도 95 이하이다.

19 집회 및 시위에 관한 법률상 "학문, 예술, 체육, 종교, 의식, 친목, 오락, 관혼상제 및 국경행사에 관한 집회"에 대한 설명으로 틀린 것은?

① 대통령령으로 정하는 주요 도시의 주요 도로에서의 당해 집회에 대하여 교통 소통을 위하여 필요하다고 인정하는 경우에 관할 경찰서장 또는 시·도경찰청장은 교통질서 유지를 위한 조건을 붙여 제한할 수 없다.

② 대통령 관저, 국회의장·대법원장·헌법재판소장 공관의 경계 지점으로부터 100미터 이내의 장소에서 당해 집회를 개최할 수 있다.

③ 당해 집회의 보호와 공공의 질서 유지를 위하여 필요하다고 인정되는 경우에 관할 경찰서장 또는 시·도경찰청장은 최소한의 범위를 정하여 질서유지선을 설정할 수는 없다.

④ 당해 집회의 주최자가 확성기를 이용하여 대통령령으로 정하는 기준을 위반하는 소음을 발생시켜 타인에게 피해를 주는 경우에 관할 경찰서장 또는 시·도경찰청장은 확성기의 사용 중지를 명할 수 있다.

> **해설** ① ② ④ 「집회 및 시위에 관한 법률」 제15조 "학문, 예술, 체육, 종교, 의식, 친목, 오락, 관혼상제(冠婚喪祭) 및 국경행사(國慶行事)에 관한 집회에는 제6조부터 제12조까지의 규정을 적용하지 아니한다." 교통 소통을 위한 제한(제12조) 및 옥외집회와 시위의 금지 장소(제11조)는 적용되지 않는다. 제14조의 "확성기등 사용의 제한"은 적용되기 때문에 관할경찰관서장은 확성기의 사용 중지를 명할 수 있고, 확성기의 일시보관 등 필요한 조치를 취할 수도 있다.
> ③ 「집회 및 시위에 관한 법률」 제15조 참조. 제13조의 "질서유지선의 설정"은 적용되기 때문에 관할경찰관서장은 질서유지선을 설정할 수 있다.

20 집회 및 시위에 관한 법률상 "주최자의 준수 사항(제16조)"에 대한 설명으로 틀린 것은?

① 집회 또는 시위의 주최자는 집회 또는 시위에 있어서의 질서를 유지하여야 하고, 질서 유지에 관하여 자신을 보좌하도록 18세 이상의 사람을 질서유지인으로 임명하여야 한다.

② 집회 또는 시위의 주최자는 질서를 유지할 수 없으면 그 집회 또는 시위의 종결을 선언하여야 한다.

③ 집회 또는 시위의 주최자는 폭행·협박·손괴·방화 등으로 질서를 문란하게 하는 행위 또는 신고한 목적·일시·장소·방법 등의 범위를 뚜렷이 벗어나는 행위를 하여서는 아니 된다.

④ 옥내집회의 주최자는 확성기를 설치하는 등 주변에서의 옥외 참가를 유발하는 행위를 하여서는 아니 된다.

> **해설** ① 「집회 및 시위에 관한 법률」 제16조 제1항·제2항 "① 집회 또는 시위의 주최자는 집회 또는 시위에 있어서의 질서를 유지하여야 한다. ② 집회 또는 시위의 주최자는 집회 또는 시위의 질서 유지에 관하여 자신을 보좌하도록 18세 이상의 사람을 질서유지인으로 임명할 수 있다."
> ② 「집회 및 시위에 관한 법률」 제16조 제3항 ③ 제16조 제4항 제2호·제3호, ④ 제16조 제5항

21 집회 및 시위에 관한 법률상 "질서유지인의 준수 사항 등(제17조)"에 대한 설명으로 옳은 것은?

① 질서유지인은 주최자의 지시 없이 자신의 권한과 책임 아래에 집회 또는 시위의 질서가 유지되도록 하여야 한다.

② 질서유지인은 참가자 등이 질서유지인임을 쉽게 알아볼 수 있도록 완장·모자·어깨띠·상의 등을 착용하여야 한다.

③ 관할 경찰서장 또는 시·도경찰청장(이하 "관할경찰관서장")은 집회 또는 시위의 질서유지인과 협의하여 질서유지인의 수를 적절하게 조정할 수 있다.

④ 질서유지인의 수를 조정한 경우 집회 또는 시위를 개최하기 전에 또는 개최한 후 즉시 조정된 질서유지인의 명단을 관할경찰관서장에게 알려야 한다.

해설 ① 「**집회 및 시위에 관한 법률**」 제17조 제1항 "질서유지인은 <u>주최자의 지시에 따라</u> 집회 또는 시위 질서가 유지되도록 하여야 한다."
② 「**집회 및 시위에 관한 법률**」 제17조 제3항
③ 「**집회 및 시위에 관한 법률**」 제17조 제4항 "관할경찰관서장은 집회 또는 시위의 <u>주최자와 협의하여</u> 질서유지인의 수(數)를 적절하게 조정할 수 있다."
④ 「**집회 및 시위에 관한 법률**」 제17조 제5항 "집회나 시위의 주최자는 제4항에 따라 질서유지인의 수를 조정한 경우 <u>집회 또는 시위를 개최하기 전에</u> 조정된 질서유지인의 명단을 관할경찰관서장에게 알려야 한다."

22 집회 및 시위에 관한 법률상 "참가자의 준수 사항(제18조) 및 경찰관의 출입(제19조)"에 대한 설명으로 옳은 것은?

① 집회·시위에 참가하는 자에 대해 질서 유지를 위한 지시를 할 수 있는 사람은 질서유지인에 한한다.
② 집회·시위에 참가하는 자는 신고한 목적·일시·장소·방법 등의 범위를 뚜렷이 벗어나는 행위를 하여서는 아니 된다.
③ 집회·시위의 질서를 유지하기 위한 경찰관의 직무집행에 협조할 의무가 있는 사람은 집회·시위의 주최자와 질서유지인에 한한다.
④ 경찰관은 집회·시위의 주최자에게 알리고 그 집회 또는 시위의 장소에 정복을 입고 출입할 수 있으며, 옥내집회 장소에 출입하는 것은 직무 집행을 위하여 긴급한 경우에만 할 수 있다.

해설 ① 「**집회 및 시위에 관한 법률**」 제18조 제1항 "집회나 시위에 참가하는 자는 <u>주최자 및 질서유지인의 질서 유지를 위한 지시에 따라야 한다.</u>"
② 「**집회 및 시위에 관한 법률**」 제18조 제2항 "집회나 시위에 참가하는 자는 제16조 제4항 제1호 및 제2호에 해당하는 행위를 하여서는 아니 된다." 신고한 목적·일시·장소·방법 등의 범위를 뚜렷이 벗어나는 행위를 하여서는 아니된다는 준수 사항은 주최자·질서유지인의 준수 사항에는 해당하지만, <u>집회·시위에 참가하는 자의 준수사항은 아니다.</u>
③ 「**집회 및 시위에 관한 법률**」 제19조 제2항 "집회나 시위의 <u>주최자, 질서유지인 또는 장소관리자는</u> 질서를 유지하기 위한 경찰관의 직무집행에 협조하여야 한다." 장소관리자도 협조의무가 있다.
④ 「**집회 및 시위에 관한 법률**」 제19조 제1항

23 집회 및 시위에 관한 법률과 동법 시행령에 따른 집회·시위의 해산에 대한 설명으로 틀린 것은?

① 집회·시위에 대하여 상당한 시간 이내에 자진 해산할 것을 요청하고 이에 따르지 아니하는 경우 해산을 명할 수 있는 권한자는 관할 경찰서장 또는 시·도경찰청장(이하 "관할경찰관서장")이다.
② 관할경찰관서장의 해산 명령을 받았을 경우 모든 참가자는 상당한 시간 이내에 해산하여야 한다.
③ 집회·시위의 해산절차는 "종결선언 요청 - 자진해산 요청 - 해산명령 및 직접해산" 순으로 행해진다.
④ 집회·시위의 주최자에게 종결 선언을 요청하되, 그 소재를 알 수 없는 경우에는 주관자·연락책임자 또는 질서유지인을 통하여 종결 선언을 요청할 수 있다.

> **해설** ① 「집회 및 시위에 관한 법률」 제20조 제1항, ③ 「집회 및 시위에 관한 법률 시행령」 제17조 본문 각 호, ④ 「집회 및 시위에 관한 법률 시행령」 제17조 본문 제1호
> ② 「집회 및 시위에 관한 법률」 제20조 제2항 "집회 또는 시위가 제1항에 따른 해산 명령을 받았을 때에는 모든 참가자는 <u>지체 없이 해산하여야 한다.</u>"

24 집회 및 시위에 관한 법률 시행령에 따른 "집회 또는 시위의 자진 해산의 요청 등(제17조)"에 대한 설명으로 옳은 것은?

① 집회·시위의 해산 절차는 관할 경찰서장 또는 시·도경찰청장이 행하고, 다른 경찰공무원에게 그 권한을 부여할 수는 없다.

② 집단적인 폭행·협박·손괴·방화 등으로 공공의 안녕 질서에 직접적인 위협을 끼칠 것이 명백한 집회·시위의 경우에 주최자·주관자·연락책임자 및 질서유지인이 그 집회·시위의 장소에 있다면 종결 선언의 요청을 생략할 수 없다.

③ 종결 선언 요청에 따르지 아니하거나 종결 선언에도 불구하고 집회·시위의 참가자들이 집회·시위를 계속하는 경우에는 직접 참가자들에 대하여 자진 해산할 것을 요청하고, 자진 해산의 요청은 생략할 수 없다.

④ 자진 해산 요청에 따르지 아니하는 경우에는 두 번 이상 자진 해산할 것을 명령하고, 참가자들이 해산명령에도 불구하고 해산하지 아니하면 직접 해산시켜야 한다.

> **해설** ① 「집회 및 시위에 관한 법률 시행령」 제17조 "법 제20조에 따라 집회 또는 시위를 해산시키려는 때에는 관할 경찰관서장 또는 관할 경찰관서장으로부터 권한을 부여받은 경찰공무원은 다음 각 호의 순서에 따라야 한다. 다만, 법 제20조 제1항 제1호·제2호 또는 제4호에 해당하는 집회·시위의 경우와 주최자·주관자·연락책임자 및 질서유지인이 집회 또는 시위 장소에 없는 경우에는 종결 선언의 요청을 생략할 수 있다."
> ② 「집회 및 시위에 관한 법률 시행령」 제17조 단서 참조. 제20조 제1항 <u>제1호(집단적인 폭행 등), 제2호 또는 제4호에 해당하는 집회·시위의 경우에 주최자·주관자·연락책임자·질서유지인이 집회 또는 시위 장소에 있는지 여부를 불문하고 종결 선언의 요청을 생략할 수 있다.</u> 제20조 제1항 제1호·제2호·제4호에 해당하지 않는 집회·시위의 경우에는 주최자·주관자·연락책임자 및 질서유지인이 집회 또는 시위 장소에 없는 때에 종결 선언의 요청을 생략할 수 있다.
> ③ 「집회 및 시위에 관한 법률」 제17조 본문 제2호 및 단서 옳은 설명이다. 절차의 생략은 단서에 따라 종결 선언의 요청만 해당하고, 자진 해산의 요청은 생략할 수 있다는 규정이 없으므로 절차를 반드시 거쳐야 한다. 따라서 자진 해산의 요청 없이 해산명령을 발하고 직접 해산하는 경우는 위법하다.
> ④ 「집회 및 시위에 관한 법률」 제17조 본문 제3호 "3. 해산명령 및 직접 해산: 제2호에 따른 자진 해산 요청에 따르지 아니하는 경우에는 <u>세 번 이상 자진 해산할 것을 명령</u>하고, 참가자들이 해산명령에도 불구하고 해산하지 아니하면 <u>직접 해산시킬 수 있다.</u>"

25 집회 및 시위에 관한 법률 및 동법 시행령상의 "집회·시위자문위원회"에 대한 설명으로 틀린 것은?

① 집회·시위의 금지 또는 제한 통고 등 집회 및 시위에 관한 법률 제21조 제1항 각 호에 규정된 사항에 관하여 각급 경찰관서장의 자문 등에 응하는 집회·시위자문위원회를 둘 수 있다.

② 집회·시위자문위원회는 위원장 1명을 포함한 5명 이상 7명 이하의 위원으로 구성되고, 위원장과 위원은 각급 경찰관서장이 전문성과 공정성 등을 고려하여 변호사, 교수, 시민단체에서 추천하는 사람, 관할 지역의 주민대표 중에서 위촉한다.

③ 집회·시위자문위원회의 위원장 및 위원의 임기는 2년으로 하고, 위원장이 부득이한 사유로 직무를 수행할 수 없을 때에는 위원 중 연장자 순으로 위원장의 직무를 대리한다.

④ 집회·시위자문위원회의 회의는 위원장의 요청에 따라 각급 경찰관서장이 소집하고, 재적위원 과반수의 출석으로 개의하며, 출석위원 과반수의 찬성으로 의결한다.

해설 ①「집회 및 시위에 관한 법률」제21조 제1항, ②제21조 제2항·제3항, ③「집회 및 시위에 관한 법률 시행령」제18조 제1항·제3항

④「집회 및 시위에 관한 법률 시행령」제18조 제4항·제5항 "④ 위원회의 회의는 각급 경찰관서장의 요청에 따라 위원장이 소집한다. ⑤ 위원회의 회의는 재적위원 과반수의 출석으로 개의하고 출석위원 과반수의 찬성으로 의결한다."

경찰관의 정보수집 및 처리 등에 관한 규정 및 정보경찰 활동규칙

01 경찰관의 정보수집 및 처리 등에 관한 규정에 대한 설명으로 틀린 것은?

① 동 규정에 따른 "정보활동"이란 공공안녕에 대한 위험의 예방과 대응을 위한 정보의 수집·작성·배포와 이에 수반되는 사실의 확인을 위해 경찰관이 수행하는 활동을 말한다.

② 정보활동은 국민의 자유와 권리를 보호하는 것을 목적으로 해야 하며, 필요 최소한의 범위에 그쳐야 한다.

③ 경찰관은 정보활동과 관련하여 정치에 관여하기 위해 또는 법령의 직무 범위를 벗어나 개인의 동향 등을 파악하기 위해 정보를 수집·작성·배포하여서는 안 된다.

④ 경찰관은 정보활동과 관련하여 비밀을 유지하기 위해 필요한 경우에는 직무와 무관한 비공식적 직함을 사용할 수 있다.

> **해설** ① ②「**경찰관의 정보수집 및 처리 등에 관한 규정**」제2조 제1항, ③ **제2조 제2항 제1호·제2호**
> ④「**경찰관의 정보수집 및 처리 등에 관한 규정**」제2조 제2항 제6호 "경찰관은 정보활동과 관련하여 다음 각 호의 행위를 해서는 안 된다. 1. 정치에 관여하기 위해 정보를 수집·작성·배포하는 행위, 2. 법령의 직무 범위를 벗어나 개인의 동향 등을 파악하기 위해 사생활에 관한 정보를 수집·작성·배포하는 행위, 3. 상대방의 명시적 의사에 반해 자료 제출이나 의견 표명을 강요하는 행위, 4. 부당한 민원이나 청탁을 직무 관련자에게 전달하는 행위, 5. 직무상 알게 된 정보를 누설하거나 개인의 이익을 위해 사용하는 행위, 6. 직무와 무관한 비공식적 직함을 사용하는 행위" 동 규정 제2조에서 정보활동의 기본원칙에 대해 규정하고 있다.

02 경찰관의 정보수집 및 처리 등에 관한 규정에 따른 "정보의 수집"에 대한 설명으로 옳은 것은?

① 국가중요시설의 안전 및 주요 인사의 보호에 필요한 정보 및 방첩·대테러활동 등 국가안전을 위한 활동에 필요한 정보는 경찰관이 수집·작성·배포할 수 있는 정보의 범위에 포함되지 않는다.

② 형의 집행 및 수용자의 처우에 관한 법률 제126조의2 또는 보호관찰 등에 관한 법률 제55조의3에 따라 통보되는 정보의 대상자인 수형자·가석방자의 재범방지 및 피해자의 보호에 필요한 정보는 법무부 소관으로 경찰관이 수집·작성·배포할 수 있는 정보의 범위에 포함되지 않는다.

③ 경찰관은 정보를 제공하거나 사실을 확인해 준 자가 신분이나 처우와 관련하여 불이익을 받지 않도록 비밀유지 등 필요한 조치를 할 수 있다.

④ 경찰관은 정보를 수집하거나 정보의 수집·작성·배포에 수반되는 사실을 확인하려는 경우에는 원칙적으로 상대방에게 자신의 신분을 밝히고 정보 수집 또는 사실 확인의 목적을 설명해야 하고, 일정한 경우 이러한 신분 밝힘과 목적 설명의 절차를 생략할 수 있다.

> **해설** ① ②「**경찰관의 정보수집 및 처리 등에 관한 규정**」제3조 제3호·제4호 "경찰관이「경찰관 직무집행법」(이하 "법"이라 한다) 제8조의2 제1항에 따라 수집·작성·배포할 수 있는 정보의 구체적인 범위는 다음 각 호와 같다. 1. 범죄의 예방과 대응에 필요한 정보, 2.「형의 집행 및 수용자의 처우에 관한 법률」제126조의2 또는「보호관찰 등에 관한 법률」제55조의3에 따라 통보되는 정보의 대상자인 수형자·가석방자의 재범방지 및 피해자의 보호에 필요한 정보, 3. 국가중요시설의 안전 및 주요 인사(人士)의 보호에 필요한 정보, 4. 방첩·대테러활동 등 국가안전을 위한 활동에 필요한 정보, 5. 재난·안전사고 등으로부터 국민안전을 확보하기 위

한 정보, 6. 집회·시위 등으로 인한 공공갈등과 다중운집에 따른 질서 및 안전 유지에 필요한 정보, 7. 국민의 생명·신체·재산의 보호와 공공안녕에 대한 위험의 예방과 대응을 위한 <u>정책에 관한 정보</u>[해당 정책의 입안·집행·평가를 위해 객관적이고 필요한 사항에 관한 정보로 한정하며, 이와 직접적·구체적으로 관련이 없는 사생활·신조(信條) 등에 관한 정보는 제외한다], 8. 도로 교통의 위해(危害) 방지·제거 및 원활한 소통 확보를 위한 정보, 9. 「보안업무규정」제45조 제1항에 따라 경찰청장이 위탁받은 <u>신원조사</u> 또는 「공공기관의 정보공개에 관한 법률」제2조 제3호에 따른 공공기관의 장이 법령에 근거하여 요청한 사실의 확인을 위한 정보, 10. 그 밖에 제1호부터 제9호까지에서 규정한 사항에 준하는 정보"

③ 「**경찰관의 정보수집 및 처리 등에 관한 규정**」제4조 제3항 "경찰관은 정보를 제공하거나 사실을 확인해 준 자가 신분이나 처우와 관련하여 불이익을 받지 않도록 <u>비밀유지 등 필요한 조치를 해야 한다.</u>"

④ 「**경찰관의 정보수집 및 처리 등에 관한 규정**」제4조 제1항·제2항 옳은 설명이다. 제2항에 따라 "1. 국민의 생명·신체의 안전이나 국가안보에 긴박한 위험이 발생할 우려가 있는 경우, 2. 범죄의 대응을 위한 정보활동에 현저한 지장을 초래할 우려가 있는 경우"에는 생략할 수 있다.

03 경찰관의 정보수집 및 처리 등에 관한 규정상 정보의 수집·작성·처리 등에 관한 설명으로 옳은 것은 모두 몇 개인가?

> ㉠ 경찰관은 정보의 수집 등을 위해 필요한 경우에는 언론·교육·종교·시민사회 단체 등 민간단체, 민간기업 또는 정당의 사무소에 상시적으로 출입할 수 있다.
> ㉡ 경찰관은 수집한 정보를 작성할 때 객관적 사실에 기초해 중립적으로 작성해야 하며, 정치에 관여하는 등 특정한 목적을 가지고 그 내용을 왜곡해서는 안 된다.
> ㉢ 경찰관은 수집·작성한 정보를 그 목적 외의 용도로 사용해서는 아니 되고, 공공안녕에 대한 위험의 예방과 대응을 위해 필요한 경우에는 수집·작성한 정보를 관계 기관 등에 통보하여야 한다.
> ㉣ 경찰관은 수집·작성한 정보가 그 목적이 달성되어 불필요하게 되었을 때에는 정보경찰 활동규칙에 따른 기간 동안 그 정보를 보존하여야 한다.
> ㉤ 경찰관은 명백히 위법 또는 부당한 지시라고 판단되는 경우에는 그 집행을 거부해야 하고, 이를 이유로 인사·직무 등과 관련한 어떠한 불이익도 받지 않는다.

① 없음   ② 1개   ③ 2개   ④ 3개

해설 「**경찰관의 정보수집 및 처리 등에 관한 규정**」: ㉡ 이 옳은 설명이다.

- ㉠ **제5조**: "경찰관은 다음 각 호의 장소에 상시적으로 출입해서는 안 되며, 정보활동을 위해 <u>필요한 경우에 한정하여 일시적으로만 출입</u>해야 한다. 1. 언론·교육·종교·시민사회 단체 등 민간단체, 2. 민간기업, 3. 정당의 사무소"
- ㉢ **제7조 제1항·제2항**: "① 경찰관은 수집·작성한 정보를 그 <u>목적 외의 용도로 사용해서는 안 된다.</u> ② 경찰관은 공공안녕에 대한 위험의 예방과 대응을 위해 필요한 경우에는 수집·작성한 정보를 <u>관계 기관 등에 통보할 수 있다.</u>"
- ㉣ **제7조 제3항**: "경찰관은 수집·작성한 정보가 그 목적이 달성되어 불필요하게 되었을 때에는 <u>지체 없이 그 정보를 폐기해야 한다.</u> 다만, 다른 법령에 따라 보존해야 하는 경우는 제외한다." 정보는 지체 없는 폐기가 원칙이고, 법령상 근거가 있는 경우에는 예외이다. 경찰청훈령인 정보경찰 활동규칙에는 정보의 보존에 관한 규정을 두고 있지 않다.
- ㉤ **제8조 제2항·제3항**: "② 경찰관은 명백히 위법한 지시라고 판단되는 경우에는 그 집행을 <u>거부할 수 있다.</u> ③ 경찰관은 명백히 위법한 지시를 거부했다는 이유로 인사·직무 등과 관련한 <u>어떠한 불이익도 받지 않는다.</u>" 부당한 지시는 제외되어 있고, 그 집행을 거부할 수 있다는 점에 유의한다.

04 정보경찰 활동규칙에 대한 설명으로 틀린 것은?

① 정보경찰 활동규칙은 경찰관 직무집행법과 경찰관의 정보수집 및 처리 등에 관한 규정에서 정한 사항 이외에 경찰공무원의 정보활동에 필요한 세부사항을 규정함을 목적으로 한다.

② 정보경찰 활동규칙에 따른 "정보관"이란 경찰청 공공안녕정보국장의 업무지휘를 받고 있는 정보부서 소속 경찰공무원을 말하고, 정보관은 경찰관의 정보수집 및 처리 등에 관한 규정 제3조 각 호에 관한 정보활동을 할 수 있다.

③ 정보관은 정보활동을 위해 필요한 경우 관계자의 의견을 청취하거나 자료를 제공받을 수 있다.

④ 소속이 다른 정보관은 집회·시위와 관련한 업무 또는 국가기관, 지방자치단체, 기타 공공기관의 협조 요청에 따른 업무를 수행하는 경우에는 동일한 기관에 같은 목적으로 중복하여 출입할 수 있다.

> **해설** ① 「**정보경찰 활동규칙**」 **제1조** "이 규칙은 「경찰관 직무집행법」 제8조의2, 「경찰관의 정보수집 및 처리 등에 관한 규정」(이하 "영"이라 한다)에서 정한 사항 이외에 <u>경찰청 공공안녕정보국장의 업무지휘를 받고 있는 정보부서 소속 경찰공무원(이하 "정보관"이라 한다)</u>의 정보활동에 필요한 세부사항을 규정함을 목적으로 한다." 경찰공무원 전체가 아니라 <u>"정보관"의 정보활동에 대해 적용되는 규칙</u>이라는 점에 유의한다.
> ② 「**정보경찰 활동규칙**」 **제2조**, ③ **제3조**, ④ **제4조** ④와 관련하여 원칙적으로 중복 출입이 허용되지 않지만, 제4조 단서에 따라 예외적으로 허용된다.

05 정보경찰 활동규칙에 따른 "정보활동"에 대한 설명으로 옳은 것은 모두 몇 개인가?

> ㉠ 경찰관서장은 집회·시위 현장에서 대화·협의·안전 조치 등 업무를 수행하는 대화경찰관을 배치·운영하여야 하고, 정보관은 집회·시위 관련 정보활동 과정에서 집회·시위의 자유를 보장하고 집회·시위 참가자의 언행을 경청하여 그 요구 또는 주장을 정확하게 이해하기 위해 노력하여야 한다.
> ㉡ 집단민원·노사갈등의 현장 상황은 이해관계자 간의 자율해결을 원칙으로 하되, 정보관은 이해관계자들의 요청 또는 동의가 없더라도 상호간의 대화를 제안·촉진하는 등 필요한 조치를 할 수 있다.
> ㉢ 정보관은 보안업무규정 제45조 제1항 및 보안업무규정 시행규칙 제56조 제3항에 따른 신원조사를 위한 정보활동 및 공공기관의 장이 법령에 근거하여 요청한 고위공직자 또는 공직 후보자의 직무역량·비위 등 임용에 필요한 사실의 확인을 위한 정보활동을 할 수 있다.
> ㉣ 정보관은 정당의 활동 또는 선거와 관련한 위험을 예방·대응하기 위하여 필요한 경우에는 정보경찰 활동규칙 제8조 제1항 각 호에서 규정하고 있는 정보활동을 할 수 있다.
> ㉤ 정보관은 정당 관계인이 명시적으로 출입을 요청하거나 동의한 경우를 제외하고는 정당·정치인 행사장에 출입하는 행위를 하여서는 아니 된다.

① 1개   ② 2개   ③ 3개   ④ 4개

> **해설** 「**정보경찰 활동규칙**」: ㉢ ㉣ ㉤이 옳은 설명이다.
> ㉠ **제5조 제1항·제4항**: "① 정보관은 집회·시위 관련 정보활동 과정에서 집회·시위의 자유를 보장하고 집회·시위 참가자의 언행을 경청하여 그 요구 또는 주장을 정확하게 이해하기 위해 노력하여야 한다. ④ <u>경찰관서장은 집회·시위 현장에서 대화·협의·안전 조치 등 업무를 수행하는 대화경찰관을 배치·운영할 수 있다.</u>"
> ㉡ **제6조 제1항·제2항**: "① 집단민원·노사갈등의 현장 상황은 이해관계자 간의 <u>자율해결을 원칙으로</u> 하고, 정보관은 이에 <u>개입하여서는 아니 된다.</u> 다만, 정보관은 범죄 등 공공안녕에 대한 위험의 예방 및 대응을 위

하여 <u>필요한 정보활동</u>을 할 수 있다. ② 정보관은 이해관계자들의 <u>요청 또는 동의를 얻어 상호간의 대화를 제안 · 촉진하는 등 필요한 조치</u>를 할 수 있다."

06 정보경찰 활동규칙에 대한 설명으로 틀린 것은?

① 경찰기관의 장은 관련 법령에 따라 소속 정보관이 정보활동 과정에서 알게 된 공직자의 중대한 복무규정 위반 사실 등을 관계기관에 통보하여야 한다.
② 정보활동에 대한 자율적인 통제를 위해 공공안녕정보국 소속으로 준법지원계를 운용하고, 준법지원계는 그 직무를 수행하기 위해 경찰청 및 그 소속기관의 관계자에게 관련 자료의 제출을 요구할 수 있으며, 요구를 받은 자는 정당한 이유 없이 이를 거부해서는 아니 된다.
③ 준법지원계는 요청 또는 직권에 따라 조사한 결과 법령과 정보경찰 활동규칙에 위반되는 사실을 확인한 경우에는 이를 위반한 자가 소속된 경찰기관장에게 통보하여야 한다.
④ 경찰기관장은 정보활동과 관련하여 법령과 정보경찰 활동규칙을 위반한 자에 대해 주의 · 경고 · 징계요구 · 수사의뢰 등 적절한 조치를 하여야 한다.

해설 ① **「정보경찰 활동규칙」 제9조** "경찰기관의 장은 관련 법령에 따라 소속 정보관이 정보활동 과정에서 알게 된 공직자의 중대한 복무규정 위반 사실 등을 <u>관계기관에 통보할 수 있다</u>."
② **「정보경찰 활동규칙」 제10조 제1항 · 제3항**, ③ **제11조 제3항**, ④ **제11조 제4항**

07 아래의 보기 가운데 정보관이 법령과 정보경찰 활동규칙에 반하는지 여부에 대해 준법지원계에 사실조사를 요청해야 하는 경우는 모두 몇 개인가?

> ㉠ 법령의 직무 범위를 벗어나 개인의 동향 등을 파악하기 위해 사생활에 관한 정보를 수집 · 작성 · 배포하는 행위의 금지에 반하는지 여부
> ㉡ 정치에 관여하기 위해 정보를 수집 · 작성 · 배포하는 행위의 금지에 반하는지 여부
> ㉢ 직무상 알게 된 정보를 누설하거나 개인의 이익을 위해 사용하는 행위의 금지에 반하는지 여부
> ㉣ 정보활동과 관련하여 경찰관에 대한 지시가 경찰관의 정보수집 및 처리 등에 관한 규정 및 그 밖의 법령에 반하는지 여부
> ㉤ 명백히 위법한 지시를 거부했다는 이유로 인사 · 직무 등과 관련한 어떠한 불이익도 받지 않는다는 규정에 반하는지 여부

① 1개   ② 2개   ③ 3개   ④ 4개

해설 **「정보경찰 활동규칙」 제11조 제1항 단서** 및 **「경찰관의 정보수집 및 처리 등에 관한 규정」 제2조 제2항 제1호 및 제8조 제1항 · 제3항**: ㉡ ㉣ ㉤의 경우 준법지원계에 사실조사를 요청해야 한다. 준법지원계에 대한 사실조사 요청의 대상은 3가지 경우로 한정되어 있고, "할 수 있다"가 아니라 "해야 한다"는 의무사항임에 유의한다.
정보관은 특정한 정보활동이 법령과 이 규칙에 반하는지 여부에 대해 해당 정보관의 <u>소속 경찰기관장 또는 상급 경찰기관장에게 사실조사를 요청할 수 있다</u>(제11조 제1항 본문). 다만, 영 제2조 제2항 제1호(보기 ㉡), 제8조 제1항 및 제3항(보기 ㉣ 및 ㉤)에 반하는지 여부에 관하여는 <u>준법지원계에 사실조사를 요청하여야 한다</u>(제11조 제1항 단서). 그리고 이러한 요청을 받은 경찰기관장 및 준법지원계는 즉시 법령과 이 규칙에 반하는지 여부를 확인하고, 그 결과를 <u>사실조사를 요청한 정보관에게 통보하여야 한다</u>(제11조 제2항).

보안경찰

(Park & Oh's Police Science for Perfect Score)

01 북한이탈주민의 보호 및 정착지원에 관한 법률에 대한 설명으로 적절한 것만을 모두 고른 것은?

(2020년 제2차)

> ㉠ "북한이탈주민"이란 북한에 주소, 직계가족, 배우자, 직장 등을 두고 있는 사람으로서 북한을 벗어난 후 외국 국적을 취득한 사람을 말한다.
> ㉡ 이 법에 따른 보호 및 정착지원은 원칙적으로 개인을 단위로 하되, 필요하다고 인정하는 경우에는 대통령령으로 정하는 바에 따라 세대 단위로 할 수 있다.
> ㉢ 보호대상자를 정착지원시설에서 보호하는 기간은 1년 이내로 하고, 거주지에서 보호하는 기간은 5년으로 한다.
> ㉣ 북한이탈주민으로서 국내 입국 후 1년이 지나서 보호신청한 사람이나 체류국에 10년 이상 생활 근거지를 두고 있는 사람은 보호대상자로 결정하지 않을 수 있다.

① ㉠ ㉡　　　　② ㉠ ㉢　　　　③ ㉡ ㉢　　　　④ ㉡ ㉣

해설　㉡ 「북한이탈주민의 보호 및 정착지원에 관한 법률」 제5조 제2항, ㉢ 제5조 제3항 본문
㉠ 「북한이탈주민의 보호 및 정착지원에 관한 법률」 제2조 제1호 ""북한이탈주민"이란 군사분계선 이북지역(이하 "북한"이라 한다)에 주소, 직계가족, 배우자, 직장 등을 두고 있는 사람으로서 북한을 벗어난 후 외국 국적을 취득하지 아니한 사람을 말한다."
㉣ 「북한이탈주민의 보호 및 정착지원에 관한 법률」 제9조 제1항 "제8조 제1항 본문에 따라 보호 여부를 결정할 때 다음 각 호의 어느 하나에 해당하는 사람은 보호대상자로 결정하지 아니할 수 있다. 1. 항공기 납치, 마약거래, 테러, 집단살해 등 국제형사범죄자, 2. 살인 등 중대한 비정치적 범죄자, 3. 위장탈출 혐의자, 4. 삭제, 5. 국내 입국 후 3년이 지나서 보호신청한 사람. 6. 그 밖에 국가안전보장·질서유지·공공복리에 대한 중대한 위해 발생 우려, 보호신청자의 경제적 능력 및 해외체류 여건 등을 고려하여 보호대상자로 정하는 것이 부적당하거나 보호 필요성이 현저히 부족하다고 대통령령으로 정하는 사람" 보호대상자로 결정하지 아니할 수 있는 자의 유형을 규정하고 있는 각 호의 내용을 기억하고, 결정하지 아니할 수 있다(재량)는 점도 유의한다. 그리고 기존의 규정인 제4호 "체류국(滯留國)에 10년 이상 생활 근거지를 두고 있는 사람"은 삭제되었으므로 오답이다.

분석　북한이탈주민의 보호 및 정착지원에 관한 법률과 관련하여 최근 12년간 독립된 유형의 문제로 5회, 남북교류협력에 관한 법률에서 1회 출제되었고, 조문의 내용을 정확히 알고 있는지 확인하는 수준이었습니다. 기출경향을 보면 조문의 문구를 변경하여 오답을 유도하는 문제가 주로 출제되었다는 점을 기억하고 기출 수준의 조문을 정확히 암기할 필요가 있습니다. 특히 통일부장관과 국정원장의 사무분장을 정확히 기억하고 있어야 변형된 문제에 대비할 수 있습니다.

02 「북한이탈주민의 보호 및 정착지원에 관한 법률」 및 같은 법 시행령에 대한 설명으로 가장 적절한 것은?

(2019년 제1차 - 21. 10. 21. 시행 기준에 따라 수정)

① 북한이탈주민이란 군사분계선 이북지역에 주소, 직계가족, 배우자, 직장 등을 두고 있는 사람으로서 북한을 벗어난 후 외국 국적을 취득한 사람을 말한다.
② 북한이탈주민으로서 북한이탈주민의 보호 및 정착지원에 관한 법률에 따른 보호를 받으려는 사람은 재외공관이나 그 밖의 행정기관의 장(각급 군부대의 장은 제외한다)에게 보호를 직접 신청하여야 한다.

③ 통일부장관은 '북한이탈주민 보호 및 정착지원협의회'의 심의를 거쳐 북한이탈주민의 보호 여부를 결정한다. 단, 국가안보에 현저한 영향을 끼칠 우려가 있는 자의 경우 국방부장관이 보호 여부를 결정한다.

④ 통일부장관은 북한이탈주민의 보호 및 정착지원에 관한 법률에 따라 보호대상자가 거주지로 전입한 후 그의 신변안전을 위하여 국방부장관이나 경찰청장에게 협조를 요청할 수 있다.

해설 ① 「북한이탈주민의 보호 및 정착지원에 관한 법률」 제2조 제1호 ""북한이탈주민"이란 군사분계선 이북지역(이하 "북한"이라 한다)에 주소, 직계가족, 배우자, 직장 등을 두고 있는 사람으로서 북한을 벗어난 후 외국 국적을 취득하지 아니한 사람을 말한다."

② 「북한이탈주민의 보호 및 정착지원에 관한 법률」 제7조 제1항 본문 "북한이탈주민으로서 이 법에 따른 보호를 받으려는 사람은 재외공관이나 그 밖의 행정기관의 장(각급 군부대의 장을 포함한다. 이하 "재외공관장등"이라 한다)에게 보호를 직접 신청하여야 한다. 다만, 보호를 직접 신청하지 아니할 수 있는 대통령령으로 정하는 사유가 있는 경우에는 그러하지 아니하다."

③ 「북한이탈주민의 보호 및 정착지원에 관한 법률」 제8조 제1항 "통일부장관은 제7조 제3항에 따른 통보를 받으면 협의회(※ 21. 10. 21. 기준 "북한이탈주민 보호 및 정착지원협의회"임)의 심의를 거쳐 보호 여부를 결정한다. 다만, 국가안전보장에 현저한 영향을 줄 우려가 있는 사람에 대하여는 국가정보원장이 그 보호 여부를 결정하고, 그 결과를 지체 없이 통일부장관과 보호신청자에게 통보하거나 알려야 한다."

④ 「북한이탈주민의 보호 및 정착지원에 관한 법률」 제22조의2 제1항 옳은 설명이다. 통일부장관이 신변안전을 위하여 협조를 요청하는 대상은 국방부장관이나 경찰청장이고, 국가정보원장은 포함되지 않는다는 점에 유의한다.

03 다음은 「북한이탈주민의 보호 및 정착지원에 관한 법률」에 대한 설명으로 적절한 것을 모두 고른 것은?
(2018년 제2차 – 21. 10. 21. 시행 기준에 따라 수정)

> ⊙ 보호대상자 중 북한의 군인이었던 자가 국군에 편입되기를 희망하더라도 국군으로 특별 임용할 수 없다.
> ⓒ 북한이탈주민으로서 「북한이탈주민의 보호 및 정착지원에 관한 법률」에 따른 보호를 받으려는 사람은 재외공관이나 그 밖의 행정기관의 장(각급 군부대의 장을 포함한다)에게 보호를 직접 신청하여야 한다. 다만, 보호를 직접 신청하지 아니할 수 있는 대통령령으로 정하는 사유가 있는 경우에는 그러하지 아니하다.
> ⓒ 북한이탈주민으로서 보호신청을 한 사람 중 위장탈출 혐의자는 보호대상자로 결정될 수 없다.
> ⓔ 통일부장관은 북한이탈주민 보호 및 정착지원협의회의 심의를 거쳐 보호대상자의 보호 및 정착지원에 관한 기본계획을 3년마다 수립·시행하여야 한다.

① ⊙ⓒ   ② ⊙ⓔ   ③ ⓒⓒ   ④ ⓒⓔ

해설 ⓒ 「북한이탈주민의 보호 및 정착지원에 관한 법률」 제7조 제1항. ⓔ 제4조의3 제1항(21. 10. 21. 시행 조문 기준)
⊙ 「북한이탈주민의 보호 및 정착지원에 관한 법률」 제18조 제2항 "북한의 군인이었던 보호대상자가 국군에 편입되기를 희망하면 북한을 벗어나기 전의 계급, 직책 및 경력 등을 고려하여 국군으로 특별임용할 수 있다."
ⓒ 「북한이탈주민의 보호 및 정착지원에 관한 법률」 제9조 제1항 결정하지 아니할 수 있다(1번 해설 ⓔ 참조).

04 「북한이탈주민의 보호 및 정착지원에 관한 법률」상 다음 설명 중 가장 적절하지 않은 것은?

(2015년 제1차)

① 대한민국은 보호대상자를 인도주의에 입각하여 특별히 보호한다.

② 대한민국은 외국에 체류하고 있는 북한이탈주민의 보호 및 지원 등을 위하여 외교적 노력을 다하여야 한다.

③ 국가정보원장은 북한이탈주민에 대한 보호 및 지원 등을 위하여 북한이탈주민의 실태를 파악하고, 그 결과를 정책에 반영하여야 한다.

④ 보호대상자는 대한민국의 자유민주적 법질서에 적응하여 건강하고 문화적인 생활을 할 수 있도록 노력하여야 한다.

해설 ① 「북한이탈주민의 보호 및 정착지원에 관한 법률」 제4조 제1항, ② 제4조 제2항, ④ 제4조 제3항
③ 「북한이탈주민의 보호 및 정착지원에 관한 법률」 제4조 제4항 "통일부장관은 북한이탈주민에 대한 보호 및 지원 등을 위하여 북한이탈주민의 실태를 파악하고, 그 결과를 정책에 반영하여야 한다."

05 「북한이탈주민의 보호 및 정착지원에 관한 법률」과 관련된 설명으로 틀린 것은?

(2009년 제2차 – 21. 10. 21. 시행 기준에 따라 수정)

① 북한이탈주민으로서 이 법에 따른 보호를 받으려는 사람은 재외공관 그 밖의 행정기관의 장에게 보호를 직접 신청하여야 한다. 다만, 보호를 직접 신청하지 아니할 수 있는 대통령령으로 정하는 사유가 있는 경우에는 그러하지 아니하다.

② 일반적인 경우 국가정보원장이 북한이탈주민 보호 및 정착지원협의회의 심의를 거쳐 보호여부에 대한 결정을 한다.

③ 통일부장관은 보호대상자의 정착 여건 및 생계유지 능력 등을 고려하여 정착금이나 그에 상응하는 가액의 물품을 지급할 수 있다.

④ 통일부장관은 보호대상자에게 대통령령으로 정하는 바에 의하여 주거지원을 할 수 있다.

해설 ① 「북한이탈주민의 보호 및 정착지원에 관한 법률」 제7조 제1항, ③ 제21조 제1항 제1문, ④ 제20조 제1항
② 「북한이탈주민의 보호 및 정착지원에 관한 법률」 제8조 제1항 본문과 단서의 관계 "통일부장관은 제7조 제3항에 따른 통보를 받으면 협의회의 심의를 거쳐 보호 여부를 결정한다. 다만, 국가안전보장에 현저한 영향을 줄 우려가 있는 사람에 대하여는 국가정보원장이 그 보호 여부를 결정하고, 그 결과를 지체 없이 통일부장관과 보호신청자에게 통보하거나 알려야 한다." 원칙적(일반적)으로 통일부 장관이 결정하고, 단서의 사유에 해당하는 예외적인 경우 국가정보원장이 결정하고 그 결과를 지체 없이 통일부장관과 보호신청자에게 통보한다.

06 「남북교류협력에 관한 법률」에 관한 설명으로 가장 적절하지 않은 것은?

(2019년 제2차)

① 남한의 주민이 북한을 방문하거나 북한의 주민이 남한을 방문하려면 통일부장관의 방문 승인을 받아야 하며, 통일부장관이 발급한 증명서를 소지하여야 한다.

② 남한의 주민이 북한의 주민과 접촉하려면 통일부장관에게 미리 신고하여야 하는 것이 원칙이나 대통령령으로 정하는 부득이한 사유에 해당하는 경우에는 접촉한 후에 신고할 수 있다.

③ 남한과 북한 간의 거래는 국가 간의 거래가 아닌 민족 내부의 거래로 본다.

④ 남북교류협력에 관한 법률 상 "반출 반입"이란 매매, 교환, 임대차, 사용대차, 증여, 사용 등을 목적으로 하는 남한과 북한 간의 물품 등의 이동을 말하며, 단순히 제3국을 거치는 물품 등의 이동은 포함하지 않는다.

해설 ① 「남북교류협력에 관한 법률」 제9조 제1항, ② 제9조의2 제1항, ③ 제12조

④ 「**남북교류협력에 관한 법률**」 **제2조 제3호** "이 법에서 사용하는 용어의 뜻은 다음과 같다. 1. "출입장소"란 군사분계선 이북지역(이하 "북한"이라 한다)으로 가거나 북한으로부터 들어올 수 있는 군사분계선 이남지역 (이하 "남한"이라 한다)의 항구, 비행장, 그 밖의 장소로서 대통령령으로 정하는 곳을 말한다. 2. "교역"이란 남한과 북한 간의 물품, 대통령령으로 정하는 용역 및 전자적 형태의 무체물(이하 "물품등"이라 한다)의 반출·반입을 말한다. 3. "반출·반입"이란 매매, 교환, 임대차, 사용대차, 증여, 사용 등을 목적으로 하는 남한과 북한 간의 물품등의 이동(단순히 제3국을 거치는 물품등의 이동을 포함한다. 이하 같다)을 말한다. 4. "협력사업"이란 남한과 북한의 주민(법인·단체를 포함한다)이 공동으로 하는 환경, 경제, 학술, 과학기술, 정보통신, 문화, 체육, 관광, 보건의료, 방역, 교통, 농림축산, 해양수산 등에 관한 모든 활동을 말한다."

07 간첩망의 형태에 대한 설명 중 가장 적절한 것은?

(2017년 제1차)

① 단일형은 간첩이 단일 특수 목적을 수행하기 위해 동조자를 포섭하지 않고 단독으로 활동하는 점조직으로 대남간첩이 가장 많이 사용하며, 간첩 상호간에 종적·횡적 연락의 차단으로 보안 유지 및 신속한 활동이 가능하며 활동 범위가 넓고 공작 성과가 높다는 장점이 있다.

② 삼각형은 지하당조직에서 주로 사용하는 간첩망 형태로, 지하당 구축을 하명받은 간첩이 3명 이내의 행동공작원을 포섭하여 직접 지휘하고 포섭된 공작원 간의 횡적 연락을 차단시키는 활동 조직이다.

③ 피라미드형은 간첩 밑에 주공작원 2~3명을 두고, 주공작원은 그 밑에 각각 2~3명의 행동공작원을 두는 조직 형태로 일시에 많은 공작을 입체적으로 수행할 수 있어 활동 범위가 넓고 조직 구성에 많은 시간이 소요되지 않는다는 장점이 있다.

④ 레포형은 삼각형 조직에 있어서 간첩과 주공작원 간, 행동공작원 상호간에 연락원을 두고 종·횡으로 연결하는 형태이다.

해설 ① 단일형의 내용에 대해서는 옳은 설명이지만, 단점에 대한 설명이 잘못되었다. 간첩 상호간에 종적·횡적 연락의 차단으로 활동범위가 좁아 공작성과가 낮다는 단점이 있다.

② 옳은 설명이다. 아래의 【간첩망의 형태 개관】 참조.

③ 피라미드형의 내용에 대해서는 옳은 설명이지만, 단점에 대한 설명이 잘못되었다. 조직구성에 장시간이 소요되고, 행동노출이 쉬워 일망타진 가능성이 높다.

④ 레포형은 피라미드형 조직에 있어서 간첩과 주공작원간, 행동공작원 상호간에 연락원을 두고 종횡으로 연결하는 형태를 말한다.

【간첩망의 형태 개관】

형태	내용	장·단점
단일형	간첩이 단일 특수목적을 수행하기 위해 동조자포섭없이 단독으로 활동하는 점조직으로 대남간첩이 가장 많이 사용하며, 간첩 상호간에 종적·횡적 연락 차단	· 보안유지 및 신속한 활동 가능 · 활동범위가 좁아 공작성과 낮음
삼각형	간첩이 3명 이내 공작원을 포섭·지휘하고, 포섭된 공작원 간 횡적연락 차단(지하당 구축에 사용)	· 보안유지 잘되고, 일망타진 가능성이 낮음 · 활동범위가 좁고 공작원 검거시 간첩의 정체가 쉽게 노출
서클형	합법적 신분으로 활동하면서 대상국의 정치사회문제를 이용하여 적국의 이념이나 사상에 동조토록 유도하여 공작목표를 달성하기 위한 간첩망(첩보전에 많이 사용)	· 간첩활동이 비교적 자유롭고 대중적 조직의 동원이 가능 · 간첩의 정체 폭로시 외교문제가 야기될 수 있음

피라미드형	간첩이 주공작원 2~3명을 두고, 주공작원은 그 밑에 각각 2~3명 행동공작원을 둠	· 일시에 많은 공작을 입체적으로 수행 가능 · 행동 노출이 쉽고, 일망타진 가능성 높으며 조직구성에 장시간 소요
레포형	피라미드형 조직에 있어서 간첩과 주공작원 간, 행동공작원 상호간에 연락원을 두고 종횡으로 연결하는 방식	· 현재는 거의 사용되지 않는 간첩망

분석 간첩망의 형태와 관련하여 최근 12년간 독립된 유형의 문제로 3회 출제되었고, 각 간첩망의 구체적인 내용과 장·단점을 정확히 기억하고 있는지를 확인하는 수준이었습니다. 보안 분야에서 중요한 내용으로 향후에도 출제 가능성이 높으므로 위의 표를 정확히 기억해야 합니다.

08 대상국의 기밀 탐지, 전복, 태업 등을 효과적으로 수행하기 위한 지하조직 형태를 간첩망이라 한다. 다음의 내용이 설명하는 간첩망의 형태를 가장 적절하게 나열한 것은? (2016년 제1차)

> ㉠ 지하당 구축에 흔히 사용하는 형태로, 간첩이 3명 이내의 행동공작원을 포섭하여 직접 지휘하고 공작원 간 횡적 연락을 차단시키는 활동조직
> ㉡ 간첩이 주공작원 2~3명을 두고, 주공작원은 그 밑에 각각 2~3명의 행동공작원을 두는 조직형태
> ㉢ 합법적 신분을 이용하여 적국의 이념이나 사상에 동조하도록 유도하여 공작목표를 달성하기 위한 조직형태

① ㉠ 삼각형 ㉡ 피라미드형 ㉢ 서클형
② ㉠ 삼각형 ㉡ 피라미드형 ㉢ 레포형
③ ㉠ 피라미드형 ㉡ 삼각형 ㉢ 서클형
④ ㉠ 피라미드형 ㉡ 삼각형 ㉢ 레포형

해설 【간첩망의 형태 개관】 참조. ㉠은 삼각형, ㉡은 피라미드형, ㉢은 서클형에 대한 설명이다.

09 간첩망의 형태에 관한 다음 설명 중 가장 적절하지 않은 것은? (2015년 제2차)

① 피라미드형은 간첩이 3명 이내의 공작원을 포섭하여 지휘하고 포섭된 공작원 간 횡적 연락을 차단하는 형태이다.
② 써클형은 합법적 신분을 이용하여 침투하고 대상국의 정치·사회문제를 이용하여 적국의 이념이나 사상에 동조하도록 유도하는 형태이다.
③ 단일형은 단독활동으로 보안유지 및 신속한 활동이 가능한 반면, 활동범위가 좁고 공작성과가 비교적 낮다.
④ 레포형은 피라미드형 조직에서 간첩과 주공작원 간, 행동공작원 상호 간에 연락원을 두고 종횡으로 연결하는 방식이다.

해설 ① 피라미드형은 간첩이 주공작원 2~3명을 두고, 주공작원은 그 밑에 각각 2~3명 행동공작원을 두는 조직 형태를 말한다. 지문의 내용은 삼각형에 대한 설명이고, 삼각형은 지하당 구축에 사용된다.
② ③ ④ 옳은 설명이다. 【간첩망의 형태 개관】 참조.

01 간첩망에 대한 설명으로 틀린 것은?

① 간첩망이란 적국을 위하여 탐지·전복·태업 등 간첩 침략을 효과적으로 수행하기 위한 지하조직의 형태를 말한다.

② 삼각형은 간첩이 3명 이내의 공작원을 포섭·지휘하고, 포섭된 공작원 사이의 횡적 연락을 차단하는 간첩망 형태이다.

③ 피라미드형은 간첩이 주공작원 2-3명을 두고, 주공작원은 그 밑에 각각 2-3명의 행동공작원을 두는 간첩망 형태로 주로 지하당구축에 사용된다.

④ 레포형은 피라미드형 조직에 있어서 간첩과 주공작원 사이, 행동공작원 상호간에 연락원을 두고 종횡으로 연결하는 간첩망 형태이다.

> **해설** ①②④ 옳은 설명이다.
> ③ 지하당구축에 사용되는 간첩망 형태는 삼각형이다.

02 대남간첩이 가장 많이 사용하며 간첩 상호간에 종적·횡적 연락을 차단하는 간첩망 형태는?

① 삼각형   ② 단일형   ③ 서클형   ④ 피라미드형

> **해설** 단일형 간첩망에 대한 설명이다. 단일형 간첩망은 간첩이 단일한 특수목적을 수행하기 위해 동조자의 포섭 없이 단독으로 활동하는 점조직으로 대남간첩이 가장 많이 사용하며, 간첩 상호 간에 종적·횡적 연락을 차단하는 형태이다.

03 간첩이 합법적인 신분으로 활동하면서 대상국의 정치·사회문제를 이용하여 적국의 이념·사상에 동조하도록 유도하여 공작목표를 달성하는 간첩망 형태는?

① 서클형   ② 삼각형   ③ 피라미드형   ④ 레포형

> **해설** 서클형에 대한 설명이다. 서클형은 주로 첩보전에서 많이 사용하는 간첩망 형태이다.

04 보안유지의 장점이 있으나 활동범위가 좁은 단점이 있는 간첩망 형태로 묶인 것은?

① 단일형과 삼각형
③ 피라미드형과 레포형
② 삼각형과 레포형
④ 단일형과 피라미드형

> **해설** 단일형과 삼각형이 공통된 장·단점의 측면을 가지고 있다. 레포형은 현재는 사용되지 않는 간첩망 형태로 피라미드형 조직을 기본으로 간첩과 주공작원 사이, 행동공작원 상호 간에 연락원을 두고 종횡으로 연결하는 방식이라는 점에서 피라미드형의 장·단점이 그대로 적용된다.

05 간첩망의 형태에 따른 장 · 단점에 대한 〈보기 1〉과 〈보기 2〉의 연결이 가장 적절한 것은?

보기 1

(가) 일시에 많은 공작을 입체적으로 수행할 수 있는 장점이 있으나, 행동의 노출이 쉽고 일망타진 가능성이 높으며 조직의 구성에 장시간이 소요되는 단점이 있는 간첩망
(나) 보안 유지 및 신속한 활동이 가능한 장점이 있으나, 활동의 범위가 좁아 공작 성과가 낮은 단점이 있는 간첩망
(다) 간첩의 활동이 비교적 자유롭고 대중적 조직의 동원이 가능하다는 장점이 있으나, 간첩의 정체가 폭로되는 경우 외교문제가 야기될 수 있는 단점이 있는 간첩망
(라) 보안이 잘 유지되고 일망타진의 가능성이 낮은 장점이 있으나, 활동의 범위가 좁고 공작원 검거시 간첩의 정체가 쉽게 노출되는 단점이 있는 간첩망

보기 2

㉠ 단일형	㉡ 삼각형	㉢ 서클형	㉣ 피라미드형	㉤ 레포형

	(가)	(나)	(다)	(라)		(가)	(나)	(다)	(라)
①	㉤	㉡	㉢	㉠	②	㉤	㉡	㉠	㉢
③	㉣	㉠	㉤	㉡	④	㉣	㉠	㉢	㉡

해설 (가)는 피라미드형, (나)는 단일형, (다)는 서클형, (라) 삼각형의 장 · 단점에 대한 설명이다.

북한이탈주민의 보호 및 정착지원에 관한 법률

01 북한이탈주민의 보호 및 정착지원에 관한 법률상 개념의 "정의(제2조)"에 대한 설명으로 틀린 것은?

① "북한이탈주민"이란 군사분계선 이북지역에 주소·직계가족·배우자·직장 등을 두고 있는 사람으로서 북한을 벗어난 후 외국 국적을 취득하지 아니한 사람을 말한다.
② "보호대상자"란 북한이탈주민의 보호 및 정착지원에 관한 법률에 따라 보호 및 지원을 받는 북한이탈주민을 말한다.
③ "정착지원시설"이란 보호대상자의 보호 및 정착지원을 위하여 북한이탈주민의 보호 및 정착지원에 관한 법률 제10조 제1항에 따라 설치·운영하는 시설을 말한다.
④ "보호금품"이란 북한이탈주민의 보호 및 정착지원에 관한 법률에 따라 보호대상자에게 지급하는(빌려주는 경우를 제외한다) 금전, 물품 또는 재산상 이익을 말한다.

해설 ① 「북한이탈주민의 보호 및 정착지원에 관한 법률」 제2조 제1호, ② 제2조 제2호, ③ 제2조 제3호
④ 「북한이탈주민의 보호 및 정착지원에 관한 법률」 제2조 제4호 ""보호금품"이란 이 법에 따라 보호대상자에게 지급하거나 빌려주는 금전 또는 물품을 말한다." 빌려주는 경우도 포함된다. 그리고 재산상 이익은 보호금품에 포함되지 않는다는 점에 유의한다.

02 북한이탈주민의 보호 및 정착지원에 관한 법률에 대한 설명으로 옳은 것은?

① 북한이탈주민의 보호 및 정착지원에 관한 법률은 북한이탈주민에게 적용되고, 대한민국의 보호를 받으려는 의사를 표시하였는지 여부는 불문한다.
② 대한민국은 보호대상자를 인도주의에 입각하여 특별히 보호하고, 외국에 체류하고 있는 북한이탈주민의 보호 및 지원 등을 위하여 외교적 노력을 다하여야 한다.
③ 국가정보원장은 북한이탈주민에 대한 보호 및 지원 등을 위하여 북한이탈주민의 실태를 파악하고, 그 결과를 정책에 반영하여야 한다.
④ 통일부장관은 북한이탈주민의 보호 및 정착지원에 관한 법률 제6조에 따른 북한이탈주민 보호 및 정착지원협의회의 심의를 거쳐 보호대상자의 보호 및 정착지원에 관한 기본계획을 5년마다 수립·시행하여야 한다.

해설 ① 「북한이탈주민의 보호 및 정착지원에 관한 법률」 제3조 "이 법은 대한민국의 보호를 받으려는 의사를 표시한 북한이탈주민에 대하여 적용한다."
② 「북한이탈주민의 보호 및 정착지원에 관한 법률」 제4조 제1항·제2항
③ 「북한이탈주민의 보호 및 정착지원에 관한 법률」 제4조 제4항 "통일부장관은 북한이탈주민에 대한 보호 및 지원 등을 위하여 북한이탈주민의 실태를 파악하고, 그 결과를 정책에 반영하여야 한다."
④ 「북한이탈주민의 보호 및 정착지원에 관한 법률」 제4조의3 제1항 "통일부장관은 제6조에 따른 북한이탈주민 보호 및 정착지원협의회의 심의를 거쳐 보호대상자의 보호 및 정착지원에 관한 기본계획(이하 "기본계획"이라 한다)을 3년마다 수립·시행하여야 한다(21. 10. 21. 시행 조문)." 지문은 21. 10. 21. 시행되는 조문에 따라 구성하였고, 10. 21. 이전과는 협의회의 명칭에 다소 차이가 있을 뿐이다.

03 북한이탈주민의 보호 및 정착지원에 관한 법률상의 "보호기준 등(제5조)"에 대한 설명으로 옳은 것은?

① 보호대상자에 대한 보호 및 지원 기준은 나이, 성별, 세대 구성, 학력, 경력, 자활 능력, 건강 상태 및 재산 등을 고려하여 합리적으로 정하여야 한다.

② 북한이탈주민의 보호 및 정착지원에 관한 법률에 따른 보호 및 정착지원은 원칙적으로 세대를 단위로 하되, 필요하다고 인정하는 경우에는 개인을 단위로 할 수 있다.

③ 보호대상자를 정착지원시설에서 보호하는 기간은 2년 이내로 한다.

④ 보호대상자를 거주지에서 보호하는 기간은 5년으로 하고, 그 기간을 단축하거나 연장할 수 없다.

해설 ① 「북한이탈주민의 보호 및 정착지원에 관한 법률」 제5조 제1항
② 「북한이탈주민의 보호 및 정착지원에 관한 법률」 제5조 제2항 "이 법에 따른 보호 및 정착지원은 <u>원칙적으로 개인을 단위로 하되</u>, 필요하다고 인정하는 경우에는 대통령령으로 정하는 바에 따라 <u>세대</u>를 단위로 할 수 있다."
③④ 「북한이탈주민의 보호 및 정착지원에 관한 법률」 제5조 제3항 "보호대상자를 정착지원시설에서 보호하는 기간은 <u>1년 이내</u>로 하고, 거주지에서 보호하는 기간은 <u>5년</u>으로 한다. 다만, 특별한 사유가 있는 경우에는 제6조에 따른 북한이탈주민 보호 및 정착지원협의회의 <u>심의</u>를 거쳐 그 기간을 <u>단축하거나 연장할 수 있다</u>(21. 10. 21. 시행 조문)."

04 북한이탈주민의 보호 및 정착지원에 관한 법률상의 "보호신청 등(제7조)"에 대한 설명으로 틀린 것은?

① 북한이탈주민으로서 보호를 받으려는 사람은 재외공관이나 그 밖의 행정기관의 장(각급 군부대의 장 포함, 이하 "재외공관장등"이라 함)에게 보호를 직접 신청하여야 한다.

② ①의 보호신청을 받은 재외공관장등은 지체 없이 그 사실을 소속 중앙행정기관의 장을 거쳐 통일부장관과 국가정보원장에게 통보하여야 한다.

③ ②의 통보를 받은 통일부장관과 국가정보원장은 보호신청자에 대하여 보호결정 등을 위하여 필요한 조사 및 일시적인 신변안전조치 등 임시보호조치를 취하여야 한다.

④ 국가정보원장은 ③에 따른 조사 및 임시보호조치를 하기 위한 시설을 설치·운영하여야 한다.

해설 ①「북한이탈주민의 보호 및 정착지원에 관한 법률」 제7조 제1항, ② 제7조 제2항, ④ 제7조 제4항
③ 「북한이탈주민의 보호 및 정착지원에 관한 법률」 제7조 제3항 "제2항에 따라 통보를 받은 <u>국가정보원장</u>은 보호신청자에 대하여 보호결정 등을 위하여 <u>필요한 조사 및 일시적인 신변안전조치 등 임시보호조치</u>를 한 후 <u>지체 없이 그 결과를 통일부장관에게 통보하여야 한다</u>." 임시보호조치는 국가정보원장이 하고 지체 없이 그 결과를 통일부장관에게 통보한다.

05 북한이탈주민의 보호 및 정착지원에 관한 법률 제8조와 제9조에 따른 "보호 결정"에 대한 설명으로 옳은 것은?

① 통일부장관은 국가안전보장에 현저한 영향을 줄 우려가 있는 사람에 대하여는 협의회의 심의를 거쳐 보호여부를 결정하고, 그 결과를 지체 없이 국가정보원장과 보호신청자에게 통보하거나 알려야 한다.

② 항공기 납치, 마약거래, 테러, 집단살해 등 국제형사범죄자, 살인 등 중대한 비정치적 범죄자 또는 위장탈출 혐의자에 해당하는 사람은 보호대상자로 결정하지 아니한다.

③ 체류국에 10년 이상 생활 근거지를 두고 있는 사람 또는 국내 입국 후 1년이 지나서 보호신 청한 사람에 해당하는 사람은 보호대상자로 결정하지 아니할 수 있다.

④ 통일부장관은 북한이탈주민으로서 보호대상자로 결정되지 아니한 사람에게는 필요한 경우 북 한이탈주민의 보호 및 정착지원에 관한 법률에 따른 보호 및 지원을 할 수 있다.

해설 ① 「북한이탈주민의 보호 및 정착지원에 관한 법률」 제8조 제1항 "통일부장관은 제7조 제3항에 따른 통보를 받 으면 협의회의 심의를 거쳐 보호 여부를 결정한다. 다만, 국가안전보장에 현저한 영향을 줄 우려가 있는 사람 에 대하여는 국가정보원장이 그 보호 여부를 결정하고, 그 결과를 지체 없이 통일부장관과 보호신청자에게 통보하거나 알려야 한다."

② 「북한이탈주민의 보호 및 정착지원에 관한 법률」 제9조 제1항 제1호 내지 제3호 "① 제8조 제1항 본문에 따 라 보호 여부를 결정할 때 다음 각 호의 어느 하나에 해당하는 사람은 보호대상자로 결정하지 아니할 수 있 다. 1. 항공기 납치, 마약거래, 테러, 집단살해 등 국제형사범죄자, 2. 살인 등 중대한 비정치적 범죄자, 3. 위 장탈출 혐의자, 4. 삭제, 5. 국내 입국 후 3년이 지나서 보호신청한 사람, 6. 그 밖에 국가안전보장·질서유 지·공공복리에 대한 중대한 위해 발생 우려, 보호신청자의 경제적 능력 및 해외체류 여건 등을 고려하여 보 호대상자로 정하는 것이 부적당하거나 보호 필요성이 현저히 부족하다고 대통령령으로 정하는 사람" 보호 여 부의 결정은 재량으로 사유에 관계 없이 보호대상자로 결정하지 아니할 수 있다.

③ 「북한이탈주민의 보호 및 정착지원에 관한 법률」 제9조 제1항 제4·제5호 참조. 체류국에 10년 이상 생활 근거지를 두고 있는 사람(제4호)은 2021년 6월 9일 개정·시행된 법에서 삭제되었고, 국내 입국 후 3년이 지나서 보호신청한 사람에 대해 보호대상자로 결정하지 아니할 수 있다.

④ 「북한이탈주민의 보호 및 정착지원에 관한 법률」 제9조 제3항

06 북한이탈주민의 보호 및 정착지원에 관한 법률상의 "주거지원 등(제20조)"에 대한 설명으로 틀린 것은?

① 통일부장관은 보호대상자에게 대통령령으로 정하는 바에 따라 주거지원을 할 수 있다.

② 주거지원을 받는 보호대상자는 그 주민등록 전입신고를 한 날부터 2년간 통일부장관의 허가 를 받지 아니하고는 주거지원에 따라 취득하게 된 소유권·전세권·임차권을 양도할 수 없다.

③ ②에 따른 소유권·전세권·임차권(이하 "소유권등")의 등기신청은 보호대상자가 하고, 이 경 우 소유권등은 양도나 저당권 설정이 금지된다는 사실을 그 등기신청서에 기록하여야 한다.

④ 통일부장관은 보호대상자에게 대통령령으로 정하는 바에 따라 가정과 같은 주거 여건과 보호 를 제공하는 공동생활시설을 이용하는 데 필요한 지원을 할 수 있다.

해설 ① 「북한이탈주민의 보호 및 정착지원에 관한 법률」 제20조 제1항, ② 제20조 제2항, ④ 제20조 제4항 ②와 관련하여 "제1항에 따라 주거지원을 받는 보호대상자는 그 주민등록 전입신고를 한 날부터 2년간 통일부장 관의 허가를 받지 아니하고는 임대차계약을 해지하거나 그 주거지원에 따라 취득하게 된 소유권, 전세권 또 는 임차권(이하 "소유권등"이라 한다)을 양도하거나 저당권을 설정할 수 없다." 임대차계약을 해지할 수도 없 고, 소유권등의 권리를 양도하거나 저당권을 설정할 수도 없다.

③ 「북한이탈주민의 보호 및 정착지원에 관한 법률」 제20조 제3항 "제2항에 따른 소유권등의 등기신청은 보호 대상자를 대리하여 통일부장관이 한다. 이 경우 소유권등은 양도나 저당권 설정이 금지된다는 사실을 그 등 기신청서에 기록하여야 한다."

07 북한이탈주민의 보호 및 정착지원에 관한 법률에 따른 북한이탈주민에 대한 정착지원책에 관한 설명으로 옳은 것은 몇 개인가?

㉠ 북한이탈주민을 국가공무원·지방공무원으로 특별임용할 수 있으나, 국군으로 특별임용할 수는 없다.

㉡ 통일부장관은 보호대상자에게 대통령령으로 정하는 바에 따라 주거지원을 하여야 하고, 가정과 같은 주거 여건과 보호를 제공하는 공동생활시설을 이용하는 데 필요한 지원을 할 수 있다.

㉢ 통일부장관은 보호대상자의 정착 여건 및 생계유지 능력 등을 고려하여 정착금품을 지급할 수 있고, 이 경우 정착금품의 2분의 1을 초과하지 아니하는 범위에서 감액할 수 있다.

㉣ 통일부장관은 보호대상자가 제공한 정보나 가지고 온 장비(재화를 제외한다)의 활용 가치에 따라 등급을 정하여 보로금을 지급할 수 있다.

㉤ 북한이탈주민의 보호 및 정착지원에 관한 법률에 따라 지급된 정착금 및 보로금은 양도하거나 담보로 제공할 수 없고, 압류할 수 없다.

---

① 1개   ② 2개   ③ 3개   ④ 4개

해설 「북한이탈주민의 보호 및 정착지원에 관한 법률」: ㉢이 옳은 설명이다.

㉠ **제18조 제1항·제2항**: "① 북한에서의 자격이나 경력이 있는 사람 등 북한이탈주민으로서 공무원으로 채용하는 것이 필요하다고 인정되는 사람에 대하여는 「국가공무원법」 제28조 제2항 및 「지방공무원법」 제27조 제2항에도 불구하고 북한을 벗어나기 전의 자격·경력 등을 고려하여 <u>국가공무원 또는 지방공무원으로 특별임용할 수 있다</u>. ② 북한의 군인이었던 보호대상자가 국군에 편입되기를 희망하면 북한을 벗어나기 전의 계급, 직책 및 경력 등을 고려하여 <u>국군으로 특별임용할 수 있다</u>."

㉡ **제20조 제1항·제4항**: "① 통일부장관은 보호대상자에게 대통령령으로 정하는 바에 따라 <u>주거지원을 할 수 있다</u>. ④ 통일부장관은 보호대상자에게 대통령령으로 정하는 바에 따라 가정과 같은 주거 여건과 보호를 제공하는 <u>공동생활시설을 이용하는 데 필요한 지원을 할 수 있다</u>."

㉣ **제21조 제2항**: "통일부장관은 보호대상자가 제공한 정보나 가지고 온 <u>장비(재화를 포함한다)의 활용 가치에 따라 등급을 정하여 보로금(報勞金)을 지급할 수 있다</u>."

㉤ **제21조 제4항**: "제1항에 따른 정착금은 양도하거나 담보로 제공할 수 없고, 압류할 수 없다." 양도·담보제공·압류금지의 대상은 정착금에 한하고, <u>보로금은 대상에서 제외된다</u>.

08 북한이탈주민의 보호 및 정착지원에 관한 법률과 동법 시행령에 따른 "거주지에서의 신변보호"에 대한 설명으로 옳은 것은 몇 개인가?

㉠ 통일부장관은 보호대상자가 거주지로 전입한 후 그의 신변안전을 위하여 국가정보원장이나 경찰청장에게 협조를 요청할 수 있으며, 요청을 받은 국가정보원장이나 경찰청장은 이에 협조한다.

㉡ 신변보호에 필요한 사항은 통일부장관이 국방부장관, 국가정보원장 및 경찰청장과 협의하여 정하고, 해외여행에 따른 신변보호에 관한 사항은 외교부장관과 법무부장관의 의견을 들어야 한다.

㉢ 신변보호기간은 5년으로 하되, 통일부장관은 보호대상자의 의사, 신변보호의 지속 필요성 등을 고려하여 협의회 심의를 거쳐 그 기간을 연장할 수 있다.

㉣ 신변보호기간을 연장하는 경우 그 횟수에는 제한이 없으나, 연장할 때마다 3년을 초과할 수 없다.

㉤ 국가정보원장은 북한이탈주민의 보호 및 정착지원에 관한 법률에 따른 정착지원시설에서 보호를 받는 보호대상자가 그 정착지원시설로부터 그의 거주지로 전입하려는 경우 그 사실을 통일부장관에게 알려야 한다.

---

① 1개   ② 2개   ③ 3개   ④ 4개

해설 「**북한이탈주민의 보호 및 정착지원에 관한 법률 및 동법 시행령**」: ⓒ ⓜ이 옳은 설명이다.

ⓐ **법률 제22조의2 제1항**: "통일부장관은 제22조에 따라 보호대상자가 거주지로 전입한 후 그의 신변안전을 위하여 <u>국방부장관이나 경찰청장에게 협조를 요청</u>할 수 있으며, 협조요청을 받은 국방부장관이나 경찰청장은 이에 <u>협조한다</u>."

ⓑ **법률 제22조의2 제2항**: "제1항에 따른 신변보호에 필요한 사항은 <u>통일부장관이 국방부장관, 국가정보원장 및 경찰청장과 협의하여 정한다</u>. 이 경우 해외여행에 따른 신변보호에 관한 사항은 <u>외교부장관과 법무부장관의 의견을 들을 수 있다</u>."

ⓓ **시행령 제42조 제5항**: "법 제22조의2 제3항 단서에 따른 신변보호기간의 연장은 연장할 때마다 <u>5년을 초과할 수 없다</u>."

01 「보안관찰법」상 보안관찰 해당범죄가 아닌 것은? (2017년 제1차)

　① 「형법」상 내란죄　　　　　　　　② 「군형법」상 일반이적죄
　③ 「국가보안법」상 목적수행죄　　　④ 「국가보안법」상 금품수수죄

해설　① 형법상 내란죄는 보안관찰 해당범죄가 아니다. ② ③ ④ 【보안관찰 해당범죄 개관】 표 참조
　　　　【보안관찰 해당범죄 개관】 – 보안관찰법 제2조

법명	해당범죄
형법	· 내란목적살인죄(제88조) 및 그 미수범(제89조)과 예비 · 음모 · 선동 · 선전(제90조) · 외환유치죄 · 여적죄 · 모병이적죄 · 시설제공이적죄 · 시설파괴이적죄 · 물건제공이적죄 · 간첩죄(제92조 내지 제98조) 및 그 미수범 (제100조)과 예비 · 음모 · 선동 · 선전(제101조) 　※ **유의** – 일반이적죄(제99조), 미수범 및 예비 · 음모 · 선동 · 선전 제외 / 내란죄 및 그 미수범 등 제외
군형법	· 반란죄 · 반란목적군용물탈취죄 및 그 미수범과 예비 · 음모 · 선동 · 선전(제5조 내지 제8조) · 이적목적반란불보고죄(제9조 제2항): ※ **유의** – (단순)반란불보고죄(제9조 제1항) 제외 · 군대및군용시설제공죄 · 군용시설등파괴죄 · 간첩죄 · 일반이적죄 및 그 미수범과 예비 · 음모 · 선동 · 선전(제11조 내지 제16조) 　※ **유의** – 형법과 달리 군형법상 일반이적죄는 해당범죄 포함
국가보안법	· 목적수행죄(제4조) · 자진지원금품수수죄(제5조 – **유의**: 제4조 제1항 제6호의 선동 · 선전 · 허위사실날조 · 유포 제외) · 잠입탈출죄(제6조) · (총포 · 탄약 · 화약 기타 무기 제공)편의제공죄 및 그 미수범과 예비 · 음모(제9조 제1항 · 제3항 · 제4항) 　※ **유의** – 금품 기타 재산상의 이익을 제공하거나 잠복 · 회합 · 통신 · 연락을 위한 장소를 제공하거나 기타의 방법으로 편의 제공(제9조 제2항)과 그 미수범 제외

분석　보안관찰법상 보안관찰 대상범죄와 관련하여 최근 12년간 독립된 유형의 문제로 1회, 다른 지문과 결합하여 2회 출제되었고, 조문의 내용을 정확히 알고 있는지 확인하는 수준이었습니다. 기출 경향에 비추어 법조문이 아닌 해당 범죄의 죄명을 알고 있어야 하므로 위의 표를 정확히 숙지하고, 유의사항을 기억하고 있어야 향후 출제 가능성이 있는 변형된 문제에 대비할 수 있습니다.

02 「보안관찰법」에 대한 설명으로 가장 적절하지 않은 것은? (2017년 제2차)

　① 보안관찰처분대상자라 함은 보안관찰해당범죄 또는 이와 경합된 범죄로 금고 이상의 형의 선고를 받고 그 형기 합계가 3년 이상인 자로서 형의 전부 또는 일부의 집행을 받은 사실이 있는 자를 말한다.
　② 보안관찰처분대상자는 출소 후 7일 이내에 그 거주예정지 관할경찰서장에게 출소사실을 신고하여야 한다.

③ 피보안관찰자는 보안관찰처분결정고지를 받은 날부터 7일 이내에 일정한 사항을 주거지를 관할하는 지구대·파출소의 장을 거쳐 관할경찰서장에게 신고하여야 한다.

④ 피보안관찰자는 주거지를 이전하거나 국외여행 또는 7일 이상 주거를 이탈하여 여행하고자 할 때에는 미리 거주예정지, 여행예정지 등을 지구대·파출소장을 거쳐 관할경찰서장에게 신고하여야 한다.

해설 ① 「**보안관찰법**」 제3조, ② 제6조 제1항 제1문, ③ 제18조 제1항 제1문
④ 「**보안관찰법**」 제18조 제4항 본문 "피보안관찰자가 주거지를 이전하거나 국외여행 또는 <u>10일 이상 주거를 이탈</u>하여 여행하고자 할 때에는 미리 거주예정지, 여행예정지 기타 대통령령이 정하는 사항을 지구대·파출소장을 거쳐 관할경찰서장에게 신고하여야 한다."

분석

> 보안관찰법의 경우 제2조(보안관찰해당범죄)를 제외하고 조문별로 독립된 유형의 문제가 출제된 적은 없고, 제1조(목적), 제3조(보안관찰처분대상자), 제4조(보안관찰처분), 제5조(보안관찰처분의 기간), 제6조(보안관찰처분대상자의 신고), 제7조(보안관찰처분의 청구), 제8조(청구의 방법), 제11조(보안관찰처분의 면제), 제12조(보안관찰처분심의위원회), 제17조(보안관찰처분의 집행), 제18조(신고사항) 및 제23조(행정소송)까지 거의 전 분야에 걸쳐 조문의 내용을 상호 결합한 지문의 형식으로 출제되었습니다. 향후 어느 조문에서 출제될지 예측하기 어려우므로 보안관찰법은 <u>전반적으로 숙지할 필요</u>가 있습니다. 특히 보안관찰처분대상자(제3조 – 10회), 보안관찰처분의 기간(제5조 – 7회), 보안관찰처분대상자의 신고(제6조 – 5회), 보안관찰처분심의위원회와 보안관찰처분의 집행(제12조 및 제17조 – 각 3회)을 중심으로 조문 내용을 잘 기억해야 하고, 각종 기간이나 주체의 경우 문구변형을 통해 오답을 유도하는 방식으로 출제될 가능성이 높으니 대비할 필요가 있습니다.

【보안관찰법 개관】 – 기출 중심 (표의 정리시 "보안관찰처분"은 생략)

구분	내용
대상자	보안관찰해당범죄 또는 <u>이와 경합된 범죄</u>로 금고(**유의**: 징역X) 이상의 형의 선고를 받고 그 형기 합계가 <u>3년 이상</u>인 자로서 <u>형의 전부 또는 일부의 집행</u>을 받은 사실이 있는 자
처분	· <u>보안관찰해당범죄를 다시 범할 위험성</u>이 있다고 인정할 충분한 이유가 있어 <u>재범의 방지를 위한 관찰이 필요한 자</u>에 대하여는 보안관찰처분을 한다(**유의**: 할 수 있다X). · 소정의 사항을 <u>주거지 관할경찰서장에 신고</u> + 그 지시에 따라 보안관찰을 받아야 한다.
기간	<u>2년</u>: 법무부장관은 (검사의 청구시)심의위원회의 <u>의결을 거쳐 그 기간을 갱신할 수 있음</u>(**해야 한다X**)
신고	· 형의 집행을 받고 있는 교도소등(장소 생략)에서 <u>출소 전에 거주예정지 기타 대통령령으로 정하는 사항</u>을 <u>교도소등의 장</u>을 경유하여 <u>거주예정지 관할경찰서장에게 신고하여야 함</u> + (출소한 경우)<u>출소 후 7일 이내에 그 거주예정지 관할경찰서장에 출소사실 신고</u>해야 함 → (가족이 없거나 인수를 거절)법무부장관이 제공하는 거주할 장소를 거주예정지로 신고 · 신고사항 변동시 <u>변동이 있는 날부터 7일 이내</u>에 변동된 사항을 관할경찰서장에 신고하여야 함 · 보안관찰처분대상자가 생길 때 교도소등의 장은 <u>지체없이</u> <u>보안관찰처분심의위원회</u>와 거주예정지를 관할하는 검사 및 경찰서장에게 통고하여야 함
청구와 집행	· 검사의 청구 – 검사가 보안관찰처분청구서를 법무부장관에 제출 / 피청구자에게 지체없이 <u>등본 송달</u> → 청구시 청구의 원인이 되는 사실을 증명할 수 있는 자료와 의견서를 첨부하여야 함 · 집행 – 검사지휘/도주·<u>1개월 이상 소재불명</u> 집행중지결정(할 수 있음) + 소멸시 지체없이 결정취소

면제	· <u>법무부장관은 아래의 요건을 갖춘 자에 대해 보안관찰처분을 하지 아니하는 결정을 할 수 있다.</u> 　– 1. 준법정신 확립, 2. 일정한 주거 · 생업 있을 것, 3. (대통령령)신원보증(2인 이상)이 있을 것 · 위 요건에 해당하는 대상자의 신청이 있을 때 　→ 부득이한 사유가 있는 경우를 제외하고는 <u>3월</u> 내에 보안관찰처분면제여부를 결정해야 함
심의 위원회	· 법무부에 둔다(보안관찰처분에 관한 사안을 심의 · 의결하기 위하여). · 조직구성(7인): 위원장 1인(법무부차관) + 위원 6인(학식 · 덕망이 있는자, 과반수 변호사 자격 필요) · 위원: 법무부장관의 제청으로 대통령이 임명 · 위촉(임기 – 2년)
신고 사항	· 보안관찰처분결정고지를 받은 날부터 <u>7일 이내</u>에 제18조 제1항 각호 사항을 주거지를 관할하는 <u>지구대 또는 파출소의 장을 거쳐 관할경찰서장</u>에게 신고하여야 함 · 신고사항 변동시 <u>7일 이내</u>에 지구대 · 파출소장을 거쳐 <u>관할경찰서장에게 신고하여야 함</u> · <u>주거지 이전, 국외여행, 10일 이상 주거 이탈하여 여행</u> – 미리 거주예정지, 여행예정지 기타 대통령령이 정하는 사항을 지구대 · 파출소장을 거쳐 <u>관할경찰서장에게 신고하여야 함</u>
행정 소송	· 결정에 이의 – (행정소송법)<u>결정이 집행된 날부터 60일 이내</u>에 서울고등법원에 소 제기 · 면제결정신청에 대한 기각결정에 이의 – <u>결정이 있는 날부터 60일 이내</u>에 서울고등법원에 소 제기

03 「보안관찰법」상 규정된 내용으로 가장 적절하지 않은 것은?　(2016년 제2차 – 현행법 반영 수정)

① "보안관찰처분대상자"라 함은 보안관찰해당범죄 또는 이와 경합된 범죄로 금고 이상의 형의 선고를 받고 그 형기 합계가 3년 이상인 자로서 형의 전부 또는 일부의 집행을 받은 사실이 있는 자를 말한다.

② 보안관찰대상자는 그 형의 집행을 받고 있는 교도소, 소년교도소, 구치소, 유치장 또는 군교도소(이하 "교도소등"이라 한다)에서 출소 전에 거주예정지 기타 대통령령으로 정하는 사항을 교도소등의 장을 경유하여 거주예정지 관할경찰서장에게 신고한다.

③ 보안관찰대상자는 교도소등에서 출소한 후 신고사항에 변동이 있을 때에는 지체없이 그 변동된 사항을 관할경찰서장에게 신고하여야 한다.

④ 교도소등의 장은 보안관찰처분대상자가 생길 때에는 지체없이 보안관찰처분심의위원회와 거주예정지를 관할하는 검사 및 경찰서장에게 통보하여야 한다.

해설 ① 「**보안관찰법**」 제3조, ② **제6조 제1항 제1문**, ④ **제6조 제3항**
③ 「**보안관찰법**」 **제6조 제2항 제1문** "보안관찰처분대상자는 교도소등에서 출소한 후 제1항의 <u>신고사항에 변동</u>이 있을 때에는 변동이 있는 날부터 <u>7일이내에 그 변동된 사항을 관할경찰서장에게 신고하여야</u> 한다. 다만, 제20조 제3항에 의하여 거소제공을 받은 자가 주거지를 이전하고자 할 때에는 미리 관할경찰서장에게 제18조 제4항 단서에 의한 신고를 하여야 한다."

04 다음은 보안관찰처분대상자와 기간에 대한 설명이다. ( )안에 들어갈 말이 바르게 연결된 것은?
(2015년 제1차)

> 보안관찰처분대상자란 보안관찰해당범죄 또는 이와 경합된 범죄로 (㉠) 이상의 형의 선고를 받고 그 형기 합계가 (㉡) 이상인 자로서 형의 전부 또는 일부의 집행을 받은 사실이 있는 자를 말하며, 보안관찰처분의 기간은 (㉢)으로 한다.

① ㉠ 금고　㉡ 3년　㉢ 2년　　② ㉠ 금고　㉡ 3년　㉢ 3년
③ ㉠ 자격정지　㉡ 2년　㉢ 2년　　④ ㉠ 자격정지　㉡ 2년　㉢ 3년

해설 순서대로 금고 – 3 – 2이다. 「**보안관찰법**」 제3조 및 제5조 제1항 참조.

05 「보안관찰법」에 대한 설명으로 가장 적절하지 않은 것은? (2015년 제3차)

① 보안관찰처분대상자라 함은 보안관찰해당범죄 또는 이와 경합된 범죄로 금고 이상의 형의 선고를 받고 그 형기 합계가 3년 이상인 자로서 형의 전부 또는 일부의 집행을 받은 사실이 있는 자를 말한다.

② 보안관찰처분을 받은 자는 이 법이 정하는 바에 따라 소정의 사항을 주거지 관할 검사에게 신고하고, 재범방지에 필요한 범위 안에서 그 지시에 따라 보안관찰을 받아야 한다.

③ 법무부장관은 검사의 청구가 있는 때에는 보안관찰처분심의위원회의 의결을 거쳐 그 기간을 갱신할 수 있다.

④ 보안관찰처분의 청구는 검사가 행한다.

해설 ① 「**보안관찰법**」 제3조, ③ 제5조 제2항, ④ 제7조
② 「**보안관찰법**」 제4조 제2항 "보안관찰처분을 받은 자는 이 법이 정하는 바에 따라 소정의 사항을 <u>주거지 관할 경찰서장(이하 "관할경찰서장"이라 한다)에게 신고</u>하고, 재범방지에 필요한 범위안에서 그 지시에 따라 보안관찰을 받아야 한다."

06 다음은 「보안관찰법」상 '보안관찰처분'을 설명한 것이다. 가장 적절한 것은? (2014년 제1차)

① '보안관찰처분대상자'라 함은 보안관찰해당범죄 또는 이와 경합된 범죄로 금고 이상의 형의 선고를 받고 그 형기 합계가 2년 이상인 자로서 형의 전부 또는 일부의 집행을 받은 사실이 있는 자를 말한다.

② 보안관찰처분의 기간은 2년으로 하며, 법무부장관은 검사의 청구가 있는 때에는 보안관찰처분심의위원회의 의결을 거쳐 그 기간을 갱신할 수 있다.

③ 보안관찰처분대상자는 출소 후 2개월 이내에 그 거주예정지 관할경찰서장에게 출소사실을 신고하여야 한다.

④ 검사는 피보안관찰자가 도주하거나 1월 이상 그 소재가 불명한 때에는 보안관찰처분의 집행중지결정을 할 수 있으며, 그 사유가 소멸된 때에는 7일 이내에 그 결정을 취소하여야 한다.

해설 ① 「**보안관찰법**」 제3조 "이 법에서 "보안관찰처분대상자"라 함은 보안관찰해당범죄 또는 이와 경합된 범죄로 <u>금고 이상의 형의 선고</u>를 받고 그 <u>형기합계가 3년 이상</u>인 자로서 <u>형의 전부 또는 일부의 집행</u>을 받은 사실이 있는 자를 말한다."
② 「**보안관찰법**」 제5조
③ 「**보안관찰법**」 제6조 제1항 제1문 "<u>보안관찰처분대상자</u>는 대통령령이 정하는 바에 따라 그 형의 집행을 받고 있는 교도소, 소년교도소, 구치소, 유치장 또는 군교도소(이하 "교도소등"이라 한다)에서 출소전에 거주예정지 기타 대통령령으로 정하는 사항을 교도소등의 장을 경유하여 거주예정지 관할경찰서장에게 신고하고, <u>출소후 7일이내</u>에 그 거주예정지 관할경찰서장에게 출소사실을 신고하여야 한다. 제20조 제3항에 해당하는 경우에는 법무부장관이 제공하는 거주할 장소(이하 "居所"라 한다)를 거주예정지로 신고하여야 한다."
④ 「**보안관찰법**」 제17조 제3항 "검사는 피보안관찰자가 도주하거나 1월 이상 그 소재가 불명한 때에는 보안관찰처분의 집행중지결정을 할 수 있다. 그 사유가 소멸된 때에는 <u>지체없이 그 결정을 취소</u>하여야 한다." 이외에도 보안관찰처분의 집행중지결정은 "할 수 있다"이고, 사유 소멸로 인한 집행중지결정의 취소는 "하여야 한다"는 점 그리고 소재불명 기간(1개월 이상)에 유의한다.

07 「보안관찰법」에 관한 다음 설명 중 가장 적절한 것은? (2014년 제2차)

① '보안관찰처분대상자'라 함은 보안관찰해당범죄 또는 이와 경합된 범죄로 벌금 이상의 형의 선고를 받고, 형의 전부 또는 일부의 집행을 받은 사실이 있는 자를 말한다.

② 보안관찰처분 기간은 2년이며, 그 기간은 갱신할 수 없다.

③ 「형법」상 범죄 중 내란목적살인죄, 외환유치죄, 여적죄, 모병이적죄, 시설제공이적죄, 간첩죄는 보안관찰 해당범죄이다.

④ 보안관찰처분의 집행중지결정은 관할경찰서장이 한다.

해설 ① 「**보안관찰법**」 제3조 "이 법에서 "보안관찰처분대상자"라 함은 보안관찰해당범죄 또는 이와 경합된 범죄로 <u>금고 이상의 형의 선고</u>를 받고 그 <u>형기합계가 3년 이상</u>인 자로서 형의 전부 또는 일부의 집행을 받은 사실이 있는 자를 말한다."

② 「**보안관찰법**」 제5조 "① 보안관찰처분의 기간은 <u>2년</u>으로 한다. ② 법무부장관은 <u>검사의 청구</u>가 있는 때에는 보안관찰처분심의위원회의 의결을 거쳐 그 기간을 <u>갱신할 수 있다</u>."

③ 「**보안관찰법**」 제2조 옳은 설명이다. 【보안관찰 해당범죄 개관】 참조.

④ 「**보안관찰법**」 제17조 제3항 "검사는 피보안관찰자가 <u>도주</u>하거나 <u>1월 이상 그 소재가 불명</u>한 때에는 보안관찰처분의 <u>집행중지결정</u>을 할 수 있다. 그 사유가 소멸된 때에는 지체없이 그 결정을 취소하여야 한다."

08 「보안관찰법」상 다음 설명 중 틀린 것은 모두 몇 개인가? (2013년 제1차)

> ㉠ '보안관찰처분대상자'라 함은 보안관찰해당범죄 또는 이와 경합된 범죄로 금고 이상의 형의 선고를 받고 그 형기 합계가 3년 이상인 자로서 형의 전부 또는 일부의 집행을 받은 사실이 있는 자를 말한다.
>
> ㉡ 보안관찰처분의 기간은 2년으로 한다. 법무부장관은 검사의 청구가 있는 때에는 보안관찰처분심의위원회의 의결을 거쳐 그 기간을 갱신할 수 있다.
>
> ㉢ 보안관찰처분대상자는 대통령령이 정하는 바에 따라 그 형의 집행을 받고 있는 교도소등에서 출소 전에 거주예정지 기타 대통령령으로 정하는 사항을 교도소등의 장을 경유하여 거주예정지 관할경찰서장에게 신고하고, 출소 후 7일 이내에 그 거주예정지 관할경찰서장에게 출소사실을 신고하여야 한다.
>
> ㉣ 검사가 처분청구서를 제출할 때에는 청구의 원인이 되는 사실을 증명할 수 있는 자료와 의견서를 첨부하여야 한다.
>
> ㉤ 검사는 보안관찰처분청구를 한 때에는 지체없이 처분청구서등본을 피청구자에게 송달하여야 한다. 이 경우 송달에 관하여는 민사소송법중 송달에 관한 규정을 준용한다.

① 1개　　　　② 2개　　　　③ 3개　　　　④ 없음

해설 ㉠ 「보안관찰법」 제3조, ㉡ 제5조, ㉢ 제6조 제1항, ㉣ 제8조 제3항, ㉤ 제8조 제4항 모두 옳은 설명이다.

09 보안관찰처분에 관한 다음 설명 중 옳은 것은 모두 몇 개인가? (2012년 제2차)

> ⊙ 보안관찰처분대상자는 보안관찰해당범죄 또는 이와 경합된 범죄로 금고 이상의 형의 선고를 받고 그 형기 합계가 3년 이상인 자로서 형의 전부 또는 일부의 집행을 받은 사실이 있는 자이다.
> ⓛ 법무부장관은 준법정신이 확립되어 있는 자, 일정한 주거와 생업이 있는 자, 대통령령으로 정한 신원보증(2인 이상 신원보증)이 있는 자에 대하여 보안관찰처분 면제결정을 하여야 한다.
> ⓒ 보안관찰처분에 관한 사안을 심의·의결하기 위하여 법무부에 보안관찰처분심의위원회를 두고, 그 위원회의 위원장은 법무부장관이고 위원장 1인과 6인의 위원으로 구성한다.
> ② 보안관찰처분의 결정을 받은 자가 그 결정에 이의가 있을 때에는 그 결정이 집행된 날부터 60일 이내에 서울고등법원에 소를 제기할 수 있다.
> ⑩ 보안관찰처분대상자는 출소 후 7일 이내에 거주예정지 관할경찰서장에게 출소사실을 신고하여야 한다.

① 1개 ② 2개 ③ 3개 ④ 4개

해설 ⊙ 「**보안관찰법**」 제3조, ② 제23조 본문, ⑩ 제6조 제1항 제1문
ⓛ 「**보안관찰법**」 제11조 제1항 "법무부장관은 보안관찰처분대상자중 다음 각호의 요건을 갖춘 자에 대하여는 보안관찰처분을 하지 아니하는 결정(이하 "면제결정"이라 한다)을 할 수 있다. 1. 준법정신이 확립되어 있을 것. 2. 일정한 주거와 생업이 있을 것. 3. 대통령령이 정하는 신원보증(주: 2인 이상의 신원보증인의 신원보증서)이 있을 것" 면제결정은 재량사항이다.
ⓒ 「**보안관찰법**」 제12조 제1항 내지 제3항 "① 보안관찰처분에 관한 사안을 심의·의결하기 위하여 법무부에 보안관찰처분심의위원회(이하 "위원회"라 한다)를 둔다. ② 위원회는 위원장 1인과 6인의 위원으로 구성한다. ③ 위원장은 법무부차관이 되고, 위원은 학식과 덕망이 있는 자로 하되, 그 과반수는 변호사의 자격이 있는 자이어야 한다."

10 「보안관찰법」상 보안관찰과 관련한 다음 설명 중 가장 옳은 것은? (2012년 제3차)

① 검사는 보안관찰처분 청구를 한 때에는 지체 없이 처분청구서사본을 피청구자에게 송달하여야 한다.
② 검사는 피보안관찰자가 도주하거나 15일 이상 그 소재가 불명한 때에는 보안관찰처분의 집행중지결정을 하여야 한다.
③ 보안관찰처분심의위원회의 위원장은 법무부장관이다.
④ 보안관찰처분심사위원회는 보안관찰처분 또는 그 기각의 결정, 면제 또는 그 취소결정, 보안관찰처분의 취소 또는 기간의 갱신결정을 심의·의결한다.

해설 ① 「**보안관찰법**」 제8조 제4항 "검사는 보안관찰처분청구를 한 때에는 지체없이 처분청구서등본을 피청구자에게 송달하여야 한다. 이 경우 송달에 관하여는 민사소송법중 송달에 관한 규정을 준용한다."
② 「**보안관찰법**」 제17조 제3항 "검사는 피보안관찰자가 도주하거나 1월 이상 그 소재가 불명한 때에는 보안관찰처분의 집행중지결정을 할 수 있다. 그 사유가 소멸된 때에는 지체없이 그 결정을 취소하여야 한다."
③ 「**보안관찰법**」 제12조 제3항 "위원장은 법무부차관이 되고, 위원은 학식과 덕망이 있는 자로 하되, 그 과반수는 변호사의 자격이 있는 자이어야 한다."
④ 「**보안관찰법**」 제12조 제9항

11 다음 중 보안관찰법의 내용으로 가장 적절하지 않은 것은? (2011년 제2차)

① 특정범죄를 범한 자에 대하여 재범의 위험성을 예방하고 건전한 사회복귀를 촉진하기 위하여 보안관찰처분을 함으로써 국가의 안전과 사회의 안녕을 유지하는데 법 제정의 목적이 있다.

② 보안관찰처분대상자란 보안관찰해당범죄 또는 이와 경합된 범죄로 금고 이상의 형의 선고를 받고 그 형기 합계가 1년 이상인 자로서 형의 전부의 집행을 받은 사실이 있는 자를 말한다.

③ 보안관찰처분의 기간은 2년으로 한다. 또한 법무부장관은 검사의 청구가 있는 때에는 보안관찰처분심의위원회의 의결을 거쳐 그 기간을 갱신할 수 있다.

④ 보안관찰처분에 관한 사안을 심의·의결하기 위하여 법무부에 보안관찰처분심의위원회를 두고 있다.

> **해설**　① 「**보안관찰법**」 제1조, ③ 제5조, ④ 제12조 제1항
> ② 「**보안관찰법**」 제3조 "이 법에서 "보안관찰처분대상자"라 함은 보안관찰해당범죄 또는 이와 경합된 범죄로 <u>금고 이상의 형의 선고</u>를 받고 그 <u>형기합계가 3년 이상인</u> 자로서 <u>형의 전부 또는 일부의 집행</u>을 받은 사실이 있는 자를 말한다."

12 보안관찰에 대한 다음 설명 중 가장 옳지 않은 것은? (2010년 제2차)

① 형법상 보안관찰해당범죄는 내란목적살인죄, 간첩죄, 외환유치죄, 물건제공이적죄 등이 있다.

② 보안관찰처분대상자는 보안관찰해당범죄 또는 이와 경합된 범죄로 벌금 이상의 형의 선고를 받고 그 형기 합계가 3년 이상인 자로서 형의 전부 또는 일부의 집행을 받은 사실이 있는 자를 말한다.

③ 보안관찰처분의 기간은 2년이며, 법무부장관은 검사의 청구가 있는 때에는 보안관찰처분심의위원회의 의결을 거쳐 그 기간을 갱신할 수 있다.

④ 보안관찰법에 의한 법무부장관의 결정을 받은 자가 그 결정에 이의가 있을 때에는 행정소송법이 정하는 바에 따라 그 결정이 집행된 날부터 60일 이내에 서울고등법원에 소를 제기할 수 있다.

> **해설**　① 「**보안관찰법**」 제2조, ③ 제5조, ④ 제23조 본문
> ② 「**보안관찰법**」 제3조 "이 법에서 "보안관찰처분대상자"라 함은 보안관찰해당범죄 또는 이와 경합된 범죄로 <u>금고 이상의 형의 선고</u>를 받고 그 <u>형기합계가 3년 이상인</u> 자로서 <u>형의 전부 또는 일부의 집행</u>을 받은 사실이 있는 자를 말한다."

예상문제   보안관찰법

01 보안관찰법에 대한 설명으로 틀린 것은? (다툼이 있으면 판례에 의함)

① 보안관찰법은 특정범죄를 범한 자에 대하여 재범의 위험성을 예방하고 건전한 사회복귀를 촉진하기 위하여 보안관찰처분을 함으로써 국가의 안전과 사회의 안녕을 유지함을 목적으로 한다.
② 보안관찰처분은 일종의 보안처분으로 형벌과 그 목적을 달리하기 때문에 형의 집행종료 후 별도로 보안관찰처분을 명하였다고 하더라도 일사부재리의 원칙에 위반되는 것은 아니다.
③ 보안관찰처분대상자란 보안관찰해당범죄 또는 이와 경합된 범죄로 징역 이상의 형의 선고를 받고 그 형기 합계가 3년 이상인 자로서 형의 전부 또는 일부의 집행을 받은 사실이 있는 자를 말한다.
④ 보안관찰처분대상자에 해당하는 자중 보안관찰해당범죄를 다시 범할 위험성이 있다고 인정할 충분한 이유가 있어 재범의 방지를 위한 관찰이 필요한 자에 대하여는 보안관찰처분을 한다.

해설 ① 「**보안관찰법**」 제1조, ④ 제4조 제1항
② 「**92헌바28결정**」에 따른 옳은 설명이다. "가. 생략. 나. 보안관찰법상의 보안관찰처분은, 우리나라의 다른 보안처분인 사회보호법상의 보호감호(사회보호법 제5조)·치료감호(사회보호법 제8조)·보호관찰처분(사회보호법 제10조) 및 보호관찰등에관한법률상의 보호관찰처분(보호관찰등에관한법률 제1조, 제3조)과 비교하여 보면, ① 위 다른 보안처분과 마찬가지로 대상자의 "사회적 위험성"을 그 처분의 본질적 요건으로 하고 있고 (법 제4조 제1항), ② 중점의 차이는 있으나 대상자의 교육·개선과 국가·사회방위를 목적(법 제1조)으로 하고 있으므로 이 법상의 보안관찰처분도 보안처분의 일종이라고 보아야 할 것이다. 다. (1) 보안처분은 그 본질, 추구하는 목적 및 기능에 있어 형벌과는 다른 독자적 의의를 가진 사회보호적인 처분이므로 형벌과 보안처분은 서로 병과하여 선고한다고 해서 그것이 헌법 제13조 제1항 후단 소정의 거듭처벌금지의 원칙에 해당되지 아니한다고 할 것인데, 이 법상의 보안관찰처분 역시 그 본질이 헌법 제12조 제1항에 근거한 보안처분인 이상, 형의 집행종료후 별도로 이 법상의 보안관찰처분을 명할 수 있다고 하여 헌법 제13조 제1항이 규정한 일사부재리의 원칙에 위반하였다고 할 수 없다."
③ 「**보안관찰법**」 제3조 "이 법에서 "보안관찰처분대상자"라 함은 보안관찰해당범죄 또는 이와 경합된 범죄로 금고 이상의 형의 선고를 받고 그 형기합계가 3년 이상인 자로서 형의 전부 또는 일부의 집행을 받은 사실이 있는 자를 말한다."

02 보안관찰법상의 "보안관찰해당범죄(제2조)"는 모두 몇 개인가?

㉠ 형법상 내란죄(제87조)	㉡ 형법상 내란목적살인죄(제88조)
㉢ 형법상 일반이적죄(제99조)	㉣ 군형법상 반란불보고죄(제9조 제1항)
㉤ 군형법상 일반이적죄(제14조)	㉥ 국가보안법상 잠입·탈출죄(제6조)

① 2개   ② 3개   ③ 4개   ④ 5개

해설 「**보안관찰법**」 제2조 및 보안관찰법 기출문제 1번 해설 참조: ㉡ ㉤ ㉥이 보안관찰해당범죄에 속한다.
형법상 내란죄, 형법상 일반이적죄 및 군형법상 (단순)반란불보고죄는 보안관찰해당범죄에 속하지 않는다. 군형법상 이적목적반란불보고죄(제9조 제2항)는 보안관찰해당범죄에 속한다는 점에 유의한다.

정답 | 01 | ③ | 02 | ②

03 보안관찰법상의 보안관찰처분에 대한 설명으로 옳은 것은?

① 보안관찰처분대상자 중 범죄를 다시 범할 위험성이 있다고 인정할 충분한 이유가 있어 재범의 방지를 위한 관찰이 필요한 자에 대하여는 보안관찰처분을 한다.
② 보안관찰처분을 받은 자는 보안관찰법이 정하는 바에 따라 소정의 사항을 주거지 관할시·도경찰청장에게 신고하고, 재범방지에 필요한 범위 안에서 그 지시에 따라 보안관찰을 받아야 한다.
③ 보안관찰법에 따른 보안관찰처분의 기간은 3년으로 한다.
④ 법무부장관은 검사의 청구가 있는 때에는 보안관찰처분심의위원회의 의결을 거쳐 보안관찰처분의 기간을 갱신할 수 있다.

> **해설** ① 「**보안관찰법**」 **제4조 제1항** "제3조에 해당하는 자중 보안관찰해당범죄를 다시 범할 위험성이 있다고 인정할 충분한 이유가 있어 재범의 방지를 위한 관찰이 필요한 자에 대하여는 보안관찰처분을 한다."
> ② 「**보안관찰법**」 **제4조 제2항** "보안관찰처분을 받은 자는 이 법이 정하는 바에 따라 소정의 사항을 주거지 관할경찰서장(이하 "管轄警察署長"이라 한다)에게 신고하고, 재범방지에 필요한 범위안에서 그 지시에 따라 보안관찰을 받아야 한다."
> ③ 「**보안관찰법**」 **제5조 제1항** "보안관찰처분의 기간은 2년으로 한다."
> ④ 「**보안관찰법**」 **제5조 제2항**

04 보안관찰법에 따른 "보안관찰처분대상자의 신고(제6조)"에 대한 설명으로 틀린 것은?

① 보안관찰처분대상자는 대통령령이 정하는 바에 따라 그 형의 집행을 받고 있는 교도소·소년교도소·구치소·유치장·군교도소(이하 "교도소등")에서 출소 전에 거주예정지 기타 대통령령으로 정하는 사항을 교도소등의 장을 경유하여 거주예정지 관할경찰서장에게 신고하여야 한다.
② 보안관찰처분대상자는 출소 후 14일 이내에 그 거주예정지 관할경찰서장에게 출소사실을 신고하여야 한다.
③ 보안관찰처분대상자는 교도소등에서 출소한 후 신고사항에 변동이 있을 때에는 변동이 있는 날부터 7일 이내에 그 변동된 사항을 관할경찰서장에게 신고하여야 한다.
④ 교도소등의 장은 보안관찰처분대상자가 생길 때에는 지체없이 보안관찰처분심의위원회와 거주예정지를 관할하는 검사 및 경찰서장에게 통고하여야 한다.

> **해설** ① 「**보안관찰법**」 **제6조 제1항 제1문 전단**, ③ **제6조 제2항 본문**, ④ **제6조 제3항**
> ② 「**보안관찰법**」 **제6조 제1항 제1문 후단** "보안관찰처분대상자는 대통령령이 정하는 바에 따라 그 형의 집행을 받고 있는 교도소, 소년교도소, 구치소, 유치장 또는 군교도소(이하 "교도소등"이라 한다) 에서 출소전에 거주예정지 기타 대통령령으로 정하는 사항을 교도소등의 장을 경유하여 거주예정지 관할경찰서장에게 신고하고, 출소후 7일이내에 그 거주예정지 관할경찰서장에게 출소사실을 신고하여야 한다. 제20조 제3항에 해당하는 경우에는 법무부장관이 제공하는 거주할 장소를 거주예정지로 신고하여야 한다."

05 보안관찰법에 따른 "보안관찰처분의 청구(제7조 및 제8조)"에 대한 설명으로 옳은 것은?

① 보안관찰처분의 청구권자는 지방검찰청의 검사장이다.
② 보안관찰처분청구는 보안관찰처분청구서를 검찰총장에게 제출함으로써 행한다.
③ 보안관찰처분청구서를 제출할 때에는 청구의 원인이 되는 사실을 증명할 수 있는 자료와 의견서를 첨부하여야 한다.
④ 보안관찰처분청구를 한 때에는 그때로부터 14일 이내에 보안관찰처분청구서등본을 피청구자에게 송달하여야 한다.

해설 ① 「**보안관찰법**」 제7조 "보안관찰처분청구는 검사가 행한다."
② 「**보안관찰법**」 제8조 제1항 "제7조의 규정에 의한 보안관찰처분청구는 검사가 보안관찰처분청구서(이하 "處分求書"라 한다)를 법무부장관에게 제출함으로써 행한다."
③ 「**보안관찰법**」 제8조 제3항 옳은 설명이다. 제2항에 따라 보안관찰처분청구서에는 "1. 보안관찰처분을 청구받은 자(이하 "被請求者"라 한다)의 성명 기타 피청구자를 특정할 수 있는 사항, 2. 청구의 원인이 되는 사실, 3. 기타 대통령령으로 정하는 사항"을 기재하여야 한다.
④ 「**보안관찰법**」 제8조 제4항 "검사는 보안관찰처분청구를 한 때에는 지체없이 처분청구서등본을 피청구자에게 송달하여야 한다. 이 경우 송달에 관하여는 민사소송법중 송달에 관한 규정을 준용한다."

06 보안관찰법에 따른 "보안관찰처분의 면제(제11조)"에 대한 설명으로 틀린 것은?

① 법무부장관은 보안관찰처분대상자 중 준법정신이 확립되어 있을 것, 일정한 주거와 생업이 있을 것 및 대통령령이 정하는 신원보증이 있을 것이라는 요건을 갖춘 자에 대하여는 보안관찰처분을 하지 아니하는 결정(이하 "면제결정")을 할 수 있다.
② 법무부장관은 면제결정의 요건을 갖춘 보안관찰처분대상자의 신청이 있을 때에는 부득이한 사유가 있는 경우를 제외하고는 3월 내에 보안관찰처분면제여부를 결정하여야 한다.
③ 검사는 준법정신이 확립되어 있을 것 및 일정한 주거와 생업이 있을 것의 요건을 갖춘 보안관찰처분대상자의 정상을 참작하여 위험성이 없다고 인정되는 때에는 법무부장관에게 면제결정을 청구할 수 있다.
④ 면제결정을 받은 자가 그 면제결정요건에 해당하지 아니하게 된 때에는 법무부장관은 직권 또는 검사의 청구에 의하여 면제결정을 취소하여야 한다.

해설 ① 「**보안관찰법**」 **제11조 제1항**, ② **제11조 제2항**, ③ **제11조 제3항**
④ 「**보안관찰법**」 **제11조 제4항** "면제결정을 받은 자가 그 면제결정요건에 해당하지 아니하게 된 때에는 검사의 청구에 의하여 법무부장관은 면제결정을 취소할 수 있다." 직권취소는 인정되지 않고, 취소 여부는 법무부장관의 재량이다.

07 보안관찰법상의 "보안관찰처분심의위원회(제12조)"에 대한 설명으로 옳은 것은 몇 개인가?

> ㉠ 보안관찰처분에 관한 사안을 심의·의결하기 위하여 법무부에 보안관찰처분심의위원회(이하 "위원회")를 두고, 위원회는 위원장 1인과 6인의 위원으로 구성한다.
> ㉡ 위원회의 위원장은 법무부차관이 되고, 위원은 학식과 덕망이 있는 자로 하되, 그 과반수는 변호사의 자격이 있는 자이어야 한다.
> ㉢ 위원회의 위원은 검찰총장의 제청으로 법무부장관을 거쳐 대통령이 임명 또는 위촉하고, 위촉된 위원의 임기는 2년으로 하되, 공무원인 위원은 그 직을 면한 때에는 위원의 자격을 상실한다.
> ㉣ 위원회의 위원장이 사고가 있을 때에는 법무부장관이 지정한 위원이 그 직무를 대행한다.
> ㉤ 위원회의 회의는 위원장을 포함한 재적위원 3분의 2 이상의 출석으로 개의하고, 출석위원 과반수의 찬성으로 의결한다.

① 2개   ② 3개   ③ 4개   ④ 5개

해설 「**보안관찰법**」 **제12조**: ㉠ ㉡이 옳은 설명이다.
㉢ **제4항·제5항**: "④ 위원은 법무부장관의 제청으로 대통령이 임명 또는 위촉한다. ⑤ 위촉된 위원의 임기는 2년으로 한다. 다만, 공무원인 위원은 그 직을 면한 때에는 위원의 자격을 상실한다."

정답 | **03** | ④ | **04** | ② | **05** | ③ | **06** | ④ | **07** | ① |

    ② **제8항**: "위원장이 사고가 있을 때에는 <u>미리 그가 지정한 위원이 그 직무를 대행한다</u>."

    ⑩ **제10항**: "위원회의 회의는 위원장을 포함한 <u>재적위원 과반수의 출석으로 개의</u>하고 <u>출석위원 과반수의 찬성으로 의결한다</u>."

08 보안관찰법에 따른 "보안관찰처분의 결정(제14조)과 집행(제17조)"에 대한 설명으로 틀린 것은?

  ① 보안관찰처분에 관한 결정은 보안관찰처분심의위원회의 의결을 거쳐 법무부장관이 행한다.

  ② 법무부장관은 보안관찰처분대상자에 대하여 보안관찰처분심의위원회의 의결보다 불리한 결정을 할 수 있다.

  ③ 보안관찰처분의 집행은 검사가 지휘하고, 지휘는 결정서등본을 첨부한 서면으로 하여야 한다.

  ④ 검사는 피보안관찰자가 도주하거나 1월 이상 그 소재가 불명한 때에는 보안관찰처분의 집행중지결정을 할 수 있고, 그 사유가 소멸된 때에는 지체없이 그 결정을 취소하여야 한다.

> **해설** ① 「**보안관찰법**」 제14조 제1항, ③ 제17조 제1항·제2항, ④ 제17조 제3항
> ② 「**보안관찰법**」 제14조 제2항 "법무부장관은 위원회의 의결과 다른 결정을 할 수 없다. 다만, 보안관찰처분대상자에 대하여 위원회의 의결보다 유리한 결정을 하는 때에는 그러하지 아니하다." <u>법무부장관은 위원회의 의결보다 유리한 결정을 하는 때에만 위원회의 의결과 다른 결정을 할 수 있다.</u> 따라서 보안관찰처분대상자에 대하여 위원회의 의결보다 불리한 결정을 할 수는 없다.

09 보안관찰법 및 동법 시행령에 따른 보안관찰처분의 집행에 대한 설명으로 옳은 것은?

  ① 관할경찰서장은 피보안관찰자가 도주하거나 1월 이상 그 소재가 불명한 때에는 주거지 관할검사에게 보안관찰처분 집행중지결정을 신청하여야 한다.

  ② 검사는 보안관찰처분의 집행중지결정을 한 때에는 관할경찰서장에게 보안관찰처분 집행중지결정의 집행지휘를 하고 지체없이 이를 소속 지방검찰청검사장에게 보고하여야 한다.

  ③ 피보안관찰자는 검사의 보안관찰처분 집행중지결정에 이의가 있거나 그 집행중지결정의 사유가 소멸된 때에는 직접 검사에게 보안관찰처분 집행중지결정의 취소신청을 할 수 있다.

  ④ 검사는 보안관찰처분 집행중지결정의 사유가 소멸된 때에는 7일 이내에 그 결정을 취소하여야 한다.

> **해설** ① 「**보안관찰법 시행령**」 제23조 제1항 제1문 옳은 설명이다. "관할경찰서장은 법 제17조 제3항의 규정에 의한 사유가 발생한 때에는 주거지 관할검사에게 주거지 리·통·반의 장의 확인서 기타 피보안관찰자가 도주 또는 소재불명임을 인정할 수 있는 자료를 첨부하여 <u>보안관찰처분집행중지결정을 신청하여야 한다</u>. 이 경우 주거지 관할검사는 「전자정부법」 제36조 제1항에 따른 행정정보의 공동이용을 통하여 피보안관찰자의 주민등록표 등본을 확인하여야 한다."
> ② 「**보안관찰법 시행령**」 제23조 제3항 "검사는 보안관찰처분의 집행중지결정을 한 때에는 관할경찰서장에게 보안관찰처분 집행중지결정의 집행지휘를 하고 <u>지체없이 이를 법무부장관에게 보고하여야 한다</u>."
> ③ 「**보안관찰법 시행령**」 제23조 제5항 "피보안관찰자는 검사의 보안관찰처분 집행중지결정에 이의가 있거나 그 집행중지결정의 사유가 소멸된 때에는 <u>관할경찰서장을 거쳐</u> 검사에게 보안관찰처분 집행중지결정의 취소신청을 할 수 있다."
> ④ 「**보안관찰법**」 제17조 제3항 제2문 참조. 보안관찰처분 집행중지결정의 사유가 소멸된 때에는 <u>지체 없이 그 결정을 취소하여야 한다</u>.

10 보안관찰법에 따른 "신고사항(제18조)"에 대한 설명으로 틀린 것은?

① 보안관찰처분을 받은 자(이하 "피보안관찰자")는 보안관찰처분결정고지를 받은 날부터 7일 이내에 등록기준지 등 보안관찰법 제18조 제1항 각호에 규정된 사항을 주거지를 관할하는 지구대·파출소의 장을 거쳐 관할경찰서장에게 신고하여야 한다.

② 피보안관찰자는 보안관찰처분결정고지를 받은 날이 속한 달부터 매 3월이 되는 달의 말일까지 3월간의 주요활동사항 등 보안관찰법 제18조 제2항 각호에 규정된 사항을 주거지를 관할하는 지구대·파출소의 장을 거쳐 관할경찰서장에게 신고하여야 한다.

③ 피보안관찰자는 보안관찰법 제18조 제1항의 신고사항에 변동이 있을 때에는 14일 이내에 주거지를 관할하는 지구대·파출소의 장을 거쳐 관할경찰서장에게 신고하여야 한다.

④ 피보안관찰자가 주거지를 이전하거나 국외여행 또는 10일 이상 주거를 이탈하여 여행하고자 할 때에는 미리 거주예정지, 여행예정지 기타 대통령령이 정하는 사항을 주거지를 관할하는 지구대·파출소의 장을 거쳐 관할경찰서장에게 신고하여야 한다.

> **해설** ① 「**보안관찰법**」 **제18조 제1항 제1문**, ② **제18조 제2항**, ④ **제18조 제4항 본문**
> ③ 「**보안관찰법**」 **제18조 제3항 제1문** "피보안관찰자는 제1항의 <u>신고사항에 변동이 있을 때에는 7일 이내에 지구대·파출소장을 거쳐 관할경찰서장에게 신고하여야 한다.</u> 피보안관찰자가 제1항의 신고를 한 후 제20조 제3항에 의하여 거소제공을 받거나 제20조 제5항에 의하여 거소가 변경된 때에는 제공 또는 변경된 거소로 이전한 후 7일 이내에 지구대·파출소장을 거쳐 관할경찰서장에게 신고하여야 한다."

11 보안관찰법에 따른 "행정소송(제23조)"에 대한 설명으로 옳은 것은?

① 검사 또는 법무부장관의 결정에 대해 이의가 있을 때에는 그 결정을 받은 자는 행정소송법이 정하는 바에 따라 소를 제기할 수 있다.

② 결정에 대한 소의 제기는 그 결정이 집행된 날로부터 또는 그 결정이 있은 날로부터 90일 이내에 할 수 있다.

③ 보안관찰처분을 하지 아니하는 결정(면제결정)신청에 대한 기각결정은 행정소송으로 다툴 수 없다.

④ 보안관찰법에 따른 행정소송은 서울고등법원에 제기하여야 한다.

> **해설** ① 「**보안관찰법**」 **제23조 본문** "<u>이 법에 의한 법무부장관의 결정을 받은 자</u>가 그 결정에 이의가 있을 때에는 행정소송법이 정하는 바에 따라 그 결정이 집행된 날부터 <u>60일 이내</u>에 서울고등법원에 소를 제기할 수 있다. 다만, 제11조의 규정에 의한 면제결정신청에 대한 기각결정을 받은 자가 그 결정에 이의가 있을 때에는 그 결정이 있는 날부터 <u>60일 이내</u>에 서울고등법원에 소를 제기할 수 있다." <u>보안관찰법에 따른 행정소송은 "법무부장관의 결정"</u>에 대해서만 허용된다.
> ② 「**보안관찰법**」 **제23조 본문 참조.** 행정소송의 제소기간은 결정이 집행된 날로부터(본문) 또는 결정이 있은 날로부터(단서) 60일 이내이다.
> ③ 「**보안관찰법**」 **제23조 단서 참조.** 제11조의 규정에 의한 <u>면제결정신청에 대한 기각결정</u>을 받은 자가 그 결정에 이의가 있을 때에는 그 <u>결정이 있는 날부터 60일 이내에 서울고등법원에 소를 제기할 수 있다.</u>
> ④ 「**보안관찰법**」 **제23조** 옳은 설명이다. 서울고등법원의 전속관할이다.

12 보안관찰법에 대한 설명으로 옳은 것은 모두 몇 개인가?

> ㉠ 형법상 내란목적살인죄·물건제공이적죄·간첩죄는 보안관찰해당범죄에 속한다.
> ㉡ 보안관찰처분청구는 지방검찰청 검사장이 처분청구서를 법무부장관에게 제출함으로써 행한다.
> ㉢ 보안관찰처분을 하지 아니하는 결정의 요건을 갖춘 보안관찰처분대상자의 신청이 있을 때에는 부득이한 사유가 있는 경우를 제외하고는 2월 내에 보안관찰처분면제여부를 결정하여야 한다.
> ㉣ 보안관찰처분심의위원회의 위원은 법무부장관의 제청으로 대통령이 임명 또는 위촉하고, 위촉된 위원의 임기는 3년으로 한다.
> ㉤ 법무부장관은 보안관찰처분대상자에 대하여 보안관찰처분심의위원회의 의결보다 유리한 결정을 하는 경우 보안관찰처분심의위원회의 의결과 다른 결정을 할 수 있다.
> ㉥ 보안관찰처분을 받은 자는 보안관찰처분결정고지를 받은 날이 속한 달부터 매 2월이 되는 달의 말일까지 보안관찰법 제18조 제2항 각호의 사항을 주거지를 관할하는 지구대·파출소의 장을 거쳐 관할경찰서장에게 신고하여야 한다.
> ㉦ 보안관찰처분을 하지 아니하는 결정(면제결정)신청에 대한 기각결정을 받은 자는 그 결정에 이의가 있을 경우 그 결정이 있는 날부터 60일 이내에 주거지를 관할하는 고등법원에 소를 제기할 수 있다.

① 2개   ② 3개   ③ 4개   ④ 5개

해설 「**보안관찰법**」: ㉠ ㉤이 옳은 설명이다.

㉡ **제8조 제1항**: "제7조의 규정에 의한 보안관찰처분청구는 <u>검사가</u> 보안관찰처분청구서(이하 "處分請求書"라 한다)를 법무부장관에게 제출함으로써 행한다."

㉢ **제11조 제2항**: "법무부장관은 제1항의 요건을 갖춘 보안관찰처분대상자의 신청이 있을 때에는 부득이한 사유가 있는 경우를 제외하고는 <u>3월내에 보안관찰처분면제여부를</u> 결정하여야 한다."

㉣ **제12조 제4항·제5항**: "④ 위원은 법무부장관의 제청으로 대통령이 임명 또는 위촉한다. ⑤ <u>위촉된 위원의 임기는 2년으로</u> 한다. 다만, 공무원인 위원은 그 직을 면한 때에는 위원의 자격을 상실한다."

㉥ **제18조 제2항**: "피보안관찰자는 <u>보안관찰처분결정고지를 받은 날이 속한 달부터 매3월이 되는 달의 말일까지</u> 다음 각호의 사항을 지구대·파출소장을 거쳐 관할경찰서장에게 신고하여야 한다. 1. 3월간의 주요활동사항, 2. 통신·회합한 다른 보안관찰처분대상자의 인적사항과 그 일시, 장소 및 내용, 3. 3월간에 행한 여행에 관한 사항(申告를 마치고 중지한 旅行에 관한 사항을 포함한다), 4. 관할경찰서장이 보안관찰과 관련하여 신고하도록 지시한 사항"

㉦ **제23조 단서**: "이 법에 의한 법무부장관의 결정을 받은 자가 그 결정에 이의가 있을 때에는 행정소송법이 정하는 바에 따라 그 결정이 집행된 날부터 60일 이내에 서울고등법원에 소를 제기할 수 있다. 다만, 제11조의 규정에 의한 면제결정신청에 대한 기각결정을 받은 자가 그 결정에 이의가 있을 때에는 그 <u>결정이 있는 날부터 60일 이내에 서울고등법원에 소를 제기할 수 있다.</u>" 서울고등법원의 전속관할사항이다.

외사경찰

(Park & Oh's Police Science for Perfect Score)

01 인터폴에서 발행하는 국제수배서에 대한 설명으로 가장 적절하지 않은 것은? 　　(2015년 제1차)

① 적색수배서는 국제체포수배서로서 범죄인 인도를 목적으로 발행한다.
② 녹색수배서는 가출인의 소재 확인 또는 기억상실자 등의 신원을 확인할 목적으로 발행한다.
③ 흑색수배서는 사망자의 신원을 확인할 수 없거나 사망자가 가명을 사용하였을 경우 정확한 신원을 파악할 목적으로 발행한다.
④ 오렌지수배서는 폭발물 등에 대한 경고목적으로 발행한다.

해설 ① ③ ④ 옳은 설명이다. 아래의【국제수배서 개관】참조.
② 녹색수배서(상습국제범죄자수배서)는 상습적으로 범죄를 범하거나 범할 우려가 있는 국제범죄자의 동향 파악 및 범행 방지의 목적으로 발행하는 수배서이다. 지문의 내용은 황색수배서에 대한 설명이다.

【국제수배서 개관】

종류	내용
적색수배서	· 국제체포수배서 → 수배자의 체포 및 범죄인 인도 목적으로 발행 · 장기 2년 이상의 징역 · 금고에 해당하는 죄를 범하고 체포 · 구속영장이 발부된 중범죄자일 것
청색수배서	· 국제정보조회수배서 → 범죄관련인 소재 확인 목적으로 발행 · 유죄판결을 받은 자, 수배자, 피의자, 참고인, 피해자 등 범죄관련자의 소재 확인
녹색수배서	· 상습국제범죄자수배서 → 상습적으로 범죄를 범하거나 범할 우려가 있는 국제범죄자의 동향 파악 및 범행 방지 목적으로 발행
황색수배서	· 가출인수배서 → 가출인 · 실종자의 소재 확인 또는 기억상실자 등의 신원 파악 목적으로 발행
흑색수배서	· 변사자수배서 → 사망자의 신원을 알 수 없거나 가명 사용 사망자의 신원확인 목적으로 발행
보라색수배서	· 범죄수법수배서 → 새로운 범죄 수법을 사무총국에서 집중관리 해 범죄예방과 수사자료 활용 목적으로 발행
오렌지수배서	· 폭발물이나 테러범에 대한 보안을 경고하기 위해 발행
UN특별수배서	· UN 안보리 제재대상 정보 제공의 목적으로 인터폴과 UN 안보리의 협의 사항에 따라 발행

분석 국제형사경찰기구(인터폴)의 국제수배서와 관련하여 최근 12년간 독립된 유형의 문제로 4회가 출제되었고, 각 수배서가 어떤 목적으로 발행되는지 확인되는 수준이었습니다. 외사 분야에서 매우 중요한 부분으로 향후에도 계속 출제가 예상되므로 위의 표를 정확히 기억하고 있어야 합니다. 최근 12년간 출제된 적은 없지만, 적색수배서가 어떤 요건에서 발행되는지도 기억할 필요가 있습니다.

02 다음은 인터폴에서 발행하는 국제수배서에 대한 설명이다. 가장 적절하게 연결된 것은?

(2013년 제1차)

> ㉠ 상습국제범죄자의 동향 파악을 목적으로 발행
> ㉡ 사망자의 신원확인을 목적으로 발행

① ㉠ － Green Notice(녹색수배서) ㉡ － Yellow Notice(황색수배서)
② ㉠ － Blue Notice (청색수배서) ㉡ － Yellow Notice(황색수배서)
③ ㉠ － Blue Notice (청색수배서) ㉡ － Black Notice(흑색수배서)
④ ㉠ － Green Notice(녹색수배서) ㉡ － Black Notice(흑색수배서)

해설 ㉠ 녹색수배서, ㉡ 흑색수배서에 대한 설명이다. 【국제수배서 개관】 참조.

03 인터폴에서 발행하는 국제수배서에 관한 다음 설명 중 가장 적절하지 않은 것은? (2012년 제3차)

① 적색수배서(Red Notice)는 새로운 범죄수법이 발견되었을 경우에 한하여 이를 경고하기 위하여 발행한다.
② 황색수배서(Yellow Notice)는 가출인의 소재확인 또는 기억상실자 등의 신원파악을 위하여 발행한다.
③ 흑색수배서(Black Notice)는 사망자의 신원을 확인할 수 없거나 사망자가 가명을 사용하였을 경우 정확한 신원확인을 위해 발행한다.
④ 오렌지수배서(Orange Notice)는 폭발물, 테러범 등에 대한 보안을 경고하기 위해여 발행한다.

해설 ① 적색수배서(국제체포수배서)는 수배자의 체포 및 범죄인 인도 목적으로 발행되는 수배서이다. 지문의 내용은 보라색수배서(범죄수법수배서)에 대한 설명이다.
② ③ ④ 옳은 설명이다. 【국제수배서 개관】 참조.

04 인터폴 국제수배서의 종류에 대한 설명으로 적절하지 않은 것은? (2009년 제3차)

① 적색수배서: 체포영장이 발부된 범죄인에 대하여 범죄인 인도를 목적으로 하는 경우에 발행
② 청색수배서: 폭발물과 테러범 등에 대하여 보안을 경고하기 위하여 발행
③ 녹색수배서: 여러 국가에서 상습적으로 범행하였거나 또는 범행할 가능성이 있는 범죄자의 동향 파악을 목적으로 발행
④ 황색수배서: 가출인 소재확인 및 기억상실자 등의 신원을 확인할 목적으로 발행

해설 ① ③ ④ 옳은 설명이다. 【국제수배서 개관】 참조.
② 청색수배서(국제정보조회수배서)는 수배자의 신원과 소재 확인 목적으로 발행되는 수배서이다. 지문의 내용은 오렌지색수배서에 대한 설명이다.

05 다음 중 국제형사경찰기구(INTERPOL)에 대한 설명으로 가장 적절한 것은? (2018년 제3차)

① 1914년 모나코에서 국제형사경찰회의(International Criminal Police Congress)가 개최되어 국제범죄 기록보관소 설립, 범죄인 인도절차의 표준화 등에 대하여 논의하였는데 이것이 국제경찰협력의 기초가 되었다.

② 1923년 제네바에서 제2차 국제형사경찰회의가 개최되어 국제형사경찰위원회(International Criminal Police Commission)가 창설되었으며 이는 국제형사경찰기구의 전신이라 할 수 있다.

③ 1956년 비엔나에서 제25차 국제형사경찰위원회가 개최되어 국제형사경찰기구가 발족하였고, 당시 사무총국을 리용에 두었다.

④ 국가중앙사무국(National Central Bureau)은 회원국에 설치된 상설 경찰협력부서로 우리나라의 경우 경찰청 외사국 국제협력과 인터폴계에 설치되어 있다.

해설 ① 옳은 설명이다. 아래의 【국제형사경찰기구(INTERPOL) 개관】 참조. 국제형사경찰기구는 각국의 법과 국경에 구애 없이 자유로이 범인을 추적·수사하는 국제수사기관이 아니라는 점에 유의하여야 한다.

② 제2차 국제형사경찰회의는 1923년 비엔나에서 개최되었고, 당시 창설된 국제형사경찰위원회는 국제형사경찰기구의 전신이라 할 수 있다.

③ 1956년 비엔나에서 제25차 국제형사경찰위원회가 개최되어 국제형사경찰기구가 발족하였고, 당시 사무총국을 파리에 두었다.

④ 「**국제형사경찰기구(인터폴) 대한민국 국가중앙사무국 운영규칙**」 **제4조** "대한민국이 인터폴 회원국으로서의 업무를 수행하기 위해, 헌장 제5조 및 제32조에 의하여 경찰청에 인터폴 대한민국 국가중앙사무국(이하 '국가중앙사무국'이라 한다)을 둔다." **제5조** "경찰청 외사국 내 담당부서를 국가중앙사무국으로 하고, 경찰청 외사국장을 국가중앙사무국장으로 한다." 외사국 내 담당부서는 인터폴국제공조과 인터폴계이다.

【국제형사경찰기구(INTERPOL) 개관】

구분		내용
개념		· 회원국 상호 간에 필요한 자료·정보를 교환하고, 범인의 체포 및 인도에 **상호 협력**하는 국제경찰기구 · 인터폴 사무총국: 국제범죄 예방·진압을 위해 회원국과 긴밀한 협조관계를 유지하는 총본부·추진체 · 국가중앙사무국: 회원국 정부에 의해 지정된 자국의 국제경찰협력 상설 경찰부서/(우리나라)경찰청 외사국 인터폴국제공조과 인터폴계
성격		· 국제공조(협력)수사기구 but (자체 수사인력으로 수사하는)**국제수사기관X** → 국제적인 사법경찰로서 형사범의 체포 및 구속 등에 관한 권한X + 자체 수사관X · 범죄예방을 위한 협력 + 범죄수사를 위한 협력
발전 과정		· 1914년 모나코에서 국제형사경찰회의 개최 – 국제적인 경찰협력의 기초 · 1923년 비엔나에서 제2차 국제형사경찰회의 개최, 국제형사경찰위원회(국제형사경찰기구의 전신) 창설 → but 국제형사경찰위원회는 유럽대륙 위주의 기구라는 지역적 한계성이 있었음 · 1956년 비엔나에서 제25차 국제형사경찰위원회 개최, 국제형사경찰기구(ICPO) 발족(사무총국 – 파리)
협력 원칙	주권의 존중	협력은 각 회원국 경찰기관이 자국의 영토 내에서 자국법에 의해 취할 수 있는 조치에 기초한다.
	일반법의 집행	· 현장의 활동 범위는 일반 형사범과 관련된 범죄의 예방과 법집행에 국한된다. · 모든 회원국 간 합의는 이 원칙의 토대 위에서 이루어질 수 있다.

보편성의 원칙	모든 회원국은 타 회원국과 협력할 수 있고, 지리적·언어적 요소에 의해 방해받지 않는다.
평등성의 원칙	모든 회원국은 재정분담금의 규모와 관계없이 동일한 혜택과 권리를 향유한다.
타기관과의 협력	각국의 국가중앙사무국을 통한 협력은 일반범죄의 예방·진압에 관계되는 모든 정부 기관에 확대된다.
업무방법의 유연성	업무방법은 비록 정형성과 연속성을 확보하기 위한 위의 원칙들에 의해 기속되지만 각국의 다양한 경찰 조직구조와 상황을 충분히 고려하여 유연하게 행해져야 한다.

분석 국제형사경찰기구(인터폴)의 일반적 사항과 관련하여 최근 12년간 독립된 유형의 문제로 2회, 다른 지문과 결합하여 1회 출제되었고, 기본적인 내용을 알고 있는지 확인하는 수준이었습니다. 향후에도 출제 가능성이 있고, 특히 최근 12년간 국제형사경찰기구의 협력원칙이 출제된 적이 없다는 점에서 출제 가능성이 높으므로 위의 표를 잘 기억해야 대비할 수 있습니다.

06 국제형사경찰기구(INTERPOL)에 관한 설명으로 가장 적절하지 않은 것은? (2011년 제2차)

① 국제형사경찰기구는 회원국 상호간 필요한 각종 정보와 자료를 교환하고, 또한 범인체포 및 인도에 있어서 상호 신속·원활한 협조관계를 유지하는 형사경찰의 정부간 국제공조수사기구이다.
② 국제형사경찰기구는 자체 내에 국제수사관을 두어 각국의 법과 국경에 구애됨이 없이 자유로이 왕래하면서 범인을 추적·수사하는 국제수사기관으로서의 역할을 한다.
③ 국제형사경찰기구의 협력은 범죄예방을 위한 협력과 범죄수사를 위한 협력으로 이루어진다.
④ 국제형사경찰기구는 범죄의 예방과 진압을 위해 각 회원국간의 현행법 범위내에서 세계인권선언의 정신에 입각하여 회원국간 가능한 다방면에 걸쳐 상호협력을 증진시키는 것을 목적으로 한다.

해설 ① ③ ④ 옳은 설명이다. 【국제형사경찰기구(INTERPOL) 개관】참조.
② 국제형사경찰기구는 <u>공조(협력)를 위한 수사기구</u>이고, 자체 수사인력을 가지고 각국의 법과 국경에 관계없이 <u>자유로이 수사를 하는 국제수사기관은 아니다.</u>

07 다음은 국제형사사법 공조에 대한 설명이다. 옳지 않은 것으로 묶인 것은? (2019년 제1차)

⊙ 요청국이 공조에 따라 취득한 증거를 공조요청의 대상이 된 범죄 이외의 수사나 재판에 사용해서는 안 된다는 원칙은 '특정성의 원칙'과 관련이 깊다.
ⓒ 우리나라가 외국과 체결한 형사사법 공조조약과 국제형사사법 공조법의 규정이 상충되면 공조조약이 우선 적용된다.
ⓒ 국제형사사법 공조법상 공조범죄가 대한민국의 법률에 의하여는 범죄를 구성하지 아니하거나 공소를 제기할 수 없는 범죄인 경우 공조를 하지 아니해야 한다.
ⓔ 국제형사사법 공조법상 대한민국에서 수사가 진행 중이거나 재판에 계속된 범죄에 대하여 외국의 공조요청이 있는 경우에 수사의 진행, 재판의 계속을 이유로 공조를 연기할 수 없다.

① ⊙ ⓒ   ② ⓒ ⓒ   ③ ⓒ ⓔ   ④ ⓒ ⓔ

해설 ㉠ ㉡ 옳은 설명이다. 【국제형사사법 공조 개관】 참조.

㉢ 「**국제형사사법 공조법**」 **제6조 제4호** "다음 각 호의 어느 하나에 해당하는 경우에는 <u>공조를 하지 아니할 수 있다</u>. 4. 공조범죄가 대한민국의 법률에 의하여는 범죄를 구성하지 아니하거나 공소를 제기할 수 없는 범죄인 경우" 공조의 제한(제6조) 및 연기(제7조)는 "-할 수 있다(임의적)"이고 범죄인 인도법과 같은 절대적 공조거절 사유를 규정하고 있지 않다는 점에 유의한다.

㉣ 「**국제형사사법 공조법**」 **제7조** "대한민국에서 <u>수사가 진행 중이거나 재판에 계속(係屬)</u>된 범죄에 대하여 외국의 공조요청이 있는 경우에는 그 수사 또는 재판 절차가 끝날 때까지 <u>공조를 연기할 수 있다</u>."

【국제형사사법 공조 개관】

구분		내용
개념 적용		· 형사사건에 있어서의 수사 · 기소 · 재판절차와 관련하여 어느 한 국가의 요청에 의해 다른 국가가 행하는 형사사법상의 협조 · 국제형사사법공조조약과 국제형사사법 공조법이 <u>상충되는 경우</u> → <u>조약 우선(법 제3조)</u>
제한 원칙	상호주의(제4조)	외국이 사법공조를 해주는 만큼 자국도 동일 · 유사한 범위 내에서 공조
	쌍방 가벌성의 원칙	대상범죄는 피요청국과 요청국 모두에서 처벌이 가능한 범죄이어야 함
	특정성의 원칙	· 공조로 취득한 증거를 공조요청의 대상이 된 범죄 이외의 수사 · 재판에 사용X · 피요청국의 증인 등이 공조요청에 따라 요청국에 출두한 경우 피요청국을 출발하기 이전의 행위로 인해 구금 · 소추를 비롯한 어떠한 자유도 제한X
공조 범위		<u>국제형사사법 공조법 제5조</u>(단, 양 국가 사이의 조약을 통해 공조의 범위 확대 가능) → 1. 사람 또는 물건의 소재에 대한 수사, 2. 서류 · 기록의 제공, 3. 서류 등의 송달, 4. 증거수집, 압수 · 수색 또는 검증, 5. 증거물 등 물건의 인도, 6. 진술 청취, 그 밖에 요청국에서 증언하게 하거나 수사에 협조하게 하는 조치
공조 제한	임의적 거절 (할 수 있음)	<u>국제형사사법 공조법 제6조</u>(단, 양 국가 사이의 조약을 통해 거절 사유 따로 규정 가능) · 대한민국의 주권, 국가안전보장, 안녕질서 또는 <u>미풍양속</u>을 해칠 우려가 있는 경우 · 인종, 국적, 성별, 종교, 사회적 신분 또는 특정 사회단체에 속한다는 사실이나 정치적 견해를 달리한다는 이유로 처벌되거나 형사상 불리한 처분을 받을 우려가 있다고 인정되는 경우 · 공조범죄가 정치적 성격을 지닌 범죄이거나, 공조요청이 정치적 성격을 지닌 다른 범죄에 대한 수사 또는 재판을 할 목적으로 한 것이라고 인정되는 경우 · 공조범죄가 <u>대한민국의 법률에 의하여는 범죄를 구성하지 아니하거나 공소를 제기할 수 없는</u> 범죄인 경우 · 이 법에 요청국이 보증하도록 규정되어 있음에도 불구하고 요청국의 보증이 없는 경우
	연기	대한민국에서 <u>수사가 진행 중이거나 재판에 계속된 범죄</u>에 대하여 외국의 공조요청이 있는 경우에는 그 <u>수사 또는 재판 절차가 끝날 때까지 공조를 연기할 수 있음</u>
처리 절차 (수사)	외국의 요청	외교부장관(원칙 - 긴급한 경우 법무부장관이 외교부장관의 동의를 받아 이를 할 수 있음)은 요청국의 공조요청 접수 → 공조요청서에 관계 자료 및 의견을 첨부하여 법무부장관에게 송부 → 법무부장관은 공조 여부를 결정하여 지방검찰청 검사장 또는 고위공직자범죄수사처장에게 관계 자료 송부 및 공조에 필요한 조치 명하거나 요구 → 명령 또는 요구를 받은 검사장 또는 고위공직자범죄수사처장은 소속 검사에게

	공조에 필요한 자료를 수집하거나 그 밖에 필요한 조치를 하도록 명 → 검사의 공조 자료 등 수집 → (공조에 필요한 조치를 마치면)지방검찰청 검사장 또는 고위공직자 범죄수사처장은 지체없이 공조자료 등을 법무부장관에게 송부 → 법무부장관은 공 조에 필요한 자료를 외교부장관에게 송부 → 외교부장관(원칙) 외교경로에 따라 요 청국에 송부
외국에 요청	검사(사법경찰관은 검사에게 신청, 독자적으로X) 또는 고위공직자범죄수사처장은 법 무부장관에게 공조요청서 송부 → 법무부장관은 타당하다고 인정하는 경우에는 그 공조요청서를 외교부장관에게 송부(긴급한 조치가 필요한 경우나 특별한 사정이 있 는 경우에는 <u>외교부장관의 동의를 받아 공조요청서를 직접 외국에 송부 가능</u>) → 외 교부장관은 공조요청서를 외국에 송부(외교 관계상 공조요청하는 것이 타당하지 아 니하다고 인정하는 경우 이에 관하여 <u>법무부장관과 협의해야 함</u>)

분석 국제형사사법 공조는 최근 12년간 독립된 유형의 문제로 3회가 출제되었습니다. 국제형사사법 공조법 제6 조(공조의 제한)가 독립된 유형의 문제로 1회 출제되었고, 공조의 원칙, 정의 규정(제2조), 공조조약과의 관 계(제3조), 공조의 제한(제6조), 공조의 연기(제7조) 및 (수사와 관련된) 공조절차를 묻는 문제가 지문으로 출 제되었으며, 경향은 조문의 내용을 정확히 알고 있는지 확인하는 수준이었습니다. 국제형사사법 공조는 범죄 인 인도와 함께 외사 분야에서 중요한 부분을 차지하고 있어 향후에도 계속 출제될 가능성이 높습니다. 특정 성의 원칙이 최근에 지문으로 출제되었고, 범죄인 인도에서 관련된 원칙이 기출된 경향에 비추어 보면 국제 형사사법 공조에서도 관련된 원칙은 물론 공조의 범위도 출제될 가능성이 있습니다. 기출된 조문 이외에 위 의 표를 정확히 기억하고 있어야 변형된 문제에 대비할 수 있습니다.

08 국제형사사법 공조법에 규정된 공조를 거절할 수 있는 사유가 아닌 것은? (2010년 제2차)

① 대한민국의 주권, 국가안전보장, 안녕질서 또는 미풍양속을 해칠 우려가 있는 경우
② 인종, 국적, 성별, 종교, 사회적 신분 또는 특정 사회단체에 속한다는 사실이나 정치적 견해를 달리한다는 이유로 처벌되거나 형사상 불리한 처분을 받을 우려가 있다고 인정되는 경우
③ 공조범죄가 요청국의 법률에 의하여는 범죄를 구성하지 아니하거나 공소를 제기할 수 없는 범죄인 경우
④ 공조범죄가 정치적 성격을 지닌 범죄이거나 공조요청이 정치적 성격을 지닌 다른 범죄에 대 한 수사 또는 재판을 할 목적으로 한 것이라고 인정되는 경우

해설 ① ② ④는 공조를 거절할 수 있는 사유이다. 【국제형사사법공조 개관】 참조.
③ 「**국제형사사법 공조법**」 **제6조 제4호** "공조범죄가 <u>대한민국의 법률</u>에 의하여는 범죄를 구성하지 아니하거나 공소를 제기할 수 없는 범죄인 경우"에 공조를 거절할 수 있다.

09 국제형사사법 공조법과 관련된 설명으로 맞는 것은 모두 몇 개인가?

(2009년 제2차 – 현행법 반영 수정)

> ⊙ 국제형사사법 공조법상 '공조'란 대한민국과 외국 간에 형사사건의 수사 또는 재판에 필요한 협조를 제공하거나 제공받는 것을 말한다.
> ⓒ 공조범죄가 정치적 성격을 지닌 범죄이거나, 공조요청이 정치적 성격을 지닌 다른 범죄에 대한 수사 또는 재판을 할 목적으로 한 것이라고 인정되는 경우 공조를 할 수 없다.
> ⓒ 사법경찰관은 외국에 수사에 관한 공조요청을 하는 경우에는 법무부장관에게 공조요청서를 송부하여야 한다.
> ② 법무부장관은 공조요청서를 송부 받고 외국에 공조요청하는 것이 타당하다고 인정하는 경우에는 이를 외교부장관에게 송부하여야 한다.

① 1개　　　　② 2개　　　　③ 3개　　　　④ 4개

해설 ⊙「국제형사사법 공조법」제2조 제1호, ② 제30조 옳은 설명이다. ②은 원칙을 설명하고 있고, 단서에 따라 긴급한 조치가 필요한 경우나 특별한 사정이 있는 경우에는 외교부장관의 동의를 받아 법무부장관이 공조요청서를 직접 외국에 송부할 수 있다.
　ⓒ「국제형사사법 공조법」제6조 제3호 "다음 각 호의 어느 하나에 해당하는 경우에는 공조를 하지 아니할 수 있다. 1. 대한민국의 주권, 국가안전보장, 안녕질서 또는 미풍양속을 해칠 우려가 있는 경우, 2. 인종, 국적, 성별, 종교, 사회적 신분 또는 특정 사회단체에 속한다는 사실이나 정치적 견해를 달리한다는 이유로 처벌되거나 형사상 불리한 처분을 받을 우려가 있다고 인정되는 경우, 3. 공조범죄가 정치적 성격을 지닌 범죄이거나, 공조요청이 정치적 성격을 지닌 다른 범죄에 대한 수사 또는 재판을 할 목적으로 한 것이라고 인정되는 경우, 4. 공조범죄가 대한민국의 법률에 의하여는 범죄를 구성하지 아니하거나 공소를 제기할 수 없는 범죄인 경우, 5. 이 법에 요청국이 보증하도록 규정되어 있음에도 불구하고 요청국의 보증이 없는 경우"
　ⓒ「국제형사사법 공조법」제29조 "검사 또는 고위공직자범죄수사처장은 외국에 수사에 관한 공조요청을 하려면 법무부장관에게 공조요청서를 송부하여야 하고, 사법경찰관은 검사에게 신청하여 법무부장관에게 공조요청서를 송부하여야 한다."

10 다음 중 주한미군지위협정(SOFA) 적용대상자에 해당하지 않는 자는?

(2009년 제2차)

① 주한미군의 배우자　　　　② 주한미군의 군속
③ 주한미군의 21세 미만의 자녀　　　　④ 주한미국대사관에서 근무하는 무관

해설 ④는 주한미군지위협정의 적용대상자가 아니다. 아래의 【주한미군지위협정(SOFA)의 인적 적용범위 개관】 참조.

【주한미군지위협정(SOFA)의 인적 적용 범위 개관】

구분	내용
의의	국회의 비준을 거친 조약으로 국내법과 동일한 효력을 가짐
인적 적용 범위	· 미국 군대의 구성원 – 대한민국 영역 안에 있는 미국의 육군 · 해군 · 공군에 속하는 현역 복무자 　→ 미국대사관의 무관, 주한미군 군사고문단이나 NATO 소속 미군 등은 제외 · 군속 – 미국 국적의 민간인으로서 대한민국에 있는 미국 군대에 고용되어 근무하거나 동반하는 자 · 가족 – 배우자 및 21세 미만의 자녀 　　– 부모 및 21세 이상의 자녀 또는 기타 친척으로서 그 생계비의 1/2 이상을 미국군대의 구성원 또는 군속에 의존하는 자

	· 초청계약자 − 미군 또는 미군으로부터 군수지원을 받는 통합사령부 산하 주한외국군대를 위한 미국과의 계약이행만을 위해 대한민국에 체류하는 자로서 소정의 지정절차를 마친 자
형사 재판권	· 전속적 재판권 − 한 · 미 양국 중 어느 일방 국가의 법령에 의해서는 처벌할 수 있으나 다른 일방 국가의 법령에 의해서는 처벌할 수 없는 경우에 처벌이 가능한 국가가 배타적으로 형사재판권을 행사하는 경우 → 대한민국은 전속적 재판권을 행사할 권리가 있음 · 경합적 재판권 − 한 · 미 양국의 법률에 의해 모두 처벌할 수 있는 범죄에 대해 경합적 재판권을 가짐 → 미군 당국의 제1차적 재판권: 오로지 미합중국의 재산 · 안전에 관한 범죄, 오로지 미합중국 군대의 타 구성원이나 군속 또는 그들 가족의 신체 · 재산에 대한 범죄, 공무집행 중의 작위 또는 부작위에 의한 범죄 등에 대해 제1차적 권리를 가짐 → 한국 당국의 제1차적 재판권 및 포기: 기타 범죄에 대해서는 대한민국 당국이 재판권을 행사할 제1차적 권리를 가짐. 미군 당국의 요청이 있으면 대한민국 당국이 재판권을 행사하는 것이 특히 중요하다고 결정하는 경우를 제외하고는 제1차적 재판권을 포기한다(유의: 할 수 있다X).

분석 주한미군지위협정은 최근 12년간 독립된 유형의 문제로 1회 출제되었고, 인적 적용 범위와 관련된 내용을 개략적으로 알고 있는지 확인하는 수준이었습니다. 외사 분야에서 중요하게 다루어지는 문제이고, 특히 형사재판권은 최근 12년간 출제된 적이 없다는 점에서 향후 출제 가능성이 있습니다. 그리고 경찰의 지역관할과 관련하여 미군 영내와 관련된 문제가 2회 출제되었기 때문에 위의 개관 및 "경찰의 임무와 수단 및 관할"편에 있는 【경찰의 관할 개관】을 전체적으로 잘 기억하고 있어야 합니다.

11 「국적법」상 일반귀화의 요건에 관한 내용이다. ㉠~㉤의 내용 중 옳고 그름의 표시(O, X)가 모두 바르게 된 것은?

(2019년 제2차)

㉠ 10년 이상 계속하여 대한민국에 주소가 있을 것
㉡ 대한민국에서 영주할 수 있는 체류자격을 가지고 있을 것
㉢ 대한민국의 민법상 성년일 것
㉣ 법령을 준수하는 등 대통령령으로 정하는 품행 단정의 요건을 갖출 것
㉤ 귀화를 허가하는 것이 국가안전보장 · 질서유지 또는 공공복리를 해치지 아니한다고 법무부장관이 인정할 것

① ㉠(X) ㉡(O) ㉢(O) ㉣(X) ㉤(O) ② ㉠(O) ㉡(X) ㉢(O) ㉣(O) ㉤(X)
③ ㉠(O) ㉡(O) ㉢(X) ㉣(X) ㉤(O) ④ ㉠(X) ㉡(O) ㉢(O) ㉣(X) ㉤(X)

해설 「국적법」 제5조(일반귀화 요건) "외국인이 귀화허가를 받기 위해서는 제6조나 제7조에 해당하는 경우 외에는 다음 각 호의 요건을 갖추어야 한다. 1. <u>5년 이상 계속하여 대한민국에 주소가 있을 것</u>, 1의2. <u>대한민국에서 영주할 수 있는 체류자격을 가지고 있을 것</u>, 2. <u>대한민국의 「민법」상 성년일 것</u>, 3. <u>법령을 준수하는 등 법무부령으로 정하는 품행 단정의 요건을 갖출 것</u>, 4. 자신의 자산(資産)이나 기능(技能)에 의하거나 생계를 같이하는 가족에 의존하여 생계를 유지할 능력이 있을 것, 5. 국어능력과 대한민국의 풍습에 대한 이해 등 대한민국 국민으로서의 기본 소양(素養)을 갖추고 있을 것, 6. <u>귀화를 허가하는 것이 국가안전보장 · 질서유지 또는 공공복리를 해치지 아니한다고 법무부장관이 인정할 것</u>" ㉡ ㉢ ㉤은 옳은 설명이고, ㉠ ㉣은 틀린 설명이다.
「국적법」 제6조(간이귀화 요건) "① 다음 각 호의 어느 하나에 해당하는 외국인으로서 <u>대한민국에 3년 이상 계</u>

속하여 주소가 있는 사람은 제5조 제1호 및 제1호의2의 요건을 갖추지 아니하여도 귀화허가를 받을 수 있다. 1. 부 또는 모가 대한민국의 국민이었던 사람, 2. 대한민국에서 출생한 사람으로서 부 또는 모가 대한민국에서 출생한 사람, 3. 대한민국 국민의 양자(養子)로서 입양 당시 대한민국의 「민법」상 성년이었던 사람, ② 배우자가 대한민국의 국민인 외국인으로서 다음 각 호의 어느 하나에 해당하는 사람은 제5조 제1호 및 제1호의2의 요건을 갖추지 아니하여도 귀화허가를 받을 수 있다. 1. 그 배우자와 혼인한 상태로 대한민국에 2년 이상 계속하여 주소가 있는 사람, 2. 그 배우자와 혼인한 후 3년이 지나고 혼인한 상태로 대한민국에 1년 이상 계속하여 주소가 있는 사람, 3. 제1호나 제2호의 기간을 채우지 못하였으나, 그 배우자와 혼인한 상태로 대한민국에 주소를 두고 있던 중 그 배우자의 사망이나 실종 또는 그 밖에 자신에게 책임이 없는 사유로 정상적인 혼인 생활을 할 수 없었던 사람으로서 제1호나 제2호의 잔여기간을 채웠고 법무부장관이 상당(相當)하다고 인정하는 사람, 4. 제1호나 제2호의 요건을 충족하지 못하였으나, 그 배우자와의 혼인에 따라 출생한 미성년의 자(子)를 양육하고 있거나 양육하여야 할 사람으로서 제1호나 제2호의 기간을 채웠고 법무부장관이 상당하다고 인정하는 사람"

「국적법」 제7조(특별귀화 요건) "① 다음 각 호의 어느 하나에 해당하는 외국인으로서 대한민국에 주소가 있는 사람은 제5조 제1호 · 제1호의2 · 제2호 또는 제4호의 요건을 갖추지 아니하여도 귀화허가를 받을 수 있다. 1. 부 또는 모가 대한민국의 국민인 사람. 다만, 양자로서 대한민국의 「민법」상 성년이 된 후에 입양된 사람은 제외한다., 2. 대한민국에 특별한 공로가 있는 사람, 3. 과학 · 경제 · 문화 · 체육 등 특정 분야에서 매우 우수한 능력을 보유한 사람으로서 대한민국의 국익에 기여할 것으로 인정되는 사람 ② 제1항 제2호 및 제3호에 해당하는 사람을 정하는 기준 및 절차는 대통령령으로 정한다."

> **분석**
>
> 국적법은 최근 12년간 독립된 유형의 문제로 2회, 다른 지문과 결합하여 1회 출제된 부분으로 중요성은 많이 떨어지는 분야입니다. 기출된 일반귀화의 요건을 기억하고, 일반귀화가 출제된 경향에 비추어 위의 간이귀화와 특별귀화의 요건을 기억할 필요가 있습니다. 간이귀화(3년 이상 주소가 있을 것)는 제6조의 요건에 해당하는 경우 일반귀화의 요건인 5년 이상 주소가 있을 것과 체류자격을 가지고 있을 것이라는 요건을 요구하지 않고, 특별귀화(대한민국에 주소가 있을 것 - 기간 제한 없음)는 제7조의 요건에 해당하는 경우 일반귀화의 요건인 5년 이상 주소가 있을 것, 체류자격을 가지고 있을 것, 민법상 성년일 것 및 생계를 유지할 능력이 있을 것이라는 요건을 요구하지 않습니다.

12 「국적법」상 일반귀화의 요건으로 가장 적절하지 않은 것은? (2015년 제2차)

① 대한민국의 「민법」상 성년일 것
② 자신의 자산이나 기능에 의하거나 생계를 같이하는 가족에 의존하여 생계를 유지할 능력이 있을 것
③ 3년 이상 계속하여 대한민국에 주소가 있을 것
④ 품행이 단정할 것

> **해설** 11번 해설 참조. 5년 이상 계속하여 대한민국에 주소가 있을 것이 요건이다.

13 다음은 다문화 사회의 접근유형에 대한 설명이다. 〈보기 1〉과 〈보기 2〉의 내용이 가장 적절하게 연결된 것은? (2020년 제1차)

보기 1 ─────

(가) 소수집단이 자결(Self-determination)의 원칙을 내세워 문화적 공존을 넘어서는 소수민족 집단만의 공동체 건설을 지향한다.

(나) 차별을 금지하고 사회참여를 위해 기회평등을 보장하는 것으로, 사회통합을 위해 문화적 다양성을 인정하며 민족집단의 존재를 인정하지만, 시민 생활과 공적 생활에서는 주류 사회의 문화, 언어, 사회관습을 따를 것을 요구한다.

(다) 다문화주의를 결과에 있어서의 평등보장이라는 측면에서 접근하는 것으로, 문화적 소수자가 현실적으로 문화적 다수자와의 경쟁에서 불리한 위치에 있다는 것을 전제로 소수집단의 사회참가를 촉진하기 위해 적극적인 법적·재정적 원조를 한다.

보기 2 ─────

㉠ 조합주의적 다문화주의   ㉡ 급진적 다문화주의   ㉢ 자유주의적 다문화주의

	(가)	(나)	(다)			(가)	(나)	(다)
①	㉠	㉢	㉡		②	㉡	㉢	㉠
③	㉠	㉡	㉢		④	㉡	㉠	㉢

해설 **【다문화사회의 접근 유형】**

구분	내용
자유주의적 다문화주의	– 차별을 금지하고 사회참여를 위한 기회의 평등을 보장하며 사회통합을 위한 문화적 다양성 인정 – 시민생활이나 공적 생활에서는 주류사회의 양식(문화·언어·가치·규범·사회관습 등)에 따를 것을 요구
급진적 다문화주의	– 소수집단이 자결의 원칙을 내세워 문화적 공존을 넘어서는 소수민족 집단만의 공동체 건설 지향 – 주류사회의 양식을 부정하고 독자적 생활방식 추구
조합주의적 다문화주의	– 자유주의적 다문화주의와 급진적 다문화주의의 절충적 형태 – 문화적 소수자가 문화적 다수자와의 경쟁에서 불리한 위치에 있다는 것을 전제함 – 소수집단의 사회참가를 촉진하기 위해 적극적인 법적·재정적 원조

01 인터폴에서 발행하는 국제수배서에 대한 설명으로 옳은 것은?

① 수배자의 신원과 소재를 확인할 목적으로 발행되는 국제수배서는 청색이다.
② 가출인의 소재 확인 또는 기억상실자의 신원을 파악할 목적으로 발행되는 국제수배서는 녹색이다.
③ 새로운 범죄 수법을 사무총국에서 집중관리 해 범죄의 예방과 수사의 자료로 활용할 목적으로 발생되는 국제수배서는 흑색이다.
④ 폭발물이나 테러범에 대한 보안을 경고하기 위해 발행되는 국제수배서는 백색이다.

> **해설**   ① 옳은 설명이다. 국제정보조회수배서라고 한다.
> ② 가출인수배서로 황색이다.   ③ 범죄수법수배서로 보라색이다.   ④ 오렌지색이다..

02 사망자의 신원을 알 수 없거나 가명을 사용한 사망자의 신원을 확인할 목적으로 발행되는 변사자수배서의 색깔은?

① 녹색   ② 흑색   ③ 보라색   ④ 황색

> **해설**   변사자수배서는 흑색이다.

03 사법경찰관 甲은 특정경제범죄의 가중처벌 등에 관한 법률상 사기죄(이득액 100억원)를 저지르고 국외로 도피한 피의자에 대한 체포를 의뢰하고자 한다. 발급받아야 하는 수배서는?

① 흑색수배서   ② 청색수배서   ③ 적색수배서   ④ 황색수배서

> **해설**   체포 및 범죄인 인도를 목적으로 발행되는 적색수배서를 발급받아야 한다.

04 아래의 보기는 인터폴에서 발행하는 국제수배서에 대한 설명이다. 가장 적절하게 연결된 것은?

> ㉠ 상습적으로 범죄를 범하거나 범할 우려가 있는 국제범죄자의 동향을 파악할 목적으로 발행
> ㉡ UN 안보리 제재대상 정보 제공의 목적으로 UN 안보리와 인터폴의 협의사항에 따라 발행
> ㉢ 수배자의 신원과 소재를 확인할 목적으로 발행

① ㉠ – 황색수배서   ㉡ – 흑색수배서   ㉢ – 보라색수배서
② ㉠ – 보라색수배서   ㉡ – 흑색수배서   ㉢ – 황색수배서
③ ㉠ – 청색수배서   ㉡ – 특별수배서   ㉢ – 녹색수배서
④ ㉠ – 녹색수배서   ㉡ – 특별수배서   ㉢ – 청색수배서

> **해설**   ㉠ 녹색수배서, ㉡ 특별수배서, ㉢ 청색수배서이다.

05 국제형사경찰기구(INTERPOL)의 성립과정에 대한 설명으로 틀린 것은?

① 국제적인 경찰협력의 기초는 1914년 모나코에서 개최된 국제형사경찰회의에서 찾을 수 있다.
② 1923년 비엔나에서 개최된 제2차 국제형사경찰회의에서 국제형사경찰위원회를 창설하였고, 이는 국제형사경찰기구의 전신으로 볼 수 있다.
③ 1923년의 국제형사경찰위원회는 전 세계를 대상으로 하는 국제적 경찰기구였다.
④ 1956년 비엔나에서 개최된 제25차 국제형사경찰위원회에서 국제형사경찰기구(ICPO)를 발족(사무총국 – 프랑스 파리)하였고, 이후 인터폴로 명칭이 변경되어 오늘에 이르고 있다.

> **해설** ① ② ④ 옳은 설명이다.
> ③ 국제형사경찰위원회는 유럽대륙 위주의 기구라는 지역적 한계성이 있었다.

06 국제형사경찰기구(INTERPOL)에 대한 설명으로 옳은 것은?

① 회원국 상호 간에 필요한 자료·정보를 교환하고, 범인의 체포 및 인도에 협력하는 국제경찰기구로서 인터폴 중앙사무국이 협조 관계를 유지하는 총본부 내지 추진체의 역할을 한다.
② 국제공조(협력) 수사기구인 동시에 자체 수사인력으로 국경을 넘어 형사범을 체포·구속하는 국제적인 사법경찰기관의 역할을 한다.
③ 범죄수사를 위한 협력 이외에 범죄예방을 위한 협력을 수행한다.
④ 우리나라의 경우 국가중앙사무국(NCB)은 경찰청 외사국 인터폴국제공조과 국제협력계에 설치되어 있고, 경찰청장이 국가중앙사무국장을 맡는다.

> **해설** ① 상설기구인 <u>인터폴 사무총국(General Secretariat)</u>이 국제범죄의 예방 및 진압을 위해 회원국과 긴밀한 협조 관계를 유지하는 <u>총본부 내지 추진체로서의 역할</u>을 한다.
> ② 국제공조(협력) 수사기구이고, 자체 수사인력을 가지고 국경을 초월하여 <u>직접 수사를 행하는 기구는 아니다.</u>
> ③ 옳은 설명이다.
> ④ 우리나라의 경우 국가중앙사무국은 현재 <u>경찰청 외사국 인터폴국제공조과 인터폴계</u>(이전 경찰청 외사국 국제협력과 인터폴계 – 현행과 혼동하지 않도록 유의)에 설치되어 있고, 국제형사경찰기구(인터폴) 대한민국 국가중앙사무국 운영규칙 제5조에 따라 <u>경찰청 외사국장이 국가중앙사무국장</u>이 된다.

07 국제형사경찰기구(INTERPOL)의 협력원칙에 대한 설명으로 틀린 것은?

① 협력은 각 회원국 경찰기관이 자국 영토 내에서 자국법에 의해 취할 수 있는 조치에 기초한다.
② 현장의 활동 범위는 일반 형사범과 관련된 범죄의 예방과 법집행에 국한되고, 모든 회원국 간 합의는 이 원칙의 토대 위에서 이루어질 수 있다.
③ 모든 회원국은 재정분담금의 규모와 관계없이 동일한 혜택과 권리를 향유한다.
④ 업무방법은 정형성과 연속성을 확보하기 위한 주권의 존중, 일반법의 집행, 보편성의 원칙, 평등성의 원칙 및 타 기관과의 협력에 의해 기속되고, 각국의 개별적 상황은 고려되지 않는다.

> **해설** ① <u>주권의 존중</u>. ② <u>일반법의 집행</u>. ③ <u>평등성의 원칙</u>에 대한 설명이다. 이외에 모든 회원국은 타 회원국과 협력할 수 있고, 지리적·언어적 요소에 의해 방해받지 않는다는 "<u>보편성의 원칙</u>"과 각국의 국가중앙사무국을 통한 협력은 일반범죄의 예방 및 진압에 관계되는 모든 정부기관에 확대된다는 "<u>타 기관과의 협력</u>"이 있다.
> ④ 국제형사경찰기구의 협력원칙으로 "<u>업무방법의 유연성</u>"이 있다. 즉, 업무방법은 비록 정형성과 연속성을 확

보하기 위한 위의 원칙들에 의해 기속되지만, 각국의 다양한 경찰 조직구조와 상황을 충분히 고려하여 유연하게 행해져야 한다.

08 주한미군지위협정(SOFA)에 대한 설명으로 옳은 것은?

① 대한민국 영역 안에 있는 미국의 육군·해군·공군에 속하는 현역 복무자 및 미국대사관의 무관, 주한미군 군사고문단과 나토(NATO) 소속 미군에 대해 적용된다.
② 미국 국적의 민간인으로서 대한민국에 있는 미국 군대에 고용되어 근무하거나 동반하는 자에 대해 적용된다.
③ 미국 군대 구성원의 배우자 및 20세 미만의 자녀에 대해 적용된다.
④ 미국 군대 구성원의 부모 및 20세 이상의 자녀 또는 기타 친척으로서 그 생계비의 1/3 이상을 미국 군대의 구성원에 의존하는 자에 대해 적용된다.

해설 ① 미국대사관의 무관, 주한미군 군사고문단이나 나토(NATO) 소속 미군에 대해서는 적용되지 않는다.
② 옳은 설명이다.
③ 배우자 및 21세 미만의 자녀에 대해 적용된다.
④ 부모 및 21세 이상의 자녀 또는 기타 친척으로 그 생계비의 1/2 이상을 미국 군대의 구성원 또는 군속에 의존하는 자에 대해 적용된다.

09 주한미군지위협정(SOFA)에 따른 형사재판권에 대한 설명으로 틀린 것은?

① 한·미 양국 중 어느 일방 국가의 법령에 의해 처벌할 수 있으나 다른 일방 국가의 법령으로 처벌할 수 없는 경우 처벌이 가능한 국가가 배타적으로 형사재판권을 행사한다.
② 한·미 양국의 법률에 의하여 모두 처벌할 수 있는 범죄에 대해서는 경합적 재판권의 문제가 발생하고, 제1차적 재판권을 어느 나라가 행사하는지 결정되어야 한다.
③ 오로지 미합중국의 재산·안전에 관한 범죄 또는 공무집행 중의 작위 또는 부작위에 의한 범죄 등에 대해서는 미군 당국이 재판권 행사에 대한 제1차적 권리를 가진다.
④ 미군 당국이 제1차적 재판권을 가지는 경우를 제외하고 대한민국 당국이 재판권을 행사할 제1차적 권리를 가지고, 미군 당국의 요청이 있으면 대한민국 당국이 재판권을 행사하는 것이 특히 중요하다고 결정하는 경우를 제외하고는 제1차적 재판권을 포기할 수 있다.

해설 ① ② ③ 옳은 설명이다. ①은 배타적 재판권, ②는 경합적 재판권에 대한 설명이다.
④ 경합적 재판권이 발생하는 경우 미군 당국의 요청이 있으면 대한민국 당국이 재판권을 행사하는 것이 특히 중요하다고 결정하는 경우를 제외하고는 제1차적 재판권을 포기한다.

예상문제　국제형사사법 공조법

01 국제형사사법 공조법상 개념의 "정의(제2조)"에 대한 설명으로 틀린 것은?

① "공조"란 대한민국과 외국 간에 형사사건의 수사 또는 재판에 필요한 협조를 제공하거나 제공받는 것을 말한다.
② "공조조약"이란 대한민국과 외국 간에 체결된 공조에 관한 조약·협정 등을 말한다.
③ "요청국"이란 대한민국에 공조를 요청한 국가를 말한다.
④ "공조범죄"란 공조의 대상이 될 수 있는 범죄를 말한다.

> **해설** ① 「국제형사사법 공조법」 제2조 제1호, ② 제2조 제2호, ③ 제2조 제3호
> ④ 「국제형사사법 공조법」 제2조 제4호 ""공조범죄"란 <u>공조의 대상이 되어 있는 범죄를 말한다.</u>"

02 국제형사사법 공조법에 대한 설명으로 옳은 것은?

① 공조에 관하여 공조조약에 국제형사사법 공조법과 다른 규정이 있는 경우에는 국제형사사법 공조법 규정에 따른다.
② 동일하거나 유사한 사항에 관하여 대한민국의 공조요청에 따른다는 요청국의 보증이 있는 경우라도 공조조약이 체결되어 있지 않다면 국제형사사법 공조법을 적용할 수 없다.
③ 서류·기록의 제공, 서류 등의 송달, 증거물 등 물건의 인도, 진술 청취 및 그 밖에 요청국에서 증언하게 하거나 수사에 협조하게 하는 조치는 공조의 범위에 포함된다.
④ 판사의 영장을 요하는 강제처분인 압수·수색 또는 검증은 공조의 범위에 포함되지 않는다.

> **해설** ① 「국제형사사법 공조법」 제3조 "공조에 관하여 공조조약에 이 법과 다른 규정이 있는 경우에는 <u>그 규정에 따른다.</u>" 공조조약과 국제형사사법 공조법 사이에 다른 규정이 있는 경우 공조조약의 규정에 따르도록 규정하고 있다. 일반적으로 <u>공조조약</u>은 국제형사사법 공조법에 포함되지 않은 사항을 공조의 대상으로 규정하기 때문에 <u>공조의 범위를 확대하는 기능</u>을 한다.
> ② 「국제형사사법 공조법」 제4조 "<u>공조조약이 체결되어 있지 아니한 경우</u>에도 동일하거나 유사한 사항에 관하여 <u>대한민국의 공조요청에 따른다는 요청국의 보증이 있는 경우에는 <u>이 법을 적용한다</u>(※ 상호주의).</u>"
> ③ 「국제형사사법 공조법」 제5조 제2호·제3호·제5호·제6호
> ④ 「국제형사사법 공조법」 제5조 제4호에 따라 증거 수집, 압수·수색·검증은 공조의 범위에 포함되고, 제1호에 따라 사람 또는 물건의 소재에 대한 수사도 공조의 범위에 포함된다.

03 국제형사사법 공조법상 "공조의 제한(제6조)과 연기(제7조)"에 대한 설명으로 옳은 것은?

① 국제형사사법 공조법은 공조의 제한과 관련하여 임의적 공조의 제한 사유와 절대적(필요적) 공조의 제한 사유를 구별하여 규정하고 있고, 공조범죄가 대한민국의 법률에 의하여는 범죄를 구성하지 아니하거나 공소를 제기할 수 없는 범죄인 경우는 절대적 공조의 제한 사유이다.

② 대한민국에서 수사가 진행 중이거나 재판에 계속된 범죄에 대하여 외국의 공조요청이 있는 경우에는 공조하지 아니할 수 있다.

③ 대한민국의 주권·국가안전보장·안녕질서 또는 미풍양속을 해칠 우려가 있는 경우 및 공조범죄가 정치적 성격을 지닌 범죄이거나 공조요청이 정치적 성격을 지닌 다른 범죄에 대한 수사·재판을 할 목적으로 한 것이라고 인정되는 경우에는 공조하지 아니한다.

④ 인종·국적·성별·종교·사회적 신분 또는 특정 사회단체에 속한다는 사실이나 정치적 견해를 달리한다는 이유로 처벌되거나 형사상 불리한 처분을 받을 우려가 있다고 인정되는 경우에는 공조하지 아니할 수 있다.

해설 ① 「**국제형사사법 공조법**」 제6조 본문 및 제4호 "다음 각 호의 어느 하나에 해당하는 경우에는 공조를 하지 아니할 수 있다."고 규정하여 임의적 공조의 제한만을 규정하고 있다. 이와 달리 범죄인 인도법은 절대적(필요적) 인도거절 사유와 임의적 인도거절 사유를 구별하여 규정하고 있다.
② 「**국제형사사법 공조법**」 제7조 "대한민국에서 수사가 진행 중이거나 재판에 계속(係屬)된 범죄에 대하여 외국의 공조요청이 있는 경우에는 그 수사 또는 재판 절차가 끝날 때까지 공조를 연기할 수 있다."
③ 「**국제형사사법 공조법**」 제6조 제1호·제3호. 공조의 제한은 임의적이므로 "공조하지 아니할 수 있다."
④ 「**국제형사사법 공조법**」 제6조 제2호

04 국제형사사법 공조법상 "외국의 요청에 따른 수사에 관한 공조"에 대한 설명으로 틀린 것은?

① 공조요청 접수 및 요청국에 대한 공조 자료의 송부는 외교부장관이 하고, 긴급한 조치가 필요하거나 특별한 사정이 있는 경우에는 법무부장관이 외교부장관의 동의를 받아 이를 할 수 있다.

② 외교부장관은 요청국으로부터 형사사건의 수사에 관한 공조요청을 받았을 때에는 공조요청서에 관계 자료 및 의견을 첨부하여 법무부장관에게 송부하여야 한다.

③ 요청국이 요청한 공조 방식이 대한민국의 법률에 저촉되지 아니하는 경우라도 요청국에 대한 공조는 대한민국의 법률에서 정하는 방식으로 한다.

④ 공조요청서를 받은 법무부장관은 공조요청에 응하는 것이 타당하다고 인정하는 경우에는 공조를 위하여 적절하다고 인정되는 지방검찰청 검사장 또는 고위공직자범죄수사처장에게 관계 자료를 송부하고 공조에 필요한 조치를 하도록 명하거나 요구하여야 한다.

해설 ① 「**국제형사사법 공조법**」 제11조, ② 제14조, ④ 제15조 제1항 제1호
③ 「**국제형사사법 공조법**」 제13조 "요청국에 대한 공조는 대한민국의 법률에서 정하는 방식으로 한다. 다만, 요청국이 요청한 공조 방식이 대한민국의 법률에 저촉되지 아니하는 경우에는 그 방식으로 할 수 있다."

05 국제형사사법 공조법상 "외국의 요청에 따른 수사에 관한 공조"에 대한 설명으로 틀린 것은?

① 법무부장관의 명령 또는 요구를 받은 검사장 또는 고위공직자범죄수사처장은 소속 검사에게 공조에 필요한 자료를 수집하거나 그 밖에 필요한 조치를 하도록 명하여야 한다.

② 검사는 공조에 필요한 자료를 수집하기 위하여 행정기관이나 그 밖의 공사단체에 공조에 필요한 사실을 조회하거나 필요한 사항의 보고를 요구하여야 한다.

③ 검사는 공조에 필요한 경우에는 영장에 의하여 압수·수색·검증을 할 수 있고, 요청국에 인도하여야 할 증거물 등이 법원에 제출되어 있는 경우에는 법원의 인도허가 결정을 받아야 한다.

④ 검사는 사법경찰관리를 지휘하여 국제형사사법 공조법 제17조 제1항의 수사를 하게 할 수 있고, 사법경찰관은 검사에게 신청하여 검사의 청구로 판사가 발부한 영장에 의하여 압수·수색 또는 검증을 할 수 있다.

> **해설** ①「국제형사사법 공조법」제16조, ③ 제17조 제2항·제3항, ④ 제17조 제4항
> ②「국제형사사법 공조법」제17조 제1항 "검사는 공조에 필요한 자료를 수집하기 위하여 관계인의 출석을 요구하여 진술을 들을 수 있고, 감정·통역 또는 번역을 촉탁할 수 있으며, 서류나 그 밖의 물건의 소유자·소지자(所持者) 또는 보관자에게 그 제출을 요구하거나, 행정기관이나 그 밖의 공사단체(公私團體)에 공조에 필요한 사실을 조회하거나 필요한 사항의 보고를 요구할 수 있다."

06 국제형사사법 공조법상 "외국에 대한 수사에 관한 공조요청"에 대한 설명으로 옳은 것은?

① 외국에 수사에 관한 공조요청을 하려면 검사는 검찰총장에게 공조요청서를 송부한다.

② 외국에 수사에 관한 공조요청을 하려면 사법경찰관은 검사에게 신청하여 법무부장관에게 공조요청서를 송부하여야 한다.

③ 공조요청서를 받은 법무부장관은 외국에 공조요청하는 것이 타당하다고 인정하는 경우에는 외교부장관의 동의를 받아 공조요청서를 외국에 송부한다.

④ 공조요청서를 받은 법무부장관은 긴급한 조치가 필요한 경우나 특별한 사정이 있는 경우에는 공조요청서를 외국에 송부하고 지체없이 외교부장관에게 그 사실을 알려야 한다.

> **해설** ①「국제형사사법 공조법」제29조 전단 "검사는 외국에 수사에 관한 공조요청을 하려면 <u>법무부장관에게 공조요청서를 송부하여야 하고</u>, 사법경찰관은 검사에게 신청하여 법무부장관에게 공조요청서를 송부하여야 한다." 공조요청서를 외교부장관에게 송부하는 주체는 법무부장관이다.
> ②「국제형사사법 공조법」제29조 후단
> ③「국제형사사법 공조법」제30조 본문 "제29조에 따른 <u>공조요청서를 받은 법무부장관</u>은 외국에 공조요청하는 것이 타당하다고 인정하는 경우에는 그 공조요청서를 <u>외교부장관에게</u> 송부하여야 한다. 다만, 긴급한 조치가 필요한 경우나 특별한 사정이 있는 경우에는 <u>외교부장관의 동의</u>를 받아 <u>공조요청서를 직접 외국에 송부할 수 있다.</u>" 공조요청서를 외국에 송부하는 주체는 원칙적으로 외교부장관이고, 예외적으로 외교부장관의 동의를 받아 법무부장관이 직접 송부할 수 있다.
> ④「국제형사사법 공조법」제30조 단서 참조. 긴급한 조치가 필요하거나 특별한 사정이 있는 경우 <u>외교부장관의 동의를 받아 법무부장관이 공조요청서를 직접 외국에 송부할 수 있다.</u>

07 국제형사사법 공조법에 대한 설명으로 옳은 것은 몇 개인가?

> ㉠ 형사사건의 재판에 필요한 협조를 제공하거나 제공받는 것은 국제형사사법 공조법에 따른 공조에 포함되지 않는다.
> ㉡ 판사의 영장을 요하는 대물적 강제처분인 압수·수색 또는 검증은 공조의 범위에 포함된다.
> ㉢ 대한민국에서 수사가 진행 중이거나 재판에 계속된 범죄에 대하여 외국의 공조요청이 있는 경우에는 공조를 하지 아니할 수 있다.
> ㉣ 국제형사사법 공조법에 따른 공조요청의 접수는 외교부장관이 하고, 요청국에 대한 공조 자료의 송부는 원칙적으로 외교부장관의 동의를 받아 법무부장관이 한다.
> ㉤ 검사는 공조에 필요한 자료를 수집하기 위하여 직접 수사하여야 하고, 사법경찰관리를 지휘하여 수사하게 할 수 없다.
> ㉥ 외국에 수사에 관한 공조요청을 하려면 사법경찰관은 직접 법무부장관에게 공조요청서를 송부하여야 한다.

① 1개   ② 2개   ③ 3개   ④ 4개

해설 「**국제형사사법 공조법**」: ㉡이 옳은 설명이다.

㉠ **제2조 제1호**: ""공조"란 대한민국과 외국 간에 <u>형사사건의 수사 또는 재판에 필요한 협조를 제공하거나 제공받는 것을 말한다.</u>" 형의 집행은 제외되어 있다는 점에 유의한다.

㉢ **제7조**: "대한민국에서 <u>수사가 진행 중이거나 재판에 계속(係屬)된 범죄에 대하여 외국의 공조요청이 있는 경우에는 그 수사 또는 재판 절차가 끝날 때까지 공조를 연기할 수 있다.</u>" 공조의 연기 사유에 해당한다.

㉣ **제11조**: 공조요청 접수 및 요청국에 대한 공조 자료의 송부는 <u>외교부장관이 한다.</u> 다만, 긴급한 조치가 필요한 경우나 특별한 사정이 있는 경우에는 <u>법무부장관이 외교부장관의 동의를 받아 이를 할 수 있다.</u>

㉤ **제17조 제4항**: "<u>검사는 사법경찰관리를 지휘하여 제1항의 수사를 하게 할 수 있고,</u> 사법경찰관은 검사에게 신청하여 검사의 청구로 판사가 발부한 영장에 의하여 제2항에 따른 압수·수색 또는 검증을 할 수 있다."

㉥ **제29조**: "검사는 외국에 수사에 관한 공조요청을 하려면 법무부장관에게 공조요청서를 송부하여야 하고, <u>사법경찰관은 검사에게 신청하여 법무부장관에게 공조요청서를 송부하여야 한다.</u>"

기출문제 　범죄인 인도법

01 「범죄인 인도법」의 인도거절 사유에 대한 내용으로 가장 적절하지 않은 것은? (2018년 제1차)

① 대한민국 또는 청구국의 법률에 따라 인도범죄에 관한 공소시효 또는 형의 시효가 완성된 경우에는 범죄인을 인도하여서는 아니 된다.

② 범죄인이 인종, 종교, 국적, 성별, 정치적 신념 또는 특정 사회단체에 속한 것 등을 이유로 처벌되거나 그 밖의 불리한 처분을 받을 염려가 있다고 인정되는 경우에는 범죄인을 인도하지 아니할 수 있다.

③ 범죄인의 인도범죄 외의 범죄에 관하여 대한민국 법원에 재판이 계속 중인 경우 또는 범죄인이 형을 선고받고 그 집행이 끝나지 아니하거나 면제되지 아니한 경우에는 범죄인을 인도하지 아니할 수 있다.

④ 범죄인이 인도범죄에 관하여 제3국(청구국이 아닌 외국을 말한다)에서 재판을 받고 처벌되었거나 처벌받지 아니하기로 확정된 경우에는 범죄인을 인도하지 아니할 수 있다.

해설 ① 「**범죄인 인도법**」 **제7조 제1호**, ③ **제9조 제3호**, ④ **제9조 제4호** 아래의【범죄인 인도법상 인도거절사유 개관】참조. 절대적 및 임의적 인도거절 사유를 잘 구별해서 기억하고 있어야 한다. 아울러 정치적 범죄의 경우 원칙적으로 절대적 인도거절 사유이지만, 예외적인 경우(이른바 임의적 인도거절 사유)에는 인도할 수 있다.
② 「**범죄인 인도법**」 **제7조 제4호**에 따른 절대적 인도거절 사유이다. 틀린 설명이다.
【**범죄인 인도법상 인도거절사유 개관**】 - 제7조 내지 제9조

구분	내용
절대적 인도 거절 사유 (제7조)	범죄인을 <u>**인도하여서는 아니 된다.**</u> · 대한민국 <u>또는 청구국의 법률</u>에 따라 인도범죄에 관한 <u>공소시효 또는 형의 시효가 완성된 경우</u> · 인도범죄에 관하여 대한민국 법원에서 <u>재판이 계속 중이거나 재판이 확정된 경우</u>(**유의**: 수사X) · 범죄인이 인도범죄를 범하였다고 의심할 만한 <u>상당한 이유가 없는 경우</u>. 다만, 인도범죄에 관하여 <u>청구국에서 유죄의 재판이 있는 경우 제외</u>(단서에 해당하는 경우 임의적 인도거절 사유) · 범죄인이 인종 · 종교 · 국적 · 성별 · 정치적 신념 · 특정 사회단체에 속한 것 등을 이유로 처벌되거나 그 밖의 불리한 처분을 받을 염려가 있다고 인정되는 경우
임의적 인도 거절 사유 (제9조)	범죄인을 <u>**인도하지 아니할 수 있다.**</u> · 범죄인이 <u>대한민국 국민인 경우</u> · 인도범죄의 <u>전부 또는 일부가</u> <u>대한민국 영역</u>에서 범한 것인 경우 · 범죄인의 <u>인도범죄 외의 범죄</u>에 관하여 대한민국 법원에 재판이 계속 중인 경우 또는 범죄인이 형을 선고받고 그 집행이 끝나지 아니하거나 면제되지 아니한 경우(**유의**: 수사X) · 범죄인이 인도범죄에 관하여 <u>제3국(청구국이 아닌 외국을 말한다.)에서 재판을 받고 처벌되었거나 처벌받지 아니하기로 확정된 경우</u> · 인도범죄의 성격과 범죄인이 처한 환경 등에 비추어 범죄인을 인도하는 것이 <u>비인도적이라고 인정되는 경우</u>
정치적 범죄	원칙 · 인도범죄가 정치적 성격을 지닌 범죄이거나 그와 관련된 범죄인 경우에는 범죄인을 인도하여서는 아니 된다(**절대적 인도거절**).

정답 01 ②

| (제8조) | | · 인도청구가 범죄인이 범한 정치적 성격을 지닌 다른 범죄에 대하여 재판을 하거나 그러한 범죄에 대하여 이미 확정된 형을 집행할 목적으로 행하여진 것이라고 인정되는 경우에는 범죄인을 인도하여서는 아니 된다. |
| | 예외 | 아래의 경우 **인도할 수 있음**(임의적 인도거절 사유)
· 국가원수 · 정부수반 또는 그 가족의 생명 · 신체를 침해하거나 위협하는 범죄
· 다자간 조약에 따라 대한민국이 범죄인에 대하여 재판권을 행사하거나 범죄인을 인도할 의무를 부담하고 있는 범죄
· 여러 사람의 생명 · 신체를 침해 · 위협하거나 이에 대한 위험을 발생시키는 범죄 |

분석 범죄인 인도법상 인도거절과 관련하여 독립된 유형의 문제로 5회, 다른 지문과 결합하여 4회가 출제되었고, 조문의 내용을 확인하는 수준에서 출제되었습니다. 외사 분야에서 중요하게 다루어지는 영역이므로 3가지 유형을 구별(문구를 수정하여 오답을 유도하는 문제가 출제됨)하여 위 표의 내용을 정확히 숙지하고 있어야 합니다. 그리고 범죄인 인도의 원칙과 인도거절 사유의 연관성도 상호 대비하여 이해하고 있어야 하고, 특히 형사사법 공조법상 공조의 제한사유와 비교하여 혼동하지 않도록 기억할 필요가 있고, 국제형사사법공조 및 범죄인 인도 모두 법률보다 조약이 우선 적용된다는 점에도 유의하여야 변형된 문제에 대비할 수 있습니다.

02 「범죄인 인도법」상 절대적 인도거절 사유에 해당하지 않은 것은? (2016년 제2차)

① 대한민국 또는 청구국의 법률에 따라 인도범죄에 관한 공소시효 또는 형의 시효가 완성된 경우
② 인도범죄에 관하여 대한민국 법원에서 재판이 계속 중이거나 재판이 확정된 경우
③ 범죄인의 인도범죄 외의 범죄에 관하여 대한민국 법원에 재판이 계속 중인 경우 또는 범죄인이 형을 선고받고 그 집행이 끝나지 아니하거나 면제되지 아니한 경우
④ 범죄인이 인종, 종교, 국적, 성별, 정치적 신념 또는 특정 사회단체에 속한 것 등을 이유로 처벌되거나 그 밖의 불리한 처분을 받을 염려가 있다고 인정되는 경우

해설 ① ② ④의 경우 절대적 인도거절 사유이다. 【범죄인 인도법상 인도거절사유 개관】 참조.
③ 「**범죄인 인도법**」 **제9조 제3호**에 따른 임의적 인도거절 사유이다.

03 「범죄인 인도법」상 임의적 인도거절 사유로서 가장 적절하지 않은 것은? (2015년 제2차)

① 범죄인이 대한민국 국민인 경우
② 인도범죄의 전부 또는 일부가 대한민국 영역에서 범한 것인 경우
③ 범죄인의 인도범죄 외의 범죄에 관하여 대한민국 법원에 재판이 계속 중인 경우 또는 범죄인이 형을 선고받고 그 집행이 끝나지 아니하거나 면제되지 아니한 경우
④ 대한민국 또는 청구국의 법률에 따라 인도범죄에 관한 공소시효 또는 형의 시효가 완성된 경우

해설 ① ② ③의 경우 임의적 인도거절 사유이다. 【범죄인 인도법상 인도거절사유 개관】 참조.
④ 「**범죄인 인도법**」 **제7조 제1호**에 따른 절대적 인도거절 사유이다.

04 「범죄인 인도법」상 '절대적 인도거절 사유'에 해당하지 않는 것은? (2014년 제2차)

① 인도범죄에 관하여 대한민국 법원에서 재판이 계속 중이거나 재판이 확정된 경우
② 대한민국 또는 청구국의 법률에 의하여 인도범죄에 관한 공소시효 또는 형의 시효가 완성된 경우
③ 인도범죄의 성격과 범죄인이 처한 환경 등에 비추어 범죄인을 인도하는 것이 비인도적이라고 인정되는 경우
④ 범죄인이 인종, 종교, 국적, 성별, 정치적 신념 또는 특정 사회단체에 속한 것 등을 이유로 처벌되거나 그 밖의 불리한 처분을 받을 염려가 있다고 인정되는 경우

해설 ① ② ④의 경우 절대적 인도거절 사유이다. 【범죄인 인도법상 인도거절사유 개관】 참조.
③ 「**범죄인 인도법**」 **제9조 제5호**에 따른 임의적 인도거절 사유이다.

05 「범죄인 인도법」 제7조에서 규정하고 있는 절대적 인도거절 사유로 볼 수 없는 것은 모두 몇 개인가? (2013년 제2차 – 현행법 반영 수정)

> ㉠ 범죄인이 대한민국 국민인 경우
> ㉡ 범죄인이 인종, 종교, 국적, 성별, 정치적 신념 또는 특정 사회단체에 속한 것 등을 이유로 처벌되거나 그 밖의 불리한 처분을 받을 염려가 있다고 인정되는 경우
> ㉢ 인도범죄의 전부 또는 일부가 대한민국 영역에서 범한 짓인 경우
> ㉣ 범죄인이 인도범죄에 관하여 제3국(청구국이 아닌 외국을 말한다)에서 재판을 받고 처벌되었거나 처벌받지 아니하기로 확정된 경우

① 1개   ② 2개   ③ 3개   ④ 4개

해설 ㉠ ㉢ ㉣의 경우 임의적 인도거절 사유이다. 【범죄인 인도법상 인도거절사유 개관】 참조.

06 다음은 범죄인 인도법과 범죄인 인도의 원칙에 대한 설명이다. 옳은 것은 모두 몇 개인가? (2020년 제2차)

> ㉠ 범죄인 인도법 제6조는 대한민국과 청구국의 법률에 따라 인도범죄가 사형, 무기징역, 무기금고, 장기 1년 이상의 징역 또는 금고에 해당하는 경우에만 범죄인 인도가 가능하다고 규정하여 '쌍방가벌성의 원칙'과 '최소한의 중요성 원칙'을 모두 담고 있다.
> ㉡ 인도조약이 체결되어 있지 않은 경우에도 범죄인의 인도를 청구하는 국가가 동종의 범죄인 인도청구에 응한다는 보증을 하는 경우 범죄인 인도법을 적용한다는 원칙은 '상호주의 원칙'이다.
> ㉢ 자국민은 원칙적으로 인도의 대상이 아니라는 '자국민 불인도의 원칙'은 범죄인 인도법상 절대적인도거절 사유로 규정되어 있다.
> ㉣ 인도범죄가 정치적 성격을 지닌 범죄이거나 그와 관련된 경우 범죄인을 인도하여서는 안된다는 '정치범 불인도의 원칙'은 범죄인 인도법에 규정되어 있다. 다만 국가원수 암살, 집단학살 등은 정치범 불인도의 예외사유로 인정한다.

① 1개   ② 2개   ③ 3개   ④ 4개

해설 **【범죄인 인도의 원칙 개관】**

원칙	내용
상호 주의	인도조약이 체결되어 있지 아니한 경우에도 범죄인의 인도를 청구하는 국가가 <u>같은 종류 또는 유사한 인도범죄에 대한 대한민국의 범죄인 인도청구에 응한다는 보증</u>을 하는 경우에는 범죄인 인도법을 적용한다(제4조).
쌍방 가벌성	인도청구가 있는 범죄가 청구국과 피청구국 쌍방의 법률에 의하여 범죄를 구성하지 않는 경우에는 그 범죄에 관하여 범죄인을 인도하지 않는다. → 범죄인 인도법은 이를 명시하고 있지 않지만, 최소한 중요성의 원칙(제6조)에 포함되어 있음
정치범 불인도	정치적 성격을 지는 범죄는 인도하지 않는다(제8조 제1항 본문 – <u>절대적 인도거절 사유</u>). → 정치범죄 해당여부는 전적으로 피청구국 판단에 의존 / 범죄인 인도법은 3개의 <u>예외사유 인정</u>
자국민 불인도	자국민은 인도하지 않는다(제9조 제1호 – <u>임의적 인도거절사유</u>). → 일반적으로 대륙법계 국가들은 속인주의를 채택하여 자국민불인도의 원칙 채택 → 영미법계 국가들은 속지주의를 채택하여 자국민불인도의 원칙을 규정하고 있지 않음
특정성	인도된 범죄인이 다음 각 호의 어느 하나에 해당하는 경우를 제외하고는 인도가 허용된 범죄 외의 범죄로 처벌받지 아니하고 제3국에 인도되지 아니한다는 청구국의 보증이 없는 경우에는 범죄인을 인도하지 아니한다(제10조). → 다만, 범죄인 인도법은 4개의 예외사유 인정
유용성	실제로 처벌하기 위해 필요한 범죄자만 인도한다. → 공소시효 또는 형의 시효가 완성된 경우 인도하지 아니 한다(제7조 제1호 – <u>절대적 인도 거절사유</u>).
최소한 중요성	어느 정도 중요성이 있는 범죄만 인도한다. → 대한민국과 청구국의 법률에 따라 인도범죄가 사형, 무기징역, 무기금고, 장기 1년 이상의 징역 또는 금고에 해당하는 경우에만 범죄인을 인도할 수 있다(제6조). 　※ **유의** – 대한민국과 청구국 모두 위 요건에 해당해야 함(두 나라 가운데 하나만 해당 　　– 인도X)
군사범 불인도	군사범죄(예: 항명, 탈영 등)의 범죄자는 인도하지 않는다. → 범죄인 인도법상 명문규정 없음

분석 범죄인 인도의 원칙과 관련하여 최근 12년간 독립된 유형의 문제로 4회, 다른 지문과 결합하여 3회 출제되었고, 원칙의 내용은 물론 우리나라의 범죄인 인도법상 인정되는지 여부와 연관되어 출제되었습니다. 범죄인 인도와 관련하여 중요한 내용이므로 향후에도 계속 출제 가능성이 있습니다. 최근 12년간 출제된 적은 없지만 자국민불인도의 원칙과 관련하여 국가별로 다소 상이한 입장을 취하고 있다는 점은 유념할 필요가 있습니다.

07 다음의 설명은 '범죄인 인도원칙' 중 어떤 원칙에 관한 것인가?　(2014년 제1차)

> 인도청구가 있는 범죄가 청구국과 피청구국 쌍방의 법률에 의하여 범죄를 구성하지 않는 경우에는 그 범죄에 관하여 범죄인을 인도하지 않는다.

① 쌍방 가벌성의 원칙　　　　② 특정성의 원칙
③ 자국민 불인도의 원칙　　　④ 상호주의 원칙

해설 쌍방 가벌성의 원칙에 대한 설명이다. 【범죄인 인도의 원칙 개관】 참조.

08 다음의 설명은 범죄인 인도원칙 중 어떤 원칙에 대한 내용인가?   (2013년 제1차)

> 인도조약이 체결되어 있지 아니한 경우에도 범죄인의 인도를 청구하는 국가가 같은 종류 또는 유사한 인도범죄에 대한 대한민국의 범죄인 인도 청구에 응한다는 보증을 하는 경우에는 범죄인 인도법을 적용한다.

① 쌍방가벌성의 원칙   ② 상호주의의 원칙   ③ 특정성의 원칙   ④ 유용성의 원칙

해설   상호주의의 원칙에 대한 설명이다. 【범죄인 인도의 원칙 개관】 참조.

09 「범죄인 인도법」에 관한 다음 설명 중 가장 적절하지 않은 것은?   (2012년 제2차)

① 범죄인 인도에 관하여 인도조약에 범죄인 인도법과 다른 규정이 있는 경우, 범죄인 인도법 규정에 따른다.
② 자국민불인도의 원칙과 관련하여 우리나라는 임의적 거절사유로 규정하고 있다.
③ 정치범불인도의 원칙에 대하여 우리나라도 명문규정을 두고 있으나, 정치범에 대하여는 별도의 개념 정의를 하고 있지 않다.
④ 군사범불인도의 원칙은 군사범죄자는 인도하지 않는다는 원칙이며, 우리나라는 명문규정을 두고 있지 않다.

해설   ① 「**범죄인 인도법**」 제3조의2 "범죄인 인도에 관하여 인도조약에 이 법과 다른 규정이 있는 경우에는 그 규정에 따른다." 국제형사사법 공조법 제3조도 "조약의 우선"을 규정하고 있다.
② ③ ④ 옳은 설명이다. 【범죄인 인도의 원칙 개관】 참조.

10 국가 간의 범죄인 인도에 관한 원칙 중 우리나라가 범죄인 인도법상 명문으로 규정하고 있지 않는 원칙은?   (2009년 제1차)

① 특정성의 원칙   ② 군사범 불인도의 원칙
③ 정치범 불인도의 원칙   ④ 자국민 불인도의 원칙

해설   군사범 불인도의 원칙은 명문으로 규정되어 있지 않다. 【범죄인 인도의 원칙 개관】 참조.

11 다음은 「범죄인 인도법」상 인도심사명령청구에 대한 설명이다. (   )안에 들어갈 말을 순서대로 바르게 나열한 것은?   (2018년 제2차)

> (   )장관은 (   )장관으로부터 「범죄인 인도법」 제11조에 따른 인도청구서 등을 받았을 때에는 이를 (   )검사장에게 송부하고 그 소속검사로 하여금 (   )에 범죄인 인도허가 여부에 관한 심사를 청구하도록 명하여야 한다.

① 법무부 – 외교부 – 서울고등검찰청 – 서울고등법원
② 외무부 – 법무부 – 서울중앙지방검찰청 – 서울중앙지방법원
③ 외무부 – 법무부 – 서울고등검찰청 – 서울고등법원
④ 법무부 – 외교부 – 서울중앙지방검찰청 – 서울중앙지방법원

해설   순서대로 법무부 – 외교부 – 서울고등검찰청 – 서울고등법원이다. 다음의 【범죄인 인도의 관할과 절차】 참조.

정답 | 07 | ① | 08 | ② | 09 | ① | 10 | ② | 11 | ①

【범죄인 인도의 관할과 절차】

절차	외국으로부터 범죄인 인도 청구를 받은 경우
	내용
외교부 장관	인도청구서의 접수와 송부 → 인도청구를 받은 외교부장관은 인도청구서와 관련 자료를 법무부장관에게 송부
법무부 장관	서울고등검찰청 검사장에 송부 및 명령 → (외교부장관으로부터)인도청구서 등을 받았을 경우 **서울고등검찰청(전속관할)** 검사장에게 송부하고 그 소속 검사로 하여금 **서울고등법원(전속관할)**에 범죄인의 인도허가 여부에 관한 심사 청구하도록 명령 → 예외: 인도조약 또는 범죄인 인도법에 따라 범죄인을 인도할 수 없거나 인도하지 아니하는 것이 타당하다고 인정되는 경우(그 사실을 외교부장관에게 통지)
검사 (서울 고검)	· 법무부장관의 인도심사청구명령이 있을 경우 인도구속영장에 의하여 범죄인 구속해야 함 　→ 예외: 범죄인이 주거가 일정하고 도망할 염려가 없다고 인정되는 경우 구속X 　→ 검사의 인도구속영장청구 → 판사 발부 → 검사의 지휘에 따라 사법경찰관리 집행 · 법무부장관의 인도심사청구명령이 있을 경우 지체 없이 서울고등법원에 인도심사 청구 　→ 예외: 범인의 소재를 알 수 없는 경우 인도심사 청구X 　→ 인도구속영장에 의하여 구속되었을 경우 구속된 날부터 3일 이내에 인도심사 청구 　→ 범죄인에게 청구서의 부본 송부
법원 (서울 고법)	· 인도심사청구를 받은 경우 지체 없이 인도심사 　→ 인도구속영장에 의하여 구속 중인 경우 구속된 날(※ 유의 – 인도심사가 청구된 날X)부터 2개월 이내에 인도심사에 관한 결정을 해야 함 · 결정의 유형: (청구의 부적법 · 취소시)인도심사청구 각하결정/인도거절 결정/인도허가 결정 　→ 결정시 지체 없이 검사와 범죄인에게 결정서 등본 송달, 검사에게 관계 서류 반환 　→ 범죄인이 청구국으로 인도되는 것에 동의하는 경우 법원은 신속하게 결정 　→ 범죄인의 동의시 임의적 인도거절 사유(제9조)에 해당한다는 이유로 **인도거절 결정 불가**
범죄인 인도	· 검사는 지체 없이 (송달받은)결정서 등본에 관계 서류를 첨부하여 법무부장관에게 송부 · 법무부장관은 인도허가결정이 있는 경우 서울고등검찰청 검사장에게 그 소속 검사로 하여금 범죄인을 인도하도록 명해야 함 　→ 예외: 청구국의 인도청구 철회 또는 대한민국의 이익 보호를 위하여 범죄인의 인도가 특히 부적당하다고 인정되는 경우 그러하지 아니함 · 법무부장관의 인도명령에 따른 범죄인의 인도는 범죄인이 구속되어 있는 교도소, 구치소 또는 그 밖에 법무부장관이 지정하는 장소에서 행함 　→ 인도기한: 법무부장관이 인도명령을 한 날로부터 30일

절차	외국에 대해 범죄인 인도 청구를 하는 경우
	내용
검사의 건의	검사 또는 고위공직자범죄수사처장은 범죄인 인도청구(긴급인도구속청구)가 타당하다고 판단할 경우 법무부장관에게 범죄인 인도청구 또는 긴급인도구속청구를 건의 또는 요청할 수 있음 → 검사는 인도조약 및 법무부장관이 지정한 사항을 적은 서면과 관련 자료를 첨부
법무부장관	범죄인 인도청구를 결정한 경우 인도청구서 등 관계자료를 외교부장관에게 송부

외교부장관	법무부장관으로부터 인도청구서 등을 송부받았을 때에는 이를 해당 국가에 송부
송환	외국기관 인도 준비 → 대사관을 통해 통보 → 법무부는 검사에게 통보하여 호송관 임명 · 송환

분석

범죄인 인도의 관할 및 절차와 관련하여 최근 12년간 독립된 유형의 문제로 1회, 다른 지문과 결합된 문제로 3회가 출제되었습니다. 다른 지문과 결합된 문제의 경우 주로 전속관할을 알고 있는지 확인하는 형태로 출제되었으나, 범죄인 인도의 구체적인 절차와 관련하여 1회가 출제된 경향에 비추어 볼 때, 향후에도 범죄인 인도의 절차와 관련된 문제는 출제가 가능하므로 위의 표를 정확하게 기억하고 있어야 대비할 수 있습니다. 아울러 최근 12년간 외국에 대해 범죄인 인도를 청구하는 절차에 대해서는 기출된 적은 없지만, 향후 출제 가능성이 있으므로 위의 표를 숙지하기 바랍니다.

12 「범죄인 인도법」에 대한 설명으로 가장 적절한 것은? (2018년 제3차)

① 청구국과 피청구국 쌍방의 법률에 의하여 범죄를 구성하지 않는 경우에는 범죄인을 인도하지 않는다는 것은 쌍방 불가벌성의 원칙으로, 우리나라 「범죄인 인도법」에 명문규정은 없다.

② 인도범죄 외의 범죄에 관하여 대한민국 법원에 재판이 계속 중인 경우 또는 범죄인이 형을 선고받고 그 집행이 끝나지 아니하거나 면제되지 아니한 경우 범죄인을 인도하여서는 아니 된다.

③ 범죄인이 「범죄인 인도법」 제20조에 따른 인도구속영장에 의하여 구속되었을 때에는 구속된 때부터 48시간 이내에 인도심사를 청구하여야 한다.

④ 법원은 범죄인이 인도구속영장에 의하여 구속 중인 경우에는 구속된 날부터 2개월 이내에 인도심사에 관한 결정을 하여야 한다.

해설 ① 「**범죄인 인도법**」 제6조 "대한민국과 청구국의 법률에 따라 인도범죄가 사형, 무기징역, 무기금고, 장기(長期) 1년 이상의 징역 또는 금고에 해당하는 경우에만 범죄인을 인도할 수 있다." 제6조는 어느 정도 중요성이 있는 범죄만 인도한다는 "최소한 중요성의 원칙"을 명시한 것인 동시에 대한민국과 청구국의 법률에 따라 범죄를 구성하는 경우에 인도한다는 "쌍방 가벌성의 원칙"이 동시에 표현되어 있다.

② 「**범죄인 인도법**」 제9조 제3호에 따른 임의적 인도거절 사유이다. "인도하지 아니할 수 있다."

③ 「**범죄인 인도법**」 제13조 제2항 "범죄인이 제20조에 따른 인도구속영장에 의하여 구속되었을 때에는 구속된 날부터 3일 이내에 인도심사를 청구하여야 한다."

④ 「**범죄인 인도법**」 제14조 제1항

13 「범죄인 인도법」에 대한 설명으로 가장 적절한 것은? (2015년 제3차)

① 이 법에 규정된 범죄인의 인도심사 및 그 청구와 관련된 사건은 대법원과 대검찰청의 전속관할로 한다.

② 범죄인이 인종, 종교, 국적, 성별, 정치적 신념 또는 특정 사회단체에 속한 것 등을 이유로 처벌되거나 그 밖의 불리한 처분을 받을 염려가 있다고 인정되는 경우 범죄인을 인도하지 않을 수 있다.

③ 범죄인이 대한민국 국민인 경우 범죄인을 인도하여서는 아니 된다.

④ 인도범죄의 전부 또는 일부가 대한민국 영역에서 범한 것인 경우 범죄인을 인도하지 아니할 수 있다.

해설 ① 「범죄인 인도법」제3조 "이 법에 규정된 범죄인의 인도심사 및 그 청구와 관련된 사건은 <u>서울고등법원과 서울고등검찰청의 전속관할</u>로 한다." 및 **제12조** 참조.
② 「범죄인 인도법」**제7조 제4호**에 따른 절대적 인도거절 사유이다. "인도하여서는 아니 된다."
③ 「범죄인 인도법」**제9조 제1호**에 따른 임의적 인도거절 사유이다. "인도하지 아니할 수 있다."
④ 「범죄인 인도법」**제9조 제2호**

14 「범죄인 인도법」규정에 관한 다음 내용 중 옳은 것은 모두 몇 개인가? (2012년 제1차)

> ㉠ 범죄인 인도법은 범죄인 인도에 관하여 인도조약에 범죄인 인도법과 다른 규정이 있는 경우 인도조약 규정이 우선함을 명시하고 있다.
> ㉡ 대한민국과 청구국의 법률에 따라 인도범죄가 사형, 무기징역, 무기금고, 장기 1년 이상의 징역 또는 금고에 해당하는 경우에만 범죄인을 인도할 수 있다.
> ㉢ 청구국의 인도청구가 범죄인이 범한 정치적 성격을 지닌 다른 범죄에 대하여 재판을 하거나 그러한 범죄에 대하여 이미 확정된 형을 집행할 목적으로 행하여진 것이라고 인정되는 경우에는 범죄인을 인도하여서는 아니 된다.
> ㉣ 범죄인 인도심사 및 그 청구와 관련된 사건은 각 관할구역 지방법원과 지방검찰청의 전속관할로 한다.

① 1개   ② 2개   ③ 3개   ④ 4개

해설 ㉠ 「범죄인 인도법」**제3조의2**, ㉡ **제6조**, ㉢ **제8조 제2항** 옳은 설명이다. ㉡과 관련하여 제6조(인도범죄)는 "최소한 중요성의 원칙" 및 "쌍방 가벌성의 원칙"을 규정한 조항이다. ㉢과 관련하여 제8조(정치적 성격을 지닌 범죄 등의 인도거절)는 원칙적으로 절대적 인도거절 사유이지만, 제1항 단서 각 호(1. 국가원수(國家元首)·정부수반(政府首班) 또는 그 가족의 생명·신체를 침해하거나 위협하는 범죄, 2. 다자간 조약에 따라 대한민국이 범죄인에 대하여 재판권을 행사하거나 범죄인을 인도할 의무를 부담하고 있는 범죄, 3. 여러 사람의 생명·신체를 침해·위협하거나 이에 대한 위험을 발생시키는 범죄)에 해당하는 경우에는 인도할 수 있다(임의적 인도거절 사유).
㉣ 「범죄인 인도법」제3조 "이 법에 규정된 범죄인의 인도심사 및 그 청구와 관련된 사건은 <u>서울고등법원과 서울고등검찰청의 전속관할</u>로 한다."

01 범죄인 인도법에 대한 설명으로 옳은 것은 몇 개인가?

> ㉠ "인도조약"이란 대한민국과 외국 간에 체결된 범죄인의 인도에 관한 조약·협정 등의 합의를 말하고, 인도조약에 범죄인 인도법과 다른 규정이 있는 경우에는 인도조약에 따른다.
> ㉡ "인도범죄"란 인도를 청구하는 범죄인이 저지른 범죄를 말한다.
> ㉢ "범죄인"이란 인도범죄에 관하여 청구국 또는 대한민국에서 수사나 재판을 받고 있는 사람 또는 유죄의 재판을 받은 사람을 말한다.
> ㉣ "긴급인도구속"이란 도망할 염려가 있는 경우 등 긴급하게 범죄인을 체포·구금하여야 할 필요가 있는 경우에 범죄인 인도청구가 뒤따를 것을 전제로 하여 범죄인을 체포·구금하는 것을 말한다.
> ㉤ 범죄인의 인도심사 및 그 청구와 관련된 사건은 서울고등법원과 서울고등검찰청의 전속관할로 한다.
> ㉥ 범죄인의 인도를 청구하는 국가가 같은 종류 또는 유사한 인도범죄에 대한 대한민국의 범죄인 인도청구에 응한다는 보증을 하는 경우라도 인도조약이 체결되어 있지 아니한 경우에는 범죄인 인도법을 적용하지 아니한다.

① 3개 　　② 4개 　　③ 5개 　　④ 6개

> **해설** 「**범죄인 인도법**」: ㉠ ㉣ ㉤이 옳은 설명이다.
> ㉡ **제2조 제3호**: ""인도범죄"란 <u>범죄인의 인도를 청구할 때 그 대상이 되는 범죄</u>를 말한다."
> ㉢ **제2조 제4호**: ""범죄인"이란 인도범죄에 관하여 <u>청구국에서</u> 수사나 재판을 받고 있는 사람 또는 유죄의 재판을 받은 사람을 말한다."
> ㉥ **제4조**: "<u>인도조약이 체결되어 있지 아니한 경우에도</u> 범죄인의 인도를 청구하는 국가가 같은 종류 또는 유사한 인도범죄에 대한 대한민국의 범죄인 인도청구에 응한다는 <u>보증을 하는 경우에는 이 법을 적용한다</u>."

02 범죄인 인도법에 따른 "인도의 사유와 제한"에 대한 설명으로 틀린 것은?

① 대한민국 영역에 있는 범죄인은 범죄인 인도법에서 정하는 바에 따라 청구국의 인도청구에 의하여 소추, 재판 또는 형의 집행을 위하여 청구국에 인도할 수 있다.
② 대한민국의 법률에 따라 인도범죄가 사형, 무기징역, 무기금고, 장기 1년 이상의 징역·금고에 해당하는 경우에만 범죄인을 인도할 수 있고, 이는 최소한 중요성의 원칙을 반영한 규정이다.
③ 대한민국 또는 청구국의 법률에 따라 인도범죄에 관한 공소시효 또는 형의 시효가 완성된 경우에는 범죄인을 인도하여서는 아니 되고, 이는 유용성의 원칙을 반영한 규정이다.
④ 인도범죄에 관하여 대한민국 법원에서 재판이 계속 중이거나 재판이 확정된 경우에는 범죄인을 인도하여서는 아니 된다.

> **해설** ① 「**범죄인 인도법**」 제5조, ③ **제7조 제1호**, ④ **제7조 제2호** ③의 경우 실제로 처벌이 필요한 범죄인만 인도한다는 "유용성의 원칙"이 반영된 규정으로 절대적 인도거절 사유이다.
> ② 「**범죄인 인도법**」 제6조 "<u>대한민국과 청구국의 법률에 따라 인도범죄가 사형, 무기징역, 무기금고, 장기(長期)</u>

정답 | **01** | ① | **02** | ②

1년 이상의 징역 또는 금고에 해당하는 경우에만 범죄인을 인도할 수 있다." 범죄인 인도의 원칙과 관련하여 "최소한 중요성의 원칙"이 반영된 규정이고, 대한민국과 청구국 모두의 법률에 따라 인도범죄의 요건에 해당해야 한다. 범죄인 인도법은 "쌍방가벌성의 원칙"을 명시하고 있지 않지만, 최소한 중요성의 원칙에 포함되어 있는 것으로 본다.

03 범죄인 인도법에 따른 "인도의 사유와 제한"에 대한 설명으로 옳은 것은?

① 범죄인 인도법은 군사범 불인도의 원칙을 명시적으로 규정하고 있다.
② 정치범 불인도의 원칙과 관련하여 정치적 성격의 범죄에 해당하는지 여부는 피청구국의 판단에 따르고, 범죄인 인도법은 예외 없이 절대적 인도거절 사유로 규정하고 있다.
③ 인종·종교·국적·성별·정치적 신념 또는 특정 사회단체에 속한 것 등을 이유로 처벌되거나 그 밖의 불리한 처분을 받을 염려가 있다고 인정되는 경우에는 범죄인을 인도하여서는 아니 된다.
④ 범죄인이 인도범죄를 범하였다고 의심할 만한 상당한 이유가 없는 경우에는 인도범죄에 관하여 청구국에서 유죄의 재판이 있더라도 범죄인을 인도하여서는 아니 된다.

해설 ① 「**범죄인 인도법**」 군사범 불인도의 원칙은 명시되어 있지 않고, 포함된 것으로 볼 수 있는 조문도 없다.
② 「**범죄인 인도법**」 **제8조 제1항 단서**에 의하면 정치적 성격의 범죄라고 하더라도 <u>제1호 내지 제3호의 사유에 해당하는 경우에는 인도할 수 있다.</u> 정치범 불인도의 원칙을 명시하면서도 그 예외를 인정하고 있다.
③ 「**범죄인 인도법**」 **제7조 제4호**
④ 「**범죄인 인도법**」 **제7조 제3호** "범죄인이 인도범죄를 범하였다고 의심할 만한 상당한 이유가 없는 경우. 다만, <u>인도범죄에 관하여 청구국에서 유죄의 재판이 있는 경우는 제외한다.</u>" 청구국에서 유죄의 재판이 있는 경우에는 인도할 수 있다.

04 범죄인 인도법상 "정치적 성격을 지닌 범죄 등의 인도거절(제8조)"에 대한 설명으로 틀린 것은?

① 인도범죄가 정치적 성격을 지닌 범죄이거나 그와 관련된 범죄인 경우에는 원칙적으로 범죄인을 인도하여서는 아니 된다.
② 인도범죄가 국가원수·정부수반 또는 그 가족의 생명·신체를 침해하거나 위협하는 범죄나 여러 사람의 생명·신체를 침해·위협하거나 이에 대한 위험을 발생시키는 범죄에 해당하는 경우에는 범죄인을 인도할 수 있다.
③ 인도범죄가 다자간 조약에 따라 대한민국이 범죄인에 대하여 재판권을 행사하거나 범죄인을 인도할 의무를 부담하고 있는 범죄에 해당하는 경우에는 범죄인을 인도할 수 있다.
④ 인도청구가 범죄인이 범한 정치적 성격을 지닌 다른 범죄에 대하여 재판을 하거나 그러한 범죄에 대하여 이미 확정된 형을 집행할 목적으로 행하여진 것이라고 인정되는 경우에는 범죄인을 인도하지 아니할 수 있다.

해설 ① 「**범죄인 인도법**」 **제8조 제1항 본문**, ② **제8조 제1항 단서 제1호·제3호**, ③ **제8조 제1항 제2호**
④ 「**범죄인 인도법**」 **제8조 제2항** "인도청구가 범죄인이 범한 정치적 성격을 지닌 다른 범죄에 대하여 재판을 하거나 그러한 범죄에 대하여 이미 확정된 형을 집행할 목적으로 행하여진 것이라고 인정되는 경우에는 <u>범죄인을 인도하여서는 아니 된다.</u>" 제2항에 해당하는 경우는 절대적 인도거절 사유이다.

05 범죄인 인도법 제9조에 규정된 "임의적 인도거절 사유"는 모두 몇 개인가?

> ㉠ 범죄인의 인도범죄 외의 범죄에 관하여 대한민국 법원에 재판이 계속 중인 경우 또는 범죄인이 형을 선고받고 그 집행이 끝나지 아니하거나 면제되지 아니한 경우
> ㉡ 인도범죄의 성격과 범죄인이 처한 환경 등에 비추어 범죄인을 인도하는 것이 비인도적이라고 인정되는 경우
> ㉢ 인도범죄가 정치적 성격을 지닌 범죄이거나 그와 관련된 범죄라고 하더라도 국가원수·정부수반 또는 그 가족의 생명·신체를 침해하거나 위협하는 범죄에 해당하는 경우
> ㉣ 범죄인이 인도범죄에 관하여 제3국(청구국이 아닌 외국을 말한다)에서 재판을 받고 처벌되었거나 처벌받지 아니하기로 확정된 경우
> ㉤ 범죄인이 인도범죄를 범하였다고 의심할 만한 상당한 이유가 없지만, 인도범죄에 관하여 청구국에서 유죄의 재판이 있는 경우

① 2개　　　　② 3개　　　　③ 4개　　　　④ 5개

해설　「**범죄인 인도법**」: ㉠ ㉡ ㉣이 제9조에 규정된 임의적 인도거절 사유이다. 이외에 범죄인이 대한민국 국민인 경우와 인도범죄의 전부·일부가 대한민국 영역에서 범한 것인 경우도 제9조의 임의적 인도거절 사유이다. 질문을 "범죄인 인도법에 따라 범죄인을 인도하지 아니할 수 있는 경우는 모두 몇 개인가?"로 바꾸면 정답은 5개인 ④ 이다. 아래의 설명과 같다.

　㉢ **제8조 제1항 제1호**: (정치범 불인도의 원칙 관련) 절대적 인도거절 사유의 예외에 해당하는 경우로 범죄인을 인도하지 아니할 수 있지만(절대적 인도거절 사유의 예외는 절대적 인도를 의미하는 것이 아니라 임의적 인도거절 사유), 제9조에 규정된 임의적 인도거절 사유에는 해당하지는 않는다. 다만, "범죄인을 인도하지 아니할 수 있는 경우"에는 해당하므로 유의할 필요가 있다.

　㉤ **제7조 제3호**: 절대적 인도거절 사유의 예외에 해당하는 경우로 범죄인을 인도하지 아니할 수 있지만, 제9조에 규정된 임의적 인도거절 사유에는 해당하지 않는다. ㉢의 설명과 같다.

06 다음은 "범죄인 인도의 원칙" 가운데 어느 원칙에 대한 내용인가?

> 인도된 범죄인이 인도가 허용된 범죄 외의 범죄로 처벌받지 아니하고 제3국에 인도되지 아니한다는 청구국의 보증이 없는 경우에는 범죄인을 인도하여서는 아니 된다.

① 유용성의 원칙　　② 최소한 중요성의 원칙　　③ 특정성의 원칙　　④ 상호주의 원칙

해설　「**범죄인 인도법**」 **제10조**: "특정성의 원칙"을 의미하고, 범죄인 인도법은 4개의 예외사유를 인정하고 있다. "1. 인도가 허용된 범죄사실의 범위에서 유죄로 인정될 수 있는 범죄 또는 인도된 후에 범한 범죄로 범죄인을 처벌하는 경우, 2. 범죄인이 인도된 후 청구국의 영역을 떠났다가 자발적으로 청구국에 재입국한 경우, 3. 범죄인이 자유롭게 청구국을 떠날 수 있게 된 후 45일 이내에 청구국의 영역을 떠나지 아니한 경우, 4. 대한민국이 동의하는 경우"에는 청구국의 보증이 없더라도 범죄인을 인도할 수 있다.

07 범죄인 인도법상의 "인도심사 절차"에 대한 설명으로 틀린 것은?

① 외교부장관은 청구국으로부터 범죄인의 인도청구를 받았을 때에는 인도청구서와 관련 자료를 법무부장관에게 송부하여야 한다.

② 법무부장관은 외교부장관으로부터 인도청구서 등을 받았을 경우 이를 서울고등검찰청 검사장에게 송부하고 그 소속 검사로 하여금 서울고등법원에 범죄인의 인도허가 여부에 관한 심사를 청구하도록 명하여야 한다.

③ 외교부장관으로부터 인도청구서 등을 받더라도 인도조약 또는 범죄인 인도법에 따라 범죄인을 인도할 수 없거나 인도하지 아니하는 것이 타당하다고 인정되는 경우에 법무부장관은 ②의 명령을 하지 아니할 수 있다.

④ 법무부장관은 인도조약 또는 범죄인 인도법에 따라 범죄인을 인도할 수 없거나 인도하지 아니하는 것이 타당하다고 인정되어 인도심사청구명령을 하지 아니하는 경우에는 미리 외교부장관과 협의하여야 한다.

해설 ① 「**범죄인 인도법**」 제11조, ② **제12조 제1항 본문**, ③ **제12조 제1항 단서**
④ 「**범죄인 인도법**」 **제12조 제2항** "법무부장관은 제1항 단서에 따라 인도심사청구명령을 하지 아니하는 경우에는 그 사실을 <u>외교부장관에게 통지</u>하여야 한다."

08 범죄인 인도법상 "인도심사청구(제13조) 및 인도심사(제14조)"에 대한 설명으로 옳은 것은?

① 검사는 법무부장관의 인도심사청구명령이 있을 때에는 범죄인의 소재를 알 수 없는 경우를 제외하고 지체 없이 법원에 인도심사를 청구하여야 한다.

② 범죄인이 인도구속영장에 의하여 구속되었을 때에는 구속된 날부터 7일 이내에 인도심사를 청구하여야 한다.

③ 법원은 검사의 인도심사청구를 받았을 때에는 청구받은 날부터 7일 이내에 인도심사를 시작하여야 한다.

④ 법원은 범죄인이 인도구속영장에 의하여 구속 중인 경우에는 인도심사가 청구된 날부터 2개월 이내에 인도심사에 관한 결정을 하여야 한다.

해설 ① 「**범죄인 인도법**」 제13조 제1항
② 「**범죄인 인도법**」 **제13조 제2항** "범죄인이 제20조에 따른 인도구속영장에 의하여 구속되었을 때에는 구속된 날부터 <u>3일 이내에 인도심사를 청구</u>하여야 한다."
③ 「**범죄인 인도법**」 **제14조 제1항** "법원은 제13조에 따른 인도심사의 청구를 받았을 때에는 <u>지체 없이 인도심사를 시작</u>하여야 한다."
④ 「**범죄인 인도법**」 **제14조 제2항** "법원은 범죄인이 인도구속영장에 의하여 구속 중인 경우에는 <u>구속된 날부터 2개월 이내</u>에 인도심사에 관한 결정(決定)을 하여야 한다."

09 범죄인 인도법에 따른 "법원의 결정(제15조)과 범죄인의 인도 동의(제15조의2)"에 대한 설명으로 틀린 것은?

① 인도심사의 청구에 대하여 범죄인을 인도할 수 있다고 인정되는 경우에 법원은 인도허가 결정을 하여야 한다.

② 인도심사의 청구에 대하여 그 청구가 적법하지 아니하거나 취소된 경우에 법원은 인도심사청구 각하결정을 하여야 한다.

③ 인도심사의 청구에 대한 법원의 결정은 그 주문을 검사에게 통지함으로써 효력이 발생한다.

④ 범죄인이 청구국으로 인도되는 것에 동의하는 경우 법원은 신속하게 범죄인 인도법에 따른 결정을 하여야 하고, 임의적 인도거절 사유(제9조)에 해당하는 때에는 인도거절 결정을 할 수 있다.

해설　① 「범죄인 인도법」 제15조 제1항 제3호, ② 제15조 제1항 제1호, ③ 제15조 제3항 ②와 관련하여 인도거절 결정사유(범죄인을 인도할 수 없다고 인정되는 경우)와의 구별에 유의하여야 한다.
④ 「범죄인 인도법」 제15조의2 제1항 "범죄인이 청구국으로 인도되는 것에 동의하는 경우 법원은 신속하게 제15조에 따른 결정을 하여야 한다. 이 경우 <u>제9조에 해당한다는 이유로 인도거절 결정을 할 수 없다.</u>"

10 범죄인 인도법에 따른 "범죄인의 인도와 석방"에 대한 설명으로 옳은 것은 몇 개인가?

> ㉠ 검사는 범죄인 인도법에 따른 법원의 결정서 등본을 송달받았을 때에는 지체 없이 그 결정서 등본에 관계 서류를 첨부하여 법무부장관에게 송부하여야 한다.
> ㉡ 법무부장관은 법원의 인도허가 결정이 있더라도 청구국이 인도청구를 철회하였거나 대한민국의 이익 보호를 위하여 범죄인의 인도가 특히 부적당하다고 인정되는 경우에는 서울고등검찰청 검사장에게 그 소속 검사로 하여금 범죄인을 인도하도록 명하지 아니할 수 있다.
> ㉢ ㉡에 따라 범죄인을 인도하지 아니하는 경우에는 법무부장관은 외교부장관과 협의한 후 서울고등검찰청 검사장에게 그 소속 검사로 하여금 구속 중인 범죄인을 석방하도록 명하여야 한다.
> ㉣ 법무부장관의 인도명령에 따른 범죄인의 인도는 범죄인이 구속되어 있는 교도소·구치소, 그 밖에 법무부장관이 지정하는 장소에서 하고, 인도기한은 법원의 인도허가 결정이 있은 날부터 30일로 한다.
> ㉤ 법무부장관이 인도명령을 할 당시 범죄인이 구속되어 있지 아니한 경우의 인도기한은 범죄인이 인도집행장에 의하여 구속되었거나 구속의 집행정지 취소에 의하여 다시 구속된 날부터 30일로 한다.

① 2개　　　　② 3개　　　　③ 4개　　　　④ 5개

해설　「범죄인 인도법」: ㉠ ㉡ ㉤이 옳은 설명이다.
㉢ **제34조 제2항**: "법무부장관은 제1항 단서에 따라 범죄인을 인도하지 아니하는 경우에는 서울고등검찰청 검사장에게 그 소속 검사로 하여금 <u>구속 중인 범죄인을 석방하도록 명함</u>과 동시에 <u>외교부장관에게 그 사실을 통지하여야 한다.</u>"
㉣ **제35조 제1항·제2항**: "① 법무부장관의 인도명령에 따른 범죄인의 인도는 범죄인이 구속되어 있는 <u>교도소, 구치소</u> 또는 그 밖에 법무부장관이 지정하는 장소에서 한다. ② 인도기한은 <u>인도명령을 한 날부터 30일로 한다.</u>"

11 범죄인 인도법상의 "외국에 대한 범죄인 인도청구"에 대한 설명으로 틀린 것은?

① 검사는 외국에 대한 범죄인 인도청구 또는 긴급인도구속청구가 타당하다고 판단할 경우 소속 지방검찰청 검사장에게 외국에 대한 범죄인 인도청구나 긴급인도구속청구를 건의할 수 있다.
② 범죄인 인도 또는 긴급인도구속의 청구권자는 법무부장관이고, 이와 관련하여 필요하다고 판단할 때에는 적절하다고 인정되는 검사장·지청장 또는 고위공직자범죄수사처장 등에게 필요한 조치를 명하거나 요구할 수 있다.
③ 법무부장관은 범죄인 인도법에 따라 범죄인 인도청구, 긴급인도구속청구 등을 결정한 경우에는 인도청구서 등과 관계 자료를 외교부장관에게 송부하여야 한다.
④ 외교부장관은 법무부장관으로부터 범죄인 인도법에 따른 인도청구서 등을 송부받았을 때에는 이를 해당 국가에 송부하여야 한다.

해설 ① 「**범죄인 인도법**」 **제42조의3 제1항** "검사 또는 고위공직자범죄수사처장은 외국에 대한 범죄인 인도청구 또는
긴급인도구속청구가 타당하다고 판단할 때에는 법무부장관에게 외국에 대한 범죄인 인도청구 또는 긴급인도
구속청구를 건의 또는 요청할 수 있다."
② 「**범죄인 인도법**」 **제42조 제1항 · 제2항**, ③ **제43조**, ④ **제44조**

01 「출입국관리법」상 외국인의 입국금지 사유로 가장 적절하지 않은 것은?   (2017년 제2차)

① 감염병환자, 마약류중독자, 그 밖에 공중위생상 위해를 끼칠 염려가 있다고 인정되는 사람
② 강제퇴거명령을 받고 출국한 후 5년이 지난 사람
③ 사리 분별력이 없고 국내에서 체류활동을 보조할 사람이 없는 정신장애인, 국내체류비용을 부담할 능력이 없는 사람, 그 밖에 구호(救護)가 필요한 사람
④ 경제질서 또는 사회질서를 해치거나 선량한 풍속을 해치는 행동을 할 염려가 있다고 인정할 만한 상당한 이유가 있는 사람

해설
① 「**출입국관리법**」 **제11조 제1항 제1호**, ③ **제11조 제1항 제5호**, ④ **제11조 제1항 제4호** 아래의 【외국인의 입국금지 및 출국정지 사유 비교표】 참조.
② 「**출입국관리법**」 **제11조 제1항 제6호**에 따라 강제퇴거명령을 받고 <u>출국한 후 5년이 지나지 아니한 사람</u>이 입국금지의 대상이므로, 강제퇴거명령을 받고 출국한 후 5년이 지난 사람은 대상이 아니다.

【외국인의 입국금지 및 출국정지 사유 비교표】 – 출입국관리법 제11조 및 제 29조

구분	사유
입국 금지 (제11조)	· 감염병환자, 마약류중독자, 그 밖에 <u>공중위생상 위해</u>를 끼칠 염려가 있다고 인정되는 사람 · 총포 · 도검 · 화약류 등의 안전관리에 관한 법률에서 정하는 <u>총포 · 도검 · 화약류 등을 위법</u>하게 가지고 입국하려는 사람 · 대한민국의 <u>이익</u>이나 공공의 안전을 해치는 행동을 할 염려가 있다고 인정할 만한 상당한 이유가 있는 사람 · <u>경제질서 또는 사회질서</u>를 해치거나 선량한 풍속을 해치는 행동을 할 염려가 있다고 인정할 만한 상당한 이유가 있는 사람 · 사리 분별력이 없고 국내에서 체류활동을 보조할 사람이 없는 <u>정신장애인</u>, <u>국내체류비용을 부담할 능력이 없는 사람</u>, 그 밖에 <u>구호가 필요한 사람</u> · 강제퇴거명령을 받고 출국한 후 <u>5년이 지나지 아니한 사람</u> · 1910년 8월 29일부터 1945년 8월 15일까지 사이에 다음 각 목의 어느 하나에 해당하는 정부의 지시를 받거나 그 정부와 연계하여 인종, 민족, 종교, 국적, 정치적 견해 등을 이유로 사람을 학살 · 학대하는 일에 관여한 사람 　가. 일본 정부　나. 일본 정부와 동맹 관계에 있던 정부　다. 일본 정부의 우월한 힘이 미치던 정부 · 제1호부터 제7호까지의 규정에 준하는 사람으로서 법무부장관이 그 입국이 적당하지 아니하다고 인정하는 사람 · 법무부장관은 입국하려는 외국인의 본국이 위의 사유 외의 사유로 국민의 입국을 거부할 때에는 그와 동일한 사유로 그 외국인의 입국을 거부할 수 있음
출국 정지 (제29조)	· 형사재판에 계속 중인 사람 · 징역형이나 금고형의 집행이 끝나지 아니한 사람 · 대통령령으로 정하는 금액 이상의 벌금(주: 1천만원)이나 추징금(2천만원)을 내지 아니한 사람 · 대통령령으로 정하는 금액 이상의 국세(주: 5천만원) · 관세(5천만원) 또는 지방세(3천만원)

정답 | **01** | ②

> 를 정당한 사유 없이 그 납부기한까지 내지 아니한 사람(※ 제5호 생략)
> · 그 밖에 제1호부터 제5호까지의 규정에 준하는 사람으로서 대한민국의 이익이나 공공의 안전
> 또는 경제질서를 해칠 우려가 있어 그 출국이 적당하지 아니하다고 법무부령으로 정하는 사람
> · 범죄 수사를 위하여 출국이 적당하지 아니하다고 인정되는 사람

분석 | 외국인 입국금지 사유는 독립된 유형의 문제로 2회 출제되었고, 조문의 내용을 정확히 알고 있는지 확인하는 수준이었습니다. 향후에도 출제 가능성이 있는 분야이고, 최근 12년간 다른 지문과 결합하여 1회 출제된 외국인의 출국정지(국민은 출국금지) 사유 역시 출제 가능성이 있으므로 위의 표를 정확히 기억하고 있어야 대비 가능하고, 양자를 혼동하지 않도록 그 사유를 정확히 구분해서 기억해야 합니다.

02 출입국관리법에 규정된 외국인의 입국을 금지할 수 있는 사유가 아닌 것은?

(2010년 제2차 – 현행법 반영 수정)

① 상륙허가 없이 상륙하였거나 상륙허가 조건을 위반한 사람
② 감염병환자, 마약류중독자, 그 밖에 공중위생상 위해를 미칠 염려가 있다고 인정되는 사람
③ 국내체류비용을 부담할 능력이 없는 사람
④ 경제질서 또는 사회질서를 해치거나 선량한 풍속을 해치는 행동을 할 염려가 있다고 인정할 만한 상당한 이유가 있는 사람

해설 | ① 상륙허가 없이 상륙하였거나 상륙허가 조건을 위반한 외국의 경우 「**출입국관리법**」 **제46조 제1항 제6호 · 제7호**에 따른 "<u>강제퇴거의 대상자</u>"이다.
② ③ ④ 옳은 설명이다. 【외국인의 입국금지 및 출국정지 사유 비교표】 표 참조.

03 「출입국관리법」상 상륙의 종류와 내용에 대한 설명으로 가장 적절하지 않은 것은? (2016년 제2차)

① 출입국관리공무원은 선박 등에 타고 있는 외국인(승무원을 포함한다)이 질병이나 그 밖의 사고로 긴급히 상륙할 필요가 있다고 인정되면 그 선박 등의 장이나 운수업자의 신청을 받아 30일의 범위에서 긴급상륙을 허가할 수 있다.
② 지방출입국 · 외국인관서의 장은 조난을 당한 선박 등에 타고 있는 외국인(승무원을 포함한다)을 긴급히 구조할 필요가 있다고 인정되면 그 선박 등의 장, 운수업자, 「수상에서의 수색 · 구조등에 관한 법률」에 따른 구호업무 집행자 또는 그 외국인을 구조한 선박 등의 장의 신청에 의하여 30일의 범위에서 재난상륙허가를 할 수 있다.
③ 지방출입국 · 외국인관서의 장은 선박 등에 타고 있는 외국인이 「난민법」 제2조 제1호에 규정된 이유나 그 밖에 이에 준하는 그 생명 · 신체 또는 신체의 자유를 침해받을 공포가 있는 영역에서 도피하여 곧바로 대한민국에 비호(庇護)를 신청하는 경우 그 외국인을 상륙시킬 만한 상당한 이유가 있다고 인정되면 법무부장관의 승인을 받아 90일의 범위에서 난민 임시상륙허가를 할 수 있다. 이 경우 법무부장관은 외교부장관과 협의하여야 한다.
④ 출입국관리공무원은 관광을 목적으로 대한민국과 외국 해상을 국제적으로 순회하여 운항하는 여객운송 선박 중 법무부령으로 정하는 선박에 승선한 외국인승객에 대하여 그 선박의 장 또는 운수업자가 상륙허가를 신청하면 5일의 범위에서 승객의 관광상륙을 허가할 수 있다.

해설 | ① 「**출입국관리법**」 **제15조 제1항**, ② **제16조 제1항**, ③ **제16조의2 제1항** 【외국인의 상륙허가의 종류와 기간】 참조.
④ 「**출입국관리법**」 **제14조의2 제1항 본문** "출입국관리공무원은 관광을 목적으로 대한민국과 외국 해상을 국제적으로 순회(巡廻)하여 운항하는 여객운송선박 중 법무부령으로 정하는 선박에 승선한 외국인승객에 대하여

그 선박의 장 또는 운수업자가 상륙허가를 신청하면 <u>3일의 범위에서 승객의 관광상륙을 허가</u>할 수 있다. 다만, 제11조 제1항 각 호의 어느 하나에 해당하는 외국인승객에 대하여는 그러하지 아니하다."

【외국인의 상륙허가의 종류와 기간】

구분	기간
승무원 상륙허가	· <u>선박등의 장·운수업자·**본인**</u>의 신청 → <u>15일의 범위</u>에서 상륙을 허가할 수 있음 · 허가권자 – 출입국관리공무원
관광상륙 허가	· <u>선박의 장·운수업자의 신청</u> → <u>3일의 범위</u>에서 승객의 관광상륙을 허가할 수 있음 · 허가권자 – 출입국관리공무원
긴급상륙 허가	· <u>선박등의 장·운수업자의 신청</u> → <u>30일의 범위</u>에서 긴급상륙을 허가할 수 있음 · 허가권자 – 출입국관리공무원
재난상륙 허가	· <u>선박등의 장·운수업자·구호업무 집행자·외국인을 구조한 선박등의 장의 신청</u> → <u>30일의 범위</u>에서 재난상륙허가을 허가할 수 있음 · 허가권자 – 지방출입국·외국인관서의 장
난민 임시상륙 허가	· 외국인이 난민법에 규정된 이유나 그 밖에 이에 준하는 이유로 대한민국에 비호를 신청 · 허가권자 – 지방출입국·외국인관서의 장은 <u>법무부장관의 승인</u>을 받아 <u>90일의 범위</u>에서 난민 임시상륙허가를 할 수 있음(이 경우 법무부장관은 <u>외교부장관과 협의해야 함</u>)

분석 외국인의 상륙과 관련하여 독립된 유형의 문제로 1회, 다른 지문과 결합하여 2회 출제되었고, 상륙허가의 유형별 허가기간을 정확히 알고 있는지 확인하는 수준이었습니다. 상륙허가의 유형별 허가기간은 향후에도 변형된 문제(기간의 합산을 묻는 문제 등)로 출제가 가능하고, 최근 12년간 출제된 적은 없지만 상륙허가 유형별 요건(법조문 내용 숙지 필요), 신청권자와 허가권자(출입국관리공무원 또는 지방출입국·외국인관서의 장)를 정확히 구분하고 기억하고 있어야 출제 가능성에 대비할 수 있습니다.

04 출입국관리법 시행령상 외국인의 체류자격에 대한 설명이다. ㉠~㉢의 괄호 안에 들어갈 내용이 가장 적절한 것은?

(2019년 제2차)

- A - (㉠), 외교: 대한민국정부가 접수한 외국정부의 외교사절단이나 영사기관의 구성원, 조약 또는 국제관행에 따라 외교사절과 동등한 특권과 면제를 받는 사람과 그 가족
- (㉡) - 2, 유학: 전문대학 이상의 교육기관 또는 학술연구기관에서 정규과정의 교육을 받거나 특정 연구를 하려는 사람
- F - (㉢), 재외동포: 재외동포의 출입국과 법적 지위에 관한 법률상 대한민국의 국적을 보유하였던 자(대한민국정부 수립 전에 국외로 이주한 동포를 포함) 또는 그 직계비속으로서 외국국적을 취득한 자 중 대통령령으로 정하는 자(단순 노무행위 등 법령에서 규정한 취업활동에 종사하려는 사람은 제외)
- (㉣) - 6, 예술흥행: 수익이 따르는 음악, 미술, 문학 등의 예술활동과 수익을 목적으로 하는 연예, 연주, 연극, 운동경기, 광고 패션 모델, 그 밖에 이에 준하는 활동을 하려는 사람

	㉠	㉡	㉢	㉣			㉠	㉡	㉢	㉣
①	2	D	6	E		②	2	E	4	F
③	1	E	6	F		④	1	D	4	E

해설 순서대로 1 - D - 4 - E이다. 출입국관리법 시행령에 의하면 외국인의 체류자격은 단기체류자격(90일 이하 –

B/C)과 장기체류자격(90일 초과 – A/D/E/F/G/H)으로 구분된다. A-1은 외교, D-2는 유학, F-4는 재외동포, E-6는 예술흥행이다.

【외국인의 체류자격 개관】

구분	내용
단기 체류 자격	관광, 방문 등의 목적으로 대한민국에 <u>90일 이하의 기간</u>(사증면제협정이나 상호주의에 따라 90일을 초과하는 경우에는 그 기간) 동안 머물 수 있는 체류자격
	· B-1(사증면제) / B-2(관광 · 통과) · C-1(일시취재) / C-3(단기방문) / C-4(단기취업)
장기 체류 자격	유학, 연수, 투자, 주재, 결혼 등의 목적으로 대한민국에 <u>90일을 초과</u>하여 법무부령으로 정하는 체류기간의 상한 범위에서 거주할 수 있는 체류자격
	· A-1(외교) / A-2(공무) / A-3(협정) · D-1(문화예술 – 수익 목적X) / D-2(유학) / D-3(기술연수) / D-4(일반연수) / D-5(취재) / D-6(종교) / D-7(주재) / D-8(투자) / D-9(무역경영) / D-10(구직) · E-1(교수) / E-2(회화지도) / E-3(연구) / E-4(기술지도) / E-5(전문직업) / E-6(예술흥행) / E-7(특정활동) / E-8(계절근로) / E-9(비전문취업) / E-10(선원취업) / · F-1(방문동거) / F-2(거주) / F-3(동반) / F-4(재외동포) / F-6(결혼이민) · H-1(관광취업) / H-2(방문취업) / · G-1(기타)

분석 외국인의 체류자격과 관련하여 최근 12년 간 독립된 유형의 문제로 2회 출제되었고, 시행령 별표 1의2 장기 체류자격의 유형을 알고 있는지 확인하는 문제였습니다. 다른 법령과 관련된 기출의 경향을 보면 시행령 또는 시행규칙의 내용을 묻는 문제가 종종 출제되었다는 점에서 출제 가능성이 없지 않으므로 위의 표를 기억할 필요가 있습니다. 체류자격과 관련된 시행령이 출제된 점에 비추어 출입국관리법상 외국인의 체류자격(제10조 내지 제10조의3)과 관련된 문제는 향후 출제 가능성이 있으므로 관련된 법조문의 기간과 요건은 기억해야 합니다.

05 「출입국관리법」 및 동법 시행령상 다음의 내용이 설명하는 외국인의 체류자격으로 가장 적절하게 나열한 것은?

(2016년 제1차)

> ㉠ 수익이 따르는 음악, 미술, 문학 등의 예술활동과 수익을 목적으로 하는 연예, 연주, 연극, 운동 경기, 광고 · 패션 모델, 그 밖에 이에 준하는 활동을 하려는 사람
> ㉡ 법무부장관이 정하는 자격요건을 갖춘 외국인으로서 외국어전문학원, 초등학교 이상의 교육기관 및 부설어학연구소, 방송사 및 기업체 부설 어학연수원, 그 밖에 이에 준하는 기관 또는 단체에서 외국어 회화지도에 종사하려는 사람

① ㉠ D-1 ㉡ A-2
② ㉠ D-1 ㉡ E-2
③ ㉠ E-6 ㉡ A-2
④ ㉠ E-6 ㉡ E-2

해설 ㉠은 E-6, ㉡은 E-2에 대한 설명이다. 입국하려는 외국인은 일반체류자격(출입국관리법에 따라 대한민국에 체류할 수 있는 <u>기간이 제한되는 체류자격</u>) 또는 영주자격(대한민국에 영주(永住)할 수 있는 체류자격)을 가지고 있어야 한다(출입국관리법 제10조). 그리고 일반체류자격은 다시 단기체류자격(관광, 방문 등의 목적으로 대한민국에 <u>90일 이하의 기간</u> – 사증면제협정이나 상호주의에 따라 90일을 초과하는 경우에는 그 기간 – 동안 머물 수 있는 체류자격)과 장기체류자격(유학, 연수, 투자, 주재, 결혼 등의 목적으로 대한민국에 <u>90일을 초과</u>하여 법무부령으로 정하는 체류기간의 상한 범위에서 거주할 수 있는 체류자격)으로 구분된다(출입국관리법 제10조의2). 출입국관리법 시행령에 의하면 단기체류자격(별표 1)은 B와 C, 장기체류자격(별표 1의2)은 A, D 내지 G로 구분되

고, 체류자격에 해당하는 사람 또는 활동범위를 규정하고 있다. 입국하려는 외국인은 일반체류자격 또는 영주자격이 있어야 한다는 점, 일반체류자격은 단기체류자격과 장기체류자격으로 구분되고, 기준이 되는 체류일은 90일이라는 점을 기억한다.

06 다음 보기 중 「출입국관리법」 상 외국인의 강제퇴거 대상으로 틀린 것은 모두 몇 개인가?

(2014년 제1차)

> ㉠ 유효한 여권 또는 사증 없이 입국한 자
> ㉡ 입국금지 해당사유가 입국 후에 발견되거나 발생한 자
> ㉢ 체류자격 외의 활동을 하거나 체류기간이 경과한 자
> ㉣ 상륙허가 없이 상륙하였거나 상륙허가 조건을 위반한 자
> ㉤ 금고 이상의 형의 선고를 받고 석방된 자

① 0개   ② 1개   ③ 2개   ④ 3개

해설 ㉠ 내지 ㉤ 모두 「출입국관리법」 제46조 제1항에 따른 강제퇴거 대상자에 해당한다.

【강제퇴거 대상자 개관】

구분	요건
영주자격 이외의 외국인	· 유효한 여권과 사증(査證)이 없는 사람 · 허위초청 등의 행위로 입국한 외국인 · 입국금지 사유가 입국 후에 발견되거나 발생한 사람 · 입국심사규정을 위반한 사람 · 지방출입국 · 외국인관서의 장이 붙인 허가조건을 위반한 사람 · 상륙허가를 받지 아니하고 상륙한 사람 · 지방출입국 · 외국인관서의 장 또는 출입국관리공무원이 붙인 상륙허가조건을 위반한 사람 · 체류자격외의 활동을 하거나 체류기간 연장허가를 받지 아니한 사람 · 허가를 받지 아니하고 근무처를 변경 · 추가하거나 외국인을 고용 · 알선한 사람 · 법무부장관이 정한 거소 또는 활동범위의 제한이나 그 밖의 준수사항을 위반한 사람 · 허가신청시 허위서류 제출 등의 금지의무를 위반한 사람 · 출국심사규정을 위반하여 출국하려고 한 사람 · 외국인등록 의무를 위반한 사람 · 외국인등록증 등의 채무이행 확보수단 제공 등의 금지의무를 위반한 사람 · 금고 이상의 형을 선고받고 석방된 사람 · 그 밖에 제1호부터 제13호에 준하는 사람으로서 법무부령으로 정하는 사람

영주자격
있는
외국인
	· 영주자격을 가진 사람은 위의 사유로 대한민국 밖으로 강제퇴거 되지 아니한다.
	· 영주자격자의 강제퇴거 사유
	  - 형법 제2편 제1장 내란의 죄 또는 제2장 외환의 죄를 범한 사람
	  - 5년 이상의 징역 또는 금고의 형을 선고받고 석방된 사람 중 법무부령으로 정하는 사람
	  - 제12조의3(선박등의 제공금지) 제1항 또는 제2항을 위반하거나 이를 교사 · 방조한 사람

외국인의 강제퇴거와 관련하여 최근 12년간 독립된 유형의 문제로 1회, 다른 지문과 결합하여 1회 출제되었고, 조문의 내용을 정확히 알고 있는지 확인하는 수준이었습니다. 위의 표를 정확히 숙지하면 향후 출제되는 문제도 대비할 수 있습니다. 최근 12년간 출제된 적은 없지만, 우리나라의 출입국관리법은 체류자격을 일반 체류자격과 영주자격으로 구분하면서 외국인의 강제퇴거와 관련하여 영주자격이 있는 외국인의 경우 별도의 사유(제46조 제2항)가 없는 이상 강제퇴거 당하지 않는다는 규정은 출제 가능성이 있으므로 그 사유를 포함하여 정확히 숙지할 필요가 있습니다.

07 다음 중 「출입국관리법」상 외국인등록에 관한 설명으로 가장 적절하지 않은 것은? (2011년 제1차)

① 외국인은 원칙적으로 입국한 날로부터 90일을 초과하여 대한민국에 체류하는 경우 외국인등록을 하여야 한다.
② 체류자격 변경허가를 받은 자로서 그 변경허가일로부터 90일을 초과하여 체류하게 되는 외국인은 외국인등록을 하여야 한다.
③ 한국 정부가 초청한 자 등으로서 법무부령으로 정하는 외국인은 외국인등록 제외대상이다.
④ 출입국관리법상 외국인등록 의무를 위반한 자로서 대한민국에 영주할 수 있는 체류자격이 없는 외국인은 강제퇴거의 대상이다.

해설 ① 「출입국관리법」 제31조 제1항 본문, ③ 제31조 제1항 단서 제3호, ④ 제46조 제1항 제12호 ③과 관련하여 주한외국공관(대사관과 영사관을 포함한다)과 국제기구의 직원 및 그의 가족, 대한민국정부와의 협정에 따라 외교관 또는 영사와 유사한 특권 및 면제를 누리는 사람과 그의 가족도 외국인등록 제외대상에 해당한다(제31조 제1항 단서 제1호 · 제2호).
② 「출입국관리법」 제31조 제4항 "제24조에 따라 체류자격 변경허가를 받는 사람으로서 입국한 날부터 90일을 초과하여 체류하게 되는 사람은 제1항 각 호 외의 부분 본문에도 불구하고 체류자격 변경허가를 받는 때에 외국인등록을 하여야 한다."

외국인등록은 최근 12년간 외국인의 강제퇴거 사유와 함께 1회, 다른 지문과 결합하여 1회 출제되었고, 조문의 내용을 알고 있는지 확인하는 수준이었습니다. 특히 외국인 등록의무가 면제되는 제31조 제1항 단서 각 호의 사유(문구 변경을 통한 오답 유도형 문제 출제)를 정확히 기억할 필요가 있습니다.

08 외국인 입 · 출국에 관한 다음 설명 중 옳지 않은 것은 모두 몇 개인가?
(2014년 제2차 – 현행법 반영 수정)

㉠ 법무부장관은 사증 발급에 관한 권한을 대통령령으로 정하는 바에 따라 재외공관의 장에게 위임할 수 있다.
㉡ 지방출입국 · 외국인관서의 장은 조난을 당한 선박등에 타고 있는 외국인(승무원을 포함한다)을 긴급히 구조할 필요가 있다고 인정하면 그 선박등의 장, 운수업자, 「수상에서의 수색 · 구조 등에 관한 법률」에 따른 구호업무 집행자 또는 그 외국인을 구조한 선박등의 장의 신청에 의하여 90일의 범위에서 재난 상륙허가를 할 수 있다.
㉢ 형사재판에 계속 중이거나 금고 이상의 형의 선고를 받고 석방된 자는 출국을 정지할 수 있다.
㉣ 외국인의 강제출국은 형벌이다.

① 4개   ② 3개   ③ 2개   ④ 1개

해설 ㉠ 「**출입국관리법**」 제8조 제2항
ㄴ 「**출입국관리법**」 제16조 제2항 "지방출입국·외국인관서의 장은 조난을 당한 선박등에 타고 있는 외국인(승무원을 포함한다)을 긴급히 구조할 필요가 있다고 인정하면 그 선박등의 장, 운수업자, 「수상에서의 수색·구조 등에 관한 법률」에 따른 구호업무 집행자 또는 그 외국인을 구조한 선박등의 장의 신청에 의하여 <u>30일의 범위에서 재난상륙허가를 할 수 있다.</u>"
ㄷ 「**출입국관리법**」 제29조 제1항 "법무부장관은 제4조 제1항(주: 1. <u>형사재판에 계속(係屬) 중인 사람</u>, 2. <u>징역형이나 금고형의 집행이 끝나지 아니한 사람</u>, 3. 대통령령으로 정하는 금액 이상의 벌금이나 추징금을 내지 아니한 사람, 4. 대통령령으로 정하는 금액 이상의 국세·관세 또는 지방세를 정당한 사유 없이 그 납부기한까지 내지 아니한 사람(제5호 생략), 6. 그 밖에 제1호부터 제5호까지의 규정에 준하는 사람으로서 대한민국의 이익이나 공공의 안전 또는 경제질서를 해칠 우려가 있어 그 출국이 적당하지 아니하다고 법무부령으로 정하는 사람) 또는 제2항 각 호(1. 소재를 알 수 없어 기소중지 또는 수사중지-피의자중지로 한정한다-된 사람 또는 도주 등 특별한 사유가 있어 수사진행이 어려운 사람, 2. 기소중지 또는 수사중지-피의자중지로 한정한다-된 경우로서 체포영장 또는 구속영장이 발부된 사람)의 어느 하나에 해당하는 외국인에 대하여는 출국을 정지할 수 있다." 출국정지의 대상이 되는 사람은 <u>징역형이나 금고형의 집행이 끝나지 아니한 사람</u>이다.
ㄹ 외국인의 강제출국(강제퇴거)는 출입국관리법에 근거하여 지방출입국·외국인관서의 장이 행하는 것으로 범죄에 대해 사법권(법원)이 제재하는 형벌과는 명백히 구별된다.

분석 출입국관리법과 관련하여 제8조(사증) 및 제20조(체류자격 외 활동)는 다른 지문과 결합하여 출제되었으므로 기출된 조문을 정확히 기억할 필요가 있습니다.

09 다음은 외사경찰활동과 관련된 내용이다. 가장 적절한 것은?   (2012년 제1차 – 현행법 반영 수정)

① 사증(VISA)의 발급권자는 외교부장관이고, 여권의 발급권자는 법무부장관이다.
② 대한민국에 체류하는 외국인이 그 체류자격에 해당하는 활동과 함께 다른 체류자격에 해당하는 활동을 하려면 대통령령으로 정하는 바에 따라 미리 법무부장관의 체류자격 외 활동허가를 받아야 한다.
③ 출입국관리법 규정에 의해 외국인의 난민 임시상륙허가를 할 경우 법무부장관과 협의 후 외교통상부장관의 승인이 필요하다.
④ 인터폴의 조직 중 모든 회원국에 설치된 상설기구로서 타국으로부터 수신되는 각종 공조요구에 응할 수 있도록 설치된 기구는 사무총국이다.

해설 ① 「**출입국관리법**」 제7조 제1항 "외국인이 입국할 때에는 유효한 여권과 <u>법무부장관이 발급한 사증(查證)</u>을 가지고 있어야 한다." **여권법** 제3조 "<u>여권은 외교부장관이 발급</u>한다." 사증의 발급권자는 법무부장관, 여권의 발급권자는 외교부장관이다.
② 「**출입국관리법**」 제20조
③ 「**출입국관리법**」 제16조의2 제1항 "지방출입국·외국인관서의 장은 선박등에 타고 있는 외국인이 「난민법」 제2조 제1호에 규정된 이유나 그 밖에 이에 준하는 이유로 그 생명·신체 또는 신체의 자유를 침해받을 공포가 있는 영역에서 도피하여 곧바로 대한민국에 비호(庇護)를 신청하는 경우 그 외국인을 상륙시킬 만한 상당한 이유가 있다고 인정되면 <u>법무부장관의 승인을 받아 90일의 범위에서 난민 임시상륙허가를 할 수 있다. 이 경우 법무부장관은 외교부장관과 협의하여야 한다.</u>" 난민 임시상륙허가권자는 지방출입국·외국인관서의 장이고, 허가를 하기 위해서는 법무부장관의 승인을 받아야 하고, 이 경우 법무부장관은 외교부장관과 협의하여야 한다.
④ 국가중앙수사국에 대한 설명으로 우리나라는 <u>경찰청 외사국 인터폴국제공조과 인터폴계</u>에 설치되어 있다.

10 다음 설명 중 맞는 것은? (2010년 제1차 – 현행법 반영 수정)

① 외국인근로자는 입국한 날부터 5년의 범위에서 취업활동을 할 수 있다.
② 우리나라의 범죄인 인도법상 군사범불인도의 원칙은 명문으로 규정되어 있지 않다.
③ 출입국관리법에 따라 대한민국 정부가 초청한 사람 등으로서 외교부장관이 정하는 사람은 외국인등록 의무에서 제외된다.
④ 국적법상 특별귀화의 경우 대한민국에 주소를 가지고 있을 것을 요건으로 하지 않는다.

해설 ① 「**외국인근로자의 고용 등에 관한 법률**」 제18조 "외국인근로자는 입국한 날부터 <u>3년의 범위에서</u> 취업활동을 할 수 있다."
② 옳은 설명이다. 【범죄인 인도의 원칙 개관】 참조.
③ 「**출입국관리법**」 **제31조 제1항 단서 각 호** "외국인이 입국한 날부터 <u>90일을 초과</u>하여 대한민국에 체류하려면 대통령령으로 정하는 바에 따라 입국한 날부터 90일 이내에 그의 체류지를 관할하는 지방출입국·외국인관서의 장에게 <u>외국인등록</u>을 하여야 한다. 다만, 다음 각 호의 어느 하나에 해당하는 외국인의 경우에는 그러하지 아니하다. 1. 주한외국공관(대사관과 영사관을 포함한다)과 국제기구의 직원 및 그의 가족, 2. 대한민국 정부와의 협정에 따라 외교관 또는 영사와 유사한 특권 및 면제를 누리는 사람과 그의 가족, 3. 대한민국정부가 초청한 사람 등으로서 법무부령으로 정하는 사람"
④ 「**국적법**」 **제7조 제1항** "다음 각 호의 어느 하나에 해당하는 <u>외국인으로서 대한민국에 주소가 있는 사람</u>은 제5조 제1호·제1호의2·제2호 또는 제4호의 요건을 갖추지 아니하여도 <u>귀화허가를 받을 수 있다.</u>" 국적법에 따른 귀화는 <u>일반귀화(제5조), 간이귀화(제6조), 특별귀화(제7조)</u>가 있고, 공통적으로 "<u>대한민국에 주소가 있을 것</u>"을 요한다. 다만, 주소와 관련하여 일반귀화는 5년 이상 계속하여, 간이귀화는 3년 이상 계속하여, 특별귀화는 (기간 없음) 주소가 있을 것을 요한다는 점에서 구별된다.

11 「출입국관리법」 제4조에는 국민의 출국금지 기간에 대하여 정하고 있다. 다음 ( )안에 들어갈 숫자를 모두 더한 값은? (단, 기간 연장은 없음) (2017년 제1차)

> ㉠ 범죄 수사를 위하여 출국이 적당하지 아니하다고 인정되는 사람: ( )개월 이내
> ㉡ 형사재판에 계속 중인 사람: ( )개월 이내
> ㉢ 징역형의 집행이 끝나지 아니한 사람: ( )개월 이내
> ㉣ 소재를 알 수 없어 기소중지결정이 된 사람: ( )개월 이내
> ㉤ 도주 등 특별한 사유가 있어 수사진행이 어려운 사람: ( )개월 이내

① 10　　　　② 16　　　　③ 19　　　　④ 20

해설 순서대로 1 – 6 – 6 – 3 – 3이다. 아래의 【출국금지 개관】 표 참조.
【**출국금지 개관**】 – 출입국관리법 제4조 내지 제4조의6 (결정권자: 법무부장관 / 외교부장관X)

구분		내용
기간 및 사유	제4조 제1항	· **6개월 이내의 기간**을 정하여 출국을 금지할 수 있음 – 형사재판에 계속(係屬) 중인 사람 – 징역형이나 금고형의 집행이 끝나지 아니한 사람 – (대통령령) 금액 이상의 벌금(주: 1천만원)이나 추징금(2천만원)을 내지 아니한 사람 – (대통령령) 금액 이상의 국세(주: 5천만원)·관세(5천만원)·지방세(3천만원)를 정당한 사유 없이 납부기한까지 내지 아니한 사람(※ 제5호 생략) – 그 밖에...(중략)... 대한민국의 이익이나 공공의 안전 또는 경제질서를 해칠 우려가 있어 그 출국이 적당하지 아니하다고 **법무부령**으로 정하는 사람

제4조 제2항	· 원칙: **1개월 이내의 기간**을 정하여 출국을 금지할 수 있음 – 범죄 수사를 위하여 출국이 적당하지 아니하다고 인정되는 사람 · 예외: 3개월 이내 또는 영장 유효기간 이내 – 3개월 이내: 소재를 알 수 없어 기소중지 · 수사중지(피의자중지로 한정한다)이 된 사람 또는 도주 등 특별한 사유가 있어 수사진행이 어려운 사람 – 영장 유효기간 내: 기소중지 또는 수사중지(피의자중지로 한정한다)된 경우로서 체포영장 또는 구속영장이 발부된 사람
연장	· 금지기간을 초과하여 계속 출국을 금지할 필요가 있다고 인정하는 경우(※ **유의**: 횟수 제한 규정X) → 출국금지기간이 끝나기 **3일 전**까지 법무부장관에게 출국금지기간을 연장하여 줄 것을 요청 → (시행령 제2조의2 제3항) 출국금지기간 연장예정기간은 법 제4조 제1항 또는 제2항에 따른 출국금지기간을 초과할 수 없음
해제	출국금지 사유가 없어졌거나 출국을 금지할 필요가 없다고 인정할 때 → 즉시 출국금지 해제
통지	출국을 금지하거나 출국금지기간을 연장하였을 때 → 즉시 당사자에게 사유 · 기간 등을 밝혀서면 통지
이의 신청	출국금지결정 · 출국금지기간 연장의 통지를 받은 날 또는 그 사실을 안 날부터 **10일 이내 법무부장관**에 → 신청을 받은 날부터 15일 이내 타당성 여부 결정(부득이한 경우 15일의 범위에서 한 차례 연장 가능)
긴급 출국 금지	· 범죄 피의자로서 사형 · 무기 또는 장기 3년 이상의 징역이나 금고에 해당하는 죄를 범하였다고 의심할 만한 상당한 이유가 있고, 피의자가 증거를 인멸할 염려가 있거나 도망하거나 도망할 우려가 있으며, 긴급한 필요가 있는 때(+ 증거를 인멸할 염려 또는 도망하거나 도망할 우려) → 수사기관은 **출입국관리공무원**에게 출국금지를 요청할 수 있음(※ 유의 – 법무부장관X) · 긴급출국금지를 요청한 때로부터 6시간 이내에 법무부장관에게 긴급출국금지 승인을 요청해야 함 · 해제: 수사기관이 긴급출국금지 승인 요청을 하지 아니한 경우, 승인을 요청한 때로부터 12시간 이내에 법무부장관으로부터 승인을 받지 못한 경우(※ **유의**: 동일범죄사실로 다시 긴급출국금지 요청X)

분석	출국금지와 관련하여 최근 12년간 독립된 유형의 문제로 1회, 다른 지문과 결합하여 1회 출제되었고, 출국금지 사유와 관련된 기간을 정확히 알고 있는지 확인하는 수준이었습니다. 기출 경향에 비추어 그 중요성이 떨어진다고 볼 수 있습니다. 하지만 (특히 수사) 실무에서 자주 활용되는 제도로 향후에도 출제될 가능성이 있기 때문에 위의 표를 정확히 기억하고 있어야 합니다. 긴급출국금지의 요건은 형사소송법상 긴급체포에 준해서 기억을 하고, 긴급출국금지 요청 이후의 승인 · 해제 절차와 관련된 시간을 기억할 필요가 있습니다. 특히 긴급출국금지는 법무부장관에 요청하는 것이 아니라 출국심사를 하는 출입국관리공무원에게 수사기관이 직접 요청한다는 점을 잘 기억하기 바랍니다.

12 「출입국관리법」에 대한 설명으로 가장 적절한 것은?   (2021년 제1차)

① 출국이 금지(「출입국관리법」 제4조 제1항 또는 제2항)되거나 출국금지기간이 연장(「출입국관리법」 제4조의2 제1항)된 사람은 출국금지결정이나 출국금지기간 연장의 통지를 받은 날 또는 그 사실을 안 날부터 15일 이내에 법무부장관에게 출국금지결정이나 출국금지기간 연장결정에 대한 이의를 신청할 수 있다.

② 외국인이 입국할 때에는 유효한 여권과 외교부장관이 발급한 사증을 가지고 있어야 한다.

③ 수사기관이 「출입국관리법」 제4조의6 제3항에 따른 긴급출국금지 승인을 요청한 때로부터 12시간 이내에 법무부장관으로부터 긴급출국금지 승인을 받지 못한 경우, 법무부장관은 「출입국관리법」 제4조의6 제1항의 수사기관 요청에 따른 출국금지를 해제하여야 한다.

④ 법무부장관은 소재를 알 수 없어 기소중지결정이 된 사람 또는 도주 등 특별한 사유가 있어 수사진행이 어려운 사람에 대하여는 6개월 이내의 기간을 정하여 출국을 금지할 수 있다.

> **해설**
>
> ① 「**출입국관리법**」 **제4조의5 제1항** "제4조 제1항 또는 제2항에 따라 출국이 금지되거나 제4조의2 제1항에 따라 출국금지기간이 연장된 사람은 출국금지결정이나 출국금지기간 연장의 통지를 받은 날 또는 그 사실을 안 날부터 10일 이내에 법무부장관에게 출국금지결정이나 출국금지기간 연장결정에 대한 이의를 신청할 수 있다."
>
> ② 「**출입국관리법**」 **제7조 제1항** "외국인이 입국할 때에는 유효한 여권과 법무부장관이 발급한 사증(査證)을 가지고 있어야 한다."
>
> ③ 「**출입국관리법**」 **제 4조의6 제4항**
>
> ④ 「**출입국관리법**」 **제4조 제2항 제1호** "법무부장관은 범죄 수사를 위하여 출국이 적당하지 아니하다고 인정되는 사람에 대하여는 1개월 이내의 기간을 정하여 출국을 금지할 수 있다. 다만, 다음 각 호에 해당하는 사람은 그 호에서 정한 기간으로 한다. 1. 소재를 알 수 없어 기소중지 또는 수사중지(피의자중지로 한정한다)된 사람 또는 도주 등 특별한 사유가 있어 수사진행이 어려운 사람: 3개월 이내. 2. 기소중지 또는 수사중지(피의자중지로 한정한다)된 경우로서 체포영장 또는 구속영장이 발부된 사람: 영장 유효기간 이내"

01 출입국관리법상 "출국의 금지(제4조)"에 대한 설명으로 옳은 것은?

① 출국금지는 국민 또는 외국인을 대상으로 할 수 있고, 그 권한은 법무부장관에게 있다.
② 형사재판에 계속 중인 사람 또는 징역형·금고형·벌금형의 집행이 끝나지 아니한 사람에 대하여는 6개월 이내의 기간을 정하여 출국을 금지할 수 있다.
③ 5천만원 이상의 국세·관세 또는 3천만원 이상의 지방세를 정당한 사유 없이 그 납부기한까지 내지 아니한 사람에 대하여는 6개월 이내의 기간을 정하여 출국을 금지할 수 있다.
④ 중앙행정기관의 장은 소관 업무와 관련하여 출입국관리법에 따른 출국금지의 사유에 해당하는 사람이 있다고 인정할 때에는 출입국·외국인청장에게 출국금지를 요청할 수 있다.

해설 ① 「**출입국관리법**」 제4조·제29조 참조. 출국금지는 국민을 대상으로 하고, 외국인은 출국정지의 대상이다. 출국금지 및 출국정지의 권한은 법무부장관에게 있다.
② 「**출입국관리법**」 제4조 제1항 제1호·제2호 "법무부장관은 다음 각 호의 어느 하나에 해당하는 국민에 대하여는 6개월 이내의 기간을 정하여 출국을 금지할 수 있다. 1. 형사재판에 계속(係屬) 중인 사람, 2. 징역형이나 금고형의 집행이 끝나지 아니한 사람, 3. 대통령령으로 정하는 금액 이상의 벌금이나 추징금을 내지 아니한 사람, 4. 대통령령으로 정하는 금액 이상의 국세·관세 또는 지방세를 정당한 사유 없이 그 납부기한까지 내지 아니한 사람(※ 제5호 생략), 6. 그 밖에 제1호부터 제5호까지의 규정에 준하는 사람으로서 대한민국의 이익이나 공공의 안전 또는 경제질서를 해칠 우려가 있어 그 출국이 적당하지 아니하다고 법무부령으로 정하는 사람" 벌금이나 추징금의 경우 제3호에서 일정한 금액 이상의 벌금이나 추징금(벌금 1000만원, 추징금 2000만원 – 출입국관리법 시행령 제1조의3 제1항)을 내지 아니한 사람만 출국금지의 대상으로 규정하고 있다.
③ 「**출입국관리법**」 제4조 제1항 제4호 및 동법 시행령 제1조의3 제2항
④ 「**출입국관리법**」 제4조 제3항 "중앙행정기관의 장 및 법무부장관이 정하는 관계 기관의 장은 소관 업무와 관련하여 제1항 또는 제2항 각 호의 어느 하나에 해당하는 사람이 있다고 인정할 때에는 법무부장관에게 출국금지를 요청할 수 있다."

02 범죄 수사를 위해 출국이 적당하지 아니하다고 인정되는 국민의 출국금지에 대한 설명으로 옳은 것은?

① 원칙적으로 2개월 이내의 기간을 정하여 출국을 금지할 수 있다.
② 도주 등 특별한 사유가 있어 수사진행이 어려운 사람에 대하여는 3개월 이내에서 출국을 금지할 수 있다.
③ 소재를 알 수 없어 기소중지 된 사람에 대하여는 6개월 이내에서 출국을 금지할 수 있다.
④ 기소중지 또는 수사중지(피의자중지로 한정)된 경우로서 체포영장·구속영장이 발부된 사람에 대하여는 1년 이내에서 출국을 금지할 수 있다.

해설 ① ③ ④ 「**출입국관리법**」 제4조 제2항 본문 "법무부장관은 범죄 수사를 위하여 출국이 적당하지 아니하다고 인정되는 사람에 대하여는 1개월 이내의 기간을 정하여 출국을 금지할 수 있다. 다만, 다음 각 호에 해당하는 사람은 그 호에서 정한 기간으로 한다. 1. 소재를 알 수 없어 기소중지 또는 수사중지(피의자중지로 한정한다)된 사람 또는 도주 등 특별한 사유가 있어 수사진행이 어려운 사람: 3개월 이내, 2. 기소중지 또는 수사중지

(피의자중지로 한정한다)된 경우로서 체포영장 또는 구속영장이 발부된 사람: 영장 유효기간 이내”
② 「출입국관리법」 제4조 제2항 단서 제1호 후단

03 출입국관리법 및 동법 시행령에 따른 “출국금지기간의 연장”에 대한 설명으로 틀린 것은?

① 출국금지기간 연장권자는 법무부장관이다.
② 출국금지기간이 끝나기 3일 전까지 출국금지기간을 연장하여 줄 것을 요청하여야 한다.
③ 출국금지기간 연장은 2회에 한하여 허용된다.
④ 출국금지기간 연장예정기간은 출입국관리법 제4조 제1항 또는 제2항의 기간을 초과할 수 없다.

> **해설** ① 「출입국관리법」 제4조의2 제1항, ② 제4조의2 제2항, ④ 제4조의2 제3항 및 동법 시행령 제2조의2 제3항
> ③ 「출입국관리법」 제4조의2 제1항 “법무부장관은 출국금지기간을 초과하여 계속 출국을 금지할 필요가 있다고
> 인정하는 경우에는 그 기간을 연장할 수 있다.” 출국금지기간의 연장에 그 횟수의 제한이 없다.

04 범죄 수사를 위한 “긴급출국금지(제4조의6)”에 대한 설명으로 옳은 것은 몇 개인가?

> ㉠ 긴급출국금지는 수사기관이 출국심사를 하는 출입국관리공무원에게 요청할 수 있고, 긴급출국
> 금지를 요청한 때로부터 12시간 이내에 법무부장관에게 긴급출국금지 승인을 요청하여야 한다.
> ㉡ 긴급출국금지의 대상자는 사형ㆍ무기 또는 장기 3년 이상의 징역ㆍ금고에 해당하는 죄를 범하
> 였다고 의심할 만한 상당한 이유가 있는 범죄 피의자로서 증거를 인멸할 염려가 있거나 도망하
> 거나 도망할 우려가 있어야 하고, 긴급한 필요가 있는 때에 수사기관은 긴급출국금지를 요청할
> 수 있다.
> ㉢ 법무부장관에 대한 긴급출국금지 승인 요청의 경우 검사의 수사지휘서 및 범죄사실의 요지, 긴
> 급출국금지의 사유 등을 기재한 긴급출국금지보고서를 첨부하여야 한다.
> ㉣ 법무부장관은 수사기관이 긴급출국금지 승인 요청을 하지 아니한 경우 또는 긴급출국금지 승인
> 을 요청한 때로부터 6시간 이내에 법무부장관으로부터 승인을 받지 못한 경우 출국금지를 해제
> 하여야 한다.
> ㉤ 수사기관이 긴급출국금지 승인 요청을 하지 않거나 법무부장관의 승인을 받지 못하여 출국금지
> 가 해제된 경우에 수사기관은 동일한 범죄사실에 관하여 다시 긴급출국금지 요청을 할 수 있다.

① 1개   ② 2개   ③ 3개   ④ 4개

> **해설** 「출입국관리법」 제4조의6: ㉡이 옳은 설명이다.
> ㉠ **제1항 및 제3항 제1문**: “① 수사기관은 범죄 피의자로서 사형ㆍ무기 또는 장기 3년 이상의 징역이나 금고에
> 해당하는 죄를 범하였다고 의심할 만한 상당한 이유가 있고, 다음 각 호의 어느 하나에 해당하는 사유가 있으
> 며, 긴급한 필요가 있는 때에는 제4조 제3항에도 불구하고 출국심사를 하는 출입국관리공무원에게 출국금지
> 를 요청할 수 있다. 1. 피의자가 증거를 인멸할 염려가 있는 때, 2. 피의자가 도망하거나 도망할 우려가 있는
> 때. ③ 수사기관은 제1항에 따라 긴급출국금지를 요청한 때로부터 6시간 이내에 법무부장관에게 긴급출국금
> 지 승인을 요청하여야 한다. 이 경우 검사의 검토의견서 및 범죄사실의 요지, 긴급출국금지의 사유 등을 기재
> 한 긴급출국금지보고서를 첨부하여야 한다.”
> ㉢ **제3항 제2문 참조.** 개정 이전에는 검사의 수사지휘서였으나, 2021. 1. 1. 시행된 개정 출입국관리법에서 “검
> 사의 검토보고서”로 변경되었으므로 유의해야 한다.
> ㉣ **제4항**: “법무부장관은 수사기관이 제3항에 따른 긴급출국금지 승인 요청을 하지 아니한 때에는 제1항의 수
> 사기관 요청에 따른 출국금지를 해제하여야 한다. 수사기관이 긴급출국금지 승인 요청한 때로부터 12시간
> 이내에 법무부장관으로부터 긴급출국금지 승인을 받지 못한 경우에도 또한 같다.”

ⓜ **제5항**: "제4항에 따라 출국금지가 해제된 경우에 수사기관은 동일한 범죄사실에 관하여 다시 긴급출국금지 요청을 할 수 없다."

05 출입국관리법상의 "외국인의 입국(제7조)"에 대한 설명으로 옳은 것은?

① 외국인이 입국할 때에는 유효한 여권과 외교부장관이 발급한 사증을 가지고 있어야 한다.
② 법무부장관은 대한민국과 사증면제협정을 체결한 국가의 국민으로서 그 협정에 따라 면제대상이 되는 사람에 대하여 사증면제협정의 적용을 일시 정지할 수 없다.
③ 외교부장관이 지정한 국가의 국민은 대통령령으로 정하는 바에 따라 재외공관의 장이나 지방출입국·외국인관서의 장이 발급한 외국인입국허가서를 가지고 입국할 수 있다.
④ 대한민국과 수교하지 아니한 국가의 국민은 대통령령으로 정하는 바에 따라 재외공관의 장이나 지방출입국·외국인관서의 장이 발급한 외국인입국허가서를 가지고 입국할 수 있다.

해설 ① 「**출입국관리법**」 **제7조 제1항** "외국인이 입국할 때에는 유효한 여권과 법무부장관이 발급한 사증(査證)을 가지고 있어야 한다." 사증의 발급권자는 법무부장관이다.
② 「**출입국관리법**」 **제7조 제3항** "법무부장관은 공공질서의 유지나 국가이익에 필요하다고 인정하면 제2항 제2호에 해당하는 사람에 대하여 사증면제협정의 적용을 일시 정지할 수 있다."
③ 「**출입국관리법**」 **제7조 제4항** "대한민국과 수교(修交)하지 아니한 국가나 법무부장관이 외교부장관과 협의하여 지정한 국가의 국민은 제1항에도 불구하고 대통령령으로 정하는 바에 따라 재외공관의 장이나 지방출입국·외국인관서의 장이 발급한 외국인입국허가서를 가지고 입국할 수 있다."
④ 「**출입국관리법**」 **제7조 제4항**

06 출입국관리법 및 동법 시행령에 따라 사증 없이 입국할 수 있는 외국인에 해당하는 경우는 모두 몇 개인가?

> ㉠ 재입국허가를 받은 사람 또는 재입국허가가 면제된 사람으로서 그 허가 또는 면제받은 기간이 끝난 후에 입국하는 사람
> ㉡ 대한민국과 사증면제협정을 체결한 국가의 국민으로서 그 협정에 따라 면제대상이 되는 사람
> ㉢ 난민여행증명서를 발급받고 출국한 후 그 유효기간이 끝나기 전에 입국하는 사람
> ㉣ 국제친선·관광·대한민국의 이익 등을 위하여 입국하는 사람으로서 외교부장관이 인정한 사람
> ㉤ 법무부령으로 정하는 기간 내에 대한민국을 관광하거나 통과할 목적으로 입국하려는 사람으로서 대통령령으로 정하는 바에 따라 따로 입국허가를 받은 사람
> ㉥ 외국정부 또는 국제기구의 업무를 수행하는 사람으로서 부득이한 사유로 사증을 가지지 아니하고 입국하려는 사람으로서 대통령령으로 정하는 바에 따라 따로 입국허가를 받은 사람

① 1개 　　② 2개 　　③ 3개 　　④ 4개

해설 「**출입국관리법**」 **제7조 제2항 및 동법 시행령 제8조 제1항**: ㉡ ㉢ ㉤ ㉥이 사증 없이 입국할 수 있는 외국인에 해당한다.
　㉠ **법 제7조 제2항 제1호**: "재입국허가를 받은 사람 또는 재입국허가가 면제된 사람으로서 그 허가 또는 면제받은 기간이 끝나기 전에 입국하는 사람"
　㉣ **법 제7조 제3항 제3호**: "국제친선, 관광 또는 대한민국의 이익 등을 위하여 입국하는 사람으로서 대통령령으로 정하는 바에 따라 따로 입국허가를 받은 사람"

07 출입국관리법 및 동법 시행규칙에 따른 사증에 대한 설명으로 옳은 것은?

① 사증은 단수사증과 복수사증으로 구분하고, 외교부장관은 사증발급에 관한 권한을 대통령령으로 정하는 바에 따라 재외공관의 장에게 위임할 수 있다.

② 1회만 입국할 수 있는 단수사증의 유효기간은 발급일로부터 6개월로 한다.

③ 체류자격 외교(A-1)부터 협정(A-3)까지에 해당하는 사람의 복수사증의 유효기간은 발급일로부터 3년 이내이다.

④ 방문취업(H-2)의 체류자격에 해당하는 사람의 복수사증의 유효기간은 발급일로부터 3년 이내이다.

해설 ① 「출입국관리법」 제8조 제1항·제2항 "① 제7조에 따른 사증은 1회만 입국할 수 있는 단수사증(單數査證)과 2회 이상 입국할 수 있는 복수사증(複數査證)으로 구분한다. ② 법무부장관은 사증발급에 관한 권한을 대통령령으로 정하는 바에 따라 재외공관의 장에게 위임할 수 있다."

② 「출입국관리법 시행규칙」 제12조 제1항 "단수사증의 유효기간은 발급일부터 3개월로 한다."

③ 「출입국관리법 시행규칙」 제12조 제2항 제1호

④ 「출입국관리법 시행규칙」 제12조 제2항 제1호의2 "영 별표 1의2 중 29. 방문취업(H-2)의 체류자격에 해당하는 사람의 복수사증은 5년 이내"

08 출입국관리법상의 체류자격에 대한 설명으로 틀린 것은?

① 입국하려는 외국인은 대한민국에 체류할 수 있는 기간이 제한되는 일반체류자격 또는 대한민국에 영주할 수 있는 영주자격 가운데 하나에 해당하는 체류자격을 가져야 한다.

② 일반체류자격은 90일을 기준으로 그 이하의 기간(사증면제협정이나 상호주의에 따라 90일을 초과하는 경우에는 그 기간) 동안 머물 수 있는 단기체류자격과 이를 초과하여 법무부령으로 정하는 체류기간의 상한 범위에서 거주할 수 있는 장기체류자격으로 구분된다.

③ 영주자격을 가진 외국인은 체류기간의 제한을 받지 않지만, 출입국관리법에 따라 활동범위에 제한을 받는다.

④ 영주자격을 취득하려는 사람은 대통령령으로 정하는 영주의 자격에 부합한 사람으로서 원칙적으로 출입국관리법 제10조의3 제2항 각 호의 요건을 모두 갖추어야 한다.

해설 ① 「출입국관리법」 제10조, ② 제10조의2 제1항 제1호·제2호, ④ 제10조의3 제2항 ②와 관련하여 단기체류자격은 관광, 방문 등의 목적이고, 장기체류자격은 유학, 연수, 투자, 주재, 결혼 등의 목적이다. 출입국관리법 시행령 제12조 별표 1에 따른 단기체류자격은 사증면제(B-1), 관광·통과(B-2), 일시취재(C-1), 단기방문(C-3) 및 단기취업(C-4)이고, 나머지는 별표 1의2에 따른 장기체류자격이다(세부적인 내용은 기출문제 4번 해설 참조).

③ 「출입국관리법」 제10조의3 제1항 "제10조 제2호에 따른 영주자격(이하 "영주자격"이라 한다)을 가진 외국인은 활동범위 및 체류기간의 제한을 받지 아니한다."

09 출입국관리법에 따른 "입국의 금지 등(제11조)"에 대한 설명으로 틀린 것은?

① 법무부장관은 출입국관리법 제11조 제1항 각 호에 규정된 사유에 해당하는 국민 또는 외국인의 입국을 금지할 수 있다.

② 법무부장관은 입국하려는 외국인의 본국이 출입국관리법 제11조 제1항 각 호 외의 사유로 국민의 입국을 거부할 때에는 그와 동일한 사유로 그 외국인의 입국을 거부할 수 있다.

③ 법무부장관은 대한민국의 이익이나 공공의 안전을 해치는 행동을 할 염려가 있다고 인정할 만한 상당한 이유가 있는 외국인의 입국을 금지할 수 있다.

④ 법무부장관은 1910년 8월 29일부터 1945년 8월 15일까지 사이에 일본 정부와 동맹 관계에 있던 정부의 지시를 받거나 그 정부와 연계하여 인종·민족·종교·국적·정치적 견해 등을 이유로 사람을 학살·학대하는 일에 관여한 외국인의 입국을 금지할 수 있다.

해설 ① 「**출입국관리법**」 **제11조 제1항** "법무부장관은 다음 각 호의 어느 하나에 해당하는 <u>외국인에 대하여는 입국을 금지할 수 있다.</u>" 입국금지의 대상은 외국인이고, <u>국민은 입국금지의 대상이 아니다.</u>
② 「**출입국관리법**」 **제11조 제2항**, ③ **제11조 제1항 제3호**, ④ **제11조 제1항 제7호 나목**

10 출입국관리법 제11조에 따라 입국을 금지할 수 있는 외국인에 해당하지 않는 경우는?

① 감염병환자, 마약류중독자, 그 밖에 공중위생상 위해를 끼칠 염려가 있다고 인정되는 사람

② 강제퇴거명령을 받고 출국한 후 10년이 지나지 아니한 사람

③ 경제질서 또는 사회질서를 해치거나 선량한 풍속을 해치는 행동을 할 염려가 있다고 인정할 만한 상당한 이유가 있는 사람

④ 총포·도검·화약류 등의 안전관리에 관한 법률에서 정하는 총포·도검·화약류 등을 위법하게 가지고 입국하려는 사람

해설 ① 「**출입국관리법**」 **제11조 제1항 제1호**, ③ **제11조 제1항 제4호**, ④ **제11조 제1항 제2호**
② 「**출입국관리법**」 **제11조 제1항 제6호** "강제퇴거명령을 받고 출국한 후 <u>5년이 지나지 아니한 사람</u>"

11 출입국관리법에 따른 "입국 시 생체정보의 제공 등(제12조의2)"에 대한 설명으로 틀린 것은?

① 입국하려는 외국인은 원칙적으로 입국심사를 받을 때 법무부령으로 정하는 방법으로 생체정보를 제공하고 본인임을 확인하는 절차에 응하여야 한다.

② 17세 미만인 사람 또는 외국정부·국제기구의 업무를 수행하기 위하여 입국하는 사람과 그 동반 가족은 생체정보를 제공하고 본인임을 확인하는 절차에 응할 의무의 대상에서 제외된다.

③ 출입국관리공무원은 외국인이 제12조의2 제1항 본문에 따라 생체정보를 제공하지 아니하는 경우에는 그의 입국을 허가하지 아니할 수 있다.

④ 지방출입국·외국인관서의 장은 입국심사에 필요한 경우에는 관계 행정기관이 보유하고 있는 외국인의 생체정보의 제출을 요청할 수 있고, 협조를 요청받은 관계 행정기관은 정당한 이유 없이 그 요청을 거부하여서는 아니 된다.

해설 ① 「**출입국관리법**」 **제12조의2 제1항 본문**, ② **제12조의2 제1항 단서 제1호·제2호**, ③ **제12조의2 제2항**
④ 「**출입국관리법**」 **제12조의2 제3항·제4항** "③ <u>법무부장관은</u> 입국심사에 필요한 경우에는 관계 행정기관이 보유하고 있는 외국인의 생체정보의 제출을 <u>요청할 수 있다.</u> ④ 제3항에 따라 협조를 요청받은 관계 행정기관은 정당한 이유 없이 그 요청을 거부하여서는 아니 된다." 요청권자는 <u>법무부장관이다.</u>

정답 | 07 | ③ | 08 | ③ | 09 | ① | 10 | ② | 11 | ④

12 출입국관리법에 따른 "외국인의 상륙"에 대한 설명으로 옳은 것은?

① 출입국관리법은 외국인의 상륙과 관련하여 승무원의 상륙허가, 관광상륙허가, 긴급상륙허가 및 재난상륙허가만을 인정하고 있다.
② 출입국관리법에 따른 관광상륙허가의 경우 상륙허가 기간의 연장이 인정되지 않는다.
③ 출입국관리법에 따른 승무원의 상륙허가, 관광상륙허가, 긴급상륙허가 및 재난상륙허가의 경우 외국인승무원, 외국인승객, 선박등에 타고 있는 외국인(승무원을 포함한다)에게 출입국관리법에 따른 입국금지의 사유(제11조 제1항 각 호)가 있는 때에는 상륙허가를 하지 아니한다.
④ 출입국관리법에 따른 승무원의 상륙허가, 관광상륙허가, 긴급상륙허가 및 재난상륙허가의 경우에 상륙허가서에 상륙허가의 기간, 행동지역의 제한 등 필요한 조건을 붙일 수 있다.

해설 ① 「**출입국관리법**」 **제14조 내지 제16조의2 참조.** 제16조의2에서 <u>난민 임시상륙허가</u>를 인정하고 있다.
② 「**출입국관리법**」 **제14조의2 제3항** "제1항에 따른 관광상륙허가의 허가서 및 상륙허가기간의 연장에 관하여는 제14조 제3항(주: 상륙허가서에 대한 조건의 부여) 및 제5항(주: 상륙허가 기간의 연장)을 준용한다. 이 경우 "승무원 상륙허가서"는 "관광상륙허가서"로, "승무원 상륙허가"는 "관광상륙허가"로, "외국인승무원"은 "외국인승객"으로 본다." 승무원의 상륙허가(제14조)에 규정되어 있는 "<u>상륙허가서에 대한 상륙허가의 기간, 행동지역의 제한 등 필요한 조건 부여(제3항)</u>" 및 "<u>상륙허가 기간의 연장(제5항)</u>"은 관광상륙허가, 긴급상륙허가, 재난상륙허가 및 난민 임시상륙허가에 준용하고 있다.
③ 「**출입국관리법**」 **제14조 내지 제16조의2 참조.** 출입국관리법 제11조(입국의 금지 등) 제1호의 사유가 있는 경우에 상륙허가를 하지 아니하는 경우는 <u>승무원의 상륙허가 및 관광상륙허가에 한정된다</u>(제14조 제1항 단서 및 제14조의2 제1항 단서). 긴급상륙허가, 재난상륙허가 및 난민 임시상륙허가의 경우 이를 규정하고 있지 않다.
④ 「**출입국관리법**」 **제14조 제3항, 제14조의2 제3항, 제15조 제2항, 제16조 제2항 및 제16조의2 제2항**

13 출입국관리법상 "승무원의 상륙허가(제14조)에 대한 설명으로 옳은 것은 모두 몇 개인가?

┌───┐
⊙ 대한민국의 출입국항에 정박하고 있는 동안 휴양 등의 목적으로 상륙하려거나 대한민국의 출입국항에 입항할 예정이거나 정박 중인 선박등으로 옮겨 타려는 외국인승무원이 대상이다.
ⓛ 외국인승무원이 출입국관리법에 따른 입국금지의 사유(제11조 제1항 각 호)에 해당하더라도 상륙허가를 할 수 있다.
ⓒ 외국인승무원의 상륙허가는 선박등의 장 또는 본인이 신청하여야 하고, 운수업자는 상륙허가의 신청권자에 해당하지 않는다.
ⓔ 승무원 상륙허가의 신청을 받은 출입국관리공무원은 30일의 범위에서 상륙을 허가할 수 있다.
ⓜ 출입국관리공무원은 승무원 상륙허가의 신청을 받으면 외국인승무원의 여권을 확인하여야 하고, 외국과의 협정 등에도 불구하고 선원신분증명서의 확인으로 여권의 확인을 대신할 수 없다.
ⓗ 출입국관리공무원은 승무원의 상륙허가 신청에 대해 허가를 할 때에는 승무원 상륙허가서를 발급하여야 하고, 상륙허가서에는 상륙허가의 기간, 행동지역의 제한 등 필요한 조건을 붙일 수 있다.
└───┘

① 1개 ② 2개 ③ 3개 ④ 4개

해설 「**출입국관리법**」 **제14조:** ⊙ ⓗ이 옳은 설명이다.
ⓛ **제14조 제1항 단서:** "출입국관리공무원은 다음 각 호의 어느 하나에 해당하는 외국인승무원에 대하여 선박등의 장 또는 운수업자나 본인이 신청하면 15일의 범위에서 승무원의 상륙을 허가할 수 있다. 다만, <u>제11조 제1항 각 호의 어느 하나에 해당하는 외국인승무원에 대하여는 그러하지 아니하다.</u> 1. 승선 중인 선박등이

대한민국의 출입국항에 정박하고 있는 동안 휴양 등의 목적으로 상륙하려는 외국인승무원, 2. 대한민국의 출입국항에 입항할 예정이거나 정박 중인 선박등으로 옮겨 타려는 외국인승무원"

ⓒ **제14조 제1항 본문 참조.** 승무원 상륙허가의 신청은 <u>선박등의 장 또는 운수업자나 외국인승무원 본인</u>이 신청한다. 운수업자도 신청권자에 포함된다.

ⓔ **제14조 제1항 본문 참조.** <u>15일의 범위</u>에서 상륙을 허가할 수 있다.

ⓜ **제14조 제2항 단서:** "출입국관리공무원은 제1항에 따른 신청을 받으면 다음 각 호의 서류를 확인하여야 한다. 다만, <u>외국과의 협정 등에서 선원신분증명서로 여권을 대신할 수 있도록 하는 경우에는 선원신분증명서의 확인으로 여권의 확인을 대신</u>할 수 있다. 1. 제1항 제1호에 해당하는 외국인승무원이 선원인 경우에는 여권 또는 선원신분증명서, 2. 제1항 제2호에 해당하는 외국인승무원이 선원인 경우에는 여권 및 대통령령으로 정하는 서류. 다만, 제7조 제2항 제3호에 해당하는 사람인 경우에는 여권, 3. 그 밖의 외국인승무원의 경우에는 여권"

---

14 출입국관리법에 따른 "관광상륙허가(제14조의2)"에 대한 설명으로 옳은 것은?

① 출입국관리법에 따른 선박에 승선한 외국인승객에 대한 관광상륙허가의 신청권자는 그 선박의 장 또는 운수업자이고, 외국인승객은 신청권자에 해당하지 않는다.

② 외국인승객이 출입국관리법에 따른 입국금지의 사유(제11조 제1항 각 호)에 해당하는 때에도 출입국관리공무원은 상륙을 허가할 수 있다.

③ 출입국관리공무원은 외국인승객의 관광상륙허가 신청을 받으면 외국인승객의 여권을 확인하여야 하고, 외국과의 협정 등에 따라 외국인승객의 명부 확인으로 여권 확인을 대신할 수 있다.

④ 외국인승객의 관광상륙허가 신청을 받은 출입국관리공무원은 5일의 범위에서 관광상륙을 허가할 수 있다.

해설 ① 「**출입국관리법**」 **제14조의2 제1항 본문**

② 「**출입국관리법**」 **제14조의2 제1항 단서** "출입국관리공무원은 관광을 목적으로 대한민국과 외국 해상을 국제적으로 순회(巡廻)하여 운항하는 여객운송선박 중 법무부령으로 정하는 선박에 승선한 외국인승객에 대하여 그 선박의 장 또는 운수업자가 상륙허가를 신청하면 3일의 범위에서 승객의 관광상륙을 허가할 수 있다. 다만, <u>제11조 제1항 각 호의 어느 하나에 해당하는 외국인승객에 대하여는 그러하지 아니하다.</u>"

③ 「**출입국관리법**」 **제14조의2 제2항** "출입국관리공무원은 제1항에 따른 상륙허가 신청을 받으면 다음 각 호의 서류를 확인하여야 한다. 1. 외국인승객의 여권, 2. <u>외국인승객의 명부</u>, 3. <u>그 밖에 법무부령으로 정하는 서류</u>" 제2항의 서류를 모두 확인하여야 한다.

④ 「**출입국관리법**」 **제14조의2 제1항 본문 참조.** <u>3일의 범위</u>에서 승객의 관광상륙을 허가할 수 있다.

---

15 출입국관리법상의 "긴급상륙허가(제15조)"에 대한 설명으로 틀린 것은?

① 조난을 당한 선박등에 타고 있는 외국인(승무원을 포함한다. 이하 같다)을 긴급히 구조할 필요가 있다고 인정되는 경우에 긴급상륙허가를 할 수 있다.

② 긴급상륙허가의 신청권자는 그 선박등의 장이나 운수업자에 한하고, 선박등에 타고 있는 외국인은 신청권자에 해당하지 않는다.

③ 긴급상륙허가 신청을 받은 출입국관리공무원은 30일의 범위에서 긴급상륙을 허가할 수 있다.

④ 긴급상륙한 사람의 생활비·치료비·장례비와 그 밖에 상륙 중에 발생한 모든 비용은 선박등의 장이나 운수업자가 부담하여야 한다.

해설 ① 「**출입국관리법**」 제15조 제1항 "출입국관리공무원은 선박등에 타고 있는 외국인(승무원을 포함한다)이 <u>질병</u><u>이나 그 밖의 사고로 긴급히 상륙할 필요가 있다고</u> 인정되면 그 선박등의 장이나 운수업자의 신청을 받아 30<u>일의 범위에서</u> <u>긴급상륙을 허가할 수 있다.</u>" <u>지문은 재난상륙허가에 대한 내용이다.</u>

② ③ 「**출입국관리법**」 **제15조 제1항**, ④ **제15조 제3항**

---

16 출입국관리법상의 "재난상륙허가(제16조)"에 대한 설명으로 옳은 것은?

① 선박등에 타고 있는 외국인(승무원을 포함한다. 이하 같다)이 질병이나 그 밖의 사고로 긴급히 상륙할 필요가 있다고 인정되는 경우에 재난상륙허가를 할 수 있다.

② 재난상륙허가의 신청권자는 그 선박등의 장, 운수업자, 수상에서의 수색·구조 등에 관한 법률에 따른 구호업무 집행자 또는 그 외국인을 구조한 선박등의 장이다.

③ 재난상륙허가 신청을 받은 출입국관리공무원은 30일의 범위에서 재난상륙허가를 할 수 있다.

④ 재난상륙허가 신청에 대해 허가를 할 때에는 재난상륙허가서를 발급하여야 하고, 재난상륙허가서에는 상륙허가의 기간, 행동지역의 제한 등 필요한 조건을 붙여야 한다.

해설 ① 「**출입국관리법**」 제16조 제1항 "지방출입국·외국인관서의 장은 <u>조난을 당한 선박등에 타고 있는 외국인(승</u><u>무원을 포함한다)을 긴급히 구조할 필요가 있다고</u> 인정하면 그 선박등의 장, 운수업자, 「수상에서의 수색·구조 등에 관한 법률」에 따른 구호업무 집행자 또는 그 외국인을 구조한 선박등의 장의 신청에 의하여 30일의 범위에서 <u>재난상륙허가를 할 수 있다.</u>" 지문은 긴급상륙허가에 대한 내용이다.

② 「**출입국관리법**」 **제16조 제1항**

③ 「**출입국관리법**」 **제16조 제1항 참조.** 재난상륙허가권자는 <u>지방출입국·외국인관서의 장이다.</u>

④ 「**출입국관리법**」 **제16조 제2항** "제1항의 경우에는 제14조 제3항 및 제5항을 준용한다. 이 경우 "승무원 상륙허가서"는 "재난상륙허가서"로, "승무원 상륙허가"는 "재난상륙허가"로 본다." **제14조 제3항** "출입국관리공무원은 제1항에 따른 허가를 할 때에는 승무원 상륙허가서를 발급하여야 한다. 이 경우 승무원 상륙허가서에는 <u>상륙허가의 기간, 행동지역의 제한 등 필요한 조건을 붙일 수 있다.</u>"

---

17 출입국관리법상의 "난민 임시상륙허가(제16조의2)"에 대한 설명으로 틀린 것은?

① 난민 임시상륙허가를 위해서는 선박등에 타고 있는 외국인이 대한민국에 비호를 신청하고 그 외국인을 상륙시킬 만한 상당한 이유가 있다고 인정되어야 한다.

② 지방출입국·외국인관서의 장은 90일의 범위에서 난민 임시상륙을 허가할 수 있다.

③ 지방출입국·외국인관서의 장이 난민 임시상륙을 허가하기 위해서는 법무부장관의 승인을 받아야 한다.

④ 법무부장관이 난민 임시상륙허가를 승인한 경우에 외교부장관에게 지체 없이 통보하여야 한다.

해설 ① ② ③ 「**출입국관리법**」 **제16조의2 제1항 제1문**

④ 「**출입국관리법**」 **제16조의2 제1항 제2문** "지방출입국·외국인관서의 장은 선박등에 타고 있는 외국인이 「난민법」 제2조 제1호에 규정된 이유나 그 밖에 이에 준하는 이유로 그 생명·신체 또는 신체의 자유를 침해받을 공포가 있는 영역에서 도피하여 곧바로 대한민국에 비호(庇護)를 신청하는 경우 그 외국인을 상륙시킬 만한 상당한 이유가 있다고 인정되면 법무부장관의 승인을 받아 90일의 범위에서 난민 임시상륙허가를 할 수 있다. 이 경우 <u>법무부장관은 외교부장관과 협의하여야 한다.</u>" 법무부장관이 승인하는 경우에 외교부장관과 협의하여야 한다.

18 다음은 출입국관리법에 따른 "외국인의 상륙허가 기간"에 대한 설명이다. 괄호 안에 들어갈 숫자의 연결이 옳은 것은? (다만, 상륙기간의 연장은 없는 것으로 간주한다)

> – 출입국관리공무원은 (㉠)일의 범위에서 승무원의 상륙을 허가할 수 있다.
> – 출입국관리공무원은 (㉡)일의 범위에서 승객의 관광상륙을 허가할 수 있다.
> – 지방출입국·외국인관서의 장은 (㉢)일의 범위에서 재난상륙허가를 할 수 있다.
> – 지방출입국·외국인관서의 장은 (㉣)일의 범위에서 난민 임시상륙허가를 할 수 있다.

① ㉠-15 ㉡-5 ㉢-30 ㉣-60
② ㉠-15 ㉡-5 ㉢-30 ㉣-90
③ ㉠-15 ㉡-3 ㉢-30 ㉣-90
④ ㉠-15 ㉡-3 ㉢-30 ㉣-60

해설 「출입국관리법」 제14조: 순서대로 15 – 3 – 30 – 90

19 출입국관리법에 따른 "외국인의 체류"에 대한 설명으로 틀린 것은?

① 사증에 기재된 체류자격과 체류기간의 범위에서 대한민국에 체류할 수 있다.
② 출입국관리법 또는 다른 법률에서 정하는 경우를 제외하고는 정치활동을 하여서는 아니 된다.
③ 지방출입국·외국인관서의 장은 외국인이 정치활동을 하였을 때에는 그 외국인에게 서면으로 그 활동의 중지명령이나 그 밖에 필요한 명령을 할 수 있다.
④ 외국인이 그 체류자격에 해당하는 활동과 함께 다른 체류자격에 해당하는 활동을 하려면 대통령령으로 정하는 바에 따라 미리 법무부장관의 체류자격 외 활동허가를 받아야 한다.

해설 ① 「출입국관리법」 제17조 제1항, ② 제17조 제2항, ④ 제20조
③ 「출입국관리법」 제17조 제3항 "법무부장관은 대한민국에 체류하는 외국인이 정치활동을 하였을 때에는 그 외국인에게 서면으로 그 활동의 중지명령이나 그 밖에 필요한 명령을 할 수 있다."

20 출입국관리법에 따른 "외국인의 체류"에 대한 설명으로 옳은 것은?

① 외교부장관은 공공의 안녕질서나 대한민국의 중요한 이익을 위하여 필요하다고 인정하면 대한민국에 체류하는 외국인에 대하여 거소 또는 활동의 범위를 제한할 수 있다.
② 대한민국에서 출생한 외국인이 출입국관리법 제10조에 따른 체류자격을 가지지 못하고 체류하게 되는 경우에는 출생한 날로부터 90일 이내에 대통령령으로 정하는 바에 따라 체류자격을 받아야 한다.
③ 대한민국에서 체류 중 대한민국의 국적을 상실하거나 이탈하는 등 그 밖의 사유가 발생한 외국인이 출입국관리법 제10조에 따른 체류자격을 가지지 못하고 체류하게 되는 경우에는 그 사유가 발생한 날부터 30일 이내에 대통령령으로 정하는 바에 따라 체류자격을 받아야 한다.
④ 대한민국에 체류하는 17세 미만인 외국인은 항상 여권·선원신분증명서·외국인입국허가서·외국인등록증 또는 상륙허가서를 지니고 있어야 한다.

해설 ① 「출입국관리법」 제22조 "법무부장관은 공공의 안녕질서나 대한민국의 중요한 이익을 위하여 필요하다고 인정하면 대한민국에 체류하는 외국인에 대하여 거소(居所) 또는 활동의 범위를 제한하거나 그 밖에 필요한 준수사항을 정할 수 있다."
② 「출입국관리법」 제23조 제1항 제1호

③ 「출입국관리법」 제23조 제1항 제2호 "다음 각 호의 어느 하나에 해당하는 외국인이 제10조에 따른 체류자격을 가지지 못하고 대한민국에 체류하게 되는 경우에는 다음 각 호의 구분에 따른 기간 이내에 대통령령으로 정하는 바에 따라 체류자격을 받아야 한다. 1. 대한민국에서 출생한 외국인: 출생한 날부터 90일, 2. <u>대한민국에서 체류 중 대한민국의 국적을 상실하거나 이탈하는 등 그 밖의 사유가 발생한 외국인: 그 사유가 발생한 날부터 60일</u>"

④ 「출입국관리법」 제27조 제1항 "대한민국에 체류하는 외국인은 항상 여권·선원신분증명서·외국인입국허가서·외국인등록증 또는 상륙허가서(이하 "여권등"이라 한다)를 지니고 있어야 한다. 다만, <u>17세 미만인 외국인의 경우에는 그러하지 아니하다.</u>"

21 출입국관리법 및 동법 시행령에 따른 "외국인 출국의 정지"에 대한 설명으로 틀린 것은?

① 형사재판에 계속 중이거나 징역형·금고형의 집행이 끝나지 아니한 외국인에 대하여는 6개월 이내의 기간을 정하여 출국을 정지할 수 있다.

② 대통령령으로 정하는 금액 이상의 벌금·추징금을 내지 아니하거나 국세·관세·지방세를 정당한 사유 없이 그 납부기한까지 내지 아니한 외국인에 대하여는 3개월 이내의 기간을 정하여 출국을 정지할 수 있다.

③ 범죄 수사를 위하여 출국이 적당하지 아니하다고 인정되는 외국인에 대하여는 원칙적으로 1개월 이내의 기간을 정하여 출국을 정지할 수 있다.

④ 범죄 수사를 위하여 출국이 적당하지 아니하다고 인정되는 외국인으로서 도주 등 특별한 사유가 있어 수사진행이 어렵거나 소재를 알 수 없어 기소중지·수사중지(피의자중지로 한정한다) 된 외국인에 대하여는 3개월 이내의 기간을 정하여 출국을 정지할 수 있다.

해설 ① 「출입국관리법」 제29조 제1항 "법무부장관은 제4조 제1항 또는 제2항 각 호의 어느 하나에 해당하는 외국인에 대하여는 출국을 정지할 수 있다." **동법 시행령 제36조 제1항 제1호** " 법 제29조에 따른 출국정지기간은 다음 각 호와 같다. 1. 법 제4조 제1항 각 호의 어느 하나에 해당하는 외국인: 3개월 이내, 2. 법 제4조 제2항에 해당하는 외국인: 1개월 이내. 다만, 다음 각 목에 해당하는 외국인은 그 목에서 정한 기간으로 한다. 가. 도주 등 특별한 사유가 있어 수사진행이 어려운 외국인: 3개월 이내, 나. 소재를 알 수 없어 기소중지 또는 수사중지(피의자중지로 한정한다)가 된 외국인: 3개월 이내, 다. 기소중지 또는 수사중지(피의자중지로 한정한다)가 된 경우로서 체포영장 또는 구속영장이 발부된 외국인: 영장 유효기간 이내" 출입국관리법 제4조 제1항 각 호의 사유(국민은 6개월 이내/외국인은 3개월 이내) 이외에 국민의 출국금지기간과 외국인의 출국정지기간은 동일하다.

② 「출입국관리법」 제29조 제1항 및 동법 시행령 제36조 제1항 제1호

③ 「출입국관리법」 제29조 제1항 및 동법 시행령 제36조 제1항 제2호 본문

④ 「출입국관리법」 제29조 제1항 및 동법 시행령 제36조 제1항 제2호 단서 가목·나목

22 출입국관리법 및 동법 시행령에 따른 "외국인 출국의 정지와 긴급출국정지"에 대한 설명으로 옳은 것은?

① 범죄 수사를 위하여 출국이 적당하지 아니하다고 인정되고 기소중지·수사중지(피의자중지로 한정한다)된 경우로서 체포영장 또는 구속영장이 발부된 외국인에 대하여는 1년 이내의 기간을 정하여 출국을 정지할 수 있다.

② 범죄 수사를 위하여 출국이 적당하지 아니하다고 인정되는 외국인 중 기소중지 또는 수사중지(피의자중지로 한정한다)된 외국인의 소재가 발견된 경우에는 출국정지 예정기간을 발견된 날부터 10일 이내로 한다.

③ 중앙행정기관의 장 및 법무부장관이 정하는 관계 기관의 장은 소관 업무와 관련하여 출입국 관리법에 따른 출국정지 사유에 해당하는 외국인이 있다고 인정할 때에는 지방출입국·외국 인관서의 장에게 출국정지를 요청할 수 있다.

④ 수사기관은 범죄 피의자인 외국인이 사형·무기 또는 장기 3년 이상의 징역이나 금고에 해당 하는 죄를 범하였다고 의심할 만한 상당한 이유가 있고, 긴급한 필요가 있는 경우에는 출국심 사를 하는 출입국관리공무원에게 출국정지를 요청할 수 있다.

해설 ① 「**출입국관리법**」 **제29조 제1항** "법무부장관은 제4조 제1항 또는 제2항 각 호의 어느 하나에 해당하는 외국인 에 대하여는 출국을 정지할 수 있다." **동법 시행령 제36조 제1항 제2호 단서 다목** "다. 기소중지 또는 수사중 지(피의자중지로 한정한다)가 된 경우로서 체포영장 또는 구속영장이 발부된 외국인: 영장 유효기간 이내"

② 「**출입국관리법**」 **제29조 제1항 및 동법 시행령 제36조 제2항**

③ 「**출입국관리법**」 **제29조 제2항** "제1항의 경우에 제4조 제3항부터 제5항까지와 제4조의2부터 제4조의5까지 의 규정을 준용한다. 이 경우 "출국금지"는 "출국정지"로 본다." **동법 제4조 제3항** "중앙행정기관의 장 및 법 무부장관이 정하는 관계 기관의 장은 소관 업무와 관련하여 제1항 또는 제2항 각 호의 어느 하나에 해당하는 사람이 있다고 인정할 때에는 법무부장관에게 출국금지를 요청할 수 있다." 외국인의 출국정지는 국민의 출 국금지와 동일하게 기관의 장 등이 법무부장관에게 요청할 수 있다.

④ 「**출입국관리법**」 **제29조의2 제1항** "수사기관은 범죄 피의자인 외국인이 제4조의6 제1항에 해당하는 경우에 는 제29조 제2항에도 불구하고 출국심사를 하는 출입국관리공무원에게 출국정지를 요청할 수 있다." **동법 제4조의6 제1항** "수사기관은 범죄 피의자로서 사형·무기 또는 장기 3년 이상의 징역이나 금고에 해당하는 죄를 범하였다고 의심할 만한 상당한 이유가 있고, 다음 각 호의 어느 하나에 해당하는 사유가 있으며, 긴급 한 필요가 있는 때에는 제4조 제3항에도 불구하고 출국심사를 하는 출입국관리공무원에게 출국금지를 요청 할 수 있다. 1. 피의자가 증거를 인멸할 염려가 있는 때, 2. 피의자가 도망하거나 도망할 우려가 있는 때" 지 문의 내용으로는 부족하고 범죄 피의자인 외국인이 증거를 인멸할 염려가 있는 때 또는 도망하거나 도망할 우려가 있는 때에 해당하여야 긴급출국정지를 요청할 수 있다. 외국인의 긴급출국정지에 대해서는 국민의 긴 급출국금지에 관한 규정(제4조의6 제2항부터 제6항)이 준용되어 긴급출국정지 이후의 절차는 국민의 긴급출 국금지와 같다.

23 출입국관리법상의 "외국인등록(제31조)"에 대한 설명으로 틀린 것은?

① 외국인이 입국한 날부터 90일을 초과하여 대한민국에 체류하려면 원칙적으로 대통령령으로 정하는 바에 따라 입국한 날부터 90일 이내에 그의 체류지를 관할하는 지방출입국·외국인관 서의 장에게 외국인등록을 하여야 한다.

② 주한외국공관(대사관과 영사관 포함)과 국제기구의 직원 및 그의 가족은 외국인등록이 면제되 지만, 본인이 원하는 경우 체류기간 내에 외국인등록을 할 수 있다.

③ 출입국관리법 제24조(체류자격 변경허가)에 따라 체류자격 변경허가를 받는 사람으로서 변경 허가를 받는 날부터 90일을 초과하여 체류하게 되는 사람은 체류자격 변경허가를 받는 때에 외국인등록을 하여야 한다.

④ 출입국관리법 제23조(체류자격 부여)에 따라 체류자격을 받는 사람으로서 그 날부터 90일을 초과하여 체류하게 되는 사람은 체류자격을 받는 때에 외국인등록을 하여야 한다.

해설 ① 「**출입국관리법**」 **제31조 제1항 본문**, ② **제31조 제1항 단서 제1호 및 제2항**, ④ **제31조 제3항** ②의 경우 이 외에 대한민국정부와의 협정에 따라 외교관 또는 영사와 유사한 특권 및 면제를 누리는 사람과 그의 가족, 대 한민국정부가 초청한 사람 등으로서 법무부령으로 정하는 사람도 외국인등록이 면제되고, 본인이 원하는 경우에는 외국인등록을 할 수 있다.

③ 「출입국관리법」제31조 제4항 "제24조에 따라 체류자격 변경허가를 받는 사람으로서 <u>입국한 날부터 90일을 초과하여 체류하게 되는 사람</u>은 제1항 각 호 외의 부분 본문에도 불구하고 체류자격 <u>변경허가를 받는 때에</u> 외국인등록을 하여야 한다."

24 출입국관리법상 "강제퇴거의 대상자(제46조)와 조사(제47조)"에 대한 설명으로 옳은 것은?

① 외국인에 대한 강제퇴거의 사유는 외국인의 영주자격 유무에 따라 다르다.
② 법무부장관은 강제퇴거의 사유에 해당하는 외국인을 대한민국 밖으로 강제퇴거시킬 수 있다.
③ 영주자격이 있는 외국인이라도 금고 이상의 형을 선고받고 석방된 경우 강제퇴거의 대상자에 해당한다.
④ 출입국관리공무원은 강제퇴거의 사유에 해당된다고 의심되는 외국인에 대하여 그 사실을 조사하여야 한다.

해설 ① 「출입국관리법」제46조 제2항 옳은 설명이다. "<u>영주자격을 가진 사람</u>은 제1항에도 불구하고 대한민국 밖으로 강제퇴거되지 아니한다. 다만, 다음 각 호의 어느 하나에 해당하는 사람은 그러하지 아니하다. 1. 「형법」 제2편 제1장 내란의 죄 또는 제2장 외환의 죄를 범한 사람. 2. 5년 이상의 징역 또는 금고의 형을 선고받고 석방된 사람 중 법무부령으로 정하는 사람. 3. 제12조의3 제1항 또는 제2항을 위반하거나 이를 교사(教唆) 또는 방조(幇助)한 사람" 영주자격을 가진 외국인의 경우 강제퇴거 사유(제46조 제1항 각 호)에 해당하더라도 제2항 단서에 해당하지 않는 이상 강제퇴거되지 않는다.
② 「출입국관리법」제46조 제1항 "<u>지방출입국·외국인관서의 장</u>은 이 장에 규정된 절차에 따라 다음 각 호의 어느 하나에 해당하는 <u>외국인을 대한민국 밖으로 강제퇴거시킬 수 있다.</u>" 외국인의 강제퇴거는 지방출입국·외국인관서의 장의 권한이다.
③ 「출입국관리법」제46조 제1항 제13호 및 제2항 참조. 금고 이상의 형을 받고 석방된 경우는 영주자격이 없는 외국인의 강제퇴거 사유에 해당하고, 영주자격이 있는 외국인의 경우 <u>5년 이상의 징역 또는 금고의 형을 선고받고 석방된 사람 중에서 법무부령으로 정하는 사람</u>에 해당해야 강제퇴거의 대상이 된다.
④ 「출입국관리법」제47조 "출입국관리공무원은 제46조 제1항 각 호의 어느 하나에 해당된다고 의심되는 외국인(이하 "용의자"라 한다)에 대하여는 그 사실을 <u>조사할 수 있다.</u>"

25 출입국관리법에 따른 "강제퇴거 대상자의 심사결정을 위한 보호"에 대한 설명으로 틀린 것은?

① 출입국관리공무원은 외국인이 출입국관리법상 강제퇴거의 대상자에 해당된다고 의심할 만한 상당한 이유가 있고 도주하거나 도주할 염려가 있는 경우에는 지방출입국·외국인관서의 장으로부터 보호명령서를 발급받아 그 외국인을 보호할 수 있다.
② ①의 경우에 지방출입국·외국인관서의 장으로부터 보호명령서를 발급받을 여유가 없고 긴급한 때에는 그 사유를 알리고 긴급히 보호할 수 있다.
③ 지방출입국·외국인관서의 장으로부터 보호명령서를 발급받지 않고 긴급히 외국인을 보호한 경우에는 48시간 이내에 보호명령서를 발급받아 외국인에게 내보여야 하며, 보호명령서를 발급받지 못한 경우에는 즉시 보호를 해제하여야 한다.
④ 출입국관리법 제51조에 따라 보호된 외국인의 강제퇴거 대상자 여부를 심사·결정하기 위한 보호기간은 10일 이내로 하고, 부득이한 사유가 있으면 지방출입국·외국인관서의 장의 허가를 받아 10일을 초과하지 아니하는 범위에서 두 차례만 연장할 수 있다.

해설 ① 「출입국관리법」제51조 제1항, ② 제51조 제3항, ③ 제51조 제5항
④ 「출입국관리법」제52조 제1항 "제51조에 따라 보호된 외국인의 강제퇴거 대상자 여부를 심사·결정하기 위

한 <u>보호기간은 10일 이내</u>로 한다. 다만, 부득이한 사유가 있으면 지방출입국 · 외국인관서의 장의 허가를 받아 <u>10일을 초과하지 아니하는 범위에서 한 차례만 연장</u>할 수 있다."

26 출입국관리법상의 강제퇴거 대상자에 대한 "심사 후의 절차(제59조) 및 강제퇴거명령서의 집행(제62조)"에 대한 설명으로 옳은 것은?

① 지방출입국 · 외국인관서의 장은 심사 결과 강제퇴거의 대상자 사유에 해당된다고 의심되는 외국인(이하 "용의자")이 강제퇴거의 대상자에 해당하지 아니한다고 인정하면 지체 없이 용의자에게 그 뜻을 알리고, 보호되어 있으면 즉시 보호를 해제하여야 한다.

② 지방출입국 · 외국인관서의 장은 심사 결과 용의자가 강제퇴거의 대상자에 해당한다고 인정되면 강제퇴거를 명령하여야 하고, 강제퇴거명령을 하는 때에는 강제퇴거명령서를 용의자에게 발급하여야 한다.

③ 지방출입국 · 외국인관서의 장은 강제퇴거명령서를 발급하는 경우 외교부장관에게 이의신청을 할 수 있다는 사실을 용의자에게 알려야 한다.

④ 강제퇴거명령서는 출입국관리공무원이 집행하여야 하고, 지방출입국 · 외국인관서의 장은 사법경찰관리에게 강제퇴거명령서의 집행을 의뢰할 수 없다.

해설 ① 「**출입국관리법**」 **제59조 제1항**
② 「**출입국관리법**」 **제59조 제2항 · 제3항** "② <u>지방출입국 · 외국인관서의 장은 심사 결과 용의자가 제46조 제1항 각 호의 어느 하나에 해당한다고 인정되면 강제퇴거명령을 할 수 있다.</u> ③ 지방출입국 · 외국인관서의 장은 제2항에 따라 강제퇴거명령을 하는 때에는 <u>강제퇴거명령서를 용의자에게 발급하여야 한다.</u>" 강제퇴거의 대상자 사유에 해당하는 경우에도 강제퇴거명령은 지방출입국 · 외국인관서의 장의 재량사항이다.
③ 「**출입국관리법**」 **제59조 제4항** "지방출입국 · 외국인관서의 장은 강제퇴거명령서를 발급하는 경우 <u>법무부장관에게 이의신청</u>을 할 수 있다는 사실을 용의자에게 알려야 한다."
④ 「**출입국관리법**」 **제62조 제1항 · 제2항** "① 강제퇴거명령서는 출입국관리공무원이 집행한다. ② 지방출입국 · 외국인관서의 장은 <u>사법경찰관리에게 강제퇴거명령서의 집행을 의뢰할 수 있다.</u>"

저자약력

박 윤 기(朴 潤 棋)

[학력]
동아대학교 대학원 법학과 박사과정 졸업(법학박사)
동아대학교 경찰법무대학원 졸업(경찰법학석사)
부산대학교 교육대학원 영어교육전공 수료
경남대학교 법정대학 법학과 졸업

[약력]
동의과학대학교 경찰행정계열 교수
자치경찰공무원 출제위원 역임
경찰청 소년범죄수사전문가 역임
경찰청 청소년전문경찰 역임
한국안전연구학회장 역임
부산시민교육연구소장

[편 · 저서]
핵심 경찰학개론 Ⅰ · Ⅱ
경찰학 총·각론 법전
교통경찰연습
교통경찰론
경비경찰론 등

오 상 지(吳 尙 知)

[학력]
오스트리아 빈대학교(Universität Wien) 법학과 박사과정 수학
서울대학교 대학원 법학과 석사과정 졸업(법학석사, 형사법 전공)
경찰대학 법학과 졸업(14기)

[약력]
경찰대학 경찰학과 교수(법학전문대학원 경찰실무 겸임교수)
(전) 경찰대학 경찰학과 교수(경찰학개론·범죄수사론·지능범죄수사론·강력범죄수사론 담당)
부산경찰청 연제경찰서 수사과 경제1팀장(경감)·교통범죄수사팀장 역임
　　　　동부경찰서 지능팀장·형사팀장 및 북부경찰서 경제팀장 역임
인사혁신처 주관 공무원 장기국외훈련 선발(훈련국: 오스트리아)

[논문]
합동범의 공동정범에 관한 연구 (2000. 8. 석사학위논문 서울대학교)
오스트리아의 수사시스템에 관한 연구 (2018. 12. 경찰학연구, 경찰대학)
통신수사의 기본권 침해에 관한 연구 (2020. 6. 경찰학연구, 경찰대학)
비밀수사의 법제화에 관한 연구 (2021. 6. 경찰학연구, 경찰대학) 등

POPS 경찰학개론

기출문제 및 예상문제

초판발행   2021년 9월 10일

지은이   박윤기 · 오상지
펴낸이   안종만 · 안상준

편 집   장유나
기획/마케팅 정성혁
표지디자인   이미연
제 작   고철민 · 조영환

펴낸곳   (주) **박영사**
          서울특별시 금천구 가산디지털2로 53, 210호(가산동, 한라시그마밸리)
          등록 1959. 3. 11. 제300-1959-1호(倫)

전 화   02)733-6771
f a x   02)736-4818
e-mail   pys@pybook.co.kr
homepage   www.pybook.co.kr
ISBN   979-11-303-1371-9 13350

정 가   48,000원